Herbert Lüthy
Gesammelte Werke
Band I

Herbert Lüthy

Gesammelte Werke

Herausgegeben von Irene Riesen und Urs Bitterli

Beirat und wissenschaftliche Begleitung:
Hugo Bütler
Hans Künzi
Herbert und Antoinette Lüthy
Thomas Maissen
Robert Nef
Manfred Papst
Thomas Sprecher
Peter Wegelin

Herbert Lüthy

Fünf Minuten nach zwölf

*Die «Kleine Wochenschau» des St. Galler Tagblatts von September 1942
bis Dezember 1944 sowie vier Schlussbetrachtungen*

Herausgegeben von
Irene Riesen und Urs Bitterli

Verlag Neue Zürcher Zeitung

Dieser Band wurde grosszügig unterstützt von:

UBS Kulturstiftung

Neue Zürcher Zeitung
St. Galler Tagblatt
Freiwillige Akademische Gesellschaft Basel
AVINA Stiftung
Cassinelli-Vogel-Stiftung Zürich

© 2002 Verlag Neue Zürcher Zeitung, Zürich
ISBN 3-85823-975-5
www.nzz-buchverlag.ch

Inhalt

Urs Bitterli
Einleitung zur Werkausgabe   XIII

Peter Wegelin
Einleitung   XVII

Herbert Lüthy
Vorwort von 1944   1
Vorwort von 1945   5

1942

5. 9.	Stalingrad. Ägypten. Warten auf die zweite Front der Alliierten	8
12. 9.	Stalingrad. Lagebericht Churchills. Opposition in Westeuropa: die dritte Front	9
19. 9.	Stalingrad. Arbeitsdienstpflicht in Frankreich	11
26. 9.	Stalingrad. Die zweite Front	13
3. 10.	Rede Hitlers im Berliner Sportpalast	15
10. 10.	Fesselung von Kriegsgefangenen. Die dritte Front. Die zweite Front	17
17. 10.	Stalingrad. Amerikanische Truppen in Liberia. Deutsche Vorwürfe und Drohungen an die Schweizer Presse	20
24. 10.	Appell Lavals an die französischen Arbeiter	22
31. 10.	20. Jahrestag des Marsches auf Rom. Die britisch-amerikanische Kriegführung im Westen und im Mittelmeerraum	24
7. 11.	Der Krieg in Afrika. Wahlen in den Vereinigten Staaten	26
14. 11.	Landung amerikanisch-britischer Invasionstruppen in Nordafrika. Deutscher Einmarsch ins unbesetzte Frankreich	29
21. 11.	Vichy, de Gaulle und Nordafrika	32
28. 11.	Stalingrad. Selbstversenkung der französischen Flotte. Die dritte Front	34
5. 12.	Reden Churchills und Mussolinis. Die Lage Frankreichs	37
12. 12.	Die Ostfront. Italien. Britisch-amerikanische Auseinandersetzung über die Politik in Nordafrika	40
19. 12.	Widersprüchliche Berichte von den Kriegsschauplätzen. Lockerung der klaren Fronten. Die Kleinstaaten	42
26. 12.	Ermordung Admiral Darlans in Algier. Die Ostfront	45

1943

2. 1.	Die Rivalität zwischen General Giraud und General de Gaulle. Die Ostfront	50
9. 1.	Die Kriegslage im Osten. Russland trägt die Hauptlast des Krieges	52
16. 1.	Die russischen Offensiven und die osteuropäischen Länder. Finnland. Anschluss der französischen Kommunisten an de Gaulle	55
23. 1.	Die deutsche Nachrichtenpolitik. Stalingrad. Nordafrika	58
30. 1.	Der zehnte Jahrestag des nationalsozialistischen Regimes. Stalingrad. Konferenz von Casablanca	61
6. 2.	Konferenz von Adana. Die türkische Frage	65
13. 2.	Die deutsche Propaganda	68
20. 2.	Die soziale Umgestaltung der englischen Gesellschaft. Unterhausdebatte über den Beveridge-Plan	71
27. 2.	Proklamation Hitlers zum Gründungstag der NSDAP. Frankreich	74
6. 3.	Indien, Gandhi	77
13. 3.	Das Lend-and-Lease-System. Die britischen Luftangriffe gegen Deutschland und Westeuropa. Systematische Entvölkerung der europäischen Küsten	80
20. 3.	Spanien. Algier: Wiederherstellung der Dritten Republik proklamiert. Die besetzten europäischen Kleinstaaten	82
27. 3.	Churchill über die britische Nachkriegspolitik	85
3. 4.	Die afrikanische Front. Umbildung der Vichy-Regierung	88
10. 4.	Eden aus Washington zurück. Keynes und Morgenthau. Giraud und de Gaulle	92
17. 4.	Zusammenbruch der deutsch-italienischen Front in Mitteltunesien. Treffen zwischen Hitler und Mussolini	95
24. 4.	Katyn	98
1. 5.	«Sterben für Danzig?»	101
8. 5.	Chefs der Regierungen des Neuen Europa bei Hitler. Tagung der faschistischen Parteiführer in Rom	104
15. 5.	Kapitulation der Achsentruppen in Tunesien. Giraud und de Gaulle	107
22. 5.	Abbruch der diplomatischen Beziehungen zwischen der tschechoslowakischen und der polnischen Exilregierung. Sprengung der Talsperren des Ruhrgebiets	111
29. 5.	Auflösung der Dritten Internationale (Komintern)	114
5. 6.	General de Gaulle in Algier. Vichy	118

12. 6.	Doppelpräsidentschaft Giraud/de Gaulle im französischen Befreiungskomitee. Militärputsch in Argentinien. Der Nervenkrieg	121
19. 6.	Pantelleria und die Pelagischen Inseln in alliierter Hand. Der Luftkrieg	124
26. 6.	Konflikt um die neu aufzubauende französische Befreiungsarmee. Kongress der Labour Party verlangt Entwaffnung Deutschlands. Kohlenarbeiterstreik in den Vereinigten Staaten	127
3. 7.	Einladung General Girauds nach Washington. Antistreikgesetz in den Vereinigten Staaten	131
10. 7.	Italien. Neue deutsche Offensive an der Ostfront. Krieg und Kultur	134
17. 7.	Alliierte Truppenlandung auf Sizilien. Roosevelt und Churchill fordern Italien zur Kapitulation auf	138
24. 7.	Die Ostfront. Kampf um Sizilien. Begegnung zwischen Hitler und Mussolini in Feltre. Komitee «Freies Deutschland» in Moskau gegründet	141
31. 7.	Sturz und Verhaftung Mussolinis. Marschall Badoglio übernimmt die Macht	145
7. 8.	Alliierte Militärverwaltung auf Sizilien. Italien	148
14. 8.	Der «totale Krieg» in Deutschland	152
21. 8.	Konferenz von Quebec ohne Stalin	155
28. 8.	Abschluss der Konferenz von Quebec. Anerkennung des französischen Befreiungskomitees als Verwaltungsbehörde. Heinrich Himmler wird Innenminister	159
4. 9.	Mussolini. Über die Verantwortung für die europäische Katastrophe	162
11. 9.	Kapitulation Italiens. Entwaffnung der italienischen Armeen durch die Deutschen. Landung von US-Truppen bei Salerno. Besetzung Roms durch die Deutschen. Die Ostfront	165
18. 9.	Deutsche Truppen befreien Mussolini vom Gran Sasso. Verstärkung des Brückenkopfs bei Salerno	168
25. 9.	«Totale Mobilmachung» in Japan	171
2. 10.	Publikation von Todesurteilen des Volksgerichtshofes. Russische Zersetzungspropaganda. Bund deutscher Offiziere bei Moskau gegründet. Krisen der Exilregierungen	174
9. 10.	Im Vorfeld der «Dreierkonferenz» der Aussenminister in Moskau	178
16. 10.	Die Frage der Nachkriegspolitik gegenüber Deutschland. Die Regierung Badoglio erklärt Deutschland den Krieg. Portugal überlässt England und den Vereinigten Staaten Stützpunkte auf den Azoren	181

23. 10.	Versammlung von Staats-, Partei- und Wehrmachtsführern im Führerhauptquartier. Deutsche Falschmeldung über den Tod Romain Rollands. Aussenministerkonferenz in Moskau	184
30. 10.	Russischer Durchbruch am Dnjepr. Die Moskauer Konferenz. In Algier tritt die Konsultativversammlung des französischen Befreiungskomitees zusammen	188
6. 11.	Die Moskauer Beschlüsse	191
13. 11.	Jahrestage: Reden Stalins, Hitlers	194
20. 11.	Umbildung des französischen Befreiungskomitees. Krise im Libanon. Marschall Pétain	197
27. 11.	Der Nervenkrieg. Schwere Luftangriffe auf Berlin	201
4. 12.	Konferenz zwischen Roosevelt, Churchill und Tschiang Kai-schek in Kairo. Konferenz der «Grossen Drei» in Teheran. Die Berliner Propaganda	204
11. 12.	Schlusscommuniqué der Konferenz von Teheran. Zweite Konferenz von Kairo: zwischen Roosevelt, Churchill und Inönü. Deutsche Vergeltungsdrohungen gegen England	207
18. 12.	Jahrestag des Dreimächtepakts. Verhaftung von Dozenten und Studenten der Strassburger Universität in Clermont. Regierung der «dritten Front» in Jugoslawien	211
24. 12.	Die fünfte Kriegsweihnacht in Deutschland. Kriegsverbrecherprozess von Charkow	213
31. 12.	«1943 ein Jahr der Liquidation». General Eisenhower Oberkommandierender der alliierten Streitkräfte an der angekündigten zweiten Front. Der «europäische Freiheitskrieg». Die Schweiz und ihr Sonderschicksal	217

1944

8. 1.	Die Rote Armee überschreitet die «ehemalige» polnisch-russische Grenze. Die polnische Frage	224
15. 1.	Der Prozess von Verona gegen ehemalige Faschistenführer. Deutschland und der Ausfall Italiens	227
22. 1.	Kontroverse um die künftigen Grenzen Polens. Gerüchte über englisch-deutsche Separatfriedensverhandlungen	231
29. 1.	Liberia erklärt Japan und Deutschland den Krieg. Argentinien bricht die diplomatischen Beziehungen zu Deutschland und Japan ab. Die südamerikanischen Länder	234
5. 2.	Rede Hitlers zum elften Jahrestag der Machtergreifung. Spanien	238
12. 2.	Die Ostfront. Die baltischen Staaten. Revision der sowjetischen Verfassung: Souveränität für Sowjetrepubliken	242
19. 2.	Osteuropa: «Land zwischen den Mühlsteinen». Finnland	246

26. 2.	Lagebericht Churchills. Cassino. Die alliierte Luftoffensive	249
4. 3.	Veröffentlichung der russischen Waffenstillstandsbedingungen für Finnland	253
11. 3.	Wahljahr in den Vereinigten Staaten	257
18. 3.	Die zweite Front. Aufnahme diplomatischer Beziehungen zwischen der Sowjetunion und der italienischen Regierung Badoglio	261
25. 3.	Zusammenbruch des deutschen Widerstands am Bug. Einmarsch deutscher Truppen in Ungarn	264
1. 4.	Ehemaliger Innenminister der Vichy-Regierung von einem Militärgericht in Algier zum Tod verurteilt. Weiterhin keine Anerkennung des französischen Befreiungskomitees	268
8. 4.	Streiks in den englischen Kohlengruben. Zwei kommunistische Vertreter im französischen Befreiungskomitee	272
15. 4.	Die Invasionserwartung und die deutsche Propaganda	276
22. 4.	Die britische Regierung unterbindet den diplomatischen Verkehr für ausländische Vertretungen. De Gaulle ersetzt Giraud als Oberkommandierenden der französischen Armee. Die Türkei stellt den Chromexport nach Deutschland ein. Geburtstag des Führers	279
29. 4.	Die Verharmlosung des Kriegsalltags. Die Nachkriegsprobleme. Die Exilregierungen	283
6. 5.	Invasionsprognosen. Die Türkei, Spanien, Schweden und Portugal und ihre Exporte nach Deutschland. Dominion-Konferenz in London	286
13. 5.	Neue Offensive der Alliierten in Mittelitalien. Alliiertes Trommelfeuer auf Westeuropa. Abschluss der Internationalen Arbeitskonferenz in Philadelphia	290
20. 5.	Cassino gefallen. Das französische Befreiungskomitee in Provisorische Regierung der Französischen Republik umbenannt	293
27. 5.	Die Zustände in Süditalien. Aussenpolitisches Exposé Churchills im Unterhaus	297
3. 6.	Der Bombenkrieg der Alliierten. Lynchjustiz in Deutschland	300
10. 6.	Besetzung Roms durch die Alliierten. Beginn der Invasion in der Normandie	304
17. 6.	Die Gegenspieler Eisenhower und de Gaulle. König Viktor Emanuel III. dankt ab. Badoglio tritt zurück. Einsatz von V-Waffen gegen England	308
24. 6.	Die deutsche Propaganda im Zeichen der V-Waffen. Drohender chemischer Krieg?	311
1. 7.	«Dreissig Jahre Weltkrieg»	315

8. 7.	Churchill über die «Flügelbomben». Zusammenbruch der deutschen Abwehr in Weissrussland. Die deutsche Lufthansa fliegt ungarisch-jüdische Industriemagnaten nach Portugal aus	319
15. 7.	Der 14. Juli in Frankreich. Reise de Gaulles nach Washington	323
22. 7.	Attentat im Führerhauptquartier. Die deutsche Offizierskaste. Rücktritt der japanischen Regierung Tojo	326
29. 7.	Das Attentat auf Hitler. Die Rote Armee überschreitet die ehemalige deutsch-russische Demarkationslinie in Polen	330
5. 8.	Die zweite Schlacht um Frankreich. Dammbruch im Osten, Finnland. Die Türkei bricht die diplomatischen Beziehungen zu Deutschland ab. Ehrenhof zur Reinigung der deutschen Wehrmacht	334
12. 8.	Hinrichtung von Offizieren, die an der Verschwörung des 20. Juli beteiligt waren. «In Deutschland regiert der Schrecken»	338
19. 8.	Landung amerikanischer, britischer und französischer Truppen in Südfrankreich. Disziplin der Truppen des Maquis. Die Vichy-Regierung erhält Befehl, nach Deutschland überzusiedeln. Der Warschauer Aufstand	342
26. 8.	Befreiung von Paris. Paris während der Besetzung	346
2. 9.	Das «Geheimnis der letzten Kriegsphase»	350
9. 9.	Finnland. Das Schicksal Osteuropas. Die Türkei. Die Tragödie Warschaus	353
16. 9.	Konferenzen von Dumbarton Oaks und Quebec. Italien unter dem Waffenstillstand	358
23. 9.	Unterzeichnung des russisch-finnischen Waffenstillstandsvertrags in Moskau. «Was geht in Deutschland vor?» «Was geht in Frankreich vor?»	362
30. 9.	Ostasien. Der Morgenthau-Plan wird bekannt. Auseinandersetzung um die Schuldfrage in Italien. Die Ausrottung der deutschen Juden eine «innere Angelegenheit» Deutschlands	367
7. 10.	Die französische kommunistische Partei. Die deutsche Presse: Vorbereitung eines deutschen «Maquis»	372
14. 10.	Churchill und Eden in Moskau. Die Balkanländer, Griechenland. Die Vereinigten Staaten im Zeichen der Präsidentschaftswahlen	376
21. 10.	Waffenstillstandsgesuch des ungarischen Reichsverwesers Horthy	380
28. 10.	Anerkennung der Provisorischen Regierung Frankreichs. «Die Einstimmigkeit, die das Dritte Reich gegen sich zustande brachte, geht zu Ende»	384
4. 11.	Internationale Luftfahrtkonferenz in Chicago, Absage der Sowjetunion. Russisch-angelsächsische Spannung im Iran	389

11. 11.	Russland lehnt die Wiederaufnahme diplomatischer Beziehungen mit der Schweiz ab. «Die Schweiz hat viel getan, aber allzuoft kalten Herzens». Pilet-Golaz tritt zurück. Roosevelt wiedergewählt	392
18. 11.	Die belgische Regierung dekretiert die Entwaffnung der Widerstandsbewegungen. «Que sais-je?»	396
25. 11.	Befreiung des Elsass. Berlin meldet die Räumung des Balkans. Italien	400
2. 12.	In Kanada Protest gegen die Verwendung der Verteidigungsarmee in Europa. Die anbrechende Nachkriegszeit in Belgien, Italien, Polen	405
9. 12.	Amerikanisches Votum für das Selbstbestimmungsrecht der Völker. Bürgerkrieg in Griechenland. De Gaulle in Moskau	409
16. 12.	Unterhausdebatte über Polen. Streit um die Atlantik-Charta. Die Widerstandsbewegungen und die demokratische Legalität	413
23. 12.	Gegenoffensive der Deutschen in den Ardennen	418
30. 12.	Churchill und Eden in Athen. «Es ist ein übler Beruf, jede Woche über Dinge zu schreiben, die man nicht weiss»	422

Vier Schlussbetrachtungen
Jalta — 428
Der Zusammenbruch — 439
    Hitler und sein Reich — 444
Die Verheerungen des Krieges — 450
San Francisco — 472

Anhang
Anmerkungen — 498
Verzeichnis wichtiger Begriffe — 541
Personenregister — 544

Urs Bitterli

Einleitung zur Werkausgabe

Der Historiker und Publizist Herbert Lüthy gehört mit Carl J. Burckhardt, Jean Rudolf von Salis und Karl Schmid zu den herausragenden Persönlichkeiten des geistigen Lebens in der deutschsprachigen Schweiz der zweiten Hälfte des 20. Jahrhunderts. Ähnlich wie bei Jean Rudolf von Salis prägte die französische Geschichte und Kultur Lüthys Schaffen und führte zu jener engen Verbindung von Wissenschaft und Journalismus, wie sie für französische Intellektuelle bezeichnend ist. Für beide Historiker, die zur gleichen Zeit an der Eidgenössischen Technischen Hochschule in Zürich lehrten, war die Kenntnis der Vergangenheit eine wichtige Voraussetzung, um die Gegenwart zu verstehen und der Zukunft gewachsen zu sein. Dies im Sinne von Alexis de Tocquevilles Wort: «Le passé n'éclairant plus l'avenir, l'esprit marche dans les ténèbres.»

Im Jahre 1918 in Basel geboren, besuchte Herbert Lüthy die Schulen in Glarus und St. Gallen und schloss seine Studien in Paris, Genf und Zürich 1942 mit der Doktorpromotion im Fach Geschichte ab. Früh übte er sich in der journalistischen Berichterstattung: Für das *St. Galler Tagblatt* verfasste er in den Kriegsjahren Kommentare zum Zeitgeschehen, und er setzte diese publizistische Tätigkeit zwischen 1946 und 1958 in Paris fort, wobei er bald mit derselben stilistischen Brillanz auf französisch formulierte. Hervorgehoben seien Lüthys Beiträge für die renommierte, von Melvin J. Lasky begründete kulturelle Zeitschrift *Der Monat*, die nach 1948 in Berlin erschien und einen wesentlichen Beitrag zur Westintegration der Bundesrepublik leistete. Die Krönung dieser Phase der publizistischen Tätigkeit bildete 1954 das Werk *Frankreichs Uhren gehen anders*, eine Darstellung unseres westlichen Nachbarlandes zur Zeit der Vierten Republik, in der sich analytischer Tiefgang, polemische Schärfe und formale Eleganz verbinden. Das Buch erfuhr mehrere Auflagen und wurde ins Französische, Englische, Amerikanische und Italienische übersetzt.

Es macht die erstaunliche Doppelbegabung Herbert Lüthys aus, dass er gleichzeitig mit seinen publizistischen Arbeiten ein umfangreiches, auf Archivstudien beruhendes wissenschaftliches Opus verfasste, das zu den Standardwerken neuerer Wirtschaftsgeschichte gehört: *La Banque Protestante en France, de la Révocation de l'Édit de Nantes à la Révolution*. Dieses Werk umfasst zwei Bände, die 1959 und 1961 erschienen sind. Auf den Pariser Aufenthalt ging auch Herbert Lüthys Idee einer Übersetzung ausgewählter *Essais* von Michel de Montaigne zurück (1953). Diese Übersetzung, eingeleitet mit einem magistralen Vorwort, hat Montaigne im deutschen Kulturbereich erst eigentlich bekannt gemacht.

Im Jahre 1958 wurde Herbert Lüthy Professor für Allgemeine und Schweizer Geschichte an der Eidgenössischen Technischen Hochschule in Zürich. Dort befasste er sich auch mit Fragen der Geschichtstheorie sowie mit Schweizer- und Überseegeschichte. Wichtiges Thema seiner Überlegungen war der spannungsvolle Gegensatz zwischen schweizerischer Selbstbezogenheit und Weltoffenheit und die Rolle unseres Landes in einem künftigen Europa. «Wir diskutieren besorgt die Haltung», schrieb er 1963 im Essay «Die Schweiz als Antithese», «die wir gegenüber der wirtschaftlichen Integration Europas einnehmen sollen, die für viele Schweizer zu einem Alpdruck geworden ist; und während wir darüber diskutieren, als ob es sich um eine Sache handelte, die wir nehmen oder zurückweisen können, vollzieht sich diese Integration Tag für Tag, unmerklich und unaufhaltsam, und sie lässt sich dadurch nicht rückgängig machen, dass wir uns weigern, an ihrer Organisation teilzunehmen.» Zahlreiche Essays von Herbert Lüthy (auch der eben erwähnte) sind in den Sammelbänden *Nach dem Untergang des Abendlandes* (1964) und *In Gegenwart der Geschichte* (1967) erschienen; eine Auswahl dieser Arbeiten ist unter dem Titel *Wo liegt Europa?* 1991 neu herausgegeben worden.

1971 wechselte Herbert Lüthy an die Universität Basel, wo er bis zu seiner Emeritierung 1980 tätig blieb. Für seine herausragenden wissenschaftlichen Leistungen ist er mit der Ehrendoktorwürde der Universitäten St. Gallen und Genf ausgezeichnet worden, er wurde Ehrenmitglied der American Academy of Arts and Sciences und gehört der Herausgeberschaft des *Journal of Contemporary History* an. Lüthy setzte sich auch für die Lösung der Jurafrage ein und wirkte in verschiedenen wichtigen Gremien mit, so im Internationalen Komitee vom Roten Kreuz (IKRK), im Vorstand der *Schweizer Monatshefte* und im Herausgeberstab der *Documents diplomatiques suisses*.

Das hohe Ansehen, das sich Herbert Lüthy als Forscher und Journalist, aber auch als engagierter Staatsbürger im In- und Ausland erworben hat, lässt es als wünschenswert erscheinen, sein Werk in ähnlicher Weise einem interessierten Publikum neu zugänglich zu machen, wie dies mit dem Werk Karl Schmids geschehen ist. Dies um so mehr, als, ähnlich wie im Falle Schmids, einzelne wichtige Arbeiten Lüthys vergriffen und zahlreiche kleinere Publikationen verstreut und schwer zu beschaffen sind. Eine Werkausgabe dieser Art soll das wissenschaftliche Werk dieses Autors, aber auch kleinere journalistische Arbeiten, deren Lektüre noch heute reines Lesevergnügen vermittelt, erneut zugänglich machen und es ermöglichen, die Lebensleistung Lüthys im Zusammenhang zu überblicken.

Die Werkausgabe Herbert Lüthy ist auf sieben Bände angelegt. Die ersten zwei Bände umfassen die «Kleinen Wochenschauen» aus dem *St. Galler Tagblatt* unter dem Titel *Fünf Minuten nach zwölf* und das Werk *Frankreichs Uhren gehen anders*. Die Bände III und IV enthalten Essays mit breit gefächerter internationaler und schweizerischer Thematik aus den Jahren 1940 bis 1990. Es folgen in Band V Arbeiten aus den Jahren 1941 bis 1990, die sich mit Frankreich befassen, sowie eine

Gesamtbibliographie von Lüthys Werk. Die Werkausgabe schliesst ab mit der Neuauflage der *Banque Protestante en France*.

Für die Verwirklichung unseres Editionsprojekts hat uns das Ehepaar Herbert und Antoinette Lüthy bereitwillig die Originalpublikationen zur Verfügung gestellt; dafür sei ihm an dieser Stelle herzlich gedankt.

Peter Wegelin

Einleitung

Die «Kleine Wochenschau» von Herbert Lüthy war zu lesen im *St. Galler Tagblatt* vom September 1942 bis zum Dezember 1944, jeweilen im Abendblatt vom Samstag. 1944 brachte der *Tagblatt*-Verleger Zollikofer in St. Gallen unter dem Titel *Fünf Minuten vor zwölf* die «Kleinen Wochenschauen» von anfangs September 1942 bis Ende Dezember 1943 in Buchform heraus. Der Autor hatte für den Band den Titel *Fünf Minuten nach zwölf* vorgesehen, ein Hitler-Zitat von anfangs November 1942: «Deutschland hat einst um dreiviertel zwölf die Waffen niedergelegt – ich höre grundsätzlich immer erst fünf Minuten nach zwölf auf.» (Vgl. S. 32, 62; vollständiger Wortlaut in Fest, Joachim C., *Hitler.* Eine Biographie, Frankfurt a. M. 1973, S. 906.) Die Absicht des Autors missverstehend, und sehr zu dessen Ärger, änderte der Verlag diesen Titel in eigener Regie ab – ein Fehlgriff, den wir nun mit unserer Übernahme des Originaltitels für die *gesammelten* «Kleinen Wochenschauen» rückgängig machen wollen. Der zweite Teil dieser wöchentlichen Kommentare, jene von Januar bis Dezember 1944, erschien ein Jahr später, also 1945, im selben Verlag ebenfalls als Buch unter dem Titel *Bis zur Neige*; diesen «Epilog» ergänzten vier Essays, die in unserer Ausgabe unter dem Obertitel «Vier Schlussbetrachtungen» abgedruckt sind. Der Leser findet im einleitenden Teil unseres Bandes auch die Vorworte, die Herbert Lüthy 1944 und 1945 für den Zollikofer Verlags verfasste. Die beiden Bücher verschwanden übrigens rasch wieder aus dem Vertrieb, weil der amerikanische Presseoffizier Hans Habe deren Verbreitung in Deutschland untersagte – offenbar darum, weil Lüthy auch die Alliierten nicht mit Kritik verschone.

Wer sich in St. Gallen und Umgebung während der Kriegsjahre, gelöst vom Alltag, am Wochenende nochmals mit den eben vergangenen Tagen zu beschäftigen suchte, dem bot die Frontseite seiner liberalen Zeitung mit diesem regelmässig erscheinenden Beitrag eine gute Gelegenheit. Ohne Nennung eines Verfassers, nur mit einem kleinen Quadrat gezeichnet, galt die «Kleine Wochenschau» bald vielen als eigentliche Redaktionsleistung. Das *St. Galler Tagblatt* war die umfangreichste und am stärksten verbreitete Tageszeitung der Ostschweiz. Wie der Berner *Bund*, die *Basler Nachrichten* und die dortige *Nationalzeitung* gehörte das *Tagblatt* zum halben Dutzend Deutschschweizer Blätter, die zweimal täglich erschienen. Die *Neue Zürcher Zeitung* brachte neben ihrem Morgen- und Abendblatt gar noch ein Mittagsblatt. Auf dem Platz St. Gallen lieferte, trotz kleiner Auflage, wohl aus Konkurrenzgründen, die katholisch-konservative *Ostschweiz* auch

XVII

zwei Ausgaben im Tag, und die *Volksstimme* als Arbeiterzeitung erschien einmal täglich.

Lebhafte Parteienkonkurrenz mochte in der Stadt St. Gallen Profil und Auflage jeder Zeitung verstärkt haben. Anderseits begünstigte die damals kräftige Rivalität zwischen Freisinn und Katholisch-Konservativen auf der Landschaft je nach Dominanz im Bezirk die Beliebtheit regionaler Tageszeitungen: Der katholische *Sarganserländer*, die liberale *Rheintaler Zeitung* zum Beispiel mit ihrem täglichen Erscheinen galten vielen als gültiger Ersatz für die an sich gewichtigere Zeitung der entsprechenden Farbe aus der Kantonshauptstadt. Wer für das *St. Galler Tagblatt* schrieb, der wandte sich an eine allgemein liberale, nicht ausgesprochen sozialdemokratisch oder katholisch-konservativ ausgerichtete Leserschaft vornehmlich der Stadt St. Gallen.

Wer in St. Gallen zu jener Zeit das *Tagblatt* las, zählte zu den Einwohnern einer Schweizer Stadt, die, wie kaum eine andere, während der zweieinhalb Jahrzehnte zuvor von der Krise geschüttelt worden war. Noch am Vorabend des Ersten Weltkriegs war täglich ein Zug mit direkten Wagen nach Paris aus dem St. Galler Bahnhof gedampft, und die St. Galler Stickerei hatte unter den schweizerischen Exportindustrien die Spitze gehalten. Die damalige Jahresproduktion von 10 000 Tonnen war bis Mitte der dreissiger Jahre auf 640 Tonnen gefallen. Tonnenweise wurden indessen die stillgelegten Stickmaschinen in der Ostschweiz verschrottet. Das Nachkriegselend der einstigen Exportkundschaft und der Wandel der Mode zur neuen Sachlichkeit hatte die Stickereiblüte zum Verwelken gebracht. Im Vierteljahrhundert zwischen den beiden Kriegen verlor die Stadt St. Gallen einen Fünftel ihrer Bevölkerung in der wirtschaftlichen Krise – während Schweizer Städte wie Biel oder Winterthur ihre zwanzig Prozent Zuwachs verzeichneten. Wer in den Jahren des Zweiten Weltkriegs noch hier wohnte und die Zeitung las, war kaum neu hinzugekommen, war aus Unbeweglichkeit oder dank Durchstehvermögen hier geblieben, in jedem Fall krisenbewusst geworden.

Das kulturelle Leben freilich war nicht erstorben. Der Konfessionsgegensatz mochte hüben und drüben zwar seine Schranken errichtet, aber auch eine streitbare Regsamkeit wachgehalten haben. Seit bald eineinhalb Jahrhunderten verfügte die Stadt über die seinerzeit erste Berufsbühne der Schweiz, und dem aktuellen Musikleben verlieh Othmar Schoeck die Impulse: von 1917 bis 1944 leitete der Komponist die St. Galler Symphoniekonzerte. Die Handelshochschule, seit der Jahrhundertwende von der Kaufmännischen Corporation und der Ortsbürgergemeinde, von Stadt und Kanton geschaffen, verfügte seit 1938 über das Recht zur Doktorpromotion (welches sie 1963 dann gern *honoris causa* für Herbert Lüthy wahrnahm), und in wissenschaftlichen Gesellschaften sammelten sich seit vier Generationen die interessierten Laien um die akademischen Kräfte der Geistes- wie der Naturwissenschaften. Aus kriegswirtschaftlichen Werbeveranstaltungen für Mehranbau im Herbst 1941 und 1942 entwickelte sich seit 1943 die Ostschweizerische land- und milchwirtschaftliche Ausstellung, OLMA.

Seit 1941 stellte der Kanton wieder einen Bundesrat: Karl Kobelt. Der freisinnige St. Galler Regierungsrat, zwar erst ein Jahr im Nationalrat, aber als Stabschef des 4. Armeekorps auch militärisch ausgewiesen, war eher überraschend in die Landesregierung gewählt und dann mit dem Militärdepartement betraut worden. Für seine Kantonshauptstadt im Nordosten der Schweiz hatte er als Ingenieur und Vorsteher des Baudepartements mit der stattlichen Fürstenlandbrücke den Anschluss westwärts verstärkt. Überdies wirkten vor allem zwei St. Galler Bundesparlamentarier an gesamteidgenössisch wichtigen Hebeln. Im Nationalrat, den er 1933/34 präsidierte, stand der St. Galler sozialdemokratische Anwalt Johannes Huber (über dessen Vortrag zur Frankenabwertung schrieb der Gymnasiast Herbert Lüthy anfangs Oktober 1936 in der *Volksstimme* einen seiner ersten politischen Berichte) seit 1942 an der Spitze der hohe Verantwortung tragenden Vollmachtenkommission: Sie hatte die Exekutive zu überwachen bei der Handhabung der mit Kriegsausbruch erteilten Notrechtskompetenzen. Der Freisinnige Ernst Löpfe-Benz aus dem grenznahen Rorschach hatte im Ständerat im März 1939 als dessen Präsident den Einmarsch deutscher Truppen in die Rest-Tschechoslowakei nachdrücklich zum Warnsignal erklärt und über Jahre hinweg in seinem Verlag mit dem satirischen Wochenblatt *Der Nebelspalter* sarkastisch und mutig die Wachsamkeit gefördert. Auch hatte das ferne «Bern» an der Landesgrenze und gerade im krisengeplagten Rheintal die Bevölkerung in ihrer Abwehrbereitschaft bestärkt: Die neue Truppenordnung brachte 1937 die Grenzbrigaden, und bald darauf setzten sowohl offensichtlich als auch geheim Bauarbeiten zur Grenzbefestigung ein.

Betagte St. Galler Leser erinnern sich heute noch an die «Kleine Wochenschau» im *St. Galler Tagblatt* und bezeichnen Lüthys Kommentare, zusammen mit den Radiosendungen von Professor Jean Rudolf von Salis und mit jenen des Historikers und Journalisten Arnold Lätt, der «Weltchronik» und dem «Wochenrückblick für die Schweizer im Ausland», als verlässliche Orientierungshilfe im ungeheuren Weltgeschehen.

Das zeitgenössische Echo im einzelnen freilich, das heute ja nicht mehr hörbar ist, lässt sich lediglich aus beiläufigen Bemerkungen des Autors von damals erschliessen. So etwa, wenn Lüthy zum 31. Dezember 1943 auf die Bestimmung der «Kleinen Wochenschau» zurückblickt, und auf die unwillige Leserfrage nach dem Positiven seiner Kommentare antwortet. «Es scheint», schreibt Lüthy, «dass die ‹Kleine Wochenschau› im Verlaufe des Jahres bei vielen Lesern diese vorwurfsvolle Frage aufgeworfen hat. Dass über die deutsche Europaherrschaft einiges Unfreundliche gesagt wurde, das mochte noch hingehen, aber dass auch der angelsächsischen Vettern nicht stets in Freundlichkeit gedacht wurde, das war doch höchst seltsam.» (S. 219) Und Lüthy antwortet, das Positive habe die «Kleine Wochenschau» stets da gesucht, «wo aus dem zertretenen Boden Europas Kräfte der Freiheit entstanden, sei es auch unter der Maske eines Generals de Gaulle oder eines Generals Tito, und erst recht dann, wenn sie zwischen die Fronten der kämpfenden Weltmächte gerieten». (S. 221) Die Verheerungen des Krieges in Europa, schreibt Lüthy, könne man gerade in der kriegsverschonten Schweiz nicht als positiv empfinden. Es sei übrigens «sonderbar und oft erschreckend, wie sehr in der Schweiz das Bewusstsein, inmitten Europas zu leben, dank dem fast paradoxalen Sonderschicksal unseres Landes verkümmert» sei. (S. 220)

Zu fragen bleibt nun freilich noch nach einem weiteren, einem gewichtigeren Leser von Lüthys Kommentaren, nach der Zensur, damals Presseüberwachung genannt. Spuren ihres Wirkens lassen sich heute nicht mehr aufdecken. Was aber wäre denn von Lüthys «Kleiner Wochenschau» heute nicht mehr zu vernehmen, eben weil die Zensur es zugedeckt hätte? Im Vorwort zur Buchausgabe von 1944 gibt Lüthy selbst die Antwort: Nicht die Zensur habe den Lesern etwas vorenthalten, wohl aber die Rücksicht des Autors auf die Zensur. Während die Redaktion sich nur in wenigen Fällen zu Streichungen veranlasst gesehen habe, habe sich vor allem der Schreibende Zurückhaltung auferlegt und zur Selbstzensur veranlasst gefühlt. Dies habe zu einer ganz besonderen Form des sprachlichen Ausdrucks geführt. «Geblieben ist ja trotzdem», schreibt Lüthy, «jene charakteristische Deformierung der Ausdrucksweise, jenes Versteckenspiel mit Zitaten und Anführungszeichen, zu dem die obligatorische Selbstzensur jeden Journalisten zwang, jener ‹Zensurstil›, der durchaus nicht immer ganz ohne Reiz war und manchmal zu einer Art augenblinzelndem Einverständnis zwischen Schreiber und Leser führte, für das wir der Zensur nicht genug danken können.» (S. 3)

Auch Jean Rudolf von Salis, der gelegentlich schon 1940 und regelmässig ab 1941 bei Radio Beromünster am Freitag jeder Woche von 19.10 bis 19.25 Uhr seine «Weltchronik» vortrug, äussert sich übrigens ähnlich über die Wirkung der Zensur. Anders als für Texte in der Zeitung, welche erst nach ihrem Erscheinen zu Sanktionen der Zensurbehörde führen konnten, bestand für politische Rundfunksendungen eine Vorzensur. Von Salis musste seine Texte der zuständigen Amtsstelle in Bern vorlegen. Diese habe indessen, wie von Salis im Vorwort zur Buchveröffentlichung seiner Radiomanuskripte (*Weltchronik 1939–1945*, Zürich 1966, S. 14) schreibt, mit ihren immer seltener werdenden kleinen Streichungen nicht in den Gehalt seiner Aussagen eingegriffen.

«Kleine Wochenschau» und «Weltchronik»: Hier ein Vierziger, politisch und historisch erfahren, dort ein Fünfundzwanzigjähriger. Am Radio wird umsichtig und diplomatisch, mit deutlichem Bemühen um Gesamtübersicht, die Analyse der strategischen Lage vorgenommen. Im *St. Galler Tagblatt* andererseits wird mit spitzer Feder und empfindsamem Gemüt das menschlich Bewegende aufgegriffen, auf eindringliche, gelegentlich aber auch polemische Weise. So etwa nach dem Sturz und der Verhaftung Mussolinis (am 25. Juli 1943): «Der bekannte Verfasser des skandalös-antiklerikalen Romans: ‹Die Mätresse des Kardinals› und zahlreicher anderer sozialistischer und pazifistischer Pamphlete, später Erfinder der Verwendung von Rhizinusöl mit Kniebeuge als Mittel politischer Argumentation und zahlreicher totalitärer Diskussionsmethoden, die seitdem von halb Europa übernommen wurden, Ehrendoktor der Universität Lausanne und Staatsmann von unbestreitbarem rhetorischem Talent, Dr. h.c. Benito *Mussolini*, hat sich unter noch nicht völlig geklärten Umständen aus dem öffentlichen Leben zurückgezogen.» (S. 145) Und eine Woche später verschont Lüthy auch die Alliierten nicht, deren Truppen anfangs Juli auf Sizilien gelandet waren: «Über die Gefilde Siziliens wandeln, wie in grossgriechischen Zeiten, vier Grazien, frisch von Hollywood oder von Hot Springs importiert und stilvoll in antiken Faltenwurf drapiert: sie stellen die ‹vier Freiheiten› Roosevelts dar, Freiheit des Glaubens, Freiheit der Rede, Freiheit von Not und Freiheit vor Furcht, und halten, wie man bis zum Eintreffen der ersten Bildreportagen annehmen darf, die entsprechenden Symbole in Händen, Gesangbuch, Mikrophon, Gefrierfleisch und Leumundszeugnis.» (S. 148)

Dies ist ganz die angriffige, den Spott und den Sarkasmus nicht scheuende Sprache des begabten jungen Journalisten Herbert Lüthy; sie stützt sich auf die aufmerksame Zeitungslektüre, auch in französischer und englischer Sprache, und bezeugt, durch den Reichtum ihrer Allusionen und Zitate, eine überaus weitgespannte Bildung. Jean Rudolf von Salis, der von ähnlichem Quellenmaterial ausging, hat so nie gesprochen, weder in seiner «Weltchronik» noch in seinem übrigen Werk. Allerdings mochten Verlautbarungen am offiziellen Radiosender auch viel eher diplomatischen Reaktionen und Demarchen ausgesetzt sein als Kolumnen in einer regionalen Zeitung.

Auf wie unterschiedliche Weise sich Lüthy und von Salis an ihr Publikum wenden sei noch mit einem Beispiel über die Berichterstattung zur Landung der Alliierten in der Normandie am 6. Juni 1944 illustriert. Jean Rudolf von Salis stellt eingangs mit objektiver Sachlichkeit fest: «In die Berichtswoche fallen zwei Daten, die voraussichtlich zu den bedeutungsvollsten und folgenschwersten des gegenwärtigen Krieges gezählt werden müssen: am 4. Juni hielten amerikanische und englische Truppen ihren Einzug in Rom; und am 6. Juni begann die Invasion Frankreichs durch die englische und amerikanische Armee.» (*Weltchronik*, S. 412) Dann stellt von Salis die beiden Ereignisse in den historischen Kontext und greift zurück auf den deutschen Frankreichfeldzug von 1940 und auf die Niederlage der englischen Expeditionsarmee bei Dünkirchen. Auch Lüthy entgeht natürlich die Bedeutung beider Ereignisse nicht. In seinem Bericht über die Landung in der Normandie stellt er sich vor, wie spätere Generationen von Schülern sich das Datum im Unterricht merken müssten und benutzt die Gelegenheit zu einer sarkastischen Rückblende, die den Zusammenhang auf ihre Weise deutlich macht: «Generationen von Schulkindern werden das Datum des *6. Juni 1944* auswendig lernen müssen. Aber die Bedauernswerten werden es doch leichter haben als die Kommentatoren des Augenblicks, denn die Schulbücher werden ihnen ganz genau erzählen, wie es kam und weiterging: ‹… vier Jahre lang herrschte in Europa ein Führer, der liess viele tausend Menschen töten und schleppte die andern in Frondienst. Diese Epoche nennen wir das Dritte Reich. Aber eine Insel vor Europa hatte er nicht erobern können, und dort sass grimmig der Inselfürst Churchill, den er aus Europa vertrieben hatte, und sann auf Rache. Allmählich fand dieser viele Verbündete, und gerade vier Jahre, nachdem er auf einem Schifflein aus Europa hatte fliehen müssen – das hat die Geschichte so eingerichtet, damit ihr es besser lernen könnt –, kam er mit einer grossen Flotte und vielen Flugzeugen und Kampfwagen wieder an Land und forderte den Führer heraus. Da versammelte der Führer seine Getreuen, die zwei Blitze als Zeichen trugen, um sich und hielt ihnen eine Rede, in der er ihnen befahl, bis zum letzten Atemzug zu kämpfen, und sie schlugen an ihre Schilde und schworen es. Aber sie hatten zu viele Kriege geführt und waren nicht mehr zahlreich; die Fronarbeiter aber hörten auf, dem Führer Strassen und Festen zu bauen und liefen dem Inselfürsten zu, und sein Heer wurde immer grösser …› Vielleicht werden das die Schulbücher einmal so erzählen, vielleicht auch anders. Vorläufig hat die Materialschlacht oder, wie man in Deutschland immer noch zu sagen beliebt, ‹das Schwert› das Wort.» (S. 304)

Zu diesem Wochenschaubericht vom 10. Juni 1944 lässt sich die noch erhaltene Reaktion der eidgenössischen Presseüberwachung nachtragen. Der Pressechef des Territorialkommandos 7 wandte sich am 12. Juni 1944 in einem Schreiben an die Redaktion des *St. Galler Tagblatts* und ermahnte diese, ihrem Mitarbeiter nahezulegen, er möge den Vorschriften auch in diesem vorgerückten Stadium des Krieges strikte nachleben: «Wir erinnern in diesem Zusammenhang daran, dass vor allem ironisch gemeinte Darstellungen bei den kriegführenden Mächten stets als besonders verletzend empfunden worden sind.» (Mitgeteilt von H. und A. Lüthy.)

Mit dem Kunstgriff eines erfundenen Zitats aus einem künftigen Geschichtsbuch gelang es Lüthy, die geschichtlichen Zusammenhänge zu skizzieren und die Aussichtslosigkeit der deutschen Situation nach der Invasion zu vergegenwärtigen. Jean Rudolf von Salis informierte in jenen Jahren seine Zuhörer in der «Weltchronik» regelmässig und zuverlässig über das Weltgeschehen; der junge Herbert Lüthy gab mit den Kommentaren seiner «Kleinen Wochenschau» mehr von seinem persönlichen Empfinden preis, das er allerdings in mancherlei Spielformen des sprachlichen Ausdrucks zu verstecken verstand. Beide Quellen sind wichtig geblieben, nicht etwa, weil sie Kriegsgeschichte in wissenschaftlich abgeschlossener Form vermitteln, sondern als Zeitzeugnisse der Kriegswahrnehmung in der neutralen Schweiz.

Natürlich stehen diese Zeugnisse nicht allein, erhalten aber ihr besonderes Gewicht, weil sie Jahre hindurch in knapper Kadenz den Ereignissen auf dem Fusse folgten. Ebenso wohl informiert und noch dichter in der Abfolge der Aufzeichnungen führte Markus Feldmann über den Zweiten Weltkrieg Tagebuch. Feldmann, Chefredaktor der *Neuen Berner Zeitung*, Nationalrat und, seit 1952, Bundesrat, machte ab 1923 bis zu seinem Tod 1958 Tag für Tag seine Einträge. Er verarbeitete das Kriegsgeschehen nicht zuhanden eines Medienpublikums, sondern hielt nur knapp jene Fakten fest, die ihm für eine spätere Verwertung und Deutung des Geschehens dienlich schienen. Aber auch bei seinem Text handelt es sich, wie bei von Salis und Lüthy, um eine Art von laufendem Rechenschaftsbericht. (Vgl. *Markus Feldmann (1897–1958) Bundesrat Journalist Tagebuchschreiber*, Schweiz. Bundesarchiv, Bern 2001.)

Der Verfasser der «Kleinen Wochenschau» wurde für die Zeitungsleser erst mit Namen fassbar, als im Sommer 1944 der Verlag Zollikofer in St. Gallen, wie eingangs erwähnt, die bisher nicht signierten Zeitungskommentare Lüthys aus den beiden Vorjahren unter dessen Namen in Buchform präsentierte. Um wen handelte es sich bei diesem jungen Autor? Herbert Lüthy war der fünfte Sohn eines aus dem Thurgau stammenden Indien-Missionars der Basler Mission, den der Erste Weltkrieg gezwungen hatte, mit der Familie in die Schweiz zurückzukehren. Herbert, am 15. Januar 1918 in Basel geboren, der als kränkliches Kind nur sporadischen Unterricht genoss, verdankte seine Schulbildung ab 1931 der Höheren Stadtschule Glarus und von 1933 bis zur Matura 1937 der Kantonsschule St. Gallen. Nach dem Studium der Geschichte, der romanischen Sprachen und der französischen Literatur – meist als Werkstudent – in Paris (1937–39), Zürich und Genf doktorierte Lüthy im Sommer 1942 bei Professor Hans Nabholz über «Die Tätigkeit der Schweizer Kaufleute und Gewerbetreibenden in Frankreich unter Ludwig XIV. und der Regentschaft». Ein Jahr danach erwarb er in Zürich auch das Diplom für das Höhere Lehramt.

Als die Universität Basel 1975 den Jacob Burckhardt-Preis an Herbert Lüthy verlieh, gedachte der geehrte Historiker in seinem Festvortrag «Von der Schwierigkeit des Dankens und den Listen der Demut» auch seines Glarner Geschichtslehrers: «Was er mich gelehrt hat, […] war […] das denkbar Einfachste, das wie alles Einfachste das Schwierigste ist: die eigene und unmittelbare Gegenwart bewusst als ablaufende Geschichte zu erleben und Geschichte als die vergangene, aber fortwirkende Vorgeschichte dieser Gegenwart zu verstehen; mit dem Unterschied, den ich erst später lernte, dass es uns in der Gegenwart nicht erspart bleibt, Partei zu nehmen, dass wir aber die Geschichte nutzen können, um durch Begreifen kritische Distanz von der eigenen Parteinahme zu gewinnen.» (Vgl. Publikation der Johann Wolfgang von Goethe-Stiftung, Basel 1975, S. 23.) Eine Anspielung auf diesen offenbar ungewöhnlichen Geschichtslehrer, Dr. phil. Alfred Feldmann (1901–1952) – übrigens der jüngere Bruder des bereits erwähnten Markus Feldmann – taucht auch im fiktiven Vorwort des 1962 in Bern anonym veröffentlichten Werks *Die Bilderhandschrift von Ennenda auf*; es handelt sich dabei um «Die glorreiche Geschichte von der Schweizerischen Eidgnossschaft vom Urbeginn bis zur Bundesverfassung von 1848 mit vielen getrewlichen Bildern und vielen wahrhaftigen Abcontrefeyungen berühmter Staats- und anderer Männer», die Lüthy im Alter zwischen 15 und 17 Jahren geschrieben und illustriert hat, mit offenkundigem satirischem und zeichnerischem Talent.

Schon als Kantonsschüler schrieb Herbert Lüthy für Zeitungen, und der Student belieferte in seinen frühen Semestern, von Anfang 1938 bis August 1939, also bis kurz vor Kriegsausbruch, die heimische *Volksstimme* mit Berichten aus Paris. Wer heute das Dutzend Berichte durchgeht, mag die wachsende Verdüsterung der europäischen Lage beengend mitbekommen. Zugleich aber ist hier bewegend mitzuerleben, wie ein zwanzigjähriger «Paris-Korrespondent» ohne formellen Auftrag aus der anfangs blossen Berichterstattung eine Zeitdiagnose und Weltschau zu entwickeln vermag. Der erste Rapport vom 1. Februar 1938 führt den Leser sachkundig und faktenreich in die verschlungenen Gänge französischer Kammer- und Kabinettspolitik und entlässt ihn nach zweieinhalb Spalten Lektüre mehr informationsgesättigt als wirklich informiert. Die letzte Impression aus Frankreich hingegen, verfasst drei Wochen vor dem deutschen Überfall auf Polen, weckt in mit Bedacht ausgewählten Einblicken Verständnis für das französische Wesen. Verunsichert greife man nun zu Notverordnungen, so vernimmt man aus Paris, und versuche unter anderem, mit einem «Familiengesetzbuch» die Nation zu stärken. Dessen Bestimmungen erhöben die Kinderzeugung «zu einer vom Staat belohnten Tätigkeit von öffentlichem Nutzen». Und: «Es ist wohl überflüssig, auf die staatspolitisch-militärischen Gründe dieser Gesetzgebung einzugehen.» Schon in diesem frühen Bericht fällt der sarkastische Spott auf, der später manche Kommentare der «Kleinen Wochenschau» kennzeichnet, so etwa, wenn Lüthy von «kaninchenhafter Vermehrung» spricht und davon, dass Kinderproduktion für das Schlachtfeld auf keine höhere Stufe zu stellen sei als Viehzucht für den Schlachthof. «Für Frankreich», fährt Lüthy fort, «handelt es sich um eine Reflexbewegung beim Anblick des deutschen Hegehofs; dies sei als mildernder Umstand angefügt.» Versöhnlich klingt der Bericht gegen den Schluss hin. «Dieses Land, dessen Bevölkerungzahl stabil bleibt und dessen Wirtschaft sich nicht ausdehnt, beunruhigt sich beim Anblick seiner dynamischen Nachbarn. [...] Dynamiker *müssen* marschieren, weil sie den Kopf nie senkrecht über den Beinen haben, weil sie in Ruhestellung umfallen müssten. Sie nennen das faustisch. Das französische Volk ist nicht faustisch. Es liebt seine Bequemlichkeiten, Freuden und kleinen Laster, arbeitet, pflegt seine Gärten und hasst den Gleichschritt, das Geschrei und alles, was vom Leben ablenkt.» In diesem Text klingt bereits das Erstaunen über die Andersartigkeit Frankreichs an, das 1954 seinen Ausdruck in Lüthys Buch *Frankreichs Uhren gehen anders* finden wird. Auch was drei Jahre später die «Kleine Wochenschau» auszeichnen wird, ist hier schon angelegt: die scharfe Klarsicht des Beobachters und die Präzision seiner sprachlichen Form.

Im Sommer 1941 nutzte der Doktorand Empfehlungen der Staatsarchivare von Genf und Zürich, um sich ein Visum für eine Reise ins unbesetzte Frankreich von Vichy, nach Lyon, zu verschaffen. Zufällig fiel dieser Aufenthalt mit dem deutschen Angriff auf Sowjetrussland zusammen – ein Ereignis, von dem Lüthy nach eigener Mitteilung durch die deutsche Wochenschau in einem Lyoner Kino erfuhr. In der Folge veröffentlichte das *St. Galler Tagblatt* unter dem Titel «Lyoner Reise 1941» einen fünfteiligen Reisebericht Lüthys (12.–16. August 1941). Der Autor eröffnet die Artikelserie mit der Feststellung, «wie unmöglich es selbst für gute Kenner Frankreichs geworden ist, sich in die geistige Lage der Franzosen zu versetzen, ohne selbst die Reise dorthin zu unternehmen». Er schildert dann den mühseligen Alltag der Frauen, die «täglich stundenlang *auf der Jagd nach Lebensmitteln*» sind und berichtet: «Der *Schwarzhandel* ist im kleinen überall; alles, was nahrhaft und darum selten ist, wird durch die Hintertür verhandelt. Ein ganzes Volk wird so darauf dressiert, nicht nur alle Vorschriften, sondern auch alle Solidarität zu missachten und Tag für Tag auf der Lauer zu liegen, um dem Nächsten ein Stück Nahrung abzujagen.» Aber nicht nur die Ernährungslage ist ein Thema, auch das Versagen des Staatsapparates, die Sammlung der extremen Rechten in der ausserstaatlichen politischen Kampforganisation der «Légion française des combattants», die Apathie der Bevölkerung und, am Schluss, die sich formierende Bewegung für eine «Wiederbefreiung Frankreichs», für die «– erst seit kurzem – der Name de Gaulles das gemeinsame Erkennungszeichen [ist]». Die Reise nach Lyon war für Herbert Lüthy ein einschneidendes Erlebnis. Und als im Jahr darauf, nach Abschluss der Dissertation, der Vierundzwanzigjährige zu regelmässigen Kommentaren im *St. Galler Tagblatt* ansetzte, verhalf die Vertrautheit mit dem Nachbarland im Westen der «Kleinen Wochenschau» oft zu hellsichtigen Einblicken.

Im Sommer 1944, als der Wochenschau-Band *Fünf Minuten vor zwölf* erschien, hatte das Kriegsgeschehen mit der erfolgreichen Landung der Alliierten in Nordfrankreich ein neues Gesicht erhalten. Herbert Lüthy stellt sich im Vorwort die Frage, wie denn seine Kommentare bei den Lesern überhaupt noch ankommen würden und «wie man ein solches Buch, das eigentlich kein Buch ist, lesen soll. Ich weiss es auch nicht. Vielleicht am besten wahllos, mit einer Stecknadel hineinstechend.» (S. 3) Eines aber weiss er: Die «Kleine Wochenschau» «ist ein Tagebuch der Eindrücke und Reflexionen eines Zeitgenossen, soweit sie öffentlich ausgesprochen werden durften. Man wird im Rückblick manches schiefe, überspitzte oder ungerechte Urteil darin finden, manche Äusserung der Augenblicksstimmung, der Ungeduld, der instinktiven Parteinahme, manche Reaktion auf den allzu massiv geführten Nervenkrieg, die dann nach der andern Seite zu weit ausschlug, wie beispielsweise in der Beurteilung der Invasionsankündigungen. Gerade an solchen Stellen ist die Atmosphäre dieser endlosen Zwischenzeit des Krieges, die heute vielleicht schon weitgehend verdrängt und vergessen ist, am echtesten eingefangen.» (S. 2) Genau diese «Chronik der Eindrücke», die sich noch ein weiteres Jahr lang fortsetzen wird, ist für den heutigen Leser von unschätzbarem Zeugniswert.

Die Landkarte mit dem Verlauf der Kriegsfronten von Woche zu Woche nachzuführen sieht Lüthy also nicht als seine Aufgabe. Ihn interessiert, wie die beteiligten Staaten und die betroffenen Menschen den Krieg erleben. Überblickt man die zwei, drei Jahre des Kriegsgeschehens und die vierhundert Seiten dieser Wochenberichte, lassen sich verschiedene Schwerpunkte erkennen. Die Forderung nach der Errichtung einer «zweiten Front», welche Russland in seinem Kampf an der «ersten Front» entlasten soll, wird schon in der ersten Wochenschau vom 5. September 1942 erwähnt, und sie durchzieht die wöchentlichen Zeitungsartikel bis zum 6. Juni 1944, dem Datum der alliierten Landung in der Normandie.

Diese «zweite Front» sollte aber auch, stellt Lüthy fest, den inneren Widerstand in den deutschbesetzten Gebieten stärken und diesem zunehmend erlauben, aus dem Untergrund herauszutreten. Denn die Kräfte dieses Widerstandes, der noch im illegalen Raum operierte, würden bei der Neugestaltung von Nachkriegseuropa wichtig werden. Gerade sein Lyoner Aufenthalt im Sommer 1941 hatte Lüthy in seinem Vertrauen auf eine Erneuerung aus dem Geist der Résistance bestärkt.

Gegen die zögerlich-vorsichtige Kampfführung der westlichen Alliierten, insbesondere der Vereinigten Staaten, hat sich Lüthys Ungeduld wiederholt erhoben. Als der amerikanische Kriegsminister Stimson Ende 1944 erklärte, dass die Alliierten an der europäischen West- und Südfront etwa zehnmal so viel Munition wie die Deutschen verfeuerten, stellt der Kommentar vom 2. Dezember 1944 bitter fest: «Langsam, aber sicher pflügen sie sich so in Westdeutschland und Norditalien vorwärts, Westdeutschland und Norditalien unter den Boden pflügend.» (S. 405) Dass Lüthy hinter den Ereignissen immer auch die betroffenen Menschen wahrzunehmen und die Mentalitäten der betroffenen Völker zu erkennen sucht, wird deutlich, wenn er im gleichen Zusammenhang schreibt: «Es scheint freilich zuzutreffen, dass die amerikanischen Soldaten nicht eben gern in den Tod gehen und dass ihre Kommandanten damit rechnen und deshalb lieber Maschinen vorausschicken. […] Den Amerikanern fehlt der generationenlange Drill aufs Massengrab, der den meisten Kontinentaleuropäern und den Deutschen voran im Blut steckt. Es fehlt ihnen wohl auch die innere Berufung, in jeder Generation einmal sich nach Europa verschiffen zu lassen, um in diesem Blinddarm der Welt unter Lebensgefahr wieder Ordnung zu schaffen.» (S. 406)

Was aus amerikanischer Sicht als «Blinddarm der Welt» erscheint, bleibt doch ein Richtpunkt für Lüthys wöchentliche Betrachtungen: An ihrer Bedeutung für ein kommendes neues Europa werden Bestrebungen und Ereignisse gemessen. Denn die besondere Sorge des Autors gilt schon vor dem letzten Kriegsjahr der europäischen Nachkriegsordnung. Er sieht voraus, dass Polen für seine Territorien, die es im Osten an den künftigen russischen Sieger werde abtreten müssen, im Westen mit altem deutschem Siedlungsraum entschädigt werden könnte, und er stellt weitsichtig fest: «Es ist schwer, in diesen Experimenten einen anderen Zweck zu sehen, als dass diese Pufferstaaten damit, nach Westen hin verfeindet, zur Anlehnung nach Osten gezwungen werden.» (S. 360)

Lüthy erkennt, dass es vor allem der Krieg gegen den gemeinsamen Gegner ist, der die Alliierten zusammenhält, und dass es gilt, den Blick über diesen Krieg hinaus zu richten. Warnend zitiert die «Kleine Wochenschau» einmal eine norwegische Untergrundzeitung: «Es gibt wichtigere Dinge hier in dieser Welt als die Einigkeit darüber, dass die Nazis ein Pack sind.» (S. 388) Und, auf die Siegermächte bezogen, schreibt Lüthy: «Das Dritte Reich ist, solange es noch im Kriege steht, ein Faktor oder vielmehr *der* Faktor der Einigkeit» zwischen ihnen; «das besiegte Deutschland aber wird ein Objekt des Zankes und schwieriger Ausmarchungen sein …». (S. 419)

Ein geradezu apokalyptisches Ende sieht die «Wochenschau» schon im Sommer 1944 kommen, als nach dem missglückten Attentat von Claus Graf Schenk von Stauffenberg der «Heilige Volkskrieg» ausgerufen wurde. Lüthy kommentiert: «Der harte Weg wird bis zu Ende durchgepeitscht. Vom totalen Ordnungsstaat über das Chaos zur *tabula rasa*.» (S. 338) Eine Woche später stellt er fest: «Die ‹Volksgemeinschaft› mündet in die völlige Atomisierung. Keine Fachleute mehr, ausser den Fachleuten der Polizei; keine Organisation mehr, ausser der Organisation des Terrors; keine Gemeinschaft mehr ausser der Gemeinschaft der Todesangst: das ist die Erfüllung des Tausendjährigen Reiches.» (S. 342) Ein Schlusssatz voll beissender Ironie, in dem die Zukunftserwartung der Nationalsozialisten mit der hoffnungslosen Realität konfrontiert wird. Eigentlich erstaunlich, dass sich die Zensur 1944 nicht veranlasst sah, gegen eine solche Passage einzuschreiten.

Am Ende des Jahres 1944 setzte die «Kleine Wochenschau» ihren Schlusspunkt. Wegen Einwendungen aus der Leserschaft? Kaum. Wollte die Redaktion auf Lüthys Berichterstattung verzichten? Nein. Es scheint vielmehr, der Autor selbst sei seiner Arbeit überdrüssig geworden. Ihn belastete es offenbar, in einem Augenblick zu Urteilen gelangen zu müssen, da die Dinge noch im Fluss und das Informationsmaterial noch lückenhaft waren. Darauf deutet eine Bemerkung hin, die Lüthy gegen den Schluss seiner Zeitkommentare macht: «Fast instinktive Sympathie und Antipathie müssen die Lücken der Information stopfen. Es ist ein übler Beruf, jede Woche über Dinge zu schreiben, die man nicht weiss.» (S. 425)

Doch des Kommentators Unbehagen gründete tiefer. Kein Zweifel, dass das Kriegsgeschehen auch seinen Glauben an den Menschen und den Sinn der Geschichte in Mitleidenschaft gezogen hatte. «Es hat», schreibt Lüthy, «viele Jahre intensiver Erziehung gebraucht, um die Menschen zu dem Grad von Vertierung zu bringen, der noch mehr als alle Rüstung dazu nötig war, um diesen totalen Krieg zu führen, zu ertragen und mit anzusehen. Es hat sich erwiesen, wie grenzenlos formbar und missbrauchbar Massen und Völker sind, und diese Erkenntnis wird ihre Urheber überleben.» (S. 422)

Nicht nur die Erfahrung der jüngsten Vergangenheit, auch die nächste Zukunft gab dem Kommentator Anlass zur Sorge. Zwar war es nun, Ende 1944, klar, wer den Krieg gewinnen würde; doch stand dieser Gewissheit die Ungewissheit darüber entgegen, was morgen sein würde. «Wir wissen nun auch schon seit geraumer Zeit», stellt Lüthy fest, «dass die angelsächsisch-russische Koalition des Sieges sicher ist, und dieser Sieg, auf den alle freien Menschen brennend hofften, als er noch nicht feststand, wird eines Tages auch exekutiert werden. Nur dass die Welt dadurch gerettet wird, wissen wir nicht mehr so sicher.» (S. 422)

Herbert Lüthy beendet seinen letzten Kommentar mit einem Dank an den Leser: «All den Lesern», schreibt er, «die so manche vielleicht schwer verdauliche Auffassung freundlich anhörten und in allerlei zustimmenden oder ablehnenden Zuschriften ihre Anteilnahme bezeugten, sei hier für ihr waches Interesse und ihre lange Duldsamkeit herzlich gedankt. Zum neuen Jahr wünscht ihnen der Demissionär, dass er mit seinen Zukunftsbetrachtungen gänzlich im Irrtum gewesen sei.» (S. 426)

Als der Zollikofer Verlag nach dem Krieg, im Sommer 1945, den zweiten Band der «Kleinen Wochenschauen» unter dem Titel *Bis zur Neige* vorlegte, wurde noch ein Anhang mit vier in jenem Jahr entstandenen Schlussbetrachtungen angefügt: ‹Jalta›, ‹Der Zusammenbruch›, ‹Die Verheerungen des Krieges› und ‹San Francisco›.

Nicht ohne Bitterkeit kommentiert Lüthy im ersten Essay die in der Konferenz von Jalta beschlossene Abtretung der deutschen Ostgebiete, und eine Vorahnung von den zu erwartenden politischen Verwicklungen der Nachkriegszeit und der Bedrohung durch den künftigen Kalten Krieg schwingt mit, wenn er schreibt: «Die Konferenz von Jalta war die letzte Konferenz der ‹Grossen Drei›, an der die beiden Verfasser der Atlantik-Charta teilnahmen. Zwei Monate später starb Roosevelt, der überragende Mensch und Politiker dieses Weltdirektoriums. Er erlebte den Siegestag nicht mehr, und mit ihm erlosch eine grosse, mutige Heiterkeit, ein menschliches Lächeln und eine Vornehmheit des Geistes, die einer Welt von Staatsmännern mit verbissenen und trübseligen Gesichtern fehlen werden. Wieder ein Vierteljahr später unterlag Churchill in den englischen Wahlen. Stalin blieb.» (S. 438)

In den zwei Essays «Der Zusammenbruch» und «Die Verheerungen des Krieges» wird mit dem grimmigem Sarkasmus des Zeitgenossen und mit dem schrillen Zorn des tief betroffenen Betrachters eine düstere Bilanz des Schreckensregimes gezogen. Von der jämmerlichen Auflösung des Dritten Reiches ist die Rede: «es gab keinen heroischen Schlusseffekt, keine Wagnersche Opernapotheose und keinen romantischen Untergang der Nibelungen ...». (S. 441) Und weiter: «Nun steht die Menschheit mit Entsetzen und Abscheu vor dem Kadaver des Dritten Reiches. Das also war diese Macht, vor der die Welt bebte: ein Müllhaufen von Lüge und Verbrechen, durchgefault bis auf den Grund. Und selbst der Widerstand, den es der Übermacht entgegensetzte, war der Widerstand eines völlig entseelten, abgestorbenen Organismus, der Stück um Stück beseitigt und vernichtet werden musste, weil er gar nicht mehr fähig war, zu weichen oder zusammenzubrechen. Ein ungeheurer Verwesungsgeruch steigt aus der Mitte Europas.» (S. 444)

Mit spürbarer Skepsis äussert sich Herbert Lüthy im Essay «San Francisco» zur Gründungsversammlung der UNO. Er sieht in den «Vereinigten Nationen» im Grund die Fortdauer der Allianz der Siegermächte und erkennt zugleich, wie gefährdet diese Allianz ist. «Die Charta von San Francisco», schreibt er, «enthält keine Garantie dieser Einigkeit. Sie setzt sie vielmehr voraus. Sie proklamiert sie überdies. Aber es ist etwas zuviel gesagt, dass sie bereits ein Beweis dieser Einigkeit sei. Denn der ganze komplizierte Mechanismus des Sicherheitsrates, der durch den Einspruch einer einzigen der fünf ‹anerkannten› Grossmächte ausser Kraft gesetzt wird, ist ein Dokument des Misstrauens, das zwischen ihnen herrscht. Der Versuch, eine internationale Rechtsordnung und eine übernationale Instanz zu schaffen, die diese Rechtsordnung gegen jeden Rechtsbrecher durchsetzen könnte, wurde gar nicht unternommen.» (S. 474) Lüthy konstatiert, dass die Kriegsallianz der Westmächte und der Sowjetunion die grundlegenden Unterschiede der Gesellschaftssysteme zwar verdeckt und ausgeklammert, aber nicht aufgehoben habe. Das gegenseitige Misstrauen sei keineswegs verschwunden; allenfalls habe man einen Modus vivendi auf Zusehen hin gefunden.

Herbert Lüthys Aufsatz «San Francisco», dem der Autor bei einem späteren Abdruck den Titel «Der Friede, der keiner war» gegeben hat (in der Essaysammlung *Nach dem Untergang des Abendlandes*, Köln 1964), stellt nochmals die Frage nach der Zukunft Europas, die in den Wochenkommentaren schon hin und wieder aufgetaucht ist. Allerdings sei es, hält der Autor fest, schwierig und vielleicht noch zu früh, nach «Kräften der Erneuerung» zu forschen, befinde sich doch die europäische Politik «in einem Zustand roher, ungeformter Tatsächlichkeit» und der vom Krieg aufgewühlte Kot habe sich noch nicht gesetzt. (S. 489 f.) Als tröstliches Signal für einen Neubeginn betrachtet Lüthy die englischen Wahlen von Juli 1945, in denen Churchill abgelöst wurde und die Labour Party mit Attlee an die Macht gelangte. Er sieht in diesem Vorgang ein vielversprechendes Zeichen für ein «reibungsloses Funktionieren demokratischer Institutionen und Spielregeln, die zum Instinkt und zur Selbstverständlichkeit geworden sind». (S. 491)

Am Schluss seines Buches wiederholt Herbert Lüthy nochmals die Frage, welche ihm zuweilen die Leser seiner «Kleinen Wochenschau» stellten: «Wo bleibt das Positive?». Der Autor macht deutlich, dass eine günstige Entwicklung erst dann zu erwarten sei, wenn man sich den Niedergang Europas unter Hitler rückhaltlos bewusst mache, ohne sich in Rechtfertigungen, Illusionen und Utopien zu flüchten; denn nur aus solch radikaler Einsicht könne Positives erwachsen. Und Lüthy schliesst mit dem Bekenntnis zu einem neuen Europa: «Die Einheit Europas in der Hegemonie einer Tyrannis musste scheitern», schreibt er, «aber noch dies Scheitern ist nur negativ, wenn es nicht den Weg zur Einheit in der Föderation freilegte. Sie ist längst keine revolutionäre Idee mehr, sondern eine überreife Notwendigkeit, und ihre Verwirklichung wäre keine Umwälzung mehr, sondern das endliche, nach grauenhaften Umwegen mit letzter Kraft vollbrachte Nachholen einer schon fast hoffnungslosen weltgeschichtlichen Verspätung, die Zurkenntnisnahme einer Tatsache.» (S. 496) Diese erstaunlichen Sätze sind 1945 formuliert worden. Ein Jahr später rief Winston Churchill in seiner berühmten

Ansprache in der Aula der Universität Zürich den Studenten zu: «Let Europe arise!»

Die Schlussbetrachtungen Herbert Lüthys, die den Kommentaren der «Kleinen Wochenschau» folgten und die hier im ersten Band der Gesammelten Werke den Lesern ebenfalls neu zugänglich gemacht werden, sind das authentische Zeugnis eines hochbegabten jungen Zeitgenossen. Die «Kleinen Wochenschauen» für das *Sankt Galler Tagblatt* und die vier Essays vermögen neben den Radioreden von Jean Rudolf von Salis als nicht minder eindrückliches Zeitdokument zu bestehen. Während von Salis gelassener, vorsichtiger, wissenschaftlich distanzierter urteilt, erscheinen Herbert Lüthys Kommentare und Essays in stärkerem Grade als Ausdruck einer verstörenden persönlichen Erfahrung, als schonungslose Diagnose des Zerfalls traditioneller Werte. In späteren Jahren hat sich der Autor wie folgt zu seinen frühen Schriften geäussert: «Den Aufsätzen von 1945 fehlt noch jede Distanz, zeitlich und geistig, zum Geschehen; daher ihre Leidenschaft, Distanz zu gewinnen. Es sind geistige Absetzbewegungen, Absagen an Gewissheiten und Schlagworte [...]. Es war ein unheimlicher Durchbruch in das wüste Gelände der Nachkriegszeit: mit jedem schillernden Gemeinplatz, der zerbarst, wurde die neue Wirklichkeit des Kalten Krieges nackter sichtbar.» (*Nach dem Untergang des Abendlandes*, S. 10)

Herbert Lüthys spontane Betroffenheit gewinnt ihre andauernde Gegenwärtigkeit nicht zuletzt durch die Kraft eines eigenwilligen und leidenschaftlichen Stils. Darauf hat ein anderer Autor hingewiesen, der wie Lüthy gleichermassen Historiker und politischer Publizist gewesen ist: Golo Mann. In einer im Jahre 1964 erschienenen Rezension des erwähnten Essaybandes *Nach dem Untergang des Abendlandes* spricht Golo Mann von der «Intensität, der leidenden Scharfsicht, mit der hier ein Schweizer Publizist Zeitgeschehen erlebt». Er leugnet nicht, dass die «Neigung Lüthys, Absurdes zu sehen, sehr stark ausgebildet ist, stärker jedenfalls als seine Neigung zu bewundern ...». Und er bemerkt, auf die Sprache des Autors anspielend: «Es ist kein Stil um des Stiles willen. Er stammt aus der Leidenschaft des Denkens und Sagens, aus dem, was Cicero mit ‹animi motus continuus› als das Wesen der Beredsamkeit definierte. Der Geist Lüthys ist wirklich immer in Bewegung, fast immer in Erregung, oft im Zorn.» (Vgl. «Zu dem Essayband von Herbert Lüthy», Neue Zürcher Zeitung, 4.11.1964.)

Herbert Lüthy

Vorwort von 1944

Mit ein wenig Beständigkeit wurde in diesen Jahren jede Improvisation schnell zur stehenden Institution, sei es eine Gegenregierung, ein Schlagwort oder eine Zeitungsrubrik. Der Hauch der Ewigkeit war dazu nicht erforderlich. Diesem Schicksal ist auch die «Kleine Wochenschau», die seit dem September 1942 allsamstäglich die Weltereignisse glossierte, nicht entgangen, obwohl sie nie sub specie aeternitatis geschrieben wurde. Sie ist sozusagen mit dem Dienstalter zum Buch avanciert, soweit eine Folge von Zeitungsartikeln durch Einband und durchgehende Paginierung zum Buch werden kann. Es steht dem Verfasser nicht zu, nach den Gründen dieser Rangerhöhung zu suchen. Weder hat er in besonders hohem Masse die öffentliche Meinung ausgedrückt, noch hat er, was ungefähr das Gegenteil wäre, in besonders hervorstechender Weise immer recht gehabt. Vielleicht ist es auch nicht so wichtig, recht gehabt, wie recht gedacht zu haben.

Den äusseren Rahmen dieser Weltbetrachtung von Tag zu Tag bestimmten zwei ganz und gar nicht weltgeschichtliche Ereignisse: das Anfangsdatum der Entschluss der Redaktion, eine neue ständige Rubrik in ihr Blatt einzuführen, und das Schlussdatum der Entschluss des Verlags Zollikofer & Co., eine erste Serie dieser Artikel [vom 5. 9. 1942 bis zum 31. 12. 1943] in einem Band zusammenzufassen. Trotzdem umfasst diese Sammlung einen ganz bestimmten Abschnitt des Zweiten Weltkrieges, jene Zeit von den «stehenden Schlachten» von Stalingrad und El Alamein bis zu den Konferenzen um Teheran, in der die Entscheidung des Krieges schon mit Händen greifbar und doch, durch keine Evidenz unleugbarer Umwälzungen erwiesen, noch in unendlicher Ferne schien, in der die unwiderrufliche, aber noch latente Verschiebung des Kräfteverhältnisses erst schubweise und immer wieder versandend auf den Schlachtfeldern wirksam wurde, die Zeit der Luftspiegelungen, die nicht so sehr die Dinge selbst als die Distanzen fälschten, in der alle Uhren falsch gingen und viel von «zwölf Uhr» die Rede war, aber niemand wusste, wie spät es sei – kurz: die Zeit des Nervenkrieges.

Die «Kleine Wochenschau» dieser Periode ist recht eigentlich eine Chronik des Nervenkriegs. Es wird niemand in ihr eine Chronik des tatsächlichen Kriegsverlaufes suchen wollen. Sie hat von Anfang an resolut nicht gehalten, was ihr Titel eigentlich versprach: Wochenchronik, weltpolitische Reportage zu sein. Ihr Verfasser verfügte über keine geheimen Informationsquellen. Er war über die wirklichen Ereignisse und Entwicklungen genau so gut und schlecht informiert wie jeder aufmerksame Zeitungsleser – das heisst sehr schlecht. Da dem schüchternen Blick des neutralen Zaungastes nicht die Ereignisse selbst, sondern nur ihre Zerrbilder im Vexierspiegel der offiziellen Mitteilungen und inoffiziellen Kommentare zugänglich waren, kommentierte er eben diese Kommentare, in der begründeten Annahme, dass auch das Bild im Zerrspiegel stets eine gewisse Beziehung zur Wirklichkeit behält und man sein Auge schliesslich auf die Verzerrung einstellen kann, wie ein Kinogast auf ausgesucht schlechtem Platz sich an die Schiefe seiner Froschperspektive gewöhnt. Auch die skrupelloseste Propaganda kann den Ereignissen voraus oder hinter ihnen her, aber nie ganz von ihnen weglaufen, kann eine verlorene Schlacht, nicht aber einen verlorenen Feldzug als Sieg und einen passiven Widerstand, nicht aber eine offene Revolte als begeisterte Zustimmung ausgeben. Auch im Abweichen von der Wahrheit gibt es eine Elastizitätsgrenze, bei deren Missachtung jede Propaganda ihren Zweck, geglaubt zu werden, verliert. Nur innerhalb dieser reichlich weit gezogenen Elastizitätsgrenze stimmt der Kriegsverlauf, wie ihn die «Kleine Wochenschau» gleich all ihren grossen und kleinen Kollegen sah, mit dem wirklichen Ablauf überein. Aber hat denn dieses von den Propagandamaschinen und Nachrichtenagenturen gebrochene und verzerrte Bild nicht ebensoviel Wirklichkeit wie die aktentreue Darstellung, die einst die Historiker rekonstruieren werden, wenn sie es nicht vorziehen, sie noch mehr zu verfälschen? So und nicht in historisch richtiger Perspektive verlief der Krieg für die Zeitgenossen. Man bedenke, welch unschätzbares Dokument für die Nachwelt es wäre, die weltpolitischen Gespräche einiger durchschnittlicher Stammtische aus diesen Kriegsjahren auf Grammophonplatten registriert zu besitzen!

So repräsentativ wie eine solche Aufnahme, die leider wohl nirgends gemacht wurde, ist die «Kleine Wochenschau» nicht. Aber auch sie ist ein Tagebuch der Eindrücke und Reflexionen eines Zeitgenossen, soweit sie öffentlich ausgesprochen werden durften. Man wird im Rückblick manches schiefe, überspitzte oder ungerechte Urteil darin finden, manche Äusserung der Augenblicksstimmung, der Ungeduld, der instinktiven Parteinahme, manche Reaktion auf den allzu massiv geführten Nervenkrieg, die dann nach der andern Seite zu weit ausschlug, wie beispielsweise in der Beurteilung der Invasionsankündigungen. Gerade an solchen Stellen ist die Atmosphäre dieser endlosen Zwischenzeit des Krieges, die heute vielleicht schon weitgehend verdrängt und vergessen ist, am echtesten eingefangen. Eine Chronik der Tatsachen müsste bei der Neuausgabe nach dem letzten Stand der Informationen bereinigt und korrigiert werden – und wäre dann wahrscheinlich noch einmal falsch. Eine Chronik der Eindrücke aber würde durch solche Korrekturen jede Authentizität verlieren und nichts gewinnen. Eine Umarbeitung kam daher nicht in Frage. Es wurden für die Buchausgabe nur einige Wiederholungen und rein referierende Stellen, die jedes Interesse verloren haben, gestrichen und einige Druck- und Stilfehler korrigiert. Im übrigen sind die «Kleinen Wochenschauen» hier so vereinigt, wie sie erschienen, oder vielmehr, wie sie im Manuskript an die Redaktion gelangten; denn die nicht sehr zahlreichen Verstümmelungen und Abschwächungen, welche die «Kleine Wochenschau» aus Zensurgründen über sich ergehen lassen musste, sind heute grösstenteils überflüssig und deshalb rückgängig gemacht worden. Geblieben ist ja trotzdem jene charakteristische Deformierung der Ausdrucksweise, jenes Versteckenspiel mit Zitaten und Anführungszeichen, zu dem die obligatorische Selbstzensur jeden Journalisten zwang, jener «Zensurstil», der durchaus nicht immer ganz ohne Reiz war und manchmal zu einer Art augenblinzelndem Einverständnis zwischen Schreiber und Leser führte, für das wir der Zensur nicht genug danken können. «Kleine Wochenschau» und Zensur sind Geschwister, und sie vertrugen sich trotzdem recht leidlich.

Es ist gewiss ein Problem, wie man ein solches Buch, das eigentlich kein Buch ist, lesen soll. Ich weiss es auch nicht. Vielleicht am besten wahllos, mit einer Stecknadel hineinstechend, oder so, wie man einen «Roman in Briefen» oder jenes «Tagebuch eines Bürgers von Paris» liest, das auch nicht wegen der Richtigkeit seiner Informationen und Urteile, sondern wegen der darin festgehaltenen Zeitstimmung zu den wertvollsten Dokumenten des Hundertjährigen Krieges gehört. Der rote Faden, der diese Artikel zusammenhält, wird überall mehr oder weniger dick durchschimmern, und am Schluss dieses Bandes ist sogar vorsorglich ein Knoten hineingeschürzt, so dass der geneigte Leser kaum fehlgehen kann.

Herbert Lüthy

Vorwort von 1945

Dieser Band führt die Sammlung der «Kleinen Wochenschauen», deren erste Reihe im Herbst 1944 erschien, zu Ende [vom 8. 1. bis zum 30. 12. 1944]. Kriegswochenschauen – was sollen sie noch? Wozu sich an den Alpdruck erinnern, der endlich gewichen ist?

Aber jener Alpdruck, von dem diese Zeitglossen handelten, ist noch nicht gewichen.

Es waren sehr unkriegerische «Wochenschauen». Sie waren am eigentlichen Kriegsgeschehen geradezu provozierend uninteressiert. Die Frage, wie dieser Krieg militärisch wohl ausgehen möge, hat sie keinen Augenblick lang beschäftigt, und wenn man sie manchmal pessimistisch schalt, so waren sie doch mindestens von jedem Anflug jenes Pessimismus frei, der den Sieg des nationalsozialistischen Amoklaufs überhaupt für möglich hielt. Ihr «Pessimismus» lag um eine Schicht tiefer als all die optimistischen und pessimistischen Erwägungen über den Kriegsausgang. Gerade wenn dies, worum ganze Völker bluteten und litten, als Voraussetzung jeder Betrachtung zugrunde gelegt wurde: dass dieser Krieg als Krieg zwischen Mächten so ausgehen werde, wie es nicht nur jede Vernunft, jede vorstellbare Möglichkeit eines Kriegsendes, das nicht nur ein kurzer Waffenstillstand der Erschöpfung gewesen wäre, sondern auch jedes platt realistische Kalkül postulierte – gerade dann erhielt dieser Krieg seine wahrhaft gespenstische und entsetzliche Fratze. Dass er überhaupt möglich geworden war, dass dieses unannehmbare Delirium eines «Tausendjährigen Reiches» volle zwölf Jahre lang das eigene Volk, Europa und die Welt im Schach zu halten vermochte und dass dieser Krieg, der für die «Totalitären» verloren war, als er nicht im ersten Überraschungseffekt jeden Widerstandswillen zu überrennen vermochte, dennoch jahrelang blindlings bis ans Ende weiterraste wie ein tollgewordener Mechanismus, über den alle Maschinisten die Kontrolle verloren hatten, Millionen von Menschenleben und einen ganzen Kontinent niederwalzend, bis der Treibstoff erschöpft und die Feder völlig abgeschnurrt war, das war bereits ein ungeheuerlicher Triumph der Schmierenkomödianten des «Totalitarismus». Und sie vermochten diesen Triumph zu feiern, weil ihnen die schliesslichen Sieger wohl eine letzten Endes erdrückende Masse von Zerstörungsmitteln entgegenzusetzen vermochten, aber keine konstruktive Konzeption des Friedens und der Zukunft, welche die stumpfe Ausweglosigkeit der Angst durchbrochen hätte, weil sie selbst nicht über den Krieg hinauszudenken vermochten, sondern in diesem Krieg und schon in seinem während langer Jahre widerstandslos hingenommenen Näherrücken die Bequemlichkeit gefunden hatten, alle wirklichen Fragestellungen und echten Konflikte beiseitezuschieben und zu verdrängen: auch dieser Gedanke geht durch die «Kleine Wochenschau» von Anfang an, und die perspektivenlosen, improvisierten Verlegenheitslösungen, die am Siegestag einsetzten, haben ihn zumindest nicht widerlegt. Nicht der Krieg sowohl als der Friede, der aus ihm hervorgehen würde, oder vielmehr der Krieg unter dem Gesichtspunkt dieses Friedens war das Anliegen dieser Zeitnotizen. Und das mag die Rechtfertigung ihrer Herausgabe sein, nun der Krieg zu Ende, der Friede aber erst eine Fortsetzung des Krieges mit andern Mitteln ist: sie sind ein Beitrag zur Genealogie dieses Friedens.

Der Anhang [Vier Schlussbetrachtungen] führt diese Genealogie bis zum Augenblick des Kriegsendes weiter. Es ist kein historischer Anhang; er will nichts anderes sein als eine Rekonstruktion dessen, was die «Kleinen Wochenschauen» der letzten Kriegsmonate und der in sie verschlungenen ersten Monate einer unfertigen drôle de paix hätten sein müssen, wenn sie weiter erschienen wären. Es mag sein, dass diese Zusammenfassung einige Vorteile hat, vor allem den, weniger bruchstückhaft und abgerissen zu sein. Sie hat anderseits den Nachteil, nicht stückweise datiert zu sein und eine Distanz vorzutäuschen, die ihr nicht zukommt. Denn auch diese Betrachtungen sind abschnittweise aus der Aktualität heraus geschrieben, aus der verworrenen, verfälschten und jeder stichhaltigen Prüfung entzogenen Aktualität, wie sie sich von diesem Blickpunkt Schweiz, im Kreuzfeuer der kunterbunt propagierten wirklichen und erlogenen «Tatsachenberichte» und inmitten eiserner oder papierener Vorhänge darbot. Der Friede kam ja zunächst nicht wie ein neuer Tag, der siegreich durch die Wolken bricht, sondern als ein Verenden des Krieges in der Finsternis, und nur allmählich beginnt sich eine neue Struktur der Welt abzuzeichnen, nachdem das Zentrum des Hasses, auf das alle ihre Anstrengungen konvergierten, ausgelöscht ist. Manche der Auseinandersetzungen mit den Psychosen und Fälschungen, die sich wie Nebelschwaden über eine dem Auge entzogene Wirklichkeit lagerten, wird – hoffen wir es – beim Erscheinen dieses Buches schon retrospektiv und mancher Aspekt der Wirklichkeit schon gründlicher bekannt sein. Diese Fragmente des Chaos erheben keinen andern Anspruch auf Wahrheit als den: so spiegelte sich der Zustand der Welt am Kriegsende im trüben Sumpf der erreichbaren Informationen für einen Zeitgenossen, der zu begreifen versuchte, was hinter dem Schleier der Schlagworte vor sich ging.

Vor englischen Romanen und amerikanischen Filmen pflegt diese vorsichtige Bemerkung zu stehen, die mit viel besserem Grund über jeder Zeitung und allem, was sich auf Zeitungen aufbaut, stehen müsste und die darum auch am Anfang dieser Notizen stehen soll:

Jede Ähnlichkeit von hier geschilderten Personen oder Umständen mit wirklichen Personen, Verhältnissen oder Vorfällen ist reiner Zufall.

August 1945

1942

5. September 1942

Stalingrad. Ägypten. Warten auf die zweite Front der Alliierten

Seit Wochen dauert die Schlacht um *Stalingrad*. Eine Million Mann sind im Angriff. Im August wurden die täglichen Verluste der Angreifer auf eine volle Division geschätzt. Die grauenhafte Monotonie der Schlachtberichte aus der brennenden, von Leichengeruch verpesteten Hölle hat alle Steigerungsmöglichkeiten verbraucht: täglich ist «die Lage kritischer geworden», täglich hat die furchtbarste Schlacht dieses Krieges «an Heftigkeit zugenommen», aber das längst unvorstellbar Gewordene dauert fort. «Der Geländegewinn des Gegners steht weder taktisch noch operativ in irgendeinem Verhältnis zu den ihm hierbei zugefügten Verlusten an Menschen und Material», sagt der deutsche Wehrmachtsbericht über die Schlacht um Rschew, die nun ebenfalls fünf Wochen dauert. Gibt es überhaupt noch einen denkbaren Geländegewinn, der «in irgendeinem Verhältnis zu den Verlusten an Menschen und Material» stünde?[1]

In *Ägypten* sind Kämpfe aufgeflammt und vorläufig wieder eingestellt worden. Die Armeen der Achse liegen an einer Stelle, fern von ihren Basen, in greifbarer Nähe des fruchtbaren Landes, wo es ebenso zermürbend ist, liegenzubleiben, wie schwierig, die Kräfte zum neuen Angriff zu sammeln; die Achte Armee in günstigster Nachschubposition, doch an einer Stelle, wo jeder weitere Rückzug zur Katastrophe zu werden droht: An dieser nervösesten Front der Welt macht jede Erkundungsoperation den Lärm einer grossen Offensive.[2]

Weitere *west- und süddeutsche Städte* erlitten, wie der deutsche Heeresbericht jeweils lakonisch mitteilt, «Sach- und Gebäudeschäden» und «Opfer unter der Zivilbevölkerung».

«Und was gibt es *Neues*?» – «Nichts.»

Es ist nicht nur Abgestumpftheit neutraler Zuschauer, die sich so äussert. In allen Sprachen Europas wiederholt sich heute dieses stereotype Frage- und Antwortspiel. Alle Heeresberichte, alle Reportagen, alle Reden bringen den gequälten Völkern nichts Neues: nicht das Neue, auf das sie warten. Siege, Geländegewinne – das war zu lange das tägliche Brot. Dr. Goebbels[3] hat vor einigen Jahren festgestellt, *eines* könne man unserer Zeit nicht vorwerfen: dass sie langweilig sei. Aber die neuen «Unterhaltungen», die uns die «Dynamik» brachte, sind im Grausen ersoffen. In stählerner, dröhnender, blutiger Langeweile beginnt das vierte Kriegsjahr, und nur auf *eine* Neuigkeit warten die Völker noch: dass sich das Ende ankündige.

«In diesen Monaten nach den Schlachten in Frankreich (1940) hielten wir den Krieg bereits für gewonnen», schreibt die «Frankfurter Zeitung» in ihrem Gedenkartikel zum dritten Jahrestag des Kriegsausbruchs, und fügt hinzu: «Wir sahen das drohende Gewölk im Osten nicht, und selbst als das Wetter dort losbrach, haben die meisten von uns geglaubt, es werde *schnell vorüberrauschen*.»

Inzwischen ist, unter ununterbrochenen Siegen, der Sieg immer fernergerückt, und die Voraussagen sind seltener und gedämpfter geworden: «Aber *einmal*», fährt der Artikel fort, «werden die Heere der Deutschen und ihrer Verbündeten *im Osten haltmachen* können, einmal wird sich doch die geballte Kraft der deutschen Wehrmacht wieder nach Westen wenden können ...» Das ist, wie alle Berichte aus Deutschland bezeugen, das Ereignis, auf das man dort wartet: dass es gelinge, irgendwo an einem erreichbaren Ziel, an der Wolga vielleicht, endlich *Halt zu machen* – nach drei Jahren entfesselter Dynamik. Endet der Blitzkrieg da, wo die «drôle de guerre» begann – beim Traum von der Maginotlinie?[4]

Die Vorstellung von dem, was die Entscheidung bringen könnte, hat sich seit zwei Jahren in ihr *Gegenteil* verwandelt. Am Beginn des zweiten Kriegsjahres fragte jeder: Wann werden die Deutschen in England landen? Und viele hatten das sichere Datum schon in der Tasche. Heute fragt man: Wann werden die Engländer in Europa landen? Nur das Datum hat keiner, und auch jene trügerische Sicherheit nicht. Berichte aus den besetzten Ländern besagen, dass die nervöse Spannung des Wartens auf die «zweite Front» unerträglich wird und in Apathie umzuschlagen beginnt. Genug, *die Völker warten*, die «Vereinten Nationen» und die Unterworfenen Europas auf den endlichen Angriff, die «Völker der Achse» auf eine endliche Stabilisierung der Front – irgendwo.[5]

12. September 1942

Stalingrad. Lagebericht Churchills.
Opposition in Westeuropa: die dritte Front

Das unerhörte Ereignis der Woche: *im Osten nichts Neues.* Immer noch geht der Kampf um Stalingrad, wie übrigens auch um Rschew, Woronesch, Noworossijsk und die Terek-Übergänge nach Grosnij. Unter dem Aufgebot aller Vernichtungsmittel des Blitzkriegs steht die Schlacht still – «wie *eine* grosse Armee, die Selbstmord begeht». Vor einer Woche erklärte ein militärischer Kommentar des «Berliner Lokalanzeigers», Stalingrad sei – für die Russen – «militärisch längst zwecklos» geworden, und noch immer gelingt es der Roten Armee, die Deutschen mit dieser militärisch längst zwecklos gewordenen Position um die letzten, kostbaren Sommerwochen zu bringen.[6]

«Über die Lage an der russischen Front will ich nur eines sagen: es ist der 8. September», erklärte Churchill im Unterhaus. In Berlin selbst werden die verbissenen Anstrengungen der deutschen Wehrmacht, Stalingrad um jeden Preis zu nehmen, auch wenn nach den Worten eines russischen Tagesbefehls «der täglich eroberte Boden kaum ausreicht, die Toten zu verscharren», als ein Wettlauf mit der Jahreszeit gedeutet. Es ist wieder Herbst, und die Propheten, die von diesem Sommer die Kriegsentscheidung zugunsten der Achse erwarteten, werden von denen abgelöst, die vom Winter die gegenteilige Entscheidung erwarten. Doch am

9. September erklärte der russische Botschafter Litwinow: «Der Krieg kennt keine Jahreszeiten»; vielleicht lag ihm eine Umkehrung des Churchillschen Wortes auf der Zunge: «Was die zweite Front betrifft, will ich nur eines sagen: es ist schon der 9. September.»[7]

Denn immer noch gibt es auch *im Westen nichts Neues.* Freilich, Churchills Rede war, den Londoner Kommentaren zufolge, nicht nur optimistisch, sondern in seinem besten «war style» gehalten, und die Stimmung der Debatte wird als «angriffig» beschrieben. Doch nach der Rede tadelte Sir Stafford Cripps, Vertreter der Regierung im Unterhaus, die Abgeordneten, die vor dem Ende der Erklärungen Churchills den Saal verliessen. Die Debatte, für die eine zweitägige Dauer vorgesehen war, ging rasch zu Ende, «da niemand mehr das Wort ergreifen wollte». Wie der parlamentarische Korrespondent der Reuter-Agentur berichtet, wird diese Kürze der Debatte «als ein Erfolg Churchills betrachtet, dessen Rede nur noch wenige Fragen offen gelassen hat». In der Tat hat sie bloss die eine Frage offen gelassen, die in England jeder stellt, von der aber auch jeder weiss, dass keine Rede, sondern *nur die Tat* sie beantworten kann: die Frage nach der «zweiten Front». Die Kürze der Debatte bedeutet vielleicht nur, dass die Zeit der Reden, und wären sie im besten «Kriegsstil» gehalten, zu Ende ist. «Die Russen waren der Ansicht, dass wir und die Amerikaner nicht genügend getan hätten, um sie zu entlasten», sagte Churchill mit bemerkenswerter Offenheit und fügte hinzu, es sei ihm schwer gefallen, den Russen die Schwierigkeiten der angelsächsischen Kriegführung klar zu machen. Doch fand er Stalin «frei von allen Illusionen»; dass Sowjetrussland nie auf fremde Hilfe gebaut hat, weiss jeder Kenner der russischen Gefühle für die «kapitalistische Umwelt».[8]

Psychologisch schwerwiegender wäre es, wenn die alliierte «Zweite-Front»-Propaganda mit der Gläubigkeit und der Nervenkraft der besiegten Völker Europas gespielt hätte; sie hätte sich damit auf lange Sicht eine schwer gutzumachende Niederlage bereitet. Allerdings scheint es nicht, dass Deutschland in der Lage wäre, eine solche Enttäuschung auszunützen und diese Völker innerlich doch noch zu gewinnen; denn es befindet sich selbst in einer Zwangslage, die jede Milderung seiner Herrschaft über Europa verhindert und es nötigt, das letzte Prestige der von ihm abhängigen Schattenregierungen zu verbrauchen. Noch nie ist die Opposition in Westeuropa so offen zutage getreten wie gerade jetzt. Besonders eindrücklich ist die Erhebung der französischen Kirche gegen die Judentreibjagd der Besatzungsbehörden und der Vichyregierung; auf welche Schichten des Volkes sich Vichy noch stützen kann, ist nach alledem nicht mehr ersichtlich. Selbst Teile der Polizei verweigerten ihre Mitwirkung an den antisemitischen Massnahmen, und der Militärgouverneur von Lyon musste abgesetzt werden, weil er die Truppen für die Judenrazzien nicht zur Verfügung stellte. Die allgemeine Opposition hat geradezu ihren offiziellen Ausdruck in einem gemeinsamen Protestschreiben des Präsidenten der Kammer, Herriot, und des Senats, Jeanneney, an Marschall Pétain gegen seine «diktatorischen Massnahmen» gefunden. Es ist verständlich, dass Vichy nun systematisch alle noch übriggebliebenen Körperschaften, in denen die öffentliche Meinung Ausdruck finden könnte, auflöst, um sich auf nichts mehr zu stützen als auf die deutschen Bajonette. Aber ganz Westeuropa bietet dasselbe Bild. In Holland mussten neuerdings sechzehn Bürgermeister abgesetzt werden, in Brüssel wurden fünfzig angesehene Bürger als Geiseln verhaftet, und wenn die Meldungen über Generalstreik, Eisenbahnsabotage und Verhängung des Kriegsrechts in Luxemburg zutreffen, einem Lande also, das soeben der Einverleibung ins Grossdeutsche Reich würdig befunden wurde, so hat der stumme, aber ebenfalls totale Krieg an der *«dritten Front»*, der innern Front Europas, eine bisher für unmöglich gehaltene Schärfe erreicht. Der Widerstand Europas – wie der Widerstand Russlands – erfolgt ja schliesslich «auf eigene Rechnung», unabhängig von der Haltung der Alliierten; aber fraglich bleibt, ob das für England beruhigend ist. Wenn es die Möglichkeit versäumt, die «dritte Front» mit seiner «zweiten Front» zu verschmelzen, dann wird es seine Pläne für die Nachkriegsordnung eben auch nur «auf eigene Rechnung» aufgestellt haben.[9]

19. September 1942

Stalingrad. Arbeitsdienstpflicht in Frankreich

Stalingrad steht. – Nein, Stalingrad, die Stadt, steht längst nicht mehr. Ihre Ruinen sind keine Wohn- und Arbeitsstätten mehr, nur noch Widerstandsnester, wie jeder Granattrichter und jeder zerschossene Tank ein Widerstandsnest ist. Der deutsche Ansturm gegen Stalingrad wird im dinglichsten Sinne «gegenstandslos»: zum Kampf um einige Quadratkilometer geschossdurchpflügter Wüste und um den Rest der Zeit, in der die Eroberung dieser einstigen Stadt noch entscheidend wirken könnte und die vielleicht doch schon vorbei ist. Ein deutscher General, der in Berlin die Kriegslage kommentiert, stellte diese Woche fest, dass «keine einzelne Schlacht», also auch nicht die um Stalingrad, einen Feldzug entscheide.

«Es ist alles zum Greifen nahe, und doch sind wir noch lange nicht da», schreibt ein PK-Berichterstatter der «Berliner Börsen-Zeitung». Havas-OFI, heute eine Sekundogenitur des DNB, lässt sich aus Ankara mitteilen, nach Auffassung «dortiger Kreise» sei Stalingrad für die Russen verloren und werde «nur noch von Arbeitern und überzeugten Kommunisten» verteidigt. Tatsächlich, die Verteidigung Stalingrads erweckt diesen Eindruck, und es ist belanglos, ob einige dieser «Arbeiter und überzeugten Kommunisten» die Uniform der Roten Armee nicht tragen und deshalb in Deutschland Heckenschützen und Flintenweiber heissen. In diesem Sinne ist der Vergleich der jetzigen mit der Verteidigung Stalingrad-Zarizyns im russischen Revolutionskrieg berechtigt. Nirgends sonst wurden die Städte und ihre «friedliche Bevölkerung» selbst zum Widerstand eingesetzt; die Rolle Odessas, Moskaus, Leningrads, Sebastopols, Stalingrads findet in keinem andern Feldzug dieses und des letzten Krieges eine Parallele, und auch das allzu beliebte Geplauder über den «ewigen russischen Volkscharakter» wird für diese das Bild des Krieges umstürzende Erscheinung keinen Vorgang und keine Erklärung finden. In ihr äussert sich klar und einfach die Übereinstimmung zwischen militärischer Strategie und sozialer Struktur eines Landes.[10]

In der Essener «National-Zeitung» vom 14. September schreibt Staatssekretär Dr. Landfried: «Deutschland und seine Verbündeten führen aber den Krieg nicht allein für die Sicherung ihres Lebensraumes, sondern sie führen ihn, damit alle Länder des europäischen Kontinents, befreit von der bolschewistischen Drohung, in enger, vertrauensvoller wirtschaftlicher Zusammenarbeit ein ihren Bedürfnissen und ihren Eigenarten entsprechendes Leben führen können ... Dementsprechend fühlt sich Deutschland für das Wohl und Wehe der anderen europäischen Länder verantwortlich.» Nun hat auch die Regierung von Vichy die Verantwortung für das Wehe Frankreichs an Deutschland abgetreten. Der am 13. September veröffentlichte Erlass Lavals über die Einführung der Arbeitsdienstpflicht bedeutet nicht mehr und nicht weniger als die Eingliederung der «freien Zone» Frankreichs ins besetzte Europa. Er ergänze, so erfuhr man in Vichy, den früheren Erlass des deutschen Generalbevollmächtigten für den Arbeitseinsatz, Sauckel, über die Zwangsarbeit in den besetzten Ländern; Laval habe in Verhandlungen mit Sauckel die Erlaubnis erhalten, die Aktivierung des Arbeitseinsatzes für Deutschland in ganz Frankreich selbst zu organisieren. Jeder Franzose im Alter von siebzehn bis fünfzig und jede Französin im Alter von einundzwanzig bis fünfunddreissig Jahren kann zu Arbeiten, «welche die Regierung im höheren Interesse der Nation für nützlich erachtet», ausgehoben werden, und Art. 3 des Erlasses bereitet, wie Vichy zugibt, die betriebsweise Verschickung von Arbeitern vor. Es wäre ja auch nicht einzusehen, wozu in Frankreich selbst, wo ständig neue Fabriken wegen Rohstoffmangels stillgelegt werden, die Zwangsarbeit und die Erhöhung der Arbeitszeit dienen sollten. Auf Zuwiderhandlung gegen die Anweisung der Arbeitseinsatzstellen stehen bis zu fünf Jahre Gefängnis und 30 000 Franken Busse mit Verdoppelung im Wiederholungsfalle. «Die französischen Arbeiter stehen wieder im Krieg», erklärte André Philip, der Vertreter der französischen Opposition, in London. Diese Entwicklung ist lehrreich für alle die, deren Gleichgültigkeit unerschüttert bleibt, solange Verfolgung und Verschleppung «nur die Juden» treffen. Wer die Freiheit und Menschenwürde einer Minderheit preisgibt, gibt seine eigene Freiheit und Menschenwürde preis. Vor einigen Wochen wurden «nur die Juden» aus Vichy-Frankreich deportiert; nun droht jedem Franzosen von siebzehn bis fünfzig, jeder Französin von einundzwanzig bis fünfunddreissig Jahren die Deportation.[11]

«Der Einsatz ausländischer Arbeiter in der deutschen Kriegswirtschaft ist in seinen Massen längst über den Rahmen blosser nachbarschaftlicher Aushilfe hinausgegangen und zu einer Bewegung von kontinentaler Bedeutung, zu einer modernen *Völkerwanderung* geworden», schreibt die «Frankfurter Zeitung». «Selbstverständlich ist die innere Anteilnahme dieser ‹Bundesgenossen› an ihrer Arbeit verschieden.» Das Wort «Bundesgenossen» steht mit Recht in Anführungszeichen, und schwerlich ohne Besorgnis stellt das deutsche Blatt fest, «dass der Zeitpunkt nicht mehr fern ist, zu dem jeder vierte in Deutschland Beschäftigte ein Ausländer ist; in der Landwirtschaft dürfte das Gewicht der ausländischen Hilfskräfte sogar noch grösser sein». Auch für Deutschland liegt eine höhere Tragik in diesem Ergebnis eines Krieges, den es mit der Parole begann, Volksgrenzen und Staatsgrenzen zur Übereinstimmung zu bringen.

26. September 1942
Stalingrad. Die zweite Front

Nähert sich die grauenhafteste Vernichtungsorgie dieses Krieges ihrem Ende? Der Reuterbericht aus Moskau, dass die Schlacht um *Stalingrad* mit den deutschen Entscheidungsversuchen vom Beginn dieser Woche ihren Höhepunkt überschritten habe, scheint in deutschen Äusserungen eine Bestätigung zu finden. Die strategische Bedeutung Stalingrads wurde in den Berliner Kommentaren schon mehrmals etwas herabgesetzt, um das starre Warten des deutschen Volkes auf die Sondermeldung über den Fall dieser Stadt zu dämpfen; aber es geht offenbar über diese propagandistische Vorsichtsmassregel hinaus, wenn nun etwa der «Völkische Beobachter»[12] erklärt, der Kampf um Stalingrad sei nur noch «ein Nachspiel» zur «Bestätigung und Sicherung einer durch den deutschen Panzervorstoss zur Wolga bereits vorweggenommenen Entscheidung», das Ziel der deutschen Sommeroffensive, die Wolga, sei in Wirklichkeit seit dem 23. August, also seit über einem Monat, erreicht. Zu der Schlussfolgerung, dass es sich um dieses fast nur noch formalen Nachspiels willen nicht mehr lohne, täglich eine Division im Ansturm gegen eine strategisch unbedeutende Stellung zu opfern, ist es dann nur noch ein Schritt. Es würde sich also in viel grösserem Massstab das wiederholen, was sich im Sommer bei Woronesch abspielte: der ins Stocken gekommene Angriff wird als beendet und das Ziel für erreicht erklärt. Der bereits begonnene propagandistische Streit um die Frage, ob es den Deutschen wirklich gelungen sei, den Wolgaverkehr «an einer Stelle» zu unterbrechen, erinnert lebhaft an die damalige Streitfrage, ob der von den Deutschen oder der von den Russen gehaltene Stadtteil rechtmässig den Namen Woronesch trage. Der Streit war nicht ganz so müssig, wie es damals schien: der deutsche Angriff gegen Stalingrad stand tatsächlich von Anfang an unter der Belastung der nicht zu Ende geführten Schlacht um Woronesch; ebenso verunmöglicht nun seit Wochen der Widerstand Stalingrads die erfolgreiche Fortführung der deutschen Offensive im Kaukasus. Von einer «Zugsverspätung» zur andern ist so der «Fahrplan» der deutschen Sommeroffensive in Unordnung geraten.

Wie es um den alliierten «Fahrplan» steht, ist schwer zu sagen, da nicht einmal seine Existenz ganz feststeht. Die *Verbündeten Russlands* sind in der einzigartigen Lage, dass Aktionen auf dem europäischen Kriegsschauplatz für sie heute nur von ihren eigenen Entschlüssen, nicht von den Aktionen des Gegners abhängen, so dass sie auch eine vollkommene Untätigkeit als durchaus programmässig bezeichnen können. Aber die alliierten Völker finden diese Untätigkeit offenbar gar nicht programmässig. Genau wie das deutsche Volk auf die Sondermeldung über den Fall Stalingrads, so warten sie – und schon wesentlich länger – auf die angekündigte «zweite Front». War es wirklich nur eine der zahlreichen Voreiligkeiten und Ungeschicklichkeiten der alliierten Propaganda, die Erwartung dieser «zweiten Front» viel zu früh ins Ungemessene gesteigert zu haben? Schon ein solches Versagen wäre schwerwiegend genug. Aber es waren ja nicht nur mehr oder weniger anonyme Propagandisten, welche die «zweite Front» als unmittelbar bevorstehend ankündigten; vor einem Vierteljahr bestätigte ein offizielles Communiqué anlässlich des Besuches von Molotow[13] in London die Einigkeit der alliierten Regierungen über die «Dringlichkeit der Schaffung einer zweiten Front», und schon früher steigerten die offiziellen Warnungen des alliierten Kriegsrates an die Bevölkerung der französischen Küstengebiete dort die Spannung und Aufregung ins Unerträgliche. So konnte die deutsche Propaganda in ganz Europa, besonders aber in Russland, sich dieses Schlagwortes bemächtigen und die «zweite Front» als gescheitert oder als Betrug hinstellen. Seit kurzem erhebt wieder die ganze englische und amerikanische Presse und Öffentlichkeit die Frage, was jene Ankündigungen eigentlich bedeutet hätten, und die Sowjetbotschaft in London bezeugt in ihrem täglichen Bulletin unter öffentlichem Beifall ihre Ungeduld. Dass die Regierungen nicht zur Antwort ihre Pläne veröffentlichen können, ist selbstverständlich; aber ihr Schweigen ist durch früheres Reden belastet, und ihre Situation ist nicht beneidenswert.

Am letzten Freitag ist nun der Ruf nach schleunigster Aktion von unerwarteter Seite erhoben worden. Sir *Samuel Hoare*, britischer Aussenminister von 1935 und Mitverfasser jenes Laval-Hoare-Planes, der Abessinien an Italien ausliefern wollte, nachdem der Völkerbund bereits den italienischen Angriff verurteilt hatte, Autor eines Buches über die russische Revolution mit dem bezeichnenden Titel «Das vierte Siegel» – eine Anspielung auf die Vision des vierten Siegels in der Offenbarung Johannis (VI, 7–8): «Und ich sah, und siehe, ein fahles Pferd, und der darauf sass, des Name hiess Tod, und die Hölle folgte ihm nach» –, heute britischer Botschafter bei der Regierung Franco, sprach in seinem alten Wahlkreis Chelsea von der Befürchtung seiner «besten Freunde in Spanien», dass der englische Sieg zu spät, nämlich nach dem Zusammenbruch der europäischen Zivilisation, eintreffen könnte: «Das gequälte Europa kennt nur noch einen Ruf an die Vereinigten Nationen: Tempo, Tempo, Tempo!» Was seine «besten Freunde in Spanien» unter europäischer Zivilisation verstehen, demonstrieren fast täglich die Meldungen über den – durch die letzten Reden Francos bestätigten – furchtbaren

Gegensatz von Hunger und Überfluss im Spanien der Falange; Sir Samuel Hoare erläuterte es nicht näher als so: «Diese Freunde befürchten, dass die Vernichtung des gegenwärtigen Regierungssystems in Deutschland zum allgemeinen Chaos und zur Anarchie ausarten könnte, die, in Deutschland beginnend, sich über den ganzen Kontinent ausbreiten würden.» Der auf deutschen und italienischen Bajonetten errichteten spanischen Regierung kann ja das Schicksal ihrer totalitären Schwesterregierungen nicht gleichgültig sein, und es hat eine sehr präzise Bedeutung, wenn Hoare zur Beruhigung seiner spanischen Freunde aus der Atlantik-Charta jene Formel herausinterpretiert, mit der einst die «Nichtintervention» im spanischen Bürgerkrieg begründet wurde: «Freiheit für jedes Volk (!), seine eigene Regierungsform zu wählen und seine eigenen Angelegenheiten selbst zu verwalten.» Aber es ist bemerkenswert, dass auch von dieser Seite, wo man bisher eher geneigt war, Deutschland und Russland in Ruhe «aneinander verbluten zu lassen», heute der Ruf nach «Tempo» besonders dramatisch ertönt, um England überhaupt noch einen Platz unter den Siegern zu sichern und zu verhindern, dass dieses Land, das im Augenblick der höchsten kriegerischen Triumphe Deutschlands allein den deutschen Sieg verhinderte, das Prestige und die Früchte der Besiegung Deutschlands den «Mächten der Unordnung» überlassen müsse.[14]

Es scheint, als müssten heute infolge der russischen Abwehrerfolge in beiden Lagern die Kriegspläne revidiert werden.

3. Oktober 1942

Rede Hitlers im Berliner Sportpalast

Die deutsche Offensive in Russland steht still, und es wird immer fraglicher, ob sie in diesem Jahr über die Punkte, an denen sie seit Wochen aufgehalten wird, überhaupt noch hinausgehen soll. Die Reden der führenden deutschen Staatsmänner, die seit einer Woche rasch aufeinander gefolgt sind, enthielten keine Ankündigung oder Andeutung kommender Operationen. «Der Feldherr, der diesen Titanenkampf führt, so wie er» – nach den Worten Ribbentrops – «ganz allein die gewaltigen Schlachten und Feldzüge der letzten drei Jahre in diesem zur Vernichtung des deutschen Volkes angezettelten Kriege geplant, geführt und siegreich beendet hat», gab dem deutschen Volk einen Überblick über seine Leistungen «in den wenigen paar Monaten, in denen man in diesem Land überhaupt mit Vernunft Krieg führen kann» und über sein «einfaches Programm» für dieses Jahr, das über die Einnahme Stalingrads nicht hinausgegangen wäre. Es war keine weltpolitische Rede; Hitler wandte sich an das deutsche Volk im Ton der Münchner Bräuhausreden der Kampfzeit. Um so merkwürdiger war seine breit angelegte Polemik gegen die in dieser Form wohl kaum je vertretene und vor allem dem deutschen Volk gar nicht zugängliche feindliche Behauptung, die deutsche Armee habe in diesem Krieg *nichts* geleistet, eine Polemik, die natürlich mit dem schweren

Geschütz der deutschen Siege im Verlauf von drei Kriegsjahren auffahren und sie sarkastisch in Vergleich zu den alliierten Rückzügen und Scheinangriffen setzen konnte. Verlohnt es sich denn, sich mit immer wieder geschlagenen Feinden rhetorisch darüber auseinanderzusetzen, ob sie geschlagen sind, statt, wie es Hitler in bezug auf die Atlantik-Charta tat, einfach festzustellen: «Dieser Blödsinn ... wird einfach beseitigt durch die *Härte der Tatsachen*»? Dieser ganze polemische Teil der Rede wäre ein vollkommenes Rätsel, wenn er sich nur an die feindlichen Regierungen richten würde und nicht auch an die europäischen Völker, die trotz militärischer Besetzung und Standrecht noch immer den deutschen Sieg leugnen. In dieser Polemik enthüllt sich die für Realpolitiker unfassbare Tatsache, dass ein Sieg erst dann errungen ist, wenn ihn auch der Besiegte anerkennt, und dass ohne diese Anerkennung aller militärische Erfolg «nichts ist». Wie unheimlich diese aller «Härte der Tatsachen» hohnsprechende Unwirksamkeit bloss militärischer Kraft wirkt, zeigte sich auch darin, dass in der Rede Hitlers, wie in denen Ribbentrops und Goebbels', die Gegner überhaupt nur noch als «Irre», «Wahnsinnige», «Blödsinnige» bezeichnet werden; alles wäre in Ordnung, «und das ist das einzig Unangenehme, dass man bei diesen Geisteskranken und ewig Betrunkenen nie weiss, was sie machen». Man darf in diesen Äusserungen nicht nur Beschimpfungen sehen; sie entsprechen zweifellos der zermürbenden Überzeugung, einem der Macht der Tatsachen unzugänglichen Tollhaus gegenüberzustehen.[15]

Zwar glaubte Reichsaussenminister von Ribbentrop in seiner Rede vom letzten Sonntag, die ebenfalls den grundsätzlichen Übergang zur Defensive ankündigte, feststellen zu können, dass die Zeit nun endgültig für Deutschland arbeite, dass die Ernährungsfrage «nun endgültig beseitigt» sei und dass infolge der Eroberung riesiger Rohstoffgebiete «für ihre Kriegsbedürfnisse auf diesem Gebiet überhaupt keine Schwierigkeit mehr auftreten kann»; aber Ribbentrop rechnete die Rohstoffquellen und Arbeitskräfte Europas und Ostasiens zusammen, und zu solcher Addition gibt die mehr symbolische «Fühlungnahme» deutscher und japanischer U-Boote im Atlantik zur Feier des zweiten Jahrestages des Dreimächtepaktes kaum schon die Berechtigung. Um in strategischer Verteidigung zu warten, bis die Gegner «endgültig genug haben», benötigen die Achsenmächte die intensive Mitarbeit ganz Europas; wie Ribbentrop sagte, wird es «nunmehr Zeit, dass Europa sich findet und verträgt». Gerade zur *Organisation Europas* aber liefert keine der deutschen Programmreden irgendeinen Beitrag; Hitler lehnte es ausdrücklich ab, sich «jetzt schon mit der Gestaltung dessen zu beschäftigen, was einmal sein wird». Es bleibt also bei der «Härte der Tatsachen», der bloss militärischen Beherrschung; die Chance, die Deutschland die Untätigkeit der angelsächsischen Mächte bietet, bleibt ungenützt, und der *circulus vitiosus* beginnt von vorn. Es klingt wirklich wie fassungsloses Erstaunen über das Benehmen Wahnwitziger, wenn das im besetzten Gebiet erscheinende «Œuvre» über die neue Welle antideutscher Sabotage in Frankreich schreibt: «Es ist unnötig, die Erklärung für das *Wiederaufflammen des Terrors* anderswo zu suchen als im Erfolg der

‹Ablösung›, der Heimkehr der Kriegsgefangenen, der Freude der Familien und dem Enthusiasmus des Volkes ...»[16]

Auch die Zweifel und Fragen, die der Kriegsverlauf allmählich im deutschen Volk hervorruft, legte Hitler seinen «wahnsinnigen» Gegnern in den Mund und schob sie damit von sich: «Diese Offensive verläuft nun nicht so, wie sich das vielleicht *unsere Gegner* gedacht hatten ... Es gibt Leute auf der Seite *unserer Gegner*, die sagen: ‹Warum halten sie plötzlich an?› ... Es wird vielleicht auch bei uns Spiesser geben, die das nicht verstehen. Das deutsche Volk freilich hat in seiner Gesamtheit das unbändige Vertrauen zu seiner militärischen Führung und der Leistung seiner Soldaten.» Aber es muss zweifellos das deutsche Volk noch unlösbarer an seine Führer binden, wenn ihm eingeschärft wird, dass es vom Wahnwitz seiner Gegner das Schlimmste zu erwarten hätte: «Je schwächer ihre Position wird», sagte Goebbels in seiner Einleitungsrede, «um so blutrünstiger werden ihre Rachephantasien, die sie nicht nur gegen das nationalsozialistische Regime, sondern gegen das *deutsche Volk überhaupt* zum Ausdruck bringen. Bis zur Forderung der *Deportation aller deutschen Kinder* von zwei bis sechs Jahren haben sich diese infernalischen alttestamentarischen Wutausbrüche auf der Feindseite gesteigert.» Und Hitler bestand auf der «Erkenntnis, dass wir in diesem Krieg eine einzige verschworene Gemeinschaft sind, die genau weiss, dass wir entweder alle diesen Krieg siegreich überstehen oder *gemeinsam zur Ausrottung bestimmt* sind ... Ich muss es hier aber auch aussprechen, dass wir jeden Saboteur dieser Gemeinschaft *unbarmherzig vernichten* werden.» Die offizielle Mitteilung über zwanzig Todesurteile wegen Hochverrats und versuchter Neubildung der kommunistischen Partei in bombardierten Städten des Rheinlandes illustrierte vor kurzem diese Entschlossenheit. Zwischen zwei Vernichtungsdrohungen wird dem Deutschen der schmale und harte Weg durch den vierten Kriegswinter gewiesen. Und wieder ergänzte Goebbels in seiner Eröffnungsrede das Bild der Lage, als er die in Deutschland kursierenden, bisher nie öffentlich erwähnten Gerüchte, dass die SS als Kriegsmacht für die innere Front bereitgestellt und Himmler[17] mit einer eigenen Polizei und Luftwaffe ausgerüstet worden sei, als «Attentate gegen den gesunden Menschenverstand» zurückwies. Nicht eine Gefährdung des Regimes, aber zweifellos eine psychologisch sehr labile Lage zeichnet sich in diesen Äusserungen ab.

10. Oktober 1942

Fesselung von Kriegsgefangenen. Die dritte Front. Die zweite Front

Bestrebungen zur «Humanisierung des Krieges» trugen immer einen schreienden Widerspruch in sich; ähnlich etwa einem Versuch, den Kannibalismus zu humanisieren, indem man das vorherige Foltern der zum Auffressen bestimmten Opfer durch völkerrechtliche Vereinbarung verbieten würde, beschränken sich diese Bestrebungen darauf, wenigstens die mit der organisierten Menschentötung nicht notwendig verbundenen, selbst vom engsten militärischen Standpunkt aus völlig zwecklosen Grausamkeiten gegen Wehrlose und Unbeteiligte zu verhindern. Ein ehrwürdiges Beispiel einer solchen Konvention ist der Sempacherbrief von 1393. Aber selbst dieses beschränkte Ziel ist mit dem totalen Krieg, dieser totalen Negierung jeglicher Rechtssätze, unvereinbar. Es ist bekannt, dass das Internationale Rote Kreuz sein linderndes Werk der Humanität nur noch, und unter wie vielen Hemmnissen, durchführen kann, indem es die allerfurchtbarsten Vergehen gegen jede Menschlichkeit schweigend ignoriert. Nun hat eine neue und besonders hässliche Phase des Krieges gegen Wehrlose und Unbeteiligte begonnen: der *«Krieg gegen die Kriegsgefangenen».* Auf Grund des bei Dieppe erbeuteten britischen Befehls, dessen Existenz von britischer Seite bestritten wird, und von Aussagen deutscher Gefangener, die von den britischen Truppen gefesselt worden sein sollen – aber immerhin aus der britischen Gefangenschaft entkamen –, hat nun das Oberkommando der deutschen Wehrmacht eine schon mehrmals wiederholte Drohung wahr gemacht und alle bei Dieppe gefangenen Offiziere und Soldaten in Fesseln legen lassen, «bis das britische Kriegsministerium nachweist, dass es in Zukunft wahre Erklärungen über die Fesselung deutscher Kriegsgefangener abgibt oder dass es sich Autorität verschafft hat, seine Befehle bei den Truppen auch durchzusetzen». Diese Bedingung für die Aufhebung der Repressalie ist so formuliert, dass sie unmöglich zu erfüllen ist, und das mit Absicht, wie aus dem Berliner Kommentar hervorgeht, «die Engländer müssten sich eben selbst darüber den Kopf zerbrechen». Der britischen Regierung blieb also nichts übrig, als die «Repressalie» einfach hinzunehmen oder ihrerseits «Repressalien» zu ergreifen; sie hat den zweiten Weg gewählt, und bereits ist die deutsche Gegendrohung gefolgt, die mit der Fesselung einer «dreifachen Zahl britischer Kriegsgefangener» auftrumpft. Es ist vorläufig nicht abzusehen, wohin anders dieses makabre Spiel führen soll als zu einer unmenschlichen Behandlung *aller* Kriegsgefangenen.[18]

Eine andere Art des Krieges gegen Unbeteiligte und Wehrlose hat nun das letzte besetzte Land Europas erreicht, in dem es nicht schon üblich war: die Hinrichtung Unschuldiger als «Repressalie» für unaufgeklärte Widerstandsakte gegen die Okkupationsmacht. Zum erstenmal wurden nun auch in Norwegen Geiseln erschossen. Sabotage und Gegenterror haben dort einen Grad erreicht, gegen den die bisherige Justiz der Besatzungsbehörden und des Quislingschen «Revolutionstribunals» nicht mehr ausreicht. Die Vorgänge in Norwegen sind nur eine Teilerscheinung einer *gesamteuropäischen Gärung,* die nun selbst das friedlich besetzte, unter einem Sonderregime stehende Dänemark erfasst hat. Nicht diese Gärung unter der Friedhofsruhe der Okkupation ist neu; aber neu ist, dass sie aus der unterirdischen «dritten Front» an die Oberfläche der von Deutschland bestellten Schattenregierungen emporsteigt. Der dänische König stellt sich demonstrativ an die Spitze des Widerstandes gegen die uns unbekannten deutschen Forderungen; in Rumänien und Ungarn folgten sich Ministerkrisen; der serbische Ministerpräsident Neditsch hat sein Demissionsgesuch an die Besetzungsbehörden eingereicht, und der kroatische Generalstabschef Kwaternik ist «beurlaubt» worden. Undurchsichtig wie stets kriselt es auch in Vichy. Das Gespenst einer noch deutschfreundlicheren Gegenregierung, mit dem Laval seine Vorgänger schreckte, bedroht nun ihn selbst; am 15. Oktober soll die Frist für die Lieferung von 150 000 Facharbeitern nach Deutschland ablaufen, vor zwei Wochen wurde in Vichy zugegeben, dass ihrer erst 17 000 in Deutschland eingetroffen sind, nach den gestrigen Erklärungen Lavals ist ihre Zahl inzwischen kaum über 20 000 gestiegen, und noch immer schreckt er aus verständlichen Gründen vor offenen Zwangsmassnahmen grossen Umfangs zurück: das sind die bekannten Grössen der hinter den Kulissen sich abspielenden «französischen Krise».[19]

Den Grundton der europäischen Gärung gab Göring[20] in seiner Rede: «Zuerst und vor allem in der *Stillung des Hungers* und in der Ernährung kommt das deutsche Volk …; wenn gehungert wird, in Deutschland auf keinen Fall.» Denn wenn Göring meinte, die unterworfenen Völker, auf deren Kosten Deutschland sein Ernährungsproblem löst, hätten es leicht – denn «das, was sie sich für die Karten holten, war nur zusätzlich; normalerweise lebten sie von Schiebungen» –, so hat er damit zwar sehr scharf die moralische und soziale Zersetzung gekennzeichnet, in die Europa unter der Okkupation versinkt und deren Auftreten nach der «Austilgung des Judentums» die Deutschen eigentlich sehr verwundern müsste; aber dass nicht nur einzelne, sondern die ganzen Völker bloss offiziell hungern, inoffiziell aber prächtig «von Schiebungen leben», wollte er schwerlich glaubhaft machen. Europa geht in den vierten Kriegswinter wie eine belagerte Stadt, in der die Besatzung der Zitadelle alle Lebensmittel requiriert hat und deshalb ständig Hungerrevolten niederhalten muss.

Unter diesen Umständen ist die britisch-amerikanische Warnung an die französische Bevölkerung vor «verfrühten Aufstandsbewegungen» – nämlich vor der Errichtung der «*zweiten Front*» – vielleicht verständlich, muss aber für die Bewohner der besetzten Länder wie bitterer Hohn klingen; denn für viele von ihnen handelt es sich bald nicht mehr um ein «Zu früh», sondern um ein «Zu spät», und zu lange schon besteht die «Hilfe», die ihnen die «Vereinten Nationen» bringen, einzig und allein in der Blockade, von der Göring nun offiziell feststellte, dass sie Deutschland erst ganz zuletzt treffen wird. Diese Feststellung des Reichsmarschalls, sein offener Hohn über die Alliierten, die den russischen Verbündeten «dauernd ihrer persönlichen Hochachtung im einzelnen wie im allgemeinen» versichern und dabei zusehen, «wie er umgebracht wird», die Feststellung Willkies, dass die *demokratischen Absichten der Alliierten* in allen von ihm besuchten Ländern *bezweifelt* würden, die dauernde Gärung in Indien, zu deren Lösung die klägliche Unterhausdebatte schwerlich beitragen wird – all das bedeutet die gleiche *Mahnung* an die Alliierten, die Stalin einem amerikanischen Pressevertreter in Moskau schriftlich mitteilte: «Tut, was ihr versprochen habt.» Ein vierter Kriegswinter der Inaktivität würde auch im alliierten Lager eine Krise, wenn auch anderer Art, heraufführen.[21]

17. Oktober 1942

*Stalingrad. Amerikanische Truppen in Liberia.
Deutsche Vorwürfe und Drohungen an die Schweizer Presse*

Der Name *Stalingrads* wird allmählich für alle Kriegführenden ausser für die Russen selbst «untragbar»; auf die Alliierten Russlands wirkt er wie ein ständiger Vorwurf, auf die Achsenmächte wie ein höchst lästiges Menetekel. Aber alle Staatsakte, Reden und Kommentare vermochten diesen Namen nicht zu übertönen. Keiner der brillanten Wendungen in Churchills Rede in Edinburgh wurde eine derartige Ovation zuteil wie der blossen Erwähnung Stalingrads, und es war offensichtlich genug, dass diese Ovation nicht Churchill und nicht seinen englischen und amerikanischen Kollegen galt. Auch den Nerven und der Interpretationskunst der Berliner militärischen Kommentatoren blieb die tägliche Wiederkehr dieses Namens nicht erspart, obwohl für sie Stalingrad seit über einem Monat «militärisch erledigt» ist und sie es deshalb wohl lieber unerwähnt lassen würden. Aber als am 9. Oktober der deutsche Wehrmachtsbericht zum erstenmal Stalingrad nicht erwähnte, verschwand das «Verdun des Ostens» deswegen nicht in der Versenkung, sondern gerade das Fehlen dieses Namens bildete die Sensation des Tages. In den folgenden Tagen meldete das Oberkommando der Wehrmacht aus Stalingrad nur Einzelaktionen, am Dienstag bezeichnete das DNB die Kämpfe in der Stadt ausdrücklich als «Kleinkrieg», am Mittwoch erwähnte der Wehrmachtsbericht Stalingrad nicht mehr als eigene Kampfzone, sondern nur noch summarisch mit der Donfront zusammen, und an der Wilhelmstrasse[22] wurde den Pressevertretern mitgeteilt, dass dort schwere Regenfälle niedergingen und die «Schlammperiode» wiederkehre. Der «Schwerpunkt der Kämpfe», so wurden diese Wehrmachtsberichte interpretiert, habe sich «in den Kaukasus verlagert». Aber es ist nicht so einfach, den «Schwerpunkt der Kämpfe» zu verlagern, wenn der Gegner nicht einverstanden ist; überdies rückt der Termin zur Errichtung einer defensiven «Winterlinie» immer näher, und es ist nicht einzusehen, wie diese Winterlinie mitten durch eine Stadt laufen könnte, in der jede Hausruine umstritten ist und die unter dem Feuer der feindlichen Artillerie nur höchst fragwürdige Winterquartiere bieten würde. Stalingrad wird genommen oder aufgegeben, die Don-Wolga-Front bereinigt werden müssen, bevor sie – nach den Erfahrungen des letzten Winters sehr relativ und einseitig – «einfriert». Tatsächlich ist die Kampfpause in Stalingrad bereits zu Ende, der deutsche Ansturm hat mit frischen Kräften und neuer Wucht eingesetzt, und die «Schwerpunktverlagerung» hat sich als militärische und wohl ebensosehr propagandistische Erholungspause erwiesen, welche die blutige Monotonie dieser endlosen Schlacht über Massengräbern wenigstens für den Zeitungsleser wie eine rednerische Kunstpause unterbrach.

Eine vorläufig imaginäre «Schwerpunktverlagerung» hat auch die selbst noch imaginäre «zweite Front» erfahren; sie wird momentan propagandistisch nach

Afrika verlegt. Eine ganze Reihe von Symptomen nährt diese Gerüchte: die Alarmstimmung der französischen Presse beider Zonen, für die seit den amerikanischen Truppenlandungen an der afrikanischen Westküste «die Stunde Afrikas geschlagen» hat; die Rückkehr General Rommels an die ägyptische Front und die schweren Massenangriffe der deutsch-italienischen Luftwaffe auf Malta, die wie im Frühjahr dem Schutz grosser Materialtransporte für die Achsenstreitkräfte in Libyen zu gelten scheinen; vor allem aber die Ankunft und der grossartige Empfang des südafrikanischen Premierministers General Smuts in London. Smuts, ein hervorragender Vertreter der alten imperialistischen Garde Südafrikas, hat im «schwarzen Erdteil» immer das eigentliche Zentrum dieses Krieges gesehen; und wenn er jetzt – genau wie Willkie – feststellt, dass die Hilfsmittel der Alliierten für eine rasche Beendigung des Krieges ausreichen würden, und fordert, dass nun nicht «irgendwo irgendeine Offensive» unternommen werde, sondern eine Aktion, die den Ausgang des Krieges entscheide, so meint er damit wiederum eine Aktion in Afrika. Das wäre freilich nicht ganz die «zweite Front», welche Russland und die besetzten Länder Europas erwarteten und die ihnen so eifrig versprochen wurde. Welches Gewicht den Besprechungen General Smuts' zukommt, wird sich erst später erweisen; gering ist es nicht, das zeigt sein Empfang in London. Das Hervortreten des alten südafrikanischen Premiers ist ein Symptom jenes Kampfes um die Führung, der seit langem zwischen dem «alten» und dem «neuen» England vor sich geht und aus dem Hintergrund die alliierte Strategie lähmt und der nun in eine Phase getreten ist, in der die rivalisierenden Kräfte an die öffentliche Meinung appellieren. Ganz abseits von allen strategischen Überlegungen hat diese Frage nach dem Ort der «zweiten Front», vor die England gestellt ist, tief symbolischen Charakter: *Afrika oder Europa? Kolonialkrieg oder Freiheitskrieg?*[23]

Im übrigen ist all diesen «Symptomen» gegenüber äusserste Vorsicht geboten. Die vielen Reden und Staatsaktionen der letzten Wochen dienten ja nicht nur dazu, die öffentliche Meinung der kriegführenden Länder, die vergeblich auf die erwarteten Entscheidungen wartet, zu unterhalten; sie sind auch Teile jenes Nervenkrieges, der jeder neuen Wendung des Krieges vorangeht. Erinnern wir uns des Frühsommers 1941, als der Ausbruch des deutsch-russischen Krieges «in der Luft lag»: Vor allem aus Londoner Quellen, aber von Berlin aus geschickt und diskret genährt, schwirrten die tollsten und widersprechendsten Gerüchte über eine deutsch-russische Spannung und einen bevorstehenden Ausbruch der Feindseligkeiten so lange umher, bis kein Mensch mehr an sie glaubte und der lange erwartete deutsche Angriff auf Russland, als er dann tatsächlich begann, überraschend kam «wie ein Blitz in der Nacht». Die verwirrenden und widersprechenden Meldungen und Äusserungen über die bevorstehende «zweite Front» bieten ein ganz ähnliches Bild, und vielleicht hatte Churchill recht, als er von der Umkehrung des Nervenkrieges sprach. In einem vielbeachteten Artikel über die «Festung Europa» schreibt die «Frankfurter Zeitung»: «Den endgültigen Beweis der Uneinnehmbarkeit werden wir noch erbringen müssen ... Heute glaubt der Feind noch immer, unter den in dieser Festung Lebenden – den verschiedenen der darin einbezogenen Nationen – gebe es eine Unzahl von Leuten, die sich dazu eigneten, den Anstürmenden einmal ein Tor zu öffnen. Ja, der Feind hat die Hoffnung noch nicht aufgegeben, in unseren eigenen Reihen stünden noch Menschen, die einmal zu Ähnlichem bereit sein könnten.» Mehr lässt sich heute nicht sagen, und mehr hat eigentlich auch die diese Woche in Berlin so heftig getadelte neutrale Presse nicht gesagt: beide Kriegsgegner haben ihre Versprechungen abgegeben und ihren Endsieg rednerisch vorweggenommen, nun gilt es nur noch, all dies zu beweisen. Aber auch dieser erregte Tadel gegen die neutrale Presse[24] ist zweifellos ein Ausdruck der Nervosität, die sich aus dem labilen und schwerlich lange haltbaren Kräftegleichgewicht des Krieges ergibt.

24. Oktober 1942

Appell Lavals an die französischen Arbeiter

Es war einmal ein dynamischer, totaler, blitzblank organisierter und motorisierter Krieg, dessen Erfinder mit Stolz feststellten, dass es nun wenigstens für die Vernichtung keine natürlichen Hindernisse mehr gebe: der Raum war überwunden, es gab keine Inseln mehr, keine Gebirge und keine Festungen und erst recht keine Jahreszeiten mehr. Das ist lange her. Transport- und Nachschubprobleme, die es nicht mehr zu geben schien, sind in der ganzen Kriegführung an die erste Stelle gerückt, von der Eroberung sogar einer Insel wie Malta spricht kaum mehr jemand, und in den Frontberichten beginnen wieder die Wetterberichte die Hauptrolle zu spielen. Es ist, als frässe heimlich schon Rost und Verwitterung an der funkelndsten Kriegsmaschine aller Zeiten. An der Ostfront hat der zweite Kriegswinter begonnen, und ein Frösteln geht durch Europa. Zwar verglich Goebbels in München den augenblicklichen Stillstand der Operationen mit dem Verdauungsschlaf etwa einer Riesenschlange: «Wenn wir uns zu einem Teil damit beschäftigen, das zu verdauen, was wir verschluckt haben, so wird auch dieser Verdauungsprozess wieder zu Ende gehen.» Doch ist dieses unterernährte Europa offenbar nicht leicht zu verdauen, und auch hier wird der Winter Deutschlands Aufgaben nicht erleichtern. Nun werden wieder monatelang Millionen in kalten Häusern, wenn ihnen solche blieben, vor leeren Tellern sitzen, und es gehört keine prophetische Gabe dazu, vorauszusehen, dass die nationalen und sozialen Spannungen in Kälte und Hunger erschreckende Formen annehmen werden.

«Niemand wird behaupten wollen, dass die bolschewistische Wehrmacht je noch einmal die Kraft besitzen werde, die Grenzen des Reiches offensiv zu bedrohen», erklärte Dr. Goebbels. Und doch behauptete Laval in seinem pathetischen Aufruf an die französischen Arbeiter, ihre Kraft dem deutschen Kreuzzug gegen den Bolschewismus zur Verfügung zu stellen: «Ich bin überzeugt, und ihr dürft keinen Augenblick daran zweifeln, dass ich die Wahrheit sage, dass die Sowjets morgen in Europa das Gesetz diktieren würden, wenn Deutschland geschlagen werden sollte.» Diese Sätze widersprechen sich nicht; es ist von *zweierlei «bolschewistischer Gefahr»* die Rede. Um den grauenhaften Kampf in Russland fortzuführen, ist Deutschland gezwungen, im ganzen besetzten Europa Daseinsbedingungen zu schaffen, angesichts derer selbst der Kommunismus, wie ihn Laval darstellt, nicht mehr als Schreckgespenst erscheinen kann; die «bolschewistische Gefahr», die es an der Ostfront bekämpft, stampft Deutschland so hinter der Front aus dem Boden. Wenn Laval den französischen Arbeitern, die sich weigern, freiwillig – das heisst unter dem «nur moralischen Druck» der Arbeitssperre, des Hungers und der Erpressung – nach Deutschland zu gehen und die Waffen gegen Sowjetrussland zu schmieden, ausmalt, was ihnen droht: «eine Zwangsarbeit, bei der nur Deutschland auf die Rechnung käme; ein erniedrigender Zwang für euch selber, die ihr die Opfer wäret, und gewiss noch viel erniedrigender und noch viel schwerwiegender für Frankreich» – dann kann er schwerlich hoffen, dass seine Hörer dieses neue Europa als «das kleinere Übel» gegenüber irgend einem roten Gespenst empfinden. Und doch beruht die Stellung Lavals und das ganze Regime in Vichy nur darauf, das «kleinere Übel» gegenüber einer vollständigen militärischen Besetzung oder einem Regime Doriot zu sein; parallel mit der Rede Lavals ging ein Aufruf der deutschen Besatzungsbehörden in Paris, der Frankreich «das Schlimmste» ankündigte, wenn es nicht gemäss der Politik Lavals «Hand in Hand mit Deutschland marschiere». Aber es ist begreiflich, wenn sich der gewöhnliche Franzose dieses Schlimmste, das noch nicht eingetroffen wäre, überhaupt nicht mehr vorstellen kann; und wenn es einmal nach allgemeiner Ansicht «nicht mehr schlimmer kommen kann», dann schreckt keine Drohung mehr. So klang die rhetorische Glanzleistung Lavals wie ein Ruf in die Leere, aus der kein Widerhall kommt.[25]

Laval sprach im Namen des Siegers zum eigenen Volk, der deutsche Staatssekretär Frank als Vertreter des Herrenvolkes zu den unterworfenen Tschechen; aber das ist auch der ganze Unterschied zwischen diesen beiden Reden. Auch Frank forderte von den Tschechen die freiwillige Unterwerfung unter die deutschen Forderungen, aber diese Freiwilligkeit ist ebenso fragwürdig: «Nochmals haben die Tschechen ihr Schicksal selbst in der Hand. Verstehen sie es zu gestalten, das heisst, fügen sie sich ohne jeden Widerstand und bekennen sie sich zu den höheren Reichsinteressen, so werden sie leben ...» Und wie Laval den Arbeitseinsatz für Deutschland als weitere «Sühne für die Niederlage» verlangte, so auch Staatssekretär Frank: «Es kann jetzt keine tschechischen Forderungen mehr geben, sondern nur Sühne durch pflichtgetreue Arbeit» – Sühne für den Tod Heydrichs! Es ist jetzt viel von Sühne die Rede, aber täglich geschehen in ganz Europa Dinge, die überhaupt nicht mehr gesühnt werden können.[26]

«Es sind dies die Gesetze des Krieges», sagte Laval. Der französische Ministerpräsident ist ein Jurist, der bereit und imstande ist, für jede Sache zu plädieren; doch auch er wird schwerlich die internationalen Konventionen finden, in denen solche «Gesetze des Krieges» aufgezeichnet sind. Der totale Krieg ist der *gesetz- und regellose Krieg*. Sein vorläufiger Höhepunkt ist die japanische Drohung, alliierte Flieger, die in Erfüllung ihrer Befehle Japan bombardieren, zu «bestrafen» – anscheinend mit Hinrichtung. Und während in Deutschland und Grossbritannien die Fesselung der Kriegsgefangenen fortgeht, hat Deutschland die Angehörigen der tschechischen Emigranten als Geiseln festgenommen, um sie für deren Agitation «sühnen» zu lassen, und richtet anlässlich der Bombardierung eines deutschen Verbandplatzes in Afrika neue, undefinierte Drohungen gegen die alliierten Kriegsgefangenen. Das alles kann nur einen Sinn haben: den Willen zu dokumentieren, diesen Krieg bis zum letzten, bis aufs Messer zu führen und jeden Kompromiss denkunmöglich zu machen.

Da heute jeder Zweifel an diesem Entschluss ausgelöscht ist, setzt sich auch im angelsächsischen Lager die Erkenntnis durch, dass die bisherige Abnützungs- und Ermattungsstrategie sinnlos geworden ist; denn dass die deutsche Führung nicht kapitulieren wird, das bezeugen ihre Taten noch deutlicher als ihre Worte. Besonders feierlich hat Marschall Smuts diese Woche den Entschluss der Alliierten, einen Entscheidungsschlag zu führen, verkündet: «Die defensive Phase ist beendet. Die Vorbereitungen für die letzte Offensivphase sind getroffen.» Aber während sich der Entschluss zum Widerstand bis zum letzten feierlich proklamieren lässt – wie dies die Machthaber Deutschlands heute tun –, lässt sich eine Offensive nicht ankündigen; die Rhetorik ist eine Waffe der Verteidigung. Doch die Rede Marschall Smuts' bezeugt, wie vor kurzem die Rede Sir Samuel Hoares, dass heute gerade die konservativen Kreise Englands besonders brennend die Notwendigkeit empfinden, den Krieg rasch zu beenden; «denn», sagte Smuts, «alles, was uns lieb ist, teurer als das Leben selbst, steht auf dem Spiel».

31. Oktober 1942

20. Jahrestag des Marsches auf Rom. Die britisch-amerikanische Kriegführung im Westen und im Mittelmeerraum

Das faschistische Regime in Italien feiert sein *«Ventennale»*, den zwanzigsten Jahrestag des Marsches auf Rom.[27] Zwanzig Jahre sind eine durchaus beachtliche Lebensdauer für eine Regierung, der die demokratische Presse Europas 1922 kaum drei Monate zu leben gab und die tatsächlich nur in jahrelangem empirischem Vortasten ihre endgültige Form fand. Die sozialistischen wie die bürgerlichen Ideologen, die damals Mussolini als «Faschingskönig» belächelten, mussten ebenso wie die deutschen Oppositionsparteien, die Hitler zur Macht kommen liessen, um ihn «abwirtschaften zu lassen», unterdessen zu ihrem Schaden lernen, dass der Faschismus nicht eine Episode, sondern eine Epoche der europäischen Geschichte bedeutet und dass er nicht im Namen dessen bekämpft werden kann, was vorher war. Die Illusion, dass die totalitären Staaten schon «von selber abwirtschaften» würden, hat in den letzten Vorkriegsjahren eine verhängnisvolle Rolle gespielt und bildete im Grunde auch das Konzept, mit dem die Alliierten in den Zweiten Weltkrieg gingen und das dann nach einigen Monaten der drôle de guerre so grausam zerbrach. Den endgültigen Beweis, dass sie die Lehren aus diesen bitteren Erfahrungen gezogen haben, sind die demokratischen Mächte auch heute noch schuldig.

Die grossen Prunkveranstaltungen dieses «Ventennale», dessen Höhepunkt die Weltausstellung in Rom bilden sollte, mussten freilich abgesagt werden, und die Feier vollzieht sich in einer für totalitäre Staaten ungewohnten Stille. Denn während Rom im Fahnenschmuck prangt und von festlichen Schwarzhemden wimmelt, stehen die *norditalienischen Städte* Mailand, Turin, Genua, Savona, Monza und Novara im Zeichen der Verwüstungen, welche die britischen Tages- und Nachtangriffe des letzten Wochenendes dort angerichtet haben; in der italienischen Presse standen inmitten der zahllosen Gedenkartikel über den Marsch auf Rom eindringliche Schilderungen von der Schwere dieser «unmenschlichen Terrorangriffe». Und während Mussolini in Rom die permanente Ausstellung der faschistischen Revolution eröffnete, in der die «Schau des Impero» daran erinnert, dass Italien bisher in diesem Krieg der Hauptleidtragende und einzige Verlierer auf seiten der Achse war – in riesigen Lettern beherrscht der Schwur «Wir kommen wieder» diesen Teil der Ausstellung –, hat an der *ägyptischen Front* die britische Offensive gegen das letzte Stück des italienischen Imperiums in Afrika von neuem eingesetzt. Den Kommentar zu diesen gleichzeitigen Aktionen gab der britische Luftfahrtminister Sinclair: «Wir werden unsere Bomberangriffe auf das auf schwachen Füssen stehende Gefüge der faschistischen Partei fortsetzen, während in Nordafrika die Achte Armee ihre Offensive weiterführt.» Auf der gleichen Linie liegen die vor kurzem abgegebenen amerikanischen Erklärungen, dass die Vereinigten Staaten die Italiener in Amerika nicht mehr als «feindliche Ausländer» betrachten, dass sie keinen Krieg gegen das italienische Volk führen, sondern Italien als ein vom Feinde besetztes Land und Mussolini als italienischen Quisling betrachten. Die Form, in welcher der amerikanische Staatsanwalt Biddle diese Entschlüsse ankündigte, war ebenso optimistisch wie die jetzigen Erklärungen Sinclairs: «Der Faschismus steht in tödlicher Angst vor einer Revolte, aber diese Revolte kann nicht niedergeschlagen werden.» Es ist durchaus möglich, dass die Offensive in Afrika als die «entscheidende Aktion» gemeint ist, die der südafrikanische Premier Smuts ankündigte. Aber man wird gut tun, sich daran zu erinnern, dass auch im letzten Winter Grossbritannien seine Angriffe auf Italien als «das schwächste Glied der Achse» konzentrierte und dass auch damals die Erwartungen recht hoch gespannt waren. Es ist heute für einen Verbündeten Deutschlands nicht so einfach, sich aus diesem Bündnis zu lösen; denken wir an das gewiss mindestens ebenso kriegsmüde Finnland! Und es ist, wenn nicht eine Illusion, so doch kein Zeichen von Stärke, die Kriegsentscheidung an der Peripherie zu suchen. Die britische Offensive in Ägypten ist zweifellos eine Materialschlacht grössten Stils, und ihre Vorbereitung hat einen ungeheuren Kraftaufwand erfordert; aber sie gehört ins Gebiet des *peripheren Abnutzungskrieges*, entsprechend der Konzeption des «langen Krieges» und hat mit der in Europa angekündigten zweiten Front vorläufig nichts zu tun. Die Vermengung dieser beiden Fragen ist entweder ein Verwirrungsmanöver oder eine propagandistische Ausflucht; welches von beiden, das wird in recht kurzer Zeit klar werden.[28]

Zweimal im Verlauf einer Woche haben nun offizielle *britische Redner* – Unterstaatssekretär Balfour und Luftfahrtminister Sinclair – festgestellt, dass die britisch-amerikanische Kriegführung im Westen und im Mittelmeer die Hälfte der deutschen Luftwaffe oder mindestens der deutschen Jagdflieger binde; diese Mitteilung wurde wohl vor allem an die russische Adresse gemacht. Auch der britische Innenminister Morrison setzte sich mit der wachsenden ausländischen Kritik an der britischen Kriegführung auseinander und erklärte, Grossbritannien müsse sich «vor niemandem schämen wegen unseres Beitrages in den drei Jahren des Krieges». In deutlicher Änderung der Tonart werden heute von britischer Seite weniger Versprechungen gemacht als die schon vollbrachten Kriegsleistungen hervorgehoben. Die Ungeduld der öffentlichen Meinung, die sich allzusehr an diese Versprechungen hielt, beginnt offenbar unangenehm zu werden, und die ungemein offenherzige Rede Wendell *Willkies* vom 26. Oktober, die in der britischen Presse und Öffentlichkeit begeistert aufgenommen wurde, hat in Regierungskreisen anscheinend weniger Freude hervorgerufen. Sie war ein sehr unverblümtes Misstrauensvotum gegen die leitenden Männer Englands und Amerikas; «Unsere Führer müssen dauernd den Peitschenschlägen der öffentlichen Meinung ausgesetzt sein». Die ständige Ankündigung der «zweiten Front in Europa» hat zwar ihren Dienst getan, wenn damit beabsichtigt war, die deutsche Kriegführung zu beunruhigen, und sie erfüllt diesen Dienst auch heute noch; aber wenn nur das beabsichtigt war, dann war diese Ankündigung zugleich eine Unvorsichtigkeit, in der sich die alliierte Propaganda verfangen hat, und die «zweite Front in Afrika» wäre ein propagandistisches Dünkirchen – ein glorreicher Rückzug.[29]

7. November 1942

Der Krieg in Afrika. Wahlen in den Vereinigten Staaten

Das intensive Getuschel um *Afrika* war also doch ernst gemeint. Eine der ausgesuchtesten deutschen Elitetruppen und der populärste deutsche General sind aus einer hervorragend günstigen Verteidigungsstellung geworfen worden. Die Zurückhaltung des englischen Hauptquartiers in Kairo ist heller Begeisterung gewichen: «Wir haben einen vollständigen und absoluten Sieg errungen», erklärt General Montgomery. Allerdings haben sich solche Erklärungen – auch jene ironische Londoner Feststellung gleich bei der Ankunft Rommels in Libyen, Nordafrika sei «kein Rommelplatz» – bisher als falsch erwiesen; doch werden ja die Auswirkungen deutlich genug zeigen, wie vollständig und absolut dieser britische Sieg ist. Jedenfalls sind in Nordafrika wie auf Neuguinea und auf den Salomonen – kurz, auf allen Kolonialkriegsschauplätzen – die Alliierten in der Offensive. Noch weiter an der Peripherie des Krieges ist die britische Besetzung Madagaskars nun vollständig, und auf die amerikanischen Truppenlandungen in *Liberia*, über die die Schweizer Presse anscheinend nicht genug Empörung gezeigt hat, wurden wir ja von der Wilhelmstrasse sehr energisch hingewiesen. Die deutsche Propaganda hat anlässlich dieser amerikanischen Landung ein hübsches Wortspiel gefunden: die Doktrin des Präsidenten Monroe, nach dem Liberias Hauptstadt Monrovia genannt ist – «Amerika den Amerikanern» – sei nun durch die Monrovia-Doktrin ersetzt worden: «Afrika den Amerikanern.»[30]

Zwar ist nicht ganz einzusehen, weshalb die Presse eines überlebenden europäischen Kleinstaates ihre Empörung über Völkerrechtsverletzungen ausgerechnet für die militärische Besetzung einer Negerrepublik aufsparen sollte, die schon vorher so gut wie Privateigentum der amerikanischen Firestone Rubber Company war. Aber es ist wohl wahr, dass wir, eingeschlossen in der *Agonie Europas*, den Vorgängen im schwarzen Erdteil nicht genug Aufmerksamkeit schenken. Nur dort und im Pazifik wirken sich bis jetzt die immensen angelsächsischen Kriegsanstrengungen aus, und der Aufwand, den der schwarze Erdteil bereits absorbiert hat, steht schwerlich hinter dem zurück, was für eine Aktion in Europa nötig wäre. Die Europäer, die nun in den vierten Kriegswinter gehen, sind allzuleicht geneigt, ausserhalb Europas nur «Nebenkriegsschauplätze» zu sehen, ebenso die Russen, deren Verständnislosigkeit für die Probleme der alliierten Kriegführung Churchill so bedauernd festgestellt hat, und anscheinend auch die englischen Arbeiter, die Sir Stafford Cripps gerade jetzt mit der erneuten Ankündigung einer zweiten Front in Europa zu «höheren Produktionsleistungen» anzuspornen für nötig fand. Aber für die angelsächsischen Staatsmänner handelt es sich hier offenbar nicht um einen Nebenkriegsschauplatz; ihre vitalen Interessen sind an den *Kolonialfronten* mehr als in Europa konzentriert, und Afrika ist eigentlich das letzte unangefochtene Kolonialgebiet. Für den schwarzen Erdteil die Atlantik-Charta geltend zu machen, dazu war bisher noch kein Idealist weltfremd genug. Auch die angelsächsische Kriegführung nimmt, nach dem in letzter Zeit so beliebten deutschen Ausdruck, Pfänder für die endgültige Ausmarchung.

«Die Vereinigung der demokratischen Völker mit der *Sowjetunion* ist zustande gekommen, aber die zweite Front in Europa ist nicht geschaffen worden», schreibt die «Prawda» in einem inspirierten Artikel zum 25. Jahrestag der Oktoberrevolution. Die etwas brüske Forderung nach sofortiger Aburteilung von Rudolf Hess[31], die Moskau als Antwort auf die alliierte Anfrage über die Bestrafung der Kriegsverbrecher erhob, war eine wenn auch nur symbolische Demonstration dafür, dass man dort auf Worte und Nachkriegspläne keinen Wert mehr legt. Inzwischen hat Russland einen eigenen Ausschuss eingesetzt, um die «Bestrafung der Kriegsverbrecher» auf eigene Faust vorzubereiten; dass der Erzbischof von Kiew diesem Ausschuss angehört, ist allerdings eine Verneigung vor den Verbündeten. Jedenfalls haben die Sprecher der englischen Regierung in letzter Zeit die Debatte über die Nachkriegsprobleme sehr deutlich abgeblasen: sie sei verfrüht und stifte nur Unheil.

In einer Betrachtung über die *Wahlen in Amerika* meint das Blatt «Finanz und Wirtschaft», dass die militärischen Ereignisse vom republikanischen Wahlerfolg durchaus überschattet werden: «Die Republikanische Partei verkörpert bekanntlich den konservativen Kapitalismus, und wenn der Einfluss der Republikaner wieder steigt, dann bessern sich auch die Zukunftsaussichten jener privatkapitalistischen Institutionen, von denen die Börse eine der wichtigsten ist. Vielleicht ist es noch reichlich früh, jenen berühmten Silberstreifen für die Börse am Horizont entdecken zu wollen, aber es wäre wohl ebenso verfrüht, wollte man an den verschiedenen Anzeichen vorbeisehen.» Diese Interpretation mag angesichts der programmatischen Verschwommenheit der amerikanischen Parteien etwas simplistisch sein; doch bedeutet das Ergebnis der Wahl zweifellos eine Reaktion gegen die staatswirtschaftlichen und sozialpolitischen Tendenzen der Roosevelt-Administration[32], und es dürfte sich spätestens bei Kriegsende herausstellen, dass die republikanischen Führer eine ausgesprochen imperialistische Konzeption dieses Krieges vertreten. Diese Wahlen präjudizieren die Nachkriegszeit, aber den amerikanischen Kriegseinsatz werden sie nicht hemmen: die republikanischen Kandidaten übertrumpften womöglich die Rooseveltanhänger in ihrer Forderung nach gesteigerter Kriegsanstrengung, und es könnte sich, meint die «Frankfurter Zeitung», «das Paradoxon ergeben, dass ein Kongress, in dem die bisherige demokratische Mehrheit zwar nicht beseitigt, aber doch geschwächt ist, in dem also scheinbar die Opposition auf jeden Fall stärker vertreten wäre, den Präsidenten gerade zu einem noch energischeren Kurs ermuntern oder gar drängen könnte».

Auf deutscher Seite werden zwar alle Anzeichen von Spannungen innerhalb der «Vereinigten Nationen» sorgfältig registriert – am 26. Oktober brachte die «Deutsche Allgemeine Zeitung» aus Madrid den etwas sensationellen Bericht, Myron Taylor habe im Namen Englands und Amerikas den «Ländern des europäischen Westens Waffenhilfe» angeboten, «falls die Sowjets sich nicht an die Grenzen der ihnen gezogenen Einflusssphären halten sollten» –, aber Hoffnungen auf Auswirkungen dieser Spannungen noch während des Krieges zugunsten Deutschlands werden daran nicht mehr geknüpft; das gleiche Blatt brachte am folgenden Tag einen ebenso sensationellen Bericht aus Madrid über intensive Zusammenarbeit zwischen der britischen Gesandtschaft, dem Intelligence Service und der Komintern. Es ist eine *Errungenschaft der totalitären Kriegführung*, ihre Gegner derart zum Kampf auf Tod und Leben zusammenzuschweissen, dass eine gemeinsame Ideologie gar nicht notwendig ist, um sie den Krieg bis zum Ende gemeinsam durchfechten zu lassen; es gibt keinen andern Ausweg, der Krieg ist weit über die Regierungen, die ihn führen, hinausgewachsen. Diese Unmöglichkeit jedes Sonderfriedens, die durchaus folgerichtig, aber bestimmt nicht «planmässig» ist, enthüllt sich immer mehr als die schwerste Bedrohung der Achsenmächte: sie haben alle Schlachten einkalkuliert, aber nicht den Frieden, und es ist kein Ende abzusehen. «Das *Schicksal* hat uns in den Sattel gesetzt, wir *müssen* reiten», schreibt Dr. Goebbels in seinem letzten Artikel. Die Unentrinnbarkeit des totalen Krieges ist zum Fatum geworden.[33]

14. November 1942

Landung amerikanisch-britischer Invasionstruppen in Nordafrika.
Deutscher Einmarsch ins unbesetzte Frankreich

Wie ein gewaltiger Erdrutsch hat die amerikanische Landung in *Nordafrika* das ganze Gesicht des Krieges verändert. Sie bestätigt vollauf den Ausspruch Hitlers, den Churchill diese Woche mit hörbarer Genugtuung zitierte, «dass man bei diesen Geisteskranken und ewig Betrunkenen nie weiss, was sie machen». Dieses Unternehmen über den Atlantik hinweg, ohne erreichbaren Stützpunkt ausser dem schmalen Felsen von Gibraltar, so dass im immerhin denkbaren Fall einer vorzeitigen Entdeckung oder einer Abweisung der Rückzug zur Katastrophe hätte werden müssen, könnte in seiner scheinbaren Tollkühnheit einem phantastischen Zukunftsroman im Stil H. G. Wells' entsprungen sein. Dass für die Achsenmächte und für die Vichy-Regierung – oder mindestens deren achsentreuen Teil – trotz des langen Gemunkels um Afrika die Aktion in dieser Form völlig überraschend kam, zeigten ausser der Desorganisation des Widerstandes auch tragikomische Episoden wie das Missgeschick jenes französischen Flüchtlingsschiffes, das in Voraussicht eines alliierten Angriffes Zivilisten aus Dakar evakuierte und in Casablanca mitten in die amerikanischen Landungsoperationen hineingeriet. Die unheimliche Präzision dieses konzentrischen Angriffes gibt Europa einen Vorgeschmack «echt amerikanischen» Kriegsstils. Das ist nicht die prophezeite periphere Ersatzfront und nicht die so bescheiden angekündigte «Entlastungsoffensive», sondern eine völlig selbständige Hauptoffensive, die den Hauptkriegsschauplatz für längere Zeit ins Mittelmeer verlegt.[34]

Freilich, wenn wir die Einzelheiten dieses Unternehmens kennen würden, erschiene wohl manches weniger wunderbar, wenn auch nicht weniger abenteuerlich. Zum erstenmal wurde hier von alliierter Seite in grossem Stil jene geheimste aller Waffen eingesetzt, der Deutschland fast alle seine Blitzerfolge in der ersten Phase des Krieges verdankte: die *«fünfte Kolonne»*. Mit verblüffender Offenheit haben Cordell Hull und General Eisenhower die Rolle der diplomatischen und nichtdiplomatischen Spionage und der geheimen Verbindungen bei der Vorbereitung des Schlages gewürdigt: die amerikanische Botschaft in Vichy war an der Planung hervorragend beteiligt, und eine amerikanische Militärmission bereiste monatelang ganz Französisch-Nordafrika «in engster Fühlung mit führenden französischen Persönlichkeiten». Es war ja auch eine Fügung besonderer Art, dass der so geheimnisvoll aus Deutschland entkommene sagenumwobene General *Giraud* «l'Africain» im rechten Augenblick in Algier auftauchte, während der Gouverneur von Algerien, Chatel, im gleichen Augenblick zu Besprechungen in Vichy weilte und den Rückzug verpasste. Nicht minder geheimnisvoll ist noch die Rolle Admiral *Darlans*, des Befehlshabers der französischen Flotte, Oberkommandierenden der französischen Wehrmacht und designierten Nachfolgers des Marschalls, der im Namen und Auftrag Pétains die Führung des Widerstandes in Nordafrika gegen die amerikanische Invasion übernahm, gleich am ersten Tag in Algier den Amerikanern in die Hände fiel, am zweiten Tag als «Gast» General Clarks über den Waffenstillstand verhandelte und am dritten Tag «im Namen des Marschalls» die bisher von Vichy ausgeübte Autorität in Nordafrika übernahm, um die Einstellung des «nutzlos gewordenen Kampfes» zu befehlen; gestern nun erging an die in Toulon liegende französische Flotte eine nach deutscher Auffassung gefälschte Aufforderung Darlans, sich den Alliierten anzuschliessen. An Prätendenten auf die Führung eines wieder in den Krieg tretenden Frankreichs fehlt es also nicht – Churchill hat bei seiner Bankettrede immerhin nicht vergessen, neben Giraud auch noch General de Gaulle zu erwähnen –, und ihre gegenseitige Stellung ist offenbar noch nicht im geringsten abgeklärt. Im Augenblick ist den Alliierten «jeder recht». Um das Bild vollzumachen: nach englischen Meldungen kämpfen die französischen Truppen in Tunis, unabhängig von Darlan, Giraud und de Gaulle, einfach auf Grund der ständigen Doktrin Vichys, das Kolonialreich «gegen jeden Angreifer» zu verteidigen, gegen deutsche Luftlandetruppen, nach anderen Meldungen leisten sie noch dem amerikanischen Eindringen Widerstand ...[35]

Nicht minder verworren scheint die Lage in *Vichy* zu sein. Zum erstenmal wurde Deutschland das «Gesetz des Handelns» diktiert: auf den alliierten Einfall in Nordafrika folgte als sichtlich unliebsame Zwangsläufigkeit der deutsche Einmarsch ins unbesetzte Frankreich. Marschall Pétain, der sich tags zuvor fast demonstrativ auf einem Spaziergang mit General Weygand gezeigt hatte, tat alles, was er noch tun konnte: er erhob feierlich Protest gegen die Verletzung des Waffenstillstandsabkommens. Jede halbe Stunde sandte Radio Vichy den Protest in die Welt, bis er mit der Ankunft der deutschen Truppen verstummte, und seit der Rückkehr Lavals aus München wird dieser Protest peinlich totgeschwiegen ... Lassen wir die wilden Gerüchte um das Personal von Vichy, dessen histoire scandaleuse den Agenturen so viel Nahrung gab. Sie treten zurück hinter der *Tragödie Frankreichs*, das nun in der selben Situation wie 1940, aber in ganz anderer Verfassung, führerlos und desorganisiert, wieder mit seinem ganzen Gebiet im Kriege steht. Die Konzeption Marschall Pétains ist zusammengebrochen. Dass es diese Konzeption einst unterstützte, war zweifellos der politisch geschickteste Schachzug Deutschlands in diesem Kriege; besser als durch blosse militärische Besetzung wurde Frankreich durch die Etablierung der Vichy-Regierung auch politisch und militärisch aus dem Kriege ausgeschaltet, und Deutschland verschaffte sich dadurch zugleich ein «droit de regard» auf die militärisch kaum erreichbaren französischen Kolonien. Aber der Sieger fand nie die Möglichkeit, der Regierung von Vichy zu mehr als einem Schattendasein zu verhelfen; sie gelangte nie zu einer anerkannten Neutralität eigenen Rechts, und Vichy-Frankreich mit Nordafrika blieb mehr als zwei Jahre lang ein blosses Niemandsland, eine Art politischer Quattara-Senke, die aus bloss militärischen Zweckmässigkeitsgründen nicht in die Kriegshandlungen einbezogen wurde. Die Existenz des Regimes stützte sich auf zwei Pfänder, die keiner der Kriegführenden durch vorzeitigen Angriff dem Gegner in die Hände spielen wollte: Nordafrika und die Flotte. Nordafrika ist verloren, und es bleibt als «letzte Realie» der Rest der Flotte, der in Toulon unter Dampf liegt; an ihr versucht Vichy offenbar immer noch seine Existenz festzuhalten. Der deutsche Vormarsch soll vor dem Kriegshafen Toulon haltmachen, und die Flotte hat den Befehl erhalten, dort zu bleiben; auf dieses Reservat von einigen Quadratkilometern ist die «freie Zone» Frankreichs zusammengeschmolzen. Aber Toulon musste gemäss dem französisch-italienischen Waffenstillstandsvertrag, ebenso wie Bizerta, Oran und Ajaccio, entmilitarisiert und «offensiv und defensiv unbrauchbar» gemacht werden, die deutsche Armee steht in Reichweite, und der Oberbefehlshaber der Flotte ist zu den Alliierten übergegangen. Die Existenz Vichys hängt noch an einem Strohhalm im Sturm. Die feindlichen Armeen sind von beiden Seiten ins «Niemandsland» eingerückt, und die Bildung einer lückenlosen Front rund um die «Festung Europa» steht in greifbarer Nähe.[36]

In ganz *England* werden morgen die Glocken läuten, um den ersten Sieg dieses Krieges zu feiern. In dem gehobenen Selbstbewusstsein, das nun nach der langen Nervenprobe auf der Insel durchbricht, gilt es einen neuen Unterton sorgfältig zu registrieren, um später nicht von der Entwicklung überrascht zu werden: «Ich möchte jedoch eines klarmachen, falls irgendwo Missverständnisse bestehen sollten: Wir haben die Absicht, unser Eigenes zu wahren. Ich wurde nicht des Königs Premierminister, um den Vorsitz bei der Liquidierung des britischen Weltreiches zu führen … Hier sind wir, hier stehen wir, wahrhaftig wie ein Fels inmitten einer schwankenden Welt.» Diese im Zusammenhang seiner triumphalen Rede fast unmotiviert erscheinenden Worte Churchills mögen in dem Augenblick, in dem amerikanische Truppen nach Afrika strömen, eine Antwort an Willkie und andere amerikanische Politiker sein, die «die Reste des britischen Empires» im Commonwealth of Nations aufgehen sehen möchten, sind aber auch ein Wink an all jene innerhalb und ausserhalb Englands, die eine Kriegspropaganda in der Zeit der Trübsal mit den wirklichen Kriegszielen verwechselten. Nun glaubt man offenbar die Zeit der Trübsal hinter sich zu haben. Ob dieser Siegesjubel nicht reichlich früh kommt? Am gleichen Tag, an dem im Norden Afrikas die amerikanischen Truppen der vorstossenden britischen Achten Armee entgegenrückten, sprach Reichskanzler Hitler in München den inhaltsschweren Satz:

«Deutschland hat einst um dreiviertel zwölf die Waffen niedergelegt – ich höre grundsätzlich immer erst fünf Minuten nach zwölf auf.» *Der Krieg wird dauern bis fünf Minuten nach Mitternacht.* Europa ahnt, was das bedeutet.

21. November 1942

Vichy, de Gaulle und Nordafrika

Es gibt Formeln, die nach hundertjähriger, glanzvoller Laufbahn plötzlich absurd wie erratische Blöcke in einer veränderten Welt stehen. «Der Admiral (Darlan) hat sich damit ausserhalb der nationalen Gemeinschaft gestellt ...» Die nationale Gemeinschaft – das war der grosse Begriff, den die Französische Revolution schuf und von dem die französische Politik seither auch in ihren trübsten Epochen zehrte; heute, in der Proklamation Marschall Pétains, klingt dieses Wort wie eine Parodie. Die *nationale Gemeinschaft Frankreichs* ist seit zweieinhalb Jahren zerbrochen, und um das herrenlose Firmenschild reissen sich die Prätendenten. «Die Nation ist zerspalten», sagte Marschall Pétain in jener Rede vom 12. August 1941, in der er die Unterstellung aller französischen Streitkräfte unter Marschall *Darlan* ankündigte und zugleich offener als je ein Staatschef vor ihm die Unpopularität des Regimes von Vichy und besonders seines neuen Regierungschefs Darlan beklagte. «Die Autorität kommt nicht mehr von unten», erklärte er; «sie ist in Tat und Wahrheit die, die ich einräume und delegiere. Ich habe sie in erster Linie Admiral Darlan eingeräumt, gegen den die öffentliche Meinung weder immer günstig noch immer gerecht eingestellt ist, der mich aber mit seiner Loyalität und mit seinem Mut unterstützt hat.» Darlan war also nie der Beauftragte der «communauté nationale», sein Mandat hatte er ohne oder gegen den Willen der Nation inne, und man kann sagen, dass er ausserhalb der nationalen Gemeinschaft steht, seit er in den Tagen des Waffenstillstandes seine politische Karriere überhaupt begann. Vielleicht glaubt er heute in diese nationale Gemeinschaft zurückgekehrt zu sein; aber es ist bezeichnend, dass er auch jetzt nicht im Namen Frankreichs, sondern weiter im Namen Marschall Pétains spricht. In der schon zitierten Rede sagte der Marschall weiter: «Meine Autorität wird nur allzuoft gegen die Regierung angerufen, um angebliche Unternehmungen zum Heile des Landes zu lancieren, die in Tat und Wahrheit nur Appelle an die Disziplinlosigkeit sind.» Es hat sich nichts geändert, das Spiel ist nur robuster und skrupelloser geworden. Vichy ist im Sturm der letzten Wochen nicht untergegangen, wie man vermuten konnte: es hat sich verdoppelt. «Vive le Maréchal», tönt es von den Sendern Frankreichs; «Vive le Maréchal», antworten die Sender Nordafrikas. In Vichy übt nun, im Namen des Marschalls, Pierre *Laval* die tatsächliche Gewalt aus, der Mann, den Pétain an einem kalten Dezembermorgen des Jahres 1940 von Gendarmen aus dem Regierungshotel als Verräter abführen liess. Seine Unterschrift genügt fortan, um Verordnungen und Gesetze in Kraft treten zu lassen, und Marschall Pétain hat nur noch das Recht auf «Berichterstattung»; auf die Nachfolge des Marschalls in dieser rein repräsentativen Funktion hat Laval offenbar gerne verzichtet. In Algerien – nicht einer Kolonie, sondern einem Teil des Mutterlandes! – baut Admiral Darlan, im Namen des Marschalls, seinen Regierungsapparat auf, und um ihn hat sich bereits eine illustre Gesellschaft aus den Wandelgängen Vichys angesammelt: vor allem *Flandin*, der prominenteste «*Munichois*» und Saboteur der französischen Kriegführung von der Mobilisation bis zum Zusammenbruch, Nachfolger Lavals in Vichy im Dezember 1940, und *Pucheu*, Pétains Innenminister bis Ende des letzten Jahres, Signatar der meisten Ausnahmegesetze gegen De-Gaullisten, Republikaner, Gewerkschaften, Juden und andere «Bolschewisten», die sein damaliger Regierungschef heute in Nordafrika wieder aufhebt. Es ist die persönliche Tragödie Marschall Pétains, dass er keinen, wirklich keinen einzigen vertrauenswürdigen Mitarbeiter an seinem «moralischen Wiederaufbau» fand und finden konnte, dass mit dem Namen dieses Mannes, dessen Weltbild auf einem halbfeudalen Ehrenkodex aufgebaut ist, heute die Politiker und politisierenden Militärs des «neuen Frankreich» umgehen wie falsche Priester mit einem Fetisch. Die Geschichte ist erbarmungslos gegen wohlgemeinte Irrtümer.[37]

Die «Vereinigten Nationen» haben nun also ihr Vichy, wie die Achse ihr Vichy hat. Dass diese Erwerbung nicht ungeteilte Begeisterung ausgelöst hat, ist begreiflich. «Und wenn die Alliierten in Norwegen einfallen, werden sie dann auch die Macht an Quisling übergeben?» fragte ein englischer Abgeordneter im Unterhaus. General *de Gaulle* hat nach eingehender Rücksprache mit Churchill gegen die Erklärung protestiert, durch die General *Eisenhower* Darlan zum Führer des «Kämpfenden Frankreich» ernannte, als wäre diese Bewegung ein Truppenteil unter seinem Kommando – ohne Befragung des französischen Nationalkomitees in London und ohne Befragung der französischen Gebiete Zentralafrikas, die sich in den düstersten Tagen des Jahres 1940 dem «Kämpfenden Frankreich» anschlossen und dadurch den alliierten Aufmarsch in Westafrika überhaupt ermöglichten.[38] London und Washington haben nun in aller Eile *diplomatische Berater* zu dem amerikanischen Oberkommandierenden entsandt, und Präsident Roosevelt sah sich zu der beruhigenden Erklärung genötigt: «Niemand in unserer Armee hat die Vollmacht, über eine künftige Regierung Frankreichs oder des französischen Empires zu verhandeln ... Die Abmachung über Nord- und Westafrika ist nur vorübergehend und allein durch die Notwendigkeit der schnellen Fortsetzung des Kampfes gerechtfertigt.» So wäre Darlan eine blosse Schachfigur, die einen strategischen Zweck erfüllt und dann beiseitegestellt wird? Vielleicht doch etwas mehr. Er ist der Mann Amerikas, wie de Gaulle der Mann Englands ist, und bei den gegenwärtigen Verhandlungen darüber, ob Nordafrika dem Pfund- oder dem Dollarblock angeschlossen werden soll, wie bei andern sehr konkreten Fragen wird seine Regierungsgewalt in Nordafrika über die «militärischen Notwendigkeiten» hinaus ins Gewicht fallen. Das Unbehagen in London ist nicht nur sentimentaler Natur.

Aber zweifellos ist die von der englischen Presse aufgeworfene Frage, wie die Inthronisierung Darlans auf die oppositionellen Strömungen in Frankreich wirken werde, berechtigt. General de Gaulle, der aus seinen autoritären Neigungen und seinem romantischen Monarchismus nie ein Hehl gemacht hatte, war bereits ein harter Brocken für die republikanischen und sozialistischen Gruppen Frankreichs gewesen, und erst zu Beginn dieses Jahres, nachdem er eine demokratische Prinzipienerklärung abgegeben hatte, kam eine vorläufige Einigung der bedeutendsten unterirdischen Organisationen in Frankreich unter seiner Führung zustande; General *Giraud*, vor wenigen Jahren noch ein prominenter «Cagoulard» aus der Nachbarschaft der Michelin und Deloncle, wäre dank seines militärischen Prestiges gerade noch tragbar gewesen; und nun Admiral Darlan mit seinem Anhang von «Männern von Bordeaux» und Emissären des Comité des Forges?[39] Mehr als je fühlt Frankreich heute, dass es zwischen den Mühlsteinen liegt.

Eine deutliche *Diskrepanz* zwischen militärischen Triumphgefühlen und politischem Missbehagen macht sich im *Lager der «Vereinten Nationen»* geltend. Der Grund ist einfach genug, wenn auch nicht eben erfreulich: die Diskussion um die «bessere Welt», die mit dem alliierten Sieg kommen soll, hat heute nicht mehr ganz den akademischen Charakter, der ihr in der Zeit der Rückzüge und Niederlagen idealistische Höhenflüge erlaubte. Wendell Willkie hat diesem Missbehagen wieder einmal sehr offen Ausdruck gegeben, indem er der Atlantik-Charta das Schicksal der vierzehn Punkte Wilsons[40] voraussagte: ein «frommer Trug» zu bleiben – wenn sie nicht zu einem klaren und verpflichtenden Programm der «Vereinten Nationen» ausgearbeitet werde, solange der Elan des Krieges noch da sei. Doch Wendell Willkie ist Privatmann und Kandidat für die nächsten Präsidentschaftswahlen, General Eisenhower aber leitet die Operationen im europäischen Raum, die Regierungen verweisen auf die militärischen Notwendigkeiten, und nach der Meinung des «Daily Herald» hat in England «unter dem Schutz eines allgemeinen Sieges- und Begeisterungsschreies der massierte Frontalangriff gegen die Linien der Linken», die «Propagandaoffensive gegen die bessere Welt» eingesetzt. Es ist schwer, diese Alarmrufe von hier aus zu beurteilen. Aber jedenfalls entspricht das «Morgenrot der Offensive» nicht ganz den Vorstellungen, die in der «Zeit der Finsternis» genährt wurden.

28. November 1942

Stalingrad. Selbstversenkung der französischen Flotte. Die dritte Front

Vier Monate hat der deutsche Ansturm auf *Stalingrad* mit wechselnder, aber stets unvorstellbarer Intensität gedauert; nun hat ihn ohne Pause der russische *Gegenangriff*, der in Berlin als Grossoffensive gewertet wird, abgelöst, und die endlose Schlacht über dem Massengrab beginnt mit umgekehrtem Vorzeichen von neuem. Die russische Umfassungsoperation droht der deutschen Belagerungsarmee den Rückzug abzuschneiden; aber wird ein solcher Rückzug überhaupt in Betracht gezogen? «Sie können der Überzeugung sein, dass uns kein Mensch von dieser Stelle mehr wegbringen wird», erklärte Reichskanzler Hitler am 30. September unter minutenlangem Beifall im Sportpalast, und die deutsche Führung wird zweifellos alles daran setzen, diesen feierlichen Entschluss durchzuführen. Denn es geht um mehr als um die Ruinen einer Stadt.

Zweihundert Kilometer nördlich von Stalingrad liegt die Wolgadeutsche Sowjetrepublik, deren Bewohner vor mehr als einem Jahr, schon bald nach Ausbruch des deutsch-russischen Krieges, von der Sowjetregierung nach Osten umgesiedelt wurden, um für den Fall einer Ausdehnung der Kriegshandlungen bis in dieses Gebiet die Gefahr einer deutschen Irredenta im Rücken der Front zu beseitigen. Diese Massnahme, die damals ein Fragezeichen hinter den Erfolg der russischen Nationalitätenpolitik[41] wenigstens in diesem einst privilegierten Gebiet setzte, zeigte vor allem, mit welcher Kälte Moskau die deutschen Offensivmöglichkeiten voraussah: die Sowjetregierung hatte tatsächlich zum vornherein «alles einkalkuliert», was die deutschen Armeen erst im zweiten Sommerfeldzug zu realisieren vermochten. Das ironische Lächeln, das «planmässige Rückzüge» auszulösen pflegen, ist hier also nicht am Platze. Wenn je ein Rückzug den Eindruck der Planmässigkeit machte, so war es der russische im Verlauf dieses Sommers. Nicht in dem Sinne, dass es den Russen nicht lieber gewesen wäre, den deutschen Vorstoss früher zum Stocken zu bringen; aber mit einer fast unmenschlichen Ökonomie der Kräfte wurden die Gebiete, die nicht unbedingt gehalten werden mussten, ohne Verschwendung von Reserven den lokalen Garnisonen und der Zivilbevölkerung, den «Heckenschützen» und «Flintenweibern», zur Verteidigung bis zum letzten Mann überlassen, während die vollwertigen Armeen zum Einsatz an den entscheidenden Punkten aufgespart wurden. Ein solcher entscheidender Punkt war *Woronesch*, von wo aus nach einem damaligen deutschen Kommentar den Deutschen der Weg nach Norden, Osten oder Süden offengestanden hätte; als die deutsche Heeresleitung nach blutigen Kämpfen darauf verzichtete, dieses Tor aufzusprengen, war eine wichtige Entscheidung gefallen, die damals kaum beachtet wurde, und der Widerstand Stalingrads hat dann diese Entscheidung endgültig gemacht: die Russen hatten die deutsche Offensive nach Süden «kanalisiert». In dieser Richtung fand dann der deutsche Vorstoss bis zum Kaukasus keinen entscheidenden Widerstand mehr; aber die Entfaltung nach Westen und Osten, zum Schwarzen und zum Kaspischen Meer, misslang, und die Deutschen erreichten zwar den Gipfel des Elbrus, nicht aber die untere Wolga, Astrachan, Grosnij, und vermochten die nordwestlichen Ausläufer des Kaukasus südlich von Noworossijsk nicht zu überwinden. Ihr Vormarsch entwickelte sich zwischen zwei ständig wachsenden Fronten, und das eroberte Gebiet nahm immer mehr die Gestalt eines riesigen Sackes an. Diesen Sack nun zu schliessen, ist offenbar das letzte Ziel der russischen Offensive an Don und Wolga; es stehen kurzerhand alle deutschen Gewinne dieses Sommers auf dem Spiel, und angesichts dieses Einsatzes wird die «Winterschlacht bei Stalingrad» der Sommerschlacht an furchtbarer Härte nicht nachstehen.

Aber es ist eine grundsätzlich veränderte Situation, in der die deutsche Wehrmacht diesen Verteidigungskampf beginnt, eine Situation, die höhere Ansprüche an sie stellt, als dies in diesem Krieg je der Fall war: Die Koordination des amerikanischen, englischen und russischen Kriegseinsatzes ist offenbar zur Tatsache geworden. Auch in *Nordafrika* vollzieht sich ein Aufmarsch zu einer Entscheidung ersten Ranges: zur Entscheidung über das Schicksal ganz Nordafrikas. Das Aufgebot an Luftstreitkräften und motorisierten Elitetruppen, das für die Achse hier notwendig wird, kann nicht ohne Rückwirkungen auf die Ostfront bleiben, selbst wenn es nicht die Voraussetzung war, die Timoschenkos[42] Offensive ermöglichte.

Während sich der Endkampf um Nordafrika vorbereitet, neigt sich die Tragödie Frankreichs, des Frankreichs von Vichy, ihrem Ende zu. Das letzte Stück des französischen Empires von militärischer Bedeutung, *Französisch-Westafrika*, hat sich mit der von Gouverneur Boisson ausgegebenen Parole: «Für die Befreiung Frankreichs und des Marschalls» den Alliierten angeschlossen. Und auf der andern Seite der Front ist die deutsche Armee in die letzte noch unbesetzte Zone des Mutterlandes, in das Festungsgebiet von *Toulon*, einmarschiert. Die französische Flotte, die als einzige französische Waffengattung die Feuerprobe von 1940 ruhmvoll bestand, hat sich – wie einst die deutsche Flotte bei Scapa Flow – selbst in den Grund gebohrt, und die französische Waffenstillstandsarmee wird nach einem letzten Aufflackern des Widerstandes entwaffnet. Das Zwischenspiel von Compiègne hat ein erschütterndes Ende gefunden.[43]

Und in diesem Augenblick, in dem das Frankreich Marschall Pétains die letzten realen Grundlagen seiner Existenz verliert, schweigt auch die Stimme des «Kämpfenden Frankreich». Sein Sprecher im Londoner Rundfunk streikt, und die britische Regierung hat General *de Gaulle* vorübergehend das Wort entzogen. Admiral *Darlan*, den die Pariser Presse «le poulain de Wallstreet» nennt und den viele Engländer wohl nur aus Höflichkeit nicht so nennen, «der meistgehasste und auch am tiefsten verachtete Mann in Frankreich» nach den Worten des nach London entkommenen französischen Generals d'Astré de la Vigerie, beherrscht nun nach dem Anschluss Gouverneur Boissons im Namen der Alliierten und zugleich «im Namen Pétains» ein Gebiet von fast fünf Millionen Quadratkilometern, während das an Ausdehnung halb so grosse Gebiet Französisch-Äquatorialafrikas General de Gaulle die Treue hält – General de Gaulle, dessen Todesurteil von Admiral Darlan gegengezeichnet wurde und gegen dessen Emissäre Gouverneur Boisson das Feuer eröffnen liess. Das «Geschäft» mit Darlan, das den Alliierten die reibungslose Errichtung der «zweiten Front» gestattete, hat sich auf kurze Sicht gelohnt; aber mit welchen Verheerungen an der «dritten Front», der inneren Front in Frankreich, es erkauft wurde, ist noch nicht abzusehen. Das englische Unterhaus hat diese Woche die Regierung ohne Unterlass mit Fragen bestürmt, auf die es unter Verweis auf die «militärischen Notwendigkeiten» und auf das amerikanische Oberkommando in Nordafrika keine Antwort erhielt. Der Sprecher der Regierung im Unterhaus war nicht mehr Sir Stafford *Cripps*, sondern Anthony Eden, und es entbehrt nicht eines tieferen Sinns, dass Cripps in diesem Augenblick seinen Platz im britischen Kriegskabinett räumen musste, in das er als «Garant einer neuen Welt» eingezogen war. In den gleichen Zusammenhang gehört eine Entscheidung des amerikanischen Kriegsministers Stimson, die im Lärm der aktuellen Ereignisse unterzugehen droht: Stimson hat das *«Militärkomitee zur Befreiung Österreichs»* des Thronprätendenten Otto von Habsburg anerkannt und damit, wie die «New York Times» berichtet, die republikanische und sozialistische Emigration von der Organisation des österreichischen «Befreiungskorps» ausgeschlossen; im Namen welcher «militärischen Notwendigkeiten», ist uns unbekannt. *Die «dritte Front» ist in der Koordination der Alliierten nicht eingeschlossen, und die Entwicklung beginnt sich abzuzeichnen, in deren Verlauf sie immer mehr zwischen die Fronten geraten wird.*[44]

Der militärischen Zusammenarbeit der «Vereinten Nationen» entspricht *keine gemeinsame politische Konzeption*, und auf deutscher Seite ist offenbar die Hoffnung noch nicht geschwunden, hier eine Lücke in der feindlichen Front zu finden. Vor acht Tagen übertrug der deutsche Rundfunk einen Friedensappell an England, von dem sich freilich die deutsche Regierung ausdrücklich distanzierte. John Amery[45], der Sohn des britischen Staatssekretärs für Indien, wandte sich an das englische Volk mit der Mahnung: «Die deutsche Armee ist im Augenblick das einzige, was zwischen euch und dem Bolschewismus steht.» Aber dieser Appell kommt zu spät. Die militärischen Notwendigkeiten genügen, um die Zusammenarbeit selbst zwischen City, Wallstreet und Kreml aufrechtzuerhalten, und die Ereignisse von Toulon haben soeben die Unmöglichkeit von Kompromissen neuerdings demonstriert.

5. Dezember 1942

Reden Churchills und Mussolinis. Die Lage Frankreichs

Es ist ein in diesem Kriege einzigartiges Schauspiel, dass zwei Staatsmänner über die Fronten hinweg ein Gespräch führen. Es ist durchaus kein höfliches oder gar freundliches Gespräch. «Seine Hyänennatur durchbrach alle Schranken des Anstandes und des gesunden Menschenverstandes», sagt der eine, und der andere erwidert, mit einer Anspielung auf seine weniger «vornehme» Abstammung: «Ich fühle mich unendlich viel mehr Gentleman (signore) als dieser Mann, aus dessen nach Tabak und Alkohol stinkendem Maul so elende Niedrigkeiten kommen.» Aber das ist nun einmal der Ton, der im internationalen Verkehr eingerissen ist. Trotzdem war es ein Gespräch, das hier vor dem Forum des italienischen Volkes geführt wurde; denn diesmal wurde nicht, wie das sonst üblich ist, die eine Hälfte des Dialoges unterschlagen. Ausser den von Churchill angeführten italienischen Verlustziffern steht der ganze auf Italien bezügliche Teil der Rede Churchills in Mussolinis eigener Übersetzung schwarz auf weiss in der italienischen Presse. Ob dies ein Zeichen der Stärke des Regimes ist oder ein Zeichen dafür, dass die Absperrung Italiens von der feindlichen Propaganda nicht mehr möglich ist, kann wohl heute niemand mit Sicherheit sagen, wie denn über den Ausgang dieser Disputation nur der Fortgang des Krieges entscheiden kann. Aber dass sie überhaupt in Gang kam, wird Churchill vermutlich als einen ersten Erfolg seiner rednerischen Offensive betrachten.[46]

Die *Antworten Mussolinis an Churchill* verdienen Punkt für Punkt registriert zu werden. Der Faschismus hat das italienische Volk ins Unglück geführt?: «Das italienische Volk ist nie glücklich gewesen ... Es ist ein Volk, das nie genug Brot gehabt hat.» Das italienische Volk hat diesen Krieg nicht gewollt?: «Aber ich möchte wissen, ob der englische Premierminister je das englische Volk gefragt hat, ob es den Krieg wolle oder nicht!» Das italienische Volk ist des Krieges müde?: «Man kann nicht ununterbrochene Begeisterungskundgebungen verlangen ... Es ist keine einzige Demonstration gegen den Krieg vorgefallen. Nur eine Frau – ich nenne ihren Namen nicht, denn es ist nicht der Mühe wert und würde ihr vielleicht zuviel Ehre machen (denn es gibt Leute, die den Tempel der Diana zu Ephesus zerstören würden, um in die Geschichte einzugehen) – nur eine Frau in Genua also hat gerufen, sie wolle den Frieden.» Und entsprechend der proletarischen Note seiner Rede stellte Mussolini fest, dass diese Frau Ringe an den Fingern trug und also dem «popolo grasso» angehörte ... Einen Akt der Zustimmung verzeichnete Mussolini nicht. Er beruft sich auf ein umfassendes Plebiszit des Schweigens. Aber das argumentum ex silentio ist vieldeutig und stets nur vorläufig. Vor allem, wenn das Schweigen erzwungen ist.

Ganz im Rahmen aller jetzigen Kundgebungen der Achse lag Mussolinis *Appell an den Hass* gegen England. Die wöchentlichen Artikel Dr. Goebbels' haben seit einiger Zeit fast keinen anderen Gegenstand als diesen Aufruf zum Hass und eifern gegen die «deutsche Untugend der Objektivität», und selbst der ungarische Ministerpräsident tadelte neulich «unter den vielen Fehlern der ungarischen Rasse» als deren grössten, wenn auch schönsten, die Liebe für den Nächsten, «selbst wenn er einer andern Rasse angehört». Die Notwendigkeit solcher Anfeuerungen zum Völkerhass ist nach drei vollendeten Kriegsjahren immerhin bemerkenswert. Aber seltsam weit musste der Duce zurückgreifen, um für diesen Hass einen Anknüpfungspunkt zu finden: bis auf Caesars britannischen Feldzug. Denn seither haben England und Italien nie mehr Krieg gegeneinander geführt. «Ich behaupte nicht, dass in unseren Adern noch alles Blut der alten Römer fliesst», räumte Mussolini ein; und wieviel weniger noch sind die heutigen Angelsachsen die Nachkommen jener verschollenen Inselkelten, über die einst Caesar herfiel! Was Wunder, wenn dieser antiquierte Hass inzwischen in den Archiven verstaubt ist und es Mühe macht, ihn wieder aufzufrischen.

Während so Mussolini vor aller Welt den Kampf um die Seele des italienischen Volkes gegen die Propaganda der «Vereinten Nationen» aufnimmt, hat die Achse offensichtlich den Kampf um die Seele Frankreichs aufgegeben. Auch dafür ist der rückhaltlose Hass gegen die «lateinische Schwester», der in Mussolinis Rede zum Durchbruch kam, und die demonstrative Genugtuung, mit der er die Initiative für die Besetzung ganz Frankreichs für sich beansprucht, bezeichnend. Toulon hat den Schlussstrich unter alle Werbungen gesetzt. Diese stumme *Selbstversenkung einer stolzen Flotte* ist eine jener Episoden, die in die Legende eines Volkes eingehen und unauslöschbar weiterwirken. Uns Landratten und nüchternen Hyperboräern mag die Psychologie dieser Schiffsoffiziere, die bewegungslos auf dem Kommandoturm mit ihren Schiffen untergingen, fremd und sinnlos erscheinen; wie verwandt aber trotz aller Erbitterung hier gerade auch die Italiener empfinden, dafür zeugte jener erste offiziöse italienische Kommentar, der fast widerwillig die «Schönheit dieser Geste» anerkannte. Für ein in Dingen der Repräsentation und der nationalen Ehre fast überempfindliches Volk wie die Franzosen war der Untergang von Toulon nach Jahren der Scham die erste Tat, in der sie wieder sich selbst erkennen konnten. Sehr aufschlussreich für den Kontrast zweier Charaktere waren die gleichzeitigen Kommentare Admiral *Darlans* und General *de Gaulles* – und es ist nicht schwer zu sagen, wo hier die Stimme Frankreichs war –: Während de Gaulle das Ereignis als Beginn der Wiederaufrichtung Frankreichs begrüsste und alles Zögern und Schwanken durch den «nationalen Reflex» einer Stunde ausgelöscht sah, hatte Darlan nur Tadel für die Flottenkommandanten, die unter seinem Oberbefehl in Toulon geblieben waren, bis er selbst zu den amerikanischen Invasionstruppen überging, und die dann nicht schnell genug den Anschluss an seine Schwenkung fanden. Er drohte: «Wir werden hart gegen alle sein, die freiwillig oder unfreiwillig den Absichten unseres Erbfeindes dienen.» Aber es ist vielleicht doch noch nicht ausgemacht – obwohl es ein unserer Zeit würdiges Spektakel wäre –, dass Admiral Darlan im «Nachkriegsgericht über Kriegsverbrecher und Quislinge» den Vorsitz führen wird. Die Tat von Toulon kann keine der Parteien für sich in Anspruch nehmen; sie ist eine Episode des Kampfes an der anonymen, unendlich vielgestaltigen «dritten Front». Gerade darum ist sie so unwägbar wichtig; und gerade darum wird sie offiziell so rasch verwedelt. Der erste Bericht der Havas-Agentur verzeichnete «zahlreiche Opfer, da sich eigentliche Kämpfe abspielten», und stellte fest, dass die Kommandanten und zahlreiche Mitglieder der Besatzungen mit den Schiffen untergingen, inzwischen hat dieselbe Agentur eine «Offizielle Richtigstellung» aus Vichy veröffentlicht, die den Verfasser jener «phantastischen und lügenhaften Depesche» mit strafrechtlicher Verfolgung bedroht und die Zahl der Opfer auf sechs Tote und siebenundzwanzig Verletzte reduzierte, und in der letzten Havas-Version, die auch Mussolini übernahm, sind es nur noch zwei Tote und siebzehn Verletzte. So kurz war der Weg von einer Agentur Vichys zu einer Agentur der Besatzungsbehörden. Das Schweigen über Frankreich ist tiefer geworden als je; aber die Lage Frankreichs ist endlich so klar geworden wie die Lage Norwegens oder Polens.

Mussolini hat über das italienische Volk ein Wort gesagt, von dem er offenbar auch sich nicht ausnahm: «Il popolo italiano è un grande popolo sconosciuto. Nessuno lo conosce.» Dieses Wort gilt heute für alle Völker Europas. Wer weiss denn, was in ihnen vorgeht? Nur eine Frau in Genua habe gerufen, sie wolle den Frieden ... Diese Frau wird in die Geschichte dieses Krieges eingehen.

12. Dezember 1942

Die Ostfront. Italien. Britisch-amerikanische Auseinandersetzung über die Politik in Nordafrika

Seit Ribbentrop zu Beginn des vierten Kriegsjahres festgestellt hat, dass von nun an die Zeit für die Achsenmächte arbeite, hat die neue defensive These der deutschen Propaganda immer festere Formen angenommen. Noch Ende September antwortete Reichskanzler Hitler auf die Frage, warum die Offensive im Osten stehen bleibe: «Weil wir vorsichtig sind», und noch Mitte Oktober erklärte Goebbels, Deutschland sei zwar augenblicklich damit beschäftigt, «zu verdauen, was wir verschluckt haben, doch wird auch dieser Verdauungsprozess zu Ende gehen». Inzwischen ist der Herbst zu Ende gegangen, und wir lesen im «Hamburger Fremdenblatt»: «Seitdem wir alles das erkämpft haben, was wir für das künftige Gedeihen unseres Reiches brauchen, ist die *Last der Initiative* zu einem guten Teil auf unsere Gegner übergegangen.» Fast wie ein Druckfehler liest sich dieser undynamische Satz in einem deutschen Blatt, wo bisher stets nur von der *Lust* der militärischen Initiative die Rede war. Deutschland, das offizielle Deutschland zum mindesten, beginnt sich als *gesättigte Nation* zu fühlen. Zweifellos kommt diese These einer weitverbreiteten Stimmung entgegen, die sich etwa in die Worte fassen liesse: Was wollen wir denn noch weiter? Trotzdem ist sie nicht ohne Gefahren, weil offenbar nicht überall das sichere Gefühl herrscht, dass die Erreichung aller Ziele der wirkliche Grund des Haltens sei. «Ein solches Abstoppen des Angriffssturms hat nun noch stets bei überängstlichen Gemütern Besorgnisse hervorgerufen», schreibt das «Stuttgarter Neue Tagblatt»: «Ihre Befürchtung, dass nun ein Rückschlag folge, wird ja bei uns leider noch immer genährt durch die psychologischen Auswirkungen des Jahres 1918, das uns nach gewaltigen Erfolgen ganz unerwartet den Zusammenbruch brachte.»

Vor allem aber dürfte das Gefühl der Sättigung, wenn es in Deutschland besteht, ausserhalb Deutschlands selten anzutreffen sein. Das Reich hat Europa gewonnen und könnte sich damit zufriedengeben, aber *Europa* hat dabei seine weltwirtschaftliche Existenzbasis verloren, und dass es sich damit nicht zufriedengibt, hat Dr. Goebbels selbst in seiner letzten Sportpalastrede angedeutet, und deutlicher als er zeugt davon die neue Welle von Hinrichtungen, die über die besetzten Länder geht. Aber auch für *Italien* ist der Krieg bisher nicht wunschgemäss verlaufen; schwerer noch als der Verlust des Imperiums trifft heute Hunderttausende von Italienern der Verlust ihrer Heimstätten, und die totale Mobilisation der Zivilbevölkerung, welche vor allem die Arbeiterschaft der bombardierten Gebiete unter Kriegsrecht stellt, zeigt, wie nahe der Krieg heute an Italien herangerückt ist. Die Frau in Genua, die Frieden haben wollte, ist nicht mehr allein; die Kundgebung in der Peterskirche in Rom, bei der am 8. Dezember Papst Pius XII.[47] aus der Menge mit dem Ruf «Es lebe der Friedenspapst!» begrüsst wurde, war offenbar umfangreich genug, um den Sprecher der Regierung zu einer Erklärung an die Auslandspresse zu veranlassen, wonach «sich jene Rufe zweifellos auf die schon bei Kriegsbeginn vom Haupt der katholischen Christenheit eingenommene und der tiefsten Anerkennung würdige Stellungnahme bezogen, das heisst aus den Tagen, als auch Mussolini noch seine ganze Persönlichkeit zur Erhaltung des Friedens einsetzte ... Selbstverständlich weiche das italienische Volk nicht um Haaresbreite von seinem Entschluss ab, den begonnenen Krieg bis zum Siege fortzusetzen.»

Zweifellos wird Deutschland alles tun, um das Mussolini gegebene Hilfeversprechen gegen die alliierten Luftangriffe auf Italien zu erfüllen. Doch die Aufgabe, ganz Europa nach allen Seiten zu verteidigen, ist ungeheuer, und gleichzeitig beanspruchen die Fronten in Russland und vor allem in Nordafrika einen steigenden Einsatz der Luftwaffe. Nach alliierten Berichten treffen die unablässigen Luftangriffe auf italienische Städte auch jetzt noch nur auf sehr geringe Fliegerabwehr. Um so kräftiger konzentriert sich die deutsche Luftwaffe auf den *Kampf um Tunis*,[48] der immer noch fast ausschliesslich ein Kampf um die Luftherrschaft nicht nur über Tunesien, sondern zugleich schon über die Strasse von Sizilien und damit um die Möglichkeit eines direkten Angriffs auf Italien ist. Die Annahme, dass die Achsenmächte Tunis ohne ernsthaften Widerstand aufgeben würden, war daher reichlich voreilig und hat zu einer ernsten Schlappe der am weitesten vorgedrungenen alliierten Streitkräfte geführt.

Dieser vorläufige Misserfolg hat die englisch-amerikanische Auseinandersetzung über die Politik in Nordafrika noch verschärft. Nachdem ein wenig freundschaftliches Communiqué General Eisenhowers die Überstürzung, mit der die englische Erste Armee gegen Tunis vordrang, dafür verantwortlich machte, begann die englische Presse anzudeuten, die ungeklärte politische Lage im von *Darlan* beherrschten Hinterland der alliierten Offensive habe die Konsolidierung der Ausgangsbasis und den Nachschub verzögert, und die unheimlich scharfe Warnung des freifranzösischen Befehlshabers in Syrien, General Catroux[49], vor den Gefahren der Stellung Darlans im Rücken der Alliierten, hat diesen Gerüchten neue Nahrung gegeben. Worum es sich dabei handelt, bleibt reichlich undurchsichtig, und dass die «Affäre Darlan» kein harmloses Missverständnis zwischen den Alliierten ist, geht schon daraus hervor, dass Churchill das englische Parlament in einer *Geheimsitzung* darüber aufzuklären für nötig hielt. Sichtbar ist nur, dass Darlan im Bewusstsein seiner angefochtenen Stellung um jedes seiner Machtmittel – die Haltung Westafrikas, die Haltung der in Nordafrika liegenden Flotte und alle administrativen Massnahmen, die ein effektiver Eintritt Nordafrikas in den Krieg voraussetzt – feilscht, und dass er sich keineswegs als nur vorläufigen Herrn Nordafrikas betrachtet. Die *russische* Diplomatie hat nun ebenfalls gegen Darlan Stellung bezogen, und diese Parallelität der englischen und russischen Haltung kündet eine Konstellation an, die für die Zukunft wichtig werden könnte. Bemerkenswert ist auch die Demonstration eines kleinen Landes, das im Schatten der Vereinigten Staaten oft mühsam um seine Existenz kämpfte: *Mexiko* hat den Augenblick gewählt, in dem Darlan die französischen Diplomaten in aller Welt zur Anerkennung seiner Stellung als Staatschef auffordert, um offiziell die «*France combattante*» General de Gaulles anzuerkennen. Das ganze Kulissenspiel ist für die alliierten Völker bedrückend und grotesk, und die deutsche Presse spricht schadenfroh von den «Veruneinigten Nationen». Vor allem aber betrifft die Auseinandersetzung Frankreich. General *de Gaulle* hat die Rede, die er in London nicht halten durfte, über seinen Sender Brazzaville verbreitet und darin jede Zusammenarbeit mit Darlan abgelehnt, «selbst wenn daraus ein *Bürgerkrieg* entstehen sollte» – ein Bürgerkrieg im befreiten Frankreich? So wird heute schon – wahrlich früh genug! – deutlich, dass das Ende des Krieges und der fremden Besetzung für Frankreich den Beginn der Auseinandersetzung über jene Probleme bedeuten wird, deren Ungelöstheit zum Zusammenbruch von 1940 führte und die unter dem Druck des Besetzungsregimes zu letzter Schärfe aufgestaut und ausgegoren wurden. «Die Frucht des Sieges ist reif, aber darin ist ein Wurm: Darlan» – so fasste Catroux, der sich bisher allen Polemiken ferngehalten hatte, diese Stimmung zusammen. Seit Vichy und das Comité des forges auch im alliierten Lager sitzen, sind die Gegensätze diesseits und jenseits des Mittelmeers dieselben: über die gegenwärtigen Sorgen der Regierung Laval nach der Demobilisierung der Waffenstillstandsarmee berichtet der Korrespondent der «Gazette de Lausanne» aus Vichy: «Heute bleiben dem besiegten Land nur noch seine Gendarmerie und seine Mobilgarde: Polizeitruppen, die gewiss die Ordnung aufrechterhalten konnten, wenn sie in schweren Fällen die Regimenter dieser neuen Armee, *die gerade für diesen Zweck geschaffen worden war,* hinter sich hatten, die sich aber in gewissen Fällen vielleicht Massenkundgebungen gegenüber sehr schwach finden könnten.» Anders, als es erträumt wurde, wirft die Nachkriegszeit in beiden Lagern ihre Schatten voraus.

19. Dezember 1942

*Widersprüchliche Berichte von den Kriegsschauplätzen.
Lockerung der klaren Fronten. Die Kleinstaaten*

Wohl noch selten haben sich die Berichte von den *Kriegsschauplätzen* derart auf der ganzen Linie widersprochen. Wer ist an der russischen Front in siegreicher Offensive, wer hat wen eingekesselt, und wessen Streitkräfte gehen dort «der sicheren

Vernichtung entgegen»? Nur darin stimmen die Berichte überein, dass der Kampf dort so mörderisch ist wie nur je, und selbst die abgestumpftesten Nerven muss oft das Grauen schütteln vor den Verlustlisten des Gegners, die beide Parteien periodisch präsentieren. Während an der tunesischen Front beide Hauptquartiere sich in der «Taktik des Schweigens» üben und die Luftschlacht sich, wie stets vor dem Abschluss, jeder Einschätzung entzieht, blieb es den Deutschen vorbehalten, aus Libyen eine «grosse Schlacht» zu melden, von der aus Kairo nie etwas zu erfahren war und die mit einem Sieg Rommels geendet hätte, während anderseits tagelang nur die Engländer etwas von dem plötzlichen Rückzug der Achsenstreitkräfte wussten, der nun nachträglich aus Berlin als grosser Erfolg gemeldet wird; und beide Lager nehmen für sich in Anspruch, den Feind vollkommen überrumpelt und genarrt zu haben. Eine derartige Verwirrung ist stets charakteristisch für eine Situation, in der sich die Ereignisse in voller Entwicklung befinden. Es ist das Gegenteil einer Winterpause, was wir erleben; noch nie waren um Europa so viele Fronten in Bewegung wie jetzt. Wir befinden uns in einem Vorbereitungsstadium des Generalangriffs, *und gerade nach den deutschen Kommentaren kann man sich des Eindrucks nicht erwehren, dass sich die deutsche Führung momentan in einer ähnlichen Lage befindet wie lange Zeit England: überallhin Kräfteverschiebungen vornehmen zu müssen, um Löcher zu stopfen, und mit jeder Kräfteverschiebung neue Löcher zu öffnen.* Alle deutschen Berichte melden «heftige Kämpfe mit zahlenmässig überlegenen Kräften». Zum Rückzug Rommels wurde in Berlin darauf hingewiesen, dass der Brennpunkt der europäischen «Südfront» nun in Tunesien liege, und tatsächlich sind dort nach amerikanischen Berichten Truppen des Afrikakorps eingesetzt worden. Noch weiter geht ein Kommentar der «Frankfurter Zeitung» vom 13. Dezember über die Rückschläge in Nordafrika: «Wenn die militärischen Kräfte der Sowjetunion eines Tages als aufgerieben gelten können, so wird bald wieder einzuholen sein, was an der Südfront an Gelände hat aufgegeben werden müssen.» Ein schwerwiegendes «Wenn»! Denn das Blatt fährt fort: «Die Sowjetunion ist der härteste Gegner Deutschlands in diesem Kriege ... Wir wissen heute, dass das weltgeschichtliche Ringen in der Sowjetunion eine Angelegenheit insgesamt von Jahren ist.» Aber auch aus dem Nachrichtenchaos von der Ostfront wird so viel klar, dass jede deutsche Kräftekonzentration an einer Stelle einen russischen Angriff dort auslöst, von wo diese Kräfte abgezogen wurden; denn – nach demselben deutschen Kommentar –: «Auf einer so ungeheuren Front wie der in der Sowjetunion kann selbst eine starke Wehrmacht wie die der Deutschen und ihrer Verbündeten nicht alle Stellen gleichmässig besetzen: sie muss sich damit begnügen, die wirklich wichtigen Punkte mit Sicherheit zu schützen.»

So ist es ein im Grunde durchaus einheitliches Bild, das alle Kriegsschauplätze bieten, und sie sind wirklich zu einem koordinierten Ganzen zusammengewachsen. Die alliierte Taktik ist dieselbe *Ermattungstaktik* geblieben, die sie schon zur Zeit der «strategischen Rückzüge» war: die Taktik einer Riesenqualle, die kein Organ zu entscheidenden Stössen besitzt, vor den Stössen des Gegners stets zurückweicht, aber durch den ständig steigenden Druck ihrer «tödlichen Umarmung» ihr Opfer zu erdrücken sucht. Dramatische Effekte, wie die Landung in Nordafrika, sind in einer solchen Kriegführung selten; nur das Kräfteverhältnis verschiebt sich langsam, und *erst wenn der Kampf vorüber ist, wird man wissen, wie lange vorher er entschieden war.* Denn dass keine Aussichtslosigkeit seiner Weiterführung diesen Krieg abkürzen wird, dass kein Ultimatum, sondern nur die vollkommene Erschöpfung einer Partei ihn beenden kann, darüber ist die Welt nicht im Zweifel gelassen worden; «erst fünf Minuten nach zwölf» wird die Vernichtungsorgie zu Ende gehen. «Selbst wenn der letzte gerade Knochen in der Frontlinie stünde», schreibt die deutsche «Brüsseler Zeitung», «wenn an einem solchen Höhepunkt des totalen Krieges wir in den Vierzehnjährigen schon die künftigen Soldaten erblicken müssten, auch dann könnten wir immer noch ein Letztes zuschiessen, den unbeirrbaren Willen, obenaufzubleiben.» Mit der Unerbittlichkeit dieses Entschlusses setzt die deutsche Führung der Ermattungsstrategie der Alliierten ihre eigene Ermattungsstrategie entgegen.

Aber diese Unerbittlichkeit ist nur dem eigen, dessen Existenz auf dem Spiele steht. Seit nicht mehr Sowjetrussland allein militärisch effektiv gegen die Achse im Felde steht, seit mit der Verwirklichung der «zweiten Front» in Nordafrika und der Politik Eisenhowers sich für den Fall eines alliierten Sieges ein Gleichgewichtszustand zwischen den Siegern ankündigt, ist Bewegung in jene *konservativen Kreise Europas* gekommen, die bisher nur die Alternative zwischen einem Sieg der Achse und einem Sieg des Bolschewismus zu sehen glaubten. Der *«Fall» Darlan-Flandin-Pucheu* und jener Schwerindustrie, die hinter ihnen steht, ist der bisher eklatanteste Fall dieser Krise im Kreuzzugslager gegen Russland – Spiegelbild einer umgekehrten ideologischen Krise im alliierten Lager –, und es ist deshalb seltsam kurzsichtig, zu glauben, dieser «Fall» könne durch eine Erklärung Darlans erledigt werden, dass er «keine persönlichen Ziele» verfolge; es geht hier gar nicht um Persönlichkeiten. Aber zweifellos kann sich in Einzelschicksalen die Fragwürdigkeit enthüllen, der heute in vielen konservativen Kreisen die Parole des «europäischen Existenzkampfes gegen den Bolschewismus» verfallen ist. Unter den aufsehenerregenden Verhaftungen wegen Sabotage der deutschen Kriegsanstrengungen, die seit einiger Zeit in Dänemark stattfinden, hat die finnische Presse besonders die des hervorragenden Chirurgen Prof. *Chievitz* hervorgehoben, der sich Finnland in allen drei Kriegen gegen Sowjetrussland zur Verfügung gestellt und grosszügige Hilfsaktionen organisiert hatte. Seine Verhaftung erfolgte unter der Anklage kommunistischer Tätigkeit; aber «Chievitz steht in dieser Hinsicht über jedem Verdacht», schreibt die finnische liberale Zeitung «Iltasanomat» und fügt hinzu, «dänische Patrioten könnten bei den herrschenden Verhältnissen in Dänemark das eine oder andere äussern oder tun, was den Wünschen der Regierung zuwiderlaufe», ohne deshalb Kommunisten zu sein. Die Anteilnahme und Nervosität, mit der *Finnland* den wachsenden deutschen Druck auf Dänemark verfolgt, ist nicht zufällig; alle Gedenkartikel und Reden zum finnischen Unabhängigkeitstag, besonders die Rede des Staatspräsidenten Ryti, waren der Solidarität mit den andern nordischen Ländern – Schweden, Norwegen und Dänemark – und dem Daseinsrecht der *Kleinstaaten* gewidmet und standen im unverhüllten Gegensatz zu der deutschen Auffassung, wie sie soeben wieder Dr. Fritz Zierke im *«Völkischen Beobachter»* proklamiert: das neue Europa werde «keinen Scheinparlamentarismus der Kleinstaaten mehr kennen», diese müssten sich anpassen «an die Erfordernisse einer Grossraumwirtschaft, die nach Autarkie in ihrem Bereich strebt ... Wer darin Zumutungen an das Selbstgefühl der kleinen Staaten und eine Beeinträchtigung ihrer Souveränität sehen will, verrät damit nur, dass er vom Geist unserer gesamten Zeit ... unberührt geblieben ist». Keine schärfere Absage an diese Idee einer autarken europäischen Grossraumwirtschaft lässt sich denken als der kürzlich veröffentlichte Schlussbericht einer von der finnischen Regierung eingesetzten Kommission von Wirtschaftssachverständigen über die Erfordernisse der finnischen Volkswirtschaft, die ebenfalls die Zusammenarbeit der nordischen Länder postuliert und zum Schluss kommt: «Wie aber auch die Zusammenarbeit mit dem europäischen Festland sich entwickelt, so fordern unsere Interessen die direkte Verbindung mit England und den Überseeländern.» Welche Prognose über den Kriegsausgang diesem amtlichen Bericht zugrundeliegt, lässt sich erschliessen. Beachtenswert ist auch das Echo, das die Rede Rytis in Rumänien und Ungarn gefunden hat, Ländern, die ebensosehr wie Finnland im Kampf gegen Russland engagiert sind. *Ungarn* als «inmitten des europäischen Kontinents fast einzig gebliebene Insel des Parlamentarismus» könne sich *«bei jeder Gestaltung der Dinge»* nur auf sich selbst verlassen, erklärte diese Woche der ungarische Ministerpräsident Kallay. Während Deutschlands Führer nur *einen* Weg vor sich sehen, den sie bis zu Ende gehen werden, beginnen Männer und Kräfte, die auf Tod und Leben mit der Achse verbunden waren, wieder *mehrere* Wege zu sehen. Auch hier gilt, was wir für die «Vereinigten Nationen» feststellten: die klaren Fronten beginnen sich zu lockern, und *mit der nahenden Entscheidung wird die politische Lage nicht einfacher, sondern komplizierter.*[50]

26. Dezember 1942

Ermordung Admiral Darlans in Algier. Die Ostfront

Die Sondermeldung, die gestern kurz nach Mitternacht der Rundfunk durch die Heilige Nacht des Jahres 1942 nach Christi Geburt trug, war dem Stil dieser Zeit angemessen: die Sensationsmeldung von einem politischen Mord. Einer unter den vielen Tausenden, die an Weihnachten 1942 von Kugeln durchbohrt, von Bomben zerrissen, von Flammenwerfern zerfressen fielen, war Admiral Darlan. Er fiel unter Revolverschüssen auf dem Schlachtfeld seiner ganzen Laufbahn: in der Antichambre.

Die nordafrikanischen Zeitungen dieses Tages veröffentlichten Interviews mit Darlan, in denen er von neuem versicherte, dass er keine persönlichen Ziele verfolge und nicht daran denke, eine dauernde Regierung aufzurichten. Die Notwendigkeit, solche Erklärungen immer wieder zu erneuern, bezeichnet genügend die Situation, in welcher der Mord erfolgte. Der Nekrolog, den der britische Rundfunk Darlan nachsandte, war mehr ein Sündenregister als eine Würdigung. Und gleich waren denn auch die deutschen Sender zur Stelle, um England dieser Tat anzuklagen; Darlan, so stellte der deutsche Sprecher fast rühmend fest, habe auch nach seiner nordafrikanischen Wendung nichts von seiner englandfeindlichen Haltung preisgegeben. Tatsächlich wussten die deutschen Zeitungen noch in den letzten Tagen zu berichten, dass die Verhaftungen von Gaullisten in Nordafrika weitergingen, und die britische Regierung hat stets erklärt, von einer Freilassung der wegen deutschfeindlicher Tätigkeit Gefangenen in Nordafrika nichts zu wissen. Aber tatsächlich sind solche Indizienbeweise nach dem Schema «Fecit cui bene» völlig hinfällig. Die Stellung Darlans war der Art, dass der Mörder[51] aus überhaupt jedem politischen Lager kommen konnte: aus der getreuen Anhängerschaft Vichys wie aus der Bewegung des «Freien Frankreich», aus der nordafrikanischen Unabhängigkeitsbewegung wie aus dem Lager rivalisierender Herrschaftsansprüche; ja sogar für seine Hintermänner war die Person Darlans nur noch eine Belastung. Vielleicht werden wir über die persönlichen Motive des Täters unterrichtet werden; aber diese sind, ausser für kriminalistisch Interessierte, belanglos und zufällig. Gestalten wie Darlan hat es in allen Zeiten gegeben, die der unseren glichen: die Wallenstein und Jürg Jenatsch des Dreissigjährigen Krieges, die Talleyrand und Fouché der Napoleonischen Zeit haben wie er im wechselnden Dienst beider Parteien hartnäckig selbstgesteckte, sorgfältig verschwiegene Ziele verfolgt und sind wie er dem Risiko solcher Politik erlegen: zu mit allem Odium des Verrates belasteten, nur um der Nützlichkeit willen benutzten Werkzeugen der Mächte zu werden, deren sie sich zu bedienen glaubten, und mit Erleichterung weggeworfen zu werden, sobald sie nicht mehr nötig waren. Oft waren diese Politiker besser als ihr Ruf, ihre Motive reiner als ihre Mittel und ihr Schicksal von echter Tragik; aber auf das Bedauern ihrer Zeitgenossen konnten sie nie Anspruch erheben, denn auch im besten Fall lag ihrer Politik der Irrtum zugrunde, dass sie ihrem Lande oder ihrer Idee durch Betrug dienen könnten, und eine Überschätzung der eigenen Persönlichkeit, durch deren Gewicht sie historische Kräfte aufwiegen zu können glaubten.

In der Person und der Stellung Darlans waren mit einem Male mit unannehmlicher Aufdringlichkeit alle Probleme der Restauration sichtbar geworden, die ein alliierter Sieg stellen würde, und man hat diesem Komplex den Namen Darlans gegeben. Aber das Verschwinden Darlans löst keines dieser Probleme; es mag höchstens erlauben, sie für einige Zeit zu vertuschen. Wenn heute der nordafrikanische «Reichsrat» und die nord- und westafrikanischen Kolonialgouverneure zusammentreten, um einen Nachfolger zu ernennen, so werden an Stelle des einen einige Dutzend Darlans beisammen sein. General Giraud, der vorläufig an Stelle Darlans die «Aufrechterhaltung der Ordnung» in Nordafrika übernommen hat, erklärte vor kurzem, dass er mit politischen Streitigkeiten und Intrigen nichts zu tun haben und nichts als Soldat sein wolle; es ist denkbar, dass es gelingt, unter seiner oder einer politisch noch neutraleren Führung die heterogenen Kräfte Frankreichs, die sich mit dem deutschen Sieg nicht abgefunden haben, wenigstens bis Kriegsende wieder zusammenzufassen; dass dies nur geschehen kann, wenn durch diese Führung die künftige Gestaltung Frankreichs und seines Empires in nichts präjudiziert wird, ist die einzige, rein negative Lehre des «Falles Darlan».

Ein politischer Mord in Nordafrika, der Beginn einer vierten russischen Paralleloffensive im Kaukasusgebiet und eine weitere Steigerung der Kämpfe an allen Abschnitten der Ostfront, ein Luftangriff auf Neapel und Tarent in der Heiligen Nacht – das sind die Ereignisse der Weihnachtstage dieses Jahres. «Zum vierten Male feiern wir Deutschen unser schönstes Fest mitten im Lärm der Waffen. Diejenigen unter uns, die älter sind – und diesmal muss man zu den Älteren schon die Dreissigjährigen zählen –, erleben es nun schon zum achten Male, dass ihr inneres Ohr über dem Läuten der Weihnachtsglocken immer das Dröhnen der Geschütze zu hören vermeint.» So beginnt ein Weihnachtsartikel der «Frankfurter Zeitung». Und in der gleichen Weihnachtsnummer schreibt ein PK-Mann aus dem Osten: «Der deutsche Soldat ist sachlich geworden. Sachlich und nüchtern. Der Rausch der Begeisterung und der mitreissende Taumel der ersten Feldzüge sind verebbt. Das Schicksal jagt ihn seit dem vergangenen Winter unablässig durch einen Glutofen, in dem alle Schlacken der Seele ausgebrannt werden.» Dieses Jahr gab es über Hunderte von Kilometern der Ostfront keine Pause im Trommelfeuer, in der eine Kerze hätte angezündet und ein Weihnachtslied gesungen werden können; der seelische Reinigungsprozess, als den der PK-Mann den Feldzug im Osten versteht, ist von der ganzen Brutalität jener militärischen «Säuberungen», von denen die Communiqués melden, wenn in einem umkämpften Gebiet kein lebender Feind mehr übriggeblieben ist. Und mögen auch die Heeresberichte in der letzten Zeit sehr schonend abgefasst und die Weihnachtsrationen an Alkohol besonders reichlich bemessen gewesen sein: der Schatten der Front lag schwerer und unwegdenkbarer als je über dieser Weihnacht, der vierten dieses Krieges, der achten Kriegsweihnacht in einer Generation. «Das deutsche Volk müsste in seiner innersten Substanz zerbrochen sein, wenn es aufhörte, den echten Klang dieser Nacht zu vernehmen», schreibt Rudolf Kircher in der schon zitierten Weihnachtsnummer; aber: «Was jeder einzelne sich dabei denken mag, dessen sind wir weniger gewiss.» Sicher ist viel nachgedacht worden in diesen Tagen, in allen vom Kriege betroffenen Ländern; denn nie war der Widerspruch zwischen Verkündigung und Wirklichkeit so schreiend nackt wie jetzt. Und diese Gedanken zu lenken und zu überwachen, waren wohl auch die vollendetsten Propagandamaschinen nicht imstande, sondern nur, sie zu isolieren. Die Daten des Jahresendes, die zur Besinnung zwingen, sind Daten der Verlegenheit geworden. An Weihnachtsbotschaften aus aller Welt hat es auch dieses Jahr nicht gefehlt; aber sie hatten den Menschen nichts zu sagen, und sie vermochten darum die Menschen nicht der traurigen und nützlichen Notlage zu entheben, selbst nachzudenken: warum das Fest des Friedens und der Gerechtigkeit zur Scham und zur Anklage geworden sei. Dass dieses Nachdenken über die Völker ging, ist fast die einzige Hoffnung einer Weihnacht der totalen Verdunkelung.

1943

2. Januar 1943

Die Rivalität zwischen General Giraud und General de Gaulle. Die Ostfront

Das Jahresende 1942 gibt den Kriegsparteien eine denkbar schlechte Gelegenheit, saubere Gewinn- und Verlustbilanzen vorzulegen, wie das in den früheren «schöpferischen Winterpausen» dieses Krieges der Fall war. Überall sind die militärischen und politischen Entwicklungen in ruheloser und unübersichtlicher Entfaltung, und über jede Front breitet mindestens eine Partei jenen «Schleier des Schweigens», hinter den zu blicken sich für einen neutralen Kommentar nicht schickt. Doch auch abgesehen von der unmittelbaren Aktualität geht dieses Jahr voll historischer Haupt- und Staatsaktionen wirr, umrisslos und selbst an den «ideologischen Fronten» in lärmender Inhaltslosigkeit zu Ende. «Die Perioden des Glücks sind leere Blätter der Weltgeschichte», sagt ein nicht nur für deutsche Geschichtsphilosophie repräsentativer Satz eines deutschen Denkers.[52] Wenn der heroische Irrtum, dass man nur durch Häufung von Unglück und Grauen Geschichte machen könne, überhaupt heilbar wäre, dann müsste ihn dieses Kriegsjahr gründlich diskreditieren; es hat ein Blatt der Weltgeschichte mit Blut und Schmutz dermassen vollgesudelt, dass es kein Mensch mehr lesen kann.

Hinter dem augenblicklichen militärischen Stillstand in Nordafrika herrscht nach wie vor undurchsichtiger politischer Hochbetrieb. Das französische Nationalkomitee de Gaulles hat General Giraud offen die Fusion der *beiden «dissidenten» Frankreich* beantragt; doch ist bisher die Antwort ausgeblieben, und die Verhandlungen scheinen schwierig zu sein. Der gaullistische Rundfunkkommentator in London, Pierre Bourdan, sprach aus Algier über den Londoner Radio: die «Liquidation der Überreste von Vichy in Nordafrika» sei noch nicht beendet, aber sie werde und müsse beendet werden, damit Frankreich wieder als «eine und unteilbare Republik» am Kriege teilnehmen könne. Ein anderer Sprecher des «Kämpfenden Frankreich» übergab der Reuter-Agentur eine Erklärung, aus der noch deutlicher hervorgeht, dass es sich nicht um blosses Gezänk persönlicher Rivalen handelt: Wenn es nicht gelingt, die verschiedenen französischen Gruppen auf alliierter Seite zur Bildung einer provisorischen Regierung zusammenzufassen, so sind die Führer der französischen Dissidenzen blosse Truppenführer in alliierten Diensten, nicht aber verhandlungsfähige Vertreter der französischen Nation, und es «würde sich der paradoxe Zustand ergeben, dass zahlreiche Franzosen auf seiten der Alliierten kämpften, ohne dass die französischen Interessen während des Krieges oder beim Friedensschluss vertreten würden». Inzwischen musste Giraud zahlreiche Personen, welche die alliierte Landung in Nordafrika begünstigt hatten und deren Namen, wie der Name von Darlans Mörder, geheimgehalten werden, verhaften lassen, weil gegen den persönlichen Gesandten Roosevelts, Murphy, und gegen Giraud selbst, dem ja in Berlin sogleich das gleiche Schicksal wie Darlan prophezeit wurde, Attentate geplant waren; nach unbestätigten amerikanischen Meldungen entging auch General Noguès kurz vor der Ermordung Darlans einem Anschlag. Dass nicht nur Nachschubschwierigkeiten und schlechtes Wetter die alliierten Operationen in Nordafrika behindern, wird auch aus einer anderen Meldung aus Algier deutlich, wonach vier Eisenbahner wegen Sabotage hingerichtet wurden. Selbst wenn es sich bei alledem, wie Giraud erklärt, um eine «rein französische Angelegenheit» handelt, sind die Alliierten durch die Lage im Hinterland der tunesischen Front eminent betroffen. Die Auseinandersetzung, für die man sich in Berlin nur unter dem Aspekt eines britisch-amerikanischen Zerwürfnisses zu interessieren erklärt, erscheint den Achsenmächten interessant genug, um sich vom französischen Mutterland aus mit einer als gaullistischer Sender «Brazzaville II» getarnten Radiostation einzuschalten und Öl ins Feuer zu giessen. Das britische Kabinett hat ein Mitglied mit Residenz in Algier zur Wahrung der britischen Interessen ernannt.[53]

Das Verschwinden Admiral Darlans hat also die Lage nicht entwirrt. Die Alliierten haben in Nordafrika nicht nur eine «zweite», sondern durch die Übernahme des vorhandenen Vichy-Regimes auch gleich eine «dritte Front» entwickelt, und das Ergebnis gibt ihnen einen Vorgeschmack dessen, was sie in Europa erwarten könnte, wenn sie auch da nur mit einem Programm «militärischer Notwendigkeiten» eintreffen würden. «Wie noch in keinem früheren Kriege ist sich die Menschheit in diesem Krieg der Notwendigkeit einer umfassenden *Nachkriegsplanung* bewusst», heisst es in einer Neujahrsbotschaft Roosevelts. Doch die Weihnachts- und Neujahrsbotschaften aus dem alliierten Lager haben wenig Präzisierungen über die geplante «neue Weltordnung» gebracht, und auch die Rede des amerikanischen Vizepräsidenten Wallace[54] hat zu diesem Thema ausser der nicht sehr vielversprechenden Forderung nach alliierter Überwachung der Jugenderziehung in Deutschland und Japan nichts Neues beigesteuert. Dafür mehren sich die Nachrichten über die Besatzungs- und Verwaltungsarmee für Europa, die in den Vereinigten Staaten aufgebaut wird und bereits rund eine Million Menschen umfasst; von entsprechenden Vorbereitungen in den andern alliierten Ländern war seltsamerweise bisher nie die Rede.

Über die *Ostfront* hat *Berlin* den «Schleier des Schweigens» gebreitet. Die Sprecher der Wilhelmstrasse haben die Kommentierung der Lage im Osten bis zum 4. Januar überhaupt eingestellt. Dagegen meldet ein russisches Sondercommuniqué die «Tötung», Gefangennahme oder Einschliessung von Hunderttausenden deutscher und verbündeter Soldaten in den sechs Wochen der Offensive am mittleren Don und bei Stalingrad; die genauen Zahlen, die der geneigte Leser im Nachrichtenteil aufsuchen mag, überlassen wir den Statistikern, weil doch keine Vorstellungskraft imstande ist, den Todesschrei eines einzelnen mit zweihunderttausend zu multiplizieren, und weil, solange ihnen gegenüber ein offizielles Schweigen überhaupt bestehen kann, die Vorgänge an der Ostfront noch nicht zu jener Evidenz gediehen sind, die das Gesicht des Krieges verändern würde.

In seiner Silvesteransprache an das deutsche Volk erklärte Dr. Goebbels, er wisse nicht, wie lange der Krieg noch dauern könne; doch erwähnte auch er, wie vor kurzem auf der Gegenseite Marschall Smuts, die Möglichkeit, dass das Ende «plötzlich und überraschend» komme. Für 1943 gab Goebbels die Parole: *Durchhalten*. Reichsmarschall Göring gab dem deutschen Volk «die Losung für das neue Jahr: der *Sieg*». «Das Jahr 1943 wird vielleicht schwer sein, aber sicherlich *nicht schwerer* als die vorhergehenden», sagte Hitler in seinem Tagesbefehl zum Jahreswechsel, und Grossadmiral Raeder[55] befahl: «Ein grosses und hartes Jahr unserer deutschen Geschichte ist zu Ende gegangen. Ein *härteres* wird folgen.» Diese Nuancen in Parolen und Prognosen auch da, wo wir bisher vollkommenste Synchronisierung gewohnt waren, sind selbstverständlich ohne hintergründige Bedeutung; aber auch sie zeugen vielleicht davon, dass dieser Jahreswechsel nicht die kleinste Erhebung im monotonen Ablauf des totalen Krieges bot, von der aus sich «Rückblick und Ausblick» halten liess.

9. Januar 1943

Die Kriegslage im Osten. Russland trägt die Hauptlast des Krieges

In dem Masse, in dem die *russischen Offensiven* gegen die deutsche «Winterlinie» sich verbreitern und vertiefen, verdüstert sich auch das Bild, das in Berlin von der fast katastrophalen Lage der deutschen Armeen im Osten während des letzten Winters entworfen wird. Selbst in den aufatmenden Äusserungen des Frühjahres 1942 wurde das Ausmass der damals überstandenen Gefahr nicht so schreckenerregend geschildert wie jetzt seit dem Wiederbeginn der russischen Angriffe. Die Distanz zwischen der im Rückblick wachsenden damaligen Bedrohung und der geheimgehaltenen jetzigen bleibt so aufrechterhalten; und diese Verschiebungen in der Bewertung der Winterschlachten 1941/42 sind fast das einzige Indiz für die gegenwärtige deutsche Beurteilung der Lage, da sie natürlich im Hinblick auf diesen Winter erfolgen, der auf keinen Fall schlimmer als der letzte werden könne, wie es in Hitlers Neujahrsbotschaft hiess. Im übrigen liegt jetzt wie damals Schweigen über der Ostfront. Der fast offiziöse deutsche Militärschriftsteller Hauptmann Ritter von Schramm stellte bereits in seiner Neujahrsbetrachtung für die deutsche Presse fest, die russischen Offensiven, die er als «bolschewistische Selbstvernichtung» qualifizierte, hätten sich «schon nach wenigen Tagen überall festgelaufen», und tatsächlich hat sich in den deutschen Heeresberichten seit dem Rückzug am Don im Dezember nichts mehr geändert: Welikije Luki, das als einzige präzise Ortsangabe darin genannt wurde, schon bevor die Russen dessen Eroberung meldeten, figuriert auch weiterhin im Heeresbericht als deutsche Stellung, wobei die detaillierten russischen Meldungen nicht ausdrücklich dementiert, sondern einfach ignoriert werden.[56] Nur sozusagen unter der Hand räumen die Berliner Sprecher gegenüber der Auslandspresse ein, dass nicht mehr nur um, sondern auch in Welikije Luki, das von der Hauptfront abgeschnitten sei, gekämpft werde. Es ist unter diesen Umständen natürlich nicht möglich, sich auch nur annähernd ein «objektives», die Darstellungen beider Parteien berücksichtigendes Bild der Kriegslage im Osten zu machen. Sehr deutlich wird dagegen, dass mindestens propagandistisch die deutsche Ostfront äusserst unelastisch geworden ist und auf Biegen oder Brechen gehalten wird; ob dies den Tatsachen oder einer «unelastisch» gewordenen Stimmung, die keine Einbrüche mehr verträgt, entspricht, wird ebenso wie heute die Schwere des vergangenen Winterfeldzuges nachträglich klar werden. Die fieberhafte Spannung auf dem *Balkan*, dem Hinterland der deutschen Südostfront, und besonders die über Budapest bekanntwerdenden Unruhen und Massenverhaftungen in Rumänien geben immerhin heute schon einigen Aufschluss.

Die furchtbare Härte der Schlachten im Osten wird mehr im Tonfall als in den Aussagen der deutschen Kommentare deutlich; wiederholt ist nun schon das Wort von der «bolschewistischen Hydra», der jeder abgeschlagene Kopf sogleich wieder nachwächst, aufgetaucht. Wer sich der – leider nie offiziell addierten – deutschen Beutezahlen und Angaben über die russischen Menschen- und Materialverluste im vergangenen Sommer erinnert, wird das immer wieder durchbrechende Erstaunen über die scheinbar unerschöpflichen *russischen Reserven* lebhaft verstehen. Ein deutscher Panzerjägermajor, Balzer, stellte vor einigen Tagen im deutschen Rundfunk neuerdings fest, die russischen Panzerwagen würden, wo sie angriffen, fast ausnahmslos vernichtet oder beschädigt, und auf die Frage, woher denn immer neue Panzerwagen kämen, antwortete er: Das beschädigte Material werde von den Russen abgeschleppt und, mangelhaft repariert, sogleich wieder in den Kampf geworfen. Diese Erklärung setzt freilich voraus, dass das Schlachtfeld trotz der Quasi-Vernichtung der Angreifer in deren Händen bleibt, und ersetzt so ein Rätsel durch ein anderes.

Ein fast ebenso unbekannter Faktor wie die Grösse der russischen Kriegsindustrie und Reserven ist die Tätigkeit der *Partisanen* hinter der deutschen Front. Im Zusammenhang mit der Erwähnung russischer Partisanenabteilungen im deutschen Heeresbericht vom 4. Januar veröffentlicht die deutsche Presse eine offiziöse Verlautbarung über diese «bestialische und heimtückische» Art der Kriegführung, in der gesagt wird, Russland suche durch diese Guerillas einen Ersatz für die ausgebliebene «zweite Front» zu schaffen. Sachlicher drückt sich eine Betrachtung der «Berliner Börsenzeitung» zum Jahresende über «Merkmale des Ostfeldzuges 1942» aus. Sie nennt die «mehr oder minder starken feindlichen Einsickerungen in die deutsche Abwehrfront» und das Eindringen russischer Kampfgruppen «oft bis tief ins Hinterland» als charakteristisch für die Kämpfe im Osten. «Dadurch wurden alle rückwärtigen Dienste ebensogut Kampftruppen wie die der vorderen Linie ... Förmliche *Geleitzüge* wurden unter Panzerbedeckung zusammengestellt, um auf den vom Feinde bedrohten Rollbahnen nach vorn vorzustossen.» Und mit einem Vergleich, der besser als jede Schilderung die ganze Schwere des so gestellten *Nachschubproblems* erkennen lässt, fährt das Blatt fort, dass «ähnlich wie die Japaner in China ... die deutschen und verbündeten Truppen im Osten hart gegen diese Bedrohung ihrer Tausende von Kilometern langen Verbindungen kämpfen müssen». Aber während in China zerlumpte, schlecht ausgerüstete und oft ausgehungerte Guerillatruppen den Kampf hinter den japanischen Linien jahrelang isoliert weiterführten, werden die russischen Partisanen «von jenseits der Front laufend durch Flugzeuge verpflegt, mit Munition und Gerät versehen und auch durch Fallschirmspringer verstärkt». Diese Kombination primitivster und modernster Methoden der Kriegführung gibt der Ostfront ihre unheimliche und, ganz abgesehen von der Divergenz der Heeresberichte, unübersichtliche Konstellation. Gleichzeitig möglichst alle Punkte der unendlich langen deutschen Abwehrfront und ihr ganzes riesiges System rückwärtiger Verbindungen einer systematischen Überbelastung auszusetzen, bis sie vielleicht irgendwo bricht, ist eine Konzeption, die allem ins Gesicht schlägt, was in den ersten zwei Jahren dieses Krieges als moderne Strategie galt.

Dass Russland heute im Angriff, wie bisher in der Verteidigung, die Hauptlast des Krieges trägt, hat sich durch die alliierte Landung in *Nordafrika* bis jetzt nicht geändert. Unter dem Titel «Sender Brazzaville hetzt gegen Giraud» berichtet die «Deutsche Allgemeine Zeitung» über die Tätigkeit des – von den Achsenmächten betriebenen, pseudogaullistischen – Senders Brazzaville II und fügt hoffnungsvoll hinzu: «Diese Sendungen der von London unterstützten De-Gaulle-Bewegung ... tragen selbstverständlich nicht dazu bei, eine schnelle Übereinstimmung Washingtons und Londons in der nordafrikanischen Streitfrage herbeizuführen.» Mag hier der Wunsch der Vater des Gedankens sein, so bestätigte doch auch General de Gaulle in einer offiziellen Erklärung, dass «die innere *Verwirrung*» in Nordafrika noch immer zunehme. Anderseits haben nun fast alle Machthaber Nord- und Westafrikas von Giraud bis zu Boisson, dem Verteidiger Dakars gegen die Parlamentäre de Gaulles, die Notwendigkeit anerkannt, eine *Verständigung* aller «kämpfenden Franzosen» zu erreichen, und Giraud hat sich bereit erklärt, de Gaulle Ende Januar zu empfangen. Eine rasche Lösung des Imbroglios wird also nicht in Aussicht gestellt, und inzwischen verhindern opportunerweise Regen und Schlamm «alle grösseren Operationen».

Aber wenn auch der Erfolg der Landung in Nordafrika sich nach deutscher Darstellung bisher darauf beschränkt, dass, wie sich die «Berliner Börsenzeitung» ausdrückt, «die Achsenmächte von General Eisenhower nach Tunis eingeladen worden sind», so zeigen doch die unablässigen *deutschen Vorbereitungen auf Invasionsversuche* an allen Küsten Europas, dass auch diese Gefahr ernst genommen wird und dass die angelsächsische Bedrohung auch in ihrer heutigen Unbestimmtheit, wie sie in Roosevelts Aufzählung aller europäischen Küstengebiete als möglicher Angriffspunkte zum Ausdruck kam, eine bereits schwer erträgliche Belastung und Zersplitterung des Kriegseinsatzes der Achse bedeutet. Auch die dunklen Drohungen Dr. Goebbels' – «England würde sein blaues Wunder erleben, wenn es sich unserem Lebens- und Schicksalsraum zu nähern wagte und ein furor teutonicus wäre dann unsere Antwort» – zeugen von einer gewissen Nervosität, aber erinnern uns auch daran, dass tatsächlich trotz allen Grauens die Vernichtungsmöglichkeiten des totalen Krieges noch nicht ausgeschöpft sind und die letzten, allerdings verzweifelten Mittel des Kampfes noch in Reserve gehalten werden.

16. Januar 1943

Die russischen Offensiven und die osteuropäischen Länder. Finnland. Anschluss der französischen Kommunisten an de Gaulle

Während des ersten russischen Winterfeldzuges war in den strategischen Kommentaren nicht nur der Achsenpresse, sondern auch beispielsweise des meistgelesenen Militärkommentators unseres Landes[57] die Feststellung üblich, dass die Russen trotz all ihrer militärischen Leistungen von grosser Strategie nichts verstünden und bloss zu Unternehmungen taktischen Ausmasses fähig seien. Auch heute noch gilt, dass die *russische Kriegführung* jeder genialischen Abenteuerlichkeit entbehrt. Aber die Präzisionsmaschine ineinandergreifender Umfassungsangriffe, die jetzt gegen die deutsche Winterlinie losgelassen ist, und die heute schon offensichtliche Planmässigkeit, mit der schon der russische Sommerrückzug diese Winteroffensive vorbereitete, lassen eine Art von Strategie erkennen, die nur mit noch grösseren räumlichen und zeitlichen Massstäben rechnet, als dies west- und mitteleuropäischen Ländern möglich ist, und der vor allem Prestigerücksichten in fast unvorstellbarem Masse fremd sind.

Nach den russischen Berichten hat in einigen Gebieten Südrusslands der Vormarsch der Roten Armee das Tempo der deutschen Blitzoffensive in Frankreich im Jahre 1940 erreicht. In den deutschen Heeresberichten dagegen ist auch weiterhin «nichts Neues» zu erkennen; sie beschränken sich unverändert darauf, die siegreiche Abwehr schwerer feindlicher Angriffe von allen Sektoren der Ostfront und von Zeit zu Zeit erfolgreiche eigene Gegenangriffe zu melden. Trotzdem lassen selbst die grossräumigen Ortsumschreibungen des OKW allmählich wenigstens im äussersten Süden der Front eine Verschiebung erkennen: aus dem «östlichen» und dann aus dem «mittleren Kaukasus» ist der Schauplatz der Abwehrschlacht in ein undefiniertes Gebiet «zwischen Kaukasus und Don» gerückt – eine Ortsangabe, die nun allerdings wieder elastisch genug ist, um so bald keine weitere Änderung mehr nötig zu machen. Auch in den Frontberichten der deutschen Propagandakompagnien ist keine Veränderung eingetreten; eine Steigerung dieser Schilderungen der «Hölle im Osten» ist auch kaum mehr möglich. Immer neu wird uns – diesmal von einem Kriegsberichterstatter der Waffen-SS – das «Bild tierischen Hasses» geschildert, der den deutschen Soldaten «in diesem erbarmungslosen, unpathetischen, hasszerwühlten sowjetrussischen Krieg» entgegenschlägt, sehen wir «eine Welle dumpfer Vernichtungswut aus den Wäldern brechen», spüren die «Kälte, die nicht die Kälte des russischen Winters», sondern «die Kälte des Grauens» ist, und der Bericht klingt in die früher undenkbare Frage aus: «Kommen sie durch? Kommen sie diesmal durch?» Wir dürfen die in diesen Berichten schon fast zur Formel gewordene Feststellung glauben, dass vor der Wirklichkeit der Ostfront jeder Beschreibungsversuch verstummen muss.[58]

Dass in den mit Deutschland verbündeten osteuropäischen Ländern das Unbehagen angesichts der russischen Offensiven wächst, ist wahrscheinlich, obwohl alle Nachrichten darüber aus «unlauteren Quellen» kommen, weil es lautere Nachrichtenquellen über Vorgänge in Europa eben nicht mehr gibt. Die amtliche rumänische Agentur hat alle Meldungen über Unruhen und Massenverhaftungen in *Rumänien* – die freilich nicht nur aus der Gerüchteküche Ankaras, sondern zuerst aus dem verbündeten, aber nicht befreundeten Budapest kamen – aufs schärfste dementiert und nur eingeräumt, dass nach der sehr mysteriösen Abreise Horia Simas aus Deutschland Vorsichtsmassnahmen gegen seine ehemaligen Anhänger ergriffen wurden. Der Empfang Marschall Antonescus in Hitlers Hauptquartier am 10. Januar mag, wie schon die gewichtige Liste der beiderseits an den Besprechungen beteiligten Delegierten zeigt, der umfassenden Prüfung der Probleme Rumäniens gedient haben, dessen Kräfte den Anforderungen des Ostfeldzuges offenbar kaum mehr gewachsen sind; aus diesem Anlass haben sämtliche deutschen Kommentare in auffallender Weise Rumänien als denjenigen Bundesgenossen Deutschlands gefeiert, der am vollständigsten alle Kräfte für den gemeinsamen Kampf mobilisiert und die meisten Opfer gebracht habe. Damit wird der in Rumänien seit einiger Zeit spürbar gewordenen Tendenz, als «Finnland des Südostens» sich wenigstens vom Krieg gegen die angelsächsischen Länder zu distanzieren, entgegengewirkt und jene halboffizielle These ermutigt, nach der sich Rumänien durch seinen blutigen Einsatz im Osten die Wiedergewinnung der verlorenen siebenbürgischen Gebiete «abverdienen» könne. Das bedeutet zugleich einen Druck auf *Ungarn*, wo sich ebenfalls ähnliche Distanzierungsgelüste bemerkbar machten – die Betonung des Parlamentarismus, die Bremsung der antisemitischen Gesetzgebung, die Ausbürgerung der in die deutsche Waffen-SS eingetretenen Ungarn –, und das nun wieder darauf aufmerksam gemacht wird, dass auch sein «Platz im neuen Europa» nach der Grösse seiner Opfer bemessen werde. Aber in beiden Ländern scheinen die Expansionshoffnungen, mit denen sie sich in diesen Krieg ziehen liessen, ziemlich verflogen zu sein; in der rumänischen Zeitung «Vremea» stand schon zu Ende des letzten Jahres der tiefpessimistische Satz: «Es handelt sich darum, ob es uns gelingen wird, auch nur einen Quadratmeter rumänischen Bodens zu behalten», und die ungarische Presse polemisiert seit einiger Zeit gegen das russische Armeeblatt «Krasnaja Swesda», wo eine neue «Verstümmelung Ungarns» gefordert wurde, nicht mehr mit dem einst üblichen siegesgewissen Achselzucken, sondern mit einem Appell an das Interesse Englands und Amerikas, Ungarn als «Ordnungsfaktor im Südosten» zu erhalten.[59]

Es ist bezeichnend, dass in allen noch halb unabhängigen Ländern Südosteuropas heute die *Aussenpolitik Finnlands* als vorbildlich gilt – dieses Landes, das zwar ebenfalls an der Seite Deutschlands gegen Russland Krieg führt, aber seit längerer Zeit seine Armeen Gewehr bei Fuss stehen lässt, sich in kein politisches oder militärisches Bündnis mit den Achsenmächten eingelassen hat, die völlige Selbständigkeit seiner Politik zwischen den Kriegsparteien betont und sorgsam seine Beziehungen zu Amerika aufrechterhält. Die in Finnland so intensiv und offiziell erörterten Nachkriegsprojekte einer nordischen Föderation mit Schweden, Norwegen und Dänemark erscheinen nicht eben als auf einen deutschen Sieg berechnet, die Polemik der finnischen Presse nun fast aller Richtungen gegen den Aussenminister Witting, der durch seine zu enge Bindung an die Achse die amerikanische Rückversicherung aufs Spiel setze, zeigt ebenfalls das Suchen nach einem neuen Rückhalt gegen Sowjetrussland, und vielleicht noch bemerkenswerter ist die von der Sozialdemokratie aus sich bildende Einheitsfront der finnischen Parteien um Marschall Mannerheim, den Baron schwedischer Abstammung, der auch aussenpolitisch «über den Parteien steht»: Finnland sucht für den Fall, dass es auf die falsche Karte gesetzt hätte, einen Hindenburg.[60]

All diese Schwankungen an der Peripherie der Achsenmächte wären kaum denkbar, wenn die Konstituierung des «neuen Europa» über ein Provisorium hinausgelangt wäre, in dem die Unsicherheit jedes Besitzstandes zwar eine Zeitlang stimulierend im Sinne der Aufforderung wirken mochte, sich den endgültigen «Platz in der europäischen Ordnung» durch bedingungslose Mitarbeit zu verdienen, auf die Dauer und bei der zunehmenden Ungewissheit des Endsieges aber demoralisierend wirkt. «Die Anspannung aller Kräfte für die militärische Überwindung der bolschewistischen Lebensgefahr hat Deutschland und seine Verbündeten bisher daran gehindert, sich der politischen und wirtschaftlichen Lösung des *europäischen Problems* in dem gewünschten Masse zuzuwenden und der militärischen Eroberung des europäischen Kontinents die ebenso notwendige moralische folgen zu lassen», stellte vor kurzem Karl Megerle in der «Berliner Börsenzeitung» fest. «Wir mussten die sorgenvollen berechtigten Fragen vor allem der kleinen Länder nach dem Aussehen des ‹neuen Europa› noch unbeantwortet lassen und uns vielfach Absichten unterstellen lassen, die uns fremd sind.» Diese «moralische Herrenlosigkeit» Europas ist allmählich eine Belastung der Achsenpolitik und selbst der Kriegführung geworden, da in dieser Atmosphäre eine Art grundsatzloser Realpolitik grossgeworden ist, die jede vertrauensvolle Zusammenarbeit unmöglich macht. Die «Dictionnaires des girouettes», die nach diesem Kriege geschrieben werden können, werden denen der Napoleonischen Zeit um nichts nachstehen.

Dass die *Alliierten* im Begriffe sind, denselben Irrtum der Unterordnung politischer Klarheit unter die «militärischen Notwendigkeiten» zu begehen, demonstrieren immer deutlicher die Wirrnisse in *Nordafrika*. Algier ist ein unentwirrbarer Knäuel politischer Intrigen geworden. Die demonstrative Freude, mit der de Gaulles Hauptquartier den Anschluss der französischen Kommunisten verzeichnet, wird die Verständigung mit den «Darlanisten» Nordafrikas kaum erleichtern. Die neueste Komplikation ist durch die Enthüllung einer «royalistischen Verschwörung» geschaffen worden, der nun auch der Mord an Darlan in die Schuhe geschoben wird, und nach deutschen Berichten war sogar ein bonapartistischer Putsch beabsichtigt. Mit dem einstigen Gouverneur von Tunesien, *Peyrouton*, dem «Schlächter der Destur-Bewegung», bringen die Amerikaner einen der verhasstesten Namen der nordafrikanischen Politik ins Spiel, und nach einem Bericht der «New York Post» haben die Achsenmächte, um diese Situation auszunützen, sowohl den Grossmufti von Jerusalem wie den ehemaligen irakischen Premierminister Raschid el Gailani in Nordafrika eingesetzt und beabsichtigten sogar, Abd-el-Krim aus seiner Verbannung in Réunion zurückzuholen. Die Achsenpresse erholt sich an diesem gespenstischen Schauspiel von ihren sonstigen Sorgen; die italienische Zeitung «Messaggero» hat für Vorgänge in Nordafrika eine tägliche Rubrik unter dem Titel «Comédie Française» eingerichtet. Die englische Zeitung «Economist» legt den Finger auf den wunden Punkt, wenn sie feststellt, dass sich solche Wirrnisse nur vermeiden liessen, wenn die Alliierten zum vornherein klarlegen würden, nach welchen Grundsätzen und in Zusammenarbeit mit welchen Gruppen sie in Europa vorgehen wollten; aber gerade diese Fragen werden um der vorläufigen Einigkeit zwischen den Alliierten willen sorgfältig ignoriert, und im Rahmen der rein militärischen Zweckmässigkeit mag es ja als richtig erscheinen, jede Mitarbeit anzunehmen, die sich bietet – trotz der Lehre Nordafrikas über die Kurzsichtigkeit einer solchen «Realpolitik».[61]

23. Januar 1943

Die deutsche Nachrichtenpolitik. Stalingrad. Nordafrika.

Wie in der letzten Woche die Kriegserklärung der «chinesischen Regierung» in Nanking – einer Scheinregierung von Japans Gnaden, die über keine eigenen Streitkräfte verfügt und deren Machtbereich, durchlöchert von Guerillas, genau so weit reicht wie die japanischen Bajonette – an England und Amerika für Berlin «das Ereignis des Tages» war, so diese Woche der Abschluss eines *Wirtschaftsabkommens zwischen Japan und den europäischen Achsenmächten*. In ihrem Kommentar zu dieser «wirtschaftlichen Untermauerung des Dreimächtepaktes» schreiben die «Münchener Neuesten Nachrichten», dass «dessen effektive Bedeutung für den Krieg sich allein schon aus einer Gegenüberstellung der europäischen Industrie und hochentwickelten Technik mit dem enormen Rohstoffreichtum im grossasiatischen Wirtschaftsraum ergibt». Wirklich hat ja die Tatsache, dass der europäische Teil der Dreierpaktmächte aus Rohstoffmangel nicht in der Lage ist, seine riesige industrielle Kapazität auszunützen, und sogar Maschinen einschmelzen muss, um den Rest in Gang zu halten, während der asiatische Partner in einem

Rohstoffreichtum ertrinkt, den er in Ermangelung einer ausreichenden Schwerindustrie und industriellen Organisation nicht zu verdauen vermag, etwas beängstigend Groteskes. Aber «die Frage, wie aus dieser Gegenüberstellung eine Zusammenfügung werden kann», vermag das deutsche Blatt auch nur aufzuwerfen. Im letzten Winter kam die Eröffnung des japanischen Blitzkrieges gerade rechtzeitig, um den Achsenmächten moralisch – und übrigens durch die Belastung Englands und Amerikas auch sehr konkret – über die Zeit der Winterschlacht im Osten wegzuhelfen. Dieses Jahr sind die Lichtblicke aus dem Fernen Osten zu kümmerlich geworden, um das Dunkel der deutschen Ostfront zu überstrahlen, und von der Hand, welche die Achsenmächte über Kaukasus und Suezkanal dem fernöstlichen Verbündeten zuzustrecken suchten, ist schon heute nur noch ein blutiger Stumpf übriggeblieben. Die «Festung Europa» ist isolierter als je.

Auch abgesehen von diesen fernöstlichen «Lichtstreifen» wird die *deutsche Nachrichtenpolitik* allmählich zu einem Problem – nicht nur für die Auslandskorrespondenten in Berlin, die kaum mehr wissen, was sie berichten sollen, und die sich meist darauf beschränken müssen, den schweigsamen Heeresbericht zu variieren. Dessen Ortsangaben waren für Nordafrika womöglich noch zurückhaltender als für Russland: spielten sich die Kämpfe vor kurzem noch «in Libyen» ab, so hiess am Mittwoch der Kriegsschauplatz nur noch allgemein «Nordafrika», und am Donnerstag war überhaupt jede Angabe über den Ort verschwunden, an dem die deutsch-italienische Panzerarmee «alle Angriffe blutig abschlug»; so musste es schliesslich kommen, dass nun der gestrige Heeresbericht den ganzen dreimonatigen Rückzug von der ägyptischen Grenze bis Misurata und Homs «schlagartig» und mit unvermeidlicher Schockwirkung zusammenfasst. Die Risiken einer solchen Nachrichtenpolitik sind offensichtlich. An der Ostfront ist es im Einzelfall von Welikije Luki wahrscheinlich, dass die Mitteilung über die «Räumung» des Ortes aufgeschoben wurde, solange noch Hoffnung bestand, ihn zu entsetzen oder zurückzuerobern. Doch überall ist diese Erklärung nicht anwendbar. Es scheint vielmehr, dass die deutsche Ostfront, was auch dort militärisch geschehe, wenigstens prestigemässig gehalten werden soll – auf die Gefahr hin, dass die Zusammenballung verschleppter oder «verdrängter» Misserfolge, wenn der offenbar immer noch erwartete Umschwung nicht eintritt, eines Tages das Bild einer «Katastrophe» ergeben könnte, wie sie der britische Minister Bevin der deutschen Armee zu Beginn dieses Jahres voraussagte.[62]

Auch die Aufeinandertürmung von Meldungen über vernichtende russische Verluste, denen bisher nie Angaben über eigene Rückschläge gegenüberstanden, kann auf die Dauer das Gegenteil dessen bewirken, was beabsichtigt war. Dass die Russen, obwohl sie nach oft wiederholter Darstellung ihre Ernährungsbasis, ihre Kriegsindustrie und den grössten Teil ihres Kriegsmaterials und ihrer kampffähigen Jahrgänge verloren haben, mit nur noch verstärkter Wucht angreifen, muss allmählich die beängstigende Vorstellung eines überhaupt unerschöpflichen, ungeheuerlichen Gegners entstehen lassen, gegen den anzukämpfen aussichtslos ist. Dieses Jahr ist der russische Winter aussergewöhnlich mild und trifft die deutschen Armeen nicht unvorbereitet; aber «wenn die Härte dieses Winters vielleicht auch der des Vorjahres nachsteht», schreibt die «Frankfurter Zeitung», «so hat der Feind dafür offenbar um so mehr Mannschaften und Material für seine Gegenoffensive aufgehäuft, und wenn er im vorigen Jahr bereits ohne Rücksicht auf Verluste eine Entscheidung zu erzwingen suchte, so feiert die Gleichgültigkeit der bolschewistischen Führung gegen solche Einbussen in diesem Jahr vollends Triumphe». Das Rätsel des russischen Kriegspotentials, das der Roten Armee demnach wieder aus dem Vollen zu schöpfen erlaubt, dürfte für den deutschen Zeitungsleser nachgerade unlösbar geworden sein.

Unmittelbar folgenschwerer ist es, dass sich die Belastung mit Prestigerücksichten anscheinend nicht nur auf die Nachrichtengebung, sondern sogar auf die Kriegführung selbst auswirkt. Anders wenigstens ist die Tragödie der geopferten Armee vor *Stalingrad* kaum zu erklären. Seit einem halben Jahr ist Stalingrad zu einem Symbol geworden, weil beide Parteien es als solches annahmen; der deutsche Reichskanzler selbst hatte rednerisch die Verantwortung dafür übernommen, dass diese Stadt genommen werde. Im August 1942 begannen die Deutschen die Schlacht um Stalingrad als Durchgangsschlacht zum Kaspischen Meer; dann wurde sie zur Schlacht wenigstens um die Wolgasperre, dann zur blossen gewaltigen Abnützungsschlacht, und schliesslich ging es nur noch um das Symbol des Erfolges oder Misserfolges des Ostfeldzuges von 1942, und in den Kampf um dieses Symbol warfen beide Gegner ihr Prestige, ihr Selbstvertrauen, ihren Glauben und ihre Nervenkraft. Stalingrad hat in kurzer Zeit drei deutsche Generäle verbraucht: von Bock, Hoth und Paulus.[63] Diese Stadt nun aus strategischen Gründen preiszugeben, erschien offenbar als «untragbar». Aber es ist angesichts des Schicksals der einstigen deutschen Belagerungsarmee heute erschütternd, nachzulesen, was noch am 31. Dezember die «Berliner Börsen-Zeitung» über Stalingrad schrieb: «Hatten unsere Truppen sich schon im Laufe des ganzen Feldzuges daran gewöhnen müssen, dass sowjetische Verbände, vor allem unter dem Einfluss ihrer Kommissare, auch dann noch Widerstand leisteten, wenn er militärisch völlig sinnlos war, waren infolgedessen die Schlachten erst dann wirklich zu Ende, wenn gewissermassen *der letzte* sowjetische *Soldat* auf dem Kampffeld *totgeschlagen* war, so wurde diese sinnlose Selbstvernichtung im Kampf um Stalingrad zu einem System grausamster Brutalität erhoben. Eine ganze Stadt von vielen hunderttausend Einwohnern wurde dem Inferno eines monatelangen Ringens um jede Häusergruppe, um jeden Stützpunkt überantwortet. Das Asiatentum der bolschewistischen Machthaber zeigte hier sein entsetzliches Antlitz.» Grausam hat sich die Lage umgekehrt. Von Stalingrad aus geht heute durch die deutsche Presse die Parole: «Jeder Mann eine Festung», die das russische Losungswort von Stalingrad: «Jedes Haus eine Festung» noch überbietet; und wenn die Ereignisse heute demonstrieren, dass der russische Widerstand in Stalingrad militärisch nicht sinnlos war, so erscheint dafür nun das Ausharren der Achsentruppen vor Stalingrad bis zum letzten Mann als Prototyp jenes «Heldentums, das nach dem Zweck nicht fragt».

Dass die Belastung der militärischen Entscheidungen durch aussermilitärische, vor allem prestigemässige Rücksichten meist nicht in der siegreichen Offensive, sondern erst beim Rückzug oder in der Verteidigung in Erscheinung tritt, scheint selbstverständlich, und so läge die Vermutung nahe, dass die Überlegenheit der Strategie nun ins *alliierte Lager* übergegangen wäre. Doch davon ist bisher nicht die Rede. Die endlich erreichte «Koordination der alliierten Kriegführung», die im letzten November so laut verkündet wurde, war ein Bluff, der die ungefähre zeitliche Übereinstimmung der britischen, amerikanischen und russischen Offensivaktionen als planmässige Übereinkunft ausgab. Nun wird aus Washington wieder einmal berichtet, dass «die Russen bisher ihre militärischen Operationen *ohne strategische Vereinbarungen* mit den Verbündeten durchführten», jetzt aber «den Wunsch geäussert haben, dass sie künftig vor allen Entscheidungen, wie sie General Eisenhower in Nordafrika getroffen hat, zu Rate gezogen werden sollen», und entsprechend wird in der englischen und amerikanischen Presse wieder die Notwendigkeit eines nun wirklich alerobersten Kriegsrates diskutiert. Das politische Kesseltreiben in *Nordafrika* hält an – die Amerikaner haben wirklich «keinen besseren Mann» als Peyrouton gefunden, um in Algerien Ordnung zu schaffen –, und vor diesem Hintergrund stehen die Alliierten in Tunis weiterhin in «elastischer Verteidigung». Inzwischen hat die britische Achte Armee, belastet mit ungeheuren Nachschubschwierigkeiten, aber unbelastet von politischen Hemmungen, über zweitausend Kilometer Wüste hinweg bald Tunesien erreicht, ohne dass die andere Backe der «Zange» in Bewegung geriet. Die Wüste hat sich als ein besseres Hinterland der Offensive erwiesen als das blühende Algerien, wo Geschäftsleute und Kolonialoffiziere die Zukunft Europas auskochen möchten.

30. Januar 1943

Der zehnte Jahrestag des nationalsozialistischen Regimes.
Stalingrad. Konferenz von Casablanca

Weniger noch als vor einem Vierteljahr das «Ventennale» des italienischen Faschismus fällt heute der *zehnte Jahrestag des nationalsozialistischen Regimes* in Deutschland in eine Zeit, die zum Feiern gemacht ist. Seit einer Woche haben Presse und Rundfunk alle Schleusen der Bitternis über das deutsche Volk geöffnet. In breiten apokalyptischen Schilderungen wird täglich vor ihm das Bild des Todeskampfes entrollt, den die deutsche Sechste Armee vor *Stalingrad* führt, und «noch nie», schreibt die «Frankfurter Zeitung», «ist der Wehrmachtsbericht so aus der Mitteilung des Geschehens herausgetreten wie in diesen Tagen», um in fast hymnischer Form immer wieder auf das furchtbare Sterben dieser Armee hinzuweisen, deren «noch kampffähige Teile sich in die Trümmer der Stadt Stalingrad verkrallen». Auch der Todesrausch des Nibelungenliedes wird in der deutschen Presse wieder auferweckt, jener endlosen verzückten Schilderung vom Untergang der Burgunder, die mit der Gewissheit, dass keiner von ihnen zurückkehren werde, an den Hof des Burgunderkönigs gezogen waren. Und ganz im Sinne dieses germanischen Heldenliedes wird gar wenig über den Sinn oder die Rechtfertigung der Katastrophe von Stalingrad gesagt; denn, so schreibt die «Deutsche Allgemeine Zeitung», «das Heldentum, das um Stalingrad, im Kaukasus, um Rschew und am Ilmensee zu geschichtlicher Grösse aufsteigt, steht fast jenseits einer Betrachtung darüber, was denn eigentlich der *Sinn* solch übermenschlicher Opferbereitschaft sei». So ist es denn kaum mehr verwunderlich, wenn in einem Berliner Kommentar gesagt wird, die Haltung der Deutschen vor Stalingrad lasse sich würdig der russischen Verteidigung Sebastopols an die Seite stellen![64]

Dass nicht Defaitismus, sondern rechnerisch bewusste Entschlossenheit diesen plötzlichen Umschwung der deutschen Situationsschilderung diktiert, das zeigt schon seine präzise Synchronisierung. Die Schockwirkung dieser genau dosierten Hiobsbotschaften soll das deutsche Volk zur *Mobilisierung der «letzten Reserven»* aufrütteln. Volkswirtschaftlich kühl drückt die «Deutsche Allgemeine Zeitung» dieses Ziel in einem redaktionellen Kommentar aus: «Im übrigen werden wir wieder einmal den Beweis dafür liefern, dass die Wirtschaft, die Arbeit, die Fähigkeit, sich einzuschränken, dass dieser ganze Bereich des Ökonomischen und Sozialen im weitesten Sinne immer noch und immer wieder Elastizitätsreserven zeigt: Wir wissen, dass wir gezwungen und entschlossen sind, die Grenzen dieser Elastizität gerade jetzt wieder sehr weit hinauszuschieben.» So total der deutsche Kriegseinsatz auch im Vergleich zu allem Gewohnten bisher war, so gewaltig auch der menschliche und sachliche Kapitalverzehr – bis zur restlosen Ausschöpfung der letzten Arbeitskraft und des ganzen Wohlstandes eines ganzen Volkes ist es stets noch ein weiter Schritt, und so bliebe wirklich noch viel in den bodenlosen Abgrund des totalen Krieges zu werfen, wenn eine solche restlose Ausschöpfung eben überhaupt möglich wäre. Die äusserste «Elastizitätsgrenze» einer Nation ist tatsächlich nicht berechenbar, wohl aber der Punkt, an dem die Überspannung beginnt, und dieser Punkt soll nun offenbar überschritten werden. Den Kommentar dazu hat Hitler an dem Tage gegeben, an dem die Amerikaner in Nordafrika landeten: «Deutschland hat einst um drei Viertel zwölf die Waffen niedergelegt – ich höre grundsätzlich immer erst fünf Minuten nach zwölf auf.» Im propagandistisch aufgewühlten Bewusstsein, dass seine eigene Existenz mit der des Regimes von der «totalen Vernichtung» bedroht ist und die Anspannung wirklich aller Kräfte fordert, begeht das deutsche Volk den zehnten Jahrestag der nationalsozialistischen Machtübernahme mit der von Gauleiter Sauckel grundsätzlich angeordneten Mobilisation aller Männer und Frauen, vom Minderjährigen bis zum Greis. «Aufbruch der Nation» ist heute wie vor zehn Jahren die Parole, aber mit einer Bedeutungswandlung, wie sie wohl keiner in den begeisterten Fackelzügen des 30. Januar 1933 erträumte.

In letzter Zeit wurden in Deutschland wiederholt Erinnerungen aus der «Kampfzeit der Bewegung» wachgerufen, aber sie bezogen sich nicht auf den Triumph der Machtergreifung, sondern auf die unmittelbar vorhergehende Depressionszeit, in der die Flut der nationalsozialistischen Stimmen bei den Reichstagswahlen zurückebbte und innerhalb der Partei Zersetzung und Zermürbung um sich griffen. Eine fast vergessene lokalhistorische Episode jenes Krisenwinters wurde vor kurzem in der deutschen Presse gross aufgezogen: jene Landtagswahlen des winzigen Ländchens Lippe, in dem sich die NSDAP unter Aufgebot aller verfügbaren Propagandamittel einen Prestigesieg holte; und die Moral dieser Reminiszenz war, dass der Führer stets auch die verzweifeltsten Situationen gemeistert habe. Es war freilich nicht der Wahlsieg in Lippe, der Hindenburg und Papen bewog, Hitler zur Übernahme der Regierung aufzufordern, sondern vielmehr gerade die Gefahr eines Zusammenbruchs der nationalsozialistischen Partei und ihres Mythos, des letzten staatserhaltenden Mythos, der in Deutschland noch Lebenskraft besass. Denn keine der gemässigten Parteien, die alle längst nichts mehr als «kleinere Übel» anzubieten hatten, gewann damals die Stimmen, die Hitler verlor, sondern bei jenen Wahlen vom November 1932 zogen erstmals hundert kommunistische Abgeordnete in den Reichstag ein. Die gähnende Leere, die ein Zusammenbruch der NSDAP im politischen Leben der verbrauchten Weimarer Republik zu hinterlassen drohte, brachte angesichts der an alle Wände gemalten «kommunistischen Gefahr» auch jene konservativen Kreise, die ein solches Experiment bisher abgelehnt hatten, zu dem Entschluss, die Bewegung Hitlers durch das einzige Mittel zu retten, das sie retten konnte: die Übergabe der Regierung. Sie glaubten sich gezwungen, zwischen den Extremen zu wählen, und wählten nochmals – das «kleinere Übel». Diese Erinnerung an die Genesis des deutschen «Umbruchs» ist nicht unaktuell geworden. Den Gegner vor die Alternative zwischen sich und dem Bolschewismus zu stellen, das blieb die erfolgreichste Methode auch der nationalsozialistischen Diplomatie bis zum Kriegsausbruch, und es wäre kindlich, anzunehmen, dass der Nationalsozialismus auf diesen Trumpf endgültig verzichtet hat. Die deutsche Presse hat einen Satz aus der Rede, in der Reichswirtschaftsminister Funk am 26. Januar die Mobilisation aller Reserven ankündigte, besonders herausgehoben: «Eines wird allerdings heute mehr denn je zur Gewissheit, dass nämlich ... die Entscheidung über das Schicksal Europas *nicht* zwischen den Angelsachsen und Deutschland, sondern *ausschliesslich zwischen Deutschland und der Sowjetunion* fällt. Europa hat keine Wahl mehr.» Es ist unnötig, in diesen Satz mehr hineinzuinterpretieren, als er ausdrücklich sagt. Aber es ist tatsächlich kein Grund zu sehen, weshalb die deutsche Regierung die Hoffnung völlig aufgegeben hätte, die feindliche Allianz doch noch, und sei es im letzten Augenblick, zu sprengen.[65]

Zwar hat Roosevelt, als er die Forderung nach «unconditional surrender» als Fazit der *Konferenz von Casablanca* proklamierte, unbedingter als je den Gedanken eines Kompromissfriedens abgelehnt. Aber den Beweis für die «grosse Einmütigkeit unter den Führern unserer Alliierten», von der Roosevelt in seiner letzten Kongressrede sprach, hat das englisch-amerikanische Stelldichein in Nordafrika nicht geliefert. Auch eine grundsätzliche Lösung des Konfliktes zwischen den beiden «Kämpfenden Frankreich» ist nicht gelungen, sondern bestenfalls eine Verschiebung der Auseinandersetzung bis zum Kriegsende. Die Enttäuschung darüber in England und Amerika kommt allerdings vor allem daher, dass die privat betriebene angelsächsische Propaganda, die ebenso undiszipliniert und ungeschickt arbeitet wie die deutsche präzis, völlig unsinnige Ankündigungen einer Totalabklärung aller Kriegs- und Nachkriegsfragen verbreitet hatte. Die unmittelbare Tragweite der vorhandenen Divergenzen darf nicht überschätzt werden: Eine faktische Koordination der englischen, amerikanischen und russischen Kriegführung besteht schon darin, dass sie alle auf denselben Gegner einschlagen, und für die Anwerbung einer «Fünften Kolonne» in Europa kann es sogar ein wenn auch kurzfristiger Vorteil sein, wenn für Überläufer ins alliierte Lager die Möglichkeit besteht, auf verschiedene Karten zu setzen. Auf diesen Vorteil weisen die Amerikaner zur Rechtfertigung ihrer nordafrikanischen Politik immer hin. Die Bedenken, die auch in Amerika gegen diesen Opportunismus bestehen, hat kürzlich Dorothy Thompson so ausgedrückt: «Die Politik des Staatsdepartementes könnte die oppositionellen Bewegungen in Europa untergraben. Wenn wir uns weiterhin mit den früheren französischen Kollaborationisten und bekannten Faschisten einlassen, werden sich diese Bewegungen alle nach Moskau wenden, dessen politische Richtung klar und eindeutig ist.» Dass diese Probleme nicht nur für Frankreich bestehen, darauf hat soeben ein Abgeordneter des englischen Unterhauses durch seine Anfrage an Eden hingewiesen, ob die britische Regierung «angesichts der unglückseligen Bruderkämpfe zwischen den Jugoslawen» – nämlich zwischen denjenigen Guerillas, die ihre Parolen aus London, und denen, die sie aus Moskau entgegennehmen – sich darum bemühe, «dass wir Vereinbarungen mit der Sowjetunion über Nachkriegsfragen treffen, um zu verhindern, dass sich derartiges anderswo in Osteuropa ereignet». Aber auf die Frage, worin diese Vereinbarungen denn bestehen sollten, hätte wohl auch dieser Abgeordnete nicht viel Besseres als etwa eine Abgrenzung von Interessenzonen vorzuschlagen gehabt. Es ist vielleicht heute schon so, dass dieser Krieg nur noch weitergeht, weil niemand einen Ausweg aus ihm weiss und die Angst vor dem Kriegsende oft schon die Schrecken des Krieges überwiegt. Die Unfähigkeit der Alliierten, Europa eine Zukunft jenseits des Waffenstillstandes zu zeigen, liefert erst der deutschen Propaganda die Grundlage zu ihrer Aufbietung der letzten Kräftereserven für den «Kampf gegen das Chaos».[66]

6. Februar 1943

Konferenz von Adana. Die türkische Frage

Es liegt nicht an den offiziellen Verlautbarungen, wenn die Welt die Konferenz von Adana weit mehr als die von Casablanca als eine Sensation empfand. Churchill hatte, wie er erklärt, «eine sehr angenehme Unterhaltung» mit Ismet Inönü, und nach türkischen Berichten stand die ganze Zusammenkunft geradezu in Zeichen des gewinnenden Lächelns – das ist fast alles, was die Welt erfährt. Aber es genügt immerhin, um Herrn von Papen, den deutschen Botschafter in Ankara, zu einer eiligen Reise nach Berlin zu veranlassen. Da Churchill den Journalisten, die er in Kairo über die Konferenz von Adana unterhielt, Blicke in die «Geheimnisse der Zukunft» ausdrücklich verbot, mag uns ein Blick in die Vergangenheit der wieder aktuell gewordenen britisch-türkischen Freundschaft genügen; der ganze seltsame Umweg, den dieser Krieg seit 1939 durchgemacht hat, spiegelt sich in ihr.[67]

Das offizielle Communiqué von Adana ist zurückhaltend genug, «die Bande der Freundschaft und das gegenseitige gute Einverständnis zwischen der Türkei und Grossbritannien» zu feiern, ohne zu erwähnen, dass Churchill ja eigentlich einen Verbündeten besuchte. Aber dass der Geist – fast müsste man sagen das Gespenst – des britisch-französisch-türkischen *Bündnisses vom 19. Oktober 1939* in Adana präsidierte, daran zweifelt die türkische und die englische Presse keinen Augenblick. Jenes Bündnis – an dem Frankreich durch die Unterschrift seines Botschafters René Massigli, der vor wenigen Tagen aus Frankreich nach London zu de Gaulle geflohen ist, beteiligt war – bedeutete einen Triumph der These von der kollektiven Sicherheit. Die Beteiligten sicherten sich «wirksame Zusammenarbeit und jede in ihrer Macht stehende Hilfe» gegen jede Angriffshandlung zu, die für einen von ihnen zum Krieg im Mittelmeerraum führen würde; aber auch über diese engere Sicherheitszone hinaus versprachen sie sich volle Zusammenarbeit gegen jede Aggression, die von einem europäischen Staat gegen einen Dritten begangen und durch die sich eines der vertragschliessenden Länder bedroht fühlen würde, und vor allem erklärte sich die Türkei solidarisch mit den alliierten Garantien für Rumänien und Griechenland. Sehr weitblickend stipuliert Art. 7: «Die Bedingungen des gegenwärtigen Vertrages sind ebenso als zweiseitige Verpflichtungen zwischen der Türkei und jeder einzelnen der beiden andern Hohen Vertragschliessenden Parteien gültig», und tatsächlich war auch nie die Rede davon, dass das darin enthaltene britisch-türkische Bündnis durch das Ausscheiden Frankreichs erloschen wäre. Seine Anwendung erschien, als der Krieg ins Mittelmeer übergriff, als inopportun, und es wurde für bessere Zeiten aufs Eis gelegt. Die letzten Jahre haben viele Bündnisse und Verträge, kaum abgeschlossen, sang- und klanglos sterben sehen; aber es gibt unter ihnen Scheintote, die unversehens wieder auferstehen könnten.[68]

Der Beistandspakt vom 19. Oktober 1939 hatte einen Pferdefuss in Form eines «zweiten Protokolls», das also lautete: «Im Augenblick, da sie zur Unterzeichnung dieses Vertrages schreiten, sind die unterzeichneten Bevollmächtigten über folgendes übereingekommen: ‹Die von der Türkei kraft des genannten Vertrages übernommenen Verpflichtungen können dieses Land nicht zu einer Handlung zwingen, die zur Wirkung und Folge hätte, es in einen bewaffneten Konflikt mit der UdSSR zu verwickeln. Dieses Protokoll wird als integrierender Bestandteil des Vertrages betrachtet.›» Es war die Zeit der «drôle de guerre», in der die damals noch massgebenden Kreise in Paris und London weit kriegerischer gegen Russland als gegen Deutschland gestimmt waren und anderseits im Zeichen des russisch-deutschen Freundschaftspaktes Ankara laut und vernehmlich über den gemeinsamen Druck Deutschlands und Russlands stöhnte. Dieser Druck blieb die Begründung dafür, dass die Türkei im Stadium der «Nichtkriegführung» stehen blieb, bis dann die alliierten Positionen in Europa überhaupt zusammenbrachen und für die Türken das Bündnis damit jede Aktualität verlor. Als Anfang 1941 Eden mit General Dill nach Ankara flog, um sich nach der türkischen Hilfe für Griechenland zu erkundigen, kehrte er weit weniger strahlend zurück als heute Churchill aus Adana. Immerhin war für England damals bereits die türkische Neutralität Hilfe genug, da Deutschland schon in Syrien und Irak Fuss gefasst hatte; im «Flankenschutz» der Türkei gelang es, diese Bedrohung wieder zu beseitigen. Und während England mit seiner Handvoll irakischer «Rebellen» und mit den französischen Truppen in Syrien alle Hände voll zu tun hatte, um sich wenigstens an der äussersten Peripherie Europas zu halten, schloss die Türkei wohl oder übel einen Nichtangriffspakt mit dem nun an seinen Grenzen stehenden Deutschland – vier Tage vor dem deutschen Angriff auf Russland. Aber selbst damals hat die Türkei die grundsätzliche Gültigkeit ihrer Beistandsverpflichtung an Grossbritannien stets ausdrücklich anerkannt.[69]

Seither ist die «türkische Frage» keinen Augenblick mehr von der Tagesordnung abgesetzt worden. Zwei Jahre lang stand besonders die allen strategischen Orakeln so geläufige Möglichkeit einer deutschen «Zangenbewegung» durch die Türkei im Vordergrund, und als am 1. November des letzten Jahres der türkische Präsident erklärte, die Türkei habe sich «nie dem Kriege näher befunden» als gerade jetzt, dachte natürlich jedermann an diese Gefahr; aber als in den folgenden Wochen Schlag auf Schlag die amerikanische Landung in Nordafrika, die britische Offensive aus Ägypten und der Sturm an der Ostfront losbrachen, erhielt diese Erklärung Inönüs allmählich ein anderes Gesicht, und es ist nicht ganz glaubhaft, dass – laut offiziellem Communiqué – die Konferenz von Adana mit ihrem Aufmarsch von militärischen Sachverständigen bloss der «defensiven Sicherheit» der Türkei galt. «Zangenbewegungen» durch die Türkei sind heute nicht mehr von deutscher, sondern höchstens noch von alliierter Seite aktuell. Aber warum sollte England seinen Verbündeten überfallen? Die «ungünstigen Umstände», für deren Dauer das Bündnis aufs Eis gelegt wurde, scheinen vorüber, und das oben zitierte «Protokoll Nummer 2», das die militärische Beistandspflicht praktisch aufhob, müsste nun doch längst hinfällig geworden sein. Bleibt noch der türkisch-deutsche Nichtangriffspakt, abgeschlossen einige Tage, bevor sein deutsch-russischer Bruder im stattlichen Alter von fast zwei Jahren urplötzlich in Fetzen ging ...

Zugleich mit jenem Nichtangriffsvertrag war es Deutschland gelungen, das britische Monopol auf die so erstrangig kriegswichtige türkische Chromproduktion zu durchbrechen – aber nur auf lange Sicht. Der britisch-türkische Chromvertrag ist erst mit Beginn dieses Jahres abgelaufen, und im ersten Vierteljahr 1943 sollte nun Deutschland die ersten 45 000 Tonnen Chrom gegen Lieferung von Kriegsmaterial beziehen können. Wie es scheint, ist die für den Januar vorgesehene erste Lieferung aber nicht erfolgt, da der türkische Generalstab das von Deutschland angebotene Kriegsmaterial als qualitativ ungenügend bezeichnete. In den Communiqués von Adana war von Chrom und andern prosaischen Dingen nicht die Rede, wohl aber davon, dass die Türkei nun von Grossbritannien reichlich mit Kriegsmaterial versorgt werden solle. Sie ist ja bereits, als wäre sie ein Glied der «Vereinten Nationen», unter die Nutzniesser der amerikanischen Leih- und Pachtlieferungen aufgenommen worden.

Wiederum, wie in Casablanca, war die *Sowjetunion* an den Verhandlungen nicht beteiligt, sondern wurde nur «informiert»; und wiederum, nur noch etwas lauter, wird dies in der englischen Presse von der «Times» bis zum «Daily Herald» beklagt, da diesmal zweifellos russische Interessen unmittelbar berührt wurden. Aber auch hier ist es, wenn man schon einmal auf diesen Gedankengang eingeht, möglich, die Vorteile des «getrennten Marschierens» geltend zu machen; denn es könnte ja sein, dass die Türkei gern angelsächsische Truppen vor der Roten Armee im Balkan auftauchen sehen würde – so gern, dass sie sogar bereit wäre, das ihre dazu beizutragen. Dass diese reine Spekulation, den ersten Kommentaren nach zu schliessen, derart in der Luft liegt, zeigt einmal mehr, wie sehr sich die Welt schon daran gewöhnt hat, die gegenwärtige Phase des Krieges bereits unter dem Aspekt der kommenden Auseinandersetzungen zwischen den gegenwärtigen Bundesgenossen zu betrachten. Vor allem hat sich natürlich die deutsche Propaganda, die vor kurzem noch keinen Unterschied zwischen «Plutokraten» und «Bolschewisten» machte, vollständig auf diese Betrachtungsweise umgestellt; und wenn Roosevelt nach seiner Rückkehr aus Casablanca versichert, dass dort nur militärische Fragen des Generalangriffes gegen die Achse besprochen wurden, und Churchill die Entlastung Russlands als Hauptziel hervorhebt, so glaubt die «Berliner Börsen-Zeitung» das gerade Gegenteil: «Denn in einem Augenblick, wo der bolschewistische Stoss nach Europa wieder einmal seine bedrohlichen Möglichkeiten ahnen lässt, gäbe es zwischen den Partnern dieser Koalition noch ein gut Teil mehr zu besprechen als eine gerechtere militärische Lastenverteilung. Hatten die Pläneschmiede von Casablanca wirklich keine *anderen Sorgen als einen Sieg*, der, wenn er denkbar wäre, auf absehbare Zeit nur ein bolschewistischer, aber nicht entfernt im selben Verhältnis ein englisch-amerikanischer sein könnte?» Die Hoffnung, dass die Vereinten Nationen bereits «andere Sorgen» als den gemeinsamen Sieg haben, gehört zu jenen «letzten Reserven», die Deutschland jetzt mobilisiert.

13. Februar 1943
Die deutsche Propaganda

Ein Londoner Kommentator hat für das Schweigen Hitlers am 30. Januar die geistreich-blödelnde Begründung gefunden, dass alle Reden jenes Gedenktages die Sendung und traumwandlerische Sicherheit des Führers als letztes Argument der deutschen Siegesgewissheit ausspielten, ein Argument, dessen sich nicht wohl der Führer selbst bedienen konnte. Es zielt wohl vor allem auf eine Erschütterung dieses unbedingten Vertrauens in die höchste deutsche Führung, wenn in russischen Berichten seit einiger Zeit davon die Rede ist, dass die deutschen Abwehraktionen an der Ostfront «jede Planmässigkeit vermissen lassen», und wenn im Moskauer Rundfunk das für deutsches Empfinden ausgesucht verletzende Thema abgehandelt wird: «Wir gewinnen den Krieg, weil wir ihn wissenschaftlicher führen.» Zweifellos leistet die tatsächliche Entwicklung der Lage an der Ostfront solchen Thesen Vorschub, wobei allerdings zu bedenken ist, dass die Planmässigkeit einer Operation meistens erst im Erfolg oder hart beim Erfolg sichtbar wird; die Planmässigkeit von Rückschlägen existiert nur in offiziellen Communiqués. Aber jedenfalls hat der Krieg heute für Deutschland – wie 1940 für England – ein Stadium erreicht, in dem die besseren Nerven entscheidend werden. Es ist, wie Dr. Goebbels dies nennt, die «Zerreissprobe».

«Wir sind verpflichtet dazu, Optimisten zu sein», sagte Göring im letzten Oktober; etwa gleichzeitig erklärte Dr. Goebbels in München: «Niemand wird behaupten wollen, dass die bolschewistische Wehrmacht je noch einmal die Kraft besitzen werde, die Grenzen des Reiches offensiv zu bedrohen.» Und die ganze Stimmung der Sicherheit, die bis vor kurzem in Deutschland aufrechterhalten wurde, liegt in den Sätzen, die das «Neue Wiener Tagblatt» nach der alliierten Landung in Nordafrika schrieb: «Der Krieg ist noch fern. Oran ist von Wien ebenso weit entfernt wie Stalingrad.» Diese sichere Ruhe gegenüber allen feindlichen Drohungen ist mit einem Schlag zerrissen worden, und die *deutsche Propaganda* kennt heute kein anderes Ziel mehr, als jedem Deutschen höchste Unruhe und Angst um die nackte Existenz einzuhämmern und einen Zustand äusserster Nervosität zu erzeugen, in dem Müdigkeit und Zweifel gar nicht mehr bewusst werden können. Die Gefahren des Entschlusses, auch die «letzten Reserven» seelischer Widerstandskraft anzugreifen, sind dabei zweifellos eingerechnet. Pervitin[70] darf höchstens zu einer zeitlich begrenzten Höchstleistung, zum Endspurt gebraucht werden, für einen zeitlich unbegrenzten Widerstand ist es unnütz. Diese Mobilisation muss also, wenn wir sie nicht als Ausdruck einer ausweglosen Situation betrachten wollen, unter der Voraussetzung vor sich gehen, dass die

Entscheidung des Krieges nahe bevorsteht. Die Parole, die Ribbentrop im letzten September ausgab und die bis in die Neujahrsbetrachtungen die deutsche Presse beherrschte, dass nach den grossen Raumgewinnen im Osten die Zeit nun *für* Deutschland arbeite und ihm gestatte, in aller Kaltblütigkeit zu warten, bis der Gegner «genug habe», ist also inzwischen wieder fallengelassen worden. Unklar bleibt nur, welche Vorstellungen über die Möglichkeit, eine schnelle Entscheidung zugunsten der Achse zu erzwingen, dieser Umwälzung der Kriegsperspektiven zugrunde liegen; denn es sind keine Anzeichen dafür zu erkennen, dass die Anstrengung der «Vereinten Nationen» ihren Höhepunkt überschritten hätten und Deutschland so wieder zur Offensive übergehen könnte.

Auch in anderer Beziehung hat die deutsche Propaganda seit einem halben Jahr *Wandlungen* durchgemacht, und es ist gerade die glänzende Synchronisierung aller öffentlichen deutschen Äusserungen, die solche diachronische Schwankungen besonders sichtbar macht. Als im letzten Herbst in allen Reden deutscher Staatsmänner Verbalinjurien auf die angelsächsischen Staatsmänner niederprasselten – «die Herren Churchill und Roosevelt und wie sie heissen, sie sind ja alle lächerliche, kleine Marionetten, versoffene und gehirnkranke Menschen, die nach der Pfeife der Juden tanzen», drückte sich damals Göring aus –, da blieb Stalin als einziger von dieser Rhetorik verschont, so dass sich alle journalistischen Auguren über die Möglichkeiten eines deutsch-russischen Sonderfriedens den Kopf zerbrachen. Nach der alliierten Offensive in Nordafrika waren lange Zeit die Spannungen zwischen den «Veruneinigten Nationen», die «reaktionäre Welle» und die Abkühlung der Sowjetbegeisterung in den angelsächsischen Ländern, die kaltlächelnd der Vernichtung ihres russischen Bundesgenossen zusähen, Lieblingsthemen der deutschen Presse. Mit den deutschen Rückschlagsmeldungen aus dem Osten kam auch hier der Umschwung; in den Kundgebungen zum 30. Januar war von Amerika überhaupt nicht und von England nur in bedauernden Wendungen über seinen «Verrat an Europa» die Rede, der «Existenzkampf des Abendlandes gegen die Horden Asiens» beherrschte ausschliesslich das Feld, und die Kreuzzugsparole gegen den Bolschewismus, die zu Beginn des deutsch-russischen Krieges nach einem kurzen Versuch aus Mangel an Echo in den Hintergrund geschoben worden war, schien mit deutlicher Blickrichtung nach den angelsächsischen Ländern wieder aufgenommen zu werden: «Vielleicht gibt es selbst in London einige klardenkende Männer, die eine Vorstellung davon haben, was das (ein Sieg des Bolschewismus) auch für England bedeuten würde», schrieb noch letzte Woche Dr. Goebbels im «Reich». Es war jedenfalls unverkennbar, dass die deutsche Propaganda und Politik die feindliche Front nach brüchigen Stellen abtastete. Seit einer Woche hat sich auch hier das Bild geändert. Die deutsche Presse greift systematisch jede angelsächsische Äusserung auf, die als Beweis dafür angeführt werden kann, dass England und Amerika den europäischen Kontinent «dem Bolschewismus ausliefern wollen»; der bekannte Artikel Walter Lippmanns über die Zukunft der Randstaaten Russlands, die Rede Lord Beaverbrooks und einige englische Artikel, die eine Entwaffnung und «Umerziehung» Deutschlands nach dem Kriege fordern, geben ihr Anlass, in ununterbrochenen Entrüstungsstürmen der «von Hass und Blutgier verzerrten Fratze skrupelloser Gangster» die «demokratische Maske» vom Gesicht zu reissen, der «Völkische Beobachter» nimmt in noch schärferem Ton die Hassgesänge gegen England vom letzten Herbst wieder auf, und die «Deutsche Allgemeine Zeitung» setzt mit der Feststellung, dass «England und die USA den Sowjets gegenüber in die Rolle von hörigen Hilfsvölkern gedrängt sind», dem Ganzen die Krone auf.[71]

Was ist geschehen? Zunächst einmal hat die Konferenz von Casablanca offenbar doch gezeigt, dass die Grosse Allianz gegen Deutschland mindestens bis zum Siege festgefügt ist. Sodann rückt die Drohung eines alliierten Angriffes auf Europa wieder in den Vordergrund und wird von Deutschland ernst genommen, wie die Evakuierung aller wichtigen Küstenorte von Marseille über Brest und Holland bis Nordnorwegen zeigt. Vor allem aber hat die Spekulation auf die Gegensätze zwischen Russland und den bürgerlichen Demokratien unter den Hilfsvölkern Deutschlands anscheinend verheerend gewirkt; immer mehr häufen sich die Anzeichen dafür, dass die kleinen Staaten vom Balkan bis Finnland angesichts der deutschen Rückschläge im Osten Rückhalt bei Amerika und England suchen. Die Möglichkeit eines Sonderfriedens unter amerikanischer Vermittlung wird in Finnland so offen diskutiert, wie es die Regierung eines kriegführenden Landes unmöglich dulden könnte, wenn sie nicht den Weg dazu tatsächlich offen glaubte. Für eine ähnliche Interpretation der Entsendung Graf Cianos an den internationalen «Horchposten» des Vatikans liegt zwar nicht der geringste Anhaltspunkt vor. Aber in einem Europa, wo Marschall Mannerheim, das Inbild des «weissen Generals», als der geeignete Mann für einen Friedensschluss mit Moskau erscheint, ist nichts mehr unmöglich. Auf alle Fälle sieht sich Dr. Goebbels zu der Penelopearbeit veranlasst, die feindliche Front, die er zu sprengen suchte, nun wenigstens propagandistisch wieder zusammenzuschweissen, weil unter den Hilfsvölkern eine fatale Neigung aufkam, durch die gezeigten Risse aus dem Krieg auszubrechen.[72]

Im deutschen Volk freilich ist nach übereinstimmenden Berichten von einer solchen Neigung nichts zu spüren. Dass Deutschland von keinem Besieger Gnade erwarten könnte, dieses Grundmotiv der deutschen Propaganda entspricht offenbar der allgemeinen Überzeugung. Und diese Tatsache hat wenig Verwunderliches. Wenn die deutsche Presse die Ankündigung des amerikanischen Marineministers, dass die Alliierten bei einer Invasion Europas unterwegs die «von Deutschland unterjochten Völker» bewaffnen würden, gross aufmacht, so braucht sie keine langen Erklärungen anzufügen, um in ihren Lesern das Schreckensbild drohender Racheorgien aufsteigen zu lassen und sie von der Notwendigkeit des Krieges bis aufs Messer zu überzeugen. Und die alliierte Propaganda findet nicht die Worte, um dieses Schreckgespenst zu bannen; sie versucht kaum mehr, die Identität Deutschlands mit dem Dritten Reich zu bestreiten. Der «Vansittartismus»[73] hat nicht durch die Kraft seiner Argumente, sondern durch die

Logik des totalen Krieges und die erdrückende Last der geschehenen Untaten gesiegt. Deutschlands innere Front kennt die Schwankungen, die an der Peripherie Europas fühlbar werden, nicht.

20. Februar 1943
Die soziale Umgestaltung der englischen Gesellschaft. Unterhausdebatte über den Beveridge-Plan

In zwei kurz aufeinanderfolgenden Abstimmungen hat das britische Unterhaus die höchsten Stimmenzahlen gegen die Regierung aufgebracht, die seit dem Bestehen der jetzigen Koalitionsregierung[74] je gegen sie abgegeben wurden, nämlich 116 und 119 Stimmen. Die beiden Anlässe waren freilich recht verschieden, und die Oppositionsstimmen kamen dementsprechend aus völlig entgegengesetzten Lagern: letzte Woche waren es 116 rabiate Konservative, diese Woche 119 Angehörige der Labour Party mit einigen liberalen und unabhängigen Mitläufern. Aber eines hatten die beiden Abstimmungen gemeinsam: es handelte sich um die *soziale Umgestaltung* der englischen Gesellschaft.

Die Debatte über dieses Thema ist seit 1940 im Gange. Dass die Welt nach diesem Kriege gerechter und besser sein müsse, darüber sind sich alle vom offiziellen Redner bis zum letzten «Briefschreiber an die Redaktion» einig. Dass auch das «merry old England» einige Veränderungen nötig habe, leugnet selbst Mr. Britling nicht. Welche Veränderungen das sein sollen, darüber freilich hat man sich noch nicht festgelegt. «Meinen eigentlich die konservativen und die sozialistischen Minister das gleiche, wenn sie solche Erklärungen abgeben?» fragte kürzlich der «Daily Herald». Dass diese Frage nach den *konkreten Absichten* hinter den gleichklingenden Worten nun aufzutauchen beginnt, ist der eigentliche Grund der Diskussionsverschärfung, die vielleicht noch keine Krise und gewiss nicht das Ende des Burgfriedens bedeutet, aber jedenfalls ein steigendes Unbehagen verrät. Auch eine vielleicht verfrühte *«Vorfriedensunruhe»* kommt darin zum Ausdruck. Es gelte das Eisen zu schmieden, solange es heiss sei, nämlich die geplanten Reformen zu verwirklichen, solange die Nation noch im Kriege geeint und der Elan der gemeinsamen Anstrengung für eine «bessere Welt» noch nicht verflogen sei, erklärte letzte Woche Sir Stafford Cripps, und unzählige Redner und Journalisten in England variieren seit einiger Zeit dasselbe Thema. Gegen diese Forderung hat nun ein Industrieller im «Daily Telegraph» die Anklage erhoben, dass sie nichts anderes sei als eine Erpressung der Linkskreise unter Ausnützung der nationalen Notlage, und das konservative Blatt schloss daran die offene Drohung mit einer Revolte innerhalb der konservativen Partei: wenn die Reformer ihre Ziele durchsetzen würden, «so käme die nationale Einheit zu einem raschen Ende und die nationalen Kriegsanstrengungen müssten schweren Schaden leiden».

Diese *konservative Revolte* hat dann tatsächlich stattgefunden. 116 Konservative stimmten gegen die von der Regierung vorgeschlagene Regelung der *Arbeitsbedingungen im Gaststättengewerbe*, die wahrlich nichts Revolutionäres an sich hatte und nur eine Kommission zur Prüfung der Arbeitsverhältnisse und nichtobligatorischen Schlichtung von Konflikten in diesem sozial besonders rückständigen Wirtschaftszweig vorsah. Mögen die dieser Regelung feindlichen Brauereiinteressen in England noch so stark sein – ein Mitglied des Kriegskabinettes, Lord Moyne[75], ist Angehöriger der bekannten Brauerfamilie Guinness –, so genügen sie doch nicht zur Erklärung dieser «Palastrevolution»; denn die britischen Unternehmerkreise haben seit zwei Jahren schon härtere Brocken geschluckt; die Abstimmung war vielmehr ein vom unmittelbaren Anlass fast unabhängiger Alarmruf: «Bis hierher und nicht weiter!»

Die genau umgekehrte Situation hat sich nun eine Woche später bei der *Debatte über den Beveridge-Plan*, die unseren Lesern noch in frischer Erinnerung ist, ergeben. Die Regierung hat den Plan mit geringen Vorbehalten grundsätzlich angenommen, aber jede Festlegung über Umfang und Zeitpunkt der Durchführung abgelehnt; sie ist den Reformern so weit entgegengekommen, als es überhaupt möglich war, ohne sich konkret zu verpflichten – aber eben nur so weit. Und dagegen hat nun die andere Regierungspartei, die *Labour Party*, mit einer Tadelsmotion rebelliert, die fast einem Misstrauensantrag gleichkam. Dass die sonst nicht besonders oppositionslustige Labour Party, die sich bisher gut und gern mit grundsätzlichen Erklärungen abspeisen liess, sich derart über die Beschwörungen ihrer eigenen Vertreter im Kabinett hinwegsetzte, lässt darauf schliessen, dass die hinter ihr stehende öffentliche Meinung der Grundsätzlichkeiten müde zu werden beginnt und die schönen, aber leeren Schemen der Atlantik-Charta endlich mit Fleisch und Blut erfüllt sehen möchte. Der Plan Beveridge ist ein solcher konkreter Vorschlag; aber nach den allerdings unzureichenden Agenturberichten blieb die Unterhausdebatte seltsam im Weltanschaulichen und Emotionellen stecken. Beveridge selbst hat kurz nach Veröffentlichung seines Planes vor der «Fabian Society» erläutert, dass das Projekt der sozialen Sicherheit die Überwindung der Arbeitslosigkeit und die Herstellung einer krisenfrei funktionierenden Wirtschaft zur Voraussetzung habe, nicht aber selbst diese Probleme löse; die Lösung von 1919 – private Initiative ohne nationale Planung – werde auf jeden Fall den Anforderungen der Demobilisation ebensowenig genügen, wie sie denen des Krieges genügte. Das Unterhaus aber scheint den Plan diskutiert zu haben, als handle es sich um ein einzig vom guten Willen, nicht von der ganzen wirtschaftlichen Struktur des Landes abhängiges Fürsorgeprojekt. Die Einwände, die von Unternehmerseite gegen den Plan geltend gemacht werden können – dass England nach dem Verlust des besten Teils seiner Auslandinvestitionen statt als Rentner als Schuldner aus dem Kriege hervorgehen werde, dass es deshalb mehr als vorher auf die Konkurrenzfähigkeit seiner Exportindustrien angewiesen sein werde und diese nicht durch die Garantie eines der übrigen Welt gegenüber zu hohen Lebensstandards gefährden dürfe –, scheinen überhaupt nicht klar formuliert worden zu sein, so dass sich die Diskussionsvoten bloss in einem unterschiedlichen Grad der Zustimmung unterschieden. Und gerade diese Taktik der Gegner, zuzustimmen, aber Verschiebung ad Kalendas graecas zu beantragen, erklärt das Misstrauen, das angesichts der «allgemeinen grundsätzlichen Einigkeit» unbegreiflich scheinen könnte.[76]

Churchill, von dem zum Abschluss dieser Debatte eine Erklärung erwartet wurde, liess sich krankmelden; der unermüdliche Weltreisende hatte in diesem besonderen Fall eine Grippe. Er hat es bisher stets vermieden, sich über die Nachkriegsgestaltung der Welt, des Empires und Englands näher zu äussern. Wie er grundsätzlich darüber denkt, geht freilich beispielsweise aus seiner Neujahrsbotschaft an die von Japan besetzten Gebiete Ostasiens deutlich hervor: «Vor der japanischen Invasion haben wir alle, Briten, Malayen, Inder, Burmesen, Chinesen und Niederländer, eine grosse Strecke auf dem Wege zu einem zivilisierten, geordneten und glücklichen Leben zurückgelegt. Der Fortschritt ist lediglich unterbrochen worden. Wenn die japanische Aggression zum Scheitern gebracht ist – und sie wird es sein –, werden wir wieder vorwärtsschreiten ...» Dass sich diese Proklamation gerade an die Gebiete richtete, in denen sich vor einem Jahr die Brüchigkeit der *alten Kolonialpolitik* in solch erschreckender Eindringlichkeit zeigte, dass «Singapur»[77] zum Inbegriff alles Überlebten und Morschen wurde, macht den Gedankengang besonders klar: dieser Krieg ist bloss ein lästiger Unterbruch im idealen Gang der besten aller Vorkriegswelten. Der Wiederausbruch der *Krise in Indien* erinnert sehr opportun daran, dass auch für die Reform des Empires einmal ein Plan fertig und «grundsätzlich» allgemein gebilligt war und ebenfalls nur den Haken hatte, die entscheidenden Fragen auf die Zeit nach Kriegsende zu verschieben, und dass auch die Inder sich damals auf den Standpunkt stellten, was heute nicht geschehe, werde überhaupt nie geschehen.

Das englische Volk hat diesen Krieg – wenn er mit einem Sieg der Alliierten endet – durch sein zähes, unbeugsames Durchhalten in der Zeit, als es allein dem Ansturm der Achse gegenüberstand, entschieden; nun fürchtet es, den Frieden zu verlieren. Das Wort führen heute die Amerikaner, die Schlachten schlagen die Russen; dass *England wenigstens moralisch und ideologisch die Führung bewahren möchte*, das verleiht der Debatte über den Beveridge-Plan ihre tiefe Erregung. Sie ist tatsächlich der erste Versuch einer konkreten *Nachkriegsplanung*, der seit Kriegsausbruch überhaupt gemacht wird; weder die Atlantik-Charta, noch die «neue Ordnung Europas», noch der «Grossraum Ostasien» sind sachlich greifbar und verpflichtend.[78] Die Welt ist in dem seltsamen, früheren Zeiten unbekannten Zustand der «Vorfriedensunruhe»; denn nirgends besteht eine Vorstellung davon, wie dieser Friede aussehen könnte. «Der Krieg ist kein anarchischer Zustand, sondern eine Rechts- und Wertordnung», schrieb am 14. Februar ein Berliner Rechtsanwalt in der «Frankfurter Zeitung». So schauerlich und finster auch diese «Ordnung» sein mag, die Menschheit hat sich darin eingerichtet und weiss, dass darin das Faustrecht gilt. Jenseits des Krieges aber ist nichts Gültiges mehr sichtbar; jenseits des Krieges steht die grosse Angst, und von dieser Angst lebt der Krieg. Zorn, Gier oder Begeisterung würden längst nicht mehr genügen, um seine Schrecken und Entbehrungen zu ertragen; aber die Angst genügt.

27. Februar 1943
Proklamation Hitlers zum Gründungstag der NSDAP. Frankreich

Die *Führerproklamation* zum Gründungstag der Nationalsozialistischen Partei[79] ist zweifellos ein schwerwiegendes Dokument. «Wir werden» – wir, die «verschworene Gemeinschaft» der alten Parteigenossen von der NSDAP – «eine Mobilisierung der seelischen und materiellen Werte durchführen, wie dies unser Kontinent in seiner mehrtausendjährigen Geschichte bisher noch nie erlebte.» Europa hat es längst verlernt, solche Übertrumpfungen alles je Dagewesenen zu belächeln. Soweit sie die materiellen Kräfte betrifft, ist diese Mobilisation ja längst im Gang, und sie ist in grossen Gebieten Europas weiter fortgeschritten als in Deutschland. Denn die nationalsozialistische «Optik des Krieges» ist ja für die unterworfenen Länder weit schärfer als für das eigene; sie hat dort nie die Hemmung gekannt, die nach Dr. Goebbels noch bis zu Beginn dieses Jahres in Deutschland selbst galt, nämlich im Hinterland die Fiktion des friedlichen Alltags aufrechtzuerhalten. Die Mobilisation nicht nur der letzten Reserven, sondern der volkswirtschaftlichen Substanz selbst hat dort Grenzen überschritten, die in Deutschland selbst auch jetzt geachtet bleiben werden – die Grenzen des nackten Hungers und Ruins. Aber das bedeutet nicht, dass die Möglichkeiten nun erschöpft wären. Die oft namhaften Gelehrten, die seit Kriegsausbruch immer wieder nach korrekten volkswirtschaftlichen Grundsätzen Termine errechneten, an denen die Reserven Deutschlands, dann Europas verbraucht sein müssten, rechneten falsch, weil die Erfinder des totalen Krieges keine volkswirtschaftlichen Grundsätze kennen. Wer glaubt, dass nach den letzten Reserven nichts mehr aufzubieten sei, irrt: es ist möglich, auch noch die ganze Liquidationsmasse in den Krieg zu werfen, und *die Liquidationsmasse Europas* ergäbe ein stattliches Aufgebot. Einst blühende Volkswirtschaften, wie diejenigen Westeuropas, sind auch noch als Trümmerhaufen fast unabsehbar ergiebig, wenn sie rücksichtslos als Objekte der Altmetallverwertung genutzt werden und es keine Rolle spielt, ob das Gewonnene in irgendeinem Verhältnis zum Zerstörten steht. Zwischen einem Roosevelt, der zu Jahresanfang in seiner Kongressrede erklärte, er habe «manchmal das Gefühl, dass der Endausgang dieses Konfliktes auf mathematischer Grundlage berechnet werden kann», und den deutschen Führern besteht der Abgrund «totaler» Verständnislosigkeit; Deutschland führt keinen «Konflikt», sondern einen Krieg, dessen Totalität eben darin besteht, dass in ihm ausser der Gegenwart auch noch die eigene und fremde Zukunft als Einsatz mobilisiert wird.

Wie aber steht es um die *«Mobilisierung der seelischen Kräfte»*, die Hitler im gleichen Atemzug ankündigte? Die seelischen Kräfte eines Kontinentes sind der militärischen Requisition nicht zugänglich. Hier versagt die Physik der blossen Gewalt. Und doch hat die Führerproklamation kein anderes Rezept als dieses: «Terror mit zehnmal grösserem Terror brechen!» Es ist wahrscheinlich richtig, dass es zu spät ist, um von dieser Praxis abzuweichen. Aber Terror hat Terror nie gebrochen, sondern immer nur gesteigert. Im Zusammenleben der Menschen hat das Gesetz nie Gültigkeit gehabt, dass die Negation einer Negation ein Plus ergebe. «Wir werden es als selbstverständlich ansehen, nicht fremde Leben zu schonen in einer Zeit, die von unserem eigenen Leben so harte Opfer fordert.» Dass diese «Selbstverständlichkeit» im Europa der «grossen Zeit» eben wirklich zur Selbstverständlichkeit geworden ist, das ist ja gerade der Grund, warum alle seelischen Kräfte des Kontinentes in der starren Angst aller vor allen immobilisiert sind. Die Kreuzzüge des Mittelalters begannen mit der Verkündung des Gottesfriedens innerhalb des Kontinentes, dessen seelische Kräfte sie aufboten. Das war nicht blasser Idealismus, das war die einfache realpolitische Voraussetzung dafür, dass die «seelischen Kräfte», die sich sonst im Kampf aller gegen alle annullierten, überhaupt überschüssig und abkömmlich wurden. Jene Kleriker waren als Politiker und sogar als Propagandisten des totalen Krieges allen Spezialisten unserer grossen Zeit unendlich überlegen.

An eine ganz bestimmte Adresse wandte sich die Proklamation mit dem Satz: «Wir werden auch keine Sekunde zögern, die Länder, die für den Ausbruch dieses Krieges *verantwortlich* sind, zu den Leistungen in diesem Schicksalskampf heranzuziehen.» Von den drei nach der nationalsozialistischen Konzeption verantwortlichen Ländern ist England ausser Reichweite und Polen bereits in einem Masse «herangezogen», das der physischen Vernichtung nahekommt. Gemeint sein kann nur *Frankreich*. Deutschland hat diese Woche der Regierung von Vichy gegenüber eine freundliche Geste gemacht: es hat die überfällige Demarkationslinie zwischen dem besetzten und dem auch-besetzten Frankreich «aufgehoben». Nachträglich hat sich freilich herausgestellt, dass nur die Instanz, die die Passierscheine ausstellt, gewechselt hat; die Linie selbst, die «Frankreich den Atem abschneidet», besteht weiter. Vor allem aber hat sich nachträglich herausgestellt, welchen Preis Vichy für diese Formalität zu zahlen hat: nämlich 250 000 weitere Arbeiter im «Ablösungsdienst» nach Deutschland zu schicken zu einer Ablösungsquote, die einseitig zugunsten Deutschlands um zwei Drittel heraufgesetzt worden ist – genau wie vor einigen Wochen die «Besetzungskosten» einseitig um zwei Drittel erhöht worden sind. Von «Freiwilligenwerbung» ist dabei keine Rede mehr; die Abgehenden werden, wie aus den Schilderungen der französischen Presse eindeutig hervorgeht, polizeilich aufgeboten. Nicht seelische Kräfte werden da mobilisiert, sondern bloss physische Quanten der Ware Arbeitskraft. Und das ist letzten Endes der Grund, warum die Ergiebigkeit doch nie dem Einsatz entspricht.

Es ist bekannt, dass Lavals Wünsche weiter gingen: er hoffte, nachdem Deutschland den Waffenstillstandsvertrag aufgehoben hatte,[80] zu einer Stabilisierung der Verhältnisse durch einen Friedensschluss mit Deutschland zu gelangen. Statt dessen hat er eine Milderung der Demarkationslinie erhalten, die für Frankreich wenig mehr bedeutet als die Ausdehnung der Zensur und Polizeigewalt Vichys auf ganz Frankreich. Vichy hat einen weiteren Teil der Aufgaben zu übernehmen, die bisher die deutschen Besatzungstruppen besorgten, nämlich die immer bloss polizeiliche Stabilisierung von Verhältnissen, die mit Begriffen des Rechtes überhaupt nicht mehr zu definieren sind. «Heute lässt sich noch kaum eine Antwort auf die Frage geben, welcher Art etwa der gegenwärtige rechtliche Stand Frankreichs inmitten der kriegführenden Welt sei», konstatiert die «Frankfurter Zeitung»: «Es ist gewiss keine neutrale Macht, denn der *Kriegszustand* mit Deutschland ist durch den Waffenstillstand ja *nicht aufgehoben*, es gehört auch nicht zur Gruppe der ‹nichtkriegführenden› Länder, weil man höchstens sagen kann, es führe ‹nicht mehr› Krieg …» Vor einem Jahr war es das Norwegen Quislings, das bei Deutschland einen Friedensschluss suchte, und der Erfolg war derselbe. Völkerrechtlich führt Deutschland nach eigenem Ermessen den Krieg gegen alle Länder fort, die schon seit Jahren die Waffen gestreckt haben; es selbst hält an der Tatsache fest, dass alle diese Länder weiterhin «feindliches Gebiet» sind, und es tut das nicht aus juristischer Pedanterie, sondern aus der einfachen Überlegung, dass im «feindlichen Gebiet» der Sieger alle Rechte hat. Es ist dieser Zustand, der Deutschland die Mobilisierung aller materiellen Kräfte Europas erlaubt. Aber es ist auch dieser Zustand, der den deutschen Proklamationen, dass es für ganz Europa kämpfe, die Resonanz nimmt; denn paradoxerweise steht Deutschland nach der mit letzter Konsequenz praktizierten Auffassung aller seiner Diplomaten, Völkerrechtler, Beamten und Militärs zugleich im Krieg gegen die Mehrheit der Länder dieses Kontinentes. Keine «Optik des Krieges» kann diesen Widerspruch beseitigen. Europa hatte nie einen Platz in der nationalsozialistischen Doktrin. Man würde umsonst ein Bekenntnis Hitlers zu Europa suchen. Vor einem Jahr antwortete er auf die Klagen der besetzten Länder in seiner Rede zum neunten Jahrestag des Dritten Reiches: «Ich bin nicht dazu da, für das Glück anderer Völker zu sorgen, sondern ich fühle mich *allein verantwortlich für mein eigenes Volk*. Ich werde mir zu meinen schlaflosen Nächten nicht noch solche für das Ausland hinzubürden.» Und dabei ist es geblieben.

Krieg für Europa? Krieg gegen Europa? Kreuzzug zur Rettung der abendländischen Kultur? «Nicht England, noch viel weniger Amerika, das uns so fern liegt, wollte Hitler bekämpfen, nur den Bolschewismus, der sich in unserem eigenen Land eingeschlichen und der sich jenseits unserer Grenzen in gigantischem Masse gegen uns gerüstet hat. Es ist *anders gekommen* …», schreibt Rudolf Kircher in der «Frankfurter Zeitung», und fast ratlos fährt er fort: «Dieser bizarre Ablauf, diese groteske Mächtegruppierung und ihre Ursache gehören zu den Fragen, deren sorgfältige Durchforschung wie auch die des militärischen Geschehens einer späteren Zeit vorbehalten bleiben muss ...» Drôle de guerre! Das Wort hatte einen tieferen Sinn, als man damals glaubte.

6. März 1943

Indien, Gandhi

Die *«indische Krise»* ist, wenigstens nach ihrer spektakulären Seite, ergebnislos zu Ende gegangen. Sachlich und kühl hat die Regierung des Vizekönigs am gleichen Tage, an dem Gandhi «wohl und guter Dinge» sein dreiwöchiges Fasten abschloss, die vorübergehend gelockerte Isolierung des Gefangenen in aller Schärfe wiederhergestellt. Die Läden und Märkte, soweit sie demonstrativ geschlossen worden waren, öffnen wieder. Es ist, als ob nichts geschehen wäre. Mit diesem Ausgang dürfte nun auch die so verbreitete *Missdeutung* von Gandhis Fasten als politischer «Hungerstreik» dahinfallen. Dass der Vizekönig von Indien, der unbeschränkt über das Monopol der bewaffneten Macht, über Tanks und Bombenflugzeuge verfügt, die Selbstkasteiung des alten Mahatma empört und ohnmächtig einen «Akt der Erpressung» nannte, war in Wirklichkeit eine widerwillige Verbeugung unserer gewaltgläubigen Zeit vor einer persönlichen Haltung, gegen die man nicht Kanonen auffahren kann. Da Gandhi kein Fasten «bis zum Tod» oder bis zur Erfüllung irgendwelcher Forderungen, sondern nur eine zeitlich begrenzte *religiöse Übung* «innerhalb der Grenzen seiner körperlichen Fähigkeiten» beschlossen hatte, fehlten tatsächlich alle Kennzeichen eines «Hungerstreiks»; dieser Begriff trägt in Gandhis Selbstkasteiung eine Nützlichkeitsüberlegung hinein, die ihr vollkommen fremd ist. Im christlichen Mittelalter stärkten sich nicht nur religiöse Führer und die Päpste der grossen Kampfzeiten, sondern auch fränkische und deutsche Kaiser durch öffentliche Fasten und Bussübungen für den politischen Kampf, und jene Atmosphäre des mittelalterlichen Europas, in der die Religion alle Erscheinungen auch des öffentlichen Lebens beherrschte und ihm ihre Riten vorschrieb, ist eben weitgehend noch diejenige des heutigen Indiens. Die Verständnislosigkeit für eine solche Haltung und die läppische Verunglimpfung des «Propa-Gandhi», die bei dieser Gelegenheit wieder einmal auftauchte, zeugt von einer Überheblichkeit, zu der die gegenwärtigen Rekordleistungen der europäischen Zivilisation wenig Berechtigung geben.

Gandhis Fasten war seit einem halben Jahr das erste Ereignis, das die hermetische Nachrichtensperre der vizeköniglichen Zensur durchbrach. Es war nicht der Ausbruch, sondern nur ein Symptom der wirklichen «indischen Krise», und sein Abschluss bedeutet daher auch nicht ihr Ende. Der *Rücktritt der indischen Mitglieder* des vizeköniglichen Rates, die sich von der unnachgiebigen Haltung Lord Linlithgows gegenüber Gandhi distanzierten, ist zweifellos eine Schwächung der Position des Vizekönigs. Am dreizehnten Tage von Gandhis Fasten veröffentlichte Lord Linlithgow zu seiner Rechtfertigung seinen *Briefwechsel* mit Gandhi, in dem er diesem die Schuld an den Gewalttaten zuschob, die während der Unruhen des letzten Jahres begangen worden waren. Gandhi antwortete mit der Erklärung, die britische Indienregierung habe durch die Verhaftung aller führenden Persönlichkeiten der Kongresspartei diese Unruhen absichtlich provoziert, um weitere Verhandlungen unmöglich zu machen; und während die Kongressführer, die bekanntlich Gewaltanwendung ablehnten, jeder Aktionsmöglichkeit beraubt seien, bleibe die öffentliche Agitation den Anhängern ihres zu den Achsenmächten übergegangenen Gegners Bose überlassen, die überall Sabotage und Überfälle auf Eisenbahnanlagen und Polizeistationen organisierten. Die Unterdrückung jeglicher zuverlässiger Berichterstattung über Indien macht eine Überprüfung dieser gegensätzlichen Behauptungen unmöglich, spricht aber an sich nicht für das reine Gewissen der Indienregierung. Tatsache ist jedenfalls, dass diese nach dem Scheitern der Mission Cripps' mit beiden Händen zugriff, um fortan alle Verhandlungen unmöglich zu machen. Als vor einigen Monaten der unermüdliche Vermittler Rajapalachari, der ehemalige Premier von Madras, eine Einigungsformel zwischen den Mohammedanern Jinnahs und den Hindus gefunden zu haben glaubte und den Vizekönig um die Erlaubnis ersuchte, Gandhi aufzusuchen und sie ihm vorzulegen, wurde ihm dies verweigert, und die Schlussfolgerung lag nahe, die Regierung wünsche diese Einigung gar nicht zu erleichtern, um sich nicht selbst ihres Hauptargumentes zu berauben: es sei unmöglich, mit den Indern zu verhandeln, da sie ja unter sich vollkommen uneinig seien.[81]

Im Londoner Staatssekretariat für Indien sitzt immer noch *Amery*, das menschgewordene Bollwerk des stursten Imperialismus alter Prägung. Alle Reformen der britischen Innen- und Empirepolitik sind hier abgeprallt. In seiner letzten Unterhauserklärung über Indien lehnte Amery zum vornherein grundsätzlich jede Verhandlung mit Gandhi ab, und mit Gandhi identifizierte er die ganze indische Unabhängigkeitsbewegung. In dieser Gleichsetzung liegt ein Programm. Gandhis Führerstellung in Indien war im letzten Sommer einigermassen ins Wanken geraten. Es war deutlich geworden, dass ein radikaler Pazifist nicht Indiens Führer im Krieg sein konnte, und dass die moderne Entwicklung Indiens nicht im Zeichen des Spinnrockens und der häuslichen Autarkie vorwärtsschreiten konnte. Seine doktrinäre Ablehnung jeder Übergangsregelung hatte zu der absurden Tatsache geführt, dass Gandhi, der orthodoxe Gegner jeglicher Gewaltanwendung, die sofortige Überlassung auch der obersten Kriegsleitung für Indien an einen Inder zu der unabdingbaren Forderung erhob, an der die Verhandlungen Cripps' schliesslich scheiterten. Als Gandhi dann die Forderung erhob, die Engländer müssten Indien sofort verlassen, bekannte er einem Interviewer offen, dass dies bedeuten würde, Indien «Gott oder, modern ausgedrückt, der Anarchie zu überlassen»; Bürgerkrieg und japanische Invasion erschienen ihm gegenüber der grundsätzlichen Forderung nach der nationalen Unabhängigkeit als irrelevant. Auf die Dauer hätte selbst Gandhis ungeheures Prestige nicht genügt, eine derart irrationale Haltung der ganzen Unabhängigkeitsbewegung aufzuzwingen. Aber den Indienpolitikern vom Schlage Amerys, deren Standpunkt in der öffentlichen Diskussion selten erscheint, die aber die tatsächlichen Machtmittel besitzen, lag gar nichts daran, Gandhi vom Kongress zu trennen und mit den verhandlungsbereiten indischen Führern ins Gespräch zu kommen; im Gegenteil, die ganze britische Indienpolitik seit den «Präventivmassnahmen» des letzten Augusts, die eine politische Enthauptung Indiens bedeuteten, läuft darauf hinaus, die indische Unabhängigkeitsbewegung auf die Position Gandhis festzulegen und jeden Kompromiss auszuschliessen. *In Gandhi hat England den Gegenspieler seiner Wahl gefunden*; indem es durch seine Versteifung auf die Auseinandersetzung mit ihm, und nur mit ihm, Gandhis Führerstellung in Indien unantastbar macht – selbst für einen Nehru[82] scheint es heute unmöglich, sich vom gefangenen Mahatma zu distanzieren –, stärkt es wenigstens auf kurze Sicht seine eigene Macht; denn Gandhis doktrinärer Radikalismus verbunden mit seiner ebenso doktrinären Ablehnung der Gewaltanwendung bedeutet faktisch eine Garantie des status quo in Indien. So «gerissen» und bis heute erfolgreich diese Politik aber ist, so kurzsichtig ist sie auch. Sie muss, trotz Gandhi, die indische Frage immer mehr zu einer blossen Gewaltfrage machen.

Aber nicht Gewalt hat in diesem Kriege das britische Empire zusammengehalten, sondern – ohne Phrase – der freie Zusammenschluss der im Commonwealth geeinten Nationen. Die bewaffnete Macht Englands hätte nicht hingereicht, die Dominions zur «Reichstreue» zu zwingen; sie reichte kaum hin, sie gegen äussere Gegner zu schützen. Aber die Entwicklung des britischen Weltreiches zur föderativen Demokratie hat bis heute an der *«Farbenschranke»* halt gemacht; neben dem «Bund frei geeinter Völker», wie die Londoner Reichskonferenz das Empire definierte, stehen noch die erratischen Blöcke des alten Kolonialreiches, und wie es mit deren Festigkeit bestellt ist, hat der japanische Feldzug in Malaya und Burma hinreichend gezeigt. Indien steht heute verfassungsmässig auf halbem Wege zwischen Kronkolonie und Dominion; hier muss sich entscheiden, ob die britische Demokratie fähig ist, die «Farbenschranke» zu überschreiten. Die Schwierigkeiten dieses Unternehmens, die von konservativer Seite geltend gemacht werden, sind durchaus real; aber ebenso wahr ist es, dass die offizielle britische Indienpolitik diese Schwierigkeiten mit allen Mitteln vergrössert und pflegt. Und es ist deshalb begreiflich, wenn die Inder – nicht nur wegen der Erfahrung mit den im letzten Weltkrieg gemachten Versprechungen – heute den Versprechungen für «nachher» misstrauen, denn eine Politik, die Indien zur Gleichberechtigung innerhalb des Empires führen wollte, dürfte nicht damit beginnen, Indien zur Vorbereitung auf die Autonomie politisch zu desorganisieren. Das britische Falschspiel mit Gandhi zeigt weder für Indien noch für England einen Weg in die Zukunft.

13. März 1943

Das Lend-and-Lease-System. Die britischen Luftangriffe gegen Deutschland und Westeuropa. Systematische Entvölkerung der europäischen Küsten

In welcher Eigenschaft der amerikanische Botschafter in Moskau seine aufsehenerregende Anprangerung der *russischen Undankbarkeit* vorgenommen hat – ob als guter Diplomat, der einen für seine Regierung unangenehmen, aber notwendig scheinenden Schritt auf die eigene Kappe nimmt und sich ohne Wimperzucken dafür desavouieren lässt, oder als schlechter Diplomat, der auf seinem offiziellen Posten persönliche und Cliqueninteressen mitspielen lässt –, das wird sich höchstens an seiner weiteren Karriere zeigen. Auf jeden Fall ermangelte sein Schritt in höchstem Grade der Eleganz. «Fünf Millionen Russen haben ihr Leben geopfert. Wir schulden ihnen mehr als grosse Worte und gebrochene Versprechen», erklärte Willkie am 26. Oktober 1942. Inzwischen ist die Zahl der Toten weiter gestiegen. Dass dieser mörderische Kampf zum Teil mit amerikanischen Lend-and-Lease-Waffen geführt wird, kompensiert für die Russen offenbar nicht die andere Tatsache, dass die Deutschen diesen Winter neun Infanterie- und drei Panzerdivisionen risikolos aus Frankreich an die Ostfront werfen konnten, weil der alliierte Angriff gegen den Kontinent beharrlich ausbleibt. Die Verrechnung von Blut gegen Material hat ihre Schwierigkeiten. Die kaufmännischen Grundsätze Amerikas und Russlands sind in dieser Beziehung vielleicht nicht die gleichen, und auch die Geduld in bezug auf die Kriegsdauer nicht. Der amerikanische Vizepräsident Wallace, der die Dinge gern beim Namen nennt, erklärte in seiner Rede zum Geburtstag Washingtons über die Möglichkeit, Deutschland noch in diesem Jahr zu besiegen: «Es wäre dies vielleicht möglich, jedoch nur unter der Bedingung, dass unsere Politik nicht von denjenigen gelenkt wird, die der Auffassung sind, die Russen werden den Krieg gewinnen, ohne dass wir ihnen helfen.» Unter wirklicher Hilfe wurde dabei stets die angelsächsische Offensive gegen Europa, die «zweite Front» verstanden. Nun scheint Standley den Russen zu sagen: Seid zufrieden und dankbar für das, was ihr bekommt, und verlangt nicht immer noch mehr, sonst bekommt ihr überhaupt nichts mehr – denn unser Kongress ist empfindlich, die Lend-and-Lease-Gesetzgebung ist noch nicht verlängert, und wir könnten «die Dinge anders entscheiden».[83]

Wenn dies ein diplomatischer faux-pas war, dann war es allerdings ein gewaltiger. Die deutsche Propaganda könnte sich kaum etwas Besseres wünschen. Nichts hat im letzten Weltkrieg, unter allerdings sehr anderen inneren Verhältnissen, Russland derart sturmreif gemacht wie das überall zirkulierende Schlagwort: «Die Engländer führen den Krieg bis zum letzten – Russen.» Es ist, kaum variiert, auch in diesem Krieg schon in Millionen von Flugblättern auf die russischen Linien niedergeflattert.

Aber so weit sich bis jetzt ersehen lässt, hat die deutsche Presse auf eine polemische Ausschlachtung des «Zwischenfalls Standley» verzichtet und sich auf eine ungewohnt sachliche und gedämpfte Berichterstattung beschränkt. Sie ist offenbar nicht gewillt, weitergehende Schlussfolgerungen daraus zu ziehen. Tatsächlich hat ja der amerikanische Kongress, vollkommen unempfindlich gegen Standleys Erklärungen, die Verlängerung der Lend-and-Lease-Vorlage bereits gebilligt. Und seit der letztjährigen, oft ebenfalls sehr unhöflichen Debatte um die «zweite Front», die mit der Invasion Nordafrikas endete, ist man nie ganz sicher, wie weit solche an die grosse Glocke gehängten interalliierten Divergenzen Verwirrungs- und Vernebelungsmanöver zur Tarnung bevorstehender Operationen sind.

An Symptomen dafür fehlt es tatsächlich nicht. Vor allem haben die britischen Luftangriffe gegen Westeuropa und Deutschland einen derartigen Umfang und eine derartige Intensität angenommen, dass ihnen von deutscher Seite zum erstenmal der Charakter einer «Luftoffensive», das heisst einer militärisch relevanten Aktion zugestanden wird. Dass in der englischen Berichterstattung darüber das Hauptgewicht auf die Schäden an militärischen, industriellen und Transport-Anlagen, in der deutschen auf die Terrorisierung der Zivilbevölkerung und die Zerstörung unersetzlicher Kunstwerke gelegt wird, ist ein alter Widerspruch, den zu lösen uns nicht zusteht. Immerhin stellte der britische Luftfahrtminister Sinclair in seiner letzten Rede die industriellen und die zivilen Schäden fast auf die gleiche Ebene: «Alles in allem schätzen wir, dass das Bomberkommando gegen zweitausend Fabriken und industrielle Betriebe zerstört oder ernst beschädigt hat. Weit über eine Million Personen sind obdachlos geworden ...» Und die «Kölnische Zeitung», wie fast die ganze deutsche Presse, stellt fest, «dass die Belastung der Nerven, zumal in den luftbedrohten Westgebieten, ausserordentlich ist und sich oft den Grenzen des Erträglichen nähert».

Auf der andern Seite geht die systematische Entvölkerung der europäischen Küsten weiter. Zehntausende von Menschen werden ihrem Lebenselement, der See, entrissen, um Bunkern und Geschütztürmen Platz zu machen. Rings um die Festung Europa erstirbt das Leben. Für Länder wie Holland und Norwegen bedeutet das die radikale Verschüttung aller Quellen ihres Wohlstandes, die freilich seit Beginn der deutschen Besetzung praktisch versiegt sind; vor allem Holland, von dem Richelieu einst sagte, es sei «ein Häuflein Menschen, die einen Fetzen Boden, bestehend aus Gewässern und Weiden, besitzen» und die nur durch das Meer mächtig seien, müsste auf die Dauer in einem autarken europäischen Grossraum zur Bedeutungslosigkeit herabsinken oder nach bekannten Plänen nach Osten «umgesiedelt» werden. Es ist darum ein etwas gewagtes Experiment, wenn der Führer der holländischen Nationalsozialisten, Mussert, im Auftrage Seyss-Inquarts die Mobilisation einer «Niederländischen Landwacht» zur Verteidigung Hollands gegen eine alliierte Invasion proklamiert, kurz nachdem jede Hoffnung der holländischen «Collaborateurs», dass Holland im neuen deutschen Europa wenigstens den Schein einer Autonomie erhalten würde, ausgelöscht worden ist. Und ein ähnlich gewagtes Experiment ist es, wenn in Norwegen Quisling unter Berufung auf die verfassungsmässige Dienstpflicht «zur Verteidigung des Vaterlandes» eine militärische

Aushebung vorläufig beschränkten Ausmasses ankündigte. Die Ergebnisse der früheren, auf Freiwilligkeit beruhenden Versuche, Soldaten aus den besetzten Gebieten zu ziehen, berechtigen kaum zu der Annahme, dass das derart mobilisierte «Menschenmaterial» zum militärischen Einsatz sehr tauglich sein werde. Besonders interessant aber ist die von Déat nach dem Scheitern der «légion tricolore», die für den Kampf an der Ostfront bestimmt war, vorgenommene Bildung einer Parteimiliz «für den aktiven Kampf im Innern gegen den Bolschewismus». Diese Vorbereitung des Bürgerkrieges, die der Intensivierung der gaullistischen Guerillatätigkeit ungefähr gleichzeitig ist, bedeutet vor allem eine Anerkennung der Tatsache, dass die «bolschewistische» oder einfach die revolutionäre Gefahr nicht von der Ostfront her droht, sondern spontan aus den innern Zuständen der «Festung Europa» erwächst; aber sie ist wohl auch eine Parallele der übrigen Versuche, Teile der unterworfenen Völker zur Abwehr einer alliierten Invasion zu mobilisieren. Dass solche Symptome nichts beweisen, haben wir aus den Täuschungen des letzten Jahres gelernt. Eine Invasion, die sich mit Sicherheit vorhersehen liesse, wäre schlecht organisiert und wenig aussichtsreich. Aber wenn die Angelsachsen Europa sturmreif machen wollten, könnten sie nicht anders vorgehen.[84]

20. März 1943

Spanien. Algier: Wiederherstellung der Dritten Republik proklamiert.
Die besetzten europäischen Kleinstaaten

Der Krieg steht, wie General Franco bei der Eröffnung seiner neuen Cortes feststellte, «am toten Punkt». Die Feststellung entbehrt aller Schadenfreude. Auch *Spanien* spürt das Unbehagen dieses nun schon lange anhaltenden Zustandes. Aus Spanien überbrachte im letzten September Sir Samuel Hoare «im Namen seiner besten spanischen Freunde» den Engländern den «Ruf des gequälten Europas»: Wenn ihr mehr als die Trümmer des Abendlandes finden wollt, so kommt bald! Zwischen Blockade und Gegenblockade schleppt Spanien das Elend des Bürgerkrieges weiter, dieses Elend, das allein seine Führer im entscheidenden Augenblick vom Sprung in den Krieg auf seiten der totalitären Mächte zurückhielt. Inzwischen ist aus der spanischen «Nichtkriegführung» längst wieder eine schlichte Neutralität geworden, und dass Franco heute sein Land mit einer demokratischen Fassade bekleidet, verrät trotz aller «Windstille» das Bewusstsein, dass der Wind gedreht hat. Aber aus der Zeit der «Nichtkriegführung» ist zwischen Spanien und den Westmächten ein Streitpunkt zurückgeblieben. Unmittelbar nach dem Kriegseintritt Italiens, am gleichen Tage, an dem die deutschen Armeen in Paris einzogen, war auch Franco der Versuchung erlegen, die scheinbar «erledigten» Demokratien zu beerben, und hatte unter ohnmächtigem Schweigen Frankreichs und ebenso ohnmächtigem Protest Grossbritanniens die internationale *Zone von Tanger* kurzweg militärisch besetzen und an Spanisch-Marokko angliedern lassen. Vor kurzem hat nun Grossbritannien seinen damaligen Protest in betont unhöflicher Form – nicht durch seinen Gesandten in Madrid, sondern durch seinen Generalkonsul in Tanger – erneuert. Nach deutschen Meldungen wimmelt Spanisch-Marokko gegenwärtig von spanischen Truppen. Ebenfalls nach etwas zurückliegenden deutschen Meldungen, die offenbar dem spanischen Verwandten das Gruseln beibringen wollten, ist ein Grund für diese Vorsichtsmassnahmen der, dass (laut «Berliner Börsen-Zeitung») «General Eisenhower den vertriebenen Kommunistenhäuptling (sic!) Negrin nicht nur mit allen Ehren in Nordafrika empfing, sondern unter voller Billigung Washingtons jenem auch die Bildung eines bolschewistischen Korps gestattete, das die nationalspanische Autorität in Spanisch-Marokko untergraben und von dort erneut den Bürgerkrieg auf die iberische Halbinsel hinübertragen soll». Wozu freilich zu bemerken wäre, dass es letztes Mal nicht Negrin und die Staatsmänner der Republik waren, die den Bürgerkrieg aus Marokko nach Spanien hinübertrugen.[85]

Es ist inzwischen etwas aus der Mode gekommen, General Eisenhower des Bolschewismus zu bezichtigen; die Freilassung der spanischen Republikaner erfolgt sehr allmählich in dem Masse, in dem sie nach Übersee abgeschoben werden können, und auch sonst vollzieht sich die «politische Stabilisierung» in *Nordafrika* in Formen, die für General Franco nichts Beunruhigendes haben. General Noguès, der auch nach der «Umkehr der Allianzen» in Französisch-Marokko residiert, ist ein alter vertrauter Nachbar, und Peyrouton, dessen Stellung in Algier nun endgültig gefestigt scheint, hat sich immer als Bewunderer Francos und seiner Methode, mit Kolonialtruppen und Fremdenlegion in der Heimat «Ordnung zu schaffen», bekannt – einer Methode, die seit dem Bestehen des französischen Kolonialreiches in Nordafrika auch in Frankreich mehrmals geübt wurde; General Cavaignac, der in der Julischlacht von 1848 die Pariser Arbeiterschaft blutig niederschlug, war Gouverneur von Algerien gewesen, der «Kommuneschlächter» Galliffet von 1871 nordafrikanischer Jägergeneral, und Peyrouton verspricht ihrer Tradition nachzueifern. Die «neue» Nachbarschaft in Nordafrika müsste also dem Caudillo nur angenehm sein. Aber auch er möchte wohl genauer wissen, woran er mit den «Vereinigten Nationen» ist, unter deren Fahnen Peyrouton und die französischen Kommunisten, Eisenhower und die Rote Armee kunterbunt zusammen marschieren und die auf die Gretchenfrage: «Wie hast du's mit dem Bolschewismus?» bloss verlegen lächeln. Hat nicht soeben unter dem Schutz Englands General de Gaulle, mit den Saboteuren und Illegalen Frankreichs im Rücken, den wackeren Generälen Nordafrikas die Anerkennung der Republik und die wenigstens äusserliche *Abschaffung des Vichy-Regimes* aufzwingen können? Wer die Rede General Girauds, in der er diese Reformen ankündigte, im Radio hörte, der spürte deutlich, dass das Zugeständnis an die «Doktrinäre» des Londoner Nationalkomitees «de mauvaise grâce» erfolgte, mehr als taktischer Schachzug, um de Gaulle – dessen Namen zu nennen Giraud streng vermied – die Basis für weitere Reklamationen zu entziehen und ihn seinerseits zum Nachgeben zu zwingen. Die

Arbeitsteilung scheint nun etwa die zu sein, dass Giraud die «regulären» französischen Truppen auf alliierter Seite kommandiert, während de Gaulle seine Stellung als Vertreter des «illegalen Frankreich», die man ihm eben nicht wegnehmen kann, behält. Dass diese Arbeitsteilung nur sehr vorläufig sein kann und die Konflikte einfach für den Zeitpunkt aufspart, in dem die «zweite Front» in Nordafrika mit der «dritten Front» in Europa in Kontakt kommt, ist klar; aber besteht das gute Einvernehmen der «Vereinigten Nationen» nicht überhaupt darin, die Konflikte für den Augenblick aufzusparen, in dem sie auf dem europäischen Festland zusammentreffen werden?[86]

Das Vorprellen der polnischen Exilregierung hat ja nur in besonders akuter Form die Frage aufgeworfen, ob die Alliierten einfach für den status quo kämpfen und das Europa von 1939 oder 1936 restaurieren wollen. Die Frage ist unbeantwortet wieder ad acta gelegt worden. Eben diese *Ungeklärtheit aller interalliierten Fragen* ist der «tote Punkt» der gegenwärtigen politischen, aber im unlösbaren Zusammenhang damit auch der militärischen Kriegführung, und auch die Reise Edens nach Washington gilt wohl dem Problem, diese Quadratur des Zirkels zu lösen: einerseits den «toten Punkt» zu überwinden und zur gemeinsamen Aktion zu gelangen, aber anderseits um des guten Einvernehmens willen auch weiterhin nicht an die Fragen zu rühren, deren Ungelöstheit eben den «toten Punkt» darstellt – oder den Pelz zu waschen, ohne dass er nass wird.[87]

Auch auf deutscher Seite gibt der augenblickliche «tote Punkt» der Kriegführung Gelegenheit zu näherer Beleuchtung der *«neuen Ordnung»*, die der Sieg der Achse bringen soll. In fast beunruhigender Fülle prasseln beruhigende Zusicherungen auf die kleinen Nationen Europas nieder. Der Nationalsozialismus «ist von Grund auf antiimperialistisch und lehnt jedes Weltherrschaftsstreben ab», erklärt Reichspressechef Dietrich in seiner Erwiderung an Wallace; der Grundsatz des Dritten Reiches sei: «Recht geht vor Macht»; und sein Stellvertreter Sündermann erklärt im «Völkischen Beobachter» kurzweg, der Nationalsozialismus habe «nirgends die innere Ordnung eines Landes, sofern sie auf nationalen Fundamenten ruht, angetastet». Bei den meisten Betroffenen der europäischen Neuordnung werden diese «Feststellungen» wohl hauptsächlich ein fassungsloses Staunen hervorrufen, und die Versicherung, dass der Nationalsozialismus die «Eigenständigkeit und Souveränität der europäischen Staaten» achten wolle, würde zweifellos mehr Eindruck machen, wenn nicht dieses «wie bisher» beigefügt würde. In ihrer bekannten gemeinsamen Erklärung haben die holländischen Kirchen die *Lage der besetzten europäischen Kleinstaaten* in wenige Stichworte zusammengefasst: «die Verfolgung der jüdischen Mitbürger bis zum Tode, die Aufdrängung von Welt- und Lebensanschauungen, die in offenkundigem Widerspruch stehen zum Evangelium Jesu Christi, die Arbeitsdienstpflicht als ein Mittel nationalsozialistischer Erziehung, die Beeinträchtigung des freien Unterrichtes in den christlichen Schulen, die Zwangsüberführung holländischer Arbeiter für den Einsatz in Deutschland, die Hinrichtung von Geiseln, die Verhaftung und ständige Gefangenhaltung vieler Menschen ... das Zusammentreiben von Sklaven, die Ergreifung und Fortschaffung Tausender von jungen Menschen.» Es ist «das harte Gesetz des Krieges», sagt Dr. Goebbels. Aber selbst die *Regierung von Vichy* hat es aufgegeben, den Opfern der «totalen Mobilmachung» ihr Aufgebot nach Deutschland und dem Osten mundgerecht zu machen; Paul Creyssel, der Generalsekretär für Propaganda, hat sich im Rundfunk mit einem Appell an die jungen Aufgebotenen zum Arbeitseinsatz gewandt, der anders klingt als die Aufforderungen zur «relève», die Laval zu verbreiten pflegte: «Voici que s'abattent sur vous les malheurs que vos chefs mal compris, mal obéis, en dépit de leur clairvoyance et de leur courage, n'ont pu vous épargner ... In Vichy, ich schwöre es euch, seid ihr verteidigt worden. Nicht ich, meine Freunde, werde versuchen, euer Opfer zu vergolden. Mit meiner ganzen Seele teile ich euren Schmerz und eure Unruhe.» Vom neuen Europa ist nichts geblieben als der nackte Zwang, und selbst eine Schattenregierung distanziert sich davon. Wie könnte bei solcher Gegenwart der Aufruf zum Kampf gegen eine zukünftige «bolschewistische Gefahr» wirken? Wir wissen nicht, ob – nach deutscher Version – fünfzig oder – nach offizieller französischer Version – dreihundert oder – nach englischen Berichten – tausend *junger Savoyarden* ins «maquis» gingen, um nicht für dieses Europa kämpfen oder arbeiten zu müssen; die Berichte aus Savoyen waren ja nur ein zufällig der Berichterstattung zugänglicher und wohl schon deshalb übertriebener Ausschnitt aus den europäischen Zuständen von 1943. Es genügt, zu wissen, dass junge Menschen, die keine Verbrechernaturen sind, heute wieder ins «maquis» gehen, wie man in früheren Kulturzuständen «in die Wälder» oder «in die Dschungel» ging, um unerträglichem Druck zu entgehen, gegen den kein Rechtsschutz bestand. Bei aller Raffiniertheit ihrer Methoden hat auch die deutsche Werbung für den «Krieg des Abendlandes» einen toten Punkt erreicht, und auch sie müht sich mit einer Quadratur des Zirkels: für ein Europa, in dem das Leben immer unerträglicher wird, immer mehr begeisterte Opfer zu verlangen. Aber für Europa ist dieser «tote Punkt» kein Ruhepunkt, sondern eine monoton sich steigernde Treibjagd, viel zu gut organisiert, als dass auch nur ein Entweichen ins «maquis» möglich wäre.[88]

27. März 1943

Churchill über die britische Nachkriegspolitik

Churchill hat wohl gewusst, warum er so lange und hartnäckig jede bindende Aussage über die *britische Nachkriegspolitik* verweigerte. Kaum hat er dem recht unsanft gewordenen Drängen der britischen Öffentlichkeit nachgegeben und sich mit dem ausdrücklichen Zweck, «die politischen Zwistigkeiten auszuschalten und eine Einigung aller politischen Kräfte ... herbeizuführen», zu einem «Chimney talk» über die bessere Zukunft herbeigelassen, so gerät auch schon die Welt in Bewegung.[89] Obwohl Churchills Visionen über die «Neuordnung Europas» sich möglichst im Rahmen wohlmeinender Gemeinplätze hielten und zudem noch mit «ich kann mir vorstellen, dass», «ich hoffe, dass», «es wäre der Überlegung wert» nach allen Seiten abgepolstert waren, sind die Geister der abgeschiedenen Staaten, die sich als Exilregierungen in London installiert haben, in grosse Aufregung geraten. Und als wäre es England gewesen, das die europäischen Kleinstaaten von Norwegen bis nach Griechenland in Grund und Boden getrampelt hat, ruft ausgerechnet die deutsche Propaganda in heiligem Zorn diesen Kleinstaaten zu: «Haltet den Dieb, der euch die Souveränität stehlen will!»

Nicht so sehr, was Churchill sagte, als das, was er nicht sagte, hat diese Alarmrufe ausgelöst. Dass der eine Vater der *Atlantik-Charta* in seiner ersten grossen Programmrede dieses einst als historisch gepriesene Dokument überhaupt nicht erwähnte, kann allerdings nicht nur Vergesslichkeit gewesen sein. Das in Artikel 3 der Atlantik-Charta garantierte *Prinzip des Selbstbestimmungsrechtes* der Völker macht seit langem in der britschen Diskussion eine eigentliche Krise durch, und das anscheinend zum Vademekum der britischen Staatsmänner gewordene Buch von Professor E. H. Carr, «Conditions of peace», widmet ein ausführliches Kapitel dem Beweis, dass dieses Prinzip durch die moderne Entwicklung überholt sei. Aber weder Carr noch Churchill noch irgendein anderer Sprecher über Nachkriegsfragen hat bisher zu definieren gewusst, welches neue Prinzip an die Stelle des Selbstbestimmungsrechtes treten soll. Als zu Beginn des letzten Jahrhunderts der Wiener Kongress die Neuordnung des bis in die Grundfesten erschütterten europäischen Staatengefüges unternahm, fand er in der monarchischen Legitimität, also in der grundsätzlichen Heiligung des status quo, die Formel dieses Neubaus. Als dieser status quo unhaltbar wurde und die monarchische Legitimität einstürzte, verschwand in Wirklichkeit der letzte Grundsatz des internationalen Zusammenlebens, der je zur allgemeinen Anerkennung und damit zur Rechtsgültigkeit gelangt ist. Das Selbstbestimmungsrecht der Völker, in dem die Völkerrechtler das neue Prinzip des internationalen Rechtes zu entdecken glaubten, ist gar nie zur Wirklichkeit geworden. Denn wie die Legitimität die Unerschütterlichkeit der Regierungsformen zur Voraussetzung hatte und zur Aufrechterhaltung der internationalen Ordnung die Heilige Allianz sich sehr aktiv in die inneren Verhältnisse der Staaten einmischte, so kann das Selbstbestimmungsrecht der Völker nur zwischen Staaten funktionieren, in denen das Volk tatsächlich frei und souverän sein Schicksal bestimmt. Selbstbestimmungsrecht der Völker ist die Anwendung der Demokratie auf die internationalen Beziehungen; wo keine Demokratie besteht, ist es Heuchelei und Betrug. Mit der «Nichteinmischung in die inneren Angelegenheiten anderer Staaten», wie sie in der Zeit zwischen den beiden Weltkriegen überall praktiziert wurde, wo eine Gewaltherrschaft die Demokratie niederwarf, hat das Selbstbestimmungsrecht nichts zu tun; gerade an ihr ging es zugrunde. Und auf der *Verwechslung von «Nichtintervention» und Selbstbestimmungsrecht* beruht auch die ganze Verwirrung der gegenwärtigen Diskussion. Es ist nicht richtig, dass das Selbstbestimmungsrecht der Völker «überholt» ist; es ist überhaupt noch nicht verwirklicht worden. Überholt ist das Prinzip der «Nichtintervention», das heisst die Auffassung, dass eine internationale Rechtsordnung zwischen Staaten bestehen könne, in deren Innerem Rechtlosigkeit und Terror herrschen. Gerade in der Atlantik-Charta aber war die Verwechslung von Nichtintervention und Selbstbestimmungsrecht zum Dogma erhoben worden.[90]

Dagegen ist das Prinzip der «Nichtintervention» ein unbedingtes Zubehör der *uneingeschränkten staatlichen Souveränität*. Und hier liegt eigentlich der Stein des Anstosses. Jeder Versuch einer umfassenderen Organisation Europas oder der Welt ist mit dem Grundsatz der unbedingten Souveränität unvereinbar. Eine europäische Liga, die nach Churchill «über einen Hohen Gerichtshof zur Schlichtung von Streitfällen, ferner über eine bewaffnete Exekutive – sei sie national oder international oder beides zugleich –, um die Durchführung der Entscheidungen dieses Hohen Gerichtshofes zu erzwingen und um neue Angriffskriege und die Rüstungen dazu zu verhindern», verfügen muss, schränkt die staatliche Souveränität ein und gibt einer überstaatlichen Organisation das Recht, sich «in die inneren Verhältnisse einzumischen». Grundsätzlich gibt es daran nichts zu deuteln, dass die geschichtliche Entwicklung, wenn sie überhaupt aus dem gegenwärtigen Chaos herausführen soll, über die unbedingte Souveränität hinwegschreiten muss. Aber um so dringender ist die Frage, *welcher höheren Organisationsform* sie geopfert werden soll. Und diese Frage hat auch Churchill nicht beantwortet. In seinem europäischen Rat sollen «eines Tages alle grossen Angehörigen der europäischen Staatenfamilie vertreten sein»; aber zunächst sollen darin anscheinend nur «die drei siegreichen Grossmächte», das Britische Reich, die Vereinigten Staaten und Sowjetrussland, in ihm entscheiden – drei Staaten also, deren Schwergewicht ausserhalb Europas liegt, und kein einziger eigentlich europäischer Staat. Dass Churchill auch Englands einstigen Verbündeten, Frankreich, nicht erwähnte, ist besonders bemerkenswert, obwohl die seit der Landung in Nordafrika geschaffene Verwirrung aller französischen Verhältnisse als Erklärung dienen mag. Und für die *kleinen Staaten* Europas hatte Churchill nur den Vorschlag, sie sollten sich zu Gruppen bündeln und Kollektivvertreter in den «Rat der Grossmächte» entsenden. Hier scheint im europäischen «Neubau» das alte Gespenst der Gleichgewichtspolitik zu spuken; denn aus der Idee einer europäischen Föderation lässt sich die Notwendigkeit solcher Sondergruppierungen nicht ableiten. Dass die *Schweiz* in dieses Schema jedenfalls nicht hineinpasst, hat inzwischen die «Times» festgestellt. Damit ist freilich nicht gesagt, dass wir uns mit dieser Feststellung zur Ruhe begeben sollen; die Schweiz kann für Europa mehr werden als ein erratischer Block, der in die Landschaft «nicht hineinpasst». Wie auch der Krieg ausgehen wird, so wird auf jeden Fall das Problem der künftigen Gestaltung Europas auf der Tagesordnung stehen. Über dieses Europa ist eine Dampfwalze hinweggegangen, die alle Grenzen und Souveränitäten zermalmt hat. Ein Neubau ist unvermeidlich. Dass dieser Neubau eine genaue Restauration des alten Gebäudes sein wird, das an seinen Unzulänglichkeiten und Widersprüchen zusammengebrochen ist, ist weder zu erwarten noch zu wünschen. Die Schweiz repräsentiert heute fast allein die Kontinuität Europas; Angst, Willkür und Terror haben an ihren Grenzen haltgemacht; es ist zu hoffen, dass diese Privilegien nicht steril bleiben, wenn einst Europa seine neue Lebensform sucht.

Die Neugestaltung Europas sei «eine gewaltige Aufgabe», sagte Churchill; und die «Times» fügt das entscheidende Wort hinzu: sie ist eine Frage des *Vertrauens;* nicht nur des Vertrauens der europäischen Völker zu den «drei Siegermächten», denen Churchill diese Aufgabe zuschreibt, sondern zunächst einmal zwischen diesen Mächten selbst. Und da kann auch Churchill nur «hoffen und beten, dass die Einigkeit der drei führenden Siegermächte ihrer hohen Verantwortung entspricht und dass sie nicht nur ihr eigenes Wohl im Auge haben werden». Wie es damit steht, darüber wird ihm Eden nach seiner Rückkehr aus Washington Näheres zu berichten wissen. Auf die Frage eines Journalisten, welchen Kommentar er zu Churchills Äusserungen über die europäischen Kleinstaaten zu geben habe, erklärte der amerikanische Staatssekretär für äussere Angelegenheiten, Cordell Hull, sehr lakonisch, die Ansichten Washingtons seien in der Atlantik-Charta niedergelegt, und alle Vereinigten Nationen hätten diese gebilligt. Das klingt nicht ganz nach Übereinstimmung. Die «Frankfurter Zeitung» spricht in ihrem Kommentar zur Churchill-Rede von einer «Wende der britischen Aussenpolitik», die darin bestehe, «dass die englische Regierung entschlossen ist, sich von allen Bindungen zu lösen, die einer Verständigung mit der Sowjetregierung über die Zukunft Europas im Wege stehen könnten». Wenn, wie dies normalerweise in der deutschen Presse zu lesen ist, England längst «ganz Europa an den Bolschewismus verschachert» hätte, würde diese Verständigung zweifellos nicht derartige Schwierigkeiten bereiten. Aber dass Grossbritannien gegenwärtig die äussersten Anstrengungen macht, um zu einer solchen Verständigung zu gelangen, ist deutlich sichtbar; wie weit es sich dabei in Übereinstimmung mit den Vereinigten Staaten befindet, ist weit weniger klar, und von einer russischen Reaktion ist bis heute überhaupt nichts zu merken. Ohne eine solche Verständigung kann jede Äusserung über die Nachkriegspolitik nichts anderes sein als die Eröffnung der Diskussion – oder vielleicht eine Flucht in die Öffentlichkeit. Aber auch die Diskussion ist schon ein Schritt vorwärts.

3. April 1943

Die afrikanische Front. Umbildung der Vichy-Regierung

Nach langem Winterschlaf ist die *afrikanische Front* wieder in Bewegung gekommen, und wieder füllen die Namen kleiner, baufälliger Eingeborenennester die Schlagzeilen der Weltpresse. Wie es auf diesem Kriegsschauplatz nun einmal üblich ist, eilen die alliierten Proklamationen und Tagesbefehle den alliierten Truppen weit voraus, aber noch weiter voraus eilten ihnen Marschall Rommel und sein Afrikakorps. «Dass der Deutsche in Rückzugsoperationen Erfahrungen hätte, lässt sich freilich nicht sagen. Das ist sein Ruhm und sein Prestige», schrieb vor kurzem die «Deutsche Allgemeine Zeitung». Trotzdem wird Marschall Rommel, nachdem ihm der Einzug in Kairo versagt geblieben ist, wenigstens – und ohne jede Ironie – als Rückzugsstratege von Format in die Kriegsgeschichte eingehen. Denn nach dem ganzen vorliegenden Kräfteverhältnis kann der Kampf in Tunesien für die Achse nichts anderes als eine Rückzugsoperation grossen Stiles sein, und unter diesen Umständen sind die mehr als vier Monate, in denen die Alliierten nichts als «scheussliches Wetter» zu melden hatten, ein sehr bedeutender Verzögerungserfolg. Noch einmal scheint nun Rommel die «planmässige Absetzung vom Feind» gelungen zu sein. Aber der Raum für diese «bewegliche Abwehr» wird bedrohlich eng.

Die psychologischen Rückwirkungen der alliierten Anfangserfolge in Tunesien gehen weit über deren materielle Tragweite hinaus. So sehr wurde das afrikanische Unternehmen der «Vereinigten Nationen» als Einleitung des Generalangriffes auf die «Festung Europa» dargestellt, dass die neue Offensive trotz aller bisherigen Enttäuschungen überall wieder als Auftakt zur Entscheidung empfunden wird. Es genügt, dass überhaupt wieder «etwas geschieht», um die *Widerstandsbewegung* in den unterworfenen Ländern Europas neu anzufachen; so verbraucht auch die Ankündigung des Angriffes auf Europa schon ist, die Völker, die keine Wahl haben, haben auch keine Gelegenheit, die Geduld zu verlieren. Das Bevorstehen der Entscheidungskämpfe «liegt in der Luft», die Zeit ist reif und überreif dazu. Aus allen Ecken und Enden Europas – selbst aus Gebieten wie dem Baltikum und aus Dänemark, wo doch Deutschland eben noch ein Schulbeispiel für die Möglichkeit friedlichen Zusammenlebens im «neuen Europa» vordemonstrieren wollte und deren «moralische Eroberung» den Achsenmächten unbedingt sicher schien – häufen sich die Berichte über Sabotage, passive Resistenz, aktive Guerilla und unbarmherzige Repressalien. Wie weit die Initiative dieses ungleichen Kampfes bei den Besatzungsmächten liegt, die keine Zeit mehr mit «unnützem Liebeswerben» um die Seele der Unterworfenen verlieren und die Widerspenstigen rechtzeitig zu Paaren treiben wollen, bevor deren Aktionen in Verbindung mit einer alliierten Invasion militärisch ins Gewicht fallen können, wie weit anderseits «unter der doppelten Aufreizung des Hungers und der Hoffnung», um die Worte des Vichy-Chronisten Gérard Bauer zu gebrauchen, die Gegner der Achsen-Neuordnung spontan zum offenen Widerstand übergehen, lässt sich nicht unterscheiden; beide Entwicklungen greifen ineinander und steigern den Krieg an der «dritten Front» zu immer grausamerer Härte.

Als vor einigen Wochen Mussolini seine Regierung derart umbildete, dass ausser ihm kaum eine bekannte Persönlichkeit in ihr übrigblieb, schrieben die «Münchener Neusten Nachrichten» dazu folgenden Kommentar: «Ein Charakteristikum dieser Regierungsumbildung ist es …, dass der Duce statt ausgeprägter politischer Männer nun Beamte und Fachleute berief, deren vornehmste Aufgabe die Ausführung der präzisen Anordnungen des Regierungschefs sein wird. Es gibt Zeiten, in denen eigene Gedanken, und mögen sie noch so glänzend sein, zu einem unzulässigen Luxus werden; damit soll – man verstehe uns richtig – weder etwas gegen die Gedanken noch gegen die Denker gesagt sein.» Genau dasselbe gilt für die *Regierungsumbildung*, die jetzt *Laval* – wohl bereits im Blick auf Afrika und die Invasionsgefahr – vorgenommen hat. Wie gefährlich es ist, wenn einzelne Regierungsmitglieder sich «eigene Gedanken» machen, hat ja Vichy im letzten November ausgiebig und schmerzhaft erfahren. Die letzten Persönlichkeiten eigenen Formats – ausser Laval – haben nun die Regierungshotels der französischen Schattenhauptstadt verlassen, und einige von ihnen sind bereits in Algier eingetroffen. Die Zusammenlegung der Staatssekretariate für Krieg und Luftfahrt, für Marine und Kolonien, für Familie und Gesundheit lässt sich zwanglos in die allgemeine «Auskämmung» der überflüssig gewordenen Arbeitsstellen einreihen, da es ja kein Heer, keine Luftwaffe, keine Marine, keine Kolonien mehr zu verwalten gibt und die Betreuung von Familie und Volksgesundheit zu einer seltsam illusorischen Beschäftigung geworden ist, während die arbeitsfähige Bevölkerung zu Zehntausenden nach Osten deportiert wird und nach einem Bericht der «Tribune de Genève» aus Vichy die Lebensmittelvorräte der französischen Armee und Marine – allein in Toulon lagen solche für die Flotte auf drei Jahre! –, welche die Vichy-Regierung nun der Zivilbevölkerung zuzuleiten versuchte, «spurlos» verschwunden sind. Die Auszehrung der französischen Nation, deren Substanz nach Osten «mobilisiert» wird, hat mit einiger Verspätung auf den Regierungsapparat übergegriffen. Aber die bezeichnendste Änderung ist wohl die Unterstellung des Staatssekretariates für Sicherheit, also des *Polizeiapparates*, unter den Arbeitsminister Lagardelle[91], dessen nachgerade einzige Aufgabe es geworden ist, die Menschenjagd für die Zwangsverschickung nach Deutschland zu organisieren. Deutschland hat die Zahl der Arbeiter, die Frankreich liefern soll, für den April auf 159 000 erhöht, weil anscheinend im März 9000 Arbeiter vor dem Stellungsbefehl ins «maquis» oder sonst in die Illegalität flohen; nach einer unbestätigten Madrider Meldung werden weitere 100 000 französische Arbeiter zu Befestigungsarbeiten an der italienischen Küste angefordert. Es ist nicht erstaunlich, dass der ganze Polizeiapparat von Vichy für diese Treibjagd aufgeboten werden muss.

Um die «Erneuerung Frankreichs aus Blut und Scholle», um «patrie, famille, travail» und andere Parolen von Vichy ist es still geworden. Halb mit Genugtuung, halb mit Bedauern stellen die «Münchener Neuesten Nachrichten» in einem sehr nachdenklichen Artikel fest, dass die deutsche Literatur über die Zukunft Frankreichs im «neuen Europa» viel reichhaltiger und «fruchtbarer» sei als die in Frankreich selbst erscheinende. Erstaunlich ist das nicht, da die Franzosen in die Gestaltung dieser Zukunft ja doch nichts dreinzureden hätten, wenn das «neue Europa» Wirklichkeit würde, und da keine Phrase mehr ausreicht, um in Frankreich selbst die erschütternde Wirklichkeit ideologisch zu verbrämen; die *Beschäftigung mit*

Frankreichs Zukunft bleibt heute den Männern im «maquis» überlassen. Der Artikel des deutschen Blattes, betitelt «Nation und Volk, Frankreichs eigentliches Problem», führt die bekannten Zahlen über die französische Bevölkerungsbewegung an, deren Vermehrung seit einem Jahrhundert rückläufig war, um 1907 den Nullpunkt zu erreichen und 1935 in eine Abnahme der Bevölkerung überzugehen. «Durch die mittelbaren Kriegsfolgen», fügt das Blatt in sehr zurückhaltender Ausdrucksweise hinzu, «ist dieser Überschuss an Toten inzwischen ungefähr auf jährlich 150 000 gestiegen, was einen jährlichen Abgang von 4,5 pro Tausend bedeutet.» Zu den «mittelbaren Kriegsfolgen» gehören ausser 14 000 Erschiessungen bis Ende letzten Jahres die Abwesenheit von anderthalb Millionen Kriegsgefangenen seit bald drei Jahren, der Abgang von 500 000 Arbeitern im Jahre 1942 und die jetzt im Gang befindliche «chasse à l'homme», deren Wirkungen sich nach den Berichten der Frankreich-Korrespondenten unserer welschen Zeitungen bereits in einem Verschwinden der männlichen Jugend aus dem Strassenbild der französischen Städte zeigen. Die Zahl des Bevölkerungsrückganges, die der zitierte Artikel angibt, dürfte längst überholt sein; sie ist nur eine Momentaufnahme aus einem sich ständig steigernden Prozess. Aber das deutsche Blatt geht in seiner Fragestellung nach Frankreichs Zukunft noch weiter: «Frankreich darf sich mit Recht als die älteste Nation Europas bezeichnen. Als die anderen Teile Europas noch in einem rein volkhaften Zustand verharrten, hatte Frankreich schon alle Elemente der Nation ausgebildet: die politische Geschlossenheit, das einheitliche Selbstbewusstsein, die traditionbildende und nach aussen wirkende Kraft ... Aber diesen Vorsprung muss es heute bezahlen ... Und hier stossen wir auf das eigentliche Problem des heutigen Frankreichs. Kann es nach so viel Jahrhunderten glanzvoller Vorstellung als Nation überhaupt noch eine Zeitlang als Volk leben und sich in der Stille erneuern, kann es an die Stelle einer dauernden überwachen Diskussion seiner selbst noch einmal das Walten natürlicher, *unbewusster* Kräfte setzen? Es ist schwer, hierauf eine bejahende Antwort zu denken.» Schwer, in der Tat. Der freiwillige Rückfall in die unbewusste, geschichtslose Existenz traditionsloser Völker, der Verzicht auf das Selbstbewusstsein und die «Vorstellung einer nationalen Grösse», der hier von Frankreich verlangt wird und der die Voraussetzung seiner Einordnung in das «neue Europa» bilden würde, ist ganz einfach unmöglich, und dass auf eine solche Fragestellung keine Antwort erfolgt, kann nur einen deutschen Geschichtsphilosophen wundern. Eine Nation lässt sich nicht einfach «entpolitisieren».

Nach dem Deutsch-Französischen Krieg von 1870 schrieb Dostojewski in einem Aufsatz über «Frankreich und die Kultur» die Sätze: «Wird denn Europa Frankreich überhaupt vermissen können? In dieser verhängnisvollen Frage nach Leben oder Tod Frankreichs, nach Auferstehen oder Erlöschen seines grossen, der Menschheit sympathischen Genies liegt vielleicht die Entscheidung über Leben und Tod der europäischen Menschheit, was auch immer die jungen Besieger Frankreichs, die Deutschen, dazu sagen mögen.» Es ist eines der vielen Paradoxe unserer Zeit, dass mit der Verteidigung dieser europäischen Kultur heute derselbe Propagandaminister die Dezimierung der europäischen Völker rechtfertigt, der sich einst in der «Kampfzeit» das berühmte Wort eines Partei«dichters» zu eigen machte: «Wenn ich das Wort Kultur höre, greife ich zum Revolver.»[92]

10. April 1943

Eden aus Washington zurück. Keynes und Morgenthau. Giraud und de Gaulle

Auf die Frage eines indiskreten Unterhausabgeordneten, ob beabsichtigt sei, nach dem angekündigten *Reisebericht Edens* die Diskussion freizugeben, antwortete Churchill lakonisch, er überlasse die Beantwortung dem Taktgefühl des Fragestellers selbst. Dass inmitten der Rauferei, die wir internationale Politik nennen, irgendwo noch gute Erziehung und Taktgefühl zuverlässig genug sitzen, um auch in unangenehmen Situationen das Dekorum zu wahren, ist ungemein erleichternd. Das unfehlbare Taktgefühl eines Right Honourable MP hat dann beim Anhören der Rede Edens ohne weiteres festgestellt, dass eine Diskussion durchaus unbekömmlich wäre, weil es da nichts zu diskutieren gab. Als Eden feststellte, «dass die mir in den USA und in Kanada bewiesene Herzlichkeit nicht mehr übertroffen werden kann», brach das Unterhaus in einstimmigen Beifall aus, und die Einladung Cordell Hulls nach England nahm es mit Begeisterung zur Kenntnis. Edens geistreiche Bemerkung, «es wäre ein Fehler, diese (die englisch-amerikanischen) Beziehungen darauf basieren zu lassen, dass wir einander nicht immer besonders liebten», registrierte es zweifellos mit Schmunzeln. Im ganzen: es war eine erfreuliche Reise. Und Neugier ist taktlos.

Die wortreiche Inhaltslosigkeit der offiziellen Communiqués nach Staatsmännerbegegnungen beweist ja durchaus nichts über die Ergebnislosigkeit der vorhergegangenen Besprechungen. Eden hat nicht viel mehr als einen Ersatz für das Communiqué gegeben, das nach dem Abschluss seiner Amerikareise ausgeblieben ist. Aber man kann nicht sagen, dass das wortreiche Schweigen seiner Rede geheimnisvoll klang. Die stets voreilige Weltpresse glaubte zu wissen, dass im Mittelpunkt der *Washingtoner Besprechungen* das Verhältnis der angelsächsischen Mächte zur Sowjetunion stehe; Edens Rede enthielt auch nicht die entfernteste Andeutung, dass ein solches Problem überhaupt bestehe. Über Nordafrika, stellte er fest, hätten überhaupt nie Meinungsverschiedenheiten bestanden: «Selbstverständlich» wünschten sowohl England wie Amerika, «dass alle Gruppen Frankreichs bereit sind, den Feind gemeinsam zu bekämpfen». Ungefähr ebenso aufschlussreich wäre die Feststellung, die «Vereinigten Nationen» seien sich einig in dem Wunsch, einig zu sein. Aber überdies – und dies ist der eindeutigste und vielsagendste Satz dieser ganzen Rede – «hatte dieser Meinungsaustausch rein konsultativen Charakter und war für die amerikanische Regierung wie für uns völlig *unverbindlich*». Es ist ein Charakteristikum der amerikanischen Verfassung, dass sie dem Präsidenten eine fast diktatorische Verfügungsgewalt für seine Amtsdauer gibt, ihm aber zum Ausgleich die Möglichkeit nimmt, für sein Land langfristige Bindungen einzugehen, und ihn dadurch beinahe vertragsunfähig macht. In einem äusserst düsteren Artikel über die innenpolitischen Entwicklungen in den Vereinigten Staaten gelangte die englische Zeitschrift «New Statesman and Nation» zu Beginn von Roosevelts letztem Amtsjahr zu der beklommenen Frage, welche Tragweite den fortschrittlichen Absichten und Äusserungen des Präsidenten denn beigemessen werden könne, wenn heute schon die reaktionären Strömungen ihm den Rückhalt raubten, seine solide Kongressmehrheit einer Zufallsmehrheit Platz gemacht habe und das Staatsdepartement des Äussern seine Politik bis zur Absurdität verunstalten könne; seine Situation sei diejenige Wilsons am Ende des Ersten Weltkrieges. Die beiden Männer zweifellos guten Willens, die in Washington über die Zukunft der Welt berieten und sich über die «Unverbindlichkeit» ihrer Absichten klar wurden, kamen immerhin in der Feststellung überein, dass – wie Eden in seiner Unterhausrede sagte – «kein Grund dafür besteht, zu denken, dass alles in der Welt zum besten bestellt sein wird, wenn dieser Krieg einmal zu Ende ist.»

Einen eher peinlichen Kommentar zur Heimkehr Edens bildet die fast gleichzeitige Veröffentlichung des *englischen* und des *amerikanischen Planes* für eine *internationale Währungskontrolle* nach dem Kriege. Etwas erstaunt fragten einige englische Zeitungen, ob es denn nicht möglich gewesen wäre, vor der Veröffentlichung eine gemeinsame Formel zu suchen, statt nun zwei Konkurrenzpläne auf den Tisch zu werfen. Der britische Plan des bedeutenden Wirtschaftstheoretikers Keynes ist, genau wie der Beveridge-Plan, von der Achsenpresse als «geistiges Anleihen beim Nationalsozialismus» begrüsst worden; der Unterschied zwischen dem Clearingapparat der «europäischen Ordnung», der zu einem Instrument der deutschen Kriegsfinanzierung geworden ist, und der von Keynes vorgeschlagenen internationalen Clearingbank ist «bloss» der zwischen einer sich ergänzenden Weltwirtschaft und einer kontinentalen Selbstblockade. Die von der deutschen Presse hervorgehobene technische Ähnlichkeit ist die, dass Keynes internationale Rechnungswährung der vom Golde unabhängigen «Arbeitswährung» nahe kommt, die einst von deutscher Seite als Schlagwort propagiert, aber nicht erfunden worden ist; auch die Kredite der einzelnen Länder bei der internationalen Clearingbank sollen auf Grund ihres Aussenhandelsvolumens vor dem Kriege, also ihres tatsächlichen Anteils an der Weltwirtschaft, und nicht auf Grund ihrer Gold- und Devisenbestände berechnet werden. «Es ist unvermeidbar», stellt «Financial News» nach der Veröffentlichung des amerikanischen, von Schatzkanzler Morgenthau ausgearbeiteten Planes fest, «dass ein Plan, der in den Vereinigten Staaten entstanden ist, dem Gold eine wichtigere Rolle zumisst. Denn die USA verfügen praktisch über den gesamten monetären Goldschatz der Welt.» Der in diesem amerikanischen Plan vorgesehene Aufbau der «internationalen Zentralbank» auf Goldgrundlage sichert den Vereinigten Staaten eine erdrückende Vormachtstellung; die sterilen Edelmetallreserven, die sich seit Weltkrieg und Weltkrise durch Schuldenzahlung, Kapitalflucht und Handelsbilanzausgleich in Amerika angesammelt haben, würden endlich, wenn auch nicht wirtschaftlich, so doch machtpolitisch fruchtbar. Die Schutzmassnahmen für die wirtschaftlich schwächeren Länder, die der Keynes-Plan vorsieht, fehlen in der amerikanischen Version zum grössten Teil; die «internationale Zentralbank» Morgenthaus ist ein Institut zur Finanzierung jenes «freien Welthandels», der für Amerika als den überlegenen Konkurrenten die weitaus angemessenste Weltordnung ist.[93]

Den zweiten Kommentar zur Heimkehr Edens bildet die von General *Eisenhower* anbefohlene Verschiebung der Zusammenkunft zwischen *Giraud und de Gaulle*. Die offizielle Auffassung über den Sinn dieser Zusammenkunft hat eine seltsame Wandlung durchgemacht. Es schien selbstverständlich, dass sie zur Bereinigung der strittigen Fragen zwischen den französischen Dissidenzen dienen sollte; heute wird die Verschiebung damit begründet, dass die strittigen Fragen noch nicht bereinigt seien. Aus der geplanten Verhandlung ist eine rein formale Versöhnungsfeierlichkeit geworden, die erst nach erfolgter Einigung stattfinden kann und die am schicklichsten als «festlicher Höhepunkt» nach dem Siege Girauds und der Alliierten in Tunesien arrangiert wird. General de Gaulle und das französische Nationalkomitee werden erst in Algier zugelassen, wenn sie vorher die «Einigung» vollzogen, also ihre politischen Forderungen fallengelassen haben. Es erinnert an die ersten Zeiten des «Regimes Eisenhower» in Nordafrika, wenn Roosevelt und Cordell Hull erklären, diese eminent politische Entscheidung General Eisenhowers, die einer Aufforderung zur Kapitulation an das «Kämpfende Frankreich» gleichkommt, sei ohne ihre Kenntnis erfolgt. So hätte also Eden gar nicht mit den zuständigen Persönlichkeiten über das «Problem Nordafrika» verhandelt!

Es wäre freilich keine scherzhafte Angelegenheit, wenn Edens Reise tatsächlich so ergebnislos verlaufen wäre, wie sein Reisebericht zu zeigen scheint. Aus seinem Besuch in Washington sollte sich eine Formel der Friedensgestaltung ergeben, die, nach seinen Worten, verhindern würde, «dass sich solche Weltkatastrophen alle zwanzig Jahre wiederholen können». Sein Reisebericht vor dem Unterhaus zeigt eine Heimkehr mit leeren Händen an. Wenn dieser Eindruck richtig ist, so hat Eden wenigstens das Verdienst, keine Illusionen erweckt zu haben. Den Soldaten des Ersten Weltkrieges wurde die Überzeugung mitgegeben, dass sie «den letzten Krieg» auskämpften. Heute wird schon mitten in der gegenwärtigen Vernichtungsorgie «der nächste Krieg» diskutiert. Vielleicht ist die unfassbare Grauenhaftigkeit dieses Zukunftsausblickes besser als gläubige Zuversicht geeignet, die Menschheit auch im Augenblick des Waffenstillstandes wach zu halten und zu verhindern, dass wieder «Friede, Friede!» gerufen wird und es ist doch kein Friede.

17. April 1943

*Zusammenbruch der deutsch-italienischen Front in Mitteltunesien.
Treffen zwischen Hitler und Mussolini*

Es wird ein Kuriosum der Kriegsgeschichte bleiben, dass die *Eroberung Tunesiens* durch die Alliierten nicht von Algerien, sondern vom fernen Ägypten her erfolgt. Die «riesige Zangenbewegung» gegen das Afrikakorps, die auf der Landkarte so schön vorgezeichnet war und die wie alle «Zangenbewegungen» die Weltöffentlichkeit faszinierte, ist ausgeblieben. Die britische Achte Armee, die Rommel in ständigem Frontalangriff von El Alamein bis zur tunesischen Grenze zurücktrieb, wo er von den Amerikanern in Empfang und «in die Zange» genommen werden sollte, hat ihn nun ebenso allein in ständigem Frontalangriff an der untätigen amerikanischen Front vorbei durch Süd- und Mitteltunesien ans Meer zurückgeworfen; die amerikanische Fünfte Armee, die so unvermittelt weit hinten in der Etappe liegenblieb, strebt nun auf Umwegen wieder dem Kampfgebiet um Tunis und Bizerta zu, wo sie nach den Berichten aus dem alliierten Hauptquartier als «operative Reserve» verwendet werden soll, weil sich hier die britische Erste und Achte Armee bereits die Aufgabe geteilt haben. Die amtliche italienische Darstellung der Schlacht in Südtunesien spart denn auch nicht mit Komplimenten an die Achte Armee, die «menschenmässig wie in der Ausrüstung erstklassig» und «die modernste und am besten ausgestattete Streitmacht» sei, «die man heute in den verschiedenen Abschnitten des Weltkrieges antreffen könne»; von einem geringeren Gegner besiegt worden zu sein, würde die italienische Würde verletzen. Dass die deutsch-italienischen Truppen «zudem» auch in der Flanke bedroht gewesen seien, wird nur nebenbei erwähnt. Die Achte Armee ist für sich ein Wunderwerk der Koordination; aus einem Konglomerat von englischen, indischen und anderen Truppen aus allen Teilen des Britischen Reiches, von polnischen, griechischen und französischen Soldaten, die ein Dutzend verschiedene Sprachen sprechen, ist ein militärisches Präzisionsinstrument geworden. Von einer Koordination der verschiedenen alliierten Armeen in Tunesien war dagegen trotz dem Präsidium General Eisenhowers nichts zu sehen; gerade dieses Oberkommando, bei dessen Verleihung nicht so sehr militärische als politische und diplomatische Gründe ausschlaggebend waren, ist ein Symptom dafür, wie sehr die alliierte Zusammenarbeit durch Macht- und Vorsitzfragen kompliziert wird. Dies gilt für die Gesamtstrategie noch mehr als für den tunesischen Kriegsschauplatz.

Aber auch ohne eigentliche Koordination wirkt sich die blosse «zeitliche Koinzidenz der Kriegshandlungen», auf die sich nach einem Aufsatz Rudolf Kirchers in der «Frankfurter Zeitung» die Allianz der «Vereinigten Nationen» reduziert, auf die Dauer aus; für den Getroffenen ist es beinahe gleichgültig, ob diejenigen, die auf ihn losschlagen, unter sich einig sind oder nicht. Auch ohne präzise Zusammenarbeit hat die blosse Existenz alliierter Armeen im Rücken des Afrikakorps den Angriff der Achten Armee erleichtert. Organisatorische Schwierigkeiten und Reibungen konnten die Auswirkung der wachsenden materiellen Überlegenheit der Alliierten nur verzögern, nicht aber verhindern. Nordafrika war der letzte Tummelplatz des «Blitzkrieges», und im weiten Raum der Libyschen Wüste konnten die Achsenmächte bei jedem Rückschlag erklären, dass der Raum keine Rolle spiele. Heute ist der Raum für solche Grosszügigkeit zu eng geworden; mit der unbegrenzten Bewegungsfreiheit ist auch Rommels Erfindungsreichtum an taktischen Kunstgriffen versiegt, und die «öffentliche Meinung» ist ungerecht genug, den einst von ihr gehätschelten Wüstengeneral zum Nichtskönner zu degradieren, weil er auf die Dauer das tatsächliche Kräfteverhältnis nicht überlisten konnte. Ein mystischer Aberglaube an die unbegrenzten Möglichkeiten der «Kriegskunst» liegt in diesen Prestigeschwankungen. Nirgends ist für die Kriegskunst weniger Raum als gerade im «totalen Krieg». Wo bis zur völligen Erschöpfung der einen Partei gekämpft wird und keine militärische Niederlage mehr ein Friedensgesuch auslösen kann, wie das in den idyllischeren Zeiten der «Kabinettskriege» der Fall war, da wird der Krieg immer mehr ein blosses Abwägen von Kräften, und der «Feldherr» wird ein Funktionär neben vielen anderen Funktionären des Krieges.

Das Versprechen des offiziellen Communiqués über die *Zusammenkunft Hitlers und Mussolinis*, «den Krieg ... bis zur völligen Beseitigung der zukünftigen Gefahr, die dem europäisch-afrikanischen Raum von Westen und Osten droht, zu führen», klingt zwar, als stünde Marschall Rommel nicht auf dem letzten Brückenkopf, der von «Eurafrika» übriggeblieben ist, sondern am Suezkanal und in Dakar oder wenigstens noch am Rand des Nildeltas und könnte, wie er es vor einem halben Jahr in Berlin tat, erklären: «Heute stehen wir hundert Kilometer vor Alexandrien und Kairo und haben das Tor von Ägypten in der Hand, und zwar mit der Absicht, auch hier zu handeln. Wie schon Hitler in seiner letzten Rede sagte: Man kann sich darauf verlassen, was wir haben, halten wir fest.» Das Wort des Reichskanzlers, das Rommel auf seine afrikanische Position anwandte, war auf Stalingrad gemünzt gewesen; aber die Gegner haben sich in beiden Fällen nicht «darauf verlassen», und heute glauben *sie*, das Tor von Europa in der Hand zu haben. Der zum Redaktor des «Messaggero» avancierte ehemalige Propagandaminister Pavolini zitiert zu den alliierten Invasionsabsichten das tröstliche italienische Sprichwort: «Zwischen Wollen und Können liegt das Meer.» Aber zunächst einmal liegt das Meer zwischen Rommel und Europa, und die Engländer freuen sich schon auf die «Revanche für Dünkirchen». Grossadmiral Dönitz und der italienische Konteradmiral Girosi haben in Hitlers Hauptquartier schwerlich nur die Verschärfung des U-Boot-Krieges diskutiert. Es hat in letzter Zeit Gerüchte um die italienische Flotte gehagelt, die teilweise von italienischer Seite kategorisch dementiert wurden, die aber doch einen Begriff von den nicht nur militärischen, sondern auch politischen und psychologischen Schwierigkeiten einer Evakuation grossen Stils geben. Bei einer solchen Operation fühlt sich immer jemand geopfert, und tatsächlich muss auch immer jemand geopfert werden. Dünkirchen verderben die Freundschaft. Zwei Jahre deutscher Besetzung waren notwendig, um das französische Ressentiment gegen England wegen der «Opferung» der französischen Truppen bei Dünkirchen auszulöschen oder vielmehr überzukompensieren. Aber der «Stahlpakt» ist zweifellos mindestens machtmässig fester geschmiedet als die «entente cordiale».[94]

Auch sonst warf die angedrohte Invasion Europas im Communiqué der Diktatorenkonferenz ihre Schatten voraus: dem gequälten Europa wird darin mitgeteilt, dass die *Achsenmächte* nur *«für die Rechte der Nationen* auf freie Entwicklung und Zusammenarbeit» kämpfen; die von der Achse beherrschten Völker sollen den bedauerlichen Umstand, dass die Achsenmächte diesen Kampf auf ihrem Rücken führen, nicht für böse Absicht halten. Man kann nicht sagen, dass die neue, versöhnliche Formulierung der totalitären Kriegsziele, die seit dem Besuch Ribbentrops in Rom aufgetaucht ist, seither viel präziser geworden sei. Im «Giornale d'Italia» sucht Gayda[95] dem Wortlaut des Communiqués eine möglichst weitgehende Deutung zu geben und nennt als ersten Hauptpunkt der von den Achsenmächten geplanten Neuordnung die «Anerkennung des Rechtes auf Freiheit, Unabhängigkeit und volle Souveränität für jeden nationalen Staat Europas, sei er klein oder gross». Nun ist freilich nach deutscher Auffassung bekanntlich Holland kein nationaler Staat, Belgien erst recht nicht, und selbst die nordischen Staaten – um die Aufzählung nicht weiterzuführen – sind für gute Germanisten blosse Dialektgruppen. Denjenigen Staaten, denen das Attribut «national» zuerkannt würde, bietet Gayda «freie nationale und wirtschaftliche Entwicklung im Rahmen einer nützlichen Interessengemeinschaft, und zwar entsprechend den Begabungen der einzelnen Rassen»; leider ist es der fundamentale Grundsatz der Rassenlehre, dass gewisse Rassen zum Herrschen, andere zum Dienen begabt sind. Das italienische Drängen auf eine Revision der Achsenkriegsziele ist zweifellos ernst gemeint, denn die Lage ist ernst; aber gerade, dass sie «aus Not geboren» sind, beeinträchtigt die propagandistische Wirkung der neuen Parolen. Sie werden schwerlich die Praxis des «neuen Europa» übertönen. Wenn heute zum Beispiel in Frankreich kein junger und leidlich gesund aussehender Mensch mehr auf die Strasse gehen kann, ohne zu riskieren, dass er aufgegriffen und ohne weitere Formalitäten zum «Arbeitseinsatz» nach dem Osten abtransportiert wird, so ist es wenig aussichtsreich, den Betroffenen von «Ordnung» zu reden, denn es herrscht Unordnung selbst im büttelhaftesten Sinn des Wortes. Dass dieser Zustand Europas nur ein Provisorium sei, wie dies von den Rednern der Achse immer wieder betont wird, ist einleuchtend; allein, wie es bei Morgenstern heisst, «das ist es eben». Es war praktisch und der modernen «Dynamik» angemessen, überall nur Provisorien zu schaffen, aber im Augenblick der Gefahr erweist es sich als unangenehm, auf lauter übereinandergeschachtelten Provisorien zu sitzen. Die «Europa-Charta», die von geschäftigen Korrespondenten aus Berlin wieder einmal angekündigt wird, war vor zweieinhalb Jahren fällig, in jener «schöpferischen Pause», die so total unschöpferisch blieb und die die letzte dieses Krieges war.

24. April 1943

Katyn

Wieder geht etwas wie Frühlingserwachen, wie makabre Osterstimmung auch durch die Achsenpresse, vielleicht nicht ganz so frohlockend und kraftstrotzend wie noch letztes Jahr, als Dr. Goebbels schon im Februar das nahende «Auftauen» der Ostfront ankündigte und Hitler den Frühling in allen Gliedern zu spüren erklärte, aber doch wieder mit der ganzen Kraft der Autosuggestion. «Diese Tage sind erfüllt von Spannung und Erwartung», schreibt die «Frankfurter Zeitung»: «*Es ist Frühling*. Die Zeit der aktiven deutschen kriegerischen Initiative in drei aufeinanderfolgenden Jahren. Dass es auch in diesem Jahre so sein wird, daran kann kein Zweifel sein.» Zum vierten Male die Auferstehung der Tanks, der Fliegerbomben, der Flammenwerfer, zum vierten Male das Frühlingserwachen des Todes, und wieder, ernster als vor einem Jahr, die offizielle Warnung vor dem Giftgaskrieg. Wie stellt man es an, von diesen Dingen ohne Zynismus zu sprechen, wenn die Bäume blühen und die ganze Natur eine Orgie des Lebens ist?

Begreiflich genug, dass alle Friedensgerüchte gierig aufgenommen werden. Diesen ganzen Frühling lang rissen sie nicht ab, doch immer folgte ihnen das Dementi auf dem Fuss, wenn sie überhaupt eines Dementis würdig befunden wurden. Immer wieder stellte sich, was als «Offensive des Friedens» ausgegeben wurde, bloss als Offensive der einen oder der andern Propaganda heraus. Hört man genauer hin, so ist *nicht von Frieden* die Rede, sondern von einer *«Umkehrung der Allianzen»*. Seit Dr. Goebbels jene «Männer in London» apostrophierte, die vielleicht noch wüssten, was ein «bolschewistischer Sieg» bedeuten würde, hat besonders Rudolf Kircher in der «Frankfurter Zeitung» diese Aufklärungsarbeit unermüdlich fortgesetzt. «Uns Deutschen war von den Engländern die ehrenvolle Aufgabe zugedacht worden, Europa (und England) vor dem Schlimmsten zu bewahren, indem wir dem Bolschewismus gerade so viel Widerstand leisten sollten, wie nötig wäre, um ihm nicht bedingungslos ausgeliefert zu werden – bevor die Engländer über den Rhein marschieren», erklärte er am 28. März; aber Deutschland werde den Angelsachsen nicht den Gefallen tun, «zu kapitulieren, bevor die Bolschewisten kämen»: «Auch unsere Niederlage wäre total, die Welt hätte nicht das geringste Recht, zu erwarten, dass wir im Westen verlören und den Engländern zuliebe im Osten standhielten. Das wäre auch rein wehrtechnisch eine Unmöglichkeit.» Und eine Woche später nannte er die Adressaten seiner Warnungen offen beim Namen: «Am allerwenigsten aber wäre eine solche Umwälzung im Sinne der englischen und amerikanischen Kaufleute und Produzenten, die – von allem anderen abgesehen – sich noch niemals mit Vergnügen aus gewinnbringenden Märkten vertreiben liessen oder sich wissentlich einen gefährlichen Konkurrenten grosszogen. Ein vom Bolschewismus beherrschter Länderblock, der vom Atlantik bis zum Pazifik reichte, müsste deshalb für jeden welt- und geschäftskundigen Angelsachsen (auch wenn er eine bolschewistische Ansteckungsgefahr leugnet) eine erschreckende Vorstellung sein, ob er es zugibt oder nicht.» Nur die konkrete Formulierung und Adressangabe, nicht der Appell selbst ist neu. Die ganze «Friedensoffensive», soweit sie sich in groben Umrissen erkennen lässt, bewegt sich auf dieser Linie. Zu offensichtlich ist die Unabgeklärtheit der angelsächsisch-russischen Beziehungen, als dass die Propaganda nicht immer wieder hier einhaken würde. Es wurde zu wenig beachtet, dass der schwerlich ohne vorhergehende Sondierungen erfolgte Friedensappell des spanischen Aussenministers Jordana in eine erbitterte Kampfansage an die «bolschewistische Weltgefahr» ausklang. Der Zufall will es, dass ausgerechnet der polnische Ministerpräsident Sikorski schon im vergangenen Dezember in einem Memorandum die alliierten Regierungen als erster vor einer bevorstehenden Friedensoffensive der Achsenmächte unter Berufung auf die «bolschewistische Gefahr» warnte. Nun ist es das gemarterte polnische Volk, das in den *«Massengräbern im Walde von Katyn»* den wirksamsten Stoff dieser propagandistischen Offensive liefern muss. Auch die Friedenstauben dieser Zeit triefen von Blut und Verwesung.[96]

Schon aus der sorgfältigen Aufsparung der «Enthüllungen von Katyn» – nachdem die Massengräber nach deutscher Version schon kurz nach dem deutschen Einzug in Smolensk durch polnische Arbeiter entdeckt und seit einem Jahr der deutschen Heeresleitung bekannt waren – ergibt sich ihre Einreihung als Höhepunkt in die allgemeine politische Kriegführung. Die Frage nach ihrem Wahrheitsgehalt ist dadurch nicht berührt. Die Angliederung der neuen «Randgebiete» an Sowjetrussland unter dem Schutz des deutsch-russischen Paktes war überall zugleich eine soziale Umwälzung, und die polnische Offizierskaste repräsentierte eine bestimmte soziale Schicht, die bisher – oft genug mit terroristischen Mitteln – in Polen geherrscht hatte; es ist daher verständlich, dass die deutsche Anklage bei der polnischen Exilregierung in London ein besorgtes Echo gefunden hat. Sie, deren Anhänger in Polen von den deutschen Behörden rücksichtslos an die Wand gestellt werden, hat sich gleichzeitig mit Deutschland an das internationale Rote Kreuz gewandt, um eine unparteiische Untersuchung am Tatort durchführen zu lassen. Die Aufgabe, die dem Roten Kreuz zugemutet wird, ist weder schön noch erfolgverheissend. Die Erschiessungen sollen vor dreieinhalb Jahren erfolgt sein; seither hat der Krieg die Erde von Smolensk umgepflügt, Massengrab hat sich an Massengrab gereiht, und seit einem Jahr haben rein deutsche Behörden hier gegraben, untersucht, identifiziert und einvernommen – für eine internationale Kommission bleibt wenig mehr zu tun, als die Ergebnisse dieser Untersuchungen zur Kenntnis zu nehmen, die «klar und einwandfrei ergeben, dass die Mörder durchweg bolschewistische Juden waren».

Dass dieser Fund propagandistisch viel breiter und tiefer wirkt als der antibolschewistische Appell an «Kaufleute und Produzenten», ist bereits heute deutlich. Schon künden die deutschen Blätter an, dass die deutsche Wochenschau die Massengräber von Smolensk demnächst im Bilde vorführen wird. Vielleicht tun wir gut, uns dabei zu erinnern, dass schon die ersten deutschen Wochenschaustreifen vom Krieg im Osten uns die «bolschewistischen Massenmorde von Lemberg» zeigten; und auch daran, dass der neutralen Presse die Veröffentlichung der Berichte und «Greuelmeldungen» von alliierter Seite über die Vorgänge im von Deutschland besetzten Europa und vor allem gerade in Polen nicht möglich ist und es ihr deshalb ansteht, auch da Reserve zu zeigen, wo es ihr einmal erlaubt ist, sich über die Misshandlung Polens zu entrüsten – gerade weil es hier so ostentativ erlaubt ist. Denn dieser «schauerliche, in der Geschichte der Menschheit wohl einzig dastehende Massenmord», wie ihn die «Berliner Börsen-Zeitung» nennt, stünde leider in der Geschichte dieses Krieges weder einzig da, noch fiele er auch nur zahlenmässig gegenüber der systematischen Dezimierung ganzer Völker oder ihrer geistig führenden Schichten ins Gewicht, und seine Enthüllung wäre keinesfalls aus Mitleid und Sorge um die Existenz des polnischen Volkes erfolgt, sondern weil er nach dem gleichen deutschen Blatt «vielleicht geeignet sein» könnte, «das schöne Vertrauensverhältnis zwischen England und USA einerseits und der Sowjetunion andererseits zu stören».

Die *propagandistische Gegenoffensive von alliierter Seite* hat denn auch nicht auf sich warten lassen. Die Moskauer Dementis haben sich die Sache freilich etwas leicht gemacht, wenn sie zum vornherein von «jedem Wohlmeinenden» verlangten, dass er die deutschen Behauptungen für aus den Fingern gesogen halte, und die polnische Regierung, die sich über den Verbleib einiger tausend in Russland verschwundenen polnischen Kriegsgefangenen nicht ohne weiteres beruhigen will, einfach zu «Helfershelfern Hitlers» stempelte. Das Communiqué der polnischen Exilregierung über die Leichenfunde von Katyn bestritt der deutschen Regierung das Recht, sich zum Anwalt Polens gegenüber Sowjetrussland aufzuwerfen, durch eine Aufzählung deutscher Massnahmen in Polen, aus der die hier verbreitete Agentur-Fassung nur die Lappalien wiedergab. Es ist wohl kein Zufall, dass gleichzeitig die britische Regierung wieder die Fesselung der britischen Kriegsgefangenen in Deutschland zur Diskussion brachte und dass die amerikanische Regierung die Hinrichtung amerikanischer Flieger, die vor einem Jahr in Erfüllung militärischer Befehle Tokio bombardierten und dabei in japanische Gefangenschaft gerieten, durch die japanischen Militärbehörden bekanntgab. Selbst Churchills Ankündigung, dass die britische Regierung über deutsche Vorbereitungen zum Gaskrieg informiert sei, gehört in diesen Krieg der gegenseitigen Verbrechensbezichtigung.

Die «geistige» wie die tätliche Argumentation der Kriegführenden ist auf das Niveau Krimineller gesunken. Auch in dieser Hinsicht ist der Wald von Katyn ein Symbol für den Tiefstand, in den dreieinhalb Jahre totalen Krieges die «Kulturmenschheit» geführt haben. Millionen Leichen haben sich gehäuft, und die Überlebenden wühlen in Massengräbern nach Argumenten für die Fortsetzung des Schlachtens. Ostern 1943.

1. Mai 1943

«Sterben für Danzig?»

«Mourir pour Dantzig?» – mit dieser verblüffenden und verwirrenden Frage Marcel Déats in den Ohren, gingen die französischen Soldaten in den Zweiten Weltkrieg, und während des langen Winters nervenzermürbender Untätigkeit drehten sie diese Frage in der Langeweile der Maginotlinie hin und her: Sterben für die völkerrechtlichen Missgeburten des Polnischen Korridors und der «freien Stadt» unter Völkerbundskommissariat, sterben für «Freiheit und Ehre» jener polnischen Autokraten, die aus innerer Verwandtschaft von Anbeginn mit dem Nationalsozialismus paktiert hatten, die vor einem Jahr noch gemeinsam mit dem Dritten Reich über die Tschechoslowakei hergefallen waren und den ganzen schwülen Vorkriegssommer lang die Verhandlungen über eine Koalition gegen weitere deutsche Aggressionen sabotiert hatten? Sterben für Danzig, eine kabinettspolitische Konstruktion von geradezu beleidigender Sinnlosigkeit, nachdem die Regierungen der Westmächte vor den «totalitären» Überfällen auf Abessinien, auf Spanien, auf Österreich und die Tschechoslowakei, überall da, wo Recht und Unrecht eindeutig verteilt waren und alle seelischen Energien des «gerechten Krieges» bereitstanden, ohne Bedenken kapituliert hatten? Aus Angst vor dem Schlagwort «Antifaschismus», das ihnen innenpolitisch als Losungswort der Linken verhasst war, hatten die damaligen Machthaber Frankreichs und Englands von allen Fragestellungen, an denen der unvermeidlich gewordene Krieg entbrennen konnte, die schiefste und zweifelhafteste gewählt – den Krieg für einen status quo, dessen grundsätzliche Unhaltbarkeit jeder Blick auf eine Europakarte demonstrierte. Und als im Frühjahr 1940 der Krieg im Westen schliesslich losbrach, war dieser status quo längst so unwiederbringlich tot und begraben wie heute die Leichen von Katyn, und niemand wusste damals wie heute, wer ihn umgebracht hatte. Während die Westfront schlief, war Polen überrannt und zwischen Deutschland, Russland und dem damals noch unabhängigen Litauen aufgeteilt worden; Russland hatte seinen Einmarsch in das bereits geschlagene Land mit einem wohlberechneten «Akt der Gerechtigkeit» verbunden, indem es Litauen seine verfassungsmässige Hauptstadt Wilna, durch deren gewaltsame Annexion Polen sich während der ganzen Zeit zwischen den Weltkriegen in latenten Kriegszustand mit Litauen begeben hatte, feierlich zurückgab – um dann nach einigen Monaten den schuldigen Dank in Form des «freiwilligen Anschlusses Litauens an die Sowjetunion» entgegenzunehmen. Eine Wiederherstellung jenes «Grosspolens», das nach hundertjähriger Unterjochung in den zwanzig Jahren seiner Existenz keinen seiner Nachbarn unberaubt gelassen hatte, bedeutete von diesem Augenblick an Krieg mit Deutschland *und* Russland und war sogar mit der nun ebenfalls ins Programm aufgenommenen Wiederherstellung Litauens und der Tschechoslowakei schwer vereinbar. Und wo kein Völkerrechtler mehr sich auskannte, da hatte die deutsche

Propaganda gewonnenes Spiel. «Mourir pour Dantzig?», höhnten täglich und stündlich Radio Stuttgart und «Radio Humanité» nach Frankreich hinüber, und als es ans Sterben ging, war der Krieg im Westen propagandistisch längst für Deutschland gewonnen.[97]

Englands einsamer Kampf auf der «letzten Schanze der Demokratie» liess die Absurdität der ursprünglichen Fragestellung vergessen. An Stelle des status quo trat die «bessere Welt der Zukunft». Aber auch ohne alle Zukunftsschalmeien war zu klar und unverhüllt sichtbar geworden, *gegen* was England diesen Krieg weiterführte, als dass nähere Erläuterungen notwendig gewesen wären. Die Völker Europas und allen voran Frankreichs, die nicht für Danzig hatten sterben wollen, liessen sich von keiner deutschen Propaganda dazu bekehren, nun für Deutschland zu leben, und die Refraktäre und Deserteure der «drôle de guerre» sind heute die Kämpfer und Märtyrer der «dritten Front». Im nackten Existenzkampf gegen die Europa zugemutete neue Ordnung fanden sich alle Antagonismen zusammen. Verteidigung ist eine negative Parole, für die es genügt, in der Ablehnung einig zu sein.

Mit dem Beginn der «offensiven Phase» der alliierten Kriegführung aber musste die Frage «Wofür» wieder konkret und unerbittlich aufsteigen. Die Offensive will wissen, worum es geht. Der Krieg ist gewissermassen zum Ausgangspunkt zurückgekehrt. Die deutsche Propaganda gräbt die Leichen polnischer Offiziere aus und hängt ihnen die Tafel um: *«Morts pour Dantzig?»* Und wieder wissen die Alliierten keine Antwort auf die Frage, die sie selber einst schief gestellt haben. Dass diese polnischen Offiziere, wer sie auch umgebracht hat, «für Danzig», für den grosspolnischen Chauvinismus gestorben sind, ist gewiss. Die russische Presse hat – ist es Zynismus oder Naivität des guten Gewissens? – vermutet, es handle sich bei den Massengräbern von Katyn um archäologische Ausgrabungen; für Sowjetrussland ist Grosspolen ein Gegenstand der Archäologie, und sein rücksichtsloser Bruch mit der polnischen Exilregierung hat den unverhüllten Zweck, jede Diskussion über dessen Wiederherstellung unmöglich zu machen. Für Russland ist der status quo nicht der Zustand vom August 1939, sondern vom Juli 1941.[98] «Seit langem schämen sich die imperialistischen polnischen Kreise nicht, in Presse und Radio sowie durch Reden polnischer Minister ihre Ansprüche auf Territorien der Sowjet-Ukraine, Sowjet-Weissrusslands und Sowjet-Litauens bekanntzugeben», schreibt die offizielle «Prawda»; dass diese Territorien vor dem deutschen Angriff auf Polen polnisches Gebiet waren, scheint überhaupt nicht erwähnenswert. Es handelt sich nicht um «Missverständnisse», die durch Entschuldigungen und Personalwechsel behoben werden können, wie die angelsächsische Presse in gespielter Naivität zu glauben vorgibt; hier steht Machtanspruch gegen Machtanspruch.

Dass sich das umstrittene Gebiet ausserhalb des Machtbereiches beider streitenden Parteien befindet, macht den Streit nicht erhebender. Während über sein Schicksal verhandelt wird, geht das polnische Volk seinen furchtbaren Leidensweg.

Der stellvertretende britische Ministerpräsident Attlee hat diesen Augenblick gewählt, um einen Appell der illegalen polnischen Arbeiterbewegung bekanntzugeben, der zu den grauenhaftesten Dokumenten dieses Krieges gehört. Es schildert die systematische Dezimierung und Enteignung eines ganzen Volkes, das auf seinem eigenen Grund und Boden seit Jahr und Tag heimat- und rechtlos ist; denn bekanntlich hat der deutsche Generalgouverneur Frank[99] vor einem Jahr durch eine «interessante staatsrechtliche Konstruktion» alle Einwohner des Generalgouvernements, die nicht deutsche Staatsbürger sind, für staatenlos erklärt. Die Grenzen, um die Sowjetrussland und die polnische Exilregierung streiten, drohen durch entvölkertes und ödes Gebiet zu gehen, wenn dieser Krieg noch lange dauert. «Wir wissen, wie gross euere Opfer, wie bitter euere Leiden sind», antwortete Attlee den polnischen Arbeitern; «doch wissen wir auch, dass ihr bis zum Ende durchhalten werdet ... Die Stärke der Freiheitsstreitkräfte nimmt zu; ihre Einigkeit schmilzt fester zusammen.» Herr Attlee beliebt, makabre Witze zu machen. Die polnischen Arbeiter werden freilich bis zum Ende, bis zu ihrem eigenen Ende durchhalten, ob die Einigkeit der «Vereinigten Nationen» schmilzt oder nicht; denn es bleibt ihnen nichts anderes übrig. Das polnische Volk, das in der deutschen Rassenskala unmittelbar vor den Juden unter den Untermenschen figuriert und in der alliierten Diplomatie als Kleingeld benützt wird, hat keine Wahl und wenig Hoffnung. Die kurze Zeit staatlicher Unabhängigkeit hat ihm so wenig Freiheit gebracht wie die lange Epoche der nationalen Unterdrückung; seine sozialen Missstände, in denen sich unüberwundener Feudalismus ostelbischen Stils und ein hybrider Kapitalismus ohne echtes Bürgertum potenzieren, und die Probleme seiner nationalen Eingekeiltheit im Völkergemisch der osteuropäischen Ebene lassen sich mit Grenzziehungen und staatsrechtlichen Konstruktionen nicht lösen. Die «polnische Frage» kann nur mit der «europäischen Frage», durch die Überwindung des Nationalismus, gelöst werden. Der stolze Titel der «Vereinigten Nationen» müsste mehr sein als ein Titel, um für das polnische Volk eine Zukunft zu verheissen.

«Einen Erfolg der deutschen Propaganda» nennt die angelsächsische Presse diese bisher schwerste Krise im alliierten Lager. Aber Dr. Goebbels hat die «polnische Frage» nicht erfunden; er hat nur das Seine getan, um das Geschwür zum Aufbrechen zu bringen. Der deutsche Blitzkrieg hat alles blossgelegt, was in Europa morsch und faul war; aber nur dadurch war der Blitzkrieg überhaupt möglich, *dass* es morsch und faul war. Die Niederreissung aller europäischen Grenzen und Fassaden hat alle Fragen Europas blossgelegt und keine beantwortet. Aber der status quo vor der Sintflut ist zur Absurdität geworden. Und über allen Massengräbern steht nun die Frage nach dem Sinn dieses Krieges: *Morts pour Dantzig?*

8. Mai 1943

*Chefs der Regierungen des Neuen Europa bei Hitler.
Tagung der faschistischen Parteiführer in Rom*

«*Sinngebung*» war von jeher ein beliebtes Wort der nationalsozialistischen Terminologie. Es bedeutet, dass es im souveränen Befinden des Handelnden liegt, dem – an sich sinnlosen – Geschehen einen Sinn zu geben, der «ins Programm passt». Dieser Frühling 1943, in dem die Kriegsentscheidung in schwüler Ungewissheit heranreift und die Geduld und Leidensfähigkeit besonders der europäischen Völker bis an die Grenzen der Erschöpfung angespannt wird, ist eine Blütezeit der «Sinngebungen». Den Opfern des Zerstörungswettlaufes soll klargemacht werden, *wofür* sie Hunger, Not und Misshandlung erdulden – vielleicht damit sie vergessen, *warum* sie dies leiden. Im Stil des Abnutzungskrieges werden ewige historische Gesetze dutzendweise ad hoc als Munition fabriziert und verbraucht, und keine Anthologie wird leider Deutungen wie etwa das folgende Zitat aus einem Artikel «Grosseuropa» von Michel Herbert Mann in der «Deutschen Allgemeinen Zeitung» vom 28. April für die Nachwelt aufbewahren: «Nachdem der Grossdeutsche Freiheitskrieg (1939–1941) sich geschichtsnotwendig als der Europäische Einigungskrieg erwiesen hatte ... musste der Europäische Einigungskrieg unter dem Zwang ewiger geschichtlicher Gesetze in den Europäischen Freiheitskrieg münden, der nun zusammen mit dem Grossostasiatischen Freiheitskrieg zu dem lodernden Brand des zweiten Weltkrieges zusammengeschlagen ist.»

Ein revolutionärer, fast jakobinischer Ton geht durch die ganze Achsenpresse. «Der *europäische Revolutionskrieg*» ist der Titel des Leitartikels in der letzten Nummer der Zeitschrift «Berlin-Rom-Tokio», und der Verfasser proklamiert: «Wir sind *angetreten* als die zum Kriege gezwungene revolutionäre Opposition gegen die ungerechte überlebte Herrschaftsform Europas. Und wir können nur siegreich aus diesem Kriege, besser: aus dieser Revolution hervorgehen, weil es in Revolutionen keinen Kompromiss gibt. Es gibt nur Sieg oder Untergang der revolutionären Partei ... Mit Adolf Hitler marschieren die europäischen Völker. Die *Barrikaden der Revolution* Europas sind die gewaltigen Dimensionen des modernen Krieges zu Lande, in der Luft und auf den Meeren ... Wir werden siegen und ein glückliches Europa erkämpfen.»

Doch besteht die Gefahr, dass einige europäische Völker die Parole des «Freiheits- und Revolutionskrieges» missverstehen. Bei seiner *europäischen Heerschau im Führerhauptquartier* empfing Hitler dem Range nach die Chefs der Regierungen des neuen Europa: König Boris, Mussolini, Antonescu, Horthy, Quisling, Tiso, Pawelitsch und zuletzt noch Laval.[100] Unglücklicherweise sind einige dieser Männer nicht die Vertreter ihrer Völker gegenüber Deutschland, sondern die Vertreter der deutschen Herrschaft gegenüber ihren Völkern, und ihre Namen haben in der neuesten europäischen Geschichte einen ganz besonderen Klang; nicht alle jedenfalls kamen, um ihre Unterstützung anzubieten, sondern viel mehr, um Unterstützung zu suchen. Die «Festung Europa» wäre zweifellos stärker, wenn sie nicht so viele Insassen mitverteidigen müsste, die sich mit Händen und Füssen gegen ihre «Verteidiger» verteidigen. «Schon jetzt», schreibt der schon zitierte Michel Herbert Mann, «ist die groteske Lage eingetreten, dass England im grosseuropäischen Abwehrkampf gegen die USA und die Sowjetunion mitverteidigt wird, ob es das erkennt oder nicht!» Aber «ob es das erkennt oder nicht», und ob all die von der Achse überrannten Länder ihre «Schicksalsgemeinschaft» mit Deutschland anerkennen oder nicht, ist gerade zur entscheidenden Frage des Krieges geworden. Würden die Kräfte Europas sich nicht gegenseitig aufreiben und zerstören, so wäre diese «Festung» tatsächlich uneinnehmbar. Die neue «Sinngebung» des Krieges, die seit einiger Zeit durch die Achsenpresse geht, lässt Europa als eine Stätte des Wahnsinns erscheinen, deren Bewohner sich gegen ihre eigenen Beschützer auflehnen. «Tausende mussten *sinnlos* fallen, zahlreiche Ortschaften, Städte und Dörfer, mussten die Schrecken eines bolschewistischen Regimes erfahren, bis der deutsche Soldat und seine Verbündeten eingriffen und die Ruhe wieder herstellten», berichten die «Münchener Neuesten Nachrichten» in einem Artikel über den Kampf der Serben gegen die deutsche Herrschaft: «Die in Bosnien gebrachten Opfer wiegen nicht geringer als die an den kriegsentscheidenden Fronten.» Sie wiegen tatsächlich viel, viel schwerer; denn nicht wegen der Stärke oder Bosheit seiner äusseren Feinde, sondern weil seine Zwangsinsassen sich dagegen auflehnen, ist das «neue Europa» eine blosse Parole geblieben, die auch nur genauer zu definieren bisher keiner seiner Beherrscher fähig war.

Solange alles frisch vorwärtsging, gab es nicht viel zu überlegen; der Blitzkrieg rechtfertigte sich selbst, indem er Erfolg hatte, und überdies sollte er ja morgen beendigt sein. Siege braucht man nicht zu begründen. Inzwischen ist für die Achsenmächte die Zeit des Stillstandes, der Rückschläge und der Opfer gekommen. Opfer muss man begründen. «Wer gewinnt den Krieg?» fragte der neue faschistische Parteisekretär Scorza diesen Mittwoch die faschistischen Parteiführer Italiens, die in Rom tagen, und antwortete: «Er wird von *dem* Volke gewonnen, das ... *den andern Völkern ein politisches Prinzip geben* kann, auf dessen Grundlage das Gedeihen jedes und aller aufgebaut werden kann.» Ein schöner und wahrer Satz! Aber hat nicht Mussolini selbst den Grundsatz formuliert, dass der Faschismus «kein Exportartikel» sei? Die politischen Doktrinen der «totalitären Mächte» schliessen ja grundsätzlich die Anerkennung eines übernationalen, für alle Völker gültigen Prinzips aus, und die seit einigen Jahren auch vom offiziellen Italien übernommene Theorie der Herrenrasse lässt sich niemals andern, «minderwertigen» Völkern als Grundlage eines friedlichen Zusammenlebens zumuten, sondern bestenfalls als Joch aufzwingen. Ein Herrschaftsanspruch kann eben nur in Form militärischer Eroberung «exportiert» werden, und die Grenze seiner Brachialgewalt ist auch die Grenze seiner Gültigkeit. Über diesem ganzen zweifellos ernst gemeinten Versuch einer «Sinngebung» liegt die Tragik des falschen Ausgangspunktes. Es ist zu spät, dem Krieg ein Programm zu geben: da er ohne Programm begonnen wurde, hat er es sich selbst gegeben. Es ist ein Programm der nackten Notwehr, das keine Perspektiven eröffnet; hat der Kampf einmal begonnen, so «wehren» sich beide. «Verteidigungskrieg», «Freiheitskrieg», «Revolutionskrieg» – sagen das nicht die Engländer und Russen so gut wie die Deutschen, und sagen es nicht die unterdrückten Völker mit noch mehr Recht als die offiziellen Kriegführenden? Die Interpretation und die Beurteilung des Gegners ist in beiden Lagern oft zum Verwechseln ähnlich geworden. «Kann es etwas Bedrohlicheres für die Menschheit geben als eine derart stumpfe Millionenmasse ..., die sich in den Händen weniger Fanatiker zu allem missbrauchen lässt?» – Dieser Satz könnte in einer alliierten Zeitung ebensogut stehen wie in der «Frankfurter Zeitung», wo er auf die russische Armee gemünzt ist, und die Anklage desselben Blattes gegen die englisch-amerikanischen Luftangriffe: «Diejenigen, die diese Verbrechen befohlen haben, und diejenigen, die sie ausführten, sind ebenso schuldig wie die Völker, die sie billigen», könnte ebensogut ein Zitat aus einer Rede Lord Vansittarts über die deutschen Massnahmen im besetzten Europa sein. Jeder Versuch einer «Sinngebung» dieses Krieges führt nur dazu, ihn doppelt sinnlos erscheinen zu lassen. «Deshalb gibt es für uns nur eine Parole: dem Führer blindlings zu folgen», proklamiert Dr. Ley in seinem Aufruf zum Reichsappell der Deutschen Arbeitsfront.[101]

Die Müdigkeit der Völker ist mit Händen greifbar geworden. In seinem Aufruf zum 1. Mai erklärte Ley: «Ich bin zutiefst überzeugt, dass die Leistungsreserven des deutschen Volkes nie abgeschöpft werden.» Doch auf der Tagung der Reichsarbeitskammer, die wenige Tage später in Berlin stattfand, beantwortete Dr. Ley die Frage nach der zweckmässigsten Arbeitszeit mit einem Bekenntnis zum Achtstundentag, weil die seit Kriegsbeginn durchgeführte Steigerung der Arbeitszeit zu keiner Erhöhung der Arbeitsleistungen mehr führe und ein Teil der Arbeiter einfach «schlapp mache». Nach einem Berliner Bericht der «Basler Nachrichten» wird nun in Deutschland «geradezu als allgemein aufstellbare Regel erkannt, dass jetzt in deutschen Werken in zehn Stunden nicht mehr geleistet werde als in acht Stunden», so dass «die Abkehr von der mehr als acht Stunden betragenden Arbeitszeit unter dem Zwang der Erkenntnisse aus der Praxis bereits de facto begonnen worden ist». Bei den in Deutschland «eingesetzten» ausländischen Arbeitern, deren Delegationen Dr. Ley bei seinem Reichsappell ebenfalls empfing, sind es noch andere Faktoren als Müdigkeit und Unterernährung, welche die Arbeitsleistung senken. Es ist deshalb verständlich, dass Dr. Ley das Schicksal, das Europa und besonders Deutschland im Fall eines Sieges der «bolschewistischen Hunnen» und der «kapitalistischen Anglo-Barbaren» bevorsteht, in den blutrünstigsten Farben ausmalte. Selbst wo alle anderen Energien erschlaffen, kann die Angst noch die Menschen weitertreiben. Die Leichen im Wald von Katyn sind Treibstoff der «europäischen Abwehrfront»; selbst ein zu Boden getretenes Volk wie das polnische soll dazu gebracht werden, wenigstens aus Angst die Kriegsanstrengung der Achse zu unterstützen. Und an die Tschechen wendet sich der deutsche Reichsprotektor Frank mit der Warnung: «Fast alle Tschechen haben die Hand zum deutschen Gruss erhoben. Der Geschäftsmann und die Marktfrau haben in deutscher Sprache an deutsche Kunden Waren verkauft. Kaum einer wäre da ohne Belastung. Die paar Benesch[102]-Freunde im Lande würden sie alle denunzieren. Keiner wäre vor dem andern mehr sicher.» Ein Beispiel für die Wirksamkeit solcher Propaganda gab vor einigen Wochen die deutsche Presse in ihren apokalyptischen Schilderungen der Massenflucht jener Bewohner des Kaukasus, die unter dem Zwang des Hungers für die Deutschen gearbeitet hatten und nun aus Furcht vor einer blutigen Rache der zurückkehrenden Russen sich verzweifelt dem deutschen Rückzug anschlossen. Im Kreis gehetzt zwischen dem Grauen der Wirklichkeit und den Schreckbildern der Angst gehen die Völker der «europäischen Schicksalsgemeinschaft» in den Sommer der Entscheidungen. Die Zeit ist reif für alle Katastrophen geworden.

15. Mai 1943

Kapitulation der Achsentruppen in Tunesien. Giraud und de Gaulle

Die Engländer, die vor nun bald drei Jahren den Krieg verloren und es immer noch nicht merken, haben ihre aussichtslosen Positionen um *Bizerta* und *Tunis* erweitert, und die Fronten «Grosseuropas» gegen die Alliierten sind nun mit den Küsten Europas ohne Vorzeichen, «Kleineuropas» sozusagen, identisch. Offenbar ist diese letzte und radikalste «Frontbegradigung» sogar in Deutschland etwas überraschend gekommen. Noch am 5. Mai, nach der Aufgabe von Mateur, wurde in Berlin in Ergänzung zum Heeresbericht offiziell mitgeteilt: «Durch das Beziehen der neuen Linie, die dem Feind zunächst verborgen blieb, ergibt sich als Vorteil für die kommenden Kämpfe, dass den Gegnern die zum Angriff notwendige räumliche Breite genomen ist …, so dass seine langwierigen Angriffsvorbereitungen nutzlos wurden und ein neuer, zeitraubender Aufmarsch notwendig wird»; und noch am 8. Mai schrieb die «Frankfurter Zeitung», es sei «eine Frage zweiten Ranges geworden, wie gross der Umfang des zu haltenden Brückenkopfes zu bemessen sei», weil dessen Verkleinerung «nicht nur dem Angreifer, sondern auch dem Verteidiger zugute kam»; einige Tage später aber machte dasselbe Blatt seinen Lesern klar, dass gerade durch diese Zusammendrängung der Verteidiger auf engem Raum den Alliierten «die Möglichkeit zur Generaloffensive» gegeben worden sei. Selbstverständlich ist diese Variante richtig: das grosszügige, strategisch phantasievolle Spiel mit dem Raum, für das die afrikanische Wüste der ideale Tummelplatz war, musste in dem Augenblick zu Ende gehen, in dem kein Raum mehr da war; an der Grenze des Nullpunktes entscheidet schliesslich auch für den dynamischsten Verächter alles Quantitativen bloss noch die Quantität über Existenz oder Nichtexistenz. Die Geistlosigkeit dieser Tatsache hat wohl für jeden, der sich einmal von der Grenzenlosigkeit der «Umwälzung aller militärischen Begriffe» und vom «Sieg des Elans über die Substanz» begeistern liess, etwas geradezu Beleidigendes; denn obwohl, wie der «Völkische Beobachter» in seinem Epilog zur Schlacht abschätzig feststellt, «in Afrika vom Feinde keine militärischen Glanzleistungen vollbracht, sondern die geistlosen Materialschlachten des ersten Weltkrieges nachgeahmt worden» sind, ist die Niederlage in Afrika so total wie nur möglich.[103]

Nun wird allerdings in den offiziellen und offiziösen Schlussbetrachtungen der Achse mitgeteilt, dass die deutsch-italienischen Truppen zum vornherein nicht nach Tunesien übergesetzt worden seien, um irgendeinen Raum zu halten, sondern nur «mit der Aufgabe der Verzögerung». Kampf um Zeitgewinn – das war auch die Erklärung für die Opferung der Stalingrad-Armee gewesen. Der Zeitgewinn in Stalingrad hat über 300 000 Mann gekostet, der Zeitgewinn in Tunesien eine nicht viel geringere Zahl ausgesuchter Elitetruppen. *Zeitgewinn wofür?* Als England nach dem Verlust seiner Festlandposition unter dem Hohngelächter seiner Gegner um des Zeitgewinns willen Niederlage auf Niederlage auf sich nahm, wusste es, dass hinter ihm eine ganze Welt sich für den Krieg zu organisieren begann; jeder Tag, der ohne die totale Niederlage verstrich, verschob die Chancen des Krieges zugunsten der entstehenden Koalition; ohne dieses Bewusstsein, und bloss um die Niederlage hinauszuschieben, hätte das englische Volk die Leiden des Winters 1940/41 nicht ertragen. Worin sich dieses Gefälle im Kräfteverhältnis der Kriegsparteien geändert oder gar umgekehrt hätte, ist nicht ersichtlich. «Zeit» an sich aber lässt sich überhaupt nicht gewinnen; sie ist im Augenblick, in dem ihr «Gewinn» registriert wird, bereits vorbei, und übrig bleibt das Nettodefizit der um ihres Gewinns willen getragenen Verluste. Die Achsentruppen in Tunesien wie in Stalingrad haben sich unter unmenschlichen Leiden und Anstrengungen in aussichtsloser Situation geschlagen. Aber vielleicht hat sich die Erkenntnis, dass sie um blossen «Zeitgewinn» bewusst auf verlorenem Posten geopfert wurden, bei den Afrikakämpfern verbreitet, noch ehe sie in der deutschen und italienischen Presse publik gemacht wurde, und hat verhindert, dass dieser Kampf, der nur noch ein Niedermetzeln gewesen wäre, gemäss den offiziellen Parolen «bis zur letzten Patrone» und «bis zum letzten Mann» weitergeführt wurde. Nur so lässt sich die überraschend schnelle Kapitulation erklären. Cap Bon[104] ist kein Dünkirchen geworden – die italienische Flotte ist überhaupt nicht aufgetaucht –, aber auch kein Stalingrad. Die zweite Generalprobe auf das Programm, «bis fünf Minuten nach zwölf» weiterzukämpfen, ist negativ ausgefallen.

Zufällig haben sich gerade in der Schlussphase des Kampfes um Tunis die *Gedenktage* gehäuft: der dritte Jahrestag des deutschen Einmarsches in Belgien und Holland, der dritte Jahrestag des Kabinettes Churchill, der Gedenktag der Jeanne d'Arc, unter deren Zeichen die «France combattante» kämpft; und vor allem fiel der Verlust des tunesischen Ersatz-Imperiums auf den «Tag des Impero», an dem vor sieben Jahren Mussolini nach der Eroberung Abessiniens das neue italienische

Imperium ausrufen liess. Und notgedrungen «wenden sich die Gedanken der Italiener heute dem ideellen Element zu, das in dem Wort und Begriff Imperium liegt», lässt sich die «Frankfurter Zeitung» am 9. Mai aus Rom melden. So konnte denn auch General Teruzzi bei der Feier des Impero kühn feststellen: «Denen, die heute behaupten wollen, dass wir das Imperium verloren haben, antworten wir, dass wir nichts verloren haben.» Denn das alliierte Vorgehen in Afrika unter dem Vorwand einer Befreiungsaktion sei «eine glatte Lüge. Afrika gehört Europa, und das Mittelmeer ist das mare nostrum. Der Verlust Libyens beweist eindeutig, wie hassenswert und untragbar Englands Herrschaft in einem Meer ist, das nicht ihm, sondern uns gehört». Ein Feind, der siegt, und gar noch dank materieller Übermacht, ist freilich besonders verabscheuenswürdig. Aber wie fern sind wir hier von jener «Realpolitik» und jenem Pochen auf die «Macht der Tatsachen», mit dem einst die Achsenmächte ein Land nach dem andern überrannten, und wie nahe schon dem «messerscharf» moralischen Denken jenes arglosen Fussgängers bei Christian Morgenstern, der auf einer für Automobile verbotenen Strasse von einem Automobil zu Tode gefahren wurde, aber nach einiger Überlegung beruhigt wieder aufstand, weil «nicht sein *kann*, was nicht sein *darf*». Aber, stellt die «Frankfurter Zeitung» am gleichen 9. Mai aus tiefer Erfahrung fest, «die Welt ist nicht so eingerichtet, dass moralisch verwerfliche Akte den Aufstieg zu Macht verhindern».[105]

Auch *Girauds* Siegesparade in Algier war trotz Clairons und Trikoloren nicht ungetrübt; er konnte *de Gaulle* in seinem Triumphzug nicht mitführen, wie es im Programm längst festgelegt war, weil dieser sich immer noch weigert, durch die Hintertür eines marokkanischen Nestes zu Giraud überzulaufen. Die Hartnäckigkeit de Gaulles, die allmählich allen Alliierten auf die Nerven fällt, hat freilich mit dieser Frage des Zeremoniells nichts zu tun; in dem Moment, in dem er das als besonders demokratisch drapierte Programm Girauds – und Peyroutons! – annähme, nach dem «erst ein befreites Frankreich selbst sich eine Regierung geben kann» und Frankreich deshalb bis zu seiner «völligen Befreiung» und bis zur «Wiederherstellung der Ordnung» der Militärdiktatur der nordafrikanischen Generalsjunta mit 500 000 Spahis, Fremdenlegionären und Senegalesen unterworfen werden müsse, wäre er nicht mehr der Führer der in Frankreich selbst kämpfenden Opposition, sondern eben nur noch Flügeladjutant Girauds, ganz gleich, auf wie hohen Posten ihn dieser dann setzen würde. Entweder vertritt de Gaulle die illegale Bewegung in Frankreich, die sich mit einem nordafrikanischen Besatzungsregime und einer Peyroutonschen «Wiederherstellung der Ordnung» ebensowenig abfinden wird wie mit dem deutschen Besatzungsregime und der deutschen Ordnung, oder er ist nichts mehr als ein höherer Offizier, der von einer politischen Extratour reumütig unter die Fittiche seines Oberkommandierenden zurückkehrt. An dem unreduzierbaren Gegensatz dessen, was sich ein Peyrouton in Algier und was sich ein rebellierender Arbeiter in Paris unter der «Befreiung Frankreichs» vorstellen, wäre damit nichts geändert. Es hat seine guten Gründe, dass Giraud de Gaulle nicht vor seiner Unterwerfung nach Algier zulassen wollte; denn vor kurzem hat selbst der gewiss des Radikalismus unverdächtige algerische Generalrat «entsprechend den Einrichtungen der Republik und den grundlegenden Traditionen Frankreichs» eine Resolution angenommen, die folgende Forderungen enthält: «1. die Trennung der legislativen und der exekutiven Gewalt; 2. die Schaffung einer Zentralgewalt, die mit dem Oberkommando der Armee nicht identisch ist; 3. die Schaffung einer Kontrollstelle» und damit die angeblich so undemokratische Forderung de Gaulles auf Schaffung eines politischen Parlamentes und einer provisorischen Regierung schon in der Emigration. Der Bei von Tunis[106], der wohlbehalten mit «Hofdamen» und Palastgarde hinter der zusammengebrochenen deutschen Front vorgefunden wurde und sogleich mit ausgesuchter Höflichkeit seine höchsten Orden an die Sieger zu verteilen begann, wird sich freilich ohne Zögern General Giraud anschliessen, aber von dreihundertvierzehn französischen Offizieren und Soldaten, die gegen den Befehl Vichys den Achsentruppen in Tunesien Widerstand leisteten und nun in Sousse aus der deutschen Gefangenschaft befreit wurden, haben sich dreihundert dem «Kämpfenden Frankreich» de Gaulles angeschlossen. Die Karte des Triumphes, den «Giraud l'africain» nach der Eroberung Tunesiens feiern könnte und an dem de Gaulle nur unter Annahme von Girauds Bedingungen teilnehmen dürfte, ist ausgespielt und hat nicht «gestochen»; und nun rückt gerade durch die Beendigung des tunesischen Feldzuges mit der Invasion Europas auch Frankreich selbst in den Vordergrund, dessen kämpfende Gruppen die Führung des Nationalkomitees in London anerkennen.

Aber dass es vor dem Griff in diesen siedenden und gärenden Kontinent zwischen Churchill und Roosevelt noch einiges zu beraten gibt, ist begreiflich genug. Der von General *Franco* nun höchstoffiziell angemeldete Friedensappell am Tag nach dem Zusammenbruch des «Brückenkopfes Afrika» war nichts anderes als eine Warnung, dass dieser Zugriff der Auslösung einer Explosion gleichkäme; ein sofortiger Friedensschluss sei notwendig, «um die westliche Zivilisation vor der Bedrohung durch den Bolschewismus zu bewahren». Spanien weiss, was Franco unter Bolschewismus versteht. «Friedensappell» ist übrigens eine zweifelhafte Bezeichnung für eine Rede, die vielmehr ein Aufruf zum Weltkrieg gegen den «Weltfeind» war: «Diese Barbaren» – die Russen in einem Topf mit den spanischen Republikanern, den «Linken» jeder Art und zweifellos auch den Gaullisten – «versuchen unter der Führung des blutdürstigsten Diktators, den es je gegeben hat, vom Osten Europas nach Westen durchzudringen.» Aber Francos Erkenntnis der «Sinnlosigkeit» nicht des Krieges überhaupt, sondern *dieses* Krieges in seiner jetzigen Konstellation, kommt reichlich spät; selbst der Vatikan, auf den er sich so ausdrücklich berief, hat mit eisigem Schweigen geantwortet. Dass der Gegner auf Sprengstoff sitze, hat die Alliierten in den Vorkriegsjahren zu Kapitulationen und in der «drôle de guerre» zur Passivität bis an die Grenze des Selbstmordes veranlasst, und der Explosionsherd ist dadurch nur grösser geworden. Es ist zu spät, das Spiel neu zu beginnen.

22. Mai 1943

Abbruch der diplomatischen Beziehungen zwischen der tschechoslowakischen und der polnischen Exilregierung. Sprengung der Talsperren des Ruhrgebiets

Der Bei von Tunis ist also trotz freigiebigster Ordensverleihungen nicht in die Freiheitsbewegung General Girauds aufgenommen worden; Giraud hat ihn kurzerhand zugunsten seines nächstältesten Verwandten abgesetzt und aus Tunesien «entfernt». So wäre nun also, wie in Algier, London und Washington verkündet wird, «Afrika von Faschisten und Nationalsozialisten gesäubert». «Wenigstens ein Erdteil für immer von der faschistischen und nationalsozialistischen Gewaltherrschaft befreit!» proklamiert Churchill vor dem amerikanischen Kongress. Und auf allen Paraden Nordafrikas schmettert die Marseillaise: «Liberté, liberté chérie, combats avec tes défenseurs!» Als die Vichy-Regierung noch über Kolonien verfügte, äusserte der «Temps» einmal Bedenken: ob es nicht besser wäre, die Marseillaise in den Kolonien abzuschaffen oder wenigstens ihren Text für die Eingeborenen umzudichten, da die aufreizenden Worte des Liedes von diesen weniger zivilisierten Menschen leicht «allzu konkret» verstanden werden könnten. Aber diese ungewohnte Empfindsamkeit kam zweifellos daher, dass man im Mutterland selbst das Revolutionslied nur noch mit gemischten Gefühlen und am liebsten ohne Text anhörte. Seit die Kolonialstatthalter und Kolonialgeneräle zur Befreiung des Mutterlandes aufgebrochen sind, sagen sie «Afrika» und «Freiheit» wieder ebenso leicht im gleichen Atemzug wie einst «Christentum» und «Kattun»[107], und ebenso leicht, wie die Propagandisten von Berlin den «europäischen Freiheits- und Revolutionskrieg» predigen. Die nun abgeschlossene Phase der alliierten Kriegführung war ein *Kolonialkrieg*, und der Bei von Tunis war ein Kolonialfürst, der versehentlich, unter dem Befehl seines zuständigen Gouverneurs, seinen Bückling vor den falschen Herren gemacht hat; wie sollte er sich auch in den Legitimitäten auskennen, über die sogar die Sieger noch nicht Klarheit schaffen konnten? Die Probleme aber, die der europäische *«Freiheitskrieg»* aufwerfen wird, sind überhaupt noch nicht angeschnitten.

Zwei weitere Mitglieder der «Vereinigten Nationen» haben ihre Beziehungen «suspendiert»: *die tschechoslowakische und die polnische Exilregierung.* Dabei erfährt man, dass die polnische Regierung immer noch an ihrer Beute aus dem Münchener Abkommen mit Hitler, dem damals der Tschechoslowakei entrissenen Teschener Bezirk, festhält und somit auf den Ertrag ihrer einstigen Freundschaft mit dem Dritten Reich ebensowenig verzichten will wie die Sowjetunion gegenüber Polen. Die Geistesverfassung dieser status-quo-Politik hat etwas Beängstigendes; alle abgeschiedenen Gespenster des europäischen Vorkriegsmarasmus möchten siegreich wieder in den Trümmerhaufen ihrer einstigen «Realpolitik» zurückkehren. Neben dem Verhältnis zu Ungarn, das sich nach München besonders ausgiebig auf Kosten der Tschechoslowakei bereicherte und zu dem die polnische Regierung ebenso wie zu Italien ihre «normalen Beziehungen» aufrechterhält, ist zweifellos der russisch-polnische Konflikt die Hauptursache des Verhandlungsabbruches; denn die tschechoslowakische Regierung betrachtet, wie es in ihrem Exposé heisst, die «engste Zusammenarbeit mit England, Amerika, Russland und einem wiedererrichteten starken Frankreich» als Grundlage des europäischen Wiederaufbaues. Damit ist zum erstenmal seit der «Befreiung» Nordafrikas Frankreich wieder in einem alliierten Dokument als europäische Grossmacht genannt. Vermutlich wird *Benesch* auf seinem Staatsbesuch in Amerika, der den wachsenden Einfluss dieses letzten überlebenden Politikers von europäischem Format erkennen lässt, den Amerikanern einige Komplikationen der «Befreiung Europas» beizubringen versuchen, die sie kennen müssten, bevor ihre in Oklahoma und Kansas City ausgebildeten Besatzungsbeamten die alte Welt wieder «einzurenken» versuchen. In einer Erklärung vor Kongressmitgliedern sagte Benesch voraus, dass die Invasion Europas unvermeidlich Aufstände in den besetzten Gebieten auslösen werde und dass «keine faschistische Regierung diesen Krieg überleben» werde. Nun beruhen die Missverständnisse zwischen den «Vereinten Nationen» zum Teil gerade darauf, dass die einen als «Faschismus» einfach die momentane Regierungsform der Länder bezeichnen, mit denen sie sich im Kriege befinden, während andere und besonders die Sowjetunion darunter eine soziale Erscheinung verstehen, die keine geographischen Grenzen kennt. Die polnische Regierung hat die russische Behauptung, polnische Diplomaten und Offiziere hätten in Russland Spionage «für den Feind» betrieben, für derart absurd erklärt, dass eine Antwort gar nicht nötig sei, und wirklich würde die Behauptung, die polnische Regierung arbeite mit Deutschland zusammen, peinlich an die monströsen Schauerkonstruktionen der Moskauer Schauprozesse erinnern; aber die russische Regierung hat nie definiert, für *welches* Land diese Spionage betrieben worden sei – vielleicht für einige der «Vereinten Nationen» oder einfach für die polnische Regierung selber. Auch die Anschuldigungen gegen Michailowitsch und die offizielle Erklärung, dass Russland sich faktisch im Kriegszustand mit Spanien befinde, zeigen diese russische Konzeption des «Faschismus», die sich nicht mit der gegenwärtigen Konstellation der Kriegführenden deckt. «Niemand kann sagen, welche neuen Verwicklungen und welche neuen Gefahren in fünf weiteren Kriegsjahren entstehen könnten, und es dürfte jetzt die Haupthoffnung Deutschlands und Italiens sein, dass der Krieg so lange dauert, bis die Demokratien seiner überdrüssig oder untereinander uneinig sind», erklärte Churchill vor dem Kongress, als er vor der «Gefahr einer unnötigen *Verlängerung des Krieges*» warnte – einer Gefahr, die für einige einflussreiche Amerikaner, deren riesige neue Rüstungsfabriken eben erst anlaufen und zur Amortisation noch einige Kriegsjahre brauchen können, vielleicht etwas Verlockendes hat.[108]

Unterdessen soll Europa durch den doppelten Ansturm der *Bombenflugzeuge* und des *Nervenkrieges* sturmreif gemacht werden. Wieder, wie vor dem Beginn der alliierten Offensiven im letzten Herbst, wird alles an Gerüchten und Tendenznachrichten aufgeboten, was die Lage verwirren und den nächsten Vorstoss verschleiern kann. Der Nervenkrieg ist stets das Instrument der Partei, die über die Initiative verfügt, gegen den Verteidiger, der auf den Angriff warten und überall bereit sein muss; und diese erfolgreiche Waffe, die in den ersten Kriegsjahren von Deutschland so souverän angewandt wurde, ist nun in den Händen der Alliierten. Die zermürbende Wirkung des Wartens und Rätselratens um die nächste feindliche Aktion wird wirksam unterstützt durch den Vernichtungskrieg der alliierten Luftangriffe, die an allen Fronten eine nie gekannte Intensität erreicht haben und mit der Sprengung der Talsperren des Ruhrgebietes den Charakter des «totalen Krieges» als Attentat auf alle Leistungen menschlichen Fortschrittes besonders grausam beleuchtet haben. «Es herrscht geteilte Meinung darüber, ob der Einsatz der Luftmacht allein den Zusammenbruch Deutschlands und Italiens herbeiführen könne», sagte Churchill in seiner Kongressrede. «Dieses Experiment ist wohl wert, versucht zu werden, solange auch andere Massnahmen nicht ausgeschlossen sind.» Die mangelhafte Übermittlung des Wortlautes lässt nicht erkennen, ob Churchill dieses «Experiment» tatsächlich für wünschenswert hält. Es würde zweifellos die spätere Invasion vereinfachen; denn das Europa, das dann übrigbliebe, böte keine Probleme mehr. Es wäre das geeignete Experimentierfeld jener Art von Politikern, die soeben in England einen Propagandafeldzug für den «Friedensplan» einer Gruppe von Parlamentariern unter dem Vorsitz des Right Honourable MP Milne eröffnet haben, der in vierzehn Punkten die «Vernichtung des Preussengeistes» vorsieht: Besetzung Deutschlands auf unbestimmte Zeit, Entwaffnung und Verbot für alle Deutschen, militärische oder paramilitärische Funktionen auszuüben, Abbau des deutschen Kriegspotentials – wobei nicht gesagt wird, ob nach der einstigen These Barthous das ganze Wirtschaftspotential zum Kriegspotential gehört –, Verbot der Flugzeugproduktion und der Zivilluftfahrt, Verbot von Privatanleihen deutscher Firmen und aller «inflationfördernden Massnahmen», Überwachung von Presse, Radio, Propaganda und der Schulpläne durch interalliierte Kommissionen, Abtrennung des Rheinlandes und Westfalens von Preussen als selbständiger deutscher Bundesstaat, Abtrennung Ostpreussens als «Hauptquartier der Junker» von Deutschland überhaupt und Abbeförderung der dort lebenden Deutschen. Der letzte Punkt ist besonders bezeichnend für den Geist dieses Projektes: der Gedanke einer sozialen Umgestaltung, die den versteinerten feudalen Grundbesitz Ostpreussens aufheben würde, hat diese Köpfe überhaupt nie durchquert; statt dessen müsste mit den paar Dutzend Feudalherren die ganze Bevölkerung Ostpreussens ausgesiedelt werden, um das «Hauptquartier der Junker» auszuräumen. Genau so beurteilt bekanntlich die polnische Regierung die «Volkszugehörigkeit» ihrer Ostgebiete und Ungarn diejenige Siebenbürgens nach der Volkszugehörigkeit einer dünnen Oberschicht von Gutsbesitzern. Die deutsche Propaganda wird nicht verfehlen, diesen «Friedensplan», mit dem die britische Regierung nichts zu tun hat, der aber die Ideen einflussreicher Kreise im alliierten Lager wiedergibt, mit allen Mitteln zu verbreiten; er ist ein Dokument jener politischen und sozialen Blindheit, die diesen ganzen Krieg hochzüchtete und deren Repräsentant im englischen Lager Lord Vansittart ist, der sich von der grauen Eminenz Neville Chamberlains zum priesterlichen Ankläger des «preussischen Militarismus» durchgemausert hat, seit Chamberlains «peace for our time» an der falschen Stelle explodiert ist. *Diese* Haltung, und nicht die paar Überlebenden des Chamberlain-Kreises, die immer noch auf die deutsche Karte setzen, repräsentiert heute den «Geist von München», der in neuer Verkleidung den nächsten Weltkrieg vorbereiten möchte.[109]

29. Mai 1943

Auflösung der Dritten Internationale (Komintern)

Im «Daily Mail» erschien eine Karikatur auf das Begräbnis der *Dritten Internationale:* ein Sarg mit der Aufschrift «Komintern» wird schmucklos abtransportiert, und als einziger Trauernder folgt dem Leichenwagen der deutsche Propagandaminister Dr. Goebbels. Karikaturen haben das Recht, leichtfertig zu sein. Dr. Goebbels wäre demnach der einzige, für den die Komintern nicht, wie es im Moskauer Auflösungsbeschluss so schön heisst, «ihre Aufgabe erfüllt» hat: als schreckliche Kulisse die Notwendigkeit eines unter den Fittichen der Achse geeinten «neuen Europa» um so heller hervortreten zu lassen und als gemeinsames Objekt des Hasses den Antikominternpakt zusammenzuhalten, der schliesslich ohne Komintern seine Zugkraft ebenso verlieren müsste wie der Antisemitismus, wenn der letzte Jude ausgerottet ist. Aber was ist denn die Aufgabe, welche die Komintern *erfüllt* hat? Nicht der hochbefriedigte Wortlaut des Auflösungsbeschlusses, wohl aber die Tatsache dieses Beschlusses selbst gibt darauf Antwort: sie hat die Aufgabe, die revolutionären Bewegungen der Zwischenkriegszeit zu subalternen und willenlosen Werkzeugen der russischen Aussenpolitik zu machen, derart vollständig erfüllt, dass ein Wink des Kremls und die Unterschrift einiger obskurer Funktionäre genügt, um die «Avantgarde der Weltrevolution» sang- und klanglos ad acta zu legen.[110]

Es gab in der Terminologie der Komintern kein beliebteres Wort als *«Dialektik»*. Dialektik war das Abrakadabra, in dem sich nicht nur alle Widersprüche auflösten, sondern in dem sich bequemerweise auch alle Widersprüche gleichzeitig aufrechterhalten liessen. «Dialektisch» ergab sich aus jeder Niederlage der kommunistischen Parteien sonnenklar die geniale Weisheit der befolgten Politik – denn wenn diese Politik nicht richtig gewesen wäre, so hätten die Gegner doch die Kommunisten nicht niedergeschlagen. «Dialektik» war das listige Blinzeln bei jeder offiziellen Parole, das den Eingeweihten zu verstehen gab, dass ja eigentlich das Gegenteil gemeint sei, aber den «Massen» müsse man es eben so sagen ... Und da die russische Diplomatie verschlungene Wege ging, war die Anwendung solcher «Dialektik» täglich vonnöten, um jede Schwenkung der russischen Aussenpolitik als «neue Phase der proletarischen Revolution» aus der alten abzuleiten und in die Innenpolitik aller Länder von Patagonien bis Grönland zu übersetzen: vom erbitterten Kampf gegen den «stinkenden Leichnam der Sozialdemokratie», wobei nur die Dialektik die Notwendigkeit des Kampfes gegen einen Leichnam erklären konnte, zur «Volksfront» mit eben diesem Leichnam; von der «Volksfront gegen den Hitlerfaschismus», deren einziges Ziel die Errichtung einer Koalition gegen die totalitären Länder war und der alle eigentlich revolutionären Ziele geopfert wurden, zum russisch-deutschen Pakt, der niemanden furchtbarer überraschte als die kommunistischen «Führer» aller Länder und in dessen Namen wieder der «revolutionäre Defaitismus» proklamiert wurde; und schliesslich, als der deutsch-russische Pakt in Trümmer ging, die «nationale Einheitsfront in allen alliierten und unterjochten Ländern». Von «Säuberung» zu «Säuberung» wurden diejenigen ausgeschaltet, die bei dieser Akrobatik nicht mitkamen. Die Überlebenden boten dann wirklich jede Garantie, dass sie auch in Zukunft jeden beliebigen Kopfstand mitmachen würden. Die «Partei der Weltrevolution» wurde zum Verwaltungsapparat, und die «revolutionären Führer» hatten sich zu gefügigen Funktionären durchgemausert.

Aber die Komintern hatte *zu* gut gearbeitet. Es gibt eine *wirkliche Dialektik* der Geschichte, und sie hat den «Dialektikern» der Dritten Internationale ein Schnippchen geschlagen. Das Werkzeug war so gefügig geworden, so jedes eigenen Impulses beraubt, dass es für Russland wertlos wurde. Diese domestizierten und anpassungsfähigen «Revolutionäre» waren nicht einmal mehr zu Informationszwecken zu gebrauchen, und ihr sacrificium intellectus rächte sich an der Intelligenz. Herr Kuusinen[111] lieferte in Moskau Berichte ab, nach denen die Rote Armee in Finnland mit Blumen und Ehrenjungfrauen empfangen werden würde – weil das von ihm erwartet wurde; und die deutsche Parteileitung rapportierte, dass ganz Deutschland einschliesslich der nationalsozialistischen Partei «aussen braun, innen rot» sei – aber am 22. Juni 1941 marschierten die sieben Millionen ehemaligen kommunistischen Wähler so tapfer wie die ganze deutsche Armee gegen die Sowjetunion. Es lohnte sich nicht mehr, diesen Apparat zu unterhalten.

Es ist wohl möglich, dass auch der jetzige Auflösungsbeschluss nur «dialektisch», nur als momentanes Zugeständnis an die angelsächsischen Verbündeten der Sowjetunion gedacht ist; ein solcher Gedanke entspräche durchaus dem Geist der Kominternfunktionäre. Aber ob die Sekretäre es wollen oder nicht, *ihr Beschluss ist gültig*, weil er nur eine Tatsache registriert. Dass das subalterne Moskauer Büro, das nun auf dem Müllhaufen endet, einmal eine Weltbewegung war, bedeutet nicht, dass es nach Belieben wieder eine Weltbewegung werden kann. «Dieses Zugeständnis», so stellt selbst der «Pester Lloyd» fest, «bleibt politisch auch dann wirksam, wenn die Selbstauflösung nicht endgültig, sondern nur als vorübergehende, taktische Massnahme gemeint ist.»

«Aber», fährt das ungarische Blatt fort, «solange der Kommunismus als Macht und Lehre besteht – und *hieran hat der Moskauer Beschluss nichts geändert* –, bleibt er eine Gefahr für die national und europäisch gesinnten Völker.» Daran freilich *konnte* der Moskauer Beschluss nichts ändern. Er konnte die Domestizierung der Revolution in der Komintern abschaffen, nicht die Revolutionsgefahr selbst – über diese kann kein Büro in Moskau verfügen. Dr. Goebbels hat sich deshalb mit Recht geweigert, an dem Begräbnis der Dritten Internationale teilzunehmen; denn der Sarg, der da zu Grabe getragen werde, sei leer. Ganz leer ist er zwar nicht; es wird ein Popanz zu Grabe getragen, mit dem die deutsche Propaganda sehr wirksam zu operieren verstand. Fast wehmütig spricht eine DNB-Meldung aus Stockholm von «Lenin, Trotzki und Sinowjew, die so stark an Ideen interessiert waren, dass sie dabei die Forderungen der Wirklichkeit vergassen», während «Stalin diese nie vergessen» habe. Mit der Komintern fällt die bequeme Vorstellung dahin, dass die revolutionären Bewegungen und Stimmungen in Moskau gemacht werden und dass deshalb ein Kreuzzug gegen Moskau geeignet sei, die Revolutionsgefahr ein für allemal auszurotten. Aber gerade die Bedingungen, unter denen Europa zu diesem Kreuzzug mobilisiert wird – wirtschaftliche Aushungerung, nationale Unterdrückung, Zwangsarbeit, Massendeportationen, völlige Rechtlosigkeit jedes einzelnen und ganzer Völker – stampfen Revolutionäre geradezu aus dem Boden. Tschechische Priester, polnische Professoren, norwegische Lehrer und französische Offiziere sind in der deutschen Terminologie zu Kommunisten geworden – aber Moskau trägt keine Schuld daran. Nicht Stalin oder Thorez, sondern Gauleiter Sauckel hat die französischen Arbeiter, die sich vor der Verschickung nach Deutschland ins Maquis flüchteten, dazu gebracht, in die Illegalität zu gehen. Die Aufhebung der Komintern ist die Aufhebung einer optischen Täuschung. Der «totale Krieg» ist der wirksamste Schrittmacher der Revolution, und er wird immer totaler. Heute spüren ihn nicht mehr nur die besetzten Länder, sondern auch die Achsenmächte selbst. «Der Kampf wird schwer und erbittert sein, opfervoll und erfüllt von harten Entbehrungen», schreibt der Chefredaktor der «Münchener Neuesten Nachrichten», Franz Geistert, und in etwas selbstmörderischer Grammatik, aber im Sinn recht klar fährt er fort: «Der Einzelne wie die Gesamtheit werden von ihm bis zur äussersten Leistungsfähigkeit beansprucht werden. Er wird vielleicht zu Erscheinungen führen, die dem einen oder andern die Notwendigkeit zu bestehen zwecklos erscheinen und auf die Frage ‹Wozu das alles?› keine Antwort mehr finden lassen ...» Dass es solche «Einzelne» schon heute gibt, bestätigte der Badener Gauleiter Wagner in seiner Mannheimer Rede, in der er «Müdigkeitserscheinungen» innerhalb der NSDAP geisselte und eine «Säuberungsaktion» forderte: «Wir müssen erleben, dass es Menschen gibt, die unsere Kameradschaft nicht akzeptieren. Dies sind Feinde unseres nationalsozialistischen Staates. Sie demaskieren sich stets nach Niederlagen, die das Reich erleidet, und haben sich auch nach der Niederlage von Stalingrad demaskiert ... Sie sind Werkzeuge des Feindes und müssen der Polizei und dem Staatsanwalt übergeben und unschädlich gemacht werden.» Und die gleiche Antwort gibt im «Angriff» Dr. Ley denen, die «keine Antwort mehr finden»: «*Wer soll in Deutschland Opposition trei-*

ben, selbst wenn es solche Verrückte geben sollte? Wie wollen sie sich zusammenfinden, und wer sollte ihr Führer sein? ... Jeder ähnliche Wahnsinn würde sofort durch uns bis in die kleinste Verästelung vordringend erstickt werden.» Deutschland beginnt das gleiche «Gesicht des totalen Krieges» zu tragen wie das übrige Europa.[112]

Noch weniger ändert sich durch die Auflösung des Moskauer Büros *für die Alliierten Russlands*. Zwar legt die deutsche Presse grosses Gewicht auf die Enthüllung, dass Stalin die Komintern auf ausdrücklichen Wunsch Roosevelts aufgelöst habe; doch gleichzeitig stellt die «Deutsche Diplomatische Korrespondenz» fest, «dass die USA-Kommunisten die einzige organisierte Partei darstellen, die uneingeschränkt begeisterte Anhänger der Roosevelt-Politik sind», und überdies ist die Kommunistische Partei Amerikas schon 1940 aus der Komintern ausgetreten. Die *neue Streikwelle in den Vereinigten Staaten* ist nicht durch, sondern *gegen* die *Direktiven der Kommunistischen Partei*, die alle andern an Patriotismus übertrumpft, ausgelöst worden. Die Kommunistische Partei Indiens ist heute des Vizekönigs loyalste Stütze. Mit der Abhängigkeit dieser Parteien von Moskau fällt höchstens die Garantie des Kremls für deren Loyalität dahin. Auch hier ist eine bequeme Attrappe zerstört worden, die erlaubte, die Gründe sozialer Spannungen in einer Verschwörerzentrale in Russland, statt im eigenen Lande zu suchen. Die Ära grosser Prosperität, die Henry Ford in einem Interview für die Nachkriegszeit prophezeit hat, wäre jedenfalls eine bessere Garantie des sozialen Friedens als jede parteipolitische Umorganisation. «Sobald der Krieg beendet ist», meint Ford, «müssen den Platz der zerstörenden Kriegsmaschinen die Werkzeuge einnehmen, mit denen Ackerbau und Industrie den Lebensstandard aller Völker bessern können ... Das Zeitalter des Traktors in Massenproduktion ist auf dem Wege.» Leider haben die Delegierten der amerikanischen Agrarstaaten auf der interalliierten Ernährungskonferenz in Hot Springs bereits ihre *Besorgnis vor kommender Überproduktion* angemeldet. Henry Ford vergisst, dass es vor dem Kriege nicht an Produktionsmitteln fehlte und dass mitten in der «Überproduktion» Millionen von Menschen hungerten und in Lumpen gingen, weil sie diese Schätze nicht kaufen konnten. Der grosse Automobilkönig vergisst, dass 1932, mitten im Frieden, die amerikanische Autoindustrie ihre Produktionskapazität nur zu zwölf Prozent ausnutzte, weil sie ihre Autos nicht verkaufen konnte, dass in der gleichen Zeit auch die anderen amerikanischen Schlüsselindustrien die Produktion bis unter zwanzig Prozent ihrer Leistungsfähigkeit senken und die amerikanischen Farmer ihre Anbauflächen einschränken mussten, weil dreizehn Millionen Arbeitslose kein kaufkräftiges Publikum waren. Solange es möglich ist, dass Menschen in Not und Elend geraten, gerade *weil* die menschliche Produktionsleistung zum erstenmal in der Weltgeschichte ausreichen würde, um alle zu kleiden und zu ernähren, solange es «Überproduktionskrisen» gibt, wird es auch immer wieder revolutionäre Bewegungen geben, selbst wenn Stalin wieder zur Kirche geht. Die Auflösung der Komintern ist nur das wohltätige Ende einer falschen Fragestellung.[113]

5. Juni 1943

General de Gaulle in Algier. Vichy

Die ersten Meldungen von der *Ankunft General de Gaulles in Algier*[114] klangen wie Szenen aus einem Rührstück, betitelt: «Die Heimkehr des verlorenen Sohnes». Ovationen, Freudentaumel und Akkolade verschlugen den Generälen anscheinend derart die Stimme, dass sie beim ersten Presseempfang einander bereitwilligst das Wort überliessen. «Wir wollen nichts anderes als die Einigkeit aller unserer Kräfte», erklärte «sichtlich bewegt» General Giraud; «wir haben keine Zeit für Reden, sondern wir wollen Taten vollbringen, auf die unser geliebtes Frankreich wartet.» Inzwischen haben die beiden Generäle diese gerührten Aufwallungen überwunden und auch ihre Stimme wiedergefunden, so dass nach den späteren, vielleicht nicht ganz authentischen, aber gewiss ausgezeichnet erfundenen Stimmungsbildchen der englischen und amerikanischen Agenturen sich die weiteren Verhandlungen in oft recht tumultuarischer Form abspielten. Fast jedem Bericht über vollzogene Einigung in dieser oder jener Frage ist bis jetzt das Dementi auf dem Fusse gefolgt, und am Dienstag sind die Verhandlungen sogar «temporär zusammengebrochen» und konnten nur mühsam durch General Catroux und die diplomatischen Vertreter Englands und Amerikas wieder zusammengeflickt werden.

Dass überhaupt, und offenbar sehr hartnäckig, verhandelt wird, bedeutet allein schon den Zusammenbruch jenes Versuchs, de Gaulle erst *nach* vollzogener Einigung oder, was in diesem Fall dasselbe gewesen wäre, nach vollzogener Kapitulation nach Algier zuzulassen; die ganze endlose Verschiebung der Zusammenkunft, die vor zwei Monaten von General Eisenhower mit der Begründung, die Einigung sei ja noch nicht vollzogen, inauguriert wurde, hatte also einzig das Ergebnis, dass die Verhandlungen nun genau da begannen, wo sie vor Monaten hätten beginnen können. Das Spannendste an diesem Schlussakt der «Comédie française», wie einst die italienische Presse die nordafrikanischen Wirrungen nannte, ist zweifellos, zu verfolgen, wie der von den diplomatischen Beobachtern längst abgeschriebene General de Gaulle seinen berüchtigten «Grind» anscheinend auf der ganzen Linie gegen die nordafrikanischen Schützlinge des amerikanischen State Department durchsetzt. Dieser Outsider, dessen «Stern» nach allen Berichten bei den alliierten Regierungen wegen seiner Intransigenz längst im Sinken war und der sich eigentlich auf nichts als auf die illegale Widerstandsbewegung in Frankreich – einen «bloss moralischen Faktor» im Kalkül der Kriegführenden also – stützt, hat sogleich mit vollkommener Rücksichtslosigkeit den Eckpfeiler der «zweiten Dissidenz» umgestürzt, indem er den fast offiziell von Amerika nach Algier delegierten Gouverneur *Peyrouton* als gewöhnlichen Hauptmann der kolonialen Infanterie in die (syrische) Wüste schickte. Das Imbroglio dieser Demission Peyroutons, die offenbar nur formal gemeint war und deren sofortige Annahme durch de

Gaulle jeder diplomatischen Höflichkeit entbehrte, ist noch nicht ganz aufgeklärt; nachdem Giraud den Rücktritt Peyroutons zunächst dementiert hatte, liess de Gaulle das Demissionsschreiben mit seiner eigenen zustimmenden Antwort veröffentlichen, und Giraud folgte mit der Publikation des an ihn gerichteten, anders lautenden Rücktrittsgesuches und *seiner* Antwort, in der er Peyrouton bat, vorerst in seinem Amt zu bleiben. Noch unklarer ist, woher de Gaulle formal die Befugnis nahm, einen von Giraud eingesetzten Beamten einfach zu entlassen und auch sonst in dessen Machtbereich recht souverän vorzugehen, und durch welches «Prestige» im wahrsten Sinn des Wortes Peyrouton sich verleiten liess, de Gaulle seine Demission anzubieten und ihn damit als legitimen Vertreter Frankreichs anzuerkennen. Aber obwohl diese Befugnisfragen noch völlig in der Schwebe sind – am 2. Juni meldete Reuter «amtlich», de Gaulle sei zum Präsidenten des französischen Exekutivkomitees ernannt worden, während am 4. Juni das amtliche französische Communiqué aus Algier Giraud *und* de Gaulle als Präsidenten nennt –: die unsanfte Entlassung Peyroutons ist nicht mehr rückgängig zu machen, und bereits hat de Gaulles getreuer Ekkehard, General Catroux, den Gouverneursposten von Algier übernommen. Mit Peyrouton verschwindet ein Name und ein Programm, das wie ein Alpdruck auf der französischen Widerstandsbewegung lastete.

«Ich fand hier, was ich erwartete. Es bestehen innenpolitische Umstände, für die wir nicht verantwortlich sind», erklärte am Donnerstag de Gaulle in recht nüchternem Ton, der von der Überschwenglichkeit der ersten Tage deutlich absticht, und als sein Programm formulierte er, «das zu tun, was das künftige Frankreich auch tun würde». Neben vier Generälen – Giraud und de Gaulle, Catroux und dem so geheimnisvoll plötzlich in Algier eingetroffenen General Georges – und dem Diplomaten der alten republikanischen Schule Massigli sitzt *in dem neuen Exekutivkomitee* nun André Philip, Abgeordneter der innerfranzösischen Linksopposition und sozialistischer Politiker der Volksfrontzeit, während zwei «Ministerposten» noch offenbleiben. Viel mehr, als dass die Verhandlungspartner und politischen Antagonisten nun am gleichen Tisch beisammen sitzen und ihre restlichen Streitigkeiten intern erledigen können, scheint damit zwar noch nicht erreicht, aber dies ist ja schliesslich das Wesen jeder Koalitionsregierung, und manches französische Kabinett der Vorkriegszeit war nicht harmonischer zusammengesetzt. Die auch in Zukunft möglichen Spannungen vermindern nicht die eminente Bedeutung der Tatsache, dass aus dem Wirrwarr der französischen «Dissidenzen» eine französische Regierung mit eigenem Machtbereich, der das ganze Herrschaftsgebiet der Achse an Ausdehnung übertrifft, mit eigener Armee und – nach dem Anschluss der in Alexandria liegenden Flottenstreitkräfte – einer starken Kriegsflotte und mit einer Hauptstadt auf französischem Boden geworden ist, eine Regierung, die autonom handeln und die Interessen Frankreichs auch gegenüber ihren Alliierten wahrnehmen kann und die von deren gutem Willen weniger abhängig ist als irgendeine der europäischen Exilregierungen im alliierten Lager, ob sie nun von England und Amerika de jure oder bloss de facto anerkannt wird.[115]

Während so das «andere Frankreich» im Lager der Alliierten seine Souveränität wieder findet, ist die *Regierung von Vichy* eine Regierung ohne Herrschaftsgebiet, ohne Armee, ohne Flotte, ohne eigene Politik und praktisch ohne Volk, eine Regierung der babylonischen Gefangenschaft geworden. «Ich bin nicht der Gefangene meines Gegners; ich bin der Gefangene meines Wortes», erklärte Marschall *Pétain* in einem kürzlich veröffentlichten Gespräch mit dem Schriftsteller René Benjamin[116]. Für Frankreich ändert sich an der Tatsache der Gefangenschaft wenig dadurch, ob Pétain sie als physische oder als moralische empfindet; es hat den Urteilsspruch, der es zu diesem Kerkerregime verurteilte, nicht anerkannt. «Auch es hat sich verpflichtet wie sein Chef», erklärte zwar Marschall Pétain weiter; «ich hatte in seinem Namen gesprochen, und es schien davon stark bewegt.» Aber die Gefühlsbewegungen des Jahres 1940, als Frankreich voll Hoffnung auf den alten Marschall blickte, der «als Soldat zum Soldaten» mit Hitler zu reden und Frankreichs Zukunft dadurch zu retten versprach, sind inzwischen einer Wirklichkeit gewichen, in der statt des «ehrenvollen Waffenstillstandes» die erbarmungslose Fortführung des Kriegszustandes, die wirtschaftliche Ausplünderung, dann die unbeschränkte Herrschaft der Gestapo und schliesslich die allgemeine Menschenjagd auf die Arbeitskraftreserven Frankreichs folgte. Die Illusion, dass Vichy durch klug hinhaltende Taktik Frankreich vor den äussersten Konsequenzen der Niederlage bewahren könne und wolle, ist verflogen, und Marschall Pétain rügt diesen naiven Glauben an sein taktisches Geschick: «Die Franzosen halten mich für schlau – denn sie wären froh, wenn ich es wäre. *Ich, schlau!* Ich, der ich den Schulkindern beim Schulbeginn zugeredet habe, nie zu mogeln, nie abzuschreiben!» Aber mit einer Resignation, die aus den Erfahrungen von drei Jahren Waffenstillstand verständlich ist, fügt er bei: «Vielleicht ist allerdings diese Geistesverfassung, oder besser gesagt, dieses Fehlen von Geist für die Zukunft der Welt noch besser als eine feurige Zustimmung zu einer unvorsichtigen Mystik.» Die «unvorsichtige Mystik», die Marschall Pétain das Schicksal seines Landes dem militärischen Ehrenkodex des Siegers anvertrauen liess, ist tot; sie war nicht für die furchtbare Wirklichkeit des «totalen Krieges» geschaffen. Gültig geblieben ist das Wort, das am Tag nach der Niederlage General de Gaulle aus London an die Franzosen richtete: «Frankreich hat eine Schlacht verloren, nicht den Krieg.» Die Zeit der Rührstücke ist ebenso vorbei wie die der nordafrikanischen «Comédie française», des zweiten Vichy.

12. Juni 1943

Doppelpräsidentschaft Giraud/de Gaulle im französischen Befreiungskomitee. Militärputsch in Argentinien. Der Nervenkrieg

Die ersten deutschen Äusserungen zu Churchills und Edens Afrikareise, zur vorläufigen Einigung in Algier und zur «Revolution» in Argentinien gaben eine äusserst simple und einleuchtende Erklärung der Zusammenhänge: Churchill und Roosevelt und ihre plutokrato-judäo-bolschewistischen Ratgeber hatten das ganze Spiel abgekartet, indem einerseits Roosevelt Nordafrika an Churchill abtrat, weshalb dort Giraud vor de Gaulle «kapitulieren» musste, während anderseits Churchill Südamerika an Roosevelt verschacherte, weshalb dort Präsident Castillo von einem General mit dem verdächtig unspanischen Namen Rawson verjagt wurde. Die «Niederlage der Afrikapolitik Washingtons», als die in der Wilhelmstrasse die Übereinkunft zwischen Giraud und de Gaulle bezeichnet wurde, passt freilich nicht ganz zum sonstigen Leitmotiv der deutschen Propaganda, wonach Churchill das Britische Empire stückweise an die Vereinigten Staaten ausverkauft, und das Kompensationsgeschäft mit der britischen Preisgabe Argentiniens würde diese «Abtretung» Nordafrikas kaum aufwiegen. Aber die Wirklichkeit scheint sich mit diesem politischen Denken in Schachfiguren überhaupt nicht ganz zu decken. In *Algier* geht das Tauziehen zwischen Giraud und de Gaulle, die sich bei ihrer Doppelpräsidentschaft anscheinend so unwohl fühlen wie siamesische Zwillinge, die sich nicht leiden mögen, mehr oder weniger intern weiter. Nachträglich wird bekannt, dass Giraud bei Beginn der Verhandlungen in letzter Minute den mit de Gaulle verfeindeten Admiral Muselier mit der «Aufrechterhaltung der Ruhe und Ordnung» in Algier betraute, als befürchtete er Demonstrationen und Handstreiche; und tatsächlich beschränkt sich die France combattante General de Gaulles nicht auf friedliche Mitwirkung im neuen Regierungskollegium, sondern zieht auch in Nordafrika eine eigentliche politische Bewegung auf. Momentan herrscht wieder Krise im «Befreiungskomitee», und einig sind sich seine beiden Präsidenten nur in der Forderung, als legale und gleichberechtigte Regierung Frankreichs von den übrigen Alliierten anerkannt zu werden. Die *argentinische «Revolution»* aber hat sich als simpler Generalsputsch entpuppt, in dem der General mit dem verdächtig unspanischen Namen bloss die Rolle eines betrogenen Betrügers spielte, und bis jetzt ist nicht recht klar geworden, worin sich die Diktatur des ehemaligen Kriegsministers General Ramirez von der Diktatur seines ehemaligen Präsidenten Castillo unterscheidet. Die Putschführer sind zwar mit der Forderung nach «Säuberung» der argentinischen Innen-und Aussenpolitik aufgetreten, und es mag ja sein, dass die Regierung mit Belagerungszustand und Standrecht sauberer ist als die bisherige Regierung mit Wahlschwindel und Korruption, aber von einem Sieg der Demokratie zu sprechen, ist immerhin etwas voreilig. Die ersten europäischen Regierungen, die den neuen Herren in Argentinien ihre offizielle

Anerkennung aussprachen, waren denn auch die Achsenmächte und Spanien. Allerdings hat General Ramirez den Diplomaten der Achse, unmittelbar nachdem sie ihm die Anerkennung ihrer Länder überbracht hatten, die Benützung des Geheimcodes für den schnellen Verkehr mit ihren Regierungen verboten – eine recht unhöfliche Geste, die vielleicht die weitere Entwicklungstendenz der argentinischen Aussenpolitik anzeigt. Dass es sich dabei zweifellos um reine, von Weltanschauung ungetrübte Opportunitätspolitik handelt, macht die Ereignisse in diesem letzten lateinamerikanischen Staat, der noch Beziehungen zu den Dreierpaktmächten unterhält, um so aufschlussreicher für die dortige Beurteilung der Kriegslage.[117]

Die Aktualitäten sind für die Achsenmächte entschieden unerfreulich. «In Italien wie in Deutschland werden heute eifriger und häufiger denn je die *Blätter der Geschichte* aufgeschlagen», verzeichnet philosophisch versonnen die «Frankfurter Zeitung». Übermenschen aller Art, Prinz Eugen und der Alte Fritz, aber auch Kaiser Rotbart lobesam und Alexander der Grosse haben in die deutsche Presse einen triumphalen Einzug gehalten; ihre «Wunder der Willenskraft», wie die «Berliner Börsen-Zeitung» eine reich bebilderte Sonderbeilage mit derartigen Kurzbiographien betitelte, sollen zeigen, dass den auserwählten Führern und Völkern überhaupt keine äusseren Umstände den Sieg verpfuschen können. In seiner grossen Rede vor den deutschen Rüstungsarbeitern erinnerte Dr. Goebbels das deutsche Volk daran, dass es diese Faktoren der Auserwähltheit heute besitze, und zog den logischen Schluss: «Was wünschen wir mehr, um an den Sieg zu glauben! Jede Ungunst des Kriegsglückes befestigt uns nur in diesem Glauben.» Mit denjenigen aber, denen diese Logik nicht einleuchtet, soll «aufgeräumt» werden: «Wer am Sieg zweifelt, verdient nicht, dass er zu unserer Gemeinschaft gehört.» Diese Argumentation ist ohne Zweifel noch schlagender als die Zahlenbeweise Reichsminister Speers für die blühende Rüstungsproduktion Deutschlands.[118]

Auch Italien hat am 10. Juni die «Blätter der Geschichte» aufgeschlagen, Blätter freilich, auf denen das Blut noch nicht trocken geworden ist. Vor drei Jahren proklamierte Mussolini den *Kriegseintritt Italiens* mit den Worten: «Wir wollen die militärischen und territorialen Ketten sprengen, die uns in unserem Meer ersticken … Dieser riesenhafte Kampf ist nur eine Phase und die logische Entwicklung unserer Revolution; es ist der Kampf der armen und an Zahl der Fäuste reichen Völker gegen die Ausbeuter, die auf ihrem unrechtmässigen Besitz aller Reichtümer und allen Goldes der Welt beharren wollen; es ist der Kampf der fruchtbaren und *jungen Völker* gegen die *steril gewordenen* und *zum Untergang neigenden*, es ist der Kampf zwischen zwei Welten und zwei Ideen.» Etwas einfacher fasst heute der ehemalige Kultusminister Pavolini in seinem Jubiläumskommentar die Gründe für den Kriegseintritt Italiens zusammen: «Wenn wir zu spät angegriffen hätten, so hätten wir uns nicht mehr um die *Liquidierung Frankreichs* bekümmern können.» Aus dem Pflücken einer reifen Frucht ist freilich ein Kampf auf Tod und Leben gegen die über alles Erwarten widerstandsfähigen «sterilen und zum Untergang neigenden» Demokratien geworden, in dem das Impero verlorengeht und die «militärischen und territorialen Ketten» um Italien immer enger gezogen werden.

Das Blättern in der Geschichte, in der die Achsenmächte dem stereotypen «1918!» der Alliierten Gegenargumente aus allen Jahrhunderten zusammenlesen, ist eine verhältnismässig harmlose Nebenerscheinung des Nervenkrieges. Die alliierten Ankündigungen der bevorstehenden Invasion sind so kurzfristig und seit Churchills Unterhausrede so offiziell geworden, dass alles unter die Rubrik «Nervenkrieg» gesetzt wird, was vor der Verwirklichung dieser Ankündigungen noch geschieht. «Nervenkrieg» ist etwa gleichbedeutend mit «Nichts Neues». Aber die täglichen Kriegsoperationen sind höchstens für die Zuschauertribüne, der die Nerven durchgehen, Nervenkrieg; für die Betroffenen, die Bewohner der bombardierten Gebiete, sind sie der Krieg in seiner schonungslosesten Form. Dass Italien heute im Zentrum dieses «Nervenkrieges» steht, stellen zum Jubiläum seines Kriegseintrittes die offiziellen «Relazioni internazionali» fest: «Ganz Italien ist ein Schützengraben in der vordersten Linie.» Auf diesem Schützengraben liegt seit Wochen ein ständiges Trommelfeuer, das entweder einen Angriff vorbereitet oder sein Bevorstehen vortäuscht, und diese Ungewissheit der Interpretation veranlasst die Militärschriftsteller aller Gazetten, auch diesen ganzen Vorgang Nervenkrieg zu nennen. Im ersten Weltkrieg wäre es kaum jemandem eingefallen, ein Trommelfeuer auf einen Schützengraben, selbst wenn es bloss als Täuschungsmanöver diente, als einen Angriff auf die Nerven der Insassen zu definieren; einem solchen Militärpoeten hätte man auf die Finger geklopft. Heute, da nicht nur Soldaten, sondern gleich die ganze Zivilbevölkerung im Schützengraben unter dem Trommelfeuer liegt, ist diese neue Terminologie um so bezeichnender. Nervenkrieg ist offenbar auch das immer intensivere Spiel mit der Giftgasdrohung; es genügt, auf einen Knopf zu drücken, um diese letzte Scheusslichkeit über die Menschheit zu entladen, und wenn einmal die Nerven versagen, drückt es sich leicht auf den falschen Knopf. Nervenkrieg ist es, wenn Dr. Goebbels in seiner letzten Rede dem deutschen Volk für den Fall eines alliierten Sieges genau das prophezeit, was heute in den von Deutschland besetzten Ländern geschieht, nationale Unterdrückung, Menschenjagd und Massendeportation von Arbeitskräften nach dem Osten, oder wenn der Reichskommissar Seyss-Inquart den Holländern die gleiche Eventualität so ausmalt: «Sollte es zu einem bolschewistischen Siege kommen, dann wäre es vollkommen gleichgültig, ob hier jemand sagte: Nein, ich war ja kein Nationalsozialist und kein Faschist, ich war ja Oranien-Bolschewist. Das würde Stalin vollkommen einerlei sein. Stalin würde sagen: Ein Bolschewist warst du nie, denn du bist ein Germane und deshalb: Genickschuss.» Aber auch der deutsche Nervenkrieg geht über diese Überredungsversuche hinaus. Über die holländischen Studenten, die sich weigerten, sich freiwillig zum Arbeitsdienst nach Deutschland zu melden, meint die «Essener Nationalzeitung» lakonisch: «Dem Spiel ist unterdessen auf eine einfache, wenn auch für die Studenten selbst überraschende Weise Einhalt geboten worden.» Diese hübsche Art, die Tatsache zu verzeichnen, dass «einfach» so viele holländische Studenten hingerichtet wurden, dass die holländischen Zeitungen aus «Raummangel» die Veröffentlichung ihrer Namen einstellten, ist immerhin bemerkenswert. Die besetzten Länder stehen seit Jahren im Kreuzfeuer des «Nervenkrieges» beider Kriegsparteien, der alliierten Bombenangriffe und Aufrufe, der deutschen Repressalien und Deportationen. «Aber jetzt haben wir den Höhepunkt erreicht», stellen die holländischen Bischöfe in ihrem letzten Hirtenbrief über die deutschen Verwaltungsmassnahmen fest; «um ein Gegenstück dazu zu finden, müssen wir auf die Zeit der babylonischen Gefangenschaft zurückgreifen ...» *Nervenkrieg?* Die Frage ist nur, wie lange bei dieser Art der Kriegführung nicht nur von den Nerven, sondern von den Menschen dieser Länder etwas Menschenähnliches übrigbleibt. Und es ist auch Seyss-Inquart aufs Wort zu glauben, wenn er feststellt, dass es «überhaupt keinen deutschen Soldaten gebe, der nicht mit der grössten Bereitwilligkeit und Freude Holland verlassen würde». Die Nerven der Dirigenten dieses Nervenkrieges sind gewiss bewundernswert, aber die Nervensubstanz, auf der sie spielen, wird schneller als die ihre aufgebraucht sein. Die Übergabe der Inselfestung Pantelleria, wie schon die Kapitulation der Achsentruppen in Tunesien, zeigt von neuem die Grenzen der Nervenkraft selbst da, wo «Herzen von Stahl und Eingeweide von Erz» zum offiziellen Inventar gehören.[119]

19. Juni 1943

Pantelleria und die Pelagischen Inseln in alliierter Hand. Der Luftkrieg

Der Alp der Invasion hat vorläufig drei Mäuse und ein Mäuschen geboren: Pantelleria, Lampedusa, Linosa und das unbewohnte Lampione sind von den Alliierten besetzt worden. Etwa so weit war auch die deutsche Invasion Grossbritanniens gediehen, als die deutschen Truppen die britischen Kanalinselchen kampflos besetzten. Der Unterschied liegt nur darin, dass die Engländer die friedlichen Rentner und Fischer von Guernsey rechtzeitig evakuiert hatten, während mit den pelagischen Inselchen den Alliierten italienische Truppen von mehr als Divisionsstärke und eine halb verdurstete Zivilbevölkerung in die Hände fiel. Der Vorgang von Tunesien hat sich in kleinerem Massstab wiederholt: die Verteidiger wurden mit der Aufgabe, Widerstand «bis zum letzten Mann und bis zur letzten Patrone» zu leisten, in ihrer verlorenen Position belassen. Aber wenn dieses Weiterkämpfen ohne Erfolgsaussicht «bis fünf Minuten nach zwölf» tatsächlich der Grundgedanke der «Verteidigung Europas» sein soll, dann ist diese neue Probe wiederum negativ ausgefallen. Über die letzte intakt gebliebene Verbindung, die radio-telephonische, musste nach der Aussage des italienischen kommandierenden Generals der Duce schliesslich «traurig seine Zustimmung zur Streckung der Waffen» geben, noch bevor ein alliierter Landungsversuch auf Pantelleria überhaupt erfolgt war.

Vor einem Monat erklärte Churchill auf seiner Pressekonferenz in Washington, er finde das «Experiment», den Zusammenbruch der Achsenmächte *durch Luftangriffe allein* herbeizuführen, «wohl wert, versucht zu werden». Das «italienische Malta» ist nun durch Luftangriffe allein so weit gebracht worden, dass es die weisse Fahne aufzog. Im Jargon der Kriegsberichterstatter wurde die Insel von Bomben «buchstäblich umgepflügt», und als die alliierten Truppen landeten, war «jedes organisierte Leben auf der Insel erloschen». Das ganze Unternehmen kostete die Alliierten nach ihren Berichten zwanzig Mann und ein paar Flugzeuge. Es mag sein, dass diese Art des Vorgehens den Idealfall einer Invasion vom technischen Standpunkt aus darstellt. Der Gegner wird nicht besiegt, sondern erdrückt. Es könnte freilich noch *einige Jahre* dauern, bis in *ganz Europa* «jedes organisierte Leben erloschen» wäre, aber der Effekt wäre um so risikoloser und dauernder erreicht. Es ist schwer, sich des Gedankens zu erwehren, dass solche Perspektiven bei einigen angelsächsischen Militärsachverständigen ernsthaft umgehen. Und es hat wenig Zweck, moralische Schuldfragen aufzuwerfen. Wohl niemand hat ein so reines sportliches Vergnügen am Luftkrieg gezeigt wie gerade die Achsenmächte. Vittorio Mussolinis[120] Buch: «Bomben über Abessinien» ist als Dokument «moderner» Kriegführung weltberühmt geworden. «Über die Wirkung der Brandbomben war ich immer befriedigt; wenigstens sah man doch Feuer und Rauch», berichtete damals der illustre Verfasser, und über die «Jagd auf Abessinier» erzählte er scherzhaft: «Unsere Flieger gaben einander in diesen Tagen Tips, wie bei einem Jagdausflug. Statt dass man sagte: Ein schöner Schwarm Ringeltauben bei Castel Porziano gesichtet, hiess es hier: Ich rate dir, nach Samre zu fliegen, du sollst sehen, alles ist voll von Abessiniern ... Unsere Arbeit war ausserordentlich aufregend und ergab tragisch-schöne Wirkungen.» Dass die Luftangriffe auf Warschau und andere polnische Städte zwei Tage, bevor England überhaupt in den Krieg eintrat, begannen, ist ein besonderes Missgeschick der Chronologie dieses Krieges. Berichte wie den folgenden gab es, von wenigen Pausen abgesehen, während der ganzen Dauer dieses Krieges: «Weit mehr als fünfhundert Flugzeuge haben B. angeflogen und mit Bomben aller Art und aller Kaliber beworfen. In grösstem Massstab wurden schwerste Bomben verwendet, die ausserordentlichen Schaden anrichteten. Im ganzen wurden an Sprengbomben weit über 500 000 Kilo abgeworfen. Gleichzeitig fielen aber Tausende von Brandbomben in die Stadt, so dass sich zu der zerstörenden Sprengwirkung noch die alles vernichtende Wirkung des Feuers gesellte. Einzelne Brände waren riesenhaft, da sich bald Brandherd mit Brandherd vereinigte. Zu diesen Grossbränden, die ganze Fabrikanlagen, Häuserblocks und ganze Strassenzüge erfassten, gesellten sich unzählige kleinere und kleine Feuer, die zum grossen Teil auch wieder um sich frassen und sich zu grossen Feuersbrünsten vereinigten.» Dieses Zitat, in dem mit keinem Wort von militärischen Zielen die Rede ist, ist nicht eine amerikanische Reportage von einem der letzten amerikanischen Grossangriffe auf eine europäische Stadt, sondern eine offizielle DNB-Ergänzung zum deutschen Heeresbericht vom 20. November 1940 über den Angriff auf Birmingham, deren Ton im Vergleich zu den damaligen PK-Berichten über die «schwelende Gluthölle Londons» noch ausserordentlich nüchtern ist. Heute werden freilich die Bombenlasten nicht mehr nach Kilogrammen, sondern nach Tonnen gemessen – das ist der ganze Unterschied.

Aber die unter streitenden Kindern so beliebte Polemik darüber, wer «angefangen» habe, die sich heute zwischen den alliierten und den «totalitären» Kommentatoren abspielt, hat für die bombardierte Bevölkerung wenig Interesse, und es wäre von den Alliierten wenig klug, für lange Zeit mit der Begeisterung zu rechnen, mit denen die Bewohner der besetzten Gebiete die ersten Grossangriffe der Royal Air Force auch dann aufnahmen, wenn sie selbst davon betroffen wurden. «Que voulez-vous, ce n'est pas moi qu'ils ont visé», erklärte ein Pariser Arbeiter vor seinem zertrümmerten Häuschen strahlend einem Schweizer, der sich während der Angriffe auf die Renault-Werke dort aufhielt. Eines Tages könnte auch bei diesen Menschen der Verdacht aufkommen, dass doch auch auf sie gezielt wird. Das einzige, was nach menschlichem Ermessen dem Achsenwerben um die Seele Europas doch noch zum Erfolg verhelfen könnte, wäre eine zynisch-konsequente und notwendigerweise gegen ganz Europa gerichtete Erschöpfungsstrategie der «Vereinigten Nationen», wie sie auf einem andern Sektor als dem des Luftkrieges kürzlich die grosse amerikanische Zeitschrift «The Nation» der Ernährungskonferenz von Hot Springs vorschlug: «Die europäische Hungersnot sollte als Waffe von den Alliierten ausgewertet werden, indem man den unterdrückten Bevölkerungen Europas – Deutschland, Italien und Frankreich inbegriffen – klarmacht, dass sie von den Alliierten im gleichen Masse Lebensmittel und Hilfe erhalten werden, als sie sich, wenn die Stunde dafür geschlagen hat, gegen ihre Unterdrücker erheben ...» Die negative Schicksalsgemeinschaft Europas könnte schliesslich eines Tages ins Positive umschlagen. Das ungefähr mag die Rechnung des deutschen «Sitzkrieges» sein; in diesem und nur in diesem Sinn könnten sich «Zeitgewinne» durch eine endlose Verzögerung der Invasion für Deutschland «lohnen». «Wir haben nach Stalingrad gelernt, den Krieg mit andern Augen zu sehen», meint das «Schwarze Korps»; «dazu gehört, dass wir uns auch mit andern Zeitmassen vertraut machen und mit dem Bundesgenossen Zeit auf du und du stehen. Wir haben bisher noch von jedem beginnenden Sommer die Entscheidung erhofft, jene Entscheidung, die dem stürmenden Angreifer als die einzig denkbare vorschwebt. Jetzt aber haben wir umgelernt.» Nicht die Entscheidung, sondern das Ausbleiben einer Entscheidung ist heute die grosse Hoffnung der Achsenmächte.

Der Nervenkrieg der alliierten Propaganda ist derart massiv geworden, dass er Gefahr läuft, in kurzer Zeit ins Lächerliche umzuschlagen, wenn aus der Invasionsdrohung nicht Ernst wird. Grotesk-präzise Angaben über Invasionsvorbereitungen an allen möglichen Stellen werden von den alliierten Agenturen aller Welt bekanntgemacht. Die syrisch-türkische Grenze wird mit grossem Lärm geschlossen und ein paar Tage später kommentarlos wieder geöffnet. Die höchsten Persönlichkeiten inspizieren in Nordafrika die «letzten Vorbereitungen» und reisen nach einigen Tagen wieder ab. Und um keine Himmelsrichtung zu vergessen, werden zwischenhinein Truppenkonzentrationen auf Island sehr geheimnisvoll ausposaunt. Es ist anzunehmen, dass die alliierte Propaganda planmässig genug arbeitet, um auch den Zeitpunkt einzukalkulieren, an dem solche Nachrichten keinen Hund mehr vom Ofen locken; wenn dann niemand mehr daran glaubt, dass eine Invasion überhaupt geplant sei, ist vielleicht der richtige Augenblick gekommen, um loszuschlagen. Der Zweck der Verwirrung ist derart offensichtlich, dass eigentlich nicht einzusehen ist, warum der private Zeitungsleser sich an diesem Blindekuhspiel der alliierten Nachrichtenmacher mit den Verteidigern der «Festung Europa» beteiligen soll. «Dieses ist von grösster Wichtigkeit, denn genau besehen ist es, von Privatleuten, doch nur eine Philisterei, wenn wir demjenigen zuviel Aufmerksamkeit schenken, was uns nichts angeht. Es ist unsäglich, was ich für Zeit gewann», schrieb Goethe anfangs 1830 an einen Berliner Freund, als er sich entschloss, die Gazetten nicht mehr zu lesen; als dann wieder Dinge in der Welt geschahen, die jedermann angingen, nahm auch er vor seinem Tode die Gazetten noch einmal vor.

26. Juni 1943

Konflikt um die neu aufzubauende französische Befreiungsarmee.
Kongress der Labour Party verlangt Entwaffnung Deutschlands.
Kohlenarbeiterstreik in den Vereinigten Staaten

«Eine Lösung unter Verzicht auf eine Lösung» nannte der Sprecher General de Gaulles lakonisch das Versöhnungswerk, das in *Algier* durch die Intervention der Alliierten erreicht worden ist. Es ist ein wahrhaft salomonisches Urteil: das strittige Kind, die neu aufzubauende französische Befreiungsarmee, ist den beiden Anspruch erhebenden Vätern je zur Hälfte zugesprochen worden; nur das biblische Nachspiel, dass der unechte Vater nun reumütig auf seine Hälfte verzichtet hätte, um das Kind am Leben zu lassen, ist ausgeblieben. Als Resultat der langen und heftigen Abklärungsversuche ergibt sich praktisch die Wiederherstellung jenes status quo, der als unerträglich empfunden worden war: das «Kämpfende Frankreich» zerfällt wieder in die bisherigen Machtbereiche seiner beiden Führer, und es wirkt reichlich komisch, dass diese neuerliche Trennung als Versöhnung bezeichnet wird.

Der sachliche Gegensatz, aus dem General Eisenhower diesen genialen Ausweg fand, war bestimmt nicht nur technischer Natur; denn dass die neue französische Armee nicht nach denselben Grundsätzen, die sich 1940 in katastrophalem Zusammenbruch als rettungslos antiquiert erwiesen, wieder aufgebaut werden kann, war wohl allen französischen Verhandlungspartnern in Algier ebenso klar wie die andere Tatsache, dass die Umschulung und Neuausrüstung der bereits vorhandenen Truppen nicht «schlagartig» erfolgen könne und dass ihre Kampffähigkeit gerade jetzt nicht vermindert werden dürfe. Worüber eine Einigung zwischen den Kolonialgenerälen alten Stils und den von General Georges repräsentierten militärischen Wortführern der «drôle de guerre» mit General de Gaulle und seiner Schule schwierig war und letzten Endes nicht zustande kommen konnte, war wohl die Frage, ob die französische «Befreiungsarmee» von denselben Generälen, die es vor drei Jahren in die totalste aller militärischen Niederlagen hineinführten, wieder aufgebaut und geleitet werden könne. Das ist die berüchtigte «Personenfrage», deren Hineinspielen in die Verhandlungen von der angelsächsischen Presse so übel genommen und meist nur als «persönliche Rivalität» verstanden wird. Aber diese *Personenfrage* ist mit persönlichem Ehrgeiz der Protagonisten von Algier nicht zu erklären. Es geht letzten Endes darum, ob von Nordafrika aus das alte Frankreich mit wehenden Fahnen ins Mutterland zurückmarschieren soll. Das französische Mutterland hat die Katastrophe des alten Frankreich in den drei Jahren des Besatzungsregimes dermassen bis zur Neige ausgekostet, dass eine Rückkehr zur Vorkriegszeit vollkommen ausgeschlossen ist. «La faillite des corps qui se disaient dirigeants ne fut que trop claire et ruineuse. Tout ce qu'elle subit, la France ne l'aura pas subi pour reblanchir ses sépulcres», erklärte General de Gaulle vor seiner Abreise nach Algier in einer Radioansprache an das französische Volk.

General Giraud hat nach seiner «Regierungsübernahme» in Algier in einem Interview erzählt, er habe noch im Frühjahr 1941 *an den deutschen Sieg geglaubt.* Vielleicht hat auch de Gaulle im Juli 1940, als jede Widerstandsmöglichkeit gegen die deutsche Militärmacht erschöpft schien und fast nur noch einige Home Guards[121] und Emigranten jenseits des Kanals auf der «letzten Schanze» standen, mit einem deutschen Sieg gerechnet, besonders da er als reiner Berufsoffizier schwerlich an der Überlegenheit der Kampfmethoden zweifeln konnte, die er selbst in Frankreich gepredigt hatte und deren Wirksamkeit nun von Deutschland bewiesen worden war; aber er hat sein Verhalten nicht nach solchen Wahrscheinlichkeitsrechnungen eingerichtet. Die moralische Bedeutung seiner damaligen Haltung beruht nicht darauf, dass er damit recht behielt, während sich die «Realisten» wie immer als schlechte Rechner erwiesen; und nicht, dass er recht behielt, hat ihn zur Inkarnation des französischen Widerstandes gemacht, sondern dass er aus der Katastrophe auch politisch die Konsequenzen zog und sich mit dem Aufruf zum Widerstand nicht an die Schichten wandte, die das zusammengebrochene Frankreich repräsentierten, sondern an diejenigen, über deren Kopf weg dieser Krieg erklärt, geführt und verloren worden war. Auch von den Gegnern de Gaulles wird nicht bestritten, dass die französische Widerstandsbewegung eindeutig hinter ihm steht. Hinter dem nach der alliierten Invasion Nordafrikas geschaffenen Regime in Algier standen und stehen diejenigen Kreise und Schichten, die in Frankreich und Nordafrika das patriarchalische Experiment von Vichy unterstützt und die deutschen Besatzungstruppen teilweise als «Ordnungsmacht» geradezu begrüsst hatten, nun aber entdeckten, dass die Alliierten dem Konservativismus bessere Chancen böten als die deutschen Militärbehörden.

Dass es zwischen diesen beiden Gruppen nicht eine Versöhnung, sondern nur eine grundsätzliche Auseinandersetzung geben könne, darüber konnte man sich nur täuschen, wenn man ihren Gegensatz auf eine blosse Rivalität zweier ehrgeiziger Generäle reduzieren zu können glaubte. Wenn diese Auseinandersetzung nur zwischen Franzosen vor sich gegangen wäre, so hätte die «Gefahr» bestanden, dass der Standpunkt de Gaulles sich durchgesetzt hätte, wie dies tatsächlich in den ersten Wochen der Verhandlungen von Algier der Fall zu sein schien; denn der unsichtbare Druck des Mutterlandes stand stets im Hintergrund, auch wenn das französische Volk seine Stimme nicht erheben konnte. Aber militärisch, politisch und finanziell sind die *angelsächsischen Mächte* und vor allem die *Vereinigten Staaten* heute die Herren der Situation in Nordafrika, und sie sind es auch, von denen die Ausrüstung der französischen Armeen abhängig ist. Für sie aber bedeutet die französische «Befreiungsarmee» eine blosse Hilfstruppe und braucht deshalb nicht so sehr den höchsten Anforderungen zu entsprechen, als einfach ein «einsatzbereites» Instrument zu sein. Es konnte daher keine Widerrede geben, wenn die alliierten Vertreter die «militärischen Notwendigkeiten» geltend machten, diese selben «militärischen Notwendigkeiten», die seit sieben Monaten das Regime Darlan, das Regime Peyrouton und nun das Doppelregime Giraud-de Gaulle gerechtfertigt haben. *Politische Auseinandersetzungen widersprechen stets den «militärischen Notwendigkeiten»*, wie sie ein Militärfachmann sieht, ganz abgesehen davon, dass besonders für die führenden Kreise Amerikas, die Europa am liebsten als idyllischen und harmlosen Tiergarten restaurierter Monarchien sehen möchten, General de Gaulle ein «radical» ist – und das Wort «radical», das in Frankreich jeder einigermassen fortschrittliche Bürger für sich in Anspruch nahm, wird in den besseren Häusern der Vereinigten Staaten noch heute mit demselben verstörten Schauder ausgesprochen wie etwa bei uns das Wort «Bolschewik». Die «militärischen Notwendigkeiten» der Alliierten werden, um alle Bundesgenossen und Sympathien bei der Stange zu halten, von Algier bis zum Baltikum bis zum Ende der Feindseligkeiten jede grundsätzliche Lösung verbieten – mit dem Erfolg freilich, dass im Fall eines alliierten Sieges ein ganzer Rattenschwanz ungelöster Probleme, die durch allzu lange Konservierung in Fäulnis übergegangen sind, über Europa hereinbrechen muss. Vielleicht entspricht dieses sorgsame Konservieren aller Gegensätze auch einem gewissen Ideal vom «europäischen Gleichgewicht».

Es ist bezeichnend, dass die noch vor kurzem so rege alliierte Nachkriegsdiskussion in dem Masse versandet, in dem die Entscheidung näher rückt – obwohl gerade jetzt die Nachrichten von den Kriegsschauplätzen wahrlich nicht derart spannend sind, dass den Kommentatoren kein Raum für andere Überlegungen bleibt. Die *Pfingstkonferenz der englischen Labour Party* hat die simpelste aller möglichen Stellungnahmen zur Nachkriegsordnung, die vansittartsche ewige Exkommunikation der Gegner, zu der ihren gemacht und in einer von Problematik und Selbsterkenntnis nicht angekränkelten Resolution mit 1 800 000 gegen 720 000 Stimmen beschlossen: «Die Nazi-Regierung würde nicht an der Macht geblieben sein und könnte keinen ‹totalen Krieg› führen, wenn sie nicht von einer überwältigenden Mehrheit getragen würde. Ein ständiger Friede wird nicht möglich sein, wenn nicht Deutschland in Übereinstimmung mit Art. 8 der Atlantik-Charta entwaffnet und der Geist des aggressiven Nationalismus nicht vollständig ausgerottet wird.» Dass Lord Vansittart, der als einstige graue Eminenz der Chamberlainschen Aussenpolitik weniger als irgendjemand zum Schiedsrichter über die denn doch etwas verwickeltere Kriegsschuldfrage berufen ist, zum aussenpolitischen Orakel der englischen Arbeiterpartei wird, kennzeichnet einen *Tiefstand des politischen Instinktes*, der wenig erfreuliche Perspektiven eröffnet. Zwischen der eigentlichen Arbeiterpartei und den Trade Unions, deren Stimmengewalt diese Resolution durchsetzte, hat sich dann anschliessend ein recht heftiger Disput entwickelt, wobei die scharfe Bemerkung fiel, die Trade Unions gehörten ebensogut wie Hochfinanz und Grossgrundbesitz zu den «vested interests», die allen progressiven Lösungen im Wege stünden.

In noch höherem Masse gilt das Wort von den «vested interests» zweifellos für einen grossen Teil der *amerikanischen Gewerkschaften*, die eigentliche Privilegiertenvereine innerhalb der amerikanischen Arbeiterschaft darstellen. Schon vor zwei Wochen sind in den Packardwerken in Detroit 20 000 weisse Arbeiter in den Streik getreten, weil in diesen Werken erstmals 3 (in Worten drei!) Neger eingestellt wurden; die arische Erbitterung darüber, dass der Arbeitermangel und die gesteigerte Kriegsproduktion der schwarzen Arbeiterbevölkerung den Aufstieg zu Stellungen, die bisher den Weissen vorbehalten waren, und manchmal den Umzug aus ihren Slums in die besseren sogenannten «weissen» Wohnviertel erlaubt, hat inzwischen in dieser grossen Industriestadt zu eigentlichen blutigen Rassenschlachten geführt. In die allgemein gespannte soziale Situation der Vereinigten Staaten, in denen sich die bekannte Preis-Lohn-Schraube der inflationären Entwicklung äussert und auch bereits die erwartete Nachkriegskrise ihre Schatten vorauswirft, bringen diese Auseinandersetzungen an der «Farbenschranke» ein besonders charakteristisches Element. «Eine verlorene Schlacht» nannte Roosevelt den amerikanischen Kohlenarbeiterstreik, wie die oppositionellen Labourabgeordneten die Deutschland-Resolution des Labourkongresses «einen Sieg Dr. Goebbels'» nannten. Es ist eben nicht so, dass die Alliierten durch blosses Warten immer stärker werden. Dr. Goebbels kann Symptome verbuchen, die für seine These sprechen, dass ein langer «Sitzkrieg» auch die *Schwierigkeiten der Alliierten* nur vermehren kann. «Die Nichterrichtung der ‹zweiten Front› im Jahre 1942 rettete Hitler vor der sicheren Niederlage», behauptet das Moskauer Oberkommando in seinem Überblick über die beiden ersten Kriegsjahre der Sowjetunion; «falls die günstigen Bedingungen 1943 nicht ausgenützt werden, oder falls die Aktionen der Vereinigten Nationen verspätet erfolgen, würde das einen ernsten Rückschlag bedeuten. Die Verzögerung der ‹zweiten Front› würde den Krieg ausserordentlich verlängern und sich in einem riesigen Anstieg von Verlusten auswirken». Im Zeichen des Nervenkrieges bleibt es allerdings unklar, ob solche Mahnungen die Verbündeten «in Verzug setzen» oder den Gegner verwirren sollen. Aber *auch der Nervenkrieg wirkt nicht nur in einer Richtung*.[122]

3. Juli 1943

Einladung General Girauds nach Washington.
Antistreikgesetz in den Vereinigten Staaten

Giraud und de Gaulle haben in einer gemeinsamen Erklärung in Washington die an der Wallstreet herumgebotenen Gerüchte dementiert, wonach «Moskau de Gaulle für den Fall, dass die britische Regierung ihre finanzielle Unterstützung einstellen würde, reichliche Subsidien angeboten habe». *Dollar, Pfund und Rubel «rollen» also immer noch gegeneinander,* und vor allem haben sich trotz der offiziellen Herzlichkeit zwischen den «Vereinigten Nationen» und trotz Auflösung der Komintern die gewohnten Methoden politischer Diffamierung bemerkenswert wenig geändert. Als besonders beängstigend wird in Amerika das Vorhandensein von sechsundzwanzig kommunistischen Mitgliedern der französischen Deputiertenkammer in Algier aufgemacht, die ihr Mandat nicht als erloschen betrachten wollen. Wie kommen diese unwillkommenen Parlamentarier nach dem doch stets so wohlbehüteten Nordafrika? Sie gehören weder der ersten noch der zweiten «Dissidenz» an; die Linksmehrheit des Rumpfparlamentes, das sich in Algier zu konstituieren beginnt, verdankt ihre Überfahrt in die heutige Exilhauptstadt Frankreichs dem sicheren Geleit der Polizei von Vichy. Diese Abgeordneten wurden zur Zeit des Regimes Darlan nach Nordafrika deportiert, um beim Bau der Saharabahn, an der sogar die zwangsrekrutierten Eingeborenen wie die Fliegen starben, zu krepieren. Es ist eine kleine Ironie der Geschichte, dass Darlan bei seiner Übersiedelung nach Algier diese Deportierten noch lebend vorfand und dass seine Nachfolger nun gezwungen sind, mit ihnen in irgendeiner Form «zusammenzuarbeiten». Dass die sechsundzwanzig Zwangsarbeiter der Transsaharabahn nun nicht Giraud, sondern de Gaulle unterstützen, ist zwar eigentlich nicht verwunderlich, wirkt aber nach Meldungen aus Washington im dortigen State Department als «höchst verdächtig».

Sogar in den Regionen von Vichy verzichtet man allmählich darauf, die beiden «Dissidenzen» in einen Topf zu werfen. In der «Action française» schreibt *Charles Maurras*[123] *über Giraud:* «Der Verräter de Gaulle ist auf einen afrikanischen Antagonisten gestossen, der ebenfalls schöne Auszeichnungen vorweisen kann. Möchte man ihm (Giraud) auch seine Parteinahme für den Krieg, seine Rolle bei der Kriegserklärung von 1939 und seinen unleugbaren Einfluss auf die verderbliche Operation des Einmarsches in Belgien vorwerfen, so hatte er doch den Ruhm eines tapferen Soldaten und galt als einer der wenigen militärischen Führer, die ihre Ideen über die bürgerliche Ordnung hatten und sich über das Unheil Rechenschaft gaben, welches die Demokratie, der Parlamentarismus und die Judäo-Freimaurerei vereint über Frankreich gebracht haben. Aber ach, dreimal ach! In den eisernen Klauen Amerikas und Englands schlägt dieser stolze Vogel Galliens vergeblich um sich.» Die Unterscheidung zwischen dem «Verräter» de Gaulle und dem «stolzen Vogel Galliens» Giraud ist bemerkenswert. Aber Charles Maurras seufzt offensichtlich zu sehr. General Giraud, der in Demokratie, Parlament, Juden und Freimaurern so scharfsinnig und originell die Grundübel der Menschheit erkannte, hat in General Eisenhower einen mächtigen Beschützer gefunden, und seine offizielle Einladung nach Washington wird in der angelsächsischen Presse wieder einmal als «Ohrfeige» für de Gaulle registriert. Die Parteinahme der amerikanischen Nachrichtenagenturen wird immer eindeutiger. Aber zum erstenmal seit langem meldet sich auch in Amerika wieder eine Opposition gegen die Frankreichpolitik des State Department zum Wort, und sogar aus den französischen Gebieten des Stillen Ozeans meldet ein amerikanischer Berichterstatter «einen Niedergang des Prestiges des amerikanischen Staatsdepartementes mit dem Ergebnis, dass Grossbritannien gegenwärtig in höherer Achtung stehe».

Der amerikanische Berichterstatter der grossen englischen Zeitschrift «New Statesman and Nation», Kingsley Martin, schloss zu Beginn dieses Jahres einen Bericht über die von Roosevelt verfolgte Aussenpolitik mit dem trüben Satz: «Aber was hat es schon für einen Sinn, so zu sprechen, wenn der Präsident das Staatsdepartement nicht daran hindern kann, aus seinen Absichten Unsinn zu machen, noch während er sie äussert.» Und seine Voraussage für das Jahr 1943 lautete: «Wir werden sehen, dass 1943 das Verhältnis des Präsidenten zum Kongress demjenigen Wilsons zum Kongress von 1919 verhängnisvoll ähnlich sein wird: 1943 steht wiederum ein liberaler Präsident einem Kongress gegenüber, in dem seine Mehrheit unsicher ist und wo seine Opponenten bittere Feinde sind, die seine ganze soziale und internationale Politik hassen.» Die beiden Niederlagen, die Roosevelts Kampf gegen die Inflation am letzten Wochenende im Kongress erlitt, bestätigen diese Voraussage vorläufig auf dem Gebiet der Innenpolitik. Die Mehrheit des Kongresses, wenn auch nicht die zur Überstimmung des Vetos nötige Zweidrittelmehrheit, stimmte gegen die Weiterführung der staatlichen *Subventionspolitik* zur Niedrighaltung der Lebensmittelpreise und zur Stabilisierung der Reallöhne und stellte sich damit grundsätzlich auf den gleichen Standpunkt wie der Führer der Bergarbeitergewerkschaft, John Lewis[124], der die Inflation für unvermeidlich erklärte. Ebenso unvermeidlich ist dann aber auch der Kampf darum, wer die Lasten der «Inflation» zu tragen hat. Die Annahme des drakonischen *Antistreikgesetzes* durch Senat und Repräsentantenhaus, gegen das Veto Roosevelts, ist genau so ein Akt dieses Kampfes wie die Streiks selbst, gegen die es sich richtet, und die beiden Häuser des Kongresses fassten diesen Beschluss in einer Atmosphäre des Hasses. Es bleibt abzuwarten, wie das Gesetz angewandt wird – die Durchführung liegt ja immerhin in den Händen der Rooseveltschen Administration, und die erste Anwendung wird noch die Möglichkeit eines Rekurses an das Bundesgericht geben –, aber die Haltung der beiden Parlamente scheint durchaus eine Periode verschärfter sozialer Spannungen anzukündigen und verrät jedenfalls den Willen, den Kampf um die Verteilung der Lasten schon während der Kriegskonjunktur rücksichtslos auch «von oben her» aufzunehmen. Die Zeit des «square deal», des «ehrlichen Handels», den Roosevelt allen Schichten des amerikanischen Volkes vorschlug, geht ihrem Ende entgegen. Die ganze Entwicklung steht bereits deutlich *im Schatten der Präsidentschaftswahlen* des nächsten Jahres. Unmittelbar kann der «Peitschenhieb», den der Kongress Roosevelt in der Streikfrage versetzte, nur dessen Popularität bei der Arbeiterschaft vergrössern und ihn von der Verantwortung für die kommenden Spannungen entlasten. Aber bei der überaus originellen Struktur der amerikanischen Demokratie wiegen solche «Imponderabilien» nicht schwer. In diesem Land, wo sich seit hundert Jahren zwei Parteimaschinen an der Macht ablösen, die beide auf kein Programm verpflichtet sind und von Fall zu Fall je nach Konjunktur und Stimmungsmessung des Gallup-Institutes ihre «Wahlplattformen» festlegen, fällt die «öffentliche Meinung» weniger ins Gewicht als in vielen autoritären Staaten, weil sie formlos bleibt und von den immer gleichen gesichtslosen Parteiorganisationen aufgefangen wird. In beiden Häusern des Kongresses verfügt die demokratische Partei über eine feste Mehrheit, und trotzdem brachten beide Häuser für das Antistreikgesetz mehr als die notwendige Zweidrittelmehrheit gegen das Veto des demokratischen Präsidenten auf. Nichts kann deutlicher zeigen, wie unabhängig die Politik des amerikanischen Parlamentes vom Ausgang irgendwelcher Wahlen ist, deren Wirkungen über einen Personalwechsel wenigstens unmittelbar nie hinausgehen.

«Die nächste *Zukunft der Welt* hängt vor allem vom engen Zusammenschluss der Vereinigten Staaten und des britischen Commonwealth ab», sagte Churchill in seiner letzten Rede mit dem Pathos eines politischen Testamentes. In seiner vorhergehenden Rede hatte er erklärt, solange Roosevelt und er, Churchill, an der Spitze dieser beiden Nationen stünden, sei die Verbindung zwischen Grossbritannien und den Vereinigten Staaten garantiert. Tatsächlich kann der amerikanische Präsident für sein Land keine Zusagen über seine eigene Amtsdauer hinaus machen. Die Niederlage Roosevelts im Kongress berechtigt zweifellos nicht dazu, der Ära Roosevelt bereits den Epitaph zu schreiben. Aber sie ist ein Hinweis dafür, auf wie schwachen Füssen die «nächste Zukunft der Welt» steht. Die Analogien mit dem Ausgang des letzten Weltkrieges haben für die Alliierten nicht nur erfreuliche Aspekte. «1918!» ist das Losungswort der alliierten Zermürbungspropaganda geworden. *Die deutsche Schreckpropaganda hat bereits die Antwort gefunden:* «*1919!*»[125]

10. Juli 1943

Italien. Neue deutsche Offensive an der Ostfront. Krieg und Kultur

«Ein Krieg muss einleuchtend sein», stellte kürzlich die «Deutsche Allgemeine Zeitung» fest. In diesem lapidaren Satz sind alle gegenwärtigen Schwierigkeiten und Nöte der Achsenpropaganda an der inneren Front beschlossen. Es scheint, dass wenigstens in *Italien* viele Leute den Krieg nicht mehr einleuchtend finden. Die spekulativen Gerüchte um eine innere Opposition in Italien haben zwar auch in unserer Presse Stimmen hervorgerufen, die mindestens ebenso spekulativ die Existenz irgendwelcher italienischer Gegenströmungen gegen das faschistische Regime verneinten. *Mussolini* selbst hat nun in seiner Rede vor dem Direktorium der Faschistischen Partei bestätigt, dass sich im März in Italien Streiks ereigneten, die freilich «vereinzelt gewesen und wirtschaftliche Gründe gehabt» hätten, und es als unvermeidlich erklärt, «dass eine Nation von sechsundvierzig Millionen tausend oder hunderttausend Individuen aufweist, die aus verschiedenen Gründen untolerant sind, abgesehen von jenen, die sich wirklich widersetzen». Toleranz ist eigentlich eine überraschend neue Forderung des Faschismus! Wenn wir uns daran erinnern, dass Mussolini noch vor sieben Monaten in seiner grossen Antwortrede an Churchill feststellte, in ganz Italien habe nur eine einzige Frau in Genua, eine dicke Frau mit Ringen an den Fingern, deren Namen zu nennen er «nicht der Mühe wert» fand, einmal ausgerufen, sie wolle Frieden haben, dann erhält die jetzige Registrierung von «tausend oder hunderttausend» Unzufriedenen durch den italienischen Regierungschef ein ganz besonderes Gewicht.

Eine nachträgliche Bestätigung früherer Gerüchte um Italien hat auch ein Artikel Richard von Kühlmanns in der «Deutschen Allgemeinen Zeitung» vom 24. Juni geliefert. Mit Bezug auf die italienische Regierungsumbildung vor fünf Monaten, bei der Graf Ciano und Grandi[126] kommentarlos ausgeschifft wurden, berichtet Kühlmann, dass damals *«einzelne Personen und Gruppen»* glaubten, England werde Italien «goldene Brücken bauen», doch sei «auf die Blüte solcher Spekulationen ein tödlicher Reif gefolgt» – und zwar nicht erst durch die Kaltstellung dieser Personen und Gruppen, sondern, weil England ihnen «die kalte Schulter gezeigt» habe. Auch jetzt hat Churchill wieder irgendwelchen, vielleicht nur hypothetischen italienischen Friedensfühlern sehr nachdrücklich die «kalte Schulter» gezeigt, und der von Mussolini proklamierte Entschluss, bis ans siegreiche oder auch bittere Ende weiterzukämpfen, ist vielleicht durch die einfache Tatsache mitbestimmt, dass dem faschistischen Regime gar keine andere Wahl geboten wird.

Der bei aller Zurückhaltung recht aufschlussreiche Artikel der «Deutschen Allgemeinen Zeitung» wurde übrigens in der Reichsausgabe, die ins Ausland gelangte, unterdrückt und durch einen andern vielleicht ebenso aufschlussreichen Aufsatz eines PK-Mannes mit dem Titel *«Glauben wir an den Sieg? Bekenntnisse eines Frontsoldaten»* ersetzt. Er vergleicht diese häretische Frage, «die, aus plötzlicher Schwäche und Mutlosigkeit geboren, wie ein bleiches Gespenst vor uns aufwuchs und die Plattform, auf der wir standen, unter unsern Füssen wegzureissen drohte», mit einem «wilden Hund, der nächtens um einsame Höfe herumstreicht und nach einem Einschlupf sucht». Die Antwort ist, dass Deutschland an den Sieg glauben *müsse* – den im Lauf dieses Krieges übereinandergeschichteten Parolen «Wir *haben* gesiegt», «Wir *werden* siegen», «Wir *müssen* siegen» wird also eine neue Etage: «Wir müssen an den Sieg *glauben*» hinzugefügt –; denn: Es darf nicht umsonst gewesen sein! Wenn jemand im Innern oder von aussen diese Frage stelle, «dann werden wir mit ihm ins Gericht gehen, weil seine Frage hohnvoll klingt und eine Schmähung ist auf uns alle, am meisten jedoch auf diejenigen, deren Kreuze rings um die Heimat stehen wie ein hölzerner Wall». Der deutsche Soldat, «der seit Jahren hier draussen steht, der Hunger und Durst, höllische Hitze und eisige Kälte, Elend und Entbehrungen, Heimweh und Sehnsucht, tausendfache Gefahren, Schmerzen und Leid, Krankheit und Verwundung erlebt hat, der links von sich einen Kameraden hat hinsinken sehen, dann rechts und immer wieder einen, die Reihen hinauf und hinab, bis sie zuletzt ganz licht waren und kaum noch eines der alten vertrauten Gesichter enthielten …, möchte nichts weniger erfahren, als dass dies umsonst gewesen wäre». Das ist einfach und einleuchtend. Wer einen Weg sehr lange ging, wird schon im Gedanken an die Länge der zurückgelegten Strecke davor zurückschrecken, ihn als Sackgasse zu erkennen, auch wenn er immer steiniger und unwegsamer wird. Da schon so viele Opfer gefallen sind, dürfen die Opfer nicht aufhören, weiter zu fallen. «Es darf nie umsonst gewesen sein» – das ist der Grundton der deutschen Propaganda an der Front und an der Heimatfront geworden. Der Krieg lebt vom Krieg; solange er dauert, erscheint er noch nicht völlig sinnlos.

Aber so einfach und einleuchtend diese Parole ist, so beängstigend ist sie auch. Nicht mehr im Inhalt, sondern nur noch in Form und Akzent unterscheidet sie sich vom defaitistischen «Genug!». Die spontane Siegeszuversicht sieht anders aus. «Den Völkern erscheint der Sieg, das Ende des Krieges immer dann am nächsten, wenn Städte und Länder erobert werden … Also erscheint ihnen der Sieg weiter in die Ferne gerückt, wenn die eigene Macht nicht gerade angreift», stellt das «Schwarze Korps»[127] fest. Es ist lange her, dass Städte und Länder erobert wurden. Selbst im blossen Zerstörungskrieg ist die Initiative an die Gegner übergegangen. Seit Dr. Goebbels erklärte, die alliierte Luftwaffe habe Deutschland am Arm, die deutschen Unterseeboote aber hätten den Feind an der Gurgel, sind die alliierten Luftangriffe ins Grauenhafte gewachsen, die offiziellen deutschen Versenkungsziffern aber sind von 950 000 Bruttoregistertonnen im November und 850 000 im März auf 149 000 im Juni 1943 gesunken, davon nur 107 000 durch Unterseebootangriffe. Eine Fortdauer dieser äusseren Passivität drohte psychologisch unerträglich zu werden.

Nun ist zunächst ganz heimlich und verschwiegen, ohne Fanfaren und Publizität, eine neue *deutsche Offensive an der Ostfront*[128] losgebrochen, die sich bereits zu einer der grössten Materialschlachten dieses Krieges mit gegenseitigen Verlustangaben von fernöstlicher Grösse und Widersprüchlichkeit entwickelt hat. «Wenn die Sonne wieder hochsteht», so hatte Göring zu Beginn dieses Jahres angekündigt, werde Deutschland wieder zur Offensive schreiten. Die Sonne aber hat bereits ihren Höhepunkt überschritten, und für eine weitgesteckte Offensive ist es zweifellos reichlich spät geworden. Die Militärinterpreten der Wilhelmstrasse haben denn auch zum vornherein die Entwicklung einer «stehenden Grossschlacht» an der Ostfront voraussehen lassen. Ihren Schauplatz, das ehemalige «Gebiet der Offensiv- und Rückzugsbewegungen, der Abwehrschlachten, Zangen, Panzerkeile und Kessel, der Stützpunkte und Wellenbrecher, der Riegelstellungen und Brückenköpfe, den Tummelplatz der Motpulks, Kampfgruppen-, Stoss- und Spähunternehmungen», hat nach dem Abschluss der Winterschlachten das «Reich» in seiner ganzen Trostlosigkeit beschrieben: «Die Städte sind zerschossen und niedergebrannt, die Dörfer verlassen und zerfallen. Die Ölfelder sind verwüstet, die Bergwerke ersoffen, die Felder liegen brach und die Brunnen sind verschüttet. Keine Fabrik, fast kein Bahnhof stehen mehr. Manche Stadt hat vier-, fünf- und mehrmals den Besitzer gewechselt.» Neue Ruinen, zerschossene Panzer und Flugzeugtrümmer, neue Massengräber und verstreute Leichen in diesem «toten Streifen», das ist bis jetzt die einzige ersichtliche Perspektive der neuen Schlacht an der Ostfront. Es war bisher nicht üblich, dass keiner der Gegner eine Schlacht «angefangen haben» wollte; bei den neuen Kämpfen im Osten erleben wir diesen seltsamen Zank. Der Krieg ist beinahe verschämt geworden.

In vollkommener Synchronisierung mit den Kampfhandlungen hat das DNB auch im Hinterland der Ostfront, in Winniza in der Ukraine, neue *Massengräber* von Opfern der GPU entdeckt. Die Identifikation soll in diesem Fall besonders leicht gewesen sein: auf den Kleidungsstücken waren die Namen der ermordeten Ukrainer aufgedruckt oder die Initialen aufgestickt. Und bereits hat die seit den «Massengräbern von Katyn» vorherrschende kriminalistische Tendenz der Kriegspropaganda auch auf die «Westfront» übergegriffen: nach offizieller deutscher Interpretation wurde der polnische Ministerpräsident General Sikorski vom britischen Secret Service ermordet, und die deutsche Propaganda nennt ihn mit unvermittelter Sympathie «das letzte Opfer von Katyn». Und in seiner Rede zur Eröffnung der *Grossen Deutschen Kunstausstellung* in München beschuldigte Dr. Goebbels die Amerikaner, dass sie aus barbarischen Minderwertigkeitskomplexen heraus systematisch alles europäische Kulturgut vernichten wollen, das für Geld und Fleischkonserven nicht zu kaufen sei. Im letzten Herbst zwar hat der deutsche Propagandaminister noch sarkastisch erklärt, dieser Krieg gehe nicht um Ideale und geistige Güter: «Diesmal geht es um wichtigere Dinge: um Kohle, Eisen, Öl und vor allem um Weizen …» Seitdem die Rohstoffe in vorderhand unerreichbare Ferne gerückt sind, ist der *Appell an die «höchsten Güter»* wieder in den Vordergrund gerückt, und die Münchener Kunstausstellung wird für Dr. Goebbels zum Inbegriff dessen, worum die Achsenmächte kämpfen; nach seiner Auffassung zeigen die ausgestellten Werke sogar, «dass wir durch den Krieg reicher, erfüllter und auch besser geworden sind». Die «Deutsche Allgemeine Zeitung» fasst in einem redaktionellen Kommentar den Charakter dieser Kunstausstellung in wenige, nach allen übrigen Berichten und Bildreportagen aber durchaus zureichende Sätze zusammen: sie registriert «auf den ersten Blick die grosse Zahl der Genreszenen», vor allem aber «die starke Wendung zur Allegorie, die das Geschehen (nicht nur das Künstlerische) symbolisch überhöht», und die allgemeine Tendenz, «in monumentale Bereiche vorzustossen, die heute als letztes Ziel des Kunststrebens erkannt sind». Es sind die sichtbarsten und lautesten, aber vielleicht doch nicht die bedeutendsten Traditionen deutscher Kunst, die hier Ausdruck finden. Und so sind es auch die repräsentativsten, populärsten Wahrzeichen kultureller Vergangenheit, nicht etwa kultureller Gegenwart, an denen sich der Aufschrei gegen die Barbarei der Gegner entfacht. Der Kölner Dom scheint, «symbolisch überhöht», zum seelisch ausreichenden Grund für die Weiterführung des Kampfes zu werden.[129]

Es wäre grotesk und beschämend, über den künstlerischen und archäologischen Wert des Kölner Doms zu streiten: In deutschen, französischen und italienischen Städten ist weniger monumentales, aber ebenso unersetzliches Kulturgut in unübersehbarer Fülle dem Bombenkrieg zum Opfer gefallen. Doch unsere Empörung über solche Zerstörungen wäre weniger sporadisch und zufällig, wenn wir nicht immer wieder vergessen wollten, dass Krieg und Kultur überhaupt keinen gemeinsamen Nenner haben und dass nun gar der «totale Krieg» zum vornherein die totale Unmenschlichkeit, die integrale Barbarei inmitten unserer «Kultur» bedeutet. Wer nicht immer wieder verdrängen würde, dass täglich harmlose, gutmütige Menschen einander mit allem Raffinement der Technik verstümmeln, foltern, niedermachen und in Dreck und Trümmern krepieren lassen und dass dies eben der Krieg ist, der könnte sich die Verspieltheit ersparen, aus dieser Apokalypse einzelne Fakten herauszupflücken, die seiner Ästhetik und Moralität besonders aufregend erscheinen. Man wird uns nie davon überzeugen können, dass Gebäude wichtiger und unersetzlicher seien als Menschen und dass die Kultur, die in jedem dem Erdboden gleich gemachten Dorf, in jedem in den Tod gehetzten Menschen, ja schon in der ganzen, nach Mussets[130] Worten «zwischen zwei Schlachten gezeugten, in der Angst geborenen» kommenden Generation hingemordet wird, bloss in ihren offiziellen «Wahrzeichen» geheiligt sei. Es gehört zum Gesicht dieses Krieges, dass ihm die Dome der Gotik zum Opfer fallen.

17. Juli 1943

*Alliierte Truppenlandung auf Sizilien. Roosevelt und
Churchill fordern Italien zur Kapitulation auf*

«Sollte dem Feind eine Landung gelingen», so erklärte Mussolini eine Woche vor der alliierten *Invasion Siziliens*, «so ist es vor allem erforderlich, dass die Reserven, die vorhanden sind, sich auf die gelandeten Truppen stürzen und sie bis zum letzten Mann vernichten, damit man sagen könne, dass es dem Feind wohl gelungen war, einen Zipfel Italiens zu besetzen, dass er aber auf diesem Stückchen Erde für immer in horizontaler, doch nie in vertikaler Form geblieben sei.» Das Rezept ist unanfechtbar, und es ist nicht einzusehen, wie unter solchen Umständen eine Invasion gelingen könnte. Auch heute noch herrscht in der italienischen Propaganda die Ansicht vor, dass das, was seit einer Woche in Sizilien vor sich geht, eigentlich eine glatte Unmöglichkeit oder mindestens eine freche Unerlaubtheit sei. Dass Tunis eine gegen Italien gerichtete Pistole ist, war zwar stets eine offizielle Parole des faschistischen Italien, aber sie war nie so gemeint, dass diese Pistole etwa wirklich losgehen könnte, sondern sie bedeutete nur, dass Tunis italienisch werden müsse. Vor nun ziemlich genau sechs Jahren, zwischen Völkerbundssanktionen und «Nichtintervention» in Spanien, wurden in Sizilien grosse Invasionsmanöver durchgeführt, deren Ergebnis Mussolini in dem apodiktischen Satz zusammenfasste: «Wir haben den Beweis erbracht, dass kein feindlicher Soldat jemals sizilianischen Boden betreten könnte.» Vor allem freilich hatten damals die «demokratischen Mächte» durch Völkerbundssanktionen und «Nichtintervention» den Beweis für die Annahme erbracht, dass ihre Pistolen nie losgehen würden. In dieser damals endgültig gewordenen Annahme liegt der grösste Teil der Genesis des Zweiten Weltkrieges. Die Gewissheit, in den Westmächten degenerierte und zu mehr als papierenen Protesten unfähige Gegenspieler vor sich zu haben, ist immer noch nicht ganz zusammengebrochen. Im letzten Herbst, nach dem Kommandoraid auf *Dieppe*, erklärte Hitler über seinen «ewig betrunkenen» Gegner: «Ganz gleich, wo er den nächsten Platz aussucht, er kann überall von Glück sagen, wenn er neun Stunden an Land bleibt.» Als die Engländer und Amerikaner nun in Sizilien seit vierundzwanzig Stunden an Land waren, schrieb der «Popolo di Roma»:

«Die *Leichtfertigkeit,* auf unserem Boden kämpfen zu wollen, könnte ihnen äusserst verhängnisvoll werden ...» Und der Militärschriftsteller Mario Appelius, der über fremde Schlachten stets mit unerschütterlicher Objektivität urteilte, findet es «sowohl als Tatsache wie auch als Idee einfach ausgeschlossen», dass der Gegner in Sizilien festen Fuss fassen könnte. Weil nicht sein kann, was nicht sein darf. Es wiederholt sich die entrüstete Fassungslosigkeit, die schon zur Zeit der «geistlosen Materialschlacht» in Nordafrika durch die südliche Achsenpresse ging.[131]

«Geistreich» wäre ja auch nicht das richtige Wort für die alliierte Landung auf Sizilien. Sie kam so wenig überraschend als möglich an der in jeder Beziehung naheliegendsten Stelle, und die Abenteuerlichkeit, die jedem derartigen Unternehmen innewohnt, war auf das Minimum reduziert. Gerade in diesem *uhrwerkartigen Ablauf*, den der Krieg seit drei Vierteljahren zu nehmen begann, liegt das Unheimliche der alliierten Strategie. Die Betriebswissenschaft, der Taylorismus, hat sich der Kriegführung bemächtigt. Wer vom Krieg verlangt, dass er geistreich sei, kommt dabei entschieden zu kurz. Aber das Gesicht des Krieges ist dabei wahrer geworden: eine Maschine, die Menschen umbringt, Städte zerstört und Länder verwüstet. Die Kriegsberichterstattung ist dementsprechend unergiebiger geworden. Werden die angelsächsischen Reporter vom «Auftakt zur Befreiung Europas» wenigstens zu militärischen Feuilletons begeistert, so beschränken sich die Darstellungen auf der Achsenseite, von Reminiszenzen aus der antiken Glanzzeit Grossgriechenlands abgesehen, darauf, die Schlacht um Sizilien ohne weitere Erläuterungen in «Phasen» einzuteilen. Eine neue Phase tritt jeweils dann ein, wenn das Schweigen bedrückend geworden ist.

Die unbedingte offizielle Zuversicht Italiens ist erst seit dem tatsächlichen Beginn der Invasion so unbedingt geworden. Zur Zeit, als der Feldzug in Tunesien zu Ende ging, erwog der faschistische Parteisekretär Scorza auch andere Möglichkeiten: «Und *wenn wir fallen müssten*, so bitten wir Gott, dass er uns in Schönheit, mit Würde und mit Ehren fallen lässt», erklärte er vor den Parteiführern. Um diesem Wunsch, in Schönheit, Würde und Ehren zu fallen, goldene Brücken zu bauen, haben nun Churchill und Roosevelt eine *Botschaft an das italienische Volk* gerichtet, in der aus der in Casablanca geforderten «unbedingten Kapitulation» eine «ehrenhafte Kapitulation vor der überwältigenden Macht der Streitkräfte der Vereinigten Nationen» geworden ist. Obwohl die Botschaft sorgfältig in zwölf Punkte eingeteilt ist, wird daraus weder klar, wie diese Kapitulation vor sich gehen, noch vor allem, *wer* denn eigentlich «ehrenvoll kapitulieren» soll. Das «italienische Volk» bleibt darin in derselben Anonymität wie die «Bevölkerung Siziliens» in den alliierten Kriegsreportagen; einzig ein überraschend tolstojanischer faschistischer Staatsbeamter, der den alliierten Truppen in die Nachbarstadt vorausging, um diese «von der Sinnlosigkeit des Widerstandes» zu überzeugen, hat in diesen Berichten anekdotisch Gestalt gewonnen. Es gibt keine organisierte Opposition und kein Komitee, das von den Alliierten bisher zur Kenntnis genommen worden wäre. Wie eine «ehrenhafte Kapitulation» der gegenwärtigen Machthaber noch möglich wäre, ist, wenigstens für den Laien, nicht ersichtlich. Eine anonyme Masse, in Uniform oder in Zivil, kann aber nicht «ehrenhaft kapitulieren», sondern höchstens bedingungslos die Waffen strecken. An alliierten Friedensappellen an Italien hat es nachgerade nicht gefehlt – schon vor bald drei Monaten mahnte ein Sprecher Girauds über Radio Algier das italienische Volk zur Eile, da es «nur noch Tage» Zeit habe, das Regime zu stürzen –, aber all diesen Appellen fehlt die Adresse. Die *politische Sterilität* ist die Kehrseite der uhrwerkmässigen, nur nach militärischen Notwendigkeiten ausgerichteten Kriegführung. Ihr psychologischer Erfolg bei der «feindlichen» Bevölkerung kann bis zur Apathie gehen, schwerlich weiter. «Die Stunde hat geschlagen, in der das italienische Volk entscheiden muss, ob seine Söhne sterben sollen für Mussolini und Hitler oder leben für Italien und die Zivilisation», endet die anglo-amerikanische Botschaft. Irgendeine Aussage über die Zukunft Italiens liegt in den beiden Worten «Italien» und «Zivilisation», welche die faschistischen Propagandisten von Giovanni Gentile bis zum letzten Provinzredner wahrlich mit grösserer Virtuosität zu verwenden wissen, nicht. Die als «Ultimatum an Italien» aufgezogene Botschaft hat einfach die Programmlosigkeit in Paragraphen gebracht. Die von der faschistischen Propaganda verbreiteten «alliierten Friedensprogramme», die Italien ebenfalls in Paragraphenform mit der völligen Ausplünderung und Analphabetisierung bedrohen, haben demgegenüber den Vorzug wenn auch nicht der Wahrscheinlichkeit, so doch der Präzision.[132]

Auch an das *französische Volk* wurden zur Feier des 14. Juli Botschaften der Vereinigten Nationen gerichtet. Präsident Roosevelt kleidete die amerikanische Ablehnung einer Anerkennung des französischen Befreiungskomitees[133] in die schönen Worte, dass «für Frankreich kein Symbol als Frankreich selbst» existiere. Auch hier wird die anonyme Masse der Bevölkerung, die keine Bedingungen stellen kann, einer organisierten Vertretung, mit der man verhandeln müsste, vorgezogen. Die Sache hat System, und zudem klingt es ja immer sehr demokratisch, wenn man es ablehnt, mit irgend jemand ausser mit dem ganzen Land zugleich zu verhandeln. «Frankreich selbst?» Frankreich selbst wurde am 14. Juli von der alliierten Luftwaffe in Tagesangriffen auf die Pariser Vororte, Amiens und Abbeville bombardiert, und am Angriff auf Amiens durfte ein freifranzösisches Bombergeschwader teilnehmen. Die Aufgabe des Befreiungskomitees ist es, den Alliierten Hilfstruppen zu stellen, alle weiteren Ansprüche wirken störend. «Die Franzosen wollen dafür sorgen, dass nur sie allein ihre Angelegenheiten regeln», erklärte General de Gaulle am 14. Juli in Algier. Aber das verbieten die militärischen Notwendigkeiten.

Es ist bemerkenswert, dass das offiziöse Organ der Sowjetregierung, die *«Prawda»*, nun ebenfalls ein Glaubensbekenntnis zum *Primat der «militärischen Notwendigkeiten»*, zur politischen Programmlosigkeit der Alliierten abgelegt hat. «Klar können nur die Aggressoren ihre Kriegsziele definieren», schrieb das Blatt am 5. Juli; «... Alle jene, die in dieser harten Zeit, in der alle Anstrengungen für die Kriegführung eingesetzt werden müssen, Utopien nachjagen, rufen eine pessimistische Stimmung hervor, die die energische Kriegführung nur schwächen könnte. Angriffe gegen Churchill zum Beispiel aus dem Grunde, dass er ‹das britische Weltreich nicht liquidieren wolle›, gehören in dieses Gebiet ... Verfrühte Diskussionen bergen die Gefahr von Meinungsverschiedenheiten in sich, die die Einigkeit der Verbündeten gefährden könnten. Man muss sich vor Augen halten, dass Regierungen, die ihre Hauptenergie auf die Kriegführung richten, nur wenig Zeit haben, spätere Friedensprobleme zu studieren.» – «Prawda» heisst bekanntlich nicht nur «die Wahrheit», sondern auch «die Wirklichkeit», und die Tugend, beide miteinander zu verwechseln, nennen wir «Realpolitik». Dass die Einigkeit der «Vereinigten Nationen» darauf beruht, eine Einigung über die Kriegsziele gar nicht erst zu versuchen, ist zweifellos der Kern des Problems. Aber in einem Augenblick, in dem die Alliierten in ein feindliches Land eindringen und dessen Bevölkerung zum politischen Umsturz auffordern, stehen sie eben nicht mehr «späteren Friedensproblemen» gegenüber, sondern sind bereits mitten in der «Nachkriegspolitik» drin. Und wenn diese Politik nach den berühmten militärischen Notwendigkeiten improvisiert wird, so wird sie eben auch danach aussehen. «Es gibt einen Krieg, der sich auf der Weltbühne abspielt, und es gibt einen Krieg, der wird hinter den Kulissen dieser Bühne ausgetragen», schrieb neulich Dr. Goebbels im «Reich». Der Krieg hinter den Kulissen wird mit der Wurstigkeit einer Schmierenkomödie abgewickelt.

24. Juli 1943

Die Ostfront. Kampf um Sizilien. Begegnung zwischen Hitler und Mussolini in Feltre. Komitee «Freies Deutschland» in Moskau gegründet

Es ist auch für die geübteste Propaganda schwierig, Widersprüche zu vermeiden, wenn sie ein Prestige zu wahren hat, das aus besseren Tagen stammt. Die *deutsche Propaganda* hatte diesen Vorsommer des Nervenkrieges hauptsächlich damit bestritten, dass sie mit Vergeltungsaktionen und militärischen Überraschungen drohte, die den Feind wie ein Blitz aus heiterem Himmel treffen würden und über die deshalb ein unbedingtes Schweigen gewahrt werden müsse. «Schreiber dieses», meinte vor einem Monat Dr. Goebbels im «Reich», «… wäre sicherlich in der Lage, mehr zu sagen, als er sagt, wenn ihm diese Hemmung nicht auferlegt wäre, und zweifellos wieder mehr Angenehmes als Unangenehmes. Aber der Feind hört mit …» Als an der *Ostfront* die deutsche Offensive bei Kursk begann, legten denn auch die offiziösen Interpreten der Wilhelmstrasse grössten Wert darauf, zu präzisieren, dass dies nicht der angekündigte «grosse Schlag» sei, sondern dass nur die Russen auf eine kleine deutsche Frontbereinigungsaktion hereingefallen seien und ihre ganze Abwehr mobilisiert hätten. Im gleichen Atemzug, in dem sie erklärten, die Rote Armee habe «angefangen», hoben sie freilich hervor, dass damit Deutschland wieder die Initiative an sich gerissen habe. Den Auslandskorrespondenten in Berlin wurde mitgeteilt, ein Haupterfolg der deutschen Strategie an der Ostfront liege darin, dass es ihr gelungen sei, eine «Materialschlacht» zu vermeiden; bald darauf wurde diese Feststellung dahin abgeändert, der deutsche Erfolg liege eben darin, den Russen eine Materialschlacht von bisher nie gekannter Intensität aufzuzwingen: die von Sowjetrussland in monatelangen Anstrengungen getroffenen Offensivvorbereitungen seien durch diese deutsche Präventivaktion «zerschlagen und praktisch ausgeschaltet worden». Noch zwei Tage bevor die russische Offensive die deutsche ablöste, stellten die Militärinterpreten der Wilhelmstrasse fest, dass die Russen «an der Grenze ihrer Defensivkraft angelangt» seien; nach den unvorstellbaren russischen Menschen- und Materialverlusten, die von den deutschen Heeresberichten gemeldet worden waren, konnte es ja auch gar nicht anders sein. Das Einsetzen der russischen Gegenoffensive wurde denn auch in Berlin recht originell so gedeutet, dass der Gegner «nach Luft ringe». Seit einer Woche nun beginnen in den deutschen Berichten wieder Töne anzuklingen, wie sie aus dem vergangenen Winterfeldzug bekannt sind, «die quantitative Übermacht und der sture Eigensinn des Feindes» und die Formel der «beweglichen Verteidigung» bereiten einen auch propagandistischen Rückzug aus unhaltbar gewordenen Positionen vor. Im «Völkischen Beobachter» berichtet ein Frontkorrespondent, es habe seit dem Beginn der russischen Offensive bei Orel «für den letzten Grenadier wie für den ersten Generalstabsoffizier der Stäbe und aller Truppenführer und Kommandanten keine Minute gegeben, in der sie sich der Allgegenwärtigkeit dieses *ungeheuerlichen Kräfteunterschiedes* entziehen konnten ... dem Unterschied zwischen der vorwärtswalzenden feindlichen Angriffsmaschine und den sechs Bataillonen, den einzelnen Batterien und den an den Fingern abzuzählenden Panzerabwehreinheiten, die in den ersten Stunden als Reserve eingesetzt wurden ... Kompagnien mussten als dünner Schützenschleier ohne Anlehnung nach rechts oder links stückweise in ein paar Nachtstunden aufgebaut werden als neue Abwehrlinie, die irgendwoher ein paar Kanonen oder ein paar Sturmgeschütze oder Pak[134] zugeführt erhielten, wenn sie nicht überhaupt nur auf ihre eigenen Maschinengewehre und ihre Panzersprengmittel angewiesen sind ... während aus dem graufarbenen Himmel eine Meute von Schlachtfliegern und anderen Flugzeugen auf sie hinabstösst und in frechen, *ungehinderten* Tiefangriffen mit Bomben und Bordwaffen die letzte Widerstandskraft zu nehmen sucht ...» Das hier von einem einzelnen Frontabschnitt entworfene Bild sticht stark von der bisher stets gewahrten Vorstellung der deutschen Wehrmacht als unfehlbar durchorganisierter Präzisionsmaschine ab und erinnert vielmehr an die Art, wie in den ersten drei Kriegsjahren die Gegner Deutschlands ihre aussichtslosen Abwehrkämpfe gegen die deutsche Übermacht schilderten.

Noch mehr drängt sich diese Erinnerung in den italienischen Berichten über den Kampf um *Sizilien* auf. Die unaufhaltsame Abwicklung der anglo-amerikanischen Besetzung, die ausser vor Catania andere als Geländeschwierigkeiten ernstlich gar nicht zu finden scheint, schlägt allen bisherigen Vorstellungen über die Waghalsigkeit einer Invasion «ganz gleich wo», wie Hitler sagte, ins Gesicht. Als die Landung einmal gelungen war, hatte die italienische Propaganda in aller Eile einen Mythus der Uneinnehmbarkeit um die zentrale «Bergfeste» Enna aufgebaut, an der sich die Alliierten die Zähne ausbeissen würden; aber Enna ist sang- und klanglos und ohne hervorstechenden Widerstand in die Hände der Amerikaner gefallen. In der «Deutschen Allgemeinen Zeitung» wird die Planmässigkeit der deutsch-italienischen Verteidigung Siziliens mittels folgender bemerkenswerter Interpretation aufrechterhalten: «Besonders auf Sizilien wurde offenkundig, wie man auf unserer Seite zunächst eher Erfolge (sc. des Gegners) zuliess, als wild und ungebärdig zuzuschlagen.» Diese Offenkundigkeit ist nicht zu bestreiten, aber die Taktik ist für die Achsenmächte neu. Sie hängt zweifellos mit dem tiefen seelischen Wandel zusammen, der aus der Hauptstadt des «gefährlichen Lebens»[135] beim ersten Luftangriff einen Tempel der Kunst, der Geschichte und der Religion und aus dem Volk des Faschismus und des neurömischen Imperiums nach dem «Popolo d'Italia» ein Volk werden liess, «dessen ganzes Sinnen und Trachten einzig darauf ausgeht, in seinen Häusern und in seinen Grenzen bleiben zu können, ein Volk, das leidet, arbeitet und sich abmüht, einzig um überhaupt leben zu können». Solche Sätze mögen in der offiziellen italienischen Presse seltsam klingen, aber man tut gut, sie ohne Ironie zu lesen; denn es ist zweifellos das echte Gesicht Roms und Italiens, das hier hinter der lauten und bombastischen Fassade eines Imperialismus wiedererscheint, dem jede reale Grundlage in der wirtschaftlichen und sozialen Struktur Italiens fehlte. Es liegt eine tiefe Tragik darin, dass dieser Vorgang von Bombern und Panzerwagen bewerkstelligt wird, und es ist unschön, dass früher als die moderne Monumentalfassade frühchristliche Basiliken einstürzen; obwohl, auch im übertragenen Sinne, die Frage auftauchen mag, ob nicht die Basiliken allzugut in diese Fassade eingebaut und eingeordnet waren ...

Während die italienische Propaganda unbeirrt die These aufrechterhält, dass in Sizilien um das Schicksal Europas gerungen werde, ist für die deutsche Presse die uneinnehmbare Bastion Sizilien zu einer «kleinen naturgemäss schwach befestigten Insel» geworden, wie sich die «Deutsche Allgemeine Zeitung» ausdrückt, und die 3,6 Kilometer breite Meerenge von Messina scheint für sie zum Weltmeer geworden zu sein. Es ist denkbar, dass die dreizehnte *Begegnung zwischen Hitler und Mussolini*,[136] die am Montag in Oberitalien stattfand, diesen Verschiedenheiten der Auffassung gewidmet war. Das offizielle Communiqué beschränkte sich in selbst für totalitäre Stilbegriffe ungewohnter Kürze auf die Feststellung, dass «militärische Fragen besprochen» wurden, was ohnehin durchaus zu vermuten war, und überliess die sonst gewohnten Versicherungen, dass im Geiste unwandelbarer Kampfgemeinschaft eine vollkommene Einigung über die zukünftigen Aktionen stattgefunden habe, den Kommentatoren zweiten Ranges. Die beiden Diktatoren sind zwar zweifellos darüber einig gewesen, dass «etwas getan werden muss», denn die seit drei Vierteljahren nicht abreissende Kette von Rückschlägen droht sonst den einstigen Enthusiasmus der Unbesieglichkeit in einen Fatalismus der Niederlage zu verwandeln; die Frage ist nur, ob nicht bereits getan wird, was getan werden kann. «Wir sind in einem ununterbrochenen Sorgentraining begriffen», schrieb kürzlich Dr. Goebbels; geteilte Sorge kann ausnahmsweise auch doppelte Sorge sein.

Mit ihrem Appell an das italienische Volk haben Churchill und Roosevelt gezeigt, dass sie Italien auch moralisch für sturmreif halten. Die Gründung des

Komitees «Freies Deutschland» in Moskau kann nicht anders gedeutet werden, als dass man dort nun auch das Dritte Reich als politisch «anfällig» betrachtet. Volle zwei Jahre lang hat Sowjetrussland auf die politische Kriegführung nach aussen hin verzichtet; wie es seinen Gegnern militärisch eine grausame Überraschung bereitete, so bereitete es seinen Gläubigen in aller Welt politisch eine schwere Enttäuschung, die mit der Auflösung der Komintern ihre logische Konsequenz fand. Der Augenblick, in dem nun die Sowjetunion auch politisch und ideologisch in den Krieg eintritt, könnte einen Wendepunkt des Zweiten Weltkrieges bezeichnen. Eine Improvisation ist das Komitee «Freies Deutschland» freilich nicht; eine lange und systematische politische Bearbeitung und «Schulung» der deutschen Kriegsgefangenen in Russland hat seine Grundlagen, sozusagen seine «Massenbasis» geschaffen, und die Zusammensetzung des Komitees beruht auf einer Kombination von Kriegsgefangenen und kommunistischen Emigranten: als Präsident der alte revolutionäre Bänkelsänger Erich Weinert, als Vizepräsidenten zwei kriegsgefangene Offiziere, unter denen Graf Heinrich von Einsiedel, Urenkel Bismarcks, den preussischen Adel repräsentiert, unter den Mitgliedern die emigrierten kommunistischen Reichstagsabgeordneten Pieck und Florin, die soeben die Liquidation der deutschen Kominternsektion beendet haben; der Sinn dieses Auflösungsbeschlusses der «veralteten» Komintern wird damit vielleicht etwas klarer. Unter den Programmpunkten des in Millionen von Exemplaren verteilten und über der Front abgeworfenen Gründungsmanifestes fällt zunächst besonders die Betonung des Privateigentums und der «freien Initiative in der Wirtschaftspolitik» auf; doch wird es gut sein, genauere Präzisierungen abzuwarten; denn «freie Initiative in der Wirtschaftspolitik» kann etwas ganz anderes bedeuten als «freie Privatinitiative in der Wirtschaft», und die Rückgabe widerrechtlich enteigneten Privateigentums ist eine rein aktuelle, keine grundsätzliche Formulierung. Aber es ist durchaus wahrscheinlich, dass sich das Komitee in diesen Fragen nicht in klassenkämpferischen Gegensatz zu den Alliierten begibt. Um so deutlicher ist die Diskrepanz des von allen offiziellen Organen der Sowjetunion verbreiteten Manifestes zu der seit Casablanca festgelegten angelsächsischen Forderung der «unbedingten Kapitulation»: Die deutschen Soldaten sollen ihre Waffen nicht niederlegen, sondern sie umkehren, den Nationalsozialismus stürzen und von Deutschland aus durch eine neue Regierung über den Frieden verhandeln. Und während die alliierte Militärregierung in Sizilien zum vornherein «keine Politik macht» und jede politische Willensbildung verbietet, hat das Moskauer Komitee sogleich mit revolutionärer Propaganda grössten Stils an und hinter der deutschen Front eingesetzt. Die verlegenen Kommentare aus London und Washington zeigen, dass die politischen Offensiven der Alliierten keineswegs koordiniert sind. Die Zusammenarbeit der «Vereinigten Nationen» steht vor einer neuen, wohl der schwersten, Belastungsprobe; nach dem «polnischen Komitee» in Moskau stellt das deutsche Komitee von neuem die ganze Problematik der «Interessenzonen» auf die Tagesordnung. Und noch in einem andern Sinn kann diese Gründung einen Wendepunkt des Krieges bedeuten: Es ist das erstemal, dass versucht wird, dem feindlichen Land einen Ausweg jenseits der Niederlage zu zeigen. Propaganda, gewiss; aber dass beinahe vier Kriegsjahre vergehen mussten, bis diese Form der Propaganda aufgenommen wurde, beweist genug, dass es sich um schwerwiegende Propaganda handelt.[137]

31. Juli 1943

Sturz und Verhaftung Mussolinis. Marschall Badoglio übernimmt die Macht

Der bekannte Verfasser des skandalös-antiklerikalen Romans: «Die Mätresse des Kardinals» und zahlreicher anderer sozialistischer und pazifistischer Pamphlete, später Erfinder der Verwendung von Rhizinusöl mit Kniebeuge als Mittel politischer Argumentation und zahlreicher totalitärer Diskussionsmethoden, die seitdem von halb Europa übernommen wurden, Ehrendoktor der Universität Lausanne und Staatsmann von unbestreitbarem rhetorischem Talent, Dr. h. c. Benito *Mussolini*, hat sich unter noch nicht völlig aufgeklärten Umständen aus dem öffentlichen Leben zurückgezogen. Die zweifellos etwas romancierten ersten Berichte lassen vermuten, dass sein Abgang traurig war. Sein mächtigster Freund und grösster Schüler, den er einige Tage vorher nach Verona eingeladen hatte, vermochte ihm offenbar keinen Trost in der Widerwärtigkeit zu bieten; seine nächsten Mitarbeiter und sein eigener Schwiegersohn, der doch überhaupt nur als Schwiegersohn Sitz und Stimme im Rat erhalten hatte, wollten nichts mehr von ihm wissen, und als der Duce, an allen andern menschlichen Bindungen verzweifelnd, mit einem umfangreichen Dossier belastender Dokumente wenigstens an ihre Komplicenschaft appellieren wollte, wurde er einfach niedergeschrien. Niemand kannte ihn mehr, dessen Porträt doch in allen Amtsstuben und an allen Strassenecken geprangt hatte, und der Volksjubel, den er so oft unter dem Balkon seines Regierungspalais hatte inszenieren lassen, erwies sich als Statistengemurmel gegenüber dem Jubel, der beim Bekanntwerden seiner Resignation durch die Strassen Roms und ganz Italiens tobte. Vielleicht fühlte sich der Diktator durch all diese Vorgänge in der tiefen Menschenverachtung bestätigt, die all seinem Tun und Denken zugrunde gelegen hatte; dies Volk war zu klein für seine heroische Doktrin, es war des «gefährlichen Lebens» müde geworden, als es gefährlich wurde ... Er selbst freilich, der Lehrer des «gefährlichen Lebens», der vor bald einundzwanzig Jahren seine Getreuen zum Marsch nach Rom vorausgeschickt hatte und ihnen selbst im Schlafwagen nachgereist war, hat nun, wenn wir der Darstellung der Turiner «Gazzetta del Popolo» glauben dürfen, sein sinkendes Staatsschiff in einem Rotkreuzwagen der italienischen Armee verlassen. Das sind kleine Stilfehler, wie wir sie bei den grossen Verächtern der (andern) Menschen und des (fremden) Lebens meistens finden. Die Schwarzhemden des Duce haben sich wohl schwerlich geträumt, dass ihr Chef einst wie irgendein Minister der degeneriertesten aller parlamentarischen Demokratien seine Demission einreichen und sie selber dann schleunigst die Hemden wechseln würden.

Soweit der Personalwechsel und, soweit das Personal blieb, der Uniform- und Abzeichenwechsel. Dass damit der grause Alpdruck, der über Italien liegt, und zwanzig Jahre Faschismus ausgelöscht seien, das war zweifellos der Eindruck, unter dem die tanzenden, lärmenden und sich küssenden Menschenmassen der italienischen Städte standen. Aber *die «Männer, die Geschichte machen»*, *sind leider selten imstande, die Geschichten die sie angerichtet haben, auch wieder gutzumachen*. Die Erbschaft, die Mussolini seinem Lande hinterlassen hat, ist grauenhaft. Wie kann *Italien* aus der aktiven Kriegführung ausscheiden, ohne zum passiven Kriegsschauplatz zu werden? Die Chance, eine Neutralisierung des Landes durch Verständigung mit beiden Kriegsparteien zu erreichen, ist mehr als nebelhaft; sollte sie für das Dritte Reich, dessen Truppen in allen Nervenzentren Italiens stehen, annehmbar sein, so müsste sie für die Alliierten den Abbruch ihres ganzen von der Landung in Nordafrika bis zur Landung in Sizilien konsequent durchgeführten Feldzugsplanes bedeuten. Beide Kriegsparteien stehen auf italienischem Boden, und die Städte Italiens stehen allen Luftangriffen offen. Was sich am Sonntag in Rom vollzog, war ein Staatsstreich in der Sackgasse, viel mehr ein Umstürzen als ein Umsturz. «*Der Krieg geht weiter*», proklamierte Marschall *Badoglio* nach der Machtübernahme, und dass es tatsächlich so ist, mit oder ohne den Willen Italiens, darüber lassen weder die Alliierten noch Deutschland einen Zweifel bestehen.[138]

Die Ankündigung *Churchills*, dass Italien, wenn es nicht bedingungslos kapituliert, «in den nächsten Monaten von einem Ende bis zum andern verheert, ausgeblutet und verödet wird», und sein delikates Rezept, die Italiener «in ihrem eigenen Saft schmoren» zu lassen und «tüchtig nachzuheizen», hat denn auch Deutschlands Vertrauen in die Bündnistreue der neuen italienischen Machthaber gewaltig verstärkt. Zwar hat der Sturz Mussolinis, wie der Chefredaktor der «Münchener Neuesten Nachrichten» F. Geistert feststellt, auch *in Deutschland* «wie ein Donnerschlag gewirkt» und wird «überall als Beginn eines neuen Abschnittes der italienischen Geschichte gewertet»; aber Geistert nimmt die Rede Churchills als Garantie für die von Badoglio proklamierte Treue zum gegebenen Wort: «Wenn irgendwo die Hoffnung bestanden haben sollte, dass der Rücktritt Mussolinis und die Ersetzung des faschistischen Regierungssystems durch ein anderes Regime auf der Feindseite als eine Art Lösegeld angenommen würde, dann erweisen die Tatsachen derartige Spekulationen als hirnverbrannte Trugschlüsse. Die Antwort auf den Rücktritt Mussolinis und seine Ersetzung durch Badoglio war die Forderung nach bedingungsloser Kapitulation und Unterwerfung unter das Diktat der Feindmächte ... Zweifellos *erleichtert* eine solche gegen die Existenz und die Ehre eines Volkes gerichtete Haltung Entschlüsse, wie sie in dem Wort ‹Der Krieg geht weiter› sich ausdrücken, und *blockiert Wege*, die ganz zwangsläufig aus so weitreichenden Veränderungen sich anzubieten scheinen ...»

Wäre die italienische Krise nur aussenpolitisch bedingt oder wäre gar Mussolini, wie das DNB mitteilte, nur aus Gesundheitsrücksichten zurückgetreten, so könnte und müsste nun also der Krieg weitergehen, und es hätte sich militärisch nichts geändert. Aber die Römer Palastrevolution, die eine bessere Verhandlungsbasis schaffen und den Kopf des Regimes als Lösegeld anbieten sollte, hat innenpolitisch als ein Dammbruch gewirkt. «Evviva il rè», riefen die Demonstranten auf den Strassen Italiens, aber sie meinten: «Evviva la pace! Evviva la libertà!» Eine der ersten Massnahmen Badoglios war das Verbot, dass mehr als drei Italiener zusammenstehen, und der Befehl an die Truppen, auf Zuwiderhandelnde zu schiessen. Die Berichte, die seither aus allen grossen Städten Italiens einliefen, sehen nicht so aus, als würden die Italiener nun einzeln oder paarweise spazierengehen, und auch die Truppe scheint nicht auf jede grössere Gruppe zu schiessen, selbst wenn sie rote Fahnen mitträgt. Wie aus dem Boden gestampft, sind die *antifaschistischen Parteien* Italiens, die ein zwanzigjähriger Terror vernichtet zu haben schien, wieder an die Oberfläche getreten und suchen die allgemeine Bewegung zu organisieren. Nicht alles an diesem überraschenden Vorgang ist Improvisation und rasche Anpassungsfähigkeit politischer Wetterfahnen; aus Gefängnissen und Schlupfwinkeln steigt ein anderes, heldenhafteres Italien ans Licht, das *auch in den zwanzig Jahren den Kampf nicht aufgab, in denen die «grossen Demokratien» den italienischen Faschismus als Faktor sozialer Sicherheit anerkannten und finanzierten*. Noch ist all das formlos und von äusserem Begeisterungstaumel verhüllt. Aber die allgemeine Verbrüderung, die stets dem Sturz eines verhasst gewordenen Regimes folgt, ist kein Dauerzustand. Zwischen der Begeisterung des Volkes und dem offiziellen Programm der neuen Regierung ist kein Berührungspunkt sichtbar. Die gesetzliche Auflösung der Faschistischen Partei erfolgte erst, als deren Liquidation überall, teilweise in der Form des bewaffneten Kampfes und der Lynchjustiz, im Gange war. In den norditalienischen Industriestädten scheinen sich sehr rasch Zentren politischer Aktivität herauszubilden, und die Grenzen zwischen Freudenkundgebungen und «Agitation extremistischer Elemente», zwischen Entfernung der faschistischen Embleme und Aufruhr, zwischen Feiern und Streik sind aus den spärlichen Berichten nicht immer klar ersichtlich; erst recht schweigen die Meldungen über die Reaktion des italienischen Dorfes. Italien befindet sich in einem amorphen Zwischenzustand zwischen Staatsstreich innerhalb der monarchischen Legalität und Revolution. Die zentrale Forderung aber lautet heute: «Friede!» Die Alliierten, die seit dem Sturz Mussolinis die Luftangriffe gegen das italienische Festland eingestellt haben, halten die Entscheidung in Händen: wenn der Krieg gegen Italien mit der von Churchill angekündigten Rücksichtslosigkeit wieder einsetzt, so kann die Notfassade der Militärdiktatur und vielleicht der ganze Bau der Monarchie dem Faschismus nachstürzen. Diese Drohung ist nicht nur ein Druckmittel der Alliierten gegenüber der italienischen Regierung, sondern ebensosehr ein Druckmittel in der Hand Badoglios gegenüber den Angelsachsen; denn diese wünschen, wie Churchill erklärte, durchaus nicht, «Italien in einen Zustand des Chaos und der Anarchie zu versetzen, um dann keine Autorität vorzufinden, mit der wir verhandeln können». Zwischen dem italienischen Übergangsregime und den angelsächsischen Mächten ist eine *Nervenprobe* im Gange: welcher der Partner wagt es länger, mit dem Feuer zu spielen?

Für die Hilfsvölker und Subdiktatoren der Achse aber hat der Sturz des italienischen Diktators ein Menetekel an die Wand geschrieben, das von Madrid bis Bukarest seine Wirkung nicht verfehlen wird. Die entscheidende Partie hat begonnen. Doch «in einem Zeitpunkt, da sich offenbar noch nicht einmal für die Nächstbeteiligten aus dem Wirbel der Ereignisse ein klares Bild ergeben hat», schreibt F. Geistert in seinem oben zitierten Artikel, «bleibt uns nur die Rolle des kaltblütigen Beobachters». Wobei es freilich neu und aufschlussreich wäre, wenn sich Deutschland tatsächlich mit dieser Rolle abfinden würde. Denn wenn auch das Communiqué von Verona vorahnend die «Schicksalsverbundenheit» der beiden Achsenführer nicht mehr betonte – es wird schwierig sein, zu verhindern, dass sie die Geschichte einst im gleichen Atemzug nennen wird.

7. August 1943

Alliierte Militärverwaltung auf Sizilien. Italien

Über die Gefilde Siziliens wandeln, wie in grossgriechischen Zeiten, vier Grazien, frisch von Hollywood oder von Hot Springs importiert und stilvoll in antiken Faltenwurf drapiert: sie stellen die *«vier Freiheiten»* Roosevelts dar, Freiheit des Glaubens, Freiheit der Rede, Freiheit von Not und Freiheit von Furcht, und halten, wie man bis zum Eintreffen der ersten Bildreportagen annehmen darf, die entsprechenden Symbole in Händen, Gesangbuch, Mikrophon, Gefrierfleisch und Leumundszeugnis. Es wird also niemand mehr behaupten dürfen, er könne sich darunter nichts Konkretes vorstellen. Vorläufig allerdings sind die «vier Freiheiten» nur auf den Banknoten zu sehen, welche die alliierte Militärverwaltung[139] auf Sizilien herausgibt, und sie stehen nicht eben hoch im Kurs, obwohl es sich um einen ausgesprochenen Stützungskurs handelt: vierhundert Lire gelten vier Dollar oder ein Pfund Sterling. Die vier Freiheiten selbst sind zwar auf den Banknoten abgebildet, aber bis auf weiteres nicht einlösbar; jede politische Tätigkeit bleibt verboten. Denn seit die Befreiung der Berber und Senegalesen im vergangenen November begann, steht der Satz unantastbar fest, dass sich die alliierten Militärverwaltungen nicht mit politischen Fragen befassen, und eine etwas seltsame Logik ergibt, dass eo ipso in ihrem ganzen Machtbereich die Befassung mit politischen Fragen verboten ist, obwohl ein solches Verbot zweifellos eine höchst politische Massnahme darstellt. «Es wird wohl niemand verlangen, dass jetzt in Catania Wahlen abgehalten werden», erklärte Eden im Unterhaus. Es ist nicht bekannt, dass dies irgend jemand verlangt hätte; aber nach drei Jahren politischer Sterilisierung werden Wahlen ebenso unmöglich sein wie heute im Feuer des

Kampfes. Nur eine separatistische «Bewegung» ist einen Augenblick lang in Sizilien aufgetaucht und gleich wieder in der Versenkung verschwunden. Es ist ein sonderbares Ding mit der Freiheit, die man als Geschenk erhält.

Dass die Freiheit das höchste Gut sei, steht nun auch täglich in der *italienischen Presse* zu lesen. Und da sie das höchste Gut sei, steht dann weiter zu lesen, müsse sie mit allen Kräften verteidigt werden. Nach einigen Tagen des Freudentaumels ist dies so ziemlich das einzige, was den Italienern von ihrer neuen Freiheit geblieben ist: die Aufforderung, sie zu verteidigen, das heisst, den Krieg weiter zu führen und zu ertragen. Im übrigen herrscht der Belagerungszustand, die Parteien sind bereits wieder verboten, die Zeitungen unterstehen wieder dem Propagandaministerium, nachdem sie eine Zeitlang wenigstens als Zeichen der neuen Gedankenfreiheit Zensurlücken getragen hatten, das Abhören feindlicher Radiosendungen wird bestraft, und die Urteile der Kriegsgerichte wegen «aufrührerischer Äusserungen» sind kaum gelinder als die der bisherigen faschistischen Sondergerichte. Als Ersatz für die Freiheit der Rede haben die Italiener wenigstens die Freiheit der Anrede erhalten, aber die inständigen Aufforderungen der Presse an die Bevölkerung, nun wieder statt mit gerecktem Arm «Voi» händeschüttelnd «Lei» zu sagen, scheinen zu zeigen, dass diese neue Freiheit nicht genügend geschätzt wird; wenn die Passanten auf den Strassen der italienischen Städte auf den ersten Anruf der patrouillierenden Carabinieri hin ruckartig stehen bleiben, weil andernfalls scharf geschossen wird, so ist es begreiflich, wenn sie ebenso ruckartig und unwillkürlich die Hand zum Faschistengruss heben, ohne zu bedenken, dass sie nun freie Menschen sind. Der Duce ging, die Diktatur blieb, der Krieg geht weiter. Nach einem vielzitierten Bericht der «Tat» aus Mailand fragt sich das Volk verzweifelt, «wozu es die Revolution gemacht und den Faschismus gestürzt habe». Da im gleichen Bericht italienische Pressestimmen falsch übersetzt werden, handelt es sich vielleicht auch hier um einen Hörfehler, und die Bevölkerung fragt sich in Wirklichkeit, warum sie keine Revolution gemacht habe, als der Faschismus zusammenstürzte. Die Freiheit, die man geschenkt bekommt, ist ein sonderbares Ding.

Was freilich hinter dem Schleier des Belagerungszustandes vor sich geht, bleibt undurchsichtig. Die *Opposition von unten* hat im kurzen Interregnum der Palastrevolution Zeit gefunden, sich zu organisieren, in den Fabriken Norditaliens wird täglich eine halbe Stunde für den Frieden gestreikt, Arbeiterräte wurden gebildet, und die Drohung des Generalstreiks liegt in der Luft. Die Diktatur Badoglio steht auf dem schwankenden Boden einer Friedenshoffnung, die sie erweckt hat und die sie nicht enttäuschen darf, ohne einen Zusammenbruch von innen zu riskieren. Es fällt schwer, anzunehmen, dass die Entlassung Mussolinis ohne jede vorherige Fühlungnahme mit den Alliierten nur auf Grund einer Spekulation erfolgt sei; noch unmöglicher ist es, zu glauben, dass inzwischen keine Verhandlungen aufgenommen worden seien und Badoglio mit gefalteten Händen auf ein alliiertes Angebot warte. Aber ebensowenig ist zu sehen, wie Italien aus dem Krieg ausscheiden und doch «sein Wort halten» will, wenn damit der «Stahlpakt» gemeint ist, der jeden Sonderfrieden ausschliesst, und anderseits ist nicht recht klar, was es eigentlich über eine bedingungslose Kapitulation zu verhandeln gibt. Eine Woche nach Mussolinis Abgang haben die Alliierten erklärt, die Bedenkzeit für Badoglio sei abgelaufen, da er noch keine Schritte zu Friedensverhandlungen unternommen habe. Vielleicht ist die Bedenkzeit, die das italienische Volk Badoglio eingeräumt hat, noch nicht abgelaufen, weil es noch nicht durchschaut, *wer* hier eigentlich falschspielt. Die italienische Presse sucht den Nachweis zu erbringen, dass das Falschspiel auf seiten der Alliierten zu suchen sei. «Viele werden in diesen unvergesslichen Tagen *auf neue Worte gewartet* haben», schreibt der «Corriere della Sera», «um ohne übermässiges Bangen und ohne Schande an den Frieden denken zu können. Neue Worte von grösserer Präzision, in denen das Bewusstsein der höchsten Ziele durchklingt, auf die ein einigeres, gesichertes und gerechteres Europa gerichtet sein müsste. Die leiernde Stimme des unerbittlichen Ritornells wiederholt: ‹Bedingungslose Übergabe› ... Der Friede, ja, der Friede. Aber *welcher Friede?* Vor allem, um jeden Preis: *welcher Friede?*»

Weder die Sprecher der alliierten Propaganda noch die vier Grazien der AMGOT geben eine Antwort auf diese Frage. Die militärischen Notwendigkeiten verbieten jede Beschäftigung mit politischen Fragen. Und doch ist der Krieg an einem Punkt angelangt, an dem ein befreiendes Wort, eine politische Konzeption, eine Zukunftsperspektive für die Besiegten viele Divisionen wert wäre. Selbst Militärspezialisten erkennen heute die *Notwendigkeit einer politischen Kriegführung*. «Revolutionen sind im modernen Krieg nicht ein gottgesandtes Wunder, sondern ein notwendiges Nebenprodukt der Niederlage», schreibt der Militärkorrespondent des «Evening Standard». «Die Alliierten müssen auf ihren Ausbruch und auf ihre Auswertung vorbereitet sein.» Aber vielleicht geht es ja eben darum, dieses «notwendige Nebenprodukt» alliierter Siege zu vermeiden; die «Auswertung» von Revolutionen ist eine schwierige Angelegenheit. Die politische Kriegführung der Alliierten besteht zweifellos, aber sie bewegt sich lieber auf dem Feld der Geheimdiplomatie. Es ist bezeichnend, dass das angelsächsische Vorgehen gegenüber Italien in England beinahe ebensolches Unbehagen hervorruft wie vor einem halben Jahr die Eisenhowersche Diplomatie in Nordafrika; die Tendenz, «wacklige Throne zu stützen und abgekarteten Palastrevolutionen zu helfen, sich als echte Ausbrüche befreiter Demokratie zu tarnen», wie sich der «Observer» ausdrückt, hat Eden im englischen Unterhaus ebenso peinliche Fragestunden bereitet wie damals, und wiederum wird im Hintergrund das Gegenspiel der «Vereinigten Nationen» sichtbar, von denen England und Amerika «in engstem Einvernehmen» handeln, weshalb das ehrenwerte Parlament zur Zurückhaltung ermahnt wird, während die russische Regierung «auf dem laufenden gehalten» wird, sich damit aber anscheinend nicht recht zufriedengibt, und das französische Befreiungskomitee in Algier heftig das Mitspracherecht Frankreichs in allen italienischen Angelegenheiten anmeldet, obwohl es für die angelsächsischen Mächte noch nicht einmal de facto existiert.

Die Spannungen zwischen den Alliierten waren das Hauptargument der deutschen Propaganda für die deutsche Siegesgewissheit: «Einen alliierten Sieg kann es schon deshalb nicht geben, weil es diese Alliierten gar nicht gibt.» Aber alle Spannungen hindern nicht mehr, dass die *alliierte Kriegsmaschine* unerbittlich weiterläuft, und dass nach Rudolf Kirchner zwischen den «Vereinigten Nationen» nur eine «zufällige Koinzidenz der Kriegführung» besteht, ist ein sehr schwacher Trost, wenn auch die alliierten Siege «zufällig» immer mehr koinzidieren. Die *Hiobsbotschaften für Deutschland* reissen so wenig mehr ab wie die Luftangriffe. Genau einen Monat, nachdem die deutsche Armee von Orel und Bjelgorod aus ihre Sommeroffensive gegen Kursk eröffnete, sind Orel und Bjelgorod fast gleichzeitig in russische Hand gefallen und zu Ausgangspunkten einer russischen Offensive geworden, die nicht mehr mit den Naturgewalten des russischen Winters erklärt werden kann.

Am gleichen Tag kapitulierte im Süden die Achsenbastion Catania, und die Schlacht um Sizilien nähert sich rasch ihrem Ende. Zwar haben nach deutscher Interpretation die Deutschen Orel und Catania mit Erfolg aufgegeben, ohne dass es die Russen und Engländer merkten, während anderseits der Fall von Bjelgorod vom deutschen Wehrmachtsbericht noch nicht bemerkt wurde; aber es ist auf die Dauer zweifellos sehr aufreibend, dem Feind solche Schnippchen zu schlagen. Die schwedische Unfreundlichkeit, den deutschen Truppentransit durch Schweden aufzuheben, wurde in Berlin sehr plausibel damit erklärt, dass «die Voraussetzungen, die damals (1940) für den Abschluss dieses Abkommens bestanden, sich inzwischen geändert haben». Es ist wirklich schwierig, diese Tatsache zu verbergen. Die deutsche Propaganda ist äusserst bescheiden geworden, und als wollte sie vorbeugend rückwärtige Positionen beziehen, wird das Wort «Europa» immer spärlicher benützt. Sie schrumpft sogar retrospektiv zusammen: «1939 hatten wir *kein Kriegsziel*», schreibt der «Stuttgarter NS-Kurier» am 1. August, «es wurde uns erst aufgezwungen von unseren Feinden. Wir kämpfen um unser Leben, um unsere Freiheit *und sonst um gar nichts.*» Seit zwei Wochen hat Dr. Goebbels seine gewohnten Wochenendartikel im «Reich» eingestellt, nachdem er schon einige Zeit geklagt hatte, dass er so vieles zu sagen hätte, was er doch verschweigen müsse. In seinem letzten Artikel im «Reich» vom 25. Juli hatte er die gefassten Worte niedergeschrieben: «Alle bisherigen Rückläufigkeiten der Achsenkriegführung waren ausschliesslich auf höhere Gewalt zurückzuführen ... Wir sind dem Kriege gegenüber vollkommen gefeit. Wir nehmen ihn so, wie er ist.» Nun, so ist er.

14. August 1943

Der «totale Krieg» in Deutschland

«In diesem Krieg stirbt jede Phrase», stellte vor einer Woche die *«Frankfurter Zeitung»* fest. Nun hat sich dieses gepflegte und äusserlich nie ganz gleichgeschaltete Bildungsblatt der Goethestadt, Sinnbild oder Phrase einer unerschüttert über den Stürmen fortbestehenden grossbürgerlichen Kulturtradition Deutschlands, selbst zum Sterben entschlossen; ging ihm der Atem, das Papier oder die Protektion aus, wurde es «ausgekämmt» oder verhüllt es sich nur, wie der «Temps», für die schlimmste Zeit das Haupt? Der Augenblick ist seltsam gewählt; denn im ganzen ist es eine andere Phraseologie, die jetzt sozusagen vorwegstirbt oder von der sich die Propaganda «planmässig absetzt»: das Rechnen in Jahrtausenden und der tägliche Konsum welthistorischer Einmaligkeiten, die Arterienverkalkung und Dekadenz der Demokratien und die Jugendlichkeit der Totalen, der grosseuropäische Freiheitskrieg und die traumwandlerische Sicherheit, mit der dabei alle Eventualitäten einkalkuliert wurden. Ein ganzes Vokabular ist am Aussterben: Dynamik, Umbruch, Sonnwend und Julfest, Neuordnung, Achse und Grossraum, Eurasien und Eurafrika ... Viele Tote dieser Art sind schon gänzlich vergessen. Vom unabänderlichen nationalsozialistischen *Parteiprogramm* etwa ist ausser Grossdeutschland und Rassengesetzgebung nichts als seine eigene Unabänderlichkeit übriggeblieben; Kampf gegen Parteiherrschaft, Brechung der Zinsknechtschaft, Verstaatlichung der Trusts, Bodenreform und Abschaffung des Bodenzinses, restlose Einziehung aller Kriegsgewinne sind alles «tote Punkte», die nicht erst am Krieg gestorben sind. Einige Punkte aber hat der Krieg in bittere Ironie verkehrt. «Jede weitere Einwanderung Nichtdeutscher ist zu verhindern. Wir fordern, dass alle Nichtdeutschen, die seit dem 2. August 1914 in Deutschland eingewandert sind, sofort zum Verlassen des Reiches gezwungen werden», lautete Punkt acht. Heute ist Deutschland, wie eine deutsche Zeitung es ausdrückt, «das internationalste Land der Welt», und rund zehn Millionen fremder Zwangsarbeiter werden allmählich zum Alpdruck der «Heimatfront». Und der zentrale Punkt des Programms – «Wir fordern die Schaffung eines gesunden Mittelstandes und seine Erhaltung, sofortige Kommunalisierung der Grosswarenhäuser und ihre Vermietung zu billigen Preisen an kleine Gewerbetreibende, schärfste Berücksichtigung aller kleinen Gewerbetreibenden bei Lieferungen an den Staat ...», – ist nicht nur selbst gestorben, sondern gleich auch der deutsche Mittelstand mit ihm. Was zehn Jahre der «totalen» Diktatur, die gerade von der verzweifelten Begeisterung des deutschen Mittelstandes zur Macht getragen wurde, von den Mittelschichten übriggelassen hatten, das wurde in der ersten Hälfte dieses Jahres mit Stumpf und Stiel «ausgekämmt»; der mittelständische Aufstand gegen die drohende Proletarisierung, der dem Nationalsozialismus die «Massenbasis» lieferte, endete in der «totalen Mobilmachung», die nichts anderes war als eine «totale Stillegung», eine polizeilich verordnete Proletarisierung dieses Mittelstandes, und den Tausenden vernichteter Kleinbürgerexistenzen blieb nichts als das Versprechen Dr. Goebbels': «Nach dem Kriege wird der Mittelstand sofort wieder im grössten Umfang wirtschaftlich und sozial wiederhergestellt werden.» Nach dem Kriege, das hiess natürlich: nach dem Siege – obwohl auch Siege die Toten nicht mehr zum Leben erwecken können –, und um den Sieg zu garantieren, wurde ja dem deutschen Mittelstand genau das angetan, was er sich immer unter «Bolschewismus» vorgestellt hatte, die Schliessung des Geschäftes und die Zwangsrekrutierung zur Fabrikarbeit. Seltsame Konsequenz des Kreuzzuges gegen den Bolschewismus ... «In der Tat wäre es geradezu widersinnig», schrieben damals die «Münchener Neuesten Nachrichten», «im Osten ein Prinzip zu bekämpfen, dem der Nationalsozialismus Todfeindschaft angesagt hat, und ihm in der Heimat ‹auf kaltem Wege› Eingang zu verschaffen. Nicht deutlich genug kann deshalb wiederholt werden, dass für die soziale Ordnung nicht Kollektivierung das Ziel heisst, etwa mit dem Ergebnis eines schroffen Gegensatzes von Industriekapitänen und Proletariern ...» Gewiss, das Ziel des Parteiprogramms war anders, aber «in diesem Krieg stirbt jede Phrase». Erst wenn wir uns erinnern, welche Opfer in Deutschland gebracht wurden, um «im Osten wieder offensiv zu werden», und dass der deutsche Mittelstand buchstäblich sozialen Selbstmord beging, um die «endgültige Vernichtung des Bolschewismus» zu ermöglichen, können wir ermessen, was die Umkehrung der deutschen Sommeroffensive an der Ostfront in eine Offensive der Roten Armee bedeutet.[140]

Aber es sind nicht nur Phrasen gestorben, es sind auch Phrasen zur nackten Wirklichkeit geworden. Was der *totale Krieg*, dieses begeistert hingeworfene Schlagwort der deutschen Siegeszüge von 1939 bis 1941, wirklich bedeutet, das wird erst heute den Millionen obdachlosen «Bombenflüchtlingen» klar. «Wir werden Ihre Städte *ausradieren*», erklärte am 4. September 1940 Reichskanzler Hitler an die Adresse Churchills, und Tage später schrieb der Berliner «Lokalanzeiger»: «Wenn die Briten es wünschen, dann werden sie *in die Erde gestampft* werden, dann wird London nur ein sanftes Vorspiel sein.» London ist ein sanftes Vorspiel geworden – zu Hamburg, Köln und Wuppertal. Wenn die Front quer durch Westdeutschland liefe, könnte die Zerstörung nicht grauenhafter sein; die Schilderungen der aus den – ohne Anführungszeichen – ausradierten Städten zurückgekehrten Schweizer zeigen, dass der von einem dieser Berichte zitierte Ausspruch eines überlebenden Stalingradkämpfers, in Hamburg sehe es schlimmer aus als in Stalingrad, schwerlich übertrieben ist. Neu und geradezu unausdenkbar aber ist eine Erscheinung, die in all diesen Berichten hervorgehoben wird: Nicht nur Gas, Elektrizität und Lebensmittelversorgung, sondern auch Staatsapparat und Polizei versagten – der *deutsche* Staatsapparat, die *deutsche* Polizei! Keine Hafenbehörden kontrollierten mehr die Schiffe, die noch aus Hamburg auszulaufen vermochten, Tausende ausländischer Arbeiter machten sich, wie der dänische Radio berichtete, auf den Heimweg, ohne irgendeine Instanz zu fragen, und Akte der Lynchjustiz wurden nicht nur an Plünderern vollzogen – es sind viele Rechnungen zu begleichen, wenn einmal die Polizei nicht mehr über Ruhe und Ordnung wacht. Vielleicht ist auch Hamburg nur ein Vorspiel ...

Und wieder stimmt das alles genau mit dem überein, was man sich in Deutschland unter «Bolschewismus» vorzustellen gelernt hat. «Die Heimatlosigkeit von Hunderttausenden», schreibt die «Kölnische Zeitung», «gibt sie nicht einen vielversprechenden *Nährboden für alle Parolen der allgemeinen Zersetzung*, scheint nicht die ‹Expropriation› der Besitzenden – die seinerzeit so nebelhafte Forderung von Karl Marx – in einem verheissungsvollen Sinne auf anderem Wege Wirklichkeit geworden? ... Der Feind aus dem Westen spürt hier keinerlei Bedenken, zum Schrittmacher des Ostens zu werden. Er meint, das Kriegsziel der Sowjets vorwegnehmen zu müssen. Er stellt es darauf ab, die kriegsgebotene Nivellierung des Lebensstandardes, vor der sich keine kämpfende Nation hat schützen können, so zu übersteigern, dass das Nichts an Besitz die grosse Gleichheit schafft, die dem Bolschewismus ganze Landstriche ohne viel Mühe zutreibt ... Die Massenspeisung, die Barackenwohnung, der Massentransport – das sind Merkmale der Stunde, Attribute dieser Tage ... Der Krieg übt hier einen Zwang zur Unterordnung und zur Vermassung hin, dass gelegentlich das alte Gefüge kaum noch erkennbar scheint (jenes Gefüge, in dem bei aller Vergemeinschaftungstendenz doch noch Raum für Eigenes und Persönliches blieb).» Ist wirklich in Westdeutschland der Bolschewismus ausgebrochen? Der totale Krieg ist ausgebrochen, zu dessen Vaterschaft sich nun niemand mehr bekennen will.

Auf ihren Rückzügen im Osten ist den Deutschen ein *Tagesbefehl Stalins* in die Hände gefallen, der nun von der ganzen deutschen Presse ausser dem «Simplizissimus» veröffentlicht worden ist. Es klingt zwar etwas seltsam, dass Stalin darin seine Armeeführer gut nationalsozialistisch mit «Volksgenossen» anspricht, aber vielleicht handelt es sich um einen Übersetzungsfehler. Da Stalin in Deutschland als besonders schlauer und hinterlistiger Staatsmann gilt, lässt der Tagesbefehl denn auch diese Schlauheit an allen Ecken und Enden recht grobfädig durchschimmern; der russische Diktator legt darin seinen Offizieren ein Glaubensbekenntnis zu «unserem Endziel, der proletarischen Weltrevolution», mit folgenden durchtriebenen Worten ab: «Mögen die bürgerlichen Regierungen der westlichen Demokratien, mit denen wir ein Bündnis geschlossen haben, glauben, dass wir unsere einzige Aufgabe darin sehen, die Faschisten aus unserem Lande zu vertreiben. Wir Kommunisten wissen es, und mit uns wissen es die Werktätigen der ganzen Welt, dass unsere eigentliche Aufgabe erst beginnen wird ..., die Vernichtung des Weltkapitals. Wir müssen schon jetzt Massnahmen ergreifen, um zu verhindern, dass das Weltkapital dieses unser Endziel vorzeitig erkennt ... Jedes Misstrauen bei ihnen gegen unser endgültiges Ziel würde diese (ihre) Hilfeleistung gefährden ...» Zu den Massnahmen, die das Bekanntwerden dieser teuflischen Absichten verhindern sollen, gehört zweifellos dieser Tagesbefehl, der eigens zur Lektüre für Churchill und Roosevelt aufgefunden – e ben trovato! – erscheint.

Bedeutet die fast übersteigerte Massivität und Eindringlichkeit, mit der die deutsche Propaganda nun offenbar auch das eigene Volk – nicht mehr, wie bisher, vor allem das Ausland – vor dem «Bolschewismus» warnt, dass sich an der innern Front revolutionäre Gefahren abzuzeichnen beginnen? Irgendwelche sachliche Anhaltpunkte für eine solche Annahme sind nicht zu sehen. Die *Angst vor dem Chaos* ist das Pervitin, das in dem Masse, in dem das tatsächliche Chaos wächst, in immer stärkeren Dosen verabreicht werden muss, um den Kampfgeist wachzuhalten. Zweifellos ist das soziale Gefüge Deutschlands erschüttert, zweifellos hat die Siegeszuversicht schwere Schläge erlitten und ist die physische und psychische Substanz des deutschen Volkes einem furchtbaren Raubbau unterworfen, aber gerade der Fatalismus einer ausweglosen Situation und die Tatsache, dass Rechtlosigkeit und totale Mobilisation, Arbeitseinsatz, Evakuierung und Umsiedelungen für die grosse Masse des Volkes alle gesellschaftlichen und menschlichen Zusammenhänge zerrissen und keinen an seinem gewohnten Platz gelassen haben, stellt auch eine Sicherung des Regimes dar: *der Desorganisation des Volkes wird die Organisation der Staatsgewalt, solange keine Erschütterung an der Spitze eintritt, immer gewachsen sein.* Die Professoren des Dritten Reiches jedenfalls bleiben zuversichtlich; in der «Sozialen Praxis» schreibt ein Dr. Bühler vom Arbeitswissenschaftlichen Institut der Deutschen Arbeitsfront: «Der vom Krieg ausgehende Druck auf die Gesellschaftsordnung wird im nationalsozialistischen Deutschland zu einer weiteren Konsolidierung des bestehenden Regimes und damit zu einer Verhärtung der Widerstandskraft sowohl gegen militärische Angriffe wie gegen bolschewistische Zersetzung führen, während in England und in den Vereinigten Staaten der gleiche äussere Vorgang – nämlich der Zwang zur totalen Kriegswirtschaft – die bestehende Gesellschaftsordnung zugunsten des Bolschewismus zersetzt.» Soweit sich ein Staat als Mechanismus berechnen und beherrschen lässt, hat zweifellos auch Gauleiter Sauckel recht, der seinen Parteigenossen versichert, eher werde die Welt als das Regime in Deutschland untergehen. Das Unheimliche der Rechnung ist nur, dass auch der Mechanismus des totalsten Staates von oben bis unten aus Menschen von Fleisch und Blut und einem bisschen unberechenbarer Seele besteht.

21. August 1943

Konferenz von Quebec ohne Stalin

Nachdem die deutsche Wehrmacht die Schlacht um Sizilien mit einem nach Berliner Auffassung «beispiellosen Erfolg» abgeschlossen hat, ist das *grosse Rätselraten* um die nächste Etappe des Krieges wieder losgegangen. Zwar gehen die mörderischen Schlachten um Charkow und Brjansk pausenlos weiter[141], zwar werden alltäglich und allnächtlich Bomben über Europa geworfen, nach den Massenfluchten des «Blitzkrieges» von 1940, den Massenumsiedlungen von 1941 und den

Massendeportationen von 1942 geht die vierte Völkerwanderung der Bombenflüchtlinge über den Kontinent, in Frankreich stehen überall Getreideernten, Speicher und Dreschmaschinen in Flammen, in Norwegen herrscht das Standrecht und im Balkan der Guerillakrieg – aber das alles ist ja «nichts Neues», sondern der Normalzustand der europäischen Dschungellandschaft. Wie in friedlicheren Zeiten sich die Presse während der «Sauregurkenzeit» der heissesten Sommerwochen von Seeschlangen, Lind- und Tatzelwürmern, Fünflingen und zweiköpfigen Kälbern nährte, so nährt sie sich heute von Gerüchten und Dementis. Nicht nur zwischen Moskau und Quebec wird Dementi gespielt, die Epidemie ist überall ausgebrochen; sogar in Südamerika dementieren die zehn Republiken fast täglich reihum, dass bei ihnen Unruhen und Revolten ausgebrochen seien. Einzig Marschall Badoglio hat eine Rede gehalten, aber auch nur, um nichts zu sagen. Churchill liess dementieren, dass er mitgeteilt habe, der Krieg werde bis Weihnachten beendet sein, und weigerte sich im übrigen, den Journalisten über anderes als über das Wetter Auskunft zu geben. Dafür aber sitzen anscheinend ständig ein Dutzend Reporter verborgen in seinem Tintenfass und belauschen seine geheimsten Gespräche mit Roosevelt und den alliierten Stabschefs; was sie darüber zu berichten wissen, gibt dann wieder Anlass zu einem Dementi.

Besonders bemerkenswert waren natürlich die *Dementis aus Moskau*. Nach den überschwenglichen angelsächsischen Bedauernsäusserungen über das Ausbleiben Stalins in Quebec und nach der Äusserung Roosevelts, dass ein Vertreter Russlands an der alliierten Konferenz «nicht wie ein Gast, sondern wie ein Familienmitglied» empfangen würde, war die lakonische Mitteilung der Tass-Agentur, die Sowjetregierung habe gar keine Einladung erhalten, reichlich unverblümt, und nach den diplomatischen Auffassungen höflicherer Epochen wäre sie durchaus als «Ohrfeige» zu bezeichnen. Ebenso formlos war die Feststellung der «Prawda», die längst geplante Reise Beneschs nach Moskau zur Unterzeichnung einer russisch-tschechoslowakischen Allianz habe noch nicht stattfinden können, da England dagegen Einspruch erhoben habe. Die Sorglosigkeit, mit der die russischen Informationsstellen nicht einmal die Fassade der Eintracht zwischen den «Vereinten Nationen» wahren, sticht seltsam von dem beständigen Liebeswerben der angelsächsischen Propaganda um Sowjetrussland ab; sie benehmen sich so demonstrativ ungentlemanlike, als wollten sie das ständige Kompliment der englischen Presse, die Russen seien perfekte Gentlemen, recht plebejisch dementieren – ein Kompliment, das allerdings auch ein wenig verletzend ist, weil es bekanntlich nie an einen wirklichen Gentleman gerichtet wird. Aber ausser den Reportern in Churchills oder Stalins Tintenfass weiss wohl niemand, wer eigentlich die so heftig begehrte Konferenz Churchill-Roosevelt-Stalin sabotiert und ob sie überhaupt jemand begehrt oder sabotiert. «Es gibt Leute, die behaupten, das Bündnis zwischen der Sowjetunion, Grossbritannien und den Vereinigten Staaten weise organische Mängel auf, eine Gegensätzlichkeit der Ideologien vor allem», erklärte Stalin in seiner Rede zum fünfundzwanzigsten Jahrestag der russischen Revolution; «diese Behauptung ist lächerlich ... Wir haben uns alle einander wesentlich genähert, und alle diese Tatbestände sprechen für eine fortschreitende gleiche Entwicklung und eine zunehmende Zusammenarbeit». Stalin erklärte es damals für möglich, «ein gemeinsames Programm zu entwickeln», und als russische Kriegsziele nannte er, «Hitler und seine Clique auszurotten», «seine Armeen zu zerbrechen», «die sogenannte Neuordnung Europas gründlich zu zerschlagen und die Schuldigen ... der Strafe zuzuführen». Über alle diese Punkte schien völlige Einigkeit zu bestehen. Inzwischen ist freilich in Moskau das «deutsche Komitee» gegründet worden und in Sizilien die englisch-amerikanische «Amgot» in Funktion getreten, und damit ist für alle Welt offensichtlich geworden, dass *auf beiden Seiten verschiedene Machtapparate bereitstehen,* um das Erbe des Dritten Reiches anzutreten. Das Entpolitisierungsprogramm der alliierten Militärbehörden für besetzte Gebiete und die Politisierungsaktion, mit der das Moskauer deutsche Komitee die deutsche Front von innen her zu untergraben versucht, stehen sich denkbar schroff gegenüber, und der «Observer» sah bereits die «gelinde gesagt peinliche» Situation voraus, dass von Osten her Erich Weinert mit der roten Fahne und von Westen General Eisenhower mit den vier Freiheiten in Deutschland einmarschieren könnten. Von der roten Fahne ist freilich nichts zu sehen; die Alliierten und Moskau spielen mit seltsam vertauschten Rollen. Während in Moskau das deutsche Komitee nicht einmal unter der schwarz-rot-goldenen Fahne, die seit 1848 die deutsche Republik repräsentiert, sondern unter dem schwarz-weiss-roten Banner der Hohenzollern und des Dritten Reiches tagt und in seinen Sendungen unter dem Schlagwort «Deutschland darf nicht untergehen» überhaupt an nichts als an den deutschen Nationalismus appelliert, verlangt der stockkonservative «Observer», dass England die Führung der europäischen Revolution an sich reisse und den Krieg in den Bürgerkrieg überleite, und der britische Radio verbreitet – auch in deutscher Sprache – einen Artikel der «Times», der den Alliierten ein wahres Sündenregister verliest: sie hätten nach ihrem Sieg im ersten Weltkrieg aus Angst und Hass gegen revolutionäre Strömungen in Deutschland den deutschen Generalen und Junkern das Heft in der Hand gelassen, sie seien auf die deutsche Propaganda mit der bolschewistischen Gefahr hereingefallen und hätten die Wiederaufrüstung Deutschlands als «Bollwerk gegen den Bolschewismus» geduldet, und das alles dürfe diesmal nicht mehr passieren. Der Held und Märtyrer des deutschen Komitees in Moskau aber ist nicht Liebknecht, sondern der Reichswehroffizier Scheringer, der 1932, als die deutsche Kommunistische Partei die Nationalsozialisten an Chauvinismus und «Kampf gegen Versailles» zu übertrumpfen versuchte, vom Nationalsozialismus zum Kommunismus hinüberwechselte; das propagandistische Angebot, Deutschland durch einen militärischen Umsturz vor der Kapitulation und der Entwaffnung zu bewahren, appelliert an Stimmungen, die gerade in deutschen Partei- und Militärkreisen verbreitet sind. Die Komintern ist tot, die «Taktik» und die «Dialektik» sind geblieben: Hoch weht die Fahne schwarz-weiss-rot! Aber dass eine solche Propaganda, wenn ihr von angelsächsischer Seite überhaupt nur die «unbedingte Kapitulation» mit nichts nachher gegenübersteht, nicht wirkungslos bleibt, zeigt sich wenigstens symptomatisch am Beifall des ganzen emigrierten «geistigen Deutschland» von Thomas Mann bis zum letzten Feuchtwanger für das Moskauer Komitee.[142]

Es ist daher sehr denkbar, dass in Quebec tatsächlich an einer Neuredigierung der *Formel von Casablanca* gearbeitet wird, besonders nachdem sie im Falle Italiens so vollständig versagt hat. Aber die Formel von Casablanca war eben mehr als eine Formel; hinter ihr steht eine Realität. «Wir sind der Ansicht, dass es bereits ein Fehler gewesen ist, eine neue Luftangriffspanik unter der revolutionären Volksmenge (Norditaliens) zu erzeugen, die Bevölkerung der italienischen Städte auf das flache Land zu jagen und damit Badoglio von der grössten Sorge zu befreien», schreibt der so revolutionär gewordene «Observer»; vielleicht war es eben kein Fehler, sondern entsprach dem Programm der «Ruhe und Ordnung», *genau wie die bedingungslose Kapitulation die Ablehnung jeder Verhandlung mit revolutionären Regierungen, die aus der Niederlage der Diktaturstaaten entstehen könnten, und damit eine Garantie der «Ruhe und Ordnung» bedeutet.* Es ist deshalb wahrscheinlich, dass in Quebec ernsthafter über die Möglichkeit, die unbedingte Kapitulation zu erzwingen, als über die propagandistische Revision dieser Formel verhandelt wird.

Wo die Zusammenarbeit der Alliierten mit Sowjetrussland aufhört, da beginnt der *Wettlauf zwischen den Partnern* der «grossen Koalition»; die amerikanische Presse hat eine Äusserung Litwinows als authentisch wiedergegeben, die besagt: Wenn die Alliierten über die russischen Erfolge an der Ostfront beunruhigt seien, so müssten sie sich eben bemühen, vor den Russen in Berlin anzukommen. Der sachliche Inhalt dieser Äusserung bliebe auch dann richtig, wenn sie in der Form dementiert würde. Das ist wohl auch der Grund, weshalb in Berlin – entgegen früheren lieben Gewohnheiten – die doch sehr offensichtlichen interalliierten Spannungen überhaupt nicht zur Kenntnis genommen oder als Tarnung der «angelsächsischen Kapitulation vor Moskau» beiseitegeschoben werden: die propagandistischen Divergenzen zwischen den Alliierten erweitern den Kreis derer, die von ihrer Propaganda erfasst werden können, die Aussicht auf ein politisches Gleichgewicht zwischen den Siegern kann in Deutschland und im übrigen Europa die Hoffnung erwecken, dass auch nach einer Niederlage Spielraum für eine eigene politische Entwicklung bleiben wird, und vor allem könnte es sich herausstellen, dass diese Divergenzen nicht mehr verzögernd, sondern beschleunigend auf die alliierten Operationen gegen die «Festung Europa» wirken. Vielleicht ist es ja ein Nebenzweck der diplomatischen Unfeinheiten Moskaus, seinen Alliierten «Beine zu machen».

28. August 1943

*Abschluss der Konferenz von Quebec.
Anerkennung des französischen Befreiungskomitees
als Verwaltungsbehörde. Heinrich Himmler wird Innenminister*

Den zweihundert Journalisten, die sich nach Abschluss des angelsächsischen
«Kriegsrates» auf der Zitadelle von *Quebec* zur Entgegennahme der erwarteten
Enthüllungen versammelt hatten, erklärte Roosevelt, Churchill und er hätten bis
spät in die Nacht nach «irgendeinem *Schlagwort*» gesucht, in dem sich die Ergebnisse der Konferenz zusammenfassen liessen, aber sie hätten keines gefunden. Es
ist zwar anzunehmen, dass sich die Konferenz von Quebec ausser mit der Erfindung von Schlagworten auch mit andern Problemen befasste, aber die angelsächsische Welt hungert und dürstet nach einem Schlagwort und zeigt sich deshalb über das magere Communiqué masslos enttäuscht. Die schlechteste Presse
hat anscheinend der englische Informationsminister Bracken; in England wird
über ihn die «Montreal Gazette» zitiert, die schreibt, er habe «einen Rekord an
sinnloser Schwätzerei aufgestellt» und «in den Reihen der kanadischen Berichterstatter Gefühle hinterlassen, die von Verwirrung bis Abscheu variierten». Es ist
ja immer das beste, den Radio dafür verantwortlich zu machen, dass die grossen
Ereignisse ausbleiben. Wir wissen nun also, dass der fernöstliche Kriegsschauplatz
bei den Besprechungen zwischen Churchill und Roosevelt einen sehr grossen Platz
einnahm; wahrscheinlich wollten die angelsächsischen Staatsmänner die seltene
Gelegenheit, dass sie einmal unter sich waren, benützen, um einmal diesen Teil
der Weltpolitik zu besprechen, der bekanntlich in Gegenwart der Russen nicht
berührt werden darf. Ferner wissen wir, dass derartige Konferenzen in nächster
Zeit häufiger stattfinden sollen, da sich die Weltöffentlichkeit an ihnen so gut
unterhält, und dass Stalin wieder einmal eine Einladung erhalten hat, damit endlich ein authentisches Gruppenbild der «drei grossen demokratischen Führer»
zustande kommt. Und schliesslich ist, in sehr verklausulierter Form und nur als
vorläufige Verwaltung der «befreiten» Kolonialgebiete, das französische
Befreiungskomitee in Algier anerkannt worden. Das wäre vor einem Vierteljahr beinahe ein Ereignis gewesen, heute wirkt es als etwas verspätete und knausrige Höflichkeit, nachdem Giraud und de Gaulle seit zwei Monaten nicht mehr öffentlich
gestritten haben und sich die offizielle Begründung für die Nichtanerkennung
dadurch verlor. In Berichten aus London war auch seit einiger Zeit auf die
«Gefahr» hingewiesen worden, dass das von England und Amerika so hartnäckig
ignorierte Befreiungskomitee – nicht mehr nur der als alter Bolschewik verschriene General de Gaulle – Anlehnung an Russland suchen könnte. Die Sowjetregierung hatte auch bereits ihren bisherigen Botschafter bei den Exilregierungen,
Bogomolow, zum Gesandten beim Komitee von Algier ausersehen, aber die britische Regierung verweigerte ihm das Ausreisevisum, solange die englische und

amerikanische Anerkennung noch nicht ausgebrütet war, und erreichte damit eine treffliche Synchronisierung des Handelns der grossen «Vereinigten Nationen»; die kleinen Exilregierungen, die ohnehin nicht mitzählen, hatten auf eigene Faust und mit übel vermerkter Disziplinlosigkeit diese Anerkennung schon ausgesprochen. Vielleicht diente auch die Verweigerung der Reiseerlaubnis für Beneschs Moskauer Besuch einer Synchronisierung: Wenn die angekündigte alliierte Konferenz mit russischer Beteiligung zustande kommt, dürfen die Kleinen wohl auch mit. Jedenfalls sorgen solche Visaschwierigkeiten dafür, dass den Berichterstattern in London und Washington der Gesprächsstoff über «die Angelsachsen und das russische Problem» noch eine Weile nicht ausgeht. Die Betrachtungen darüber werden immer tiefsinniger, wie zum Beispiel die folgende Stelle aus einer umfangreichen Studie des «New York Times Magazine» beweist, die telegraphischer Übermittlung aus New York nach Zürich würdig befunden wurde: «Nach den in der letzten Zeit herrschend gewordenen Zügen wird Russland vor allem ein Land von technisch geschulten, kriegerischen Männern und ein Land von Frauen sein, die gerne Kinder haben. Die Russen werden sich weniger dafür interessieren, irgend jemanden zu bolschewisieren, weil sie mehr als genug zu tun haben beim Wiederaufbau ihres eigenen Landes.» Es wäre zweifellos eine ergiebige Abwechslung, die Fragestellung umzudrehen und über *die Russen und das angelsächsische Problem»* zu berichten; das gibt es nämlich auch, und die Weltbetrachtung erhielte dabei neuartige Aspekte. Möglicherweise ist nach Maisky nun auch Litwinow nach Moskau zurückberufen worden, weil man im Kreml mit Fachleuten das «angelsächsische Problem» zu diskutieren und, wie anderswo über die «zersetzenden Elemente in Moskau», über die Tätigkeit jener Kreise informiert zu werden wünscht, die nach der russischen Wochenschrift «Der Krieg und die Arbeiterklasse» an einem Cordon sanitaire um Russland arbeiten und die das Blatt sehr zurückhaltend als «die Bankrotteure der Münchener Politik in England, die Isolationisten wie Hoover und Bullitt in Amerika sowie das Flüchtlingspack aus Polen, Ungarn, Österreich und den baltischen Staaten» charakterisiert; es wäre ja auch ein Cordon sanitaire Russlands gegen seine angelsächsischen Verbündeten denkbar, in dem Japan und ein Deutschland der Herren vom Moskauer Komitee die Hauptstücke wären. Wenigstens sieht die Propaganda dieses Komitees einer Aufforderung zum Frontwechsel immer ähnlicher.[143]

Es stehen zwar noch einige Reden über die Konferenz von Quebec aus, vor allem diejenige Churchills; aber über die Beschlüsse, die militärisch ausgeführt werden sollen, sind daraus keine Aufschlüsse zu erwarten, und dass andere nicht gefasst worden seien, ist den bisherigen Bekanntmachungen zu entnehmen. Nach allen Ankündigungen hatte die Öffentlichkeit von Quebec eine neue politische Strategie, eine Abklärung der alliierten Politik gegenüber den zu befreienden Ländern oder gar, wie im englisch-amerikanischen Radio zu hören war, die Verkündung eines «New Deal» für alle Welt erwartet. Das Schweigen darüber kann nicht mit der «Wahrung strategischer Geheimnisse» erklärt werden; *eine neue*

Politik wäre nur dann eine, wenn sie der Welt mitgeteilt werden könnte, sonst handelt es sich bestenfalls um eine neue Geheimdiplomatie. Aber je weniger die Welt zu wissen bekommt, desto verheissungsvoller wird der Mahnfinger erhoben: Wenn ihr wüsstet …! «Wenn Hitlers Generäle unsere Pläne kennten», erklärte Roosevelt vor dem kanadischen Parlament, «dann wüssten sie, dass die Klugheit noch immer der bessere Teil der Tüchtigkeit ist und dass eine Kapitulation heute besser wäre als später.»

Das wäre freilich die einfachste Art, den Krieg zu gewinnen – etwa im Stil der alliierten Aufrufe aus Algier an das italienische Volk, die Deutschen schleunigst aus dem Lande zu vertreiben, damit die alliierten Armeen nachrücken und die vier Freiheiten bringen könnten. Aber es hat nicht den Anschein, dass die führenden Männer Deutschlands diese finsteren Andeutungen zu Herzen nehmen. Zwar geht an der Ostfront nicht alles nach Wunsch, aber wenn die Militärsprecher der Wilhelmstrasse die verlorene Schlacht um Charkow als «Kreiselschlacht» definieren, so verliert sie einiges von ihrem Ernst; die «Südfront» bleibt über Erwarten stabil, und aus den Verlautbarungen von Quebec wurde in Berlin die tröstliche Gewissheit geschöpft, dass die «richtige zweite Front» noch nicht nahe sei. Wenn aber irgend jemand in Deutschland, General oder nicht General, die «Klugheit als den bessern Teil der Tüchtigkeit» erkennen möchte, dann wird ihm die *Umbildung der deutschen Regierung*[144] als Warnung dienen. Zwar ist die Auffassung wohl richtig, dass der «lange Arm» Heinrich Himmlers durch seine neuen äusseren Würden schwerlich länger geworden sei; aber er ist sichtbarer geworden, und da die Angst vor der Polizei ebenso wesentlich für «Ruhe und Ordnung» ist wie ihre tätliche Tätigkeit, so ist es für jeden deutschen Bürger und Beamten sicherlich sehr wirkungsvoll, den Chef der SS und Gestapo nicht mehr nur als Überwachungsgewalt hinter sich, sondern auch als Vorgesetzten über sich zu wissen. Im 18. Jahrhundert, als das Wort «Zivilisation» noch nicht erfunden war, sagte man, wenn man einen Staat als zivilisiert bezeichnen wollte, er habe «eine gute Polizey»; der Gegensatz zur Barbarenhorde hiess «état policé». Später, als man den Gegensatz zur Barbarenhorde im Rechtsstaat erblickte, schrumpfte die Polizei zum beinahe gemütlichen «Auge des Gesetzes» zusammen und hatte sich ebenso an die Gesetze zu halten wie jeder Bürger. Inzwischen ist die Zivilisation über diese «Humanitätsduselei» hinaus weitergeschritten, und ein ganzes Land – von jeher das Land mit der «besten Polizey» – und mit ihm ein ganzer Kontinent wird kurzweg einer Polizei unterstellt, die mit dem «Auge des Gesetzes» nun wirklich gar nichts mehr zu tun hat. Es hat wenig Sinn, die Gründe zu erörtern, die diese Massnahme dringlich gemacht haben könnten. Solche «Konzentrationen der Kräfte» und «stärkere Zusammenfassungen der inneren Front», wie die Ernennung Himmlers in Berlin kommentiert wird, sind von anderswoher in frischer Erinnerung, und ihre Erfolge ebenso; aber mit deutscher Gründlichkeit wurde das Experiment wohl nirgends zu Ende geführt, und Himmler wird sich dereinst bestimmt nicht von zwei Gendarmen abführen lassen wie seine sozialdemokratischen Vorfahren im preussischen Innenministerium. Den Krieg weiterzuführen «bis fünf Minuten nach zwölf», dieser Entschluss Hitlers hätte jedenfalls durch keine andere Massnahme so eindrücklich bekräftigt werden können wie durch die Ernennung Himmlers.

4. September 1943

Mussolini. Über die Verantwortung für die europäische Katastrophe

Dass sich die ganze, nach wie vor dirigierte italienische Presse und mit ihr eine «Weltöffentlichkeit», die anscheinend keine andere Sorgen hat, am Beginn des fünften Kriegsjahres auf keine bessere Sensation als auf die Enthüllungen über das Privatleben Mussolinis zu stürzen weiss, wirft ein weitaus schieferes Licht auf besagte Öffentlichkeit als auf den gestürzten Diktator. Im gleichen Unisono, in dem sie einst den unsterblichen Austrockner der Pontinischen Sümpfe besang, empört sich heute dieselbe Presse über die «Sümpfe des Faschismus», die sie in der banalen Liebesgeschichte der beiden römischen Kleinbürgerinnen enthüllt findet – es ist der gleiche Sumpf, der Sumpf einer obrigkeitlich gelenkten oder freiwillig verblödeten «öffentlichen Meinung», die vom faschistischen Terror in Italien und von den in Abessinien oder Spanien verübten Scheusslichkeiten nie etwas wusste, aber mit Wollust in allen jeweils regimegerechten Sensationen mitplätschert. Einen Monat vor dem Sturz Mussolinis wären solche Enthüllungen nicht viel geschmackvoller und tiefgründiger, aber wenigstens mutig und achtenswert gewesen; einen Monat nach seinem Sturz sind sie ekelhaft, und wenn irgendetwas den «Faschingskönig», der so gern königliche Raubtiere mimte, nachträglich als gefällten Löwen erscheinen lassen kann, dann sind es diese Eselstritte. Wir glauben uns doch zu erinnern, dass seine Beziehungen zu den höchsten geistlichen und weltlichen Instanzen die denkbar besten waren, dass der Ruhm seiner Enthaltsamkeit, seines Nichttrinkens, Nichtrauchens, frugalen Essens und monatlichen Fastens bis in die Spalten unserer Abstinenz- und Erbauungsblättchen gedrungen war und dass ihm eine schweizerische Universität den Ehrendoktor verlieh ... Die klerikale oder sittenpolizeiliche Entrüstung dies offiziellen «neuen Italien» vermöchte uns beinahe den gewesenen Duce menschlich näher zu bringen, näher jedenfalls als die akkreditierte Legende vom finsteren Asketen, der ausser dem «Willen zur Macht» überhaupt keine Instinkte mehr besass. Aber seine Person ist bereits zu gleichgültig geworden. Dieser «one man, one man alone», der nach Churchill Italien ins Unglück stürzte, ist vom Erdboden verschwunden, aber die Freiheit, über ihn zu schimpfen, ist beinahe die einzige Freiheit, die das italienische Volk bisher damit gewonnen hat. Wenn mehr als ein Personenwechsel stattgefunden hätte, wäre dieser ganze Tamtam um des Gestürzten Unterwäsche wohl nicht angeordnet worden; aber ob das italienische Volk ob dieses Spektakels vergisst, dass es vom Sturz des Faschismus substantiellere Dinge erwartete? *Dass der*

Faschismus als Farce enden musste, wohlan – aber musste auch der «Sturz des Faschismus» eine Farce werden?

Kurz vor diesen vorläufig letzten Enthüllungen konnten unsere Leser eine nicht minder verblüffende Darstellung der neuesten römischen Auffassung über den Sturz Mussolinis zur Kenntnis nehmen: dass er nämlich gestürzt worden sei, weil er sich mit dem teuflischen Gedanken trug, in Italien über Nacht den Bolschewismus einzuführen. Nun hat zwar Mussolini selbst einmal stolz versichert, er könnte durchaus mit einem Federstrich Italien den Kommunismus verordnen, wenn er wollte, aber er wolle eben nicht; doch besteht tatsächlich kein Grund, daran zu zweifeln, dass er nicht wollte, denn andernfalls hätte er seine Anstellung als Duce bestimmt nie erhalten, und wenn es ihn je gelüstet hätte, sich seiner einstigen Überzeugungen aus der Zeit des «Avanti» zu erinnern, so wäre er längst fristlos entlassen worden. Es gab ja auch Dinge, die er offiziell immer wollte, wie zum Beispiel die Durchführung einer wirklichen Agrarreform; dass er nie dazu Zeit fand und dass Mittel- und Süditalien so feudal geblieben sind wie je, lässt darauf schliessen, dass er eben «nicht konnte», weil seiner Macht bestimmte soziale Schranken gesetzt waren – dieselben sozialen Schranken, zu deren Verteidigung er an die Macht berufen worden war. Allerdings war die revolutionäre Phraseologie des Faschismus nach den kriegerischen Rückschlägen wie stets in Krisenzeiten noch gesteigert worden. In Deutschland nannte Dr. Goebbels diesen Vorgang «Optik des Krieges», und der wirtschaftliche Mitarbeiter der «Deutschen Allgemeinen Zeitung» gab dazu den Kommentar, diese «Optik» bestehe zum Beispiel darin, dass hohe Dividenden um der sozialen Gerechtigkeit willen durch normale Kapitalberichtigungen unsichtbar gemacht werden. Es ist überaus praktisch, diese revolutionäre Phraseologie des gestürzten Regimes nun gegen die wieder auftauchende Linksopposition auszuwerten. Vor allem aber bleibt die Sage von der persönlichen Allmacht des Diktators von seinem Sturz unerschüttert, weil sich nur auf dieser Sage die These von der alleinigen Schuld dieses «einen Mannes» aufbauen lässt und weil diese These der Erhaltung des bestehenden sozialen Gefüges in Italien am zuträglichsten ist. Die Inhaber der konstitutionellen, wirtschaftlichen und geistlichen Kommandohöhen können sich inzwischen die Hände in Unschuld waschen. In diesem einen Punkt wenigstens sind sich vielleicht die Regierungen Englands, Amerikas und des «neuen Italien» einig; über alles übrige wird noch verhandelt, während der Krieg, der programmgemäss weitergeht, von Sizilien nach Kalabrien übersetzt und damit endgültig den Raum der «Festung Europa» betritt.[145]

Heute vor vier Jahren fasste ein repräsentativer schweizerischer Kommentar zum Kriegsausbruch die Kriegsursachen in den sogleich berühmt gewordenen Worten zusammen: «Man kann die Augen nicht verschliessen vor der Tatsache, dass die Verantwortung für diese europäische Katastrophe auf einem Mann liegt, der – viel eindeutiger als in früheren historischen Kontroversen über die Frage der Kriegsschuld – mit Name und Vorname bezeichnet werden kann.»[146] Allein das

Ausmass, das diese Katastrophe inzwischen angenommen hat und das damals wohl niemand sich vorzustellen vermocht hätte, genügt, um die Gültigkeit dieser Feststellung auf die Oberfläche des Geschehens zu beschränken. Die naive Feststellung Tolstojs in «Krieg und Frieden», dass kein Einzelner Millionen von Menschen in Bewegung setzen kann, wenn diese Millionen nicht wollen, ist tausendmal tiefsinniger als die These vom «one man alone», gegen wen sie sich nun immer richte; und der alte chinesische Weise, der sagte, dass die Menschen so leicht sterben, weil sie so schwer leben, hatte eine genauere Vorstellung von den Ursachen des Krieges als hundert zeitgenössische Kommentatoren zusammen. Es ist legitim, die «grossen Männer» bei der Verantwortung zu nehmen, die sie sich so ausgiebig und ohne falsche Bescheidenheit selbst zugeschrieben haben; etwas anderes ist es, der Menschheit vorzumachen, diese grauenhafte Vernichtungsorgie sei nichts weiter als eine Auseinandersetzung zwischen einigen politischen Tagesgrössen. Der «Krieg um Danzig» konnte denen, die ihn organisierten – auch jenen alliierten Staatsmännern, die zurückwichen, solange es möglich war, Halt zu gebieten, und dann «Halt» riefen, als es kein Halten mehr gab – dermassen über den Kopf wachsen und zum Krieg aller fünf Kontinente werden, weil die Welt in ihrer politischen und sozialen Struktur zum Tollhaus geworden war, in dem Überfluss Not, gute Ernten Hunger und gesicherter Friede Arbeitslosigkeit bedeuteten und in der deshalb Vernichtung von Gütern und Menschen zum wirtschaftlich vernünftigen Handeln geworden war.

Um die Protagonisten des Kriegsbeginns ist es nach vier Kriegsjahren sehr still geworden. Von den vier Männern, die in München den «Frieden für unsere Zeit» organisierten, ist heute nur noch einer in Amt und Würden, und dieser eine, vor dessen Reden einst die Welt erzitterte, schweigt seit Monaten, während Deutschlands Fronten wanken, Deutschlands Städte in Trümmer sinken und Deutschlands «innere Front» Heinrich Himmler überantwortet wird. Die deutsche Presse verheimlicht nicht mehr, dass viele in Deutschland müde und hoffnungslos geworden sind, und es sind ihrer anscheinend schon zu viele, als dass sie nach der bisher ausgegebenen Parole einfach «unschädlich» gemacht werden könnten. «Ehe wir einen Stein werfen auf die, denen vielleicht ein schweres Schicksal ans Lebensmark ging, die müde wurden auf dem Wege des vierjährigen Krieges, die gebeugt sind unter seiner Last, erhebt sich für uns die unerbittliche Frage, ob *wir* nicht schuldig gesprochen sind», schreibt der «Völkische Beobachter». «In der Umgebung eines Helden gibt es keine Feiglinge ... Liessen sie sich nicht mitreissen, *wenn einer käme*, dessen Schwung stark genug ist ...? Der Wille eines einzelnen vermag ein Häuflein Unentschlossener zu Helden zu machen.» Wenn einer käme ... Er kam doch bereits, vor vielen Jahren, er war doch da, und ganz Deutschland folgte ihm «in blindem Vertrauen». «Aber wohin ging er, da es nachtet?» Geht die Zeit der «grossen Männer» zu Ende, und bleibt nur die Legende von den «grossen Schuldigen»? Es liegt ein unheimlich nichtssagendes Schweigen über diesem Beginn des fünften Kriegsjahres, in dem der Sturm auf die «Festung Europa» beginnt. *Von den*

Siegern dieses Jahres hängt es ab, ob sich nicht in einigen Jahren um die besiegten Führer ein sehnsüchtiger Mythos spinnen wird, wie einst um den besiegten Napoleon, als die «Freiheitskriege» in der Farce der Heiligen Allianz Metternichs geendet hatten.

11. September 1943

Kapitulation Italiens. Entwaffnung der italienischen Armeen durch die Deutschen. Landung von US-Truppen bei Salerno. Besetzung Roms durch die Deutschen. Die Ostfront

Einst wird ein Generalstäbler – vielleicht erhält er zur Stunde als Fahnenjunker seine Frontbewährung in Süditalien – unter Benützung der feindlichen Quellen die militärische Situation des Sommers und Herbstes 1943 schildern und darlegen, wie aus ihr der Sieg Deutschlands gestaltet worden ist», prophezeite am 3. September, dem vierten Jahrestag des Kriegsausbruches, die «Deutsche Allgemeine Zeitung» in ihrem Leitartikel «Siegesgewiss ins fünfte Jahr». Es ist zu befürchten, dass der deutsche Fahnenjunker seinen Rückweg aus Süditalien in die Heimat von alliierten und – traurigste aller Möglichkeiten – von mit ihnen kämpfenden italienischen Truppen versperrt findet und seine Geschichte des deutschen Sieges ungeschrieben bleibt. Denn «zur Stunde», als diese Worte in Deutschland erschienen, unterzeichnete die italienische Regierung auf Sizilien die Kapitulationsbedingungen der Alliierten, deren aussergewöhnlichste Bestimmung die war, dass die Kapitulation erst im für die Alliierten «militärisch günstigsten Augenblick» in Kraft treten und bis dahin auch dem bisherigen deutschen Bundesgenossen verheimlicht werden solle.[147] Volle fünf Tage lang ging der «Gespensterfeldzug», wie eine Londoner Zeitung ahnungsvoll die Operationen Montgomerys bezeichnete, ernst und feierlich weiter; fünf Tage lang kämpften die deutschen Truppen in Süditalien in einer Mausefalle, ohne es zu wissen, während die Alliierten in aller Ruhe ihre Dispositionen für die Besetzung Italiens treffen konnten. Wenn deshalb das Deutsche Nachrichtenbureau das Vorgehen der italienischen Regierung als «feigen Verrat», als «verräterischen Anschlag gegen die Verteidiger Europas» und mit andern dem militärischen Ehrenkodex widersprechenden Qualifikationen bezeichnet, so sind in der Art der italienischen Waffenstreckung zweifellos alle formalen Voraussetzungen dazu gegeben. Aber wenn im gleichen siegesgewissen Artikel der «Deutschen Allgemeinen Zeitung» von «Italien, wo der Feind durch das ebenso infame wie törichte Schlagwort von der bedingungslosen Kapitulation politisch und militärisch kostbare unwiederbringliche Wochen verloren hat», die Rede war, so wurde damit doch bereits dem deutschen Leser schonend beigebracht, dass es sich eben nur um einen Aufschub handle. Dass Italien aus dem Krieg auszuscheiden wünsche, darüber hatten seit dem Sturz Mussolinis alle italienischen Kundgebungen keinen Zweifel gelassen. Weniger öffentlich, aber nicht weniger unmissverständlich hatte die deutsche Regierung, gestützt auf ihre in ganz Italien stationierten Truppen, den Wunsch ausgedrückt, dass Italien den Krieg auf deutscher Seite fortsetze, und bereits anfangs August Rom zu besetzen und eine faschistische Restauration vorzunehmen gedroht. Nicht über die «Treue» Italiens, sondern über die Macht ihrer Druckmittel und über die Allgegenwart ihrer Agenten hat sich die deutsche Regierung getäuscht. «Wenn die Deutschen von Verrat reden», schreibt der «Corriere della Sera», «dann können die Toten und die Überlebenden hoffnungsloser Feldzüge das Gegenteil bezeugen; denn ein Land, das drei Jahre hindurch ohne jede Überzeugung, dass dieses Opfer notwendig sei, sich opferte und seine Gräber als Spuren in den Steppen und Wüsten zurückliess, hat nicht verraten – es selbst wurde verraten und fügte sich und lehnte sich nicht auf ...» Da Italien seiner «Freundschaft» mit Deutschland nicht anders als mit Trug und Hinterlist entgehen konnte, ist es besser, die Moral aus dem Spiel zu lassen. Auch Bündnisse enden nach dem Gesetz, nach dem sie angetreten: ein Bündnis, das als Unterwerfung begann, konnte nur durch Aufstand beendet werden.

Von einem Tag auf den andern ist an die Stelle der «unauflöslichen Waffenbrüderschaft» ein Kriegszustand getreten, der einer Kriegserklärung gar nicht erst bedurfte. Neue Kriegsschauplätze sind im deutschen Heeresbericht an die erste Stelle gerückt: Südfrankreich und der Balkan, wo die Überwältigung der italienischen Truppen planmässig wie immer vor sich geht, Ober- und Mittelitalien, wo Rommel in einem «mit tiefster Erbitterung geführten Kampf die italienischen Verbände zur Kapitulation gezwungen» hat, und das Seegebiet um Italien, wo deutsche Flugzeuge italienische Flotteneinheiten versenken; die Bildung einer «nationalfaschistischen» Gegenregierung in Deutschland, die eine schamvolle Anonymität über diskreditierte Namen breitet, ist eine Massnahme, der üblicherweise der Abbruch der diplomatischen Beziehungen vorauszugehen hätte. Italien ist für das Dritte Reich ein besetztes Land im Aufstand, und das erste Communiqué der bisherigen Machthaber pflegt in solchen Fällen stets zu lauten: «Die Regierung ist Herr der Lage.»[148]

Wo bei alledem die Alliierten bleiben, wird aus den verworrenen und absichtsvoll verwirrenden Meldungen nicht recht ersichtlich; jedenfalls haben sie zunächst wie stets «das Nächstliegende getan» und sind bei Neapel eingetroffen, während die Deutschen in Rom, Mailand und Genua einrücken. Wohl sind die «militärischen Notwendigkeiten» stets undurchsichtig, und es mag einer kalt überlegten Strategie entsprechen, möglichst viele deutsche Truppen in Italien zu binden; aber, wenn überhaupt von Moral die Rede sein soll, wären die Alliierten den Italienern moralisch zu einiger Eile verpflichtet, um ihnen, die vor dem «Feind» von gestern kapituliert haben, den Überschuss an Elend zu ersparen, auch noch vor dem «Freund» von gestern kapitulieren zu müssen.

Selbst die planmässigste Überwältigung der «italienischen Revolte» müsste in Deutschland bitter schmecken, und das Wort «Verrat», auch wenn es nationalen Überlegenheitsinstinkten und atavistischen Hassgefühlen gegenüber dem Dreibundpartner von 1915 entgegenkommt, hat keinen sehr tröstlichen Klang; allzuoft hat es als Ersatz für das Wort «Niederlage» gedient. Und es wohnt in ihm eine furchtbare moralische Einsamkeit. Es ist immerhin der einzige Bundesgenosse von Format in diesem «europäischen Freiheitskrieg», der nun als erster dem Feind die Tore geöffnet hat; an der einzigen Stelle der europäischen «Ringsumfront», wo der deutsche Soldat nicht zum vornherein den Feind im Rücken wusste, hat sich erwiesen, dass er *überall den Feind im Rücken* hat. «Verrat rundum» – wie stellt man es an, rundum bloss «Verrat» zu ernten? Wohl gibt es solche, die unwandelbar die Treue halten – aber das sind die, die bereits verraten haben und nicht mehr zurückkönnen. Es ist ein seltsames Schauspiel, ein shakespearescher Zwischenakt in einer grossen Tragödie, den kroatischen Poglawnik für die Zeit, die ihm noch verbleibt, aus der italienischen Liquidationsmasse Dalmatien annektieren zu sehen.[149]

Während dieses gewaltigen Schocks im Süden geht der Erdrutsch an der Ostfront ununterbrochen weiter. «Es sind ja nur ein paar Monate, in denen man in diesem Land vernünftig Krieg führen kann», erklärte einst Hitler; nun sind auch diese paar Monate unvernünftig geworden, und statt der Russen warten die Deutschen sehnsüchtig auf den Einbruch der Schlammperiode. Zwar hat vor einem Jahr Dr. Goebbels kategorisch erklärt, dass dieser Krieg nicht um Ideale, sondern um Rohstoffe geführt werde, aber inzwischen ist nach allen Ausblicken auf das kaukasische Erdöl auch das Erzgebiet des Donez verlorengegangen, die Kornkammer der Ukraine bedroht, und nach den deutschen Kommentaren geht der Kampf im Osten um gar nichts mehr als um die «nackte Existenz». Da tritt, obwohl erst kürzlich das «Schwarze Korps» jeden Wunderglauben verdammt hat, die Metaphysik wieder in ihre Rechte. In derselben Nummer der «Deutschen Allgemeinen Zeitung», die «Siegesgewiss ins fünfte Jahr» des Krieges eintrat, begründet Geheimrat Professor Dr. Richard Fester diese Siegesgewissheit mit den Lehren des Zarathustra. «Wird die bolschewistische Verkörperung Ahrimans das letzte Wort der Weltgeschichte sprechen?» fragt er, «an der Wende der Zeiten ein alter Mann», und begründet seinen Glauben an den Sieg des Lichtgottes Ormuzd, der sowohl Christus wie den Führer repräsentiert, mit kühn-synthetischer Theologie: «Die über allem Erdgeschehen waltende göttliche Vorsehung hat sich am stärksten offenbart, als sie Ormuzd in einem Sohn jenes Volkes Menschengestalt verlieh, das Ahriman schon seit Jahrhunderten im Gewand des Ewigen Juden an der Erschütterung der Welt arbeiten liess ... Wer daraus geschlossen hat, dass der Heiland, dessen Reich nicht von dieser Welt war, auch der drohenden bolschewistischen Weltrevolution Einhalt tun werde, ist inzwischen durch das einer wiederholten Kreuzigung Christi gleichkommende Bündnis der judaisierten anglo-amerikanischen christlichen Kirche mit dem christusfeindlichen Bolschewismus eines Besseren belehrt worden. Der Erwählte der Vorsehung kann heute nur das Volk sein, das des jüdischen Marxismus und Kommunismus in seiner Mitte bereits Herr geworden ist ... Im Juni 1941 ist der Führer Grossdeutschlands Ahriman-Stalin noch rechtzeitig in den Arm gefallen, ehe er zum Vernichtungsschlage ausholte ... die an eine Vorsehung Glaubenden sind der Überzeugung, dass Ormuzd in dem ersten totalen Weltkrieg der Geschichte seine um Deutschland gescharten europäischen Kämpfer mit dem harterrungenen Endsiege krönen wird.»

Der Krieg geht weiter, «nunmehr frei von allen belastenden Hemmungen», wie Hitler gestern abend ausführte. Es mag für viele Deutsche neu sein, zu erfahren, dass das Dritte Reich statt Bundesgenossen nur Hemmschuhe besass. Vom Kampfe um Europa ist nur der Kampf um Deutschland übriggeblieben, «allein und verlassen», wie er nach Hitlers Worten 1939 begann.

18. September 1943

Deutsche Truppen befreien Mussolini vom Gran Sasso.
Verstärkung des Brückenkopfs bei Salerno

Stürme der Begeisterung und des Triumphes fegen durch die deutsche Presse und den deutschen Rundfunk. Da sind sie wieder, die schönen Tage von einst, in denen jeder Feldzug nach einigen Tagen oder Wochen planmässig seinen Abschluss in der ehernen Formel fand: «Die feindliche Wehrmacht besteht nicht mehr.» Seit der Niederwerfung Jugoslawiens, wo diese Grabsteinformel nur obenhin richtig war, und seit ihrer ebenso hartnäckigen wie vergeblichen Wiederholung in den ersten Monaten des Feldzuges in Russland, wo sie schon mehr einer Beschwörungsformel glich, bot sich zwei Jahre lang keine rechte Gelegenheit mehr zu ihrer Verwendung. Nun ist sie triumphal wieder aufgetaucht, und über vier Spalten weg verkündete Ende letzter Woche die Schlagzeile der «Münchener Neuesten Nachrichten»: «Die italienische Wehrmacht besteht nicht mehr!» Jede Erinnerung an die «unwandelbare Waffenkameradschaft» von gestern ist verschwunden, ausser einigen Nachträgen von der Art, dass die nun glücklicherweise liquidierte italienische Armee alle deutschen Niederlagen von El Alamein bis Sizilien und sogar die Katastrophe von Stalingrad verschuldet, der deutschen Wehrmacht wider alle Vernunft den Krieg im Balkan aufgebürdet und seither heimlich die jugoslawischen Guerillatruppen gegen Deutschland unterstützt habe. Der aus Rom heimgeeilte Berichterstatter des Münchener Blattes berichtet, «wie mürbe und innerlich ausgehöhlt die italienische Wehrmacht gewesen war», und wie er selbst «in grosser Zahl seltsam zivilistische Typen beobachten» konnte, «denen man deutlich ansah, dass sie die Uniform noch nicht lange, sicherlich aber sehr gern ausgezogen hatten»; ein anderer Mitarbeiter des Blattes stellt verallgemeinernd fest, dass sich das «italienische Naturell» dem strammen Stil der neuen Zeit nie recht angepasst habe. Keine Spur von Sentimentalität trübt die erleichterte Trennung vom Achsenbruder; der Mohr, der nicht einmal seine Pflicht getan hat, wird «vernichtet», und die «Säuberung» Italiens von italienischen Truppen ruft, wenigstens an der publizistischen Oberfläche des Dritten Reiches, einen wahren

Siegestaumel hervor. Die Unverwüstlichkeit einer Propaganda, die auch noch aus dem Zusammenbruch des eigenen Bündnissystems einen welthistorischen, die schwersten Rückschläge im Osten reichlich übertönenden Sieg zu machen versteht, ist imponierend. Unter der Hand, vom deutschen Publikum unbemerkt, ist der Verbündete von gestern als Besiegter an den Triumphwagen des Dritten Reiches gespannt worden. Dr. Goebbels hat wohl recht, wenn er im letzten «Reich» schreibt: «Es wird eine Zeit kommen, wo wir uns an den Kopf fassen werden, weil wir dann nicht verstehen können, warum wir heute nicht verstanden haben, was uns im Augenblick gänzlich unverständlich erscheint.» Aber es braucht wohl noch einige solche Siege, bis diese sibyllinische Prophezeiung eintrifft.

Ein rührendes Zwischenspiel wahrer Nibelungentreue in diesem kalten Abschiednehmen ist die wunderbare Errettung des Duce durch den Führer. Dass auch noch die Berichterstattung über dieses «Husarenstück» die lächerliche Feigheit der italienischen Soldaten recht dick herausstreicht, deren hundert vor einem wackern deutschen Sturmtruppführer wie ein Hühnerhof auseinanderstoben und ihn ihre Maschinengewehre mit dem Fuss beiseitestossen liessen, mag eine besonders aufmerksame Morgengabe für den «grössten Sohn Italiens seit dem Untergang der Antike» sein. «Ein befreiendes, sieghaftes Lachen geht durch die Welt der Achsenmächte und pflanzt sich auch auf die andern Länder fort», schreibt die «Deutsche Allgemeine Zeitung» unter dem Schlagtitel «Heil Duce!» und fährt fort: «Ideengeschichtlich gesehen verwandelt sich der voreilige Triumph über das jähe Ende des Faschismus in einen Katzenjammer erster Ordnung. Man kann sich auch vorstellen, in welche Bedrängnis die lauen Elemente in Italien nunmehr geraten sind.» Ideengeschichtlich gesehen? Der Faschismus hatte immer seine eigene etwas blutrünstige Art, Ideengeschichte zu machen; 1936, zur Zeit der Moskauer Schauprozesse gegen die «alten Bolschewiki», rühmte Mussolini in einem Artikel im «Popolo d'Italia» öffentlich die überlegene Verfeinerung der faschistischen Methode, mit Rhizinusöl gegen missliebige Ideologien zu argumentieren, gegenüber den grobschlächtigen Methoden der «asiatischen Despotie». Es mag freilich ideengeschichtlich bedeutsam sein, dass gleich nach Mussolinis Befreiung der nationalfaschistische Sender von München Vergeltungsmassnahmen gegen Benedetto Croce und andere «Verräter» ankündigt; Mussolini selbst begnügt sich in seinen ersten «Tagesbefehlen» mit der Bedrohung der «Feigen und Verräter» seiner eigenen Partei. Aber seit dem 25. Juli haben sich in Italien die Gegner des Faschismus demaskiert, und die «Restauration» der faschistischen Partei, die während der Zwischenregierung Badoglios eine Auslese von Desperados geworden ist, wird über sie eine Welle des Terrors, der Denunziation und der Rache vor Torschluss hinweggehen lassen, deren menschliche und geistige Verwüstungen nicht abzusehen sind. Wenn heute in den deutschen Berichten aus Italien diejenigen, die sich der Okkupationsmacht widersetzen, als «kommunistische Elemente» bezeichnet werden, so ist damit die Einreihung Italiens in das besetzte Europa vollständig: wo das Besatzungsregime hinkommt, da ist auch der Kommunismus mit und ohne Anführungszeichen sogleich da, und das bekannte Wort des Kardinals von Retz aus der Zeit Mazarins liesse sich zeitgemäss abwandeln: «Dénoncez une conspiration communiste, à l'instant elle se formera.» Von einer Wiederherstellung der von Deutschland so freudig liquidierten italienischen Wehrmacht war in Mussolinis Tagesbefehlen nicht die Rede, wohl aber von der Wiederherstellung der «Verbände und Spezialabteilungen der faschistischen Miliz für die innere Sicherheit»; zum Kampf gegen den äusseren Feind untauglich befunden, wird der Faschismus zur Sicherung der deutschen Besatzung gegen das italienische Volk aufgeboten. Damit dürfte die Rückkehr des faschistischen Regimes, «ideengeschichtlich gesehen», genügend charakterisiert sein. Der Vergleich mit Napoleons hundert Tagen, zu dem Mussolini selbst mit seinem Theaterstück das Stichwort gegeben hat, ist noch läppischer, als es die am laufenden Band fabrizierten historischen Analogien meistens sind; Napoleon kehrte als Souverän, nicht als Satrap, von den eigenen Truppen begeistert empfangen, nicht von fremden Truppen eskortiert, in sein eigenes Land zurück, statt sich zu einem mächtigeren Verbündeten entführen zu lassen.[150]

Nach dem militärischen und dem «ideengeschichtlichen» Sieg über Italien wurde der deutschen Öffentlichkeit gleich eine dritte Siegesmeldung geboten: General Kesselring[151] hatte den englischen Invasionstruppen südlich Neapel ein «zweites Dünkirchen» bereitet, und die geschlagenen Reste des Gegners hatten bereits mit der Wiedereinschiffung begonnen. Inzwischen hat sich herausgestellt, dass die gemeldeten alliierten Transportschiffe nicht gekommen waren, um die Reste der alliierten Truppen abzuholen, sondern um Verstärkungen an Land zu bringen. Damit mag wohl die Serie der deutschen Siegesmeldungen für einmal wieder abreissen; aber sie hat genügt, um über die psychologisch kritischsten Tage des italienischen Zusammenbruches wegzuhelfen. Die Angelsachsen haben in Salerno von ihrer Regel, die eigenen Truppen möglichst zu schonen und dafür dem europäischen Menschenmaterial der verbündeten oder vom Feind besetzten Länder um so mehr zuzumuten, für einmal eine Ausnahme gemacht, denn dieser zusätzliche Rückschlag wäre denn doch ans Prestige gegangen, nachdem bereits die Preisgabe ganz Mittel- und Oberitaliens an die Deutschen die Bereitschaft der kleinen Achsensatelliten, dem italienischen Beispiel zu folgen, wesentlich herabgestimmt und der Warnung Hitlers vor solchem Verhalten erhöhtes Gewicht gegeben haben dürfte. Aber anderseits war der Rückschlag und die knapp vermiedene Katastrophe bei Salerno für den amerikanischen Finanzminister eine Gelegenheit, seine 15-Milliarden-Anleihe zu propagieren, für die New Yorker Börse ein Anlass zur Hausse und für die Regenten und Strategen Englands und Amerikas, die ja in der propagandistischen Verwertung von Rückschlägen geübt sind, ein gutes Beruhigungsmittel für die öffentliche Meinung in ihren eigenen Ländern und vielleicht auch bei den ungeduldigen Russen. Denn diese öffentliche Meinung hatte wohl einige Mühe, zu begreifen, dass sich aus der so wohleingefädelten Kapitulation Italiens nicht mehr als die Bildung eines Brückenkopfes in

Süditalien machen liess, dass für die in der Kapitulation so sorgfältig festgelegte Übergabe Sardiniens und Korsikas und für die Besetzung der Ägäischen Inseln, die sich nach alliierten Berichten in italienischer und griechischer Hand befinden oder befanden, kein einziges Schiff freimachen liess, und dass ein auf lange Sicht festgelegter militärischer Fahrplan auch dann Schritt für Schritt eingehalten werden muss, wenn er gegenüber den politischen Ereignissen in hoffnungslose Verspätung gerät. Die Drohung Churchills, Italien bis zur Kapitulation «im eigenen Fett schmoren zu lassen», war in England ebensowenig wie in Italien so verstanden worden, dass Italien auch nach vollzogener Kapitulation, ja nach vollzogenem Frontwechsel, weiter «schmoren» solle. Nun hat General Eisenhower auf die Frage, die seit anderthalb Jahren unausgesprochen hinter der ganzen Debatte um die «zweite Front» steht: «Wollen sie nicht oder können sie nicht?», die Antwort demonstriert: «Wir können nicht.» Ob diese Demonstration überzeugend ist, darüber lässt sich allerdings nicht nur unter militärisch-technischem Gesichtspunkt streiten; denn die Demoralisation und Verwirrung der italienischen Armee, die nun nach dem Abfall Italiens von der Achse den Deutschen von Salerno bis zum Gran Sasso und von Albanien bis nach Savoyen so trefflich in die Hände spielte, ist eben auch eine Folge der perspektivenlosen Politik, Italien «in seinem eigenen Fett schmoren zu lassen», und es will nicht recht erbaulich klingen, wenn nun in London und Washington den Italienern empört vorgeworfen wird, sie setzten sich nicht todesmutig genug für eine «Befreiung» ein, die ihnen die Alliierten ja gar nie versprochen haben. Es ist sogar fraglich, ob diese Politik auch nur vom Standpunkt der «Ruhe und Ordnung» Eisenhowerscher Prägung aus richtig ist: es mag sein, dass die faschistische «Säuberung» des unruhigen Norditalien den Boden für die «Befriedungspolitik» der Amgot gründlich vorbereitet, es mag aber auch sein, dass Chaos und Bürgerkrieg vor den alliierten Armeen in Italien einziehen.

25. September 1943

«Totale Mobilmachung» in Japan

Die «einschneidenden Massnahmen an der inneren Front», die der vom Deutschen Nachrichtenbureau sehr sensationell angekündigte ausserordentliche Kabinettsrat in Tokio beschlossen hat, sind hier nur in sehr groben Umrissen bekannt geworden. Alle diese Massnahmen zielen, wie das DNB berichtet, darauf hin, «eine nationale Kriegsstruktur des Landes zu schaffen, die dem Ernst der heutigen Lage gerecht wird und den Endsieg sicherstellt»: Einsatz aller Kräfte, vor allem auch der Arbeitskraft der Frauen und Greise, für die Kriegsproduktion, «Auskämmung» des Verwaltungsapparates, umfassende Vorsichtsmassnahmen gegen Luftangriffe bis zur teilweisen Evakuierung der Verwaltung aus Tokio. Die Verwandtschaft dieser Verordnungen mit der «totalen Mobilmachung», die

Deutschland nach der Winterkatastrophe im Osten dieses Frühjahr durchführte, ist frappant, auch wenn im «Land der Kirschblüten», wo hinter der amerikanisierten Modernität der Wolkenkratzergrossstädte und der überdimensionierten, auf schrankenloser Ausbeutung halbhöriger Kuliarbeit aufgebauten Industriekonglomerate noch immer der Reisbauer in tausendjährigem Feudalelend mit den primitivsten Methoden des Hackbaus seinen kärglichen Boden bestellt, die «Totalität» nie die Methodik und Lückenlosigkeit der deutschen Kriegsmaschine erreichen wird. Auch die Errichtung der «nationalen Kriegsstruktur» klingt sehr ähnlich wie die Ausrichtung auf die «Optik des Krieges» und den Verzicht auf die «Friedensfassade der Heimat», die Dr. Goebbels im letzten Winter verkündete, und sie ist ebenso überraschend, denn auch Japan war schon in Friedenszeiten so durchmilitarisiert wie nur möglich.

Die Notwendigkeit dieser «totalen Mobilmachung» ist für den europäischen Zeitungsleser, dessen Kenntnis der ostasiatischen Entwicklung sich seit langem von der Hungerkost der offiziellen Heeresberichte und gelegentlichen Phantasiereportagen aus der Südsee nährt, schwer ersichtlich. Aus der Ferne gesehen, steht das Reich der aufgehenden Sonne auf der Höhe seiner Macht. Von den reichen und riesigen Gebieten, die es in den Monaten nach Pearl Harbour den «whiskysaufenden Kolonialoffizieren und Pflanzern» der europäischen Kolonialmächte abnahm, sind erst einige Inselchen und vorgeschobene Stützpunkte abgebröckelt und der amerikanische Admiral Horne prophezeite kürzlich sechs weitere Jahre Krieg im Stillen Ozean. Der neue alliierte Oberbefehlshaber für Südostasien, Lord Mountbatten, der die so oft angekündigte Offensive gegen die Japaner in Burma durchführen soll, wird bei der Ankunft im Hauptquartier von Delhi seine indische Offensivbasis in fast chaotischem Zustand antreffen: die vizekönigliche Zensur, die seit einem Jahr Indien hermetisch von der Aussenwelt abschliesst, musste immerhin die Nachricht durchsickern lassen, dass in grossen Teilen Indiens und vor allem in Bengalen, dem Ausgangspunkt der erwarteten alliierten Offensive, eine furchtbare Hungersnot wütet, der gegenüber die verspäteten und hilflosen Massnahmen der Zentralregierung wie ein Tropfen auf einen heissen Stein wirken; Amery, der ewige Staatssekretär für Indien, vermochte dem beunruhigten Unterhaus nur zu versichern, dass Rationierungsmassnahmen vorbereitet und «wahrscheinlich im November» in Kraft treten würden. Lokale Hungersnöte gab es in Indien immer, gewiss, und der Ausfall der gewohnten Reiszufuhren aus Burma und Ostasien erklärt wenigstens teilweise die schwierige Ernährungslage Indiens, aber eine «allindische» Hungersnot von solchen Ausmassen, dass sie sogar die indische Zensur sprengt, ist ein Vierteljahr nach der Ernährungskonferenz von Hot Springs, in der die «Vereinten Nationen» der Welt die Ausrottung des Mangels ankündigten, ein übler Streich für die alliierte Propaganda und für das englische Prestige in Ostasien.[152]

Aus der Ferne gesehen ... Aber der Krieg gegen Japan ist ein Kolonialkrieg, ein Krieg um Rohstoffe in seiner phrasenlosesten Nacktheit, und die Sympathien der Völker, auf deren Rücken er ausgetragen wird, spielen dabei eine geringe Rolle, soweit sie überhaupt vorhanden sind. Das Industriepotential Amerikas steht gegen das Kriegspotential Japans, und schon heute, da Amerika im Pazifik erst «einhändig» Krieg führt, wird sein Übergewicht fühlbar. Auch hier fiel die eigentliche Entscheidung in dem Augenblick, in dem der japanische «Blitzkrieg», ohne die Hauptziele Indien und Australien zu erreichen, zum Stillstand kam und in den Abnützungskrieg überging, dem Japan mit seiner ungenügend entwickelten Schwerindustrie auf die Dauer nicht gewachsen ist; da die momentane Überlegenheit des bis an die Zähne gerüsteten japanischen Imperialismus über die nur mit «symbolischen Kräften» in Asien stehenden angelsächsischen Mächte wohl zu gewaltigen Anfangserfolgen, aber nicht zur Kriegsentscheidung ausreichte, fällt die langsame, aber sichere Entscheidung durch die laufende Produktion. Die japanische Produktion aber reicht offenbar nicht aus, den täglichen «Verschleiss» von Schiffen und Flugzeugen im unablässigen Materialkrieg um die pazifische Inselwelt voll zu ersetzen. «Schliesslich», heisst es in dem DNB-Bericht aus Tokio, «sind Massnahmen vorgesehen, die sicherstellen sollen, dass Japan und Mandschukuo[153] vollkommen unabhängig von der Lebensmitteleinfuhr werden». Der Erfolg der Eroberung all der reichen Versorgungsquellen Ostasiens ist also, dass sich Japan aus Mangel an Schiffsraum auf Selbstversorgung umstellen muss!

Ebenso unübersichtlich wie der asiatische Kriegsschauplatz aus der europäischen Perspektive, ist offenbar der europäische Kriegsschauplatz aus der Antipodenperspektive Japans. Nach der Kapitulation Italiens erklärte der Sprecher des japanischen Aussenministeriums, der Dreimächtepakt werde durch diesen Abfall eines seiner drei Partner «nicht berührt» – und das ist sogar soweit richtig, als der Dreimächtepakt seit dem Scheitern aller Hoffnungen auf ein deutsch-japanisches «Händereichen» in Indien nur noch ein papierenes Instrument zur gegenseitigen Ermutigung ist: während der europäische Dreierpaktpartner in Rohstoffnöten ringt und seinen Krieg mit Altmetall führen muss, ertrinkt Japan im Rohstoffüberfluss seiner «grossostasiatischen» Eroberungen, den zu verarbeiten seine Industriekapazität nicht ausreicht. Am Schluss seiner langen Rede, in der er die «totale Mobilmachung» am «Wendepunkt des Krieges» ankündigte und, stets nach der Fassung des DNB, erklärte, «mit Überzeugungskraft und Glauben an den Sieg allein sei es nicht getan», fand der japanische Premierminister Ermutigung im Blick auf Europa: In Europa – so betonte Tojo – hätten Deutschland und die übrigen Länder, die Schulter an Schulter mit Japan kämpften, glänzende militärische Erfolge zu verzeichnen; er beglückwünsche die Verbündeten in Europa dazu und sei von ihren weiteren Erfolgen überzeugt. Auch das ist aus der Ferne gesehen – so sehr aus der Ferne, dass die deutsche Presse für den inneren Gebrauch diese Glückwünsche Tojos etwas abzuschwächen für nötig fand: «In Europa», heisst es da genügsamer, «kämpfen Deutschland und die übrigen verbündeten Länder Schulter an Schulter mit Japan weiterhin mit voller Kraft gegen den gemeinsamen Feind.» Der Schulterschluss ist freilich etwas locker; c'est le point de vue de Sirius.[154]

Aus der Ferne gesehen ist ja wirklich die «Festung Europa» genau so wie der «Ostasiatische Grossraum» noch kaum angeknabbert, ein paar Inseln, ein Zipfel Italiens und 100 000 Quadratkilometer Niemandsland im Osten wurden planmässig aufgegeben, das ist alles. Aber in Europa und allmählich wohl auch in Deutschland ist es schwierig, sich auf den «Gesichtspunkt des Sirius» einzustellen, und jene neutrale Objektivität, die vom Kommentator verlangt, dass er weniger wisse als jeder Leser, wird immer mehr zur Akrobatik. Seit der Ankündigung einer «grosszügigen Frontbereinigung» im Osten vor einer Woche berichten die deutschen Heeresberichte mit täglich grösserer Beredsamkeit von Rückzügen an allen Fronten, die zwar nicht *infolge*, sondern «*trotz* heftiger feindlicher Angriffe» vorgenommen wurden, deren Planmässigkeit aber immer mehr dem *alliierten* Fahrplan zu entsprechen scheint. «Festung Europa» ist jedenfalls ein sehr euphemistischer Ausdruck für ein Gebilde geworden, dessen Türen im Süden, in Sardinien, Korsika, an der dalmatischen Küste und in der Ägäis schon weit aufgerissen sind, bevor die Alliierten überhaupt eintreffen, während im Osten seit drei Monaten ein endloser Rückzug im Gange ist, von dem schon das Schicksal der Siebzehnten Armee im Kuban-Brückenkopf[155] beweist, dass er in diesem Ausmass nicht vorgesehen war, und während durch das offene Dach allnächtlich und alltäglich Bomben auf das Hinterland prasseln.

2. Oktober 1943

Publikation von Todesurteilen des Volksgerichtshofes. Russische Zersetzungspropaganda. Bund deutscher Offiziere bei Moskau gegründet. Krisen der Exilregierungen

«Ein Fass ohne Boden» hat der militärische Mitarbeiter des Deutschen Nachrichtenbureaus die russische Sommeroffensive genannt. Dieser selbst in der reichen Bildersprache der deutschen Kriegsterminologie recht kühne Vergleich ist offenbar so zu verstehen, dass die deutsche Wehrmacht diesen «Boden» darstellen würde, dass es aber den Russen nie gelingt, auf ihn zu stossen, weil er sich ununterbrochen von ihnen «absetzt» – so dass die russische Offensive, indem sie *Boden* gewinnt, in Wirklichkeit *den* Boden verliert. So leicht verkehrt sich Missgeschick in Freude. Es ist freilich möglich, dass solche Dialektik an die Denkgewandtheit mancher Volksgenossen zu hohe Anforderungen stellt und dass von der ganzen Konstruktion nur ein dunkles Gefühl der Bodenlosigkeit im Gedächtnis des einfachen Lesers haften bleibt; um so mehr, als auch die übrigen deutschen Berichte aus dem Bereich der Festung Europa den Eindruck der Bodenlosigkeit aufkommen lassen könnten. Seit Beginn des Krieges pflegt der deutsche Rundfunk die Heeresberichte aus dem Führerhauptquartier im langsamsten Diktattempo durchzugeben, damit auch die ungeübteste Hand sie sorgsam ins Tagebuch eintragen kann; und in diese Tagebücher des Ruhmes muss nun der Hörer Dinge eintragen, deren Auftauchen im offiziellen Heeresbericht geradezu erschütternd wirken muss: In Nordostitalien und Dalmatien stehen deutsche Truppen «im Angriff gegen die raubenden und plündernden Aufständischen», in Neapel mussten «schärfste Massnahmen gegen auflebende kommunistische Unruhen» ergriffen werden, allerorten in Südosteuropa werden immer noch italienische Truppen überwältigt und Inseln und Städte erobert, die schon einmal und damals «endgültig» erobert worden waren. Die Fähnchen auf der Landkarte stehen nirgends mehr fest.

«Wir sind in einem ununterbrochenen Sorgentraining begriffen», erklärte Dr. Goebbels schon vor dem angelsächsischen Angriff auf Italien. Und doch ist offenbar das «Training» noch nicht ausreichend; in seinem neuesten Artikel schreibt der deutsche Propagandaminister: «Aber das Ertragen von Einbussen und Rückläufigkeiten erfordert ein gewisses Training und gerade das fehlt uns.» Dem soll nun offenbar die grosse Publizität, die neuerdings in der deutschen Presse den bisher stets geheimgehaltenen Todesurteilen des «Volksgerichtshofes»[156] wegen «Wehrkraftzersetzung» bereitet wird, nachhelfen. Die öffentlichen Begründungen dieser Todesurteile sind sehr eindrucksvoll: hingerichtet wurde der Pianist Karlrobert Kreiten aus Düsseldorf, weil er «eine Volksgenossin in ihrer treuen und zuversichtlichen Haltung zu beeinflussen versucht» hat, hingerichtet der Geschäftsinhaber Gröbe aus Penig, weil er die «zuversichtliche und aufrechte Haltung» seiner Kunden durch «hetzerische Äusserungen» zu erschüttern suchte ... Blutige Nachhilfestunden für die «Untrainierten». «Auf unserer Seite steht nicht nur das Recht, sondern auch die Macht. Das wird sich erweisen, wenn es darauf ankommt», schreibt Dr. Goebbels. Wenigstens für die «innere Front» ist das tatsächlich «alles andere als Bluff». Auch an der inneren Front Deutschlands wird wieder weithin hörbar geschossen, und die Urteile des «Volksgerichtshofes» sind Heeresberichte wie die des Führerhauptquartiers; aber hier schiessen nur die Hinrichtungspelotons. Diese Urteile beweisen nicht, dass in Deutschland eine organisierte Opposition zu entstehen beginnt, sondern dass deren Entstehen schon im Keim und rücksichtslos unterdrückt wird. Es gibt noch Fähnchen, die feststehen: es sind die der SS auf deutschem Boden.

Die einzige Stelle, wo eine innere Opposition gefährlich werden könnte, ist die Armee. Und hier hakt denn auch die russische Zersetzungspropaganda – die alles andere als eine «revolutionäre Propaganda» ist – ein. Denn auch in der deutschen Armee muss die russische Offensive und der eigene Rückzug allmählich das Gefühl der «Bodenlosigkeit» erwecken. Das Ausbleiben grosser Gefangenenzahlen in den russischen Berichten und die rasche, fast widerstandslose Räumung von Schlüsselstellungen wie Smolensk zeigen zwar, dass der Entschluss zum Rückzug tatsächlich oft der äussersten Notwendigkeit zuvorkommt – das Programm, jede Position «bis zum letzten Mann» zu halten, und die Maxime «Wo der deutsche Soldat steht, da bringt ihn keiner mehr weg», sind also aufgegeben –; aber selbst wenn die riesigen Gebiete im Osten wirklich nur «unter genauer Einhaltung des deutschen Zeitplanes abschnittweise aufgegeben» werden, wie der deutsche Militärschriftsteller Major Dr. Schäfer in der deutschen Presse versichert, so ist doch auch der planmässigste Rückzug immer nur gute Miene zum bösen Spiel. Der «strategische Erfolg» eines genialen Rückzuges ist eine Angelegenheit der Generäle; der gemeine Soldat ist nicht Stratege, und wenn Dr. Goebbels mit souveräner Ruhe versichert, die deutsche Macht werde sich schon zeigen, «*wenn* es darauf ankommt», so hat wahrscheinlich der Mann im Trommelfeuer bereits jetzt das Gefühl, *dass* es dringend darauf ankommt. Denn dass man mit Rückzügen keinen Krieg gewinnt, das war doch die Binsenwahrheit, die Dr. Goebbels drei Kriegsjahre lang alltäglich den Engländern ins Gesicht schleuderte, und wenn es die Engländer in dieser Zeit gelernt haben, dann gewiss die Deutschen auch. «Deutsches Komitee» und «deutscher Offiziersverband» in Moskau sind nichts anderes als eine Spekulation – und vielleicht auch etwas Präziseres als eine Spekulation – auf die Folgen dieses «bodenlosen Rückzuges» für die Moral der deutschen Armee, die nun, da sie die Marschrichtung umgedreht hat, dazu aufgefordert wird, auch die Gewehre umzudrehen. Die Interpretation dieser Aufforderung als Einladung zu einem Separatfrieden wird offenbar von Russland aus kräftig gefördert, und die einzige Bedingung, die durch das Sprachrohr des «deutschen Komitees» für einen solchen Separatfrieden gestellt wird, ist ein Personalwechsel in der deutschen Führung oder höchstens die Ausschaltung der NSDAP, und die Gründung des *deutschen Offiziersverbandes in Moskau* unterstreicht sehr nachdrücklich, dass eine «Ausrottung des Preussengeistes» nicht auf dem russischen Programm steht. Würde es der Sowjetregierung wirklich genügen, dass Hitler ginge und die Generäle blieben, um Deutschland als Bundesgenossen anzunehmen – so wie am Ende des letzten Krieges «der Kaiser ging, die Generäle blieben»? Hier beginnt ein hoffnungsloses Imbroglio, dessen Hintergründe sich wohl erst lange nach Kriegsende aufklären werden. Die seit einiger Zeit hageldicht fallenden Gerüchte über einen deutsch-russischen Separatfrieden kommen aus vielen Quellen. Sie sind – als Köder oder als ernstgemeintes Angebot – von russischer Seite ein zusätzliches Zersetzungsmittel für Deutschlands innere Front, ein Versuch, eine mögliche «Rette-sich-wer-kann»-Stimmung in den herrschenden Kreisen Deutschlands zu fördern. Sie sind für Russland ausserdem ein Erpressungsmittel gegenüber den angelsächsischen Alliierten, denen damit recht eindrücklich nahegebracht wird, dass Russland sie ja auch in Europa wie in Ostasien den Krieg «allein ausfressen lassen» könnte. Sie sind für die deutsche Regierung ein Erpressungsmittel gegenüber England und Amerika, die wieder einmal vor die Alternative «Wir oder der Bolschewismus» gestellt werden, und die Tatsache, dass deutsche Truppen von der Ostfront nach Westen und Süden gegen die Angelsachsen geworfen werden, unterstreicht diese Drohung; wobei es sich Berlin angelegen sein lässt, auch die Gerüchte über die Möglichkeit eines Separatfriedens mit den Westmächten nicht ausgehen zu lassen, um auch Russland gegenüber diplomatisch nicht mit leeren Händen dazustehen. Und schliesslich sind diese Gerüchte auch Waffen im Kampf zwischen den gegensätzlichen Tendenzen innerhalb Englands und Amerikas und sogar bis zu einem gewissen Grade Waffen der englischen Diplomatie gegenüber jenem amerikanischen «Isolationismus», der über Nacht zum amerikanischen Imperialismus geworden ist.[157]

In dieser recht ungemütlichen Atmosphäre rückt die berühmte englisch-amerikanisch-russische Dreierkonferenz heran. Die Regierungsumbildungen in England und Amerika stehen in deutlichem Zusammenhang mit diesem delikaten Treffen, dessen Ort und Zeit und Personal festzulegen immer noch nicht gelingen will. Und ebenfalls zur Vorbereitung dieses Treffens, das eine «Generalbereinigung» der interalliierten Fragen werden soll, werden die Krisen der Exilregierungen akut. An Stelle des offiziellen jugoslawischen Michailowitsch-Mythos ist selbst in den angelsächsischen Berichten die «Befreiungsarmee» jener Partisanen getreten, gegen die Michailowitsch noch weit energischer Krieg führte als gegen die Deutschen; König Peter von Jugoslawien musste erklären, dass das jugoslawische Volk über die Restauration der serbischen Dynastie entscheiden werde, und die griechischen Partisanen haben eine Delegation zu König Georg von Griechenland geschickt, um ihm klarzumachen, dass sie nicht für *ihn* kämpfen. Aus London wird berichtet, dass der Sekretär der aufgelösten Komintern, Dimitrow, aus Kairo (!) eine Reihe von Ansprachen an den Balkan halten werde; und die sonderbare Tatsache, dass die angelsächsischen Truppen vor den offenen Türen des Balkans stehen bleiben und sie von den Deutschen allmählich wieder zuschlagen lassen, wird in Londoner Kommentaren flüsternd damit erklärt, der Balkan sei den Russen reserviert. Polen hat immer noch eine Exilregierung in London und eine andere in Moskau, und die kleinen Verbündeten Deutschlands von Finnland bis nach Ungarn leben in der Hoffnung auf den angelsächsisch-russischen Gegensatz. Und während Maisky seine Abschiedsvisite in London beendet und von Litwinow nichts mehr zu hören ist, taucht in Algier die etwas makabre, aber höchst prominente Gestalt Wischinskys auf, des Staatsanwaltes der Moskauer Schauprozesse und jetzigen stellvertretenden Aussenkommissars, und seine Entsendung zum Duumvirat Giraud – de Gaulle wird besonders in Washington als geradezu herausfordernde Protektion des französischen Befreiungskomitees durch Russland empfunden. Die Dreierkonferenz soll eine «Generalbereinigung» dieses Durcheinanders bringen – aber in diesem Augenblick verschiebt der amerikanische Senat jede Festlegung einer amerikanischen Aussenpolitik «bis nach dem Abschluss der Dreierkonferenz», womit wenigstens das eine festgelegt ist, dass dort nichts festgelegt werden darf. Und die «Times» ruft in Erinnerung, dass auch die «angelsächsische Gemeinschaft» nur ein bequemes Wortgebilde ohne vertraglichen Hintergrund ist: «Das Zusammengehen Englands und der Vereinigten Staaten in einer Allianz, deren Macht die ausreichende Garantie des Weltfriedens sein sollte, ist ein *Traum*, der von Zeit zu Zeit von *phantasievollen* Denkern aller englischsprechenden Länder geträumt wird.» Churchill hat ihn in zahlreichen Reden sehr laut und nachdrücklich geträumt, fast zu laut und nachdrücklich für den russischen Verbündeten ... Fast könnten die Häupter der «Vereinigten Nationen» sagen: Zum Glück geht der Krieg weiter ...[158]

9. Oktober 1943

Im Vorfeld der «Dreierkonferenz» der Aussenminister in Moskau

Da der Berg nicht zu den Propheten kommt, pilgern die Propheten zum Berge. Selbst die Reisebeschwerden des «greisen Staatsmanns» Cordell Hull, über die Roosevelt Stalin telephonisch unterrichtete, haben den Kreml nicht gerührt: die Dreierkonferenz der Aussenminister wird in Moskau oder gar nicht stattfinden. Und wenn Molotow derart unabkömmlich ist, weil er nach russischer Begründung den Feldmarschall Stalin in den Regierungsgeschäften vertreten müsse, so wird natürlich Stalin selber doppelt und dreifach unabkömmlich sein, wenn die «eigentliche» Dreierkonferenz der Regierungschefs spruchreif wird. Der beharrliche Hinweis darauf, dass die russischen Staatsmänner mit der Kriegführung überaus beschäftigt seien, während ihre angelsächsischen Kollegen durchaus Zeit zu Weltreisen haben, unterstreicht propagandistisch recht dick das Missverhältnis zwischen den militärischen Leistungen an der Ostfront und an den übrigen Sektoren der «Rundumfront». Die Konferenz soll politischen Fragen gewidmet sein, aber wenigstens nach aussen hin wird die Sowjetregierung offenbar wiederum das ewige Thema der «zweiten Front» in den Vordergrund stellen, die immer noch ausbleibt, während die «dritte Front» bereits in mehrfacher Ausfertigung – Mittelmeerfront, Partisanenkrieg, Bombenkrieg – vorhanden ist.

Es sind übrigens, wenigstens von amerikanischer Seite, nicht eigentlich Propheten, die nach Moskau delegiert werden. Sowohl Cordell Hull wie der neue amerikanische Botschafter Harriman sind waschechte Exponenten des amerikanischen «Grosskapitals», und der Aufstieg des bisherigen Leih-und-Pacht-Administrators Stettinius, der vom US-Steel-Trust und der Morganbank her kommt, zum Nachfolger Sumner Welles' und Stellvertreter Hulls hat die Übernahme der amerikanischen Aussenpolitik durch die Big Business besonders scharf beleuchtet.[159] Die Erfolgsaussichten der Verhandlungen in Moskau werden dadurch bestimmt nicht verringert; denn die Machthaber im Kreml sind nun einmal nicht die verzückten Missionare einer Welterlösungsidee, als die sie sich Anhänger und Gegner so gern vorstellen, sondern in erster Linie die Generaldirektoren des grössten Wirtschaftsunternehmens der Welt, der russischen Planwirtschaft. Und da sie, wie die Erfahrung sattsam lehrt, auf Ideologie nicht anbeissen, ist es jedenfalls aussichtsreicher, sie direkt mit den Grossinteressenten der Gegenseite statt mit deren Interessenvertretern, mit den Generaldirektoren selbst statt mit deren ideologischen Reklamechefs verhandeln zu lassen; die Aussicht, «ins Geschäft zu kommen», wächst dadurch zweifellos. Aber die Verhandlungen in den Moskauer Konferenzzimmern werden voraussichtlich recht hemdärmlig sein, um so hemdärmliger, als sie sich hinter geschlossenem Vorhang abspielen.

In London herrscht inzwischen bei der Vorbereitung der Dreierkonferenz ein eigentliches «welthistorisches Lampenfieber». Im «News Chronicle» schreibt Vernon Bartlett: «Aus historischen und geographischen Gründen wird Grossbritannien die Aufgabe haben, das Misstrauen zwischen den Vereinigten Staaten und Russland zu zerstreuen und damit zu verhindern, dass Europa in zwei Lager gespalten wird. Ohne Übertreibung kann gesagt werden, dass dieser Monat die britische Diplomatie und die politische Führerschaft bei weitem auf die schwerste Probe seit Kriegsbeginn stellen wird.» Hore Belisha[160], der als britischer Kriegsminister im ersten Kriegswinter um jeden Preis den Krieg gegen Deutschland durch einen «Zangenangriff» auf Russland oder mindestens durch die Bombardierung der russischen Ölfelder aktivieren wollte, erklärt: «Die bevorstehende Dreierkonferenz wird das kritischste Treffen dieses Krieges sein.» Und Sir Samuel Hoare wird nicht müde, seinen «spanischen Freunden», «diesen ängstlichen Leuten», zu erklären, «die Gefahr für Europa sei nicht der russische Einfluss, sondern die russische Isolierung». Es mag teilweise das Lampenfieber vor der Première einer neuen weltpolitischen Konzeption Englands sein, der Balance of Power im Weltmassstab zwischen USA und USSR, auf der nach Meinung der «Times» in Zukunft die britische Grossmachtstellung beruhen soll. Aber ganz ist damit die Aufregung vor der Dreierkonferenz nicht zu erklären.

«Ideologisch» ist zwar den offiziellen russischen Kundgebungen kaum mehr etwas vorzuwerfen. Unter Hinweis auf die «grosse finanzielle Hilfe», welche das «russische Volk» seiner Regierung durch die Zeichnung von Kriegsanleihen leistet – ein Vorgang, der jeden orthodoxen Leninisten in tiefste Verwirrung stürzen muss –, lud Stalin in einem offenen Brief die Amerikaner zu fleissiger Zeichnung der amerikanischen Kriegsanleihe ein, um «die Militärmacht der Vereinigten Staaten zu stärken». Wie erfreut Finanzminister Morgenthau über diese unerwartete Propagandahilfe war, mag freilich dahingestellt bleiben, aber der gute Wille ist offensichtlich. Und fast im gleichen Augenblick, in dem Roosevelt den Krieg in Italien zum Kreuzzug «zur Befreiung Roms, des Papstes und der Kirche» erklärte, erliess der neue russische Patriarch Sergius mit neunzehn andern kirchlichen Würdenträgern der rechtgläubigen russischen Kirche einen Aufruf an die Christen aller Länder, «in diesem Weltkampf gegen Hitler die höchsten Anstrengungen zur Verteidigung des Gedankengutes des Christentums, der Freiheit der christlichen Kirchen sowie der Freiheit der ganzen Menschheit zu unternehmen». Die Grenze zwischen Ernst und Sarkasmus ist in diesen russischen Äusserungen gewiss schwer zu ziehen, aber es wäre ein schwerer Irrtum, in alledem nur propagandistische Kniffs ad usum Delphini zu sehen: hinter der chinesischen Mauer der Ostfront vollzieht sich eine Wandlung, welche die altgewohnten Vorstellungen von dem roten Ungeheuer mit dem Messer zwischen den fletschenden Zähnen über den Haufen wirft. Die äusseren Streitfragen zwischen den Angelsachsen und

Russland, von der «finnischen Frage» über Polen und Südosteuropa bis zum Befreiungskomitee in Algier, sind hinreichend bekannt, aber auch sie sind nicht eben ideologischer Natur. General de Gaulle ist so wenig Kommunist wie die Offiziere aus preussischem Adel im Moskauer Befreiungskomitee, die genau wie Dr. Goebbels «im Namen der Opfer von Stalingrad» an den deutschen Nationalismus appellieren, der russische Vertreter im Mittelmeerkomitee, Wischinsky, der einstige Staatsanwalt gegen die «alten Bolschewiki» in den Moskauer Prozessen, ist als Vertreter polizeilicher Ruhe und Ordnung hinreichend legitimiert, und die slowenischen und montenegrinischen Bauern der von Russland protegierten jugoslawischen «Befreiungsarmee» oder die griechischen Partisanen als Kommunisten zu bezeichnen, kann höchstens dem DNB einfallen. Da die «Weltrevolution» in Moskau offenbar nicht mehr aktuell ist, heisst deshalb das neue Schreckgespenst «russischer Imperialismus». Ein Imperialismus im ökonomischen Sinn, der Kampf um Absatzmärkte und Kapitalanlagen, ist allerdings der russischen Wirtschaftsstruktur fremd; Russland hatte nicht den Krieg nötig, um sich zu «sanieren», sondern den Frieden. Das Wort «Imperialismus» wird hier deshalb in seiner verschwommensten Bedeutung eines allgemeinen politischen «Machtstrebens» angewandt, und ein solches ist schon als Reflexbewegung auf das Machtstreben der Bündnispartner wie der augenblicklichen Kriegsgegner Russlands selbstverständlich vorhanden, ist nicht nur Ursache, sondern ebensosehr Folge des «Misstrauens». Aber das russische «Machtstreben», das im Gegensatz zu dem seiner Partner keinen immanenten Ursachen entspringt, ist gerade deshalb so unheimlich, weil es nicht Märkte, sondern Verbündete sucht und deshalb mit allen, mit nationalistischen wie mit revolutionären Kräften zusammenarbeiten kann, mit aufständischen Bauern wie mit preussischen Junkern, mit kolonialen Selbständigkeitsbewegungen, französischen Generälen, bulgarischen Kleinbauern und polnischen Landarbeitern, und deshalb auch ganz ohne Ideologie einen steten Druck auf die «soziale Ordnung» ausübt. «Wenn ihr den Kommunismus fürchtet», erklärt Sir Samuel Hoare, «dann müsst ihr bei euch Ordnung machen, damit eure sozialen und politischen Bedingungen das Verlangen nach Kommunismus im Keim ersticken.» Der Ratschlag ist ausgezeichnet; aber der britische Botschafter in Spanien versteht «Ordnung machen» ungefähr gleich wie sein Freund Franco, und sein Rezept ist, «der Anarchie den Boden zu entziehen, indem wir alliierte Garnisonen in den Schlüsselstellungen des Kontinents errichten». Eine der Fragen, die in Moskau behandelt werden, wird lauten: Wer stellt diese Garnisonen? Das Problem ist zweifellos heikel.

Russland hat in seinem Vormarsch nach Westen keine «Schlammpause» eingelegt; die von Deutschland angekündigte «Erstarrung der Ostfront» war von kurzer Dauer. Es scheint, dass bei den Verbündeten Russlands darüber einige Beunruhigung herrscht. Der einzige, der sich nicht beunruhigt, ist Dr. Goebbels. Der deutsche Rückzug wird der Welt, die auf die deutsche Kreuzzugsparole nicht reagieren wollte, die «Erkenntnis der bolschewistischen Gefahr» endlich näher bringen. Denn «diese Erkenntnis», erklärte er in seiner Erntedankrede, «wächst mit ihrer Nähe und nimmt mit ihrer Entfernung wieder ab. Es steht also zu hoffen, dass in den neutralen Ländern und auch in einzelnen Teilen des westlichen Feindlagers dieses Problem in Zukunft etwas nüchterner und realistischer gesehen werden wird, als das der Fall war, als wir an der Wolga kämpften.» Das Echo, das die letzten deutschen Massnahmen in Dänemark[161] nicht nur in den wenigen noch neutralen Ländern, sondern sogar in Finnland fanden, hat diese so oft enttäuschte Hoffnung wiederum enttäuscht, und die Völker des besetzten Europa kommen schon deshalb nicht dazu, die «bolschewistische Gefahr» zu sehen, weil ihnen der deutsche Stiefel die Aussicht verdeckt. So sammelt kaum eine Woche nach dieser Erntedankrede Dr. Goebbels seine Gefühle im «Reich» in einem Stossseufzer, der geradezu das Schlüsselwort zur Lage des Dritten Reiches bildet: «Deutschland verteidigt einen Kontinent, der es gar nicht verdient ...»

16. Oktober 1943

Die Frage der Nachkriegspolitik gegenüber Deutschland. Die Regierung Badoglio erklärt Deutschland den Krieg. Portugal überlässt England und den Vereinigten Staaten Stützpunkte auf den Azoren

Noch hat der greise Cordell Hull seine beschwerliche *Reise nach Moskau* nicht beendet, und alle Wünsche aller osteuropäischen Fastnichtmehrkriegführenden von Finnland bis Bulgarien begleiten ihn bei seinem Unternehmen, die finsteren Nachkriegspläne Moskaus einzudämmen – und schon macht sich die hochoffizielle «Prawda» über die «absurden Behauptungen» einiger «Schwätzer» lustig, wonach in Moskau «die Grenzprobleme Russlands und das Statut der baltischen Staaten verhandelt werden sollen». Nach Ansicht der «Prawda» gibt es für die versammelten Aussenminister überhaupt nichts zu diskutieren als die schleunigste Errichtung der «zweiten Front» und die rasche Beendigung des Krieges, während «die Grenzen der Sowjetunion nicht Gegenstand von Debatten sein können, ebensowenig wie zum Beispiel die Grenzen der Vereinigten Staaten oder das Statut Kaliforniens». Die russischen Grenzen sind die Grenzen vom Sommer 1941, und damit basta; wer darüber diskutieren will, ist ein «Imperialist und Hitleragent», wie dies bereits der polnischen Exilregierung in London klargemacht wurde, und diskutieren kann man über die russischen Grenzen überhaupt nur so, wie es die Deutschen tun. Wozu aber hat nun die polnische Exilregierung mit Eden diniert, wozu haben die litauischen, lettischen und estnischen Gesandten in Washington Memoranden aufgesetzt, und wozu muss Cordell Hull in seinen alten Tagen zu den Antipoden fliegen, wo doch ein General Marshall[162] für die Errichtung der «zweiten Front» viel zuständiger wäre?

Die nun von den *Deutschen* angewandte *Taktik der «versengten Ernte»* liefert dem russischen Drängen auf energischere Kriegführung der westlichen Verbündeten ein neues Argument. Vor zwei Jahren war diese Taktik zwar nach deutscher Ansicht das Kennzeichen östlicher Barbarei und asiatischen Despotismus', aber seither haben sich in gar mancher Beziehung die Rollen vertauscht, und die Taktik der «versengten Erde» wird heute von den Deutschen mit einer Gründlichkeit ausgeübt, wie sie von den russischen Truppen auf ihrem Rückzug schwerlich erreicht worden ist. So wurde nach einem deutschen Frontbericht Smolensk vor der Räumung durch die Deutschen bis auf «ein Lazarett, in dem sich einige nicht transportfähige Zivilisten befanden», und «einige kulturellen Zwecken dienende Gebäude» restlos verbrannt und gesprengt, und auch die «transportfähige» Zivilbevölkerung wird «vor den Bolschewisten in Sicherheit gebracht» oder, wie es die Russen ausdrücken, «mitgeschleppt». Die gleiche Taktik wurde übrigens, soweit dies bei der geringen Zahl der deutschen Truppen möglich war, auf Korsika angewandt, wo nach französischen Berichten entlang der deutschen Rückzugsstrasse Häuser, Wälder und Ernten in Flammen aufgingen und die Viehbestände vernichtet wurden, und die Zerstörungen in Neapel wurden von den deutschen Berichten selbst als warnendes Beispiel hervorgehoben. Als Übungsfeld dieser Taktik aber steht der deutschen Wehrmacht das ganze besetzte Europa zur Verfügung, und wenn das bisherige vorsichtig-präzise Spiel von alliiertem «planmässigem Aufmarsch» und deutscher «planmässiger Absetzung» noch ein Jährchen weitergeht, so wird sich rings um Deutschland ein breiter Wüstengürtel legen, während in Deutschland selbst die alliierte Luftwaffe die «versengte Erde» praktiziert. Natürlich bietet diese Taktik gewisse militärische Vorteile; aber es liegt in ihr doch etwas von jener Bereitwilligkeit der deutschen Führung, hinter sich und vor allem hinter dem deutschen Volk «die Brücken abzubrechen». Auch in Russland bestehen ja noch andere Auffassungen über die *Nachkriegspolitik gegenüber Deutschland*, als sie das «deutsche Komitee» in Moskau vertritt: erst kürzlich erhob der Schriftsteller Alexej Tolstoj öffentlich die Forderung nach umfassenden deutschen Reparationsleistungen, und der bekannte Volkswirtschaftsprofessor der Universität Moskau, Varga, schätzte Ende August die in Russland angerichteten Schäden auf eine runde Billion Mark und verlangte, dass nach dem Kriege fünf Millionen deutsche Arbeiter für den Wiederaufbau nach Russland verschickt und deutsche Entschädigungen in Form von Maschinen, Lokomotiven, Vieh und Geld geleistet werden müssten. Die russische Polemik gegen Roosevelts Berater Harry Hopkins, der mit der in Amerika üblichen Wurstigkeit über die voraussichtlich noch lange Kriegsdauer sprach, liegt in der gleichen Linie wie der eingangs zitierte Artikel der «Prawda»: in ihnen kommt das alte, bisher durch Taten nicht widerlegte Misstrauen der Sowjetregierung zum Ausdruck, dass die angelsächsischen Verbündeten die lange Kriegsdauer recht gerne sehen, um dann um so ungestörter die Grenzen eines tödlich geschwächten Russland und ganz Europas «diskutieren zu können».[163]

Die Auffassung der «Prawda» über die Aufgaben der Dreimächtekonferenz hat in London und Washington natürlich «sehr peinlich berührt». Um so grösser ist die Begeisterung über die «alliierte Einheitsfront in der Italienpolitik». Hätten nur England und Amerika die königlich-italienische Regierung Marschall Badoglios als «mitkriegführende Macht» anerkannt, so wären sie sogleich von den Russophilen aller Länder als Schrittmacher der Reaktion gebrandmarkt worden. Nun steht unter der Anerkennungserklärung der Alliierten auch die Unterschrift der Sowjetregierung, und neben den Glückwunschtelegrammen Roosevelts und Churchills liegt das Glückwunschtelegramm Stalins an den italienischen Staatschef, der sich einst «Herzog von Addis-Abeba» nannte. Gleichzeitig mit dieser Anerkennung erklärte der britische Staatsminister Law im Unterhaus, es sei der italienischen Regierung mitgeteilt worden, dass König Viktor Emanuel die Titel eines Kaisers von Äthiopien und Königs von Albanien nicht mehr führen dürfe; übrigens habe der italienische König diese Titel nur «aus Versehen» nach der Kapitulation weitergeführt. Mit dieser trockenen Mitteilung ist der Traum vom neuen Römischen Reich wohl endgültig begraben, nachdem schon Churchill die Feststellung, das italienische Imperium sei «endgültig verloren», nicht mehr als eines Nebensatzes wert gefunden hatte. Den Titel «König von Jerusalem» dagegen darf Viktor Emanuel weiter führen. Auch sonst ist die *neue Stellung der italienischen Regierung* sonderbar genug: «mitkriegführende», aber nicht verbündete Macht auf seiten der «Vereinigten Nationen», steht sie zugleich mit diesen noch in Kriegszustand, und die Bestimmungen des Waffenstillstandes, die Unbedingtheit ihrer Kapitulation, werden von ihrem Frontwechsel «nicht berührt»; einige ihrer Mitglieder stehen auf der «Liste der Kriegsverbrecher» anderer Mitglieder der Vereinigten Nationen, Marschall Badoglio selbst auf derjenigen Haile Selassies, und die Anklage des Kaisers von Abessinien hat, wenn nicht viel politisches, so doch einiges moralische Gewicht: Badoglio war es, der in Abessinien den Giftgaskrieg eröffnete. Der erste Präzedenzfall für die Behandlung der «Kriegsverbrecher» ist geschaffen.[164]

Aber wenn diese Kriegserklärung die persönliche Lage der Regierung Badoglio verbessert, so ändert sie an der Lage Italiens nichts. Mit gespielter Naivität fragt die «faschistisch-republikanische» Presse Norditaliens, woher denn Badoglio die Kraft zur Kriegführung gegen Deutschland nehme, nachdem er zur Rechtfertigung seines «Verrates» erklärt habe, Italien habe nicht mehr die Kraft, den Krieg weiter zu führen. Aber Italien führt nicht Krieg, es erleidet ihn, und der Zank zwischen den Ratten, die das Schiff rechtzeitig verliessen, und denen, die es nicht mehr verlassen konnten, ist ein Dialog zwischen Gespenstern. Mussolini und Badoglio können sich nicht den Krieg erklären, weil sie offiziell nichts voneinander wissen dürfen, aber zu mehr als zum Bürgerkrieg reichen die Kräfte beider Italien nicht mehr aus – vor allem zum Bürgerkrieg gegen ein und dasselbe «dritte Italien».

Der deutsche Gesandte in Madrid hat sich geweigert, den Sendboten Badoglios, der ihm die Kriegserklärung überbringen sollte, zu empfangen. Ebenso weigert sich die deutsche Regierung, den «eklatanten Neutralitätsbruch» *Por-*

tugals als Kriegsgrund zu betrachten. «Viel Feind, viel Ehr» scheint doch nicht mehr ganz der deutsche Standpunkt zu sein. Die Konzession Salazars an die Alliierten hat eine gewisse Verwandtschaft mit dem Anschluss Badoglios; schon der Sturz Mussolinis hat auf das autoritär regierte Portugal ansteckend gewirkt und dort zu Streiks und Unruhen geführt. Nun hat sich der Anschluss an die «stärkeren Bataillone» doch gefunden, und dass Portugal zugleich den Alliierten Luft- und Flottenstützpunkte gegen die deutschen Unterseeboote zur Verfügung stellen und dem Wunsche Salazars gemäss «auf dem Kontinent neutral bleiben» kann, ist ein besonderes Kunststück dieses gewiegten Finanzmannes, dessen Sympathiewechsel übrigens von England besser als in bar, nämlich in natura bezahlt wird. Eden hat diese Verhandlungen, nach Churchills Worten, «mit bemerkenswerter Geduld und höchstem Geschick» geführt; tatsächlich war die Frage der Azoren seit Jahr und Tag aktuell, noch einige Male waren England und Amerika nahe daran, diese für die Bekämpfung der Unterseeboote so wichtigen Inseln mit Gewalt zu besetzen, denn vor einem Jahr waren sie gewiss dringender nötig als heute, aber vor einem Jahr schien die «autoritäre Sache» noch aussichtsreicher. Das endliche Einschwenken Portugals gibt nun den traditionsfreudigen Engländern Gelegenheit, die weinselige Geschichte ihrer sechshundertjährigen Allianz mit Portugal, der «ältesten Allianz der Welt», zu feiern; diese «Allianz» stammt tatsächlich aus dem Hundertjährigen Krieg, als sich die englischen Patrioten entrüstet vom französischen Wein ab und dem Portwein zuwandten, und seither sind sie, wenn man einige Zwischenfälle, einen Krieg und ein halbes Jahrhundert abzieht, in dem Portugal als Staat nicht existierte, die treusten Kunden der portugiesischen Weinzüchter geblieben, mit allen Vorrechten, die ein treuer Kunde sich anzumassen pflegt. Es ist tröstlich, dass es so dauerhafte Freundschaften gibt. Die «grosse Allianz» wächst, und anscheinend stehen noch weitere Anschlüsse vor Torschluss auf dem Programm. Bald möchte man sagen: Ce n'est plus une alliance, c'est une cohue.[165]

23. Oktober 1943

Versammlung von Staats-, Partei- und Wehrmachtsführern im Führerhauptquartier. Deutsche Falschmeldung über den Tod Romain Rollands. Aussenministerkonferenz in Moskau

Die *kleine Weltgeschichte*, die neben der grossen herläuft, hat ihre wenn nicht fröhlichen, so doch komischen Seiten. Man möchte sich die Ansprache ausdenken, welche der neue Gesandte Mandschukuos bei der Slowakischen Republik hielt, und die Aufnahme der diplomatischen Beziehungen und die glorreiche Tradition herzlicher Freundschaft zwischen diesen beiden Staaten, wenn man sie so nennen will, würdig einzuweihen. Oder die Rede, mit der Grossadmiral Raeder seinem illustren Fachkollegen Horthy, dem Admiral ohne Flotte, der ein Königreich ohne König «verwest», zu seinem 75. Geburtstag im Namen des Führers eine Yacht überreichte, die fortan den Stolz der ungarischen Marine bilden wird. Der Führer hat eine glückliche Hand in der Wahl seiner Geburtstagsgeschenke, wie schon die Übergabe von Nietzsches Werken zum 60. Geburtstag Mussolinis verriet. Aber Glück scheinen sie nicht immer zu bringen. Auch der Marinesekretär der Regierung Mussolinis, der diese Woche auf einer Autofahrt tödlich verunglückte, verfügte nicht mehr über viele Schiffe; was die Deutschen nicht in den Grund bohrten, ist zu den Alliierten hinübergeschwommen. Und seit dies geschah, besinnt sich nun der italienische Faschismus wieder auf seine «ursprüngliche Tradition», das heisst wohl auf die Zeit, in der er die Priester, Gutsbesitzer und Kapitalisten allesamt aufzuhängen versprach. Warum dieses Programm in den zwanzig Jahren faschistischer Diktatur nicht verwirklicht wurde, dafür gibt die «republikanisch-faschistische» Presse und der offizielle Sender Mussolinis eine verblüffend einfache Erklärung: der «Grosse Rat des Faschismus», dessen Mitglieder bekanntlich von Mussolini selbst eingesetzt waren, bestand hauptsächlich aus Juden und Freimaurern, und darum konnte Mussolini nicht tun, was er eigentlich wollte; gar nicht er war es, sondern der «Grosse Orient», der Italien regierte ... Dass man mit dröhnenden sozialen Parolen zur Diktatur gelangt, um nachher das Gegenteil des Versprochenen zu tun, ist seit Napoleon dem Kleinen und seiner «Ausrottung der Armut» nichts Neues mehr; aber nach zwanzigjähriger Diktatur das gleiche Spiel mit den gleichen Parolen nochmals von vorn zu beginnen, dazu gehört zweifellos eine innere Distanz von der eigenen Rolle, die auch vor Selbstpersiflage nicht zurückschreckt.

Im *Führerhauptquartier* waren inzwischen die Wehrmachtskommandanten – wenigstens diejenigen, ist anzunehmen, die nicht gerade in einem «Brennpunkt» der Ostfront alle Hände voll zu tun hatten – zu einer Tagung versammelt, um sich von Vertretern der NSDAP «Vorträge politischen und weltanschaulichen Inhaltes» halten zu lassen. Die Lage an der Ostfront ist zu ernst, als dass es sich dabei um eine Unterhaltungsparty gehandelt haben könnte; aber seit die «Macht der Tatsachen», die so lange für die Aufrechterhaltung der Kriegsmoral ausreichte, ins feindliche Lager desertiert und vom «deutschen Offiziersverein» in Moskau angerufen wird, tut Weltanschauung auch den militärischen Fachleuten not, denn in bloss fachmännischer Betrachtung könnten sie leicht am Sinn der Weiterführung dieses Krieges irre werden. *«Ohne Rücksicht auf die Kriegslage»*, so erklärte am 7. Oktober nach der Zusammenfassung des DNB Hitler den im Führerhauptquartier versammelten Parteiführern, «müsse die Willenshaltung, die unentwegte Beharrlichkeit in der Verfolgung der Ziele stehen.» Nur als Kampf Ormuzds gegen Ahriman, oder nach der von Hitler in seinem Schreiben an Quisling gegebenen Definition als Kampf Europas gegen den «bolschewistischen Maschinenmenschen», oder nach Rosenberg als Kampf des Ariertums gegen die ostischen Untermenschen ist dieser Kampf noch erträglich; denn das Material, einschliesslich des Menschenmaterials, das die Ostfront deckt, ist so dünn geworden, dass die deutsche Presse seit einiger Zeit vom «Kampf des Geistes gegen die Masse» spricht. Schon die Sprache der deutschen Frontberichte, dank der sich die deutschen Truppen nicht zurückziehen, sondern «Absetzbewegungen» oder «Frontbereinigungen» durchführen, und der Feind nicht angreift, sondern «zum Angriff antritt», ist der Ausdruck einer Weltanschauung – einer seltsam undynamischen Weltanschauung, in der das einfache Tätigkeitswort verbannt ist und sub specie aeternitatis sich jedes Ereignis in einen abstrakten Begriff verwandelt. «Wenn das so weitergeht», meint in einem «Beitrag zur Sprachpflege» in der «Deutschen Allgemeinen Zeitung» Professor Dr. Friedrich Hasse, «dann können wir uns bald nicht mehr schneuzen, sondern müssen uns stilgerecht einer Nasenschneuzungsaktion unterziehen».[166]

Einer weltanschaulichen «europäischen Diskussion» erinnerte sich dieser Tage die «Kölnische Zeitung». Vor gerade zehn Jahren richtete *Romain Rolland* einen Brief an dieses kulturbeflissene deutsche Blatt, in dem er seine Besorgnisse über den «Modergeruch eines seit langem für den Westen verflossenen Mittelalters» ausdrückte, der ihm aus dem neuen Deutschland entgegenzuwehen schien. Die «Kölnische Zeitung» bemerkt dazu: «Dass Romain Rolland, immerhin ein Schriftsteller von europäischem Rang, der sich in Deutschland durch Werke über Goethe und Beethoven und, unmittelbar nach dem ersten Weltkrieg, durch sein entschiedenes Auftreten gegen die masslose Brutalität der Siegerstaaten einen geachteten Namen gemacht hatte, auf die Ebenen der jüdischen Hetze hinabstieg, war ungewöhnlich ...» Damals liess die «Kölnische Zeitung» die konformen Grössen des deutschen Geistes gegen Rolland aufmarschieren und sammelte ihre «Gegenangriffe» in einem Band: «Sechs Bekenntnisse zum neuen Deutschland»; allen voran wies Rudolf G. Binding «mit leidenschaftlicher, doch beherrschter Geste» den Franzosen «in seine Schranken und setzte sich so ein unvergängliches Denkmal seiner hochgemuten nationalen Haltung»; nach ihm marschierte Erwin G. Kolbenheyer auf, «fuhr das schwere Geschütz seiner politisch-biologischen Weltansicht auf und tat Romain Rolland mit den Vertretern eines ausklingenden Zeitalters ab». Das Deutsch ist so, wie es dasteht, und was eine «biologische Weltansicht» ist, das haben die meisten Völker Europas seither am eigenen Leibe erfahren, als nach den «schweren Geschützen» Kolbenheyers diejenigen Guderians und Rommels die «europäische Diskussion» aufnahmen». Wir wissen nicht, ob Romain Rolland wirklich, wie das DNB berichtet, tot – nach Reuter in einem Konzentrationslager umgekommen oder, nach Havas-OFI, noch am Leben ist, und ob ihm die «Kölnische Zeitung» mit ihrer Reminiszenz den Nachruf schreiben wollte; vielleicht ist es beinahe mutig zu nennen, dass diese Zeitung Rolland noch «europäischen Rang» zuerkennt und an sein Eintreten für Deutschland in dessen schlimmster Zeit erinnert, aber auch ihr ist die «Biologie statt Weltanschauung» so sehr ins Blut übergegangen, dass eine Ablehnung des Nationalsozialismus ihr anders denn als «jüdische Hetze» gar nicht begreiflich ist. Von Deutschland aus ist es auf jeden Fall der Nachruf auf einen längst Toten: physisch oder psychisch hat das Dritte Reich die Europäer, wie Rolland einer war, ausgerottet. Selbst das letzte Paradestück von Deutschland zugewandtem «Kulturträger», Knut Hamsun, hat sich nach den letzten biologischen Exerzitien der deutschen Besatzungsmacht in Dänemark das Antlitz verhüllt. Statt von Europäern sieht sich das neue Deutschland nur noch von sehr, sehr kleinen «Grosseuropäern» mit Namen Laval, Quisling und Ante Pawelitsch geliebt, und die wahre Liebe ist das nun doch nicht. Und nun muss die «biologische Weltanschauung» ihr Letztes hergeben: die nackte Angst ums biologische Dasein. Die letzten Worte, die der französische Ministerpräsident Reynaud vor dem Zusammenbruch an die Franzosen richtete, waren: «Frankreich kann nicht sterben», und in dem Wort «Frankreich» lag dabei alles Unvergängliche einer tausendjährigen Kultur; Dr. Goebbels dagegen lässt täglich und stündlich dem deutschen Volk einschärfen, dass Deutschland sterben könne und dass seine Niederlage die «physische Ausrottung» und «das Ende unseres Volkes und seiner Geschichte» bedeute, das Ende eines biologischen Tatbestandes, der deutsches Volk hiess ...[167]

Aber der deutsche Propagandaminister sorgt sich auch um die biologische Zukunft Englands. Unter der Schlagzeile «Bilanz für England» stellt er im «Reich vom 17. Oktober fest: «Abgesehen von allem andern ist England an Volkszahl nicht so reich, dass es sich ohne Gefahr die blutigsten Spaziergänge durch die ganze Welt leisten könnte.» Im allgemeinen war die deutsche Propaganda eher geneigt, der englischen Kriegführung vorzuwerfen, dass sie mit ihrem «Menschenmaterial» zu sparsam umgehe und den Krieg lieber auf Kosten anderer Völker führe. Aber die mitten im Kriege recht auffallende Fürsorge Dr. Goebbels' für die Zukunft Englands geht noch weiter: er sieht Grossbritannien «von seinen Bundesgenossen überspielt», «im Bunde mit Partnern, die es ausnahmslos beerben wollen», und warnt die Engländer davor, dass ihnen eine deutsche Niederlage nicht ein europäisches Gleichgewicht brächte, sondern «einen bolschewistisch-eurasischen Block, der von der Kanalküste bis Wladiwostok reichte ... Wo bleibt da die traditionelle Weitsicht und Klugheit der englischen Politik?» fragt Dr. Goebbels; «den sogenannten Nazismus beseitigen wollen, dabei aber die britische Weltmacht aufs Spiel setzen und sie eventuell verlieren, wäre selbst im günstigsten Falle kaum ein dem englischen Volke einleuchtendes Kriegsziel ...» Und die Schlussfolgerung: «England braucht sich heute nur noch der vielen grosszügigen Angebote zu erinnern, die der Führer vor Ausbruch dieses Weltkrieges immer wieder nach London gerichtet hat, um sich klar darüber zu werden, wie verfehlt, um nicht zu sagen frevelhaft, die britische Politik war, als sie diese ablehnte ...» Vielleicht liesse sich dieser weltgeschichtliche Irrtum berichtigen? Natürlich will der deutsche Propagandaminister nichts derartiges andeuten; er hat, wie er sagt, gezögert, diese Dinge auszusprechen, «weil man damit angeblich seine eigene Schwäche offenbare». Aber «es wird kaum jemanden geben, der das im Ernst von uns zu behaupten wagen würde. Deutschland steht im fünften Kriegsjahr auf so festen Füssen, dass es sich eine solche Sprache erlauben darf». Trotzdem ist diese deutsche Begleitmusik zur Moskauer Konferenz bemerkenswert; sie ist nicht neu, sie war die Lieblingsmelodie der dahingegangenen «Frankfurter Zeitung», aber vom deutschen Propagandaminister, der vor einem Jahr den Hass gegen England als höchstes Erfordernis der Stunde postulierte, war sie noch nie so deutlich zu hören. So blüht in allen Lagern die Hoffnung auf den – guten oder bösen – Verlauf der Moskauer Konferenz.[168]

30. Oktober 1943

Russischer Durchbruch am Dnjepr. Die Moskauer Konferenz. In Algier tritt die Konsultativversammlung des französischen Befreiungskomitees zusammen

«Heute ist nun die Operation im Süden der deutschen Ostfront abgeschlossen. Sie hat ihr Ziel erreicht. Es ist uns gelungen, mit intakten Verbänden den Dnjepr zu gewinnen und auf seinem Westufer, und zwar genau an den vorgesehenen Tagen, neue Stellungen zu beziehen», schrieb am 6. Oktober der offiziöse deutsche Militärschriftsteller Hauptmann Wilhelm von Schramm, und auf die enormen strategischen Vorzüge einer Dnjeprlinie hinweisend, fügte er hinzu: «So mutet die ganze Operation, wenn man sie heute rückschauend betrachtet, in ihrem Ineinandergreifen von Kampf und Bewegung, Gegenstössen und Absetzen, in dem ideenreichen Zusammenspiel von Infanterie- und Panzerverbänden als ein *vollendetes Kunstwerk* an ..., mit dem sich in späterer Zeit sicher noch die Kriegsgeschichte eingehend beschäftigen wird.» Wie so manches Kunstwerk, ist auch dieses jäh dem Krieg zum Opfer gefallen; die Dnjeprlinie besteht nicht mehr, und vorläufig ist überhaupt keine Linie mehr sichtbar. Aber dass sich die Kriegsgeschichte mit dieser Episode des deutschen Rückzuges besonders beschäftigen wird, ist sehr wohl möglich: Wenn es zutrifft, dass der Kampf um die Dnjeprlinie zuerst im Führerhauptquartier ausgefochten wurde und dass nur auf allerhöchsten Befehl, entgegen der ursprünglichen Konzeption und entgegen allen fachmännischen Vermutungen, der Widerstand auf dieser Linie aufgenommen wurde, dann kann ihr Zusammenbruch mehr als nur militärische Bedeutung haben. «Denn es gibt in der Geschichte keine Entschuldigung für ein Versehen», erklärte der deutsche Reichskanzler und oberste Kriegsherr in jener berühmten Rede nach dem ersten Sommerfeldzug in Russland, in der er auch feststellte, dass «dieser Gegner bereits gebrochen ist und sich nie mehr erheben wird», und dass «es jetzt keinen Gegner mehr gibt, den wir nicht mit den vorhandenen Munitionsmengen niederringen würden ...» Und doch wiederholt sich nun am Dnjepr und auf der Krim fast haargenau das Versehen von Stalingrad, und über Radio Moskau gibt ein «Stalingradkämpfer», General Seydlitz, dazu seinen vernichtenden strategischen Kommentar. Aus der Ferne gesehen könnte es scheinen, dass der Boden für die Zermürbungspropaganda des deutschen Offiziersvereins in Moskau durch die endlosen Rückzüge der deutschen Armee wohl vorbereitet sein müsste. Aber seit jede Familienzeitschrift, die etwas auf sich hält, ihren «Sonderberichterstatter an der russischen Front» hat, der seine Informationen direkt aus den Hauptquartieren und von Stalins Waschfrau bezieht, ist es besser, vor «Tatsachenberichten» von der Ostfront auf der Hut zu sein. Ausser ihrem ungefähren geographischen Verlauf ist von der Ostfront nichts Sicheres bekannt; der sagt allerdings schon recht viel.[169]

Auf jeden Fall reisst die Begleitmusik der Siegeskanonaden zur Moskauer Konferenz nicht ab, und es ist anzunehmen, dass ihre Stimme auch am Verhandlungstisch einiges Gewicht haben wird. Jedenfalls berichten die Moskauer Hofjournalisten, die wie gutwettermachende Frösche ständig zuoberst auf dem Stimmungsleiterchen sitzen, dass fast alle Grenzfragen bereinigt seien und auch sonst vollste Harmonie herrsche, sogar in der Frage der «zweiten Front». Was das bedeutet, wird man wohl auch aus dem Schlusscommuniqué nicht erfahren; verkündete nicht schon vor Jahr und Tag das Schlusscommuniqué der Molotow-Reise nach London und Washington die vollste Einigkeit über «die Dringlichkeit der Errichtung einer zweiten Front in Europa noch in diesem Jahr» – im Jahr 1942? Aber wenn tatsächlich eine Einigung zustandekommt, die sich auf mehr erstreckt als auf die Formulierung des Communiqués, dann dürfte sie in diesem Augenblick und an diesem Ort sehr weitgehend den russischen Wünschen entsprechen – über die nun freilich wieder niemand ausser der deutschen Presse Auskunft weiss. Einen einigermassen begründeten Schluss auf Erfolg oder Misserfolg der Moskauer Konferenz wird man erst daraus ziehen können, ob nach den Aussenministern auch noch die Regierungschefs nach Moskau reisen. Dann ist vielleicht die Grundlage zu «einer mit einem Heiligenschein umgebenen Diktatur der Grossmächte» geschaffen, wie Sir Stafford Cripps sich in einer Ansprache an die Presse zur Moskauer Konferenz ausdrückte. Die wenigen Nachrichten über die innere Entwicklung Russlands lassen nicht darauf schliessen, dass dieses einer neuen «Heiligen Allianz» zur Aufrechterhaltung der Ruhe und Ordnung in Europa unbedingt im Wege stehen würde. Der neueste Schritt auf dem Weg zurück zum patriarchalischen Russland mit Thron, Altar und heiliger Familie besteht, nach der Ausmerzung anderer «marxistischer» Errungenschaften im Schulunterricht, in der grundsätzlichen Abschaffung der gemeinsamen Erziehung von Knaben und Mädchen, um die Frauenerziehung wieder mehr auf Haushalt und Küche ausrichten zu können – und die russische Forderung nach der zweiten Front wird neuerdings ausdrücklich damit begründet, dass Europa der «Anarchie» zu verfallen drohe.

Aber die Zukunft Europas wird nicht ausschliesslich auf der Moskauer Konferenz gemacht. Überall, von Frankreich bis nach Griechenland, macht sich das Eigengewicht der im Lande selbst befindlichen Widerstandsbewegungen immer stärker bemerkbar. In einer aufgeregten Erklärung bezeichnet die jugoslawische Exilregierung in Kairo die Tatsache, dass seit zwei Monaten auch der britische Rundfunk «zu General Tito übergegangen ist» und den offiziellen Nationalhelden General Michailowitsch kaum mehr erwähnt, als «den grössten Skandal dieses Krieges»; aber der Augenblick für eine Rehabilitation dieses grossserbischen Nationalistenführers ist denkbar schlecht gewählt, da gerade jetzt seine intime Zusammenarbeit mit den italienischen Besatzungstruppen durch die Enthüllungen des deutschen Oberkommandos über den «italienischen Verrat» hochoffiziell bestätigt wird. Die unangefochtene Restauration der alten Machthaber in Südslawien und Griechenland, die im Fall eines alliierten Sieges selbstverständlich schien, wird immer fragwürdiger. In Algier tritt die «konsultative Versammlung», das Parlament des «Befreiungskomitees», zusammen, und von ihren vierundachtzig Mitgliedern sind vierzig Vertreter der Widerstandsbewegung im französischen Mutterland, während zwölf weitere das «Kämpfende Frankreich» und zwölf die Generalräte des Departementes vertreten. Die übrigen zwanzig sind Mitglieder des französischen Senates und der Deputiertenkammer und vertreten die Parteien, die sich dem Befreiungskomitee angeschlossen haben. Das französische Befreiungskomitee baut sich also, unbekümmert um die Widerstände bei den angelsächsischen Mächten, eine eigene Legalität auf der Vertretung der «illegalen» Bewegung in Frankreich auf. Besonders interessant sind die vom Befreiungskomitee in Algier erlassenen Bestimmungen über die Bildung dieser Versammlung, die von der Mitgliedschaft alle diejenigen ausschliessen, die von der Regierung von Vichy irgendwelche Funktionen angenommen, diese begünstigt oder von ihren Massnahmen profitiert haben, und alle diejenigen Parlamentarier, die im Juli 1940 an der Selbstabdankung des französischen Parlamentes teilnahmen; eine Ausnahme von diesen Ausschliessungsbestimmungen kann nur vom «Widerstandsrat», der sich in Frankreich selbst befindet, beschlossen werden. Durch diese Regelung werden mehr als zwei Drittel der Mitglieder des französischen Parlamentes von 1940, fast alles Vertreter der Rechtsparteien, «unwählbar» gemacht. Die Radikalität dieser «Auslese» lässt erkennen, wie sehr sich die Machtverhältnisse innerhalb des Komitees von Algier verschoben haben. Ähnlich radikal war die vor einigen Wochen erlassene Verordnung über die Verjüngung des Offizierskorps, welche die Altersgrenzen so festsetzte, dass sämtliche Generäle, die 1939 bis 1940 eine Armee oder eine Armeegruppe kommandierten, dadurch automatisch in den Ruhestand versetzt wurden. Wenn heute der Innenminister des Befreiungskomitees, André Philip, erklärt: «Für Frankreich» beginnt eine revolutionäre Periode. Die Finanz- und Industriemächte werden gebrochen werden, weil sie dem Gemeinschaftsgedanken im Wege stehen und eine gerechte Wirtschaft unmöglich machen», so erinnert man sich unwillkürlich der Worte, die Henri de Kérillis, ein Vertreter der äussersten französischen Rechten, in der letzten Nummer seiner Zeitung «Epoque» vor dem Zusammenbruch schrieb: «Frankreich bezahlt heute für die Unfähigkeit eines Teils seiner herrschenden Klasse, die ... sich verantwortungslos blenden liess von der deutschen Ideologie, in welcher sie die Rettung vor den sich ankündigenden sozialen Veränderungen sah, deren Gefahr diese Verräter hypnotisierte.» Die Generalprobe auf eine französische Restauration, die von den Amerikanern in Nordafrika inszeniert wurde, scheint misslungen zu sein, und nach einem bereits geflügelten Wort ist «Giraud selbst Gaullist geworden». Und gleichzeitig zeigt die Teilnahme des französischen Befreiungskomitees an der Mittelmeerkommission, das Ausbleiben der «Amgot» auf Korsika und die Tatsache, dass Churchill, der lange Zeit Frankreich überhaupt nicht mehr erwähnte, es in seiner letzten Unterhausrede wieder als «europäische Grossmacht» und das Befreiungskomitee als «gleichberechtigten Partner der drei Grossmächte, die in Europa gegen Deutschland im Krieg stehen», bezeichnete, dass Frankreich tatsächlich «eine Schlacht, aber nicht den Krieg verloren» hat, wie de Gaulle im Juni 1940 verkündete.[170]

6. November 1943

Die Moskauer Beschlüsse

Vielleicht ist es doch nicht ganz so, dass das Tausendjährige Reich des Friedens angebrochen ist, in dem sich die Schwerter in Pflugscharen verwandeln und die Lämmlein mit den Löwen weiden werden. Aber Ton und Atmosphäre der *Moskauer Beschlüsse* – nicht ihr sich behaglich in Nebendingen ergehender Text – scheinen doch zu zeigen, dass in Moskau eine Methode künftiger Vereinbarungen und ein modus vivendi zwischen den «Grossen Drei» gefunden worden ist, den die Beteiligten der Aussenministerkonferenz für praktikabel halten. Das ist das Optimum, das von dieser Zusammenkunft erwartet werden konnte, und wenn es tatsächlich erreicht worden ist, dann ist der Überschwang der Kommentatoren durchaus gerechtfertigt. Gerade das Jubelgeschrei in den alliierten Ländern zeigt, wie schwer der Alpdruck düsterer Nachkriegsperspektiven war, der durch die Moskauer Demonstration der Einigkeit verscheucht worden ist. Es zeigt auch, wie sehr es wenigstens in den angelsächsischen Ländern gar nicht mehr dieser Krieg war, der auf den Gemütern lastete, sondern bereits der «nächste», und wie verbreitet das Bewusstsein ist, dass der gegenwärtige Krieg militärisch bereits entschieden sei und sich nur deshalb weiterschleppe, weil das gegenseitige Misstrauen der Alliierten ein gemeinsames Handeln unmöglich machte. Damit ist freilich auch schon ein Kriterium für die Realität der Moskauer Einigung gegeben: wenn sie mehr als eine Demonstration nach aussen war, wird sie sich recht bald militärisch auswirken müssen. Auch die deutschen Kommentare, die in politischer Hinsicht die Konferenz entweder als erfolglos oder als «Kapitulation vor Stalin» bezeichnen, nehmen sie in militärischer Hinsicht äusserst ernst. Das kurz nach den Beschlüssen der Aussenministerkonferenz ausgegebene russische Communiqué über die vier Monate russischer Offensive unterstreicht noch einmal sehr kräftig das groteske Missverhältnis zwischen alliierter und russischer Kriegsleistung: während die englisch-amerikanischen Armeen in wochenlangen Gefechten den Übergang über obskure Rinnsale Mittelitaliens erzwingen und sich überhaupt noch nie mehr als fünfzehn deutschen Divisionen gegenübersahen, meldet die Rote Armee die Zurückeroberung von 350 000 Quadratkilometern, die Zerschlagung von 144 feindlichen Divisionen und die «Tötung» von 900 000 deutschen Soldaten und Offizieren; die deutschen Zahlenangaben über russische Menschen- und Materialverluste bewegen sich durchaus in ähnlichen Grössenordnungen.

An Exerzierfeldern einer wirklichen militärischen Koordination fehlt es wahrlich nicht mehr. Der *Balkan*, wo der Bürgerkrieg zwischen «linken» und «rechten» Partisanen als Gegenspiel von Moskauer und Londoner Direktiven galt, wo die von diesen Partisanen für eine alliierte Invasion weit aufgerissenen Türen von den Angelsachsen so demonstrativ ignoriert wurden, dass überall das Gemunkel von einem «Veto des Kremls» umging, wo die Dreierpaktregierungen mit dem Näherrücken der russischen Offensive immer sehnsüchtiger den Horizont nach den Silberstreifen englisch-russischer Konflikte absuchten und zugleich vor der deutschen Drohung eines Separatfriedens mit Russland auf ihre Kosten zitterten und bebten – der Balkan wartet, wie Europa aller Enden, auf die Auswirkungen der alliierten Einigkeit. Bereits die blosse Demonstration, die in den Moskauer Beschlüssen liegt, kann – zusammen mit dem russischen Vormarsch über den Dnjepr – dort schwerwiegende politische Folgen haben. Wie der Konferenz von Casablanca der Besuch Churchills in Adana, so folgt nun der Konferenz von Moskau das Zusammentreffen Edens mit dem türkischen Aussenminister in Kairo und gibt zu den gleichen Kombinationen Anlass.[171] Ist die Nachtragsklausel des britisch-türkischen Bündnisses, welche die Türkei von ihren Bündnisverpflichtungen gegenüber Grossbritannien entbindet, wenn deren Befolgung «einen Konflikt mit der Sowjetunion zur Folge hätte», endlich hinfällig geworden?

Das Moskauer Schlusscommuniqué besagt, dass es sich bei den getroffenen Entscheidungen «nicht nur um Fragen der Gegenwart, sondern auch um solche der Behandlung Hitler-Deutschlands und seiner Satelliten, ferner der wirtschaftlichen Zusammenarbeit und Sicherstellung des allgemeinen Friedens» handelte. Man hat dies einfach zur Kenntnis zu nehmen, da über den Inhalt dieser Entscheidungen nichts bekanntgegeben wurde. Für die Zukunft nach einem alliierten Sieg wichtig ist freilich nicht die «Behandlung Hitler-Deutschlands», sondern Deutschlands kurzweg, Deutschlands *nach* Hitler. Die «Erklärung über die Grausamkeiten», die in besonders herzhafter Rhetorik russischen Stils von «Hitlerhorden» und «Hitlerhunnen» spricht, droht den «Kriegsverbrechern» mit alliierter Verfolgung «bis ans Ende der Welt», womit sowohl das Jüngste Gericht wie die neutralen Staaten gemeint sein können. Aber in den Sondererklärungen über Einzelfragen zeichnet sich jene Zone ab, in der die «Grossen Drei» entweder zusammenarbeiten oder zusammenstossen werden: Mitteleuropa. Über das wichtigste Problem, *Deutschland*, wird eine Einigung nur angekündigt, ohne auf die Prinzipien des gemeinsamen Vorgehens einzugehen; um so ausführlicher wird die Behandlung Italiens und Österreichs behandelt. Die für *Italien* stipulierten demokratischen Grundsätze wären ein klares Verdammungsurteil über die «Amgot», wenn nicht zum Schluss anerkannt würde, «dass, solange militärische Operationen in Italien andauern», der Oberkommandierende der alliierten Truppen zu entscheiden hat, in welchem Augenblick diese Grundsätze volle Geltung zu besitzen haben»; General Eisenhower hat also noch Zeit, Kolonialpolitik in Süditalien zu machen, und es scheint vorläufig nicht, dass er die Operationen zu überstürzen gedenkt. Trotzdem ist die Krise der italienischen Monarchie bereits ausgebrochen, und eine Meldung, die allerdings dringend einiger Präzisierung bedürfte, berichtete letzte Woche sogar, dass Badoglio die Freiheit der Presse und der Parteitätigkeit eingeführt habe – wahrscheinlich für die Nachkriegszeit, denn heute hat darüber nicht die italienische Regierung, sondern der alliierte Oberkommandierende zu entscheiden. Beinahe ein Kuriosum ist die Sondererklärung über die Wiederherstellung eines unabhängigen *Österreich*, unter den zahllosen umstrittenen «Wiederherstellungen» in Mittel- und Osteuropa von Jugoslawien bis Polen offenbar die einzige, die zwischen den Konferenzteilnehmern keine Schwierigkeiten aufwarf, aber auch die belangloseste, denn Österreich ist nicht so sehr von aussen als von innen zugrunde gegangen, und die Unabhängigkeit des österreichischen Rumpfstaates wurde ihm einst ebenso von aussen aufgezwungen wie später seine Einverleibung ins Dritte Reich. Die «Verantwortung, die in seiner Teilnahme am Krieg an der Seite Hitler-Deutschlands liegt» und «welcher unweigerlich bei der endgültigen Regelung Rechnung getragen werden muss», mag Lord Vansittart ausrechnen – gerechterweise müssten dann auch die Verantwortungsquoten Mecklenburgs, Thüringens, Württembergs oder Memels auskalkuliert werden –, aber jedenfalls tragen die Wiener Februarkämpfer von 1934 eine geringere Verantwortung für den Untergang Österreichs und seine Teilnahme am Krieg als von Deutschland besetztes Gebiet, als jene alliierten Staatsmänner, die mit verschränkten Armen dieses in Versailles lebensunfähig geschaffene Land durch Wirtschaftskatastrophen, Bürgerkrieg, klerikalfaschistische Diktatur und italienische Vormundschaft dem Anschluss zutreiben sahen.[172]

Den Clou der offiziellen Ergebnisse aber bildet zweifellos die von China mitunterzeichnete *«Erklärung über die allgemeine Sicherheit»*, wonach diese «Grossen Vier» ihre gemeinsamen Anstrengungen «gegen ihre bezüglichen Feinde» bis zu deren Kapitulation und Entwaffnung fortsetzen werden. Abgesehen von der Ankündigung eines neuen Völkerbundes scheint diese Erklärung eine durchaus aktuelle Bedeutung zu haben; obwohl in Moskau sofort betont wurde, dass die Beziehungen Russlands zu Japan dadurch nicht berührt werden, ist damit doch zum erstenmal in einer auch von Russland unterzeichneten Deklaration der Krieg in Ostasien mit demjenigen in Europa zusammengeschmolzen. Glaubt Russland auf den Cordon sanitaire, den für es im Osten Japan bildete und im Westen ein Moskauer-Offiziers-Verein-Deutschland bilden sollte, verzichten zu können? Das wäre freilich der überzeugendste Beweis einer Einigung, die über die Dauer des gegenwärtigen Krieges und über die offenbar sanktionierten Westgrenzen Russlands hinausginge. Bleibt nur die bange und etwas unheimliche Frage: Über was für eine Zukunft der Welt haben sich die drei guten und äusserst «realistischen»

Geschäftsleute mit ihrem Gefolge von Fachmännern, die in Moskau zusammensassen und bar gegen bar verhandelten, geeinigt? Dass eine lückenlose Einigkeit der Siegermächte für Europa auch ihre Schattenseite hätte, zeigt die Ankündigung einer «Europakommission», die genau dem von Churchill in diesem Frühjahr vorgeschlagenen «Rat für Europa» entspricht – einer Europakommisson, der Amerika, Grossbritannien und Russland, aber kein einziger europäischer Staat angehören soll. Dies ist der einzige publizierte Moskauer Beschluss, gegen den sich im alliierten Lager, in England und in Algier, Protest erhoben hat.

Immerhin, die Einigung konnte nicht weiter gehen als die Kompetenzen der Unterhandelnden. Und mindestens diejenigen Cordell Hulls waren recht beschränkt. Mehr als eine moralische Verpflichtung für die *Vereinigten Staaten* konnte er über die Präsidentschaftszeit Roosevelts hinaus nicht übernehmen. Und die Gouverneurswahlen, die soeben in Amerika stattfanden, zeigten, dass «die Flamme des ‹New Deal› nur noch flackert» und die reaktionäre Welle in den Vereinigten Staaten weiter ansteigt. Seit dem 25. Oktober verschleppte in Washington der Senat die Resolution Connally[173], die wenigstens die grundsätzliche Bereitschaft der Vereinigten Staaten zu einer Nachkriegspolitik der kollektiven Sicherheit festlegen will; es ist nicht gelungen, diese Resolution vor dem Abschluss der Moskauer Konferenz unter Dach zu bringen. Die Isolationisten fuhren ihr schwerstes Geschütz auf: ein Senator brachte eine Gegenresolution ein, die eine Garantie der Vereinigten Staaten für die Integrität der baltischen Staaten und Polens verlangt, ein anderer wollte die Regelung der «Probleme Palästinas und Indiens», die nach englischer Auffassung Amerika gar nichts angehen, zur Vorbedingung jeder amerikanischen Mitwirkung an einer gemeinsamen Nachkriegspolitik machen ... Nun ist die Resolution endlich angenommen worden und wird als «Umwälzung der amerikanischen Aussenpolitik» begrüsst. Aber sie legt noch einmal das heilige Recht des amerikanischen Senates fest, jede äussere Bindung der amerikanischen Regierung zu überwachen, und ein Drittel der Senatoren kann weiterhin jede aussenpolitische Konzeption des Präsidenten umstürzen – wie 1918. Es ist also noch nicht ganz ausgemacht, ob in Moskau das Jahrtausend des Friedens geboren wurde. Und inzwischen geht der Krieg weiter.

13. November 1943

Jahrestage: Reden Stalins, Hitlers

Gedenktage sind für Staatsmänner wie Examen: da müssen sie, auch die von Natur aus oder umständehalber schweigsamsten, eine Rede halten. Und diese Woche häuften sich die Gedenktage dermassen, dass sie alle reihum an die Reihe kamen: Jahrestag der russischen Oktoberrevolution, die nach westlicher Zeitrechnung am 7. November stattfand, die aber eben erst stattfinden musste, bevor auch das patriarchalische Russland die moderne Zeitrechnung «einholte», fünfundzwanzigster

Jahrestag der deutschen «Revolution», fünfundzwanzigster Jahrestag des Waffenstillstandes, erster Jahrestag der alliierten Landung in Nordafrika und schliesslich noch zwanzigster Jahrestag eines Lokalereignisses, das wohl mit hundert andern seinesgleichen nur noch den Spezialisten bekannt wäre, wenn es nicht wie die Thüringer Landtagswahlen von 1933 und ähnliche parteigeschichtliche Episoden zu propagandistischem Behuf in den Rang weltgeschichtlicher Zeitwenden erhoben worden wäre: der misslungene nationalsozialistische Putsch vom 8./9. November 1923 in München.[174]

Nicht für alle Redner war der Anlass gleich angenehm. Am angenehmsten zweifellos für *Stalin*, der als erster das Wort ergriff. Er sprach zum Jahrestag des Sieges seiner Partei, der von einer sich auch bei uns ausbreitenden Ikonographie allmählich zu einem persönlichen Werk Stalins umgeschrieben wird; er hatte soeben «in Anerkennung seiner erfolgreichen Kriegführung» den Suworow-Orden erster Klasse erhalten; er hielt seine Rede auf einem Höhepunkt der siegreichen russischen Offensive, unmittelbar nach der Eroberung von Kiew, und im Nachglanz der Aussenministerkonferenz, die im nun endgültig hoffähig gewordenen Kreml über die Zukunft der Welt beschlossen hatte.[175] Kein Wunder also, dass alle Welt und ganz besonders die kleine Welt Osteuropas an den Lippen Joseph Stalin Triumphators hing und dass nun von Helsingfors bis Bukarest die Politiker und Sprachgelehrten über seinen Worten brüten: meinte er mit der «Befreiung der vom Feind besetzten Gebiete» deren Einverleibung, mit Karelien auch die Aunus-Landenge, mit Weissrussland und der Ukraine auch Ostpolen, mit der Moldau auch Bessarabien? Die Besorgnis über die Unbestimmtheit all dieser geographischen Begriffe zeigt noch einmal in fast grotesker Weise, wie sehr alle historischen und ethnischen Grenzen Osteuropas in Treibsand gezogenen Linien gleichen. Völlig eindeutig ist nur, dass die baltischen Staaten für Stalin endgültig in Russland aufgegangen sind. Auch sonst war selbst für die kühnsten Interpreten aus dieser Rede wenig über die Moskauer Beschlüsse herauszulesen; wenn Stalin erklärte, die «wirkliche zweite Front» werde, «wie ich *hoffe*», nicht mehr lange auf sich warten lassen, und «die Völker Europas *erwarten* kühne und selbstlose Taten» von den Alliierten, welche die Mittel zur Abkürzung des Krieges besässen, so heisst das nicht unbedingt, dass diese Hoffnungen und Erwartungen in Moskau bestärkt wurden. Ebensowenig hat übrigens *Edens* Unterhausbericht über die Moskauer Konferenz neue Aufschlüsse gegeben. Aber die Rede des britischen Aussenministers schloss mit dem rührenden Satz: «Ich kann den Gedanken nicht unterdrücken: Ist es nicht möglich, die Welt gemeinsam so zu organisieren, dass die zerstörten Städte wieder auferstehen und die Bevölkerung in dauerndem Frieden leben kann?» Erscheint dieser Gedanke dem britischen Aussenminister nach seiner Rückkehr von Moskau dermassen naiv oder dermassen revolutionär, dass er sich dafür entschuldigen zu müssen glaubt, ihn nicht unterdrücken zu können – weil es gewiegten Diplomaten nicht ansteht, solche Kinderträume zu hegen?

Es sprachen auch Churchill, Roosevelt und einige kleinere Grössen. Aber die bemerkenswerteste Rede hat zweifellos der deutsche Reichskanzler *Hitler* gehalten. Er sprach unter wesentlich unangenehmeren Umständen als sein Vorredner Stalin und hatte auch keinen entsprechenden Orden erhalten. Es waren lauter schwarze Jahrestage, die sich in diesem Augenblick militärischer Niederlagen häuften. Das Jubiläum der deutschen «Novemberrevolution» und des deutschen Waffenstillstandsgesuches im letzten Weltkrieg hatte freilich Dr. Goebbels bereits ins Positive zu drehen verstanden: seit Wochen war das deutsche Volk auf den «Stichtag» des 9. November vorbereitet worden, an dem sich zeigen müsse, ob sich der Zusammenbruch von 1918 wiederhole oder nicht. So dass am 9. November um Mitternacht das ganze deutsche Volk aufatmend feststellen sollte: der Schreckenstag ist vorbei, das Schlimmste ist überstanden, von nun an kann es also nur noch aufwärts gehen. Es ist schwer zu erraten, ob dieses Aufatmen tatsächlich erfolgt ist; der propagandistische Einfall war gewiss ausgezeichnet, hielt sich aber vielleicht doch zu sehr an das Rezept von «Mein Kampf», jede Propaganda habe «ihr geistiges Niveau einzustellen nach der Aufnahmefähigkeit des Beschränktesten unter denen, an die sie sich zu richten gedenkt», und, wie es dort weiter heisst: «Handelt es sich aber, wie bei der Propaganda für die Durchhaltung eines Krieges, darum, ein ganzes Volk in ihren Wirkungsbereich zu ziehen, so kann die Vorsicht bei der Vermeidung zu hoher geistiger Voraussetzungen gar nicht gross genug sein.» Hitler selbst hielt sich bei seiner Rede vor den alten Parteigenossen im Münchener Löwenbräukeller, wo er 1923 die «nationale Revolution» ausgerufen hatte, nicht ganz an diese Vorschrift. «Was haben wir für Siege errungen im Westen, Osten, Süden, überall in Europa! Und dann ist unser Volk undankbar geworden. Trotz dieser Siege hat es schliesslich seine Haltung, seinen Glauben verloren und ist schwach geworden. Damit hat es die Gnade des Herrn nicht mehr verdient.» Dies waren, nach Hitlers offenbar von der heutigen Lage beeinflussten Erinnerung, die Worte, die er nach der Niederlage von 1918 in seiner ersten Parteirede sprach; er habe damals oft gesagt, «dass die *Vorsehung* uns geschlagen, und zwar mit Recht geschlagen hat». Und Hitler zog denn auch die Nutzanwendung für heute: «Ich werde dem deutschen Volk keine Träne nachweinen, wenn es an dieser Prüfung zerbricht.» Das ist ein Gesichtspunkt, der offenbar nicht für die «breiten Massen» geeignet war; denn dieser Satz fehlt, wie auch einige andere, in der Wiedergabe der deutschen Presse; bereits die Radioübertragung gab übrigens anscheinend nicht die Originalrede des Führers, sondern erst nachträglich eine Stahlbandaufnahme wieder. Der Gedankengang Hitlers stellte denn auch hohe Anforderungen an die Identifizierung jedes Deutschen mit Führer und Partei: seine heutigen Sorgen, erklärte er, bedrücken ihn nicht schwerer als diejenigen nach dem missglückten Bürgerbräuputsch von 1923, als die kleine nationalsozialistische Partei aufgelöst und er selbst zu einer Festungshaft verknurrt wurde; und das Hauptargument seiner Siegeszuversicht war die Parallele zwischen seinem damaligen Missgeschick, aus dem ihn der «wunderbare Weg der Bewegung» dann doch an die Macht führte, und der heutigen Lage Deutschlands, da Millionen Obdachlose durch das Reich geschoben werden, da Hunderttausende an den Fronten fallen und rundum der Hass Europas emporzüngelt. Für die «alten Kämpfer», die im Löwenbräu versammelt waren, mögen vielleicht die Saalschlachten der «Kampfzeit» und das weltumspannende Völkerringen von heute seelisch auf der gleichen Ebene liegen, schwerlich aber für ein ganzes Volk, dem täglich eingeschärft wird, dass seine nackte Existenz auf dem Spiele steht und dass, nach Hitlers Mitteilung, sogar «die englischen Bischöfe dafür beten, dass es dem Bolschewismus gelingen möge, später einmal das deutsche Volk zu dezimieren oder ganz auszurotten». So war denn auch von allen Argumenten, die der Führer für die Gewissheit des Sieges anzuführen pflegte, nur noch eines übrig, ein sehr persönliches: «*Alles ist möglich*, aber dass *ich* die Nerven verliere, ist völlig ausgeschlossen.» Der Solipsismus, der sich in diesen Worten äussert, ist nicht neu – neu ist, dass er auffällt und beinahe paradox wirkt, dass diese Identifizierung von Deutschlands Schicksal mit dem persönlichen Schicksal seines Führers nicht mehr selbstverständlich erscheint. Hier geht eine fast metaphysische «Absetzung» vor sich, deren konkrete Äusserung Hitlers – in den verschiedenen veröffentlichten Versionen seiner Rede fortlaufend gemilderte – Auseinandersetzung mit dem Defaitismus war. Wir werden «wirklich nicht davor zurückschrecken, einige hundert Verbrecher zu Hause ohne weiteres dem Tode zu übergeben», und «ausserdem ist der heutige Staat so durchorganisiert, dass diese Elemente überhaupt nicht arbeiten können …» Das ist zweifellos richtig und eine Garantie, zwar nicht des Sieges, aber des wiederum beschworenen Durchhaltens «bis fünf Minuten nach zwölf». Auch an der inneren Front ist also der «totale Krieg» proklamiert.

20. November 1943

Umbildung des französischen Befreiungskomitees.
Krise im Libanon. Marschall Pétain

Das unter dem massgebenden Einfluss der innerfranzösischen Widerstandsbewegung «gesäuberte» Kabinett de Gaulle, das immer unmissverständlicher als Regierung des französischen Reiches auftritt, ist ein jakobinischer Wohlfahrtsausschuss mit allem Beigeschmack von Unerbittlichkeit und «feu sacré» geworden, der diesem Wort anhaftet. Die Umbildung am 9. November, unmittelbar nach dem Zusammentritt der «konsultativen Versammlung», in der die Vertreter des Mutterlandes das Übergewicht über die Repräsentanten der kolonialfranzösischen Herrenschicht haben, war eine Anpassung des nordafrikanischen Komitees an die kontinentalen Verhältnisse. Im gegenwärtigen Zustand Frankreichs, wo die «neue Ordnung» nun endgültig in Krieg und Bürgerkrieg umgeschlagen ist, kann die Radikalisierung der Widerstandsbewegung und die vor allem organisatorisch führende Rolle der französischen Kommunistischen Partei im «unterirdischen Frankreich» nicht erstaunlich sein, und ihre Einladung in den Wohlfahrtsausschuss in Algier ist deshalb nur eine der vielen Rückwirkungen des deutschen «Kreuzzuges gegen den Bolschewismus». Zwar scheint es, als zögen es die Kommunisten, wie einst in der französischen Volksfront, vor, Regierungs- und Oppositionspartei zugleich zu spielen und, ohne eigene Mitverantwortung die Regierungspolitik von der Strasse aus dirigierend, «den Fünfer und das Weggli» zu behalten; aber für eine Wiederholung dieser damals so verhängnisvollen Taktik ist die französische «Strasse» vom Regierungssitz zu weit entfernt. Auch für eine Neuauflage der im republikanischen Spanien mit noch schlimmerem Erfolg geübten Politik, die «russische Unterstützung» als Erpressungsmittel zu benützen, fehlen die Grundlagen, denn aussen- wie innenpolitisch ist die Basis des französischen Befreiungskomitees unvergleichlich viel stärker. Neben den Sozialisten Philip und Le Trocquer und den Radikalen Queuille und Mendès-France sitzen vier politisch nicht festgelegte Vertreter der «Widerstandsbewegung», als Vertreter der äussersten Rechten ein Mitglied der einstigen Gruppe Marins, Jacquinot, und «als einziger verbliebener Anhänger Girauds», wie es in den Agenturberichten hiess, René Mayer. Aber es geht nicht wohl an, diesen Mann als «Anhänger» dieses oder jenes Politiker-Generals zu klassifizieren, denn er ist selbst eine Grossmacht: René Mayer, der als Transportkommissar des Befreiungskomitees über Bahnen und Schiffahrt des französischen Kolonialreiches verfügt, ist der eigentliche Kopf des mächtigen Bankhauses Rothschild, ist selbst Mitglied dieser Financiersfamilie und war als deren Vertreter einer der Herren über das Bahn- und Transportwesen des französischen Mutterlandes. Die Regierungsgrundlage des «Kabinettes de Gaulle» geht also von den Kommunisten bis zur Hochfinanz; aber gerade diese «nationale Einheitsfront» ist nicht dazu angetan, die Amerikaner mit dem Gaullismus zu versöhnen, und René Mayer hat Washington mindestens ebensosehr verstimmt wie die linksextremen Minister, auch wenn man das dort nicht so laut sagt – denn er war es, der dank der Finanzkraft der Rothschilds den amerikanischen Beutezug auf Nordafrika und besonders auf die von der Morganbank umworbenen nordafrikanischen Eisenbahnen verdarb.[176]

Es ist ein in sich widerspruchsvolles Unternehmen, von kolonialem Boden aus einen Freiheitskrieg zu organisieren; obwohl in der französischen Kolonialpolitik neben dem nackten ökonomischen Interesse auch stets ein Bewusstsein humanitärer Mission einherging, und obwohl der Pionier des «Gaullismus» in Afrika, der sich 1940 als erster dem Londoner Nationalkomitee anschloss und ihm die erste territoriale Machtbasis lieferte, symbolischerweise der schwarze Gouverneur der Tschadkolonie, Eboué, war – die schönen Worte der traditionellen jakobinischen Rhetorik haben doch immer einen etwas seltsamen Klang, wenn sie bei Paraden von Spahis und Senegaltruppen ausgesprochen werden. Die *Krise im Libanon* hat diese schiefe Situation eines Befreiungskomitees, dessen Macht und internationale Stellung sich ausschliesslich auf «unbefreite» Kolonialgebiete stützt, sehr deutlich und für seine Gegner polemisch verwertbar gemacht. Wenn man freilich nach einem Washingtoner Bericht in Amerika «die Unterdrückung der Unabhängigkeitsbestrebungen der Libanesen als Anzeichen dafür betrachtet, wie die Männer von Algier in Zukunft in einem befreiten Frankreich vorgehen würden», so ist es schwer, das Wort Heuchelei zu unterdrücken, hat doch weder die Kolonialpolitik Englands, die gerade jetzt in Indien so herrlich in Erscheinung tritt, noch die gern mit Schweigen bedeckte Rassenpolitik der Vereinigten Staaten diese Nationen je gehindert, sich daheim und innerhalb der «Farbenschranke» als gute Demokratien zu fühlen. Und wenn die «Times» auf die amtliche französische Richtigstellung der masslos übertriebenen englisch-amerikanischen Agenturberichte, es seien «nur zehn Personen» bei den Unruhen ums Leben gekommen, «nur» feststellen kann: «Das sind immer noch zehn Personen zuviel», so zeigt das ein zwar löbliches, aber sonst selten bewiesenes Zartgefühl. Doch die Anklage bleibt auch dann bestehen, wenn die lautesten Ankläger disqualifiziert sind. Es ist nach den Erfahrungen des letzten Krieges nicht verwunderlich, dass die Syrier genau wie die Inder sich nicht mit dem Versprechen der Unabhängigkeit «nach dem Kriege» begnügen, sondern den Moment ausnützen wollen, in dem ihre gegenwärtigen Herren noch anderswo beschäftigt sind.[177]

Die Lage des französischen Befreiungskomitees ist recht kompliziert: De Gaulle hat 1941 beim Einmarsch in Syrien und Libanon diesen Gebieten feierlich die Unabhängigkeit versprochen, wenn auch unter der Bedingung eines Vertragsabschlusses «zur Wahrung der französischen Interessen», die von der nun verhafteten libanesischen Regierung nicht erfüllt worden ist; anderseits ist das französische Befreiungskomitee natürlich in diesem Augenblick, in dem es mit England und Amerika um seine und Frankreichs Wiederanerkennung als Grossmacht kämpft und sich dabei machtpolitisch nur auf seinen Kolonialbesitz stützen kann, gegen Machtverluste besonders empfindlich und gegen englisch-amerikanische Einmischungen besonders misstrauisch. Besonders reizvoll aber ist, auch abgesehen von der alleinigen Kompetenz des Völkerbundes, die juristische Fragestellung: Natürlich kann nur eine legale französische Regierung gültig auf französische Rechte verzichten, und während England und Amerika, die dem Befreiungskomitee die Anerkennung als Regierung verweigern, nun von diesem einen solchen Akt der vollen Souveränität fordern, kann sich das Befreiungskomitee gerade auf diese Nichtanerkennung berufen, um ihn zu verweigern.

Dass diese Krise so unmittelbar nach der Umbildung des Befreiungskomitees ausbrach und von den angelsächsischen Agenturen mit geradezu orientalischer Phantasie aufgebauscht wurde, liess vermuten, dass da de Gaulle kunstgerecht «ein Bein gestellt» wurde. Der Plan einer panarabischen Föderation, mit dem der britische Agent Lawrence im letzten Weltkrieg die Araber auf englische Seite brachte und der dann von den Engländern nach Kriegsende ähnlich wie andere Unabhängigkeitsversprechen in einer Weise fallengelassen wurde, die Lawrence als «Verrat» bezeichnete, wird gerade jetzt wieder mit Hochdruck betrieben. Der englisch-französische Konflikt um Syrien und Libanon ist so alt wie das Mandat selbst. England kann es sich leisten, ein Gebiet wie den Irak oder Ägypten für unabhängig zu erklären und dabei doch Meister zu bleiben, während Frankreich mit der Aufgabe der formellen Oberhoheit überhaupt aus dem Vordern Orient verschwände. Es war auch sehr auffällig, dass aus Anlass dieser Krise so ergebene Diener Englands wie der Emir Abdullah von Transjordanien gegen Frankreich Töne anschlugen, die sie sich sonst gegen europäische Staaten nie herauszunehmen wagten. Aber England sitzt selber im Vordern Orient nicht sicher genug, um dort mit dem Feuer zu spielen; Wendell Willkie berichtet in seinem Weltreisebuch, wie er von einem hohen syrischen Beamten auf die Frage, ob er beim Streit um Syrien mehr mit den Franzosen oder mit den Engländern sympathisiere, die Antwort erhielt: «Der Teufel soll alle beide holen», und Willkie ist mit dieser Antwort sehr einverstanden. Denn wenn der Teufel alle beide holt, ist Amerika gleich zur Stelle: Standard Oil hat bereits mit der wirtschaftlichen Eroberung Arabiens begonnen, der ganze Mittlere Osten dürstet (nach Willkie) «wie ein trockener Schwamm» nach dem amerikanischen Kapital, und die republikanische Presse Amerikas hat auch bereits festgestellt, dass das «Problem Palästina» dem syrischen sehr, sehr ähnlich sei ... England hat denn auch prompt die Empörungsschreie über die «Vergewaltigung des Libanon» abgeblasen.[178]

Es ist ein sonderbarer «Zufall», dass im gleichen Augenblick, in dem das Komitee von Algier sich eine parlamentarische Basis gibt, auch Marschall *Pétain* das im Juli 1940 abgedankte französische Parlament «für den Fall Unseres Ablebens» wieder in seine Rechte einsetzt und alle von ihm selbst erlassenen Verfassungsakte widerruft, die diese Rechte aufhoben. Die Rede freilich, mit der er diesen Entschluss «seinem Volk» ankündigen wollte, wurde ihm vom deutschen Reichskanzler verboten, und der Erlass selbst durfte nicht im Amtsblatt erscheinen. Damit ist wohl der tiefste Tiefpunkt der «Souveränität» Vichys erreicht, und Stockholm weiss denn auch bereits zu berichten, dass Pétain abgedankt habe – oder abdanken möchte, wenn ihm wenigstens das erlaubt würde. Es mögen in diesen Tagen, in denen ganze Gebiete Frankreichs im offenen Aufstand stehen und die Attentate und bewaffneten Überfälle sich jagen, nicht nur Todesahnungen sein, die den greisen Marschall zu dieser überraschenden Umkehr veranlassten, sondern auch die nicht mehr zu unterdrückende Erkenntnis, dass seine «nationale Revolution» ein verhängnisvoller Irrtum war, in dessen Namen gewöhnliche Hochstapler ihr Halbpartgeschäft mit dem Sieger aufmachten; und diesen Koryphäen der «nationalen Revolution» das Bestimmungsrecht über seine Nachfolge zu entziehen, ist der einzige juristische Sinn dieser versuchten «Rückkehr zum parlamentarischen System», auf die bereits vor einigen Tagen die Pariser Zeitung «Nouveaux Temps» in dunkeln und bösen Worten anspielte. Das in deutschen Diensten stehende Blatt liess durchblicken, dass der Geist Darlans in Vichy noch nicht ausgestorben sei; und bekanntlich sind in Washington immer noch sehr einflussreiche Kreise um Admiral Leahy[179] der Ansicht, dass mit Pétain noch ein Geschäft zu machen wäre, ein besseres als mit de Gaulle. Es sind nun zwei Jahre her, seit Pétain Pressevertretern in einem Interview erklärte: «Ich werde immer bereit sein, mich Roosevelt an die Seite zu stellen, sobald er im Namen Amerikas irgendeine Initiative für den Frieden ergreift ... Ich stehe sehr gut mit dem Heiligen Vater, und er sendet mir durch Personen, die vom Vatikan kommen, des öftern seinen päpstlichen Segen. Ich bin sicher, der Papst würde mit Freuden mit Roosevelt zusammenarbeiten, wenn irgendein Versuch unternommen würde, dem Krieg ein Ende zu bereiten ...» Aber das ist nun doch schon recht lange her, und es ist das Schicksal der Arglosen und Gutgläubigen, alle Anschlüsse zu verpassen.

27. November 1943

Der Nervenkrieg. Schwere Luftangriffe auf Berlin

Der *Nervenkrieg*, wenn man dieses Herumzerren an den zerfransten Nervenresten Europas so nennen will, hat plötzlich eine Belebung erfahren, nachdem er über den handfesteren militärischen Tätlichkeiten beinahe in Vergessenheit geraten war. Es stehen «grosse Dinge bevor» oder sind schon im Gang, die vielberühmte Konferenz der ganz grossen drei oder gar vier, ein «dramatischer Aufruf» an das deutsche Volk, Reisen deutscher Gelegenheitsdiplomaten, Audienzen im Vatikan, ein Waffenstillstandsgesuch, die «zweite Front», ein Um- oder Einsturz – item, «es ist etwas los». Nun, dass etwas los ist, das pfeifen allmählich die Spatzen von den Dächern. Wenn der riesige, seit einem Jahr durchgeführte alliierte Aufmarsch an der Südfront, die unbeschränkte Luft- und Flottenherrschaft im mittleren und westlichen Mittelmeer, der Ausfall der ganzen italienischen Armee für Deutschland und der Anschluss der italienischen Flotte an die Alliierten in eine Schlammpuddelei am Sangro und Garigliano[180] ausmündet, aus der auch die gerissenste Revolverjournalistik keine ernsthafte Kriegshandlung mehr zu machen versteht, während die deutsche Wehrmacht trotz ihrer zum Zerreissen angespannten Mannschaftsbestände die aufgerissene Balkanflanke wieder unbelästigt zustopft und die Alliierten «infolge ungenügenden italienischen Widerstandes» die Positionen, die ihnen in der Ägäis in den Schoss fielen, eine nach der andern wieder aufgeben, dann kann wirklich niemand daran zweifeln, dass «etwas los ist» – ausser mit General Eisenhower und seinem militärischen Stab. Aber selbst militärische Fachleute bringen nicht mehr die Seelengüte auf, das methodische und raffinierte Beharren auf der aussichtslosesten Operationsweise mit blosser militärischer Unfähigkeit zu erklären; um trotzdem im Fach zu bleiben und böse Gedanken zu verscheuchen, erklären sie deshalb die Südfront zu einer «Nebenfront», wo eben nur Scheingefechte geliefert würden. Die einzige Schwierigkeit ist dabei nur, dass dann gar keine Hauptfront der Alliierten besteht, denn die Ostfront besorgt Russland allein; also muss die Hauptfront wohl «bevorstehen». Man braucht gar nicht so bösartig zu sein, in der neuen Nervenkriegsoffensive einen Ersatz für eine echte

Offensive zu sehen; trotzdem ist es so, dass diese Gerüchtewelle der unfassbaren Untätigkeit auf alliierter Seite als Wirkung einer Art «horror vacui» entspringt.

Es ist besonders feinfühlig, dass diese Gerüchtoffensive unter dem Motto «*Kriegsende noch in diesem Jahr?*» – der Akzent liegt auf dem Fragezeichen – losgelassen wird. Dass das Kriegsende noch in diesem Jahr möglich sei, glaubten vor einigen Monaten sehr viele Leute, und für viele unter ihnen war es die einzige Hoffnung, dieses Jahr zu überleben; heute haben sich wohl die Reihen dieser Gläubigen sehr gelichtet, aber die Überzeugung, dass das Kriegsende noch in diesem Jahr möglich gewesen *wäre* und dass andere als militärische Gründe es verhindert haben, ist in den Trümmerhaufen Europas noch weit verbreitet. Die dumpfe, knirschende Verbitterung, die aus dieser Überzeugung wächst, wird einst ins Gewicht fallen, wenn die alliierten Besatzungsoffiziere, die in Tulsa oder Oklahoma eine Schnellbleiche in europäischer Geographie und Volkskunde absolviert haben, an die «Rekonstruktion Europas» gehen möchten; denn während statistische Bureaus in London und Washington über die «deutschen Kriegsverbrechen» Buch führen, wächst in allen besetzten Ländern Europas – zu denen heute auch die Achsenländer selbst gehören – die lange Liste der Verhungerten, Totgebombten, Erschossenen und an der «innern Front» Gefallenen, welche die «unsentimentale Kriegführung» der Alliierten elendiglich zugrunde gehen liess. Vor einigen Wochen erklärte General Marshall, der wieder einmal als künftiger Oberbefehlshaber aller alliierten Streitkräfte genannt wird, die angelsächsischen Mächte verfügten über keine Invasionsarmeen, sondern nur über Besatzungsarmeen und könnten deshalb in Europa erst an Land gehen, wenn die Deutschen bereits aus dem Landungsgebiet vertrieben seien. Die von Deutschland unterworfenen Länder müssten sich also zuerst einmal selber befreien, um dann des Glückes einer angelsächsischen Besetzung teilhaftig zu werden, die sie vor der Anarchie bewahren soll ...

Kriegsende noch in diesem Jahr? Die militärische Aktion, die es bringen soll, ist bisher nirgends sichtbar. Es sind deshalb auch «Vorgänge *hinter den Kulissen*», aus welchen die «wohlinformierten Kreise» ihre Erwartungen schöpfen. Und es ist wohl richtig, dass hinter den Kulissen «etwas geht». Während Lord Attlee dem Unterhaus sein Beileid über den Verlust von Samos, Leros und Kos und seine Enttäuschung über den mangelnden Kampfgeist der Italiener vortrug, fehlten Churchill und Eden auf der Regierungsbank, waren also offensichtlich «hinter den Kulissen» mit Konferenzen beschäftigt. Wie aber eine Konferenz und ein noch so «dramatischer Aufruf an das deutsche Volk» den Krieg beenden soll, ist weniger als je ersichtlich; die Waffe der Proklamationen ist durch allzu ausschweifenden Gebrauch allmählich stumpf geworden, und den Ankündigungen ist bisher nie etwas anderes gefolgt als eine neue Ankündigung. Hinter den Kulissen kann mancherlei zur Welt kommen, sogar ein fauler Friede, aber auf keinen Fall *der* Friede. Das für die Alliierten Positivste, was bei einer neuen Konferenz herauskommen könnte, wäre genau das, was bereits als Ergebnis der Moskauer Konferenz verkündet worden war: der Entschluss, endlich mit vereinten Kräften Krieg zu führen. Aber vielleicht ist das Geraune vom jähen Kriegsende nur eine geschickte Baissespekulation.

Wie im Sommer gegen Italien, geht nun der neue Bombenregen auf Deutschland der «Nervenoffensive» parallel. *Berlin* wird so systematisch und gründlich coventriert wie Hamburg. Kühl und sachverständig zählt der Luftkriegssachverständige der «Exchange» die bisher 1943 abgeworfenen Bombenlasten auf: Berlin 12 000 Tonnen, Hamburg 10 000, Essen, Hannover und Köln 8000, Mannheim 7000, und fügt hinzu, für Berlin brauche es wegen seiner grösseren Ausdehnung 50 000 bis 60 000 Tonnen, um es so «auszuradieren» wie Hamburg … Die täglichen kleineren Angriffe auf andere Städte ganz Europas werden schon gar nicht mehr gezählt. Es ist nach wie vor zwecklos, über die Frage zu moralisieren, auf welcher Seite das «Verbrechen» und auf welcher die «Vergeltung» liegt. Der Bombenkrieg ist und bleibt eine Barbarei, die innerhalb der Gesamtbarbarei des «totalen Krieges» ihre zweckhafte Berechtigung hat, solange sie die einzige Angriffsmöglichkeit ist oder die Funktion eines Trommelfeuers vor dem Hauptangriff erfüllt; wenn aber der Bombenkrieg gegen das Hinterland zum Selbstzweck wird, dann kann er dem Verdacht nicht entgehen, viel mehr eine vorsorgliche Ausradierung späterer Konkurrenz als eine Kriegshandlung zu sein. Dass Bombardierungen keine Revolution auslösen, das wurde nun seit bald einem Jahrzehnt bis zum Überfluss erprobt, und die Haltung der ausgebombten Berliner, die wie alle bombardierten Städtebewohner die Feuer zu löschen und die Verschütteten zu bergen versuchen, gibt Dr. Goebbels neue Gelegenheit, «über Berlin die Fahne der Unerschütterlichkeit» aufzupflanzen. Auch der Heidenspass, dass der deutsche Reichsmarschall nun Meier heisst[181], dürfte allmählich sogar für den englischen Rundfunk seinen Reiz verlieren; wer mit solchem Aufgebot an Grauen und Totschlag lächerlich gemacht wird, darf sich schon fast als Halbgott fühlen. Das Schauspiel einer Kriegführung, die stets den kleinsten militärischen Effekt mit dem grössten Aufwand von beiläufiger Zerstörung erkauft, beginnt moralisch in Selbstmord umzuschlagen, selbst für den, der das Brandenburger Tor, das Kaffee Vaterland und die in einem deutschen Bericht gerühmte «Kaltschnäuzigkeit der Berliner» nicht besonders liebt.

Die Nervenoffensive aus London und Washington verspricht Europa, sozusagen als Weihnachtsgeschenk, den «Frieden noch in diesem Jahr». Die zahlreichen Europäer, die den angeblich jetzt versammelten «Grossen Drei» die materielle Macht zutrauen, den Krieg zu beenden, werden diese wohlorchestrierten Gerüchte den zwei Dutzend vorangegangenen Proklamationen hinzuzählen und sie am Neujahr noch nicht vergessen haben. Im vorigen Jahr schenkte die englische Regierung ihrem Volk den Beveridge-Plan zu Weihnachten und scheint heute sehr erstaunt, dass das englische Volk nun auch noch dessen Durchführung verlangt. Das englische Parlament tritt im Zeichen der Nachkriegsdebatte zusammen, und die Nachkriegsdebatte hat nicht mehr die Unverbindlichkeit blauer Zukunftsträume, sondern die Dringlichkeit der Sorge für morgen. Der Krieg geht dem Ende zu, verbraucht und überdrüssig, aber der Friede ist so unvorstellbar wie je.

4. Dezember 1943

Konferenz zwischen Roosevelt, Churchill und Tschiang Kai-schek in Kairo. Konferenz der «Grossen Drei» in Teheran. Die Berliner Propaganda

Aus dem wallenden Nebel von Gerüchten und Falschmeldungen und der Sperrzone von Stacheldraht und Leibgarden sind die Herren Churchill, Roosevelt und Tschiangkaischek vor die Pressephotographen getreten und haben durch die Zufriedenheit ihrer Gesichter bekundet, dass die *Fragen Ostasiens* im reinen sind.[182] Die fünfzig Jahre japanischen Aufstieges zur Weltmacht, begonnen mit dem Überfall auf China im Jahre 1894, sind ausgelöscht als Strafe dafür, dass der «Polizist Ostasiens» in seiner Hybris glaubte, nicht mehr mit seinen weissen Lehrern und Gönnern teilen zu müssen. Zwar muss, wie in Berlin sogleich «hohnlachend» bemerkt wurde, der Bär erst erlegt werden, dessen Fell da verteilt wird. Aber gäbe es auch keine andern Gründe, so wäre doch das Näherrücken der amerikanischen Präsidentschaftswahlen Grund genug zu der Annahme, dass mit der Offensive gegen Japan Ernst gemacht werden soll. Der Sieger der Konferenz, wenn auch noch nicht des Krieges, ist *China* – das Land, das offiziell seit sechs Jahren, in Wirklichkeit seit Jahrzehnten allein und mit den primitivsten Mitteln der japanischen Expansion Widerstand leistete, nachdem es seit einem Jahrhundert das Objekt der Rauferei aller Kolonialmächte war, das den überwältigenden technischen Kriegsrüstungen seines Gegners nichts als die Weite seines Raumes und die Leidenskraft und Zähigkeit seines Riesenvolkes entgegenzustellen hatte und damit die Kräfte Japans so lange absorbierte, bis Amerika und das Britische Reich zum Gegenschlag ausholen konnten. Es ist der Freiheitskrieg Chinas, nicht der angelsächsisch-japanische Kampf um Rohstoffe und Absatzgebiete, an dem der japanische Siegeszug gescheitert ist, und die Beschlüsse der Konferenz von Kairo, die über die europäischen «Besitzrechte» in Ostasien und entlang den Küsten Chinas ein tiefes Schweigen wahren, sind nichts anderes als eine Anerkennung der Tatsache, dass China aus einem halbkolonialen Ausbeutungsbereich zu einer Grossmacht geworden ist, die das Geraubte wieder einfordern kann. Mag auch der Weg zur Erfüllung dieses Versprechens noch weit sein, mögen auch die Beschlüsse von Kairo weder die inneren Probleme Chinas lösen noch die schweren Wunden heilen, die ihm der endlose Krieg geschlagen hat, so beginnt doch der epische Freiheitskampf des neuerwachten ältesten unter den heutigen Kulturvölkern seine Früchte zu tragen.

Aber ausser Tschiangkaischek, der bereits wieder heimgekehrt ist, weil er und Stalin sich vor der Welt oder wenigstens vor Japan nicht kennen dürfen, sind die Protagonisten der Konferenz von Kairo bereits wieder im Nebel der Gerüchte verschwunden. Denn statt der angekündigten *einen* Dreierkonferenz erhält die Welt deren gleich zwei, und die zweite gilt der «Bereinigung» Europas ... Glückliches Ostasien! Das Fiasko des «grossostasiatischen Freiheitskrieges» der Samurais soll nicht die Rückkehr zum Kolonialzustand bedeuten, sondern den Übergang der Führung im Aufstieg der asiatischen Völker vom aggressiven europäisierten Randstaat des «östlichen Preussens» an das Mutterland ihrer Kultur, das Reich der Mitte: weniger durch den guten Willen der Menschen als durch die Macht der Entwicklung wird eine Verrücktheit zurechtgerückt. Was aber wird in Teheran[183] über die Liquidation des «grosseuropäischen Freiheitskrieges» beschlossen? Die Rede, die der Vertreter Churchills im Kriegskabinett, der südafrikanische Premierminister *Smuts*, von zehn Tagen vor der «britischen Sektion der Parlamentarischen Reichsvereinigung» hielt, hat ganz den Anschein einer schonenden Vorbereitung auf das Kommende. Mit einer «erfrischenden Offenheit», wie die «Times» meint, hat Smuts die «neue Karte Europas entfaltet»: «In der Nachkriegszeit werden in Europa drei Grossmächte» – nämlich *alle* europäischen Grossmächte – «verschwunden sein ... *Frankreich* hat seine grosse Zeit hinter sich» – Smuts legte Wert darauf, diesen Satz zweimal zu wiederholen und gleich hinzuzufügen, dass es daran nichts ändere, wenn man es diplomatisch weiterhin als Grossmacht tituliere und sich titulieren lasse – «und es wird in der Gegenwart im Hintergrund bleiben und wohl noch auf lange hinaus. *Italien* ist vollständig verschwunden (!) und wird wahrscheinlich nie mehr eine Grossmacht sein. *Deutschland* wird *möglicherweise* nie verschwinden ..., aber nach dem Schlag, der *auf diesen Krieg folgen* wird, wird Deutschland auf lange, lange Jahre hinaus in Europa keine Rolle spielen können ... Bleiben also noch Grossbritannien und Russland» und «ausserhalb Europas» die Vereinigten Staaten. Den Satz, der nun folgt, würde man ohne weiteres der Propagandaoffizin Dr. Goebbels' zuschreiben, wenn nicht die englische Reuter-Agentur ihn übermitteln würde: «*Russland* ist die neue Grossmacht in Europa, die neue Grossmacht, die *diesen Kontinent beherrscht.*» Ganz sachte freilich und in gänzlich hypothetischer Form, aber doch unmissverständlich genug deutet Smuts für *Westeuropa* eine Alternativlösung an, die darin bestünde, dass «diese kleinen Demokratien in Westeuropa, die, auf sich selbst angewiesen, verloren wären», sich dazu entschlössen, «zur Schaffung einer engern Verbindung mit Grossbritannien und damit eines grossen europäischen Staates beizutragen». Also doch Teilung Europas in Interessensphären, Sowjeteuropa im Osten, British Commonwealth im Westen? Man braucht der Rede Smuts' keine extensive Auslegung unterzuschieben, sie ist im Negativen wenigstens von wirklich «erfrischender Offenheit»: sie kündigt, kurz und bündig gesagt, die *Liquidation Europas* an. Aber es war, wie «Daily Mail» freilich etwas übertreibend feststellt, «die Rede eines Staatsmannes, der mit den Fragen des Tages nicht belastet ist». Ein anderer Staatsmann, belasteter mit Fragen des Tages, Stalin, hat vor einem Jahr mit Bezug auf Deutschland erklärt: «Das ist Unsinn; ein grosses Volk kann nicht einfach ausgelöscht werden.» Stalin ist gewiss nicht sentimentaler als Smuts, aber er hat eine etwas prosaischere Geschichtskonzeption, die von der souveränen Verfügungsgewalt der «grossen Männer» über den Geschichtsablauf wenig hält, während General Smuts über schönen oder auch nur dröhnenden Worten leicht die Wirklichkeit vergisst und sich kürzlich, als er den «Begriff der Herrenrasse» für überholt erklärte, in England selbst fragen lassen musste, wie es denn in seinem eigenen Regierungsbereich Südafrika damit bestellt sei ... Gerade über die Details der europäischen Liquidation, über die Smuts mit grosser Geste hinwegging, könnte das Verrechnungsgeschäft der zweiten Dreierkonferenz vielleicht nicht ganz aufgehen, und es ist geradezu zu hoffen, dass es nicht ganz aufgeht. Bereits hat auch das französische Befreiungskomitee in Algier mitteilen lassen, dass es bisher über die Konferenzen der «Grossen» weder konsultiert noch informiert worden sei und «sich lediglich an solche Beschlüsse gebunden fühle, über die es vorher konsultiert wurde». Trotz seines Sitzes im afrikanischen Kolonialreich, trotz des durch die deutsche Gewaltherrschaft in Frankreich zur Gluthitze gesteigerten französischen Chauvinismus wird das Befreiungskomitee, die «provisorische Regierung der Französischen Republik», von der angelsächsischen Politik immer eindeutiger in die Lage eines *Wortführers Europas im alliierten Lager gedrängt*. Wenn nach den alliierten Plänen nach diesem Krieg, zum erstenmal in der europäischen Geschichte, Frankreich *und* Deutschland beide sich im gleichen Lager der Besiegten befinden, dann kann auch die von Smuts so ironisch angekündigte diplomatische Titulierung Frankreichs als «Grossmacht» und aller angehäufte Hass nicht verhindern, dass auf fürchterlichen Umwegen und gegen den Willen aller Beteiligten das entscheidende Hindernis für die Verwirklichung Europas zusammenbricht. Die grauenhafte «Schicksalsgemeinschaft», die das Dritte Reich über Europa gebracht hat, *muss* nicht umsonst gewesen sein.

Gegen den geheimnisvoll angekündigten «letzten Appell» der Dreierkonferenz schiesst die *Berliner Propaganda* schon seit Tagen mit einem Aufwand Sperrfeuer, der eigentlich überraschen müsste, da doch nach der Versicherung Dr. Goebbels' das ganze Volk nur noch «Empörung, Wut und nationale Raserei» gegen die Alliierten kennt. Auch haben die alliierten Aufrufe an das italienische Volk, den Duce zu stürzen und dann bedingungslos zu kapitulieren, nicht eben die Wirksamkeit solcher Appelle ohne Adresse bewiesen. Aber nachträglich stellte sich dann heraus, dass diese unadressierten Aufrufe zur Revolution nur Nebengeräusche waren, hinter denen der Staatsstreich kapitulationsbereiter Grosswürdenträger des Regimes vorbereitet wurde. Dass solches in Deutschland nie geschehen könne, ist in letzter Zeit so sehr das Leitmotiv aller deutschen Äusserungen von den Führerreden bis zum letzten Leitartikel geworden, dass man darob fast bedenklich werden möchte. «Das Hundertmillionenvolk der Deutschen ist zu einer Gemeinschaft auf Tod und Leben zusammengeschweisst, die sich für Führer und Reich eher in Stücke reissen lässt, als den verhassten Feinden auch nur das Schwarze unter den Nägeln auszuliefern», versichert das Berliner «12-Uhr-Blatt», und die ganze deutsche Presse stimmt im Chor ein «dröhnendes Hohngelächter» an über «die Pleitegeier am grünen Tisch», über die «Generaloffensive des Bluffs», «die Bluffkampagne im Wolkenkratzerformat», und Herr Megerle höchstselbst mokiert sich köstlich über die «Trompeter von Jericho», die glauben, die Mauern der Festung Europa zum Einstürzen zu bringen, wenn sie ihre Bundeslade darum herumtragen und dazu in die Posaune stossen» ... Es ist wie Singen im dunkeln Wald, wie Gelächter im Grand Guignol, etwas zu laut und zu grell vor den rauchenden Trümmern Berlins.

«Eines kann man unserer Zeit nicht vorwerfen: dass sie langweilig sei», erklärte vor bald zehn Jahren Dr. Goebbels, als der Reichstag brannte und die Judenhatz begann. Gerade in diesen Tagen feiert die deutsche «Kraft durch Freude» ihren zehnten Jahrestag. Seit mehr als zehn Jahren steht Deutschland im Zeichen des unablässigen «Betriebes», des ständigen Feuerwerkes, des Singens und Marschierens, des ständigen «Aufbruchs» und der «Dynamik». Wohin dieser Marsch führen sollte, wurde nie gesagt; er hat weit geführt. Seine diesjährige Ansprache vor dem Hitlerjugendfilmwerk hielt Dr. Goebbels in einer Atempause zwischen zwei Grossangriffen auf Berlin, und das Bild der letzten zehn Jahre hat sich dabei in seiner Erinnerung seltsam verschoben: «Wir waren einmal ein sentimentales Volk, dessen Charakter zu *gutherzig* war, um zu hassen und nachzutragen», und mitten in dieses Idyll hinein bricht nun plötzlich das angelsächsische «Verbrecherpack, das bei Nacht und Nebel unsere *friedlichen* Städte überfallen hat»; was Wunder, dass die also harm- und ahnungslos Überfallenen in «Empörung, Wut und nationale Raserei» verfallen? Aber bei aller Sentimentalität vergisst der Gauleiter doch nicht, der Bekanntmachung über die Sonderzuteilungen an die bombengeschädigten Berliner den Paragraphen beizufügen: «Juden und Polen sind von diesen Sonderzuteilungen ausgeschlossen.» Untermensch bleibt Untermensch, auch im Feuerregen des Weltunterganges, und, wie Dr. Goebbels in seiner Durchhaltered sagte: «Das Schicksal ist immer gerecht, auch in diesem Falle.» Aber er meinte damit die Vergeltung – an England.[184]

11. Dezember 1943

Schlusscommuniqué der Konferenz von Teheran.
Zweite Konferenz von Kairo: zwischen Roosevelt, Churchill
und Inönü. Deutsche Vergeltungsdrohungen gegen England

«Nichts Neues?»
«Doch, das Communiqué der Konferenz von ...»
«Also nichts Neues.»
Man könnte mit nur wenig Übertreibung sagen, die Welt lebe in Erwartung des Extrablattes, das die in der Luft liegende Entscheidung mitteilen würde. Alle Meldungen, die das Bevorstehen «grosser Ereignisse» verkünden, werden begierig verschlungen und weiterverbreitet, jeder andeutungsreiche oder auch nur zwei-

deutige Satz des «Roten Sterns», der «Army and Navy» oder anderer autoritativer Organe, jedes Stirnrunzeln «informierter Kreise» wird erhascht und zu Tode interpretiert. So gebannt blicken wir auf die Schattenspiele, die von den Vorgängen «hinter den Kulissen» künden, dass wir beinahe die Schlachten vergessen, die täglich grauenhaft und blutig in Schlamm und Sumpf und Ruinen weitergehen. Wer je einmal in der Flugschriftenliteratur des Dreissigjährigen Krieges geblättert hat, fand darin eine ähnliche Stimmung: nicht mehr von Kriegshandlungen und Eroberungen berichtete die damalige «Presse», sondern von feurigen Kometen, von Kindern mit zwei Köpfen und Kälbern mit acht Schwänzen, von Wunderzeichen und immer wieder von Kometen, die den Weltuntergang oder die nahende Erlösung ankündigten. Heute sind es nicht Kometen und Missgeburten, sondern die Ladenhüter der allseitigen Kriegspropaganda, die immer neuen reissenden Absatz finden: die «zweite Front» und die «Vergeltung», der Kriegseintritt der Türkei und der Kriegsaustritt Finnlands, die Palastrevolution der deutschen Generalität und die geheimen Friedensdelegationen; aber gleich ist die resignierte Wundergläubigkeit, die sich auch durch hundert Enttäuschungen nicht erschüttern lässt. Und auch der gewiegteste Skeptiker kann bestenfalls weise sein Haupt wiegen und Abwarten empfehlen, aber selbst er wird schwerlich mehr das Gefühl los, dass all die Kämpfe der täglichen Front- und Heeresberichte so gespenstisch und sinnlos seien wie jene Rückzugsgefechte der italienischen Truppen in den fünf Tagen zwischen Vereinbarung und Verkündung der Kapitulation – Kämpfe, deren einzige Realität noch darin lag, dass auch in ihnen noch Menschen getötet und verstümmelt wurden, nur damit die Welt nicht zu früh erfahre, dass der Kampf zu Ende war. Der Krieg soll bis fünf Minuten nach zwölf dauern, das wissen wir sattsam; aber wie spät ist es denn? Wie viele Wochen, Monate oder Jahre sollen die fünf Minuten nach zwölf denn dauern? Es ist gar kein Abwägen zwischen den Völkern und Mächten mehr, dieser Krieg nach unwiderruflich gefallener Entscheidung, sondern ein blosses Weiterlaufen des Massakerstückes, weil den Autoren und Protagonisten das Stichwort für das Fallen des Vorhanges nicht mehr einfällt – und von Konferenz zu Konferenz halten die gequälten Statisten den Atem an: Vielleicht finden sie's jetzt?

Das von der Konferenz von *Teheran* erwartete Stichwort ist ausgeblieben. Zwei Wochen lang hatte die deutsche Propaganda alle Pauken, Pfannendeckel, Lachmuskeln und sonstigen Lärminstrumente in Bewegung gesetzt, um die befürchteten Posaunenstösse der «Trompeter von Jericho» zu übertönen – aber die «Grossen Drei» in Teheran hatten wohl persische Vasen, Ehrenschwerter und andere Freundschaftsgaben, aber gar keine Posaunen in ihrem diplomatischen Gepäck. Mehr als eine Bezeugung ihrer gegenseitigen Liebe und Hochachtung und ihrer Entschlossenheit, den Krieg gemeinsam weiterzuführen, haben sie der Öffentlichkeit als Ergebnis ihrer Beratungen nicht mitgeteilt, und nur das Gewicht der Unterschriften unterscheidet dieses Communiqué von früheren gleichen oder noch weitergehenden Erklärungen. Ohne jede sichtbare Verlegenheit über das unerwartete Ausbleiben des Schlusseffektes ihrer Übertönungsversuche haben denn auch die deutschen Propagandainstanzen sogleich befriedigt konstatiert: Wir haben ihnen eben Angst gemacht. Das «europäische Konzert», wie man früher das Ensemble der europäischen Grossmächte idyllisch zu bezeichnen liebte, hat seltsame Formen angenommen.

Den hochgespannten Erwartungen en gros, die sich an die Konferenz in Teheran knüpften, folgten beim Ruchbarwerden der zweiten Konferenz in *Kairo* geringere, aber dafür präzisere Erwartungen en détail: wieder einmal stand die Balkaninvasion unter türkischer Mitwirkung unmittelbar bevor. Aber «unter Betonung jedes einzelnen Wortes», wie die deutsche Nachrichten-Agentur bedeutsam hervorhebt, erklärte der türkische Aussenminister nach seiner Rückkehr von Kairo, diese Konferenz der türkischen mit den angelsächsischen Staatschefs sei «das wichtigste Ereignis der jetzigen Kriegsphase», aber die türkische Aussenpolitik bleibe unverändert; die Türkei «teile die Ideale der Alliierten», jedoch habe «keine Unterzeichnung von Dokumenten stattgefunden». Die Betonung jedes einzelnen Wortes war offenbar als Betonung dessen gemeint, dass all diese Worte sich gegenseitig aufheben; von der «manchmal brutalen Offenheit», mit der nach Menemendschoglus Darstellung die Unterhaltungen in Kairo geführt wurden, ist jedenfalls nichts auf dieses Meisterstück diplomatischer Nichtssagekunst übergegangen. In Berlin stellt man mit der üblichen Ironie fest, dass die Alliierten «immer noch auf der Suche nach neuen Bundesgenossen» seien, und vertraut im übrigen ebensosehr wie die Alliierten auf die «nüchterne Sachlichkeit» der Türkei. Etwas weiter vom Schuss hat dafür, zweifellos aus Gründen nüchternster Sachlichkeit, Bolivien dem Deutschen Reich den Krieg erklärt.[185]

Es war vielleicht gar nicht die Absicht der «Grossen Drei» in Teheran, in der Kriegführung gegen Deutschland das Zuckerbrot mit der Peitsche zu kombinieren; die Peitschenschläge des Luftterrors aber werden, so verkündet die Proklamation der «Grossen Drei», «unbarmherzig sein und immer stärker werden». Das präventive Heidenspektakel gegen irgendwelche alliierte «Verlockungen» und «Bestechungsversuche» aber gab der deutschen Presse eine willkommene Gelegenheit, wieder einmal von etwas anderem als von zerstörten Städten und schweren Abwehrschlachten im Osten zu sprechen, und zugleich liess sich aus der Ankündigung einer alliierten «Propagandaoffensive» deduzieren, wie sehr die «Bolschewisten und Plutokraten» militärisch am Ende ihres Lateins seien. Nachdem sich diese orientalische Luftspiegelung wieder in nichts aufgelöst hat, wird dafür nun wieder um so intensiver die seit einem Jahr immer lauter angekündigte *Vergeltung* gegen England aufgegriffen; sie soll, wie ein inspirierter Artikel im «Reich» bekanntgibt, «der Zügellosigkeit des Massenmordens durch einen äussersten, sehr drastischen Schlag Einhalt gebieten». Gewiss ist diese Drohung in erster Linie eine psychologische Notwendigkeit; sie ist fast das einzige positive Argument, das die deutsche Propaganda der systematisch fortschreitenden Verwüstung der deutschen Städte und dem Elend der Bombenflüchtlinge gegenüberstellen kann. Die alliierte Luftoffensive, so bekannte bereits Ende August der Chefredaktor der «Münchener Neuesten Nachrichten», Fritz Geistert, «legt der Reichsführung Probleme vor, die auf die Dauer ... nicht allein durch das Vertrauen in die heldenhafte passive Widerstandskraft eines tapferen Volkes gelöst werden können». Drei Monate später, «am Anfang des fünften Kriegswinters, von dem wir alle hoffen, er werde der letzte sein», schreibt Fritz Geistert das katastrophale Anwachsen der Bombenangriffe der Wirksamkeit dieser deutschen Vergeltungsdrohung zu – eine Wirkung, die freilich nicht ganz der beabsichtigten entsprechen dürfte –: «Denn auf der Insel hat man allmählich das Spötteln über diese Ereignisse verlernt. Nebelhaft steigt langsam ein unheimliches, unfassbares Grauen vor dem Kommenden herauf. In einem hetzenden Wettlauf mit ihm, das wir Vergeltung nennen, drücken die Engländer auf eine Beschleunigung der Kriegshandlungen, um sie vielleicht abschliessen zu können, bevor die grenzenlose Schuld aus Blut und Leid auf sie zurückfällt.» Diese Schilderung des seelischen Zustandes Englands mag weitgehend eine Projektion eigener Nervosität auf den Gegner sein; aber die psychologische Notwendigkeit der Vergeltungsdrohung für den Hausgebrauch vermag nicht zu erklären, warum sich diese Drohung nach einem Jahr noch nicht verbraucht hat. So sehr ist sie der Fixpunkt geworden, an den sich alle Hoffnungen der Intransigenten des Dritten Reiches klammern, dass man nirgends recht darüber zu lachen wagt. Denn selbst wenn die sensationelle «neue Waffe», an der zweifellos alle noch intakten deutschen Laboratorien arbeiten, nicht gefunden wird oder gefunden worden ist, so ist doch bis heute *eine* Waffe ungenützt geblieben, welche die Hölle Europas zum letzten Wahnsinn zu steigern vermöchte. Es ist wahrscheinlich, dass dieser Krieg schon mehrmals knapp an ihrer Entfesselung vorüberführte, und je länger er dauert, desto weniger vermögen alle Vernunftsgründe gegen diese letzte Gefahr zu garantieren. Der «Nervenkrieg» ist für niemand beruhigend, und einen Gegner, dem die Nerven versagen, kann sich eigentlich niemand wünschen. Zwar kann keine «nationale Raserei» das Übergewicht der materiellen Macht wettmachen, aber sie kann unendlich viel und viele in den eigenen Untergang mitreissen – und einen andern Sinn scheint manches, was heute in Europa vorgeht und endlich die Proteste derer wachruft, die vier Jahre lang schwiegen, nicht mehr zu haben. «Wir haben schon so viel ... geopfert, dass wir auch den noch verbleibenden Rest freudigen Herzens zusteuern werden», erklärte am 8. Dezember Dr. Goebbels vor den deutschen Eisenbahnern.[186]

Niemand weiss, ob es schon fünf Minuten nach Mitternacht ist. Aber die Gespensterstunde des Krieges hat begonnen. «Dem fünften Winter, der jetzt beginnt, kann kein politischer Vergleichsmathematiker mehr das Gespenst der Wiederholung an die Fesseln heften. Ein wirklich neuer vergleichsloser Abschnitt des Krieges hebt an», schreibt in der «Deutschen Allgemeinen Zeitung» Willy Beer; «Er hat den vorangegangenen gegenüber eines voraus: ... Wir sind durch die Fülle der Fährnisse und Drangsale geschritten, die für menschliches Ermessen denkbar sind.»

18. Dezember 1943

Jahrestag des Dreimächtepakts. Verhaftung von Dozenten und Studenten der Strassburger Universität in Clermont. Regierung der «dritten Front» in Jugoslawien

Zum zweiten Jahrestag ihrer Waffenbrüderschaft haben sich die *Partner des Dreimächtepaktes*, zwei Mächte und ein Wrack, erneut gegenseitig ihrer Entschlossenheit versichert, «Schulter an Schulter» bis zum siegreichen Ende zu kämpfen.[187] «Schulter an Schulter» ist freilich eine recht phantasievolle Redeblüte für Partner, deren Bündnis zwar als weltumspannend gemeint war, die aber in der bitteren Wirklichkeit Antipoden geblieben sind und einander aus ihren respektiven «Grossräumen» auch nicht das kleinste Liebesgabenpaket zukommen zu lassen vermögen. Aber dank Radio und Telegraph ist wenigstens der Austausch verbaler Ermunterungen möglich, und an den grossen Feiertagen wird davon so ausgiebig Gebrauch gemacht, dass der deutsche Zeitungsleser den grossostasiatischen Kriegsschauplatz gleich links um die Ecke vermuten muss. Der diesjährige Austausch von Reden und Botschaften galt weniger der Feier grosser Siege – obwohl mindestens die japanische Marine dieses Jahr deren so viele errungen hat, dass die angelsächsischen Flotten nicht erst einmal, sondern mehrmals auf den Meeresgrund gebohrt sein müssten – als der Anprangerung des «Imperialismus der Feindmächte». Ohne die bei den «Vereinigten Nationen» so behutsam gewahrte Rücksicht auf die guten russisch-japanischen Beziehungen hielt sich Ribbentrop in seiner Rede vor allem an die bolschewistische Gefahr, wobei er das von Marschall Smuts ausgegebene Stichwort freudig aufnahm; denn die beiden angelsächsischen Gegner sind für ihn zwar ebenso bösartig und raubgierig, aber letzten Endes doch nur die Hereingelegten, die «von Stalin übers Ohr gehauen» werden und ihm ahnungslos die Kastanien aus dem Feuer holen. Im Namen «aller wahren Europäer» wandte sich Ribbentrop gegen diese plutokratisch-bolschewistischen Machtgelüste und stellte fest, dass «Deutschland, Italien und seine europäischen Verbündeten die Waffen nur zur Verteidigung ihrer elementarsten Lebensrechte ... erhoben», und die Unterwerfung des ganzen übrigen Europa diente nur dem selbstlosen Zweck, «das kulturelle Eigenleben eines jeden Volkes» zu bereichern und dafür zu sorgen, dass «jedes Volk ... sein Leben und seine Fähigkeiten frei entwickeln könne». Dagegen die «Feindmächte»! Der japanische Aussenminister hat in seiner Replik an Ribbentrop für ihre Niedertracht die ergreifende Formulierung gefunden: «Die Angelsachsen besitzen die verwerfliche Neigung, anderen ihre Grundsätze und Ideen aufzuzwingen.» Kurzum: die Mächte des Dreierpaktes, zwei Mächte und ein Wrack, kämpfen den heiligen Kampf um Toleranz und Menschenrechte im Völkerleben.

Ganz im Einklang mit solch neuen Tönen steht es, wenn sich die deutsche Presse heute immer mehr der Pflege des Innenlebens zuwendet. Fast alles wurde im Verlaufe dieses Weltmassakers schon als kriegsentscheidend proklamiert: die besseren Waffen, die besseren Fabriken, die besseren Soldaten, die besseren Generäle, der bessere «Geist» oder die bessere «Moral» im militärischen, also auf den Kopf gestellten Sinn dieser Wörter, die besseren Nerven und sogar der «bessere» Hass; aber neu ist zweifellos die Erkenntnis, dass wahrhaft kriegsentscheidend das bessere *Herz* ist, nicht im medizinischen, nicht im kriegerischen, sondern im naivmetaphorischen Verstande. Vielleicht weil es gegen Weihnachten, das «Fest der deutschen Innerlichkeit» geht – aber war denn nicht alle Jahre Weihnachten? –, wird «das deutsche Herz» zu einem Leitmotiv der deutschen Leitartikler. «Dass Männer, Frauen und Kinder in der Heimat der Gefahr unerschütterlich standhalten, beruht einmal auf ihrem Mut und ihrer Entschlossenheit; es hat seine Ursache aber auch in der *Kraft des Herzens*, die der schönste Ausdruck der deutschen *Innerlichkeit* ist», konstatiert redaktionell die «Deutsche Allgemeine Zeitung» als «Unsere Meinung». Und im gleichen Blatt veröffentlicht Max Clauss einen Leitartikel «Der Blick ins Herz», in dem Sätze wie die folgenden stehen: «Heute ist der Deutsche weder der Yankee Europas noch der unnahbare Machtträger, dem man scheu aus dem Wege tritt. Der Deutsche ist *kein Kriegsgewinnler* und *kein Unmensch*, er ist im Leiden wie in der Tat die stärkste Formung des *europäischen* Menschen unserer Zeit ... Er weiss, dass *alle Völker Europas*, mögen sie es wahrhaben wollen oder nicht, *auf das Pochen des deutschen Herzens mit angehaltenem Atem lauschen* und sich bewusst sind, dass ihre letzte Stunde geschlagen hätte, wenn sie je den Pulsschlag der Energiezentrale dieses Kontinents nicht mehr vernehmen sollten ...» Und berauscht vom Pulsschlag des deutschen Herzens zitiert Max Clauss den Vers Hölderlins, der es freilich nicht ganz so meinte und bereits über das zu seiner Zeit noch weltbürgerliche «deutsche Wesen» allerlei Unpatriotisches ausgesagt hat: «O heilig Herz der Völker, o Vaterland!»

Die Wahrscheinlichkeit, dass solche Sätze in guten Treuen geschrieben und gelesen werden können, in tiefster Überzeugung von der eigenen Liebenswürdigkeit, hat im vierten Jahr der deutschen Europaherrschaft, während ringsum der Hass «die letzten Brücken abbricht», etwas Beängstigendes. Jenes «Das habe ich nicht gewollt» Wilhelms II. wird sich in ein tausendfaches «Das haben wir nicht gewusst» abwandeln, wenn der Schleier hermetischer Zensur zwischen Wirklichkeit und «Innerlichkeit» fallen wird. Zwar ist seit einiger Zeit auch in der deutschen Presse hie und da von «Banditen» und «Verbrecherbanden» die Rede, welche im besetzten Europa ihr Wesen treiben, aber dass diese «Verbrecher» bei ihren Völkern Patrioten heissen, wird daraus nie ersichtlich. Der Kreuzzug gegen die Universitäten der besetzten Länder hat einige der letzten Sympathien vernichtet, die in Europa noch für das Dritte Reich bestanden. Zwar waren die Universitäten längst nicht mehr die Avantgarde der Freiheit, aber gerade wegen ihrer Nutzlosigkeit wirken symbolische Gesten stärker als banale, erregt die Zerstörung eines Museums die «öffentliche Meinung» mehr als die Zerstörung einer Fabrik und die Deportation einer «Universitas» mehr als die von Arbeitern und Juden.

Nach der Universität Oslo ist nun die 1939 nach Clermont evakuierte Universität Strassburg «ausgehoben» worden. Zahlreiche der dort verhafteten und deportierten Studenten hatten sich in den letzten zwei Jahren heimlich aus dem «ins Reich heimgekehrten» Elsass nach Clermont durchgeschlagen, weil sie *daheim* studieren wollten – und daheim war eben nicht im deutschen Gau Elsass, sondern im Elsass des Exils, in Frankreich. Es ist eine für die Assimilationskraft Deutschlands, das sich die «Einschmelzung» ganz Europas zumutete, überaus bezeichnende Tatsache, dass ihm nicht einmal die Assimilation des «deutschblütigen» und deutschsprachigen Elsass gelang, weder in den fünfzig Jahren nach 1870 noch im jetzigen Weltkrieg ... Der «Pulsschlag des deutschen Herzens» wird selbst in dem Bereich, in dem die deutsche Zunge klingt, nicht als der eigene empfunden. Frankreich – freilich nicht das Frankreich von Vichy, das zur waffenstillstandswidrigen Annexion des Elsass ebensowenig je ein Wort geäussert hat wie jetzt zur Vernichtung der evakuierten Universität Strassburg durch die Besetzungsmacht – hat in diesem «deutschen Gau» trotz Niederlage und Erniedrigung gesiegt.[188]

Zwischen Besatzungsmacht und «Vereinigten Nationen» beginnt sich allmählich das Europa von morgen zu organisieren. Nach der französischen «Dissidenz», die sich in zähem Zweifrontenkrieg zu einer politisch selbständigen Regierung konstituiert und in «beiden Frankreich» ihre Organe aufgebaut hat, ist nun erstmals in Jugoslawien eine Regierung der «dritten Front» in offenem Gegensatz zur Exilregierung entstanden, damit der Kampf um die Befreiung Jugoslawiens nicht nur ein Kampf für die Wiederherstellung jenes status quo sei, an dem das alte Jugoslawien zugrunde ging.[189] Ähnliches bereitet sich in Griechenland vor, und der Kampf um die Staatsform in Italien erfährt gerade durch die grausame Lage, in welche das italienische Volk dank der alliierten «Schneckenoffensive» gestürzt wird, eine derartige Zuspitzung, dass der Boden für die Experimente der «Amgot» immer steiniger werden muss. Nicht in den Plänen der drei oder vier «grossen Staatsmänner» der Alliierten, sondern im dunkeln und wirren Kampf jener europäischen Völker, die in diesen Jahren den Tiefpunkt ihrer Geschichte durchschritten, liegt das «Herz Europas», ebenso weit weg von den Kapitalen der Achse Berlin-Tokio wie von den greisen Staatsmännern in Kairo, Teheran und Pretoria.

24. Dezember 1943

Die fünfte Kriegsweihnacht in Deutschland.
Kriegsverbrecherprozess von Charkow

Die fünfte Kriegsweihnacht – «eine organisatorische Grossleistung!» In den zerstörten Städten und in den zersprengten Familien Deutschlands, vor allem aber auch an den Fronten, soll «Weihnachten wie üblich» gefeiert werden. «Das OKW sorgt für Magenfreuden und Feststimmung», heisst es in einer deutschen Pressemitteilung vom 18. Dezember, in der die Organisation der Gebäck-, Tabak- und Spirituosentransporte an die Front beschrieben wurde; ferner rollen in den Osten «Zehntausende zusammenklappbarer Weihnachtsbäumchen, Holzfüsse mit geschmückten Holzstämmchen, die zum Einstecken von Tannenzweigen eingerichtet sind. Manche Kampfeinheit im Osten, die im Augenblick keine Zeit hat, einen ‹vorschriftsmässigen› *Weihnachtsbaum* im Wald zu suchen ..., erhält durch den ‹behelfsmässigen› Weihnachtsbaum doch noch die Möglichkeit, zum Lichterglanz zu kommen und sich am kleinen ‹feldmarschmässigen› Festbäumchen der Heimat besonders eng verbunden zu fühlen, soweit der harte Abwehrkampf dazu Zeit lässt ...» Weniger bevorzugt, müssen sich die Berliner mit «behelfsmässigen Tannenzweigen» begnügen, und da es wenig zu schenken gibt, erteilt die deutsche Presse sinnreiche Ratschläge zur Anfertigung «behelfsmässiger» Festgeschenke aus Papierresten, Flicken und Brettchen. «Das deutsche Volk steht in diesem Jahr um einen kargen Weihnachtsbaum versammelt», schreibt Dr. Goebbels. «Viel, was uns früher dieses Fest verschönte, ist uns im Verlauf des Krieges verlorengegangen.» Das Äusserliche also hat, trotz aller Organisation gelitten; wie aber steht es mit dem innern Licht, das in diesen Nächten leuchten soll? Die Kerze, die auch dieses Dunkel erleuchten soll, heisst «Vergeltung». «Und dass es nicht umsonst gewesen sein soll und eines Tages gesühnt werden wird, dafür bürgt uns das Wort des Führers, das wir voll Zuversicht mit hinübernehmen können in diese Kriegsweihnachtsnächte», schreibt das «12-Uhr-Blatt»; «aus den glühenden Trümmern, aus russgeschwärzten Terrornächten wird über die zwangsmässige Trennung von Raum und Zeit hinweg das Fest uns nur noch enger verbinden zum Kampf um den deutschen Endsieg». Und das gleiche Fazit zieht Dr. Goebbels aus dem Verlust der äusseren Weihnachtsfreuden: «Um so fester aber ist unser Entschluss geworden, uns all das zurückzuholen, und vieles, was das Leben eines Volkes schön und lebenswert macht, noch dazu.» Wieder zurückholen – wer hat es denn weggenommen, die Bücher, die Spielsachen, die Weihnachtsgans und den Christbaum? Über Deutschland ist ja nicht, wie über so viele Länder Europas, in den letzten Jahren Requisition und Plünderung hinweggegangen; im Gegenteil, die ersten Kriegsweihnachtsmärkte Deutschlands waren mit fremden Beutestücken bereichert. Wenn in andern Ländern Europas der Gabentisch und der Weihnachtsstrumpf leer bleiben, so glaubt man dort zu wissen, wohin diese Dinge gewandert sind, und aus hundert triftigeren Gründen noch heisst auch dort das kalte und stechende «innere Licht» dieser Nächte «Vergeltung». Aber in Deutschland? Der Krieg hat alles, was er einbrachte, mit Wucher wieder genommen; und wenn der furchtbare Irrtum, der in dem der deutschen Sprache eigentümlichen Doppelsinn des Wortes «kriegen» liegt, überhaupt heilbar ist, dann muss sich nach diesem Experiment endlich die gar nicht neue, doch anscheinend schwer erlernbare Wahrheit durchsetzen, *dass in der heutigen Weltwirtschaft ein Volk um das, was es andern wegnimmt, nicht reicher, sondern ärmer wird.* Gewiss, man kann auch «Faustpfänder», wie Dr. Goebbels die europäischen Kleinstaaten nennt, «mit Zähnen und Klauen verteidigen», aber es ist schwer, daraus ein Ethos für den Festgebrauch zu zimmern, und wenn der deutsche Leitartikler Willy Beer in der «Deutschen Allgemeinen Zeitung» die Rückzüge des letzten Jahres als den angesichts der «bolschewistischen Übermacht» gefassten Entschluss erklärt, «*Raum, der nicht unser war*, herzugeben, um die Front zu sichern», so wird selbst der deutsche Leser diesen Vorgang nicht leicht als ein historisches Unrecht zu empfinden vermögen, an dem sich die «heilige Flamme des gerechten Verteidigungskrieges» entzünden könnte.

Aber was liegt an äusserem Glanz und «Betrieb», der mit der Armut und Einfachheit der Weihnachtsgeschichte so wenig zu tun hat? «Weihnachten ist das Fest der Innerlichkeit» – so wenigstens sagt und glaubt man wohl auch bei Weihnachtsgans und Wein und Stubenwärme. Aber da, wo Zutat und Talmi von diesem Fest abgefallen sind, stellt sich nun heraus, wie bitter nötig Betriebsamkeit und Schmaus und Lärm waren, um die gähnende Leere um die Menschen gerade in diesen Tagen zu verhüllen, wie unentbehrlich ihnen der «vorschriftsmässige Weihnachtsbaum» war, um den Anschein zu erwecken, es leuchte ein Licht in ihnen – aber es war nur der Reflex der Kerzen. Darum dieses krampfhafte «Als ob», diese Parole «Christmas as usual», die kaum mehr als «business as usual» bedeutet. Wer kann denn ohne Wein und Lärm vor der Verkündigung der Weihnachtsbotschaft etwas anderes empfinden als Schande und Scham? Nicht die Geburt im Stall, sondern der Kindermord zu Bethlehem war eine «organisatorische Grossleistung», Vorläufer der organisatorischen Grossleistungen unserer Zeit, und ihn zu feiern, wäre dieser Zeit innerlich und äusserlich angemessener als die behelfsmässige Weihnacht im fünften Kriegsjahr. Wird denn der «Christenheit» nicht, wie zu Ostern die Massengräberkampagne von Katyn, zu Weihnachten der Kriegsverbrecherprozess von Charkow beschert?[190]

Vierzigtausend Zuschauer haben nach den Presseberichten der öffentlichen Hinrichtung der drei Deutschen in Charkow beigewohnt. Über die Einzelheiten der Anklage und der Urteilsbegründung war in der Schweizer Presse nichts zu lesen; Berichte darüber fallen unter die verbotene Rubrik «Greuelmeldungen». Aber das wenige, was aus den russischen Berichten über die zurückeroberten Gebiete zu uns drang – wie die vom Chefkorrespondenten der «News Chronicle» wiedergegebenen Untersuchungsergebnisse über die Schlucht bei Kiew, in der 70 000 Juden füsiliert, verschüttet, vor dem Rückzug wieder ausgegraben und verbrannt wurden –, genügt, um die Stimmung zu verstehen, in der die überlebende Bevölkerung Charkows an diesem ersten «Kriegsverbrecherprozess» teilnahm. «Man hatte hier schon seit Monaten ins Einzelne gehende Berichte über die sogenannten ‹Todeswaggons› erhalten», heisst es in einem Bericht aus London, «aber die meisten Engländer hatten sich einfach geweigert, an solche Dinge zu glauben. Jetzt wagt niemand mehr daran zu zweifeln. Dass die deutsche Regierung zu diesen fürchterlichen Enthüllungen völlig schweigt, macht dem englischen Publikum einen besonders tiefen Eindruck ...» Inzwischen ist aus Berlin eine Antwort gekommen, und sie besteht, wie zu erwarten war, im Hinweis auf «Katyn» und «Winnitza» und auf die Moskauer Schauprozesse von 1936 bis 1937, in denen die russische Justiz sogar das Geständnis als Schuldbeweis entwertet hat. Es ist nicht an uns, die Glaubwürdigkeiten abzuwägen, so wenig wie im Fall von Katyn, obwohl keinem Menschen unbekannt ist, von wo aus die millionenfache Ausrottung, die millionenfache Verschleppung und Vergewaltigung als Mittel des «totalen Krieges» über Europa hereingebrochen sind. Der Vorwurf «angeblicher Ermordung von Angehörigen der Zivilbevölkerung in den besetzten Ostgebieten» ist leider nur dann «so krankhaft und dumm, dass er nur im Gehirn ... perverser Kreaturen geboren werden konnte», wie das deutsche Auswärtige Amt offiziell verlauten lässt, wenn man die Anklage wegen «Ermordung» nicht vom menschlichen, sondern vom formaljuristischen Standpunkt aus prüft. Hier liegt, wenn wir alle Einzelfragen der Anklage als unüberprüfbar beiseite lassen, das Entscheidende und Folgenschwere des Prozesses von Charkow.

Das hauptsächliche Verteidigungsargument der Angeklagten, dass sie auf Befehl gehandelt hätten, ist nach allen vorliegenden Berichten unwidersprochen geblieben; durch ihre Verurteilung ist das unabsehbare Problem aufgeworfen, ob und wann Tötung auf militärischen Befehl Mord ist. Denn was bedeutet Teilnahme am Krieg anderes als ständige Bereitschaft zur Tötung auf Befehl? Unzählige Versuche sind seit der Zeit des Sempacher Briefes gemacht worden, im Kriege Pflichterfüllung und Verbrechen gegeneinander abzugrenzen, und stets war ihre Grundtendenz, die Zivilbevölkerung zu schützen und nur die Tötung Uniformierter durch Uniformierte zu erlauben. Aber der «totale Krieg» hat all diese stets lückenhaften und fragwürdigen Schranken niedergerissen; wenn auf eine bevölkerte Stadt Spreng-, Brand- und Phosphorbomben abgeworfen werden, so ist im glühenden Trümmerhaufen keine Grenze zwischen Massentötung und Massenmord mehr abzustecken. Die deutsche Verlautbarung hat denn auch sogleich Repressalien angekündigt, die sich – wie bereits bei den Hinrichtungen amerikanischer Flieger in Japan – gegen die gefangenen Flieger richten sollen: «Die deutschen Militärgerichte werden sich daher in der nächsten Zeit mit den englischen und amerikanischen Gefangenen» – die russische Luftwaffe hat sich bisher am Luftkrieg gegen das deutsche Hinterland kaum beteiligt – «zu beschäftigen haben, denen schwere Völkerrechtsverletzungen zur Last gelegt sind ...» So würden denn im fünften Kriegsjahr die Kriegführenden darüber einig, dass der Krieg ein Verbrechen ist – aber nur, um den Krieg noch totaler zu führen und selbst die Justiz in seinen Dienst zu spannen? Freilich, ein Unterschied bleibt zwischen den Massenhinrichtungen, die den Verurteilten des Prozesses von Charkow zur Last gelegt wurden, und auch den fürchterlichsten Erscheinungen des Luftkrieges: dass nämlich Bombardierungen militärische Kampfhandlungen sind, von Kampffliegern zu militärischen Zwecken unter dem Feuer der feindlichen Abwehr ausgeführt, während Hinmetzelungen von Einwohnern und Geiseln in besetzten Gebieten nach dem Kampf, ohne mögliche Gegenwehr, ohne «militärische Notwendigkeit», als «administrative Massnahmen» durchgeführt werden. Aber der erbarmungslose Terrorkrieg, der an der «unterirdischen Front» geführt wird und dessen Kampfmittel Hinterhalt, Überfall, blutige Repression und lauernde Rache sind, hat auch Unterscheidung von Kampfhandlungen und «administrativen Massnahmen» zunichte gemacht.

Überall, wo der Krieg durchzog, ist die Front, das Maquis, die blinde Angst und der rasende Terror um so scheusslicher, je «geordneter» und organisierter er ist. Auch hier geht alles auf Befehl. Handelten die Häscher, die den Kindermord zu Bethlehem durchführten, nicht auch auf Befehl? Der Prozess von Charkow wirft, indem er dem drohendem Kriegsgericht wegen Gehorsamsverweigerung das Kriegsgericht wegen «verbrecherischen Gehorsams» gegenüberstellt, vielleicht wider Willen das Problem der Selbstverantwortlichkeit auf, und das ist kein schlechter Kommentar zur fünften Kriegsweihnacht; denn erst wenn der Mensch, selbst in Uniform, das Recht zurücknimmt, den erhaltenen Befehl vor seinem Gewissen zu prüfen, erst wenn er die Furcht, die tiefe und doch so bequeme Furcht, die aller eigenen Verantwortung enthebt, abschüttelt, kann Weihnacht für ihn wieder etwas anderes sein als der blasphemische Hohn des «vorschriftsgemässen Weihnachtsbaumes».

31. Dezember 1943

«1943 ein Jahr der Liquidation.» General Eisenhower Oberkommandierender der alliierten Streitkräfte an der angekündigten zweiten Front. Der «europäische Freiheitskrieg». Die Schweiz und ihr Sonderschicksal

Als Jahr der Entscheidung hatte sich 1943 angekündigt. Es wurde, nach Menge und Aufwand besehen, das Jahr der Konferenzen. In ungefährem Überschlag wurden Dutzende von Städten ganz oder teilweise vernichtet, fünfhundert Schiffe versenkt – nach den japanischen Communiqués wären noch einige Nullen anzuhängen –, einige hundert russische Städte zurückerobert (darunter einige Doppelzählungen), rund zwanzig Kriegserklärungen abgegeben, item dreizehn Gegenregierungen gegründet, wovon mehrere unter Ausschluss der Öffentlichkeit – aber die Zahl der Konferenzen war Legion, und für sie wurde das weitaus meiste Zeitungspapier verbraucht. Im dunklen Schosse dieser Konferenzen wurde die bessere Zukunft der Welt abgeklärt, aber die Welt weiss nichts davon. Sie weiss nur, dass für die schöpferische Phantasie der konferierenden Staatsmänner in diesem Jahr viel freier Spielraum entstanden ist. Nicht zu Unrecht war die «neue Karte Europas», die Marschall Smuts als Kommentar zur Konferenz von Teheran entfaltete, gähnend leer. Denn abgesehen von den Konferenzen, deren Ergebnisse mehr in den Bereich des Glaubens als des Wissens gehören, war 1943 *ein Jahr der Liquidation*, in dem Sinne, in dem dieses aus der kaufmännischen Berufssprache stammende Wort auf dem Umweg über das Gangsterrotwelsch salonfähig geworden ist. Die Zahl der Menschen, die liquidiert wurden, ist unbekannt, denn sie zählen kaum, und es waren nicht einmal die eigentlichen Kriegsfronten, welche die grösste Zahl von Opfern forderten. Die Zahl der liquidierten Städte lässt sich nur grob schätzen; eigentlich gehören auch alle die Städte dazu, deren Namen im Lauf dieses Jahres auf russische Divisionen übergingen, und da die europäische Kultur eine städtische Kultur ist, sind zahllose Baudenkmäler, Kunstschätze, Bibliotheken und Laboratorien in die Liquidationsmasse eingegangen. Liquidiert wurden Ghettos und Universitäten, soziale Schichten und rassische Minderheiten. Liquidiert wurden zwei «Gestaltungsprinzipien des 20. Jahrhunderts», die eine neue Datierung der Weltgeschichte eingeführt hatten», der italienische Faschismus und die Dritte Internationale; in Liquidation begriffen sind auch die «nationalen Revolutionen» in Spanien und Vichy und Amerikas «New Deal». Noch die letzte Woche des Jahres brachte die annähernde Liquidation dessen, was von der deutschen Hochseeflotte übrig war, und die Verteilung der Kommandostellen für die Generalliquidation, die im Jahre 1944 nun endgültig erfolgen soll, nachdem Dr. Goebbels selbst zu Weihnachten die «zweite Front» angekündigt hat und Marschall Rommel mit grosser Publizität die Westwälle inspiziert. Das Innere der Festung Europa hat dafür einen Grad der Reife erreicht, der dem Verwesungszustand nahe ist. Aber wie vor einem Jahr droht Dr. Goebbels jedem, der sich der deutschen Todeszone, Lebensraum genannt, nähern wollte, mit dem «furor teutonicus», und im «Neuen Wiener Tagblatt» schreckt ein Mirko Jelusich unter dem Titel: «Das unerschütterliche Herz» die Invasionsbereiten damit, «dass in kritischen Augenblicken Kraftreserven mobilisiert werden, die alle vorhandenen Kräfte ins ungemessene steigern. Dank den in der gesamten Kriegsgeschichte einzigartigen Leistungen unserer Wehrmacht sind wir weit entfernt davon, auf diese letzten Reserven zurückgreifen zu müssen. Es ist sozusagen nur unsere normale, freilich endlich geeinte Kraft, mit der unsere Gegner es zu tun haben, und schon mit ihr werden sie nicht fertig.» Dass inzwischen bereits einmal die «Mobilisation der letzten Reserven» über Deutschland und Europa ging und dass dieses letzte Aufgebot die Richtung des endlich totalen Krieges nicht zu ändern vermochte, ist also offiziell, wenn auch schwerlich von den Betroffenen, längst wieder vergessen. Es ist auch zweifellos richtig, dass die letzten Reserven nie die allerletzten sind und dass, wie es nach englischen Berichten über Weihnachten in Ortona der Fall war, auch noch Siebzehnjährige mit Fäusten und Ziegelsteinen bis zum letzten «Mann» kämpfen können, in «nationaler Raserei» und «mit Zähnen und Klauen» nach der Parole Dr. Goebbels'. Denn «wir sind stolz auf unsere Jugend», erklärte neulich der Propagandaminister nach der Bombardierung Berlins, «sie ist eine richtige nationalsozialistische Kriegsjugend geworden»; und Heinrich Himmler hat dieser Jugend kürzlich attestiert, dass sie besonders früh reif werde, mit zwölf Jahren reif zur Todesstrafe. Der «furor teutonicus» ist gewiss keine leere Phrase. Aber während Deutschland im Jahre 1943 seine «letzten Reserven» an die Ostfront und in die durch den Abfall Italiens gerissenen Lücken warf, führten die angelsächsischen Mächte den Krieg tatsächlich nach dem Wort Churchills nur «mit der linken Hand» und verwandten die ihnen zugefallene Initiative fast nur zu einem ohrenbetäubenden und bei Freund und Feind und Zaungast sehr wirksamen Nervenkrieg, um hinter dieser Staubwolke ungestört und gelassen jene erdrückende Übermacht aufzubauen, die 1944 auf Europa niedergehen soll. «Die Zeit wird zeigen, ob ich der richtige Mann für diesen Befehlshaberposten bin», erklärte mit durch die Erfahrung gerechtfertigter Zurückhaltung General Eisenhower nach seiner Ernennung zum Oberbefehlshaber der Invasion. Aber es hat sich ja längst herausgestellt, dass sich die alliierte Kriegführung nicht auf strategisches Genie, sondern auf materielle Zertrampelung des Gegners verlässt, und wenn sich amerikanische Präzision und teutonischer Furor ergänzen, wenn die Bombenwalze Luftmarschall Tedders sich mit einer deutschen Strategie der versengten Erde und der Explosion des Hasses in den besetzten Ländern verbindet, dann wird die Liquidation dieses Krieges seiner Totalität angemessen sein.[191]

«Und wo bleibt das Positive, Herr Referent?»

Es scheint, dass die «Kleine Wochenschau» im Verlaufe des Jahres bei vielen Lesern diese vorwurfsvolle Frage aufgeworfen hat. Dass über die deutsche Europaherrschaft einiges Unfreundliche gesagt wurde, das mochte noch hingehen, aber dass auch der angelsächsischen Vettern nicht stets in Freundlichkeit gedacht wurde, das war doch höchst seltsam. «Wo stehen Sie eigentlich, Herr Referent, und wieso bekamen die Russen dabei weniger ab und doch ein wenig zuviel, als dass man direkte Bezahlung in Rubeln vermuten könnte?»

Gewiss, verehrter Leser, um gleich beim letzten Punkt zu bleiben, die Rote Armee hat sich in den letzten Kriegsjahren geradezu schamlos in den Vordergrund gedrängt, die Leistungen General Eisenhowers und gar der amerikanischen und Empirearmeen in England und im Mittleren Osten kamen dabei etwas zu kurz, und die Russen haben eine so aufdringliche Art, nach jedem Sieg mit allen Kanonen zu schiessen, dass man manchmal glauben konnte, sie allein führten den Krieg gegen Deutschland. Und dazu sind sie noch so hinterlistig, ihre Siegessalven immer erst nach dem Sieg abzufeuern, so dass man kaum dagegen ankommen kann, während die angelsächsischen Siegesposaunen – seit zwei Jahren für die «zweite Front», seit vier Monaten für den «Marsch auf Rom» – oft vorzeitig ermüdend wirken, so dass man versucht ist, den Radio abzustellen. Es kommt noch hinzu, dass die russischen Armeen zwar grosse Gebiete und viele Städte erobern, aber es sind ihre eigenen Gebiete und Städte, und das macht es einem sehr schwer, darin etwas Unrechtes zu sehen. Was sie aber nachher tun wollen, darüber schweigen sie ebenso beharrlich, wie die andern darüber reden, und sogar die «Internationale», die einige antiquierte Aussagen darüber enthielt, singen sie nicht mehr.[192] Es ist nicht die Aufgabe der «Kleinen Wochenschau», sondern der politischen und weltanschaulichen Meinungsvertreter, sich mit der «russischen Sphinx» herumzuschlagen. Denn Russenmode und Russenangst beruhen gleicherweise auf einer bequemen Verwechslung innerpolitischer Probleme mit mysteriösen ausländischen Einflüssen und, wenn sie ehrlich sind, auf dem seltsamen Glauben, dass im Osten eine Horde fanatischer Missionare im Anmarsch sei, wo sich eine Gemeinschaft verschiedenster, grossenteils eben erst aus Geschichtslosigkeit und kolonialem Dasein aufgestiegener Völker, durch Dogma und Erfahrung zu blindem Vertrauen zu ihrer «Diktatur des Fortschrittes» und zu radikalem Misstrauen gegen alle fremden Mächte erzogen, mit äusserster Kraft gegen den ungeheuren Kolonisationsversuch eines «Herrenvolkes» zur Wehr setzt. Mit den deutschen Armeen sind dort die deutschen Konzerne und Kolonialgesellschaften auf dem Rückzug. Es ist, nur bewusster und hemmungsloser, derselbe Kolonisationsversuch, gegen den sich das übrige besetzte Europa aufbäumt, und nicht von Moskau, sondern von Berlin aus wurde Europa zu Revolution und Bürgerkrieg reif gemacht.

Der Aufstand der unterworfenen Völker, der «europäische Freiheitskrieg» wäre auch dann im Gang, wenn der deutsch-englische Krieg 1940 geendet und der deutsch-russische 1941 nicht begonnen hätte; er wäre hoffnungsloser, unterirdischer, chaotischer, aber keine Macht der Welt hätte ihn austreten können. Dies ist der Freiheitskrieg, der Deutschland im Kampf um die Weltmacht den Boden unter den Füssen entzog, und in ihm geht es um die Zukunft Europas. Es ist sonderbar und oft erschreckend, wie sehr in der Schweiz das Bewusstsein, inmitten Europas zu leben, dank dem fast paradoxalen Sonderschicksal unseres Landes verkümmert ist und bei vielen einer vollständigen Identifizierung mit aussereuropäischen Kriegsparteien Platz gemacht hat. Vielleicht hängt das damit zusammen, dass Ernährung und Lebensstil der meisten Schweizer Bürger vom Kriege fast so unberührt geblieben sind wie jenseits des Atlantik, und dass deshalb Herz und Magen noch weniger als der Verstand zu konzipieren vermögen, wie vollständig die Zeit vor 1939, die wir mit einigen als blosse Unterbrechungen empfundenen Einschränkungen fortsetzen, rund um uns verkohlt und verschüttet ist. Bei einem Rest «europäischen Bewusstseins» kann niemand die Zertrümmerung einer europäischen Stadt, einer Talsperre, einer Fabrik, die Zertrampelung eines europäischen Staates, wie sie jetzt Italien widerfährt, als «positiv» empfinden; aus der «Fabrik der Welt» wird Europa auf lange hinaus in einen Absatz- und Investitionsmarkt verwandelt. «Afrika oder Europa? Kolonialkrieg oder Freiheitskrieg?», fragten wir hier drei Wochen vor der englisch-amerikanischen Landung in Nordafrika, im Anschluss an eine jener Reden Marschall Smuts', die den Weg dieses Krieges markierten. England, das 1940 als letztes Bollwerk der Freiheit sich mit der «europäischen Revolution» verbündet, aber inzwischen mächtigere Bundesgenossen gefunden hatte, folgte Amerika auf dem Weg des Kolonialkrieges. Das amerikanische Regime in Nordafrika, die «Amgot» in Süditalien war wenig anderes als ein Kolonialunternehmen, ein alliiertes Gegenstück des Hermann-Göring-Konzerns. So war der Sturz des Faschismus, verehrter Leser, noch nichts Positives; positiv hätte sein müssen, was an seine Stelle trat, und das steht noch aus. Positiv ist überhaupt kein Zusammenbruch; und wäre etwas von der Zukunft greifbar, das den

Namen «Frieden» zu tragen verdiente, wäre etwas von dem Europa sichtbar, das an die Stelle dieses Zwangseuropas treten soll, dann wäre dieser Nibelungenkampf fünf Minuten nach Mitternacht unmöglich.

Wo bleibt das Positive? Die «Kleine Wochenschau» hat es stets da gesucht, wo aus dem zertretenen Boden Europas Kräfte der Freiheit entstanden, sei es auch unter der Maske eines Generals de Gaulle oder eines Generals Tito, und erst recht dann, wenn sie zwischen die Fronten der kämpfenden Weltmächte gerieten; denn die Front Europas ist die «dritte Front», und nur dort wird wirklich um die Freiheit, die eigene Freiheit gekämpft. Vielleicht ist schon der Versuch etwas Positives, das Wort «Europa» wieder aus seiner Diskreditierung herauszuheben. Der deutsche Sieg 1940 war eine Katastrophe für Europa; die deutsche Niederlage kann diese Katastrophe nicht aufheben. Nach dreissig Jahren der Selbstzerfleischung kennt dieser Kontinent nur noch Besiegte. Die «europäische Schicksalsgemeinschaft» ist aus einem Schlagwort der Quislinge zu einer erschütternden Wirklichkeit geworden; dass sie aus einer bloss negativen «Macht der Tatsachen» zu einer Wahrheit des Bewusstseins werde, ist fast die einzige Hoffnung für Europa. Jede falsche Hoffnung aber, jede Idealisierung der Mächte, die auf dem Rücken Europas um die Herrschaft kämpfen, ist eine Sünde wider den Geist, der morgen not tun wird. Wenigstens diese kleine Zeitungsecke soll nicht der Verwirrung dienen, auch nicht um des Trostes und der Vertröstung willen.

1944

8. Januar 1944

*Die Rote Armee überschreitet die «ehemalige» polnisch-russische Grenze.
Die polnische Frage*

«Die Rote Armee hat die Arbeiter des westlichen Weissrussland und der westlichen Ukraine vom Joch der polnischen Usurpatoren *befreit*», verkündet das Bulletin der Sowjetbotschaft in Washington. Diese Siegesbotschaft bezieht sich nicht auf den gegenwärtigen Vorstoss russischer Vorhuten nach Wolhynien, sondern auf den *russischen Einmarsch in Ostpolen* im September 1939, als auch die Armeen Hitlers gerade dabei waren, den «polnischen Usurpatoren» den Garaus zu machen. Es gab damals für die Bevölkerung, die den durchziehenden Rotarmisten zuwinkte oder vor ihnen floh, einen langen Augenblick der Ungewissheit: waren da Bundesgenossen und Befreier im Anmarsch auf Warschau, das unter Bomben Widerstand bis zum letzten leistete, oder waren es Eroberer und Bundesgenossen des Feindes? Es waren nur die Exekutoren der vierten Teilung Polens. Das Vorgehen entbehrte der Schönheit. Aber die Demarkationslinie, die Ribbentrop und Molotow am 28. September 1939 quer über die Karte des verendeten Polens zogen, verlief ziemlich genau durch jene Zone, die jeder Schulatlas als Grenzzone zwischen polnischer und klein- oder weissrussischer Bevölkerung ausweist. Russland überliess das polnische Volk seinem Schicksal, von der deutschen Herrenrasse als «ostische Untermenschen» seiner Kultur, seiner Schulen und seiner intellektuellen Schichten beraubt und in die altdeutsche Gleichsetzung von Slave und Sklave zurückgeworfen zu werden, und begnügte sich damit, die bisher unter polnischer Herrschaft lebenden Ukrainer und Weissrussen als «befreite Brüder» und als Prellböcke gegen den nächsten Germanenzug in Ukraine und Weissrussland aufgehen zu lassen. Weniger als zwei Jahre später wurde auch den Ukrainern und Weissrussen das Schicksal der Polen zuteil. Und heute, wieder etwas mehr als zwei Jahre später, beginnt die Rückkehr der Roten Armee in diese gemarterten Dörfer und Städte, und wieder erhebt sich, von der polnischen Exilregierung in London mit aller ihr möglichen Lautstärke aufgeworfen, die Frage: Kommen Befreier und Bundesgenossen oder Eroberer?[193]

In Moskau wurde das Überschreiten der «alten polnischen Grenze», das in aller Welt wie ein symbolischer Szenenwechsel des Krieges wirkte, nicht mit Kanonenschüssen gefeiert, und die russischen Heeresberichte und Kommentare nahmen von diesem Ereignis gar nicht Notiz. Für sie hat die Rote Armee überhaupt keine Grenze überschritten, sondern nur ihr Operationsgebiet zur Umfassung der deutschen Armeen im Dnjeprbogen ausgeweitet und dabei den Slutsch überschritten. Der Krieg geht auf russischem Boden weiter und vor allem auf dem «Boden der Tatsachen», zu deren unbestreitbarsten die Zugehörigkeit Wolhyniens zur Sowjetunion gehört; die russischen Soldaten kommen hier also so gut wie in der übrigen Ukraine als «Befreier». Mag die polnische Regierung zu dieser militärischen Operation Beifall spenden oder Protest erheben, beides ist nach russischer Ansicht gleich fehl am Platze, da es sich um ein rein innerrussisches Geschehen handelt, das Polen nichts angeht. Die polnische Regierung hat denn auch in ihren vielfachen Erklärungen und Reden der letzten Tage gleichzeitig Beifall geklatscht und Protest erhoben; auch für sie ist beides dasselbe, dient demselben Zweck: das einfache Totschweigen dieser «ehemaligen polnischen Grenze» zu verhindern.[194]

Denn es ist *völkerrechtlich* unmöglich, von einer «ehemaligen» Grenze zu sprechen, solange eine neue, beiderseits anerkannte Grenze noch nicht einmal auf dem Papier steht. Die ärmlichen Ansätze eines Völkerrechts, die heute allgemein anerkannt sind, bestehen ja nur in einigen formalen Sätzen, die sich grösstenteils auf einen einzigen reduzieren lassen: die Kontinuität der Rechtsfolge. Mit welchen Mitteln der Gewalt oder Drohung die Zustimmung des Rechtsvorgängers erpresst ist, spielt dabei eine furchtbar geringe Rolle, aber sie muss vorhanden sein, bevor eine neue Regelung «rechtens» ist. Unter diesem Gesichtspunkt sind die russischen Erwerbungen des Jahres 1940, im Falle Bessarabiens und Kareliens durch Vertrag, im Falle der baltischen Staaten durch Plebiszit, wenigstens legalisiert worden; die Einverleibung Ostpolens, für die ethnographisch, politisch und sozial hundert bessere Gründe geltend gemacht werden können, ist formalrechtlich ein blosser Raub geblieben. Molotow und Ribbentrop haben 1939 eine deutschrussische Demarkationslinie unter der ausdrücklichen Voraussetzung gezogen, dass Polen «nicht mehr existiere». Seither hat Sowjetrussland die Beziehungen zur polnischen Exilregierung wieder aufgenommen, Molotow hat sogar mit dem polnischen Ministerpräsidenten Sikorski einen Pakt geschlossen und damit die Hinfälligkeit jener Voraussetzung anerkannt; der Abbruch der diplomatischen Beziehungen nach der Affäre von Katyn hat diese Anerkennung der legalen Existenz Polens nicht annulliert. Die «ehemalige Grenze» ist daher bis zu ihrer rechtlichen Revision die einzige gültige Grenze, und es ist einfach abstrus, wenn das Moskauer polnische Komitee der Frau Wassiliewa, der Gattin des sowjetukrainischen Nationalisten und stellvertretenden russischen Aussenkommissars Korneitschuk[195], die Formel aufstellt: «Die Westukraine und Weissrussland gehören zur Sowjetunion, und die Beilegung aller Differenzen in dieser Beziehung wird der Sowjetunion überlassen.» Das angelsächsische Generalprogramm, alle Differenzen bis zur «Generalbereinigung» nach dem Kriege zu verschieben, ist von dem Augenblick an, in dem russische Truppen wieder im ehemaligen Polen stehen und die Wiedererrichtung der Verwaltung beginnen wird, reichlich fragwürdig; aber es hilft der polnischen Exilregierung auch nichts, dass sie sich zu einer solchen Verschiebung bereit erklärt; denn die Sowjetregierung will diese Grenzfrage ja nicht verschieben, sondern ganz einfach die Existenz einer solchen Frage verneinen. Und da die polnische Exilregierung die Rechtskontinuität des alten Polen repräsentiert, kann sie nicht anders, als diese Frage immer wieder aufwerfen.

Der Konflikt scheint unlösbar, nicht weil die Herrschaft über nationale Minderheiten für Polen eine Lebensnotwendigkeit oder auch nur einen vertretbaren Anspruch darstellt, sondern weil *Misstrauen und Hass* jeden Verständigungsversuch vergiften: Misstrauen der Sowjetregierung gegen den «Emigrantenklüngel» der Nachfolger Pilsudskis und Becks[196], gegen jene regierende Schicht des Zwischenkriegspolen, die lieber am artverwandten Dritten Reich zugrunde ging, als auch nur den Gedanken an korrekte Beziehungen zur Sowjetunion zu erwägen; jahrhundertealter polnischer Hass gegen den russischen «Erbfeind», übersteigert durch feudalen Hass der polnischen Herrenclique gegen den Rätestaat. Was im polnischen Volk, das vier Jahre lang dem deutschen Regime Widerstand geleistet hat, ohne einen einzigen Quisling hervorzubringen, in diesen Jahren vorging, weiss die Welt nicht. Die westrussischen Partisanen Ostpolens scheinen zum Anschluss an die Rote Armee bereit zu sein, die polnischen Truppen in Russland aber wurden ausser einer oder zwei Divisionen unter dem dissidenten Major Berling liquidiert oder abgeschoben, und die vorrückende Ostfront droht die unterirdische Front Polens einfach niederzuwalzen. Die Legitimation der polnischen Exilregierung, im Namen dieses Volkes zu sprechen, ist sehr fragwürdig – aber gerade das erst gibt der Tragödie der polnischen Kämpfer an der dritten Front ihre ganze Tiefe, dass sie vor der Welt und selbst vor ihren Feinden nur durch die Stiefel vertreten werden, die Polen in der kurzen Zeit seiner «nationalen Freiheit» zertraten.

Nur in einem Punkt sind sich die «Vertreter Polens» in London und Moskau einig, dass nämlich, nach den Worten des Moskauer «Patrioten»-Programms, die «Westgrenze Polens in westlicher Richtung verlegt werden» muss. Das Moskauer Komitee, das den russischen Anspruch auf Ostpolen mit dem Nationalitätenprinzip rechtfertigt, will also diesen Verlust auf Kosten des Nationalitätenprinzips «kompensieren», denn Erwerbungen im Westen können nur Gebiete mit deutscher Bevölkerung betreffen. Eine andere Lebensform als *aktive oder passive Fremdherrschaft* scheint für diese Polen gar nicht in Frage zu kommen; sie rufen das Selbstbestimmungsrecht der Nation für sich selber nur an, um es bei andern mit Füssen treten zu können. Die Geschichte Polens war in den vergangenen Jahrhunderten ein Heldenepos, wenn Polen fremder Unterdrückung Widerstand leistete, und eine Misswirtschaft, wenn es «gross» war, nie aber war sie die Geschichte eines freien Volkes. Es hat seinen immerwährenden Platz in Europa nicht gefunden, es steht anderen im Wege, beleidigt und beleidigend – die «polnische Frage» ist beinahe so komplex wie die «jüdische Frage». Es hat den Vorwand zu diesem Kriege geliefert, der ganz andere Ursachen hatte, und fällt nun den Alliierten, die «für es in den Krieg zogen», bloss lästig; die englische Presse hat es der polnischen Regierung sehr verübelt, dass sie sich wieder in Erinnerung brachte. Denn dieses Volk, das dem Nationalitätenprinzip das Schulbeispiel lieferte, führt das Nationalitätenprinzip *ad absurdum*; es gibt keine «nationale Lösung» der polnischen Frage, es gibt nur eine Lösung in einer *übernationalen Föderation* auf einer

Stufe menschlichen Zusammenlebens, auf der ein fremdsprachiger Akzent keinen Grund zum Totschlag mehr bedeutet. Das in London wie in Moskau vertretene Programm der polnischen «Kompensationen im Westen», des nationalen Zugangs zum Meer durch Annexion und Polonisierung Ostpreussens, der Einverleibung Schlesiens, ebenso wie das Programm der «nationalen Homogenität» der Tschechoslowakei und der radikalen Liquidierung der «sudetendeutschen Frage», das Herr Benesch zusammen mit dem Russenpakt[197] aus Moskau mitbrachte, verspricht Europa nichts als neue Minderheitenfragen, neue Unterdrückung, neue Deportationen und immer neue Gelegenheiten, wieder und wieder einmal «für Danzig zu sterben».

15. Januar 1944

Der Prozess von Verona gegen ehemalige Faschistenführer.
Deutschland und der Ausfall Italiens

Dass der *Prozess von Verona* ein Scheinprozess, ein Racheakt, eine Justizkomödie war, braucht man den neofaschistischen Machthabern nicht erst vorzuhalten; sie sagen es selber, wenn sie auch die tönenderen Umschreibungen «Sondergericht», «Sühne» und «Revolutionstribunal» dafür gebrauchen. Nicht in der Verletzung des Rechts, sondern in der Zubilligung eines Scheins von Recht liegt die Abnormität, und die «Richter» von Verona haben das für Welt und Geschichte gültige Todesurteil nicht durch ihre juristischen Deduktionen, sondern durch ihren blossen Zusammentritt ausgesprochen. Denn Antifaschisten werden in Italien seit zwanzig Jahren und heute mehr als je ohne solche Zeremonien umgebracht, und auch die kleinen Diebe hängt man ohne weitere Umstände auf. Es geht munter zu im «eigenen Saft» des neofaschistischen Italien! Was an Präzision des totalitären Terrors durch den Einsturz der Ordnungsfassade verlorengegangen ist, wird vollauf ersetzt durch die «Rückkehr zu den ursprünglichen sozialen Formen des Faschismus», zum Squadrismo der «Kampfzeit», zum Faustrecht der Desperados mit den schwarzen Totenkopfwimpeln, die heute durch Strafexpeditionen, Strassenschlachten und Geiselmord offiziell oder halboffiziell die Polizeifunktionen des Regimes ausüben. Die «Kaders», diejenigen, die nicht mehr zurück und auf keine Rattenwochen hoffen können, nützen die Galgenfrist; wie es mit dem übrigen Parteivolk aussieht, darüber hat kürzlich die «Provincia di Como» mit der ganzen Verachtung der «alten Kämpfer» für die schlampige Masse berichtet: die mit Befehlskarten zu Kundgebungen aufgebotenen Faschisten pflegen, nach der Darstellung dieses neofaschistischen Blattes, beim ersten Geräusch mit dem Ruf «Es lebe die Freiheit» das Weite zu suchen. Aber je grösser die Angst, desto rabiater die Ausmordung all derer, in denen Italiens Zukunft liegen könnte. Unersetzliche Kräfte der Freiheit werden in diesen endlosen Monaten, welche die alliierte Gemächlichkeit den alten Herren Italiens lässt, zerstört. Der 15. November von

Ferrara zum Beispiel wäre um seiner Opfer willen würdiger, in die Geschichte einzugehen, als der 11. Januar von Verona; aber die auf dem Este-Schloss von Ferrara zusammengetriebenen Antifaschisten wurden, anders als die verurteilten Parteigrössen von Verona, ohne Urteil und Rituell ermordet und im Schlamm liegengelassen, und nicht einmal die Namen aller sind bekannt geworden.[198]

Die Ehre eines theatralischen Prozesses und einer regulären Hinrichtung blieb den *Komplicen* des Faschismus vorbehalten, und die grossen Lettern, mit denen die Presse jeden Akt ihres Lebens feierte, wurden auch für ihren Schlussakt hervorgezogen. Und was man auch sagen möge, sie standen vor dem Gericht, das für sie zuständig war, und das Urteil wurde nach dem Gesetz der Bande gesprochen, zu der sie gehörten, nach dem Gesetz der Gang, das von Chicago bis Schanghai und von der Mafia bis zum Ku-Klux-Klan immer und überall lautete: Wer abspringt, wird liquidiert. Auch das Geheimverfahren entsprach dem internen Charakter dieser «Säuberung». Aber noch Verfahren und Hinrichtung zeugen von der Verbundenheit der *«verschworenen Gemeinschaft»:* Urteilsspruch und Prozessbericht enthielten sich jeder Diffamierung – obwohl es an ehrenrührigen «Dossiers» bekanntlich nicht gefehlt hätte, wenn eine öffentliche Herabwürdigung beabsichtigt gewesen wäre –, und ein parteioffizieller neofaschistischer Bericht teilt der Nachwelt mit, dass die Verurteilten würdig und mit dem Ruf «Evviva il Duce!» in den Tod gegangen seien.

Diese Abrechnung zwischen Komplicen mit einem «Revolutionstribunal» oder auch nur mit einem echten politischen Prozess zu vergleichen, ist eine Schändung von Begriffen, denen immerhin das Pathos grosser historischer Auseinandersetzungen innewohnt. Es würde den Liebhabern geschichtlicher Analogien gewiss auch nicht schwerfallen, anlässlich der Hinrichtung des Schwiegersohns jene antiken Heroen, die ihre unwürdigen Söhne mit eigener Hand töteten, als Parallele heranzuziehen, wenn es um Mussolini in letzter Zeit nicht so seltsam still wäre und wenn er selbst je ein öffentliches Wort des Tadels für Ciano und seine Gesellen gefunden hätte; aber in seiner Rede über den 25. Juli, die er nach seiner «Befreiung» von München aus hielt, erwähnte der Duce die Vorgänge im Gran Consiglio überhaupt nicht und schob alle Verantwortung dem König und Badoglio zu. Zu «revolutionärer Unerbittlichkeit» fehlt in Italien schon die erste Voraussetzung, die Revolution. Was hier vor sich ging, war nichts als eine platte Restauration von Fetzen des Regimes auf fremden Bajonetten: von den beiden Grundelementen des Faschismus, sozialer Unterwelt und sozialer Reaktion, wurde die eine Hälfte im deutschen Oberitalien, die andere im angloamerikanischen Unteritalien konserviert, und jede Hälfte für sich ist womöglich hässlicher, als es das Ganze war – denn auch für das «befreite» Unteritalien zeigt, auf einem Hintergrund von Typhus und Hunger, das Verbot von Croces «Critica»[199] symptomatisch einen Tiefstand geistiger Freiheit, den nicht einmal der alte Faschismus zu erreichen wagte.

Wofür wurden denn die fünf faschistischen Grosswürdenträger, des Duce Schwiegersohn und der älteste Quadrumvir des Marsches auf Rom[200] erschossen?

Nicht für ihre Mithilfe bei der Knechtung Italiens, der Ausübung des schwarzen Terrors, der Plünderung des Volkes und der Entfesselung des Krieges, sondern dafür, dass sie in Ausübung ihrer «legalen» Funktionen als faschistische Grossräte, von Mussolini einberufen und unter seinem Präsidium, einer Resolution zustimmten, die ohne weitere Präzisierung den König zur Ausübung seiner konstitutionellen Rechte einlud. Als Beweis dafür, dass die Angeklagten sich über die Tragweite dieser Stimmabgabe im klaren sein mussten, führt der Prozessbericht zwei Sätze an, die Mussolini vor der Abstimmung gesprochen habe: «Wenn die Tagesordnung angenommen wird, so heisst das, dass ich nicht nur die militärische, sondern auch die politische Macht niederlegen muss», und «Wenn die Monarchie eure Tagesordnung annimmt, bin ich gezwungen, zu gehen». Womit groteskerweise die erste von Badoglio ausgegebene Version über den Abgang Mussolinis wieder aufgenommen wird: der allmächtige Diktator, der auf ein Misstrauensvotum seines «Parlamentes» hin wie ein gewöhnlicher demokratischer Ministerpräsident abtritt. Also abgestimmt zu haben, wo sie doch nur als Claque angestellt waren, das ist das todeswürdige Verbrechen der fünf: ein aufschlussreiches Dokument über das Wesen des *Plebiszits im totalen Staat*. Sollte jemals der Deutsche Reichstag, bis in die ersten Kriegsjahre das Prunkstück des Dritten Reiches und das Forum, dem der Führer über seine siegreichen Feldzüge «Rechenschaft abzulegen» pflegte, in diesen Zeiten des Kummers wieder einberufen werden, so werden nun die «Abgeordneten» bis zum letzten über Art und Grenzen ihrer Funktion im klaren sein. Aber ganz abgesehen von diesem unwahrscheinlichen Fall dient der Prozess von Verona sicherlich dazu, den Würdenträgern des Dritten Reiches die Gesetze der vom Führer so oft zitierten «verschworenen Gemeinschaft» nachdrücklich vor Augen zu führen.

Das *deutsche Anklagedossier* gegen die «Männer des 25. Juli» war ohnehin in den letzten Wochen im Rhythmus der deutschen Rückschläge immer umfangreicher geworden. «Der Ausfall Italiens bedeutet militärisch für uns *nur wenig* ... Wir werden diesen Kampf nun frei von allen belastenden Hemmungen fortsetzen», erklärte Hitler am 10. September fast aufatmend nach der Kapitulation Italiens. Ganz anders aber heisst es in seinem Tagesbefehl zum neuen Jahr an die Wehrmacht: «Die Folgen aber waren für uns *sehr schwere*. In wenigen Wochen musste Deutschland zunächst die Truppen der Verräter niederschlagen und entwaffnen ... In Süditalien war es notwendig, sofort improvisiert eine neue Front aufzurichten und sie zu konsolidieren. Auf dem Balkan mussten Italiener und Banditen aller Richtungen niedergekämpft werden ... Die gewaltigen neuen Aufgaben konnten nur durch Verzichte an anderen Stellen erfüllt werden. Die Besetzung der für die Verteidigung Europas unumgänglich notwendigen Positionen im Süden erfordert den Ausgleich der rückwärtigen Dienste und der Verkehrseinrichtungen zuungunsten des Ostens. Zahlreiche für den Osten vorgesehene Neuaufstellungen sind nun gebunden ... Dies ist der Grund für viele Sorgen und Nöte von euch, meine Kameraden der Ostfront.» Aber noch viel weiter, vor allem viel weiter zurück, gehen die Folgen, die der Führer aus dem «schamlosen offenen Verrat» des 25. Juli 1943 ableitet: Nicht nur für den verlorenen Afrikafeldzug sind die italienischen «Saboteure» verantwortlich, nicht nur die Balkanwirren sind das «ausschliessliche Produkt» ihres Abfalls, sondern «der völlige Ausfall des italienischen Verbündeten im Osten leitete eine weitere Krise ein, die mit dem Heldengang von *Stalingrad* ihren Abschluss fand». Die Chronologie spricht zwar eher dafür, dass Ursache und Wirkung umgekehrt lagen. Aber jedenfalls erfüllen die Hingerichteten von Verona für das deutsche Regime eine doppelte posthume Aufgabe: erstens allen nach einem Ausweg suchenden Deutschen zur *Warnung* zu dienen und zweitens die *Verantwortung* für alle deutschen Niederlagen mit ins Grab zu nehmen. Denn wohl beruft sich der Führer in seinem Tagesbefehl darauf, dass es ihm gelungen sei, «weit abgesetzt von der Heimat Fronten zu errichten, die manches Mal vorwärts, manches Mal sich auch rückwärts bewegend, den Gegner immer weit vor den Grenzen des Reiches abwehren», aber die Wiederholung der Tragödie von Stalingrad, die sich jetzt im Dnjeprbogen vorbereitet und sich in kleinerem Massstab mehrmals wiederholte, vermöchte leicht die Strategie der deutschen Führung in ein kritisches Licht zu setzen, wenn nicht der italienische «Dolchstoss» an allem schuld wäre, und die «weit abgesetzten Fronten» schützen Deutschland nicht mehr davor, durch den Luftkrieg alle Verwüstungen eines Kriegsschauplatzes zu erleiden. Das Schlagwort von der «proletarischen Nation», mit dem Deutschland in den Kampf zog, kommt mit jedem Kriegstag der phrasenlosen Wirklichkeit näher. Nur noch die unerschütterte Organisation des Gewaltstaates steht zwischen der «Ordnung» und dem Chaos, in das Italien nach dem Zusammenbruch stürzte. Es ist für den Weg dieses Krieges bezeichnend, wenn der Führer in seiner Neujahrsbotschaft an das deutsche Volk für die deutsche Propagandathese, dass der Luftterror die Kampfmoral der Heimat nur höher entfache, die Formulierung findet: «Umgekehrt hat aber dieser Bombenkrieg auch eine andere Seite ... Wenn Millionen Menschen nichts mehr ihr eigen nennen, was sie verlieren können, haben sie nur noch etwas zu gewinnen.» Denn das historische Wort, das Hitler hier wohl unbewusst abwandelt, steht bei Marx und lautet im Original – mit einem einschränkenden Zusatz, den der Führer ausgelassen hat –: «Die Proletarier haben nichts zu verlieren *als ihre Ketten*. Sie haben eine Welt zu gewinnen.» Auf einem furchtbar weiten Umweg ist dieses bald hundertjährige Wort, das vor elf Jahren in öffentlichen Autodafés verbrannt wurde, nach Deutschland zurückgekehrt – aber zwischen seinen beiden Varianten ist mehr als ein Unterschied der Formulierung.

22. Januar 1944

Kontroverse um die künftigen Grenzen Polens. Gerüchte über englisch-deutsche Separatfriedensverhandlungen

Zwei Dinge vor allem wirft die Sowjetregierung *dem polnischen Kabinett* in London vor: dass es erstens gar nicht berechtigt sei, im Namen des polnischen Volkes zu sprechen, und dass es zweitens nicht ohne jede Diskussion die russischen Gebietsansprüche im Namen des polnischen Volkes unterzeichnet. Aus dieser Zwickmühle gibt es für die polnische Exilregierung schwerlich einen Ausweg, und es soll ihn auch gar nicht geben: Moskau ist offenbar nicht geneigt, diese Regierung überhaupt jemals als Verhandlungspartner zu akzeptieren. In ihrer Antwort auf die russische Erklärung machte sie unter Anleitung der englischen Diplomatie einen sichtlich mühsamen Versuch, aus der früheren intransigenten Versteifung auf die alten Grenzen herauszukommen und das Gespräch mit Russland aufzunehmen, ohne «das Gesicht zu verlieren». Die russische Replik ist um so vernichtender, als sie sich in unüberbietbarer Kürze und Verachtung damit begnügt, ihre Zurückweisung dieses Verständigungsversuches mit zwei völlig grotesken Anklagen zu begründen: die polnische Erklärung könne, da sie die Curzon-Linie[201] nicht erwähne, «nur aufgefasst werden als Ablehnung, die Curzon-Linie zu akzeptieren», und der polnische Wunsch, Verhandlungen aufzunehmen, sei nichts als ein Versuch, «die öffentliche Meinung irrezuführen» – «denn es ist offensichtlich, dass die Sowjetregierung nicht in der Lage ist, offizielle Verhandlungen mit einer Regierung zu eröffnen, mit der sie nicht in diplomatischen Beziehungen steht». Offensichtlich, in der Tat! Aber ebenso offensichtlich kann eine nicht anerkannte Regierung nicht Gebiete an eine andere Regierung abtreten, «mit der sie nicht in diplomatischen Beziehungen steht». Dröhnender liess sich die Tür kaum zuschlagen, und der polnischen Regierung bleibt nun wirklich kaum mehr eine Möglichkeit, «ins Gespräch zu kommen». Dass sie dieses Gespräch mit Beteiligung Englands und Amerikas im Rahmen einer Viererkonferenz aufnehmen wollte, dieser Einschmuggelungsversuch «raumfremder Mächte» in die russische Interessensphäre war wohl der Hauptgrund der russischen Empörung über die polnische Antwort, und da sich das nicht gut öffentlich aussprechen liess, musste eben als Ablehnungsgrund dienen, was sich gerade fand. Das Schlimmste an dieser Art «Diplomatie» ist nicht der Mangel an Eleganz, sondern der Verzicht auf Argumente überhaupt.

Auch die *«Gerüchte aus Kairo»* über englisch-deutsche Separatfriedensverhandlungen, welche die «Prawda», zu deutsch «Wahrheit», veröffentlichte, sind bezeichnenderweise überall als Bestandteil dieser Diplomatie aufgefasst worden. Zwar hat es in diesem Krieg an derartigen Gerüchten wahrlich nie gefehlt, und während die Meldung der «Prawda» auf die Drucklegung wartete, sprangen nach schwedischen, von Berlin halbwegs bestätigten Meldungen britische Fallschirmagenten über Rumänien ab, um der rumänischen Regierung die Photokopie eines deutschen Separatfriedensangebotes an Russland auf Kosten Rumäniens zu überreichen. «Ich muss gestehen, dass ich über die ungeheure Erregung erstaunt bin, welche die Meldung der ‹Prawda› hervorgerufen hat», erklärte ein russischer Botschaftsbeamter der New Yorker Zeitung «P. M.»: «Schliesslich geht ja kaum eine Woche vorbei, ohne dass die amerikanische Presse ein Dutzend Gerüchte über einen Separatfrieden, den Russland vorbereite, oder über die Besetzung dieses oder jenes Gebietes durch die Sowjetregierung im Widerspruch zu ihren internationalen Verpflichtungen wiedergibt. In Moskau regt sich niemand über solche Geschichten auf.» Der Vergleich wäre überaus plausibel, aber es ist nun einmal der Nachteil jeder «gelenkten» Presse, dass die Regierung für sie haftet, und eine durch ein blosses Versehen der Zensur entgangene Ente hätte der russische Radio gewiss nicht übernommen. Sollte wieder einmal das «werktätige Volk» Englands und der ganzen Welt zur «Wachsamkeit gegen die Machenschaften der internationalen Reaktion» aufgerufen werden? Dass diese Interpretation im «Daily Worker» zu lesen steht, errät man, auch ohne sie gelesen zu haben, wenn man in «Dialektik» einigermassen bewandert ist – aber für das «werktätige Volk» sind diese Kreuzworträtsel Moskaus, das die Sprache der «Internationale» verlernt und die der Diplomatie noch nicht gelernt hat, entschieden zu kompliziert.

Dabei kann diese Warnung durchaus ernst gemeint sein. Vor bald einem Jahr hat Rudolf Kircher in der verstorbenen «Frankfurter Zeitung» die englischen Absichten folgendermassen «entlarvt»: «Uns Deutschen war von den Engländern die ehrenvolle Aufgabe zugedacht worden, Europa (und England selbst) vor dem Schlimmsten zu bewahren, indem wir dem Bolschewismus gerade so viel Widerstand leisten sollten, wie nötig wäre, um ihm nicht bedingungslos ausgeliefert zu werden – bevor die Engländer über den Rhein marschieren ... Wir werden den englischen Plan durchkreuzen, wir, das heisst Deutschland und seine Bundesgenossen, indem wir uns nach beiden Seiten hin behaupten werden. Gelänge uns das nicht, so wäre soviel sicher: auch unsere Niederlage wäre total, die Welt hätte nicht das geringste Recht, zu erwarten, dass wir *im Westen verlören und den Engländern zuliebe im Osten standhielten* ... Litwinow hat einmal die Formel gebraucht, der Friede sei unteilbar. Nun, wir finden, der Krieg ist noch viel unteilbarer, am wenigsten teilbar aber wäre unsere Niederlage ...» Sollte sie doch teilbar sein, da sie nun wirklich «total» zu werden droht? Auf der Suche nach dem Anlass der «Prawda»-Meldung weiss die «New York Times» von einem deutschen Friedensangebot zu berichten, das den Amerikanern über Spanien zugeleitet worden sei und vorgeschlagen habe, «dass Hitler von seinem Posten abgesetzt werden soll, dass das deutsche Oberkommando an seiner Stelle die Regierungsgewalt in Deutschland übernehmen würde, dass die deutschen Armeen aus allen besetzten Gebieten mit Ausnahme von Österreich zurückgezogen werden und dass die deutschen Armeen *von den Briten und Amerikanern nicht behindert* werden sollen bei ihrem Versuch, *an der Ostfront gegen die Russen standzuhalten*». Es ist ein Gerücht wie schon hundert andere, aber die «geteilte Kapitulation» liegt in der Luft. Nun veröffentlicht die «Gazette de Lausanne» ein Rundschreiben, das *Gauleiter Koch*, ein «alter Kämpfer» und besonders rühriger Nationalsozialist, an seine nächsten Gesinnungsgenossen gerichtet habe und dessen Text uns nur in der französischen Übersetzung zugänglich ist: «Kameraden! Der Führer ist in Gefahr! Die Reaktion sucht den Führer auszuschalten und das Reich einer Militärdiktatur zu unterwerfen», führt Pg. Koch darin aus; unter dem Vorwand der «geschwächten Gesundheit des Führers» suchten «gewisse Kreise, die sich ihres Preussentums rühmen», die Macht an sich zu reissen, um «gegen den Willen des Volkes» Friedensverhandlungen aufzunehmen.[202] Der Führer habe in seiner Seelengrösse bisher nicht die nötigen Massnahmen gegen diese Verräter ergriffen, da er die Armee nicht in diesem Augenblick ihrer Führer berauben wolle; daher gelte es für die wahren Nationalsozialisten, sich enger um ihn zu scharen, wachsam zu sein und jeden Verdächtigen sogleich bei Partei, SS oder Polizei zu denunzieren. «Wer uns den Führer rauben will, wird Deutschland in den Bürgerkrieg stürzen ... Das deutsche Volk will nicht den Frieden, das deutsche Volk will den Sieg um jeden Preis», schliesst Gauleiter Koch seinen Alarmruf. All das geht vielleicht irgendwo in der Nähe der Wahrheit vorbei – aber es wäre sicherlich naiv, zu glauben, dass die Engländer und Amerikaner einzig und allein mit dem «Marsch auf Rom» und dem «Aufmarsch zur Invasion» beschäftigt seien und dass heute, da Leningrad den zwanzigsten Todestag seines Namengebers im Zeichen der Befreiung vom deutschen Belagerungsring feiert, niemand in Deutschland auf andere Auswege als die «neue Strategie der federnden Elastizität» spekuliert.

Schon aus der Kontroverse über die künftigen Grenzen Polens war klar geworden, dass die «Vereinigten Nationen» auch in Moskau und Teheran nicht nur über Nebenprobleme, sondern auch über die Kernfrage ihrer Nachkriegspolitik, über die Behandlung Deutschlands, keine Übereinstimmung erzielten. Aber fest blieb für die Presse und «öffentliche Meinung» der Alliierten die Überzeugung, dass wenigstens über die Kriegführung eine vollständige Einigung erreicht worden sei. Die Pressefeldzüge um die *«zweite Front»* waren verstummt, die Generalstäbe hatten Pläne und Daten genau festgelegt und koordiniert. Nun platzt plötzlich die Moskauer Zeitschrift «Der Krieg und die Arbeiterklasse» von neuem mit der ungestümen Forderung los, die «zweite Front» doch endlich zu eröffnen, da die Rote Armee alle Voraussetzungen dafür geschaffen habe; die unterdrückten Völker Europas dürften erwarten, dass die Invasionstruppen der Alliierten nicht so langsam operierten wie in Italien. Ist auch hier ein Versehen passiert, oder sind in Moskau und Teheran nicht einmal militärische Entschlüsse zur Reife gelangt? Gleichzeitig mit der Wiedereröffnung dieser scheinbar endgültig begrabenen Kampagne erklärt das russische Blatt, dass eine *«Reinigung der politischen Atmosphäre»* im alliierten Lager notwendig sei. Noch nicht zwei Monate sind vergangen, seit über Teheran der blendend klare Himmel einer vollkommenen englisch-russisch-amerikanischen Harmonie in Krieg und Frieden erstrahlte, kaum haben die alliierten Regierungschefs, die dort den «Frieden für die kommenden Generationen» besiegelten, sich von ihren respektiven Schnupfen und Lungenentzündungen, Reisestrapazen und Aufregungen einigermassen erholt, und schon ist die Luft zwischen den «Vereinigten Nationen» wieder verpestet wie je. Hemmungsloser als im letzten Sommer und Herbst hat das alte Spiel der Erpressungen und Drohungen, der falschen Friedenstauben und diplomatischen Ohrfeigen, der Kampf um Interessensphären und Pufferstaaten wieder begonnen – schlimmer und unheilvoller als damals, weil dazwischen der gross aufgezogene Versuch einer umfassenden Einigung, die «entscheidendste Konferenz dieses Krieges» liegt. So hätten die in Teheran ausgetauschten Trinksprüche, Stalingradschwerter und persischen Vasen zu nichts anderem gedient, als eine malerische Verbrüderungskulisse aufzustellen, die schon nach einigen Wochen in Fetzen flattert? Vielleicht durfte man von der Konferenz der «Grossen Drei» vernünftigerweise nicht mehr erwarten, als dass sie sich über die Demarkationslinie einigen würden, an der ihre Armeen von Osten und Westen ohne Zusammenprall haltmachen könnten; wenn sie sich selbst über diesen Bleistiftstrich durch die Ruinen Europas nicht einigen konnten, dann kann freilich die Invasion noch ganz andere «Überraschungen» bringen, als sie Dr. Goebbels den Angloamerikanern prophezeit. Die «nichts mehr zu verlieren haben», amüsieren sich jedenfalls köstlich. Der Lissaboner Berichterstatter der «Deutschen Allgemeinen Zeitung» berichtet seinem Blatt, es gebe «Leute, die hinter den militärischen Methoden unserer elastischen Verteidigung ... politische Absichten vermuten. Jedenfalls haben die Kämpfe westlich von Sarny[203] dadurch, dass sie die Erklärung der polnischen Emigranten in London und die Moskauer Gegenerklärung auslösten, eine panikartige Wirkung im Westen zur Folge gehabt ... Die beiden kranken Männer von Teheran, Roosevelt und Churchill, werden sich nur langsam erholen ...» So hat auch der Rückzug seine Freuden, und wäre es auch nur die Schadenfreude.

29. Januar 1944

Liberia erklärt Japan und Deutschland den Krieg.
Argentinien bricht die diplomatischen Beziehungen zu Deutschland
und Japan ab. Die südamerikanischen Länder

In Erwartung der «zweiten Front», die aber täglich unmittelbarer bevorsteht, registrieren London und Washington eine nicht abreissende, glänzende Serie «schwerer moralischer Niederlagen Deutschlands», jede schwerer als die vorhergehende. Nun hat auch die Republik *Liberia* Deutschland und Japan den Krieg erklärt! Es hat zwar etwas lange gedauert, denn es sind bald anderthalb Jahre her, dass in Liberia amerikanische Truppen an Land gingen, ganz abgesehen davon, dass Liberia nie etwas anderes war als ein afrikanisches Gegenstück zu den amerikanischen Indianerreservationen, eine Art amerikanischer Nationalpark, von einer

Kolonie vor allem dadurch unterschieden, dass es ohne Einmischung der amerikanischen Regierung von amerikanischen Privatgesellschaften verwaltet wird. Seine Hauptstadt verewigt den Namen des amerikanischen Präsidenten Monroe, in dessen Amtszeit eine Kolonialgesellschaft philanthropischer Yankees es unternahm, das Negerproblem der Vereinigten Staaten dadurch zu lösen, dass sie die Nachkommen der nach Amerika verschleppten Negersklaven wieder nach Afrika verschiffte und ihnen dort einen «eigenen Staat» einrichtete, in dem sie selber ihren «zurückgebliebenen» Rassegenossen gegenüber die Herren spielen konnten. Das afrikanische Seitenstück der berühmten Monroe-Doktrin «Amerika den Amerikanern» hiess durchaus nicht «Afrika den Afrikanern», sondern nur «Die Afrikaner nach Afrika!», und da diese scharfsinnige Lösung der Negerfrage im Stadium des Spielkastenmodells steckenblieb, wurde die «Monrovia-Doktrin» nicht ganz so berühmt wie die Monroe-Doktrin. Aber vielleicht erhalten die Nachkommen der amerikanischen Plantagenneger jetzt als Bundesgenossen der Vereinigten Staaten Pacht- und Leihlieferungen, und das ist immerhin auch schon etwas. In Berlin wird erklärt, dass man die Kriegserklärung Liberias mit souveräner Ruhe aufnehme. Dasselbe erklärte Reichsaussenminister von Ribbentrop tags zuvor in bezug auf den Neutralitätsbruch Argentiniens.[204]

Ist der Kriegseintritt Liberias ein Triumph der Monrovia-Doktrin, so ist der Abbruch der diplomatischen Beziehungen *Argentiniens* zu den «totalitären Mächten» ein Triumph der authentischen Monroe-Doktrin. Der letzte amerikanische Staat hat sich in die panamerikanische Solidarität eingeschaltet: Amerika den Amerikanern! Diese lapidare Doktrin ist beinahe ein Wortspiel; denn da sich von dem unhandlichen Staatsnamen der Vereinigten Staaten von Amerika kein Einwohnername ableiten lässt und «Yankee» zu unhöflich ist, heisst in allen Sprachen der Welt «Amerikaner» eben – Yankee, und die Monroe-Doktrin ist oft genug so verstanden worden, wie sie McKinley[205] verstand: Amerika, Nord und Süd, den USA! Dieses Missverständnis war um so leichter möglich, als die lateinamerikanischen Staaten tatsächlich, vor allem in wirtschaftlicher Hinsicht, halbkoloniale Länder sind, deren Wirtschaftsertrag grösstenteils nicht dem eigenen Land oder auch nur den eigenen Kapitalisten, sondern den ausländischen Besitzern der Eisenbahnen, Strassenbahnen, Gas- und Elektrizitätswerke, Gruben und Plantagen zufliesst – oder zufloss; denn viele südamerikanische Republiken sind schlechte Zahler geworden. Als England 1940 alles Auslandkapital, das sich in Dollars verflüssigen liess, für Kriegslieferungen aus den Vereinigten Staaten hinwerfen musste, da bedeutete gerade die Illiquidität seiner südamerikanischen Anlagen die Rettung dieser Positionen: denn da diese Titel unregelmässig verzinst, schwer transferierbar und überhaupt «notleidend» waren, blieben sie damals in englischer Hand. Allein in Argentinien betragen die englischen Kapitalanlagen nach einer neulichen Londoner Schätzung, in der die nötigen Abschreibungen gewiss enthalten sind, über eine Milliarde Pfund, wovon ein Viertel in den argentinischen Eisenbahnen steckt. Aber auch für andere europäische Länder, vor allem Deutschland, Frankreich und die Schweiz, war Südamerika und vor allem Argentinien das Dorado des Kapitalexportes, und diese europäischen Anlagen segeln heute, um politische Komplikationen zu vermeiden, grossenteils unter spanischer Flagge. Das ist wohl der Haupthintergrund der «Achsenfreundlichkeit», der «Hispanität» und der «Amerikafeindlichkeit» der argentinischen Putschregierung. Zur modernsten Interpretation der Monroe-Doktrin steht diese «Europabezogenheit» der argentinischen Wirtschaft, in der das nordamerikanische Kapital bisher etwas im Hintertreffen war, zweifellos in unerträglichem Widerspruch, und die Widersetzlichkeit der argentinischen «Faschisten» gegen die nordamerikanische Durchdringung konnte nicht länger geduldet werden. Hätte sich England nicht geweigert, mitzumachen, so hätten die Vereinigten Staaten Argentinien längst durch noch schärfere Wirtschaftssanktionen zur Räson gebracht, als sie bereits seit einem halben Jahr bestehen.

Was eine Kriegserklärung in Südamerika bedeutet, beleuchtet eine kürzliche Exchange-Meldung über die Kriegsmassnahmen *Perus*[206]: Besondere «Finanzkommissionen» haben dort mit der Liquidation der deutschen Banken und anderen «feindlichen Investierungen aller Art» und mit der Versteigerung des deutschen Grundbesitzes begonnen, und die peruanische Regierung erklärt, dass «die Gewinne, die aus der Konfiskation deutschen und anderen Achseneigentums entstehen, in erster Linie dazu dienen sollen, um Perus internationale Verpflichtungen erfüllen zu können, die aus dem Krieg entstanden sind» – wohl zur Ausrüstung einer peruanischen Invasionsarmee ... Die argentinische «Neutralitätspolitik» unterschied sich von diesem peruanischen Vorgehen, das übrigens von den «amerikatreuen» südamerikanischen Staaten schon im letzten Weltkrieg praktiziert wurde, vor allem dadurch, dass sie eben *«neutral»* vorging: die Diktatur Ramirez enteignete nicht geradezu, aber sie stellte das Auslandskapital aller Provenienz, nach den amerikanischen Klagen zu schliessen mit einer besonderen Spitze gegen die USA, unter immer schärfere Kontrolle und tat alles, um vor allem die an ausländische Gesellschaften verliehenen öffentlichen Versorgungsbetriebe in argentinische Hände zu bringen.

Hinter dieser Diktatur Ramirez, die im letzten Juni von der angelsächsischen Öffentlichkeit so begeistert aufgenommen wurde, standen, wie sich nun herausstellt, *«deutsche Umtriebe»*. Daran ist nicht zu zweifeln; hinter allen «antiamerikanischen» Bewegungen in Lateinamerika standen «deutsche Umtriebe»; denn die deutschen Ansiedler und Geschäftsleute in Südamerika sind zahlreich und aktiv, und die deutsche Propaganda hat in den vergangenen zehn Jahren in Südamerika nicht gespart. Als in *Brasilien* Präsident Vargas[207] das Parlament und die Parteien auflöste und genau nach faschistischem Muster seine Diktatur errichtete, war auch in der ganzen angelsächsischen Presse zu lesen, dass hinter diesem Umsturz «deutsche Umtriebe» standen. Vargas verbot zwar nicht, wie General Ramirez in seiner grenzenlosen Tyrannei, die jiddische, wohl aber die ganze demokratische Presse seines Landes; aber er war ein vernünftiger Mann und beschloss, mit den stärkeren Bataillonen zu marschieren. Schon im letzten Weltkrieg ging Brasilien mit den Vereinigten Staaten «für die Demokratie» in den Krieg, aber Argentinien blieb neutral. Denn Argentinien, der grösste der spanischsprechenden Staaten Amerikas, ist der Vorkämpfer der amerikanischen «Hispanität» und war immer das widerstrebendste Glied der nordamerikanischen Panamerikapolitik, nicht nur, weil es wegen seiner Kapitalstruktur der «Dollardiplomatie» am wenigsten zugänglich war, sondern auch, weil es seine eigene Hegemoniepolitik verfolgte.

Auch *Chile* ist, obwohl es von einer «Volksfront» regiert wird, nur sehr widerstrebend der «panamerikanischen Solidarität» gefolgt, in *Paraguay* fand am Tage nach der Unterwerfung Argentiniens ein Putschversuch der aufgelösten liberalen Partei statt – wenn Not am Mann ist, stecken sich die «deutschen Umtriebe» auch hinter die Liberalen mit der Parole «Wiederherstellung der Demokratie» –, und *Bolivien* hat zwar Deutschland den Krieg erklärt, aber die Regierung, die ihn erklärte, wurde ein paar Tage darauf gestürzt und die neue, aus deutschen Agenten bestehende Regierung wird nun panamerikanisch eingekreist und mürbe gemacht.[208] Auch in Bolivien geht es nicht so sehr um Ideologie als um Zinn. Seit dem Verlust der fernöstlichen Zinnproduktionsgebiete ist Bolivien der wichtigste Zinnlieferant der Vereinigten Staaten, und es scheint, dass die bolivianischen Grubenherren die kurze Konjunktur allzusehr ausnützen wollen – denn nach dem Krieg wird Bolivien, dessen Zinn die höchsten Produktionskosten der Welt hat, nicht mehr konkurrenzfähig sein – und höhere Preise, die Grubenarbeiter aber höhere Löhne und die Vereinigten Staaten grössere Lieferungen verlangen. Und hier liegt der wundeste Punkt der «panamerikanischen Solidarität»: die Vereinigten Staaten sind für Südamerika ein Konjunkturkunde, der infolge aussergewöhnlicher Umstände grosse Ersatzlieferungen an gewissen Produkten von ihnen kauft, aber für die ständigen Hauptprodukte Südamerikas, Weizen, Mais, Kaffee, Baumwolle, Erdöl, sind die Vereinigten Staaten *nicht Kunden, sondern Konkurrenten*. Und heute, da die Vereinigten Staaten in Südamerika als Grosseinkäufer auftreten, können sie dafür nichts liefern; der lateinamerikanische Handel mit den USA, der im Frieden stets passiv war, war 1941 um 100, 1942 um 270 und 1943 um rund 500 Millionen Dollar aktiv. Nord- und Südamerika ergänzen sich wirtschaftlich nicht, sondern konkurrenzieren sich; Nordamerika kann den lateinamerikanischen Staaten den europäischen Markt nicht ersetzen, und der Hauptkunde Argentiniens ist heute England. Diese Konkurrenzstellung der beiden Halbkontinente verschärft sich noch mehr dadurch, dass die südamerikanischen Staaten auch industriell immer unabhängiger von den Vereinigten Staaten werden; in Brasilien wie in Argentinien, die wir von der Schule her immer noch als reine Agrarstaaten betrachten, überwiegt bereits die industrielle Produktion die agrarische. Der südamerikanische Nationalismus ist die *Gärung halbkolonialer Länder*, die auf dem Wege zur wirtschaftlichen Selbständigkeit sind, und die faschistischen und halbfaschistischen Formen dieser wirtschaftlichen «Unabhängigkeitsbewegungen» erklären sich wenigstens zur einen Hälfte daraus, dass südamerikanische Demokratie und Parlamentarismus allzuoft nur ein bequemes Korruptionsfeld der Dollar-, Pfund-, Mark- oder Francdiplomatie war. Die Diktatoren sind etwas teurer zu kaufen.

Das ist die prosaische Betrachtungsweise. Die ideale ist die, dass in Südamerika um Freiheit der Rede, des Glaubens, von Furcht und von Not gekämpft wird. Und seltsamerweise ist auch sie richtig. Die innenpolitischen Massnahmen der Regierung Ramirez bewiesen, dass er die öffentliche Meinung seines Landes gegen sich hatte und nur mit dem Belagerungszustand regieren konnte. Die Vereinigten Staaten kämpfen hier, da die Diktatur sich hier gegen sie wandte, während sie in Brasilien mit ihnen marschierte, für Freiheit und Demokratie auf der westlichen Hemisphäre. Es gibt Fälle, wo Geschäft, Politik und Ideale übereinstimmen, und das sind dann die erhebenden Momente der Geschichte. Auch in Spanien – obwohl es hier offiziell auch nicht um Ideale, sondern um Orangenkisten geht – stimmen sie heute, im Gegensatz zur Bürgerkriegszeit, überein, und so ist nun die ganze «Hispanidad» im Umbruch. Was dabei herauskommt, bleibt abzuwarten. «Eine ewige Sauordnung in diesem Südamerika!» – So ähnlich etwa muss einem Beobachter jenseits des Atlantik die europäische «grosse Politik» vorkommen.

5. Februar 1944

Rede Hitlers zum elften Jahrestag der Machtergreifung. Spanien

Wenn am 28. Oktober, als das 22. Jahr des Faschismus anbrach, irgend jemand in Italien des Marsches auf Rom gedachte, mit dem damals «eine neue Epoche der Weltgeschichte» begann, dann höchstens, um die bittere Bilanz dieses pompösen Abenteuers zu ziehen oder grimmig festzustellen, dass die Weltgeschichte einen längeren Atem hat, als es die «Epochemacher» glauben. Die Bilanz des Dritten Reiches, das am 30. Januar ins zwölfte Jahr seines Bestehens ging, ist noch offen, und in einer *Radiorede* aus seinem Hauptquartier hat der *Führer* sein Volk daran erinnert, was alles «es jener gnädigen Führung Gottes, die nach einem langen Kampf um die Macht nun vor elf Jahren den Nationalsozialismus siegreich das Ziel erreichen liess», verdankt. «Ohne den 30. Januar und ohne die nationalsozialistische Revolution ... wäre doch der Staat in seiner demokratischen Weimarer Verfassung den grossen weltpolitischen Aufgaben gegenüber nur eine lächerliche, hilflose Erscheinung gewesen»; an die Stelle dieser lächerlichen Weimarer Republik hat die «nationale Revolution» jenen «harten Staat» gesetzt, «der von der Vorsehung bestimmt ist, die Geschichte Europas in den kommenden Jahrhunderten zu gestalten. Dass sich dieser gewaltige, die Welt erschütternde Prozess unter Leid und Schmerzen vollzieht, entspricht dem ewigen Gesetz einer Vorsehung».

Die Vorsehung, die den zehnten Jahrestag des Dritten Reiches mit der Katastrophe von Stalingrad überschattete, so dass der Führer sich statt der üblichen Versammlungsrede im Reichstag oder im brausenden Sportpalast mit einer Proklamation aus dem Führerhauptquartier begnügte, hat auch in diesem Jahr nicht erlaubt, die triumphalen Kundgebungen der Glanzzeit wieder aufzunehmen. Die Radioansprache aus dem Hauptquartier, ohne Heilrufe und Beifallsstürme, ohne Massen- und Autosuggestion, mit jener gleichförmigen, fast tonlosen Stimme, in der die «alten Kämpfer» den einstigen Bräuhausredner wohl kaum wiedererkennen, war vielleicht die massvollste und diplomatischste Rede, die der deutsche Reichskanzler je gehalten hat. Gewiss fehlte es auch diesmal nicht an jenen Kraftausdrücken, die nun einmal zum unentbehrlichen Rüstzeug zeitgemässer Staatskunst gehören: die Ansicht, dass Russland sich mit der blossen Ausrottung des deutschen Volkes zufrieden geben würde, sei eine «für europäische *Dummköpfe* berechnete jüdische Zumutung», und wenn die Absicht Englands, die bolschewistische Welteroberung einzudämmen, mit überraschendem Wohlwollen als denkbar hingenommen wurde, so können doch «die militärischen Aussichten eines solchen Kampfes nur von einem *kompletten Strohkopf* als aussichtsreich gewertet werden». Aber von der charakteristischen Rhetorik dieses Staatsmannes, der während der Münchener Krise die gegenseitige persönliche Beschimpfung von Staatsoberhäuptern zur Gepflogenheit erhob und seither die Repräsentanten der demokratischen Grossmächte meist nur noch als Trunkenbolde oder «wahnsinnige Paralytiker» bezeichnete, war wenig mehr zu spüren. Das Manuskript der Rede hätte in den Bureaux des Reichsaussenministeriums ausgearbeitet sein können. Und doch zeigte diese so «staatsmännische» Rede noch schärfer als die Novemberrede in München – und noch auffälliger als damals, da Hitler diesmal nicht als Parteiführer, sondern als Staatschef sprach – jene sonderbare Verengerung des politischen und geschichtlichen Blicks, die wie ein fortschreitender geistiger Star anmutet: die Reduktion dieses weltumspannenden Krieges, der die Substanz ganzer Völker aufzuzehren und unsern ganzen Kontinent zum Trümmerfeld zu machen droht, auf das Schicksal seiner Partei und letzten Endes seiner Person: «Der Weltkrieg vom Jahre 1939 wird einst in die Geschichte eingehen als eine gigantische *Wiederholung des Prozesses gegen die Partei* im Jahre 1924 ... Es kann das Auf und Ab der Ereignisse nur den bedrücken, der geschichtlich weder sehen noch denken gelernt hat. Der Weg von der *Vision des halbblinden Soldaten vom Jahre 1918* (Hitler) bis zur Realität des nationalsozialistischen Staates im Jahre 1944 war ein *gewaltigerer und sicher schwierigerer* als der Weg des heutigen Reiches zum endgültigen Sieg.» Dieser wunderbare Weg zur «Machtergreifung», die im Moment des drohenden Bankrottes der «Bewegung» vom Himmel fiel, ist der Präzedenzfall, um den die Hoffnungen der nationalsozialistischen Führer kreisen, seit vor einem Jahr gegen die psychologischen Auswirkungen der Stalingradkrise die Erinnerung an den «wunderbaren Wahlsieg von Lippe» im Januar 1933 mobilisiert wurde.[209]

Die *«Machtergreifung»* des 30. Januar 1933 bestand ja im Eintritt in ein Kompromisskabinett, in das die «Reaktion» alle Sicherungen dagegen eingebaut hatte, dass Hitler die tatsächliche Macht an sich reissen könne: Hindenburg übergab Hitler das Präsidium eines Kabinetts mit einer starken Mehrheit stockkonservativer Generäle, Grossbürger und Grossagrarier, wie von Papen, Hugenberg, von Blomberg, von Schwerin-Krosigk, Seldte und Eltz von Rübenach, die nun mit Hitlers «Massenbasis» regieren wollten, nachdem der Versuch, mit Junkern, Konzernen und Reichswehr allein zu regieren, gescheitert war – und die dann furchtbar dafür bestraft wurden, dass sie versuchten, nach Lassalles berühmtem Wort «in grossen Dingen schlau zu sein».[210] Nicht weil der Aufstieg der NSDAP nicht mehr aufzuhalten war, sondern weil sie vor dem Bankrott stand und weil dieser Bankrott nach der nationalsozialistischen Parole des Krisenwinters 1932 bis 1933 «zehn Millionen Kommunisten mehr» bedeutet hätte, unternahmen die «staatserhaltenden Kräfte» Deutschlands das Abenteuer, sie durch Regierungsbeteiligung zu sanieren und zugleich zu zähmen; denn keine andere «staatserhaltende Partei» wäre in der Lage gewesen, das explosive Amalgam von Existenzlosen und Deklassierten, das die NSDAP zu chaotischer «Bewegung» und uniformierten Strassenkampftruppen zusammengeschweisst hatte, nach einem Zusammenbruch dieser Partei wieder aufzufangen. «Nach uns das Chaos» war das bewusste Vabanquespiel der Parteiführung gewesen: eine Unordnung zu schüren, zu deren Beherrschung man ihre Urheber nicht mehr entbehren könnte; und die Spekulation, dass die Herren der krisengeschüttelten deutschen Wirtschaft schliesslich das Abenteuer dem «Chaos» und die «nationale Revolution» der echten vorziehen würden, erwies sich als richtig. Wenn es damals gelang, diese aufgepeitschte und nur noch von der nationalsozialistischen Heilsverkündung zusammengehaltene Bewegung als Ordnungstruppe und als einzige Alternative zum «Bolschewismus» vorzustellen, so muss es doch auch heute im Weltmassstab gelingen, sich als einzigen möglichen Bändiger des selbstgeschaffenen Chaos anzubieten. Denn wer ausser SS und Gestapo könnte in diesem Europa, das von eben dieser SS und Gestapo in ein einziges Bandenkriegsgebiet verwandelt wurde, noch «Ruhe und Ordnung» aufrechterhalten? Die Niederlage Deutschlands bedeutet den Sieg des «Bolschewismus», erklärt Hitler, «nicht weil vielleicht jeder einzelne Engländer das will, sondern weil England unfähig ist ... diese Entwicklung zu verhindern». Der *Überredungsversuch* ist nicht neu, aber es ist vielleicht psychologisch wichtig, dass für den, der an die Parallele von 1933 glaubt, die Aussichten eines siegreichen Kompromisses in dem Masse steigen, in dem der Zusammenbruch näherrückt – war doch die wirksamste Drohung, mit der 1933 der Nationalsozialismus die Regierungsbeteiligung erzwang, die Drohung mit dem eigenen Zusammenbruch.

Aber die Führerrede kam mit einer oder zwei Wochen Verspätung; auf dem Höhepunkt der russisch-angelsächsischen Verstimmung hätte sie wohl aufsehenerregender gewirkt. Inzwischen haben sich die Engländer und Amerikaner wieder hemmungslos «dem Bolschewismus verschrieben», wie das Vorgehen gegen Franco beweist. «In *Spanien* ist die britische Politik infolge des ständigen Druckes, den sie gegen das Regime Franco auszuüben suchte, der Anwalt eines Umsturzes, der – wenn er gelänge – nur dem Bolschewismus zugute kommen könnte. Das spanische Volk ... weiss, dass ein Erfolg der englischen und nordamerikanischen

Machenschaften es zwangsläufig in einen zweiten Bürgerkrieg stürzen würde. Es weiss aber auch, dass ein solcher nicht nur Spaniens europäische Machtstellung endgültig beseitigen, sondern die Existenz des spanischen Volkes schlechthin vernichten würde», prophezeit die halbamtliche «Deutsche Diplomatische Korrespondenz». Auch ohne das Stichwort aus Berlin hat Franco bestimmt nicht verfehlt, sich bei dem in solchen Dingen sehr verständnisvollen englischen Gesandten Sir Samuel Hoare, dem «arch appeaser», als einzigen Garanten gegen den Bolschewismus in Erinnerung zu rufen und ihm vorzustellen, dass der Vorwurf, Spanien dulde «Achsen-Agenten» auf seinem Boden, etwas naiv ist. Denn die paar Agenten, die den Engländern Höllenmaschinen in ihre Orangenkisten stecken, sind harmlose Einzelgänger gegenüber jenen Achsen-Agenten, die 1936 bis 1939 in geschlossenen bewaffneten Formationen, mit Flugzeugen, Tanks und schwerer Artillerie Spanien überschwemmten und dort die Generalprobe für den «Blitzkrieg» abhielten. Damals übten die demokratischen Mächte «Nichtintervention» und betrachteten diesen deutsch-italienischen Krieg gegen die spanische Republik wohlwollend als «innere Angelegenheit Spaniens»; dass daraus eine mehr als nur «weltanschauliche» Bindung an die Achse entstand, dürfte Sir Samuel Hoare doch eigentlich nicht verwundern. Zwar hat Franco inzwischen nicht nur die «Nichtkriegführung» mit der «Neutralität» und nun sogar mit der «strikten Neutralität»[211] vertauscht, sondern auch in vielen Reden herauszuarbeiten versucht, dass der spanische Faschismus eine völlig autochthone, mit keiner andern vergleichbare Staatsordnung sei, und in seiner Rede am Dreikönigstag sogar an Stelle seiner bisherigen «grossen Freunde» ausgerechnet die revolutionäre jugoslawische Befreiungsarmee Titos, die nach drei Jahren ungleichen Kampfes gegen die Achsenmächte heute «geachtet und sogar anerkannt» sei, als Vorbild gepriesen: «Ein gleicher Geist belebt Spanien und bedeutet eine mehr als genügende Garantie für die Zukunft und Sicherheit unserer Freiheit und Unabhängigkeit.» Diese in ihrer ersten fragmentarischen Übermittlung geradezu grotesk wirkende Rede hat wohl ihren guten Sinn: Auch General Franco sucht seinen angelsächsischen Freunden klarzumachen, dass in einem Land, über das die «nationale Revolution» weggegangen ist, nur noch die soziale Revolution als Nachfolger denkbar sei. Und das um so mehr, als in Spanien die in Deutschland so virtuos geübte «soziale Optik» völlig fehlt; noch bis vor kurzem haben gerade falangistisch inspirierte deutsche Berichte, welche den radikalen Flügel der Falange gegen die mit Sir Samuel Hoare befreundete monarchistische Reaktion in Spanien auszuspielen suchten, den schreienden Gegensatz zwischen dem Überfluss der Parasiten und Profiteure der «nationalen Revolution» und dem Elend der Massen in diesem Lande geschildert, in dem auf dem Schwarzen Markt alles und auf Rationierungskarten nichts zu haben war und in dem zwar der Lohnstop sehr effektiv war, die Preise für die notwendigsten Lebensmittel aber um 300 bis 400 Prozent gestiegen waren. Es gibt wohl kein anderes Regime, das sich auf eine so schmale Schicht von Anhängern gegen eine derartige Häufung von Hass stützt wie das spanische, das noch vier Jahre nach dem Bürgerkrieg über eine Million politische Gefangene hielt und sogar seine industriellen Aufbaupläne der ständigen Repression in den Industriegebieten opfern musste. Aber gerade deshalb werden die Angelsachsen ihren Druck auf die spanische Regierung schwerlich übersteigen, und nach den italienischen Erfahrungen werden sie wohl kaum mehr die Naivität aufbringen, im spanischen Pulverfass mit ihrem Universalheilmittel der Monarchie experimentieren zu wollen. Die Verhandlungen «sind auf dem besten Wege», und da ihr Objekt nie präzisiert wurde, können sie jederzeit als erfolgreich beendet erklärt werden. Es gibt Regierungsformen, die das Dynamit, das sie im Innern gegen sich angesammelt haben, als aussenpolitische Sicherung benützen: «Nicht berühren, Explosionsgefahr!» Vielleicht glückt Franco das Experiment, das seinen Lehrmeistern misslang, weil sie auf ihrer Explosivität überdies noch einen Weltherrschaftsanspruch zu begründen versuchten.

12. Februar 1944

Die Ostfront. Die baltischen Staaten. Revision der sowjetischen Verfassung: Souveränität für Sowjetrepubliken

Ähnlich wie im Januar 1943 hüllt die deutsche Nachrichtenstrategie die Tragödien, die sich an der deutschen *Ostfront* vollziehen, in undurchsichtiges Schweigen. Ähnlich wie damals werden auch diesmal die militärisch verlorenen Positionen auch propagandistisch geräumt werden müssen. Aber die Aufgabe, wiederum eine militärische Katastrophe in einen moralischen Sieg, in ein Pervitin des Widerstandswillens umzuwandeln, wird von Woche zu Woche schwieriger. Denn nicht eine Schlacht um Stalingrad, «auf einem Schlachtfeld, das europäischem Denken fast mythisch fern lag», sondern der Feldzug in Russland schlechthin wird diesmal als verloren gemeldet werden müssen. Und was als einmaliger «Opfergang von Stalingrad» zur Rettung der abendländischen Kultur sich zum Heldenepos verklären liess, das wird nach mehrfacher Wiederholung, nun es sich gleichzeitig in mehreren Parallelen abspielt, zu einer schwer erklärbaren und noch schwerer zu rechtfertigenden Versteifung auf eine Fehlstrategie, zu einem beständigen Hinopfern von Menschen und Material, um auf unhaltbaren Positionen eine Zeit zu gewinnen, die trotz allen Deutungskünsten doch mehr als je gegen Deutschland arbeitet. Dieses unberührt von allen Katastrophen fortgeführte Festklammern an zurückgebliebenen und abgeschnittenen Stellungen von Stalingrad über Kuban und Krim bis Kanew und Nikopol[212] ist deshalb rätselhaft, weil schon am 17. September 1943 der deutsche Heeresbericht ankündigte, es sei «eine grosszügige Frontbereinigung im Gange», die «neue Reserven» freimachen werde, was überall als Vorbereitung zu einem allgemeinen Rückzug auf neue Linien oder mindestens zur Räumung des Dnjeprbogens aufgefasst wurde, weil wiederum am 10. Januar die Berliner Militärstellen «Frontkorrekturen grösseren Ausmasses» ankündigten und das Schlagwort von der «Strategie der federnden Elastizität» prägten. Aber es blieb bei der Ankündigung, die Front wurde nicht kürzer, sondern immer länger und verzahnter, und die Elastizität der Propaganda ist nicht auf die militärischen Operationen übergegangen.

Inzwischen ist die Möglichkeit eines einheitlichen Rückzugs auf eine zusammenhängende Front verschwunden, wenn nicht der Balkan preisgegeben werden soll, und das politische Veto gegen die militärischen Überlegungen, die in den verschiedenen Rückzugsankündigungen zum Ausdruck gekommen sein mögen, kann nur noch gebieterischer geworden sein. Seit einigen Tagen sind nun die Gerüchte um eine Krise im *deutschen Generalstab* wieder hageldicht geworden, und im Mittelpunkt steht als der «grosse Verantwortliche» General von Manstein. Anderseits verdoppelt das Moskauer deutsche Komitee seine Propaganda unter den deutschen Truppen, und nach seinen Aufrufen an General Wöhler hat General von Seydlitz aus Moskau «im Namen der Opfer von Stalingrad» einen direkten Appell an Manstein gerichtet, dem unnützen Hinopfern seiner Truppen ein Ende zu machen. Die «Krise», wenn sie wirklich besteht, ist anderthalb Jahre alt, und die Frage der Verantwortung hat nichts Rätselhaftes an sich. Am 4. Oktober 1942, als die «Entscheidungsschlacht» um Stalingrad schon seit Wochen dauerte und die Krise im deutschen Generalstab auslöste, in der Generalstabschef Halder durch Zeitzler ersetzt wurde, hielt Reichsmarschall *Göring* eine Rede, in der er die Prinzipien der deutschen Kriegführung so darlegte: «Der *Generalstabschef trägt nicht die Verantwortung*, sondern der Führer, und so trägt auch hier kein Mann im Halbschatten, sondern nur der Mann im grellen Licht der Verantwortung, der *Führer*, vor seinem ganzen Volke die Verantwortung für Sieg oder Niederlage der deutschen Wehrmacht, und er scheut sich auch nicht, sie zu tragen. Wir haben gottlob eine grosse Reihe ganz hervorragender Generäle und Führer, und solche, die nicht ausreichen für ihre Aufgaben oder nicht hart und stark genug waren, sind anderen Aufgaben zugeführt oder *abgelöst* worden ... Nach dem ganz klaren Prinzip der nationalsozialistischen Weltanschauung gibt es überall immer nur einen Führer ... An seiner Seite stehen diejenigen, die ihm nun helfen, seine Richtlinien, seine Gedankengänge in die Befehlsform umzugiessen und dafür Sorge zu tragen, dass sie herauskommen und an die Truppe verteilt werden ...» Der Befehl, in den die Generäle die empfangenen Richtlinien «umgiessen», lautet seitdem stereotyp: «Halten um jeden Preis.» Und der Preis wird immer höher. Auch wenn nun wieder eine Schlamm- und Atempause eintritt – die Schlacht um Russland geht ihrem Ende zu.[213]

Nun, da der *Kampf um das «Niemandsland»* zwischen Russland und Deutschland nahrückt und diesen Gebieten zum zweitenmal die «Politik der versengten Erde» bevorsteht, wird die Bevölkerung der baltischen Staaten zum Kampf für «Freiheit und Unabhängigkeit» ihrer Vaterländer aufgerufen. Himmler reist nach Riga, um den Letten um den Preis der Mobilisation «weitgehende politische Autonomie nach dem Kriege» zu versprechen, und selbst den polnischen «Untermenschen» rühmt Generalgouverneur Frank die Errungenschaften, welche ihnen die deutsche Herrschaft gebracht habe und noch bringen wolle, auf dass sie gegen die «bolschewistische Gefahr» aufstehen und kämpfen. Aber auch dieser politische Rückzug kommt zu spät, um Jahre zu spät. Seit Hitlers «Kampf» war die «geschichtsnotwendige» Auflösung der Sowjetunion in Einzelstaaten ein Axiom der *nationalsozialistischen Ostpolitik:* «Wir sind vom Schicksal ausersehen, Zeugen einer Katastrophe zu werden, die die gewaltigste Bestätigung der völkischen Rassetheorie sein wird.» Aber das Experiment, den vermuteten ukrainischen und weissrussischen oder auch nur den sicherlich bestehenden baltischen «Separatismus» vor den deutschen Kriegswagen zu spannen, unterblieb zugunsten der nackten Eroberung und Kolonisation. Keine «ukrainische Rada», sondern deutsche Kolonialgesellschaften liessen sich in Kiew nieder, den baltischen Bauern wurde auch noch die Garantie der «ewigen Nutzniessung» ihres Bodens genommen, die ihnen die Kollektivierung gegeben hatte, und die bereits erfolgte Restauration der baltischen Staaten wurde von der deutschen Militärverwaltung ohne Aufhebens unterdrückt.[214] Boden für das deutsche Herrenvolk, Rohstoffe für die deutsche Industrie, das war das Programm, solange es möglich schien, diese Gebiete zu halten. Nun, da diese Möglichkeit schwindet und das Dritte Reich ihnen nichts mehr zu bieten hat als das graue Elend planmässig verwüsteter Rückzugsstrassen, ist es nur natürlich, dass sich in diesen Ländern bestenfalls einige subalterne Quislinge finden, um zur Verteidigung solcher «Freiheit und Unabhängigkeit» aufzurufen. Und als Ergebnis dieses gigantischen Kolonisationsplanes werden nun von der deutschen Wehrmacht die seit dem 18. Jahrhundert in Südrussland ansässigen deutschen Siedler nach Westen abtransportiert, wie bereits vor Jahren die Baltendeutschen «umgesiedelt» wurden, um in Polen auf geraubtem Land neuen «Siedlungsraum» zugewiesen zu erhalten – bis zur nächsten Station dieser ahasverischen Wanderung. Im Osten spielt sich die gewaltigste Katastrophe der «völkischen Rassentheorie» ab.

«Um die Wiederherstellung der Würde und Freiheit der menschlichen Persönlichkeit, der Familie als Trägerin des sittlichen und natürlichen Lebens jedes Volkes, um die Wiederherstellung des Begriffes des Privateigentums, der Freiheit der religiösen Überzeugung, der Freiheit und kulturellen Eigenständigkeit der Völker und Volksgruppen als Glieder der europäischen Gemeinschaft»: mit diesem Programm eröffnete im Juni 1941 die «Deutsche diplomatisch-politische Information», das Organ der Wilhelmstrasse, den Feldzug gegen Russland. Mit unüberbietbarem Sarkasmus, wenn auch gewiss nicht um des Sarkasmus willen, hat Moskau in diesen Jahren fast Punkt für Punkt des «Kreuzzugsprogramms» übernommen, bis im vierten Jahr des deutsch-russischen Krieges der wiedererstandene Patriarch von Moskau die Christenheit zum Kreuzzug gegen den deutschen Antichrist aufrufen konnte. Nun verleiht die Sowjetregierung den einzelnen *Sowjetrepubliken* die Attribute der Souveränität, eigene Armee und eigene Diplomatie, und die deutsche Propaganda spricht bei dieser Erfüllung ihrer einstigen

Propagandaforderung nicht von «Auflösung der Sowjetunion», sondern von einem teuflischen Schachzug des russischen Imperialismus. Bei den Bundesgenossen Russlands aber hat diese Souveränitätserklärung der Sowjetrepubliken, wenigstens in der Repräsentation, betretenes Schweigen hervorgerufen. Die Kommentare verlegten ihr Schwergewicht auf groteske Nebenfragen und Befürchtungen wie die Majorisierung internationaler Konferenzen und Institutionen durch die «Hydra» einer sechzehnfachen Sowjetdelegation, und in Washington wurde sogar die Frage aufgeworfen, ob die Vereinigten Staaten nun auch ihren 48 Bundesstaaten eigene diplomatische Vertretungen geben sollten – als hätte die Macht der USA-Vertreter je darunter gelitten, dass sie *eine* Grossmacht statt 48 Einzelstaaten vertraten. In der russischen Innenpolitik liegt diese «Föderalisierung» durchaus in der Linie all der «Rückwärtsreformen» der letzten Jahre, von der Abschaffung der Internationale und Restauration der Orthodoxie bis zur Armee- und Schulreform im Sinne der Autorität und der Familie: ausser den drei grossen Sowjetrepubliken des europäischen Russland und den baltischen Staaten sind alle Republiken «neue», zum Teil geradezu aus dem Boden gestampfte Nationalstaaten, die erst unter dem Sowjetregime in steilem Aufstieg zu modernem geschichtlichem Leben erwachten und die deshalb die sichersten Stützen des gegenwärtigen Regimes sind; wenn auch unter gänzlich anderen Verhältnissen, so ist doch auch in Russland, wie in allen Ländern die «zweite Kammer», der Nationalitätensowjet eine konservativ-stabilisierende Institution. Man muss sich an den Gedanken gewöhnen, dass es heute, mehr als ein Vierteljahrhundert nach der Revolution, in Russland einen *konservativen Bolschewismus* gibt; manche Massnahme, die uns sonst nur als Travestie zur Beruhigung des bürgerlichen Westens erscheinen würde, wirkt dann weniger grotesk. Scheinbar im Widerspruch zu dieser Interpretation steht die andere Erklärung, die in der russischen Verfassungsänderung ein Werkzeug der Expansion nach Westen sieht. Es bleibt abzuwarten, ob der Sowjetregierung wirklich die Aufnahme neuer westlicher Länder in die Sowjetunion auch nur als wünschbar erscheint; das Misstrauen gegen die «zersetzenden Einflüsse» des Westens, das im Vorkriegsjahrzehnt zur Errichtung einer wahren chinesischen Mauer um Russland führte, spricht nicht dafür. Einen Fingerzeig für konkrete Absichten gibt der Plan, den Benesch nach seinen jetzigen Erklärungen schon vor Monaten in Moskau besprach: die «osteuropäische Föderation», gegen die Russland stets sein Veto einlegte, unter Einbeziehung der westlichen Sowjetrepubliken zu errichten, so dass statt des verhassten Cordon sanitaire eine sozusagen paritätische Übergangszone entstünde. Die Andeutungen Beneschs sind zu summarisch und unbestimmt, um ein Urteil darüber zu erlauben, ob hier eine neue Form der Aussenpolitik eingeleitet oder eine Neuauflage der Interessensphären- und Pufferzonenpolitik in anderer Verkleidung vorbereitet wird. Aber lange wird Russland seine Aussenpolitik nicht mehr auf innenpolitische Massnahmen beschränken können, wenn die Rote Armee selbst das Gebiet der Aussenpolitik betritt.[215]

19. Februar 1944

Osteuropa: «Land zwischen den Mühlsteinen.» Finnland

«Ich bin klein ...», so mokiert sich am 30. Januar ein Mitarbeiter Dr. Goebbels' am «Reich» in einem «Den Kopf einziehen?» überschriebenen Artikel: «Ich bin klein ... so beginnt ein altvertrautes Gebet, das wir im Kinderbettchen zu sprechen pflegten. Mit dem Eingeständnis unserer Hilflosigkeit wollten wir den Gott, zu dem wir beteten, rühren. Es gibt heute in Europa einzelne Leute, die angesichts der drohenden Gefahren zu einer ähnlichen Haltung ihre Zuflucht nehmen möchten; und wenn diese Leute kleinen Staaten angehören, dann möchten sie diesen das Kindergebet in den Mund legen, vergessend, dass Schwächeerklärungen noch nie ein Mittel der Politik gewesen sind ...» Man kann gewiss, besonders von der hohen Warte des Grossdeutschen «Reiches», die tragische Lage der *osteuropäischen Staaten* auch so betrachten – tragisch auch insofern, als sie nicht ohne eigenes Verschulden in diese Lage geraten sind. Denn, wie das «Reich» sehr richtig hinzufügt, «die Anwälte des ‹Ich bin klein ...› sind dabei vielfach dieselben, die vorher die kleinen Staaten zur Grossmachtpolitik ansporten». Zwar sind Grossrumänien und Transnistrien längst wieder aus dem internationalen Schlagwörterbuch verschwunden, Grossfinnland war nur vorübergehend aufgetaucht und verschwand bald diskret wieder, und in Ungarn besinnt sich überhaupt niemand mehr darauf, wozu denn eigentlich die Honved nach Osten marschierte;[216] aber trotz allem liegt noch der Ton der Aufrufe und Armeebefehle in der Luft, die alle ähnlich klangen wie derjenige Marschall Antonescus vom 22. Juni 1941 an die rumänische Armee: «Soldaten! Ich befehle euch: Überschreitet den Pruth und zerschmettert den Feind im Osten und im Norden ... Ihr werdet Schulter an Schulter mit der stärksten und ruhmreichsten Armee der Welt kämpfen.» Auch das freilich war nur ein Gegenstoss gegen die 1940 mit deutschem Segen erfolgten russischen Annexionen, jene Annexionen wiederum waren als «Wiedergutmachungen» der Annexionen erfolgt, die Russland nach dem letzten Weltkrieg und der Revolution erlitten hatte, und diese Kette der Stösse und Gegenstösse geht in die Jahrhunderte zurück und nimmt kein Ende.

Sind sie wirklich so klein? Auf der Karte Europas nehmen sie einen recht ansehnlichen Platz ein. Ihre «Kleinheit» ist ganz anderer Art als die Kleinheit der westeuropäischen Kleinstaaten; sie hat mit dem geographischen Umfang nichts zu tun, sie ist eine Schwäche der sozialen Struktur, der wirtschaftlichen Rüstung, der politischen Tradition. Diese nach dem letzten Weltkrieg aus dem Boden gestampften, beulengleich aufgeschwollenen oder auf einen Bruchteil reduzierten Staaten, die inzwischen wieder ausgelöscht, zerstückelt oder territorial angeschwollen sind, haben keine äussere Form, weil sie keine innere Form haben. Modernste und archaischste Lebensformen sind unecht aufeinandergepfropft, hybride Grossindustrie über primitivem Agrarfeudalismus, «Grossraum»-Imperialismus über extensiver Bewirtschaftung, rasselnder Militarismus einer «Elite» über die Köpfe patriarchalischer Bauern, Pächter und Hirten weg, denen die Staatszugehörigkeit unendlich viel weniger wichtig ist als die Zugehörigkeit zu ihrer Gemeinde, ihrer Kultur- und Religionsgemeinschaft oder sogar zu ihrer Sippe. Der Lärm der «Elite» ist nur so gross, weil er in einem Hohlraum ertönt. Und das Schauspiel, das diese agierenden «Eliten» der Welt liefern, ist alles andere als erbaulich; so wie bis 1938 die «Sieger» des Weltkrieges, an Frankreich angelehnt, ihre «Ententen» einzig gegen das besiegte Ungarn und Bulgarien aufbauten, so fielen nach dem Signal von München, als Frankreich seine östlichen Verbündeten im Stich liess, alle Nachbarn über die Tschechoslowakei her; 1940, als Deutschland der Sowjetunion gegen Rumänien «freie Hand» liess, waren sogleich Ungarn und Bulgarien bei der Hand, um ihr Stück aus dem sich in Krämpfen windenden Land zu reissen, und selbst im Londoner Exil träumt die Regierung Polens von Annexionen bis zur Elbe und Massendeportationen der «fremdstämmigen» Einwohner, bereiten Exiltschechen die Vertreibung von drei Millionen Sudetendeutschen vor, suchen die «russophilen» Bulgaren den Augenblick für ein Grossbulgarien bis zur Ägäis, geht zwei Schritte vor dem Abgrund der rumänisch-ungarische Disput über Siebenbürgen weiter. «Balkan», sagen wir achselzuckend. Aber es ist nur die ordenbehängte Oberfläche des «Balkans», und unter ihr lebt jener primitive, partikularistische, «wilde» Freiheitswille, der sich in diesen Jahren im Volkskrieg Jugoslawiens und Griechenlands zeigte und den man nur mit Vorbehalt Nationalismus nennen darf, weil er nichts zu tun hat mit dem Willen, die Herrschaft einer regierenden Kamarilla mit der Herrschaft einer andern zu vertauschen.

Seit bald zwei Jahren ist es offensichtlich, dass die «Eliten», die 1941 in den Krieg marschierten, wieder aus ihm heraus möchten; sie marschieren nicht mehr, sondern treten an Ort, und ihre Kriegsbeteiligung ist nur noch «symbolisch». Die ungarische Regierung hat heftig betont, dass nur gleichsam aus Versehen letzthin ungarische Truppen in die Kampfhandlungen verwickelt wurden, weil die Russen schneller nach Westen vorrückten, als sich die Ungarn zurückziehen konnten. Aber zu mehr als zu Gerüchten hat diese Dauerkrise nicht geführt. Es ist immer schwieriger, aus einem Krieg heraus, als in ihn hineinzukommen. Aber bei aller Verschiedenheit zwischen der Situation der östlichen «Kleinstaaten» lässt sich in diesem besonderen Fall die Schwierigkeit doch auf eine recht einfache Formel bringen: sie möchten, oder jedenfalls ihre «Eliten» möchten sehr gern auf die angelsächsische Seite hinüberwechseln, trotz der Schrecken einer alliierten «Befreiung», wie sie jetzt Italien erlebt – aber sie stehen *zwischen Deutschland und Russland.* In dieser Beziehung ist ihre Lage paradoxerweise nicht viel schwieriger als die der «alliierten» polnischen Exilregierung, die sich ebenfalls, und zwar schon im Sommer 1939, zwischen Deutschland und Russland für – England entschied. Und sehr wahrscheinlich ist der Fall der Türkei, bei der es sich zwar nicht darum handelt, rechtzeitig aus dem Krieg hinaus, sondern noch in ihn hineinzukommen, durchaus analog; dass sich dieser Kriegseintritt, der schon ebensolang «anhängig» ist wie der Kriegsaustritt der osteuropäischen «Kleinen», wieder und vielleicht endgültig zerschlagen hat, bedeutet nach Londoner Auffassung nicht «eine Krise der englisch-türkischen Allianz», sondern nur ein «Missverständnis in der Auslegung der Bündnisverpflichtungen». Die Verpflichtungen des Bündnisses von 1939 sind aber dermassen klar, dass sich das «Missverständnis» kaum auf etwas anderes beziehen kann als auf das «im Moment der Unterzeichnung» angehängte Zusatzprotokoll, in dem festgelegt wird: «Die von der Türkei übernommenen Pflichten können dieses Land nicht zu einer Handlung zwingen, die zur Folge und Wirkung hätte, es in einen bewaffneten Konflikt mit der UdSSR zu verwickeln ...» Sie alle sind in der unangenehmen Lage, nicht nur zwischen den *gegenwärtigen* Kriegsparteien, sondern auch schon zum vornherein zwischen den Stühlen der *kommenden* interalliierten Auseinandersetzung zu sitzen.

Osteuropa ist das *Land zwischen den Mühlsteinen*. Es gibt vielleicht einen einzigen hellen Augenblick in der Geschichte dieses unglücklichen Landstrichs, jenes 14. Jahrhundert, in dem im Intervall zwischen Mongolensturm, deutscher Kolonisation und türkischer Eroberung die Länder Osteuropas den Anschluss an die westeuropäische Entwicklung fanden, als der Luxemburger Karl IV. von Prag aus das Reich regierte und die Anjou in Ungarn und Polen herrschten, deren Könige den Titel «der Grosse» trugen und von Krakau bis Fünfkirchen Universitäten und Städte gründeten. Seither hat ein halbes Jahrtausend diese Ansätze wieder verschüttet und Osteuropa zwischen Türken und Habsburgern, Schweden, Deutschen und Russen zermahlen und «balkanisiert». Es ist eine lange und grausame Geschichte, die niemanden interessiert und deren Ende noch nicht abzusehen ist. Sicher ist nur, dass das Versailler Rezept, dieses Völkergemenge nach westlichem Muster in Nationalstaaten abzuzirkeln, in denen dann immer die runde Hälfte der Bevölkerung aus «nationalen Minderheiten» besteht, bloss weil eine Zufallsgrenze sie von ihren Sprachgenossen scheidet, womöglich noch schlimmer ist als eine Fremdherrschaft. Die «föderative Auflockerung» Russlands ist ganz offensichtlich auf diese Länder zugeschnitten.

Auch *Finnland* war viele Jahrhunderte lang ein «Land zwischen den Mühlsteinen», und seine heutige Lage ist durchaus mit derjenigen der andern «Oststaaten» zu vergleichen. Und doch ist diese Ähnlichkeit nur äusserlich. Finnland, das durch alle Fremdherrschaften hindurch seine Eigenpersönlichkeit und Autonomie bewahrt hat, ist kein «Balkanstaat», und trotz der Friedenssehnsucht und dem Gefühl, auf der falschen Seite zu kämpfen, ist der russische Versuch, sich in Finnland eine Partei zu schaffen, erfolglos geblieben. 1918 bis 1920 vermochte nur deutsche Hilfe und blutiger Terror die Sowjetrevolution in Finnland niederzuschlagen, noch nach 1930 überzog die faschistische Lappobewegung das Land mit «antibolschewistischem» Bürgerkrieg, und die auch nach dem Scheitern der Lappo stets gewahrte Tradition des finnischen Bürgertums als äusserster «Vorposten der bürgerlichen Welt» gegen Russland mag viel zum russischen «Präventivkrieg» von 1940 beigetragen haben – aber als Russland glaubte, die finnische Arbeiterbewegung zu rein machtpolitischen Zwecken, zur Eroberung eines militärischen Glacis, als «fünfte Kolonne» einsetzen zu können, stiess es auf den geschlossenen Block eines ganzen Volkes, das sein Selbstbestimmungsrecht verteidigte, und der «Revolutionsführer» Kuusinen erwies sich als blosser Quisling. Hier hat sich die Sowjetunion nach dem Winterkrieg von 1940 und nach der Annexion Westkareliens, die die Auswanderung fast der ganzen Bevölkerung zur Folge hatte, zum drittenmal eine moralische Niederlage zugezogen, die kein beim gegebenen Kräfteverhältnis nicht sehr ruhmreicher militärischer und machtpolitischer Erfolg auszulöschen vermag. Keine säbelrasselnde «Elite» hat Finnland 1941 in den Beutezug nach Osten mitgerissen, sondern von den unter dem Regime des Ribbentrop-Molotow-Paktes errichteten Positionen aus begannen die deutschen und russischen Truppen den Krieg auf finnischem Boden, und die Westmächte, die anderthalb Jahre zuvor Finnland ihre Waffenhilfe gegen Russland angeboten hatten, waren nun plötzlich die Verbündeten Russlands. Der Friede wäre vielleicht einfach, wenn es in diesem Krieg zwei Parteien gäbe. Aber es gibt deren drei, und zwischen den Rädern dieses Weltkrieges zu dritt scheint es kein Entkommen zu geben.[217]

«Das Verhalten der Kleinen kann in grossen Zusammenhängen ... sich aber sehr viel stärker auswirken, als es den rechnerischen Verhältnissen entspräche», schliesst der Artikel im «Reich». Hoffen wir es! Und es mag leicht geschehen, dass auch unter den «Grossen» einige sich eines Tages gern ganz klein machen würden.

26. Februar 1944

Lagebericht Churchills. Cassino. Die alliierte Luftoffensive

Es war vielleicht ungerecht, von der *Unterhausrede* des britischen Premierministers zu erwarten, dass sie ein «Ereignis» sein werde, denn der Kommentar kann schwerlich gewichtiger sein als das Kommentierte, und zu kommentieren war im Bereich der angelsächsischen Kriegführung ausser dem schlechten Wetter in Italien und dem monotonen Anschwellen des Bombenterrors wenig. Aber es war unvermeidlich, dass die englische Öffentlichkeit in Ermangelung anderer erfreulicher Ereignisse auf diese Rede wie auf ein Stichwort wartete. Und so konnte eigentlich nicht viel anderes als eine Enttäuschung herauskommen. In London war die lange Verzögerung der Unterhausdebatte seit Wochen andeutungsvoll damit begründet worden, dass zuerst noch «gewisse Ereignisse» eintreten müssten. Nun hat Churchill gesprochen, ohne dass irgend jemand etwas von vorhergehenden entscheidenden Ereignissen bemerkt hat. Sind die «gewissen Ereignisse» definitiv nicht eingetreten, so dass es sich nicht mehr lohnte, sie abzuwarten? Es wäre möglich, solches aus dem völligen Schweigen Churchills über manche Fragen, wie über die Türkei und Finnland, herauszulesen oder seine knappe Mitteilung, dass «die Nationalsozialistische Partei und die deutsche Generalität beschlossen haben, geeint zu bleiben», als enttäuschte Erwartung zu interpretieren; aber das sind Spekulationen im Leeren. Auf jeden Fall sind in der englischen «öffentlichen Meinung» an Stelle jener Iden des März, welche die deutsche «Europapress» in geschickter Imitation von Churchills blumenreichem Stil dem Premier in den Mund gelegt hatte, wieder die griechischen Kalenden getreten, und auch in Berlin findet man nun, das Invasionsthema, auf das sich der Propagandaapparat eben völlig eingespielt hatte, habe nun wieder «an Aktualität verloren» – was natürlich beiderseits eine Kriegslist sein kann, es aber nun schon ein dutzendmal eben nicht war. Churchill begrüsste geradezu den «Entscheid Hitlers ... in Italien eine zweite bedeutende Front aufzurichten», mit der bemerkenswerten Feststellung: «Wir müssen die Deutschen irgendwo in diesem Krieg an einer Landfront direkt bekämpfen. Diese Abnützungsschlacht in Italien beschäftigt Truppen ...» Unter diesem Gesichtspunkt, die Deutschen zu «beschäftigen», kann ja eigentlich nichts schief gehen: hält die deutsche Wehrmacht stand, so dass aus einer «Schneckenoffensive» eine «Offensive an Ort» wird, obwohl in Nettuno[218] ein zweites Schneckenhaus etabliert wurde, so ist das ein alliierter Erfolg, weil es deutsche Truppen bindet, und setzen sich die Deutschen «elastisch ab», so ist es natürlich erst recht ein alliierter Erfolg. Es steht den Alliierten völlig frei, den Zeitpunkt zu wählen, in dem sie vom Abnützungskrieg zur Offensive übergehen wollen, und deshalb verliert die Invasionsdrohung für Deutschland auch dann nicht an Gewicht, wenn sie zum zehntenmal überfällig wird. Zwischen den beiden Arten der Kriegführung liegt nur ein Unterschied des Tempos – und des Risikos; denn die Zerstörungen des Abnützungskrieges sind offenbar noch lange nicht gross genug, um die «hundertprozentige Sicherheit» einer Landungsoperation zu gewährleisten.

Um so grösser aber ist der Unterschied für Europa. Vom *italienischen Kriegsschauplatz* kamen vor einigen Wochen Nachrichten unter dem Motto «Ritterlichkeit auf dem Schlachtfelde», wonach die Deutschen bei Cassino[219] einen Waffenstillstand für die Bergung ihrer Leichen erbeten und erhalten und die amerikanischen Truppen ihnen sogar beim Einsammeln der Leichen brüderlich geholfen hätten. In Berlin wurden diese Meldungen sogleich als «schamlose Fälschungen» dementiert; nicht die Deutschen, sondern die Amerikaner hätten einen Waffenstillstand erbeten, um ihre Leichen zu sammeln, und seien nun niederträchtig genug, diese grosszügig bewilligte Waffenruhe verleumderisch zu missbrauchen. Seit dieser makabren Episode ist die «Ritterlichkeit auf dem Schlachtfeld» wieder aus der Aktualität in die Schulbücher zurückgekehrt, in die sie gehört; dafür wurde das abendländische Mutterkloster von Monte Cassino dem Erdboden gleichgemacht, und aus den Ruinen wirbelte eine Polemik auf, die bis in die Einzelheiten an die Polemik des letzten Krieges um die Beschiessung der Kathedrale von Reims erinnert. Und der Abnützungskrieg, der ja «irgendwo» geführt werden muss, geht weiter. «Der Stolz Roms, der Kranz seiner schönen Bergstädte, schickt sich an, zu sterben», berichtet in den «Münchener Neuesten Nachrichten» ein Kriegsberichterstatter. «In Marino sind ganze Stadtteile senkrecht über die Felswände hinab in die Tiefe gestürzt. Grotta Ferrata, auf das täglich ein Regen von Bomben herabprasselt, ist nur noch ein Trümmerhaufen.» Und der neofaschistische Direktor der Turiner «Stampa», Dr. Pettinato, sucht die Italiener mit folgender Schilderung des drohenden «wissenschaftlichen Rückzugs» der Deutschen aus ihrer Lethargie aufzuschrecken: «Die Deutschen handeln dort, wo ein Rückzug erforderlich ist, mit grosser Überlegung... Dort, wo sich ein deutsches Bataillon befand, bleiben nichts als Trümmer. Wenn die Angelsachsen auch die restlichen 150 000 Quadratkilometer italienischen Bodens besetzen sollten, so bliebe nach dem Rückzug der deutschen Truppen nichts übrig als der nackte Boden; von Italien wäre praktisch nichts mehr vorhanden...» Niemand kann bestreiten, dass die Alliierten hier mit verhältnismässig geringem Aufwand von Kräften grosse Wirkungen erzielen – das Grundprinzip des Abnützungskrieges. Aber es ist vielleicht «amüsant», wieder einmal den Text der Flugblätter nachzulesen, welche sie am Tage der Kapitulation Italiens über diesem unglücklichen Lande abwarfen: «Mächtige britische, amerikanische und kanadische Armeen landen jetzt im Herzen Italiens. Diese Armeen mit ihrer gewaltigen Ausrüstung, unterstützt von den unbesiegbaren alliierten Luftstreitkräften und der ganzen Macht der alliierten Flotten im Mittelmeer, geben euch Italienern die letzte grosse Chance. Jetzt hat Italien die Möglichkeit, Rache an seinen deutschen Unterdrückern zu nehmen!» Seither freilich fallen nur noch Bomben.

In gleicher monotoner Steigerung geht das zweite «Vorspiel der Invasion», die alliierte *Luftoffensive*, weiter. «Der Gedanke, dass wir die Verwendung dieses Hauptmittels zur Abkürzung des Krieges einschränken oder begrenzen sollten, wird von den Regierungen der alliierten Mächte abgelehnt», schloss Churchill unter lebhaftem Beifall des Unterhauses die Diskussion ab, welche der Protest einiger englischer Bischöfe gegen die «Teppichbombardements» hervorgerufen hatte. Und gleichsam als Antwort an Goebbels, der nach der Zertrümmerung Berlins die «Gerechtigkeit in der Geschichte» gegen die Alliierten angerufen hatte, erklärte der Premier: «Ich begnüge mich, hier zu sagen, dass es beim Ablauf der Ereignisse mit der Zeit eine unumstössliche Gerechtigkeit geben wird ... Man muss übrigens abwarten, was Deutschland für Prüfungen bevorstehen, wenn seine Verteidigungsmöglichkeiten durch die Ausschaltung seiner Jagdluftwaffe fast vernichtet sein werden ...» Die «Gerechten» können in Ruhe abwarten; aber die Bomben fallen auf Gerechte und Ungerechte. Vor kurzem verbreitete der freifranzösische Sender Brazzaville eine Erklärung von Delegierten der französischen Widerstandsbewegung, es sei «für das französische Volk schwer», gegen die «Bombardierungen des besetzten Frankreich während der Tagesstunden» keine Einwände zu erheben, «da im Vergleich zu den Ergebnissen unverhältnismässig viele Franzosen ihr Leben lassen müssen». Es wird offenbar auch in England immer zahlreicheren Leuten schwer, keine Einwände zu erheben und in dieser Methode, mit dem Höchstmass von Vernichtung das Mindestmass militärischen Nutzeffektes zu erreichen, immer noch das «Hauptmittel zur Abkürzung des Krieges» zu sehen. Es scheint, dass General Montgomery eine weitverbreitete Stimmung traf, als er nach seiner Ernennung zum Oberkommandierenden der britischen Invasionstruppen am 2. Februar erklärte: «Dieser Krieg hat vor langer Zeit begonnen. Ich bekomme langsam genug davon. Ich glaube, es ist Zeit, dass wir ihn beendigen.» Die deutschen Raids gegen London, so wenig sie der Wucht der alliierten Bomberoffensiven auf Europa gleichkommen, können diese Ungeduld nur steigern und damit vielleicht das Gegenteil des Gewollten erreichen.

Alle Nachwahlen dieses Jahres zum britischen Parlament haben gezeigt, dass in England ein wirkliches «malaise» besteht. Dreimal in wenigen Wochen, in Skipton, Brighton und West-Derbyshire, hat sich nun Churchill mit seinem persönlichen Eintreten für den konservativen Burgfriedenskandidaten Niederlagen geholt. Es ist schwer, dabei die Rolle der Kriegsentwicklung gegen die der inneren Entwicklung Englands abzuwägen. In beiden Fällen aber ist es nicht eine Missstimmung über positive Taten, sondern über die – wirkliche oder scheinbare – Untätigkeit der Regierung. Vor mehr als einem Jahr schrieb der «Economist»: «Viele Reden werden über den Wiederaufbau und die Entwicklung Grossbritanniens gehalten. Aber nichts wird getan. Keine Politik wird formuliert ... In der Oper erklärt Koko dem Mikado, dass wenn er, der Kaiser, etwas verordne, es so gut wie getan sei, so dass keine weiteren Schritte zur Ausführung nötig seien. In der heutigen «Planung» herrscht derselbe Leerlauf. Die Reden sind grossartig, die Taten null.» In der diesmaligen Neujahrsbetrachtung konnte sich der «Economist» kürzer fassen: «Der Morgen bricht an, und wir wissen noch nicht, was wir mit dem Tag anfangen werden.» Denn auch die Reden haben sich inzwischen totgelaufen.

In einem Punkt dagegen vermochte Churchill seine Zuhörer zu beruhigen: dass nämlich, wie er versicherte, in den Beziehungen zu Russland *«seit Moskau und Teheran kein Rückschritt eingetreten»* sei – wobei allerdings das Rätselraten darüber bestehen bleibt, welches denn die Ergebnisse von Moskau und Teheran waren. Tags darauf bestätigte Stalin in seinem Tagesbefehl zum Jahrestag der Roten Armee, dass alle deutschen Versuche, die «Anti-Hitler-Koalition» zu sprengen, aussichtslos seien; aber weder diese noch die andern Bezeichnungen, die Stalin für den «Kampfverband» der Alliierten verwendete, deuteten im geringsten darauf hin, dass über Hitler und den Krieg hinaus gemeinsame Interessen bestünden. Klar ist jetzt nur, dass dort die östlichen «Glacis»-Ansprüche Sowjetrusslands gebilligt worden sind und Stalin und Churchill auch darüber einig wurden, «dass Polen eine Kompensation auf Kosten Nord- und Ostdeutschlands gegeben werden muss». Die polnische Regierung hat inzwischen bereits halboffiziell mitgeteilt, dass sie sich mit der Abtretung der nichtpolnischen Ostgebiete, die Polen zwischen den beiden Weltkriegen beherrschte, niemals einverstanden erklären könne; dass sie auch die Einverleibung neuer nichtpolnischer Gebiete im Westen ablehne, davon war in dieser Erklärung nicht die Rede. Damit sind wir wieder mitten in den Länder- und Völkerschiebereien, Annexionen und «Kompensationen» einer Politik, die bereits Wilson am Ende des letzten Krieges totgesagt hatte. Das Wilson-Programm hatte vierzehn Punkte und wurde erst bei Kriegsende über den Haufen geworfen; die Atlantik-Charta hat nur vier Punkte und ist schon lange vor Kriegsende nur noch ein «Fetzen Papier». Churchill und nach ihm Eden haben so deutlich wie nur möglich ausgesprochen, dass «eine Anwendung der Atlantik-Charta auf Deutschland als ein Rechtsanspruch nicht in Frage» komme und die Sieger «nur durch unser eigenes Gewissen an die Gebote der Kultur gebunden sind». Die Atlantik-Charta ist also eine «*charte octroyée*» im absolutistischen Stil der Restaurationszeit, als die Herrscher der Heiligen Allianz ihren Völkern zwar «Verfassungen» gewährten, aber nicht als sie selbst bindende Verpflichtung, sondern als königliche «Gnade», für die sie nur vor ihrem Gewissen verantwortlich seien; worauf die Liberalen jener Zeit mit Recht antworteten, dass eine solche «Verfassung» überhaupt keine sei. Damit dürfte dieser schwächliche, zögernde Ansatzpunkt eines Völkerrechtes endgültig begraben sein. Je länger der Krieg «abgekürzt» wird, desto ferner rückt der Friede, der dieser Bezeichnung würdig wäre.

4. März 1944

Veröffentlichung der russischen Waffenstillstandsbedingungen für Finnland

Die unheroische Frage, ob irgendein Ausgang des Krieges schlimmer sein könne als der Krieg selbst und ob es für das gemeine «Menschenmaterial» nicht immer noch erträglicher sei, auf diplomatischem Wege besiegt, als in einer Reihe moderner Schlachten vernichtet zu werden, ist nicht in jedem Fall ein Privileg der Quislinge. Es mag für das Nationalbewusstsein eines Landes besonders hart sein, einen Krieg zu verlieren, ohne eine Schlacht verloren zu haben, einfach darum, weil man auf die falsche Seite setzte. Aber dieses Schicksal Finnlands ist nur deshalb möglich, weil die These vom «eigenen Krieg» eine Legende ist: nicht einen «eigenen Krieg» hat Finnland verloren, sondern als exponiertestes Glied einer zerbröckelnden Koalition ist es zum Waffenstillstand gezwungen, und die Schwierigkeit liegt, wie sich nun zeigt, nicht darin, aus dem «eigenen Krieg» auszuscheiden, sondern aus dieser Koalition, die juristisch keine ist. Denn das «nichtverbündete» Deutschland hat hunderttausend Mann auf finnischem Boden und wenig juristische Skrupel. Zwar würde, nach der Zeitung des finnischen Ministerpräsidenten, «die Internierung der deutschen Truppen im Norden Finnland in eine unmögliche und ehrlose Situation versetzen. Die Sowjetunion verlangt zwar von Finnland nicht, dass es Deutschland den Krieg erklärt, aber wenn Finnland den Russen erlaubt, die Deutschen aus Finnland zu verjagen, dann ist das

Resultat dasselbe.» Den Ehrenkodex unter «Waffenkameraden» müssen die Finnen wohl mit General Dietl[220] und dessen oberstem Chef ausmachen; aber wenn diese nach dem Prinzip, Schlachten und «wissenschaftliche Rückzüge» möglichst auf fremdem Boden durchzuführen, die deutschen Truppen weder abziehen noch internieren lassen, sondern den Krieg von Finnland aus fortzusetzen wünschen, so ist es schwer, daraus der Sowjetregierung einen Vorwurf zu machen. Die Lage Finnlands ist fast so tragisch wie die jenes andern Landes, das aus seinem eigenen Krieg auszuscheiden wünschte und als vom gestrigen «Waffenkameraden» besetztes Gebiet erwachte; hätte Finnland wirklich einen Sonderkrieg geführt, so wäre es weniger kompliziert, einen «Sonderfrieden» zu schliessen.

Die angelsächsische Presse bezeichnet die russischen Waffenstillstandsbedingungen in begeistertem Chor als «überaus massvoll», die finnische nennt sie schlechthin «furchtbar». Gewiss fällt es mit zunehmender räumlicher oder historischer Distanz leichter, die Grosszügigkeit eines Siegers zu bewundern. Fest steht nur, dass weder im letzten noch in diesem Krieg, der auf beiden Seiten schon Sonderfrieden und Kapitulationen gesehen hat, je ein grosszügigeres Angebot an einen Gegner gemacht wurde. Neben der bedingungslosen Kapitulation auf Gnade oder Ungnade, verbunden mit dem stillschweigenden Verzicht auf alle Kolonien, der faktischen Kriegseröffnung gegen den Achsenpartner mit allen Insignien des Verrats, zu der Italien gezwungen wurde, ist die russische Offerte, zum Zustand des Friedens von 1940 zurückzukehren, wirklich ein Maximum des Entgegenkommens; vom Sieger gar noch die Abtretung eigener, wenn auch in einem nicht sehr weit zurückliegenden Vertrag erworbener Gebiete zu verlangen, geht wirklich etwas zu weit. Aber ist dieses Angebot ehrlich gemeint? Versteckt sich hinter der russischen Hilfsbereitschaft zur Vertreibung der deutschen Besatzungstruppen im Norden die hinterhältige Absicht, Finnland zu besetzen, sind die den späteren Verhandlungen vorbehaltenen Punkte Fallen, in denen Finnland nach der Waffenniederlegung gefangen sein wird? Es ist aus der Ferne nicht einzusehen, weshalb die Sowjetregierung, die militärisch in der Lage wäre, jede Forderung zu stellen, zu solcher Heimtücke Zuflucht nehmen sollte. Die Mässigung ihrer Bedingungen kann kaum militärischer Schwäche zugeschrieben werden, sondern nur ihrem Wunsch, die abschüssige Bahn unbegrenzter Eroberungen zu vermeiden und den Verbündeten die Möglichkeit eines modus vivendi zu demonstrieren; dieser Grund hätte Russland nicht hindern müssen, nach angelsächsischem Vorbild die «unbedingte Kapitulation» zu fordern, aber er muss es hindern, eine Wegelagererpolitik zu betreiben, wie das hinter den massvollen Waffenstillstandsbedingungen vermutete Falschspiel eine wäre.[221]

Aber das ist eine Frage des Vertrauens, und zwischen der Sowjetunion und Finnland haben sich Wälle des Misstrauens aufgetürmt. «Im Auftrage der Sowjetregierung erklärte Frau Kollontay, dass die Sowjetregierung keinerlei Veranlassung habe, besonderes Vertrauen zur gegenwärtigen finnischen Regierung zu haben, dass sie jedoch, wenn die Finnen keine anderen Möglichkeiten besässen, im Interesse des Friedens bereit sei, mit der gegenwärtigen finnischen Regierung Verhandlungen zu führen», heisst es im russischen Communiqué über die Vorverhandlungen in Stockholm. Dieses Misstrauen war schon der Grund des ersten finnisch-russischen Krieges vor vier Jahren; die finnischen Regierungen, besonders in der langen Präsidentschaftszeit des soeben verstorbenen Hocharistokraten Svinhufvud, die mit der Lappobewegung und dem nationalsozialistischen «Umbruch» in Deutschland zusammenfiel, haben wenig getan, um die Sowjetregierung von der Überzeugung abzubringen, dass sich Finnland jedem Interventionskrieg gegen die Räteunion zur Verfügung stellen werde, und die Sowjetregierung behauptete offiziell, Beweise für einen gemeinsamen deutsch-finnischen Generalstabsplan für den Angriff auf Leningrad – das 18 Kilometer von der alten finnischen Grenze entfernt liegt – zu besitzen. Der in den letzten Tagen vor der Veröffentlichung der Waffenstillstandsbedingungen aufgestiegene provozierende Versuchsballon, Finnland von amerikanischen Truppen als «Sicherung» gegen Russland besetzen zu lassen, war vielleicht eine blosse amerikanische Agenturente, aber sicherlich auch nicht zur Förderung des Vertrauens geeignet. Da Russland den finnischen Regierungen misstraute, misstraute Finnland der Sowjetregierung, und umgekehrt; es ist in solchen Dingen schwer zu entscheiden, wer «anfing». In Wirklichkeit war dieses gegenseitige Misstrauen wie verschwunden, seit die finnische Unabhängigkeit durch die Niederschlagung der russischen Revolution mit deutscher Hilfe entstand. Als sich die finnische Regierung 1941 dem deutschen Kriegszug anschloss, um das im ersten Winterkrieg von den Russen «zur Sicherung Leningrads» Finnland entrissene Gebiet wiederzuerobern, erklärten alle finnischen Sprecher monatelang, dass Finnland nie mehr mit der Sowjetregierung verhandeln werde, da es grundsätzlich unmöglich sei, mit ihr nachbarlich zusammenzuleben; das Kriegsziel konnte daher kein anderes sein als die Vernichtung des Sowjetregimes schlechthin. Davon ist nun seit langem nicht mehr die Rede; aber nur die Machtverhältnisse haben sich geändert, nicht die Abgründigkeit des Misstrauens. Wie soll die finnische Regierung mit einem Partner verhandeln, den sie von vornherein für vertragsbrüchig hält und von dessen Absicht, Finnland zu revolutionieren und einzuverleiben, sie überzeugt ist? Keine Regierung, auch die Sowjetregierung nicht, ist in der Lage, einem Misstrauen gegenüber, das jede Zusicherung für wertlos hält, Garantien gegen die eigene Treulosigkeit zu geben; der finnische Wunsch aber, solche Garantien von dritter Seite, vor allem vom befreundeten und in Finnland kapitalinteressierten Amerika zu erhalten, kann in Moskau nur das Misstrauen erwecken, dass Finnland den gescheiterten deutschen Kreuzzug nur verlassen wolle, um sich sogleich in den Dienst einer andern «Einkreisung» zu stellen.[222]

So stehen die schwierigen finnisch-russischen Friedensverhandlungen im Schatten des grösseren Problems der russisch-angelsächsischen Beziehungen. Das Misstrauen, unablässig überbrückt und immer wieder ausbrechend, ist im Grunde dasselbe. Interessenzonen beliebiger strukturell gleicher Regierungen, etwa

Englands und Amerikas, können sich bei aller Schärfe der Konkurrenz gegenseitig durchdringen; aber die Sowjetunion mit ihrem von Grund auf verschiedenen sozialen und wirtschaftlichen Aufbau ist ein «Loch» in der angelsächsischen «Weltwirtschaft», und jedes Gebiet, das mit oder ohne russischen Einfluss zu sozialistischen Organisationsformen gelangt, scheidet beinahe so aus dem «Weltmarkt» aus, als ob es vom Feinde besetzt wäre. Anderseits, so sehr sich auch die bolschewistische Praxis geändert hat, ist die marxistische Gesellschaftsanalyse doch die offizielle Theorie geblieben, die dem russischen Denken über die «kapitalistische Welt» zugrunde liegt, und es wäre naiv, anzunehmen, dass die Sowjetregierungen ihre gegenwärtigen Verbündeten nicht mehr als imperialistische, nach Absatz- und Kapitalmärkten hungernde Staaten ansähe. Das ist die Grundlage des gegenseitigen Misstrauens, das diesen Krieg mehr zu verlängern droht als die Deutschland verbliebene Abwehrkraft und das, wenn der gemeinsame Gegner niedergeworfen ist, in Europa zusammenzuprallen droht. Aber wenn es leicht ist, diesen grundsätzlich unaufhebbaren Gegensatz herauszustreichen und alle Versuche der alliierten Regierungen, einen modus vivendi zu finden, zu belächeln, so hängt doch für Europa alles davon ab, diesen neuen und furchtbareren Zusammenstoss auf seinem blutgetränkten Boden zu verhindern. Er kann nicht durch Interessenfusion und noch weniger durch Abgrenzung von Interessenzonen verhindert werden, sondern nach menschlichem Ermessen nur dadurch, dass die Befreiung Europas eine wirkliche Befreiung und nicht eine Errichtung angelsächsischer Kolonialzonen im Stil der «Amgot» oder russischer Protektorate im Stil der «autonomen Sowjetrepubliken» sein wird, sondern eine nach beiden Seiten unabhängige Staatengemeinschaft entstehen lässt, die nach innen und aussen Frieden zu halten fähig ist. Diese «Utopie» ist das Kriterium aller wirklichen Friedensbemühungen, und ihre «Unmöglichkeit» ist wiederum leicht, aber immerhin noch schwerer zu beweisen als ihre Notwendigkeit. Die Erklärungen Churchills und Edens haben einen Teil der englischen Presse veranlasst, «Verrat» zu rufen, aber ihre Kompromissbereitschaft war in dieser Beziehung verheissungsvoller als viele frühere Äusserungen, und sie haben das Europa des «Widerstandes», das das Europa von morgen sein wird, wenigstens zum Teil de facto anerkannt. Stalins Erklärung, dass er «den Abenteurerweg des Eroberers» ablehne, ist in seiner Begründung mit seinem «Wirklichkeitssinn» schwerlich nur eine Phrase. Nichts ist schwerer, als Misstrauen zu entwurzeln. Zwischen Moskau und Helsingfors spielt sich jetzt vielleicht eine Hauptprobe über die Möglichkeit des Friedens ab, bedeutungsvoller als alle Kriegshandlungen, die augenblicklich vor sich gehen.

11. März 1944

Wahljahr in den Vereinigten Staaten

Es gehört zu den Seltsamkeiten der Vereinigten Staaten, dass es in diesem Lande während je eines von vier Jahren nicht möglich ist, Politik zu treiben, sondern nur, die Wahlen vorzubereiten. Die Parteimaschinen laufen, die Bosse tasten die öffentliche Meinung ab, das ganze Land verwandelt sich in ein Gallup-Laboratorium, bis die «Caucusse»[223] der beiden grossen Parteimaschinen zusammentreten und in wirrem Kulissenspiel die beiden Kandidaten gebären, zwischen denen das Volk zu wählen hat. Wird dann gar ein neuer Präsident gewählt, so entsteht bis zu seinem Amtsantritt ein fast halbjähriges Interregnum, in dem bestenfalls noch die «laufenden Geschäfte» besorgt werden können. Dann tritt der neue Chef sein Amt an, die Staatsposten werden von seinen Parteileuten im Sturm genommen, und die Welt hat wieder für vier Jahre ihren «mächtigsten Mann». Aber die Stabilität ist mit diesen periodischen Konvulsionen, denen gegenüber die Kabinettskrisen parlamentarischer Regierungen Kinderspiele sind, teuer erkauft.

Amerika ist in das Schalt- und Wahljahr 1944 eingetreten. Die Parteimaschinen laufen, und das schlimmste ist: sie laufen leer. Es ist eine zweite Seltsamkeit der Vereinigten Staaten, dass es Parteimaschinen, aber keine Parteien hat. Nur Archäologen wissen noch, welches Programm die Namen «Republikaner» und «Demokraten» einst bedeuteten. Heute reduzieren sich die Programme beider Parteien im ganzen darauf, dass sie die Stimmen der Wähler haben wollen. Dementsprechend ist an Stelle jedes Programms die auf Paragraphen gebrachte Wahlpropaganda, die von Wahl zu Wahl auswechselbare «Plattform» getreten, die jeweils zugleich mit dem Kandidaten ausgebrütet wird. Das Fehlen eines Programms muss durch Übertrumpfung in der Demagogie wettgemacht werden. Das vollkommenste Wahlsystem der Welt hat dazu geführt, dass die Wahl aus einer Entscheidung über die zukünftige Politik zu einem Fiebermesser geworden ist, oder vielmehr zu einer Entscheidung zwischen zwei Fiebermessern. Dieser Mechanismus scheint imstande zu sein, jede Bewegung der öffentlichen Meinung, jede Opposition aufzufangen und in ein steriles Hin- und Herschaukeln zwischen der Regierungspartei von heute und der Regierungspartei von gestern, die zufällig nun gerade «Opposition» ist, zu verwandeln. Es wäre freilich ungerecht, allein diesen Mechanismus für einen Zustand verantwortlich zu machen, der nur möglich ist, weil eben die «öffentliche Meinung» selbst amorph und unorganisiert ist, erst in der Kristallisation begriffen wie die soziale Struktur dieses Landes, das vor einem halben Jahrhundert noch eine «frontier» zu freiem Siedlungsgebiet, einen «wilden Westen» besass und in dem der jähe Aufstieg vom Schuhputzer zum Multimillionär zwar nicht mehr recht der Wirklichkeit, wohl aber der um so sorgfältiger gepflegten offiziellen Ideologie angehört. Ein englischer Satiriker hat kürzlich spitzig erklärt, die Problematik Amerikas liege vor allem in seiner Problemlosigkeit. Die «Ära Roosevelt» hat schon heute in der amerikanischen Geschichte Epoche gemacht; wer erinnert sich noch, dass Roosevelt gegen Hoover gewählt wurde, weil die Amerikaner wieder Whisky trinken dürfen wollten? Das ist das Generalniveau der «Grossraumdemokratie».

Noch sind die Parteikonvente nicht zusammengetreten, die Kandidaturen noch nicht offiziell festgelegt, und schon hat der Kampf um Roosevelts vierte Amtsperiode mit den Konflikten zwischen dem Präsidenten und dem Kongress eingesetzt. Seit dem letzten Sommer sabotiert der Kongress Roosevelts Kampf gegen die Inflation, dessen Massnahmen naturgemäss unpopulär sind; mit der Herabsetzung des Steuerprogramms von 10,6 auf 2,3 Millionen bei gleichzeitiger Aufhebung der Preisstabilisierungssubventionen hat diese Sabotage einen vorläufigen Höhepunkt erreicht. Die Regierung muss nun drei Fünftel ihrer Ausgaben durch Anleihen decken, die neue «Kaufkraft» schaffen, statt die bereits überschüssige «abzuschöpfen»; die Grenze der Staatsschulden wird nochmals erhöht werden müssen – die letzte Erhöhung gestand der Kongress nur unter der Bedingung zu, dass Roosevelt darauf verzichtete, eine Maximalgrenze für private Gehälter festzusetzen –, während mindestens bis zu den Wahlen an eine Erhöhung der Staatseinnahmen nicht mehr zu denken ist. Gleichzeitig lehnte der Kongress die Erneuerung des Gesetzes ab, das dem Präsidenten die Revision der Kontrakte mit den Kriegslieferanten erlaubte, eine zynische Konzession an die Big Business, die ihre grosszügige Preiskalkulation nicht gern überprüfen lässt. Es gibt im Kongress, jenseits der «demokratischen» und «republikanischen» Parteischranken, einen Block des Grosskapitals und einen Farmerblock, aber keinen «Arbeiterblock»; doch wenn das Parlament sich entschliesst, den Kriegsgewinnen und den Agrarpreisen die Zügel schiessen zu lassen, so muss früher oder später auch die Lohnfrage wieder ins Rutschen kommen. Vielleicht ist dies sogar ein Nebenzweck der Übung; denn eine neue Streikwelle würde den Präsidenten, der weiss, wie wenig der Kongress in dieser Frage mit sich spassen lässt, zu Massnahmen zwingen, die ihm auch die «Sympathien links» rauben würden. Roosevelt hat auf diese Kongressbeschlüsse mit einem Veto geantwortet, das zwar glatt überstimmt wurde, dessen Begründung den Repräsentanten aber übel in den Ohren klang: ihr Steuergesetz enthalte «völlig ungerechtfertigte Sondervorrechte für einige privilegierte Gruppen» und sei eine Steuerermässigung «not for the needy but for the greedy». Bereits in seiner Januarbotschaft an den Kongress hatte Roosevelt sich bitter über die «Plagegeister» beklagt, die in den Washingtoner Kongresshallen und Bars agitierten und «den Krieg in erster Linie als eine gute Gelegenheit zur Profitmacherei für sich selbst auf Kosten ihrer Nachbarn betrachten, zur Profitmacherei sowohl in bezug auf Geld wie auf politischen und gesellschaftlichen Vorrang». Solche Töne im Verkehr zwischen Staatsoberhaupt und Parlament machen deutlich, wie sehr beide Teile bereits im Hinblick auf die Novemberwahlen zum Fenster hinaus reden.

Eine andere Niederlage hat der Kongress Roosevelt in der Frage des Wahlverfahrens in der Armee bereitet. Es wäre im Grunde genommen selbstverständlich, dass die aus allen 48 Staaten der Union rekrutierten Truppen nicht wohl nach den 48 verschiedenen Wahlverfahren und Wahlrechtsbestimmungen ihrer Einzelstaaten wählen können. Aber der Plan der Regierung, ein einheitliches Wahlrecht für die Armee einzuführen, stiess auf den geschlossenen Widerstand der Demokraten aus den Südstaaten und der Republikaner jeglicher Herkunft. Der Grund ist ebenso einfach wie beschämend: in den Südstaaten, den ehemaligen Sklavenstaaten, sind die Wahlrechtsklauseln darauf angelegt, die Neger des Stimmrechts zu berauben; kein modernes Wahlverfahren könnte diese Diskrimination zwischen den «freien und gleichen» amerikanischen Bürgern aufrechterhalten, besonders nicht in der Armee, wo der Tod «für Freiheit und Demokratie» von schwarzen und weissen Soldaten gleich verlangt wird und ein schwarzer Panzerwagenführer oder Pilot der US-Air Force nur dann zum «Passivbürger» degradiert werden kann, wenn die ganze alte Wahlrechtsmaschine der Einzelstaaten zuständig bleibt. Es kann ja den Gegnern Roosevelts nur recht sein, wenn dadurch die Abstimmung in der Armee, deren der Präsident sicher zu sein scheint, möglichst erschwert wird. Aber auch dieser Konflikt zeigt, wie wenig die alte Parteischablone, nach der Roosevelt als Demokrat hauptsächlich Vertreter des demokratischen «solid South» wäre, noch der Wirklichkeit entspricht.

Roosevelts scharfe Antwort an den Kongress hat denn auch beinahe zu einer Krise in der Demokratischen Partei geführt. Der Präsident der demokratischen Senatsfraktion, Barklay, erklärte die ganze Volksvertretung für beleidigt, trat demonstrativ zurück und liess sich von Roosevelt inständig bitten, wieder zu seinem Amt zurückzukehren. Ein Washingtoner Korrespondent legte diesen Vorgang dahin aus, «dass die Aussichten Roosevelts auf eine Wiederwahl davon abhängen, ob er sich dazu verstehen kann, den Ansichten des rechten Flügels der Demokratischen Partei in höherem Masse Rechnung zu tragen ... Das könnte zu nicht unerheblichen Änderungen im Personalbestand der Regierung Roosevelts führen.» Diese «Personalveränderungen» haben tatsächlich schon seit Monaten im grössten Stil eingesetzt; bis auf einige unbedeutende Überlebende um den sozialreformerischen Vizepräsidenten Henry Wallace haben alle «New Dealer» an den Kommandohebeln des Staates den Männern der Big Business Platz gemacht. Und Wallace, der heute im ganzen Lande Reden hält wie einer, dem wenig Zeit bleibt, hat wenig Aussicht, von den Demokraten wieder zum Kandidaten für die Vizepräsidentschaft erhoben zu werden; bereits wird als sein aussichtsreichster Nachfolger der Stahltrustdirektor und Morganpartner Stettinius genannt. Und mit der Planung der «Überleitung zur Friedenswirtschaft» hat Roosevelt den gleichen Wallstreetmagnaten Bernard Baruch betraut, der im ersten Weltkrieg die Kriegsproduktion plante und über dessen Verantwortung für die skandalösen Schiebungen und Profite bei den Kriegslieferungen die parlamentarische Untersuchungskommission, vor der er sich zu verantworten hatte, pathetisch feststellte, er habe sich durch seine «enorme Verschwendung und unsinnige Verschleuderung öffentlicher Gelder» zugunsten seiner Wallstreet-Partner «die Missbilligung und Verurteilung des amerikanischen Volkes in den jetzigen und kommenden Zeiten der Republik verdient». Die Richtung, in der der Wind bläst, ist eindeutig. Die demokratische Opposition gegen Roosevelt hat wohl nicht die Absicht, die Wiederwahl Roosevelts zum demokratischen Kandidaten zu hintertreiben, denn mit einem andern Pferd kann die Demokratische Partei das Rennen schwerlich gewinnen, sondern sie hat den Zweck, Roosevelt zur Unterwerfung unter den «Anti-New-Deal» als Bedingung seiner Wahl zu zwingen. In der düsteren Erinnerung an den Fall Wilson, der wie ein Schatten über der Friedenserwartung liegt, schrieb zu Jahresanfang der «New Statesman and Nation» in einem Artikel, der den bezeichnenden Titel «Will it happen again?» trug, das schlimmste für den Weltfrieden wäre nicht, wenn Roosevelt *nicht* wiedergewählt würde, sondern wenn er unter Umständen wiedergewählt würde, die ihm gegenüber einem reaktionären Kongress die Hände binden würden. Diese «schlimmste Möglichkeit» ist auch die wahrscheinlichste geworden.[224]

Die Unmöglichkeit, wirkliche Bindungen für die Zukunft einzugehen, belastet auch die Aussenpolitik und Friedensvorbereitung Amerikas und der «Vereinigten Nationen». Das grausame Wort, das Theodore Roosevelt dem Präsidenten Wilson auf die Versailler Friedenskonferenz mit auf den Weg gab – «Unsere Verbündeten und unsere Feinde und Herr Wilson selbst sollen wissen, dass Herr Wilson keine Befugnis irgendwelcher Art hat, für das amerikanische Volk im jetzigen Augenblick zu sprechen» – kann jederzeit wieder aktuell werden. Aber abgesehen von dieser hintergründigen Drohung beginnt das Wahljahr auch groteske aussenpolitische Blüten zu treiben. Wurde nicht sogar im Konflikt um die polnische Ostgrenze das Gewicht der polnischen Wähler in Amerika in die Diskussion geworfen, die Stalin doch nicht Roosevelt abspenstig machen dürfe? Und ausgerechnet in dem Augenblick, in dem der amerikanische «Ölzar» Ickes mit feierlichen Empfängen arabischer Würdenträger dem amerikanischen Öltrust den Vordern Orient öffnen will, berät der Kongress, angeregt durch eine Massendemonstration der amerikanischen Rabbiner auf dem Kapitol und durch eine intensive zionistische Agitation, eine Resolution, die England zum Widerruf der Garantien an die Araber Palästinas gegen eine unbegrenzte jüdische Einwanderung zwingen soll. Der Protest aller Araberstaaten und die Intervention General Marshalls gegen diesen Griff in ein Wespennest hat nur zur terminlosen Verschiebung dieser Beratung geführt. Erdöl und Wahlen sind in Konflikt geraten, aber das Erdöl ist wichtiger.[225]

Für Europa und selbst für England ist der Krieg eine Katastrophe geworden; die sozialen Probleme brennen und rufen nach einem «New Deal». Für Amerika ist der Krieg bisher eine Konjunktur, die erlaubte, zehn Millionen Arbeitslose wieder in einen Produktionsprozess einzuschalten, der sinnreicherweise gleich auch für die Vernichtung des Produzierten sorgt. Diese «Prosperity» hat, wie der «Boom» des letzten Weltkrieges, eine reaktionäre Welle ausgelöst, die Roosevelts «New Deal», da er zur Konjunkturstützung nicht mehr notwendig scheint, hinwegschwemmt und den Krieg als Unternehmung zur Wiederherstellung des «Weltmarktes» für die amerikanische Überproduktion betrachtet. Der Geist Wilsons ist nicht tot, aber noch lebendiger ist der Geist McKinleys, und die amerikanische Geschäftswelt «is hell-bound for Harding[226]».

18. März 1944

Die zweite Front. Aufnahme diplomatischer Beziehungen zwischen der Sowjetunion und der italienischen Regierung Badoglio

Die Iden des März sind im angelsächsischen Sektor der Kriegführung ereignislos vorübergegangen. Ereignislos: das alliierte Teppichbombardement über Deutschland und Westeuropa erreichte einen neuen Höhepunkt, und die Siebente Armee eröffnete den Generalangriff auf Cassino, indem sie die Stadt zunächst aus der Luft in eine Mörtelhalde verwandelte. General Montgomery sprach, seine kürzlich ausgedrückte Kriegsmüdigkeit überwindend, von der möglicherweise 1945 fallenden Kriegsentscheidung, und bereits vor vierzehn Tagen erklärte Miss Ellen Wilkinson, Staatssekretärin für innere Sicherheit und Präsidentin der Labour Party, die «zweite Front» sei längst eröffnet: «Keine Armee könnte einen solchen Schaden anrichten wie die RAF und die amerikanischen Luftstreitkräfte.» Freilich! Nur richtete sich ja seit zwei Jahren die romantische Erwartung der «zweiten Front» im besetzten Europa nicht auf die Anrichtung möglichst grossen Schadens, denn dafür sorgen die gegenwärtigen Besatzungstruppen im Verein mit den alliierten Luftangriffen zur Genüge, sondern auf die «Befreiung». Diese Erwartung aufzustacheln, um sie dann um so hoffnungsloser wieder zusammensacken zu lassen, war offenbar der Zweck der deutschen Europapress-Meldung über Churchills «Iden»-Ankündigung. Die Methode ist nicht neu; Dr. Goebbels hat damit einfach auf europäischem Boden seinen propagandistischen Einfall vom letzten Herbst wiederholt, als er dem deutschen Volk den 9. November als den *Stichtag* angab, an dem nach alliierter Rechnung Deutschland spätestens zusammenbrechen müsste, um dann am 10. November aufatmend zu erklären, er sei immer noch da und die alliierten Siegeshoffnungen seien damit endgültig gescheitert. Die deutsche Propaganda, auf kleine Ration gesetzt, fristet sich von «Stichtag» zu «Stichtag» ihr Leben. Und bereits am 13. März konnte nun Dr. Goebbels in Salzburg erklären: «Das Feindlager weiss heute ganz genau, dass es *keine militärische Möglichkeit* besitzt, diesen Krieg auf dem Schlachtfelde zu seinen Gunsten zu entscheiden ...» Es ist schwer zu sagen, wie erfolgreich diese listig ersonnene Stichtagmethode ist; nach ihren Auswirkungen an neutralen Stamm- und Schreibtischen ist sie nicht unwirksam gewesen. Sollten die verbrauchten Nerven der unterworfenen Völker widerstandsfähiger sein? Die Franzosen hätten die Hoffnung auf eine Invasion aufgegeben, schrieb Anfang März Ilja Ehrenburg im Organ der Roten Armee, im «Roten Stern»; nicht die Aufrufe, Ruhemahnungen und «letzten Warnungen», nicht die wortreiche Untätigkeit der Angelsachsen hielten ihren Willen aufrecht, sondern die wortkargen Siegesbulletins der Roten Armee: «Sie wollen keine guten Ratschläge. Sie töten vielmehr die Deutschen.» Das Prestige, das Dr. Goebbels den Angelsachsen bei den besetzten Völkern zu entziehen vermag, kommt nicht Deutschland zugute. An den Iden des März brach die deutsche Bug-Stellung zusammen, oder wenigstens ergriffen, wie man in Berlin erklärt – nachdem dort am Montag eine «Beruhigung der Lage» konstatiert worden war –, die deutschen Truppen erneut die Initiative zu bedeutenden Absetzbewegungen, die eine frühere Berliner Interpretation bestätigen, wonach die russischen Offensiven «ein Fass ohne Boden» seien ...[227]

Auch die politische Kriegführung Sowjetrusslands war in der Idenzeit des März weit aktiver als die der Angloamerikaner, die sich in der Hauptsache auf die Belästigung Irlands beschränkte. Während die finnische Krise sich weiterschleppt, die grossenteils eine Tragödie der Zensur zu sein scheint – wie soll ein Volk, das jahrelang nur von «erfolgreicher Spähtruppttätigkeit auf der Aulus-Landenge» hörte, sich mit einem Verzichtfrieden abfinden? –, während Fürst Stirbey in Kairo die verzweifelt geringen Möglichkeiten abtastet, Rumänien noch rechtzeitig «aus dem Krieg» zu bringen, haben die Marschälle Badoglio und Stalin brüderliche Grüsse ausgetauscht. Kurz vor dem letzten «Stichtag», dem 9. November 1943, als russisch-deutsche Sonderfriedensgerüchte durch alle Blätter raschelten, meinte Himmlers «Schwarzes Korps» über das italienische Dilemma der Alliierten: «... wird der dynastische Eigennutz des Hauses Savoyen und der hinter ihm stehenden reaktionären Kreise unterstützt, dann fällt jedes Gerede von einer Neuordnung drüben in sich zusammen. Ausserdem fordert eine derartige Unterstützung Moskau heraus, das seine Ansprüche im Mittelmeer während des Spanienfeldzugs schon bezahlt hat ... *Wird Stalin eine einzige Division opfern, damit Viktor Emanuel König von Italien bleibt?*» Das «Schwarze Korps» stand mit dieser Ansicht nicht allein. Die Angriffe der englischen und amerikanischen Linken gegen die alliierte Unterstützung des Regimes Badoglios beriefen sich stets gern auf das Missfallen, das diese reaktionäre Politik in Moskau hervorrufen müsse. Nun stellen Marschall Stalin und Marschall Badoglio durch die Vermittlung Wyschinskys, des einstigen Staatsanwalts gegen die «Alte Garde» des Bolschewismus, «die russisch-italienischen Beziehungen wieder auf die Basis der konstruktiven und freundschaftlichen Zusammenarbeit, die von *dem Regime, das wir heute gemeinsam bekämpfen*, in tragischer Weise vorübergehend aufgegeben worden war». Und «im Sinne des ganzen italienischen Volkes» sendet Marschall Badoglio «Ihnen, Marschall Stalin, und dem grossen heroischen russischen Volk meinen Dank und die herzlichsten Grüsse ... Die italienische Regierung und das italienische Volk werden diese grosse Geste in der schwersten Stunde Italiens niemals vergessen». Die Herrschaft des Hauses Savoyen, die Churchill eben erst auf den – freilich sehr unbestimmten – «Stichtag» der Eroberung Roms befristete, scheint für absehbare Zeit gerettet. Auf jeden Fall ist es etwas übertrieben, wenn die «Berliner Börsen-Zeitung» meint, dass die «Anerkennung der Badoglio-Clique ... ebenso klar wie weiland die sowjetische Anerkennung des De-Gaulle-Komitees das Ziel erkennen lässt, dem Bolschewismus im Mittelmeerraum einen entscheidenden Einfluss zu sichern». Im Gegenteil hätte die Sowjetregierung nicht eindrücklicher demonstrieren können, dass ihre «ideologische Vorurteilslosigkeit» keine Grenzen hat.[228]

Auch Marschall Badoglio hat seine ideologische Vorurteilslosigkeit seit einiger Zeit bewiesen. Bereits Ende Januar hatte er dem Leiter der Kommunistischen Partei in Neapel, Eugenio Reale, einen bedeutenden Posten in seinem Kabinett angeboten – unter der Bedingung, dass die Forderung nach Abdankung des Königs wenigstens bis drei Monate nach der Besetzung Roms zurückgestellt werde. Reale hielt sich an die Beschlüsse des italienischen Befreiungskomitees und lehnte es ab, den Thron Viktor Emanuels zu stützen. «Die Differenzen mit der Regierung Badoglio können nicht wie ein Kuhhandel aus der Welt geschafft werden», erklärte damals Graf Sforza. «*Das Hindernis für eine Zusammenarbeit ist ein moralisches, nicht ein politisches.* Wenn der König auf dem Thron bleibt, dann bedeutet das nichts anderes, als dass verantwortliche Männer, die die Untaten des Faschismus duldeten, unbehelligt bleiben ...» Diese moralische Frage scheint in Moskau wenig Interesse erweckt zu haben. Er habe gemeinsam mit Benedetto Croce den russischen Vertreter im Italienrat, Wyschinsky, gesprochen, der über die inneritalienischen Probleme wohlunterrichtet sei, erklärte Sforza damals zur Bekräftigung seiner Ansicht. Vielleicht berichtete der wohlunterrichtete Wyschinsky nach dieser Unterredung nach Moskau, dass Croce und Sforza geistreiche liberale Greise seien, Badoglio aber über den Verwaltungsapparat, die Polizei, die Armee und die Unterstützung der «Amgot» verfüge. Diplomatische Beziehungen werden von Macht zu Macht, nicht von Ideologie zu Ideologie unterhalten, und jeder Fetzen Macht ist «realpolitisch» wichtiger als alle geistige und moralische Überlegenheit. Die Anerkennung der Regierung Badoglio ist ein Akt der nachgerade berühmten russischen Realpolitik – einer Realpolitik, die allerdings ein schwindendes Kapital ideologischen Prestiges langsam aufzehrt und sich deshalb letzten Endes, wie jede «Realpolitik», als sehr illusionär herausstellen wird.[229]

Die Aufregung der gouvernementalen englischen und amerikanischen Presse über diesen Schritt ist auf den ersten Blick nicht ganz begreiflich, und man möchte zunächst an ein Spiel mit verteilten Rollen glauben. Kann es den angelsächsischen Regierungen so unangenehm sein, wenn Moskau bei der formellen Anerkennung der «Badoglio-Clique», die gegen die eigene Linksopposition zu verteidigen sie soviel Mühe hatten, vorangeht? Die Formlosigkeit, mit der Russland die sehr wenig übliche Aufnahme diplomatischer Beziehungen zu einer Regierung, mit der noch kein Friede geschlossen ist, einleitete, kann kaum ein Hindernis sein, wenn es einen Thron zu retten gilt; kombinationsfreudige Journalisten haben bereits die Vermutung lanciert, dass die Sowjetunion auch bei der spanischen Restauration, die längst ein englisches Anliegen ist, voranzugehen bereit sei. Russland zahlt damit die Anerkennung der Regierung Tito[230] in Jugoslawien und die diplomatische Hilfe in Polen und Finnland zurück, aber die Furcht, dass Moskau London und Washington in Westeuropa an Reaktion übertrumpfen und *dadurch* «den Bolschewismus verbreiten» könnte, ist doch allzu dialektisch; wenn Stalin tatsächlich, wie «Svenska Dagbladet» meint, eine «ideologische Verwirrung» anrichten will, dann rennt er offene Türen ein. Aber im Hintergrund steht die seltsame Ankündigung Roosevelts über die Überlassung italienischer Flotteneinheiten an Russland, die Badoglio zuerst so sehr in Harnisch brachte, die Gerüchte über eine russische Flottenbasis in Haifa, kurz das alte Gespenst eines «Russland als Mittelmeermacht». Gerade weil dieses Gespenst so alt und die Verwendung, die Russland in diesem Augenblick für italienische Schiffe hätte, so schwer erkennbar ist, darf man wohl in aller Ruhe weitere Erläuterungen abwarten. Für den Augenblick ist der historische Händedruck der beiden Marschälle pittoresk genug.

25. März 1944

Zusammenbruch des deutschen Widerstands am Bug.
Einmarsch deutscher Truppen in Ungarn

«Niemand, der mit den militärischen Notwendigkeiten vertraut ist und der um die Präzision weiss, mit der die politische Führung des Reiches solchen Notwendigkeiten Rechnung zu tragen pflegt, wird über die getroffenen Massnahmen erstaunt sein», meint das DNB zum deutschen *Einmarsch in Ungarn*. Die besagte Präzision haben die meisten Länder Europas am eigenen Leibe erfahren, und die «militärischen Notwendigkeiten» sind so, dass sie kaum noch jemand verborgen bleiben konnten. Zwar war das «Gummiseil», wie die deutschen Militärschriftsteller seit dem Anbruch der «elastischen Kriegführung» die deutsche Ostfront poetisch bezeichnen, schon lange bis zum Zerreissen gespannt, aber es riss nicht, und noch jede russische Offensive konnte in Berlin als «gescheitert» erklärt werden, weil sie zwar Gelände gewonnen, aber keinen Durchbruch erzielt habe. In der Durchbruchsschlacht von Uman ist das «Gummiseil» zum erstenmal gerissen; am 10. März fiel Uman, am 11. erreichte die Rote Armee den Bug, am 17. den Dnjestr, und am 19. März begann der russische Einmarsch in Bessarabien. Die Tage des «Blitzkrieges» scheinen wiedergekehrt zu sein, aber er verläuft in umgekehrter Richtung. Der deutsche Einmarsch in ein mehr oder weniger nichtsahnendes Land vollzieht sich mit der alten Präzision von Armee, Diplomatie, Fallschirmspringern und fünfter Kolonne, aber anders als in jenen grossen Tagen des frischfröhlichen Blitzkrieges liegt das Land, in das sie einmarschieren, nicht mehr vor, sondern hinter der deutschen Front, und statt des stolzen Communiqués, dass «heute in den frühen Morgenstunden» ein weiterer Staat überrannt worden sei, verhüllt betretenes Schweigen die «Eingliederung» eines Bundesgenossen von gestern in die uniforme Masse des besetzten Europa.[231]

Es wäre im Grund gleichgültig gewesen, wenn dieses Schweigen noch einige Tage oder Wochen länger gedauert hätte; ob der Reichsverweser von Horthy dem deutschen Einmarsch mit Freude, Schmerz oder gar nicht zustimmte, ist angesichts der «militärischen Notwendigkeiten» irrelevant. Ungarn ist aus der «Friedenszone», in der es die ihm als Beute zugefallenen Abfälle aus früheren deutschen Einmärschen und Schiedssprüchen nicht ohne gelegentliche Beschwerden verdaute, in die Etappe und fast schon an die Front gerückt und hat nun nachträglich zu bezahlen, was ihm als Teilhaber der «Achse» seit 1938 gratis und mühelos zufiel, rund 80 000 Quadratkilometer mit sechs Millionen Einwohnern aus der tschechoslowakischen, rumänischen und jugoslawischen Liquidationsmasse. Und Ungarn ist auf dem Wege, der zur heutigen Katastrophe führte, nicht nur «mitgelaufen», sondern vorangegangen. Seit zwei Jahrzehnten fand unter dem schiefen Kreuz der Stefanskrone alles Zuflucht und Hilfe, was irgendwie gegen den Frieden Europas konspirierte. Insofern die hyperkluge Politik zusammengebrochen ist, die nach all diesen Beutezügen im Augenblick der Gefahr Ungarn zum «friedlichsten Land der Welt» erklärte, das «niemandem etwas antut, der ihm nichts wegnehmen will», geht die Rechnung sogar moralisch auf. Aber zu bezahlen haben sie, vorläufig wenigstens, nicht die, die Ungarn diesen Weg führten. Die «Sühne» trifft nicht da, wo die Schuld lag. Sie trifft alle die ungarischen Oppositionellen, die sich der Katastrophenpolitik des säbelrasselnden Revisionismus entgegenstemmten, sie trifft die Tausende polnischer Flüchtlinge und vor allem jene, die hier einmal mehr «an allem schuld» sind, denn diese schaurige Groteske scheint keine Grenzen zu haben: die durch all die Annexionen auf fast eine Million angewachsenen ungarischen Juden, deren rechtliche und moralische Stellung schon bisher nur im Vergleich zum übrigen «neuen Europa» erträglich schien, die aber anscheinend «das Heft an sich zu reissen» drohten und deren Gegenwart im Rücken der Front Deutschland nicht mehr dulden konnte – was zweifellos bedeutet, dass ihrer «Gegenwart» nun hier so radikal wie anderswo ein Ende gemacht werden soll. Ein «alter Kämpfer» und intimer Freund Himmlers und des unsäglichen Julius Streicher, Andreas Jaross, hat das ungarische Innenministerium übernommen ...[232]

Und die bisherigen Führer Ungarns? Ministerpräsident Kallay ist geflohen und vielleicht den Weg des Grafen Teleki, vielleicht sogar den grösseren des Widerstandes gegangen. Aber «alle (deutschen) Zeitungen heben hervor, aus der ungarischen Regierungsumbildung könne man ersehen, dass der Reichsverweser Admiral von Horthy dazu berufen sei, sein Land vor dem Abgrund des Bolschewismus zurückzureissen», berichtet das Deutsche Nachrichtenbüro. Die Märtyrerkrone dieses Ersatzmonarchen wurde zu früh gewunden; zu früh auch die des Kriegsministers Csatay, der es zwar glaubhafterweise vorgezogen hätte, die Honved an die siebenbürgische Grenze zu stellen, statt sie in das Loch der Ostfront zu werfen, der sich aber mitsamt seiner Armee dem bisherigen ungarischen Gesandten in Deutschland und jetzigen deutschen Statthalter in Ungarn zur Verfügung gestellt hat. Deutschland hatte es nicht einmal nötig, zu den eigentlichen Quislingen zu greifen, die ihm in grosser Auswahl zur Verfügung gestanden hätten. Aber die Nuancen der Skala von Pétain bis Quisling, auf der enttäuschte Bewunderer noch einen möglichst ehrenhaften Platz für Horthy suchen, werden ihre Bedeutung immer mehr verlieren, und ein mehr oder weniger langes Zögern unter mehr oder weniger heftigem Druck vermag einen zwanzigjährigen Weg nicht auszulöschen, auf dem es zum Umkehren zu spät war. Auch in Rumänien, dessen Conductorul Statodul nun nach Horthy zur Vorladung im Führerhauptquartier an der Reihe ist, wird es schwerlich nötig sein, die «Eiserne Garde» aus der Versenkung zu holen, um von den Führern Rumäniens das Ausharren bis zum bitteren Ende zu erzwingen. Der Widerstand, wenn er besteht, ist anderswo zu suchen.[233]

Und doch ist aus dem verbündeten ein *besetztes Land* geworden, in dessen Hauptstadt nicht mehr ein deutscher Gesandter, sondern ein Reichskommissar und SS-Führer residiert. Was in den vier Tagen vor sich ging, in denen Ungarn von der übrigen Welt abgeschnitten wurde, bevor das Äusserlichste an Legalität wieder hergestellt war, wird man wohl erst allmählich erfahren, und dass unter dieser Fassade der Normalität nun auch Ungarn auf dem Wege zum Gärungszustand des besetzten Europa ist, wäre auch ohne die wilden Gerüchte aus Ankara anzunehmen. Die Kornkammer und die Fleisch- und Fetttöpfe Ungarns werden die verlorene Ukraine ersetzen müssen, die «Menschenreserven» werden an der Front und in Deutschland «eingesetzt» werden, das Clearingsaldo, das nur durch den Wechsel auf den Endsieg gedeckt ist, wird ins Masslose wachsen und die Folgeerscheinungen von passiver Resistenz, Sabotage und Flucht werden nicht ausbleiben, bis die Puszta zum «maquis» wird – wenn dazu noch Zeit bleibt. Für ein Ungarn, das sich verteidigt, hat Deutschland einen Untertanenstaat eingetauscht, der gegen seinen Willen «verteidigt» werden muss. In einem seiner letzten Artikel, in dem er den europäischen Völkern wieder einmal die Schrecken eines deutschen Zusammenbruchs im Osten vor Augen stellte, schrieb Dr. Goebbels: «Eine Katastrophe von unvorstellbarem Ausmass würde die Folge sein. Das ahnt man heute auch in ganz Europa ... und doch scheint der Augenblick noch nicht gekommen zu sein, wo seine Völker aus ihrer Narkose erwachen und sich zur Verteidigung ihres Lebens aufraffen ...» Diese Narkose, die stärker ist als alle Aufrufe zur «Verteidigung Europas», heisst Besetzung, Wehrmacht, SS und Gestapo.

Während aus der «Ostmark» und Rumänien, den Resten der Tschechoslowakei und Südslawiens, aus lauter Gebieten also, in denen sie auch schon von Natur aus nicht daheim waren, die deutschen Truppen in Ungarn einmarschierten und vier Tage lang eiserne Gardinen um das Land zogen, bevor die Welt von ihrem «Eintreffen auf Grund gegenseitiger Verständigung» in Kenntnis gesetzt werden konnte, philosophierte das «Neue Wiener Tagblatt» am 22. März über die höhere

Sittlichkeit der deutschen Balkanpolitik: «Im Sinne des Kremls ist die Balkanfrage nur unter Vernichtung der Eigenstaatlichkeit aller südosteuropäischen Völker zu lösen. Demgegenüber wünscht das Reich einen starken Südosten. Durch die zweiseitigen Verträge zwischen Berlin und dem Balkan will Deutschland die Kraft der südosteuropäischen Staaten steigern. Sie sollen den ständigen Einmischungen Moskaus gewissermassen bereits von innen her gewachsen sein. Nur so können sich die Völker des europäischen Südostens auf die Dauer behaupten. Damit aber tritt an die Stelle des von den Bolschewisten erstrebten entnationalisierten Balkans ein Bund *lebensfähiger Staaten und glücklicher Völker.*» Der Dr. Scharping, der dies am 20. März 1944 niederschrieb, wollte gewiss nicht mit Entsetzen Spott treiben; er ist ein Gläubiger des deutschen Wesens. Im Vorwort einer jetzt in Berlin erscheinenden Schriftenreihe «Umgang mit Völkern» steht der schöne Satz, es sei «immer als besondere Aufgabe des deutschen Volkes erschienen, andere Völker zum Urgrund ihres Wesens hinzuführen». Vor einigen Wochen erklärte Dr. Goebbels in seinem Wochenendaufsatz, das stete Grundthema neu stilisierend, die Deutschen seien nun einmal die «Wächter über die kontinentale Unversehrtheit der ihnen anvertrauten Räume, und ob die darin lebenden Völker das einsehen wollen oder nicht, sie können nur noch unter ihrem militärischen Schutz ein eigenes nationales Leben führen»; und in ekstatischer Vorschau sah er den deutschen Krieg im Urteil der Nachwelt «mehr und mehr seinen zerstörenden Charakter verlieren und wieder das werden, was er in der Geschichte der Völker immer gewesen ist, nämlich der Schritt in eine neue Welt, die unter Tränen des Schmerzes geboren und unter Tränen des Glücks in Besitz genommen wird». Die Tränen des Schmerzes oder Glücks waren in der Stimme der ungarischen Radiosprecherin, die während des Interregnums nichtssagende Nachrichten über die Burmafront und Ankündigungen leichter Musik anzusagen hatte, recht deutlich zu hören; das war auch der einzige nach aussen hörbare Regiefehler, und er ist ausschliesslich dem «zu Gemütswallungen neigenden ungarischen Nationalcharakter» zuzuschreiben. Aber der Todestag des Freiheitskämpfers Kossuth[234], an dem Ungarn aus einem besetzenden in einen besetzten Staat verwandelt und das ungarische Volk in die Gemeinschaft des unterdrückten Europa gestossen wurde, wird vielleicht trotzdem nicht der unglücklichste seiner langen und bewegten Geschichte sein.

1. April 1944

Ehemaliger Innenminister der Vichy-Regierung von einem Militärgericht in Algier zum Tod verurteilt. Weiterhin keine Anerkennung des französischen Befreiungskomitees

Seitdem Henriot[235], Darnand und schliesslich auch jener Déat, dessen Regierungseintritt Marschall Pétain noch im letzten Dezember als eine Beleidigung Frankreichs zurückwies, im Namen Pétains und Sauckels den Bürgerkrieg gegen Frankreich führen und der Tagungsort der Regierung Laval ohne viel Aufhebens aus dem Badeort des Marschalls in die gute deutsche Stadt Paris zurückverlegt wurde, ist es so weit gekommen, dass diese französische Regierung nicht einmal mehr französisch kann. Sie spricht *«petit-allemand»*, eine mindere Sorte von *petit-nègre*, obwohl Déat und vor allem Henriot stets gewisse literarische Ambitionen hatten; die Funktion ist stärker als der Stil. Die deutsch-französischen «gemischten Auskämmungskommissionen», die gegenwärtig im Namen der Regierung Laval ganz Frankreich ein weiteres Mal nach Zwangsarbeitern für Deutschland «durchkämmen», heissen bezeichnenderweise nicht etwa *commissions de triage*, sondern in einer schlechten Übersetzung des ohnehin höchst teutonischen neudeutschen Ausdrucks anhand des erstbesten deutsch-französischen Taschenwörterbuches *«commissions de peignage»*. Nun ist es gewiss höchst gleichgültig, ob die Anordnungen des Gauleiters Sauckel von seinen französischen «Mitarbeitern» mit mehr oder weniger Sorgfalt übersetzt werden, denn es ist ja längst aussichtslos geworden, die schrankenlose Fremdherrschaft hinter den Schattenfiguren eines Scheinkabinetts zu verbergen; aber solch winzige Einzelheiten vermögen manchmal lange Tatsachenberichte zu ersetzen.

Der Vorwurf des «Manchester Guardian» an das amerikanische Staatsdepartement, dass es immer noch Beziehungen zu Vichy unterhalte und der französischen Widerstandsbewegung feindlich gegenüberstehe, hat eine höchst entrüstete Note Cordell Hulls hervorgerufen, die in eine scharfe Absage an die Laval-Regierung ausklang. Aber es scheint nicht, dass diese rein negative Antwort irgend jemanden beruhigt hätte, und vor einigen Tagen hat die Eden nahestehende «Yorkshire Post» die Frage erneut in anderer Form aufgegriffen: die amerikanische Regierung stehe einer *Anerkennung des französischen Befreiungskomitees* als provisorische Regierung, zu der England bereit wäre, im Wege. Das Befreiungskomitee hat von seinen westlichen «Alliierten» schon viele schöne Worte, aber über seine Anerkennung als vorläufige Verwaltungsinstanz für die französischen Überseegebiete am 26. August 1943 hinaus noch nichts Greifbares erhalten. Noch immer «prüfen» die amerikanische und englische Regierung die Frage, welchem Regime Frankreich nach der «Befreiung» unterworfen werden solle; nur so viel hat es bisher erreicht, dass Eden – in wessen Namen, ist nicht bekannt – das beleidigende Projekt verwarf, auch Frankreich der in Italien so katastrophal bewährten «Amgot» zu unterstellen. Nun wird bekannt, dass ein ausführlicher Vorschlag des Befreiungskomitees über die *zivile Verwaltung Frankreichs in der Übergangszeit* seit einem halben Jahr unbeantwortet in den Schubladen Washingtons liegt. Statt dazu Stellung zu nehmen, hat das amerikanische Staatsdepartement der englischen Regierung nun einen eigenen Plan unterbreitet, der einfach darauf hinausläuft, General *Eisenhower* freie Hand in der Auswahl jener französischen Gruppen zu geben, mit denen er zusammenarbeiten will. Jene Politik der «militärischen Notwendigkeiten», die Nordafrika fast ein Jahr lang in einen Tummelplatz von Spekulanten verwandelte, soll also im französischen Mutterland von neuem beginnen. Anscheinend hat sogar General Eisenhower selbst gegen eine solche Ernennung zum Besatzungskommissar mit unbeschränkten politischen Vollmachten protestiert. «In Washington und Whitehall sind die Einflüsse, die Darlan und Peyrouton zu ihren Werkzeugen wählten, immer noch lebendig», schrieb am 29. Januar «New Statesman and Nation».

Die nie ganz ruhende Kampagne in der englischen und vor allem amerikanischen Presse gegen de Gaulle und das Befreiungskomitee wurde durch Prozess und *Verurteilung Pierre Pucheus*[236] wieder lichterloh angefacht. Das Todesurteil über diesen prominenten Agenten des Comité des Forges, der mit dem Innenministerium in Vichy die Aufgabe übernahm und rücksichtslos durchführte, den französischen Widerstand gegen den deutschen Sieger zu brechen, scheint das angelsächsische Rechtsempfinden verletzt zu haben; denn die Unterschriften, die Pucheu als Innenminister unter die Verurteilungen französischer Patrioten setzte, waren «legal», das Gericht in Algier aber war «illegal» – illegal deshalb, weil das Befreiungskomitee von England und Amerika noch nicht als Regierung anerkannt ist.

Es ist die alte Erfahrung, dass prominente Opfer des «roten Terrors» jeweils Tausende von Opfern des weissen – oder schwarzen – Terrors vergessen machen. So konnte denn auch Pierre Laval in einer kürzlichen Rede vor den kommissarischen «Bürgermeistern» Westfrankreichs seine Hände in Unschuld und Abscheu über das algerische «Mordregime» waschen: «Ist das Schauspiel, das Algier bietet, nicht beredter als alles, was ich dazu bemerken könnte? Habt ihr jemals mich oder einen derjenigen, die in meinem Namen reden, mit Exekutionen oder Mord drohen hören?» Aber diese Gegenüberstellung des friedlichen Regimes Darnand-Sauckel mit dem «vom Blute Pucheus triefenden» Befreiungskomitee ist zu grotesk, als dass ein Kommentar nötig wäre.

Die Berichterstattung von Reuter und Exchange über diesen Sensationsprozess war recht fleissig. Über allem anderen aber, was in Nordafrika vor sich geht, liegt beinahe eine völlige Nachrichtensperre. Über die Ende Januar in Brazzaville abgehaltene *französische Reichskonferenz*, die über die Reorganisation des zweitgrössten Kolonialreichs der Welt beriet, gelangte nicht mehr als ein Bruchstück der Eröffnungsrede de Gaulles zu unserer Kenntnis. Fast ebenso dürftig sind die Informationen über die Beratungen und Beschlüsse der *konsultativen Versammlung in Algier*, die seit Wochen in echter Bemühung um die demokratischste Lösung über das Übergangsregime in Frankreich nach der Befreiung diskutiert. In Algerien wurde endlich das aus der Volksfrontzeit stammende, aber nie verwirklichte Projekt Viollette, das den algerischen Arabern die Erlangung des französischen Bürgerrechtes ohne Verzicht auf ihr religiöses Statut auf Grund einer einfachen «Schulprüfung» ermöglicht, zum Gesetz erhoben. Beinahe diskussionslos wurde eine zweite «Umwälzung», die *Einführung des Frauenstimmrechtes* in Frankreich, beschlossen. Der Hauptkampf entspann sich um den Zeitpunkt, in dem in Frankreich die *Wahlen der konstitutiven Versammlung* stattfinden sollen, in deren Hände das Befreiungskomitee die Regierungsgewalt zurücklegen wird. Eine sehr frühe Ansetzung dieses Zeitpunktes, wie sie der Vorschlag des Befreiungskomitees vorsah, hätte die Gefahr von «Khakiwahlen» inmitten der allgemeinen Desorganisation und Verwirrung ohne eigentlichen Wahlkampf in sich getragen. Die *«Assemblée consultative»*, deren Tätigkeit das Befreiungskomitee zu einer tatsächlich parlamentarischen Regierung macht, lehnte diesen Vorschlag ab und setzte nach dem Antrag des Sozialisten Vincent Auriol die Wahlen auf das zweite Halbjahr nach der Befreiung Frankreichs, nach der Rückkehr der Deportierten, Zwangsarbeiter und Kriegsgefangenen, an; bis dahin soll die «konsultative Versammlung», in jedem befreiten Departement durch gewählte Vertreter ergänzt, als provisorisches Parlament fungieren. Zwei rechtsstehende radikale Senatoren forderten die Aufhebung der früheren Beschlüsse, welche die militanten Anhänger des Vichyregimes vom Wahlrecht ausschliessen, und unterstützten diesen aussichtslosen Rehabilitierungsversuch mit der seltsamen Begründung, ihr Antrag entspreche einflussreichen amerikanischen Wünschen. Umgekehrt forderten die Kommunisten die Durchführung von Wahlen mit offener Abstimmung durch Handerheben. In dieser Debatte fielen die geharnischten Worte de Gaulles, Frankreich habe sich nicht nach ausländischen Meinungen zu richten und werde sein Schicksal selber meistern, Worte, die äusserlich nach Moskau gerichtet waren, aber vor allem in London und Washington «grosse Verstimmung» hervorgerufen haben.[237]

Es schien nach dem Erholungsaufenthalt Churchills in Marrakesch, dass die Beziehungen zwischen *England* und dem «Kämpfenden Frankreich» auf guten Wegen seien. «Das französische Befreiungskomitee in Nordafrika hat sein Ansehen ständig vermehrt», erklärte Eden am 23. Januar im Unterhaus; «General de Gaulle ist eine hervorragende Gestalt, und seine Mitarbeiter sind hochangesehene Persönlichkeiten. Er wird zudem von einer repräsentativen Konsultativversammlung unterstützt. Finanziell ist das Komitee unabhängig; es verfügt über Flottengeschwader, die eng mit den Alliierten zusammenarbeiten. Die französische Afrikaarmee ist ein tüchtiges Kriegsinstrument. Der militärische Beitrag der Franzosen und des französischen Befreiungskomitees wächst beständig.» Das britisch-französische Währungs- und Finanzabkommen vom 8. Februar, das die Kursfestsetzungen nach der alliierten Landung in Nordafrika wenigstens teilweise wieder gutmachte, bedeutete eine faktische Anerkennung des Befreiungskomitees als französische Regierung, und Eden wie Lord Halifax haben in kürzlichen Reden ihre «Hoffnung» ausgedrückt, «dass auch Frankreich binnen kurzem seinen Platz neben den Grossmächten einnehmen wird». Trotzdem ist das Kämpfende Frankreich der «arme Verwandte» der angelsächsischen Mächte geblieben, und zwar zur alliierten Mittelmeerkommission, von deren Tätigkeit noch niemand etwas gehört hat, nicht aber zur Europakommission zugelassen worden; in der konsultativen Versammlung stellte de Gaulle *«une sorte d'absence de la France dans l'examen des grandes affaires politiques et stratégiques»* fest. Es spricht alles dafür, dass die Gründe dieses beharrlichen Beiseiteschiebens nicht in England, sondern in den *Vereinigten Staaten* liegen. Der jetzt in London vorliegende amerikanische «Plan» eines Eisenhowerschen Besatzungsregimes in Frankreich stellt, wie «News Chronicle» feststellt, die englische Regierung vor das *Dilemma*, entweder die zukünftigen englisch-französischen Beziehungen zu vergiften oder durch Anerkennung des Befreiungskomitees «gewisse Kreise in Washington vor den Kopf zu stossen». Aus der Häufung solcher Situationen ist wahrscheinlich die erstaunliche und unerhörte Beteuerung Edens im Unterhaus zu verstehen, dass England sich seine Europapolitik nicht von Amerika diktieren lasse.[238]

Inzwischen hat der vom Radio Moskau auch in italienischer Sprache verbreitete Leitartikel der «Prawda» über «die gegenwärtige Lage in Italien» klargemacht, dass die *russische Anerkennung der Regierung Badoglio* keine Billigung der angelsächsischen Italienpolitik, sondern den Versuch bedeutet, neben den Tausenden angelsächsischer Funktionäre in Süditalien auch eine russische Vertretung ausserhalb der sterilen Italienkommission durchzusetzen, und dass die Sowjetregierung im Gegenteil darauf dringt, die antifaschistischen Kräfte Italiens für die gemeinsame Kriegführung einzusetzen. Das Blatt geht in seiner Unhöflichkeit so weit, Eden indirekt vorzuwerfen, er habe diesen russischen Schritt mit gespielter Überraschung aufgebläht, um damit die eigene Aussenpolitik zu entlasten. Eden hatte wohl recht, als er in Variation der berühmten Worte Churchills der englischen Diplomatie nur «Schwierigkeiten, Hindernisse und Enttäuschungen» verhiess. Nach viereinhalb Jahren Krieg steht England innenpolitischen Spannungen und aussenpolitischen Schwierigkeiten gegenüber, die angesichts der veränderten Kriegslage immer ungeduldiger ertragen werden, und das «Malaise» und die Gereiztheit sind so gross geworden, dass über der Frage der Lehrerinnengehälter eine Regierungskrise auszubrechen drohte. Die von der Tür verscheuchten Plagegeister der «Nachkriegsprobleme» steigen immer wieder durch alle Fenster herein. Es wird Zeit, endlich klar zu reden.

8. April 1944

*Streiks in den englischen Kohlengruben. Zwei kommunistische
Vertreter im französischen Befreiungskomitee*

Seit 1940 steht in England die Verstaatlichung der Bergwerke zur Diskussion, und im letzten Herbst hat der Brennstoffminister selbst der Regierung einen Nationalisierungsplan vorgeschlagen, um der chronischen englischen «Kohlenkrise» ein Ende zu machen. Denn es erwies sich als unmöglich, die nötigen Arbeitskräfte für diese Industrie zu finden, wenn den Arbeitern keine Garantie gegen die Rückkehr ins Vorkriegselend geboten wurde. Die grossen Bergwerkskonzerne Englands sind oberflächlich modernisierte Fideikommisse einer archaischen Feudalherrschaft weniger hochadliger Familien, und die Kohlengruben hatten in erster Linie nicht Kohle, sondern Rente zu produzieren; die Rückständigkeit der meisten englischen Kohlendistrikte in technischer, hygienischer und sozialer Hinsicht entspricht denn auch dieser feudalen Struktur. Als dann die «grosse Krise» der Zwischenkriegszeit ganze Täler in ein einziges East End des Elends verwandelte, begann die grosse Abwanderung der Bergarbeitersöhne aus einer Industrie ohne Hoffnung und Zukunft, und der Krieg fand eine alte und müde Bergarbeiterschaft in Gruben von einer im Vergleich zu Deutschland und Amerika erschreckenden Primitivität vor. Alle Aufrufe zur freiwilligen Rückkehr in die Kohlengruben, alle Befreiung vom Kriegsdienst fruchtete nichts; kaum einige Prozent der Aufgebotenen liessen sich dazu überreden, die Grubenarbeit unter den alten Herren dem Eintritt in die Armee vorzuziehen. Zwar kontrolliert der Staat für die Kriegsdauer die Kohlenproduktion, aber die «Produktionskontrolleure» sind in neun von zehn Fällen die Grubenbesitzer und Konzerndirektoren selbst, und die staatlichen Schiedsgerichte werden von den Grubenherren sabotiert. Trotz «Burgfrieden» und gewerkschaftlichen Aufrufen geht seit langem eine schleichende Streikwelle durch die Kohlendistrikte, und die Forderungen der Streikenden sprechen in ihrer kümmerlichen Bescheidenheit für sich selbst; in keinem Fall forderten sie bessere Arbeitsbedingungen, als sie in den fortschrittlicheren Bergwerkgebieten schon bestehen, und der gegenwärtige spontane Streik in Yorkshire ist ausgebrochen, weil den Bergarbeitern die Hausbrandkohle, die sie bisher frei aus ihrer Grube bezogen, fortan vom endlich erkämpften Mindestlohn abgezogen werden soll. Alle Redner der Labour Party und der Gewerkschaften sind aufgeboten, um die Streikenden zur Rückkehr in die Gruben zu bewegen; aber nach vier Jahren beredten Leerlaufs scheinen die Reden in England ihre Wirkungskraft verloren zu haben. Die Diskussion über die «Kohlenkrise» hat sich totgelaufen, ohne dass irgend etwas geschah; in der Unterhausdebatte über die Verstaatlichung legte Churchill sein Veto gegen jeden Versuch ein, «die Kriegsaufgaben für die Vornahme grösserer und sozialer Umschichtungen ausschlachten zu wollen». Und da die «Freiheit der Wirtschaft» verbot, den Bergarbeitern eine Zukunft zu sichern, ging Arbeitsminister Bevin von der Labour Party im letzten Herbst zur Zwangsmobilisierung von Arbeitern für die Arbeit in den Kohlengruben über, und nun scheint die Kohlenkrise ihre der «wirtschaftlichen Freiheit» gemässe Lösung darin finden zu sollen, dass die Grubenarbeiter überhaupt als mobilisiert erklärt, also unter Militärgesetz gestellt werden sollen. Der «Burgfriede» funktioniert, aber die sozialistischen Minister, Abgeordneten und Gewerkschaftssekretäre, die am laufenden Band fast so radikale Reden über die «Erneuerung Englands an Haupt und Gliedern» wie ihre konservativen Kollegen halten, stehen vor der rätselhaften Tatsache, dass ihr Einfluss auf die Arbeiter bis zum Nullpunkt gesunken ist. So kam die englische Regierung auf die originelle Idee, Scotland Yard aufzubieten, um die Ursachen der Bergarbeiterstreiks zu erforschen, und diese berühmte Geheimpolizei hat denn auch prompt herausgefunden, dass hinter der ganzen «Kohlenkrise» eine «trotzkistische Verschwörung» einiger psychisch und physisch defekter Bassermannschen Gestalten[239] steht. Es entspricht der veränderten weltpolitischen Situation, dass es eine «trotzkistische» und nicht, wie früher, eine «bolschewistische» Verschwörung ist, und das neue Ersatzgespenst ist durchaus geeignet, allen guten Engländern von den Tories bis zu den orthodoxen Kommunisten die Haare zu Berge stehen zu lassen. Nachdem nun die Wurzel des Übels gefunden ist, darf man füglich erwarten, dass es endlich auch mit der Wurzel ausgerottet wird.

Die «Kohlenkrise» ist nicht die einzige englische Krise. Die geharnischte Erklärung Churchills, dass er den Krieg nicht weiterführen könne, wenn den englischen Lehrerinnen der gleiche Lohn wie den englischen Lehrern zugesprochen werde, hat zwar den Erfolg gehabt, dass das Unterhaus dieses revolutionäre Projekt in zweiter Lesung mit überwältigender Mehrheit verwarf. Dafür schleicht nun die Krise um Eden herum, dem von links und rechts Müdigkeitsgefühle und Entlastungsabsichten untergeschoben werden, die er offenbar gar nicht hat, obwohl seine Stellung zwischen Amerika, Russland und Europa gewiss aufreibend genug ist; und da seine Kritiker von rechts ihre aussenpolitische Konzeption nicht gern vor die Öffentlichkeit bringen und seine Kritiker von links überhaupt keine haben – der Gedanke, Major Attlee zum englischen Aussenminister zu machen, ist zum Schreien komisch –, sind die Hintergründe dieser Kampagne recht undurchsichtig. Für einige dieser besorgten Freunde soll der Rücktritt vom Aussenministerium Eden sogar den Weg zur Nachfolge Churchills freimachen, so dass die «Eden-Krise» bloss eine besonders hinterlistige Form der «Churchill-Krise» wäre. Aber es ist wohl richtiger, allgemein von einer englischen Krise zu reden, die im Grunde gar nicht von bestimmten aktuellen Anlässen herrührt, sondern aus einer allgemeinen Müdigkeit über vier Jahre Zerreden der 1940 so morgenrötlich angekündigten «englischen Revolution», wobei auf der einen Seite die Unzufriedenheit darüber wächst, dass man immer noch davon redet, da doch die Gefahr vorbei ist, und auf der andern Seite darüber, dass jener grosse Elan nach Dünkirchen abklingt, ohne mehr als Texte hervorgebracht zu haben. Aber auch der endlose Nervenkrieg um die Invasion, die bisher ausser der Zertrümmerung und Aushungerung des zu befreienden Europa nur eine amerikanische Invasion Englands mit allen Begleiterscheinungen des amerikanischen Broadwaykriegsrevuestils war, beginnt auf England selbst zurückzuwirken, und der Nachkrieg, den niemand Frieden zu nennen wagt, hat mit seinem Näherrücken jeden Glanz der Verheissung verloren. «Die einen Krieg zu gewinnen verstehen, wissen selten einen guten Frieden zu machen, und die imstande sind, einen guten Frieden zu schliessen, hätten niemals den Krieg gewonnen», sagte einst Churchill an einer von E. H. Carr nicht ohne Bosheit zitierten Stelle seiner Autobiographie.

Auch in den Exilregierungen ist die Nachkriegskrise rundum reif geworden. Die «jugoslawische Krise» ist, seitdem König Peter seinem Exilkabinett nach London entflohen ist, völlig unübersichtlich geworden, während für die jugoslawische Befreiungsarmee der von Italien aus umsonst erwartete Kontakt mit den Alliierten nun von Osten her näherrückt; im griechischen Exil wiederholt sich nun die «jugoslawische Krise» des Konfliktes zwischen Regierung und «dritter Front», und in Italien selbst hat die russische Intervention ohne Rücksicht auf die stagnierende Schlacht von Cassino, die den für eine Regierungsumbildung in Aussicht genommenen Stichtag des «Einmarsches in Rom» in blaue Ferne rückt, die verschleppte Krise zum Ausbruch gebracht, ohne damit bisher mehr als eine allgemeine Verwirrung unter den italienischen antifaschistischen Parteien anzurichten, wo die Kommunisten nun plötzlich auf dem rechten Flügel marschieren. Die «polnische Krise» schleppt sich steril und endlos weiter in Erwartung des fait accompli, das ihr ein Ende setzen wird, und nachdem Russland gegenüber Finnland und Rumänien demonstriert hat, dass es nicht mehr einstecken will, als es schon 1940 einsteckte, hat die «öffentliche Meinung» Englands jede Nachsicht für die polnische Widerspenstigkeit verloren.

Auch das französische Befreiungskomitee in Algier hat eine Umbildung erfahren, und die deutsche Presse weiss zu berichten, dass der Eintritt zweier kommunistischer Vertreter die nun definitiv endgültige Unterwerfung de Gaulles unter die «Bolschewisten» bedeute. Noch am Tage vor dieser Umbildung, am 3. April, schilderte die «Deutsche Allgemeine Zeitung» den Mechanismus der Bolschewistenherrschaft in Algier etwas anders: de Gaulle sei völlig in kommunistischer Gewalt, «und zwar gerade deshalb, weil die Kommunisten *nicht* im Nationalkomitee sitzen. Denn diese Nichtbeteiligung an der Macht gibt ihnen, solange sie nicht die absolute Mehrheit und Führung haben, alle Möglichkeiten der Beeinflussung ... Die gleiche Nichtbeteiligung an der Verantwortung ermöglicht es heute den Kommunisten, das Nationalkomitee de Gaulles mit demagogischen Forderungen zu überbieten, denen dieses wegen der gemeinsamen Ideologie nicht widerstehen kann, ohne sich in den Augen der Masse zu diskreditieren und die Strasse gegen sich aufzubringen ... Wie Léon Blum beschwört de Gaulle immer wieder die Kommunisten, in das Nationalkomitee einzutreten, um ihrer Kritik zu entgehen und sie an seine Person zu binden ... Wenn aber de Gaulle die Kommunisten in der Beratenden Versammlung auffordert, zwei oder drei Vertreter in das Komitee zu entsenden, dann antwortet der Fraktionsvorsitzende Billoux, dass die Mitglieder seiner Partei es vorzögen, ihre politische Unabhängigkeit zu bewahren und keine Regierungsverantwortung zu übernehmen ...» Nun ist Billoux Kommissar ohne Portefeuille und Grenier[240] Luftfahrtkommissar geworden, zwei Posten, die nicht gerade die entscheidenden Hebel der Macht sind. Es ist richtig, dass die Kommunistische Partei lange zögerte, bevor sie diesen schon vor Monaten beschlossenen Beitritt vollzog und damit die bequeme «Überwacherrolle» der Volksfrontzeit aufgab; der zitierte Aufsatz der «Deutschen Allgemeinen Zeitung» bestätigt die Richtigkeit der Erklärung, welche die kommunistische Parteileitung in Algier nach der Umbildung des Befreiungskomitees abgab: «Wir unterstellen uns der dauernden Kontrolle der französischen Nation.» Die Erklärung fährt fort: «Die Zuziehung der Kommunisten in das Nationalkomitee berechtigt dieses, sich als die Regierung Frankreichs zu bezeichnen und im Namen von ganz Frankreich zu sprechen»; da die Vertreter der Rechtsgruppen und der Marinekommissar der Haute Banque im Komitee verblieben und ein Vertreter des rechten Flügels der Radikalen Partei Produktionskommissar wurde, ist das Befreiungskomitee nun wirklich das Organ sämtlicher Widerstandsgruppen. Die latente Krise, die sich aus dem Fernbleiben der numerisch und organisatorisch stärksten Widerstandsgruppe ergab, ist beendet, und mit seinem nunmehr ohne diplomatische Milderung erhobenen Anspruch auf die Stellung einer provisorischen Regierung der Französischen Republik und der Veröffentlichung des Gesetzesentwurfes über die Zivilverwaltung des befreiten Frankreich hat das Befreiungskomitee die Krise der französisch-angelsächsischen Beziehungen zum Ausbruch gebracht. Zwar ist, wie ein Londoner Korrespondent feststellt, «wirklich nicht anzunehmen, dass die amerikanische Regierung gerade diese (die Kommunistische) Partei im Auge hatte, als sie General Eisenhower die Möglichkeit offenhalten wollte, auch Franzosen heranzuziehen, die ausserhalb des Nationalkomitees stehen», und wie auf Bestellung hat der Vichy-Korrespondent der «Berliner Börsen-Zeitung» am 31. März die gewiss nicht für deutsche Leser geschriebene «Enthüllung» gebracht, dass für die Angelsachsen mit Vichy immer noch Geschäfte zu machen wären: «Es gibt ein Vichy, das mit Deutschland zusammenarbeitet, und es gibt ein zweites Vichy, das mit den Angloamerikanern sympathisiert», und «das deutsch-freundliche und das deutsch-feindliche Element sind personell so ineinander verflochten und verfilzt, dass von einer Woche zur andern die Bilanz immer ein wenig anders ausfallen muss.» Aber die Akten über dieses «andere Vichy», das nur noch ein verwaschener Überrest desjenigen sein kann, das die Amerikaner im November 1942 in Algier installierten, sind geschlossen, und die Proklamation aus Algier bedeutet nichts anderes, als dass eine Neuauflage jenes Eisenhowerschen Besatzungsregimes in Frankreich nur im Kampf gegen Frankreich möglich wäre. «Also dürfte es in der Praxis so kommen», schliesst der «Berliner-Börsen-Zeitung»-Korrespondent seinen sibyllinischen Artikel, «dass die wirkliche Geburtsstunde eines neuen Frankreich erst dann schlagen wird, wenn Vichy einmal aufhört, der offizielle politische Regierungssitz dieses zum Teil verdientermassen unglücklichen Landes zu sein.»

15. April 1944
Die Invasionserwartung und die deutsche Propaganda

Als England in den schwülen Monaten nach dem Zusammenbruch Frankreichs unter einem damals unerhörten Bombenhagel täglich die deutsche Landung erwartete und man sich in Deutschland die britische Insel gern wie ein unter dem Blick der Schlange zitterndes Kaninchen vorstellte, ironisierte der Führer und Reichskanzler in seiner Sportpalastrede vom 4. September 1940 mit Gemütsruhe diese vermutete englische Invasionspanik: «Natürlich werde ich alles klug, vorsichtig und gewissenhaft vorbereiten. Das werden sie verstehen. Und wenn man in England heute sehr neugierig ist und fragt: ‹Ja, *warum kommt er denn nicht?*› – *beruhigt euch, er kommt*. Man muss nicht immer so neugierig sein!» Aber er kam nicht, und da er die Neugier zu lange «im eigenen Saft schmoren» liess, zerging sie allmählich. Nach einem Jahr figurierte die deutsche Invasionsdrohung nur noch als überkommene Floskel des Zweckpessimismus in den Reden englischer Offizieller, bis sie sich ganz verlor. Die *alliierte Invasionsdrohung* hat bemerkenswert längeren Atem, und wenn ihre «Warmhaltung» ein Erfolg der alliierten Propaganda wäre, so müsste man diese Propaganda genial nennen. Seit zwei Jahren wartet Deutschland und Europa auf die Westinvasion; in amphibischen Orakelsprüchen, deren Hintertür jeweils erst am Silvesterabend bemerkt wurde, kündete sie 1942 ein vergessenes Communiqué der Churchill-Stalin-Konferenz[241] «noch in diesem Jahr» an, 1943 liess sie Churchill erwarten, «ehe die Blätter fallen», und seit Neujahr ist sie täglich und stündlich fällig. Natürlich werden wir alles klug, vorsichtig und gewissenhaft vorbereiten, erklären seit Jahr und Tag die alliierten Lautsprecher – aber beunruhigt euch, wir kommen! Und obwohl sie nicht kamen, stieg das Invasionsfieber weiter und erreicht vor jeder Churchillrede, vor allen Iden und Kalenden neue Höhepunkte. Zwar geht unter den Zaunstrategen, die schon zehn Wetten auf Invasionstermine verloren haben, eine blasierte Scherzfrage um, wie sie sich Kinder stellen, die am Samichlaus zu zweifeln beginnen: «Glauben Sie an die Invasion?», aber auch das ist unechter Snobismus Hereingefallener. Und wenn die Widerstandsbewegungen im besetzten Europa es aufgegeben haben, auf die Invasion zu warten, dann vor allem deshalb, weil der Besatzungsterror ihnen nicht erlaubte, die Gemächlichkeit des alliierten Fahrplans einzuhalten, und deshalb auch, weil die böse Ahnung umherschleicht, die alliierten Besatzungsarmeen könnten ebensogut als Ablösung der deutschen wie als Befreier eintreffen. Aber ganz Europa fühlt die Lawine über sich hängen. Deutschland steht seit Jahresbeginn geradezu offiziell im Banne der Invasionsdrohung, die in der deutschen Presse von der bunten Seite in die Leitartikel und Schlagzeilen aufgestiegen ist und sogar, da Dr. Goebbels aus allem das Beste zu machen weiss, den russischen Einmarsch im deutschen «Lebensraum» in den Schatten rückt.

Die Umstellung der *deutschen Propaganda* an der innern Front auf «*Alarmzustand im Westen*» hat natürlich sehr viele Gründe, und sie ist gewiss am allerwenigsten ein Erfolg der angelsächsischen Stimmungsmache. Diesen Aufrufen, Warnungen und stets dementierten Ankündigungen der alliierten Lärmmaschinen ist höchstens die masslos verfrühte Erweckung von Hoffnungen im besetzten Europa und damit die auch für die Alliierten selbst verfrühte Abstumpfung dieser Hoffnungen zuzuschreiben; dass dabei die aktivsten Menschen der besetzten Länder in den Tod gehetzt wurden und in Frankreich allein die täglichen Verluste der Widerstandsbewegung grösser sind als an den angelsächsischen Fronten Europas, scheint von der alliierten Strategie weder militärisch noch gar politisch als Verlust gebucht zu werden. Ob es ihr auch gelang, den deutschen Generalstab zu narren, ist weniger sicher. Gewiss hat die potentielle Westfront immer mehr deutsche Kräfte gebunden, aber diese Kräfte sind dort nicht untätig geblieben. Wenn der «Atlantikwall» 1942 ebenso ein Bluff sein mochte wie die «zweite Front», so ist er es heute schwerlich mehr, und die Zeit, welche die Alliierten verstreichen liessen, hat nicht einfach für sie gearbeitet: die Schwierigkeiten einer Landung sind wahrscheinlich während längerer Zeit ebenso schnell gewachsen wie die Häufung der Invasionsvorbereitungen. Aber ebenso wahrscheinlich hat *die Steigerung der Abwehrmittel früher ihre Grenze erreicht als der alliierte Aufmarsch*, und wenn nun die deutsche Propaganda das Invasionsthema mit höchster Lautstärke aufnimmt, so liegt der Hauptgrund gewiss in der nüchternen militärischen Wahrscheinlichkeitsrechnung.

Doch das Reichspropagandaministerium hat noch andere Gründe, die Invasionsdrohung ins Scheinwerferlicht zu rücken. «*Vor der Invasion*», betitelt Herr Gieselher Wirsing seinen strategischen Leitartikel in den «Münchener Neuesten Nachrichten» vom 10. April, der eigentlich dem russischen Vordringen zu den Karpathen gewidmet ist, aber achselzuckend den Blick von dieser unerfreulichen Entwicklung im Osten abwendet: «Welche Bedeutung diesen Vorgängen in Wirklichkeit zukommt, kann jetzt nicht erörtert werden. Auch der Feind weiss, dass wir sehr starke Reserven haben, und das Rätselraten, wann und wie sie eingesetzt werden, nimmt ständig zu. Erst in einem viel späteren Zeitpunkt wird man also beurteilen können, *weshalb unsere Armeen im Osten* gegen einen ungeheuren und überlegenen Druck im wesentlichen *auf ihre eigene Kraft gestellt* blieben.» Der deutsche Leser freilich weiss es schon, denn seit Hitler in seinem Tagesbefehl zum 1. Januar die «Sorgen und Nöte von euch, meine Kameraden der Ostfront» damit begründete, dass «zahlreiche für den Osten vorgesehene Neuaufstellungen» nun «den übrigen europäischen Lebensraum zu beschützen haben», findet es die ganze deutsche Presse und Propaganda besser, ihr Publikum von der immerhin erst potentiellen Gefahr im Westen statt von den akuten Zusammenbrüchen im Osten zu unterhalten. Aber der deutsche Leser hält dicht. «*Feind hört mit!*» warnen in allen deutschen Zeitungen eingestreute Fettdruckmahnungen, über die schief und unheimlich, den Hut im Gesicht, der Schatten eines feindlichen Agenten fällt. Deutschland ist voll *Gespenster* geworden, an allen Ecken, in der Strassenbahn, im Laden, im Wartesaal lauscht der Feind, im harmlosen Arbeitskleid oder in deutscher Uniform; «der biedere Obergefreite, der angeblich von Narwa kommt, ist in Wirklichkeit mit dem Fallschirm bei Bielefeld abgesprungen ...» Die Panik erweist sich noch einmal als ein Mittel, die Stimmung zusammenzuschweissen, jeden einzelnen Deutschen zur Selbstisolierung zu verpflichten und selbst die privaten Gespräche vorzuschreiben. «*Um Eures Lebens willen, seht Euch vor!* Sprecht darüber, wie ordentlich wir *verpflegt* werden! Darüber, dass heute in Deutschland mehr Menschen mit *Brot* und *Butter* und *Milch* versorgt werden als jemals zuvor. Und darüber, dass immer noch jeder sogar sein frisches *Weissbrot* bekommt und hin und wieder auch ein paar *Eier* und ein paar schöne *Äpfel*» – aber über nichts anderes! Wenn alle das inne halten, ist sogar die akut gewordene Ernährungskrise überbrückt. Auch wenn ihr innerlich zerbrochen seid, zeigt nur Begeisterung, denn überall sind die Ohren des Feindes! «Wir sprechen von Geheimhaltung, aber *Millionen Ausländer* stehen neben uns im Betrieb, sitzen neben uns in der Strassenbahn und im Zuge», warnt im «Reich» Hans Schwarz van Berk in einem Artikel «Wir Geheimnisträger»: «Zweifellos unterhält der Feind unter den vielen Millionen *Fremdarbeitern* im Reich ein riesiges Agentennetz ... Da fast unsere ganze Industrie für den Krieg arbeitet, gehen die meisten Waffen und Rüstungsteile immerzu durch die Hände von Menschen, die entweder an unserem Siege nicht interessiert sind oder sogar *unsere Niederlage herbeisehnen.*» So also haben sich diese Millionen verwandelt, von denen die deutsche Propaganda stets behauptete, sie seien freiwillig und begeistert herbeigeströmt, um Waffen für die «Verteidigung Europas» zu schmieden. Und der gebildete deutsche Leser, der seinen Goethe stets in Schul- und Rucksack trug, erinnert sich vielleicht jener Szene, in der der erblindete Faust den Schaufellärm der Lemuren, die sein Grab ausheben, verzückt für Deicharbeit in seinem Dienste hält: «Wie das Geklirr der Spaten mich ergetzt! Es ist die Menge, die mir frönet ...»[242]

Die Erwartung der Invasion hat in der deutschen Propaganda auch die Stelle der «*Vergeltung*» eingenommen, um die es wie schon um manchen Slogan plötzlich still geworden ist; auch sie verspricht jene «entscheidende Wendung», die «so oder so» dem unerträglich gewordenen Druck ein Ende setzen muss und, nach den Worten der Essener «National-Zeitung», «zu der von jedem Deutschen ersehnten *Abkürzung des europäischen Krieges* beitragen wird». Sie öffnet der verzweifelten Wut über das angloamerikanische Dauerbombardement aus der Luft, das allein in den Ostertagen 12 000 Tonnen Bomben aus 10 000 Flugzeugen über Europa ausschüttete und immer mehr einer Ausräucherung der «Festung Europa» mit Mann und Maus und Weib und Kind und Freund und Feind gleichkommt, ein Ventil: sollen sie doch endlich zu Lande kommen, dass man sie anpacken kann! «Die deutsche Wehrmacht wird dann endlich *mit beiden Fäusten zuschlagen* dürfen», schreibt die «National-Zeitung», und das «Reich» erklärt: «Darum ist uns bis zum letzten deutschen Soldaten hinunter *kein Waffengang willkommener* als der mit den reservierten Soldaten aus England und USA.» «Eine gleich günstige Chance, dem Krieg eine entscheidende Wendung zu gehen, finden wir nie mehr», erklärt Dr. Goebbels, und wenn die Freudigkeit der Invasionserwartung auch Zweckoptimismus ist, so kommt sie doch wohl jener in Deutschland sich ausbreitenden Dumpfheit entgegen, der es schon gleichgültig ist, wie das Ende aussieht, wenn es nur das Ende ist. «Das Stehen vor der Entscheidung und das immer wieder versuchte *Hinauszögern der Entscheidung*, ein hohes Geduldspiel aller mobilisierten Energien setzt ein *inneres Intaktsein* voraus, das dem des Gegners überlegen sein muss», stellt der erwähnte Schwarz van Berk im «Reich» vom 9. April fest; es versteht sich, dass er diese innere Intaktheit nur beim Gegner vermisst, denn «wir wollen nicht in den Ton der Ruhmredigkeit verfallen. Wir wollen nur feststellen, dass wir uns selber in Form fühlen.» Und es versteht sich, dass er auch nicht etwa die Erfinder des totalen Krieges, der Terrorbombardemente, der europäischen Zwangsarbeit und des «Geduldet euch, er kommt!» meint, wenn er kopfschüttelnd schreibt: «Man fragt sich, wo in diesem Krieg der gesunde Menschenverstand geblieben ist ... Manche Staatsmänner und Politiker müssen sich selbst ein Rätsel geworden sein, da sie sich Dinge eingebrockt haben, bei deren Anblick sie sich mit der rechten Hand am linken Hinterkopf kratzen. Die Völker wittern ihre Unsicherheit und sind voll Ungeduld, Unbehagen und Unwillen. Wenn man etwa die Lage betrachtet, die in England eingetreten ist ...» Er spricht nämlich von England.

22. April 1944

Die britische Regierung unterbindet den diplomatischen Verkehr für ausländische Vertretungen. De Gaulle ersetzt Giraud als Oberkommandierenden der französischen Armee. Die Türkei stellt den Chromexport nach Deutschland ein. Geburtstag des Führers

Es ist nun wirklich soweit, dass die Welt den Atem anhält. Das kann sie natürlich nicht sehr lange, besonders da es auch nach dem erwarteten Erdrutsch im Westen mit dem Aufatmen vielleicht nicht sehr weit her sein wird. Die *Prophezeiungen* sind sehr präzis und kurzfristig geworden: ein Professor tippt, trotz Vollmond, auf den 10. Mai, weil amerikanische Voraussagen am 13. März die deutsche Luftwaffe in einem bis zwei Monaten zu zerschlagen versprachen, und ein Nationalrat gleich auf morgen Sonntag, weil da das Fest des englischen Nationalheiligen Georg mit dem Neumondbeginn zusammenfällt und es zugleich auch noch der Sonntag *Misericordiae* ist; denn obwohl nach der Auffassung gewisser Yankee-Journalisten das Leben eines amerikanischen Soldaten wertvoller ist als die Sixtina, die europäischen Städte und sämtliche «Ausgebombten» und zwangsverschickten Küstenbewohner zusammen, wäre doch nach einer verbreiteten Ansicht, die mit dem deutschen Propagandaministerium zu teilen wir uns nicht scheuen, die wirkliche Invasion mit all ihren Schrecken ein Akt des Mitleids, verglichen mit der endlosen Weiterdauer des «vorbereitenden» Teppichbombardements. Nun mögen zwar für den Zeitpunkt der Invasion ausser Mondschein und Mitleid noch andere Faktoren eine Rolle spielen, aber diese «entziehen sich unserer Kenntnis».

Auch sonst häufen sich die Portenta und Prodigia, und wenn die vorbereitenden Sperr- und Sicherungsmassnahmen sogar über die heiligsten Völkerrechte hinweggehen, so darf auch der Böswilligste keinen blossen Bluff mehr vermuten. Die heiligsten Völkerrechte – erst ihre Suspendierung unter Anrufung der «militärischen Notwendigkeiten» hat uns in Erinnerung gebracht, dass tatsächlich ein Rest des Völkerrechts noch so gut wie unangetastet geblieben war, nämlich die *Immunität der Diplomaten* samt ihren Koffern und Kurieren. Es war die letzte und nicht eben hohe Säule eines Gebäudes, an dem schon der Name «Völkerrecht» eine Illusion war, da es sich dabei eigentlich nur um die Umgangsformen zwischen Regierungen handelte, deren Souveränität die Errichtung von Rechtsnormen zwischen den Völkern zum vornherein verhindert. Der totale Krieg ist erbarmungslos über alle Regeln und Schranken weggerast, hat alle besetzten Länder in offene Menschenjagdgebiete und alle Siedlungen in «militärische Objekte» verwandelt – *«objet militaire: tout objet visé par un militaire»*, definierte Radio London vor drei Jahren, als der Bombenterror noch ein deutsches Privileg war –, und von der nie sehr vollständigen und klaren Haager Landkriegsordnung, wonach «die Bevölkerung und die Kriegführenden unter dem Schutz und der Herrschaft des Völkerrechts bleiben, wie sie sich ergeben aus den unter gesitteten Völkern feststehenden Gebräuchen, aus den Gesetzen der Menschlichkeit und aus den Forderungen des öffentlichen Gewissens», ist kaum etwas übriggeblieben als einige formale Bestimmungen. Der am häufigsten und eingehendsten vertraglich festgelegte und kodifizierte Teil des «Völkerrechts», das Seekriegsrecht, hat überhaupt nie funktioniert. Aber die zwar in allen Handbüchern des Völkerrechts beschriebene, aber in keinem Vertrag und in keinem internationalen Dokument festgelegte Immunität des diplomatischen Postsackes, mit dem der Gesandtschaftssekretär von Costarica seiner daheimgebliebenen Schwiegermutter unkontrolliert den letzten Klatsch, den letzten Börsentip und die letzte Hutmode zuschicken konnte, ist als ehrwürdiges Gewohnheitsrecht, aber auch als technische Notwendigkeit unversehrt durch alle Stürme hindurchgerettet worden, bis nun das sonst gerade solchen Gewohnheitsrechten gegenüber höchst pietätvolle England die Diplomatenpost vorübergehend der längst zensurierten Post gewöhnlicher Bürger gleichsetzte. Es ist gewiss richtig, sich auch am letzten Fetzen Recht, der aus dem totalen Chaos gerettet werden kann, festzuklammern, und es ist wichtig, dass wenigstens eine neutrale Regierung formellen Protest einlegt, damit die Notmassnahme kein neues Gewohnheitsrecht schaffen kann, aber von all den Rechtsbrüchen unserer Zeit ist diese vorübergehende Ausserkraftsetzung einer konventionellen Spielregel der bei weitem harmloseste. Und er trifft übrigens vor allem England selbst, da London damit aus einem politischen Zentrum zu einem abgesperrten militärischen Hauptquartier wird – auch dies ein Zustand, der nicht sehr lange dauern kann.[243]

Zu den Invasionsvorbereitungen, freilich nicht den angelsächsischen, gehört auch die *Verabschiedung General Girauds* als Oberkommandierender der französischen Armee. Giraud hat stets Wert auf die Feststellung gelegt, dass er nichts als Soldat sei und sich um Politik nicht kümmere. General Eisenhower aber, der Oberbefehlshaber aller alliierten Invasionstruppen, dem Giraud unterstellt gewesen wäre, ist ein eminent politischer General, dessen «Politik der militärischen Notwendigkeiten» in Algier noch gut in Erinnerung ist und der, da sich Roosevelt nicht zur Anerkennung des französischen Befreiungskomitees durchringen konnte und England sich diesem Entscheid beugte, im Fall einer Landung in Frankreich dort völlig freie Hand haben soll. Da erschien es dem Befreiungskomitee begreiflicherweise als vorsichtiger, an die Spitze der französischen Armee ebenfalls einen «politischen General» zu stellen, nämlich seinen Präsidenten selbst, der als faktischer Staatschef nicht einfach General Eisenhowers Untergebener sein wird – ganz abgesehen davon, dass de Gaulle als *der* französische Theoretiker und Praktiker des modernen Krieges Anspruch auf ein gewisses Mitspracherecht erheben mag. Wenn in dieser Massnahme ein etwas peinliches Misstrauen gegen die angelsächsischen Vormünder – viel mehr als gegen die Person Girauds – zum Ausdruck kommt, so hat das die angelsächsische Politik gegenüber Frankreich durchaus sich selbst zuzuschreiben. Auch das Befreiungskomitee hat damit eine sehr wesentliche Spielregel der Französischen Republik, die Trennung der politischen und militärischen Gewalt, verletzt; aber wie kann es sich an die Spielregeln halten, da es von seinen grossen «Schwesterdemokratien» nicht als Partner anerkannt ist?

Am «Vorabend der Invasion» hat schliesslich der alliierte *Druck auf die neutralen und halbneutralen «Randstaaten des Krieges»* seinen Paroxysmus und wenigstens im Sonderfall der Türkei sein Minimalziel, die Einstellung der Lieferungen an Deutschland, erreicht. Man kann wirklich nicht sagen, dass solche Invasionsvorbereitung nicht minutiös sei. Auch abgesehen von der zweifelhaften Argumentation, dass die Neutralität nun angesichts der alliierten Stärke und Siegesgewissheit «nicht mehr nötig sei», ist dieses eifrige Bemühen um eine nur auf lange Frist wirksame Schwächung des deutschen Wirtschaftspotentials, dieses Wegräumen störender Steinchen im Moment, da die alliierte Dampfwalze losfahren soll, etwas verwirrend, und die «Deutsche Diplomatische Korrespondenz» findet in der Anklage der Kriegsverlängerung, die Hull gegen die Neutralen erhob, einen bemerkenswerten «Kleinmut». Aber die deutsche Presse, die von Empörung über diese schlechte Behandlung der «Kleinen» überströmt, spendet den paar europäischen Neutralen, welche die deutsche Kriegsmaschine 1940 bis 1941 übrigliess, reichen Trost: «Nun, die *Rechnung* für Englands Missachtung der Neutralität wird ihm präsentiert werden, und zwar zu einem Zeitpunkt, zu dem es besonders viel Wert auf Ansehen legen wird, nämlich *nach seiner Niederlage*», erklärt die «Deutsche Allgemeine Zeitung» angesichts der Aufhebung der diplomatischen Postimmunität, und die «Berliner Börsen-Zeitung» meint: «Mögen es die Neutralen nun zugeben oder leugnen, auch sie stützen sich heute, wo bolschewistische Drohung und angloamerikanischer Verrat ihnen das Messer an die Kehle setzen, in der Hoffnung auf ein nationales Weiterleben einzig und allein auf die erhaltende Kraft Hitlers und seines Reiches.»

Das steht allerdings in einem Weiheartikel zu *Führers Geburtstag*, in dem auch sonst der Optimismus überbordet: «Wer seine Zuflucht nimmt zu Attentaten wie auf Monte Cassino und Rom, wer zu Vergewaltigungsversuchen an den Neutralen schreitet und sich trotz allen Wissens um den todgefährlichen Vabanque-Charakter solchen Unterfangens zum Amphibienangriff auf den deutschen Europawall bestimmen lässt, der hat die Souveränität der Entscheidung verloren. Während ihre Gegner dem Zwang zu offenkundigen Fehlern unterliegen, hat die deutsche Führung ihre Trümpfe noch in der Reserve ... In den sogenannten Demokratien wäre das (Zuwarten) eine Vertrauensfrage. Bei uns gibt es diese Frage nicht ...» Und der Artikelschreiber, Herbert Schildener, verweist jene Deutschen, die «in Stunden der Anfechtung glauben, ihre Bürde nicht mehr bewältigen zu können», auf «den Mann, der eine 85 Millionen mal grössere Last an Sorgen trägt und die Verantwortung für einen ganzen Kontinent obendrein noch willig auf die Schultern genommen hat ... Auf ihn richten in ganz Europa die kämpfenden Völker ihren Blick ...» Ja, das tun sie; und sie brennen darauf, diese «Verantwortung für einen ganzen Kontinent» dem «Mann dieses Krieges» wieder von den Schultern zu nehmen, der am 30. Januar 1942 im Berliner Sportpalast unter stürmischem Beifall erklärte: «Ich bin nicht dazu da, für das Glück anderer Völker zu sorgen, sondern ich fühle mich allein verantwortlich für mein eigenes Volk. Ich werde mir zu meinen schlaflosen Nächten nicht noch solche für das Ausland hinzubürden ...»

«Das Leben des Führers ist deutsche Geschichte», fährt Schildener fort. «In dem Manne Adolf Hitler und seinem Werk hat sich die jahrhundertealte Reichssehnsucht der Deutschen erfüllt. Er zerbrach die fremden Ketten, räumte die Quellen unserer Zwietracht aus und wies dem Volk ohne Raum den Weg ins Freie ... Er ist Deutschland.» Und auf allen deutschen Stadtruinen wehen Fahnen und Papierfähnchen. Der «Weg ins Freie» hat weit geführt, und Europa war zum Massengrab gerade gross genug. In der «Deutschen Allgemeinen Zeitung» widmet Otmar Best seinen Geburtstagsartikel sinnig den Altersgenossen des Führers: «Die Geburtsjahrgänge um 1890 können sich nun *endgültig* Rechenschaft darüber geben, dass *ihr ganzes Leben* vom Soldatentum ausgefüllt war. Zwei Kriege von mehrjähriger Dauer, eigentlich ein einziger zusammenhängender, schon wieder dreissigjähriger Kampf: dieser Generation wie der jüngeren, die jetzt den neuen Weltkrieg an der Front trägt, war es bestimmt ...» Und in der Marienburg, so meldet das Deutsche Nachrichtenbureau, «nahm Reichsjugendführer Axmann die *Zehnjährigen* in die Gemeinschaft der Jugend auf und meldete dem Führer zu seinem Geburtstag, dass ein neuer Jahrgang zum Dienen für Deutschland angetreten ist ...»[244]

29. April 1944
*Die Verharmlosung des Kriegsalltags. Die Nachkriegsprobleme.
Die Exilregierungen*

Bald mehrmals täglich heulen uns die Sirenen das Schauerlied des totalen Krieges. Man gewöhnt sich daran. Manchmal erinnert man sich, dass man eigentlich erschüttert sein müsste, und bemüht sich, es zu sein; aber lange lässt sich das nicht durchhalten. Die Vorstellungskraft reicht nicht aus. Vielleicht liest man anderntags rasch nach, wo es getroffen hat; aber es sind immer dieselben, schalen, nichtssagenden Fälschungen, einige Städtenamen, einige widersprechende Abschussziffern; die alliierten Berichte nennen Fabriken und Bahnanlagen, die deutschen Berichte nennen Kulturdenkmäler und Arbeiterquartiere, aber da ist keine Kulturwelt mehr, die aufschreit. Die Fuggerhäuser in Augsburg in Schutt und Asche, die Kathedrale von Rouen beschädigt, die Frankfurter Goethehäuser zerstört – was zählt das noch? Einmal traf es, versehentlich und nebenbei, *Schaffhausen*.[245] Da brachten die Zeitungen Berichte und Bilder über die «totale Zerstörung», die nur bewiesen, dass wir keine Ahnung davon haben, was totale Zerstörung ist. Und niemand kann behaupten, dass unsere Stumpfheit dadurch aufgerüttelt wurde. Auch die deutschen Zeitungen brachten Reportagen über die Zerstörungen in Schaffhausen, die einzigen ausführlichen Berichte über eine bombardierte Stadt, die bisher in deutschen Zeitungen erschienen, und daher ebenfalls verharmlosende Fälschungen jener Wirklichkeit, die «da draussen» der Alltag ist. Es besteht nach wie vor, über alle Lager hinweg, eine Verschwörung des Schweigens über den Krieg, den wirklichen Krieg: verkohlte Leichenhaufen in verschütteten Kellern, Fetzen von Kinderleichen an geborstenen Mauern, Einbrecherbanden in den Häusern, die noch brennen, «Luftwaffenhelfer», Schulkinder mit den scheusslichen Verstümmelungen des Phosphorkrieges und greisen Gesichtern, die alles gesehen haben. Diese Woche gingen Bilder von Führers Geburtstag in Berlin durch die Presse: in den geborstenen Mauern steckten Hakenkreuzfähnchen, und quer darüber hing das grosse Spruchband: «Unsere Mauern brechen, aber unsere Herzen nicht!» Und diesen Mauern entlang gingen Menschen, Frauen mit Markttaschen und uniformierte Männer, die diese Propaganda wohl kaum mehr nötig haben. Auch sie haben sich daran gewöhnt. Der Krieg bricht die Herzen nicht, er versteinert sie. Und das Leben geht weiter, das zerstörte, sinnlose, stumpfe Leben – das ist vielleicht das Schlimmste. Es ist eine militärische Notwendigkeit, Europa in eine Schutthalde zu verwandeln, um es zu befreien – wie es eine militärische

Notwendigkeit war, Cassino in eine Schutthalde zu verwandeln, um es zu erobern. Es wurde alles vernichtet ausser den *militärischen* Anlagen unter der Erde. Und der Schutt wurde ein Hindernis für das Vorrücken der motorisierten Truppen. Cassino fiel nur in Trümmer, es «fiel» nicht: militärisch, als strategischer Punkt, «steht» es wie zuvor. Nur was ausser dem strategischen Punkt da war, ist nicht mehr. Es ist eine militärische Notwendigkeit, Europa auszuhungern, um es zu befreien. Aber wenn dieser Krieg längst vorbei ist, wird eine seelisch und körperlich geschädigte, labile, im tiefsten Sinn irre Generation den Kontinent bevölkern, für Veitstänze, Flagellantenzüge und Sektierer anfälliger als je eine zuvor. *Und auch in diesem Schutt könnten die «Befreier» leicht steckenbleiben: dies ist nicht der Weg «to make the world safe for democracy».* Es ist auch eine militärische Notwendigkeit, im Augenblick der Invasion das in Jahrhunderten dem Meer abgerungene Kulturland Hollands wieder im Meer zu ersäufen. Es wird am Ausgang des Krieges nichts ändern, aber das Kulturland wird auf Jahrzehnte zerstört und seine Bevölkerung heimatlos sein. Es ist unnütz, sich über das eine zu entsetzen und über das andere nicht. Die «militärischen Notwendigkeiten» haben ihre eigene Konsequenz. Nichts ist recht, und alles ist erlaubt.

Wir nennen dies eine «Ruhepause» des europäischen Krieges, eine «Stille vor dem Sturm» – wie wird da der Sturm aussehen! –, und den Fachleuten der Strategie geht momentan das Material aus, um die platte Abscheulichkeit in die vornehm bebrillte Sprache der kühnen Vorstösse und elastischen Rückzüge, der Umfassungen und Einkreisungen, Sturmangriffe und Säuberungen, Beute, Kriegsmoral und taktischen Manöver umzusetzen, weshalb sie ihre Aufmerksamkeit dem interessanteren und grosszügigeren Fernen Osten zuwenden. Es geschieht zu wenig. «Die Zaungäste des Krieges spüren schon jetzt die Leere, die in den kämpfenden Ländern allenfalls erst nachträglich empfunden wird – um nicht geradezu zu sagen: *sie langweilen sich*», meint «Das Reich». Warum es nicht zugeben: dieser Leerlauf der Vernichtung wirft uns, wenn wir ihm «zusehen», seekrank zwischen Übelkeit und Langeweile hin und her. Massenmord und motorisierte Barbarei ist nicht «interessant», interessant auch im höchsten Sinn ist nur noch ihr Ende. Nicht nur bei den «Zaungästen», überall gähnt diese Leere. Das Mass des Entsetzens ist voll, die Aufnahmefähigkeit erschöpft. Was könnte, nach all dem, was geschehen ist, noch Empörung hervorrufen – ausser papierener?

Während Europa umgepflügt wird, während im Westen und Osten der «entscheidende Aufmarsch» stattfindet und Berlin eine «Unruhewelle an der Westfront» registriert, gehen in London letzte Beratungen über die Nachkriegsprobleme vor sich. Nachdem man sie jahrelang unter Hinweisen auf die «militärischen Notwendigkeiten» auf die Nachkriegszeit verschoben hatte, zwingen nun plötzlich die militärischen Notwendigkeiten die angelsächsischen Alliierten, sich in aller Eile wenigstens provisorisch darüber zu einigen, bevor die entscheidenden Kriegshandlungen beginnen. Der seltsame, aber bequeme Glaube, dass man den Krieg ebensogut ohne Programm beenden könne, wie man ihn ohne

Programm begann, ist gestorben: *beim ersten Terraingewinn wird der «Nachkrieg» mit all seinen Schwierigkeiten beginnen.* Aber nun ist es nicht leicht, sich noch rasch ein gemeinsames Programm zu beschaffen. Zwar steht die amerikanische Industrie bereit, die europäischen Städte ebenso seriemässig wieder aufzurichten, wie sie sie zerstörte, und sie wird schlimmstenfalls auch nicht davon zurückschrecken, Rom an einem Tage aufzubauen; aber die Wiederherstellung Europas ist keine technische und leider auch keine militärische Frage, und die Europäer werden dabei eine gewisse Rolle spielen müssen. Über diese Rolle besteht sehr wenig Klarheit, und es scheint nicht, dass die Besprechungen des Herrn Stettinius in London viel mehr als Übereinstimmung darüber ergeben haben, dass eine Abklärung dieser Frage dringend nötig wäre. Das «dornige Problem» Frankreich hängt in der Luft wie bisher, und zugleich erfährt die Welt, dass der alliierte «Europarat» seine Zeit damit verbracht hat, über die Bedingungen der «bedingungslosen Kapitulation» Deutschlands zu beraten. Feste Ansichten über die Zukunft der Welt scheint nur General Patton zu haben: Amerika, England und Russland – er nannte immerhin höflicherweise auch die Verbündeten – würden die Welt von morgen beherrschen. General Patton, von seiner Truppe «der Blutige» genannt, wurde letztes Jahr dadurch berühmt, dass er in einem Lazarett in Sizilien einen kranken Soldaten als Simulanten mit Schlägen traktierte; er musste sich damals öffentlich entschuldigen und wurde strafversetzt – wie sich nun herausstellt, nach England, um dort ein führendes Kommando bei der Befreiung Europas zu übernehmen. Er hat für seine neuerliche Meinungsäusserung wieder einen Rüffel erhalten: er habe diesmal nicht nur einen amerikanischen Soldaten, sondern alle freiheitliebenden Völker ins Gesicht geschlagen, meint ein amerikanisches Blatt. Der bedauernswerte General scheint zum Sündenbock erkoren zu sein. Dabei ist seine Ansicht doch einfach common sense; das Nachkriegsprogramm, das die englische Labour Party ihrem Pfingstkongress vorlegen will, stellt sich die Zukunft auch nicht viel anders vor. Auch seine «kollektive Sicherheit» beruht auf möglichst energischer Aufrüstung der «Grossen Drei» als Garanten des Weltfriedens und totaler Abrüstung der Besiegten. Der Gedanke ist nicht ganz neu, leider; am Ende des letzten Weltkrieges verstand man die Sicherung des Weltfriedens nicht viel anders. Und es ist kaum zu erwarten, dass der Pfingstgeist über den Parteitag kommt.[246]

Mister Stettinius hat auch die Ansichten der Exilregierungen über das künftige Europa angehört. Aber die angelsächsische Europapolitik beruht auf einer seltsam gebrechlichen Basis. Die französische Regierung in Algier, in der alle französischen Widerstandsgruppen vertreten sind, wird nicht anerkannt; die von den Alliierten anerkannten Exilregierungen aber stehen in Konflikt mit denen, die in ihren Ländern gegen die Deutschen kämpfen. Die Meutereien in der griechischen Exilarmee und -flotte, die Desertionen aus der aktiv antisemitischen «altpolnischen» Armee, die völlige Isolierung der offiziellen jugoslawischen Regierung zeigen, wie akut dieser Konflikt geworden ist. Und während die alliierte Politik noch mit den legalen Schachfiguren der Exilkönige spielt – obwohl die «militärischen Notwendigkeiten» sogar die alliierte Strategie gezwungen haben, die aktiven Kräfte der Widerstandsbewegungen zu unterstützen –, beginnt sich im «unterirdischen Europa» die Struktur von morgen abzuzeichnen. Von niemandem anerkannte Regierungen, das jugoslawische und das griechische Befreiungskomitee[247], anerkennen sich gegenseitig und legen die Basis einer künftigen Balkanföderation; die tschechische Exilregierung, die von Russland genau das erhalten hat, was das französische Befreiungskomitee vergeblich fordert, nämlich die Beschränkung der fremden Besetzung auf das Kriegsnotwendige und das Recht, selbst für «Ruhe und Ordnung» zu sorgen, scheint diesen Plänen Pate zu stehen und den Plan einer osteuropäischen Föderation von der Ostsee bis zur Ägäis zu verfolgen. Die Beharrlichkeit aber, mit der die angelsächsische Politik auf dem Status quo und dem eigenen Willen besteht, droht all diese Kräfte ins russische Spiel zu treiben oder bekämpft sie, weil sie hinter ihnen ein russisches Spiel sieht. Denn jene «kollektive Sicherheit», die auf der Aufrüstung der «Grossen Drei» beruht, ist nicht viel realistischer als der «unpraktische Idealismus», als den das Programm der Labour Party den einstigen Pazifismus belächelt.

6. Mai 1944

Invasionsprognosen. Die Türkei, Spanien, Schweden und Portugal und ihre Exporte nach Deutschland. Dominion-Konferenz in London

Am Anfang der alliierten Kriegführung war die *Blockade*. Die Alliierten von 1939 hatten eigentlich gar keinen anderen Kriegsplan als den, Deutschland durch Abschnürung von der Aussenwelt allmählich zu erschöpfen. Dazu brauchte die Handelsmacht England nur methodische Überwachung und Geduld; mit der gleichen Selbstsicherheit, mit der er ein Jahr zuvor «peace for our time» verkündet hatte, erklärte Chamberlain am ersten Kriegstag, dass er und England bereit seien, fünf Jahre auf das Ergebnis dieser Kriegführung zu warten – war for our time. Das war vielleicht die richtigste Prophezeiung seines Lebens. So viele Sprünge und Programmwidrigkeiten der Krieg auch in den ersten Jahren durchgemacht hat, der Grundzug der englischen Kriegführung änderte sich nicht. Sie flickte den von Deutschland nach allen Seiten aufgerissenen Blockadering mit verbissener Geduld immer wieder in einiger Entfernung zusammen und suchte ihn allmählich wieder enger zu ziehen. England und bald auch Amerika führten den Krieg gegen Deutschland nicht durch Angriff, sondern durch Abschnürung, nicht gegen das Zentrum, sondern an der Peripherie; die angelsächsischen Armeen und Flotten traten im Grunde genommen gar nicht als Wehrmacht gegen Deutschland, sondern als Blockadepolizei gegen «Blockadebrecher» auf; und sie führten den europäischen Krieg in Persien und Mesopotamien, in Island und Spitzbergen, in Liberia, Madagaskar und Nordafrika, im Karibischen Meer und im Indischen Ozean.

Das war, so stellte man damals in Deutschland fest, nicht die Kampfesweise des Löwen, des britischen Wappentiers, sondern der *Boa constrictor.*

Stalin hat in seinem Tagesbefehl zum 1. Mai der angelsächsischen Kriegführung zuerkannt, dass sie «einen beträchtlichen Beitrag zu den russischen Erfolgen» leiste. Vielleicht ist es aber nicht das Endziel Englands und Amerikas, einen Beitrag zu den russischen Erfolgen zu leisten – oder, in Stalins bilderreicher Sprache, die «deutsche Bestie» müdezuhetzen, damit sie von ihm, Stalin, «in ihrer eigenen Höhle erledigt werden» kann. Das mag der Hauptgrund sein, weshalb die Invasion jetzt ernst gelten soll. Minister Bevin kennt sogar schon ihr Datum und ist stolz darauf. Wir kennen das Datum nicht, und am vorbereitenden Trommelfeuer lässt es sich nicht ablesen; dieses Trommelfeuer dauert schon zu lange und ist allzusehr Selbstzweck geworden. Zu einem blossen Gnadenstoss ist es wohl immer noch und noch auf lange Zeit zu früh. In den fieberhaften Invasionsprognosen sind denn auch schon wieder *Spätsommervarianten* aufgetaucht. Es ist gewiss bemerkenswert, mit welcher Ausdauer dieses erst angedrohte Ereignis der Invasion die Kriegschroniken zu beherrschen vermag; aber womöglich noch erstaunlicher ist es, mit welcher Besessenheit sich gerade in diesem Augenblick die angelsächsische politische Kriegführung wieder auf die Peripherie verlegt, auf die Ausschaltung der letzten «Blockadelücken». Entweder befinden wir uns also immer noch inmitten eines unabsehbaren Erschöpfungskrieges, und die Propheten der Invasion haben in den Mond geschaut oder die Alliierten kalkulieren klugerweise die Möglichkeit ein, dass die Invasion scheitert oder in einem neuen Landekopf von Nettuno steckenbleibt oder aber der Handelskrieg ist, wie die Zerstörung aus der Luft und die Errichtung von «Stützpunkten gegen Deutschland» auf allen Kontinenten, zum Selbstzweck geworden, zur Vorbereitung der Nachkriegszeit ebensosehr wie der Kriegsentscheidung.

Auf jeden Fall hat die *Boa constrictor* in diesen Wochen beträchtlich an Boden gewonnen. Nachdem die *Türkei* ihre Chromlieferungsverträge mit Deutschland zerrissen und damit in Berlin eine Entrüstung hervorgerufen hat, die immer noch vergeblich nach Worten ringt – das unheildrohende Schweigen allein, vor dem einst die Völker zitterten, hat nicht mehr die gleiche Suggestivkraft –, findet sich nun auch *Spanien,* der einstige «zugewandte Ort» der Achse, damit ab, bestelltes und zum Teil schon bezahltes Wolfram nicht nach Deutschland zu liefern und den Alliierten ein *droit de regard* auf die spanische Fremdenpolizei zuzugestehen. Der vielzitierte Nationalstolz des «neuen Spanien», der einst nicht zu stolz war, Spanien den Blitzkriegstrategen der Achse als Experimentierfeld auszuliefern, hat sich auf die Dauer auch nicht als zureichendes Argument gegen die von den nordamerikanischen «Barbaren» hemdärmelig, von den englischen Diplomaten gentlemanlike vorgebrachte Zumutung erwiesen, nicht nur den spanischen Aussenhandel, sondern gleich auch die spanische Ausweisungspraxis zu kontrollieren. Die spanischen Orangen- und Zwiebelkisten werden nicht mehr explodieren, und dafür wird Spanien wieder Petroleum erhalten. Das Deutsche Nachrichtenbureau tröstet sich über dieses unseigneuriale Verhalten mit dem philosophischen Kommentar: «An der grundsätzlichen Feindlichkeit besonders Englands gegenüber dem von General Franco repräsentierten falangistischen Regime werden auch diese Zugeständnisse nichts ändern.» Weder Sir Samuel Hoare und seine «spanischen Freunde» noch der Duque de Alba aus dem königlichen Haus der Stuarts werden dieser Ansicht zustimmen; ihre Wesensverwandtschaft ist tiefer als alle Ideologie. Es mag gerade vom ideologischen Standpunkt aus für Deutschland erstaunlich sein, heute seinen zuverlässigsten Vertragspartner in *Schweden* zu finden, dessen sozialdemokratische Minister die Gültigkeit einer Handelssignatur heilig halten und die englisch-amerikanischen Spitzfindigkeiten über den zwar von den Alliierten gebilligten, nicht aber gutgeheissenen deutsch-schwedischen Handelsvertrag in den Wind schlagen – und seinen letzten Wolframlieferanten in *Portugal*, dem «Verbündeten Englands seit über einem halben Jahrtausend», der sein im alliierten Lager nicht begehrtes Wolfram mit um so besserem Gewissen von Deutschland mit Gold aufwiegen lässt, als er dafür den Alliierten militärische Stützpunkte auf portugiesischem Gebiet zugestanden hat.[248]

Dieser ganze Kuhhandel geht unter dem Schlagwort «Die Angelsachsen und die Neutralen» vonstatten. Lord Vansittart hatte recht, wenn er ein neues Wörterbuch der internationalen Beziehungen verlangte, in dem alle diese «neutralen Verbündeten», «freundlichen» und «unfreundlichen Neutralen» Platz fänden. Auch Lord Vansittart ist freilich der Ansicht, dass die Neutralität tot sei; eine Ansicht, die etwa darauf hinausläuft, das Drehen mit dem Wind als einzige Lebensform kleiner Nationen zu erklären. Zu Beginn dieses Krieges bestanden ähnliche Ansichten, und auch damals wurde das Wörterbuch der internationalen Beziehungen um die schönen neuen Begriffe der Nonbelligerenz, der Präbelligerenz und schliesslich der Postbelligerenz erweitert. Sie alle haben sich als Windgeburten erwiesen, und auch Lord Vansittarts neues Wörterbuch des internationalen Rechts dürfte bestenfalls ein neuer *Dictionnaire des girouettes* werden.

Die *Dominionkonferenz* in London erwägt ebenfalls Vokabularfragen. Commonwealth oder Empire? Churchill hat sich einmal gegen die Verpönung des Wortes Imperium gewandt und als Lösung vorgeschlagen, von einem «British Commonwealth and Empire» zu sprechen. Das ist vollkommen richtig. Es gibt ein britisches Commonwealth of Nations der angelsächsischen Herrenrasse und jenseits der Farbenschranke ein britisches Kolonialreich. Die Premierminister der «frei vereinten Nationen England, Kanada, Südafrika, Australien und Neuseeland halten in London eine für das Zusammenleben der Nationen vorbildliche Konferenz, und in Indien sitzen politische Führer eines Dreihundertmillionenvolkes hinter Schloss und Riegel. Das Britische Reich ist ein Triumph der Empirie. Unter den fünf Dominionvertretern sind zwei englische Hocharistokraten, Churchill und Mackenzie King, zwei Labourführer und ein Burengeneral, der einst gegen England im Feld stand. Gegen eine engere Zusammenfassung dieser «frei geeinten Nationen» legt ausgerechnet der kanadische Verwandte des britischen Königshauses sein Veto ein. Der einstige Burengeneral ist zum Prototyp des britischen Imperialisten geworden; das England, das hinter der weissen Minderheit Südafrikas steht, soll stark sein und vielleicht sogar Westeuropa assoziieren, aber es soll sich nicht in die afrikanische Eingeborenenpolitik mischen, sondern «Afrika den Afrikanern», will heissen der südafrikanischen Herrenrasse überlassen. Die Labourregierungen Australiens und Neuseelands haben aus ihren Ländern soziale Mustergärten gemacht, indem sie ein Gebiet von acht Millionen Quadratkilometern für acht Millionen Einwohner reservierten und den Bevölkerungsüberschuss Ostasiens und der übrigen Welt davon aussperrten – eine Politik, deren Weisheit erst seit Ausbruch des Krieges mit Japan fragwürdig geworden ist und die auch ihnen, nachdem die überstürzte Anlehnung an Amerika etwas unheimlich geworden ist, eine engere Verbindung mit Grossbritannien für die Zukunft ratsam erscheinen lässt. Das britische Commonwealth, ein Reich ohne Verfassung, gemeinsame Behörde und rechtliche Definition, entspricht etwa einer alten Eidgenossenschaft, die nicht einmal eine Tagsatzung besessen hatte. Aber ausser der «Familientradition» und der für jeden Nichtengländer mystischen «gemeinsamen Treue und Anhänglichkeit an die Krone» gibt es doch recht konkrete Partnerinteressen, die das Ganze zusammenhalten, entsprechend etwa den gemeinen Herrschaften der alten Eidgenossenschaft. Die Engländer sind mit Recht stolz darauf, dass diese «Völkerfamilie» nicht durch Kanonen und nicht durch Gesetze zusammengehalten wird. Aber es gibt zwei Fälle, in denen England zu spät auf Kanonen und Zwang verzichtete: der erste ist derjenige der Vereinigten Staaten, aus deren Abfall die ganze seitherige Empirepolitik ihre Lehren zog; der zweite ist Irland, von dessen Abwesenheit an der jetzigen Dominionkonferenz Churchill an der Unterhausdebatte über die Reichspolitik offen bekannte: «In diesem Versagen der Empire-Solidarität liegt die Schuld unserer Politik.» Zum dritten Fall könnte sehr leicht Indien werden. «What we have, we hold!», schleuderte einst Churchill den amerikanischen Empire-Kritikern entgegen; es ist höchst fraglich, ob dieser Besitzerstandpunkt auf die Dauer ein Imperium zu bewahren vermag, das nicht mehr durch Kanonen, sondern nur noch durch den Verzicht auf Kanonen zusammengehalten werden kann.[249]

Das *Commonwealth* aber steht. All die schon im ersten Weltkrieg blühenden deutschen Spekulationen über Zusammenbruch, Liquidation und Ausverkauf des Britischen Reiches haben sich wiederum als Selbsttäuschung erwiesen, obwohl sie sich auf sehr präzise Tatsachen stützten: auf die Errichtung amerikanischer «Stützpunkte» in allen Teilen des Empire – Stützpunkte, deren Rückgabe an England «nicht vorgesehen» ist, wie Attlee soeben im Unterhaus bekanntgab –, auf die wirtschaftliche Übermacht der Vereinigten Staaten, auf die militärische Exponiertheit und die Morschheit der britischen Macht in Ostasien, welche die Japaner 1941 zu der Feststellung verführte, das britische Prestige sei «materiell auf Trug und Schwindel aufgebaut». Aber bisher hat die allseitige Bedrohung nicht zur Auflösung, sondern zur Festigung des Commonwealth geführt. Ob auch zu seiner Weiterentwicklung, zu einer noch rechtzeitigen Durchbrechung der «Farbenschranke» wenigstens in Indien, darüber wird wohl noch nicht der jetzige Familienrat, sondern erst die Nachkriegszeit Auskunft geben. In diesem Reich der Empirie ist fast alles möglich. *Die Festigkeit komplexer Gebilde liegt in ihrer Biegsamkeit* – das ist etwas, was die militarisierte Philosophie jener Staaten, für deren starres Gefüge es immer «auf Biegen oder Brechen» geht, nie begreifen wird.

13. Mai 1944

Neue Offensive der Alliierten in Mittelitalien. Alliiertes Trommelfeuer auf Westeuropa. Abschluss der Internationalen Arbeitskonferenz in Philadelphia

In *Italien* hat die alliierte Offensive wieder begonnen. Sie begann fast genau an derselben Stelle vor einem halben Jahr mit dem Befehl Montgomerys zum «Marsch auf Rom und darüber hinaus». Sie begann ein zweites Mal mit dem Sturm auf Cassino, der im eigenen Trümmerhaufen steckenblieb. Die Fanfarenstösse sind diesmal wesentlich gedämpfter, und eine blosse Wiederaufnahme des Italienfeldzuges bis zum nächsten Flüsschen oder selbst bis nach Rom wäre als Selbstzweck heute nicht einmal mehr ein Prestigesieg, sondern nur noch ein übler Streich für König Viktor Emanuel, der in guten Treuen den «Tag des Einmarsches in Rom» mit den griechischen Kalenden gleichsetzte. Aber im Herbst 1942 war die «Wiederbelebung» der eingeschlafenen Front von El Alamein das Vorspiel zur Landung in Nordafrika. Auch die Offensive in Italien wird entweder ein Satyrspiel oder ein Vorspiel zu grösseren Dingen sein. Sie würde zu dem eifrigen Gemunkel um eine alliierte Balkanoffensive passen, das seit einiger Zeit wieder heftig umgeht. Die militärischen Sachverständigen empfehlen uns, rechtzeitig Karten Südosteuropas anzuschaffen, um für die Invasion «gewappnet» zu sein. Also nochmals ein Stoss in die Peripherie, nochmals ein Umweg der alliierten Kriegführung? «Ein etwa 50 bis 80 Kilometer breiter Streifen des belgisch-französischen Küstengebietes hat sich in eine Art Niemandsland verwandelt», berichtet ein hoher englischer Fliegeroffizier einer englischen Agentur. «Was zu sehen ist, sind nichts als Bombenkrater.» In vielen nordfranzösischen Gemeinden mussten die Opfer des Luftkrieges in Papiersärgen bestattet werden, weil das Holz nicht ausreichte, erklärte der Propagandaminister Vichys, Henriot. Und Marcel Déats «Œuvre» glaubt, dass das alliierte Trommelfeuer auf Westeuropa ihm in die Hände arbeite: «Die Schrecken von Noisy-le-Sec und die Abscheulichkeiten im 18. Arrondissement haben mehr Augen und Ohren geöffnet als drei Jahre Propagandarhetorik. Die Franzosen und in erster Linie die Pariser sind so: sie brauchen, um umzudenken, ihr Gewicht Bomben.» Für die Häscher und Zutreiber der deutschen Kriegsindustrie und Besatzungsmacht ist der Versuch, aus all diesen Verwüstungen politisches Kapital zu schlagen, wohl aussichtslos. Aber wenn die Verbitterung gegen die Alliierten, die das Vichyregime zu schüren sucht, auch schwerlich mehr ihm zugute kommen wird, so kann sie doch von langer Wirkung werden. Dieser fürchterliche «Auftakt zur Invasion» wäre, wenn er zum drittenmal ein blosses Täuschungsmanöver bliebe, ein moralischer Selbstmord der westlichen Alliierten. Das ist vielleicht inmitten des «Nervenkrieges» und der «Mauloffensive» die einzige Bürgschaft dafür, dass es nun ernst gilt.

Die Trümmer häufen sich. Aber auch die *«Nachkriegsplanung»* läuft auf vollen Touren. Von den Ergebnissen der Londoner *Empirekonferenz* für die «Modernisierung» der britischen Reichsorganisation hat man bisher nichts gehört; wohl aber haben sich die Ministerpräsidenten der Dominions, trotz Cordell Hulls Bitte, keine neuen «ausgearbeiteten Vorschläge» in die alliierte Diskussion zu werfen, auf eine modernisierte Formel des Völkerbundes geeinigt, in dem die «vier Grossmächte» den Ausschlag gäben, die Souveränität der kleinen Nationen aber «irgendwie» geschützt würde. Das klingt vorläufig sehr geheimnisvoll. In Philadelphia tagt die Internationale *Arbeitskonferenz*, offiziell noch ein Organ des alten Völkerbundes, weshalb Sowjetrussland eine Teilnahme dankend ablehnte, in Wirklichkeit ein amerikanisch-britisches Konzil, das noch nach seiner rechtlichen Form sucht. Der Präsident der Konferenz, Walter Nash, definierte die Aufgabe der Konferenz in einer Formel, die zugleich eine klassische Zusammenfassung des Unterschiedes zwischen Empire und Commonwealth ist: «Wenn Sie in Neuseeland geboren werden, können Sie damit rechnen, 67 Jahre alt zu werden und ein gesundes Leben zu führen. Wenn Sie in Indien geboren werden, können Sie damit rechnen, 27 Jahre alt zu werden und ein ungesundes Leben zu führen. Diese beiden Zahlen zeigen, dass es noch *viel zu tun* gibt.» Zweifellos gibt es «viel zu tun», und der Krieg sorgt sogar dafür, dass es täglich mehr zu tun geben wird. Aber eine paradoxe Weltordnung will, dass das Hauptproblem der Arbeitskonferenz die *Arbeitsbeschaffung* nach dem Kriege ist ... Zunächst freilich befasste sich die Arbeitskonferenz mit dem harmloseren Problem, für sich selber Arbeit zu beschaffen. Der Zustand der «Vollbeschäftigung» ist noch lange nicht erreicht. Der naheliegende Vorschlag, zwecks «Arbeitsbeschaffung» für die Konferenz die Kompetenz des Arbeitsamtes auf die sozialen Fragen auszudehnen, stiess auf die geschlossene Opposition der englischen Arbeitgeber und der amerikanischen Gewerkschaftsdelegierten. Dagegen fand die Konferenz Zeit, sich ausgiebig mit der Kriegsschuld und Bosheit der Deutschen zu befassen; die Konferenzmehrheit findet es nicht wünschenswert, die Wiedererrichtung freier Gewerkschaften auf demokratischer Grundlage in Deutschland bald nach Kriegsende zuzulassen! Schliesslich aber hat die Konferenz in der einstigen Quäkerstadt der Bruderliebe einstimmig ein Dokument gebilligt, die *«Philadelphia-Charta»*, vor der die «Atlantik-Charta» verblassen müsste, wenn sie nicht von selbst verblasst wäre; sie proklamiert die Menschwerdung der Ware Arbeitskraft, das Recht aller auf materielle und geistige Wohlfahrt in Freiheit, Würde, wirtschaftlicher Sicherheit und Gleichberechtigung und eine «feierliche Verpflichtung zur Verbesserung des Loses des gemeinen Mannes» in zehn Punkten, einschliesslich Vollbeschäftigung bei seelisch befriedigender Arbeit, umfassende Sozialversicherung, Garantie des Existenzminimums und Betriebsgemeinschaft von Arbeiter und Unternehmer. All dies, wie gesagt, unter Einstimmigkeit aller Arbeiter-, Unternehmer- und Regierungsvertreter. Im Anschluss daran beantragte der britische Regierungsvertreter unter lebhafter Zustimmung der amerikanischen Arbeitgeberdelegierten, einstweilen keine konkreten Massnahmen auf Grund dieser neuen «Charta» zu beschliessen und «die ganze Angelegenheit» auf die Traktandenliste der nächsten Konferenz zu setzen, da es nicht tunlich sei, «die Welt mit einem Schlage umzuformen». Zwei Mitglieder der Konferenz sind inzwischen an Herzlähmung gestorben. Und die Überlebenden beschäftigen sich damit, zu demonstrieren, dass nichts zu ernst ist, um darüber eine Farce zu spielen.[250]

Zur Vorbereitung der Nachkriegszeit hat sich in Washington «mit Billigung der amerikanischen Regierung» auch ein «Rat für ein demokratisches Deutschland» gebildet, eine Konkurrenzorganisation gegen das «deutsche Befreiungskomitee» der in der Gefangenschaft zu Defaitisten gewordenen Generäle, Junker und SS-Offiziere in Moskau. Die erste Erklärung des «Rates», die sich unter Berufung auf die Atlantik-Charta gegen eine Politik der «Versklavung und Verarmung des deutschen Volkes wendet» und die Absurdität jener Pläne feststellt, die Deutschland einer Zwangserziehung zur «demokratischen Philosophie» durch interalliierte Erziehungsbehörden unterwerfen wollen, hat eine amerikanische «Gesellschaft zur Verhinderung eines dritten Weltkrieges» auf den Plan gerufen, die sich erbost gegen diesen «Feldzug zur Rettung Deutschlands» wendet: «Schon einmal wurden wir von einer sogenannten deutschen Demokratie hintergangen» ... Die Zusammensetzung des «Rates» rechtfertigt leider sogar solche Angriffe. Unter dem Präsidium eines untadeligen Professors der Religionsphilosophie haben sich ausser Prominenten wie Elisabeth Bergner und Lion Feuchtwanger einige Weimarer Parlamentarier mit dem einstigen sozialdemokratischen Berliner Polizeipräsidenten Albert Grzesinski an der Spitze zusammengefunden – ausgerechnet Lion Feuchtwanger und ausgerechnet Grzesinski, der jahrelang die preussische Polizei zur «Rettung der Republik» drillte, um dann am 20. Juli 1932 «der Gewalt zu weichen», der Gewalt in Gestalt zweier Polizisten des Herrn von Papen, von denen er sich als unsterbliche Witzblattfigur abführen liess. «Asphalt» und preussischer Polizeisozialismus – wenn irgend etwas den Nationalsozialismus «rechtfertigte», dann dies. Und alles das will nach Deutschland zurückkehren, um «neu zu beginnen»! Der Aufmarsch der Gespenster von gestern und vorgestern in die «Welt von morgen» ist vollständig ...[251]

20. Mai 1944

Cassino gefallen. Das französische Befreiungskomitee in Provisorische Regierung der Französischen Republik umbenannt

Der deutsche Heeresbericht vom 13. Mai, in dem zum erstenmal das Wort *«Invasion»* vorkam, hat – man weiss nicht ganz, warum – Sensation gemacht. Die Invasion steht nun also auf einem Papier mehr, aber auf einem gewichtigen Papier. Will das Oberkommando der Wehrmacht, ähnlich wie Stalin in seinem 1.-Mai-Befehl, die Alliierten auf diese Aktion «festnageln»? Wenn man die offiziellen Äusserungen aus aller Welt addiert, scheint es wirklich niemanden mehr zu geben, der nicht mit brennender Ungeduld auf die «grösste militärische Operation aller Zeiten» wartet – ausser, nach deutschen Berichten, die Bevölkerung der besetzten Westgebiete. Aber auch in kleineren Dingen ist der deutsche Heeresbericht beredter geworden; neben den für ihre Konzision berühmten Formeln, in denen jedes Komma einige hundert oder tausend Tote bedeutet, beginnt sich ein Kommentar zur Lage von höchster Warte zu spinnen. Am gleichen 13. Mai wurde die alliierte «Zentimeteroffensive» in *Italien* in den Gesamtzusammenhang eingeordnet: «An der Südfront trat der Feind ... zu einem *Ablenkungs- und Fesselungsangriff* grössten Stiles an»; und das Oberkommando der Wehrmacht bestätigte zugleich auch den Erfolg dieser Ablenkung und Fesselung: «Durch den Einsatz neuer Kräfte auf beiden Seiten nimmt die Schlacht an Heftigkeit dauernd zu.» Am 17. Mai schilderte der Heeresbericht geradezu dramatisch den «grossen Stil» der Ablenkung: «In dem gebirgigen Gelände der italienischen Südfront tobt auf einer Breite von 35 Kilometern eine Materialschlacht grössten Ausmasses. Ununterbrochenes Trommelfeuer mit gewaltigem Munitionseinsatz, stärkste Luftangriffe, Einsatz der Panzer als bewegliche Artillerie, erbittertes Ringen um jeden Stützpunkt und jede Höhe, die oft innerhalb kurzer Zeit mehrmals ihre Besitzer wechseln, geben diesen Kämpfen das Gepräge der grossen Abwehrschlachten des ersten Weltkrieges. Gegenüber einer grossen feindlichen Übermacht leisten unsere Truppen seit sechs Tagen heldenhaften Widerstand.» Es ändert wenig an diesem Bild, dass anderntags Cassino als «kampflos geräumt» gemeldet wurde. PK-Berichte in der deutschen Presse erzählen, dass sich die «alten Landser» aus dem «sonnigen Süden» in die Schlachtfelder der Ukraine zurücksehnen; von den Sehnsüchten der Strafkompagnien und der Siebzehn- bis Achtzehnjährigen ist in diesen Berichten nicht die Rede. Und alliierte Frontkorrespondenten schildern enthusiastisch die wilde Erbarmungslosigkeit, mit der die alliierten Truppen, die Franzosen und vor allem die Polen hier «alte Rechnungen begleichen». In einem wenigstens, in der Scheusslichkeit, steht die italienische Front nicht hinter der russischen zurück. Kurzum, es ist wieder «interessant», es «läuft wieder etwas» in jener konzentrierten Dosierung, deren der Zeitungsleser nach soviel Kriegsjahren bedarf. Und brennend interessant ist auch die Frage, ob es nun hinter der Gustavlinie[252] noch eine Adolf-Hitler-Linie gibt. Vielleicht gibt es sie, aber sie heisst anders. Vielleicht gibt es sie nicht, sondern nur eine Reihe von Befestigungen. Wer hat je herausgefunden, ob es jene «Stalin-Linie» gab, von der die alliierten Agenturen 1941 soviel erzählten, bis sie von den Deutschen durchbrochen war und dann plötzlich nie existiert hatte? Name ist Schall und Rauch, und eine durchbrochene Linie wird nie nach dem Obersten Befehlshaber heissen.

Unter den alliierten Truppen, die sich so mit infernalischem Aufwand in der Sackgasse Mittelitaliens weiterarbeiten, haben sich die französischen Truppen unter *General Juin* besonders ausgezeichnet, und am vorläufig am weitesten vorgeschobenen Punkt des alliierten Einbruchs weht die Trikolore. «Frankreich hat seine Waffenehre durch den Sieg im Liri-Tal wiederhergestellt», erklärte General de Gaulle in Algier, und die *Assemblée Consultative* zog daraus sogleich die politische Konsequenz, das französische Befreiungskomitee in *«Provisorische Regierung der Französischen Republik»* umzubenennen. Das Parlament in Algier ist eine beratende und keine gesetzgebende Versammlung; im internen Gebrauch nannte sich das Befreiungskomitee seit längerer Zeit «Regierung», und es fehlte ihm zur Regierung nichts mehr als die Anerkennung durch die angelsächsischen «Alliierten». Das nun zu erwartende Dekret über die Namensänderung würde an dieser Nichtanerkennung nichts ändern, aber es würde bedeuten, dass sich das Komitee darüber hinwegsetzt. Gleichzeitig erklärte General de Gaulle, «Präsident der Provisorischen Regierung», dass er sich nicht mehr an das von den Alliierten in den Tagen der Landung in Nordafrika abgeschlossene *Abkommen Clark-Darlan* gebunden fühle. In London und Washington wird dazu erklärt, die einseitige Kündigung eines Vertrages sei unzulässig, und das Abkommen sei also weiterhin in Kraft. Das ist zweifellos der klare Rechtsstandpunkt. Die Erhebung zur «Provisorischen Regierung» – eine Usurpation; die Aufhebung des Clark-Darlan-Abkommens – ein Rechtsbruch. Ist der Sieg im Liri-Tal den Behörden Algiers in den Kopf gestiegen? Es liessen sich schöne Betrachtungen über «Soldaten und Politiker» an diese Auswertung militärischer Erfolge knüpfen ... Auch sonst ist manches an diesem Triumph kritisierbar. Vielleicht nicht gerade die dritte Massnahme, die mit der «Usurpation» und dem «Rechtsbruch» gleichzeitig erfolgte: die Aufhebung der politischen Vorzensur in Nordafrika. Wohl aber war General Juin, der Triumphator von Esperia, der Vorgesetzte des soeben in Algier zu lebenslänglichem Gefängnis verurteilten Vizeadmirals *Derrien*, als dieser, seinen militärischen Befehlen gehorchend, den Deutschen Bizerta auslieferte. Die Zweifelhaftigkeit der politischen Prozesse gegen militärische Funktionäre wird durch das verschiedene Schicksal dieser beiden Offiziere blitzartig beleuchtet; die Gründe, weshalb der eine offiziell zum Helden, der andere zum Verräter geworden ist, sind aus der Ferne nicht zu prüfen, aber es ist leicht zu erraten, dass es Gründe der Opportunität und nicht des Rechts waren. Unter den Truppen General Juins stehen Marokkaner, Algerier und Senegalesen in vorderster Linie, und es ist nicht ganz klar, was für «alte Rechnungen» diese Afrikaner im Liri-Tal zu begleichen hatten.

Über ihnen weht die Romantik des Empire, der *«plus grande France»*, und die Politiker in Algier von den Kommunisten bis zum einstigen Feuerkreuzler Vallin geben sich dem Rausch des Imperiums hemmungslos hin, ohne deswegen beim Lob der Freiheit und der Marseillaise zu stolpern. Und so fort. Imperialismus, diktatorische Allüren, Machtpolitik, impulsive Rücksichtslosigkeit – das sind so die Vorwürfe gegen Algier und de Gaulle, die periodisch durch die angelsächsische Presse gehen.[253]

Nur hat das alles auch eine andere Seite. Das Begehren nach Anerkennung durch England und Amerika ist seit langem anhängig und wurde vor allem seit dem letzten November mit grossem Nachdruck erhoben. «Das französische Befreiungskomitee beansprucht für sich das Recht, zusammen mit den Grossmächten an der Lösung jener Fragen mitzuarbeiten, die für die Wiederherstellung Frankreichs und für die Organisation der Zukunft der Welt nötig sind. Frankreich muss seine *Rolle als internationale Macht* wieder aufnehmen», erklärte de Gaulle am 3. November vor der konsultativen Versammlung, und deren auswärtiger Ausschuss proklamierte: «Das Befreiungskomitee erhielt die Zustimmung der Regierten, die einzige Rechtsgrundlage einer legitimen Macht.» Die Alliierten erklären diese Rechtsgrundlage für unüberprüfbar und weigern sich, durch die Anerkennung des Befreiungskomitees die Zukunft Frankreichs zu präjudizieren. Ginge es nur um die Zukunft, und würde diese Zukunft durch die Ausschaltung der Vertreter Frankreichs nicht ebenfalls präjudiziert, so wäre dies unanfechtbar. Aber die Nichtanerkennung bedeutet, dass streng juristisch die französischen Truppen, die auf seiten der Alliierten kämpfen, nicht französische Truppen, sondern fremde Truppenverbände in angelsächsischen Diensten sind; sie bedeutet, dass das Befreiungskomitee keine Rechtsgrundlage hat, um die französischen Interessen in der «grossen Koalition» zu wahren, sondern nur seine faktische Macht und deshalb immer wieder gezwungen ist, seine Stellung mit «Usurpationen» und faits accomplis zu ertrotzen. So ist das Befreiungskomitee wie die Neutralen vom diplomatischen Verkehr mit London, wo die Pläne für die «Befreiung Europas» geschmiedet werden, ausgeschlossen und damit verhandlungsunfähig. Es ist gerade die Nichtanerkennung, die es de Gaulle unmöglich macht, sich völkerrechtlich korrekt zu benehmen, wie das von einer «rechtmässigen Regierung» erwartet wird. In jener aussenpolitischen Debatte vom letzten November erklärte die auswärtige Kommission der Konsultativversammlung auch: «Das seinerzeit zwischen Admiral *Darlan* und General *Clark* abgeschlossene Abkommen wird revidiert werden müssen, da es eher für ein besetztes Land als für ein mitkriegführendes Land passt.» Was in diesem Geheimvertrag steht, ist nie bekannt geworden, aber die Namen, die er trägt, sind beredt genug. Seit Darlan hat sich in Nordafrika immerhin einiges geändert, und es ist etwas erstaunlich, dass die Beziehungen zwischen dem Kämpfenden Frankreich und den Alliierten noch immer auf der Vereinbarung beruhen, die General Clark mit seinem seltsamen Gefangenen vom November 1942 traf. Vor sieben Monaten waren auch hierüber

Verhandlungen mit den Alliierten begonnen worden, aber sie sind ergebnislos geblieben wie fast alle Versuche der Franzosen, den alliierten «Instanzenweg» zu gehen. Man darf daher der «impulsiven Rücksichtslosigkeit» dieser Vertragskündigung einiges Verständnis entgegenbringen.

Das französische Befreiungskomitee hat die höchst akrobatische Aufgabe übernommen, einen Befreiungskampf von kolonialem Boden aus zu führen. Es *steht* auf dem Imperium; ist da sein «Imperialismus» erstaunlich? Es hat keine anerkannte Legitimität, sondern ein Kolonialheer, eine Flotte und ein Territorium, das es den Alliierten abtrotzte, die es eroberten, und den Vichyfunktionären, die es auslieferten; ist da seine «Machtpolitik», sein «Jakobinismus» verwunderlich? Niemand in England hat der «Usurpation» General de Gaulles widersprochen, als er am 19. Juni 1940 am Londoner Radio erklärte: «Devant la confusion des âmes françaises, devant la liquéfaction d'un gouvernement tombé sous la servitude ennemie, devant l'impossibilité de faire jouer nos institutions, moi, général de Gaulle, soldat et chef français, j'ai conscience de parler au nom de la France.» Und doch hat sich an der Konzeption dieser an Französisch-Nordafrika gerichteten Rede, sechs Tage vor der Unterzeichnung der französischen Kapitulation, seither nichts geändert. Drei Wochen später, nach der Tragödie von Mers-el-Kebir[254], sagte er am englischen Radio: «Les Anglais qui réfléchissent ne peuvent ignorer qu'il n'y aurait pour eux aucune victoire possible si jamais l'âme de la France passait à l'ennemi.»

Die Legitimität Königin Wilhelminas und König Haakons ist makellos und problemlos.[255] In den Ländern aber, deren Regierungen mit in den Strudel der Kapitulation gerissen wurden oder deren Widerstand gegen die deutsche Besetzung von unten emporwuchs, entspricht die «dritte Front» diesen idealen Anforderungen nicht. In der Emigration zäher, hässlicher Kampf in schlechten Hotelzimmern um Geltung bei den «grossen Alliierten», im besetzten Land illegale Tätigkeit, Verschwörung und Handstreiche in der Technik des Berufsverbrechers, diese Wirklichkeit entspricht keinen Idealen. «Rinaldo Rinaldini, der Rächer der Unterdrückten», hat doch immer alle äusseren Merkmale des Spitzbuben, und die Raubritterromantik, die sich in diesem unterirdischen Kampf entwickeln muss, ist eine schwere Hypothek für die Zukunft Europas. Je länger der Kampf unter diesen Bedingungen dauert, desto schwerer wird die Hypothek. Und doch brachten gerade diese Tage das «Europaprogramm» General Eisenhowers, das die französische Widerstandsbewegung und ihre «Regierung» in Algier als einzige Autorität anerkennt, und die Umbildung der jugoslawischen Exilregierung, die einen neuen Sieg des «Bandenführers» Tito bedeutet. Es bleibt den Alliierten nicht erspart, mit diesem Europa zu rechnen, denn sie werden kein anderes vorfinden. Und ihr Zögern wird ihnen nichts anderes eingebracht haben, als dass in diesem Europa des Widerstandes das Bewusstsein reifte, eine dritte Partei zwischen Achse und Alliierten zu sein, eine «dritte Front» im vollen Sinne des Wortes.

27. Mai 1944

Die Zustände in Süditalien. Aussenpolitisches Exposé Churchills im Unterhaus

Pfingsten in Rom? Die alliierte Offensive in Mittelitalien hat mit der Vereinigung der von Süden vorstossenden und der im Brückenkopf von Anzio gelandeten Armeen ein für italienische Verhältnisse geradezu sprunghaftes Tempo erreicht, wenn auch die Auswertung des «Überholungsmanövers» von Anzio gut vier Monate auf sich warten liess. Aber ein über die Bindung deutscher Deckungstruppen hinausgehendes Ziel dieser im Vergleich zur deutschen Abwehr enormen militärischen Kraftentfaltung in der italienischen Sackgasse ist für den Nichteingeweihten vorläufig noch immer nicht zu entdecken. Zwar ist der etwas gedämpfte Glanz der «ewigen Stadt», die «Befreiung des Vatikans» mit allen möglichen oder phantastischen diplomatischen Folgen nun in Reichweite; aber selbst im Rahmen einer hypothetischen umfassenden Invasion ist die strategische Bedeutung Roms schwer zu sehen. Ein Prestigesieg? Es wird sich noch zeigen müssen, ob in Rom Lorbeeren für das alliierte Prestige zu holen sind. Mit Rom fiele den Alliierten zunächst eine ausgehungerte, von allen Zufuhrwegen abgeschnittene, angeblich «zur Verzweiflung getriebene», auf jeden Fall aber höchst nervöse Stadt in die Hände, deren Versorgung eine schwere Belastung für den alliierten Nachschub bedeuten wird. Die alliierte Verwaltung in Süditalien hat bisher kaum bewiesen, dass sie eine solche Belastung zu bewältigen vermag. Den alliierten Radiogemälden von den unerschöpflichen Lebensmittelspeichern und Fleischtöpfen der UNRRA, die sich mit der Invasion auf die befreiten Länder ergiessen werden, stellt die deutsche Propaganda hohnlachend höchst konkrete Schilderungen über das Chaos im «befreiten» Süditalien gegenüber, Schilderungen einer unsäglichen Not, von Massenelend, Kindersterben, Hungerprostitution und Epidemien. Wieviel an diesen Schilderungen auch aufgebläht und aus den Fingern gesogen ist, im Ganzen bestätigt das bedrückende Schweigen der alliierten Propaganda über die Zustände in Süditalien ihre Richtigkeit. Was sich unterhalb der «hohen Politik» des Kabinetts Badoglio und der dynastischen Palastintrigen abspielt, ist in einen Schleier hermetischer Zensur gehüllt, obwohl doch in den alliierten Ländern zweifellos einiges Interesse für diesen ersten Probefall der Invasion besteht. Aus den wenigen Berichten, die aus Süditalien nach England gelangten, zog kürzlich «New Statesman and Nation» das Bild eines «vollständigen administrativen Versagens»; die *Old School Ties* und Finanzagenten der Amgot haben «eine überwältigende Inkompetenz» entfaltet und, so meint das Blatt, wohl auch aus diesem Grunde gern die Verantwortung für die Zivilverwaltung einer Eingeborenenregierung übergeben. «*So the men starve and the children beg.*» Die Erklärung ist natürlich, dass der Schiffsraum fehle; aber wenn der Schiffsraum für dieses verhältnismässig kleine und anspruchslose Gebiet nicht ausreicht, wo die angetretene Erbschaft immerhin nicht ganz katastrophal war, wo wird er dann ausreichen? «Es ist eine schmerzliche Überlegung, dass unsere Fahne gleichzeitig über Hungersnot in Bengalen und Hunger in Italien weht», fährt «New Statesman» fort; «Mr. Eden muss einsehen, dass der britische Einfluss in Europa weitgehend von unserer Fähigkeit abhängen wird, Europa nicht weniger wirksam zu versorgen, als wir es blockiert haben.» Es ist begrüssenswert, dass Churchill es nach solcher Durchführung des Rezepts, Italien «im eigenen Saft schmoren zu lassen», nachgerade schwierig findet, gegen das italienische Volk noch «irgendwelchen Groll zu empfinden». Es ist zu hoffen, dass auch der umgekehrte Fall nicht eintritt.[256]

Churchills Rede war nach Auffassung der englischen Presse die letzte, «bevor der Lärm der Schlachten alles übertönen wird», und sie bestürmte den Premier deshalb um eine Prinzipienerklärung *in extremis*. Churchill hat ihnen mit der Feststellung geantwortet: «Je weiter sich der Krieg entwickelt, um so weniger ideologisch wird er in seinem Charakter.» Das Verständnis, das Churchill in seiner Rede sowohl für Marschall Tito bezeugte, als dessen «warmen Parteigänger» er sich erklärte, wie auch für General Franco und sogar für die einstige Neigung «Spaniens», sich dem deutschen Krieg anzuschliessen, «weil Deutschland *es* (Spanien!) im Bürgerkrieg unterstützt hatte», unterstrich diesen Ideologieverzicht denn auch recht kräftig. Zur letzten Unterhausrede Churchills, in der er in bezug auf Badoglio und Viktor Emanuel erklärt hatte, es sei jetzt «nicht Zeit für ideologische Vorurteile», bemerkte «New Statesman and Nation» erbost: «Er scheint die Idee, dass die Alliierten für gewisse politische Grundsätze und Rechte kämpfen, aus seinen Gedanken zynisch verbannt zu haben. Nichts zählt ausser dem militärischen Sieg.» Man braucht diese Verabschiedung der Ideologie vielleicht nicht ganz so tragisch zu nehmen. Das Wort Ideologie hat einen etwas anrüchigen Klang nach geschäftsmässigem Vertrieb von Idealen; die Ideologie verhält sich zur Idee etwa wie die Schriftgelehrtheit zum Glauben. Es war wohl besser, darauf zu verzichten, einen ideologischen Hut zu finden, der für Roosevelt, Stalin, Vargas, Tito, Nygaardsvold, Badoglio, Camacho und all die andern Häupter der «Vereinigten Nationen» gleicherweise passt; obwohl Churchill im «Antitrotzkismus», in dem er sich mit Stalin so einig fühlt, einen solchen Allerweltshut beinahe gefunden hat. Nur müsste mit der ideologischen Kriegführung auch das moralische Verdammungsurteil über die *Neutralen*, das immer noch aus jener Zeit mitgeschleppt wird, in der die Alliierten den Heiligen Krieg gegen die «Mächte des Bösen» führten, dahinfallen; Churchill scheint, wenn auch nicht ausdrücklich, diese Konsequenz gezogen zu haben, aber der Labourführer Greenwood nahm sogleich nach der Erklärung des Premiers, ganz im Sinne des amerikanischen Staatsdepartementes, das Spiel mit verteilten Rollen wieder auf: «Ich halte die Neutralität für eine überlebte Auffassung ... In einem Krieg der Grundsätze» – Greenwood sprach allerdings bereits vom nächsten! – «sind diejenigen, die nicht für uns sind, gegen uns.» Gegen wen und was eigentlich?[257]

Wenn Churchill die Ideologen enttäuschte, so waren dafür seine und Edens Ausführungen über die einzelnen Sektoren der politischen Kriegführung aufschlussreicher als je zuvor und von einer Klarheit und Offenheit, die wirklich den Eindruck einer wenigstens stellenweisen Bereinigung hinterliess. Mit der Empirekonferenz und, wie man annehmen sollte, den Unterhandlungen mit Stettinius im Rücken scheint die britische Regierung den endgültigen Standpunkt gegenüber den verschiedenen Befreiungsbewegungen in Europa formuliert zu haben. Es ist der Standpunkt der reinen Empirie. In Italien ist die Lage «genau so, wie ich (Churchill) sie voraussah und dem Hause vor drei Monaten beschrieb»; Italien soll «nach Vertreibung der Deutschen und nach Einkehr der Ruhe» über seine monarchische oder republikanische, jedenfalls aber demokratische Regierung entscheiden; bis dahin geniesst das gegenwärtige Provisorium das «volle Vertrauen» Churchills. Für das französische Befreiungskomitee ist offenbar das Maximum der überhaupt erreichbaren Anerkennung erreicht; der gerade vom Legitimitätsstandpunkt aus unerhörte Beschluss, die Souveränität des Landes zu suspendieren und das Loch in der Kontinuität Frankreichs mit der Autorität eines fremden Generals zu stopfen, was weder den Besiegern Frankreichs von 1814 noch von 1871 und 1940 einfiel, scheint unerschütterlich und soll nur in der Praxis nach Möglichkeit gemildert werden, worüber Churchill mit General de Gaulle persönlich zu verhandeln wünscht. Polen soll als Kompensation für die Abtretung Ostpolens auf Kosten Deutschlands «eine ausgedehnte Küste und ausreichenden Raum» erhalten, weshalb die Atlantik-Charta zwar im allgemeinen, nicht aber im besonderen Gültigkeit hat. Was Südslawien betrifft, sucht zwar Churchill immer noch «mit einem Bein in jedem Lager zu stehen», aber seine Erklärungen klangen wie eine sehr dringliche Aufforderung an König Peter, den Anschluss an Titos «Befreiungsarmee» nicht endgültig zu verpassen. Als einziger osteuropäischer Exilregent hat, gewiss mit intensiver diplomatischer und materieller Nachhilfe Englands, König Georg von Griechenland noch rechtzeitig den «Anschluss» gefunden; die Etappen der griechischen Einigung von Tsuderos über den «Venizelisten» Venizelos und den Rechtssozialisten Papandreou zur Libanon-Konferenz der griechischen Parteien entsprechen zwar nicht ganz der dramatischen Schilderung, die Churchill von den Ausschreitungen der republikanischen Partisanen, der Meuterei griechischer Truppenteile und der Attentatsgefahr gegen König Georg gab, sondern sehen eher nach einer Einigung auf der Linken aus – aber wer kennt sich denn in den griechischen Wirren aus? Auf jeden Fall konnte Churchill die «völlige Einigung» aller Gruppen in dieser unmittelbaren britischen Einflusszone ankündigen, und wenn die Lage in Griechenland wie die in Italien auch «schrecklich» ist, so ist doch das Haus Glücksburg in die nächste Nachkriegszeit hinübergerettet. Mit den kleinen westeuropäischen Staaten hat England Abkommen geschlossen, die aber – als militärisches Geheimnis! – «nicht veröffentlicht werden können».[258]

All das ergibt ein recht disparates Bild vom kommenden Europa, das zwar nicht säuberlich getrennte Einflusszonen, wohl aber Zonen «verschiedenen Interesses» deutlich erkennen lässt; es ist kein sehr schönes und vielversprechendes Bild, aber nur Europa selbst kann noch einen Strich hindurch machen. «Wir können der Welt nicht sagen: Ihr müsst dieses tun oder jenes. Die Möglichkeiten eines Volkes von 45 Millionen gehen nicht so weit», sagte Eden mit durchaus aufrichtig klingender Selbstbescheidung, indem er versprach, dass England wenigstens bei der Wiederaufrichtung der internationalen Moral vorangehen werde. Zwar sprachen sowohl er wie Churchill im Schlussgebet ihrer Reden die Überzeugung aus, dass die «Grossen Drei (oder Vier)» der Welt gemeinsam durchaus auf die Beine helfen könnten – «allein das *ist* es eben». Von den «ziemlich grossen Meinungsverschiedenheiten», die England von Russland trennen, hat Eden selbst ausführlich gehandelt, und das Echo in der amerikanischen Presse lässt nicht darauf schliessen, dass die Erklärungen im Unterhaus auch nur im Namen des «angelsächsischen Blocks» erfolgten; nach «New York Times» «fragt man sich wirklich, in welchem Stadium wir eigentlich eine *gemeinsame* Erklärung über die Friedensziele hören werden». Nach den zwei Dutzend Konferenzen des Jahres 1943 ist die Frage berechtigt; aber wenn die Welt auf diese gemeinsame Erklärung warten wollte, so könnte leicht der deutsche Sachverständige Walther recht behalten, der eine Kriegsdauer bis 1970 voraussieht. Es ist nicht mehr eine «gemeinsame Erklärung», auf die die Welt wartet, sondern die reine Empirie des gemeinsamen Handelns.

3. Juni 1944

Der Bombenkrieg der Alliierten. Lynchjustiz in Deutschland

Einen Vorwurf wenigstens kann man der Art, wie die Kriegführenden Pfingsten 1944 begingen, nicht machen: den Vorwurf des «Feiertagschristentums» und der Heuchelei. Die alliierte *Verwüstungsoffensive über Europa* erreichte an diesen strahlenden Festtagen geradezu einen ihrer Höhepunkte. Zwar haben die katholischen Bischöfe Englands auf Pfingsten den französischen Bischöfen auf ihren Protest gegen den wahl- und regellosen Bombenkrieg geantwortet: Die alliierten Flieger seien angewiesen, sich auf militärische Objekte zu konzentrieren, aber im übrigen gehe es um die Befreiung Frankreichs aus der deutschen Tyrannei, und schliesslich versicherten sie die französischen Opfer ihrer herzlichen Sympathie ... Es wäre vielleicht in einem solchen Fall besser, zu schweigen. Tausende von Zivilisten fielen an diesem Wochenende im besetzten Westeuropa dem Bombenkrieg zum Opfer; wie viele Tote er in Deutschland forderte, weiss das DNB nie zu berichten. Dagegen schilderte die deutsche Presse lebhaft, wie alliierte «Luftbanditen» Kirchgänger, Rheindampfer und Pfingstspaziergänger im Tiefflug mit Maschinengewehren beschossen. Gewiss gilt die deutsche Propaganda nicht als Springquell reiner Wahrheit; wahr ist, was Deutschland nützt. Einzelheiten mögen ersonnen sein, aber es brauchte wenig Phantasie, sie zu ersinnen. Sie fügen sich harmonisch in das Gesamtbild des Luftkrieges ein. Dass die alliierte Luftwaffe in Italien alles zu zerschmettern sucht, was sich auf Strassen und Wegen regt, Lastesel, Bauernkarren oder Militärcamions, darin stimmen deutsche und alliierte Berichte überein, und das ist ja auch «ganz in Ordnung», da es doch den deutschen Nachschub zu zerschlagen gilt. Ebenso ist es «ganz in Ordnung», wenn in Westeuropa «zur Vorbereitung der Invasion» jeder Eisenbahnzug, sei er mit Reisenden, Kriegsmaterial oder Soldaten vollgestopft, in Trümmer geworfen wird. Was könnte es da überhaupt noch geben, das nicht «ganz in Ordnung» wäre? Alles dient der Kriegführung, jede Feldarbeit, jede Erholung, jedes Haus und jedes Vieh – also ist alles «militärisches Objekt». «Wenige Fälle ausgenommen ... werden Spreng- und Brandbomben blindlings auf gut Glück und unterschiedslos auf ganze Quadratkilometer bebauter Wohngebiete geworfen. Steht diese Art des Vorgehens in einem Verhältnis zu dem verfolgten Zweck? Wie will man ein derartiges Verhalten vor der Vernunft und vor dem menschlichen Gewissen rechtfertigen?» fragte am Sonntag vor Pfingsten der belgische Erzbischof von Mecheln, Kardinal von Roey, in seinem Hirtenbrief – nicht immer hat das Deutsche Nachrichtenbüro katholische Hirtenbriefe so dienstfertig verbreitet. Aber bereits vor Monaten hatte der anglikanische Bischof von Chichester in der Oberhausdebatte über den Luftkrieg genau dasselbe erklärt: «Eine ganze Stadt zu zerstören, weil es in einzelnen Teilen militärische und industrielle Einrichtungen gibt, bedeutet, die gerechte Beziehung zwischen den angewandten Mitteln und den erreichten Zielen ausser acht zu lassen ... Die Politik der Vernichtung wird offen anerkannt. Es ist dies keine gerechtfertigte Kriegshandlung.» Nach dem damaligen Reuterbericht widersprach ihm der Erzbischof Lord Lang sehr heftig, und der katholische Lord Fitzalan fuhr ihm über den Mund: «Ich billige alle gegen Deutschland gerichteten Bombenangriffe lebhaft und hoffe, dass es noch weitere geben wird.» Und Lord Cranborne schloss im Namen der Regierung diese unerbauliche Debatte der Kirchenfürsten: «Ich kann den Bischof nicht hoffen lassen, dass wir unsere Bombardierungspolitik mildern werden. Im Gegenteil. Wir werden diese Politik gegen jedes begründete und passende Ziel mit zunehmender Wucht und noch zerschmetternderen Wirkungen bis zum Endsieg durchführen ...»

«It's war», soll nach deutschen Berichten der amerikanische Flieger ausspuckend erklärt haben, der am Pfingstmontag von norddeutschen Bauern gelyncht wurde. Es ist Krieg, und *Krieg rechtfertigt alles*. Woher sollte er es auch anders wissen? Erstaunlich ist eigentlich nur, dass es bis Pfingsten 1944 gedauert haben soll, bis derartige Racheakte vorkamen. Dermassen eingefleischt also ist die Überzeugung, dass der Krieg den Kriegführenden alle Rechte gibt, den «Zivilisten» aber überhaupt keins. Der Grundsatz, dass die Kriegführenden die Zivilbevölkerung zu schonen haben, vielleicht immer «nur» ein Rechtssatz, den die Praxis missachtete, wird heute nicht einmal mehr theoretisch aufrechterhalten; *worauf also sollte sich noch der umgekehrte Satz stützen, dass die Zivilbevölkerung die Kriegführenden zu schonen habe?* Es ist Krieg, und Krieg rechtfertigt alles, Brandstiftung, Menschenjagd und mutwilligen Massenmord – dann aber auch die

Ermordung der Brandstifter, Menschenjäger und Massenmörder. Es hat lange gedauert, bis diese einfache Logik durchbrach; denn die Scheusslichkeit des Luftkrieges stammt ja nicht von heute. Zwar dürfte die Frage, wer «angefangen» hat, nachgerade keinen Menschen mehr interessieren; aber die Greuelszenen des Frühsommers 1940, als alle Strassen Nordfrankreichs mit Flüchtlingsscharen verstopft waren, mit ganzen Familien, Kinderwagen, Hausrat und umgestürzten Gefährten, und als in diese verzweifelte Masse, die nicht mehr vorwärts und nicht mehr rückwärts konnte, die *deutschen Stukas* triumphierend niederstiessen und blindlings drauflosfeuerten – wenigstens diese Szenen hat vielleicht Dr. Goebbels, der allwöchentlich die Gerechtigkeit der Geschichte anruft, noch nicht vergessen. Er selbst versichert in einem seiner letzten Wochenartikel, die höchste Gerechtigkeit sei das Darwinsche «Überleben des Tüchtigen»: «Ja, man könnte fast sagen, dass die Geschichte selbst die höchste Moral habe, und zwar in dem Sinne, dass sie das Lebensuntüchtige, zuweilen sogar in sehr grausamen Prozessen, ausscheidet und dass sie dafür das Lebensstarke zum Triumph kommen lässt. *Eine höhere Gerechtigkeit kann es nicht geben*» – also wehe dem, der seine «Tüchtigkeit» überschätzt hat, es bleibt ihm keine Berufungsinstanz und er möge keine Gnade erwarten. Nur die Gerechtigkeit lasse man dann lieber aus dem Spiel.

Wäre der «*Volkszorn*» unmenschlich gepeinigter Luftkriegsopfer gegen notlandende oder abspringende Flieger ausgebrochen, so wäre das durchaus begreiflich; wer «Nervenkrieg» solcher Art führt, muss auch Nervosität solcher Art in Kauf nehmen. Aber der «Volkszorn», der da ausbrach, gleicht aufs Haar genau dem «spontan» in Reih und Glied antretenden «Volkszorn», den das Dritte Reich vor zehn Jahren «schlagartig» zu Judenpogromen aufzubieten beliebte. Der deutsche Propagandaminister hat den geradezu unbegreiflichen *faux pas* begangen, den bevorstehenden Ausbruch des «Volkszorns» in einem Klischeeartikel, den die ganze deutsche Presse veröffentlichte, anzukündigen oder vielmehr dazu aufzurufen. Wenn im durchorganisiertesten, lückenlosesten Polizeistaat der Welt, in dem ohne Wissen der Gestapo keine Maus übers Feld läuft, eines Tages die ganze Presse publiziert, die fremden Flieger könnten gegen Lynchjustiz nicht mehr geschützt werden und es sei eigentlich auch moralisch richtig, wenn die «von rasender Wut ergriffene» Bevölkerung sie totschlage, so kommt das einem Marschbefehl gleich, und es ist zum mindesten ein Regiefehler, dass am Tag nach der Veröffentlichung dieses Aufrufs der «Volkszorn» denn auch prompt und spontan zur Aktion antrat. Nun zeigt man sich in Berlin sehr beunruhigt über diese «spontane Selbsthilfe», die in einem Ordnungsstaat unzulässig sei, und sieht kaum mehr einen andern Ausweg, als die schon vor Monaten geäusserte Drohung mit Kriegsgerichten über die gefangenen «Kriegsverbrecher» wahr zu machen, um den nicht mehr zu bändigenden Volkszorn in geordnete Bahnen zu lenken. Aber nur als Alibi für die Einsetzung solcher Sondergerichte wäre diese Inszenierung wohl etwas weitläufig und, nachdem Russland bereits die Präzedenzfälle geliefert hat, auch juristisch überflüssig. Welchen Sinn aber kann dann diese Demonstration haben? Auch damit verhält es sich wohl nicht anders als mit jenem «Volkszorn», der nach vorhergehendem Aufruf der NSDAP zum erstenmal am Samstag, den 29. März 1933, «Schlag zehn Uhr», in allen deutschen Städten gegen die Juden ausbrach: eine Injektion für die «Volksmoral».[259] Die alliierten Luftangriffe haben zwar, wie Dr. Goebbels stets und anscheinend mit vollem Recht versichert, die «Moral des deutschen Volkes nicht gebrochen», aber immer schwerer senkt sich eine wurstige Apathie, eine lähmende Hoffnungslosigkeit auf die überarbeitete, gehetzte, um jeden Nagel und um jedes Stück Papier Schlange stehende Bevölkerung, der die ständigen Luftangriffe im harmlosesten Fall den Schlaf, die Ruhe und den letzten Rest von Sicherheit rauben; und diese Apathie ist zwar unmittelbar weniger gefährlich als Rebellion, aber sie ist auch schwerer zu bekämpfen. Gegen Müdigkeit kommt keine Polizei auf. Aber eine neue Injektion gelenkten und tätlichen Hasses, eine Möglichkeit, in Ermangelung der Invasion wenigstens gegen gestrandete Flieger «mit beiden Fäusten» und auch noch mit den Füssen «dreinzuschlagen», kann vielleicht wieder eine Weile weiterhelfen. Und wenn sich dadurch «das deutsche Volk», in dessen Namen die Lynchmörder auftreten, noch ein Stück weiter mit seiner Regierung identifiziert, wenn es nach einigen solchen Vorfällen noch selbstverständlicher daran glaubt, dass es im Fall einer Niederlage ausgerottet würde, wenn der tiefe Graben von Blut und Hass und Schuld dadurch noch tiefer wird – um so besser! Brücken sind zwar kaum mehr abzubrechen, und die alliierte Propaganda arbeitet hier Dr. Goebbels trefflich in die Hände; soeben hat der polnische Staatspräsident, der doch nicht gerade auf festen Füssen steht, am Radio erklärt: «Wir haben keine imperialistischen Absichten, aber eines ist klar: auf dem Gebiet des freien, unabhängigen Polens» – das bis zur Elbe reichen soll! – «wird kein Platz auch nur für *einen* Deutschen sein ...» *It's war*. Dass je wieder Friede sein könnte, daran denkt scheinbar niemand.

Das war Pfingsten 1944, an dem das Kriegsrecht Triumphe feierte. Es gibt keine schlimmere Begriffsschändung als diese sodomitische Verkuppelung der Worte «Krieg» und «Recht». «Ouch ist das wort ‹kriegsrecht› nüt anderst dann gwalt. Bruch es, wie du wilt, und besinn es, wie du wilt, ist es nüt anderst dann gwalt», schrieb 1522 *Zwingli* in seiner «gottlichen Vermanung» an die Schwyzer; und wie eine vorweggenommene Antwort an manche heutige Theologen klingen diese andern Sätze aus jenem Schreiben: «Es soll uns ouch der gegenwurff nit irren, da gesprochen würt: Krieg ist ein straff gottes: so muss ie einer sin, der den andern bekrieget ...: Hör degegen, was Christus spricht Math. am 18.: Es ist gwüss, dass ergernus und schant kummen wirt; wee aber dem menschen, durch den es beschicht.»

10. Juni 1944

Besetzung Roms durch die Alliierten. Beginn der Invasion in der Normandie

Generationen von Schulkindern werden das Datum des 6. *Juni 1944* auswendig lernen müssen. Aber die Bedauernswerten werden es doch leichter haben als die Kommentatoren des Augenblicks, denn die Schulbücher werden ihnen ganz genau erzählen, wie es kam und weiterging: «... vier Jahre lang herrschte in Europa ein Führer, der liess viele tausend Menschen töten und schleppte die andern in Frondienst. Diese Epoche nennen wir das Dritte Reich. Aber eine Insel vor Europa hatte er nicht erobern können, und dort sass grimmig der Inselfürst Churchill, den er aus Europa vertrieben hatte, und sann auf Rache. Allmählich fand dieser viele Verbündete, und gerade vier Jahre, nachdem er auf einem Schifflein aus Europa hatte fliehen müssen – das hat die Geschichte so eingerichtet, damit ihr es besser lernen könnt –, kam er mit einer grossen Flotte und vielen Flugzeugen und Kampfwagen wieder an Land und forderte den Führer heraus. Da versammelte der Führer seine Getreuen, die zwei Blitze als Zeichen trugen, um sich und hielt ihnen eine Rede, in der er ihnen befahl, bis zum letzten Atemzug zu kämpfen, und sie schlugen an ihre Schilde und schworen es. Aber sie hatten zu viele Kriege geführt und waren nicht mehr zahlreich; die Fronarbeiter aber hörten auf, dem Führer Strassen und Festen zu bauen, und liefen dem Inselfürsten zu, und sein Heer wurde immer grösser ...» Vielleicht werden das die Schulbücher einmal so erzählen, vielleicht auch anders. Vorläufig hat die Materialschlacht oder, wie man in Deutschland immer noch zu sagen beliebt, «das Schwert» das Wort.

Für die Leitartikler aber fehlt es nicht an einleitendem Feuerwerk, das sie beschreiben und symbolisch ausdeuten können. Am 5. Juni «fiel» Rom, und wenn die militärischen Gründe, welche diesen Prestigeerfolg mit der Invasionsauslösung verkoppelten, auch nicht leicht sichtbar sind, so ist doch zweifellos die Einnahme Roms eine sehr suggestive bengalische Beleuchtung für den Beginn der «Schlacht um Europa». Noch suggestiver ist die Erinnerung an die «endgültige Vertreibung» der Engländer aus Europa, an den Rückzug von Dünkirchen, der sich am 4. Juni zum vierten Male jährte. An jenem *4. Juni 1940*, als er dem Unterhaus den Fall Dünkirchens bekanntgab, erklärte Churchill: «Selbst wenn weite Gebiete Europas unter die Herrschaft der Gestapo fallen, wir werden nicht schwach werden und niemals kapitulieren. Selbst wenn, was ich nicht einen Augenblick glaube, unser England oder sein grösster Teil unterworfen oder ausgehungert werden sollte, so würden wir von den Ländern jenseits der See aus das Empire bewaffnen und behüten und den Kampf fortsetzen. Aber wir werden uns damit nicht zufriedengeben und uns nicht darauf beschränken, den Krieg in der Verteidigung zu führen ...» Hinter diesen Worten standen eine Flotte und eine Luftwaffe, die sich bei Dünkirchen hervorragend geschlagen hatten, die Trümmer einer kleinen Armee, eine hastig zusammengeraffte Home guard, eine unsichere Wahrscheinlichkeitsrechnung mit künftigen Bundesgenossen – und die Hoffnung all derer, die nicht kapitulieren wollten. Es war Englands grösste Stunde.

Zwei Jahre später, am *4. Juni 1942*, beim Besuch Molotows in Washington, wurde dort ein englisch-amerikanisch-russisches Communiqué aufgesetzt: «Im Laufe der Unterhaltungen wurde ein vollständiges Einverständnis erzielt über die dringende Aufgabe der Errichtung einer zweiten Front in Europa im Jahre 1942», und am gleichen Tage gingen britische Kommandotruppen bei Boulogne an Land. Der «Nervenkrieg» um die «zweite Front» hatte in voller Tonstärke eingesetzt. Die «erste Front» im Osten rief nach der «zweiten Front» im Westen. Fronten kamen und gingen, in Libyen und Ägypten, Algerien und Tunesien, Sizilien und Italien, aber keine von ihnen war die «zweite». Dieser Name war ein Symbol, ein Glaubensartikel geworden und blieb fast abergläubisch ausgespart für die grosse Rückkehr, die Landung im Westen, den Beginn des Endkampfes; die unterirdische Front in Europa nannte sich die «dritte», und wären die Alliierten in Norwegen oder Griechenland gelandet, so wäre es die fünfte, sechste oder siebente Front geworden, aber niemals die «zweite». Die Hypnose der «zweiten Front» hat diese Jahre lang die Gedanken der unterdrückten Völker auf sich gebannt, hat deutsche Kräfte absorbiert und gefressen, hat als Katalysator der Widerstandsbewegungen und Desorganisator der deutschen Strategie gewirkt, kurz, ein Maximum von Wirkung erreicht, bevor sie zur Wirklichkeit wurde. Tausende und abertausende von Artikeln sind im bewussten oder unfreiwilligen Dienst dieses «Nervenkrieges» geschrieben worden, alle Einzelheiten und Möglichkeiten von der Koordination mit der «dritten Front» bis zu den Pillen gegen die Seekrankheit der Landetruppen sind längst durchgehechelt, längst haben sich die Tagesphilosophen über die welthistorische Bedeutung des Tages «D» die Finger wundgeschrieben und haben die Strategen die Invasion zum voraus in alle Phasen eingeteilt, die eintreten können und gelingen müssen, bevor «die Operation als gelungen bezeichnet werden kann». Und nun ist die Invasion da, und den Kommentatoren ist die Tinte und der Spiritus ausgegangen. Es ist alles schon gesagt, und es bleibt nichts übrig, als sich selbst zu zitieren. Dr. Goebbels könnte eine ganze Anthologie herausgeben. Ob er es tut?[260]

«Wir lieben es nicht, mit unseren Chancen zu prahlen und Siege zu feiern, ehe sie errungen sind; wir können aber Mr. Churchill doch die Mahnung mit auf den Weg geben: *Mönchlein, du gehst einen schweren Gang!* Er wird es selber wissen; aber es kann nichts schaden, ihm das noch einmal ausdrücklich zu bestätigen. Vor allem die Mütter, Frauen und Kinder seines Landes sollen es erfahren, damit später kein Zweifel darüber bestehen kann, *auf wen sie mit Fingern zeigen sollen* und wer der Schuldige an ihrem namenlosen Unglück ist», schrieb der deutsche Propagandaminister am 23. Januar, und über die englische Jugend stimmte er die Totenklage an: «Soweit sie noch vorhanden ist, wird sie sich am Atlantikwall oder in den Drahtverhauen vor unseren Riegelstellungen verbluten, sofern sie es nicht vorzieht (!), schon vorher bei der Überfahrt ein Opfer unserer schweren Artillerie oder Luftwaffe zu werden und den Tod in den Wellen des Kanals zu finden. Das passt genau in die Rechnung Stalins und Roosevelts ...» Die Ruhe, mit welcher er die deutsche Presse der Invasionsdrohung ins Auge blicken liess, wurde höchstens durch die Furcht gestört, die Alliierten könnten sich durch die deutsche Zuversicht und die Schrecknisse des Atlantikwalls doch noch von diesem «Abenteuer» abhalten lassen – «im deutschen Volk hat man eher Sorge, dass die Invasion nicht kommt, als dass sie kommt ... Deshalb ist in Deutschland auch niemand nervös». Ein deutscher Sprecher fand genau vierzehn Tage vor der Invasion für diese deutsche Seelenruhe die prachtvolle Formulierung: «Wenn dieser Vergleich gestattet ist, so ähnelt die Haltung Deutschlands am Vorabend der Invasion der beschwingten Stimmung, die einen in der Liebe erfahrenen Bräutigam am Abend vor der Hochzeit mit einem unerfahrenen jungen Mädchen bewegt. Die Invasionsarmee gleicht dieser Braut ...» Hinter dem armen, zitternden Lamm aber stand Stalin, den Dolch im Gewande, und trieb es dem deutschen Krieger und dem sichern Untergang zu. «Heute früh, 5 Uhr 30, sind unsere Gegner im Westen zu ihrem blutigen Opfergang, vor dem sie sich so lange gescheut haben, auf Befehl Moskaus angetreten», verkündete Reichspressechef Dietrich am Morgen der Invasion. Es wäre reizvoll, diesen Vergleich auszuspinnen, wenn er nicht eine zynische Verballhornung eines mörderischen Kampfes wäre, bei dem tatsächlich ganze Truppenteile ohne Hoffnung auf Überleben bewusst geopfert werden müssen. Aber Berlin scheint tatsächlich die Version, dass die Alliierten unter einem dämonischen Zwang handeln, bis zum Ende abspielen zu wollen. Nicht genug, dass die Invasionstruppen landen mussten, nun müssen sie auch bleiben. Und nicht genug, dass sie bleiben müssen, sie müssen auch noch Verstärkungen nachziehen. Ein deutscher Lagebericht führte gestern aus, dass «Montgomery in Anbetracht der schwierigen Lage seiner zuerst gelandeten Verbände *sich entschliessen musste*, die Brückenkopfposition westlich der Orne-Mündung durch die rasche Zuführung von Mannschaften und Kriegsgerät auf dem Luft- und Seewege beträchtlich zu *verstärken ...* Diese neue Entwicklung führte dazu, dass die nördlich Bayeux an der Küste stehenden *deutschen Kräfte zurückgenommen* werden mussten ...» Offenbar hatte das alliierte Hauptquartier weder den Nachschub eigener Truppen noch die Zurückdrängung der Deutschen beabsichtigt, sondern – ja, was wohl? Wenn diese «Zwangshandlungen» so weitergehen, dann ist kein Halten abzusehen, dann folgt aus dem Beginn der Invasion «zwangsläufig» ihre Durchführung bis ans Ende, und die deutschen Kommentatoren werden bis ans Ende recht behalten. Sie haben alles einkalkuliert. «Wenn dem Gegner die Invasion gelingen würde», erklärt der «Völkische Beobachter», «dann wären für uns die Folgen unabsehbar. Sie würden wohl das Ende bedeuten.»

Die Ungeduld der deutschen Invasionserwartung war wohl nicht nur gespielt. Die Invasion sollte der lähmenden Ungewissheit, der unerträglichen Verzettelung der Kräfte auf der gewaltigen «Rundumfront» ein Ende machen und den Gegner endlich in einer «Entscheidungsschlacht» zu fassen erlauben. «Für die vielen

Opfer und Rückzugsbewegungen, die die deutsche Führung ihren Verbänden im Ost- und italienischen Feldzug auferlegt hat, wird nun endlich die politische und militärische Rechtfertigung offenkundig», meint aufatmend die «Deutsche Allgemeine Zeitung». Die Rechtfertigung, ja; aber auch die Belohnung? Die Invasion hat begonnen – aber ist es wirklich *die* Invasion, so dass nun die Konzentration aller Kräfte und damit die Entblössung der übrigen «Rundumfront» möglich ist? Schon das Zögern der deutschen Abwehr, soweit es nicht einfach der Desorganisation und Zerstörung der Verkehrswege zuzuschreiben ist, zeigt, dass für die deutsche Führung diese Gewissheit nicht besteht. Es ist die «zweite Front», an der die Entscheidung gegen Deutschland fallen kann, und doch ist es nur wieder eine Front mehr, nicht die erste und wohl auch nicht die letzte, eine Front, an der die Alliierten nur einen Teil ihrer Kräfte eingesetzt haben und darum nicht entscheidend gepackt werden können. *Diese* Invasionshoffnung war ein Irrlicht; die neue Belastung bringt keine Entlastung an anderer Stelle, die Drohung rundum bleibt bestehen. Wäre der Atlantikwall so beschaffen gewesen, dass nur ein Aufgebot *aller* Kräfte der westlichen Alliierten an einer Stelle ihn hätte bestürmen können, so wäre die «grosse Chance» vielleicht aufgegangen. Aber wo ist der Atlantikwall?

Zwei Jahre Nervenkrieg der Propaganda und Gegenpropaganda haben die Ungeheuerlichkeit dieses Unternehmens und die Unüberwindlichkeit der Abwehr ins Apokalyptische gesteigert. Und nun erlebt die Welt die gleiche Überraschung, die sie schon nach der Landung in Sizilien erlebte: das planmässig selbstverständliche Ablaufen einer Präzisionsmaschine. Unter dieser Oberfläche gären alle Scheusslichkeiten des Krieges; die erstaunliche Anklage, die Feldmarschall Rommel kürzlich gegen Montgomery erhob, er habe bei El Alamein die Tötung aller Deutschen befohlen, die Aufpeitschung der deutschen Stosstrupps mit «Rache»-Emblemen für die bombardierten deutschen Städte künden genügend an, dass zur entfesselten Hölle der Materialschlacht hinzu auch alle Furien des Hasses und der Vernichtungswut losgelassen werden, und auch das Giftgas ist «für alle Eventualitäten» schon gemischt, wie amerikanische Meldungen mitteilten. Aber all dies ist eingerechnet, ist Bestandteil der grausigen Maschinerie, die längst abzulaufen begonnen hat. «Wie ihr euch erinnert», erklärte Montgomery am 12. März, «haben wir bei der Beendigung des afrikanischen Feldzuges angekündigt, dass unser erstes Ziel die Niederlage Italiens sein wird. Wir haben begonnen, die Italiener zu bombardieren und führten diese Bombardierungen während zweier Monate durch. Als wir der Ansicht waren, dass diese Luftangriffe genügen könnten, habe ich die Achte Armee über das Meer geführt. *Das war ganz einfach.* – Die Dinge liegen heute ähnlich in bezug auf die Deutschen. Sie werden bei Tag und Nacht ununterbrochen aus der Luft bombardiert in einer Art, die nur als schrecklich bezeichnet werden kann. Wenn wir der Ansicht sein werden, dass die Deutschen in dem entsprechenden Zustand der moralischen Zerrüttung sein werden, werden wir erneut über das Meer gehen und gegen sie genau so vorgehen, wie wir gegen die Italiener vorgegangen sind. Die Sache ist *ganz einfach* und *wird uns kei-*

ne Schwierigkeiten bieten.» Das war jene Rede, die Dr. Goebbels zu dem mitleidigen Ausruf im «Reich» veranlasste: «Kurz und gut: Sollte der Feind wirklich das denken, was er sagt und schreibt, und tatsächlich die Absicht haben, mit einem so bodenlosen Leichtsinn ein Unternehmen zu starten, von dem alles abhängt, dann *gute Nacht!*»

17. Juni 1944

Die Gegenspieler Eisenhower und de Gaulle. König Viktor Emanuel III. dankt ab. Badoglio tritt zurück. Einsatz von V-Waffen gegen England

Die Präzisionsmaschine der alliierten Kriegführung hat in ihrem Ablauf von Nordafrika über Italien bis nach Nordfrankreich immer an derselben Stelle versagt: die politische Kriegführung hinkt stets beträchtlich hinter der militärischen nach. Am Morgen der Invasion standen alle Ministerpräsidenten und Komiteevorsitzenden der besetzten Länder am britischen Radio bereit, um Aufrufe an ihre Völker zu richten, und diese Aufrufe deckten sich genau mit der Proklamation des Invasionsgenerals Eisenhower. Auch der Ministerpräsident oder Komiteevorsitzende des Landes, an dessen Küste die alliierten Truppen an Land gingen, war gerade noch rechtzeitig in London eingetroffen, aber seine Ansprache an sein Land verzögerte sich über Gebühr – was offenbar mit der unabgeklärten Frage zusammenhing, ob er nun eigentlich Ministerpräsident oder Komiteevorsitzender sei –, und ihr Inhalt deckte sich nicht im mindesten mit der Proklamation des alliierten Oberkommandierenden. General de Gaulles Aufruf wusste nichts von einem General Eisenhower, dem die französische Bevölkerung strengsten Gehorsam schulde, und General Eisenhowers Proklamation wusste nichts von einem General de Gaulle, der nun vier Jahre hindurch die französische Widerstandsbewegung organisiert und geführt hat. Dabei kennen sich die beiden Männer, die sich da so ostentativ ignorierten, sehr gut und sehr lange, haben sie doch schon in Nordafrika in ähnlicher Weise «zusammengewirkt». Der Nichteingeweihte kann nicht wissen, ob der russische Angriff auf Finnland, der etwas überraschend der Ankündigung eines «Wettlaufs nach Berlin» im «Roten Stern» folgte, genau dem Fahrplan von Teheran entspricht; der Laie kann schwer beurteilen, ob der Schlechtwetterstart der Invasion beabsichtigt war, um die Deutschen zu überraschen, oder ob er auch die Alliierten überraschte; aber um in der mehr als peinlichen Neuauflage des nordafrikanischen Gegenspiels von «Regime Eisenhower» und «Regime de Gaulle» einen eklatanten Regiefehler zu entdecken, braucht man nicht in die Geheimnisse der Diplomatie eingeweiht zu sein. Noch am 3. Juni hat der dem «Jakobinergeneral» nicht eben geneigte Londoner Korrespondent der «Basler Nachrichten» einen Bericht heimgeschickt, der heute recht amüsant zu lesen ist: Es lasse sich «aus den amerikanischen wie aus den britischen Pressestimmen deutlich ersehen, dass das Publikum einfach nicht mehr verstehen kann, weshalb die beiden Regierungen de Gaulles Komitee nicht anerkennen wollen. Auf beiden Seiten des Atlantik scheinen Ungeduld und Verärgerung über die Regierungshaltung de Gaulle gegenüber im Wachsen begriffen zu sein, und es scheint durchaus nicht unmöglich, dass in England der Druck der öffentlichen Meinung so stark werden wird, dass die Regierung einlenken muss ... Man kann sich denken, dass das alliierte Oberkommando darauf dringen würde, dass der gordische Knoten der diplomatischen Anerkennung oder Nichtanerkennung ohne weiteres Zögern durchschnitten und ein einwandfrei klares Verhältnis zu de Gaulle und seinem Komitee geschaffen würde, wäre die Befreiung Frankreichs an oberster Stelle in einem Sofortprogramm ... gedenkt man wirklich in Frankreich zu landen, so wäre doch sicher anzunehmen, dass man vorher mit de Gaulle ins reine kommen möchte ...» Ein geniales Täuschungsmanöver, um die Deutschen zu narren? Aber die Tarnung dauert etwas lange, viel länger als das schlechte Wetter, obwohl sie längst überflüssig geworden ist. Weder im nordafrikanischen noch im italienischen Fall hat das Anstemmen gegen die Kräfte, welche die Parole des Freiheitskrieges – den «Krieg der Tyrannen» gemäss der Formel, die Roosevelt kürzlich so gut gefiel – ernst nahmen, den Alliierten viel mehr als Misstrauen eingebracht. Ein Jahr nach der Alliierten Landung und dem «Coup Darlan» hatte sich das Kämpfende Frankreich in Nordafrika trotz allen Quertreibereien durchgesetzt. Und heute, fast ein Jahr nach Beginn des alliierten Sizilienfeldzuges, hat in Italien die Einnahme Roms nicht nur militärisch, sondern auch politisch einen Erdrutsch ausgelöst. Nach der Überraschung der englischen und amerikanischen Kommentare zu schliessen, ist in Rom beinahe ein kleiner Staatsstreich vor sich gegangen; unter den Augen der amerikanischen Besatzungsbehörde ist mit dem König Viktor Emanuel auch gleich sein Marschall Badoglio vom Erdreich verschwunden und hat einer «hundertprozentig antifaschistischen» und fast ebenso antimonarchistischen Regierung Bonomi Platz gemacht. Es wird in Frankreich schwerlich anders gehen. De Gaulle war schon in Frankreich, bevor die Alliierten dort landeten, und es war ein müssiges Bemühen, ihm den Zutritt zu verweigern. Die «armée secrète» ist in Aktion getreten, um die alliierte Landung vorzubereiten, und die Invasion ihrerseits hat direkt und indirekt den offenen Partisanenkrieg im Innern Frankreichs ausgelöst – anscheinend vor allem indirekt, durch die Angstreaktion Vichys und der Besatzungsmacht, die mit panikartigen «Sicherungsmassnahmen» die noch Schwankenden, Beamten, Zöllner und Polizisten, ins Lager des Aufruhrs trieben; «die Ordnung muss aufrechterhalten, der Staat muss gestärkt, der Regierung muss gehorcht werden», erklärte Marcel Déat und stellte gleichzeitig fest, dass sich Vichy dafür nur auf die Prätorianergarde des Bürgerkriegsgenerals Darnand, die «Miliz», verlassen könne. Und Déat, der Pazifist von 1939, proklamiert das «gefährliche Leben», das anderen so wenig Segen gebracht hat. Der Kreislauf von Furcht und Terror erklimmt die letzte Spirale. Die Vergeltung hat begonnen.[261]

«Am Vorabend der grössten Schlacht, die über das Schicksal der Zivilisation entscheiden wird, müssen wir Sühne von allen denjenigen fordern, die durch ihren sogenannten ‹Marsch auf Rom› seinerzeit die Dämme gebrochen haben, um Italien mit unsagbarem Unglück zu überfluten. Unsere Strafe wird unerbittlich, aber gerecht sein», erklärte Graf Sforza nach der Bildung der neuen italienischen Regierung; und der neue Justizminister Tupini fügte in einem Interview hinzu: «Auch der einstmals Höchste im Lande wird sich vor Gericht zu verantworten haben.» Man braucht nicht gleich an Blutgerüste und rollende Köpfe im Revolutionsstil zu denken; das Kabinett Bonomi wird von gesetzten, sehr gesetzten Männern präsidiert, und die stets jugendfrohe deutsche Presse nennt es ein «Antiquitätenkabinett». Aber es wird schwierig sein, zu verhindern, dass einige Verantwortliche zur Verantwortung gezogen werden, auf geregelte oder ungeregelte Weise – selbst wenn sie, wie kürzlich der jetzige «Statthalter des Königreiches», erklären, das ganze italienische Volk sei für Faschismus und Krieg gewesen. Diese Frage der Vergeltung ist das schwerste Geschütz im moralischen Arsenal der angelsächsischen Aussenministerien gegen die Widerstandsbewegungen in Europa. Angelsächsische Reporter haben von greulichen Ausschreitungen in Bayeux und anderen Orten der normannischen Küste berichtet, wo Kollaborateure durch die Strassen gehetzt und verprügelt worden seien. Sie haben auch andere Enttäuschungen über die französische Bevölkerung festgestellt, wobei sie anscheinend vergassen, dass die französischen Küsten von den Deutschen in Erwartung der Invasion so gründlich «gesäubert» wurden, dass die Organisation des Widerstandes dort nicht wohl gedeihen konnte. Aber mag das Bild Frankreichs, das dieser halbblinde «Spiegel der Normandie» wiedergibt, in vielem unzutreffend sein – die «Racheakte» sind gewiss authentisch, und es wäre eher verwunderlich, wenn sie überall in Frankreich so harmlos ausfielen. Denn Frankreich war vier Jahre lang nicht nur ein besiegtes Land, das einer fremden Macht preisgegeben war, sondern es war zugleich jenen Profiteuren der Niederlage preisgegeben, die Halbpart mit dem Sieger machten, und Befreiung wird Befreiung von diesen Geschäftemachern oder gar nichts bedeuten. Das ist das «Jakobinertum» des Kämpfenden Frankreich, vor dem «die Franzosen zu schützen» anscheinend das amerikanische Staatsdepartement seit dem Prozess Pucheu als heilige Pflicht empfindet. Zwischen Vichy und Algier sucht Amerika noch immer das «wahre Frankreich». Wo? Das «petit comité», das sich in Madrid zusammengefunden hat, bestehend aus dem Grafen von Paris, dem Ölmagnaten Lemaigre-Dubreuil und dem Botschafter Piétri, der die königlich-asturische Minengesellschaft, die Kastentradition des «Finanzinspektorats» und den Marschall Pétain bei Franco vertritt, repräsentiert vielleicht ein beruhigenderes, aber reichlich gespenstisches Frankreich, und Georges Bonnet, der in Amerika aktiv weiter «Aussenpolitik» macht, brauchte nicht erst aus der Radikalen Partei ausgestossen zu werden, um ein politischer Leichnam zu sein. *Dieses* Frankreich ist nicht mehr zu retten![262]

«Die Vergeltung hat begonnen!» Nach den Berliner Berichten wird dort sogar «die Schlacht in der Normandie überschattet von der Sensation, welche die deutsche Führung der Öffentlichkeit mit dem Einsatz der ‹Vergeltungswaffe› bereitet». Die Schlacht in der Normandie zu überschatten ist wohl auch der Hauptzweck dieser seit über einem Jahr angekündigten Sensation. Ob sie die Schlacht in der Normandie auch zu gewinnen vermag, bleibt abzuwarten; vorläufig sieht es eher aus, als wäre dieses «ferngesteuerte Geschoss» hauptsächlich geeignet, mit einem Materialverbrauch, der den «normaler» Luftangriffe bei weitem überschreitet, noch einige englische Stadtviertel in Trümmer zu legen; «aber in dieser Stunde des Krieges lässt sich das Volk hier nicht durch die Tricks eines Zauberkünstlers in Aufregung bringen, denn es weiss, dass es sich auf dem Weg zum Siege befindet», meint dazu der Londoner «Star». Der Terror als Kriegsmittel, dessen durch viele Kriegsjahre bewiesene Unwirksamkeit niemand so bitter erfahren hat wie Deutschland und niemand so beredt festgestellt hat wie die deutsche Presse, nimmt einen letzten Anlauf, um sich totzulaufen, damit in diesem Krieg wirklich das Höchstmass an Zerstörung erreicht werde.

24. Juni 1944

Die deutsche Propaganda im Zeichen der V-Waffen.
Drohender chemischer Krieg?

Das Oberkommando der Wehrmacht oder das Propagandaministerium hat auf einen Knopf gedrückt, und schlagartig pünktlich brach die Apokalypse los, Höllenhunde, Roboter, Meteore, Gespensterflugzeuge, feurige Drachen ausspeiend. «… das schwerste war, auf die Stunde des Losschlagens zu warten, zu schweigen und unerschütterlich *zu glauben.* 22.35 Uhr. Ein seltsamer, hämmernder Ton bohrt sich durch die Nacht, wie das gleichmässige Motorengeräusch eines auf hohen Touren laufenden Lastwagens, der einen steilen Berg hinaufkriecht. *Aus der dunklen Landschaft wächst es (!)* heraus, hängt sich an den Himmel und zieht brummend nach Westen, Kurs London», schildert ein PK-Mann, und ein anderer, der als Beobachter über London war: «… auf die Minute genau ging unten plötzlich *die Hölle los* … Langsam begann sich der Himmel über London gelb und rot zu färben. Schon wenige Minuten, nachdem die ersten deutschen Sprengkörper in das Häusermeer der Hauptstadt eingeschlagen hatten, wuchsen die Einzelbrände zu Flächenbränden riesigen Ausmasses zusammen. Die Wolken über dem Zielgebiet wurden von den Riesenbränden blutrot angestrahlt. Fast im ganzen Stadtgebiet von London flackerte es auf. Überall wuchsen Feuerpilze in die Höhe …» Was wuchs da aus der Landschaft heraus? Der deutsche Leser erfährt nur, dass es etwas Ungeheuerliches, Gigantisches ist, ein grausiges Phantom mit einem Feuerquast am Schwanz, das «fauchend, brodelnd und orgelnd» – immer wieder kommen diese drei gruslign Verben – dahinbraust und den Eindruck macht, «dass hier *ein mächtiges Tier* seinen Eintritt in die weitumfassende Kriegsszene gehalten hat». Da gab es für London «*schlagartig* ein schreckhaftes und fürchterliches Erwachen», und alle andern englischen Sorgen, erklärt das «12-Uhr-Blatt», sind «längst im höllischen Getöse der ununterbrochenen Explosionen unserer neuen Waffen untergegangen ... Unvoreingenommene Beobachter sind sich einig darüber, dass *ein solches Phänomen der Kriegführung bisher noch nicht erlebt* wurde und dass eine Art *Gespensterwaffe* England in ihre Krallen genommen habe, um ihm blutigste Wunden zu schlagen.» Noch grösser aber sind womöglich die Verheerungen, die der «Höllenhund» in den Spalten der deutschen Presse und, so scheint es, auch in den Köpfen angerichtet hat. «Die leidgeprüften Millionen deutscher Männer und Frauen in den zerstampften deutschen Städten sehen seit der Nacht zum Freitag die Zusammenhänge des Krieges *auf einmal wieder klar*», stellt in den «Münchener Neuesten Nachrichten» Willi Beer fest: «*Bis zur Gefahr des Zweifels* hatte die deutsche Führung die Politik des Prestiges der Politik der Zurückhaltung geopfert. Welche Bestürzung sich nun Englands bemächtigen muss, wenn nunmehr aus dem Krater dieser angeblich ausgebombten Rüstung sich *diese ungeheure Kraft glühend, vernichtend und zerstörend* erhebt, mag man sich selbst ausmalen.» Und man malt es sich auch aus, um so phantastischer, als jede sachliche Angabe fehlt. «Das deutsche Volk weiss sich jetzt in einen Strom der Entwicklung eingeschaltet, der sichtbar dem Ziele zustrebt.» Diese «*grösste Weltsensation seit Ausbruch dieses Krieges*» ist, so reflektiert ein Georg Dertinger im «Neuen Wiener Tageblatt», ein Ereignis, das «in seiner Bedeutung *wesentlich weiter* reicht als die *Invasion* und ihre unmittelbare Abwehr ... Wenn der Luftblitzkrieg des Jahres 1940 eine kurze Episode war, so wurde am Donnerstagabend mit dem ersten Grosseinsatz der neuen deutschen Waffe ein *neues kriegsgeschichtliches Kapitel* aufgeschlagen.» Für England ist eine «nahezu 900jährige Schonfrist» – seit Wilhelm dem Eroberer! – «nunmehr abgelaufen. Damit bricht eine der wichtigsten Voraussetzungen britischer Kriegführung und britischer Weltpolitik in sich zusammen ... *England ist keine Insel mehr.*» Hat das nicht Deutschlands Führer schon einmal erklärt, vor fast genau vier Jahren, als der «Luftblitzkrieg» begann? Längst vergessene «kurze Episode» ... Und wieder, wie damals, klingt es durch den deutschen Äther: «Denn wir fahren, denn wir fahren, denn wir fahren gegen Engelland!»

Gekommen ist die andere Invasion. Die Angelsachsen fahren gegen Europa. Die Invasion, diese «einmalige, nicht wiederkehrende Chance für Deutschland», wie Dr. Goebbels sie nannte, ist im vollen Gang, und die Chance blieb bisher ungenützt. Die deutschen Unterseeboote sind ausgeblieben, die deutsche Luftwaffe ist vom Himmel verschwunden, die Küstensperren haben versagt, der Atlantikwall zerbröckelt, der erwartete Gegenschlag ist nicht erfolgt – «wenn man eine feindliche Invasionsarmee vernichten will, braucht man dieses Objekt der Vernichtung in Griffnähe», erklärte dies einleuchtend Otmar Best in der «Deutschen Allgemeinen Zeitung» –, und für die Alliierten programmwidrig war und bleibt eigentlich nur das Wetter. Beinahe rätselhaft ist dieses Ausbleiben des Gegenschlages, und es ist nicht verwunderlich, wenn es «bis an die Grenze des Zweifels» führte. Aber an dieser Grenze wurde der Knopf gedrückt, führerlose, blinde, nicht einmal, wie man anfangs meinte, ferngelenkte Flugbomben «fahren gegen Engelland», und die Siegeszuversicht ist wiederhergestellt. Nach der «Deutschen Allgemeinen Zeitung» ist das «*Selbstbewusstsein der deutschen Truppe* ... nunmehr auch gestiegen durch das Bewusstsein, *auf der Sonnenseite einer neuen Waffe zu kämpfen*, über deren Wirkung sich niemand im unklaren ist ...» Über die nationale Zusammensetzung dieser Atlantikwalltruppen sind von alliierter Seite die seltsamsten Dinge berichtet worden. Ihre Alterszusammensetzung deutet ein Kriegsberichterstatter Graf Podewils in der «Deutschen Allgemeinen Zeitung» leise an, der vom «väterlichen Stolz» der alten Soldaten spricht, «wenn *blutjunge Mannschaften*, auf die sie bisher wie *Sorgenkinder* geblickt haben, sich in der ersten kritischen Stunde der ausgebrochenen Schlacht als unerschütterliche Soldaten bewähren. Einer schlimmeren Nervenprobe als diesem Invasionsbeginn konnte der *im Kampfe unerfahrene junge deutsche Soldat* kaum ausgesetzt werden ... Die *Geister von Langemarck*[263] haben von jungen Herzen Besitz ergriffen ...» Knaben, die im Geist von Langemarck heroisch ins Trommelfeuer stürmen, und der mechanisierte Wutausbruch dieser «pfeifenden Wanze», die wahllos irgendwohin fällt und irgend etwas zerstört, um an dem angeblich doch längst ausverkauften England noch irgendeine Rache zu nehmen, ihm irgendeinen Schaden zuzufügen, ohne doch die feindlichen Kraftzentren hinter Atlantik und Ural treffen zu können – es sieht aus wie das letzte Aufgebot. Damit also soll das erdrückend gewordene Übergewicht von vier Kontinenten aufgehoben, mit der phantastischen Belanglosigkeit einer «Geheimwaffe» die Verbrauchtheit der eigenen Substanz technisch überlistet werden?

Psychologisch jedenfalls ist es gelungen. Wenn wir den Berliner Berichten glauben, hat die mystische Einspritzung eine Euphorie ausgelöst. Man möchte dieses «fauchende, brodelnde und orgelnde» *Höllenkonzert der Propaganda* genial nennen, wenn es nicht offenbar so leicht wäre, das deutsche Volk immer wieder in seiner Kindergläubigkeit zu packen, dieses Volk, von dem Adolf Hitler in «Mein Kampf» sagt, es sei «in seiner überwiegenden Mehrheit so feminin veranlagt und eingestellt, dass weniger nüchterne Überlegung, als vielmehr gefühlsmässige Empfindung sein Denken und Handeln bestimmt». Nirgends hat der *Wunder- und Aberglaube an die Technik*, an ihr gutes oder böses, Segen oder Fluch bringendes, jedenfalls übernatürliches Wesen so tief gefressen wie im idealistischen deutschen Volk, als wäre der Sprung von Feudalismus, Alchimie und Hexenhammer ins Maschinenzeitalter zu plötzlich gewesen. Von all den Siegfriedlinien und -stellungen des letzten und dieses Krieges über das von Richard Wagners bösem Zwerg Alberich entlehnte «Tarnen» bis zu der Walpurgisnacht, die bei der Benennung der neuen «Gespensterwaffe» entfesselt wurde, geht magische Beschwörungsnomenklatur durch die ganze deutsche Kriegstechnik. Mitten im entseeltesten, technifiziertesten Materialkrieg kann der Militärschriftsteller Ritter von Schramm den Engländern zum Vorwurf machen, «eine so unmittelbar soldatische Art, die *Kriegsgötter* anzurufen», wie die deutsche, entspreche «weder ihrer insularen Mentalität noch ihren Idealen», und die «Berliner Börsen-Zeitung» erklärt angesichts der Invasion: «Nie und nimmer können wir glauben, dass vor dem *Urteil der Kriegsgötter* dieser Feind bestehen soll.» Zwei Seelen, ach …: der «Geist von Langemarck» und der in der Flügelbombe selbständig gewordene, jeder menschlichen Kontrolle entzogene, «personalsparende» Tötungsautomat. Die Deutschen haben nie wahrhaben wollen, dass der Krieg, der mechanisierte Maschinenkrieg unserer Zeit, jede leiseste Spur von Nibelungen- und Ritterromantik verloren hat, und es macht ihnen nicht die geringste Mühe, der neuen Bombe das Motto mitzugeben: *«Das deutsche Schwert rostet nicht!»* Der Glaube an den automatischen Präzisionshöllenhund, der die Welt umkehren und die Geschichte rückwärtsdrehen würde, stand bereit, *dafür* genügte ein Druck auf den Knopf. Und es ist wie das Staunen vor der ersten Eisenbahn: «Auf die Minute genau», «schlagartig», «Punkt 23 Uhr 40» – «die grösste Sensation dieses Krieges» – «‹So etwas ist noch nicht dagewesen!›, das ist einstimmig ihre Meinung über die Wirkung der deutschen Waffe.»

Der Krieg geht weiter, als ob nichts wäre. Cherbourg steht vor dem Fall. Die Verfolgungsschlacht in Italien erreicht die Toskana. Finnland steht vor dem Zusammenbruch, und am dritten Jahrestag des deutschen Überfalles auf Russland hat an der Zentralfront auch die Sommeroffensive der Roten Armee eingesetzt. Von allen Seiten hat das *Kesseltreiben* gegen die «Verteidiger der Festung Europa» eingesetzt, die gleichzeitig noch im Strassenkampf gegen die terrorisierten Zwangseinwohner der «Festung» stehen – nicht mit dem Rücken zur Wand, sondern den Feind auch im Rücken. Wie lange kann das Fauchen, Brodeln und Orgeln einer Dicken Berta[264] all dies übertönen? Wie lang lässt sich der Furor teutonicus mit dem Gebrumm einer Eintagsfliege, und hiesse sie auch Wotansorgel, zur letzten Hingabe anspornen? Im «Reich» kündet Dr. Goebbels «neue, noch stärker wirkende Waffen» an, und der Auslandpresse wurde ihre Wirkung bereits als «ungeheuerlich» beschrieben. Lässt sich diese Steigerung ad libitum fortsetzen?

Die Gefahr ist eben, dass sie, einmal begonnen, fortgesetzt werden *muss*. Und es ist leider kein Zweifel, dass sie auch fortgesetzt werden *kann*. Der «Höllenhund» ist noch ein harmloses Spielzeug des mechanischen Krieges; wenn alle Stränge, auch die Nervenstränge, reissen, steht der *chemische Krieg* bereit. Die Alliierten haben ihn in «milder Form» mit dem Phosphorkrieg längst begonnen; aber die Deutschen haben, wie «United Press»[265] am 22. Mai berichtete, «mit den Senfgasbomben, Senfgasgranaten und Senfgaszerstäubern, wie sie die Luftstreitkräfte verwenden können, noch keine Bekanntschaft gemacht und werden, wie man in Amerika ausdrücklich erklärt, diese fürchterlichen Gaswaffen auch gar nie kennenlernen, wenn sie nicht selber den Anfang damit machen. Man versichert uns, dass die amerikanischen Invasionsreserven … mit *solch grossen Mengen chemischer Waffen* ausgerüstet sind, dass die deutsche chemische Industrie unmöglich gleiche Mengen produzieren könnte …» Seit Jahren gehen solche Warnungen zwischen den feindlichen Generalstäben hin und her, und inzwischen arbeiten die

Laboratorien und chemischen Industrien fieberhaft für den «Ernstfall». Es ist ein Wunder, vielleicht das einzige dieses Krieges, dass dieser «Ernstfall» bisher ausgeblieben ist, dass in der Entfesselung des Grauens ein Rest von Vernunft den Druck auf *diesen* Knopf verhinderte. Gewiss, auch der Gaskrieg würde das Kräfteverhältnis der Produktionspotentiale nicht ändern, sondern nur auf einem andern Produktionssektor zur Geltung bringen, und nicht so sehr moralische Hemmung als kühle Überlegung verhindert, diesen Effekt Null mit einer unabsehbaren, nicht wieder gutzumachenden Katastrophe zu erkaufen. Wird die kalte Vernunft bis zum Ende durchhalten, nachdem alle moralische Hemmung längst hüben wie drüben vor die Höllenhunde ging? Gewiss, die Auslösung des eigentlichen Gaskrieges wäre für die schwächere, auf engem Gebiet zusammengedrängte Kriegspartei Selbstmord. Aber ist, wer sich zum Selbstmord entschlossen hat, nicht in der Wahl seiner Mittel frei? Es wäre ein Irrtum, die fauchende Wotansorgel humoristisch zu nehmen. Die «fünf Minuten nach Mitternacht», die endlose Gespensterstunde des Krieges hat ihren Höhepunkt noch nicht erreicht.

1. Juli 1944

«Dreissig Jahre Weltkrieg»

Vor dreissig Jahren begann der erste Weltkrieg. Vor fünfundzwanzig Jahren brach der Friede von Versailles aus. Das Zusammentreffen der Daten haben die Regisseure jenes makabren Festspiels eingerichtet. Die Regie war gut, das Stück war miserabel; ein blosser Zwischenakt, kaum weniger wüst und verheerend als der Krieg selbst, eine Fortsetzung des Krieges mit anderen Mitteln. Zehn Jahre nach Versailles brach die Weltwirtschaft zusammen, zwanzig Jahre nach Versailles ein Weltfriede, der schon an allen vier Ecken brannte. Wer Gründe dafür sucht, kommt stets in den Verdacht, eine Rechtfertigung dafür zu suchen. Aber eine grosse runde Zahl sollte man nie vergessen, wenn man von den Gründen des Krieges spricht: Deutschlands zehn Millionen Arbeitslose von 1932. Krise gab es auch anderswo, aber in Deutschland lag *jeder dritte* Erwerbstätige auf der Strasse. Es hatte keinen Sinn, ihnen von den Segnungen des Friedens zu reden. Die Segnungen des Krieges waren verständlicher. Hitler hat zehn Millionen Hoffnungslosen Arbeit geschaffen: für die Autarkie, für die Aufrüstung, für den Krieg. Kanonen gegen die Krise. Zugleich Frieden zu versprechen, war Betrug. Aber es war ja auch Betrug, dass die «Ketten von Versailles» die Krise verschuldet hatten, dass es gelte, fremde Länder zu erobern, wenn das eigene Land dahinsiechte, fremde Fabriken, wenn die eigenen still lagen, fremde Kornfelder, wenn die eigene Landwirtschaft Absatzmangel litt, fremde Rohstoffgebiete, wenn die Rohstoffe zu Schleuderpreisen auf dem Weltmarkt verfaulten – gerade um dieses Betruges willen wurde der Nationalsozialismus in Deutschland finanziert, hat der Stahlverein der deutschen Schwerindustrie 1932 die zusammenbrechende

NSDAP saniert, haben Thyssen und Schacht[266] sich dem Führer angeschlossen. Deutschland glaubte an diese Demagogie innerhalb wie ausserhalb der NSDAP; hier, wenn irgendwo, liegt *seine* Kriegsschuld. *Der Ausweg in den Krieg war der Weg des geringsten Widerstandes;* hatte *diese* Überwindung der Arbeitslosigkeit einmal begonnen, so ging alles wie von selbst, und jahrelang konnte sogar die Illusion gewahrt bleiben, als handle es sich nur um «Arbeitsbeschaffung» und nicht um Krieg.

Für Deutschland hat der Krieg nicht 1939 begonnen. Alles wurde vorweggenommen: die Blockade – als Selbstblockade der Autarkie –, die Arbeitsdienstpflicht, die Entbehrungen, der Drill, die Verwandlung eines Landes in einen Kasernenhof. Diejenigen, die noch wissen, was der Friede war – und es war auch nur der säbelrasselnde Friede Wilhelms II. –, sind in Deutschland bald ausgestorben. Die deutsche Presse feiert den Jahrestag von Sarajewo unter dem Schlagwort *«der dreissigjährige Krieg».* Und dieses Schlagwort, zur Abwechslung, ist wahr. «Nach dreissig Jahren ist noch kein Ende der europäischen Leidenszeit abzusehen», schreibt der Leitartikler der «Münchener Neuesten Nachrichten». «Die blutigen Schlachten dieses Krieges und die Bomben auf unsere Städte sind nur Schlussszenen einer dreissigjährigen Periode, einer permanenten Verschwörung gegen die europäische Mitte, in der es keine Ruhe und keine Erholung gegeben hat ... Ein *Geschlecht* ist bei uns herangewachsen, *welches das Glück des Friedens,* Sicherheit des Daseins, Freiheit zum Schaffen und Weitergeben des erarbeiteten Lebensgutes vom Vater auf den Sohn im Grunde *nicht mehr kennt.* Es hat nicht einmal die Zeit gehabt, sich ungestört auszubilden, musste sich immer ungewöhnlichen Lagen anpassen, Opfer bringen und *Werte verteidigen, an denen es aus eigenem Erleben kaum teilhatte ...»* Immer wieder berichten englische Agenturen, dass die Pimpfe und Hitlerjungen, die an der Westfront gefangen werden, bereits vom nächsten Krieg schwärmen. Wie könnten sie es anders wissen? Schon ihre Eltern wissen kaum mehr, was für ein Ding der Friede ist. Der letzte Friede, das war die Zeit, in der jeder dritte Erwerbsfähige arbeitslos war.[267]

Dreissig Jahre jagt Deutschland der *romantischen Illusion* nach, dass sein «Platz an der Sonne» irgendwo in der Ukraine liege, dass irgendeine Verschwörung der Weisen von Zion schuld sei an seiner inneren Unordnung und dass es Ordnung bedeute, diese eigene Unordnung zum Weltgesetz zu erheben. Es war der bequemste Weg, aber fürwahr kein bequemer. Um dieses Traumes willen hat es sich weissgeblutet, hat geschuftet, wie noch kaum ein Volk geschuftet hat, hat technisch, organisatorisch und militärisch «alles Dagewesene überboten», hat sich Geist, Sprache und Jugend verdorben und schliesslich die eigene Substanz dem Kriegsmoloch geopfert. Und das Ergebnis? Es geht jetzt draussen ein Wort um, das den melancholischen Zynismen der Laternenmarleen und des «Es geht alles vorüber» die Krone aufsetzt: *«Geniesst noch den Krieg, bald kommt der Friede.»* Wieder das Erwachen im Schützengraben aus einem irrationalen Rausch, wieder das «grosse Kotzen», wieder alles umsonst. Rundum wanken die Fronten, schmelzen die «Faustpfänder», stehen die «Knechtsvölker» auf. Die Welt ist stärker als Deutschland; nur ein Volk von tagträumenden Romantikern konnte sich darüber täuschen. «Das deutsche Volk führt den Krieg *noch nicht total genug*», erklärt heute Dr. Goebbels. «Das nächste Mal werden wir's besser machen», trumpfen die gefangenen Pimpfe vom Westwall auf. Und vor einer Woche schrieb Dr. Goebbels im «Reich»: «Man fragt sich manchmal, ob man überhaupt noch in diese Welt hineinpasst, so grotesk und schaurig ist dieser Wahnsinn übersteigert.» *Man* fragt sich's mit Recht.

Nun beginnt wieder das Hohelied vom aussichtslosen Heldenkampf bis zum letzten Atemzug gegen eine Verschwörung der ganzen Welt. Fast wie einst Stalingrad feiert die deutsche Presse den *«fanatischen Kampf* um Cherbourg», «dessen letzte Befestigungen von ihrer mit *ragendem Heldentum* kämpfenden Besatzung mit einer Zähigkeit verteidigt werden, die die Berechnungen des Feindes gründlich zerstört hat. Nur meterweise kamen sie vorwärts, obwohl sie immer wieder versuchten, mit Massen von Artillerie, Panzern und Flugzeugen die heroischen Verteidiger zu erdrücken.» Aber Stalingrad ist nun ringsum. «Der deutsche Kampf im Westen», schreibt der Kriegsberichterstatter Graf Podewils, «ist *ein einziges trotziges ‹Dennoch›*. Mit der unbeugsamen Entschlossenheit des *Prometheus* reckt sich der deutsche Soldat gegen die Mächte der Luft empor, die ihn in Fesseln schlagen möchten. Der vermeintlichen Unentrinnbarkeit ihrer Berechnung und der Gesetzmässigkeit, mit welcher die Entscheidung im Luftraum gefällt werden soll, setzt er einen *wahrhaft titanischen Willen* entgegen.» Und der Kriegsberichterstatter Alex Schmalfuss erzählt im «Völkischen Beobachter» von der Heldentat zweier achtzehnjähriger Hitlerjungen, die mit dem Wort «Mutti» auf den Lippen – «wirklich: er sagte ‹Mutti›, der Junge» – gegen feindliche Tanks anstürmten und deren einer ganz allein sechs «Giganten des Schlachtfeldes» vernichtete, «er allein, ganz allein, ein Hitlerjunge!»

Eine *Tragödie*? Bis zum letzten Atemzug – geht der Ausrottungskampf gegen die «minderen Rassen» weiter. Im Augenblick, da die Schlüsselstellungen der Ostfront zusammenstürzen, werden vierhunderttausend ungarische Juden schnell, schnell noch in jene Lager deportiert, in denen schon Hunderttausende furchtbar «verschwunden» sind. In allen besetzten Ländern überschlägt sich der Terror. Der letzte Bundesgenosse, der noch aus freien Stücken mittat, Finnland, hat kapituliert – vor Deutschland. Es wäre ein Wunder, wenn dort nicht noch im Zeitraffertempo die Tragödie des gepressten Hilfsvolks durchgespielt würde. Tragödien am laufenden Band – aber eine Tragödie *Deutschlands*? War der Zusammenbruch des Mongolenreichs eine Tragödie?

«Seht ihr es denn nicht? Durchschaut ihr es wirklich nicht?» fragte vor mehr als einem Jahr *Maurice Kuès* in der «*Suisse contemporaine*»: «Nachdem man uns die Farce vom erobernden Heldentum vorgemacht hat, wird man uns nun das Heldentum des besiegten Eroberers vormachen; nach dem Ruhm des Triumphators, nach dem Fanfarenstück, mit dem man euch entflammen wollte, wird man euch nun den Sturz des Adlers auftischen, euch heimlich erweichen über das Los des Feindes, der unterliegt, aber die soldatischen Ehren verdient hat. Es gibt keine Ehre im Eroberungskrieg, es gibt nur das Verbrechen und die Kadaver, es gibt nur das Blut und die Unmenschlichkeit: die zerschmetterte Kinderleiche, die an der Mauer klebt. Derjenige, der gestern der Henker war, der, Siegestrompeten blasend, das geheiligte Leben metzelte, wird morgen die Hymne anstimmen und die Grösse im Untergang, die Selbstverleugnung, die Treue zu Fahne und Vaterland besingen. Er wird, um uns zu rühren, den Rückzug der Zehntausend aufwärmen und ‹Die Perser› neu dichten. Er wollte knechten, er hat geplündert, erpresst im Namen des Sieges, aber zur Stunde des Untergangs wird er noch unsere Bewunderung erzwingen und uns bewegen wollen, über die tragische Majestät seines Untergangs Tränen zu vergiessen. Wir lassen uns nicht äffen, wir lassen uns nicht zu der niederträchtigen Poesie des vergossenen Blutes, der mit Kanonen verbreiteten Kultur, der Neuordnung im Verbrechen, des Fortschritts in der Schlächterei verführen; auf dem Grunde all dieses ist nichts als die abscheuliche Wirklichkeit des Krieges. Die Gewalt, und das ist die fürchterlichste ihrer Wirkungen, ruft der Gewalt. Völker sind erbarmungslos zertreten worden. Man wird wohl zugestehen müssen, dass sie ihr Recht und ihr Leben im Blut und in der Grausamkeit wieder an sich reissen, wie sie im Blut und in der Grausamkeit ihrer beraubt wurden. Und man wird nicht die Sympathie, die sie einflössen, aus unsern Herzen vertreiben können. Das ist eine Tragik der Vernunft, aber auch der Grund, der uns den Krieg verfluchen heissen und uns überzeugen muss, dass er nie gerechtfertigt, nie begründet werden, nie bewundernswert noch heroisch noch grossmütig sein kann, dass er nie in Ehre, sondern stets in Blut und Grausamkeit geführt wird.»[268]

Aber man braucht nicht den Tragödianten auf den Leim zu gehen, um auch den Vansittarts auf die Finger zu sehen, wenn sie wieder, wie in Versailles, die Kriegsschuld verteilen. Krieg ist Unordnung, und die Unordnung der Welt ist nicht die Schuld eines Volkes. Ein neues Versailles der «Grossen Drei» wäre, wie das alte Versailles der «Grossen Vier», nur eine *Fortsetzung der Unordnung mit andern Mitteln.*[269] Der zitierte Artikel der «Münchener Neuesten Nachrichten», der das «Geschlecht des dreissigjährigen Krieges» beschrieb, fügt hinzu: «Aber in ihm lebt eine tiefe Sehnsucht, dass diese europäischen Wirren einmal beendet werden mögen zugunsten einer besseren Zeit, in welcher *der Mensch sein Recht findet.*» Vielleicht ist dem Leitartikler nur eine Phrase aufs Papier geflossen. Aber auch Phrasen kommen nicht von ungefähr. Die Stimme der Pimpfe vom Westwall braucht nicht die Stimme Deutschlands zu sein.

8. Juli 1944

Churchill über die «Flügelbomben». Zusammenbruch der deutschen Abwehr in Weissrussland. Die deutsche Lufthansa fliegt ungarisch-jüdische Industriemagnaten nach Portugal aus

«Das Unterhaus wird wohl angenehm überrascht sein, zu vernehmen, dass bis jetzt von allen abgeschossenen Bomben im Durchschnitt ziemlich genau *je eine Person pro Bombe* getötet worden ist ... Bis heute morgen 6 Uhr sind 2750 Bomben abgeschossen und von ihnen 2752 Personen getötet worden.»[270] Angenehmer konnte der Premier sein Unterhaus fürwahr nicht überraschen. Welch lächerliches Missverhältnis: ein Mensch pro Bombe! Was ist schon ein Mensch? Ein unendlich auswechselbares, leicht ersetzliches, in geradezu lästiger Überzahl vorhandenes Kriegs- und Arbeitsmaterial, das weitaus billigste all der kostspieligen Dinge, die im modernen Krieg «an der Front und in der Heimat eingesetzt» werden. Dagegen eine Flügelbombe! Höchstleistung der Technik, Triumph des deutschen Erfindungsgeistes, ein «nie dagewesenes» kostbares und kompliziertes Projektil von ganz ungeheuerlichen Produktionskosten, wenn man die jahrelangen Laboratoriumsarbeiten bedenkt, bei denen nach dem Bericht Churchills die Blüte der deutschen Wissenschaft, dutzendweise zum «Erfindungseinsatz» in KdF-Lagern zusammengepfercht, den Tod unter gewöhnlichen, ungeflügelten Bomben fand. Welche Materialvergeudung: eine solche Bombe pro Mensch! Nein, die Sache ist wirklich unrentabel; wer wird schon Fliegen mit dem Seziermesser töten ... In drei Wochen 2752 Menschen, grosse, kleine, alte, junge, Männer, Frauen, Kinder – das ist wirklich nicht des Aufhebens wert, das wird schon durch den geringeren Strassenverkehr, der die Rubrik «Tod auf der Strasse» so verkümmern lässt, ziemlich wettgemacht. Natürlich gehen noch einige andere Faktoren in die Rechnung ein: der Fliegereinsatz zur Bekämpfung der Flügelbombe und ihrer Startanlagen, die allgemeine Ruhestörung in London, die Sachschäden, aber dem entspricht auf der andern Seite Arbeits- und Materialeinsatz für die Produktion und deren Schutz. Das Fazit bleibt: mit 2752 Toten in drei Wochen ist kein Staat zu machen. Selbst der Heeresbericht eines Kleinstaates würde einen solchen «Ausfall» höchstens nebenbei unter «Patrouillentätigkeit» oder «lokale Säuberungsaktionen» registrieren.

Aber die Flügelbombe erzielt noch ein zusätzliches Resultat, das sich zwar vielleicht nicht das deutsche Oberkommando, wohl aber Dr. Goebbels zugute schreiben kann: sie soll angeblich Lord Vansittart neue Anhänger in Massen gewonnen haben. «Das Bombardement mit Flügelbomben hat wenigstens *ein* Gutes vollbracht», schreibt der Vansittartsche «Sunday Express» in seinem sonntäglichsten Stil: «Es hat in ganz Südengland einen *weissglühenden Hass* gegenüber Deutschland und den Deutschen erweckt, der nicht nur die letzten Phasen des Krieges beeinflussen mag, sondern auch unsere *Behandlung dieser Barbaren*, wenn wir sie auf die Knie gezwungen haben.» Die deutsche Presse registriert solche Stimmen mit Vergnügen. «Wutgeheul in der englischen Presse», «Lufthunnen, Kindermörder, Gangster heucheln moralische Entrüstung über ‹V 1›», «Die *Murder Incorporated* schreit *fair play*» – wie lange schon predigt Dr. Goebbels den Hass, wie mühsam war die Saat und wie herrlich geht sie nun auf! Ihren moralischen Effekt erreicht die Flügelbombe offensichtlich; neben der kurzfristigen «moralischen Aufpulverung» der deutschen Stimmung war vielleicht sogar diese langfristige Brunnenvergiftung, die neue Demonstration der Ausweglosigkeit dieses Krieges, in dem es um «Überleben oder Ausrottung» gehe, ihr Hauptzweck. Für den Gebrauch der ausländischen Presse hat das Propagandaministerium zugleich zum erstenmal einen eingehenden Bericht über die Wirkung alliierter Luftangriffe auf Deutschland freigegeben: danach fielen in *Hamburg* vor bald einem Jahr *binnen zehn Tagen 39 814 Menschen* den alliierten Tag- und Nachtangriffen zum Opfer, noch im letzten Monat wurden über 600 unkenntliche Leichen aus verschütteten Luftschutzräumen ausgegraben, und noch jetzt sind 1571 Vermisste nicht aufgefunden worden.

Wenn man nicht wieder die zutode diskutierte Frage hervorziehen will, wer «angefangen» habe, so ist die englische Entrüstung wirklich nicht ganz verständlich, es sei denn aus jener sehr menschlichen Gemütslage heraus, die auf eine Mücke viel gehässiger reagiert als auf einen Keulenschlag und dem Angriff eines starken Gegners gegenüber stramm steht, den Angriff eines «sowieso geschlagenen» Schwächeren aber als Heimtücke empfindet. Es gibt zwar eine sonderbare Kriegsjuristerei, welche die *Legitimität einer Kriegshandlung* nach ihrem Nutzeffekt beurteilt. Genau so wie allgemein massenhafter Totschlag als legitim, Totschlag im einzelnen aber als Verbrechen gilt, so entspräche auch die Vernichtung und Ausrottung einer «feindlichen Stadt», weil wirkungsvoll, dem Völkerrecht; die blosse «Belästigung» dagegen, wie sie jetzt London durch die Flügelbomben erfährt, wäre ein Vergehen gegen die Menschlichkeit. Wenn auch diese unergründlich tiefe Rechtslehre in globo allgemein angenommen zu sein scheint, so bereitet es doch immer wieder Mühe, ihr im Einzelfall zu folgen. Wodurch unterschied sich die alliierte Begründung der Vernichtung Berlins als «Kopf der deutschen Kriegsmaschine» von der deutschen Begründung für das Störfeuer auf London als «Nervenzentrum der Alliierten»? Vorläufig sei also der «moralische» Erfolg der Wunderwaffe als nationalsozialistischer Propagandaerfolg gebucht – auf Kosten Deutschlands, gewiss, aber das ist nachgerade bei vielen «deutschen Erfolgen» der Fall.

Warum füllt denn überhaupt die Flügelbombe, obwohl ihr militärischer Wert nun auch durch die offizielle Bezeichnung «V 1» und «Vergeltungsfeuer auf London» eindeutig charakterisiert ist, mehr denn je die Schlagzeilen und Leitartikel der deutschen Presse? «V 1» steht im Dienst der *Westsuggestion*. Sogar im deutschen Heeresbericht steht immer noch an erster Stelle die Schlacht in der Normandie, dann folgt das «Vergeltungsfeuer», dann Italien, und ganz, ganz am

Schluss wird lakonisch mitgeteilt, dass «sowjetrussische Panzerkräfte in Minsk eingedrungen» seien, dass Polozk «nach wechselvollen Kämpfen aufgegeben», «die Stadt Kowel zur örtlichen Frontverkürzung planmässig und ohne feindlichen Druck geräumt» wurde und «feindliche Angriffsgruppen im Vorgehen auf Wilna» begriffen sind. Gewiss, auch im Westen geht nicht alles nach Wunsch; das Eichenlaub zum Ritterkreuz des Eisernen Kreuzes, das Generalfeldmarschall von Rundstedt am 2. Juli vom Führer erhielt, war keine Belohnung für ausserordentliche Erfolge, sondern ein Trost vor dem Abgang. Aber die Invasion ist wenigstens vorläufig in der Normandie steckengeblieben, in Italien bewegt sich der deutsche Rückzug noch in undefinierten Regionen, wo offiziell die Sorge um Kunstschätze die Bewegungen bestimmt – und während im Osten die Mauern der Festung zusammenkrachen, lässt die deutsche Propaganda die Deutschen hypnotisiert auf das noch kleine Loch im Westen starren: «Seht doch, es ist ja nur ein ganz kleines Loch! Es ist nichts! Es ist beinahe ein Sieg!» Auch dem Militärkritiker der «Deutschen Allgemeinen Zeitung», Otmar Best, ist es schlechthin unbegreiflich, dass in Deutschland angesichts dieses erst ganz kleinen Loches nicht geflaggt und gefeiert wird: «Wenn es dem General Ludendorff vergönnt gewesen wäre, die ganze gewaltige Westfront des Feindes auf einen kleinen Streifen bei Cherbourg zusammenzupressen, hätte man *in Berlin Viktoria geschossen.* Wenn wir im Jahre 1917 in Italien nach unserer Offensive südlich Florenz und am Trasimenischen See gestanden hätten, hätte *Deutschland geflaggt* ... So ergibt sich, dass für die *eigentliche Hauptschlacht* dieses Krieges, die jetzt an den Fronten geschlagen wird, die Ausgangslage wohlvorbereitet ist.» Die mittlere Ostfront ist zusammengebrochen – aber da die Entscheidung im Westen fällt, ist das kaum der Beachtung wert.[271]

Am Tage nach dem Beginn der russischen Offensive schrieb der militärische Korrespondent des Deutschen Nachrichtenbüros: «Die Deutschen sind seit Monaten vorbereitet ... Fest steht dies jetzt schon, dass ihr Widerstand im Osten mit andern Massen zu messen sein wird und dass dieser Sommer ein äusserstes Mass an erbittertem Widerstand bringen wird ..., dass die Führung den Osten zugunsten des Westens keineswegs vernachlässigt hat, sondern ihm eine Aufmerksamkeit widmete, die allen Möglichkeiten gerecht wird ..., dass man nicht nur stark genug ist, um allen Eventualitäten mit bester Aussicht auf Erfolg gegenüberzutreten zu können, sondern dass man auch über genügende militärische Mittel verfügt, um im entscheidenden Augenblick auf dem östlichen Kriegsschauplatz kräftig, initiativ aufzutreten. Es wird also *besonders interessant* sein zu verfolgen, mit welchen Mitteln die deutsche Führung *der ideenlosen Umpflügungstaktik ihres östlichen Gegners begegnen* wird.» ... Bisher ist der «ideenlosen Umpflügungstaktik» nichts als jenes Rezept des hoffnungslosen Widerstandes bis zum letzten Mann und zur letzten Patrone gegenübergetreten, das in Stalingrad erprobt wurde und das seit Tunis immer häufiger zu versagen beginnt. Es hat nach Aussage des russischen Oberkommandos zu einem «physischen und psychischen Zusammenbruch von unvorstellbarem Ausmass» geführt. Und nun ist die Lage «unklar», wie sie ja auch im Westen immer noch «unklar» ist, da der Gegner «sich noch nicht festgelegt» hat, und das Publikum hat sich zu gedulden, bis «die deutsche Führung die zunächst noch unbestimmte Situation für so weit geklärt hält, um langsam ihre Gegenmassnahmen wirksam werden zu lassen.» Sehr lange kann es schwerlich mehr dauern, bis die Lage klar, blendend klar ist ...

Die Front nähert sich Deutschland. Die «levée en masse» ist aufgeboten und verbraucht. Die Pimpfe stehen in Front: die eigene Zukunft wird eingesetzt und verspielt, die «Ausrottungsabsichten» des Gegners werden vorweggenommen. Und inmitten dieses Infernos wird hinter der Front, in den schon bald in die Kriegszone gerückten polnischen Vernichtungslagern, der *Ausrottungskrieg gegen den wehrlosen «Weltfeind Juda»* zu Ende geführt. Das letzte Asyl, das im deutschen Machtbereich einer Million Juden noch ein wenigstens biologisches Dasein bot, wird mit aller Systematik, deren die SS, mit aller Grauenhaftigkeit, deren sardanapalische Totalität fähig ist, und mit allem Tempo, das die überbelasteten Transportanlagen und Vergasungseinrichtungen noch hergeben können, «entjudet». Es ist eine dermassen metaphysisch übersteigerte Sinnlosigkeit, die sich da austobt, dass auch die zum Verstehen jedes Macchiavellismus bereiteste Vernunft nicht mehr mitkommt. Mit dem «Sozialismus der dummen Kerls» oder dem Antisemitismus als Blitzableiter ist da längst nichts mehr zu erklären. Aber es ist nicht einmal der irregewordene Hass in Reinkultur; *sogar diese Hassorgie ist korrumpiert!* Aus dem Vernichtungskampf des «arischen Menschen» – Arier in Ungarn! – gegen seinen alttestamentarischen Sündenbock konnten sich die Spitzen der jüdischen Hochfinanz Ungarns mit ihrer ganzen Verschwägerung, zusammen bisher 32 Personen, in deutschen Sonderflugzeugen nach Lissabon retten, nachdem sie sich, wie weiland Baron Rothschild in Wien, mit einigen Millionen Schweizer Franken losgekauft hatten. Die Häupter dieser beiden Familien Chorin und Weiss sind oder waren bis gestern die Herren riesiger ungarischer Bergwerks- und Rüstungskonzerne und haben seit einem Jahrzehnt ihre Unternehmungen für die Aufrüstung des Dritten Reiches arbeiten lassen. An dem Geld, mit dem sie sich freikauften, klebt das Blut ihrer «minderen» Mitjuden ganz Europas. *Das erst macht das Bild dieser Zeit vollständig: dass sie nicht einmal in der Abscheulichkeit rein, nicht einmal im Entsetzen achtbar ist, dass sogar ihre «totale Unerbittlichkeit» nichts ist als schlechte Fassade der Fäulnis.*[272]

15. Juli 1944

Der 14. Juli in Frankreich. Reise de Gaulles nach Washington

Die Regierung von Vichy hat beschlossen, dass der *14. Juli* dieses Jahr in Frankreich *nicht gefeiert* werden soll. «Es werden keine Veranstaltungen, weder öffentliche noch private, geduldet.» Die Regierung von Vichy hat wahrlich auch keinen Grund, den Jahrestag des Bastillesturms zu feiern. Die «nationale Revolution» von Vichy war eine späte und klägliche Rache an der Grossen Revolution – im Tross des Landesfeindes, wie immer seit Koblenz. *«Vous avez rétabli les lettres de cachet»*, schrieb Edouard Herriot, damals noch formell amtierender Kammerpräsident, vor bald drei Jahren an Pétain. Herriot war kein Held. Er hatte im Juli 1940 pflichtgetreu und formgerecht den Selbstmord des französischen Parlaments präsidiert, ohne Zustimmung, aber auch ohne Gegenrede. Doch von da an hat er geschwiegen, und er hat das Schweigen nur zweimal gebrochen, um feierlich zu protestieren. Das war viel in einem Lande, dessen «geistige und soziale Elite» zu jeder Selbstentwürdigung bereit war. Dieser rundliche, joviale, kultivierte politische Führer des französischen Kleinbürgertums, der die von der Grossen Revolution geerbte sentimental-pathetische Rhetorik so meisterhaft für den Tagesgebrauch zu handhaben verstand, hat seine Würde gewahrt, als es teuer zu stehen kam, seine Würde zu wahren; und das hat genügt, ihn, der nun in geistiger Umnachtung gestorben sein soll, zu einem der wenigen Märtyrer der Dritten Republik, nach deren Mass und Art, zu machen.[273]

Vor fünf Jahren feierte diese Dritte Republik, die nach 1871 beinahe als *pis aller*, als Kompromissformel der sich bekämpfenden monarchistischen Gruppen entstanden war, ihren letzten und zugleich bombastischsten 14. Juli. Es war der Höhepunkt der Ära Daladier, die damals Emile Buré im «Ordre» mit geradezu prophetischem Hass als *«Diktatur der Niederlage»* charakterisierte.[274] Noch einmal entfaltete die offizielle Politik jene Tradition und Rhetorik, mit der sich in Frankreich auch das prosaischste Faktotum der Geschäfts- und Börsenpolitik wie mit einem Weihrauchschleier zu umgeben wusste. Über die Champs Elysées ging die grossartige, rasselnde Parade der französischen Militärmacht, die Demonstration einer den Himmel verdunkelnden französischen Luftwaffe, vor den Augen des gefeierten Gastes Churchill, während auf der Bastille der Leichnam der «Volksfront» seine ungebrochene Lebensfrische demonstrierte, geführt von ihren grossen «Erben der Jakobiner», Daladier, Léon Blum, Thorez – ein beim Reden rot anlaufender Wirrkopf, ein in die Politik verirrter Ästhet, ein blondgelockter Parteistratege dritter Garnitur. Im Grunde wusste ganz Frankreich, dass es ein Leichenbegängnis war.

Die Dritte Republik hatte auf alle öffentlichen Gebäude, Ministerien, Schulen, Polizeiposten oder Gefängnisse, das Glaubensbekenntnis der Revolution geschrieben: *Liberté, Egalité, Fraternité*. Sie hatte nur den kleinen Zusatz weggelassen, der auf den Fahnen der Ersten Republik diesen drei Worten folgte: ... *ou la mort!* Was übrigblieb, war eine Phrase, gerade noch gut genug als Firmenzeichen auf dem *papier ministre.* Das Regime von Vichy, das in seiner kurzen Lebensdauer nicht einmal dazukam, sich anders denn als «Staat» zu definieren, hat sogar die Phrase nicht ertragen – ein Beweis für die Explosionskraft, die dieses immer noch und vielleicht stets der Erfüllung wartende Glaubensbekenntnis trotz jahrzehntelangem Missbrauch bewahrt hat. Vichy hat an seine Stelle eine neue Ersatzdevise gesetzt: *Famille, Travail, Patrie.* Es war der Fortschritt von der Phrase zur Lüge: Die Familie – zerrissen; die Arbeit – prostituiert für den Feind; das Vaterland – verkauft. Es war der Fortschritt von Daladier, Blum, Thorez zu Déat, Darnand, Henriot. In einer prophetischen Anwandlung hat Henriot sich und seine Kollegen als «Tote auf Urlaub» bezeichnet. Der Urlaub läuft ab. Man könnte die deutsche Numerierung imitieren: Henriot – V 1.

Aber gerade weil diese Toten auf Urlaub den 14. Juli verboten haben, wird er in Frankreich in diesem Jahr echter begangen werden als seit langem. *Die Dritte Republik ist tot, nicht die Erste.* Vier Jahre Vichy haben die Phraseologie weggewaschen. Die Marseillaise ist nicht mehr die offizielle Blechmusik mit störendem Text: kein Vers dieses glühenden Hassgesangs ist so gestelzt, so im Allegoriestil des 18. Jahrhunderts verstiegen, dass er heute nicht wieder im wortwörtlichsten Sinne blutig und feurig aktuell wäre. Denn «diese Horde von Sklaven und Verrätern» hat tatsächlich «die blutige Fahne der Tyrannei erhoben», sie kommen tatsächlich «bis in unsere Arme, um unsere Söhne, unsere Frauen zu erwürgen»: so kamen sie nach Saint-Claude, so kamen sie nach Oradour-sur-Glane[275], und aus dem «irrtümlich» ausgerotteten und niedergebrannten Dorf retteten sich kaum ein Dutzend Männer und Frauen, um das Grauenhafte zu berichten. Darnand und Himmler tun alles, um diesem ersten 14. Juli der Vierten Republik den Geist von 1793 einzubrennen. Was hilft es, dass der Staatschef Pétain als integrer und wohlmeinender Mann gilt – wie Ludwig XVI.? «Ich bin überzeugt, dass das politische Bild Frankreichs nach dem Krieg sich nicht fundamental von dem der Vorkriegszeit unterscheiden wird», erklärte neulich Louis Marin, der alte Chef der französischen Rechten, der sich in London für ein Nachkriegsministerium bereithält, in einem Interview. Denn, glaubt er, nach diesem Krieg wird der allgemeine Ruf nach Ruhe, Ordnung und Sicherheit – und nach den *pommes frites* und der Schlamperei von einst – alles übertönen, sogar den Schrei nach Freiheit, Gleichheit und Brüderlichkeit, die wieder wie vor 1939 auf den Amtsgebäuden stehen und nichts bedeuten werden. Dieses optimistische Kalkül ist nicht ganz aus der Luft gegriffen, aber es vergisst wohl, dass Terror und Bürgerkrieg diesen Worten die alte Kraft zurückgegeben haben und, sich immer weiter steigernd, vielleicht den vergessenen Nachsatz zur Auferstehung gebracht haben: ... *ou la mort!*

Dieser 14. Juli 1944 weckt noch eine andere Erinnerung, die für Frankreich und den Geist der Französischen Revolution nicht minder charakteristisch und nicht weniger aktuell ist: an die «Juristenrevolution», für die der Bastillesturm nur die pathetische Bestätigung war. Was war eigentlich in den Generalständen, die am 5. Mai 1791 zusammengetreten waren, um unverbindlich über die ruinierten Finanzen der Monarchie zu «beraten», in jenen vollen anderthalb Monaten geschehen, bevor sich der Dritte Stand zur Nationalversammlung konstituierte? Nichts als «Juristengezänk». Die Abgeordneten des Volkes «berieten» nicht, leisteten keine «nützliche Arbeit» – und sowohl die Presse des Hofes wie die Feuerköpfe verfehlten nicht, sie deshalb anzuprangern –, sondern sie sassen da und beharrten stiernackig auf Prozedurfragen: gemeinsame Beratung, Abstimmung nach Kopfzahl, Beschlusskompetenz. Volle fünf Wochen «sabotierten» sie die Verhandlungen, indem sie sich weigerten, auch nur die Überprüfung der Vollmachten, erste Vorbedingung jeder weiteren Tätigkeit, getrennt nach Ständen vorzunehmen. Und dann begann die Revolution mit einem unscheinbaren formalrechtlichen Akt: die Abgeordneten des Volkes luden ein letztes Mal die Abgeordneten des Adels und des Klerus zur gemeinsamen Sitzung ein und begannen dann, unbekümmert um deren Erscheinen oder Nichterscheinen, die Mandate *aller* Abgeordneten zu verifizieren. Damit «usurpierten» sie die Rechte der gesamten Generalstände – und alles, was weiter folgte, war nichts als logische Weiterentwicklung. Dieses langweilige, querulantenhafte Beharren auf der Abklärung der Kompetenzfragen, diese Weigerung, auch nur den kleinsten Schritt zu tun, bevor die rechtlichen Voraussetzungen dieses Schrittes festgelegt sind, dieser Mut zur lästigen Setzköpfigkeit in den Grundfragen – das ist ein Charakterzug des französischen Geistes, den man unter der blühenden Beredsamkeit allzu leicht übersieht. Man braucht diese pedantische Methodik nur mit dem Vorgehen des deutschen «Revolutionsparlaments» von 1848 zu vergleichen, das, frischfröhlich alle strittigen Grundfragen beiseiteschiebend, ins Blaue hinaus eine Verfassung für ein nichtexistentes Deutsches Reich zu fabrizieren begann, ohne auch nur die eigene Kompetenz festgestellt oder dieses «Deutsche Reich» definiert zu haben, und die dann beim ersten Windstoss wie Spreu auseinanderflog – und man hat den ganzen Unterschied. Dieser Geist liegt in dem berüchtigten «Querulantentum» des französischen Nationalkomitees in Algier, in seinem «Formalismus», seinem Beharren auf Kompetenz- und Prozedurfragen, das man ihm in den juristisch unbesorgteren angelsächsischen Ländern so übelnimmt. De Gaulle und die Männer von Algier haben von den *«Tiers»* von 1789 die revolutionärste aller revolutionären Tugenden geerbt: die Geduld.

Die Geduld hat vorläufig zum Ziele geführt. Die Reise de Gaulles nach Washington ist, wenn man den englischen Presseberichten glaubt, zu einem Triumphzug geworden. Journalistisch oder einfach angelsächsisch gesehen hat sich das so abgespielt, dass in Washington, wie der von dort zurückgekehrte Korrespondent des «Daily Mail», Don Iddon, berichtet, «jedermann gewarnt worden sei, General de Gaulle sei schwierig und launisch und liebe es, heroisch zu posieren und dramatisch aufzutreten. Jedermann sei deshalb um so mehr erstaunt gewesen, als de Gaulle sich als ein Mann entpuppte, der freundlich, freundschaftlich und angenehm gewesen sei, mit andern Worten ein perfekter Charmeur, der sehr willig gewesen sei, Kompromisse einzugehen.» Sie erwarteten Clemenceau – und es kam Adolphe Menjou. In Wirklichkeit kam ein Mann, der zu Kompromissen im Namen Frankreichs bereit war, wenn man ihm und seiner Regierung die Kompetenz zusprach, im Namen Frankreichs zu verhandeln – aber nicht vorher. Es scheint, dass die Logik dieses Standpunktes auch heute, wo es endlich so weit ist, nicht begriffen wird. Mit welchen Kompromissen die Anerkennung der Regierung von Algier «as *actual working authority*» Frankreichs erkauft wurde, bleibt abzuwarten; einige Äusserungen de Gaulles scheinen eine Ausrichtung auf die angelsächsische Europapolitik anzudeuten. Auch «konnte nicht in allen Fragen eine endgültige Einigung erzielt werden», wie Eden im Unterhaus erklärte. Aber das ist auch nicht notwendig; notwendig war, eine Verhandlungsbasis zu finden. Nach der wenigstens teilweisen Einigung der griechischen Widerstandsparteien, nach dem *modus vivendi* zwischen König Peter und der jugoslawischen Befreiungsarmee, nach der freilich noch fragmentarischen Ordnung der italienischen Angelegenheiten, ist auch der peinliche, lange Konflikt zwischen den Alliierten und dem Kämpfenden Frankreich auf dem Weg zu einer wenigstens möglichen Bereinigung. In die Wirrsale der alliierten Politik beginnt einige Klarheit zu kommen. Und damit schwimmen jener Spekulation auf die interalliierten Zerwürfnisse, die Dr. Goebbels wieder so intensiv zu pflegen beginnt, die nun bald letzten Felle davon. Die Zerwürfnisse werden nicht ausbleiben, aber selbst wenn die Hoffnung auf ihre Beilegung sich einst als Illusion erweisen sollte, so wird diese Illusion doch langlebiger gewesen sein als die Mauern der «Festung Europa».[276]

22. Juli 1944

*Attentat im Führerhauptquartier. Die deutsche Offizierskaste.
Rücktritt der japanischen Regierung Tojo*

Es ist eine politische Kriegführung, wie sie die Welt noch nicht gesehen hat. Die Gefangenenerschiessungen, die wahllose Tötung durch Flügelbomben, den grenzenlosen Terror, die delirierenden Massaker, Oradour und Auschwitz aus der verzweifelten Lage der Herren Deutschlands zu erklären, ist ein rationalistischer Irrtum. Diese Dinge sind Selbstzweck. Da es keine Sympathien oder gar Bundesgenossen mehr zu werben gibt, werden Henker geworben. Der Hass, der da um Deutschland aufgetürmt wird, ist nicht ein unerwünschtes Nebenprodukt, sondern der erstrebte Nutzeffekt aller an sich sinnlosen Greuel. Wenn die Fronten einbrechen, soll um so unübersteigbarer ein Wall von Abscheu und Hass sich um Deutschland erheben, auf dass wirklich dem deutschen Volk nichts anderes übrigbleibt, als mit der «verschworenen Gemeinschaft» zu kämpfen und unterzugehen, auf dass es zu einem fiebernden Bündel von Verzweiflung und Mitschuld zusammengeballt bis ans Ende mitgehe. Nach aussen schäumende Wut provozieren, nach innen «Mitgegangen, mitgehangen» rufen, das ist ein und dasselbe. «Ausrottung unseres Volkes, Versklavung unserer Männer, Hunger und namenloses Elend würden die Folge der Niederlage sein. Eine unsagbare Unglückszeit würde unser Volk erleben, unendlich viel grausamer und schwerer als auch die härteste Zeit sein kann, die uns unser jetziger Kampf zu bringen vermag», erklärte Grossadmiral Dönitz in seiner mitternächtlichen Rede nach dem Attentat im Führerhauptquartier.[277] Die blosse «Ausrottung» genügt nicht mehr, das ausgerottete Volk wird auch noch versklavt und ausgehungert werden: so sehr hat sich diese Angstpropaganda schon übersteigert, dass sogar «Ausrottung» ein abgeleiertes, steigerungsbedürftiges Schlagwort geworden ist! Und während den Deutschen verkündet wird, dass mit dem Kriegsende ein apokalyptisches Strafgericht über sie alle hereinbrechen würde, sorgen die Hinrichtungspelotons und Strafexpeditionen, dass auch wirklich niemand mehr an der Wirklichkeit dieser Drohung zweifeln kann. All diese Arbeit soll dem Krieg neue Nahrung geben, diesem – und dem nächsten. Sie gilt der Vergiftung der Atmosphäre weit über diesen Krieg hinaus, sie streut die Saat des chauvinistischen Hasses in die Zukunft, damit die Stimme der Vernunft auch bei den Siegern ersticke, damit auf lange hinaus kein Friede, keine Verständigung, keine Lösung möglich sei und damit in einem aus der Menschheit ausgestossenen Volk *ihre* Saat wieder aufgehe und *ihre* Zeit wiederkomme, der neue Faschismus und der neue Krieg. Sie denken in Epochen ... Klingt das wahnwitzig? Dann klingt es richtig.

Es ist eine Strategie, wie sie die Welt noch nicht erlebt hat. «Wo der deutsche Soldat steht, da bringt ihn kein Mensch mehr weg ...» Tot oder lebendig, er bleibt. Jede Stellung wird «um jeden Preis» gehalten, «bis zum letzten Mann», «bis zur letzten Patrone», «bis zum letzten Blutstropfen» – nicht um die Schlacht, sondern um Zeit zu gewinnen. Seit Stalingrad wird so Armee um Armee hingeopfert, werden um Zeitgewinn Hekatomben gebracht – um Zeitgewinn wozu? Um die nächste Armee auszuheben, die wieder «bis zum letzten Mann», «zur letzten Patrone», «zum letzten Blutstropfen» Zeit gewinnt. Und die Zeit läuft doch ab, sie läuft schneller als die zerbeulte Produktion, unendlich viel schneller als der Nachwuchs. Sie zerrinnt in den Fingern, sie ist nicht zu gewinnen, nur das Opfer, das für sie gebracht wurde, ist dahin. So wirft man in Panik, um einen messbaren Verlust zu vermeiden, alles Vermögen und allen Kredit in die Spekulation. Es ist der totale Verzicht auf Strategie. So mag ein versprengter Trupp kämpfen, der keine «strategischen Möglichkeiten» mehr hat, mit dem Rücken zur Wand, ohne anderes Ziel, als sein Leben möglichst teuer zu verkaufen, nicht um Zeit zu gewinnen, sondern die Ewigkeit des Massengrabs und des Nibelungenruhms; aber nie wurde so, geordnet und befehlsgemäss, ein Krieg geführt. Die Romantik des Todesrausches diktiert den stereotypen Befehl: «Haltet um jeden Preis! Fallt, wo ihr steht! Die Garde stirbt und ergibt sich nicht ...» Aber es ist nicht die Garde, es ist das deutsche Volk. Was tut's. Das deutsche Volk ist nur das Material, aus dem dieser Mythus gebaut wird. «Ich werde dem deutschen Volk keine Träne nachweinen, wenn es an dieser Prüfung zerbricht», erklärte Hitler im Oktober 1943.

Die deutsche Offizierskaste hat die Katastrophe von Jena[278] wie die Katastrophe des ersten Weltkrieges unversehrt überlebt. Sie hat gelernt, in allen Niederlagen obenaufzuschwimmen und die Verantwortlichkeit andern zuzuschieben. Ihre Vertreter haben auch in letzter Zeit diese Stehaufnatur bewiesen. Ein General Bamler hat es fertiggebracht, einige Stunden, nachdem er bei Minsk in die Hände der Russen fiel, im Moskauer Radio eine Rede gegen Hitler, den Alleinschuldigen, zu halten. Nichts wäre lächerlicher, als bei den Generälen des deutschen Offiziersvereins in Moskau eine Gesinnungsänderung zu vermuten; ihre Einschätzung der militärischen Chancen hat sich geändert, und so setzen sie auf ein anderes Pferd. Ihr Vorsitzender, General von Seydlitz, ruft die Bewohner Ostpreussens von Moskau aus auf, für seinen Empfang schwarz-weiss-rote Fahnen bereit zu halten – die Fahne der Hohenzollern und nota bene des Dritten Reiches, nicht das verfluchte Schwarz-Rot-Gold der Achtundvierziger und der Republik. Sie sind mit Hitler nach Russland gezogen, sie möchten mit Stalin nach Deutschland zurückkehren. Nichts liegt dieser Offizierskaste ferner als die nationalsozialistische Untergangsmystik. Gewiss, auch ihr geht es nicht um das deutsche Volk, aber um so mehr geht es ihr um die Selbsterhaltung als Stand und Kaste, und ihr politischer Weitblick ging nie über diesen Selbsterhaltungstrieb hinaus. Mit einiger Fassungslosigkeit haben daher alle, die auf die «Tradition» und die Macht «der Wehrmacht» rechneten, dieses Offizierskorps Schulter an Schulter in den von Dilettanten befohlenen historischen Selbstmord marschieren sehen. Es gab zwar in jeder kritischen Situation des Dritten Reiches auch eine Generalskrise: in der ersten russischen Winteroffensive, in der Schlacht um Stalingrad, beim Zusammenbruch in der Ukraine. Aber wenn dann Hitler «in dem einen oder andern Falle rücksichtslos und hart zugriff», dann brach der Widerstand der Generalität, der nicht grundsätzlich, sondern nur fachmännisch war, stets rasch zusammen. Die Verantwortungslosigkeit war ihr ja zum vornherein zugesichert. «Der Generalstabschef trägt nicht die Verantwortung, sondern der Führer, und so trägt auch hier kein Mann im Halbschatten, sondern nur der Mann im grellen Licht, der Führer, vor seinem ganzen Volke die Verantwortung für Sieg oder Niederlage der deutschen Wehrmacht, und er scheut sich auch nicht, sie zu tragen ... An seiner Seite stehen diejenigen, die ihm nun helfen, seine Richtlinien, seine Gedankengänge in Befehlsform umzugiessen und dafür Sorge zu tragen, dass sie herauskommen und an die Truppen verteilt werden», so hatte Göring während der zweiten «Führungskrise» dieses Krieges, im Oktober 1942, so klar wie nur irgendein General von Seydlitz, die subalterne Rolle der Generalität definiert. Von Generalskrise zu Generalskrise näherte sich dieser Idealtypus des Führerstaates immer mehr der Wirklichkeit; aus der angenehmen Verantwortungslosigkeit wurde tatsächlich subalterne Machtlosigkeit. Der Führermythus, den «die Wehrmacht» hatte schaffen helfen, verschlang seine Schöpfer. Und immer häufiger treten nun deutsche Generäle ans Moskauer Mikrophon, um sich zu beklagen, sie seien nur noch Marionetten des Führers – wo sie sich doch das Spiel gerade umgekehrt gedacht hatten.

Wochenlang schon steht nun die neue deutsche Führungskrise im Mittelpunkt des Weltgetuschels. Im Baltikum zeichnet sich eine riesige Repetition jener «Strategie» ab, die eine rechtzeitige Zurücknahme der Armeen an der Wolga und am Dnjestr verhinderte und die auch damals *gegen* die Ansicht der Generalität durchgesetzt worden war; aber die militärische Lage ist viel schlimmer als damals und wohl allmählich auch für die Fachleute klar. Im Westen mussten die letzten «Träger der militärischen Tradition» Rommel das Feld räumen. Ist nun in dieser deutschen Generalität endlich ein rabiater Entschluss gereift? Hat eine «Generalsclique» eine Zeitbombe ins Führerhauptquartier geschmuggelt und eine Gegenregierung zu bilden versucht, wie es, nachdem Dr. Goebbels zuerst das Secret Service beschuldigen liess, Hitler, Göring und Dönitz um Mitternacht dem deutschen Volk verkündeten? Es ist in dieser Walpurgisnacht alles möglich. Es kann auch ein neuer Reichstagsbrand sein. Ein Wunder tat bitter not, nun ist es geschehen: «Die Bombe ... krepierte zwei Meter von meiner rechten Seite ... Ich selbst bin völlig unverletzt ... Ich ersehe daraus auch einen neuen Fingerzeig der Vorsehung ...»

Und der Chor der deutschen Presse stimmt ein: «Die Vorsehung waltet sichtbar über dem Führer!» Es ändert wenig an der Sache, ob die Vorsehung arrangiert war oder nicht, ob eine nur gefürchtete Verschwörung präventiv zum Ausbruch gebracht wurde oder ob ein tatsächliches Komplott scheiterte. Die Situation ist klar genug, wenn der oberste Führer der Wehrmacht unter Trommelwirbeln eine «Clique ehrgeiziger, gewissenloser und zugleich verbrecherisch dummer Offiziere» dem Volk denunziert und es auffordert: «Es hat jeder Deutsche, ganz gleich, wer er sein mag, die Pflicht, diesen Elementen rücksichtslos entgegenzutreten, sie entweder sofort zu verhaften oder, wenn sie irgendwie Widerstand leisten sollten, ohne weiteres niederzumachen.» Da es niemandem eingefallen ist, «diese Elemente» näher zu bezeichnen, kann das nur eine Aufforderung «an jeden Deutschen» bedeuten, in Deutschland jeden, der meckert oder gar von Frieden spricht, an der Front jeden Offizier, der sich in ausweglosen Situation zum Rückzug oder zum Parlamentieren entschliesst, «ohne weiteres niederzumachen». Jeder ist zum Terror gegen jeden aufgeboten. «Diesmal wird nun so abgerechnet, wie wir das als Nationalsozialisten gewohnt sind.» Und Heinrich Himmler wird zum Befehlshaber des Heimatheeres ernannt, das damit zum Bestandteil der Bürgerkriegsarmee avanciert, um «nun endlich aber auch im Rücken der Heimat die Atmosphäre zu schaffen, die die Kämpfer an der Front brauchen». Die absolute Gewaltherrschaft überschlägt sich zur Anarchie, denn nur die völlige Desorganisation Deutschlands garantiert die restlose Beherrschung durch eine zu allem entschlossene Terrorgruppe. Jede Ordnung, auch die totalitärste, hat noch eine entfernte Ähnlichkeit mit einem Organismus, in dem Selbsterhaltungsreflexe und Widerstandskräfte vorhanden sind; erst die totale Unordnung macht den Kampf bis aufs Messer wirklich möglich. Deutschland soll zum unorganisierten Material des nationalsozialistischen Mythos werden, anorganisch wie der Stein, der in seiner schweren, reflexlosen Leichenstarre bis ans Ende weiterfällt ...

Shakespeares Königsdramen sind Kinderschlafliedchen gegen dies und seine spukhaften Grotesken harmlose Mätzchen. Der Führer hat «unverzüglich» nach dem Attentat «seine Arbeit wieder aufgenommen und, wie vorgesehen, den Duce zu einer längeren Aussprache empfangen». Kam der Duce, um den Jahrestag der Begegnung von Feltre zu feiern, von der ihn der Führer mit leeren Händen heimschickte und die das Präludium seines Sturzes war? Kam er, um wie damals «vermehrten Schutz Italiens» anzufordern, oder als Tröster, der das alles schon hinter sich hat, oder als Bewunderer der Art und Weise, wie der Führer eine ähnliche Situation meistert? Die Gespräche, die sie führten, werden die Phantasie kommender Dramatikergenerationen befruchten. Bei ihrem Zusammensein fehlte General Tojo, der trotz der Aureole, mit der ihn das Harakiri sämtlicher Japaner auf Saipan[279] umgab, jäh aus unerhörter Machtfülle stürzte. Einige winzige Inselchen sind aus dem japanischen Riesenreich Ostasien herausgebröckelt, einige Bomben auf seinen geheiligten Boden gefallen, und das Imperium der aufgehenden Sonne bebt in den Grundfesten. Unsere Zeit ist dem Steingeist des Totalstaats nähergekommen als je seit dem Untergang Assyriens, aber es scheint, dass beim Harakiri schliesslich auch die Disziplin der zur Grösse berufensten Grossvölker aufhört. Und dann liegt eines Tages plötzlich eine Zeitbombe im von ganzen Divisionen bewachten «Adlerhorst» ...

29. Juli 1944

*Das Attentat auf Hitler. Die Rote Armee überschreitet
die ehemalige deusch-russische Demarkationslinie in Polen*

Der offizielle Tatbestand des *Attentats* im Führerhauptquartier auf dem Obersalzberg ergibt sich nun aus den Reden und Erklärungen einer Woche mit überzeugender Klarheit; die letzten Aufklärungen hat Dr. Goebbels beigesteuert. Das weltgeschichtliche Drama, oder doch wenigstens die «lächerliche Komödie», hat genau sechs Stunden gedauert und bestand, abgesehen vom Attentat selbst, darin, dass die Verräterclique der Generäle von Beck, Hoeppner und Olbricht zusammen mit dem seltsamerweise heil aus Obersalzberg zurückgekehrten Bombenwerfer Graf von Stauffenberg «hilflos und verlassen auf einem Dienstzimmer zusammengepfercht sass und verzweifelt versuchte, Regierung zu spielen». Dieser ganz kleine Klüngel verräterischer Offiziere war schimpflich aus dem Dienst gejagt worden oder hatte wenigstens den Fronteinsatz des Ersatzheeres sabotiert, weshalb es an der Ostfront so schlecht ging, und war vom Ausland bestochen oder doch verblendet genug, den Krieg beenden zu wollen, und die Beteiligten waren oft von der «Feindpresse» genannt worden, wenn man wenigstens mit Dr. Goebbels annimmt, dass nur sie mit jenen Anspielungen der feindlichen Propaganda gemeint sein konnten, die Alliierten hätten noch besondere Trümpfe in ihrem Spiel. Der Attentäter selbst hatte eine bolschewistische Schwägerin oder war doch wenigstens mit der englischen Hocharistokratie versippt. Die Höllenmaschine, oder doch wenigstens ihr besonders hoch explosiver Sprengstoff, war ihm aus England geliefert worden. Sie explodierte direkt zu Füssen des Führers oder doch wenigstens zwei Meter von seiner rechten Seite, der Empfangssaal des «Berghofs», nach den in der deutschen Presse veröffentlichten Bildern «ein feldmässiger Barackenbau», wurde vollkommen verwüstet bis auf «eine einzige Stelle, die davon verhältnismässig unberührt blieb, und das war die, an der der Führer am Kartentisch sass. Der Kartentisch selbst wurde durch die Explosion in den Raum hinausgeschleudert», und ebenso sind «Teilnehmer der Besprechung durch die Kraft der Explosion weit aus dem Fenster hinausgeschleudert worden». Der Führer selbst blieb ganz oder doch fast unverletzt, so dass, «wenn die Errettung des Führers aus höchster Lebensgefahr kein Wunder war, es überhaupt kein Wunder gibt». In Stücke zerrissen wurde dagegen der «Sachbearbeiter» des Führers, Berger, der in der deutschen Presse selten erwähnt und, wenigstens als Herr Berger, nie abgebildet wurde – der Doppelgänger des Führers, sein «Double», das ihn bei öffentlichen Auftritten seit sechs Jahren oft vertrat. Der tragische Ersatztod dieses vielleicht schwer ersetzbaren «Sachbearbeiters» ist das einleuchtendste Indiz dafür, dass das Attentat ernst gemeint war, und macht zugleich das Wunder seines Fehlschlags begreiflicher. Denn gänzlich perversen Hirnen entsprungen ist natürlich jene Flüsterpropaganda, die behauptet, nicht der Führer, sondern sein stellvertretender «Sachbearbeiter» habe das Attentat überlebt; aber sogar diese phantastische Version bleibt durchaus im Rahmen des Schatten- und Gespensterstücks.[280]

Mit dieser «restlosen Aufklärung des Vorfalls» ist das politische Interesse des Attentats eigentlich erschöpft; Liebhaber von Kriminalromanen mag das «Geheimnis von Obersalzberg» noch lange beschäftigen. Das Ergebnis wenigstens ist klar; der vollständige Sieg der «Partei» über «die Wehrmacht», nach aussen demonstriert durch die Einführung des Hitlergrusses bei allen Truppen. *Morituri te salutant.* Ein Blick auf die Karte zeigt, warum in diesem Augenblick, in dem grosse Teile Deutschlands in Frontnähe und damit in den Befehlsbereich der Frontgeneräle rücken, dieser letzte Dualismus des Totalstaates, gleichgültig unter welchem Vorwand, beseitigt werden musste. Fortan ist die Macht Heinrich Himmlers unbeschränkt. Das bedeutet mehr als nur die Allmacht eines mit der grausamen Pedanterie eines deutschen Oberreallehrers waltenden Polizeigehirns. «Das deutsche Volk verlangt heute, *dass die Revolution alles nachholt, was sie versäumt hat*», proklamierte Dr. Ley, und sein Sturmruf gegen «diese ganze Verbrecherbande» von Aristokraten, Reaktionären und vornehmen Nichtstuern, die «mit Stumpf und Stiel ausgerottet werden» müssen, kündigt den Tenor dieser dritten und allertotalsten «Totalmobilisierung» Deutschlands an: die Nationalsozialistische Deutsche Arbeiterpartei wird jene «Rückkehr zu den proletarischen Usprüngen», zum unabänderlichen Parteiprogramm des «deutschen Sozialismus», zum Kampf gegen das «raffende Kapital» und die «vornehmen Herren» versuchen, die der italienische Bruder erst nach dem Zusammenbruch mit Sozialdemagogie, Squadrismus und totgeborenen Sozialisierungsdekreten unternahm. Die angekündigte allgemeine Nivellierung auf den Standard der Ausgebombten wird mit jakobinischer Heroengeste als neue weltgeschichtliche Revolution des Dritten Reiches glorifiziert werden, von dem Hitler vor zehn Jahren erklärte: «In den *nächsten tausend Jahren* findet in Deutschland *keine Revolution mehr* statt.» Aber die Ära Heinrich Himmler wird sich nicht darauf beschränken, Handlanger einer Umwälzung zu sein, die in Wirklichkeit über ihren Kopf weggeht. Die «Siegesrunen» der SS sind heute schon in ganz Europa Insignien des Entsetzens; aber auch das Ungeheuerlichste ist immer noch steigerungsfähig. Nach einem Bericht der «National-Zeitung» hat die SS nach der Ausrottung der Juden nun mit der «radikalen *Ausmerzung der ausländischen Zwangsarbeiter* in Deutschland begonnen ... Nichts, aber auch gar nichts macht diese grauenhafte Meldung unwahrscheinlich. Denn es geht ja nicht mehr um den Sieg oder die Steigerung der Rüstungsproduktion.

Das Scheitern des Anschlags auf den Führer sei «mehr als eine gewonnene Schlacht», es sei *«der gewonnene Krieg»*, erklärte Dr. Ley. Und der Reichspropagandaminister berichtete dem deutschen Volk, der Rüstungsminister Speer habe «die deutsche *Rüstungsproduktion* in einem Umfang gesteigert, der *staunenerregend* ist. Die feindlichen Luftangriffe haben unserer Kriegsproduktion keinen ernsthaften Schaden zugefügt, im Gegenteil nicht einmal verhindern können, dass der Ausstoss an Waffen und Munition *von Monat zu Monat enorm gestiegen* ist ... Ich sah kürzlich moderne deutsche Waffen, bei deren Anblick mir *das Herz* höher schlug, ja *einen Augenblick stehenblieb!*» Immerhin fand es Dr. Goebbels zum erstenmal nötig, seine Volksgenossen ausdrücklich auf seine Wahrheitsliebe hinzuweisen: «Ich würde mich schämen, eine solche Sprache zu sprechen, wenn die Tatsachen mich nicht dazu berechtigten.» Es gibt auch in dieser Propaganda immer neue Steigerungsmöglichkeiten: von der einfachen Wahrheit zu Aussagen, die man sich selber glauben macht, solchen, die man selber nicht glaubt, und schliesslich zu solchen, von denen man selbst nicht mehr glaubt, dass sie irgend jemand glaubt. Unter dem Datum des 25. Juli 1944 lässt sich die «Berliner Börsen-Zeitung» von ihrem Kriegsberichterstatter Fritz Merker unter dem Titel *«Völlig intakt»* schreiben: «Wir berichten von der ältesten und ausgedehntesten der Fronten, nämlich vom Osten, und zwar von den schwer ringenden Truppen *bei Lemberg und am Bug*. Die Feststellung, die hier zu treffen ist und die zweifellos auch für alle übrigen Abschnitte der Ostfront ebenso wie für Italien und die Invasionsfront in vollem Umfang zutrifft, lautet eindeutig: Das deutsche Feldheer ist weder durch die Ereignisse im Führerhauptquartier noch durch die ausserordentliche Zuspitzung der Kampflage *auch nur im geringsten aus der Fassung geraten*. Der in fünf Kriegsjahren eingesetzte militärische Apparat funktioniert *reibungslos wie stets*.

Auch die in schwersten Kämpfen stehenden Truppen sind nach wie vor *völlig intakt* und führen ihre Aufgabe tapfer und mit gewohner Hingabe durch. Die *Disziplin* bei der Fronttruppe *war nie besser als heute* ...» Am 20. und 21. Juli war die ganze deutsche Buglinie auf 300 Kilometer Länge zusammengebrochen, und am 24. Juli erreichte die Rote Armee in einem Vormarsch, der offenbar überhaupt keinen organisierten Widerstand mehr fand, die Weichsel. Es ist sehr wohl möglich, dass sich in diesen Zusammenbrüchen und in den immer häufigeren Kapitulationen ganzer Besatzungen mit intaktem Kriegsmaterial der «Kraftstrom» der Ereignisse vom 20. Juli auswirkt. Die deutsche Wehrmacht wurde nicht nur von der Roten Armee, sondern auch von der SS besiegt. Der Hitlergruss ist eine fatale Geste. Vier Tage vor dem Attentat hatte in derselben «Berliner Börsen-Zeitung» Hauptmann Wilhelm Ritter v. Schramm – auch ein «von»! – dem deutschen Soldaten ausdrücklich das Recht auf jene Frage attestiert, die seither zum Verbrechen erklärt worden ist: «Auf Grund seiner Leistungen ist vor allem der Kämpfer berechtigt, sich auch die naheliegende *Frage nach dem Sinn seines Kampfes* und nach den Leitgedanken dieses Krieges auf deutscher Seite oder, wie Clausewitz sagt, nach dem Kriegsplan vorzulegen. Es ist nur natürlich, dass er gerne wissen möchte, auf welches Gesamtziel auch seine Kräfte im Kriege ausgerichtet sein sollen und wie sie dem Ganzen dienen können. Jedenfalls wünscht er, dass sein soldatischer Einsatz und selbstverständlich auch *sein Opfer sinnvoll* seien ... Es muss zugestanden werden, dass es nicht nur Zweifel ist, sondern ein höherer Trieb, wenn er auch etwas wissen will von dem Weg, der zu diesem guten Ende führt.» Es scheint, dass er sich die Antwort selbst zu geben beginnt.

Die Rote Armee hat jene Demarkationslinie überschritten, die Molotow und Ribbentrop 1939 durch den blutenden Leichnam Polens zogen. «Das heroische Warschau, das sich durch seinen ruhmreichen Widerstand gegen die Hitlerhorden unvergänglich gemacht hat, hört den Geschützdonner der nahenden Befreiungsarmeen», deklamierte ein offizieller russischer Sprecher am Moskauer Radio. Die Erinnerung an jenen Verzweiflungskampf Warschaus, in dessen Rücken die Rote Armee zur vierten Teilung Polens aufmarschierte, bereitet offenbar nicht die geringste Verlegenheit. Als die russischen Truppen die Linie überschritten, an der sie sich damals mit der deutschen Armee trafen, zog in ihrem Tross das Moskauer «nationale polnische Befreiungskomitee» in Cholm ein, und über Radio Moskau erklang die polnische Nationalhymne:[281] «Noch ist Polen nicht verloren.» Mit jener massiven, fast sarkastisch anmutenden Selbstverständlichkeit, die jede Diskussion ausschliesst, unterzeichnete Molotow mit diesem «Befreiungskomitee» ein Abkommen über die künftige Verwaltung des «befreiten» polnischen Gebiets, ohne das Bestehen einer polnischen Exilregierung in London auch nur der Erwähnung wert zu finden; diese subalterne Polemik überliess der Kreml den Stilisten des «Befreiungskomitees». Diese haben denn auch den ohnehin sehr dürren Ast der Legalität, auf dem sich das Londoner Polenkabinett immer noch sicher genug fühlte, um den russischen Marsch auf Warschau als bloss «diplomatisches

Druckmittel» nicht «tragisch zu nehmen», gründlich abgesägt, indem sie die Rückkehr von der halbfaschistischen Verfassung von 1935 zur demokratischen Verfassung von 1921 proklamierten und die Londoner Erben der Pilsudski-Diktatur als «selbsternannte Usurpatoren» bezeichneten.

Die polnische Exilregierung hat seit anderthalb Jahren alles getan, um die nicht sehr grossen Sympathiereserven, über die sie verfügte, zu verbrauchen; sie hat gleichzeitig ihre Ansprüche auf die von Nichtpolen bevölkerten Ostgebiete aufrechterhalten und das Legalitätsprinzip, auf dem dieser Anspruch beruhte, durch ihr Festhalten an den beim Raubzug auf die Tschechoslowakei gemeinsam mit dem Dritten Reich erschlichenen Gebiete verleugnet, durch die Misshandlung der ukrainischen, bjelorussischen und jüdischen Mitglieder der polnischen Exilarmee ihre Fähigkeit, nichtpolnische Minderheiten zu verwalten, dementiert und durch ihre Gier nach Einverleibung deutscher Provinzen den status quo, den sie gegen Russland anruft, mit Füssen getreten. Polen ist heute in der Welt durch niemand repräsentiert. Nun hat sich Ministerpräsident Mikolajczyk[282,] nachdem alle Reisen nach Washington und Downing Street nichts fruchteten, trotz des Nichtbestehens diplomatischer Beziehung zur Fahrt nach Moskau entschlossen, und aus der Vereinigung der «selbsternannten Usurpatoren» in London mit der «Handvoll Usurpatoren» aus Moskau soll nun, wie man in London hofft, unter Edens diskreter Vermittlung die «wahre Vertretung des ganzen polnischen Volkes» entstehen. Ein Schattenspiel überm Massengrab.

5. August 1944

Die zweite Schlacht um Frankreich. Dammbruch im Osten, Finnland.
Die Türkei bricht die diplomatischen Beziehungen zu Deutschland ab.
Ehrenhof zur Reinigung der deutschen Wehrmacht

Es war einmal eine Maginotlinie. Es war einmal ein Atlantikwall ... Sehr plötzlich ist der Abnützungskampf in der Enge der Normandie zur *zweiten Schlacht um Frankreich* geworden und beginnt Form und Tempo der ersten Schlacht um Frankreich anzunehmen. Auf den zweiten Anhieb ist der vor zwei Wochen vorschnell angekündigte alliierte Durchbruch doch zur Wirklichkeit geworden, und nun erweist sich, dass der «eiserne Ring» um den alliierten Brückenkopf nur ein Notdamm war, vergleichbar der Kruste, die sich um eine infizierte Wunde bildet; die Kruste ist endlich durchfressen, und die Infektion breitet sich hemmungslos nach allen Seiten aus. Vor wenigen Tagen noch war in der deutschen Presse eine Vergleichskarte zu sehen, welche stolz die deutschen Geländegewinne in den ersten 45 Tagen des Westfeldzugs von 1940 – die Hälfte Frankreichs bis hinunter nach Lyon – dem lächerlichen «zweitausendsten Teil Frankreichs» gegenüberstellten, den die Alliierten in den ersten 45 Tagen der Invasion aus der Festung Europa herausnagten. Kein Vergleich! «Uns macht keiner nach!» Und nun machen es diese unsoldatischen, von keinen Walküren beflügelten Amerikaner doch nach, stossen genau so «waghalsig» und «tollkühn» mit ihren Panzerspitzen in die Landschaft hinaus, unbekümmert um vielleicht übrigbleibende Widerstandsnester rechts und links, die der nachrückenden Infanterie überlassen bleiben. Und es zeigt sich, dass zu diesem Bewegungskrieg weder Walkürenmilch noch Drill von Kindesbeinen auf gehört, sondern Panzerwagen, Luftherrschaft und ein desorganisierter, an Bewaffnung weit unterlegener Feind, dem mit seiner «Linie», seinem «Wall», seinem «Riegel» oder seiner Verteidigungskruste zugleich die ganze strategische Konzeption draufgegangen ist. Man wird doch den Zusammenbruch der deutschen linken Front nicht allein auf Rommels Gehirnerschütterung[283] zurückführen wollen. Nicht der Frontbruch ist das Bemerkenswerte, sondern dass hinter dieser Front vorläufig nichts mehr steht. Die Schlacht um die Bretagne scheint in grossen Zügen gewonnen, bevor sie recht begann. Nun berichten die alliierten Frontkorrespondenten von ihren Vergnügungsfahrten hinter dem amerikanischen Panzervorstoss her, «dem schnellsten dieses ganzen Krieges», der sie durch Gegenden führt, die vom Krieg völlig unberührt scheinen: wogende Getreidefelder, ganz vereinzelt hier und da ein Bombentrichter, um den friedlich die Kühe weiden, verschlafene alte Städtchen, deren Maire in der Sonntagsschärpe freudestrahlend durch die Strassen wandelt und sich überzeugt, dass wirklich kein Einwohner verletzt und kein Haus ernstlich beschädigt wurde – wie einst im Mai und Juni 1940, wenn man vom freudestrahlenden Maire und den wehenden Trikoloren absieht. Aber nicht nur die Rollen von 1940 haben sich verkehrt, auch die Sprache der militärischen Berichterstattung ist sozusagen in Spiegelschrift zu lesen. «Rennes ist gefallen» bedeutet: Rennes aufersteht. «Stoss ins Leere» bedeutet: Rettung der Fülle, der Ernten und Herden, während im noch besetzten Frankreich die Wegführung der Herden und die «Schlacht um die Ernte» zwischen SS und Maquis begonnen hat, eine Schlacht, die nur die Wahl zwischen Raub und Vernichtung der Ernte eröffnet. «Desorganisation der Verteidigung» bedeutet Desorganisation der Unterdrückung; das Land aber, das 1940 desorganisiert den deutschen «Blitzkrieg» über sich wegrasen lassen musste, hat sich in vier Jahren Fremdherrschaft zur Notwehr organisiert. Die zweite «Schlacht um Frankreich» ist zugleich der Aufstand Frankreichs: trefflich haben nach alliierten Berichten die «inneren Streitkräfte» Frankreichs dem alliierten Vorstoss in die Bretagne vorgearbeitet, alle Bahnverbindungen der Deutschen unterbrochen und alle deutschen Nachschub- und Verbindungslinien blockiert. Gewiss wird sich nicht der ganze französische Feldzug nach dem Muster dieses bretonischen Überraschungsmanövers abspielen können, aber es eröffnet sich doch die Hoffnung, dass er auch nicht dem Vorbild des qualvollen Zerstörungszuges folgen muss, der sich nun seit mehr als einem Jahr die italienische Halbinsel hinaufwälzt.

Der *deutsche Kriegsplan für 1944*, die besten Kräfte nach Westen zu werfen und, sei es auch auf Kosten der Ostfront, die Invasion abzuschlagen oder doch aufzufangen, hat den alliierten Durchbruch nur verzögert, aber endlich doch nicht verhindert. Dafür hat er an der Ostfront folgerichtig zur Katastrophe geführt. Vielleicht ist es wirklich so, dass das Führerhauptquartier bewusst mit dieser Katastrophe spielte, um endlich doch den westlichen «Plutokratien» die «bolschewistische Gefahr» in voller Grösse vor Augen zu führen. Es war allzulange die politische Strategie des Dritten Reiches, mit dem eigenen Zusammenbruch und dem dann unvermeidlichen Sieg des Bolschewismus zu drohen, und allzulange hatte diese Strategie Erfolg, als dass sie endgültig aufgegeben sein könnte – vor allem, weil gar keine andere Karte mehr bleibt. Nur ist aus dem Spiel mit dem Popanz blutiger Ernst geworden. «Beim Führer ist es so», vermerkte einst Goebbels im Juni 1940, «dass ihm, solange er politisch wirkt, der Gegner geradezu in die Hände arbeitet.» Heute aber wirkt er militärisch, und der russische Gegner hat ihm dermassen in die Hände gearbeitet, dass die politisch gemeinte Demonstration der «bolschewistischen Gefahr» der deutschen Wehrmacht völlig über den Kopf gewachsen ist – und nur die «Plutokratien» wollen es immer noch nicht einsehen …

Aber es ist eigentlich überflüssig, den deutschen Niederlagen solch tiefsinnige politische Absicht unterzuschieben. Die seit zwei Jahren von einer wachsenden Übermacht zernagten, mit immer unzulänglicherem Notaushub immer notdürftiger gestopften Dämme beginnen rundum einzustürzen, und wo ein Einsturz entsteht, reicht die Substanz kaum mehr zu improvisierten Krustenbildungen. Der politische Effekt des Dammbruchs im Osten auf die angelsächsischen Alliierten ist jedenfalls bisher ausgeblieben, aber der Dammbruch ist da, und nicht ausgeblieben ist der Effekt auf die *Randstaaten* des deutschen Europasystems. Ribbentrops mit Drohungen, Versprechungen und Flügelbombenpsychose erfochtener Blitzsieg über *Finnlands* Verfassung und Lebenswillen hat genau so lange vorgehalten wie die deutsche Position im Baltikum und die Möglichkeit deutschen Zugriffs nach ungarischem Vorbild; knapp einen Monat. Noch am 30. Juli stellte «Das Reich» fest, dass nur «defaitistisch gewordene Intellektuelle und vereinzelte, sich aus diesen Kreisen rekrutierende Parlamentarier» noch der Illusion eines glimpflichen Sonderfriedens nachjagten: «Für den finnischen Soldaten und für das finnische Volk, den Bauer und den Arbeiter und ebenso für die Führung der finnischen Wehrmacht unter Marschall Mannerheim und für die leitenden Staatsmänner mit dem Präsidenten Ryti und dem Ministerpräsidenten Linkomies an der Spitze war es von vornherein klar gewesen, dass ein Verhandeln mit den Bolschewisten nicht möglich war und dass Finnland seinen Kampf mit härtester Entschlossenheit fortführen müsste.» Nun ist für die Finnen, die eben doch «nur eine Demokratie», dem Führerprinzip fremd und überhaupt eigentlich gar keine Arier sind, das Handschreiben des Präsidenten Ryti an Hitler, das Finnlands Durchhalten bis zum bitteren Ende garantieren sollte, mit Rytis Präsidentschaft hinfällig geworden; das Versteifen auf die eigene Tragik bis zur Selbstvernichtung erfordert eine «totalitärere» Staatsreform. Gerade die Wehrmacht unter Baron Mannerheim, der 1918 mit deutscher Hilfe die «Roten» niederwarf, und die Gewerkschaften unter ihrem Präsidenten Paasivuori, der 1918 mit den «Roten» gegen den «weissen» Bürgerkriegsgeneral Mannerheim kämpfte und dafür eine jahrelange Festungshaft abbüsste, haben den innenpolitischen Szenenwechsel durchgesetzt, um mit dem mächtigeren Nachbarn, den es nicht gelang totzuschlagen, schliesslich doch noch zu verhandeln. Ob diese Kombination Hindenburg-Ebert den Bürgerkrieg von rechts verhindern und Finnland vor dem Schlimmsten bewahren kann, hängt freilich nicht nur von Russland, sondern immer noch auch vom Verhalten des deutschen «Bundesgenossen» ab.[284]

Auf der andern Flanke der deutschen Ostfront hat die *Türkei* die diplomatischen Beziehungen zu Deutschland abgebrochen. Den langen, qualvollen Windungen der Türkei zwischen Deutschland, Russland und England, vom britisch-türkischen Bündnis von 1939 über den deutsch-türkischen Freundschaftspakt von 1941, die Konferenzen von Adana und Kairo von 1943, den Abbruch der britisch-türkischen Generalstabsbesprechungen und die Einstellung der Leih- und Pachtlieferungen an die Türkei in diesem Frühjahr, die Einstellung des türkischen Chromexports an Deutschland, die verärgerte Rede Churchills, dass die türkische Hilfe nicht mehr benötigt werde und ein Mitreden der Türkei beim Friedensschluss nicht mehr in Frage komme, bis zum Abgang des Aussenministers Menemendschoglu und dem Eintreffen Wischinskys in Ankara fügt diese «Herausforderung» eine neue Akrobatik am Rande des Krieges hinzu. Die Auguren streiten noch darüber, ob dies ein englischer oder ein russischer Sieg sei; dass es eine deutsche Schlappe ist, erscheint kaum mehr der Rede wert. Aber die letzten offiziell mit Deutschland verbündeten Staaten im Südosten scheinen es zu bemerken: sogar Ungarn erlebt ganz unvermutet wieder eine Schattenregierungskrise, und Bulgarien besinnt sich auf seine etwas lädierte Neutralität. Die Dinge, die schon am längsten fällig sind, der Kriegsaustritt Finnlands, der Kriegseintritt der Türkei, der alliierte Balkanfeldzug, reifen am langsamsten, aber vielleicht doch noch vor Torschluss.[285]

Und inmitten der berstenden Fronten ordnet nun ein Erlass aus dem Führerhauptquartier eine «*Generalreinigung*» der Wehrmacht durch einen «Ehrenhof» an, welche die Armee gründlich von geschulten Generälen zu reinigen verspricht – soweit sie nicht, wie der gesundheitshalber im Westen abgesetzte v. Rundstedt, diesen Reinigungsprozess präsidieren dürfen. Aus der «ganz kleinen Offiziersclique» ist bereits eine stattliche Liste von anderthalb Dutzend Generälen und hohen Stabsoffizieren geworden, die aus der Armee gestossen und vor das Himmler untertane «Volksgericht» gestellt werden, soweit sie nicht selbstgemordet oder «zu den Bolschewisten übergelaufen» sind, wobei die zwei Dutzend Generäle in russischer Kriegsgefangenschaft nicht einmal mitgezählt wurden, obwohl 16 von ihnen zum Sturz des Führers aufrufen. Der Verschleiss ist ungeheuer; die SS rückt nach: Polizisten übernehmen das Kommando an der Front und in der Heimat. Dass SS und Gestapo das deutsche Volk und die eigene Armee im Schach halten, beweist freilich noch nicht, dass sie auch die Rote Armee im Schach halten können. Aber das schlimmste ist: sogar die SS ist vom «verruchten Verrat» angefressen. Ausser zwei SS-Sturmbannführern lässt Reichsdiktator Himmler einen leibhaftigen General der Polizei und SS-Obergruppenführer Nebe steckbrieflich verfolgen. Und wer überwacht die Wächter? Wer bespitzelt die Spitzel? Wer henkt die Henker? Ebenso aufschlussreich ist die steckbriefliche Verfolgung des Leipziger Oberbürgermeisters Karl Gördeler, einstigen Preisdiktators von Papens, engen Freundes Hjalmar Schachts und der Familie Krupp, einstigen Verbindungsmannes zwischen Schwerindustrie und NSDAP. Die Kreise, die den Nationalsozialismus zur Macht brachten, möchten ihn nun gar zu gern wieder «fallenlassen», aber es geht ihnen wie dem Goetheschen Zauberlehrling. Immerhin, sie möchten; und der Reichsdiktator Himmler setzt eine Million Mark für die Ergreifung Gördelers aus – ein Wink genügt also nicht mehr? Und der schweigsame Himmler tritt aus dem sorgsam gewahrten Schatten ans Rednerpult und verkündet den «Heiligen Volkskrieg». Man muss es ihm lassen: er arbeitet nebenbei auch für die Zukunft, denn mit Rattenwochen *dieser* Opposition wäre Deutschland wenig gedient. Der harte Weg wird bis zu Ende durchgepeitscht. Vom totalen Ordnungsstaat über das Chaos zur *tabula rasa*.[286]

12. August 1944

Hinrichtung von Offizieren, die an der Verschwörung des 20. Juli beteiligt waren. «In Deutschland regiert der Schrecken»

Immer wieder gelingt es den Regisseuren der deutschen Götterdämmerung, Schauszenen auszuhecken, die «noch nie dagewesen sind». Das hat die Welt noch nie gesehen: einen deutschen Feldmarschall aus altem preussischem Offiziersadel am Galgen! Und doch sind die Requisiten dieser Unerhörtheit, der *«entehrende Strang»* und die *«ehrliche Kugel»*, die «für diese Schurken zu gut» war, aus grauer Landsknechtsvergangenheit hergeholt, aus der Zeit der Arkebusen und alterältesten Luntengewehre, die für Meuchelmord und hinterhältige Anschläge zu klobig und unhandlich waren. Heute, da jeder Gangster sein elegantes Schiesszeug in der Tasche hat, ist die Kostbarkeit und Vornehmheit dieser Todesart etwa so zeitgemäss wie das deutsche Schwert, das nicht rastet noch rostet, und der Lorbeer, den Dr. Goebbels von den Kriegsgöttern erfleht. Es ist nicht einzusehen, wieso die Kugeln, mit denen das Dritte Reich seine Gegner von General v. Schleicher bis zu den ungezählten «auf der Flucht Erschossenen» um die Ecke brachte, ehrlicher waren als die Galgen, an denen der sanfte christliche Ständestaat Österreich vor dem Zusammenbruch seine Sozialdemokraten aufknüpfte. Aber der Galgen schickt sich nun einmal für «Gemeine», die ehrliche Kugel für Generäle, und das beabsichtigte dumpfe Entsetzen geht durch das Reich und die Welt – nicht über den Tod dieser Generäle, sondern über das Unstandesgemässe ihres Todes. Nicht nur die Parteipresse, auch der offizielle Prozessbericht weidet sich inbrünstig an dieser Erniedrigung und beschreibt schon in der Einleitung, wie der «ehemalige Generalmajor» *Stieff*, der nach den veröffentlichten Prozessbildern mit offenem Hemd, ohne Kragen, vor die Richter geschleift wurde, «mit nervösen und fahrigen Gesten immer wieder zum Halse» griff, «während die übrigen Angeklagten dumpf vor sich hinbrüten». Der «Völkische Beobachter» nennt diese Elite deutscher Offiziere «würdige Schüler eines Al Capone»; aber noch weniger gewählt drückte sich der Präsident des Volksgerichtshofes in Person, Dr. Roland Freisler, trotz seiner blut- oder weinroten Robe aus, wenn er vom Richterstuhl aus die Angeklagten beschimpfte und zum Beispiel den General *Hoeppner* anfuhr: «Nein, mein Herr, Sie sind und bleiben ein *Schweinehund*!» Und jeder deutsche Volksgenosse darf in seiner Zeitung das Bild des «Schweinehundes» geniessen, wie er, ehemaliger General der deutschen Wehrmacht, in gestrickter Wolljoppe vor seinen Richtern steht. «Wir lernten es und übten oft genug, dass *Rache ein Gericht ist, das kalt genossen werden will*», kommentierte der «Völkische Beobachter» beim Verhandlungsbeginn. Einen andern Sinn hatte diese Justizkomödie nicht. Und dies allerdings, diese Eigenart der deutschen Justiz, dürfte der Welt nicht neu sein. Ein halbes Jahr vor seiner Machtergreifung hat Adolf *Hitler* an die zum Tode verurteilten viehischen *Mörder von Potempa* das Telegramm gerichtet, das von der ganzen Parteipresse in Fettdruck der Welt kundgetan wurde: «*Meine Kameraden! Angesichts dieses ungeheuerlichen Bluturteils fühle ich mich mit euch in unbegrenzter Treue verbunden.*» Zwei Monate nach der Machtergreifung definierte *Göring* in öffentlicher Rede die Rechtsauffassung der neuen Herren: «*Ich habe keine Gerechtigkeit zu üben*, sondern nur zu vernichten und auszurotten.» Seit elfeinhalb Jahren spricht der Geist von Potempa in Deutschland Recht. Heute traf es Generäle und Offiziere, acht in einem Verfahren, das zur Hinrichtung noch die Leichenschändung hinzufügte, ungezählte andere in der üblichen formlosen Art, und weitere Schübe stehen bevor. Vielleicht werden dereinst das triumphierende Communiqué «Die deutsche Wehrmacht besteht nicht mehr!» nicht die Alliierten, sondern die SS- und Totenkopfgeneräle des Dritten Reiches ausgeben, wie vor fast einem Jahr das Führerhauptquartier mit Siegesfanfaren verkünden liess: «Die italienische Wehrmacht besteht nicht mehr!» In Wirklichkeit besteht sie längst nicht mehr, «die Wehrmacht», die man immer noch für ein erhaltendes Element der deutschen Tradition hielt. Vielleicht bestand noch ihre Illusion in den Köpfen einiger Generäle. Ein Oberreallehrer, der nie auch nur Gefreiter war, hat sie ausgetreten. Vor zehn Jahren erhob sich «die Wehrmacht» nicht gegen die Mörder General Schleichers. Heute ist es zu spät, «den Handschuh aufzunehmen». Auch das ist ein Requisit der Vorzeit. Die SS wirft keine Handschuhe.[287]

Es ist nicht ausgeschlossen, dass sich der Prozess vor dem Volksgerichtshof tatsächlich etwa so abgespielt hat, wie ihn der offizielle Bericht schildert. Die Welt hat vor Jahren in den Moskauer Schauprozessen schlimmere Orgien der Selbstbespeiung und unwahrscheinlichsten Selbstbezichtigungen gehört. Liebhaber der Völkerseelenkunde erklärten sie damals mit dem Selbstkasteiungstrieb der russischen Seele ... Seltsam ist nur, dass zu dieser nach den deutschen Presseberichten erbärmlichen Selbsterniedrigung der «kleinen Clique von Reaktionären» nicht ein möglichst grosses Publikum zugelassen oder geradezu aufgeboten wurde. «Sind Sie sich darüber klar, dass Sie ... Ihre Ehre für immer ausgelöscht haben?» – «Jawohl!» – Das war General *Stieff.* «Haben Sie sich Gedanken darüber gemacht, was die andern deutschen Feldmarschälle zu Ihrem Verbrechen sagen würden?» – «Ich bin mir klar darüber, dass sie mich verurteilen.» Das war Generalfeldmarschall *von Witzleben.* «Der Angeklagte ... sagte aus, dass unverzüglich die Aufnahme von Verbindungen mit dem Feind im Osten und Westen geplant war. Allerdings, so betonte er, gab sich die Verschwörerclique keinem Zweifel darüber hin, dass die Feinde auf einer bedingungslosen Kapitulation und *Vernichtung des Deutschen Reiches und Volkes* bestehen würden.» So definierte Graf *Yorck von Wartenburg* die Perspektiven der Verschwörung. Alles Namen, «die in allen Kriegen der jüngeren Geschichte wie auch in diesem Krieg ausgezeichnete Soldatennamen gewesen sind», wie sogar der «Völkische Beobachter» attestiert. Es ist wirklich nicht nötig, diesen Prozessbericht auf seinen Wahrheitsgehalt näher zu analysieren.[288]

Und das Bild der Verschwörung selbst? «Die Militärs», so fasst Dr. Goebbel's Mitarbeiter Hans Schwarz van Berk das Untersuchungsergebnis zusammen, «traten weder mit einem Aufruf an das Heer oder die Wehrmacht hervor noch mit einer Kundgebung an das Volk ..., sie bemächtigten sich weder der öffentlichen Nachrichtenmittel, der Presse und des Rundfunks, noch traten sie mit einer einzigen Garnison ihren Marsch an. Ihre ganze Fähigkeit bestand darin, sich eines Befehlsknopfs in der Heimat zu bedienen und einen Befehlsautomatismus auszulösen, von dem sie glaubten, er werde mühelos zu spielen beginnen. *Sie traten also nicht vor das Volk und nicht vor die Truppe. Sie gingen ans Telephon und an den Fernschreiber.*» Die Karikatur der deutschen Generalsmentalität ist reichlich überspitzt, aber nicht gänzlich verzeichnet. Nur sieht das alles vielmehr nach ohnmächtigem Schimpfen und Konspirieren hinter verschlossenen Türen als nach einem «Umsturzversuch» aus. Streicht man die masslos chargierte Groteske, dass die «Verschwörer» von einem Dienstzimmer aus zu «regieren» versuchten, wie sich der kleine Moritz «Regieren» vorstellt, so bleibt vom ganzen Umsturzversuch eben doch immer nur das Attentat auf den Führer. Zu dessen reichlich widerspruchsvollem offiziellem Tatbestand hat die Justizkomödie von Berlin noch eine Serie weiterer Widersprüche gefügt. Die alliierten Sprecher in London und Moskau haben sich aus propagandistischen Gründen darauf festgelegt, dass Attentat und Umsturzversuch wirklich stattgefunden haben. Aber greifbar ist in allem Wirrwarr der Behauptungen nach wie vor nur die Wahrscheinlichkeit, dass in einzelnen Gruppen der «alten Wehrmacht» die Opposition gegen die Weiterführung des Krieges wuchs, dass – nicht das erstemal! – in isolierten Zirkeln konspiriert wurde und vielleicht sogar, wie mehrmals schon, zusammenhanglose Attentatspläne geschmiedet wurden, und dass dann in verzweifelter äusserer Situation gegen diese noch latente und vielleicht nur eingebildete Putschgefahr nach dem

Grundsatz, lieber zu früh als zu spät dreinzuschlagen, die «verschworene Gemeinschaft» der Partei, SS und Gestapo nach gewohnten Methoden vorging, womit gleichzeitig die letzten Schranken der Diktatur Himmler beseitigt, die Sündenböcke für alles Missgeschick gefunden und die neue Dolchstosslegende[289] geschaffen waren. Aber das ist nur noch historisch interessant. Wenn eine zu allem entschlossene Opposition nicht bestand, so entsteht sie jetzt; wenn die Gefahr nur ein von Furcht aufgeblähtes Phantom war, so ist sie durch die Racheakte vom 20. Juli bis 9. August zur Wirklichkeit geworden; wenn die «Verschwörung» nur ein ohnmächtiges Schimpfen war, so wird der Terror gegen die Verdächtigen nun Verschwörungen aus dem Boden stampfen: die Verschwörung der «Drückeberger», der Deserteure, der Kapitulanten und vielleicht auch der Attentäter. Denn heute ist jeder, der seine Stellung in Staat, Heer, Wirtschaft oder Verwaltung nicht unmittelbar der Partei verdankt, in Notwehr – und kaum die Kreaturen können sich noch sicher fühlen. Die Opposition ist nicht vertilgt, das beweist die vergebliche Jagd nach Dr. Gördeler. Und sie wird mit jedem Totschlag wachsen. Der Höllenkreis der Angst, die der Angst ruft, und der Gewalt, die der Gewalt ruft, läuft auf vollen Touren. Es gibt kein Halten mehr. *In Deutschland regiert der Schrecken, und der blasseste Schrecken herrscht an der Spitze.*

Inzwischen ist Dr. Goebbels, Reichsbeauftragter für den totalen Kriegseinsatz[290], auf der Suche nach einer neuen Armee. Ostpreussen gibt das Vorbild der *Levée en masse*. «Hier, an Ostpreussens Grenze, hat der Gegner den ersten Vorgeschmack unserer Kraft erfahren …», berichtet die deutsche Presse. «Seit dem 16. Juli arbeitet die ganze ostpreussische Bevölkerung hart und angestrengt an dem Schutz ihrer Grenze. Eine gewaltige Erdbewegung wurde vollbracht. Schon innerhalb von 24 Stunden stand durchgehend die erste Linie Hunderte von Kilometern lang vor Ostpreussens Grenze. Diese Gemeinschaftsleistung … wurde vollbracht unter dem Gesichtspunkt: *nicht organisieren, sondern improvisieren.*» Der Gesichtspunkt ist neu! Im «Reich» erhebt ihn Dr. Goebbel's Mitarbeiter Hans Schwarz van Berk zum Dogma: «Bei uns in Deutschland ist die Lust zu *organisieren* ein wahres *Nationallaster*. Wir haben zwei Redensarten, die das vollendet ausdrücken. Die eine heisst: ‹Restlos erfassen›, die andere: ‹Einheitlich ausrichten!› Dahinter steckt der Machtanspruch von Karthotekgenerälen und Beitragsfürsten, die Beschränktheit von Köpfen, die glauben, das Leben zu meistern, wenn sie den letzten Sportangler in einer Liste führen und ihm die Länge der Angelwürmer vorgeschrieben haben.» Fast möchte man glauben, da schreibe einer die Satire auf den deutschen Totalstaat, der seit einem Jahrzehnt Orgien der «restlosen Erfassung» und «einheitlichen Ausrichtung» feierte und diese Wortungeheuer in Mode brachte. Aber es geht Herrn van Berk nur darum, nun auch noch die unausgeschöpfte *«Reserve der Bürokratie»* – ausgenommen natürlich die der Partei und Polizei – «restlos zu erfassen» und «einheitlich auszurichten». Alle halbwegs Kriegstauglichen, die bisher in der Kriegsindustrie für unentbehrlich gehalten wurden, an die Front; alle Kriegsuntauglichen an ihre Stelle in die Kriegsindustrie! «In jedem Grossbetrieb gibt es Tätigkeiten, die auch der Büchermensch sofort übernehmen kann ... Zurichten, messen, wiegen, prüfen, sortieren, kontrollieren, feinabstimmen, feinschleifen, zusammensetzen, einfetten, verpacken, abzählen und Ähnliches kann *jeder Angestellte* und *jeder Regierungsrat* nach einiger Übung spielend bewältigen.» Die totale Organisation beginnt sich selber aufzufressen. «Wir haben noch grosse derartige Reserven vor uns», schrieb am 4. Juni V. Muthesius in der «Deutschen Allgemeinen Zeitung» unter dem sinnigen Titel: «Ruinen-Wirtschaft». «Man mag sie Entbehrungsreserven nennen, man mag sogar zu dem harten Wort Verelendungsreserven greifen – jedenfalls sind diese Reserven da, und gerade unsere Ruinen machen sie noch deutlicher sichtbar als je zuvor.» Aber wenn die letzten privaten Reisemöglichkeiten aufgehoben, die «nicht kriegswichtigen» privaten Telephonanschlüsse gesperrt, die Briefträger und Telephonistinnen zum Kriegseinsatz eingezogen werden, so werden damit nicht nur Kräfte «erfasst», sondern viel mehr noch Kräfte lahmgelegt – Kräfte, die sich gegen das Regime wenden könnten: im gleichen Augenblick, in dem noch radikaler als je die Menschen auseinandergerissen und durcheinandergeschüttelt werden, reissen die wenigen verbliebenen Kontakte und Verständigungsmittel ab. Die Quadratur des Zirkels, dieses phantastische Unternehmen, *Deutschland gleichzeitig total zu organisieren und total zu desorganisieren, nach aussen zur letzten «Wehrbereitschaft» und nach innen zur äussersten Wehrlosigkeit zu bringen,* schreitet fort. Die «Volksgemeinschaft» mündet in die völlige Atomisierung. Keine Fachleute mehr, ausser den Fachleuten der Polizei; keine Organisation mehr, ausser der Organisation des Terrors; keine Gemeinschaft mehr, ausser der Gemeinschaft der Todesangst: das ist die Erfüllung des Tausendjährigen Reiches.

19. August 1944

Landung amerikanischer, britischer und französischer Truppen in Südfrankreich. Disziplin der Truppen des Maquis. Die Vichy-Regierung erhält Befehl, nach Deutschland überzusiedeln. Der Warschauer Aufstand

«Es gibt nur eine Stimme in Deutschland ...», erklärt Dr. Goebbels. Diese eine Stimme ist die seine. Deutschland schweigt – «in allen Sprachen», wie es in einem kürzlichen Berliner Bericht hiess. Es muss beängstigend sein, so allein zu reden. Im Widerstreit der Gefühle sucht der Reichspropagandaminister das deutsche Volk, das der Reichsführer SS mit lapidarer Gründlichkeit zum Schweigen brachte, wieder zum Sprechen zu bringen. «Achtung, der Führer spricht zu euch! Achtung, der Führer will wissen, was ihr denkt ... Der Führer wünscht die Meinung der Geführten über die Möglichkeit der Kriegsaktivierung und der Kriegführung kennenzulernen!» Mit diesen Worten werden von den Plakatsäulen des Dritten Reiches herab die Volksgenossen aufgefordert, der Feldpostnummer 0.8000, dem Briefkasten des Führers, «offen» ihre «Anregungen» und «Vorschläge» zu unterbreiten. Macht euren Herzen Luft! Redet doch, um Gottes willen – passt euch etwas nicht? Zwar hat Hitler vor kurzem den Reichs-, Gau- und andern Leitern im Führerhauptquartier seine Meinung kundgetan, dass es «kein anderer besser machen würde als ich», und hat dafür eine begeisterte Ovation geerntet. Es sind ja auch einige Generäle aufgeknüpft worden, die daran zweifelten. Wie sollte Herr Lehmann oder Herr Müller irgend etwas besser zu wissen wagen? «Wir haben in den vergangenen vier Wochen erneut einen Schritt näher zum Siege getan. Das ist heute zwar noch nicht für jedermann erkennbar ...», schreibt Dr. Goebbels im neuen «Reich». Herr Jedermann, für den es nicht erkennbar ist, wird sich schwerlich ein Urteil über die weiteren Möglichkeiten der Kriegführung anmassen können, und höchstens kann Herr Lehmann Herrn Müller denunzieren, der am Näherrücken des Sieges zweifelt oder sich vom Kriegseinsatz drückt, und solches wird zweifellos der ergiebigste Inhalt des neuen Führerbriefkastens sein; es könnte schliesslich sogar die Gestapo überlasten. Aber Ratschläge? Der Volksgenosse, der gestern erfuhr, dass die Alliierten in Südfrankreich einen kleinen und zudem gescheiterten Commandoraid im Stil von Dieppe unternommen haben, und morgen erfahren wird, dass die Besatzung von Toulon heldenhaft bis zur letzten Patrone gegen die feindliche Übermacht kämpfe, wird gute Ratschläge selbst dann teuer finden, wenn sie nicht überdies noch das Leben kosten könnten.[291] «Der Führer will wissen, was ihr denkt» ... Pflichtgemäss: Nichts. Es gibt nur eine Stimme in Deutschland. Sie beginnt sich einsam zu fühlen.

Dr. Goebbels hat in seinem produktiven Schriftstellerdasein unvermeidlicherweise schon verschiedentlich grosse Wahrheiten ausgesprochen. So hat er in diesem Frühsommer unter dem Titel «Die Nemesis der Geschichte» den Kommentar zum Spätsommer geschrieben: «Die Geschichte besitzt eine grossartige, alles menschliche Tun und Handeln überschattende Gerechtigkeit ... Ja, man könnte fast sagen, dass die Geschichte selbst die höchste Moral besitzt ... Eine höhere Gerechtigkeit kann es nicht geben ...» Kaum einen Monat nach der deutschen Zerstörung von französisch Saint-Gingolph[292], welche die Dorfbewohner in wilder Flucht über die Schweizer Grenze trieb, hat nun die deutsche Besatzung von Saint-Gingolph Zuflucht auf Schweizer Boden gesucht. In den Ruinen blieben die Leichen der ermordeten Geiseln zurück. Die übrigen deutschen Besatzungen Hochsavoyens sind denselben Weg gegangen, nachdem sie zuvor noch einige Dörfer in Brand gesteckt und noch ein letztes Mal Panik unter der Zivilbevölkerung verbreitet hatten, um noch einmal «Zeit zu gewinnen», einige Stunden wenigstens. Ruinen um Zeitgewinn, Terror um Zeitgewinn, von Lidice bis Oradour Zeitgewinn gegen den Ablauf der Geschichte ... Und nun erklären sie dem Berichterstatter des «Journal de Genève», sie hätten nicht mehr gewusst, für wen sie sich schlugen, und sie seien glücklich, nach dem Krieg in ihre Heimat zurückkehren zu können, wo man dann vieler Arme zur Arbeit bedürfe. Es wird in der Tat viel und lange Arbeit brauchen, bis die Trümmerhaufen all dieses Zeitgewinnes weggeräumt sind. Und es wird schwer, sehr schwer sein, dann an eine höhere Moral zu appellieren als an jene Goebbelssche «Moral der Geschichte», die «am Ende doch immer und trotz allem auch das Weltgericht ist».

Das Erstaunlichste an dem nun entfesselten Volkskrieg in Frankreich ist die Disziplin dieser Truppen des Maquis, die das Völkerrecht einem Gegner gegenüber achtet, der es selber mit Füssen getreten hat. Das also sind diese «finstern Elemente», diese «Berufsverbrecher und Zuhälter», diese «Terroristen», von denen der deutsche Heeresbericht täglich meldet, dass ihrer wieder einige hundert wie tolle Hunde «niedergemacht» wurden. Gewiss werden die Dinge nicht überall für die zerstreuten und isolierten deutschen «Ordnungstruppen» so einfach ablaufen wie an der Grenze; es kommt, wie Dr. Goebbels in seinem Aufsatz über die Nemesis beifügte, vor, dass die Geschichte «das Lebensuntüchtige, zuweilen sogar in sehr grausamen Prozessen, ausscheidet und tötet». Gewiss gibt es auch die Banden des «falschen Maquis», die ja gerade im ersten Überfall auf Saint-Gingolph ihre Existenz dokumentierten; es wäre sonderbar, wenn die büttelhafte Unordnung des Besatzungsregimes nicht Wegelagerer und Strauchritter hervorgebracht hätte, und Kriegsgefangenschaft und Deportationen haben in Frankreich eine ganz bestimmte Bevölkerungsschicht vorzugsweise verschont, der das «Verschwinden» im Untergrund am leichtesten fiel. Aber nun der Widerstand im Dunkeln zum offenen Aufstand im hellen Tageslicht geworden ist, scheinen die lichtscheuen Elemente des falschen Maquis wie weggefegt. Die Grande Nation steht auf.

Wie weggefegt erscheint auch – und es ist im Grunde derselbe Vorgang – die Regierung von Vichy. Gibt es sie überhaupt noch? Nach Londoner Berichten ist sie dem deutschen Rückzug schon nach Metz vorausgeeilt, nach Metz, das mit ihrem stummen Einverständnis seit vier Jahren eine deutsche Stadt ist. Vom vielgefürchteten Bürgerkrieg ist nichts zu sehen. Es sind Schatten, die verschwinden, weil die Sieger verschwinden, die diese Schatten über Frankreich warfen.

>   «Le connais-tu, ce personnage louche,
>   Cette vieille terreur aux traits de macaron,
>   Un éternel mégot au coin tors de sa bouche,
>   Tenancier de bordel ou marchand de marrons?»

Dessen einprägsames Bild das «Musée Grévin» des Dichters der Résistance so in Erinnerung ruft, das Sinnbild der Collaboration, Pierre Laval, ist schon fast ein vergessener Mann. Sehr geistreich bemerkt der Pariser Berichterstatter der «Deutschen Allgemeinen Zeitung», Fritz Stein, aus dem «Attentisme» sei allmählich ein «Alibisme» geworden. Und unbekannt ist das Schicksal der Heroengestalt der Niederlage, des Marschalls, dem sein Hofpoet René Benjamin noch vor wenig mehr als einem Jahr die Worte in den Mund legte: «Frankreich, das bin ich. Ich allein.» Die «nationale Revolution» ist vor der Revolution der Nation wie ein Spuk verflogen. Und mit dem Schleier über Gesinnung und Geist des französischen Volkes fallen auch die Zweideutigkeiten der alliierten Politiker dahin. Das «Kämpfende Frankreich» ist Frankreich selbst. Das endlich fertiggestellte Abkommen über die Zivilverwaltung Frankreichs ist nur eine nachträgliche Bestätigung dieser Tatsache. Das Interregnum ist zu Ende. Frankreich wird schwer am Erbe dieser Jahre tragen. Die entscheidenden Kämpfe um die Gestaltung der Nation und ihre Rolle im kommenden Europa, die der Krieg, die Herrschaft der fünften Kolonne und schon lange vorher der Alpdruck des nahenden Kriegs verschüttete, stehen erst bevor. Aber dass sie endlich offen und unverfälscht anbrechen können, ist allein schon eine Verheissung der Zukunft.[293]

Weit weniger zukunftsfroh ist das Vorspiel zur Befreiung Polens, das sich in der gegenwärtigen Pause der russischen Offensive abspielte. Auf Polen liegt nicht der Schatten einiger Jahre, sondern der Fluch von Jahrhunderten, in denen dieses Land, hin und her gerissen zwischen Knechtung von aussen und Knechtung von innen, nie seinen Platz im europäischen System fand. Und was ist Oradour gegen das Ghetto von Warschau und die Massengräber dieses Landes, das nun seit fünf Jahren der Hinrichtungsplatz Europas war! Zwischen Katyn und Warthegau, zwischen den Vergasungskammern von Lemberg und dem Vernichtungslager von Auschwitz sind hier alle Brunnen vergiftet. Das Hohelied des Warschauer Widerstandes ist jäh zur Tragödie geworden, derer sich die Propagandamaschinen aller kriegführenden Parteien bemächtigen. In Warschau kämpft eine Gespensterarmee. Aus Moskau wurde ihre Existenz zunächst überhaupt bestritten, während London in allen Tönen ihre Erhebung pries. Russland habe die polnische Widerstandsbewegung zum vorzeitigen Aufstand verleitet, um sie den Deutschen preiszugeben und elendiglich zugrunde gehen zu lassen – das ist die Version des «Osservatore Romano» und General Sosnkowskis, der als «Pilger im Waffenrock» in Rom den apostolischen Segen empfing, während Mikolayczyk nach Moskau fuhr und der Kampf in Warschau begann. Die deutsche Propaganda hat diese Version begierig aufgegriffen. Berlin will einen Funkspruch des polnischen Senders in Bari aufgefangen haben, der lautet: «Die Russen haben uns entwaffnet. Das ist das Ende der polnischen Armee. Es lebe Polen!» Man erinnert sich dabei, dass auch das angebliche «finis Poloniae!» des polnischen Nationalhelden Kosciuszko vor 150 Jahren in Berlin von preussischen Hofjournalisten ausgeheckt wurde. Dass der Aufstand der Armee General Bors ohne Fühlungnahme mit der Roten Armee ausgelöst wurde, ist unbestritten. Einige Tage vor dessen Beginn, am 30. Juli, hatte General Rokossowsky vor der Erwartung einer schnellen Einnahme Warschaus gewarnt: «Ein nicht in jedem Detail sorgfältig vorbereiteter Angriff auf Warschau kann zu einem endlosen, blutigen Ringen wie seinerzeit bei Stalingrad führen. Die Weichsel – wie einst die Wolga – bietet ideale Verteidigungsmöglichkeiten und wir müssen damit rechnen, dass der Verteidiger Warschau stark befestigt hat. Unsere Truppen haben Berlin als Ziel. Sie dürfen sich nicht vor der polnischen Hauptstadt ausbluten wie die Deutschen vor Stalingrad.» Es ist ebenso denkbar, dass diese Armee ins Feuer gejagt wurde, um zu beweisen, dass Polen der Londoner Exilregierung folgt. Das einzig Sichere dieser düsteren Episode ist, dass hier wieder einige tausend Menschenleben um Prestigeansprüche verspielt werden. Menschenleben wiegen nicht schwer in diesem weltpolitischen Spiel zwischen London, Moskau und Rom, in dem Polen selbst nur Scheidemünze und Bauer auf dem Schachbrett ist. «Wenn die Sowjetregierung und die britische Regierung Vorurteil und Misstrauen beiseite schieben und sich bemühen könnten, eine Übereinkunft über den Charakter einer Regierung zu erreichen, die anzuerkennen sie bereit wären, so wäre es für sie nicht schwierig, die nötigen Veränderungen durchzusetzen», meint «New Statesman and Nation». Es gibt eine polnische Regierung, die England vertritt, und es gibt eine polnische Regierung, die Russland vertritt, aber keine, die Polen vertritt. Gerade deshalb ist Polen der Prüfstein der «grossen Allianz» geworden, die nun «fünf Minuten vor zwölf» ihre Nachkriegspläne in Ordnung bringen will.[294]

26. August 1944
Befreiung von Paris. Paris während der Besetzung

«Wir werden uns *vor* Paris, *in* Paris und *hinter* Paris schlagen», erklärte Reynaud, als die erste Schlacht um Frankreich begann. Die Deutschen drohen es zu tun; auch wenn es militärisch sinnlos ist, es gehört zum Programm, der Welt einen «Denkzettel» zu hinterlassen – und wo wäre sie tiefer zu verwunden als hier? Ein wenig zu früh hat die Presse in aller Welt den Freudentaumel der befreiten Hauptstadt beschrieben. Noch kämpft Paris. Die Kommentatoren haben in begreiflichem Überschwang einfach die eigene Begeisterung auf Paris projiziert, und mancher, der das Glas auf die neuerstrahlende Lichtstadt hob, vergass, dass dort der Wein und vielleicht auch die Gläser und das Licht furchtbar rar geworden sind. Man glaubt in vielen dieser hymnischen Liebeserklärungen an Paris schon die Schlachtfeldbummler und Vergnügungsreisenden von morgen die Koffer packen zu hören, und unter all den Lobgesängen, die jetzt aus den Pariser Anthologien aufsteigen, klang plötzlich das bittere «Paris se repeuple» auf, mit dem 1871 Arthur *Rimbaud* die zuströmenden Gäste empfing: «Feiglinge, hier ist sie! Strömt aus den Bahnhofhallen! Des Sommers Atem fegt das Blut vom Boulevardkranz, Wo der Barbaren schwere Tritte erst verhallen – Hier ist sie, heilge Stadt des Abendlands! Kommt! Eingedämmt sind schon die letzten Feuersbrünste! Hier, seht, die Quais und Boulevards, wie in Samt Gebettet im durchsichtgen Licht der Seinedünste, Die gestern unter Salven noch geflammt! Bergt die Ruinen hinter Bretterwänden! Das Licht, das brandrot war, ist wieder hell und weich. Schon sind sie wieder da und wiegen mit den Lenden: Seid toll, es macht sich spassig, denn ihr seid noch bleich ... Esst, trinkt, tanzt, rülpst ... Gesellschaft, wieder ist nun alles, wie's gewesen! Die Orgie gröhlt wie einst im alten Lupanar. Die Lichter tanzen am Gemäuer rot und bösen Glanzes zum Himmel, der nie grauer war ...»

Geduld, Paris kämpft noch, Paris leidet noch, der «Bauch von Paris» ist gähnend leer, und wenn erst alles vorüber ist, wird Paris die Toten dieser vier Jahre zählen und die grosse Rückkehr der Kriegsgefangenen, der Deportierten, Entflohenen, Verschleppten erwarten. Es ist nicht das Paris Napoleons des Kleinen und des Entre-deux-guerres, das aufersteht. Schon die Auswahl, die General König in der Ruhmesgeschichte der Hauptstadt traf, als er die Pariser Freiheitskämpfer beglückwünschte, «die Taten des Bastillesturms und der Kommune erneuert zu haben», hat manche Begeisterung getrübt: welch' bedrückende Erinnerungen! Und doch ist keine aktueller. Die Dritte Republik, 1871 mit Hilfe preussischer Bajonette gegen das Volk von Paris errichtet, ist 1940 zum Ausgangspunkt zurückgekehrt, um zu verenden. Sie *ist* verendet.[295]

Nicht die Befreiung von Paris, nicht einmal seine Befreiung durch französische Truppen, ist durch den deutschen Widerstand in Frage gestellt worden – nur die *Unversehrtheit* dieser Stadt, in der «jeder Pflasterstein von der Geschichte geheiligt ist», die wie keine zweite durch ein Jahrtausend harmonisch aufwuchs und in ihren Jahrhundertringen fast alle Epochen und Ausdrucksformen vereint, die echten Stile und die falschen Rekonstruktionen, die Gotik der Notre-Dame wie den korrupten Schwulst des Second Empire, das echte Paris und das falsche Rom, Byzanz und Manhattan. Wäre Paris ein Museum, man müsste um es bangen wie um Florenz, wo sich die Deutschen nun doch anders besonnen haben und als Signet des Vandalenzugs die systematische Zerstörung zurücklassen. Was in Florenz zerschossen wird, ist unersetzlich, denn hier wächst seit langem nichts mehr nach. Aber Paris ist kein Museum. Paris ist lebende Geschichte und intensivste Gegenwart. Zu seinem Bild gehören die Narben historischer Kämpfe. Hier wüteten Strassenschlachten so oft und unerbittlich wie in keiner Stadt, hier brannten die Tuilerien und stürzte die Vendômesäule, hier riss Haussmann seine strategischen Boulevards durch die Altstadt und breitete das zweite Kaiserreich seinen Sumpf aus – all dies ist Paris. Keine Zerstörung kann ihm etwas antun, wenn sein Geist lebt. Gerade ihn hat die äussere Unversehrtheit, mit der Paris vor vier Jahren in die Niederlage ging, bis ins Mark verwundet gezeigt; gerade er bäumt sich nun im Kampf auf und will mehr als nur diese vier Jahre abschütteln. Das offizielle Paris, von der Börse bis zur Etoile, fand sich 1940 zu schön, um zu kämpfen, zu elegant, um Trauer anzulegen, zu geistreich, um zu schweigen. Das Paris der Galas, der Affäristen, des *Art pour l'Art*, des *Esprit pour rien* hat die Erniedrigung bis zur Neige getrunken. Es amüsierte die neuen Herren, und das war noch avantgardistischer, noch origineller, noch unerhörter als alles Dagewesene. Die Lichtstadt leuchtete weiter mit synthetischem Licht, als Leuchtreklame des autarken Europa. Es waren nicht nur käufliche Subjekte, die ihren Geist dem Sieger zur Verfügung stellten, genau wie die Pariser «Vergnügungsindustrie», um nicht präziser zu reden, vier Jahre lang, für Wehrmacht und SS requiriert, Hoch- und Schichtenbetrieb hatte, genau wie die Börse höher als je spekulierte, die Industrie auf Abbruch florierte, am Schwarzmarkt Riesenvermögen verdient wurden und

Schneider-Creusot mit Krupp, Péchiney mit I. G. Farben Halbpart machten. Die «Nouvelle Revue Française» erschien weiter, und ihre Redaktoren waren nicht etwa bestochen, wenn sie Frankreich für das neue Europa repräsentierten; sie taten es aus Lust am fauligen Cocktail. «*Une pouffiasse qui s'étire péniblement, chaque matin, après une nuit obscène* – so beschrieb einer ihrer Redaktoren *sein* Paris, das Paris, das «weiterlebte». Eine ganze Elite, die klingendsten Namen der Pariser Malerei und Skulptur, eine beträchtliche Gruppe bekannter Schriftsteller gingen nach Weimar zum Frühstück bei Dr. Goebbels. Sie zogen den künstlich erhaltenen Lärm der versunkenen Weltstadt, wo ihnen der Sieger klug die Narrenfreiheit zu jedem artistischen Hochstand und jeder artistischen Kühnheit liess, mit Recht der heuchlerischen Halbmastwelt und der klerikalen Zensur von Vichy und mit Unrecht dem Schweigen vor; sie servierten den blubomüden Teutonen zur Abwechslung das vernegerte Frankreich und ahnten nicht, dass sie Werte verkörperten, die weit über ihre Persönlichkeit hinausgingen, dass sie Jahrhunderte einer stolzen Kultur verrieten und dabei, ob sie wollten oder nicht, als Vertreter Frankreichs auftraten. Eine Elite nahm begeistert die neue Mission an: die Graeculi der nordischen Epoche zu sein. Das übrige Europa hat nur einen Knut Hamsun geliefert, Paris lieferte deren Dutzende. Erst jetzt erlischt diese Leuchtreklame, die sich immer noch für die Lichtstadt hielt.[296]

Es gab das Paris im Licht und es gab das Paris im Schatten. Sie kannten sich wenig, schon vor dem Krieg. Es war ein anderes Volk, das sich an den grossen Festtagen über die Champs Elysées, ein anderes, das sich von der Bastille zum Platz der Nation bewegte. Während das Paris, das vor dem Krieg am grellsten schillerte, im luftleeren Raum vor einem Publikum, in dem fremde Uniformen und Orden harmonisch aus dem Schwarz der Fräcke leuchteten, weiter seine Werke schuf, ausstellte und aufführte, wurde diese Trennung zur Fremde. Es ist eine andere Stadt, die aufersteht, während die alte erst jetzt erlischt. Man steigt nicht für Pernod, Vel' d'Hiv', die Folies-Bergères und die roten Lampen auf die Barrikaden. Wenn einst die Geschichte des französischen Widerstandes geschrieben wird, dann wird die Welt mit Staunen die lange Liste der ermordeten, zu Tode gequälten, in den Selbstmord getriebenen Vertreter der wirklichen geistigen Elite Frankreichs lesen und erfahren, dass berühmte Künstler von ihrem Piedestal, Gelehrte von der Höhe eines wissenschaftlichen Werks, das ihren Namen international bekanntgemacht hatte, in die dunkle Anonymität des unterirdischen Kampfes hinuntersteigen und namenlos den Aufstand organisierten. Der Geist Frankreichs hat die Probe bestanden, wie das arbeitende Volk Frankreichs die Probe bestanden hat, der Geist und das Volk, die der Welt die Menschenrechte schenkten. Auf dem Grund der französischen Leichtigkeit und Lebensfreude liegt eine Strenge, die nicht ohne Traurigkeit ist, und die seltsamerweise immer wieder übersehen wird, obwohl sie in den Gesichtern dieses Volkes, in der nackten, kahlen Architektur seiner Dörfer und Monumente, in der Sprödigkeit und kristallenen Härte seiner Sprache, im steinern klassischen Stil seiner Kunst, seiner Wissenschaft, seiner

Jurisprudenz und selbst noch seiner Lebensformen offen zutage tritt. Paris hätte nicht immer wieder alle Geister, die es berührte, in seinen Bann gezogen, wenn es nicht im Grunde die Stadt wäre, die Verlaine einst im Morgengrauen sah: *Et le sombre Paris, en se frottant les yeux, empoignait ses outils, vieillard laborieux …* Der Abschaum, der darüber moussierte, ist weggewaschen.[297]

Es mag als Spielverderberei erscheinen, jetzt Erinnerungen an den Einsturz von 1940 zu wecken. Ist nicht Vichy und jene «Pariser Opposition», die Vichy an Stiefelleckerei noch übertrumpfte, zerstoben und nie gewesen? Jetzt ist die Stunde der Verbrüderung. Aber es wäre eine Gefahr für Europa und für Frankreich selbst, wenn es nun im Hochgefühl des Sieges, im Taumel der Gloire, die ihm die angelsächsischen Sieger taktvoll überlassen, in der Grossmut der neuen nationalen Einheit die grosse Lehre dieser vier Jahre vergässe: dass Freiheitsliebe und Knechtssinn, Humanität und Vertiertheit, Gut und Böse nicht nach Landesgrenzen geschieden sind; wenn es sich, ermutigt von den Panegyriken aus aller Welt, einredete, es habe im Grunde keine Niederlage, keinen inneren Zusammenbruch und keinen Verrat gegeben, und darüber vergässe, dass sein Kampf der Kampf Europas war. Marschall Smuts hat es in jener Rede, in der er sein *«France has gone for to-day and for many a day»* formulierte, ausgesprochen: es ändert an der Lage Frankreichs nichts, ob es die «Grossen Vier»[298] aus diplomatischer Höflichkeit als Grossmacht titulieren oder nicht. Diese Höflichkeit wird ihm nun erwiesen. Sie ist vielleicht noch gefährlicher als die vor kurzem noch bewiesene Geringschätzung. Frankreich hungert und dürstet danach, die Niederlage auszulöschen. Es kann sie nicht auslöschen, indem es sie unter einer von London, Washington und Moskau konzedierten chauvinistischen Gloire verdrängt.

Gerade in den unterirdischen Widerstandsbewegungen Frankreichs war das europäische Bewusstsein erstaunlich wach und klar. Nirgends wurde der Gedanke «Europa», der auch Deutschland umfassen muss, mit hellerem Bewusstsein entwickelt als in jener illegalen Presse, die unter dem Terror der Gestapo erschien. Es war nicht nur Prestigesucht, es war ein untrüglicher Instinkt, wenn das «Maquis» die Befreiung Frankreichs und seiner Hauptstadt nicht als Geschenk annehmen, sondern selbst erkämpfen wollte. In dieses europäische Frankreich rücken nun die Sieger von Übersee und die französischen Kolonialtruppen ein, für welche die Auferstehung Frankreichs das Werk des Imperiums ist, und ihr Programm ist die Rheingrenze als neue Maginotlinie, hinter der sich ein neuer «repli impérial» aus Europa vollziehen kann. *Das siegreiche Frankreich hat ein Doppelgesicht.* Hier ist ein neuer Kreuzweg der Geschichte. Nicht nur in Dumbarton Oaks[299], auch in Frankreich und mehr noch in Frankreich wird heute, während die Reste des deutschen Vasallensystems donnernd niederbrechen, über die Zukunft Europas entschieden.

2. September 1944

Das «Geheimnis der letzten Kriegsphase»

Zum Ende dieses fünften Kriegsjahres macht in der gelichteten deutschen Presse ein PK-Artikel über das *«Geheimnis der letzten Kriegsphase»* die Runde, der ein Dokument der Kriegsgeschichte, der Propaganda und der Psychiatrie zugleich ist. Mit Staunen hat die nichtdeutsche Presse seine Schlussfolgerung registriert: «Spätere Zeiten werden einmal klar und deutlich sehen, dass es auf Millimeter und Sekunden ankam, und dass es auszurechnen sein musste, warum Deutschland siegte ... Der Sieg ist wirklich ganz nahe.» Aber nicht diese alltägliche Behauptung, noch auch der längst übliche Hinweis auf die Nachwelt, die es wissen wird, ist das Erstaunliche; das sind in Deutschland bereits erstarrte Schablonen. Der Verfasser, Joachim Fernau, sieht ihre Paradoxie selbst: «Es ist ein *phantastischer Gedanke*, sich vorzustellen, *dass es so sicher ist*, denn im Augenblick sieht die Welt für uns ja *ganz anders* aus. Kiew ist gefallen, Lemberg ist gefallen, sie stehen vor Warschau, vor Krakau, vor Ostpreussen, Divisionen werden ihnen entgegengeworfen und müssen zurück, ununterbrochen zurück, Regimenter gehen zugrunde, unendliches Material versinkt im russischen Schlamm, Flieger fehlen oder Artillerie oder Panzer, irgend etwas muss sie doch endlich zum Stehen bringen. Aber der nächste Tag bringt auch nichts. Langsam, aber ständig kommen die Sowjets heran. In Italien bricht das Nettuno-Geschwür auf, Rom fällt, die Engländer marschieren, marschieren, marschieren, ziehen ihre wahnsinnigen Mengen von Artillerie und Fliegern nach und stehen nun in Florenz. Am 6. Juni beginnt die Invasion mit einem wütenden Inferno von Bomben und Granaten, die Engländer und Amerikaner fressen sich fest in der Normandie, die Gegenstösse scheitern. Und ohne Unterbrechung rollt die englische Bomberwaffe über Deutschland und zerschlägt unsere Städte. So sehen der Juni und der Juli aus ...» Es ist ein schreckliches Gemälde. Aber dieses Bild ist falsch, erklärt der Verfasser. Denn: warum ist dieser Sturm über Deutschland hereingebrochen? «Der Engländer und der Amerikaner hielten praktisch die Hände im Schoss und liessen den Krieg laufen. Sie errangen die See- und Luftüberlegenheit, zerschlugen Deutschland langsam aber sicher und hielten sich selbst vom Kriegsschauplatz fern. Mit dieser Ruhe hätten sie den Krieg nun bis zum Ende abwarten können. Es geschah jedoch *etwas ganz Merkwürdiges*. 1944 begann ein ganz ungeheurer Ansturm gegen Deutschland. Kein Mensch zweifelte daran, dass dies äusserster Kraftüberschuss sei. Die Engländer kamen nicht mehr mit hundert Bombern, sondern mit tausend. Sie landeten in Nettuno, sie schossen 200 000 Schuss auf einen Abschnitt an einem Tage, sie machten am 6. Juni Generalinvasion. Im Osten griff Stalin mit allen Reserven an. Es war imponierend für die Welt. Keiner merkte, dass dies alles höchst merkwürdig war, und dass diese Opfer vor Toresschluss gänzlich unnötig gewesen wären, wenn sich wirklich alles so verhalten hätte ...» Da kann offensichtlich etwas nicht stimmen. Die Alliierten siegen – aus Angst, aus zitternder Angst vor den geheimen Waffen. Churchill kennt sie seit langem. Er kannte «V 1» schon vor Jahren, sagt Fernau und will die Beweise in einer alten Zeitschrift auf einem englischen Gefangenen gefunden haben. Churchill kennt auch die «schrecklichen Dinge», die nun kommen werden. «Und er weiss noch etwas für ihn viel Grauenhafteres: Er kennt den *Termin*.» Darum stossen sie so hemmungslos vor, darum stehen sie an der belgischen Grenze, an der deutschen Grenze, in der Donausenke ... Der Gegner ist im Bild. Nicht im Bild ist, wie immer, das deutsche Volk.

«Das deutsche Volk», fährt der Artikel fort, «ist in der Lage eines Menschen, der hinter einer Glastür steht und drei Skatspielern zusieht, ohne etwas zu hören. Er betrachtet die Karten der Spielenden, typische *Grand*-Karten, und beginnt zu erschrecken, als er sieht, wie ein Junge nach dem andern verlorengeht. Er erschrickt zutiefst. Dann ist das Spiel aus, und er sieht mit Staunen, dass die zwei anderen dem Spielenden gratulieren. Was er nämlich nicht wusste, war, dass *gar nicht Grand gespielt* wurde. Dies ist die in Wahrheit sehr einfache Erklärung für die Wichtigkeit oder Unwichtigkeit aller unserer Landverluste. Nur muss man dazu vorher das nötige Land gehabt haben. Und das hatten wir. *Dies war der Sinn* der vergangenen Jahre, ohne Zweifel.» Der Alptraum, den der PK-Mann da erzählt – zusammen mit einer ähnlich gespenstischen Autorengeschichte und einer Vision der Kontinente, die «gebannt auf ein Ereignis starrten, das ganz gleichgültig war», während «im Rücken unbeachtet und gänzlich übersehen eine Tür dauernd offenstand» –, könnte eine Episode aus einem surrealistischen Film sein oder in Freuds Traumanalysen stehen. Dieser PK-Mann müsste ein Genie sein, wenn er diesen Artikel auf Grund Goebbelsscher Richtlinien aus den Fingern gesogen hätte. Das ist kein Lügengewebe, das ist echter Tagtraum. Es kommt jetzt nicht mehr darauf an, die besseren Nerven zu haben. Die Nervenzerrütteten, denen zehn Jahre Taktschritt, Militärmusik und Propagandatrommelfeuer alle Reaktionsfähigkeit geraubt haben, die von Kindesbeinen auf vom Tod schwärmten und seit der Pubertät singend durch die Hölle marschieren, sind eine zuverlässige Garde. Sie werden gebannt auf das Geheimnis starren und nicht sehen, dass im Rücken unbeachtet und gänzlich übersehen eine Tür ... allmählich zufällt.

Wird das sechste Kriegsjahr tatsächlich die Schlacht um Deutschland und die Erfüllung des Programms bringen: jede deutsche Stadt ein Stalingrad? «Es kommt heute nicht mehr so sehr darauf an, *wo* wir kämpfen, sondern *dass* und wie wir kämpfen», erklärt Dr. Goebbels. In den «Münchener Neuesten Nachrichten» ist Franz Geistert noch eindeutiger: «Die Frage ist jetzt nicht mehr, *was* geschehen soll, sondern allein die, *dass* etwas geschieht ...» Die tragische Geste schnappt über in die totalste, wurstigste Verantwortungslosigkeit. «Es gibt in Deutschland ungezählte Millionen von Frauen und Kindern, die der Feind einzeln vernichten müsste, bevor er sagen könnte, dass er am Ziel sei», schrieb der deutsche Propagandaminister, schon bevor er Reichsbevollmächtigter für den totalen Kriegseinsatz wurde; nun ist ihm Vollmacht gegeben, die Phrase zur Wirklichkeit zu machen. Das Volk des PK-Mannes Fernau glaubt wohl wirklich, dass die Skatspieler hinter den Glaswänden des Berghofs «Grand» spielen: um Grossdeutschlands Grösse und Untergang. Aber was spielen sie wirklich? Das ist das «Geheimnis der Endphase». Sie spielen dagegen, dass es für Deutschland nach ihnen noch eine Zukunft gebe. Nicht nur in den besetzten Gebieten nützen SS und Gestapo noch fieberhaft diese «Endphase», um die Köpfe des Widerstands und des Wiederaufbaues auszurotten; die sinnlose Tragödie von Montluc[300] ist nur ein Beispiel dafür. Auch in Deutschland selbst hat die «Liquidation» der überlebenden Menschen mit nicht-nationalsozialistischer Vergangenheit begonnen, die nach den Dossiers der Gestapo über ihre einstige politische Tätigkeit und Bildung, wäre es auch im kleinsten Rahmen, Erben des Dritten Reiches und Zellen eines politischen Neuaufbaues werden könnten. Wohlmeinende alliierte Erziehungskommissare und entwurzelte Rückkehrer werden diese Menschen, die jetzt beiseite geschafft werden, nicht ersetzen können. Es ist ein Kampf um die Zeit, die noch nötig ist, um die möglichen Nachfolger der heutigen Herren auszutilgen; wer vielleicht helfen könnte, den Brand zu löschen oder einzudämmen, der Deutschland zu verzehren droht, wird beseitigt. Es soll für Deutschland keine Atempause zwischen der Narkose des Dritten Reiches und der Narkose der fremden Besetzung geben, keinen Augenblick der Besinnung über die in seinem Namen verübten Taten, bevor das Gericht hereinbricht. Dann wird Deutschland auf lange hinaus das Land der Desperados bleiben.

Das Furchtbare ist, dass dieses Spiel um die Zukunft keine Gegenspieler zu finden scheint. «Beim Führer ist es so, dass ihm, solange er politisch wirkt, der Gegner geradezu in die Hände arbeitet ...» Der Rassenmythus wird nun gegen Deutschland umgestülpt, der deutsche Michel wird zum ewigen Juden des Machttriebs und Herrenwahns, des Verrats und der Heimtücke seit Hermann dem Cherusker. Sehr einsam klingt die Stimme des «New Statesman», der in einem «Problems of Peace» betitelten Kommentar zum Sieg an der Marne und der Konferenz von Dumbarton Oaks sagt, die Sieger würden in Deutschland «einem ausgebluteten, apathischen und lenkbaren Volk gegenüberstehen, das allerdings von desperaten Elementen durchsetzt sei.» Ein sehr lenkbares Volk: diese einst von allen Ordnungsliebenden bewunderte Tugend ist sein grosser Fehler. Nicht gut oder böse durch Natur, Blut oder Rasse, aber unheimlich formbar, wie es nur Völker ohne politische Tradition sind. Es lebt in Deutschland heute noch ein Sprichwort aus dem 18. Jahrhundert, das kaum ein Mensch mehr versteht: «Die Preussen schiessen nicht.» Es gab eine Zeit, in der die Preussen nicht schossen. Als am Vorabend des Dreissigjährigen Krieges in Berlin eine Art bewaffneter Bürgerwehr gebildet werden sollte, protestierte die Bürgerschaft in einem untertänigen Schreiben, man habe sie so drillen wollen, dass einige von ihnen den Tod davon gehabt hätten, das Schiessen sei auch sehr gefährlich, es erschrecke gar sehr die schwangeren Frauen und dergleichen heroische Gesichtspunkte mehr. Jeder Historiker weiss, wie es kam, dass dann die Preussen doch schiessen lernten, wie auf diesem deutschen Kolonialgebiet der «preussische Militarismus» wuchs: aus der Verwüstung des Dreissigjährigen Krieges, mit einem im Ausland zuerst mit französischem, dann mit englischem Geld angeworbenen und gepressten Söldnerheer, in das die als Kompagnieunternehmer versorgten Junkeroffiziere, weil es billiger kam, allmählich auch ihre Gutsuntertanen zu stopfen begannen, Parasiten eines beinahe künstlichen Staatswesens, dessen «Schöpfer» von den Hohenzollern bis zu den Reformern der sogenannten Freiheitskriege Nichtpreussen waren und das bis tief ins 19. Jahrhundert dem Ausland als Auxiliarmacht gegen das Deutsche Reich diente. Mit dem «ewigen» preussischen oder gar deutschen Volkscharakter hat diese Geschichte wenig zu tun – aber sie hat die neue deutsche Geschichte bestimmt und die andern deutschen Traditionen allmählich verschüttet. Das deutsche Volk ist ein Volk ohne echte Geschichte, weil es nie sein Schicksal selbst in die Hand nahm und nie ein Zentrum in sich selber fand: sein «erstes Reich» kreiste um Rom, sein zweites um Potsdam, das dritte war ein Pulverfass, geladen mit dem Bündnis von Grosskapital, Ostelbien und Lumpenproletariat. Es ist ein «Volk ohne Raum», nicht in dem Sinne, dass es nicht genug Platz hatte, wohl aber dass es *seinen* Platz in Europa nie fand. Der deutsche Hass gegen Juden und Polen ist ein Hass gegen das eigene Schicksal. Aber man wird das «deutsche Problem» nicht lösen, wenn man es so anpackt, wie die Deutschen das jüdische und das polnische Problem «lösten»: dass beide Varianten heute so populär sind, ist bereits ein Triumph der nationalsozialistischen Ideologie.[301]

9. September 1944

Finnland. Das Schicksal Osteuropas. Die Türkei. Die Tragödie Warschaus

Während die wilde Jagd im Westen, die vor sechs Wochen aus dem «Nadelkopf» der Normandie ausbrach und deren Aufrechterhaltung und Nachschub aus dieser winzigen Basis geradezu ein Rätsel ist, vor der Siegfriedlinie[302] eine Atempause einschaltet, für die der «Westwall» wohl mehr nur der Anlass als die Ursache ist, und die Berliner Propaganda für den Zeitraum des neuen konzentrischen Aufmarsches im Westen und Osten atemholend eine «Konsolidierung der Lage» feststellen kann, fällt der kunstreiche Bau der deutschen Ordnung in Osteuropa vom Polarkreis bis zur Ägäis wie ein Kartenhaus in sich zusammen. Selbst Marionetten, deren bequeme Lenkbarkeit nie in Zweifel stand, wie die Regierungen Kroatiens, der Slowakei und Albaniens, beginnen in panischem Schrecken aus der Reihe zu tanzen und Schattenregierungskrisen aufzuführen. Freunde in der Not gehn tausend auf ein Lot, Quislinge in der Not aber sind überhaupt unauffindbar. Die Wilhelmstrasse ist vollauf damit beschäftigt, die einlaufenden Kündigungen der diplomatischen Beziehungen und der darauffolgenden Kriegserklärungen zu registrieren, und hätte das Auswärtige Amt nicht in der Zeit seiner Grösse beinahe aus Versehen einige neutrale Staaten übriggelassen, so könnte es nun aus Mangel an

Beziehungen den Betrieb einstellen und im Zuge der letzten «Auskämmung» sein Personal für Schanzarbeiten zur Verfügung stellen.

Es ist wirklich ein Tohuwabohu, das die «russische Dampfwalze» vor sich aufwirbelt. Zwischen der atemberaubenden Korrektheit und Würde, mit der Finnland aus der wiederhergestellten Privatheit seines Krieges schreitet, und der Höchstleistung politischer Akrobatik, mit der Rumänien Punkt zwölf Uhr den rettenden Sprung ins siegreiche Lager vollzog, werden hier der kaum mehr staunenden Mitwelt alle Schattierungen des Opportunismus vorexerziert. Die Ruhe und Beharrlichkeit, mit der *Finnland* sich inmitten zur Eile drängender Freunde, drohender Gegner und eines aufsässigen «Waffenkameraden» allmählich aus der Verstrickung in den deutschen Kreuzzug löste und nun allein, aber frei, den Augenblick nützen kann, in dem sogar das Dritte Reich lieber einige Divisionen heil aus dem Norden für den eigenen Untergang heranzieht, als auf der Selbstmordpflicht seines «Waffenbruders» länger zu bestehen, in dem auch die finnischen Jusqu'auboutisten am Ende ihres Lateins sind und anderseits die russischen Armeen nicht mehr allein in Europa vormarschieren, ist vielleicht die echteste politische Leistung, die Europa seit langem sah, und es scheint, dass sie nicht vergeblich bleiben wird. Dafür hat *Rumänien*, das unter der Diktatur Antonescus mehr als drei Jahre lang beim deutschen Zahlmeister Europas, der seine Noten nach Hektolitern Blut im antibolschewistischen Kreuzzug zu bemessen versprach, die Rückgewinnung Siebenbürgens durch die grössten Blutopfer in Russland abzuverdienen suchte und sich nun tatsächlich den Scheck auf Siebenbürgen durch schleunigste Geschützdrehung beim russischen Zahlmeister abverdient, alle Rivalen an Wendigkeit hoffnungslos ins Hintertreffen versetzt. Die *bulgarische* Regierung, die kraft unwahrscheinlichster Equilibristik den deutschen und den russischen Schutz für ihre Kriegsbeute gleichzeitig auf ihrem Haupt vereint wähnte, ist zwischen alle Stühle geraten und hat mit der Absage an Deutschland eine russische Kriegserklärung geerntet, von der allerdings noch nicht feststeht, ob sie nicht einfach den Protektor Russland an den Verhandlungstisch bringen und damit Bulgarien aus der Patsche helfen soll. Dagegen hat die *ungarische* Regierung anscheinend endgültig den Moment verpasst, glimpflich aus dem Krieg herauszukommen, und die *Türkei* den Augenblick, in ihn hineinzukommen; beide sollen, wie man hört, dafür der gerechten Strafe verfallen. Kurzum, es ist ein höchst sonderbares Schauspiel. Die alliierte Politik in Osteuropa scheint, wie vordem die deutsche, auf eine Preisverteilung herauszulaufen; aber es sind, trotz aller russischen und angelsächsischen Communiqués moralisch belehrenden Inhalts, keine *prix de vertu*, die da verteilt werden, sondern Preise für allseits dienstfertige Virtuosität.[303]

Unter diesem Clownstück an der Oberfläche vollzieht sich das Schicksal Osteuropas im tausendjährigen Stil der Existenz zwischen Mühlsteinen. In den Geschichtsbüchern wird sich der rumänische Frontwechsel, wenn er überhaupt erwähnt wird, sehr ulkig ausnehmen; aber eine Anmerkung müsste doch besagen, dass Rumänien erst nach Invasion von drei Seiten, Zerstückelung, Bürgerkrieg und Massenerschiessungen der deutschen Vormundschaft verfiel und erst nach furchtbaren, sinnlosen Opfern auf den russischen Schlachtfeldern ihr wieder entgehen konnte; und dass für alle diese Länder die Fronten der Grossmächte noch häufiger wechselten, als sie selbst die Front wechselten. Das Wort, das jedem Kommentator der osteuropäischen Ereignisse ganz von selber ständig in jede dritte Zeile gerät, ist: Tragik. In der *Tragödie Warschaus*[304] findet dieses osteuropäische Schicksal seinen vollständigsten Ausdruck. Allzu viele und allzu mächtige Propagandazentralen von Moskau über Berlin bis Rom haben sich dieser Tragödie bemächtigt, als dass es schon möglich wäre, sich Klarheit über sie zu verschaffen. Die Aasgeier der hohen Politik nähren sich von den Leichen der Warschauer «Aufständischen», bevor diese auch nur kalt sind. Am 2. September malte das DNB das Bild der Zerstörung Warschaus in den grellsten Farben aus: «Noch immer toben die Kämpfe in der fast restlos zerstörten Stadt Warschau. Barrikaden wurden gesprengt, Schlachtflugzeuge, Panzer, Sturmgeschütze, Panzerzüge, Artillerie und Granatwerfer schiessen die noch verbliebenen Bastionen der polnischen Aufständischen sturmreif, die dann von den deutschen Grenadieren mit Flammenwerfern bis zum letzten Widerstandsnest ausgeräuchert werden. Die Art der Kampfführung der Warschauer Aufrührer ist ein Beweis, dass Moskau seine Hand im Spiele hat.» Am 4. September meldete «General Bor» der polnischen Exilregierung in London, die Polen in Warschau hätten aus Mangel an Waffen und Ausrüstung den Kampf einstellen müssen. «Die Welt verfolgt mit grosser Aufmerksamkeit den heldenhaften Kampf der Stadt Warschau um die Freiheit», sagte Churchill am 31. August in seiner Botschaft an Polen, und General Eisenhower erklärte die Warschauer «Aufständischen» als reguläre Truppen der alliierten Armeen. Auch die Wilhelmstrasse erklärte am 4. September, dass sich die polnischen Truppen in Warschau ergeben hätten und dass sie als reguläre Soldaten behandelt werden sollten: «Das Schicksal, das ihnen die Russen zugedacht hätten, soll», wie die zuständige Stelle sagt, «ihnen erspart bleiben.» Am 7. September meldete die polnische Agentur Pat, Sowjetflieger hätten Ende August Flugblätter über Warschau abgeworfen, in denen die Partisanen aufgefordert worden seien, sich zu ergeben, und erhob die Frage, «ob es nicht besser gewesen wäre, wenn an Stelle dieser Flugblätter die Sowjetflieger die deutschen Stellungen bei Warschau bombardiert hätten». Am gleichen Tag erliess General Sosnkowski seinen Tagesbefehl: «Es ist ein schauriges, tragisches Rätsel, dass die Männer von Warschau in ihrem Kampf gegen den gemeinsamen Feind Deutschland im Stich gelassen werden ... Warschau wartet nicht auf Lob, Mitleid oder Sympathie, sondern auf Waffen. Es fordert nicht die Krümel vom Tische des Herrn, sondern Mittel zur Fortsetzung des Kampfes ...» Die Einstellung des Widerstandes wurde dementiert, nur die vollständig zerstörte Altstadt sei unter Mitnahme der Verwundeten und Gefangenen aufgegeben worden. Und über dem Tagesbefehl Sosnkowskis brach die überfällige Krise im Londoner Polenkabinett aus. Die Tragödie

Warschaus ist blutig und entsetzlich und zugleich eine Spielkarte kaltschnäuziger Machtpolitik. Aber sehr bezeichnend ist, dass in dieser propagandistischen Leichenverwertung alle sentimentalen Argumente auf Seite der Londoner Polen sind. Der Sender der Warschauer Partisanen hat, als die russische Hilfe ausblieb, Russland des Verrats bezichtigt, und das ist, zusammen mit der «grossen Strategie», die russische Begründung dafür, dass über Warschau nicht einmal ein symbolisches Liebesgabenpaket abgeworfen wurde. Diese Empfindlichkeit geht wirklich sehr weit; vor wenigen Monaten hat das kommunistische Mitglied der französischen Regierung, Grenier, nicht gezögert, die mangelnde Hilfeleistung der angelsächsischen Verbündeten für das Maquis als ein «Verbrechen an Frankreich» zu bezeichnen, obwohl es auch dort den Alliierten weder an Misstrauen noch an strategischen Gründen für diese Zurückhaltung fehlte. Es mag unmöglich gewesen sein, die russischen Feldzugspläne zugunsten Warschaus zu ändern, und die Verantwortung für die verfrühte Provokation dieses Aufstandes trifft nicht Moskau; aber es wäre ein Kinderspiel gewesen, wenigstens um der russisch-polnischen Zukunft willen eine Geste zugunsten der Warschauer Partisanen zu machen. Es ist nicht geschehen.

Als im September 1939 die russischen Truppen in Polen den deutschen entgegenmarschierten, um «endgültig die sich aus der Auflösung des polnischen Staates ergebenden Fragen zu regeln» und fortan die Einmischung «raumfremder Mächte» in diesem Niemandsland auszuschliessen, sprach Hitler den vielleicht weitblickendsten Satz seines Lebens: «Polen wird in der Gestalt des Versailler Vertrages nicht mehr auferstehen. Dafür garantiert letzten Endes nicht nur Deutschland, sondern Russland.» Damals entschloss sich die Sowjetregierung zu einem kaum mehr widerrufbaren Ideologieverzicht; hat doch damals Molotow ausdrücklich die britische Erklärung, das Ziel des Krieges sei die «Vernichtung des Hitlertums», als einen Rückfall in «eine Art weltanschaulichen Krieg nach der Art des altertümlichen Religionskriegs» erklärt und festgestellt: «Deshalb ist es unsinnig und sogar verbrecherisch, einen solchen Krieg zur Vernichtung des Hitlertums zu führen, indem man dem Krieg das Mäntelchen der Demokratie umhängt.» Russland benützte die Neutralität zum Ausbau eines strategischen Schutzgürtels, und es trat in den Krieg, als es dabei angegriffen wurde; sein Kriegseintritt hat keinen ideologischen Faktor in dieses Völkerringen gebracht, sondern nur eine materielle Macht und eine Propaganda, die sich ausschliesslich auf diese materielle Macht beruft oder, schlecht übersetzt, die Sprache der westlichen Demokratien, der preussischen Generäle und der Panslawisten, nicht aber die Sprache Sowjetrusslands, spricht. Und doch, wie Napoleon einst trotz Adelsrestauration, Kaiserhof und Konkordat als Erbe der französischen Revolution allen alten Mächten verdächtig blieb, so bleibt auch Stalin, trotz Orden, Hierarchie, Hohepriestern und Ideologieverzicht, als Erbe der russischen Revolution von Misstrauen umgeben und von Misstrauen erfüllt. Das gegenseitige Misstrauen aber hat seine Ausdrucksformen verloren und ist, indem es auf die Ebene blosser Machtpolitik abrutschte, nur heimtückischer geworden. Russland macht gegen die Exilpolen ethnologische oder vielmehr überhaupt keine Gründe geltend; der Vorsitzende des Moskauer Polenkomitees, Morawski, erklärt «Privateigentum und Privatunternehmen» zur Grundlage des zukünftigen Polens, «ausländische Kapitalinvestitionen ins Land zu bringen» für seine wichtigste Sorge und die Kirchengüter für gegen jede Bodenreform gesichert. Was liegt dann daran, ob er oder Mikolajczyk Polen regiert? Es bleiben dafür nur aussenpolitische Gründe: die bessere Akkreditierung in Moskau. Aber Moskau mischt sich in die polnischen Angelegenheiten nicht ein: die Sowjetregierung hat soeben die Vorschläge, die Mikolajczyk ihr unterbreitete, an das Nationalkomitee weitergeleitet, da die Polen ihre Angelegenheiten unter sich ausmachen müssten ... Es liegt über dieser ganzen Frage und über allen Spannungen Osteuropas die schwüle Dumpfheit des Zweideutigen, Unausgesprochenen, nur «zwischen den Zeilen» Gesagten, und die Empfindlichkeit Moskaus in den polnischen Prestigefragen ist die Empfindlichkeit eines Mächtigen, der sich in eine falsche Position begeben und damit zum Schweigen verurteilt hat, gegen einen schwächeren Partner, der alle Register der Demagogie spielen lassen kann. Churchill hatte sehr recht, als er in seinen letzten Reden immer wieder feststellte, der Krieg habe seinen ideologischen Charakter verloren. Aber dieser Ideologieverzicht vergiftet die Atmosphäre mit unausgesprochenen Worten.

Osteuropäische Tragödien ... Aber, im Bewusstsein der Ungehörigkeit einer solchen Bemerkung sei es gesagt, *in politicis* ist Tragik immer verdächtig. Es gibt eine unfruchtbare, romantische Versteifung auf die eigene Tragik, und die tragische Geste der Regierenden ist meist ein Verrat an den Regierten. Die Tragödie Warschaus wiederholt sich seit 1795 zum zwölften Mal, und es droht nicht die letzte Repetition zu sein. Die echteste Tragödie Warschaus hat sich im April 1943 abgespielt, im bewusst aussichtslosen Kampf der zur Ausrottung bestimmten Juden gegen ihre Henker; denn sie war die einzig menschenwürdige Beendigung einer entwürdigenden und auswegslosen Situation. Ist Polen in der Lage des Warschauer Ghettos? Gewiss haben sich die Staaten Osteuropas erst seit jüngster Zeit aus dem Brei der Völkerwanderungen herauskristallisiert und sind immer in der Gefahr geblieben, von neuem verschüttet zu werden. Aber in dieser Situation haben sie seit ihrer Geburt frenetisch diese Gefährdung gegen einander ausgespielt, haben ständig die eigene Ohnmacht durch Balancieren mit dem labilen Gleichgewicht der Grossmächte zu kompensieren und die Mühlsteine, die sie zu zermalmen drohten, als Schachfiguren in ihren Kirchturmimperialismus einsetzen zu können geglaubt, und immer wieder hat diese Politik mit fremden Machtmitteln zur Katastrophe geführt. Europa, das seit einigen Jahrzehnten nur noch der Balkan der Welt ist, wird morgen in der gleichen Lage sein, und die Versuchung für die befreiten oder besiegten, jedenfalls aber ruinierten Länder ist gross, ebenfalls ihre Ohnmacht durch Balancieren mit einem Gleichgewicht der Weltmächte zur Grossmacht aufzuplustern und die Spannungen zwischen den aussereuropäischen Kontinentalkolossen im alten Zank um Grenz- und Vorrangstellungen auszuspielen. Die Expansionspläne französischer Nationalisten und der Exilpolen in London und Moskau auf Kosten Deutschlands sind nichts anderes als eine Wiederholung dieses unseligen Versuches, eine eigene Machtstellung aus fremden Machtmitteln aufzubauen, eines Versuches, der immer wieder zur Katastrophe führen muss. Osteuropa spielt dem ganzen Kontinent ein Lehrstück vor.

16. September 1944

*Konferenzen von Dumbarton Oaks und Quebec.
Italien unter dem Waffenstillstand*

Es tagt ... Schon seit Wochen fordert die Londoner Presse, am Tage des Waffenstillstandes müsse es «den Geschäftsinhabern, Restaurateuren und Wirtsleuten überlassen bleiben, wann und wie lange sie offen haben wollen; überdies werde die Polizei beauftragt werden, Verstösse gegen die Verdunkelungsvorschriften zu übersehen». Inzwischen ist in England die Verdunkelung auf Vorschuss gelockert worden, in Frankreich erscheint wenigstens wieder der «Canard enchaîné», und in der Schweiz tritt, wie irgendwo zu lesen war, wenn auch nicht als Fest-, sondern als Verteidigungsmassnahme «an Stelle der totalen Verdunkelung die totale Erleuchtung».[305] Das war vielleicht ein Druckfehler – die Erleuchtung müsste wohl damit beginnen, dass sie darauf verzichten würde, total zu sein. Aber so gerechtfertigt alle Warnungen und Dämpfer auch sind, so eindrücklich auch die Cowboys der Luft uns den Krieg in Erinnerung bringen: dieser endlose Baalsgottesdienst der Finsternis beginnt zu Ende zu gehen.

Es tagt. Es tagt die Weltsicherheitskonferenz von Dumbarton Oaks und die angelsächsische Staatschefskonferenz in Quebec. Beide Tagungen finden hinter geschlossenen Türen statt, und die Diplomatenkonferenz der «Grossen Vier», der ja die Stille nur gut tun kann, wird gegenwärtig weit übertönt von der geschäftigen Publizität um das Treffen Roosevelts und Churchills, was freilich auch nicht heisst, dass man von dort etwas erfährt. Und beide Konferenzen wiederum überlärmt das Rasseln des kriegerischen Aufmarsches um Deutschland. Es ist eigentlich ein sonderbarer Zustand: sowohl über den Konferenzen von Dumbarton Oaks und Quebec wie über den Vorgängen an der deutschen Ost- und Westfront liegt eine *Nachrichtensperre*, aber trotzdem bleibt den fleissigen Reportern kein Rascheln von den grünen Tischen der verhandelnden Diplomaten verborgen, und was die Kampffronten betrifft, so liest der geduldige Leser seit Wochen täglich neu in seinem Blatt die Sensationsnachricht, dass die Alliierten nun tatsächlich die holländische, rheinländische oder ostpreussische Grenze überschritten, in Breda oder Strassburg einmarschiert sind oder in Dalmatien eine «amphibische Grossoffensive» begonnen haben; für die Agenturen besteht offenbar, im Gegensatz zu den Armeen, kein Nachschubproblem. Prinz Bernhard der Niederlande, dem sein

Prinzgemahlsleben nun doch noch eine ernsthafte Rolle beschert hat, stellte sogar fest, dass die Falschmeldung vom Einmarsch in Holland die Holländer zu verfrühten Demaskierungen verführt und den deutschen Repressalien in die Hände gearbeitet hat. Aber jedenfalls übertönen die Gerüchte von den Fronten bei weitem die Gerüchte von den Konferenzen, und sie sind meistens nicht einmal falsch, sondern «nur» etwas voreilig. Es wirkt deshalb eher komisch, wenn der diplomatische Korrespondent des DNB aus Anlass der gegenwärtigen interalliierten Besprechungen noch einmal das Leitmotiv «Ersatzoffensive», mit dem Berlin die Konferenzen vom «Treffen auf dem Atlantik» bis Teheran glossierte, wieder hervorholt: «Die Erkenntnis, dass der Versuch, eine militärische Entscheidung im Westen herbeizuführen, namentlich für England mit kaum noch tragbaren Blutopfern verbunden wäre, scheint dem Gedanken Nahrung zu geben, dass dem deutschen Behauptungswillen vielleicht auch mit andern Mitteln beizukommen wäre ... in Quebec nach Wilsonschem Rezept eine grossangelegte Bluffoffensive inszeniert ..., um das deutsche Volk zur Aufgabe des Kampfes in einem Augenblick zu bewegen, in dem die Chancen Deutschlands sich wieder stärker abzuzeichnen beginnen ... kein Zweifel, dass eine solche Rechnung ohne den Wirt gemacht sein würde.» Die Melodie ist bekannt. Aber jene Posaunen von Teheran, über die man sich am Ende des letzten Jahres in Berlin so köstlich amüsierte, haben doch, als sie einmal vom Winterfrost aufgetaut waren, die Wälle der Festung Europa so gründlich zum Einsturz gebracht, dass nun vielmehr diese Wälle nach Bluff aussehen, und mit dem Wirt rechnet ohnehin niemand mehr. Es ist deshalb durchaus glaubhaft, dass in Quebec, soweit über Militärisches gesprochen wird, Japan an der Reihe ist, während in Dumbarton Oaks die Nachkriegsprobleme gewälzt werden; die Pläne für die «Festung Deutschland» dürften gemacht sein.[306]

Die militärischen Pläne wenigstens; die berühmten *Waffenstillstandsbedingungen für Deutschland* scheinen, obwohl der «Europarat» seit seiner Entstehung über nichts anderem gebrütet hat, noch nicht weitergediehen zu sein, da sie offenbar ständig von den militärischen Entwicklungen «überholt» werden. Die Korrespondenten von Dumbarton Oaks und Quebec wollen auch wissen, dass dort die deutschen Besatzungszonen neu ausgemacht werden, während zwar der Plan einer Exhumierung der deutschen Einzelstaaten stillschweigend begraben worden sei, dafür aber die Abtrennung der deutschen Gebiete östlich der Oder nun eine ausgemachte Sache sei. Die «Prawda» ist kürzlich in einem durch Radio verbreiteten Artikel über eine Gruppe englischer und deutscher Sozialdemokraten hergefallen, weil sie «unter dem Deckmantel der Atlantik-Charta den deutschen Imperialismus vertrete» und «gegen die polnischen Ansprüche auf Gebiete, die von den Deutschen geraubt worden sind», Stellung genommen habe. Diese «geraubten Gebiete» sind Ostdeutschland schlechthin, das im Hochmittelalter von deutschen Kolonisatoren besiedelt wurde; will man nun tatsächlich daran gehen, alles in der Völkerwanderung geschehene Unrecht wieder «gutzumachen» und all die Völker, die je ihren Platz gewechselt haben, wieder dahin zurückzudeportieren, wohin sie «gehören»? Schliesslich sitzen die Deutschen doch um einige Jahrhunderte länger östlich der Elbe als die Amerikaner in Amerika und nicht gar so viel weniger lang als die Ungarn in Ungarn, die Engländer in England und ... die Russen in Russland. Lässt man diese infantilen «historischen Begründungen» beiseite, so ist einfach das fatale Prinzip der «territorialen Kompensationen» in die hohe Politik zurückgekehrt, und was an Polen und übrigens auch an Rumänien im Osten abgehauen wird, soll dafür im Westen angesetzt werden – wobei die Kompensation des Verlustes schlimmer ist als der Verlust selbst. Es ist schwer, in diesen Experimenten einen andern Zweck zu sehen, als dass diese Pufferstaaten damit, nach Westen hin verfeindet, zur Anlehnung nach Osten gezwungen werden. Während für den Rest Ostdeutschlands, etwa für den Landstreifen zwischen Elbe und Oder, in Moskau der deutsche Offiziersverein bereit steht, werden für die «Befriedung» Westdeutschlands die Namen der katholischen Politiker Murphy, Kirkpatrick und des Madrider Gesandten Sir Samuel Hoare in den Vordergrund geschoben, und in Verbindung mit ihnen tauchten die alte Zentrumspartei und Brüning der Notverordner aus der Versenkung auf. Während vom «altslawischen Boden» Ostdeutschlands einige Millionen Deutsche abtransportiert und ins Rumpfreichsgebiet gepfercht werden sollen, wird aus den angelsächsischen Ländern die «wirtschaftliche Abrüstung Deutschlands», nämlich die Liquidation der wichtigsten deutschen Industrien und Handelszweige, gefordert – zwei Massnahmen, deren Kombination wohl den fürchterlichsten Explosivstoff ergäbe, den man sich ausdenken kann. Der «Economist», der einige dieser vorgesehenen Friedensbedingungen zusammenstellt, kommt zum Schluss, es könne «über den für Deutschland vorgesehenen Friedensvertrag nur ein Urteil gefällt werden, nämlich dass es ein schlechter Vertrag sein wird. Weit davon entfernt, die Kriegsfurcht zu dämmen, macht er eine Rückkehr des Krieges zur Gewissheit».[307]

Das alles ist vorläufig Gemunkel und Gerücht. Der *Waffenstillstand mit Italien* dagegen ist nun über ein Jahr in Kraft, und jener rumänische Diplomat, der nach dem Absprung Rumäniens ins alliierte Lager erklärte, Rumänien hoffe bei den Waffenstillstandsverhandlungen in Moskau besser behandelt zu werden als Italien seit seiner Schwenkung, wollte damit gewiss keine überspannten Hoffnungen ausdrücken. Die neofaschistische Agentur Stefani hat am 19. August den Wortlaut des zwischen Badoglio und Eisenhower unterzeichneten Waffenstillstandes vom 3. September 1943 veröffentlicht, und die Welt wartet seither vergeblich auf ein alliiertes Dementi. Italien hätte also nach Kriegsende nicht nur seine Kriegsflotte und Luftwaffe, sondern auch Handelsflotte und Zivilaviatik, ferner Pantelleria, Lampedusa, Elba, Istrien, die Ägäischen Inseln, nicht zu reden von den Kolonien, an die Alliierten abzutreten, ihnen Freihäfen einzuräumen, alle Besatzungskosten zu tragen, zwei Millionen Arbeiter zu stellen und last but not least die Aktienmehrheit der italienischen Grossindustrien und Grossbanken in «angelsächsische Hände» – womöglich in private! – überzuführen ... Die Ungeheuerlichkeit dieser Bestimmungen ist leider kein Beweis ihrer Unwahrheit. Italien ist zwar ein auf seiten der Alliierten «mitkriegführendes», aber zugleich ein besetztes feindliches Land, dessen Plünderung vorläufig nur dadurch begrenzt ist, dass wenig zu plündern übrigblieb. Die Berichte, dass in der Etappe der alliierten Armeen die siegreichen Geschäftsleute Hotels und Fabriken zu Spottpreisen aufkaufen, sind ebenfalls zu hartnäckig und kommen aus zu guten Quellen, um einfach als «deutsche Propaganda» abgetan zu werden. Und in Norditalien plündert gleichzeitig noch der ehemalige Achsenbruder, während sich in grausamer Gemächlichkeit die Frontlinie der Vernichtung gen Norden wälzt. Von den deutschen Besatzungstruppen im Norden und von den alliierten Besatzungsbehörden im Süden ergiessen sich gleichzeitig zwei Ströme von Papiergeld über das Land, die alle Versuche der Regierung Bonomi, die Inflation einzudämmen, illusorisch machen, und die Wechselkurse wurden von der Amgot zum vornherein auf einen Beutezug angelegt. «Italien leidet Mangel an allem, ausser an Papiergeld», erklärte kürzlich der italienische Finanzminister Soleri. La Guardia hat seine Ansprachen an die Italiener eingestellt, weil er ihnen als «povero sindaco di New York» nichts Tröstliches mehr zu sagen wisse, und der «Manchester Guardian» schrieb anlässlich von Churchills Besuch in Rom an die Adresse des Premiers: «Es ist äusserst kurzsichtig, das italienische Volk in solchem Elend zu lassen und zur Verzweiflung zu bringen, denn es wird uns für sein Unglück verantwortlich machen ...»[308]

Es fehlt nicht an Stoff zur Beratung in Quebec und Dumbarton Oaks! Die Pläne zur Errichtung eines dauernden *Weltfriedens* sind nun, wie man hört, so weit gediehen, dass alle «Grossen Vier» über die Notwendigkeit einer Organisation einig sind. Über die Art und die Kompetenzen dieser Organisation dagegen sei eine Einigung noch fern. Einigkeit bestehe darüber, dass die Fehler von Versailles vermieden werden müssten, keine Einigkeit dagegen über die Frage, welches die Fehler von Versailles gewesen seien: war der Friede zu hart oder zu milde, waren die Reparationen zu schwer oder zu leicht, war der Völkerbund zu gross oder zu klein? Immerhin scheint sich die Erkenntnis durchgesetzt zu haben, dass das Mitspracherecht der Kleinstaaten (bis und mit der Grösse Frankreichs) dem alten Völkerbund verderblich war; die neue «Organisation» soll deshalb nur noch ein Rat der «Grossen Vier» sein, die darüber wachen, dass die *andern* Frieden halten. Ohne ihre Einstimmigkeit darf nichts geschehen; aber ihre Einstimmigkeit wird die Sicherheit der Welt garantieren. Wenn jedoch einer der «Grossen Vier» den Frieden bricht? Dann kommt eben keine Einstimmigkeit zustande; aber dann, so bemerkt messerscharf ein Korrespondent, ist es mit oder ohne «Organisation» um den Weltfrieden geschehen. Es ist der ewig gleiche Zirkelschluss, in dem sich die Weltsicherheitsgespräche seit ihrem Anfang drehen. Aber wenn es nicht gelingt, die Sicherheit übernational zu organisieren, so wird morgen wie gestern die «Friedenssicherung» jeder einzelnen Macht dasselbe bedeuten wie Kriegsvorbereitung aller, denn jede Defensivrüstung ist zugleich eine Bedrohung, jeder Sicherheitsgürtel eine Angriffsposition, jedes Glacis ein Ausfallstor. Sind nicht auch alle Schlachtschiffe der Zwischenkriegszeit als «Hüter des Friedens» von Stapel gelaufen? Alle Macht der Welt ersetzt nicht das Recht, dem sich diese Macht unterordnen müsste.

Der Krieg geht weiter, leidlich koordiniert und präzis gelenkt; der Sieg rückt näher, aber auch der Friede? «Was wir jetzt sehen», schreibt die «Tribune», «ist nicht die Ausführung eines vorbedachten Planes internationaler Beziehungen, sondern eine Art von *internationalem Chaos*: jeder helfe sich selbst.» Über dem Tor des Konferenzpalastes von Dumbarton Oaks steht in Stein gemeisselt der herrliche Spruch: «Was du säest, wirst du ernten.» Bei Hosea heisst es darüber weiter: «Ihr habt euch selbst Böses gepflügt, Unrecht geerntet und Lügen gegessen; sintemal du dich auf die Menge deiner Helden verlassen hast. Darum wird unter deinen Völkern ein Kriegsgetümmel entstehen und alle deine festen Städte werden verwüstet werden ...» Vielleicht haben die dortigen Diplomaten keine Taschenbibel bei sich. Dann können sie den oben zitierten «Economist» vom 12. August nachschlagen: «Wenn auch geschlagen, könnten die Nationalsozialisten doch einigen ihrer Ideen zum Siege verholfen haben ... Nicht nur wird ein solcher Friede nicht aufrechterhalten werden können, sondern unvermeidlich wird der Krieg in den Fundamenten des Friedensvertrages eingemauert werden.» Noch umhüllt Geheimnis die vergangenen und kommenden Verträge – ist auch die Öffentlichkeit der Verträge ein «Fehler Wilsons», der nicht wiederholt werden soll? Es tagt. Aber was für ein Tag wird es sein, der da nach der Polarnacht anbricht?

23. September 1944

Unterzeichnng des russisch-finnischen Waffenstillstandsvertrags in Moskau.
«Was geht in Deutschland vor?» «Was geht in Frankreich vor?»

Die finnisch-russischen Waffenstillstandsverhandlungen begannen mit der obligaten, gewiss nicht einmal sarkastisch gemeinten Einladung der ganzen finnischen Delegation in die Moskauer Oper zu Rossinis «Wilhelm Tell», für dessen Umwandlung in ein gut sowjetpatriotisches Volksstück die Bearbeiter vom Dirigenten bis zum Dekorateur mit dem Stalinorden ausgezeichnet worden sind. Sie fanden einen dramatischen Höhe- oder vielmehr Tiefpunkt, als unmittelbar vor Ablauf der Frist für die deutsche Räumung Finnlands Ministerpräsident Hackzell vom Schlage getroffen wurde; die sogleich verbreitete Berliner Version, dass der finnische Staatsmann zusammengebrochen sei, als er von den russischen Bedingungen Kenntnis erhielt, wurde aus Helsinki dementiert: die Erkrankung sei vier Stunden vor Beginn der Verhandlungen eingetreten. Die Deutschen ihrerseits konnten es natürlich nicht lassen, Finnland weiter «gegen den Bolschewismus zu verteidigen», indem sie es angriffen und sich mit vollendeter Harmlosigkeit erstaunt und erbost zeigten, als sie sich auf Hogland blutige Köpfe holten: «Entgegen den Erwartungen verwehrte jedoch die finnische Besatzung mit Waffengewalt den deutschen Verbänden den Zutritt zur Insel. Die Finnen haben durch diese Handlungsweise ihrer eigenen Sache wie auch insbesondere den Interessen der ihnen stammesverwandten baltischen Völker einen schlechten Dienst erwiesen ...» Am Willen, auch diesen «Waffengefährten» in den eigenen Abgrund mitzureissen, fehlte es also nicht; doch *«ut desunt vires»*, scheinen die Folgen auf Lappland lokalisiert bleiben zu können, wo General Rendulic die Politik der verbrannten Erde praktiziert. Inmitten all dieser Zwischenfälle aber gingen, wie aus Moskau verlautete, die *Waffenstillstandsverhandlungen «in geschäftsmässiger Atmosphäre»* vor sich. Dementsprechend ist denn auch der Vertrag ausgefallen: nüchtern, kalt, ohne Grosszügigkeit. Abtretungen über den Frieden von 1940 hinaus, pachtweise Überlassung eines Stützpunktes, der unmittelbar die finnische Hauptstadt beherrscht, 300 Millionen Dollar Reparationen für Schäden, welche die finnischen Armeen «in Russland» anrichteten, obwohl sie überhaupt nie über altfinnisches Gebiet hinausgingen und alle Gebiete in «tadellosem Zustand» abzutreten haben – der stellvertretende Ministerpräsident Born meinte, als er den Vertrag dem finnischen Volk mitteilte, es wolle «nicht scheinen, dass der Wunsch nach Anbahnung vertrauensvoller und dauerhafter Beziehungen bei der Diktierung des Friedens vorhanden war». Frieden? Es fällt kaum mehr auf, dass dieser Waffenstillstandsvertrag gleichzeitig die wahrscheinlich wichtigsten endgültigen Friedensbedingungen enthält: die Unterscheidung zwischen einem Waffenstillstand, der eine rein militärische Abmachung auf Grund des momentanen Machtverhältnisses ist, und einem Frieden, der die Formen dauernden Zusammenlebens festlegen soll, ist unserer Zeit längst verlorengegangen. Von manchen Bestimmungen, die eine Kontrolle des «alliierten (sowjetischen) Oberkommandos», wie der Vertragstext es so tiefsinnig ausdrückt, über innere Angelegenheiten bedeuten, ist nicht klar, ob sie vorübergehende Waffenstillstands- oder langfristige Friedensbedingungen sind; und da nach Aussage des stellvertretenden Ministerpräsidenten die finnische Regierung «selber noch nicht klar über die genaue Bedeutung jeder Einzelheit» ist, kann man nur staunen, woher es die Kommentatoren der Weltpresse so genau wissen. Gerade die Kaltschnäuzigkeit dieses «rein geschäftsmässigen» Friedens, dem jede Spur von Werbung fehlt, widerspricht jedenfalls der Vermutung, dass er ein neues Experiment Kuusinen einleiten könnte. Er spricht weder für «Stalins Grossmut» noch für seinen «Imperialismus»; die Liquidation des verblendeten Unternehmens, im Bund mit dem Dritten Reich, das schon den Totschlag an einem Dutzend Kleinstaaten hinter sich hatte, einen «privaten Freiheitskrieg» zu führen oder, wie man in Finnland wohl sagte, «den Teufel mit Beelzebub auszutreiben», konnte kaum gelinder ausfallen. Es ist ein harter Friede, aber kein Vernichtungsfriede. Es ist darüber hinaus *der erste voll veröffentlichte* Waffenstillstands- und Vorfriedensvertrag, und das schon lässt den Vergleich mit den bisherigen entsprechenden Abkommen der Alliierten, von den deutschen Prozeduren ganz zu schweigen, zu seinen Gunsten ausfallen. Zum erstenmal wird zwischen zwei feindlichen Staaten wieder reiner Tisch gemacht und ein illusionsloses

Neubeginnen ermöglicht. Ob der Friede ein blosser Waffenstillstand bleibt oder der Waffenstillstand ein Friede wird, hängt nun ganz von der gegenseitigen Loyalität der Durchführung ab. Darüber aber geben die offiziellen Kundgebungen und Communiqués wenig Aufschluss, darüber entscheiden die kleinen Handlungen und Verhandlungen des täglichen Verkehrs zwischen einem Besiegten, der sein «Schicksal, an der Seite des mächtigen Russland zu leben und zu wohnen», eingesehen hat, und einem Sieger, der nach der bekannten Äusserung Stalins nicht «den Erobererweg Hitlers» gehen will.[309]

All diese Jahre war im Grunde alles so simpel! Die Geschichte schien sich in militärischen Bewegungen zu erschöpfen, die sich auf der Landkarte mit Strichen und Pfeilen wie ein Manöver verfolgen liessen. Nun hört die internationale Politik allmählich wieder auf, ein Schachspiel mit uniformierten Völkern zu sein, und das einfache und spannende Problem, in wieviel Zügen «Weiss gegen Schwarz gewinnt», löst sich auf in zahllose politische Probleme, in denen Weiss und Schwarz nicht mehr so eindeutig gegeneinander stehen. Und nun beginnt eine *Zwischenzeit*, in der die Informationen versagen. Was geschieht? Einige offizielle Reden, einige Communiqués und Ministerlisten geben darüber höchst spärliche Auskunft, und die daneben hergehende Flut von falschen oder fragmentarischen Informationen ist hier leider nicht so harmlos wie auf militärischem Gebiet, wo Lügen stets verhältnismässig kurze Beine haben.

Was geht in *Deutschland* vor? Die Absperrung des Machtbereiches Heinrich Himmlers von der Umwelt ist hermetischer als je, nur eine heissgelaufene Propaganda kreischt, überschlägt und verhaspelt sich im Hohlraum der Apathie, und aus ihren Ermahnungen und Zornesausbrüchen – etwa über den «Latrinengestank» und die Panik, welche die aus dem Westen hereinströmenden deutschen Flüchtlinge und Soldaten verbreiten – lassen sich einige Schlüsse ziehen; aber das deutsche Volk ist mehr denn je, wie es Mussolini vom italienischen einige Monate vor dem Zusammenbruch sagte, «ein grosses unbekanntes Volk». Nun laufen zwar die ersten Berichte alliierter Journalisten von deutschem Boden ein. Ein Frontberichterstatter der Exchange erzählte am 15. September über seinen *«ersten Kontakt mit der deutschen Bevölkerung»*, die Bewohner seien sehr gastfreundlich gewesen und den Alliierten mit Obst und warmen Getränken entgegengekommen; ein «Sprecher der Ortsansässigen» habe versichert, «man sei glücklich, von den Nazis befreit worden zu sein, die übrigens nicht einmal fünfundzwanzig Prozent der Bevölkerung ausgemacht hätten», und «einige etwas peinlich klingende Sympathiebezeugungen abgegeben»; zwei russische Hausangestellte hätten bestätigt, dass sie menschlich behandelt worden seien, und die «erste alliierte Ortsbehörde» habe erfahren müssen, wie unfähig die Deutschen seien, ohne ausdrückliche obrigkeitliche Erlaubnis auch nur zu arbeiten, zur Kirche zu gehen oder ein Schwein zu schlachten ... Diese tiefschürfenden psychologischen Studien hatten nur den Fehler, sich auf die luxemburgische Ortschaft Echternach zu beziehen. Berichte umgekehrter Tendenz, welche das feindselige Schweigen der deutschen Bevölkerung gegenüber den einrückenden Alliierten hervorhoben, stützten sich auf Beobachtungen im belgischen Grenzort Eupen und sind von der deutschen Presse begeistert als Bestätigung aufgenommen worden, dass dieser Ort entgegen der Auffassung des Versailler Vertrages gut deutsch sei. Nächstens werden zwar solche Berichte wirklich aus Deutschland kommen, aber ob sie deswegen zuverlässiger werden, ist mehr als zweifelhaft; der erste beste Kellner, der den ersten besten amerikanischen Reporter bedient, wird unweigerlich zum Prototyp des deutschen Wesens erhoben werden. Und auf Grund solcher Berichte wird die «Weltmeinung» ihr Urteil fällen.

Was geht in Frankreich vor? «Wir nehmen ein *Frankreich* wieder in Besitz, das zwar gewiss nicht uneinig in den Herzen, aber für den Augenblick durch den Mangel an Verkehrs- und Übermittlungsmöglichkeiten, der so schwer auf der Verwaltung und selbst auf den einzelnen lastet, *physisch in verschiedene Stücke zerrissen* ist», erklärte General de Gaulle auf seiner «tour de France» in Toulouse. Aus diesen verschiedenen Stücken übermitteln durchreisende Journalisten der Welt Informationsfetzen, die dann kühn als Bild Frankreichs aufgezogen werden. Ein Reuter-Korrespondent berichtet, «dass man in ganz Nordfrankreich, westlich von Amiens bis zur Küste, ebensogut lebt, wie Millionäre in Grossbritannien leben könnten»; «ein Oberst, mit dem ich in einem französischen Hotel zusammen speiste, erklärte mir, dass er in den drei Monaten, die er in Frankreich zugebracht habe, niemals einen Franzosen getroffen habe, der nicht genug zu essen gehabt hätte» (Obersten kommen eben selten ins Gespräch mit Unterernährten); «so ist die Legende, dass die Deutschen Frankreich ‹ausgetrocknet› haben, in sich zusammengebrochen». Es gab in Frankreich Gegenden, die gerade wegen des Zusammenbruchs des Verkehrswesens mit bestimmten Nahrungsmitteln überreichlich versorgt waren, auf Kosten anderer, weniger fruchtbarer Gegenden; es gab vor allem einen Schwarzen Markt, an dem sich gerade unter der deutschen Besatzung in Saus und Braus leben liess, und es gab gewiss auch wohlbehütete Vorratskeller inmitten des Elends; aber die zahlreichen Berichte der zitierten Art, die Frankreich voll Poulets, Eier und Pommes frites sehen, geben mehr Aufschluss über die Kreise, in denen diese Journalisten sich unterrichten liessen, als über die Lage Frankreichs. «Denn man sieht nur die im Lichte, die im Dunkeln sieht man nicht.» Wirklich? Sind in der Résistance nicht gerade «die im Dunkel» ans Licht getreten? Die politischen Nachrichten aus Frankreich sind unvermeidlicherweise romantisch verklärt, polemisch überspitzt oder falsch verallgemeinernd, und wenn selbst ein so wohlinformierter französischer Kommentator wie Pierre Bourdan «in dieser enthusiastischen und revolutionären Atmosphäre keine sehr klare politische Tendenz entdecken» kann, so ist es doppelt gefährlich, aus Gesprächsfetzen und Eindrücken ein Bild der «öffentlichen Meinung» und gar der politischen Entwicklung zu bauen. Zudem laufen noch fast alle Informationen durch die Kanäle englischer und amerikanischer Agenturen und haben bestenfalls Annäherungswert. Dass die Verschmelzung der «Résistance» im Innern mit dem «Kämpfenden

Frankreich» von Algier, der Armee mit dem Maquis und des importierten Verwaltungsapparates mit den lokal entstandenen Selbstverwaltungen Schwierigkeiten bereitet, war zu erwarten; der Ruf de Gaulles nach Ordnung und Arbeit und der Wille der Kampfgruppen, nicht ohne die Gewissheit in den «Alltag» zurückzukehren, dass auch wirklich das «neue Frankreich» erstehe, für das sie kämpften, stehen sich gegenüber, ohne sich unbedingt auszuschliessen. Frankreich steht im Zeichen der Doppelherrschaft, hinter der als dritte Macht noch das alliierte Oberkommando steht. Es sind naturgemäss die Randerscheinungen dieses Gärungszustandes, die am meisten beachtet werden: die Exekutionen von Milizleuten und Verrätern, die geschorenen Frauen, die verhafteten Kollaborationisten und unter diesen wieder am meisten die Verhaftungen von Stars, Künstlern und Literaten. Die Reflexionen, die manche weisheitsvolle «Freunde Frankreichs» daran knüpfen, gleichen aufs Haar dem Abschied der «Deutschen Allgemeinen Zeitung» von Sacha Guitry: «Die in Frankreich berüchtigten Nagelschuhe des deutschen Grenadiers, die bottes, haben auch die leiseste Pointe seiner witzigen Dialoge nicht übertönt ... Die deutschen Krieger sind behutsam mit dieser euphorischen Blüte des französischen Geistes umgegangen ... Nun aber wird es Ernst werden. Was ist Paris ohne ein neues Stück von Sacha zum Beginn jeder Saison! Dem Pariser Publikum, das ohnehin unter dem neuen Regime ... nichts zu lachen hat, wird nun auch das Lächeln, die letzte Zuflucht der Wehrlosen in die Überlegenheit der Intimität, genommen.» Über den Histrionen und Soldschreibern, deren Unernsthaftigkeit noch kein Beweis ihrer Harmlosigkeit ist, bleibt die Verhaftung von «Grosskopfeten» fast unbeachtet: René-Paul Duchemin, Präsident des *Patronat français*, Regent der Bank von Frankreich, Verwaltungsrat und Präsident von 37 grossen Finanzinstituten und Industriegesellschaften, wie Kuhlmann, Anzin, Chemins de fer du Nord, Mitglied des Konsistoriums und der *Haute Finance protestante* und sein ebenso berühmter Amtsvorgänger in der CGPF, Gignoux; de Boissanger, Gouverneur der Bank von Frankreich, Jardel, Subgouverneur des *Crédit foncier*; Ardent, Präsident des *Comité d'organisation des banques*, Barios, Präsident des *Comité d'organisation de la soie*, Trottard, Delegierter des «Francolor»-Konzerns der I. G. Farben, Joseph Barthélemy vom «Temps», die aus Nordafrika übergeführten Flandin und Peyrouton und so weiter. Es ist ein Riesenkampf, der da anhebt, und auch die französischen Konzerne haben sich in der Vichyzeit, wie aus allen französischen Wirtschaftsberichten dieses ersten Halbjahres hervorging, auf diese Auseinandersetzung gerüstet und «gepanzert». Die Gewinner der Niederlage werden vor dem Sieg Frankreichs nicht kapitulieren. Und nun erfährt die staunende Welt plötzlich durch Vermittlung der United Press, dass *Jacques Schneider*, der Leiter des Rüstungskonzerns Schneider-Creusot, «Mitglied des örtlichen Komitees der Befreiungsbewegung der Stadt Le Creusot sei» und «das volle Vertrauen der Widerstandsgruppen des Gebietes von Le Creusot besitze»; wer konnte das ahnen, als Schneiders Holdinggesellschaft letztes Jahr aus dem Ertrag der deutschen Rüstungsaufträge und ihrer an Deutschland abgetretenen mitteleuropäischen Kapitalanlagen nominell 71 Prozent Dividende ausschüttete! Aber nichts ist unmöglich; es gibt Naturen und Institutionen, die immer auf die Füsse fallen. In der neuen «Jakobinerregierung» in Paris sitzt nun jedenfalls neben dem Haupt des Hauses Rothschild, *René Mayer*, der das Transport- und Arbeitsministerium betreut, als neuer Finanzminister *M. Leperq*, der einst den Schneider-Konzern in den Skodawerken vertrat und dann, als diese den Deutschen übergeben waren, dessen Holdinggesellschaft *«Union Européenne»* als geschäftsführender Verwaltungsrat leitete, bis er in der Widerstandsbewegung untertauchte und dort eine hohe Vertrauensstellung erwarb; und seine erste Erklärung in seinem neuen Amt konnte den triumphierenden Ausruf so vieler französischer Finanzminister des ancien régime wiederholen: «Die Rente steigt!»[310]

Was geschieht? Weiss siegt in zwei Zügen, das steht nun wohl für den letzten Biertisch fest. Und dann ist die Europakarte der Strategen plötzlich leer, die Fähnchen müssen nach Ostasien verpflanzt werden, und das Leben mit all seinen Wirrnissen und Komplikationen tritt wieder in seine Rechte.

30. September 1944

Ostasien. Der Morgenthau-Plan wird bekannt. Auseinandersetzung um die Schuldfrage in Italien. Die Ausrottung der deutschen Juden eine «innere Angelegenheit» Deutschlands

Die Nachrichten aus und über *Ostasien* wirken immer wieder wie übermässig chargierte Karikaturen unserer westlichen Angelegenheiten. Das liegt wohl weniger an der ostasiatischen Wirklichkeit als an der nicht klärenden, sondern verzerrenden Distanz. Die Meldungen über Reden und Taten der «Preussen des Ostens» erreichen uns ja ausschliesslich durch den Filter des DNB, und ihr martialischer Klang ist hörbar durch den Genius der deutschen Sprache bereichert. Man sieht geradezu den Reichstag strammstehen, wenn man in der Version des DNB die «Siegesresolution zur strikten Einhaltung des Befehls Seiner Majestät» liest, mit der er am 12. September seine Sitzungen beschloss: «Durch den ehrfürchtigen Gehorsam gegen den Befehl Seiner Majestät beschliessen wir hiemit, geschlossen die Solidarität von einhundert Millionen Japanern zu stärken und alle Kraft der Nation darauf zu konzentrieren, den Endsieg zu erringen, indem wir unsere Feinde, Grossbritannien und die Vereinigten Staaten, zerschmettern und dem Befehl Seiner Majestät entsprechen!» Gewiss steht hinter der göttlichen Verehrung des Mikado tausendmal mehr historische Substanz als hinter dem Führerkult, aber mit der «Solidarität von einhundert Millionen Japanern» ist es doch sehr ähnlich beschaffen wie mit der deutschen «Volksgemeinschaft» und der verstorbenen «europäischen Neuordnung». Zwar drehen die Geishas nun Bomben, aber in dieser neuen Tätigkeit sind sie nicht minder rentable Objekte einer Ausbeutung, die – im ursprünglichsten Sinn dieses Wortes – auf schnellste «Amortisation» ihrer Arbeitskräfte ausgeht. Nirgends ist der Mechanismus, dass eine auf billigstem Menschenmaterial beruhende und darum im eigenen Land unabsetzbare Produktion, durch Zölle von allen Märkten ausgeschlossen, mit Waffengewalt ihre Schranken zu sprengen sucht, so durchsichtig und evident wie im einstigen Land der Kirschblüten; gerade weil die spezifische Ideologie, mit der er sich hier verhüllt, uns so fremd, die Japan einst vom Westen aufgezwungene Ökonomie aber so verwandt ist. Ein Volk, das so mit Hunger und Spielen – *fames et circenses* – in die Welteroberung gehetzt wird, heisst dann in simplistischer Weltbetrachtung gern ein «imperialistisches Volk» und gilt seinen satteren Konkurrenten als der Ausrottung würdig.

So proklamiert denn das offizielle Schlusscommuniqué der Konferenz von Quebec die «*Vernichtung der Barbaren im Pazifik*» als Ziel der Alliierten, die, wie es die «Times» ausdrückt, «nachher *Frieden und Gerechtigkeit* im Pazifik auf dauernden Grundlagen *wieder* errichten» wollen. Dieses «wieder» ist grossartig! Die Gerechtigkeit, die da «wieder» hergestellt werden soll, ist derart profitabler Art, dass die einzige Schwierigkeit der Konferenz von Quebec darin bestand – immer nach den Worten der «Times» –, dass jeder der Teilnehmer die «Mühen und Opfer, die der *Befreiungsfeldzug (!)* noch kosten wird», *allein* auf sich nehmen wollte. «Wir sind jetzt stark genug, um die *Japaner von der Landkarte wegzuwischen*, ohne irgend jemandes Hilfe. Wenn wir vorwärtsmachen, so gewinnen wir verschiedene Vorteile, die uns sonst entgehen; wir können unsern Frieden mit Japan schliessen, ohne dass sich andere Staaten einmischen», meint zum Beispiel der «Washington Times Herald». In Quebec hat sich nun Grossbritannien doch seinen Anteil an den Mühen und Opfern gesichert, und auch die Niederlande und Frankreich bestreben sich fieberhaft, ihren Teil an Schweiss, Blut und Tränen beisteuern zu dürfen. Da und dort dämmert es freilich bereits, dass das Erbe der Japaner, selbst wenn sie «von der Landkarte weggewischt» werden, sehr schwer sein wird, denn die Katastrophe von 1941 könnte das Prestige der «weissen Götter» und ihrer bisherigen Gerechtigkeit in Ostasien unheilbar lädiert haben; schon die Aufnahme Chinas in den exklusiven Klub der Grossmächte ist ein freilich unbeabsichtigter Erfolg der japanischen «Erhebung Grossostasiens». Die Erbitterung über diese fatale Störung von «Frieden und Gerechtigkeit im Pazifik», die sich im Südseekitsch Hollywoods so idyllisch ausnahmen, ist deshalb begreiflich und zweifellos echt. Man möchte es für Tokioter Greuelpropaganda halten, wenn es nicht von amerikanischen Magazinen ohne jede Verlegenheit bestätigt würde: dass Japanerköpfe zu den beliebten Geschenken amerikanischer Soldaten an ihre Lieben und Liebsten daheim gehören. Die Ausrottung der Barbaren im Pazifik ist auf dem besten Wege.

Es ist eine gemütvolle Kriegführung: Krieg als Revue, Krieg als Match, Krieg als Geschäft. In *Europa* sind die Formen etwas gepflegter, aber hinter der kämpfenden Front immer noch hollywoodgemäss genug. In einem Artikel *«American big business in Paris»* hat «Daily Mail» am 21. September einer offenbar lange angestauten englischen Besorgnis Luft gemacht. Das Blatt beklagt sich über die hermetische Absperrung Frankreichs für Engländer und andere Nichtamerikaner, vom Journalisten bis zu höchsten Amtspersonen, durch das amerikanische Oberkommando. Besonders nahe geht ihm natürlich, dass diese Reisesperre für amerikanische Journalisten nicht gilt; aber nebenbei erwähnt es auch, dass «Vertreter grosser amerikanischer Geschäftsinteressen bereitwilligst Reisegelegenheiten nach Paris zugewiesen erhalten haben» und «ein ganzer Strom amerikanischer Geschäftsleute» der Finanz und Industrie über England in Paris eintreffe; «sie reisen in amerikanischer Offiziersuniform, die sie dann rasch ablegen, worauf sie ihren Geschäften nachgehen.» Ein Vertreter eines führenden Finanzhauses sei sogar in Rotkreuzuniform gereist; gilt es doch für diese barmherzigen Samariter, so schnell wie möglich den Wiederaufbau Europas an die Hand zu nehmen, bevor die Konkurrenz eintrifft – denn auch an diesen Mühen und Opfern möchte sich jeder den grössten Anteil sichern. Wenn Frankreich schon, im Gegensatz zu Italien, der «Amgot» entgangen ist, so muss wenigstens die Zeit benützt werden, in der Paris in der Etappe liegt.

Jene alliierte Frontberichterstattung, die den alliierten *Einmarsch in Deutschland* auf Vorschuss im Stil der bisherigen Einmärsche unter Blumen und Volksjubel zu schildern begann, ist inzwischen recht unwirsch abgestellt worden. Mit Recht; denn deutsche «spontane Freudenkundgebungen» und noch spontanere Blumenjungfrauen zum Empfang der siegreichen «Judenknechte» wären peinlich, selbst wenn sie Wirklichkeit wären. Unermüdlich schärft nun die alliierte Propaganda den Deutschen ein, dass die «Vereinigten Nationen» nicht als Befreier, sondern als Eroberer nach Deutschland kommen. Sie tut alles, um der etwas ausser Atem gekommenen deutschen Angstpropaganda neuen Odem einzuflössen und all ihre Thesen vom «Kampf ums nackte Leben» zu bestätigen. Was konnte sich Dr. Goebbels Besseres wünschen, um ein letztes Mal den «Todfeind Juda» entsetzlich an die Wand zu malen, als den Plan des amerikanischen Finanzministers *Morgenthau*: die ganze deutsche Industrie zu verschrotten oder ins Ausland zu verlegen und Deutschland in ein reines Agrarland zu verwandeln. Dass es in diesem Fall tatsächlich zwei bis drei Dutzend Millionen Deutsche zuviel auf der Welt gäbe, ganz abgesehen von denen, die noch von aussen her auf das reduzierte Reichsgebiet abgeschoben werden sollen, kann sich auch ein Primarschüler ausrechnen. Ist dieser bare Irrsinn wirklich im Ernst dem Gehirn des amerikanischen Finanzministers, der im Namen einer Regierungskommission für Nachkriegsplanung spricht, entsprungen? Churchill hat soeben das englische Unterhaus unter tosendem Gelächter gebeten, «sich durch sensationelle Meldungen und Geschichten, die von der andern Seite des Atlantischen Ozeans kommen, nicht erschrecken oder ins Bockshorn jagen zu lassen. Dort sind *Wahlen* …» Aber ein Dementi hat auch dieser Morgenthau-Plan nicht gefunden, obwohl er in England «verheerend gewirkt» hat. Und es besteht kein Grund, ihn nicht ernst zu nehmen. Mit der «endgültigen Vernichtung» zweier lästiger Konkurrenten wäre für die Übrigebliebenen wieder einige Ellbogenfreiheit auf dem entlasteten Weltmarkt gewonnen.

Die Alliierten gehen mit ihren *Vorsichtsmassregeln gegen eine neue «Dolchstosslegende»* wirklich sehr weit. Gäbe es in Deutschland eine nicht längst von Himmler niedergeknüppelte Opposition, sie würde jetzt von der alliierten Propaganda totgeschlagen; denn im Bewusstsein, damit sein Land ans Messer zu liefern, erhebt sich keiner auch gegen das verhassteste Regime. Dass zwischen der Narkose des nationalsozialistischen Verzweiflungskampfes und derjenigen des alliierten Standrechtes, zwischen Himmlerschem und Eisenhowerschem Besatzungsregime nicht die kleinste Lücke entstehen darf, in der sich wenigstens ein Teil des deutschen Volkes seiner Lage bewusst werden könnte, darüber besteht also zwischen Hitler und den Alliierten vollkommenes Einverständnis. Ob diese Aufputschung und Rechtfertigung deutschen Widerstandes «bis zum letzten» nicht auf einer Unterschätzung der Deutschland verbliebenen Widerstandskraft beruht, ist eine reine Frage militärischer Opportunität. Keine Frage der Opportunität aber sind die Absichten, die hinter dieser Propaganda stehen; ein Versuch der Verwirklichung von Plänen wie dem Morgenthaus wäre ein vernichtender Schlag nicht nur für Deutschland, sondern für Europa.

Es ist grotesk, wenn die Moral, die im übrigen so sorgfältig aus der «hohen Politik» ausgeschlossen wird, nun plötzlich zur Begründung solcher Zerstörungsprogramme mobilisiert wird. Mr. Morgenthau ist nicht beauftragt, die *«Sühne» an Deutschland* zu vollziehen. Es wird angesichts solcher Verwirrung allmählich Zeit, die *Schuldfragen* in etwas weniger vereinfachter Form aufzuwerfen, als es sie zur Zeit der deutschen Blitzsiege aufzuwerfen genügte. Für Italien hat diese Auseinandersetzung schon begonnen. «Der *Prozess Mussolini*» heisst ein vor Monaten in London erschienenes Buch, dessen Verfasser, «Cassius», all die furchtbaren Anklagen gegen das faschistische Regime zusammenfasst, um dann als Entlastungszeugen in seinem fingierten Kriegsverbrecherprozess all die englischen Staatsmänner und Politiker von Lord Rothermere über Austen und Neville Chamberlain bis Churchill aufmarschieren zu lassen, die öffentlich dieses Regime lobten und unterstützten, solange es sich «nur» gegen italienische Arbeiter und kleine, wehrlose Völker wandte. «Wenn ich Italiener wäre, würde ich das schwarze Hemd tragen», erklärte Churchill 1927, und noch im September 1938 erklärte er Mussolini für einen Staatsmann, dessen Genie demjenigen Washingtons und Cromwells mindestens gleichkomme. Dabei hatte Mussolini aus dem Geist seiner Herrschaft nie ein Geheimnis gemacht und in seinen ersten Jahren feierlich erklärt: «Für mich ist Gewalttat durchaus moralisch, moralischer jedenfalls als Kompromiss und Verhandeln» und «Mein Regime ist antiparlamentarisch, antidemokratisch, antiliberal.» Nie mehr hat der faschistische Terror in Italien die Blutrünstigkeit der ersten Jahre erreicht. All das hinderte die «zivilisierte Welt» nicht, ihn ehrfürchtig zur mustergültigen Ordnung seines Landes zu beglückwünschen und seine Gegner als «Kommunisten» zu verwünschen. *Mussolinis einziges Verbrechen, das die demokrati-*

sche Welt nicht gebilligt hat, war seine Kriegserklärung an sie – ein falsches Kalkül, kein Verbrechen. Tiefgründiger und schärfer hat ein italienischer Antifaschist der ersten Stunde, Professor Gaetano *Salvemini*, die Frage in einem Buch angepackt, das bereits vor dem Sturz Mussolinis in New York erschien und mit erstaunlicher Genauigkeit die Badoglio-Politik der Alliierten voraussagte: «*What to do with Italy.*» Auch er führt ähnliche Kronzeugen an wie Cassius und kommt zum Schluss: «Die Verantwortung für den Sieg des Faschismus lastet nicht allein auf dem italienischen Volk, sondern auch auf den Völkern und Regierungen der demokratischen Staaten …»[311]

Auch der «Prozess Hitler» wird eines Tages instruiert werden, mit oder ohne interalliiertes Tribunal. Aus London war kürzlich offiziell zu hören, dass die Ausrottung der deutschen Juden nicht ins Tätigkeitsgebiet der alliierten «Kriegsverbrecherkommission» falle, da sie eine *«innere Angelegenheit»* Deutschlands gewesen sei. Die Aufrichtung der Terrorherrschaft unter dem Vorwand einer kommunistischen Brandstiftung im Reichstag, über die alle Welt, die es wissen wollte, die Wahrheit wusste, die Ausrottung der Opposition, die Erschiessungen «auf der Flucht», der Sadismus der Konzentrationslager, die Durchexerzierung all der Methoden, die dann in den besetzten Ländern praktiziert wurden, in Deutschland selbst, all das waren «innere Angelegenheiten», um die sich die Welt nicht kümmerte. Der deutsch-italienische Krieg gegen die «rote» spanische Republik wiederum war eine «innere Angelegenheit» Spaniens, die Churchills warme Sympathie fand, und der Name Guernica trübt noch heute nicht seine Gefühle für General Franco. Erstaunlich spät hat das «Weltgewissen» sich geregt: erst als auch die Auslieferung fast ganz Mitteleuropas, als auch München nicht genügte, mit Hitler «ins Geschäft» zu kommen. Man hat es *nicht gewusst?* Man hat es nicht geglaubt, obwohl auch der Nationalsozialismus seine Ziele und Methoden kaum je bemäntelte, weil es bequemer war und weil die Ankläger jene unsympathischen Ruhestörer waren, für deren Erledigung man Hitler im Grunde so dankbar war. Aber wie viele Deutsche ausser den Betroffenen, Geschundenen und Ausgerotteten haben es gewusst, und wie viele von denen, die es wissen konnten, haben es ebenso von sich geschoben und «nicht geglaubt», weil sie ihre Ruhe haben wollten? Wie viele Deutsche wissen von Maidanek und Oradour – und glauben es der feindlichen Propaganda? Es war im Ausland leichter und ungefährlicher, die Stimme zu erheben, als unter den Augen der Gestapo, und «die Welt» hat trotzdem geschwiegen, bis ihr das vergossene Blut ins Gesicht spritzte. Nun ruft sie nach Sühne. Sühne für die Täter ist schon als hygienische Massnahme unumgänglich; aber wenn sich die Sühne auch auf die erstrecken soll, die nur gehorcht, geduldet oder gebilligt haben, dass das Geschwür Europas zu diesem Ausbruch reifte, dann wird sie sich sehr, sehr weit über die Grenzen Deutschlands erstrecken müssen, weiter als der Arm eines alliierten Kriegsverbrechertribunals je reichen kann.[312]

7. Oktober 1944

*Die französische kommunistische Partei. Die deutsche Presse:
Vorbereitung eines deutschen «Maquis»*

In fast allen befreiten Ländern, in fast allen Parteien und Gruppen der Ruinenlandschaft Europa marschieren die nicht abgeschiedenen Geister von gestern quicklebendig in ihr altes Leben zurück, als wären die letzten fünf, zehn oder zwanzig Jahre nie geschehen. In den wohlkonstituierten Kleinstaaten Nordwesteuropas, die nur aus Versehen in den Strudel der Sintflut mitgerissen wurden, erscheint dieser Vorgang als durchaus normal: *Why change?* Das frappanteste Beispiel aber bot die «Regierung der Greise», die in Rom den Faschismus beerbte; obwohl dabei zu bedenken wäre, dass Greisenhaftigkeit heute oft geradezu ein Privileg der Jugend zu sein scheint und in einem Croce jedenfalls mehr wirkliche Jugend steckt als in zweihundert Pfadis oder gar Pimpfen. Einzig das *«vergreiste Frankreich»* macht zum masslosen Erstaunen all derer, die trotz den Erfahrungen mit den «jugendlichen Ländern» immer noch die Altersschichtung der Bevölkerungsstatistik für einen Massstab geistiger Jugend halten, eine Ausnahme. Die Reiseberichte zeigen sich immer wieder fassungslos über die Jugendlichkeit der *«gars du maquis»*, und die Widerstandsbewegung erscheint ihnen geradezu als eine «Revolution der Jugend» gegen die «Greise von Vichy». Aber diese Jugendlichkeit beschränkt sich nicht auf das Dominieren der Achtzehnjährigen – das wäre wenig und aus der Entstehung des *Maquis* erklärlich –, sondern dieses Land, das bewusster und erschütternder als andere den Zusammenbruch der Vorkriegswelt durchlebte, gärt und brodelt von neuen Gruppen und Bewegungen, Ideen und Köpfen. Gerade die pietätvolle Verbeugung vor den Hütern der republikanischen Tradition, die vor Vichy nicht kapitulierten, wie Herriot und Jeanneney, zeigt, dass diese Erneuerung keine blosse Pubertät ist. Fast durchwegs sind es «neue Männer», die im Vordergrund stehen, aber sie sind aus der unerbittlichen Auslese dieser vier Jahre hervorgegangen; General de Gaulle selbst, bei Kriegsausbruch ausserhalb militärischer Fachkreise ein Unbekannter, gehört zu diesen *homines novi*, deren politische Haltung sich in der Zeit des Widerstandes formte. Diese Erneuerung des politischen Personen- und Parteienbestandes ist der erste und wichtigste Akt der neuen «französischen Revolution», deren Entwicklung im übrigen trotz aller Proklamationen und Programme noch reichlich unklar ist. Aber zu diesem scheinbaren Paradoxon der radikalen Verjüngung eines angeblich doch hoffnungslos überalterten Landes gesellt sich ein zweites, ebenso nur scheinbares: inmitten dieser Umwälzung ist einzig die *«Partei der Weltrevolution»* im wahrsten Sinn des Wortes eine «Partei der Greise» geblieben. Inmitten der neuen Presse, die aus der Illegalität aufgetaucht und an die Stelle der alten getreten ist, hat die wiedererscheinende «Humanité» so vollkommen ihr Vorkriegscliché gewahrt, dass man zuerst glaubt, versehentlich zu einer Nummer von 1939 gegriffen zu haben; keine einzige neue Signatur, keine einzige neue Idee, kaum ein neuer Slogan, selbst der Karikaturist scheint der gleiche geblieben zu sein, kein Tüttelchen an der Aufmachung hat sich geändert, ausser dass die Papierknappheit den Umfang vorläufig auf eine Seite beschränkt, und der Direktor ist wie eh und je Marcel Cachin,[313] der soeben mit hohen Ehren seinen 75. Geburtstag feierte. Fünf Jahre Illegalität sind spurlos vorübergegangen. Die französische Kommunistische Partei hat sich den Ehrennamen «Partei der Füsilierten» zugelegt, und Zahl und Haltung ihrer Märtyrer rechtfertigen diesen Ehrentitel, aber an ihrem führenden Personal sind höchstens die Haare dünner geworden. Paradox? Wer sich aus dogmatischen Gründen nie geirrt haben darf, kann auch nichts zulernen – und nichts vergessen. Dass die «kommunistische Kirche» in Wahrheit der konservativste Orden Europas ist, wird in dem Mass klarer werden, in dem seine Äusserungen nicht mehr das Privileg und den Reiz der «verbotenen Früchte» geniessen.

Aber nicht von der französischen Kommunistischen Partei sollte hier die Rede sein und auch nur im Vorübergehen von ihrem «grossen Chef», Maurice *Thorez*. Schon zur Zeit des Befreiungskomitees in Algier genoss er wiederholt grosse Publizität: seine Zulassung in Algier sollte die Bedingung für die Beteiligung der Kommunisten an der «Regierung» sein, und mehrmals wurde auch tatsächlich seine Ankunft aus Moskau in der provisorischen Hauptstadt des «Kämpfenden Frankreich» gemeldet. Es war etwas völlig Unerhörtes in der Geschichte dieses Ordens, dass de Gaulle die Ausschliessung Thorez' aufrechterhalten und *seine* Wahl unter den kommunistischen Führern, mit denen er zusammenzuarbeiten bereit war, durchsetzen konnte: ins Befreiungskomitee trat Fernand Grenier ein, der im September 1939 aus Moskau nach Paris zurückgekehrt war, um dem Marschbefehl Folge zu leisten, während Thorez gleichzeitig den umgekehrten Weg von Paris nach Moskau einschlug, nach einer erst heute bestrittenen Version mit längerem Zwischenhalt in Deutschland. Dieser Aufenthalt im Dritten Reich in der Maienzeit der deutsch-russischen Freundschaft zwecks Sabotage der französischen Kriegführung wird heute von Marcel Cachin als «wahrhaft abscheuliche Fabel» dementiert; Thorez sei vielmehr im September 1939 sogleich ins *Maquis* gegangen, wie ohne nähere Präzisierung gesagt wird – womit er also den «Widerstand» beinahe ein Jahr vor de Gaulle aufgenommen hätte, dessen Gestalt er als «neuer» Nationalheld offenbar zu überstrahlen bestimmt ist, während bisher die Wendung der französischen Kommunisten gegen die «deutsche Tyrannei» sehr genau auf den 22. Juni 1941 datierbar war. Jedenfalls aber ist nun in Paris die Kampagne für die Rückkehr Thorez', dem die Provisorische Regierung immer noch das Visum verweigert, mit doppelter Kraft aufgenommen worden, und vor kurzem machte denn auch die Meldung die Runde, Thorez sei in Paris eingetroffen. Der «Travailleur Alpin», das kommunistische Blatt Savoyens, wie zweifellos die ganze übrige Parteipresse, widmete ihm denn auch eine wahre Ovation mit Sondernummern, Begrüssungsadressen, Biographie, Bildnis und Schlagtitel über die ganze Blattbreite: «*Paris retrouve Maurice Thorez, le grand Patriote Fran-*

çais!» Inzwischen ist die Ankunft Thorez' wieder dementiert worden, und er setzt, wie sich die «Humanité» ausdrückt, *«ardemment et sans arrêt son œvre de haut patriotisme à la radio de Moscou»* fort.

Ein womöglich noch stärkeres Echo aber hat die Falschmeldung von der Ankunft Thorez' in Deutschland ausgelöst. Das Berliner *«12-Uhr-Blatt»*, kriegshalber vereinigt mit «B. Z. am Mittag» und «Berliner Volkszeitung», widmete ihm einen riesigen rotgedruckten Schlagtitel über die ganze erste Seite weg: «Thorez liess in Paris die Folterzellen der Sowjetbotschaft in Betrieb setzen», und darunter folgte ein ausführlicher «Tatsachenbericht» mit dem Titel: «Mit Messern und Schlagringen. Thorez und Marty am Werk.» «Vor dem Eingang zu der berüchtigten Sowjetbotschaft in der Rue de Grenelle in Paris steht eine starke Wache der neuen französisch-bolschewistischen Miliz, die bereits in nächster Zeit die gesamte ‹bürgerliche Polizei› ablösen soll. In dem Gebäude aber herrscht und regiert der aus Moskau zurückgekommene Oberbolschewist Thorez. Er hat sofort den grössten Teil des Hauses einer ausgesuchten Abteilung des NKWP, der Nachfolgerin der GPU, überlassen.» Die französische Polizei sei heute schon nur noch für Kriminalfälle zuständig, während Thorez und seine GPU über alle «politischen Vergehen» zu Gericht sitzen. Der «Tatsachenbericht» schliesst mit der Schilderung einer Pariser Versammlung, in der André Marty, der «Schlächter von Albacete», gesprochen hätte und aus dem Publikum Protestrufe gegen seine Feststellung, es gebe heute «für die Franzosen nur noch einen Patriotismus, nämlich den sowjetischen», laut geworden wären: «Sofort stürzten sich die anwesenden Bolschewisten mit Schlagringen und Messern auf die Protestrufer, die Anhänger de Gaulles waren. Die Messerhelden Martys begeisterten sich bei ihrem Messerstecherhandwerk durch Zurufe *in russischer Sprache.»* Womit das Kapitel Thorez erledigt und das Kapitel *«deutsche Presse»* angeschnitten wäre. Ein Blick in eine Zeitung vom Niveau des «12-Uhr-Blattes» zeigt tatsächlich besser als die Lektüre der paar übriggebliebenen «repräsentativen» deutschen Blätter, die im Ausland verbreitet sind, womit heute das deutsche Lesepublikum ernährt wird. Die gleiche Nummer dieser Zeitung enthält eine als «amtliche» Mitteilung der «Verräterregierung in Bukarest» gross aufgemachte Meldung, dass sämtliche Facharbeiter aus Rumänien als «Sklaven für Sibirien» nach dem Ural abtransportiert worden seien, und Schilderungen über wüste Schandtaten der Bukarester Juden, welche die rumänische Hauptstadt beherrschen; ferner eine «Meldung» von der UNRRA-Tagung in Montreal, wonach der amerikanische Deputierte Acheson dort mitteilte, in Rom müsse jedes zweite Kleinkind und jeder zehnte Erwachsene Hungers sterben. Ganz solchen Meldungen ist die Nummer vom 25. September gewidmet, deren roter Balkentitel heisst: «Jetzt erlebt der Kontinent die blutigste Demonstration der Weltdespotie Judas. Die grauenhaften Tatsachen haben das Wort.» Am 26. wendet sich der rote Balkentitel gegen Westen: «Schreckensregime der Angloamerikaner ebenso tödlich wie Bolschewisierung», und der Text ist dem Plan Morgenthau und seiner «Generalprobe in Italien» gewidmet. Von der Nummer vom 29. September schreit es blutrot: «Ein Friedhof von Kiel bis Konstanz? Da irrt ihr euch, ihr jüdischen Hassfanatiker», und es folgt als «Steckbrief gegen Henry Morgenthau» eine Kurzbiographie, deren sachliche Daten ausnahmsweise leider richtig sind. Und so geht es weiter, Tag für Tag, immer frenetischer, immer pathologischer. Welch letzte Geschütze der pornographischen Fälschung, deren Spezialist einst Julius Streicher war, da aufgefahren werden, zeigt folgende «Enthüllung» des «Schwarzen Korps»: «Der bolschewistische Hofjude Ilja Ehrenburg ruft in den Rote-Armee-Zeitungen die asiatischen Horden auf, ‹das Blut der deutschen Frauen zu trinken› und ‹den Faschistenmädchen zu zeigen, wer Gewalt über sie hat›. ‹Die Freude mit ihnen und ihre Todesqualen» – so geifert der sadistische Judenschreiber –, ‹sollen die Leiden des Krieges vergessen lassen.› Der Generalleutnant Kojutschenkin von der 33. Roten Armee ruft seine Meute auf: ‹Nehmt die blonden Weiber, eure Beute, und ihr brecht den germanischen Hochmut!›» Die Schlussfolgerungen des «Schwarzen Korps» mögen der freilich unzureichenden Phantasie des Lesers überlassen bleiben. Es sind Spezialisten des Sadismus, die da am Werk sind, und sie wissen, wo sie die Phantasie der «Volksgenossen» zu packen haben. Mag auch die Abstumpfung und Übersättigung nach elf Jahren solcher offiziell gewordener und geradezu mit dem «Bildungsmonopol» ausgestatteter Hintertreppenliteratur noch so gross sein, die Wirksamkeit dieser unablässigen, eintönigen, kreischenden Propaganda auf geistig Primitive ist trotzdem nicht gering einzuschätzen – besonders wenn man die erschreckende Anfälligkeit für diese Propaganda auch ausserhalb Deutschlands feststellt und zum Beispiel zur Zeit der ungarischen Judenmassaker dieses Sommers in guten Schweizer Zeitungen von der «Patrie Valaisanne» bis zur «Rheintaler Volkszeitung» lesen konnte, die ungarischen Juden ereile die gerechte Vergeltung für ‹ihre› (!) Greueltaten in Russland, Spanien und Mexiko![314]

Der Zweck dieser schauerlichen Aufpeitschungs- und Vergiftungspropaganda ist nun allmählich allgemein bekannt geworden: es ist die Vorbereitung des deutschen «Maquis», der Kriegsfortsetzung über die totale Niederlage hinaus, die Verunmöglichung des Friedens auf Jahrzehnte. Gleichzeitig mit der Präparation des «deutschen Gemütes» geht die Organisation der neuen Femeorganisationen vor sich. Kein Deutscher soll es wagen dürfen, am Wiederaufbau eines demokratischen Deutschland mitzuarbeiten. «In den besetzten deutschen Landesteilen gäbe es keine ‹deutsche› Zivilverwaltung, keine ‹deutsche› Exekutive, keine ‹deutsche› Gerichtsbarkeit, weil ihre Träger und Organe den nächsten Monat kaum erleben würden», erklärt das «Schwarze Korps». «Wer nicht dem Zwang des deutschen Gewissens folgte, dem würde die Knochenhand der höchsten und letzten Instanz den richtigen Weg weisen. Keine Emigranten würden heimkehren, um hier ‹Regierung› zu spielen; kein Jude würde seine unterbrochene Schmarotzertätigkeit wiederaufnehmen; denn der deutsche Boden wäre ihm heisser als die Hölle und würde seinen Leichnam voll Ekel wieder ausspeien.» Die Zahl derer in Deutschland, für die es keinen Weg zurück ins Zivilleben mehr gibt und denen die berechtigte Angst im Nacken sitzt, ist zu gross, als dass man die Organisation dieser Feme für unmöglich halten dürfte. Aber weit grösser als die Gefährlichkeit eines solchen *«maquis»* ist die Gefahr, dass sich die Welt von ihm imponieren lässt; denn erst dadurch wäre die Voraussetzung für seine Existenz geschaffen. Es gibt nichts Feigeres als diese Totenkopfhelden, wenn man ihnen die Uniform auszieht; es gibt nichts Schlotternderes und Erbärmlicheres als einen Sadisten, dem es nicht gelingt, Angst zu machen. Dieser ganze Spuk müsste verfliegen, wenn in Deutschland etwas entstünde, was man Ordnung nennen könnte. *Die ungeheure Gefahr ist die, dass die Sieger diesen Plänen Himmlers in die Hände arbeiten*, wie heute schon die alliierten «Pläne» Dr. Goebbels in die Hände arbeiten. Die sichere Methode, die Deutschen zu unverbesserlichen, selbstmörderischen «Helden» zu machen, ist die, Deutschland das Leben zu verunmöglichen, ihm «Gleiches mit Gleichem zu vergelten» und den Nationalsozialisten die Kunst des Besatzungsregimes abzulernen. Man muss endlich aufhören, das «deutsche Problem» unter dem Aspekt von «Schuld und Sühne» zu betrachten, um es als europäische Frage zu erkennen. Die Amerikaner können es sich, auf kurze Sicht wenigstens, leisten, mit einem Vakuum oder einem Tollhaus inmitten Europas zu rechnen. Aber kein Europäer kann es sich leisten; denn im Osten und Westen dieses Vakuums bliebe von Europa nichts übrig als zwei ohnmächtige Randzonen Sowjetrusslands und des anglo-amerikanischen Blocks. Nicht auszutreten, nicht zu isolieren gilt es Deutschland, sondern es zu «europäisieren»; eine Isolierung, selbst und gerade unter inter-alliierten Erziehungskommissaren, würde die Verewigung des gegenwärtigen Ungeistes garantieren. Gerade auf dieses neue «europäische Gleichgewicht», in dem auch ein noch so zertretenes Deutschland wieder das Zünglein an der Waage wäre, spekulieren die Desperados vom «Schwarzen Korps»; als Werkzeuge der rivalisierenden Grossmächte hoffen sie wieder hochzukommen, wäre es auch nur, um Europa noch einmal zum Schlachtfeld zu machen. Zwischen denen, die sich dem «Untergang des Abendlandes» verschrieben haben, und denen, die dieser Untergang kalt lassen könnte, muss sich Europa, *ganz* Europa, auf sich selbst besinnen.

14. Oktober 1944

Churchill und Eden in Moskau. Die Balkanländer, Griechenland.
Die Vereinigten Staaten im Zeichen der Präsidentschaftswahlen

Die militärischen Operationen gegen Deutschland überstürzen sich nicht, obwohl die Nachrichten-Agenturen vor Ungeduld fast platzen. Ausser im Kampf um jene Ausgangsstellung, die früher einmal die alte Kaiserstadt Aachen war, beschränken sich die alliierten Armeen auf *«Säuberungsaktionen»* gegen die restlichen deutschen Aussenpositionen. Dafür überstürzen sich die Konferenzen, zu denen Churchill ruhelos um den Erdball reist. Beides hängt offenbar eng zusammen. Auch die alliierten Staatsmännerkonferenzen sind «Säuberungsaktionen». Die Bereinigung einiger interalliierter Fragen ist dringend geworden, seit die russischen Armeen in Rumänien, Bulgarien, Jugoslawien und Ungarn stehen und auch die Engländer und Amerikaner sich zögernd entschlossen haben, die seit zwei Jahren halboffenen Tore des Balkans doch noch einzurennen. Die säuberliche Trennung der Kriegsschauplätze geht zu Ende. Irgendwo und irgendwann werden sich die alliierten Armeen treffen müssen. Es ist vielleicht nicht nur dem verstärkten deutschen Widerstand und dem Aufgebot der «Volksgrenadiere» zuzuschreiben, wenn die alliierte Atempause vor dem «konzentrischen Einmarsch in Deutschland» länger dauert als erwartet.

Momentan also geht es in *Moskau* hoch her. Der Hofbericht der Exchange über das politische Diner in der britischen Botschaft, das «bis in die frühen Morgenstunden dauerte», verdient dem Papierkorb entrissen zu werden, in den er fast überall gewandert ist. «Am Diner nahmen sechsundzwanzig Gäste teil. Nach einigen Gläsern Wodka setzte man sich zu Tisch, wo das Mahl in englischem Stil aufgetragen wurde. Es gab eine Suppe, schottischen Lachs, Truthahn mit Pilzen, Eis und Obst. Stalin war ausgezeichneter Stimmung und schien verwundert zu sein, dass nicht bereits zu Beginn des Essens Tischreden gehalten wurden. Als das Eis serviert wurde» – womit es offenbar auch gebrochen war –, «wandte sich Stalin lächelnd an Churchill mit der Frage, ob es nun nach englischer Sitte angebracht erschiene, eine Tischrede zu halten. Daraufhin erhob sich Churchill und toastete auf König Georg von England und Staatspräsident Kalinin, ‹dessen Ruhm durch Marschall Stalin sehr vergrössert wurde›. Es folgten dann viele Ansprachen, in denen Stalin in besonders herzlichen Worten Roosevelts ... gedachte ... Nach dem Essen zogen sich Stalin und Churchill auf eine halbe Stunde zu einer Unterredung unter vier Augen zurück ...» Da kann wirklich kein Zweifel mehr daran übrigbleiben, dass mit den Russen gut Eis und Obst essen ist.[315]

Die neue Moskauer Entrevue hat denn auch bereits sichtbarlich gute Früchte getragen. Der polnische Ministerpräsident *Mikolajczyk* wird sich diesmal in Moskau weniger verlassen fühlen als bei seiner ersten Reise, und es ist anzunehmen, dass die Londoner und Moskauer Polen in Gegenwart ihrer Patrone manierlicher und versöhnlicher verhandeln, als wenn sie unter sich sind. Auch ist ja der Zankapfel Warschau nun auf denkbar gründliche Weise beseitigt, der missfällige Oberkommandierende Sosnkowski hat sich auf ein Landgut in Brasilien zurückgezogen, wohin ihm seine meisten Londoner Regierungskollegen zu folgen gedenken, sein ebenso missfälliger Nachfolger Bor-Komorowski ist an unbekanntem Tatort in ritterliche deutsche Gefangenschaft geraten, und so können sich nun vielleicht über den Trümmern Warschaus die konkurrierenden Vertreter Polens die Hände reichen – *vorausgesetzt eben, dass ihre respektiven Chefs einig geworden sind.*

Vierzehn Tage, nachdem sie vom russischen Oberkommando fristlos aus *Bulgarien* ausgewiesen wurden – wobei kein Mensch weiss, wie sie eigentlich da hingekommen waren – kehren nun auch die alliierten Militärmissionen nach Sofia zurück. Die nie näher beschriebenen «schmierigen Tricks» und «hinterlistigen Manöver» der mitkriegführenden bulgarischen Regierung, über die sich die englische Presse so heftig empörte und die Churchills Abkanzelung Bulgariens in seiner letzten Unterhausrede provozierten, haben zwei Tage nach Churchills erstem Diner mit Stalin ein plötzliches Ende gefunden, indem der bulgarischen Regierung die endlich vereinbarten englisch-russisch-amerikanischen Bedingungen überreicht wurden – nicht die Waffenstillstandsbedingungen, so weit ist es anderthalb Monate nach der bulgarischen Schwenkung ins alliierte Lager noch nicht, aber wenigstens die Vorbedingungen für die Aufnahme von Waffenstillstandsverhandlungen. Die Bulgaren haben sich aus Nordgriechenland zurückzuziehen, bevor die Engländer dort eintreffen, und die Hoffnung, einen verlorenen Krieg mit Gebietserwerbungen abschliessen zu können, dürfte damit vorläufig ebenso begraben sein wie das Projekt eines mazedonischen Staates «vom Eisernen Tor bis Saloniki». Es bleibt dabei, dass *Griechenland* als Mittelmeerstaat zur britischen Interessenzone gehört, wie es die «Times» schon vor Jahr und Tag proklamierte. Nördlich davon, wo England nicht mehr unmittelbare strategische, sondern «nur» noch Kapitalinteressen zu wahren hat, beginnen sich die Umrisse eines südslawischen Staatenbundes vom Schwarzen Meer bis Triest abzuzeichnen, und mit ausnehmender Höflichkeit hat sich Russland bei Tito die Erlaubnis eingeholt, aus strategischen Gründen vorübergehend jugoslawisches Gebiet zu betreten ... Übrigens soll auch Marschall Tito nach Moskau eingeladen worden sein; denn an der dalmatischen Küste sind inzwischen auch englische Kommandotruppen gelandet.

Aber nicht nur England hat in den Balkanländern, wie jetzt aus London in Erinnerung gerufen wird, «bedeutende Kapitalien investiert». Bereits ruft das *tête-à-tête* Churchills und Stalins in den *Vereinigten Staaten* Befürchtungen hervor. «Die amerikanische öffentliche Meinung wäre ernstlich beunruhigt, wenn eine dieser Fragen von Russland oder Grossbritannien selbstherrlich behandelt würde. Der Geist von Dumbarton Oaks, der die Erhaltung des Friedens durch gemeinsame Anstrengung sichern und weder neue Einflusssphären noch ein neues Mächtegleichgewicht schaffen will, muss sich jetzt bewähren», warnt die «New York Times»; aber obwohl sie nicht weiss, «ob auch das russische Volk damit einverstanden ist», schöpft sie aus den Trinksprüchen der Moskauer Diners die Hoffnung, Stalin habe erkannt, «dass gegenseitig versprochene Freundschaft in der Gerechtigkeit den Schlüssel zur allgemeinen Sicherheit bilde». In England scheint man zu hoffen, dass eine politische Hegemonie Russlands mit einem Ausbau der angelsächsischen Wirtschaftskolonisation auf dem Balkan vereinbar wäre. Es wird dazu freilich sehr viel Takt brauchen, vor allem von seiten der betroffenen Balkanvölker ...

Die amerikanischen *Präsidentschaftswahlen*, die Roosevelt hindern, an der Moskauer Party mit dabei zu sein, werfen auch sonst ihren Schatten auf die interalliierten «Flurbereinigungen». Trotz allen Bemühungen, die Aussenpolitik aus dem Wahlkampf auszuschalten, ist nun Roosevelts Rivale Dewey[316] mit der Forderung nach vergrösserter Wiederherstellung Vorkriegspolens auf Stimmenfang unter den Amerikapolen ausgezogen. Und bei Roosevelt sprach eine Delegation vor, die im Namen von 600 000 Wählern polnischer Abstammung Garantien für die Integrität Polens verlangte. Roosevelt gab die sibyllinische Antwort, Polen müsse als grosse Nation wiederhergestellt werden – womit bekanntlich Stalin durchaus einig geht –, aber diese Nation müsse vorbildlich und friedliebend sein. Das homerische Gelächter, das Churchills Erwähnung der amerikanischen Wahlen im englischen Unterhaus hervorrief, war nicht ganz gerechtfertigt. Vielleicht sind Mikolajczyk und Morawski in erster Linie zur Wahlhilfe für Roosevelt nach Moskau beordert worden. Denn nicht nur die Amerikapolen interessieren sich sehr lebhaft für das Schicksal Polens, sondern auch die katholische Kirche und ihre amerikanische Herde. Wie hoch die Wellen gehen, zeigt vielleicht am besten der Artikel, den der ehemalige amerikanische Botschafter in Paris und Moskau, W. C. Bullitt, unter dem Titel «*Die Welt von Rom aus gesehen*» dem verbreiteten Magazin «Life» lieferte: «Stets gleichermassen empfänglich für alle Fragen, welche die Kultur des Westens betreffen, lebt Rom in der Furcht vor der wachsenden Bedrohung durch Moskau ... Die Engländer sind nicht in der Lage, Moskau einen genügenden Widerstand entgegenzusetzen ... Anderseits haben die Vereinigten Staaten einen schweren Fehler begangen, als sie Russland die Vorteile des Leih- und Pachtgesetzes zukommen liessen, bevor die Sowjetunion die Unabhängigkeit der europäischen Staaten anerkannt hatte. Im Augenblick, wo die Alliierten sich vom Kontinent zurückziehen werden, wird Europa die Beute des Bolschewismus werden, wie dies heute schon bei Polen der Fall ist ... Wenn es Stalin gelingt, den Plan der Engländer (?) zur Gründung einer sozialen Monarchie der Habsburger in Österreich zu verhindern, kann Italien dem Bolschewismus nicht entrinnen ... Wenn Westdeutschland durch die Angloamerikaner besetzt werden sollte, wird es frei bleiben. Wenn die Besetzung aber gemeinsam mit den Russen erfolgt, kann nichts mehr die Bolschewisierung ganz Europas verhindern ...» Und so fort. Die «Prawda» hat den einstigen Botschafter in Moskau dafür einen «korrumpierten Spion» tituliert.

Bis zur Präsidentenwahl hängen praktisch alle alliierten Vereinbarungen für die Nachkriegszeit in der Luft. Die Sicherheitsorganisation, die Hilfsorganisation, der internationale Währungsfonds, die Wiederaufbaubank stehen und fallen mit der Teilnahme der Vereinigten Staaten, für die Roosevelt über seine eigene Amtsdauer hinaus nicht garantieren kann. Bereits seit Monaten ist es so, dass alle Nachkriegspläne den Vertretern der Republikanischen Partei zur Prüfung vorgelegt werden; es ist ein weltpolitisches Novum, dass eine Oppositionspartei wie eine souveräne Grossmacht an internationalen Verhandlungen teilnimmt. Aber diese Partei vertritt eben tatsächlich eine Grossmacht, die mächtiger ist als die Regierung Roosevelt: das amerikanische Grosskapital, das nach Märkten schreit, die ihm den «Konsumenten Krieg» ersetzen könnten. Deshalb steht es auch durchaus nicht fest, dass *dieses* Malaise der «Vereinten Nationen» mit der Wiederwahl Roosevelts behoben sein wird, denn der Geist des *New Deal*, der «Ära Roosevelt», hat dem neuen Geschäftsgeist bereits weichen müssen. Seit langem muss Roosevelt seine einstigen Vertrauensleute zunehmend gegen Vertrauensleute der Trusts, wie Stettinius, Crowley und Harriman, auswechseln, und wie vorauszusehen war, ist für die diesjährigen Präsidentschaftswahlen der letzte Missionar des politischen und sozialen Idealismus der New-Deal-Zeit, der Vizepräsident *Wallace*, dessen fortschrittsfreudige Reden soeben in deutscher Übersetzung erscheinen, stillschweigend fallengelassen worden; an seine Stelle tritt der Vorsitzende der Senatskommission zur Überwachung der Kriegsproduktion, *Truman*, der vor einigen Monaten mit der Forderung zu internationaler Berühmtheit gelangte, England solle die amerikanischen Pacht- und Leihlieferungen durch Abtretung seiner kolonialen Rohstoffquellen bezahlen. Der Regierungsantritt der Big Business in den Vereinigten Staaten hat umgekehrt bei den befreiten und zu befreienden Ländern zu einem Misstrauen gegen den amerikanischen Wirtschaftsimperialismus geführt, an dem die grossen Hilfsprojekte des Währungsfonds, der UNRRA und der Wiederaufbaubank zu scheitern drohen: die zweite Konferenz der UNRRA in Montreal hat gezeigt, dass viele kriegsverwüstete Länder lieber auf amerikanische Hilfe verzichten, als ihren Wiederaufbau der Kontrolle von Organisationen zu unterstellen, die von Morgan und Du Pont de Nemours beherrscht werden. Und dieses Misstrauen gegen die amerikanische Hilfe verschnupft wiederum die Amerikaner, die in echtem Welterlösungselan die Hilfe für alle Welt organisieren möchten ... Die Diplomatie nach innen und aussen, mit der Roosevelt bisher die amerikanische Politik zwischen all diesen Klippen durchgesteuert hat, ist bewundernswert. Von der Wiederwahl oder Niederlage dieses grossen Vermittlers hängt heute für die Zukunft der Welt mehr ab als vom Tempo der Eroberung Aachens und Memels, auch wenn er die Entwicklung des amerikanischen Expansionsdranges nicht aufhalten, sondern nur versuchen kann *to make the best of it*.

21. Oktober 1944

Waffenstillstandsgesuch des ungarischen Reichsverwesers Horthy

Es ist sehr selten, dass Unruhe und Unordnung offiziell werden. Rundum kann Mord, Brand und Terror wüten – solange «Ruhe und Ordnung» alle Lautsprecher beherrschen, pflegt man anzunehmen, dass sie überhaupt herrschen. Manchmal ist die Lage unklar; dann werden am Mikrophon Schallplatten gespielt, bis sie wieder klar ist, und Post und Telegraph lassen sich schlimmstenfalls vorübergehend sperren. Dann entstehen zwar «unbestätigte Gerüchte», wie kürzlich während der Nachrichtensperre zwischen Berlin und Stockholm; aber da diese Gerüchte meist falsch sind – in diesem Fall war angeblich Göring verhaftet worden –, erledigen sie sich nach einiger Zeit von selbst und dienen nur als Beweise *e contrario* dafür, dass «überhaupt nichts los war». Ruhe und Ordnung am Lautsprecher ist Ruhe und Ordnung schlechthin. Wir müssen uns damit abfinden; darauf beruht unser Weltbild. Es würde auch alles gar zu kompliziert, wenn wir auf diese Gleichsetzung verzichten und die Stimme am Mikrophon, die die Stimme der Regierung ist, nicht mehr für Volkes und Gottes Stimme halten wollten. So hat dieser Krieg bis heute vielleicht Europa, aber nie und nirgends Ruhe und Ordnung zerstört. Nicht die mindeste Unruhe entstand in den Senderäumen, als Mussolinis Regime zusammenbrach, als der König von Rumänien den Übergang ins andere Kriegslager befahl, als Bulgarien mit Kriegserklärungen aller Welt jonglierte. Ohne jedes Aufsehen wechseln die Radiosprecher in den baltischen Staaten, und in die schalldichten Studios dringt kein Schuss und kein Schrei. Nur die Warschauer Aufständischen haben einige Funksprüche ausgesandt, und diese Todsünde wird ihnen nirgends verziehen werden, denn sie haben damit die Ruhe der Welt gestört. Wohin kämen wir, wenn die Opfer in die unbeirrbare Kontinuität der Sender, in die musizierende Harmonie der Radiowellen hineinzulärmen begännen!

In Ungarn ist am letzten Sonntag dieses sehr seltene Phänomen der *Unordnung am Lautsprecher* eingetreten. Nur einen Augenblick lang hat die Regie nicht geklappt, aber das ist schwerwiegender als der vieltausendfältige Mord, der in diesen Jahren durch Ungarn ging. Seit der Reichsverweser im Budapester Radio ankündigte, er habe um Waffenstillstand nachgesucht, geht im Versuch, diesen *faux pas* wieder einzurenken, alles drunter und drüber. Eine Viertelstunde nach Horthy kam der Generalstabschef ans Mikrophon, um mitzuteilen, es sei nicht so gemeint gewesen, und der Kampf gehe weiter; dann liefen die in solchen Fällen üblichen Schallplatten, bis schliesslich ein Sprecher einer «neuen Regierung» Horthy als Verräter beschimpfte, und am andern Morgen ging Radio Budapest so weit, von einem allgemeinen Aufstand in Ungarn zu berichten: «Wenige Minuten, nachdem der Verrat Horthys und seiner Regierung über Radio Budapest verbreitet worden war, erhoben sich die Ungarn aller Klassen in allen ungarischen Städten und besonders in Budapest gegen den versuchten Verrat am ungarischen Volke ...» Die ungarische Nachrichten-Agentur verbreitete in der allgemeinen Verwirrung die Botschaft Horthys, die Deutschland des Verrats an Ungarn bezichtigte, und das DNB eine Erklärung der Reichsregierung, die den Verräter Horthy *in effigie* aufknüpfte, ins Ausland. So weit wäre die Lage klar gewesen. Aber Radio Budapest liess nun den Reichsverweser «die Macht in jüngere Hände legen», nämlich in die Hände jener «neuen Regierung» vom Vorabend, und seine Botschaft in seinem Namen als nichtig widerrufen; die Reichsregierung gelangte mit einiger Verspätung sogar zur Erkenntnis, dass Horthy seine Rede überhaupt nie gehalten habe, und das DNB stornierte seine Schimpfiade. Und nun weiss niemand mehr, woran er ist; die Berliner Sprecher weigern sich, die «ganze Reihe von Missverständnissen» abzuklären, auf die sich nach ihrer Ansicht die ganze Angelegenheit beschränkt. Inzwischen ist nach deutschen Meldungen der Befehlshaber der Ersten ungarischen Armee «mit einigen Damen und der gesamten Kasse seiner

Armee zu den Sowjets übergelaufen», und die ungarische Front geht in Zersetzung über. Herr von Horthy, dem Deutschland sogar die Rolle eines Märtyrers verweigert, wird so wenigstens etwas zur Beschleunigung des Kriegsendes beigetragen haben.[317]

Ein kleiner Regiefehler, ein momentanes Versagen der Gestapo, und der letzte «Bundesgenosse» bricht zusammen! So zerbrechlich ist das Gehäuse des Dritten Reiches geworden ... Dabei war doch der ganze Zwischenfall verhältnismässig harmlos; das ungarische Volk war keineswegs aufgestanden, die Leute am Lautsprecher blieben unter sich, und kein wahres Wort ist in der ganzen Auseinandersetzung in die Ätherwellen geraten – nur die Lügen sind ein wenig durcheinandergekommen. Gegenüber den Anklagen des apokryphen Admirals von der Stephanskrone, dass er gegen seinen Willen «infolge unserer geographischen Lage» in den Krieg hineingezwungen worden sei, obwohl er «von niemandem auch nur einen Quadratmeter Gebietes» wollte, ist sogar das Dritte Reich noch moralisch im Recht. Seltsam unpräzis, aber keineswegs unrichtig erklärt ein Berliner Kommentar der «Münchener Neuesten Nachrichten»: «Die Vorgänge, wie sie sich in Budapest abgespielt haben, bedeuten den Abschluss einer innenpolitischen Entwicklung, die 1920 begonnen und seitdem unverändert die Macht in der Hand einer bestimmten Gruppe von Menschen belassen hatte. In parlamentarischen Formen bewahrte Ungarn den Charakter eines Landes, in dem eine sozial herausgehobene Schicht politische Privilegien genoss. In dieser Verfassung verstand es ein kleiner Kreis von Menschen, der sich um die Burg, den Sitz des Reichsverwesers, sammelte, auf die Politik nach seinen selbstsüchtigen Interessen Einfluss zu gewinnen.» Für das ungarische Volk ändert sich wenig, wenn diese paar «Leute am Lautsprecher» heute von deutschen und morgen von russischen Sprechern verdrängt werden. Der misslungene «Abfallversuch» galt nicht der Rettung Ungarns, sondern der Rettung seiner Paschas und ihrer Reichsverwesung.

Die äusserst rührige ungarische Propaganda zuhanden der Alliierten, die über Neutralien betrieben wird, ist durch das Absacken Ungarns in die Illegalität wieder wach geworden. Die älteste und einfachste Formel ist natürlich die, Herrn von Horthy zum Märtyrer des ungarischen Freiheitskampfes gegen Deutschland zu ernennen, und sie wird mindestens bei der einflussreichen Internationale der Rennstallbesitzer Anklang finden. Seit einigen Wochen aber geht eine neue Version auch in Schweizer Zeitungen von der katholisch-konservativen bis zur sozialdemokratischen Presse um: die ganze ungarische Politik seit dem Weltkrieg sei gar nicht von Vollblutungarn, sondern von verfluchten Fremdstämmigen, vor allem von Deutschstämmigen mit ungarisierten Namen betrieben worden; der ungarische Chauvinismus und Revisionismus sei eine Mache dieser fremdrassigen Assimilanten gewesen, die ihre Abstammung durch Überpatriotismus vergessen machen wollten. Und wie jetzt die deutsche Propaganda in den «Budapester Missverständnissen» die Hand Judas enthüllt, so enthüllen uns diese ungarischen Antifaschisten, dass der Pfeilkreuzlerführer und momentane Diktator Ungarns,

Szalasy, ein nur mühsam ungarisch radebrechender Armenier ist, dass der antisemitische und nationalsozialistische «Führer» Imrédy von deutschen und jüdischen Ahnen stammt und dass Nikolaus von Horthy zwar unbestreitbar ein Ungar, aber ein Kalvinist und deshalb kein würdiger Repräsentant der Stephanskrone und des ungarischen *corpus mysticum* gewesen sei. Die Fälle Szalasy und Imrédy sind gewiss frappant und belegen die nicht nur für Ungarn gültige Tatsache, dass Neuassimilierte es im Patriotismus meist ihren älteren Landsleuten zuvortun; die grössten französischen Chauvinisten sind Nichtfranzosen, die kritiklosesten Bewunderer Englands Nichtengländer, und das Lob der Schweizer Bodenständigkeit ist nirgends penetranter zu hören als im Mund von Nicht- oder Neuschweizern. Das ist gewissermassen normal. Ebenso normal ist, dass in Ländern, in denen die breite «eingeborene» Bevölkerung in dumpfer, apolitischer Untertänigkeit gehalten wird, die regierende Kaste sich ihre politischen Agenten, Soldschreiber und Handlanger mit Vorliebe aus den Nicht- und Neubürgern auswählt, die politisch ungefährlich und zudem meist billig sind und die überdies den Vorteil bieten, dass sich der «Volkszorn» auf sie ablenken lässt, wenn etwas schiefgeht; das war so im alten Preussen und Russland wie im neuen Ungarn. Waren nicht die «Fremdstämmigen» auch an der Niederlage im ersten Weltkrieg und an der Räterepublik von 1919 schuld, und hat nicht auch die Regierung Sztojaj soeben die «Fremdstämmigen» zu Hunderttausenden als Sündenböcke in die deutschen Vergasungskammern geschickt? Es ist nicht eben tröstlich, wenn nun ungarische Antifaschisten mit einer kaum geänderten Version desselben Programms aufrücken, um in Ungarn «endlich Ordnung zu machen»: Reinigung Ungarns von den Fremdstämmigen, Ausscheidung der Metöken aus dem «Volkskörper» und speziell, weil das im Augenblick besonders populär sein muss, Deportation der Ungarn deutscher Abstammung ... So leicht ist der Übergang vom Antisemitismus zum «Antigermanismus»; denn beides befindet sich ungefähr auf dem gleichen geistigen Niveau und schliesst sich durchaus nicht aus. Irgendwer muss doch ausgerottet werden, sonst wäre die Weltgeschichte nicht mehr interessant. «Die grösste Tugend der ungarischen Nation ist zugleich ihr grösster und schönster Fehler: die Nächstenliebe», erklärte einst der ungarische Ministerpräsident Kallay. Sie hat entsprechend rundum Liebe gesät. Begreiflich, dass sie auch wieder einmal hassen will ...[318]

Die ungarische *Nation*? Es wäre vielleicht besser, von der ungarischen *Bevölkerung* zu reden, wie es besser wäre, von der südslawischen, rumänischen, polnischen und vielleicht sogar deutschen Bevölkerung zu reden und die grossen, mystischen Worte «Volk» und «Nation» zunächst einmal beiseite zu lassen. Sie alle müssen erst Nationen werden, auf jenem oft langen und mühsamen Wege, der zur Selbstbestimmung und Selbstregierung führt; ein Untertanenverband unter der archaischen Herrschaft von Ritterguts- und Industriebaronen und ihrer «fremdstämmigen» Agenten ist kein Volk, soviel Nationalmystik und «Volksgemeinschaft» ihm auch injiziert wird. Das Wort «Nation» ist aus der Französischen Revolution aufgestiegen, als Antithese gegen das absolute Königtum, nicht gegen andere «Nationen», und es lässt sich nicht beliebig auf jede Sprach- oder Untertanengruppe übertragen; welche Definition von «Volk» und «Nation» träfe zugleich für Amerikaner, Kroaten, Tschechoslowaken, Hottentotten, Schweizer, Irländer und Polen zu? Es wäre ungemein wohltätig, gelegentlich von der «gehobenen Sprache» der politischen Mystifikation zur Prosa überzugehen. Auch alle Schuld- und Sühnefragen erhalten plötzlich ein anderes Gesicht, wenn man an Stelle des «Volkes», das soeben vom englischen Gewerkschaftskongress für schuldig erklärt wurde, «die grosse Gemeinschaft der Demokratie verraten» zu haben, die *Bevölkerung* einsetzt, die in diesem wie in allen Kriegen nicht Subjekt, sondern Objekt der «hohen Politik» gewesen ist; von jener «grossen Gemeinschaft der Demokratie», die Deutschland nach dem Urteil der englisch-russischen Gewerkschaftsresolution verraten hat, wäre übrigens erst noch ausfindig zu machen, wo und wann sie bestand. Sir Walter Citrine[319] hat freilich ein ganz anderes Argument für die Schuldigerklärung des «deutschen Volkes» ausfindig gemacht: «Da ... der Wiederaufbau hauptsächlich vom deutschen Volk durchgeführt werden muss, wird niemand behaupten können, dass man diese Aufgabe einem Volk übertragen hat, das man für unschuldig hält.» Das ist einleuchtend – und doch nicht ganz. Denn moralische Begründungen für Zwangsarbeit und Arbeiterdeportationen kann man sich durchaus ersparen; die Deutschen haben es auch getan.

28. Oktober 1944

Anerkennung der Provisorischen Regierung Frankeichs. «Die Einstimmigkeit, die das Dritte Reich gegen sich zustande brachte, geht zu Ende»

Die lang und gründlich bedachte Anerkennung der Provisorischen Regierung Frankreichs, einfacher gesagt die *Anerkennung Frankreichs* schlechthin, ist wie alles längst Überfällige schliesslich überraschend plötzlich gekommen, nachdem noch vor einigen Tagen die «diplomatischen Beobachter» sehr plausibel erklärt hatten, ein solcher Akt komme vor den amerikanischen Präsidentschaftswahlen um so weniger mehr in Betracht, als Roosevelts Rivale Dewey diese Frage in den Wahlkampf hineingezogen habe. Eine Begründung für die plötzliche Kursänderung ist ebensowenig gegeben worden wie vorher für die endlose Verschleppung, es sei denn, man finde sich mit der Auskunft ab, die alliierten Regierungen hätten die souveräne Entscheidung General Eisenhowers abwarten müssen. Es ist freilich sehr gut möglich, dass die berühmten «militärischen Notwendigkeiten» ihr Wort mitgesprochen haben; denn Verbitterung und ein, wenn auch nur diplomatisches, Interregnum im Rücken der wieder erstarrten deutschen Front ist von diesem sehr einfachen Gesichtspunkt aus ebenso untunlich wie jene propagandistisch vorweggenommene Vergeltung an ganz Deutschland, gegen deren Exzesse die Truppen der alliierten Moselarmee protestiert haben. Die Gründe der Nichtanerkennung

Frankreichs waren allzu undurchsichtig – oder allzu durchsichtig geworden. Alle periodischen Erklärungen Roosevelts und Churchills gaben keine Erklärung, oder aber Erklärungen, die schlimmer waren als keine. Die auf Frankreich bezügliche Stelle in der grossen Unterhausrede Churchills vom 28. September klang so abstrus, dass man zuerst geneigt war, wieder einmal die Übersetzungskünste der Nachrichten-Agenturen dafür verantwortlich zu machen; aber nicht immer sind die Agenturen schuld, wenn man aus offiziellen Äusserungen nicht klug wird: «Natürlich sind wir und, glaube ich, die Vereinigten Staaten und die Sowjetunion begierig, eine Einheit *(entity)* auftauchen zu sehen, von der man wirklich sagen kann, dass sie im Namen des ganzen französischen Volkes spreche. Es sollte nun möglich scheinen, das Dekret des Komitees von Algier in Kraft zu setzen, durch das als Zwischenstadium die Legislative Versammlung durch die Beifügung *(addition)* neuer, aus dem Innern Frankreichs herangezogener Elemente in eine gewählte Körperschaft umgewandelt würde.» Das «Dekret» von Algier, das die Reaktivierung der demokratischen Institutionen Frankreichs minutiös regelte, hatte freilich solche Staatskunst als Fingerfertigkeit nicht vorgesehen: eine ernannte Versammlung durch weitere Ernennungen in eine «gewählte Versammlung» zu verwandeln; denn dass allgemeine Wahlen nicht durchgeführt werden könnten, solange Millionen Franzosen in den noch von Deutschland besetzten Gebieten Frankreichs und in deutscher Gefangenschaft und Zwangsarbeit leben, darüber war die Diskussion doch ziemlich abgeschlossen. In seiner gestrigen Rede betrachtete nun Churchill diese Bedingung als erfüllt, da tatsächliche neue Mitglieder in die Konsultativversammlung ernannt worden sind … Und was die Begierde betrifft, endlich in Frankreich eine Autorität auftauchen zu sehen, die im Namen *aller* Franzosen spräche, so musste sie sich offenbar schliesslich, mit erstaunlicher Verspätung, damit abfinden, dass diese Autorität ausserhalb der jetzigen französischen Regierung nicht zu finden sei. Vor kurzem wandte sich Pierre Emmanuel in einem Artikel an diejenigen Franzosen, die nach «Ordnung» rufen und darunter die Unterdrückung der Agitationen und Manifestationen verstehen, die jetzt Frankreich aufwühlen: «So haben sie nur eine Hoffnung: einen Chef zu finden. Trotz ihrem instinktiven Misstrauen sehen sie keinen andern als de Gaulle und hoffen, dass dieser der Zutreiber ihrer Ordnung sein wird … Nun gut! de Gaulle ist nicht dieser Chef. Er ist der Chef der freien Franzosen, das heisst, der erste Bürger Frankreichs …, nicht der Polizist der Ordnung, sondern der Wächter der Freiheit.» Das ist die grosse Enttäuschung.[320]

Aber Churchill, der über die Tiefgründigkeit und Klarheit seiner Worte bestimmt nicht im Zweifel war, konnte eben nicht gut einfach erklären: «Die ganze Richtung passt mir nicht.» Und so versank die ganze Frage im Malaise der Geheimpolitik. De Gaulle sei zu autoritär, wurde erklärt, und meist im gleichen Atemzug, er habe nicht Autorität genug, es gebe in Frankreich «noch» Meinungsverschiedenheiten – ein Argument, das in strenger Logik bedeuten würde, dass nur diktatorische Regierungen anerkannt werden können, da es nur unter ihnen keine Meinungsverschiedenheiten gibt. Dieselben Regierungen «im Kampf gegen den Faschismus», die nicht gezögert hatten, die dank der Waffenhilfe Hitlers und Mussolinis usurpierte Gewalt General Francos anzuerkennen, verweigerten der im Befreiungskampf entstandenen Regierung des befreiten Frankreich die Anerkennung; vor allem die Vereinigten Staaten, welche die Staatsstreichregierung von Vichy sanktioniert hatten, bis diese selbst die Beziehungen abbrach, konnten sich nicht entschliessen, der gegen Deutschland kämpfenden Regierung de Gaulles das gleiche Entgegenkommen zuzubilligen. «Diese Logik hat also ihre Verfinsterungen», schrieb am gleichen Tag, an dem de Gaulle die Alliierten mit «schockierender» Offenheit auf die Gefahren ihrer Haltung aufmerksam machte, die Pariser Zeitung «Combat»: «Aber wir verstehen schon, dass es sich nicht um Logik, sondern um *Realismus* handelt. Man wird uns sagen, dass Amerika die Beziehungen zu Vichy brauchte, um die Landung in Nordafrika vorzubereiten, und dass sie mit Franco in Verkehr bleiben musste, um ihn besser zu kontrollieren. Man könnte nicht klarer ausdrücken, dass es jetzt gleichgültig ist, die Regierung Frankreichs anzuerkennen oder nicht anzuerkennen, da man Frankreich nicht mehr braucht.» Wirklich gibt es ja gegenüber dem befreiten Frankreich einfachere und wirksamere Kontrollmittel als die des diplomatischen Verkehrs, solange die alliierten Armeen in Frankreich stehen und ihr Oberkommandierender die höchste Instanz des Landes ist. Das ist sehr einfach und realistisch.

Aber die Realpolitik hat stets ihre Rechenfehler. Der Blitzkrieg gegen Deutschland ist unvermutet steckengeblieben, und nun braucht «man» Frankreich wieder als Etappe, wenn nicht als Mitkämpfer. Da wurde diese Geste um so unumgänglicher, als es die erste Geste der Alliierten zugunsten Frankreichs ist, das heute in vorderster Linie die Last des Krieges trägt. «Wir müssen diesen Krieg, der ein französischer so gut wie ein Weltkrieg ist, in dem Zustand führen, in den uns die grossen Schlachten von 1940, dann vier Jahre der Invasion, Unterdrückung und Plünderung, endlich die Kämpfe, Bombardierungen und Zerstörungen von 1944 gebracht haben: 300 000 Mann vor dem Feind gefallen, sei es auf dem Schlachtfeld oder auf dem Hinrichtungsplatz, rund drei Millionen Franzosen gefangen oder deportiert, unsere Rüstungsindustrie auf ein Nichts zusammengeschrumpft, unsere grossen Häfen ausser Bordeaux zerstört, viertausend Brücken gesprengt, unsere Eisenbahnen und Kommunikationen völlig lahmgelegt, unsere Bergwerke verlottert, unsere Fabriken ohne Kohle und Strom, unsere landwirtschaftliche Ausrüstung verbraucht, unsere Brennstoff- und Rohstoffvorräte vollständig vernichtet – das ist die Bilanz. Was uns an Eisenbahnen, Schiffen und Material noch bleibt, müssen wir zudem meist für militärische Zwecke dem alliierten Kommando überlassen ... Viele mochten glauben, dass uns die Alliierten grosse und schnelle Hilfe bringen würden. Das sind Illusionen. Die erste Pflicht der Kriegführenden ist, die gefrässigen Schlachten zu speisen. Im übrigen sind unsere Alliierten Staaten, von denen jeder, auch wenn er den gleichen Feind bekämpft wie wir, seine *eigenen Interessen* und seine *eigene Politik* verfolgt.» Keine französische Stimme war bisher indiskret genug, die Alliierten an die Ströme von Milch und Honig zu erinnern, welche ihre Propaganda für den Tag der Befreiung ankündigte; dass der Krieg, der kein philanthropisches Unternehmen ist, weitergeht und die Transportmöglichkeiten für ihn reserviert sind, ist das tägliche Leitmotiv der französischen Presse. Aber der Schiessbefehl der alliierten Militärbehörden gegen Plünderer ihrer reichen Versorgungsdepots zeigt, wie ernst die Lage ist. Frankreich hat von seinen Alliierten wenig moralische und noch weniger materielle Hilfe erhalten, ausser dieser späten Geste der Anerkennung – und der Freiheit. Aber wenn heute in Frankreich diese wiedergewonnene Freiheit nicht als Geschenk der Alliierten betrachtet wird, sondern als ein Gut, das seit den wirren Kulissenkämpfen von Algier Stück für Stück der misstrauischen alliierten Vormundschaft fast ebenso wie dem deutschen Terror abgetrotzt werden musste, so ist die alliierte Geheimpolitik daran nicht unschuldig. Man kann zwar nicht sagen, dass die Wiederanerkennung der Souveränität Frankreichs eine Geste sei, welche die Alliierten nichts koste. Sie kostet den Vereinigten Staaten das Verfügungsrecht über eine Milliarde Dollar Gold der Bank von Frankreich, den Verzicht auf die unbegrenzten Einmischungsmöglichkeiten in einem juristisch herrenlosen Frankreich und vielleicht – obwohl Roosevelt da schon sehr deutlich «abgewunken» hat – eine baldige Mitsprache in den alliierten Kriegs- und Nachkriegsräten. Aber eine moralische Tragweite hat sie heute nicht mehr, und recht kühl klang der Dank des Aussenministers Bidault[321]: die Provisorische Regierung, die seit ihrem Eintreffen in Frankreich die Souveränität ausübe, schätze sich glücklich, «in der offiziellen Anerkennung dieses Tatbestandes eine Solidaritätskundgebung erblicken zu können». Die erste Pressekonferenz de Gaulles nach seiner Anerkennung enthielt eine auffallende Absage an den jetzt mit Hochdruck betriebenen Plan eines europäischen Westblocks unter englischer Führung, da Frankreich «die Idee der Schaffung einer Staatengruppe unter Ausschliessung des übrigen Europa ablehne», und eine sehr bemerkenswerte Äusserung über das westdeutsche Industriegebiet, das als «ein Zentrum des wirtschaftlichen Wohlstandes ... zum menschlichen Fortschritt in hohem Masse beitragen könnte». Welch interessierte Hintergedanken man dabei auch vermuten mag – inmitten der antieuropäischen Glacis- und Zerstörungsprogramme wird hier etwas wie die Stimme eines europäischen Bewusstseins hörbar.

«Die Franzosen sind Imperialisten der Freiheit», schrieb der unglückliche Propagandaminister Giraudoux 1939. Das war eine jener Phrasen der Dritten Republik, die nun unversehens wieder ihren einstigen Sinn erhalten. Die Erhebung Frankreichs wirkt ansteckend auf das zertretene *Spanien*, und die vorsichtigen Verfügungen der Provisorischen Regierung scheinen machtlos gegen die Solidarität der FFI mit den spanischen Republikanern, die in Nordafrika und Frankreich an ihrer Seite gekämpft haben. Es ist in Frankreich weniger als anderswo möglich, zu vergessen, dass der Verrat der Demokratien an Spanien und die Niederlage der spanischen Republik der erste Verrat und die erste Niederlage war, von denen der Weg mit unerbittlicher Logik über München nach Compiègne führte. Nach jener für Franco so freundlichen Rede Churchills vom 25. Mai schrieb «New Statesman and Nation»: «Warum sollten wir nicht aussprechen, was wir alle wissen: dass die Kämpfer gegen den Faschismus in Spanien die ersten Freiwilligen im Krieg gegen Hitler waren?» Nun sickern sie über die Pyrenäen nach Spanien zurück. In einem Brief an den spanischen Kriegsminister, den die Londoner «Spanish Newsletter» vor einem Monat veröffentlichte, erklärt der bekannte katholisch-reaktionäre Politiker *Gil Robles:* «Ich habe die absolute Überzeugung, dass der Sieger (Franco) niemals Frieden finden wird, vor allem seit die Besiegten sicher sind, dass sie mit Hilfe der ganzen Welt bald selber die Sieger sein werden. Die Behörden können die bewaffneten Verbände verstärken; sie können Hunderte erschiessen; nichts wird ihnen helfen.»[322]

Auch ausserhalb Frankreichs herrscht im bis anhin befreiten Europa «noch» nicht durchwegs Glück und Frieden. Nur wenig und vor allem wenig Zuverlässiges ist hier von den letzten Zuckungen der baltischen Staaten zu vernehmen, aber es ist kein Zweifel, dass das «baltische Problem» mit altrussischer Robustheit, neurussischer Organisation und um persönliche Schicksale wenig bekümmertem philosophischem «Diamat» alias dialektischem Materialismus liquidiert wird. Dass die Balkanfragen gelöst sind, hat zwar Churchill soeben sehr überzeugend versichert – aber eben erst diplomatisch gelöst. Die Strassenkämpfe im befreiten Athen sind nur ein Symptom dafür, dass mit der Befreiung die Gärung nicht abgeschlossen ist, sondern erst zum Ausbruch drängt. In Palermo kam es zu einer «separatistischen Revolte», die vielleicht von den Faschisten oder den Kommunisten oder den Grossgrundbesitzern oder den Engländern, auf jeden Fall aber vom Hunger angezettelt war, der auch im übrigen befreiten Italien die «öffentliche Sicherheit» stört und nun offenbar durch die diplomatische Anerkennung Italiens gelindert werden soll. In Belgien sind mit der Befreiung Streiks und Unruhen eingezogen, und eine Wonne für Dr. Goebbels muss die Verwahrung gewesen sein, die Minister Spaak[323] «gegen die unvernünftige Behauptung, dass es unter der deutschen Besetzung besser gewesen sei», einlegen musste. Mögen die Alliierten nicht einst das grosse Wort des deutschen Propagandaministers abwandeln müssen: «Wir befreien einen Kontinent, der es gar nicht verdient.» Es ist evident, dass die deutsche Ordnung das Chaos zurücklassen musste, dass die deutsche Kriegsverlängerung dieses Chaos vermehrt und vermehren will und den Alliierten keine Transportmittel für Nahrungsmittel und andere zivile Zwecke – ausser, nach der neuesten Verfügung Roosevelts, für amerikanische Geschäftsleute – übriglässt; aber es erklärt nicht alles. Zu erwarten, dass Europa nach der Befreiung zur ehemaligen Ruhe und Ordnung *zurückkehren* werde, hiess erwarten, dass es darauf verzichte, Ordnung zu *machen* – und es gibt viel, sehr viel Ordnung zu machen. Die Einstimmigkeit, die das Dritte Reich gegen sich zustande brachte, geht zu Ende, und es gilt wieder, was eine illegale norwegische Zeitung noch unter dem deutschen Terror vorausblickend erklärte: «Es gibt wichtigere Dinge hier in dieser Welt als Einigkeit darüber, dass die Nazis ein Pack sind.»

4. November 1944

*Internationale Luftfahrtkonferenz in Chicago, Absage der Sowjetunion.
Russisch-angelsächsische Spannung im Iran*

Für ein Land, das mit seltener Beharrlichkeit die Sowjetunion als nicht gesellschaftsfähig betrachtete und sie deshalb lieber gleich völlig ignorierte, ist es natürlich eine peinliche Überraschung, nun plötzlich von der Sowjetregierung für zu wenig gesellschaftsfähig angesehen zu werden, als dass sich ihre und seine Vertreter an den gleichen grünen Tisch setzen könnten. Seltsam hat sich der diplomatische Gotha verändert! Oder doch nicht? Letzten Endes sitzen am grünen Tisch der *internationalen Luftfahrtkonferenz*[324] ja nun doch die drei inkriminierten «profaschistischen und sowjetfeindlichen» Staaten, während der russische Platz in dieser illustren Gesellschaft leer bleibt; für diese Selbstausschliessung hätte ebensogut eine normale diplomatische Erkältung im rauhen Klima Chicagos oder die Beschwerlichkeit der Reise, welche die Sowjetdelegation schon hinter sich hatte, wie die bereits akzeptierte Teilnehmerliste vorgeschützt werden können. Die «diplomatische Ohrfeige» gilt höchstens ganz nebenbei «uns». Viel rätselhafter als die *russische Absage* ist die vorhergehende *Zusage* zur Luftfahrtkonferenz, denn dass sich Sowjetrussland nicht aus der Vogelperspektive in die Karten, das heisst hinter seine chinesische Mauer schauen lassen will, war zu erwarten; und ebensowenig wie fremde Flieger über Russland sollen, wenigstens nach der russischen Vorkriegspraxis, russische Flieger über das Ausland fliegen und sich dort in die Sünden des Kapitalismus vergaffen. Russland war also an der Konferenz von Chicago, wo die Quoten der künftigen Weltluftfahrt verteilt werden sollen, zum vornherein nicht hoffähig und hätte sich dort nur unliebsamen Zumutungen ausgesetzt. Die Botschaft Roosevelts zur Eröffnung der Konferenz war in dieser Beziehung ausgesprochen boshaft: der Versuch, «grosse Reiche auf der Beherrschung weiter Meere aufzubauen», habe in der Vergangenheit oft zu Kriegen geführt, und «ich hoffe, Sie werden sich alle nicht mit dem Gedanken befreunden können, dass in der Nachkriegsperiode grosse, geschlossene Lufträume gebildet werden, die die Bedingungen für eventuelle neue Kriege schaffen würden». Die russische Delegation hatte sich zum Glück schon wieder in ihren «geschlossenen Luftraum» zurückgezogen.

Der Zusammenhang zwischen Luftfahrt und künftiger Kriegsgefahr hat schon lange vor Roosevelt seinen jetzt abgesägten Vizepräsidenten Wallace beschäftigt, der sich damit freilich an eine andere Adresse wandte: «Wenn wir das Losungswort annehmen würden, *Amerika müsse den Luftraum der Welt beherrschen*, so würden wir damit den dritten Weltkrieg vorbereiten. So unglaublich es klingen mag: es gibt unter uns Leute, welche die Übernahme aller Inseln im Pazifik durch die Amerikaner fordern, gleichgültig, ob diese Inseln einer befreundeten Macht gehören, und eine Art Weltmonopol des Flugzeugbaus anstreben.» Tatsächlich haben sich die Vereinigten Staaten in der Koordination der britisch-amerikanischen Kriegsproduktion den Bau von Transportflugzeugen vorbehalten, die sich bei Kriegsende sogleich auf Zivilflugfahrt umstellen können, während sich England ausschliesslich der Konstruktion von Bombern und Jägern zu widmen hatte, die es nachher zur Hauptsache einschrotten kann. Sogleich nach Ausbruch des Friedens wird also eine riesige amerikanische Zivilluftflotte zur Aufnahme eines Konkurrenzkampfes bereit stehen, in dem ein anderer Konkurrent kaum mehr vorhanden ist – denn die besonders in Südamerika lästige deutsche Konkurrenz ist längst von den *Pan American Airways* verschluckt worden, und dass «zur Sicherung des Friedens» Deutschland und Japan jede eigene Luftfahrt verboten werden soll, darüber scheinen sich die Friedensmacher längst einig zu sein. Aber wenn Amerika nach dem Krieg die überwältigende Übermacht der Luftflotte und der Produktionskapazität besitzen wird, so besitzt dafür Grossbritannien in seinem Kolonialreich ein unvergleichliches, weltumspannendes Netz von Luftfahrtsbasen, in dem die *British Imperial Airways* ein faktisches Verkehrsmonopol innehaben. Die amerikanische These an der Konferenz von Chicago lautet deshalb «Freiheit der Lüfte», das heisst freie Konkurrenz in aller Welt, die englische These «internationale Organisation», das heisst ein Kartell, in dem der Luftverkehr und die Flugrouten unter die einzelnen Teilnehmer aufgeteilt würden, um nach den Worten Lord Swintons[325] «eine ungeordnete Konkurrenz mit all ihrem Verschleiss von Geld und gutem Willen zu vermeiden». Aber der englische Trumpf, die territoriale Basis des Weltverkehrsnetzes, ist von der amerikanischen Konkurrenz schon übertrumpft: mit unheimlicher Folgerichtigkeit hat Amerika in diesem Krieg seine Luftstützpunkte rund um den Erdball vorgeschoben, angefangen mit den Stützpunkten auf den Antillen und Guayana, die England 1940 gegen fünfzig alte Kreuzer an Amerika abtrat, über die Durchdringung ganz Afrikas mit amerikanischen Flugbasen vor der Invasion Nordafrikas bis zur Überquerung des Stillen Ozeans und der vorsorglichen Monopolisierung des chinesischen Luftraums durch die *Pan American*, ungerechnet die grossen Dinge, die noch kommen sollen, wenn – nach Roosevelts Eröffnungsbotschaft – «Deutschland und Japan vernichtet sein werden». Nur zwei grosse Lücken klaffen noch im amerikanischen «Stützpunktnetz»: Sowjetrussland und – der Indische Ozean, dieser «englische See», weshalb die unterdrückten Hindus in den Vereinigten Staaten sehr grosse Sympathien finden. «Es ist höchste Zeit, dass die britische und die amerikanische Regierung diesem schmutzigen Zank ein Ende machen», schrieb der «Economist» etwa zur gleichen Zeit, zu der Henry Wallace gegen die amerikanischen «Luftimperialisten» wetterte: «In dieser Auseinandersetzung sehen der britische und der amerikanische Imperialismus gleich hässlich aus.» Wird nun den beiden Konkurrenten die Aufteilung der Lufthülle unseres Planeten und die Abfindung der «Kleinen» gelingen?

Genau wie jetzt von der Luftfahrtkonferenz hat sich Russland vor einem Vierteljahr von der *Ölkonferenz* in Washington ferngehalten, an der sich Grossbritannien und Amerika alias Royal Dutch und Standard darauf einigten, im Interesse des künftigen Friedens die Ölvorkommen der Welt – ebenso wie jetzt den Luftraum – den «friedliebenden Staaten» vorzubehalten, im übrigen aber «Gleichheit bei der Gewährung von Konzessionen» walten zu lassen und «alle überflüssigen Schranken im Ölgeschäft» aufzuheben; mit der Schaffung eines angloamerikanischen «Ölrats», Embryo eines «Öl-Völkerbundes», schien der drohende Ölkrieg im Nahen Osten begraben. Aber während sich an dieser Konferenz Beaverbrook und Stettinius die Hände schüttelten – die gleichzeitige «Weltfriedenskonferenz» von Dumbarton Oaks hatte als weniger wichtig nicht die Beteiligung so prominenter Staatsmänner erhalten –, suchten sich, wie man jetzt erfährt, Agenten von Royal Dutch-Shell und Standard in Teheran gegenseitig die *persischen Ölkonzessionen* abzujagen und brachten ein persisches Kabinett als «profaschistisch» zu Sturz, bis sich der Schah-in-Schah entschloss, vor Kriegsende überhaupt keinen neuen «Firman» zu erteilen. Mit diesem salomonischen Entscheid aber hat nun die persische Regierung den Unwillen Moskaus erregt, das unmittelbar nachher ebenfalls eine Delegation zur Erwerbung von Konzessionen nach Teheran sandte; eine Verschiebung dieser Frage bis nach Kriegsende, erklärte der stellvertretende sowjetrussische Aussenkommissar, komme einer Absage gleich. Und nun haben sich, wie der Moskauer Radio meldet, gegen die widerspenstige persische Regierung die «Freiheitsfront» und die «sozialistischen und gewerkschaftlichen Organisationen» erhoben, und es sei zu Massendemonstrationen und Unruhen gekommen; man wird diese «Volksempörung» richtig einschätzen, wenn man sich erinnert, dass der Iran je zur Hälfte von russischen und britisch-amerikanischen Truppen besetzt ist. England und Amerika haben dafür der persischen Regierung demonstrativ ihr Einverständnis mit der Verschiebung aller Konzessionserteilungen bis Kriegsende mitgeteilt. Also ein ernster interalliierter Zwischenfall im Pulverfass des Vordern Orients? Vielleicht; aber zugleich ein unerhört beruhigender Zwischenfall: die Geschäftsmethoden, die Russland da anwendet, gleichen aufs Haar denen, die England seit Menschengedenken im Nahen und Fernen Osten anwandte, wenn es um Konzessionen und Firmans ging, und die Vereinigten Staaten in Süd- und Mittelamerika, angefangen bei dem berühmten «Freiheitskampf Panamas» von 1903, der den Vereinigten Staaten die Panamakanalkonzession verschaffte. Mit einem solchen Partner kann man ins Geschäft kommen, wenn auch die Quotenverteilung dadurch kompliziert wird. Die Mimikry ist vollkommen. Zwar werden die Delegierten der englischen und amerikanischen Gesellschaften, die nach dem Stand ihrer einstigen rumänischen Konzessionen sehen wollten, prompt ausgewiesen, aber auch da wird sich wie für die Nickelgruben von Petsamo schliesslich eine Barabfindung ergeben, und der Run auf das «Russengeschäft» kompensiert solche Missgeschicke vollkommen – wenigstens für einige Jahre.[326]

Nach Churchills enthusiastischem Moskauer Reisebericht ist das alles zwar sehr prosaisch. Aber die «grosse Allianz» kann solche Dinge verdauen. Gerade in der Prosa können sich Sowjetrussland und seine Alliierten finden; nur das – etwas ausgeleierte – Pathos stimmt auf beiden Seiten nicht ganz überein, obwohl mit seltsam vertauschten Rollen Russland heute aller Welt Lehren in Demokratie erteilt und die angelsächsischen Mächte die soziale Gerechtigkeit in Pacht genommen haben. Gelingt es, sich über Quoten und Interessenzonen zu einigen, so wird man mit den Ideologien schon zu Rande kommen. Welch unbegrenzte Möglichkeiten sich da bieten, das zeigen die «sozialen Könige», von denen Europa nachgerade zu wimmeln beginnt. Kronprinz Umberto erklärt, das Haus Savoyen werde wie ganz Europa «eine Schwenkung nach links» vornehmen; die Erben Alfons' XIII.[327], rücken Spanien wieder näher und zählen, nach amerikanischen Meldungen, auch auf russische Unterstützung; Otto von Habsburg landet, angeblich nach vorheriger Fühlungnahme mit der Sowjetbotschaft in Washington, in Lissabon und ist «schon lange für seine Ideen von einem sozialen Königtum bekannt»; von den Kindern auf den schwankenden Thronen Rumäniens, Bulgariens und Jugoslawiens gar nicht zu reden. Der neue Most, der diese alten Schläuche nicht zerreisst, kann nicht so gefährlich sein.

Im übrigen: «in Amerika sind Wahlen». Man kann nie wissen, wieweit diese «Zwischenfälle» oder mindestens ihre Publizität mit der Frage zusammenhängen, welcher Grad von Vertraulichkeit zwischen Russland und den Angelsachsen für die Wiederwahl Roosevelts am tunlichsten ist und wie finster der Ausblick in die Nachkriegszeit sein muss, um die Amerikaner davon abzuhalten, «die Pferde zu wechseln»; genau wie neuerdings pessimistische Einschätzung der Kriegsdauer in Europa, abgesehen von ihrer wohltätigen Börsenwirkung, sowohl für Churchill bei der Verschiebung der Parlamentswahlen wie für Roosevelt bei der Bestreitung der Wahlkampagne erforderlich ist. Es ist für die Stimmung der Wähler im «unsicheren Westen» viel wichtiger, dass die Filipinos rasch wieder in den Besitz der vier Freiheiten gelangen und die «Barbaren im Pazifik» auf den Grund ihres unfriedlichen Ozeans gesandt werden, wie das jetzt im Rekordstil geschieht, als dass das unansehnlich gewordene Europa, mit dem doch nichts Rechtes mehr anzufangen ist, ständig eine unverdiente Priorität erhält. Die englischen Parteien sind nun wieder für eine Weile bei der Stange, und in einer Woche sind die amerikanischen Wahlen vorbei; vielleicht wird dann die Weltpolitik wieder etwas einfacher.

11. November 1944

Russland lehnt die Wiederaufnahme diplomatischer Beziehungen mit der Schweiz ab. «Die Schweiz hat viel getan, aber allzuoft kalten Herzens.» Pilet-Golaz tritt zurück. Roosevelt wiedergewählt

Für ein kleines Land, das mit seltener Beharrlichkeit die Sowjetunion als nicht gesellschaftsfähig betrachtete und sie deshalb lieber gleich völlig ignorierte, ist es natürlich eine peinliche Überraschung …[328] Denn leider ist der Moment, in dem es beim besten Willen nicht mehr anders geht, stets der am schlechtesten gewählte Moment, weil er eben überhaupt nicht mehr selbstgewählt ist. Und von einer Regierung, von deren blossem diplomatischem Kontakt man eine Deklassierung befürchtete, war kaum zu erwarten, dass sie mit Eleganz und Manierlichkeit über diesen peinlichen Moment hinweghelfen würde. Der Vorwurf, die offizielle schweizerische Aussenpolitik – nur um diese handelt es sich – sei bisher sowjetfeindlich und profaschistisch gewesen, ist zwar eine plebejische Simplifikation, wie sie Moskau liebt: die offizielle eidgenössische Haltung entsprach viel eher dem Geisteszustand von Grossaktionären jener seltsam vorsintflutlichen Kapitalgesellschaften wie der «AG der Moskauer Textilmanufaktur», die bei irgendwelchen Holdingadvokaten im Verborgnen und im schweizerischen Handelsregister publik weiterflorieren – durchaus guter Demokraten, die bei aller Standhaftigkeit, mit der sie die Abschreibung ihrer Ansprüche ablehnen, doch beileibe auch das künftige «Russen- und Wiederaufbaugeschäft» nicht verpassen möchten. Mit Ideologie hat das wenig zu tun; aber sah es nicht im Effekt täuschend ähnlich aus? Man weiss ja nachgerade, dass man in Moskau mit den Nuancen der westlichen Ideologien etwas unbeholfen umgeht. Insistieren wir also nicht auf dem Vorwurf, «dass die schweizerische Regierung in Verletzung ihrer alten demokratischen Überlieferungen gegenüber der Sowjetunion, die gemeinsam mit andern Ländern im Interesse der friedliebenden Völker gegen Hitlerdeutschland konsequent Krieg führt, viele Jahre lang eine profaschistische Politik verfolgt hat». Es ist gerade fünf Jahre her, seit *Molotow* erklärte, es sei «unsinnig und verbrecherisch, einen solchen Krieg zur Vernichtung des Hitlertums zu führen, indem man dem Krieg das *Mäntelchen der Demokratie* umhängt». Aber es wäre eine seltsame Verblendung, zu glauben, dass sich darüber eine Diskussion anspinnen lasse, und nun gar noch eine ideologische; die russische Diplomatie diskutiert längst nicht mehr. Es geht um die Beseitigung der letzten Überreste des einstigen *Cordon sanitaire* in Europa; aber nur einige vergelsterte Überlebende der einstigen Sektion Schweiz der Dritten Internationale, die sich selbst für den Nabel der Welt halten, und politische Handlanger, die mit nassem Zeigefinger im Wind stehen, können an eine russische Besorgnis um *ihr* Schicksal und die demokratische Orthodoxie der Schweiz glauben – oder wenigstens so tun.

Es geht um die Beseitigung des einstigen *Cordon sanitaire* – und um den fieberhaften Aufbau des neuen Glacis, das selbst wiederum ein neutralisiertes Vorfeld braucht. Zwar steht der «Team» Roosevelt-Churchill-Stalin wieder auf festen Beinen und wird sich demnächst treffen, um die letzte Hand an den Rohbau der neuen Welt zu legen, die interalliierte Herzlichkeit ist grösser als je und verspricht sich nach der letzten Rede Stalins sogar auf Ostasien auszudehnen; aber wie dort, nach den ersten Symptomen zu schliessen, China unter die Räder dieser Herzlichkeit zu kommen droht, so hier Europa. Der Ausbau der «Sicherheitsgürtel» im Westen und Osten geht weit schneller vor sich als die Liquidation des Krieges, und es gehört viel Gottvertrauen dazu, anzunehmen, dass sich diese Sicherungsmassnahmen ausschliesslich gegen einen «dritten Welteroberungsversuch des deutschen Militarismus» richten: denn die Voraussetzung dafür, dass ein solcher Versuch überhaupt möglich würde, ist ja ein neues labiles Gleichgewicht zwischen rivalisierenden Siegern, zwischen denen ein von beiden Seiten umworbenes Viertes Reich sich wieder aufrichten könnte. Auf jeden Fall wird die Schweiz von neuem in die Grenzzone der Mächtegruppen geraten, und eine neue Neutralität kann nur noch eine Neutralität zwischen *Eastend* und *Westend* Europas sein – zwischen *Eastend* und *Westend* nicht nur im geopolitischen, sondern auch im wirtschaftspolitischen Sinne. Ohne einige Abschreibungen wird diese Umstellung nicht vor sich gehen.

Die kalte Dusche aus Moskau kann übrigens für uns Schweizer, die wir mit grösster Selbstverständlichkeit überall offene Arme und Herzen zu finden hofften, geradezu wohltätig sein – nicht weil sie aus Moskau besonders berechtigt wäre, sondern weil es noch viele kalte Duschen geben wird und es gut ist, sich darauf gefasst zu machen. Die Schweizer glaubten in diesen Jahren die Hand Gottes so sichtbarlich über ihr Land gebreitet zu sehen, dass sie in ungetrübtester Selbstzufriedenheit sich als auserwählt zu betrachten begannen: «O Gott, ich danke dir, dass ich nicht bin wie die übrigen Menschen, Räuber, Ungerechte, Ehebrecher, oder auch wie dieser Zöllner!» Wir haben uns schlecht und recht durchgewurstelt, und die Kosten dieses Daseins *extra humanitatem* blieben dank der hochgeheimen Vertraulichkeit, in der unsere Aussenpolitik vor sich ging, unbekannt, so dass unser verblüffendes Sonderschicksal als unzweideutiges Verdienst erscheinen musste; es gab eine schweizerische Innenpolitik, und es gab eine Weltpolitik, aber zwischen beiden gab es im schweizerischen Bewusstsein keine Verbindung. Es ist schwer möglich, dass der Kontakt ohne heftigen Schock wieder hergestellt wird. Während durch unser Land eine erschreckende Welle der Xenophobie geht, die nicht nur jeden gehetzten Fremden mit schiefem Seitenblick auf die Suppe empfängt, die er uns «wegisst», sondern die immer mehr auch jeden Schweizer ausländischer Abstammung bis ins dritte und vierte Glied verfolgt und mit dem einzigen Argument seiner Abstammung diffamiert, bereiten sich Tausende von Schweizern in aller Naivität darauf vor, mit dem ersten Zug ins verwüstete Ausland zu strömen und dort die durch den Krieg «freigewordenen» Stellen einzunehmen; denn das erscheint uns als die prästabilierte Weltordnung, dass die andern bei uns nichts, wir aber bei den andern alles dürfen. Wir erwarten den Dank der Welt für die Caritas, die wir übten, und werden tödlich erschrecken, wenn wir vielerorts statt dessen Undank finden, der bis zum Hass gehen kann. Die Schweiz hat viel getan, gewiss, aber allzuoft tat sie es kalten Herzens, ohne Güte, als notwendig empfundene Rechtfertigung unseres Ausnahmeschicksals, als Rolle, die zu spielen wir verpflichtet waren, und allzuoft sah diese Caritas einer Reklameabteilung des Grossunternehmens Schweiz ähnlich, das die dabei ausgelegten Spesen mit Zins und Zinseszins wieder einzubringen hofft. Allzu eifrig wurde jeder einkassierte Dank mit breiter Publizität registriert, allzusehr im schlechten Stil einer Haarwuchsmittelreklame die Metamorphose ausgehungerter griechischer Kindergerippe vor und nach Verabreichung schweizerischer Trockenmilch im Bilde gezeigt – und all das war leider nötig, um eine tiefsitzende eidgenössische Gleichgültigkeit gegenüber der Hölle rundum notdürftig aufzurütteln, eine Gleichgültigkeit, für die nicht einfach die «leitenden Stellen» verantwortlich gemacht werden können. Und darum steht der menschliche Ertrag der schweizerischen Caritas in keinem Verhältnis zu ihrer organisatorischen Leistung, denn Organisation kann nicht Verständnis und echte Solidarität ersetzen. «La Suisse a établi une banque sur les malheurs de l'Europe», hat einst Chateaubriand gesagt. Dieses Bild der Schweiz ist viel verbreiteter als das des guten Samariters. «Uns selbst zu sehen, wie die Russen uns sehen, könnte manchen wohlmeinenden Kritiker überraschen», meinte neulich «Manchester Guardian». Das gilt auch für uns, und nicht nur in bezug auf Russland. Im Nachkriegselend wird der Schweizer der Bourgeois Europas sein. Es ist kein Anlass zu schlecht, sich von Illusionen über die eigene moralische Stellung zu befreien.

In einer andern «Zwischenzone» der Grossen Allianz ist, gleichzeitig mit Bundesrat Pilet, das persische Kabinett Mohammed el Saed zurückgetreten.[329] Sowjetrussland wird seine persischen Ölkonzessionen erhalten. Die Parallele ist nicht ganz so an den Haaren herbeigezogen, wie sie aussieht, und unsere fleissigen eidgenössischen Resolutionsmacher, die sich dabei wie Revolutionsmacher vorkommen, täten vielleicht gut, sie sich zu überlegen. Die «Freiheitsfront» der persischen «Linksparteien» demonstriert uns vor, welche Aufgabe die kommenden europäischen «Volksfronten» zu erfüllen haben werden: auf die Rednertribünen und notfalls auf die Barrikaden zu steigen, damit Russland seine Öl- und andern Konzessionen erhält – eine sehr, sehr subalterne Aufgabe. Wie es im antiken Griechenland nach dem Peloponnesischen Krieg keine griechischen Parteien mehr gab, sondern nur noch eine makedonische und eine persische, wie in der Dekadenzzeit der alten Eidgenossenschaft die inneren Auseinandersetzungen im Widerstreit der französischen und österreichischen Partei aufgingen, so droht den Trümmerstaaten des Nachkriegseuropa diese Perspektive, dass sich die Politik auf das Gegenspiel von «russischer» und «angelsächsischer» Partei reduziert und dass es auch dem aufrichtigsten Europäer unmöglich werden wird, sich diesem Spiel zu entziehen, da jede Haltung unter diesem Kriterium betrachtet werden wird: im Westend wird jede Opposition als «russophil» und in Rubeln bezahlt gelten, im Eastend jeder Oppositionsversuch als «anglophil» und in Dollars bezahlt – womit sich die Diskussion auf das gegenseitige «Entlarven» reduziert. Und dies wird nicht nur für Europa das Ende bedeuten, sondern auch für die Grossmächte die bequeme, aber gerade deshalb unentrinnbare schiefe Ebene zum dritten Weltkrieg, zu dem sich ein solches Europa als Schlachtfeld geradezu aufdrängen würde. Die andere Möglichkeit: dass sich Europa doch noch um ein eigenes Zentrum scharen würde, trennend und vermittelnd zugleich zwischen den beiden grossen Mächteblöcken, die nach diesem Krieg bestehen werden – gibt es sie überhaupt noch? Europa hat nun zum zweitenmal die Weltmächte in seinen Furor der Selbstzerfleischung hineingezogen, und mit bewundernswerter Verbissenheit kämpft heute die «Armee der grössten deutschen Idealisten», wie Himmler seinen «Volkssturm» nennt, den Selbstmord zum konsequenten Ende; was könnte die «Grossen Drei» veranlassen, diesem Europa nochmals eine Chance zu geben? Und welche Kräfte, die ihre Parolen nicht aus London, Moskau oder Washington entgegennehmen müssten, könnten noch aus den Ruinen dieses Kontinents aufsteigen, den die Weltgeschichte bereits abgeschrieben zu haben scheint? Es ist erlaubt, eine leise Hoffnung auf Frankreich zu setzen, dessen Provisorische Regierung sich bisher den Westblock-Werbungen gegenüber ebenso verstockt zeigt wie der Gegenkonzeption der «Achse Paris-Berlin-Moskau» und die Notwendigkeit eines gesamteuropäischen Sicherheitssystems erkannt zu haben scheint. Aus dieser Aspiration ist auch der «Undank gegenüber den Befreiern» und das Beharren auf der eigenen Grossmachtrolle zu verstehen. Aber es ist auch erlaubt, die ungeheure Gefahr zu sehen, die darin liegt, dass sich das neue Frankreich als Gründungsmythos den berauschenden Selbstbetrug einer fiktiven Macht, einer Selbstbefreiung aus eigener Kraft und einer nie befleckten *gloire* gibt und dass durch dieses weitgeöffnete Ventil alle im Dunkel des Widerstandes angesammelten Energien zu verpuffen drohen. Die Fiktion ist ein schlechtes Fundament der Erneuerung, die mit der bittern Erkenntnis der nackten, trostlosen Erbärmlichkeit der Lage Europas, aller Länder Europas beginnen müsste. In den wirren, schon fast in eine Sackgasse geratenen inneren Auseinandersetzungen Frankreichs geht es vielleicht um eine der letzten Möglichkeiten dieses Europa, dessen Schicksal schliesslich auch unser Schicksal sein wird.

18. November 1944

*Die belgische Regierung dekretiert die Entwaffnung
der Widerstandsbewegung. «Que sais-je?»*

Die Agentur Reuter ist in der Lage, aus dem besetzten Belgien zu berichten: «Trotz dem *Verbot* der Regierung hielten die *unterirdischen Gruppen* am Donnerstag in Brüssel eine Versammlung ab. Der Vertreter der *Widerstandsgruppen*, Demany, beschuldigte die Regierung, sie versuche alle äusseren Spuren der Widerstandsbewegung auszutilgen ... Die belgische Regierung hat den Polizeikräften ausserhalb der Hauptstadt ausserordentliche Befugnisse für Haussuchungen bei Personen erteilt, bei denen Waffen, Munition oder militärische Ausrüstungsgegenstände vermutet werden. Das nächste Wochenende wird als entscheidend dafür bezeichnet, ob es der Regierung gelingen wird, ihre Anordnung auf Ablieferung der Waffen und Auflösung der ‹Weissen Armee› durchzusetzen.» United Press berichtet, dass die Demonstrationen in Brüssel gegen die Entwaffnung der Widerstandsbewegung trotz polizeilichem Verbot den ganzen Donnerstagnachmittag andauerten; doch werde die Regierung auf ihrem Entschluss beharren, da sie auf die Unterstützung der Besatzungsmacht zählen könne. Tatsächlich hat der Oberbefehlshaber der Besatzungstruppen im Radio eine Erklärung verbreiten lassen, wonach «die Weisung der belgischen Regierung auf Ablieferung aller Waffen ... die volle Billigung des Oberkommandos findet. In der Erklärung wird weiter der Erwartung Ausdruck gegeben, dass die Verwirklichung dieser Massnahmen keine Unruhen zur Folge haben werde; andernfalls würden ... die Besatzungstruppen zur Wiederherstellung von Ruhe und Ordnung schreiten.» Meldungen aus der finstern Zeit der deutschen Unterdrückung? Nein, die Meldungen sind von gestern, und es heisst nun jeweils «alliiertes Oberkommando» und «alliierte Truppen» statt «Besatzungsmacht» und «Besatzungstruppen». Belgien ist seit Wochen befreit; die «unterirdischen Gruppen», die gegen die Deutschen und ihre Musserts kämpften, haben gesiegt. Wir haben den Freudentaumel des befreiten Brüssels auf ergreifenden Wochenschaustreifen gesehen. Die 1940 vertriebenen Minister sind im Triumph zurückgekehrt und haben, wie Ministerpräsident Pierlot gestern im Radio betonte, «konkrete Beweise ihrer Hochachtung vor der Widerstandsbewegung gegeben». Damit ist deren Aufgabe erledigt. Und die gleichen «unterirdischen Gruppen» halten wieder illegale Versammlungen ab, verstecken wieder ihre Waffen vor der gleichen haussuchenden Polizei und der ausgewechselten Besatzungsmacht. Auf dem Programm der Opposition gegen die Regierung Pierlot steht neben der Konfiskation des Besitzes von Kollaborationisten und «gerechter Lebensmittelverteilung» auch der Punkt «Verteidigung der Unabhängigkeit des Landes gegen die Hegemonie einer ausländischen Macht», und diese ausländische Macht ist nicht Deutschland ...[330]

Es ist selbstverständlich, dass das alliierte Oberkommando im Rücken seiner deutschen Front keine Unruhen und irregulären bewaffneten Gruppen dulden kann; die militärischen Notwendigkeiten sind klar. Ebensowenig wie das deutsche Oberkommando im Rücken seiner Kanalfront Unruhen und irreguläre bewaffnete Gruppen dulden konnte, weshalb es die belgische Widerstandsbewegung mit allen Mitteln unterdrückte. Was dem einen recht ist, das ist dem andern billig.

Es ist auch selbstverständlich, dass die Regierung keine Doppelherrschaft dulden kann. In einem geordneten Staat verfügt einzig und allein die legale Regierung über Gefängnisse, Formationen bewaffneter Menschen, Gesetz und Recht und Unrecht. Belgien hat eine legale Regierung. Zwar war ihre fragmentarische Übersiedelung nach London im Jahre 1940 verfassungsmässig nicht ganz einwandfrei, doch lag es im allgemeinen Interesse, diese Unregelmässigkeiten zu ignorieren. Dieses Frühjahr hat zwar Aussenminister Spaak den Belgiern versichert, sie hätten nicht zu befürchten, dass die Exilregierung sich einfach wieder in der alten Legalität installieren würde; sie betrachte sich nur als Sachwalterin der belgischen Interessen bis zu dem Zeitpunkt, in dem das belgische Volk sich selbst eine Regierung geben könne. Aber dieser Zeitpunkt ist noch nicht da. Der Krieg geht weiter. Das Volk muss sich einheitlich hinter die zurückgekehrte legale Regierung stellen, die sich einheitlich hinter die Alliierten stellt. Wenn «unterirdische Gruppen» glauben, nun noch mit den Kollaborationisten aufräumen und eine Rückkehr der alten Herrschaft von Aristokratie, Finanz und Klerus verhindern zu müssen, so haben, wie Pierlot erklärt, «solche Methoden mit dem Krieg gegen Deutschland nichts zu tun und können nicht geduldet werden». Ausserdem haben sich, wie man jetzt erfährt, «finstere Elemente» in die Widerstandsbewegung geschlichen, «die bewaffnete Verbände zu bilden versuchen, um die gesetzmässigen Behörden und die Bevölkerung zu erpressen» – die Deutschen haben ja immer von «Banditen» gesprochen. Vor allem in den belgischen Kohlengebieten gibt es viele finstere Elemente, die sich in den letzten Wochen mit Hungermärschen, Streiks und Fabrikbesetzungen bemerkbar machten. Sie waren sich nicht klar darüber, dass sie für die Rückkehr zur Vorkriegszeit kämpften und dass sie dann die Waffen wieder abzuliefern und zum Alltag zurückzukehren hätten, grauer, kälter und hungriger als je zuvor. Der belgische Dichter Verhaeren[331] hat sie einmal besungen: «Ceux qui ne peuvent plus avoir D'espoir que dans leur désespoir Sont descendus de leur silence.» Nun sollen sie ins Schweigen zurückkehren. Die deutsche Besetzung wird wenigstens der Anlass eines schönen, kurzen Zukunftstraumes gewesen sein.

Freilich, die linksradikalen Widerstandsgruppen sind nicht die einzigen, die gegen die Regierung Pierlot demonstrieren. Einige Tage zuvor gingen die Brüsseler Kaufleute und Ladenbesitzer auf die Strasse, um die Freigabe ihrer blockierten Bankguthaben zu fordern. Die belgische Exilregierung ist mit einem höchst revolutionären Währungsprogramm heimgekehrt, mit dem sie «schlagartig» alle Barvermögen des Landes unter ihre Kontrolle brachte, diese blockierte und daraus sehr egalitär zunächst nur 2000 Francs für jede Person freigab. Gegenüber der steinzeitlichen Orthodoxie des so plötzlich verunglückten französischen Finanzministers Lepercq vom Schneider-Konzern, der zur Bekämpfung der Inflation den Diskont herabsetzte und ein Rentenanleihen auflegte, in das die Kollaborationsgewinnler ihre Profite flüchten können, müssten diese Massnahmen des belgischen Finanzministers Gutt[332] wie reiner Bolschewismus erscheinen, wenn ihn nicht die griechische Regierung, von englischen Finanzsachverständigen beraten, noch übertrumpfte: dort muss das alte Geld im Verhältnis von 50 Milliarden alten Drachmen gegen *eine* neue umgetauscht werden, was sogar für Milliardäre einer glatten Enteignung gleichkommt. Aber enteignet werden durch solche Manipulationen nur die Dummen, die ihr Scherflein nicht rechtzeitig in Sachwerten anlegten; mit sozialer Gerechtigkeit hat das wenig zu tun. Die heimgekehrten Exilregierungen haben ein Erbe angetreten, das zu liquidieren keine populäre Aufgabe ist. Die deutschen Besetzungsbehörden haben Inflation, Hunger, Anarchie und Demoralisation zurückgelassen. Die alliierten Befreiungsarmeen haben ausser für sich keine Zufuhren mitgebracht, wohl aber das ganze Transportsystem requiriert, so dass die Ernährungslage oft tatsächlich schlimmer ist als zur Zeit der deutschen Besetzung; die von der belgischen Regierung aufgestapelten Vorräte liegen unerreichbar in Übersee, und ausser etwas Fischöl für die belgischen Kinder ist noch keine Hilfe in Belgien eingetroffen. Vier Jahre unterirdischen Kampfes aber waren ein guter Lehrgang der Selbsthilfe. Ganze Bevölkerungsteile haben sich daran gewöhnt, ein abenteuerliches Leben als edle Räuber und «Rächer der Unterdrückten» zu führen, und auch die Brävsten haben sich die Fertigkeit angeeignet, Vorschriften zu umgehen, Verbote nicht zu beachten und die Polizei an der Nase herumzuführen. Die 40 000 Erwerber enteigneter jüdischer Geschäfte in Frankreich, die sich gegen die Rückgabe dieser Geschäfte an ihre einstigen Inhaber zusammenschlossen, sind ein Symbol: durch vier Jahre Gesetzeskraft ist das Unrecht Gewohnheitsrecht geworden und das Recht Unrecht. Diese «arisierten Geschäfte» sind wohlerworbene Positionen, wie auf einer andern Ebene die Verdienste und Würden in den Widerstandsbewegungen wohlerworbene Positionen sind, und beide stehen im Gegensatz zu den unverjährten Ansprüchen der Vorkriegszeit. Der Kampf um diese Stellungen scheint nun alle schönen politischen und sozialen Programme zu überschatten. Und wer einen Laib Brot bringt oder auch nur am lautesten programmatisch danach schreit, hat gewonnenes Spiel.

Es ist leicht, vom sicheren Port aus Zensuren zu erteilen. Besonders leicht, da man von der wirklichen Lage gar nichts weiss. Denn noch nie war die Dürftigkeit und Unzuverlässigkeit der Information so schreiend wie gerade jetzt. Die in Bümpliz und Bäretswil verfassten «Originalberichte» aus Stalins Hauptquartier, Titos Höhlenwohnung oder Hitlers Adlerhorst, die uns in fünf Jahren geistiger Inzucht unsere Kenntnis der Welt vermittelten, genügen offensichtlich nicht mehr, seit sich Europa aus dem Starrkrampf zu lösen beginnt. Was geht in Osteuropa vor? Wo immer die «Befreiungsarmeen» hinkommen, versiegen die Nachrichten, ausser wenn sie von einem offiziellen Bankett zu melden haben. Was geht im «befreiten» Italien vor? Allmählich beginnen die ersten konkreten Nachrichten über den amerikanischen Aufkauf Italiens einzutreffen; so sind in den letzten Tagen vier Fünftel des – bisher vom Staat kontrollierten – italienischen Kabelnetzes kurzerhand vom amerikanischen Telephontrust aufgekauft worden. Die kleineren Räuber machen einfach die Strassen und Dörfer unsicher. Ministerpräsident Bonomi aber, dessen Regierung seit dem ersten Tag von Krise zu Krise weiterlebt, findet, in Italien herrsche im Vergleich zu Frankreich noch vorbildliche Ordnung; denn in Italien stehe wenigstens nicht wie in Frankreich neben jedem Präfekten der Regierung ein autonomer Widerstandsrat als Gegenregierung. Was geht in Frankreich vor? Anscheinend hat sich dort in den letzten Tagen und Wochen etwas Ähnliches abgespielt wie in Belgien, der Konflikt zwischen der auf den alten Verwaltungsapparat gepfropften importierten Regierung mit der Widerstandsbewegung. Aber die Regierungskrise ist ausgeblieben, die Auflösung der «patriotischen Milizen» oder gar der FFI wurde nicht durchgeführt, und der Bürgerkrieg, auf den die ausländische Presse lauerte, brach noch nicht aus. Die Doppelherrschaft bleibt im labilen Gleichgewicht. Die Kräfte, die im kleinen, schockartig befreiten Belgien aufeinanderplatzen, verteilen sich in Frankreich geographisch auf die noch kaum miteinander verbundenen Landesteile, wobei die alte deutsche Demarkationslinie noch immer ein Trennungsstrich zu sein scheint: südlich davon herrschen fast unumschränkt die lokal gewachsenen Widerstandsorganisationen, nördlich davon, wo diese nie richtig Fuss zu fassen vermochten, regiert die Regierung, verwaltet die Verwaltung und richten die Richter, wie es de Gaulle verlangt. Paris ist Sitz der Regierung, aber noch nicht ganz wieder der Kopf Frankreichs. Und de Gaulle ist nicht Pierlot, seine Regierung kein reiner Import, ihre Legalität nicht einfach die alte Legalität und die Diskreditierung der alten Mächte unvergleichlich tiefer als irgendwo sonst im europäischen Westend. Eine französische Regierung, welche die alliierten Truppen gegen irgendwelche Widerstandsgruppen zu Hilfe riefe, wäre an diesem Tage erledigt. Im Kampf um die äussere Selbstbestimmung Frankreichs wenigstens sind alle Gruppen, die überhaupt ins Gewicht fallen, solidarisch. Der Machtkampf, der sich innerhalb dieser Solidarität abspielt, ist vollkommen undurchsichtig, offenbar sogar an Ort und Stelle. Was steckt denn alles in diesem weiten Begriff des «Widerstandes»? Wie viele Milizen Doriots haben sich in letzter Stunde in die «patriotische Miliz» hinübergerettet und sind, wie die Polizei von Vichy, beim Aufstand vorangegangen, um sich nun mit besonders lautem Ruf nach Säuberung hervorzutun: «Haltet den Dieb!»? Die politische Debatte operiert mit Begriffen und Namen, die meist gar noch nicht definiert und profiliert sind, so dass dem Kommentator, wenn er nicht auf schiefen Hypothesen babylonische Türme bauen will, nur übrigbleibt, die Devise des Michel de Montaigne zu wiederholen: *Que sais-je?*

... und, um ganz sicher zu gehen, den *Nekrolog auf den Führer* zu schreiben, auf dass uns die deutsche Propaganda in einigen Tagen seine Auferstehung als neueste deutsche Wunderwaffe präsentieren kann. Seit zwei Jahren taucht nun dieses «Geheimnis um Hitler» regelmässig und jedesmal intensiver in den länger werdenden Pausen zwischen den Führerreden auf. Ist es eigentlich so unbegreiflich, dass er nicht reden mag – und es auch nicht nötig hat, da ja sein Schweigen genügt, um die Gemüter zu beschäftigen? Wartet man immer noch darauf, dass er sich geschlagen gibt? Dafür liegt kein Grund vor. In dem Mass, in dem das Gesicht der Nachkriegszeit deutlicher wird, erscheint es immer zweifelhafter, ob *«dieser Mann, nach dem man später einmal unser Jahrhundert benennen wird»*, wie Goebbels kürzlich prophezeite, nicht doch letzten Endes in irreparablem Ausmass gesiegt haben wird.

25. November 1944

Befreiung des Elsass. Berlin meldet die Räumung des Balkans. Italien

«Wir fühlen uns durchaus nicht über andere Völker erhaben», erklärt Dr. Goebbels treuherzig in seinem Wochenendartikel, als wäre es nie anders gewesen, «wir stellen nur fest, dass fast die ganze Welt über uns herfällt ... Daraus schliessen wir, dass es *mit dem deutschen Volk eine besondere Bewandtnis* hat». Auf diesen naheliegenden Schluss sind schon viele gekommen. Eigentlich hat es ja mit diesem Volk gar keine besondere Bewandtnis, ausser dass es mit hoffnungsloser historischer Verspätung in jenes imperialistische Stadium geriet, das andere in einer noch unverteilten Welt erfolgreich und unbeschwerten Gewissens zurückgelegt hatten – und dass es lieber Verfolgungswahn mit Messianismus potenzierte, als das einzusehen. *Errare humanum est, sed perseverare diabolicum.* Es war durchaus nicht leicht, «fast die ganze Welt» zu gemeinsamer Feindschaft zusammenzubringen und beisammenzuhalten. Dem Führer und seiner verschworenen Gemeinschaft ist es gelungen. Der Chefredaktor der «Münchener Neuesten Nachrichten» ging kürzlich in sich und erwog in sehr zurückhaltenden, aber im Dritten Reich vielleicht geradezu kühnen Worten, ob nicht dies und jenes falsch angepackt worden sei: «In der Vergangenheit mögen gewisse Erscheinungen, die Folgen unbestreitbarer Fehler waren, die Umwelt zu der misstrauischen Meinung verleitet haben, das nationalsozialistische Reich strebe nach einem europäischen Ausschliesslichkeitsanspruch und einem bei Todesstrafe oder lebenslänglichem Konzentrationslager nicht anzutastenden politischen Weltdogma. Übereifer, Über- und Unterschätzung der Mitwelt und ein kühnes Handeln, das gelegentlich als Übermut angesehen wurde, haben Fehler begehen lassen, die wir bezahlen mussten und teuer bezahlt haben. Gerade durch den Krieg aber haben wir aus den Fehlern gelernt und aus der Erfahrung doppelt und dreifach nachgeholt, was wir erfolgssicher glaubten übergehen zu können.» Zum Lernen und Nachholen ist es für diesmal zu spät, und die Selbsterkenntnis wird dereinst weiter gehen müssen als bis zur Einsicht in gewisse taktische Missgriffe – um es «nächstes Mal besser zu machen». Aber Verwüstung, Atomisierung, Terror und Panik sind, auch wenn seltsame Idealisten das Gegenteil glauben, ein schlechter Nährboden der Selbstbesinnung, und Phosphorbombardements ein übler Lehrgang der Humanität. In diesem Trommelfeuer wird kein Gedanke mehr zu Ende gedacht. Selbst ein denkbares Schuldbewusstsein schlägt in dieser Situation in blinde Abwehrreaktion um. Es ist unnütz, aus dem entnervten deutschen Volk noch irgendeine Initiative, wäre es auch nur des Selbsterhaltungstriebes, vor dem völligen Einsturz zu erwarten. Es ist auch gänzlich sinnwidrig, nachdem die Alliierten immer wieder erklärt haben, dass sie diesmal keine «Novemberverbrecher» und keinen «Dolchstoss» wollen, sondern den totalen militärischen Zusammenbruch des Reiches, an dem es nichts mehr zu deuten gebe. Sie haben sich damit ein Programm eingebrockt, das offenbar schwieriger ist, als sie erwarteten. Aber es gibt längst keinen andern Weg mehr. Während in Deutschland selbst seit Monaten lautlos eine schauerliche Ausrottung aller noch vorhandenen oder vermuteten politischen Gehirne vor sich geht, erfüllt das deutsche Volk vor den Augen der Welt das Programm der Alliierten. Vor zwei Wochen wurde von der Westfront die Gefangennahme eines Volkssturmbataillons[333] Stummer gemeldet, gestern die eines Bataillons Tauber. In blindem Gehorsam ...

In der deutschen Presse wechseln die martialischen Ausbrüche immer häufiger mit der Versicherung, dass Deutschland nur um einen «annehmbaren Frieden», um die «nackte Existenz» kämpfe. Auch diese verspäteten Friedenstöne sind wohl hauptsächlich für den innern Gebrauch bestimmt. Die Grosse Allianz, von der Dr. Goebbels allwöchentlich haarscharf nachweist, dass überhaupt nichts als der Hass gegen Deutschland sie zusammenhalte, hat ihre Immunität wenigstens gegen solche Sprengmittel bewiesen. Zwar wird die Welt diesmal keine Weihnachtsbescherung aus Teheran erhalten. Die angesagte Dreierkonferenz Roosevelt-Churchill-Stalin wird voraussichtlich erst im nächsten Jahr stattfinden. Aus London werden heftig die amerikanischen Gerüchte dementiert, dass «bei der Vorbereitung der Konferenz etwas schief gegangen sei». Aber Roosevelt ist unabkömmlich, Stalin sowieso, und die englische Presse hat eine heftige Kampagne dagegen eröffnet, dass Churchill weiter als *commis voyageur* der Grossen Allianz um die Welt reise. Aber man hat sich in Berlin abgewöhnt, aus solchen Regiefehlern Hoffnungen zu schöpfen. Unstimmigkeiten zwischen den Alliierten betreffen die Zeit nach der Niederlage Deutschlands. Bis dahin bleibt es dabei, «dass fast die ganze Welt über uns herfällt». Im Westen hat der *neue Ansturm gegen das Dritte Reich* begonnen und die ersten Erfolge gebracht, nachdem er in Berlin vor einer Woche als gescheitert erklärt worden war. «Sobald die Alliierten ihre Luftüberlegenheit nicht mehr besitzen», erklärten damals «junge deutsche Soldaten» dem Berliner Berichterstatter dieses Blattes, «hauen wir sie mit dem Handtuch aus Deutschland, Holland, Belgien und Frankreich heraus.» Aber die alliierte Material- und Luftüberlegenheit bleibt und wächst. Die in Deutschland angeordnete «Verkehrsentflechtung» wird von den alliierten Luftwaffen gründlicher durchgeführt, als sie Dr. Goebbels je durchführen könnte; im Zeitraum von vierzehn Tagen wurden praktisch alle Verschiebebahnhöfe auf einer Linie von Bremen bis zum Bodensee zerstört, die Städte und Nachschublinien Westdeutschlands und die deutsche Treibstoffproduktion werden systematisch «ausradiert», die versiegenden deutschen Reserven in geradezu gemächlicher Abnützungsstrategie ausgeblutet. «Mit der grössten Bravour hat die Wehrmacht nicht mehr die kleinste Chance», erklärte der Radiosprecher der «Voice of America» in New York. Nur die «Armee von Deutschlands grössten Idealisten» glaubt noch, dass tragisches Heldentum hier etwas zu suchen habe.

Mit einem in Berlin als «tollkühn» bezeichneten Manöver, das grell aus der übrigen alliierten Belagerungstechnik an der Westfront heraussticht, hat die Erste französische Armee den ersten grossen Erfolg des neuen Ansturms errungen. Paris feiert das Wiedererstehen Frankreichs als militärischer Faktor auf dem Kontinent und die «Heimkehr» des Elsass, dieser «province cent pour cent française». *Strassburg* ist die Geburtsstadt der Marseillaise, aber auch die «gotische», die «wunderschöne Stadt», um die das deutsche Sentiment von den unglückseligen Achtundvierziger Revolutionären bis zu den wilhelminischen Professoren mehr als um jede andere seine Stuckgirlanden zog und nicht begreifen wollte, dass hier, wo doch die deutsche Zunge klang, das kulturelle und politische Bewusstsein über das «Volkstum», die Assimilationskraft der höheren Organisationsform über die «Rassenzugehörigkeit» gesiegt hatte. «Sie sollen ihn nicht haben, den freien deutschen Rhein, bis seine Flut begraben des letzten Manns Gebein», lärmte Nikolaus Becker, von Schumann vertont; «zu Strassburg auf der Schanz» fing Geroks Trauern an, und Geibel hörte im Traum das Strassburger Münster unter welscher Schmach stöhnen: «Auch meine Knechtschaft wird nicht ewig dauern, Einst werd' ich ausgelöst mit Schwerterstreichen!» – aber: «Hört im Westen ihr die Schlange, sie möchte mit Sirenensange vergiften euch den frommen Geist ...[334]

Nach den Erfahrungen des wilhelminischen Reiches, dass die «Schlange im Westen» den frommen Geist der Elsässer hoffnungslos vergiftet und zu deutschem Brauchtum und deutscher Disziplin untauglich gemacht habe, schien sich das Dritte Reich damit abgefunden zu haben, dass dieser abtrünnige «Volkssplitter» dem deutschen Wesen verloren sei. Nie hat Hitler seinen noch 1939 wiederholten «endgültigen Verzicht» auf das Elsass offiziell widerrufen. Keine «Heimkehr des Elsass ins Reich» wurde 1940 gefeiert. Fast heimlich wurde das Ländchen de facto annektiert, «eingedeutscht», mit Funktionären und Spitzeln durchsetzt und zur Schlachtbank im Osten aufgeboten. Weder in der «elsässischen Frage» noch in andern Belangen hat das Dritte Reich den vaterländischen Bombast des Jahrhunderts vor Versailles wieder aufgefrischt. Man hat im Ausland diese grundlegende Änderung der Tonart zu wenig und höchstens negativ beachtet. Es gab in der deutschen Propaganda dieses Krieges viel rationelle, zweckmässige Lüge, aber erstaunlich wenig innerliche Verlogenheit. An Stelle des unheilbaren deutschen Gemüts ist eine intellektuelle, rationalisierte, pseudowissenschaftliche Krankhaftigkeit getreten, die vielleicht in der heutigen Rosskur heilbar sein könnte, wenn sich nicht die Gegner darauf versteiften, dass es mit dem deutschen Volk eben doch «eine besondere Bewandtnis habe». *Der Faschismus hat den Patriotismus getötet.* Der Verlust Strassburgs wird in der deutschen Gemütsbilanz kaum schwerer wiegen als der Verlust Belgrads.

Auf dem Rückzug setzt sich freilich das deutsche Gemüt noch manchmal zur Rast und sinnt über seine Tragik nach. Durch die deutsche Presse geht ein Brief des Kriegsberichterstatters Kurt Ziesel über die *«Heimkehr vom Balkan»:* «Fast friedlich ist der Marsch über die vertrauten Strassen. Noch stört niemand die Räumung. Die Banden sind feig wie immer, wenn sie eine kampfbereite, grössere Truppe sehen. Die Herbsttage sind voll Milde. Der Duft der Trauben hängt über den Tälern des Peloponnes, und die blauen Bergketten stehen in der Verzauberung des ewigen Lichts wie ein Märchen aus einer versunkenen Zeit menschlichen Glückes ... Die Gedanken manches Soldaten schweifen Monate und Jahre zurück. Sind es wirklich schon drei Jahre her, seit wir den alten Kulturboden Hellas unter den Schutz unserer Bereitschaft nahmen? ... Es war der stete und wachsende Kampf mit den Banden des Landes, ein Kampf gegen Mord und Hinterhalt, gegen Verbrechertum und Wahnwitz. Gräber zeugen von diesem Kampf, der dem griechischen Volk keine Ehre brachte, sondern auch in die Herzen der Soldaten immer tiefer den Stachel der Bitterkeit senkte. Ist die Stunde dieser goldenen Mittagsstille nicht gut, um auch der *Liebe* zu gedenken, mit der wir in dies Land gekommen sind, der *Grossmut*, mit der wir den Feind fast als Freund behandelten? Wer kann uns verargen, dass diese Liebe allmählich angesichts von Hass und Unvernunft verstummte, dass wir die Schönheit des Landes und die tiefe Kraft seines Wesens aus der Vergangenheit oft nur mehr mit Ironie empfanden, als paradoxe Kulisse zu einer grausamen Wirklichkeit? Dennoch gehen wir *auch jetzt nicht als Feinde* von hier fort. *Keine Städte und Dörfer sind verwüstet, nichts, was das Land braucht, zerstört worden* ...» Hier spricht das beste Gewissen der Welt. Was geschah, das geschah aus Notwehr des Unverstandenen und ungerecht Verfolgten. Die Ruinen des antiken Hellas sind sorgfältig gehütet und geschont worden. Nur was noch nicht Ruine war, ist es inzwischen geworden, und die Statistik des Hungers, des Mordes und der Zerstörung ist noch nicht gemacht. Die Bulgaren, heisst es, waren übrigens viel schlimmer. Und nun der alte Refrain: «Wir kehren heim, vom Feinde unbesiegt, einem höheren strategischen Gesetz gehorchend, die Divisionen des Südostens, die drei Jahre dem Reich eine Aufgabe erfüllten, deren tiefer Sinn sich einmal im Gesamtbild des Krieges enthüllen wird.» Vom Feinde unbesiegt. Ist es übrigens nicht so: erst zogen die Deutschen, im Norden von den Russen überflügelt, aus Griechenland ab, dann rückten, kaum von Nachhuten belästigt, die Engländer nach, um ihre Interessenzone abzugrenzen, Ordnung zu machen und die «Banden», die drei Jahre lang von Gott und den Alliierten verlassen gegen die Deutschen gekämpft hatten, so schnell wie möglich zu entwaffnen? Eine andere Variante dieses Vorgangs spielt sich gegenwärtig in *Italien* ab: während das befreite Italien hungert und friert, während vor der Nase der Alliierten in Bologna die Neofaschisten die üppigsten Antifaschistenmassaker verüben, erteilt General Alexander[335] den antifaschistischen Partisanen Norditaliens den Befehl, zu «demobilisieren», da er sie nicht mehr benötige und ihnen keine Waffen und Verpflegung mehr liefern könne; der alliierte Einsatz auf dem Nebenkriegsschauplatz Italien soll offenbar auf das Minimum beschränkt bleiben. Für die rund hunderttausend Guerriglieri in Norditalien bedeutet dies die Aufforderung, heimzugehen und sich erschiessen zu lassen. Der Hass, den die Deutschen in den besetzten Gebieten auf sich luden und nach Möglichkeit weiter laden, ist gross; aber die Enttäuschung derer, die gegen sie für die Freiheit zu kämpfen glaubten und nun eine schillernde Seifenblase platzen sehen, der Mohren, die ihre Pflicht getan haben, vermöchte leicht diesen Hass zu löschen wie eine kalte Dusche – diesen Hass, in dessen Namen diejenigen, die am wenigsten Grund dazu haben, den «Frieden» machen wollen. Als in Quebec beschlossen wurde, Italien einige Hilfe der UNRRA zukommen zu lassen, fuhr der englische «Sunday Dispatch» auf – das vornehme Sonntagsblatt des Rothermere-Konzerns, der zu Mussolinis Glückszeiten geradezu die englische Propaganda-Agentur des italienischen Faschismus war, das Leibblatt Lord Vansittarts, der grauen Eminenz des «edlen Greises» von München –: «Sind Sie, lieber Leser, bereit, zu vergessen, dass das italienische Volk schreckliche Sünden gegen Sie begangen hat? Niemand in

England ist in den Gedanken vertieft, wie man am besten dieser Nation auf die Füsse helfen kann, deren Hände mit Blut besudelt sind. Wenn Croce es wagt, die Forderung zu stellen, Italien solle nunmehr als voller Alliierter anerkannt werden und man solle ihm seine Vorkriegsgrenzen belassen, so wäre die beste Antwort darauf, Croce eins auf den Kopf zu hauen und ihn mit Pickel oder Schaufel arbeiten zu lassen!» Der Geist und sogar die Sprache des «Schwarzen Korps» sind längst nicht mehr auf das Dritte Reich beschränkt.

2. Dezember 1944

In Kanada Protest gegen die Verwendung der Verteidigungsarmee in Europa. Die anbrechende Nachkriegszeit in Belgien, Italien, Polen

Der amerikanische Kriegsminister Stimson hat wahrscheinlich eher zu wenig gesagt, als er feststellte, dass die Alliierten an der West- und Südfront «etwa zehnmal so viel Munition wie die Deutschen» verfeuern. Langsam, aber sicher pflügen sie sich so in Westdeutschland und Norditalien vorwärts, Westdeutschland und Norditalien unter den Boden pflügend. Dabei ist in diesem Vergleich des Munitionsverbrauchs gewiss nur das Trommel-, Sperr- und Abwehrfeuer an der Front eingerechnet, nicht aber der Aufwand zur täglichen Einäscherung deutscher Städte und zur Verwandlung des Landes zwischen Front und deutschem Hinterland in eine unpassierbare Wüste. Menschliche Rücksichtnahme diktiert diese Strategie. «Wir bestehen auf der artilleristischen Überlegenheit, um unsere Mannschaftsverluste so niedrig wie möglich zu halten», erklärte Stimson; «... um so mehr, als uns der fanatische Widerstand der Deutschen zwingt, noch mehr Munition zu verbrauchen, als sonst nötig wäre.» Ein alliierter Frontbericht – wer liest sie noch, diese monotonen Tagesbilanzen der Verwesung, die sich furchtbar langsam in Deutschland hineinfrisst? – fügt hinzu: «Wird diese Verteidigung fortgeführt, so wird man schliesslich sämtliche Ortschaften des Rheinlandes zerstören müssen ... Die ganze Gegend östlich von Heistern bietet ein Bild furchtbarer Zerstörung, da überall zerschossene Tanks, Autos, tote Pferde und Kühe, zerstörte Geschütze und anderes Material zwischen den Granattrichtern herumliegen.» Die Strategie von Cassino, die in den eigenen Trümmern steckenbleibt, und die Strategie von Caen, die sich durch eine zähe Kruste den Weg ins Freie pflügt, unterscheiden sich erst nachträglich im Ergebnis. Aber hinter der westdeutschen Front liegt wohl ein geknechtetes, aber nicht ein auf Befreiung wartendes Land wie hinter der Front in der Normandie und in Norditalien, das noch immer vergeblich wartet. Hinter allen Hürtgen und Heistern liegt immer nur Deutschland, das nichts zu erwarten hat. General Eisenhower hat bekanntlich seinen Soldaten streng verboten, mit deutschen Zivilisten, die entgegen dem Evakuationsbefehl Himmlers nicht mit der deutschen Armee zurückgingen, irgendein «überflüssiges» Wort zu wechseln, bei einem deutschen Wirt Bier zu kaufen oder mit deutschen Kindern zu plaudern, da dies den alliierten Soldaten «an sein Söhnchen oder Töchterchen zu Hause gemahnen könnte» – jede Berührung mit dem Aussatz der Menschheit ist strafbar. Der Weg durch dieses Pestland bis Berlin wird lang und öde sein. Churchill hat zu seinem siebzigsten Geburtstag aus seiner pessimistischen Voraussage des Kriegsendes auf «early summer 1945» noch das allzu verheissungsvolle Wort «early» gestrichen: «Wir dürfen nicht vergessen, dass der Feind, dessen Land nun von der Invasion bedroht ist, über den gleichen Ansporn verfügt, der uns in den traurigen Tagen des Jahres 1940 zu Gebote stand.» Dieser blasphemische Vergleich im Munde dessen, der 1940 England zum heiligen Freiheitskampf gegen den «barbarischen und bösen Feind der Menschheit» aufrief, hat im Unterhaus anscheinend keinen Protest hervorgerufen.

Die deutsche Propaganda, die sonst seit langem durchaus des Fröhlichen ermangelt – es sei denn des Doktor Goebbels neuester Wochenendartikel über die deutsche Nachrichtenpolitik, die im Gegensatz zu den feindlichen Prognosen Verlauf und Dauer des Krieges stets unfehlbar richtig eingeschätzt habe –, verfehlt denn auch nicht, sich über den alliierten Munitionsverbrauch reichlich zu mokieren. Die Amerikaner, heisst es in Berlin, «gehen nur vor, nachdem ihre Luftwaffe wie verrückt gebrumst hat und wenn ihre Panzer mitgehen. Wenn sie stehenbleiben, dann bleibt auch die Infanterie mit den Händen in den Hosentaschen stehen ...», während der deutsche Soldat «mit einem Minimum an Material durch seinen Einsatz maximale Wirkungen zu erzielen vermag». Wer mit einem alten Hinterlader kämpft, wird es immer als ein Zeichen moralischer Minderwertigkeit empfinden, wenn sein Gegner mit schwerer, moderner Rüstung auftritt; Ritterlichkeit verlangt gleiche Waffen. Aber die Deutschen haben es auch nicht verschmäht, ihre Materialüberlegenheit einzusetzen, als sie sie besassen. «Ritterlichkeit» ist stets eine späte Entdeckung des Schwächeren. Es scheint freilich zuzutreffen, dass die amerikanischen Soldaten nicht eben gern in den Tod gehen und dass ihre Kommandanten damit rechnen und deshalb lieber Maschinen vorausschicken. Wer das nicht begreift, ist reif dazu, sich zum Volkssturm zu melden. Im Todesrausch dieser Zeit sind Menschen, die am Leben hängen und sich nicht gern unnötig Kugeln, Flammenwerfern und Handgranaten aussetzen, ungeheuer sympathisch. Den Amerikanern fehlt der generationenlange Drill aufs Massengrab, der den meisten Kontinentaleuropäern und den Deutschen voran im Blut steckt. Es fehlt ihnen wohl auch die innere Berufung, in jeder Generation einmal sich nach Europa verschiffen zu lassen, um in diesem Blinddarm der Welt unter Lebensgefahr wieder Ordnung zu schaffen – sie, die Gemeinen, werden ja am wenigsten von dieser «Ordnung» profitieren. Es fehlt ihnen der Ansporn, der die Franzosen dazu antreibt, ihr Land möglichst unversehrt zurückzugewinnen und ihre deportierten und gefangenen Angehörigen zu befreien, und sogar die Bedrohung durch Bombenflieger und Flügelbomben, die den Engländern in den Gliedern liegt. Und der Krieg dauert so scheusslich lang. Es ist begreiflich, dass in Kanada die Freiwilligen auszugehen beginnen und die Zwangsaushebung wenig

Anklang findet. Im sechsten Kriegsjahr wird die Begeisterung allmählich lahm, während die hohen Zukunftsziele von 1940 immer mehr im Nebel verschwinden ...

Es wird Zeit, dass dieser Krieg zu Ende geht. Aber als der englische Arbeitsminister Bevin im August mit Churchill von der Invasionsfront zurückkehrte, berichtete er im Unterhaus, dass ihn englische Soldaten angerufen hätten: «Wenn der Krieg vorbei ist, dürfen wir dann wieder stempeln gehen?» und dass er und Churchill wie aus einem Munde beteuert hätten: «Niemals soll dies geschehen!» Vor einigen Tagen nun marschierten dreitausend Arbeiter mit Plakaten durch Whitehall: «Noch ist Krieg, und schon gibt es wieder Arbeitslose! Bevin, wo ist dein Fürsorgeplan?» Sie demonstrierten für hundert Arbeitskameraden, die aus ihrer Rüstungsfabrik entlassen worden waren. Sie fürchten den Frieden, in dem sie nicht leben können, wie ihre Kameraden an der Front den Krieg, in dem sie nicht sterben möchten. Es müsste eine Art Krieg erfunden werden, in dem nur geschossen, aber niemand getroffen wird, in dem unbemannte Schiffe sich gewaltige Seeschlachten liefern und unbewohnte Städte mit riesigen Bombenlasten ausradiert würden, um nachher wieder aufgebaut zu werden. So liesse sich diese Wirtschaft vielleicht ohne periodische Blutbäder in Gang halten. Denn für brauchbare Güter wird zwar in der Nachkriegszeit mehr als je Bedarf, aber weniger als je zahlungsfähige Nachfrage bestehen, und Kriegsmaterial wird in der kommenden internationalen Konkurrenzschlacht das einzige Produkt sein, für das die Produktionskosten nicht auf Kosten der Lebenshaltung gesenkt werden müssten. Zittert doch heute schon die ganze Welt vor den Reichtümern, die ihr Amerikas angeschwollener Produktionsapparat billig, auf Kredit, à fonds perdu liefern und dabei womöglich noch draufzahlen will – bereits haben die Vereinigten Staaten Exportprämien für die Nachkriegszeit beschlossen –, weil sie in diesem angeworfenen Überfluss zu verelenden fürchtet und selbst den Überschuss ihrer Mangelwirtschaften zu exportieren trachtet. Soeben ist der erste Versuch einer internationalen Wirtschaftsregelung, auf dem Gebiet der Luftfahrt, die nach solcher Regelung schreit, in Chicago still begraben worden.

Aber es lässt sich nicht verhindern, dass früher oder später die Nachkriegszeit anbricht – *wieder* anbricht. In Belgien, dicht hinter der Front, geht dies in besonders symbolischen Formen vor sich. Das belgische Vorkriegsparlament hat der belgischen Vorkriegsregierung sein festes Vertrauen ausgesprochen und ihr alle Vollmachten zur Entwaffnung der belgischen Widerstandsbewegung erteilt. Die Zeit, in der illegale Bewegungen die Sympathie der Welt und sogar der englischen Konservativen, des amerikanischen Staatsdepartementes und General Eisenhowers hatten, ist für einmal wieder vorüber. Die zweite Front hat die dritte Front untergepflügt. «Die Polizei schoss von der Terrasse des Finanzministeriums aus mit Maschinengewehren auf die Demonstranten», meldete United Press am 26. November. Der Inhaber des Finanzministeriums, Gutt, ist der Vertrauensmann der Brüsseler Hochfinanz, des Empain-Trusts und der «Société Générale de Belgique», des mächtigsten belgischen Bankkonzerns, der seit Menschengedenken die wahre Regierung des Landes ausübt und der sich in der Zeit der deutschen Herrschaft am gründlichsten diskreditiert hat. «Wir haben uns nicht vorgestellt, dass unsere Soldaten für die Befreiung Europas kämpften, um die alten Missbräuche wieder aufleben zu lassen», protestierte am Sonntag der britische Unterhausabgeordnete Shinwell[336]. Die belgischen Résistants wohl auch nicht. Das ist ja der Grund aller Missverständnisse.

Die Freiheit hat auch in Italien einen schlechten Start. Es begann schon mit der Inflation alliierter Militärnoten, auf denen die vier Freiheiten abgebildet waren und mit denen die italienische Wirtschaft aufgekauft wird, ganz wie es Mussolini voraussagte. Viel mehr als Ministerkrisen hat die Demokratie in Italien bisher nicht bewerkstelligt. Nun erklären die antifaschistischen Römer Zeitungen mit Recht, dass Ministerkrisen und Parteikämpfe kein Schwächezeichen der Demokratie seien; aber eben nur, wenn die Minister keine ohnmächtigen Statisten und die Parteien keine Schemen sind, von denen niemand weiss, was hinter ihnen steht. Solange Oberitalien von den Deutschen besetzt ist, reduziert sich der Parteienkampf in Rom beinahe auf eine Personenrauferei inmitten allgemeiner Lethargie; doch den Alliierten eilt es mit dem Einmarsch in die Poebene keineswegs, und die «italienische Regierung» ist nicht berechtigt, den antifaschistischen Partisanen ein Liebesgabenpaket zukommenzulassen oder ihnen auch nur irgendein Statut zuzuerkennen. Die Lage in Italien wäre vielleicht gesünder, wenn der alliierte Italienrat direkt regieren würde, statt die Verantwortung für Hunger und Elend einer machtlosen «Regierung» zu überlassen; dieses Schattenspiel diskreditiert nur die Demokratie. «Der Mann der Strasse erklärt jeden Augenblick, er wolle nicht Schwätzereien, sondern Tatsachen. Genug mit den politischen Programmen und den Polemiken, sagt er, dafür wollen wir Arbeit, wollen wir den Wiederaufbau unserer Städte und das Ende der Zersplitterung unserer Familien sehen. Die Parteien interessieren uns nicht», so fasst tadelnd der Römer «Avanti» die «öffentliche Meinung» Italiens zusammen. Sehnsucht nach dem Faschismus? «Unsere Jugend», sagt eine andere Römer Zeitung, «verlangt nichts anderes, als mit ihrem Elan die gegenwärtige Lethargie der italienischen Front zu brechen. Sie will am Volkskrieg teilhaben, aber sie fragt sich, ob es sich in Wahrheit um einen Volkskrieg handelt. Kurz gesagt, die Jugend will wissen, welches die wahren Kriegsziele sind, um nicht noch einmal enttäuscht zu werden.» Sie fragt umsonst. Noch immer steht das alliierte Dementi der niederschmetternden Veröffentlichung des Waffenstillstandsvertrages durch die neofaschistische Agentur Stefani aus, und das Schweigen wirkt als Bestätigung. Ohne Erklärung bleibt das britische Veto gegen den Grafen Sforza, dem die sechs antifaschistischen Parteien die Ministerpräsidentschaft anvertrauen wollten. Offiziös verlautet aus London, Sforza gelte als Opportunist, weil er nur unter der Bedingung aus dem Exil nach Italien zurückgelassen worden sei, dass er Badoglio und König Viktor Emanuel unterstütze – einmal in Italien, habe er aber am Sturz beider mitgearbeitet. Marschall

Badoglio, Herzog von Addis-Abeba, und König Viktor Emanuel, Kaiser von Abessinien und König von Albanien, waren bekanntlich keine Opportunisten und die prädestinierten Retter Italiens vom Faschismus. Und die Alliierten kämpfen für das Selbstbestimmungsrecht der Völker.

Was sich auch in Polen erweist. Denn wenigstens diese Krise befindet sich nun endlich auf dem Wege der Liquidation. Die Exilpolen in London haben, nachdem ihnen sowohl England wie Amerika die Unterstützung aufgesagt haben, ein «Kampfkabinett» gebildet, aus dem die Bauernpartei mit Mikolajczyk ausgeschieden ist. Es kann nun jederzeit fallengelassen werden, und der Weg ist frei zur allseitigen Anerkennung der Lubliner Schattenregierung, aus der vor einiger Zeit ebenfalls die Bauernpartei mit Witos[337] ausgeschieden ist. Moskau konnte sich darauf verlassen, dass bei gehörigem Druck das polnische «Emigrantenpack» in London früher oder später in Auflösung übergehen werde. Und die Offensive in Polen geht recht genau so vor sich wie die Offensive in Italien; gegenüber den Warschauer Freiheitskämpfern können sich die Guerriglieri Oberitaliens noch glücklich preisen, und die Zeitungen im befreiten Rom haben gegenüber denen im befreiten Lublin wenigstens den Vorzug, sich über die Alliierten leise beklagen zu dürfen. Der englische Völkerrechtsprofessor Carr zitierte neulich zustimmend eine Aussage Kriegsgefangener, in den von den Russen besetzten Gebieten – er sprach von Deutschland – werde es manche Härten gegen Personen und Gruppen geben, während die Massen nicht Luxus, aber Arbeit und Unterhalt erwarten könnten; unter den Angloamerikanern werde es keine Grausamkeiten, aber wahrscheinlich Arbeitslosigkeit und Hunger geben. Er selbst, Carr, glaube aber an einen friedlichen Ausgleich zwischen den konkurrierenden Methoden ... Das also sind, vorsichtig ausgedrückt, die *conditions of peace*.

9. Dezember 1944

Amerikanisches Votum für das Selbstbestimmungsrecht der Völker. Bürgerkrieg in Griechenland. De Gaulle in Moskau

Im amerikanischen Aussenamt ist das Morgenrot der neuen Zeit zum hellen Tag geworden. «L'aube a crevé», wie die Troubadours so schön sagten. Neue Männer sind an die Spitze der amerikanischen Aussenpolitik getreten, die den Problemen der kommenden Nachkriegszeit besser gewachsen sein sollen als die Juristen der alten Schule – denn nun gilt es nicht mehr der Kriegsideologie, die mit vollen Händen allen «freiheitsliebenden Völkern» *Lend and Lease* schenkte, sondern dem Nachkriegsgeschäft, das selbst dann Kattun meint, wenn es Christentum sagt. Kurz gesagt: das Aussenamt hat mit Wall Street fusioniert. Ganz traditionswidrig ist es allerdings nicht, dass ein Teilhaber der Morganbank an die Spitze des Staatsdepartements tritt, und schon Stettinius' Vorgänger im Unterstaatssekretariat, Sumner Welles, war durch die Hohe Schule der General Motors gegangen, bevor er in die Aussenpolitik kam. Aber diesmal ist es eine Erneuerung an Haupt und Gliedern. Ausser dem konservativen Berufsdiplomaten Grew, der in Tokio internationale Umgangsformen gelernt hat, sind zwei erstrangige «Männer der Wirtschaft» als stellvertretende Staatssekretäre nachgerückt: Nelson Rockefeller, dessen Name für sich selber spricht, und William Clayton, der in den amerikanischen Kommentaren stolz als der grösste Baumwollmagnat der Welt bezeichnet wird.[338] Und hier geht es nun im allerplattesten Sinne um Kattun. Baumwolle ist das erste Produkt, für das die amerikanische Regierung bereits in aller Form das staatlich subventionierte Nachkriegsdumping beschlossen hat; denn nach amtlichen Schätzungen muss mindestens die Hälfte der amerikanischen Produktion auf den Weltmarkt geworfen und müssen die während des Krieges in andern Produktionsgebieten hochgeschossenen «Outside Growths» niederkonkurriert werden, wenn nicht die amerikanischen Farmer in absehbarer Zeit wieder infolge Baumwollüberflusses in Lumpen gehen sollen. Dass die amerikanische Regierung Absatzmärkte zu sichern suche, sei durchaus verständlich, klagt ein Londoner Wirtschaftsbericht; «der Weg, den sie zur Erreichung dieses Zieles einschlägt, lässt jedoch erkennen, dass sie nichts aus den bösen Erfahrungen der letzten Weltkrise gelernt hat». Aber wer hat schon daraus gelernt? Der andere, von der englischen Regierung vorgezogene Weg, der sich ohne innere Umwälzungen beschreiten liesse, hat sich bereits als ungangbar erwiesen: inmitten der flammenden Rhetorik gegen die verderblichen, künstlichen Mangel erzeugenden internationalen Kartelle hat die amerikanische Regierung im letzten Sommer Vorschläge für ein internationales Baumwollkartell ausgearbeitet, und auch jetzt noch glaubt man in London, dass die amerikanische Dumpingdrohung vor allem ein Druckmittel sei, um die Annahme dieser Vorschläge zu erzwingen; aber das amerikanische Kartellprojekt fand bei den übrigen Beteiligten keine Gegenliebe, weil seine Quotenverteilung den Löwenanteil am Weltmarkt den Vereinigten Staaten sicherte. Genau so ist ja die Quotenverteilung an der Luftfahrtkonferenz in Washington gescheitert; auch die scharfsinnigste Mathematik kann dieses widersinnige «Zuviel», das eine Beleidigung der verarmten Menschheit ist, nicht aus der Welt schaffen, selbst wenn in Bälde neue Maidaneks entstehen, in denen zwar nicht Menschen, wohl aber Güter menschlichen Bedarfs vernichtet werden und deren Barbarei weniger sensationell, aber kaum weniger erschütternd ist. So bliebe denn nichts als ein Neubeginn jenes Kreislaufes, der in die gegenwärtige Katastrophe führte: reservierte Binnenmärkte mit hohen Inlandpreisen, Schleuderexporte mit staatlicher Unterstützung, als Folge sich auftürmende Zollmauern und Restriktionen und ein illusorischer Weltmarkt, von dem sich die ganze Welt abschlösse, soweit sie sich nicht einer mit den grossartigen neuen Machtmitteln der Amgot, der UNRRA und der unabgeklärten Lend-and-Lease-Verpflichtungen ausgerüsteten Dollardiplomatie unterwürfe. Es ist begreiflich, wenn Wall Street vor diesen Problemen die Aussenpolitik der Vereinigten Staaten selbst in die Hand nimmt, und es ist wohl auch für die Welt das beste; denn wie im Kinderreim vom

«Joggeli will go Birrli schüttle, d Birrli wänd nid falle» klappt es noch am ehesten, wenn «de Meischter sälber usechunnt». Eine Aussenpolitik, für die Roosevelt die *Big Business* nicht gewänne, wäre doch auf Sand gebaut, und die Direktion hat bekanntlich meist eher ein Einsehen als die Sekretäre, die für sie die Wände einrennen. Vielleicht ist Roosevelts Realismus doch erfolgreicher als Wilsons Illusionismus.

Nun hat Stettinius im Staatssekretariat des Äussern mit einem sensationellen Votum für das Selbstbestimmungsrecht der Völker debütiert: «Wir haben *sowohl der britischen als der italienischen* Regierung von neuem mitgeteilt, dass wir erwarten, die Italiener werden ihre Regierungsprobleme *unbeeinflusst von aussen* nach demokratischen Richtlinien lösen.» Selbst die englischen Blätter, die das Veto des Foreign Office gegen Graf Sforza verurteilten, sind über diese amtliche Ohrfeige aus Washington einstimmig empört und noch empörter über die ungeheuerliche Verletzung des britischen Prestiges, die darin liegt, dass in dieser Erklärung die englische Regierung geradezu «auf dieselbe Ebene mit dem besiegten Feinde» gestellt wird. Nach dem Dementi Bonomis gegen Edens Behauptung, Sforza habe gegen Bonomi intrigiert, und seiner bösartigen Bemerkung, Eden habe offenbar Bonomi und Badoglio verwechselt, ist diese Dusche aus Amerika für die englische Aussenpolitik sehr kalt. Vor allem ist die fortschrittliche englische Presse darüber erbittert, dass nun in der Welt der «bizarre» Eindruck entstehen könnte, «als ob England vor dem Kommunismus mehr Besorgnis hege als Amerika», wo doch Eden dieses Frühjahr ausdrücklich erklärte, England habe keine Furcht vor Revolutionen, wenn es auch nicht aus Grundsatz dafür sei ... Seit wann ist Graf Sforza eigentlich Kommunist? Jedenfalls fühlt sich England in seinem «demokratischen Prestige» tief verletzt, und als ein Sprecher der Labour Party Eden aufforderte, sich «mit Anmut aus der Sache zu ziehen», ersparten die Neinrufe von allen Bänken dem bedrängten Aussenminister die Antwort.

Die Erklärung Stettinius' enthielt überdies die Zusicherung, dass sich diese Politik der Nichteinmischung, die in Italien dem Republikaner Sforza freie Bahn gibt, «in noch höherem Grade auf die Regierungen der Vereinigten Nationen in ihren befreiten Gebieten» beziehe. Und bereits haben die griechischen Rebellen, gegen die Grossbritannien Panzerwagen und Kanonen auffahren lässt, für amerikanische Hilfe gegen die britische Unterdrückung zu demonstrieren versucht – eine Demonstration, die vom englischen Oberbefehlshaber natürlich ebenfalls mit Waffengewalt unterdrückt wurde. In den Athener Schiessereien wurde von den britisch-griechischen Polizeitruppen aus Versehen auch der Wagen des Chefs der russischen Militärmission angeschossen, weil sein Sowjetwimpel für ein Abzeichen der EAM-Partisanen gehalten wurde – ein unbedeutender, aber höchst symbolischer Zwischenfall. Droht England, wie es die englische Presse befürchtet, die Isolierung, und findet das ständige Angstgebet des Dr. Goebbels um England, das von seinen mächtigeren Alliierten beerbt, gefressen und liquidiert werde, nachträglich seine Bestätigung? Die Sowjetregierung hat bisher keinen Laut von sich gegeben und beschränkt sich darauf, General de Gaulle den intensiven Anschauungsunterricht von Moskau aus geniessen zu lassen; die Bankette des Marschalls Stalin mit dem General de Gaulle sind offenbar so ausgiebig und herzlich, dass es ein Berichterstatter für höchst mitteilenswert fand, als er Stalin und de Gaulle bei einem gemeinsamen Konzertbesuch «ernüchtert» erblickte. Auf jeden Fall findet England in der Interessensphäre, die bei Churchills Moskauer Besuch zu seinen Gunsten ausgeschieden wurde, alles andere als einen freundlichen Empfang, und wenn der amerikanische Protest gegen seine Politik der polizeilichen «Ruhe und Ordnung» überraschend kam, so käme eine russische Zustimmung noch überraschender. Wer hat sich nun eigentlich mit Russland verständigt, Churchill oder Roosevelt? Ist die amerikanische Regierung über eine britisch-russische Teilung Europas verärgert, in welcher die britische Regierung nun nach dem Churchill-Wort «What we have, we hold» ihr Stück mit Bomben und Granaten festzuhalten sucht, oder hat sie Russland ein besseres Angebot auf Kosten Englands zu machen? Amerikanische Blätter wie die «New York Post» kommentierten die Erklärung Stettinius' mit riesigen Schlagzeilen: «Wir warnen Grossbritannien: Hände weg von Italien und Griechenland!» Die Hintergründe dieser jähen Erschütterung des «angelsächsischen Blocks» und dieser englisch-amerikanischen Rollenvertauschung gegenüber der europäischen «Linken» sind noch im Dunkeln. Sicher ist nur, dass auch hier die Quotenverteilung nicht «klappt».

Aber abgesehen von diesem Schachspiel der Grossmächte, von dem man nicht weiss, ob es «der letzte Akt des zweiten oder der erste Akt des dritten Weltkrieges» sei, ist der griechische Bürgerkrieg ein erschütterndes Schauspiel nicht nur für Griechenland, sondern auch für Grossbritannien. Das «heldenhafte, unbeugsame Griechenland» war Englands einziger Alliierter in jenem Jahr, in dem England «auf der letzten Schanze der Freiheit» kämpfte, und sozusagen Churchills Schosskind in allen seinen Reden. Und nun sind die britischen Truppen nach Griechenland gekommen, nicht als Befreier in dem langen Jahr, in dem nach dem Zusammenbruch des italienischen Faschismus Griechenland zeitweise jedem Zugriff offenstand und sich zum Teil schon selbst befreit hatte, sondern als Besatzungstruppen und Büttel der Ruhe und Ordnung, welche die Deutschen ablösten, nachdem diese von den russischen Balkanarmeen zum Abzug gezwungen worden waren; und nicht gegen die Unterdrücker feuern die englischen Flugzeuge und Panzerwagen in den Strassenkämpfen Athens, sondern gegen die Freiheitskämpfer, deren in der Illegalität der deutschen Besatzung aufgebaute Verwaltung grosse Teile des Landes beherrscht und die nicht gewillt sind, sich den aus dem Exil zurückgekehrten Politikern, Beamten und Polizisten aus der Vorkriegs- und sogar der Besatzungszeit zu unterwerfen. Die Ereignisse schreiben eine traurige Gratulationsadresse zu Churchills 70. Geburtstag, und seine Unterhauserklärung über Griechenland klingt seltsam an jene Reden an, mit denen Churchill am Ende des letzten Krieges die bewaffnete Intervention in Russland begründete. Winston Churchill hat einst in seinen «Jugenderinnerungen» den Satz niedergeschrieben, ein Mann, der einen Krieg siegreich zu führen imstande sei, wäre selten fähig, einen guten Frieden zu machen, und ein Mann, der einen guten Frieden schaffen könnte, hätte den Krieg niemals siegreich führen können. Vielleicht hatte er mehr recht, als er selbst heute glaubt. Er war der Fels des englischen Widerstandes in diesem Krieg; nun ist er wieder der Fels des englischen Imperialismus.[339]

16. Dezember 1944

Unterhausdebatte über Polen. Streit um die Atlantik-Charta.
Die Widerstandsbewegungen und die demokratische Legalität

Die gestrige Unterhausdebatte über Polen, eine Woche nach derjenigen über Griechenland, hat erschütternd klar gezeigt, was von den hohen Zielen des «Krieges für Freiheit und Menschenwürde» übriggeblieben ist und auf welches Kompensationsgeschäft sich Churchill und Stalin in Moskau geeinigt haben. Die Rede Churchills, die den Russen die Curzonlinie, Lemberg und Ostpreussen bis und mit Königsberg als «gerechte Forderungen» zubilligte und alle Schuld am «russisch-polnischen Missverständnis» auf die Londoner Exilregierung fallen liess, als letzte Warnung, bevor diese selbst fallen gelassen wird, war der bare Preis dafür, dass Sowjetpresse, Tass und Radio Moskau mit eisigem Schweigen der Niederwerfung der griechischen «Banden» zusehen. Da die Griechen, die sich gegen die englische Vormundschaft auflehnen, auch aussenpolitisch ganz und gar nicht auf der russischen «Linie» sind, EAM und ELAS nie Miene machten, Saloniki dem embryonalen «südslawischen Gliedstaat Mazedonien» oder den Bulgaren als russischen Ausgang zur Ägäis auszuliefern oder sich selbst der Föderation Titos anzuschliessen, ist es reichlich hypothetisch, in diesen «Rebellen» Agenten Moskaus zu sehen, auch wenn es durchaus im Stil dieser Zeit ist, jede politische Haltung nur noch darauf zu prüfen, wer sie bezahle: die Griechen, die nach drei Hungerjahren streiken, obwohl sie damit das Ausladen der englischen Lebensmitteltransporte verhindern, scheinen eher zu beweisen, dass sie *nicht* käuflich sind. Aber ihr Schicksal ist schon entschieden. *Griechenland gegen Polen* – das Geschäft ist offensichtlich abgeschlossen. Aber das Erschreckendste an Churchills Erklärung war die kaltschnäuzige Art, in der er den «Bevölkerungsaustausch» von je vier Millionen Polen und Ukrainern und die «Austreibung» *(expulsion)* von fünf Millionen Deutschen aus den Gebieten, die Polen im Westen als Kompensation aufgezwungen erhalten soll, insgesamt also die Vertreibung von dreizehn Millionen Menschen von Grund und Boden, Haus und Hof als natürlichste Lösung und sicherste Friedensgarantie bezeichnete und erklärte, er sehe nicht ein, wieso diese fünf Millionen Deutschen nicht im Rumpfreich Platz fänden, nachdem doch sechs bis sieben Millionen Deutsche gefallen seien und eine beträchtliche Anzahl noch im Endspurt umkommen werde. Die Viehwagen voll deportierter Menschenwracks werden also weiter durch Europa rollen, wenn das Dritte Reich längst der Geschichte angehört und die «Sache der Gerechtigkeit» triumphiert hat. Auf dem Boden, auf dem sich da die beiden grossen «Chefs der freien Völker» getroffen haben, hätten sie sich mühelos auch mit Heinrich Himmler finden können. Europa voll Blut und Wunden, auf dem die Sieger in lächelndem Einverständnis schon die Schlachtfelder von morgen abstecken, blickt in seinen eigenen Abgrund.[340]

Ein Abgeordneter warf Churchill in der Debatte vor, er habe nun schon zum drittenmal erklärt, England habe zwei mächtige Bundesgenossen, mächtiger als es selbst; aber wenn England Prinzipien verträte, um die sich die Völker scharen könnten, so wäre es die mächtigste der «Vereinigten Nationen». Man mag über solchen «Idealismus» lächeln. Die Frage bleibt trotzdem, ob England auch vom plattesten Standpunkt imperialer «Realpolitik» bei dieser Kompensation ein gutes Geschäft macht. Russland hat die ihm zugesprochenen Interessengebiete eisern in der Hand, und wenn es Kulaken, Burschuis und Intellektuelle deportiert oder «liquidiert», so gibt es den Bauern Land und den Arbeitern Arbeit; das ist eine vorläufige Abfindung für Freiheit, besonders da, wo es nie Freiheit gab. England klammert sich mühsam an den Rändern Europas fest; in Belgien, Italien, Griechenland wankt der Boden unter seinen «gesetzmässigen Regierungen», der ersehnte Westblock ist eine Totgeburt. Churchill hat Stalin öffentlich vor einem Unterhaus, das in dumpfem Unbehagen zuhörte, den Segen dafür erteilt, in Polen zu tun, was er selbst in Griechenland tut; er wird *dafür* schwerlich eine andere russische Gegenleistung als Schweigen erhalten. Und Amerika, das immerhin über das Oberkommando im westeuropäischen Sektor verfügt, hat offensichtlich diese Teilung Europas noch nicht einkassiert. Britannien könnte sich leicht zwischen zwei Stühle setzen; denn wenn es nichts repräsentiert als seine eigene materielle Macht und seine mühsam gegen Russland ausbalancierten strategischen Interessen, dann ist es wirklich der schmächtigste der «Grossen Drei», und die beiden andern Partner, deren strategische Interessen sich zunächst nicht schneiden und deren wirtschaftliche Bedürfnisse sich auf einige Zeit hinaus in Übereinstimmung bringen lassen, könnten sich auch ohne englische Vermittlung einigen und dabei sogar noch, wie Stettinius bewies, ideologisch die Stärkeren sein. So seltsam es klingt, wenn im konservativsten Gremium der Welt, im amerikanischen Senat, plötzlich der «englische Imperialismus» verdammt wird, und welche Hintergründe man auch hinter den amerikanischen Einwänden vermuten mag – sie haben hier einfach das Recht für sich, und wenn die englische Presse dagegen geltend macht, sie habe doch zu den amerikanischen Geschäften mit Darlan auch geschwiegen, so kann das auf gut deutsch bloss heissen: «Lasst jeden seinen Dreck alleine machen» ... Ein Jahr nach der feierlichen Erklärung von Teheran: «Nach diesen freundschaftlichen Besprechungen sehen wir mit Zuversicht der Zeit entgegen, da alle Völker der Welt imstande sein werden, frei von Tyrannei und gemäss ihren Wünschen und ihrem eigenen Gewissen ein freies Leben zu führen. Wir sind voll Hoffnung und Entschlossenheit hierher gekommen; wir verlassen diese Stadt als Freunde in der Tat, im Geist und im Ziele. Gez. Roosevelt – Stalin – Churchill.»

Der britische Premier musste sich in der Unterhausdebatte vorwerfen lassen, er, der Vater der *Atlantik-Charta*, habe diese überhaupt nie gelesen, und Eden bestätigte anschliessend, dass Churchill sie tatsächlich zur Rechtfertigung der polnischen Schiebung falsch zitiert habe. Das Versehen ist verzeihlich. Die englische Labour-Konferenz, die nach vielen heftigen Reden und Protesten schliesslich doch wieder in den Regierungskurs einlenkte, hat auch die höchst revolutionären Oppositionsanträge auf eine Neubestätigung der Atlantik-Charta und auf Ablehnung von Grenzverschiebungen, Bevölkerungsumsiedlungen oder territoriale Kompensationen «leidenschaftslos, aber bestimmt bachab geschickt» – und wenn Seiner Majestät gehorsamste Opposition, bei der die ideologische Kostümierung geradezu die Stelle des Charakters vertritt, dieses «Panier der Menschheit» ablegt wie ein altes Kleid, wer soll es dann noch tragen? Einzig Luftkommodore Tuttle, der Befehlshaber der RAF in Griechenland, hatte die originelle Idee, die Atlantik-Charta wieder einmal in ein offizielles Communiqué zu setzen, als er am 9. Dezember erklärte: «Der Einsatz unserer Luftstreitkräfte gegen griechische Guerillas ... richtet sich nicht gegen Griechenland, sondern gegen Elemente, die die Freiheiten der Atlantik-Charta beseitigen würden.» Unter den Freiheiten der Atlantik-Erklärung befindet sich an dritter Stelle, nach dem Verzicht auf territoriale oder andere Gewinne und auf unfreiwillige territoriale Veränderungen überhaupt, «das Recht aller Völker, die Regierungsform zu wählen, unter der sie leben wollen», und der Wunsch, «dass souveräne Rechte und eine autonome Regierung allen denen zurückgegeben werden, denen sie entrissen worden sind». So kommt es, dass die griechischen «Gueriallas», die Churchill als Mob, Rebellen, Meuterer und Gangster bezeichnete und die anscheinend ganz Griechenland ausserhalb der Umgebung des symbolischerweise zum Regierungssitz erhobenen Hotel de Grande-Bretagne beherrschen und verwalten, gegen General Scobie[341] und Kommodore Tuttle ebenfalls die Atlantik-Charta anrufen.

Aber auch ohne den Streit um diesen vergessenen Fetzen Papier, nach dessen Abfassung Churchill und Roosevelt am 14. August 1941 auf hoher See vor den Kameraleuten *We're the Christian Soldiers»* sangen, wäre die Lage in Griechenland das, was man im amtlichen Stil als «höchst verworren» bezeichnet. Beide Parteien kämpfen für das Selbstbestimmungsrecht der Völker. Sie verstehen es nur verschieden. Formal ist Churchill durchaus im Recht. Er schickt seine englischen und die für diesen Kampf um das Selbstbestimmungsrecht besonders qualifizierten indischen Truppen in Griechenland – der griechische Sukkurs ist offenbar gleich Null – für die *demokratische Legalität* ins Feuer: «Es erscheint mir selbstverständlich, dass die legale Regierung Griechenlands nur auf dem Wege einer freien Volksabstimmung geändert werden kann ... Ich habe es für besser erachtet, zuerst Ruhe und Frieden in Athen wiederherzustellen, bevor ein politischer Wechsel in der Verwaltung des Landes vorgenommen wird.» Man kann sich zwar fragen, auf welch seltsamen Wegen dann die verfassungswidrige Diktaturregierung Metaxas'[342], mit der Griechenland in den Krieg ging, sich im Exil durch blossen Personenwechsel an der Spitze, ohne Möglichkeit einer Volksbefragung, in eine verfassungsmässige demokratische Regierung verwandelt hat. Aber wie dem auch sei: Warum geben die griechischen Kämpfer der «dritten Front», wenn sie wirklich das griechische Volk hinter sich haben, ihre Waffen nicht ab und warten in aller Ruhe die Volksabstimmung ab – eine Volksabstimmung, die natürlich nur unter bewaffnetem britischem Schutz und erst dann stattfinden könnte, wenn «Ruhe und Ordnung» wiedergekehrt sind, d. h. Verwaltung und Versorgung wieder reibungslos funktionieren? Die Frage ist in allen «befreiten Ländern» dieselbe: Warum sind die Widerstandsbewegungen so ungeduldig? Warum gehen sie nicht den Instanzenweg? Und die Antwort ist einfach. Die Jahre deutscher Besetzung haben wenigstens im Negativen genau das Ergebnis einer Revolution bewirkt; der Staatsapparat mit all seinen Verästelungen, Privatdomänen und seiner ungeheuren Macht der Trägheit ist entweder weggefegt oder, soweit er unter der Besatzung weiterarbeitete, vollkommen diskreditiert und moralisch vernichtet. Im Augenblick, in dem der Feind abzieht und der Staat neu ersteht, fällt die Entscheidung, ob wirklich neu gebaut oder nur das Alte neu gekleistert werden soll. Diese Entscheidung lässt sich nicht aufschieben. Nach einigen Monaten hat sich der alte Apparat wieder eingelaufen, dessen Kern über Krieg und Besetzungszeit hinweg derjenige der Vorkriegszeit blieb und dem die revidierte Exilregierung höchstens ein neues Dach aufgesetzt hat – überall, in Belgien, Frankreich, Italien, Griechenland, ist die Polizei, die heute die Partisanen entwaffnet, in ihrer Masse dieselbe, die unter deutschem Befehl die Juden- und Arbeiterdeportationen ausführte und damals schon die Partisanen jagte, ist die Verwaltung im ganzen dieselbe, die den Deutschen die Requisitionslisten aufstellte und die Geschäfte Sauckels und Speers besorgte – und alle Wahlen dienen dann nur noch dazu, Ministerportefeuilles und Parlamentssitze auszuwechseln, wie das im normalen Gang der Demokratie liegt, nicht aber die «Grundfesten des Staates», mögen sie noch so morsch sein, zu erneuern. Was heute Neuaufbau wäre, das wäre dann wieder Umwälzung und Revolution. Und zudem – auch damit dürfte Churchill recht haben – sind die Widerstandsbewegungen eine Minderheit, wie sie es schon im Kampf gegen die Deutschen waren. Wann wäre je die Masse eines Volkes politisch aktiv gewesen oder gar in den unterirdischen, illegalen Kampf gegen eine Staatsgewalt, und sei sie noch so unrechtmässig und gewalttätig, gegangen? Die Widerstandsbewegungen waren Kaders, nicht Massen – was noch vor einem halben Jahr die Alliierten mit Recht nicht hinderte, sie als die wahren Vertreter ihrer Völker anzuerkennen –; sie hatten die mehr oder weniger passive Unterstützung der grossen Mehrheit und haben sie vielleicht heute noch; aber einmal aufgelöst, entwaffnet und heimgeschickt, werden diese Kader in der grossen Masse derer aufgegangen sein, die ohne den Impuls der Stunde, ohne Führung und ohne Perspektiven einfach wieder Ruhe und Frieden wünschen, selbst wenn es die Ruhe und der Frieden ist, der schon einmal in die Katastrophe führte. Der Elan der Befreiung lässt sich nicht aufs Eis legen, am allerwenigsten bei Völkern, deren Nervenkraft durch Jahre des Terrors und der Aushungerung erschöpft und deren Geduldsreserven ausgegangen sind. Dieses Bewusstsein, dass der Augenblick entscheidet und dass die Aufschiebung der als notwendig anerkannten Reformen dafür garantiert, dass diese Reformen nie kommen, gibt den Spannungen in den «befreiten Ländern» ihre Dramatik und Ungeduld. «Die Erklärung Churchills scheint auf die Engländer überzeugender zu wirken als auf die Griechen», schrieb «Manchester Guardian» nach der Unterhausdebatte. «Die Erfahrung hat gezeigt, dass die ‹Verfassungsmässigkeit der Regierungen› für die befreiten Völker nur eine geringe Rolle spielt. Es genügt nicht, ‹Ruhe und Ordnung› zu unterstützen, es genügt auch nicht, auf die passive Mehrheit hinzuweisen, die immer Ruhe und Ordnung gegen Änderungen und Revolutionen unterstützt hat ... Wenn wir unsere jetzige Politik fortsetzen, so wird die ‹verfassungsmässige Regierung› als eine Puppenregierung Englands angesehen und die Widerstandsbewegung noch mehr auf den Weg der Gesetzlosigkeit und der Revolution getrieben werden.» Churchill ist formal im Recht. Aber diejenigen, die gegen den Faschismus in die Berge und Wälder gegangen sind und die sowohl die einheimische wie die fremde Gewaltherrschaft hinter sich haben, wollen nicht ihre Waffe gegen ein Stück Papier eintauschen, auf das sie, wenn sich die alten Herren wieder installiert haben und die «Befreiungsmacht» es zulässt, einen Namen schreiben dürfen.

Es gibt heute wohl viele in Europa, die «die Welt nicht mehr verstehen». Denn die Probleme Polens, Italiens, Belgiens, Griechenlands gehen weit über diese Staaten hinaus, und selbst wenn sie imstande wären, sie selbst zu lösen, so würden es die Grossmächte, die diesen neuen Kampf um die Teilung der Welt austragen, nicht zulassen; Interessensphären und Selbstbestimmungsrecht der Völker sind ebenso unvereinbar wie Machtpolitik und Demokratie.

«Das Problem einer vollkommenen bürgerlichen Verfassung ist von dem Problem eines gesetzmässigen Staatenverhältnisses abhängig und kann ohne das letztere nicht aufgelöst werden», schrieb Immanuel Kant vor hundertsechzig Jahren in seiner «Idee zu einer allgemeinen Geschichte»: «Was hilfts, an einer gesetzmässigen bürgerlichen Verfassung unter einzelnen Menschen, d. i. an der Anordnung eines gemeinen Wesens, zu arbeiten? Dieselbe Ungeselligkeit, welche die Menschen hiezu nötigte, ist wieder die Ursache, dass ein jedes Gemeinwesen in äusserem Verhältnisse, d. i. als ein Staat in Beziehung auf andere Staaten, in ungebundener Freiheit steht, und folglich von dem andern eben die Übel erwarten muss, die die einzelnen Menschen drückten, und sie zwangen, in einen gesetzmässigen bürgerlichen Zustand zu treten. Die Natur hat also die Unverträgsamkeit der Menschen, selbst der grossen Gesellschaften und Staatskörper dieser Art Geschöpfe, wieder zu einem Mittel gebraucht, um in dem unvermeidlichen Antagonism derselben einen Zustand der Ruhe und Sicherheit auszufinden; d. i. sie treibt, durch die Kriege, durch die überspannte und niemals nachlassende Zurüstung zu denselben, durch die Not, die dadurch endlich ein jeder Staat, selbst mitten im Frieden, innerlich fühlen muss, zu anfänglich unvollkommenen Versuchen, endlich aber, nach vielen Verwüstungen, Umkippungen, und selbst durchgängiger innerer Erschöpfung ihrer Kräfte, zu dem, was ihnen die Vernunft auch ohne so viel traurige Erfahrung hätte sagen können, nämlich: aus dem gesetzlosen Zustande der Wilden hinauszugehen, und in einen Völkerbund zu treten; wo jeder, auch der kleinste Staat seine Sicherheit und Rechte, nicht von eigener Macht, oder eigener rechtlicher Beurteilung, sondern allein von diesem grossen Völkerbunde, von einer vereinigten Macht, und von der Entscheidung nach Gesetzen des vereinigten Willens, erwarten könnte. So schwärmerisch diese Idee auch zu sein scheint ... so ist es doch der unvermeidliche Ausgang der Not, worein sich die Menschen einander versetzen, die die Staaten zu eben der Entschliessung (so schwer es ihnen auch eingeht) zwingen muss, wozu der wilde Mensch eben so ungern gezwungen ward, nämlich: seine brutale Freiheit aufzugeben, und in einer gesetzmässigen Verfassung Ruhe und Sicherheit zu finden.»

Wir stehen in der chaotischen Übergangszeit, in der die Souveränität der Einzelstaaten so augenfällig wie nur möglich «überholt», aber noch nichts an ihre Stelle getreten ist und selbst die schwachen Ansätze internationalen Rechts, die bestanden, unter den Trümmern begraben worden sind. Der Lehrgang der Katastrophen, den Kant so altväterisch vorzeichnete, ist noch lange nicht zu Ende. Der Friede von 1945 verspricht nicht einmal jene Scheinerfüllungen des Friedens von 1919.

23. Dezember 1944

Gegenoffensive der Deutschen in den Ardennen

Der Reichsführer Heinrich Himmler hat seinem hoffnungslosen, abgehetzten, ausgebombten Volk eine *Offensive zur sechsten Kriegsweihnacht* in die leere Krippe beschert und einige Siegesbulletins im guten alten Stil an den kahlen Baum gehängt. Das «deutsche Wunder» ist vollzogen: es ist die erste deutsche Winteroffensive überhaupt, und es sind Einheiten des Volkssturms, dieses von keinem Sachverständigen ernstgenommenen «letzten Aufgebots von Greisen und Krüppeln», die den forschen und wohlversorgten alliierten Truppen St. Vith entrissen. Der belgische Rexisten- und SS-Führer Léon Degrelle ist bereits mit der Verkündigung, dass der deutsche Endsieg nun endgültig gesichert sei, nach Malmédy abgereist, um die Verwaltung des im Geiste schon zurückeroberten Belgien zu übernehmen. Das neue Wunder wird zwar so wenig wie alle bisherigen den Verlauf des Krieges ändern und vielleicht sogar seine Dauer nicht verlängern, sondern verkürzen, indem es den Alliierten endlich zu der «offenen Feldschlacht» verhilft, die sie selbst nicht zu erzwingen vermochten. Aber es wird über die kritischen Festtage weghelfen, und es macht sich doch sehr gut zu Weihnachten, dem «Fest der deutschen Innerlichkeit»: der Sieg des Geistes über die Masse, des Glaubens *quia absurdum* über das kaltschnäuzige Rechenexempel, der höheren Selbstaufopferung über bessere Ausrüstung und blosse Dampfwalzenstrategie ... Und es geht ja nicht darum, *den* Krieg zu gewinnen, sondern noch einige Monate Krieg zu gewinnen, bevor das Tausendjährige Reich zu Ende ist.[343]

Montgomery jedenfalls hat seine Wette gegen Churchill verloren, wie schon einige Wetten seit dem Beginn der Invasion in Italien.[344] Ob er sich wirklich in den militärischen Möglichkeiten verrechnete, ist eine andere Frage. Er rechnete wohl als rechtschaffener Funktionär dieses Krieges mit der erdrückenden materiellen Überlegenheit der Alliierten, der dutzende Male beschworenen Koordination ihrer Operationen, der technischen Unordnung und Zerstörung hinter der deutschen Front – kurz, er addierte korrekt die verfügbaren Mittel des Sieges, und da konnte die Rechnung nicht anders ausfallen. Fast alle lokal- bis weltpolitischen Fehlrechnungen beruhen auf dem treuherzigen Irrtum, divergierende Kräfte je nach ihren momentanen diplomatischen Beziehungen einfach zu addieren oder zu subtrahieren, als gelte in der Politik das biblische Ja, Ja, Nein, Nein und nicht die etwas subtilere Mathematik des Parallelogramms der Kräfte, in dem die Resultante riesiger Machtfaktoren gleich Null sein kann, wenn sie genügend auseinanderstreben. Die «Grosse Allianz» ist keine Additionsrechnung, sondern ein höchst kompliziertes Kräftebündel – sonst wäre dieser Spuk längst zu Ende. Montgomery hat zudem das Pech, seit er aus der afrikanischen Wüste nach Europa übersetzte, immer nur auf Nebenkriegsschauplätzen eingesetzt zu werden, die er für Hauptkriegsschauplätze zu halten verpflichtet ist: zuerst auf dem Nebenkriegsschauplatz Italien, jetzt auf dem Nebenkriegsschauplatz Deutschland. Da sind Irrtümer begreiflich.

Die Welle des Pessimismus, die über die alliierten Länder geht, hat mit der Kriegslage wenig zu schaffen. Dieser Pessimismus ist kein Defaitismus. Die Alliierten haben den Sieg über Deutschland in der Tasche, das hat allmählich auch der letzte Stammtisch gemerkt, und nur fixbesoldete Journalisten haben es noch nötig, aus diesem Gemeinplatz ein Glaubensbekenntnis zu machen. Sie haben den Sieg in der Tasche – wozu sollten sie eilen? Das Dritte Reich ist, solange es noch im Kriege steht, ein Faktor oder vielmehr *der* Faktor der Einigkeit zwischen den Grossen Drei oder Vier; das besiegte Deutschland aber wird ein Objekt des Zankes und schwieriger Ausmarchungen sein, mit denen die für nichts anderes bestellte Europakommission seit Jahr und Tag noch nicht zu Rande gekommen ist und deren vorläufig gezogene Linien durch die Moskauer Verhandlungen de Gaulles ebenso wie durch den russischen Vormarsch gegen Österreich bereits wieder durcheinandergeraten sind. Auf die Frage des Abgeordneten Shinwell in der zweiten Unterhausdebatte über Griechenland, ob zwischen den Alliierten «tatsächlich eine völlige Zusammenarbeit bestehe», antwortete Churchill am Mittwoch: «Es ist eine vollständige Zusammenarbeit vorhanden; ob aber ein vollständiges Einvernehmen über jede Seite dieser Angelegenheit besteht, ist eine andere Frage. Ich hege jedoch nicht den geringsten Zweifel, dass eine vollständige und wirkungsvolle Zusammenarbeit in allen Angelegenheiten, die *den Krieg betreffen*, andauern wird.» Das ist sehr klar, und es ist daher für jeden Teilhaber des Unternehmens besser, sein Schäflein ins trockene zu bringen, solange der gemeinsame Krieg die Partner noch bei der Stange hält. Das politische Problem besteht weniger darin, *den* Krieg gegen Deutschland zu gewinnen, als bis dahin noch ein halbes Jahr Krieg gegen Deutschland zu gewinnen. Der Nebenkriegsschauplatz Deutschland wird gerade nur in Schach gehalten und so nebenbei zur Wüste gemacht; denn der Luftkrieg ist weniger eine Kriegshandlung als ein Teil der Friedensplanung, und Bombenteppiche treffen kriegswichtige Ziele nur zufällig nach deren statistischer Häufigkeit. Inzwischen erobern die Russen den Balkan und den Donauraum, «befrieden» das Baltikum – die abgeschnittenen deutschen Truppen, deren Vernichtung ebenso wie der russische «Einmarsch in Ostpreussen» vor vier Monaten die Tagessensation war, stehen immer noch dort! – und lassen Polen auch militärisch in schwebender Pein, solange es eben politisch noch in der Schwebe ist. Inzwischen sichern die Engländer ihre Einflusszonen, sondieren die Möglichkeiten des Westblocks, «befrieden» Belgien und Griechenland, und nur die Amerikaner zeigen eine durch das Anhalten der Kriegskonjunktur gemilderte Ungeduld. Nichts ist bezeichnender für diese höhere Konzeption des Krieges als die Eilfertigkeit, mit der gleich hinter der, wie sich nun zeigt, teilweise sehr sorglos mit schwachen Kräften besetzten und unausgebauten Front gegen Deutschland die belgischen Antifaschisten entwaffnet wurden; heute nehmen sie in den unmittelbar gefährdeten Gebieten wieder an der Abwehr gegen die deutsche Offensive teil, aber ihre Wiederbewaffnung hat General Erskine abgelehnt, da er nicht noch einmal «das gleiche Theater» haben will.

Es fehlt auch sonst nicht an Vorteilen eines weiteren halben oder ganzen Kriegsjahres. Auf den wichtigsten hat Premierminister Churchill bereits hingewiesen: auch das «deutsche Problem», dieses bis zum glücklichen Ende aufgesparte interalliierte Problem, wird viel leichter lösbar, wenn bis dahin noch die restlichen deutschen Siedlungen zerstört und noch einige Millionen Deutsche gefallen oder als lebende Phosphorfackeln verbrannt sind. Es muss Platz geschaffen werden, besonders nachdem auch das offizielle Frankreich, das noch vor einem Monat keine Annexionen wollte, seit dem Staatsbesuch in Moskau «realistischer» geworden ist und die «idealistischen», wissenden Stimmen des unterirdischen Frankreich von gestern vom Lärm der neuen Grossmachtpolitik zugedeckt worden sind – jenes unterirdischen Frankreich, wo man wusste, dass der strukturelle und moralische Zusammenbruch von 1940 von innen kam und dass nicht der Sturm schuld ist, wenn der Baum morsch war bis ins Mark, und wo man für Frankreich eine andere Aufgabe sah, als in einem europäischen Balkan die grösste Balkanmacht zu sein. All das heisst heute «Maquisromantik», und wenn in Frankreich etwas romantisch genannt wird, dann weiss man, was gemeint ist. Noch ein halbes Jahr Krieg, und die letzten Sentimentalitäten werden ausgestorben sein.

Es wurden *zu viele Wechsel auf Kriegsende* ausgestellt; es ist besser, sie verjähren zu lassen, bevor sie verfallen: die Atlantik-Charta mit ihrem Selbstbestimmungsrecht und ihrem Wohlstand und freien Zugang zur Weltwirtschaft für Sieger und Besiegte, Kleine und Grosse, die Beveridge- und andern Pläne, das Jahrhundert des kleinen Mannes, die Freiheit Indiens, die kollektive Sicherheit, all das gleicht längst jenen Gelöbnissen eines Geizigen in seiner Sterbestunde, an die er sich nach der glücklichen Genesung nicht mehr erinnert. Schliesslich waren all diese hehren Kriegsziele im ersten Weltkrieg auch schon da. Und dieses «Ende der Illusionen» ist der tiefste Grund für die Welle des Pessimismus, die durch die alliierte Welt geht. Die unerwartete deutsche Weihnachtsoffensive wird den öffentlichen Meinungen in allen alliierten und befreiten Ländern Gelegenheit geben, sich aufzurappeln und wieder nach der offiziellen Parole «alle Gedanken und Kräfte auf den Krieg zu konzentrieren». Der schon wankend gewordene Burgfriede wird überall gestählt, die allzu stürmischen «Strukturreformer» werden als Störefriede oder vielmehr Störekriege zur Ruhe verwiesen, und die Nachkriegskrise rückt wieder in eine Zukunft, mit der sich nur Träumer und Meckerer beschäftigen.

So ordnet sich alles zum Besten in der besten aller möglichen Welten, wie schon der Doktor Pangloss vor zwei Jahrhunderten dem jungen Candide bewies.[345] Natürlich ist diese Weihnachtsbetrachtung masslos einseitig und verzeichnet; natürlich gibt es die Weisen von Wall Street, die die Welt regieren, ebensowenig wie die entsprechenden Weisen von Zion; natürlich tut allerseits jeder General, jeder Diplomat, jeder Staatsmann und, ungeachtet der anders laufenden Geschäftsinteressen, jeder Wirtschaftschef sein Bestes zur raschesten Beendigung des Krieges, und nur der Verfasser ist der nachgerade übermenschlichen Schwierigkeit erlegen, keine Satire zu schreiben. Aber man möchte doch wenigstens in diesen Tagen ein wenig optimistisch sein, und da ist auch die schwärzeste weltpolitische Spekulation der Gemütslage noch zuträglicher als die leiseste unmittelbare Vorstellung vom qualvollen, hässlichen, viehischen Sterben zahlloser Menschen in diesen heiligen Nächten. So seltsam es auch ist: die Not der Welt passt nicht in den Geschenkhandel und die traulichen Krippenspiele, auf die wir im Lauf zweier Jahrtausende die Weihnachtsbotschaft reduziert haben. Die Geburt des Menschensohns im Viehstall unter der Tyrannis des Quislings Herodes – was weiss die Christenheit noch von der tiefen Symbolkraft dieser Geschichte? Niemand nimmt Anstoss daran, das Kind in der Krippe als Attrappe im Weihnachtsschaufenster eines Juwelenladens ausgestellt zu sehen; aber wenn morgen nacht, wie nun fast alle Nächte, das Sirenengeheul einen Hauch der Wirklichkeit zu uns trüge, so würde das ungemein störend empfunden in der Feierstunde der Menschen, von denen täglich und stündlich des Menschen Sohn verraten wird.

30. Dezember 1944

*Churchill und Eden in Athen. «Es ist ein übler Beruf,
jede Woche über Dinge zu schreiben, die man nicht weiss»*

Noch immer wälzt sich der Krieg, wie seit über zwei Jahren schon, dem Ende zu. Nach den Erdrutschen dieses Sommers ist der Verwesungsprozess des Dritten Reiches wieder in ein Stadium zermürbender Langsamkeit und qualvoller Konvulsionen getreten. Man könnte aus Versehen eine Zeitung vom August oder September in die Hand bekommen und sich längere Zeit in ihre Lektüre vertiefen, ohne zu bemerken, dass man einen alten Text liest: noch immer stehen die Alliierten vor der Eroberung Hollands, des Saargebiets, des Rheinlands, die Russen vor dem Einmarsch in Ostpreussen, in die Tschechoslowakei, vor Warschau, Krakau, Budapest, die abgeschnittenen deutschen Armeen im Baltikum vor der Vernichtung, zertrümmert die alliierte Luftwaffe die deutsche Industrie, die deutschen Städte, das deutsche Verkehrsnetz, liefern Gerüchte um die neueste deutsche Geheimwaffe, um das Befinden Hitlers und den immer gleichen letzten Wochenendartikel Dr. Goebbels' die Schlagzeilen der Weltpresse. Es wäre bewundernswert, dass darüber immer neue Kommentare erfunden werden, wenn die Kürze des menschlichen Gedächtnisses nicht so zuverlässig wäre. Wir wissen nun auch schon seit geraumer Zeit, dass die angelsächsisch-russische Koalition des Sieges sicher ist, und dieser Sieg, auf den alle freien Menschen brennend hofften, als er noch nicht feststand, wird eines Tages auch exekutiert werden. Nur dass die Welt dadurch gerettet wird, wissen wir nicht mehr so sicher. Er droht zu spät zu kommen, wie der Krieg, so zynisch das auch klingt, zu spät kam. Die Gründer des Dritten Reiches haben auf jeden Fall Deutschland bis zur Vernichtung besiegt, und ihre Drohung, dass ihre Niederlage auch das Ende Deutschlands bedeute, wird bald von aller Welt bekräftigt; sie haben Europa so niedergeworfen, demoralisiert, innerlich zerrissen und balkanisiert, dass es sich kaum mehr zu erheben vermag; und wie weit ihr Ungeist des Hasses, der Lüge, der blinden Gewalt, der Menschenverachtung und Völkerschieberei inmitten der Niederlage seiner Propheten triumphiert, wird immer erschreckender sichtbar. Es hat viele Jahre intensiver Erziehung gebraucht, um die Menschen zu dem Grad der Vertierung zu bringen, der noch mehr als alle Rüstung dazu nötig war, um diesen totalen Krieg zu führen, zu ertragen und mitanzusehen. Es hat sich erwiesen, wie grenzenlos formbar und missbrauchbar Massen und Völker sind, und diese Erkenntnis wird ihre Urheber überleben. Wer vermag sich noch an den Scherzen zu belustigen, dass der deutsche Reichsmarschall nun unwiderruflich Meier heisse oder dass auf den Trümmern von Berlin nur noch ein überlebender Papagei «Heil Hitler» rufe? Europa wird morgen dringender als je vor der fast hoffnungslos gewordenen Aufgabe stehen, jene Einheit, die es sich von den totalitären Al Capones nicht aufzwingen liess, aus freiem Willen zu verwirklichen, und es wird dabei seine heutigen Retter als Widersacher finden und erkennen, dass noch in kein Land die Freiheit auf fremden Bajonetten kam. Bei Beginn des fünften Kriegsjahrs, im September 1943, stand hier geschrieben: «Von den Siegern dieses Jahres hängt es ab, ob sich nicht in einigen Jahren um die besiegten Führer ein sehnsüchtiger Mythos spinnen wird, wie einst um den besiegten Napoleon, als die ‹Freiheitskriege› in der Farce der Heiligen Allianz Metternichs geendet hatten ...»

Aber Deutschland ist, vom militärischen Aufwand abgesehen, bereits zum Nebenkriegsschauplatz herabgesunken und wird erst wieder ins Zentrum rücken, wenn das «deutsche Problem» als brennendste Wunde Europas aufbricht. Diese Woche konnte *Churchill in Athen* auf den Tisch schlagen und feststellen, «auf diesen Tisch blicke» – im Augenblick der deutschen Gegenoffensive! – «die ganze Welt». Griechenland, dieses arme, kleine, im grossen Spiel der Weltpolitik periphere Land, dessen Unbeugsamkeit schon Mussolini so unliebsame Überraschungen bereitet hatte, ist plötzlich zum Schulfall der Nachkriegspolitik und Prüfstein der neuen Heiligen Allianz geworden. Noch vermochten alle Ultimaten und Bomben General Scobies nicht, auch nur Athen zu «säubern», und aller Aufwand an grossen Namen der griechischen Vorkriegspolitik, alle Diffamierung der Partisanen als von Deutschen besoldete, bewaffnete und geführte Landesverräter – sogar die vor Churchills Ankunft im Hotel «Grossbritannien» gelegte Bombe war vorsorglich in eine Kiste mit deutscher Firmenaufschrift verpackt – war noch nicht imstande, die republikanische Widerstandsorganisation aufzuspalten oder die Weltmeinung und die Mitverbündeten restlos zu überzeugen. Der Bürgerkrieg blieb aus, und eine regelrechte Eroberung Griechenlands von aussen erwies sich als Unternehmen von unvorhergesehener Schwierigkeit, zu dem vielleicht überdies die dafür benötigten Truppen, die ja schon aus formalen Gründen nicht ausschliesslich aus Ghurkas bestehen können, schwer zu begeistern sind. Auch die peinliche Betretenheit, die dieser Feldzug in England hervorrief und die schon in der Stimmenthaltung des halben Unterhauses beim Vertrauensvotum für Churchill zum Ausdruck kam, drohte gefährlich zu werden. Als seine Kritiker im Parlament erklärten, der griechische Konflikt sei eine politische Angelegenheit und erfordere eine politische, nicht eine militärische Lösung, schlug Churchill auf den Tisch und erzwang die ausdrückliche Billigung des Hauses dafür, dass er «mit der Säuberung Athens von allen Aufständischen fortfahre». Und mit dieser Blankovollmacht in der Tasche begab er sich nun trotz Festzeit und Beschwerlichkeit mitten in das umkämpfte Athen, um – eine politische Lösung des Konflikts zu suchen und mit denselben Leuten zu verhandeln, die er eben noch als Pöbel, Gangster und Meuterer bezeichnet hatte. Diese grossartige und eindrucksvolle Geste kennzeichnet den ganzen Staatsmann: stiernackig im Beharren auf dem selbstgefällten Entscheid, aber biegsam und grosszügig in den Methoden, ihn durchzusetzen, ohne Schonung für sich wie für andere, wahrhaft der «erste Diener des Britischen Imperiums», dessen Erscheinung um so imponierender wirkt, als er im eigenen Lande keinen Gegenspieler findet, der ihm das Wasser zu bieten vermöchte. Die

Konferenz in Athen war freilich wohl die kürzeste, an welcher der konferenzgewohnte Premierminister je teilgenommen hat, und es ist noch nicht ersichtlich, worin die «Verhandlungen» eigentlich bestanden; Churchill bekräftigte donnernd das Ultimatum General Scobies und hinterliess den Vertretern der Widerstandsorganisation den kategorischen Befehl, sich mit den von ihm zur Konferenz geladenen politischen und geistlichen Würdenträgern zu einigen, von denen niemand weiss, ob mehr hinter ihnen steht als ein abgetakeltes Prestige aus der Vorkriegszeit und – die Unterstützung Churchills. Aber *ein* Erfolg der Konferenz ist gesichert: wenn die Widerstandsbewegung nun nicht kapituliert, wird Churchill alles und noch mehr getan haben, als von ihm erwartet werden konnte, und die blutige Niederschlagung des «Aufstands» wird die Billigung der ganzen Weltöffentlichkeit finden.[346]

Über die Verhältnisse in Griechenland sind im ganzen die vollen Texte mehrerer Reden Churchills und Edens zu uns gelangt, die den offiziellen britischen Standpunkt darlegten und den griechischen Widerstand verdammten, ohne ihn zu erklären; einige stichwortartige Zusammenfassungen englischer und amerikanischer Äusserungen pro und contra, deren Stellungnahme offenbar mehr auf politischer Affinität als genauer Unterrichtung beruhte, und zwei oder drei Fragmente von Erklärungen griechischer Politiker, deren Aussagen jeweils in der einen Agenturversion das Gegenteil dessen besagten, was ihnen die andere Version in den Mund legte. Wir hören, und Churchill persönlich bezeugt es, dass das britische Eingreifen gegen die griechischen «Banden» nötig gewesen sei, um ein grauenhaftes Massaker zu verhindern; aber diese «Banden» haben Athen tagelang und andere Städte wochenlang vor dem Eintreffen der Engländer beherrscht, und selbst Churchill weiss nichts davon, dass in dieser Zeit Mord und Totschlag in Athen und Saloniki gewütet hatten. Mord und Totschlag begannen mit dem englischen Eingreifen ... Auf solchen Informationsfetzen beruht unsere Kenntnis der Dinge in fast allen, vor allem in den befreiten Ländern; der Wegfall der deutschen Zensur hat unsere Verbindung mit der Umwelt kaum verbessert, da an ihre Stelle alliierte Militärzensur, angelsächsisches Nachrichtenmonopol oder russisches Schweigen traten. Bei der modernen Nachrichtentechnik, die für eine Minute Vorsprung faustdicke Ungenauigkeiten in Kauf nimmt, ist genaue Information stets ein Zufallstreffer; gegenwärtig aber ist das Erfahrbare höchstens Stoff zu Rätselspielen: verstümmelte Auszüge aus Reden, Erlassen, Programmen von Gruppen und Parteien, deren Stärke und repräsentatives Gewicht niemand kennt, von Personen, deren Charakter höchstens durch ein verjährtes Vorleben definiert ist, deren Jargon der *Union sacrée* sich an die einigenden Gemeinplätze hält und die eigenen Sonderziele verbirgt, Reaktionäre in fortschrittlicher, Konservative in revolutionärer, Revolutionäre in patriotischer Verkleidung. Für die Beurteilung der Kriegslage konnte man wenigstens jeweils «alle beede» anhören und als objektive Hilfsmittel Karte und Statistik zur Hand nehmen; nun aber haben wir höchstens noch die Chance, dass englische, amerikanische und russische Nachrichtenpolitik nicht immer genau übereinstimmen. Fast instinktive Sympathie und Antipathie müssen die Lücken der Information stopfen. Es ist ein übler Beruf, jede Woche über Dinge zu schreiben, die man nicht weiss.

Wir stehen unvermerkt schon mitten in der Nachkriegszeit. Und wenn unser scheidender Aussenminister in seiner Abschiedsrede zu dieser Feststellung hinzufügte, der Aussenminister der Nachkriegszeit könne nicht derselbe sein, der mit den Machthabern von gestern verhandelte, so lässt sich das, etwas abgewandelt, auch auf den aussenpolitischen Kommentator einer Tageszeitung anwenden. Der wohl meistgelesene Schweizer Journalist schrieb sogleich nach Churchills Kampfrede gegen die griechischen Partisanen in seinem «blauen Blatt»: «So tragisch diese Feststellung für viele sein wird, so bleibt doch die Tatsache bestehen, dass heute in allen Ländern, in denen die Befreiung erreicht ist, und wo damit die Befreiungsbewegungen auch ihre Rolle ausgespielt haben, für diese die Auflösung im Interesse der Gesamtheit notwendig ist. Es ist das die grosse Tragik jeder Revolutionspartei, dass wenn das Ziel erreicht ist, für sie auch sogleich die Existenzberechtigung aufhört. Dem war so, als unter Konstantin das Christentum seinen Frieden mit dem Staat schloss ... Genau das gleiche erleben wir heute noch einmal in Ländern ..., wo sich sofort nach der Befreiung die neugeschaffenen Zentralgewalten gegen die illegalen Kämpfer wenden müssen, die nicht verstehen wollen, dass heute ihre Zeit vorüber ist. Solche Erkenntnisse sind sicher für manchen schwärmenden Idealisten sehr hart ...» Lassen wir die tragische Miene und auch das «erreichte Ziel» auf sich beruhen – der «Kleinen Wochenschau», die ein schwaches Echo dieser nun unter die Räder des Sieges kommenden «dritten Front» des europäischen Widerstandes sein wollte, geht es ähnlich, so anmassend auch dieser Vergleich ist. Sie hat vielleicht eine Aufgabe erfüllt; aber ihre Zeit ist um. Auch sie hat abzutreten.[347]

Jede grosse Auseinandersetzung und erst recht ein Krieg benötigt Begründungen, die weit über die tatsächlichen Gründe hinausgehen, Fahnen, die schöner und mitreissender sind als die wirklich verfolgten Ziele. Hat man je einen Parteienkampf gesehen, bei dem es nicht um das Heil der Menschheit ging? Zur Abwehr der deutschen «Neuordnung», gegen die sich nach dem Zusammenbruch der bloss konservativen *drôle de guerre* ein Amalgam aller bedrohten Interessen und Ideale zusammenballte, war es doppelt nötig, den technischen mit dem geistigen Sprengstoff zu kombinieren, den materiellen Ausstoss der Munitionsfabriken mit dem revolutionären Impuls der Freiheit und Gerechtigkeit; Absatzmärkte und Zerschmetterung der Konkurrenz, Sicherung strategischer Vorfelder und Weltmarktquoten allein hätten kaum Millionen aus allen vier Weltenden dazu gebracht, Jahre ihres Lebens zu vertun und dieses Leben selbst der Vernichtung auszusetzen. Es gibt dann immer Menschen, die diese grösseren Ziele und Begründungen ernst nehmen, und gerade sie verleihen dem Kreuzzug den Elan. Wenn dann der Kampf entschieden und das platte Ziel erreicht ist, werden diese Menschen gemeingefährlich und haben abzutreten. Die Promiskuität der Idealisten und der

Kriegsgewinnler geht zu Ende. Die Zeit, in der illegale Banden salonfähig waren und wenigstens aus der Ferne sogar über Gebühr idealisiert und gefeiert wurden, ist vorbei, und überall tritt die alte Ruhe und Ordnung wieder in ihre Rechte.

Auch in unserem Lande hatte sich das Amalgam aller von der deutschen «Totalität» bedrohten Interessen und Ideale vollzogen. Die «Kleine Wochenschau» war nur eine Nuance der allgemeinen Abwehrhaltung, wie es überhaupt nur noch Nuancen, aber kaum mehr Gegensätze gab. Nun vergröbern sich überall die Nuancen wieder zu Gegensätzen, und da diese Gegensätze in komplizierter Beziehung zu den Gegensätzen der übrigen Welt stehen, werden für die Beurteilung der Weltpolitik wieder innenpolitische Gesichtspunkte massgebend. Nicht mehr die Zensur, aber viel unüberlistbarer die allerseits neuerrichteten innenpolitischen Zäune und Dogmen beengen die unabhängige Meinungsäusserung auch in weltpolitischen Fragen. Ein Sonderstandpunkt, wie ihn die «Kleine Wochenschau» – manchmal in radikaler Form, als sie der Leser schliesslich zu Gesicht bekam – vertrat, mag fortan noch als persönlicher Diskussionsbeitrag zu Worte kommen, aber ehrlicherweise nicht mehr in der bisherigen fast institutionellen Form, die sie manchem Leser geradezu als redaktionellen Kommentar erscheinen liess. Sie müsste sich nun befleissigen, das zu werden, was sie fälschlich schien; es ist wohl besser, sie einzustellen, als sie auf eine Konformität umzustellen, deren völliger Mangel ihr gerade das Gesicht gab. Fast zweieinhalb Jahre nie unterbrochener allwöchentlicher Weltbetrachtung sind ohnehin schon mehr, als normalerweise ohne Verfallen ins «Immerschongesagte» möglich ist. All den Lesern, die so manche vielleicht schwerverdauliche Auffassung freundlich anhörten und in allerlei zustimmenden oder ablehnenden Zuschriften ihre Anteilnahme bezeugten, sei hier für ihr waches Interesse und ihre lange Duldsamkeit herzlich gedankt. Zum neuen Jahr wünscht ihnen der Demissionär, dass er mit seinen Zukunftsbetrachtungen gänzlich im Irrtum gewesen sei.

Vier Schlussbetrachtungen

Jalta

«Die Krimkonferenz bedeutet zweifellos das Ende des Systems der einseitigen Handlungen und exklusiven Allianzen, der Einflusssphären, der Gleichgewichtspolitik und all der andern Systeme, die seit Jahrhunderten ausprobiert wurden und immer fehlschlugen.» (Roosevelt vor dem Kongress am 1. März 1945.)

Zu Beginn des Jahres 1945 schien Deutschland tatsächlich ein Nebenkriegsschauplatz geworden zu sein. Die deutsche Verblüffungsoffensive aus den Ardennen war schon vor Neujahr zusammengebrochen, und in den ersten Februartagen hatten die Alliierten wieder ungefähr ihre Ausgangsstellungen von Mitte Dezember erreicht. Im Osten hatte die Mitte Januar begonnene gewaltige russische Offensive Polen überrannt und war dann Anfang Februar an der Oderlinie zum Stillstand gekommen. Nur die Südostfront blieb in langsamer, aber stetiger Bewegung; am 2. Februar war Budapest in russischer Hand. Im Vordergrund der Weltpolitik stand nicht der Krieg gegen Deutschland, sondern die Abgrenzung der gegensätzlichen Interessen und der Einflusszonen zwischen den alliierten Grossmächten, die dringend gewordene Einigung über die Umrisse einer Friedenspolitik vor dem letzten Schlag gegen das Dritte Reich: Griechenland, Polen, Jugoslawien, die Besetzungszonen in Deutschland, das Gerüst der geplanten Weltfriedensorganisation ... Vom 4. bis 11. Februar tagten die «Grossen Drei» mit ihren militärischen und politischen Stäben in Jalta. Das Schlusscommuniqué der Krimkonferenz brachte nichts Geringeres als eine Abklärung schlechthin aller schwebenden Fragen. Interalliierte Meinungsverschiedenheiten konnten fortan nur noch als Differenzen über die Auslegung dieser Charta auftreten. Ihr Text schloss freilich solch verschiedenartige Interpretationen nicht aus.

Einigung über Deutschland:
«Wir sind dazu gelangt, ein gemeinsames Verhalten und gemeinsame Pläne zur Erzwingung einer unbedingten Kapitulation festzulegen, unter den Bedingungen, die wir gemeinsam Hitler-Deutschland auferlegen werden, nachdem der deutsche bewaffnete Widerstand endgültig ausgelöscht sein wird ... Nach den genehmigten Plänen werden die Streitkräfte jeder der drei Mächte eine besondere Zone Deutschlands besetzen. Eine kombinierte Verwaltung und Kontrolle wurde vorgesehen, und zwar durch eine zentrale Kommission, bestehend aus den Höchstkommandierenden der drei Mächte mit Hauptquartier in Berlin. Es ist unser

unbeugsamer Wille, den deutschen Militarismus und Nazismus zu zerstören und dafür zu sorgen, dass Deutschland niemals mehr fähig sein wird, den Weltfrieden zu stören. Wir sind entschlossen, alle deutschen bewaffneten Kräfte zu entwaffnen und zu entlassen, den deutschen Generalstab, der wiederholt den deutschen Militarismus neu hat entstehen lassen, aufzulösen, alle deutsche militärische Ausrüstung abzuführen oder zu zerstören, die deutsche Industrie, soweit sie für die militärische Produktion verwendet werden könnte, auszutilgen oder zu beherrschen, alle Kriegsverbrecher rasch abzuurteilen und für Wiedergutmachung der durch die Deutschen verursachten Zerstörungen zu sorgen ... Es ist nicht unsere Absicht, das deutsche Volk zu vernichten, aber erst, wenn der Nationalsozialismus und der Militarismus ausgerottet sein werden, wird sich für die Deutschen die Hoffnung auf ein würdiges Leben und auf einen Platz im Rate der Nationen ergeben.» Eine interalliierte «Kommission für die Wiedergutmachung der Schäden» mit Sitz in Moskau soll Ausmass und Methoden der Deutschland aufzuerlegenden Reparationen bestimmen.

Einigung über die Politik in den befreiten Ländern:
«Der Vorsitzende des Rates der Volkskommissare der UdSSR, der Premierminister Grossbritanniens und der Präsident der Vereinigten Staaten von Amerika haben jeder mit dem andern und gemeinsam die Interessen der Völker ihrer eigenen Länder und jene des befreiten Europa erwogen. Sie erklären übereinstimmend ihre gegenseitige Bereitschaft, während einer vorübergehenden Periode der Unstabilität im befreiten Europa das Vorgehen der drei Regierungen im Beistand an die Völker des von der Naziherrschaft befreiten Europa und an die Völker der früheren Satellitenstaaten der Achse zu koordinieren und ihre dringenden politischen und wirtschaftlichen Probleme auf demokratischer Grundlage zu lösen. Die Herstellung von Ruhe und Ordnung und der Neuaufbau des nationalen ökonomischen Lebens muss mit Methoden erreicht werden, welche die befreiten Völker in den Stand setzen, die letzten Spuren des Nazismus und Faschismus zu zerstören und sich demokratische Institutionen nach ihrer eigenen Wahl zu schaffen. Dieses ist ein Grundsatz der Atlantik-Charta: das Recht aller Völker, selber jene Regierungsform zu wählen, unter der sie leben wollen, Wiederherstellung der Souveränitätsrechte und der Selbstregierung für jene Völker, die durch die Angreifernationen dieser Rechte mit Gewalt beraubt worden waren ... Durch diese Erklärung bekräftigen wir von neuem unser Festhalten an den Grundprinzipien der Atlantik-Charta, unser Festhalten an den in der Erklärung der Vereinigten Nationen übernommenen Verpflichtungen und unsere Entschlossenheit, im Zusammenwirken mit andern friedliebenden Nationen eine Weltordnung zu schaffen, die dem Frieden, der Freiheit und dem allgemeinen Wohlergehen der Menschheit gewidmet ist ...»

Einigung über die Polenfrage:
«Wir haben unser gemeinsames Streben nach Errichtung eines starken, freien, unabhängigen und demokratischen Polen erneut zum Ausdruck gebracht ... Die provisorische Regierung, die gegenwärtig in Polen im Amt ist, soll auf breiterer demokratischer Grundlage umgebildet werden, unter Einschluss in Polen oder ausserhalb Polens lebender demokratischer Führer. Diese neue Regierung soll den Namen führen: Polnische provisorische Regierung der nationalen Einigkeit. Diese Polnische provisorische Regierung soll die Verpflichtung übernehmen, möglichst bald freie und unbehinderte Wahlen auf Grund des allgemeinen Wahlrechtes durchzuführen ... Die Ostgrenze Polens soll der Curzon-Linie folgen ... Die drei Regierungschefs erkennen an, dass Polen im Norden und Westen einen beträchtlichen Gebietszuwachs erhalten muss», doch «muss die endgültige Festlegung der Westgrenze Polens bis zur Friedenskonferenz vertagt werden.»

Einigung über Jugoslawien, oder vielmehr Bestätigung der schon erreichten Einigung zwischen Marschall Tito und dem Chef der Exilregierung, Dr. Schubatschitsch[348]. «Über andere Balkanfragen fand ein Meinungsaustausch statt ...»

Einigung über die Grundlagen der internationalen Friedensorganisation, auch über die in Dumbarton Oaks strittig gebliebene Frage des Vetorechts der Grossmächte; das Communiqué der Krimkonferenz beraumte die Gründungsversammlung der neuen Weltorganisation auf den 25. April nach San Francisco an, und für die «friedliebenden Staaten» war damit der letzte Termin gegeben, sich dem Heiligen Krieg anzuschliessen und damit im letzten Moment des Beitritts zur Weltfriedensorganisation würdig zu werden; ausser zwei oder drei verstockten Neutralen meldeten denn auch sämtliche Kabinette von Mittelost bis Südamerika eilfertig ihre Kriegserklärung gegen das verendende Dritte Reich oder mindestens gegen Japan an.

Einigung schliesslich über die «heilige Verpflichtung», «im kommenden Frieden die Einigkeit in der Zielsetzung zu erhalten und zu verstärken, die im Kriege den Sieg der Vereinigten Nationen ermöglicht und gesichert hat ...»

Das allgemeine Aufatmen über die Einigung von Jalta zeigte, wie sehr die Spannungen zwischen den drei Grossmächten die grosse Allianz belastet hatten. Die Krimkonferenz bewies, dass die Sieger – die drei wirklichen Sieger, denn es ist bestenfalls eine diplomatische Höflichkeitsformel, all die übrigen Nationen, die gerade noch mit dem Leben davongekommen sind oder sich nolens volens den «Drei Grossen» angeschlossen haben, als «Mitsieger» zu bezeichnen – sich im kleinen Komitee durchaus über die Probleme zu einigen vermögen, die, auch räumlich, «zwischen ihnen liegen», im Niemandsland der Klein- und Mittelstaaten; zum Beispiel über die Gestaltung Europas, wenn sich nur die Europäer nicht dareinmischen. Und ist diese Einigung einmal erreicht, so hat die Plebs der Nationen sie nur noch zu ratifizieren: das ist in kurzen Worten die Geschichte der Konferenzen und Verträge von Jalta bis San Francisco. Um unnötige Komplikationen zu vermeiden, war auch Frankreich trotz aller Begehren und Proteste nicht zur Krimkonferenz eingeladen worden, und ebenso blieb es von den anschliessenden Verhandlungen der angelsächsischen Regierungschefs mit den Vertretern der arabischen Staaten, einschliesslich Syriens, in Kairo ausgeschlossen, wo Roosevelt und Churchill der vor dem Abschluss stehenden panarabischen Union ihren Segen erteilten. Der ganze Syrienkonflikt war hier im Kern schon enthalten. Frankreich hatte in Jalta fast alles erhalten, was es wünschte: die Gelegenheit, mit den Grossmächten zusammen die Plebs der Nationen nach San Francisco einzuberufen, die Beteiligung an der Besetzung Deutschlands und an der von den «Grossen Drei» definierten europäischen Befriedungspolitik, ganz allgemein die Einladung, sich mit allen Attributen der Weltmacht den ohne es getroffenen Entscheidungen der drei Weltmächte zu assoziieren. Nur eines hatte es nicht erhalten: die tatsächliche Weltmachtstellung, das effektive Mitspracherecht im Kleinen Rat der grössten Mächte. Denn eine solche Stellung erhält ein Land nicht zugesprochen, es hat sie oder es hat sie nicht. «Wir können von Frankreich als Grossmacht sprechen, aber davon sprechen hilft hier nicht viel», hatte Marschall Smuts in seiner berühmten Rede vom November 1943 gesagt. Es war ein Irrtum, diese Worte nur als Beleidigung und nicht als Feststellung und Warnung zu nehmen.[349]

Das «griechische Problem» war inzwischen schon begraben. Auf der Rückreise von Jalta traf Churchill am 14. Februar in Athen ein und hielt unter dem Jubel der versammelten Menge eine seiner blumenreichsten Reden: «Ich spreche als Engländer und bin stolz auf die Rolle, welche die britische Armee bei der Bewahrung dieser unsterblichen Stadt vor Gewalt und Anarchie spielte. Wir, die wir an jedem Kampf für die griechische Freiheit teilnahmen, werden mit euch bis zum Ende des dunklen Tales marschieren nach den Gefilden der Gerechtigkeit und des Friedens. Die Zukunft Griechenlands leuchtet hell in den Augen jedes griechischen Mannes und jeder griechischen Frau.» Zur Feier dieses Besuches wurde der Belagerungszustand aufgehoben und das Ausgehverbot um eine Stunde später angesetzt. Die dankbaren Behörden beschlossen, dem britischen Premierminister und Protektor Griechenlands in Athen ein Denkmal zu errichten.

Die Opposition gegen Churchills Griechenlandpolitik in England selbst hatte schon im Januar ihre letzten verworrenen Rückzugsgefechte geliefert. Das Nachrichtenmonopol im Dienst der Regierungspolitik erwies sich als ebenso wirksam wie das Monopol über Tanks und Bombenflugzeuge. Die Propagandamaschine hatte schon lange vor Ausbruch des Konfliktes zu spielen begonnen. In der Unterhausdebatte vom 18. Januar legten zwei Sprecher der Opposition, Bevan und Acland, eine Anweisung Churchills an die British Broadcasting Company vom 1. August 1944 vor, die lautete: «Der Premierminister hat angeordnet, dass der ELAS oder EAM im britischen Rundfunk grundsätzlich keine Widerstandsakte irgendwelcher Art (gegen die Deutschen) zugeschrieben werden sollen.» Danach war es leicht, ein halbes Jahr später die «griechische Befreiungsfront» anzuklagen, sie habe überhaupt nicht gegen die Deutschen gekämpft und die von den Alliierten gelieferten Waffen verräterisch für den Bürgerkrieg aufgespart. Ebenso wohlorchestriert waren die Nachrichten und die Empörung über die Greueltaten der griechischen Partisanen. Es waren zweifellos viele Grausamkeiten vorgekommen, wie sie in Balkankriegen und in Bürgerkriegen stets vorkommen, Hass und Rachedurst aus Jahrzehnten sozialer Misshandlung und politischer Gewaltherrschaft waren in Griechenland angestaut, und es war nicht schwer, Massengräber in diesem Lande zu finden, in dem die deutschen und bulgarischen Besatzungstruppen über 1600 Ortschaften zerstört hatten und das ein einziges Massengrab war; aber all diese Grausamkeiten wurden sonderbarerweise nicht aus den Tagen und Wochen zwischen dem Abzug der deutschen und der Ankunft der britischen Truppen gemeldet, während deren die Partisanen freie Hand hatten, sondern ausschliesslich aus der Zeit seit dem Eingreifen General Scobies zur «Herstellung der Ruhe und Ordnung». Churchill fand es auch keineswegs nötig, dem in humanitärer Erregung über das Geiselproblem[350] diskutierenden Unterhaus mitzuteilen, dass die Freilassung aller Geiseln schon seit vier Tagen zwischen Regierung und ELAS vereinbart und in vollem Gange war. Die Debatte endete mit einem überwältigenden Vertrauensvotum für Churchill – dank einem letzten Kniff der Regie, die Vertrauensfrage für die hellenische Politik der Regierung mit der Abstimmung über einen Kriegskredit zu verkoppeln, dessen Ablehnung Landesverrat gewesen wäre.

Der «griechische Bürgerkrieg» war zur gleichen Zeit mit dem von General Scobie vermittelten Abkommen von Varkiza zwischen der griechischen Regierung und der «griechischen Befreiungsfront» zu Ende gegangen. Die Partisanen legten gegen die Zusicherung der Amnestie, der paritätischen Bildung einer neuen Nationalarmee und der baldigen Durchführung freier Wahlen die Waffen nieder. Unnötig, zu sagen, dass keine dieser Zusicherungen eingehalten wurde. Sobald die «bewaffneten Banden» entwaffnet und zerstreut waren, setzten Polizeiwillkür und Repressalien ein. Vom Universitätsprofessor bis zum Hafenarbeiter wurden Anhänger der «Befreiungsfront» aus Amt und Stellung verjagt. Die neue Nationalgarde wurde unter Ausschluss all jener, die der Partisanenbewegung nahegestanden hatten, als royalistisch-reaktionäre Bürgerkriegstruppe gebildet. Von den dringenden Reformen in Wirtschaft und Verwaltung, welche die «Befreiungsfront» auf ihr Programm gesetzt hatte, war natürlich nicht mehr die Rede. Griechenland hatte die Normalität der Zwischenkriegszeit wiedergefunden, die Normalität der Militärdiktatur und der Misere. Es waren altbekannte Gestalten, welche die «Befreiung Griechenlands» in die Hand nahmen: die Generäle Plastiras und Gonatas, Diktatoren von 1923, Macher der Pronunciamientos von 1933 und 1935, General Pangalos, Diktator von 1925, und nach ihnen Admiral Vulgaris, Vertreter der englandtreuen Flotte, den inzwischen sogar Plastiras der Terrorherrschaft bezichtigte.[351]

«Volksbewegungen» im Balkan sind nicht mit den Massstäben von Ländern mit demokratischen Traditionen zu messen. «Wenn ich die Frau des stellvertretenden Ministerpräsidenten in den Schnee und den Tod geschickt hätte, wenn der Arbeitsminister den Aussenminister in jahrelanges Exil getrieben, der Schatzkanzler den Kriegsminister angeschossen und verwundet hätte ... wenn Menschen einander zu töten wünschten und gefürchtet haben, selbst getötet zu werden, dann ist es am andern Tage für sie nicht möglich, miteinander als Freunde und Kollegen zu arbeiten», hielt Churchill denen entgegen, die seine Intervention in Griechenland als antidemokratisch verurteilten. Die Sprengung der aus dem Exil zurückgekehrten Koalitionsregierung Papandreou, in der die Vertreter der «Befreiungsfront» Schlüsselstellungen wie das Innenministerium innehatten, durch eben diese Vertreter der «Befreiungsfront» hatte durchaus den Charakter eines Staatsstreiches zur Ergreifung der *gesamten* Macht – zum Teil aus Furcht, dass sie, wenn erst die bewaffneten Formationen ihrer Anhänger aufgelöst wären, *alle* Macht verlieren würden. Ihr Programm war ein Programm, das jeder fortschrittliche Grieche hätte unterschreiben können, aber dieses Programm war in erster Linie eine Plattform zur Machtergreifung, und die Führer, die da nach der Macht griffen, waren der Hörigkeit gegenüber der Sowjetunion verdächtig, deren diverse «Befreiungsfronten» mit sehr ähnlichen Programmen den ganzen übrigen Balkan überzogen. Das war das Entscheidende. Griechenland war in diesem Augenblick nicht Subjekt seiner Geschichte, sondern Objekt der Weltpolitik. Griechenland ist in der Weltpolitik ein Vorgebirge im östlichen Mittelmeer, das mit Kreta und der Ägäischen Inselwelt einen Flankenschutz der britischen Indienroute bildet, und es ist anderseits einer der «zugenähten Rockärmel» des Russischen Reiches, die aufzutrennen das unwandelbare Ziel der russischen Politik ist. Alles andere ist Sentimentalität und zählt für die «Realpolitik» nicht. Weltpolitisch war der «Fall Griechenland» schon seit Churchills Moskauer Besprechungen[352] erledigt. Unter dem fröhlichen Gelächter des Unterhauses wechselte Churchill die diffamierende Etikette aus, die er den griechischen Partisanen umgehängt hatte: «Während drei oder vier Tagen wurde gekämpft, um ein Massaker mitten in Athen zu verhindern, das jede Spur einer Regierung weggefegt und den Trotzkismus aufgerichtet hätte. Trotzkismus scheint mir für Griechenland eine bessere Bezeichnung als Kommunismus zu sein, da dieser Ausdruck den Vorzug besitzt, auch in Russland verhasst zu sein ...» Was die griechischen Partisanen nun wirklich waren, spielt keine Rolle. Es geht um Demarkationslinien, nicht um Ideologie.

Die «griechische Frage» war begraben, aber schlecht begraben. Es war nicht schwer, dieses kleine, erschöpfte Volk, das seit seiner Befreiung von den Türken ein Spielball der Grossmächte und der von ihnen ausgehaltenen Militärcliquen war, das aus der Diktatur Metaxas' unter die deutsche Besatzung geriet, das hungerte und litt wie kaum ein anderes und dessen Leben und Sterben von den Almosen der UNRRA abhängt, von der deutschen über die britische Besetzung unter die Herrschaft der Plastiras, Pangalos und Vulgaris zurückzuführen. Aber die Ruhe der Erschöpfung ist keine Ruhe der Stabilität und der Dauer. Mit diesem Personal ist kein Staat zu machen.

Auch weltpolitisch ist die «griechische Frage» nur scheintot. Sie ist nur vorübergehend ins Ressort der Subalternen übergegangen. Während Marschall Tito ganz ungeahnte unerlöste «slawische Brüder» in Saloniki entdeckt und deren Anschluss an den eigens dazu geschaffenen Gliedstaat Makedonien fordert, sind die Regenten Griechenlands gleicherweise um die unerlösten griechischen Brüder in Albanien und um die strategische Grenze gegen «den bulgarischen Erbfeind» besorgt. Es gibt keinen wütenderen Nationalismus als den auswechselbaren, dirigierten Nationalismus von Schattenregierungen und Agenten fremder Mächte. Die Ablösung steht bereit: wie die regierende Rechte Griechenlands das Feuer ihrer Annexionsforderungen gegen die nördlichen, zur russischen Einflusssphäre gehörigen Nachbarn richtet, so verlangt der Patriotismus der «griechischen Befreiungsfront» gebieterisch nach Eroberungen auf Kosten des «türkischen Erbfeindes» und Befreiung der griechischen Brüder auf Cypern. So sehen sie heute aus, die europäischen Patriotismen. Sie sind «einsatzbereit» für jeden Konflikt der Grossmächte und bereit, die Grossmächte für jeden ihrer Kirchturmkonflikte einzusetzen. Wie die Demokratie dabei gedeiht, sehen wir. Wie der Friede dabei gedeihen wird, werden wir sehen.

Griechenland gegen Polen ... Die Liquidation des «Polnischen Problems» erwies sich als langwieriger, aber sie verspricht dafür gründlicher und dauerhafter zu sein.
In den ersten Tagen ihrer Winteroffensive, drei Wochen vor der Krimkonferenz, fiel Warschau der Roten Armee durch ein einfaches Umgehungsmanöver in die Hände – eine tote Stadt. Seit Juli 1944 stand die Rote Armee vor Warschau. Am 1. August 1944 begann der Aufstand der Warschauer Geheimarmee und der Warschauer Bevölkerung, ein wilder Freiheitskampf, der die deutsche Besatzung zeitweise aus dem grösseren Teil der Stadt vertrieb. Aber an der Front vor Warschau herrschte Ruhe. Die Deutschen hatten Zeit, Panzer und Bomber heranzuführen. Das Volk von Warschau hatte keine Panzer und Bomber und bald kein Wasser und keine Lebensmittel mehr. Zwei Monate hielten die Aufständischen stand. Haus um Haus mussten die Deutschen ihnen entreissen. Die Hauptstadt Polens, schon halb zerstört von der Belagerung von 1939, sank vollends in Trümmer. Als am 2. Oktober das deutsche Oberkommando den Zusammenbruch der Aufstandsbewegung und die Kapitulation der Geheimarmee verkünden konnte, standen die Panzer und Bomber der Roten Armee immer noch unbeweglich vor Warschau. Das «nationale polnische Befreiungskomitee», das sich in der russischen Etappe etabliert und am 30. Juli über den russischen Kosciusko-Sender die Bevölkerung von Warschau zum Aufstand aufgerufen hatte, spie während der ganzen Dauer der Kämpfe Gift und Galle gegen den «reaktionären, von den Hitler-Agenten in London angezettelten Warschauer Aufstand». Russland legte der ärmlichen Hilfe, die den Warschauer Kämpfern von London aus gebracht werden sollte, jedes nur mögliche Hindernis in den Weg. Noch einmal wiederholte sich das Zusammenspiel vom September 1939. «Polen wird in der Gestalt des Versail-

ler Vertrages nicht mehr auferstehen. Dafür garantiert letzten Endes nicht nur Deutschland, sondern Russland», hatte Hitler am 19. September 1939 dem Reichstag erklärt. Hierin wenigstens hat er recht behalten.

Die Rote Armee konnte am 17. Januar von den Deutschen eine gründlich «gesäuberte» Hauptstadt Polens übernehmen. Das «polnische Befreiungskomitee» zog in ihrem Gefolge in Warschau ein und ernannte sich zur provisorischen polnischen Regierung. Es gab versprengte Banden und verlorene Haufen, die seine Autorität nicht anerkannten, aber es gab keine Gefahr des Bürgerkrieges mehr in diesem Land, aus dessen Bevölkerung die deutschen Herren in jahrelanger systematischer Arbeit die Träger des politischen Bewusstseins und der nationalen Tradition ausgemordet hatten und mit ihnen die dünne soziale Oberschicht und die mit ihr verfilzte, karg gesäte geistige Elite, die bisher Polen schlechthin gewesen waren. Das Polen der Geschichte und des Versailler Vertrages mit seiner Grösse und Niedertracht, mit einem sporenklirrenden und melancholischen, arroganten und romantischen Patriotismus, mit seiner feudalen Prunkfassade vor Elend und Fron war nicht mehr; was von ihm übrigblieb, war eine Exilregierung ohne Land und eine Elitearmee ohne Heimat. Und was die legitimen Herren Polens, die mit Freiheit stets nur ihr liberum veto gegen alle Notwendigkeiten des Volkes und mit Legitimität stets nur ihre angestammte Kastenherrschaft meinten, stets hintertrieben hatten, das begann nun eine importierte Regierung von zweifelhafter Legitimität endlich durchzuführen: die Agrarreform, die allein die Masse dieses Volkes aus der Dumpfheit einer tierischen Existenz in Wohnhöhlen, Hunger und geistiger Nacht heben kann. Sie schuf sich damit eine Legitimation, die stärker sein wird als alle Legitimität der Erben Pilsudskis. Selbst der autoritäre Wohlfahrtsstaat einer Protektoratsregierung ist für Polen ein Fortschritt gegenüber der autochthonen Diktatur einer sozial blinden Herrenkaste, und sein Volk wird unter ihr vielleicht nicht frei nach den Massstäben des Westens, aber freier sein als seit vielen Jahrhunderten.

De facto war der «Streitfall Polen» erledigt. Die polnische Exilregierung in London hatte sich schon Ende 1944, nach dem Ausscheiden der Bauernpartei, in eine Kampfregierung unter dem Sozialdemokraten Arciszewski umgebildet, die auf keine Verständigung mit Russland mehr hoffte. Sie war fortan nur noch die inkarnierte Spekulation auf den dritten Weltkrieg, auf den baldigen offenen Konflikt zwischen Angelsachsen und Russen. Ihre Beseitigung war zu einem Erfordernis der internationalen Hygiene geworden. Aber noch monatelang schleppten sich die Verhandlungen über die Umbildung des Warschauer Regierungskollegiums hin. Es ging nicht nur darum, durch Einbeziehung einiger unabhängiger polnischer Politiker in diesen Ausschuss gläubiger oder opportunistischer Anhänger Russlands, deren Titel und Anspruch auf die Regierungsgewalt in Polen einzig die Billigung Moskaus war, Polen ein Minimum von Autonomie zu sichern, sondern vor allem auch darum, den Westmächten das Gesicht zu wahren. Im März übermittelten die englische und amerikanische Regierung im Auftrag der Londoner

Exilregierung den Russen die Namen von sechzehn Führern der polnischen Widerstandsbewegung, die zu Verhandlungen über die Umbildung der Warschauer Regierung herangezogen werden sollten. Ende März verbreitete die polnische Exilregierung die Nachricht, dass diese Unterhändler von den Russen in eine Falle gelockt worden und spurlos verschwunden seien. Die russische Regierung ihrerseits wusste nichts von polnischen Unterhändlern. Mehr als einen Monat lang blieb die Welt ohne Auskunft über diese groteske Mystifikation. In England wurde die optimistische offiziöse Version aufrechterhalten, die Verhandlungen zwischen den Russen und den verschwundenen Polen seien im Gang, wenn auch in irgendeinem mysteriösen Tobolsk, wo sie von jeder Verbindung mit der übrigen Welt abgeschnitten seien, und von Zeit zu Zeit verlautete sogar aus «informierten Kreisen», sie machten «befriedigende Fortschritte». Bis am 6. Mai die russische Telegraphenagentur Tass offiziell bestätigte, es seien sechzehn polnische «Diversionisten» im rückwärtigen Gebiet der Roten Armee verhaftet worden. Einige Tage später fügte Stalin erläuternd hinzu, die Gefangennahme dieser «Diversionisten» hänge «in keiner Weise mit der Umbildung der polnischen provisorischen Regierung zusammen»: «Die Sowjetbehörden führen keine Verhandlungen mit Leuten, die das Gesetz über die Sicherheit im rückwärtigen Gebiet der Roten Armee brechen, und sie werden es auch in Zukunft nicht tun.» Daraufhin wurden die Verhandlungen zwischen den in San Francisco versammelten Aussenministern der «Grossen Drei», die bereits nach der Ablehnung des russischen Antrags auf Zulassung der Warschauer Regierung zur Weltsicherheitskonferenz in eine Sackgasse geraten waren, vorläufig abgebrochen. Am Siegestag verpestete die in Verwesung übergegangene «polnische Frage» die internationale Atmosphäre.[353]

Aber die Umstände dieser Verhaftung haben keine Aufklärung gefunden und werden sie vielleicht nie finden. Niemand mehr war daran interessiert. Bei allen Beteiligten – ausser bei der polnischen Exilregierung selbst – nahm nun die Eile überhand, diesen Stein des Anstosses zu verscharren. Anfang Juni wurde in Moskau im gleichen Atemzug die Erweiterung der Warschauer Regierung bereinigt und den sechzehn «Diversionisten» der Prozess gemacht. Es war in Wirklichkeit ein Prozess gegen die polnische Exilregierung. Die ganze Anklage gegen die sechzehn Führer der polnischen Widerstandsbewegung auf Spionage, Betrieb von Geheimsendern, illegale Organisation, sowjetfeindliche Propaganda, Konspiration und Störtätigkeit im Rücken der Roten Armee lässt sich in einem einzigen Punkt zusammenfassen: sie hatten ihrer Exilregierung die Treue gewahrt und das Komitee von Lublin nicht anerkannt, auch als es zur von Russland investierten polnischen Regierung und zum anerkannten Verbündeten der Sowjetunion geworden war. Einige von ihnen gestanden sogar, nach dem Zusammenbruch des Warschauer Aufstandes einen sowjetfeindlichen Block mit Deutschland «geplant» zu haben, gemäss der Tradition der Moskauer Prozesse, in denen die Angeklagten stets mehr gestehen, als ihnen zu beweisen wäre, und ihre abgründige Verworfenheit überschwänglich bezeugen. Schuld? Verblendung? Gewiss. Aber es war für einen Polen in diesen Jahren schwer, den geraden Weg zu erkennen, denn es gab keinen geraden Weg, und viele sind den Weg des Michael Kohlhaas gegangen. Die Gefolgschaft, die sie der Exilregierung leisteten, führte sie als «Hitler-Agenten» auf die Anklagebank – aber ist diese Gefolgschaft so unverständlich bei Männern, die den Kampf gegen Deutschland schon in jenen fast zwei Jahren führten, in denen das Dritte Reich und die Sowjetunion gemeinsam die Niederwerfung Polens garantierten und die gemeinsame Erklärung Molotows und Ribbentrops vom 28. September 1939 ihre Gültigkeit bewahrte, wonach «die Reichsregierung und die Regierung der Sowjetunion durch die heute unterzeichnete Vereinbarung *endgültig* die sich aus der Auflösung des polnischen Staates ergebenden Fragen geregelt und damit eine *sichere Grundlage* für einen *dauerhaften Frieden* in Osteuropa geschaffen» hatten und überdies gemeinsam erklärten, «dass England und Frankreich für die Fortsetzung des Krieges verantwortlich sind», wenn sie auf Hitlers Friedensangebot nicht eingehen? Welcher andern Fahne hätten sie folgen können als der ihrer schon damals «bankrotten und unfähigen», ins verbündete Ausland geflohenen Regierung, die allein die Kontinuität Polens repräsentierte? Mit diesen sechzehn, was auch immer ihre persönliche Rolle gewesen sein mag, standen vor Gericht die ungezählten polnischen Demokraten und Sozialisten, die mit der sozialen Reform auch die politische Freiheit und die nationale Unabhängigkeit wollten und die in der grauenhaften Verstrickung der Machtpolitik zwischen die Räder der Geschichte gerieten, die den deutschen Hinrichtungskommandos nur entgingen, um als «Hitler-Agenten» liquidiert zu werden – von den Deportierten des Jahres 1939 und den damals in Russland als «Spione» erschossenen Führern der jüdischen Sozialisten Polens bis zu den Warschauer Aufständischen von 1944 und zu jenen Zeugen, deren Vorführung der Hauptangeklagte Okulicki verlangte, ohne angeben zu können, in welchen Gefängnissen und Lagern der Sowjetunion sie zu finden wären. Die «Gerechtigkeit der Geschichte», mit der eine gar platte Philosophie immer recht behält, hat ihre furchtbar summarischen Verfahren. Keine offizielle Historiographie wird das polnische Drama dieser Jahre dauernd auf das handliche Schwarz-Weiss-Bild der Lubliner Befreiungslegende reduzieren können. «Der Aufstand in Warschau war ein heldenhafter Kampf», sagte der Hauptangeklagte Okulicki in seinem Schlusswort, «und ich bitte das Gericht, diesen Kampf nicht um politischer Zweckmässigkeit willen herabzuwürdigen.»[354]

Aber das verbitterte Beharren in der Ausweglosigkeit, das Grollen in der Sackgasse konnte nirgends mehr hinführen. Dass die polnische Exilregierung die traditionelle polnische Politik verkörperte, ist zweifellos – aber gerade deshalb musste sie fallen. Denn diese Politik hatte jeden Kontakt mit der Wirklichkeit verloren oder vielmehr hatte im zwanzigjährigen Bestehen des polnischen Staates überhaupt nie ihren Platz in der Wirklichkeit gefunden; sie hatte zwanzig Zwischenkriegsjahre lang in blinder, illusionärer «Realpolitik» von der ephemeren Situation profitiert, dass *beide* grossen Nachbarvölker Polens im Osten und Westen Geschlagene des ersten Weltkrieges waren, und mit fremden Mitteln grössenwahnsinnig Grossmacht gespielt, ohne dafür die reale Macht und innere Solidität zu besitzen. Die grosspolnische «Realpolitik» vom Raub Wilnas und den Annexionen des Rigaer Friedens bis zur Aasgeierpolitik von München[355] war das genaue Gegenteil jenes echten und notwendigen Realismus, der von den dauernden Voraussetzungen aus denkt und handelt. Die Liquidation musste erfolgen, und sie konnte schwerlich anders als grausam sein. Sie ist entsetzlich gründlich erfolgt. Die überraschend milden Urteile und Freisprüche im Moskauer Polenprozess und die im einmal gezogenen Rahmen grosszügige Umbildung der Warschauer Regierung scheint zu zeigen, dass Russland die gesellschaftlichen Widerstände gegen seine Polenpolitik als überwunden betrachtet und auch die Gespenster der Vergangenheit nicht mehr fürchtet, die auf Polens leichengedüngtem Boden umgehen, dass es die Schlacht um Polen auch psychologisch als gewonnen betrachtet, weil Polen für lange Zeit in der gewaltigen Aufgabe des Wiederaufbaus und des sozialen Neuaufbaus aufgehen wird – und weil das Danaergeschenk eines entvölkerten Siedlungsbodens bis zur Oder Polen bereits in ein neues, unabsehbares Abenteuer gestürzt hat, das es ohne die russische Rückendeckung niemals bestehen kann. «Die Bewohner Warschaus haben gezeigt, dass sie für Polen sterben können», sagte Mikolajczik bei seiner Ankunft in der verwüsteten Hauptstadt seines Landes, «jetzt werden sie den Beweis erbringen, dass sie auch für Polen zu leben verstehen.» Vielleicht ist es so weit, dass die Toten die Toten begraben und die Überlebenden endlich leben dürfen. Vielleicht. Wie lange?

Die Konferenz von Jalta war die letzte Konferenz der «Grossen Drei», an der die beiden Verfasser der Atlantik-Charta teilnahmen. Zwei Monate später starb Roosevelt, der überragende Mensch und Politiker dieses Weltdirektoriums. Er erlebte den Siegestag nicht mehr, und mit ihm erlosch eine grosse, mutige Heiterkeit, ein menschliches Lächeln und eine Vornehmheit des Geistes, die einer Welt voll von Staatsmännern mit verbissenen und trübseligen Gesichtern fehlen werden. Wieder ein Vierteljahr später unterlag Churchill in den englischen Wahlen. Stalin blieb.

Die Deklaration von Jalta war wohl die letzte, in der die schon sehr zerschlissene Atlantik-Charta Erwähnung fand. Es gibt nicht einmal mehr ein Blatt Papier, das die nackte Faktizität der Weltpolitik schamvoll verhüllt. Die Konferenz von Jalta wurde ein «Triumph der Sachlichkeit» genannt. Die Politik von Jalta war der Triumph des Fait accompli.

Der Zusammenbruch

«Philosophes et historiens discuteront plus tard des raisons de cet acharnement qui mène à la ruine complète d'un grand peuple coupable, certes, mais dont la raison supérieure de l'Europe déplorerait qu'il fût détruit.» (General de Gaulle, Rede vom 25. April 1945.)

Am 8. Februar begann im Sektor von Nijmegen die alliierte Offensive im Westen von neuem, und in den folgenden Wochen kam Frontabschnitt um Frontabschnitt von der Rheinmündung bis zum Elsass in Bewegung, ein gewaltiges, ineinandergreifendes Räderwerk von Offensiven gegen den seit Monaten unter unablässigem Trommelfeuer liegenden Westen Deutschlands, die sich vom langsamen Vorarbeiten und weiten Umgehungsoperationen zu immer schnellerem Tempo entwickelten, bis alle Dämme brachen und die Flut hemmungslos von Osten und Westen über Deutschland zusammenschlug. Am 28. Februar war der Rhein bei Emmerich erreicht, am 8. März fiel die Eisenbahnbrücke über den Rhein bei Remagen unbeschädigt in alliierte Hand, wofür das Oberkommando der Wehrmacht einige Offiziere wegen Sabotage hinrichten liess, am 21. März brach die ganze deutsche Pfalz- und Saarfront zusammen, Mainz, Worms, Kaiserslautern, Saarbrücken und Zweibrücken fielen am gleichen Tag, und eine ganze deutsche Heeresgruppe strömte in Unordnung, die Verfolger auf den Fersen, über den Rhein zurück. Die Rheinlinie bestand längst nicht mehr, als die Alliierten am 26. März den Rhein auf seiner ganzen Länge erreicht hatten; es bestand überhaupt keine Linie mehr, der deutsche Widerstand löste sich in zusammenhanglose Einzeloperationen auf, und die Verfolgungsschlacht kannte keine Pause mehr bis zum völligen Zusammenbruch.

Die deutsche Strategie bot in dieser Endphase ein phantastischeres Bild als je zuvor. Während die Wacht am Rhein einstürzte, ohne überhaupt in Erscheinung getreten zu sein, hielten deutsche Truppen noch fest und treu die Wacht auf den Ägäischen Inseln, Kreta und dem Dodekanes; deutsche Divisionen standen verloren wie erratische Blöcke in den Resten des Atlantikwalls an den Mündungen der Loire und Garonne und in Holland, starke Besatzungen in Norwegen und Dänemark, rund fünfundzwanzig Divisionen standen in der Poebene und wurden im April binnen vierzehn Tagen wie von einem Sturm hinweggefegt, in Jugoslawien war eine deutsche Armee steckengeblieben, das Ruhrgebiet wurde zur Igelstellung, andere «Igel» blieben in Hinterpommern, um Gdingen, um Danzig, um Königsberg zurück, und fünfhundert Kilometer hinter der Kampffront verkamen die

Reste von zwei deutschen Armeen am Rigaer Meerbusen. Die apokalyptischen Verwüstungen des Bombenhagels, der Zusammenbruch des Verkehrsnetzes, die Erschöpfung der Treibstoffvorräte, die Vernichtung des Produktionsapparates und die Desorganisation des Regimes hatten sich mit der stets durchgehaltenen, phantasielos blinden Selbstmordstrategie potenziert, jede verlorene Position auch ohne Sinn und Zweck um jeden Preis bis zum letzten Mann zu halten. Noch gab sich als heroische Geste, was in Wirklichkeit schon Leichenstarre war: im Erlass des Triumvirats Keitel, Himmler und Bormann[356] vom 12. April, der jeden Stadtkommandanten und jeden mitschuldigen Zivilbeamten, die eine Stadt übergäben, zum Tode verurteilte, in der am gleichen Tag bekanntgegebenen Verurteilung des Festungskommandanten von Königsberg zum Erhängen und dem Haftbefehl gegen «seine Sippe» als Geiseln, im Tagesbefehl Hitlers vom 16. April, beim Beginn der russischen Endoffensive: «Wer euch Befehl zum Rückzug gibt, ohne dass ihr ihn genau kennt, ist sofort festzunehmen und nötigenfalls augenblicklich umzulegen (!), ganz gleich, welchen Rang er besitzt.» Der Amoklauf riss noch mit sich in den Untergang, was immer er mit sich reissen konnte: diese Stellungen werden wir den Bolschewisten nicht überlassen, «bis das ganze Volk mit uns untergegangen ist», erklärte Goebbels am 23. April über die verbliebenen deutschen Sender. Es war dem Dritten Reich gelungen, Deutschland so bewegungsunfähig, so reaktionsunfähig, so innerlich und äusserlich wehrlos zu machen, dass es nicht mehr kämpfen und nicht mehr kapitulieren, nicht mehr sich auflehnen und nicht mehr begreifen konnte, dass da kein Volk mehr war, sondern eine dumpfe, atomisierte, von Schreck gelähmte Masse, über die das Verhängnis hereinbrach. Es war in diesen Wochen kein Krieg mehr, der über Deutschland hinwegging, sondern eine Vernichtungsorgie, die Städte und Dörfer dem Erdboden gleichmachte, weil niemand mehr vorhanden war, der die Übergabe vollziehen und verhindern konnte, dass ein paar Tollwütige weiterschossen. Ein Dutzendbericht aus dieser Endzeit, ein Moskauer Bericht vom 24. April über die Belagerung Berlins, soll als Teil für das Ganze hier stehen:

«Berlin ist ein Feuermeer, in dem es hart umkämpfte Inseln gibt. Nie zuvor hat der Tod so reiche Ernte gehalten. Kein Mensch kann sagen, wie viele Tausende von Soldaten und Zivilisten schon in den Flammen umgekommen sind. Der von Marschall Goworow entworfene Plan zur artilleristischen Bezwingung der Reichshauptstadt, der von Marschall Woronow zur Durchführung gebracht wird, ist ein Höhepunkt des totalen Krieges. Das Häusermeer Berlins wurde in Hunderte kleiner Felder aufgeteilt, für die je fünfundzwanzig Geschütze und ein Beobachtungsflieger disponiert sind. Sie haben ganze Arbeit geleistet. In Dachhöhe rasen die Flieger über die Kampfstätte und dirigieren den Beschuss oder greifen selbst mit Zeitbomben ein. Das Hissen weisser Flaggen ist sinnlos geworden, da niemand zu den Inseln vorstossen kann. Vom Norden Berlins quer durch die östlichen Stadtbezirke bis zu den südlichen Vororten von Treptow bis Schöneberg steht Geschütz an Geschütz: schwere Haubitzen auf Raupenschleppern, Eisenbahngeschütze, Schnellfeuerbatterien und «Stalin-Orgeln» ... Besonders das Stadtzentrum liegt unter schwerstem Trommelfeuer. Wir vernahmen die ersten Gefangenen, die an der Müllerstrasse eingebracht wurden. Vierzehnjährige Jungens, Studenten, Arbeiter, Bureauangestellte und Greise. Sie alle hatten nicht die geringste Ahnung, wie man moderne Waffen zu handhaben hatte, und sind in einen Kampf geschickt worden, dem sie weder der Ausbildung nach noch körperlich gewachsen sind. Fast alle hatten Brandverletzungen. Die Gefangenen bestätigen, dass Mord und Totschlag in Berlin überhandnehmen. Am quälendsten sei aber der Durst. Die Bitte um einen Schluck Trinkwasser ist fast regelmässig das erste, was man von den Gefangenen zu hören bekommt.»[357]

Drei Monate später fanden die Ingenieure und Arbeiter, welche die Berliner Untergrundbahn wieder instand stellen sollten, die Tunnels und Gewölbe mit erstickten, ersäuften, erdrückten und verschütteten Leichen der Bevölkerung verstopft, die hier vor dem «Höhepunkt des totalen Krieges» Zuflucht gesucht hatte.

Und unter dieser Hölle hockten in der geräumigen Untergrundfestung der Reichskanzlei die Führer des Dritten Reiches, wälzte sich Hitler in seinen letzten Tobsuchtsanfällen, schrien seine Paladine und Marschälle durcheinander, hinkte der Doktor Goebbels mit seiner Familie durch die unterirdischen Gänge, telephonierte der Grossadmiral Doenitz seine letzten optimistischen Lageberichte, aber es gab nichts mehr zu beraten, zu befehlen noch zu beschliessen – was mochten sie überhaupt noch davon wissen, was an den Fronten vorging, die keine Fronten mehr waren? Man braucht die Zeugenaussagen über «Hitlers letzte Stunden» nicht auf die Goldwaage der historischen Treue zu legen; es gab keinen heroischen Schlusseffekt, keine Wagnersche Opernapotheose und keinen romantischen Untergang der Nibelungen, und sich die Umstände und Einzelheiten dieses Verendens auszumalen, darf man den Regisseuren künftiger Gruselfilme à la Frankenstein oder noch besser billiger Kriminalreisser überlassen – die stilgemässeste Variante wäre die, dass der Führer von seinen Spiessgesellen «umgelegt» wurde, wie es die Gerüchte jener Tage aus Deutschland schon vor der Bekanntgabe seines Todes behaupteten.

Es gab auch keine Erben und keinen Diadochenstreit. Es gab nur noch einige wirre Intrigen in den zerfetzten Kulissen des Reiches. Als letzte Autorität in der allgemeinen Auflösung stellte sich der oberste Henker Heinrich Himmler den westlichen Alliierten mit einem einseitigen Kapitulationsangebot vor, um sie gegen Russland auszuspielen – unfähig, zu begreifen, dass er und seine Garde nichts mehr zu verhandeln besassen und als Partner selbst dann nicht mehr in Betracht kamen, wenn die Alliierten am folgenden Tag übereinander herzufallen beabsichtigten. Dann verschwand diese Autorität wieder spurlos im Chaos, in dem keine Verbindungen und Befehlsübermittlungen mehr funktionierten, und einige Tage später verkündete der Grossadmiral ohne Flotte, Doenitz, den Tod Hitlers und seine Übernahme der «Regierungsgewalt» über das Wrack Deutschland, und auch er versuchte noch einmal die impotente Schlaumeierei einer einseitigen

Kapitulation vor den Angelsachsen unter Fortsetzung des Kampfes gegen Sowjetrussland. Irgendeine praktische Bedeutung hatten diese Schattenspiele und Verwesungsblasen nicht mehr. Die Kapitulation Deutschlands ging stückweise vor sich, wie Deutschland und seine Wehrmacht bereits in Stücke gerissen waren. Am 2. Mai kapitulierten die deutschen Armeen in Oberitalien und in den Ostalpen, am 3. Mai in Berlin, am 4. Mai in Dänemark, Holland und Nordwestdeutschland, am 5. Mai in Oberösterreich und Oberbayern, am 7. Mai unterzeichneten die Bevollmächtigten der «Regierung Doenitz» die Gesamtkapitulation der deutschen Flotte und Wehrmacht, und als «letztes Bollwerk des Reiches» streckte am 8. Mai die deutsche Besatzungsarmee in Prag und Böhmen die Waffen.

Der Untergang des Dritten Reiches war grauenhaft genug, aber von einer nur eben physischen Grauenhaftigkeit, vollkommen ausdrückbar in statistisch, aber nicht menschlich fassbaren Ziffern vernichteter Menschenleben und vernichteter Güter, ein seltsam geist- und seelenloser Vorgang, sensationell, aber nicht ergreifend und ohne jene Tragik, die geschichtlichen Katastrophen sonst innewohnt; all dies war im Augenblick, in dem es geschah, schon gleichgültig geworden. Es war das Bersten und Zusammensacken einer ideenlosen Machtanhäufung, mit der keine geistige Potenz, keine Möglichkeit einer Zukunft und keine historische Konstante aus der Welt schied. Denn Deutschland als geistige Potenz, als positiver Faktor im Zusammenleben der Menschheit war seit zwölf Jahren «ausradiert» – das eben war das furchtbarste Verbrechen des Nationalsozialismus gegen sein eigenes Land, dass er Deutschland leer gemacht hatte von allem, was ihm über die ephemere Macht hinaus Wert und Gewicht gab, und rundum das Bewusstsein hatte aussterben lassen, dass die Welt durch die Vernichtung Deutschlands ärmer würde; nie wäre sonst diese mitleidlose Zertrümmerung eines grossen Landes und Volkes möglich gewesen. «Die glänzendste Kultur, die die Erde jemals getragen hat, sinkt in Trümmern dahin», klagte Goebbels am letzten Geburtstag Hitlers; aber es war nicht nur so, dass er selbst kein Recht hatte, von Kultur zu sprechen – das wäre wenig gewesen und ist bei Ministern aller Breiten oft der Fall –, sondern diese Kultur selbst war aus der lebendigen Gegenwart ausgerottet, und ausser Kunsthistorikern und Philologen wusste kaum noch jemand, dass die deutsche Sprache auch zu anderem als zu Gebell dienen konnte und dass in diesem geistigen Vakuum Deutschland Erhaltenswertes latent geblieben sein könnte. Die totalitäre Sturheit des Dritten Reiches hatte nicht einmal den Snobismus des Duce aufgebracht, einen Croce und eine Critica zu dulden, und es war eine peinliche und misstönende Gespensterbeschwörung ohne Echo, wenn als letzter überlebender Vertreter eines Deutschland von vorgestern ein Graf Schwerin von Krosigk, während zwölf Jahren Kassenverwalter der regierenden Bande, die Bekanntgabe der Kapitulation an das deutsche Volk mit frommen Jugenderinnerungen schmückte:

«Die Gerechtigkeit muss das oberste Gesetz und der leitende Grundsatz unserer Nation sein. Wir müssen das Gesetz als Grundlage aller zwischenstaatlichen

Beziehungen anerkennen. Wir müssen es, von Grund auf überzeugt, achten und respektieren. Die Respektierung der Verträge muss ebenso heilig sein wie der Wunsch der deutschen Nation, zur europäischen Völkerfamilie zu gehören ... Benützen wir die Zukunft unserer Nation zu einer Wandlung unseres Geistes und dafür, dass die besten Kräfte Deutschlands, die der Welt dauernde, grosse Werte geschaffen haben, wieder erwachen. Nach der Ehre, die unsere Nation im heldenhaften Kampfe eingelegt hat, sind wir, die wir zur Welt der christlichen Zivilisation im Westen gehören, entschlossen, unseren Beitrag zu den ehrenhaften Friedensbestrebungen zu leisten, was den besten Traditionen unserer Nation entspricht. Gott möge uns bei unseren Anstrengungen nicht verlassen und unsere schwierige Aufgabe segnen ...»

Es wäre auch ohne diese Feldpredigt ein Ende ohne Dämonie gewesen. Wäre nicht das Grauen der Massengräber und das unsägliche, zur Stummheit verurteilte Leid unzähliger deutscher Einzelschicksale, das Ende dieses tausendjährigen Reiches gliche dem Abgang des betrogenen Teufels in den alten Volksschwänken, der heulend den Schwanz einzieht und unter Hinterlassung hässlichen Gestanks zur Hölle fährt. Während der ganzen Endphase des Krieges hatten alliierte und neutrale «informierte Kreise» die Welt mit schaurigen Prophezeiungen über die Drachensaat erfüllt, welche die Nazis bei ihrem Verschwinden hinterlassen würden, und manche dieser «Informationen» mochten direkt aus nationalsozialistischer Quelle kommen – denn Angst zu machen war ja stets die letzte Hoffnung dieser Bluffer gewesen, die bis ans Ende glaubten, Kraft durch Bluff ersetzen zu können, weil sie damit so oft Erfolg gehabt hatten. Allen Ernstes war die Notwendigkeit einer einseitigen Proklamation des Kriegsendes erwogen worden, die nicht die Einstellung der Feindseligkeiten, sondern nur den Übergang vom regulären Krieg zum Guerilakrieg bedeutet hätte, weil die unterirdischen Terrororganisationen des Werwolfs noch jahrelang den gesetzlosen Kampf mit nächtlichen Überfällen, politischem Mord und Femegerichten gegen die «Kollaborationisten» fortsetzen würden, weil die Selbstmordstandarten der SS rund um den Kyffhäuser, in den sich der Führer bis zu seiner siegreichen Wiederkehr zurückzöge, ein uneinnehmbares Alpenréduit errichtet hätten und von da aus noch lange Europa mit Mord und Brand überziehen würden, und was dieser in allen Einzelheiten beschriebenen Pläne mehr waren.[358] Die grossen und kleinen Führer aber würden sich mit den letzten Errungenschaften der ästhetischen Chirurgie und unanfechtbaren Identitätspapieren in Opfer des Dritten Reiches, Konzentrationslagerhäftlinge und Märtyrer der Freiheit verwandeln, in den Verwaltungsapparat der Alliierten einschleichen oder sonstwie unidentifizierbar untergetaucht die Leitung des nationalsozialistischen Untergrundstaates weiterführen ... All dieser Spuk ist verflogen und vergessen, es gab kein Réduit und keinen Todeskampf der letzten Garde, und wenn es hoch kommt, weiss hie und da ein eifriger Journalist zu berichten, dass ein an Gott und der Welt verzweifelter Hitlerjunge den Siegern die Faust machte. Am 25. Mai verhafteten gewöhnliche englische Soldaten, keineswegs von Scotland Yard geschult, ein glattrasiertes Individuum, das sich Hitzinger nannte, ein schwarzes Pflaster über das rechte Auge geklebt hatte und ein ungeschickt gefälschtes Ausweispapier vorwies, und das dann Zyankali schluckte, als es erkannt wurde – das war Heinrich Himmler, der grosse finstere Chef im Hintergrund, ein Stümper gegen den letzten Gangsterhäuptling Chicagos.

Sie gingen mit all der Banalität, die ihnen zukommt, in eine Geschichte ein, die ihrer würdig ist.

Hier der «Nachruf», der am 2. Mai 1945 im «St. Galler Tagblatt» erschien:

Hitler und sein Reich

Man soll jetzt gegen Todesanzeigen aus Deutschland misstrauisch sein. Dort «sterben» seit einiger Zeit manche, um ihr Leben zu retten. Aber wenn der Tod des Führers gemeldet wird, dürfen wir es wohl glauben. Dieser Mann kann nicht «untertauchen»; es wäre nur eine andere Art, zu sterben. Sein Tod und sogar die Nekrologe, die dafür bereitlagen, sind längst überfällig. Es bleibt nichts über ihn zu sagen. Er war ein sehr unbedeutender Mensch, unbedeutend genug, um als Medium zu dienen. Medien sind nie Persönlichkeiten; wenn der okkulte Akt vorbei ist, bleibt eine leere Larve. Hitler war ein Medium. Er hatte kein Gesicht, er trug statt dessen eine aus Schnurrbart und Stirnlocke zusammengebürstete Charaktermaske, und den Karikaturisten hat es stets genügt, Schnurrbart und Stirnlocke in ein Oval zu zeichnen, um ihn kenntlich zu machen – mehr war nicht da. Es lohnt nicht, diesem Mann, der nun in geistiger Umnachtung gestorben sein soll, Nekrologe zu schreiben, so sehr die Welt ihre Scham über das unsäglich ordinäre Unwesen, das sie duldete und ernst nahm, damit betäuben möchte, dass sie ihn zum gewaltigen Dämon ernennt. Mit ihm geht niemand und nichts dahin, nicht einmal die Bilder des Wahnsinns und der Finsternis, die ihn umgaben. Diese Bilder des Wahnsinns und der Finsternis gehörten nicht ihm. Er lässt sie zurück. Sie sind die Wirklichkeit, in der wir leben.

Nun steht die Menschheit mit Entsetzen und Abscheu vor dem Kadaver des Dritten Reiches. Das also war diese Macht, vor der die Welt bebte: ein Müllhaufen von Lüge und Verbrechen, durchgefault bis auf den Grund. Und selbst der Widerstand, den es der Übermacht entgegensetzte, war der Widerstand eines völlig entseelten, abgestorbenen Organismus, der Stück um Stück beseitigt und vernichtet werden musste, weil er gar nicht mehr fähig war, zu weichen oder zusammenzubrechen. Ein ungeheurer Verwesungsgeruch steigt aus der Mitte Europas.

Aber das Entsetzen und der Abscheu der Welt vermitteln nicht jene moralische Genugtuung, die man empfindet, wenn sich das menschliche Gewissen gegen Unmenschlichkeit und Ungeist aufbäumt. Dieser Aufschrei kommt zu spät und klingt übel in den Ohren derer, die ohne freiwillige Blindheit und Taubheit die zwölf Jahre des Tausendjährigen Reiches erlebten. Das Dritte Reich war auf Lüge und Verbrechen gebaut von Anbeginn, und wer sich nicht weigerte, es zur Kenntnis zu nehmen, der musste es wissen. Es hatte nie ein anderes Fundament. Die Grundlegung der nationalsozialistischen Diktatur war der Reichstagsbrand; eine Lüge und ein Verbrechen, dumm und plump, leicht zu entlarven. Dieser inszenierte «kommunistische Terrorakt» war die Rechtfertigung aller Gesetze und Massnahmen, auf denen sich die Gewaltherrschaft «zur Rettung von Reich und Volk» etablierte: in der gleichen Nacht wurden die Opposition zerschlagen, ihre Führer in «Schutzhaft» genommen, ihre Zeitungen und Parteihäuser beschlagnahmt, ganz Deutschland mit Schrecken und Terror überschwemmt, und fünf Tage später gaben die in dieser Psychose durchgepeitschten Reichstagswahlen den Brandstiftern die legale Macht. Nach diesem Flammenzeichen schlug die lange Nacht voll Fackelzüge, Mord und Niedertracht über Deutschland zusammen. Es begannen die Autodafés, die Ausrottung des Geistes, die nationalsozialistische Zwangserziehung, Freizeitgestaltung, Verdummung und Fanatisierung, die Kasernierung, Militarisierung und Kriegsertüchtigung. Es begann das Grauen der Konzentrationslager, die freie Bahn dem Sadismus, die viehische Quälerei in Dachau, Oranienburg und den Folterkellern der Gestapo. Am 1. April 1933 begann offiziell und durch alle Lautsprecher verkündet der Pogrom in Permanenz, unter der ebenso offiziellen Zentralleitung Julius Streichers, des vertierten Pornographen, dessen «Stürmer» eine ganze Jugend verseuchte. All die Greuel, über welche die Welt heute aufschreit, waren zwölf Jahre lang der deutsche Alltag. Wer sich nicht weigerte, es zu wissen, der musste es wissen. Es hat nicht an Publikationen gefehlt, nicht an Zeugen, nicht an Dokumenten. Der Mord schlug über die Grenzen: im Ausland wurden Theodor Lessing, Dollfuss und deutsche Emigranten, die der Gestapo entgangen waren, von Sendlingen des Dritten Reiches ermordet. Die Nationalsozialisten selbst machten kaum ein Hehl aus ihren Methoden; sie logen, aber sie heuchelten nicht, sie bekannten sich stolz zu den Grundsätzen, nach denen sie handelten. Und sie handelten konsequent. Die erste Amtshandlung der nationalsozialistischen Regierung war eine Brandstiftung; und Brandstiftung war ihr Werk bis ans Ende.[359]

Es ist vielleicht zu früh, die Bilanz des Dritten Reiches zu ziehen; aber es ist nicht mehr zu früh, die Bilanz des Weltgewissens zu ziehen. Wo blieb es, das sich heute so laut gibt, all diese zwölf Jahre lang? Warum wurden diese Dinge im Ausland wissend totgeschwiegen, wo es nicht, wie in Deutschland, den sicheren Tod bedeutete, sie auszusprechen oder auch nur ihr Mitwisser zu sein? Wie kam es, dass die Unterwelt, die Deutschland regierte, überall als hoffähig, gesellschaftsfähig, geschäftsfähig, vertragsfähig, konkordatsfähig angenommen wurde? Dass die gute Gesellschaft Europas 1936 begeistert zur Berliner Olympiade strömte? Dass dem Dritten Reich alles konzediert wurde, was die Erfüllungspolitiker der Weimarer Republik nie im Traum hätten hoffen dürfen? Dass die Staatsmänner der europäischen Demokratien 1938 die Welt mit Deutschland teilten? «Nichts ist so erfolgreich wie der Erfolg.» Das Dritte Reich hatte Erfolg. Jetzt bricht es zusammen, und das Weltgewissen sendet ihm einen ewigen Verdammungsfluch nach. Es marschiert getreu mit den stärkeren Bataillonen. Deutschland sühnt nun die *Verbrechen* des Nationalsozialismus? Lasse man doch die grossen Worte beiseite: Deutschland sühnt die *Niederlage* des Nationalsozialismus. Nicht die Missetat, sondern den Misserfolg.

Wäre das alles, es wäre beschämend und beleidigend, aber es entspräche nur dem «normalen Lauf der Welt». Doch die heutige Empörung über die Greuel der Konzentrationslager ist selbst bei denen, die einst das Dritte Reich bewunderten und mit ihm paktierten, nicht einfach Heuchelei und Konformismus. Gewiss, man wusste, dass in Deutschland gemordet, gefoltert und geschunden wurde – aber es fehlte die *Vorstellung*. Heute ist es kaum mehr möglich, den präzisen Schilderungen, den grauenhaften Bilddokumenten auszuweichen, und vor der plastischen Vorstellung der zertretenen und verunstalteten Menschenleiber packt jeden Betrachter der physische Ekel. Aber das ist keine moralische, sondern eine körperliche Reaktion; man soll Feinfühligkeit nicht mit Schwächlichkeit der Nerven verwechseln, und man darf daher auch die moralische Wirkung der jetzigen «Greuelpropaganda» nicht überschätzen. Sehr viele Leute sind nicht fähig, ohne Ohnmacht oder Übelkeit einer chirurgischen Operation beizuwohnen; hindert sie das, es sehr verständig zu billigen, dass solche Operationen vorgenommen werden? Viele Menschen, die der Todesstrafe zustimmen, könnten keiner Hinrichtung zusehen. Genau so billigten viele, die heute den Anblick der Bilder und die Lektüre der Berichte aus Buchenwalde nicht aushalten, grundsätzlich durchaus die «Ausrottung des Marxismus», die «Vernichtung der roten Pest», die 1933 in Deutschland einsetzte, als heilsame Operation am deutschen Volkskörper, wie sie die ähnlichen Verfahren Mussolinis und Francos billigten; nur ihre schwachen Nerven, nicht die Kraft ihrer Gesinnung hätte sie gehindert, selbst Hand anzulegen. Sie hielten Hitler für einen Zutreiber der Reaktion, wie ihn Thyssen und Krupp[360] für einen Zutreiber der Reaktion gehalten hatten, und das war das Geheimnis ihrer Sympathie. Der Reichstagsbrand? Sollte denn ein ordnungsliebender Mensch nur einen Finger erheben, um die Kommunisten von einer Anklage, mochte sie auch falsch sein, zu entlasten? Die Konzentrationslager? Jede autoritäre Regierung hat ihre Katakomben, darüber muss man wegsehen – das Deutschland von 1933 brauchte eine «Regierung der starken Hand», die kurzen Prozess mit Hetzern und Staatsfeinden machte. Wäre Hitler ein Franco oder ein Göring gewesen, hätte er die Geschäfte seiner Auftraggeber treu besorgt, wäre er 1938 auf den Kuhhandel von München eingegangen, er würde heute als der Kreuzritter und Retter des Abendlandes gepriesen.

Aber das Unglück wollte, dass ein mittelmässiger Demagoge, ein blosser Commis voyageur der Reaktion, ein Franco oder Göring, dieses Deutschland nicht mehr hätte zusammenhalten können. Dazu brauchte es diesen Katalysator, dieses Medium, diesen unberechenbaren «Traumwandler» und seine blinde Dynamik. Es ist eine Banalität, aber man muss sie immer wieder in Erinnerung rufen, weil das

Phänomen des Nationalsozialismus ohne die Erkenntnis dieser Banalität nicht begriffen und nicht überwunden werden kann: dieser Veitstanz ist aus dem Chaos einer bankrotten Gesellschaftsordnung geboren. Im Zusammenbruch der Weltwirtschaft vor fünfzehn Jahren war Deutschland das Zentrum der Zerrüttung. Zehn Millionen Arbeitslose gegen zwanzig Millionen noch Beschäftigte, die täglich fürchten mussten, auf die Strasse gestellt zu werden, das war keine Angelegenheit der Wirtschaftsstatistik mehr. Zehn Millionen Arbeitsfähige, mit denen die Gesellschaft nichts anzufangen wusste, das bedeutete, dass der Mensch entwertet, seine Existenz überflüssig, sein Leben sinnlos geworden war. Das bedeutete den Kampf aller gegen alle, die Zugkraft jeder Parole, die irgendeinen Volksteil «ausschalten» wollte, die Alten, die Frauen, die Juden, die Zugewanderten – um Platz für die Überzähligen zu machen. Menschenwürde? Freiheit? Demokratie? Hohn und Geschwätz für Menschen, die auf die Strasse geworfen wurden wie überzählige Katzen. Die Republik hatte ihnen nichts zu geben als Stimmzettel, immer mehr Stimmzettel, bis schliesslich der Reichstag jedes halbe Jahr gewählt wurde, nur um zu einer Sitzung zusammenzutreten und aufgelöst zu werden – und so verkauften sie ihren Stimmzettel dem Meistbietenden, denn sie hatten sonst nichts mehr zu verkaufen. Die Meistbietenden waren nicht die Kommunisten, denn ihre Machtergreifung war fern und unwahrscheinlich; der Meistbietende war Hitler, denn er stand schon mit einem Fuss an der Macht, er hatte Stützen in Finanz, Industrie, Ostelbien[361], Staat und Wehrmacht. Und die Hoffnung auf ihn trog nicht – zunächst nicht.

Es hat keinen Sinn, jetzt plötzlich nur noch von Lüge und Verbrechen zu reden und nicht von der Leistung, um deretwillen Lüge und Verbrechen hingenommen wurden, von der alle Reisenden aus Deutschland mit Enthusiasmus berichteten, von der ungeheuren, konzentrierten Kraftanstrengung, die Deutschland aus dem Versacken in passive Verzweiflung riss, wenn auch nur zu einem Marsch ins Nichts. 1933 geschah vor den Augen der Welt ein «Wunder». Aus dem Deutschland der Bankrotte und Hungermärsche, der Saalschlachten und bewaffneten Parteiformationen, die alle Strassen und Wege unsicher machten, entstand die imposante Fassade eines blitzblanken Ordnungsstaates. Der Führer befahl, und es wurde. Die erloschenen Schlote rauchten, die stillgelegten Maschinen liefen, Reichsautobahnen, Prunkbauten, Wunderwerke der Organisation wurden aus dem Boden gestampft. Und diese «deutsche Revolution» war in vollkommener Ordnung geschehen; sie hatte die soziale Frage gelöst, ohne die Gesellschaftsordnung anzutasten; sie war, wie man damals überall hören konnte, eine «unblutige Revolution» – das heisst, sie war ohne Bürgerkrieg und Enteignungen erfolgt, mit dem Segen des Reichspräsidenten, der Wehrmacht, der führenden Männer in Finanz und Wirtschaft. Diese «deutsche Revolution» und dieser «deutsche Sozialismus» konnten wohl die Billigung all jener Ordnungsliebenden finden, die unter Ordnung ihren Besitz und ihre Ruhe, nicht aber Freiheit und Gerechtigkeit verstehen.

In Wirklichkeit war kein Wunder geschehen. Der Führer konnte befehlen, was er wollte, denn er schöpfte aus dem Vollen: die Menschen und das Material waren im Überfluss da. Eine der leistungsfähigsten Industrien der Welt lag brach und zu jeder Verwendung bereit, wenn sie nur in Bewegung gesetzt wurde. Die Menschen, arbeitsame, genügsame Menschen, standen zu allem bereit, zu allen Arbeitsbedingungen, zu jedem Opfer, zu jedem Drill – alles war besser, als was gewesen war. Ein riesiges Potential wartete nur auf das Wort, das es in Bewegung setzte. Und dieses Potential wurde von denen, die nach Gesetz und Recht des Eigentums darüber verfügten und doch nichts mehr damit anzufangen wussten, von den Herren der Industrie und der Banken, den Ministern und Wirtschaftsfachleuten, von der ganzen ratlosen «Elite» durch ihr Versagen, wenn nicht durch ihre aktive Zustimmung, den trostlosen Figuranten des Nationalsozialismus ausgeliefert, den hoffnungslos Minderwertigen, die nur zerstören konnten, auch wenn sie aufzubauen glaubten. Die Dynamik ihrer Wirtschaft war ihnen über den Kopf gewachsen, aber sie dankten nicht ab, sie stellten einen Mondsüchtigen an den Schalthebel, weil ihre Fachleute ihn nicht mehr zu bedienen wussten. Und der Mondsüchtige setzte das Getriebe in Gang. Er hat nicht nur die deutsche Krise überwunden, er hat den südosteuropäischen Agrarländern aus der Absatzkrise, in der sie versackt waren, geholfen, er hat schliesslich den Hauptbeitrag zur Überwindung der Krise und Arbeitslosigkeit auch in den westlichen Demokratien geleistet – durch die Rüstungskonjunktur, die schliesslich in der Kriegskonjunktur gipfeln musste. Und die Eliten in aller Welt haben diese Leistung, zu der sie selbst nicht mehr fähig waren, bewundert; noch im März 1939, am Tag nach dem deutschen Einmarsch in Prag, schloss der Britische Industriellenverband mit dem Reichsverband der deutschen Industrie jenes «Dusseldorf Agreement», das nichts Geringeres war als ein wirtschaftliches München, wenn es auch nicht mehr richtig in Kraft treten konnte. Das «deutsche Wunder» war der Weg der Gedankenlosigkeit, der Verantwortungslosigkeit, des geringsten Widerstandes, Neubau ohne Abbruch, auf dem morschen Fundament, das darunter weiterfaulte. Der hybride Wolkenkratzer ist eingestürzt, aber noch seine Ruinen sind ein gewaltiges Monument der Stupidität jener bloss reaktionären Mächte, die lieber das Tollhaus loslassen als eine einzige wohlerworbene Position, einen einzigen inhaltslos gewordenen Titel abzuschreiben und preiszugeben, die selbst in Hitler noch eine staatserhaltende Kraft sahen – und nichts beweist, dass sie etwas zugelernt haben. Der Nationalsozialismus, und auch der Zusammenbruch des Nationalsozialismus, hat kein Problem gelöst, kein einziges. Aber er hat die Kräfte des Aufbaus in einer gigantischen und sinnlosen Anstrengung verbraucht. Er lässt zurück die Erschöpfung, die Demoralisierung, die Verwirrung der Geister und Korruption der Gewissen, den Bankrott der Eliten, die in seine Hände abgedankt hatten, und die Entwertung des Menschen. Er hat die Welt damit angesteckt. Sie ist schon wieder auf dem Weg der bequemen Lösungen, die nichts lösen. Auf den verfaulten Fundamenten droht ein neuer Turm von Babel zu erstehen. Der Friede, den die Sieger der Welt vorschlagen, enthält von den Annexionen bis zu den Umsiedlungen alle Elemente der Pax germanica mit umgekehrten Vorzeichen. Der Wiederaufbau soll erst beginnen, aber die Spekulation auf den Wiederaufbau überschlägt sich. In den Resten Europas ist die Hysterie des Nationalismus verdoppelt ausgebrochen. Das Dritte Reich ist geschlagen, und sein Ende wird auf den Trümmern Deutschlands proklamiert. Aber ein Zusammenbruch ist nie das Ende. Was an die Stelle des Zusammengebrochenen tritt, das entscheidet. Es ist noch nicht zu sehen. Man soll jetzt gegen Todesanzeigen aus Deutschland misstrauisch sein.

Die Verheerungen des Krieges

Monat der Blüte der Metamorphosen
Mai wolkenloser Mai und Juni jäh erwürgt
Nie mehr vergesse ich die Flieder und die Rosen
Noch die des Frühlings buntes Bahrtuch birgt
Nie mehr vergesse ich das tragische Erwachen
Die Sonne den Tumult der Menge den Alarm
Auf Karren hoch getürmt der Liebe Siebensachen
Die Strasse dröhnend wie ein Bienenschwarm
Den berstenden Triumph über Tod und Verderben
Das Blut das warm und rot und Küssen gleich verströmt
Und die die aufrecht in den Türmen sterben
Und die ein trunknes Volk mit Blumen krönt
Nie mehr vergesse ich euch Frankreichs Gärten
Gleich Bilderbibeln aus verlorner Zeit
Die Abende die rätselhaft verstörten
Die Rosen all entlang des Wegs verstreut
Die Blumen die der grausen Panik lächeln
Soldaten die die Angst vorübertrug
Räder die schrein Kanonen die verröcheln
Der falschen Schlachtfeldbummler Faschingszug
Doch ich weiss nicht warum sich stets im Kreise
Zum selben Punkt der Sturm von Bildern dreht
Nach Sainte-Marthe Ein General Der Wald der leise
Und dunkel hinterm alten Landhaus steht
Voll Schatten die den ruhnden Feind umkosen
Am Abend hörten wir dass sich Paris ergab
Nie mehr vergesse ich die Flieder und die Rosen
Noch die zwiefache Liebe die uns starb
Sträusse des ersten Tags Flieder Flieder aus Flandern
Süsse der Blütenschatten Tod wenn du
Sie bleicht Sträusse des Rückzugs dann ihr andern
Rot wie die fernen Brände Rosen von Anjou

(Aragon, Les lilas et les roses. Le Crève-Cœur, Paris 1940.)

Als Frankreich verstummt war und nur die Gauleiter von Vichy in seinem Namen sprachen, deren Reden schlimmer war als das tödlichste Schweigen, da erhob sich wie eine einzige Stimme, wie die erstickte Stimme Frankreichs selbst, die Stimme französischer Dichter, und es geschah das unerhört Seltene und Grosse, dass Lyrik zur Tat wurde, dass Dichter der Klage und dem Zorn, der Verlorenheit und dem Suchen eines Volkes Ausdruck verliehen, dessen äussere Form der Gemeinschaft zerbrochen war. Diese Lyrik, in der Frankreich seiner selbst wieder bewusst wurde, erfüllte eine unnennbar wichtige Funktion: sie durchbrach jene Atomisierung der Nation in wehrlos isolierte Einzelschicksale, auf der jede Tyrannis letzten Endes beruht. Der verlorene, fassungslose Schmerz unzähliger Einzelner wuchs aus der Zersplitterung zum gemeinsamen Aufschrei, und was diese Einzelnen schon als das Unabänderliche, in dem man sich einrichten musste, hinzunehmen bereit waren – zu schnell hat man vergessen, wie tief und passiv die Entmutigung jenes Frankkreichs war, dessen gewaltige Mehrheit hinter Vichy stand –, das wurde vor dem wiedererweckten Bild Frankreichs zur unannehmbaren Herausforderung und zur verächtlichen Erniedrigung. Wer nicht nur in Materialtonnen und Heeresstärken dachte und wessen Ohr in jener Zeit nicht vom Lärm der Kriegs- und Propagandamaschinen betäubt war, der weiss, welch ungeheure Kraft und Ermutigung von diesen Gedichten ausging, die Unzähligen in und ausserhalb Frankreichs das Wort von den Lippen las und den Bann der Gewalt über die Seelen brach. Und keiner dieser Dichter hat so ergreifend, so eindringlich und zugleich mit solch künstlerischer Vollendung zu uns gesprochen wie Louis Aragon. In der Stunde der Niederlage war es ihm wie keinem andern gegeben, die Worte und die Form der menschlich gültigen Auflehnung zu finden, privateste und politischste, aktuellste und zeitloseste, Liebes- und Kampflyrik zugleich gegen die liebes- und lebenszerstörende mechanisierte Niedertracht. Er fand den Trobar clus[362], den die Schergen nicht verstanden und der doch wie Wein die Herzen erhitzte. Viele seiner Verse dieser Zeit, in denen esoterischste, artistischste Dichtung mit der Direktheit des Volksliedes verschmolz, werden unvergänglich bleiben.

Später schrieb er sehr talentierte und skrupellose Gebrauchslyrik, in welcher der Kommunist Aragon, seit Nordafrika das Hauptquartier des «Kämpfenden Frankreich» war, die roten Burnusse und bunten Uniformen der Marokkaner, Senegalesen und Fremdenlegionäre hoch zu Ross als Kreuzritter der Freiheit begrüsste.

Heute ist er, wie vor dem Krieg, Redaktor des kommunistischen Boulevardblattes «Ce soir» und schreibt, neben patriotischen Gedichten und gesellschaftskritischen Romanen, jene Prosa, welche die Parteilinie ihm vorschreibt.

Die klingt so:

«Wir können, wir werden von diesem schuldigen Volk einen furchtbaren und dauernden Tribut verlangen, wir werden dem deutschen Volk das schwerste und zermalmendste Joch auferlegen, welches die Geschichte gekannt haben wird ... Aber was, was werden wir von ihm verlangen für das Unzählbare, das wir verloren? Für das geistige Blut Frankreichs? ... Territorien, gewiss. Und hier gebieten wir Schweigen den Ängstlichen, den Gewissenhaften, die sich fürchten, Frankreich gross zu sehen nach dem Bilde, das wir von ihm haben. Kleinblütige, die nicht über ihre Nasenspitze hinaus zu blicken vermögen! ... Ich schlage hiemit vor, dass nicht *ein* französisches Buch, nicht *ein* französisches Bild, nicht *eine* französische Skulptur im Besitz deutscher Hände gelassen werde. Dass im Friedensvertrag eine Bestimmung über die allgemeine Rückerstattung der französischen Kunstwerke, welcher Art immer sie seien, aus privaten wie öffentlichen Sammlungen, an Frankreich niedergelegt werde ... Berlin, München, Wien und Dresden dürfen nicht im Besitz dieses lebendigen Blutes bleiben ... Die französische Kunst ist zu Recht das Eigentum Frankreichs ...»

Kein französisches Buch, kein französisches Bild ...

Unnütz, sich damit auseinanderzusetzen. Chauvinismus ist nie ärmer und niedriger, als wenn er sich mit Kultur befasst. Der Artikel Aragons, erschienen in den «Lettres françaises» (Nr. 44, 1945), trägt den Titel «Les désastres de la guerre». In der Eile des linientreuen Elans hat Aragon einen Titel benützt, dessen Platz in der Kulturgeschichte der Welt feststeht, der einem der grossartigsten Werke der Empörung gegen fremde Unterdrückung gehört: Goyas[363] *«desastres de la guerra»*, die gewaltige Schilderung der Vergewaltigung und blutigen Unterdrückung Spaniens durch die Franzosen Napoleons – dessen Heere aus ganz Europa, aus Madrid und Rom und Venedig, die Kunstschätze raubten und wegschleppten, die heute noch den Louvre zu Paris schmücken. Aber Aragon spricht nicht von geraubten Kunstschätzen, er spricht vom alten, erworbenen Besitz deutscher Sammlungen und Museen, er spricht von französischen Büchern, die es in Deutschland nicht geben darf, weil die französische Sprache, der französische Geist entheiligt würden, wenn ein Deutscher einen französischen Dichter liest, wenn ein deutsches Auge ein französisches Kunstwerk betrachtet.

«Die Verheerungen des Krieges ...»

Warum davon reden? Talent hat leider mit Charakter wenig zu tun. Grosse Künstler sind oft sehr, sehr kleine Menschen. Grössere als Aragon machen jetzt Geschäfte mit dem Hass. Gegenwart und Geschichte sind voll von jenen Menschen, die einen Augenblick das Gewissen einer Nation oder der Menschheit verkörperten, die in einer grossen Stunde vor dem Rate der Mächtigen nicht widerriefen und sprachen: «Hier stehe ich, ich kann nicht anders» – und die später, als ihre Grösse anerkannt und publik war, Opportunisten und Verräter wurden. Warum den Skribenten Aragon beachten, weil der Dichter Aragon einmal die Stimme Frankreichs war?

Aber ist es so sicher, dass heute der Skribent Aragon nicht *auch* die Stimme Frankreichs ist?

Es ist schwer, davon zu sprechen. Frankreich hat sich kaum von dem Schlag erhoben, der es zu Boden warf, es steht taumelnd und keuchend wieder aufrecht – ist das Bedürfnis nach Selbstbestätigung so erstaunlich? Aber es ist nicht mehr zu früh, sich zu fragen, welches Frankreich sich da selbst bestätigt.

Es gab einmal eine freie, eine wirklich freie, unzensurierbare und unbeeinflussbare Presse, in der freie Menschen unter ihrer eigenen unabwälzbaren Verantwortung die Wahrheit suchten. Es war die illegale Presse der besetzten Länder Europas und vor allem die des besetzten Frankreich. Sie erinnerte sich des Weges in diesen Krieg, der ein Weg des Verrats gewesen war, auf dem ein Besitzbürgertum aller Länder überall den Faschismus begünstigt hatte, von dessen Anfängen über Nichtintervention und München bis hinein in die drôle de guerre. Sie wusste, dass Schergen und Opfer nicht nach Nationalität und Landesgrenzen geschieden sind und dass Hitler – lieber Hitler als Blum! – der Polizeibüttel Europas war und nicht der Vertreter einer Nation. Und sie wusste inmitten des nationalen Befreiungskampfes, der ihr aufgezwungen war, von dem Drang nach Einheit, der Europa durch all seine Bruderkriege hindurch quält und der einen Augenblick lang der nationalsozialistischen Lockung gerade in Frankreich so gefährliche Wirksamkeit verlieh; die heute fast peinlich zu lesende Novelle von Vercors[364], «Le silence de la mer», die in den unterirdischen «éditions de minuit» den Verfolgungen der Gestapo zum Trotz erschien und deren Held der von den Nazis missbrauchte, gutgläubige, um deutsch-französische Versöhnung werbende deutsche Besatzungsoffizier war, bleibt als Zeugnis jener heimlichen, fast uneingestehbaren Enttäuschung darüber, dass nun die Einheit Europas da war – und dass sie nun bekämpft werden musste. Diese unterirdischen Stimmen gaben ein Recht zu der Hoffnung, dass es den Nationalsozialisten nicht gelingen werde, die Vernunft im Blutrausch zu ersäufen, und dass am Ende dieses Krieges, in dem Frankreich und Deutschland nacheinander, aber zum erstenmal in der Geschichte *beide* besiegt worden sind, die selbstmörderische Absurdität dieses endlosen Zweikampfs offenbar würde, in dem keine der Parteien mehr siegen kann.

Es kam die Befreiung von Paris. Die Pariser Widerstandsbewegung und die Pariser Bevölkerung erhoben sich beim Herannahen der Alliierten gegen die desorientierte deutsche Nachhut, die noch in der Stadt zurückgeblieben war, störte ihren Abzug und säuberte in dreitägigen verworrenen Strassengefechten die Hauptstadt Frankreichs von den deutschen Nachzüglern. Die alliierten Truppen griffen in dieses Nachhutgefecht nicht ein, um der herrlichen Stadt zerstörerische Aktionen schwerer Waffen zu ersparen und den Parisern die Ehre der Selbstbefreiung zu lassen. Es war ein Kampf voll heroischer Einzelzüge und individuellen Elans, romantisch verklärt von der Erinnerung an viele Aufstände des Volkes von Paris, aber im Gesamtablauf des Krieges eine blosse Episode, Vollstreckung einer von den Invasionsarmeen schon gefällten Entscheidung. Und an diesem Tag spürten wir die Legende sich erheben, die schliesslich alle Besinnung der langen Leidenszeit verschütten sollte: Frankreich, das sich aus eigener Kraft befreit hatte, Frankreich, das sich vom Tage der erlisteten Kapitulation an, von einer «Handvoll Verräter in Vichy» abgesehen, wie *ein* Mann gegen den Sieger erhoben hatte, Frankreich, das als ebenbürtige Grossmacht neben England, Russland und Amerika den Erbfeind niederrang. Es hatte keine Niederlage, keinen inneren Zusammenbruch, keinen französischen Staatsapparat gegeben, der kompakt zum Sieger überging. An diesem Tag begannen die Trommeln und Fanfaren der *plus grande France*, der *France d'outre-mer* die Erkenntnisse und den Zukunftswillen der mutterländischen Widerstandsbewegungen zu übertönen, und alle Fragen der staatlichen, wirtschaftlichen und sozialen Reform Frankreichs traten zurück hinter dem Anspruch auf die Rolle einer Weltmacht. Fast nur eine einzige Zeitung sprach weiter die Sprache des französischen, des europäischen Widerstandes und liess sich vom nationalistischen Taumel nicht mitreissen, auch als sie aus der Illegalität auftauchte: «Combat», das Blatt mit dem programmatischen Untertitel «De la résistance à la révolution». Und gerade in diesem Blatt stand, als de Gaulle nicht zur Konferenz der «Grossen Drei» in Jalta eingeladen wurde, dieser Satz, in dem der Verlust der Massstäbe erschütternd deutlich wird: «Wir werden uns schwerlich daran gewöhnen, heute Frankreich auf der gleichen Stufe mit China zu sehen ...»

Es ist kaum möglich, von diesen Dingen ohne Ungerechtigkeit zu reden. Frankreich muss hart um seine Position kämpfen, und es ist wichtig, dass es um seine Position kämpft. Frankreich ist heute das einzige europäische Land, das im Weltdirektorium der Sieger seine Stimme geltend machen kann. «Es ist unmöglich, die Probleme Europas ohne Europa zu regeln», hatte General de Gaulle immer wieder erklärt. Frankreich hat im Namen Europas das Wort verlangt. Aber seine Wortführer haben bis heute keinen einzigen Beitrag zur Lösung irgendeiner europäischen Frage beigesteuert, keine französische Konzeption der Ordnung dieses zerrütteten Kontinents, keine konstruktive Idee zur Politik gegenüber den Besiegten, gegenüber Deutschland und selbst nicht gegenüber Italien. Sie hatten sich zum Wort gemeldet, um ihren Anteil am Sieg und ihre Anerkennung als Grossmacht zu verlangen, und Prioritäten, sonst nichts. «Die Stimme Europas war in San Francisco nicht zu vernehmen», stellte Marschall Smuts fest; und doch hatte Bidault oft und viel gesprochen. Behält Smuts recht?

Frankreich, das europäische Frankreich, kann keine Grossmacht nach den heute gültigen Massstäben der Sowjetunion, der Vereinigten Staaten, des Britischen Weltreichs und früher oder später Chinas mehr sein. Es kann die führende Nation, das Herz und die Vernunft dieses europäischen Kontinents sein, der als Ganzes seine Weltmachtstellung verloren hat; es hat diese Mission um eines hybriden, nur noch herablassend geduldeten Mittuns im Kreise der Grossmächte willen verschmäht. Grossmacht Frankreich: das ist das Kolonialreich, das mit den angelsächsischen Invasionsheeren siegreich im Mutterland einzog, das «Imperium mit hundert Millionen Einwohnern». Doch dieses Kolonialreich hängt wie ein Bleigewicht an den Füssen des entkräfteten Mutterlandes, dem es wirtschaftlich, strategisch und moralisch schon entglitten ist, dessen Assimilationspolitik gescheitert ist und dessen Kredit durch stets neu gegebene und neu gebrochene Versprechungen vertan wurde; dieses Kolonialreich deckt nicht mehr das Kräftedefizit des Mutterlandes, sondern es erfordert zu seiner Wiedergewinnung und Bewahrung einen kolonisatorischen Kräfteüberschuss Frankreichs, der weder ökonomisch noch militärisch noch demographisch mehr vorhanden ist. Es bleibt der moralische Anspruch der französischen Kolonialtradition; aber Kolonialmacht ist ein Herrschaftsverhältnis, das sich nur durch Macht und Leistung, nicht moralisch begründen lässt. Und diese Tradition ist keine republikanische Tradition, obwohl der grösste Teil dieses Reiches zur Zeit der Dritten Republik hinter dem Rücken ihrer Parlamente erworben wurde, keine Tradition des Volkes, dem die französischen Kolonien stets so gleichgültig waren wie der weisse Elefant von Celebes; es ist eine Tradition des Ancien régime, des Adels, der Jesuitenmissionen, der Hochfinanz. Dieses Kolonialreich, dessen Verwaltung jeder demokratischen Kontrolle entzogen ist – der Konsultativversammlung wurde im Winter nach der Befreiung nicht einmal die Entsendung einer Untersuchungskommission nach Algerien gestattet, über dessen gärender Unruhe der undurchdringliche Schleier der Militärzensur niedergegangen war –, ist die unangreifbare Domäne jener Kräfte, die immer wieder jede ernsthafte Strukturreform Frankreichs mattsetzten. Gewiss, der Faschismus wird auch im «überseeischen Frankreich» bekämpft, aber es ist sehr zweifelhaft, ob man ihn am richtigen Ort sucht. Die Hungerrevolten in Nordafrika und die nordafrikanische Freiheitsbewegung werden als faschistische Komplotte entlarvt, die Unruhen in Syrien haben nach offizieller französischer Darstellung am Siegestag mit antifranzösischen Demonstrationen unter Hakenkreuzfahnen begonnen, und wenn morgen in Indochina wie im übrigen Ostasien eine Unabhängigkeitsbewegung auftritt, die unter «Befreiung» nicht einfach die Auswechslung der japanischen gegen die sattsam bekannten europäischen Herren versteht, so werden dahinter selbstverständlich japanische Agenten stecken ... Und französische Sturzkampfflieger radieren nordafrikanische Rebellendörfer mit Mann und Maus aus – es sind ja keine Menschen wie wir! –, und General de Gaulle erklärt der Presse über die Bombardierung von Damaskus kühl: «Ich glaube nicht, dass die Zerstörungen in Damaskus sehr gross sind, aber immerhin, man hat einige Kanonenschüsse abgefeuert, und es gab, ich bedaure es, einige hundert Tote und Verletzte.» Wir hatten vergessen, dass Ascq und Oradour in der Kolonialgeschichte Normalitäten sind, dass Zwangsarbeit am Kongo und Massaker in Indochina zum *«rayonnement de la France»* gehörten, wie das Elend Indiens zu «Englands schwerer Bürde», und dass der nationalsozialistische Raubzug nur die Eigenart hatte, ein Kolonialunternehmen auf europäischem Boden zu sein. Gewiss, das war immer so, und nicht alle, die sich darüber empören, sind dazu qualifiziert. Soweit es sich um eine Auseinandersetzung mit den verbündeten «Grossen» handelt, auf der Ebene der Grossmachtpolitik, verteidigt Frankreich sein gutes Recht, überdies das heilige Recht des Schwächeren, wenn auch das etwas paradoxale Recht, über noch Schwächere zu herrschen; es wehrt sich dagegen, dass unter dem Stichwort *«France has gone»* seine Erbschaft verteilt wird. Aber es ist nun einmal so, dass Missbrauch der Kraft dem Kräftigen leichter verziehen wird als dem Schwachen und dass eine ihrer selbst sichere Macht mit weniger Gewalttätigkeit und Aggressivität zu dominieren vermag als eine taumelnde. Und bereits tut sich der alte Zwiespalt, der die ganze moderne Geschichte Frankreichs durchzieht, noch klaffender wieder auf: während Frankreich seine europäische Machtstellung auf der Militärallianz mit der Sowjetunion aufzubauen versucht, ist es durch sein Kolonialreich auf Gedeih und Verderb an die angelsächsischen Mächte gebunden – gerade der Syrienkonflikt, in dem England so bewusst verletzend vorging und aus dem die französische Konsultative auf die Notwendigkeit einer Allianz mit England schloss, hat es von neuem bestätigt. Diese Doppelstellung sieht nach Gleichgewichtspolitik aus, und Gleichgewichtspolitik erweckt stets den Eindruck einer souveränen, in der Wahl der Partner freien Machtpolitik; aber nicht Frankreich spielt mit dem Gleichgewicht der Weltmächte, sondern das Gleichgewicht der Weltmächte spielt mit Frankreich, und wenn das Gleichgewicht bräche, so bräche Frankreich entzwei.[365]

Frankreich hat in Krieg und Besetzung physisch und geistig furchtbar gelitten. Es hat vor allem in seinem Stolz gelitten, und es hat jene wunderbare Selbstsicherheit verloren, in der es ruhte. Vielleicht ist die gegenwärtige nationale Überreiztheit eine vorübergehende Krise des französischen Geistes, nur zu erklärlich aus der Erschütterung aller Werte, der Perversion aller Grundsätze, der Verwirrung aller Begriffe, die fest und unantastbar schienen. Doch hülfe es wenig, die Gefahr zu verschweigen, die sich da auftut. Ein Jahr nach der Befreiung haben sich die Fiktionen weiter gefestigt und die Erkenntnisse weiter verflüchtigt. Noch wird um die Entscheidung gerungen, aber die «Französische Revolution», über deren Notwendigkeit vor einem Jahr eine verdächtig lückenlose verbale Einstimmigkeit bestand, hat mehr als nur die erste Runde verloren: sie hat ihre geistigen Voraussetzungen vertan. Russland dankte ein Vierteljahrhundert lang seine Grossmachtstellung ab, um seine Revolution und seinen Neuaufbau zu vollziehen; heute ist es mächtiger denn je in alle verlorenen Positionen zurückgekehrt. Frankreich hat seine Revolution «sine die» verschoben, um sogleich seine Grossmachtstellung anzumelden: «La France a des affaires partout», erklärte General de Gaulle mit Stolz. Schon in der Zwischenkriegszeit hatte Frankreich «des affaires partout», ohne noch die Grundlagen einer solchen Politik der Allgegenwart zu besitzen, und diese Politik endete in München und in Compiègne; heute ist die Diskrepanz zwischen Anspruch und Mitteln beängstigend geworden. Aber Grossmachtpolitik mit untauglichen Mitteln, Verweigerung der Erkenntnis der eigenen Lage birgt schwerere Gefahren als die, zu Rückschlägen und Enttäuschungen zu führen: eine Politik der Illusionen schafft schliesslich jene pathologische Situation, aus der in andern Ländern das faschistische Abenteuer entsprang. Der französische Grossmachtanspruch baut sich auf dem Mythos vom aus eigener Kraft befreiten, nie besiegten, nie zusammengebrochenen Frankreich auf, und dieser Mythos ist schon unantastbar geworden, weil Frankreich den Schock, den es erlitt, nur unter dieser Narkose überwinden zu können glaubt. Aber die Mythen des zwanzigsten Jahrhunderts sind unheimlich virulente Krankheitskeime. Deutschland half sich über die Niederlage des ersten Weltkrieges mit der Dolchstosslegende hinweg; «im Felde unbesiegt», war es dem tückischen Anschlag einer «Handvoll Verräter» erlegen. Italien, das sich am Ende des Ersten Weltkrieges unter den Siegern in jener Situation des «Zurückgesetzten» befand, in der sich heute Frankreich befindet, baute sich den Mythos von Vittorio Veneto[366], und es war in Italien Landesverrat, daran zu erinnern, dass es die verbündeten Westmächte waren, die bei Vittorio Veneto siegten und Italien vor dem militärischen Zusammenbruch retteten. Am Ende siegt stets die Wirklichkeit über die Fiktionen. Aber sie setzt sich nicht immer sanft und allmählich durch. Wenn ein Land in die Romantik der fiktiven Grösse abgleitet, droht es eines Tages in der Katastrophe zu erwachen.

Europa ist ein besiegtes Land, das sich nicht damit abfinden will, dass die Welt rundum mündig geworden ist, und sich in immer neuen Konvulsionen dagegen auflehnt. Die schonungslose Erkenntnis der eigenen Lage ist die Voraussetzung jeder Heilung. Europa kann in der Welt von heute, zwischen den grossen Konföderationen Amerikas, der Sowjetunion und des Commonwealth, nicht in der Zerrissenheit eines Dutzends souveräner Nationen, deren jede ihren eigenen Kirchturmimperialismus errichtet, weiterleben. Jede partikularistische Machtpolitik, alle Nationalismen dieses Kontinents sind zu hysterischen Anachronismen geworden, die den Keim des Faschismus in sich tragen. Dieses Europa ist seit drei Jahrzehnten ein Chaos geworden, das sich selbst auffrisst, ein Gefängnis, in dem der Geist irre wird und gegen die Wände seiner Zellen rast. Keine seiner Nationen ist gegen diese Veitstänze gefeit.

Die Liebhaber tiefer historischer Meditationen, vor deren geistigem oder geistlosem Auge die Völker und Mächte wie Wanderdünen vorüberziehen, haben eine herrliche Zeit. Der grosse Germanenzug nach Osten hat einen slawischen Erdrutsch nach Westen ausgelöst. Von der Ostsee zur Adria erreicht das Slawentum wieder jene Linie, an der es zwischen 500 und 1000 n. Chr. gehalten hatte, um dann vom Hochmittelalter an langsam zurückgedrängt zu werden. Polen, nach Osten zugunsten Russlands erheblich reduziert, wird im Westen bis zur Oder und Neisse[367] und stellenweise darüber hinaus jenen «uralten polnischen Boden» wieder polonisieren, den ihm die deutschen Kolonisatoren und Ordensritter des Ersten Reiches entrissen. Wie erhaben ist dieser Wellenschlag der Geschichte, wie unaufhaltsam, wenn auch langsam mahlen die Mühlen der Gerechtigkeit!

Es sind freilich sechs bis acht Jahrhunderte her, seit Deutsche diesen Boden bebauen – recht viel länger, als manche der heutigen Sieger auf ihrem «angestammten Grund» sitzen. Und auch jene deutsche Kolonisation des Hochmittelalters war bereits eine Rückkehr auf «angestammten Grund» gewesen, denn Germanen hatten hier schon einmal gesessen, bevor sich Polen ansiedelten. Sollen die Völker ewig weiterwandern, weil es einmal Völkerwanderungen gab – die Deutschen, die Polen, zwei Verkörperungen des Ahasver ebenso wie die Juden, in denen sie sich selber hassen?

Jedenfalls erklärte Ende Juni der Minister der «provisorischen polnischen Regierung der nationalen Einigkeit», Ochab, dass aus den Gebieten zwischen der alten polnischen Grenze und der Oder noch zweieinhalb Millionen Deutsche auszusiedeln seien. Im Juli, als die Konferenz von Potsdam tagte, waren es offiziell noch anderthalb Millionen. Anderthalb Millionen? Es waren doch mehr als zehn Millionen gewesen, die hier ihre Heimat hatten. Viele sind gefallen, viele sind geflohen, gewiss, aber wie können zehn Millionen einfach verschwinden, selbst in einer Zeit, die Vieh nach Stücken, Menschen aber nur noch nach Millionen zählt? Minister Ochab stellte geheimnisvoll fest, das Schicksal der zweieinhalb Millionen Einwohner Ostpreussens sei «geregelt» und die neue polnische Provinz Masurien «in zufriedenstellender Weise polonisiert». Was mit diesen Menschen geschehen ist, das lässt sich vorläufig nicht in Erfahrung bringen. Wird man es je erfahren? Kein Hahn wird nach ihnen krähen, wenn er nicht in den Geruch kommen will, ein Naziagent zu sein. Und inmitten des hungernden Europa liegen riesige Ackerflächen brach ...[368]

In Böhmen hat die Austreibung von drei Millionen Deutschböhmen begonnen, von dem Boden, den ihre Vorfahren seit dem Hochmittelalter bebauten. Bauern, die wie Bäume in dieser Erde wurzelten. Viele waren auch hier bereits geflohen, viele hatten Selbstmord begangen, viele waren in einem Verzweiflungskampf umgekommen, den sie auch nach der Kapitulation noch fortsetzten und der nur eine aktivere Form des Selbstmordes war, denn sie konnten kaum über das Schicksal im Zweifel sein, das ihrer wartete – Herr Benesch hatte schon von London aus sehr offen darüber gesprochen. Sie waren keine leicht zu behandelnde Minderheit gewesen, oft unzufrieden und arrogant, wie ja auch die Tschechen in den zwanzig Jahren, in denen sie die «herrschende Nation» in Böhmen waren, eine sehr wenig duldsame Mehrheit gewesen sind, von denen sogar die slowakischen «Blutsbrüder» beim ersten Krachen im Gebälk abfielen und von denen die slawischen Verwandten Rutheniens auch heute noch nichts mehr wissen wollen – wofür sie freilich nicht deportiert, sondern samt ihrer Heimat, einem strategischen Einfallstor gleich dem Sudetenland, an die siegreiche Sowjetunion abgetreten werden. Die Tschechoslowakei war ein Staat, in dem die genaue Hälfte der Bevölkerung, das tschechische «Staatsvolk», alle erdenklichen administrativen, wirtschaftlichen und kulturellen Privilegien gegenüber der andern Hälfte, Deutschen, Slowaken, Ungarn, Ruthenen, Polen, besass – «Minderheiten» durch den Zufall willkürlicher Grenzziehungen jener grossen Staatsmänner, die in Versailles die Einheit des Donaubeckens in Fetzen zerstückelten –, der trotz der papierenen Versicherung Dr. Beneschs an der Versailler Friedenskonferenz, «aus der Tschechoslowakischen Republik eine Art Schweiz zu machen», nie den Weg vom Nationalstaat zur föderativen Partnerschaft seiner Völker fand, und dessen führende Politiker über die berechtigten Ansprüche der «Minderheiten» erst zu verhandeln begannen, als sie nicht mehr von deren demokratischen Vertretern, sondern von Hitler erhoben wurden. Es scheint, dass diese Politiker, die nun aus dem Exil zurückkehren, aus den begangenen Fehlern gelernt haben: sie beginnen den Neuaufbau ihres Staates mit der Austreibung fast eines Drittels seiner Bevölkerung, einem

Akt, der im Augenblick, in dem ein Grossteil seiner Industrie als Kriegsbeute nach Sowjetrussland abtransportiert wird, zugleich eine kaum mehr heilbare Selbstverstümmelung dieses kleinen, durchaus nicht aus dem Vollen schöpfenden Staates ist. Der Weg von der Minderheitenpolitik der so verschrienen Donaumonarchie über die der ersten zu jener der zweiten Tschechoslowakischen Republik ist einer der vielen Wege Europas «von der Humanität über die Nationalität zur Bestialität ...»

Und doch: haben die Sudetendeutschen, die 1938 der Sprengstoff waren, mit dem Hitler die Tschechoslowakei und den Weg in den Zweiten Weltkrieg aufsprengte, ein anderes Schicksal verdient? Kann ein Staat eine solche Bevölkerung in seinen Grenzen dulden? Und kann ein Deutscher nach all dem, was unter der Herrschaft der Heydrich und Frank geschehen ist, es wagen, hier über Ungerechtigkeit zu klagen? Lidice! Lidice! An diesem Namen muss jedes Argument zerschellen. Die Deutschböhmen, die sich nun hungernd und stumpf über endlose Strassen ins Nichts schleppen, die irgendwo zwischen verschlossenen Grenzen auf freiem Feld verenden oder sich mit dem Flüchtlingsstrom aus Ostdeutschland zu erbärmlichen Haufen des Elends vermischen, sie alle tragen diesen Namen auf der Stirn, der jedes Mitleid verscheucht. Dieser Name rechtfertigt jede Bestialität.

Rechtfertigt er auch jede Lüge? Radio Prag antwortet einem sudetendeutschen Emigranten, Wenzel Jaksch, dessen Protest gegen diese Massendeportationen unbegreiflicherweise einiges Echo in der englischen Presse gefunden hat, und der Klischeeartikel macht die Runde durch die ganze sowjettreue Weltpresse: «Die Tschechoslowakei will sich der Deutschen, die in Wirklichkeit Agenten des Nazismus sind, entledigen ... Die von der tschechoslowakischen Regierung beschlossenen Massnahmen, die unumgänglich sind, um die Einheit der Republik zu sichern und die Prinzipien der Demokratie zu festigen, haben eine Schilderhebung der Emigranten hervorgerufen. Die Leute, die sich mit der grössten Heftigkeit gegen diesen Austreibungsplan erheben, sind die Waffenbrüder der Henleinbanditen, die sich jetzt um den berüchtigten Jaksch sammeln. Dieser bankrotte Führer der deutschen Sozialdemokraten in der Tschechoslowakei hatte 1937 mit allen Kräften die Henleinleute unterstützt. Während der letzten Jahre bekämpfte er die jetzige Regierung der Tschechoslowakei, als diese sich noch in der Emigration befand. Jaksch speit Gift und Galle gegen den Präsidenten Benesch, den er bald des Kommunismus, bald des Panslawismus anklagt.» Die Wiedergabe, welche die «lächerlichen Anklagen» Jakschs gegen die «zur Festigung der demokratischen Prinzipien in Europa unumgängliche» Umsiedlungsaktion in einigen englischen Blättern fand, sei ein Helferdienst für den Nationalsozialismus und die Reaktion ...[369]

Wenzel Jaksch, der Adjutant Henleins – es ist nur ein kleiner Einzelfall, aber nur an solchen Einzelfällen lässt sich im Chaos Europas der Grad der geistigen und moralischen Zerstörungen ermessen. Wer erinnert sich denn noch, was damals war, wenn sich Präsident Benesch, der «Erbe Masaryks», der «gute Europäer», nicht mehr erinnert? Lord Runciman, den die britische Regierung zum Studium der Sudetenfrage nach Böhmen geschickt hatte, war nach tiefschürfenden Untersuchungen auf den Herrensitzen der deutschen und tschechischen Grossgrundbesitzer zum Ergebnis gekommen, dass die deutsche Anschlussforderung berechtigt sei. Im ganzen Sudetenland beherrschte der Terror der Henleinpartei die Strassen; der Deutschböhme, der den Hitlergruss verweigerte, wurde niedergeknüppelt. Die tschechische Polizei schritt nicht mehr ein, um die «diplomatische Spannung» nicht zu vergrössern. Die Lage jener Sudetendeutschen, die der Republik und mehr noch ihren eigenen Idealen die Treue hielten, die gegen Hitler und den Anschluss kämpften, war die fürchterlichste, die man sich vorstellen kann. Es stand schon so gut wie fest, dass Hitler diplomatisch und «friedlich» zum Ziele gelangen würde, wie er in Österreich zum Ziel gelangt war, und über das Schicksal, das ihrer dann wartete, konnten sie kaum Illusionen hegen: der namenlose Untergang in den Folter- und Todeszellen des Dritten Reiches, schuldig gesprochen des schlimmsten Verbrechens, das der Nationalsozialismus kannte: des «Volksverrats». Hinter ihnen stand nichts, keine Regierung, keine Solidarität, keine Sympathie, keine Hoffnung irgendwelcher Art: den Tschechen verhasst als Deutsche, den Deutschen verhasst als «tschechische Söldlinge», den «grossen Demokratien» vollkommen gleichgültig, gezwungen zudem, gegen ihre eigenen Forderungen von gestern, die sich nun Henlein angeeignet hatte, aufzutreten ... Nun wohl: es waren über dreihunderttausend Sudetendeutsche, ein Drittel der politisch zählenden deutschen Bevölkerung, die bis zum Ende durchhielten; und es war fast die ganze sudetendeutsche Bevölkerung, mit Ausnahme einiger tausend nach Deutschland «ausgerückter» Nazis, die im September 1938, im Augenblick des Verrats von München, unter die tschechoslowakischen Fahnen einrückte. Der Kern des sudetendeutschen Widerstandes gegen Hitler war die deutsche Sozialdemokratie in der Tschechoslowakei, und ihr Führer Wenzel Jaksch. Als die Verantwortung für diesen Kampf ohne Aussicht und Hilfe unerträglich wurde, bat Jaksch in Prag, Paris und London um das Versprechen, dass die antifaschistischen Sudetendeutschen auf keinen Fall dem Dritten Reich ausgeliefert würden; ohne diese Gewissheit könne er es vor seinem Gewissen kaum mehr verantworten, seine Leute zu Versammlungen und Demonstrationen gegen ihre Henker von morgen aufzurufen. Er erhielt die Zusicherung, dass die Deutschböhmen, die der Tschechoslowakei die Treue hielten, nicht im Stich gelassen würden. Sie blieben treu. Und sie wurden im Stich gelassen. An keinen politischen Gegnern haben die Nazis so hasserfüllt Rache genommen wie an diesen.[370]

Und nun? «Dieser bankrotte Führer der deutschen Sozialdemokraten in der Tschechoslowakei», der «mit allen Kräften die Henleinleute unterstützte ...» Eine belanglose Anekdote in dieser grossen, viel zu grossen Zeit – aber sie lässt wie in einem Blitzlicht erkennen, bis zu welcher Infamie ein «Antinazismus» sinken kann, der nichts ist als der umgestülpte Hitlersche Rassenirrsinn. Ja, Jaksch und die deutschböhmischen Demokraten von 1938 haben geirrt. Sie haben geirrt, als sie den aussichtslosen Kampf führten, um wenigstens die Ehre und die Zukunft zu retten. Sie haben geirrt, als sie ihren politischen Glauben über ihre «Volkszugehörigkeit» stellten: in der Welt, die über Hitler siegte, zählt nur die Volkszugehörigkeit. Ja, Jaksch ist ein Bankrotteur, denn der Kampf gegen Nationalismus und Rassenhass hat bankrott gemacht. Deutschland ist geschlagen, aber der Geist Hitlers, der als «deutscher Geist» verendete, triumphiert als «antideutscher Geist».

Dieses «Anti», mit dem sich heute alle politischen Firmenschilder schmücken, kennzeichnet eine ganze Zeit, in der die Menschen glauben, eine Idee und einen Standpunkt zu haben, wenn sie «gegen» etwas sind, als wäre der Standpunkt eines Menschen der, auf den er schimpft, und nicht der, auf dem er steht – aber eben, weil sie nirgends stehen, schreien sie so laut. Doppelt erbärmlich wird diese geistige Genügsamkeit, wenn auch das, wogegen sie tobt, noch einmal keine Idee ist, sondern ein Volk, eine Rasse: die Juden, die Neger, die Deutschen ... Die unheimliche Anziehungskraft dieser Antiparolen erklärt sich zum guten Teil aus der Bequemlichkeit solchen Hasses gegen das «andere». Aber ist es wirklich das andere? Waren nicht gerade die Krämer aller Länder Antisemiten, weil sie Krämer und Jude gleichsetzten, und sind nicht heute gerade die Chauvinisten aller Länder Antideutsche und setzten Deutscher und Chauvinist gleich? Es liegt ein tiefer und unheimlicher Sinn in diesem «anti», eine jener abgründigen Ambivalenzen, mit denen die Etymologie immer wieder jene Barbaren stolpern macht, die reden, um nicht zu denken: «Anti» heisst ursprünglich gar nicht «gegen», sondern «gleich», «entsprechend» – es ist dasselbe Präfix wie das deutsche «ent», das die «Ent»sprechung und erst sekundär den Widerspruch bezeichnet –, und noch im späten Kirchengriechischen ist der Antichrist nicht der Gegner Christi, sondern der «Christusgleiche», der sich für den Messias ausgibt und gerade *darum* sein Widersacher ist. Die Deutschen wurden, als sie sich dem «Antisemitismus» verschrieben, den alttestamentarischen Juden gleich, die von Zeit zu Zeit die Fremdstämmigen und die eigenen Volksgenossen, die «fremde Weiber nahmen», ausrotteten. Die «Antideutschen» werden auf dem gleichen Wege *jenen* Deutschen gleich, die sie zu hassen vorgeben. Und es laufen heute gar viele Antifaschisten herum, die sich von den Faschisten, die es nicht mehr gibt, nicht durch ihren Geist und nicht durch ihre Instinkte unterscheiden, sondern nur dadurch, dass sie auf die bessere Karte setzten.

Als die amerikanischen Truppen nach der Durchquerung Deutschlands die tschechoslowakische Grenze bei Asch erreichten, errichtete die Heerespolizei grosse Tafeln: «Jetzt dürfen wir wieder fraternisieren», und die Truppen wurden mit Schokolade und Zigaretten für die befreite Bevölkerung versehen. Das Gebiet, in das sie einrückten, war das berüchtigte Sudetenland, und den völlig anorganisch aus der Einheit Böhmens heraushängenden Zipfel von Asch will anscheinend die zweite tschechoslowakische Republik sogar als hoffnungslos deutsch «abstossen». Es besteht die entsetzliche Wahrscheinlichkeit, dass Sudetendeutsche, diese verruchtesten aller Nazis, die ersten Bonbons und Zigaretten der befreiten Völker genossen. Leider ist die Primitivität jener die «hohe Politik» jedes Biertischs beherrschenden Vorstellung, dass quer durchs Land gezogene, mit Landesfarben und Stacheldraht markierte Linien die guten von den bösen Menschen scheiden, selten so eklatant wie in diesem Fall, obwohl es eigentlich genügt, sich an eine beliebige Grenze zu stellen und sich diese Vorstellung konkret zu vergegenwärtigen, um in Lach- oder Weinkrämpfe zu verfallen.

Das Verbrüderungsverbot war zweifellos als erhabene moralische Geste gedacht. Es sollte dem deutschen Volk seine abgründige Verworfenheit vor Augen führen und ihm seine Schuldbeladenheit bewusst machen: kein anständiger Mensch, will sagen kein Soldat einer demokratischen Macht, sollte einen Angehörigen dieses aus der menschlichen Gemeinschaft ausgestossenen Volkes eines Blicks oder gar eines Grusses würdigen; in stummer Verachtung sollten die Kämpfer der Freiheit an den Deutschen vorbeigehen, damit sie erkennten, dass sie vor den Augen der Welt ein Kot und ein Ekel sind. Es war der erste Schritt zur Neuerziehung des deutschen Volkes, dessen sich bald eine unstillbare Begierde bemächtigen würde, sich zum höheren Menschentum der Besatzungstruppen demokratisch emporzuranken und dereinst der Verbrüderung mit ihnen würdig zu werden.

Wohl selten war der Schritt vom Erhabenen zum Lächerlichen so klein. Vom ersten Tage an war das Verbrüderungsverbot eine Verlegenheit und ein Gelächter, das sich als ordinärer Hintertreppenklatsch in den Spalten der Weltpresse breitmachte, da, wo soeben noch die Heeresberichte gestanden hatten. Verbrüderung, ein grosses und schönes Wort, das am Ende des Ersten Weltkriegs einen revolutionären Sinn der Völkerversöhnung über Stacheldraht und Kommandogewalt hinweg gehabt hatte, wurde zum augenzwinkernden Euphemismus für Flirt und jede Art williger, käuflicher oder erzwungener Paarung. Noch immer, seit es Eroberungen gibt, haben die Sieger die Weiber der Besiegten genommen, aber noch nie wurde darum so penetrant tiefsinniger Tratsch verbreitet. Die erste Divergenz zwischen Sowjetrussen und Angelsachsen, von der die Weltöffentlichkeit Kenntnis nehmen durfte, war die, dass die Russen sich hemmungslos verbrüderten, die armen Tommies und Sammies aber verbotenerweise, was im verseuchten und verwahrlosten Chaos Deutschland zu einer Epidemie verheimlichter und verschleppter Geschlechtskrankheiten unter den alliierten Besatzungstruppen zu führen drohte. Und so war es schliesslich nicht politische Einsicht, sondern hygienische Besorgnis der Sanitätsbehörden, die eine allmähliche Lockerung des Verbrüderungsverbots erzwang. Dass dieses klägliche «Problem» des Verbrüderungsverbots monatelang die Berichte und Debatten über die alliierte Deutschlandpolitik beherrschte und dass sich die Vernunft, die es diktiert hatte, erst den Argumenten der Seuchenpolizei zugänglich erwies, ist wahrlich kennzeichnend für den geistigen Zustand einer Welt, die alle Massstäbe verloren hat. Den einzigen geistreichen Beitrag zur Debatte lieferte jene englische Frauenorganisation, die forderte, wenn den englischen Soldaten in Deutschland die Verbrüderung erlaubt werde, so müsse sie auch den daheimgebliebenen Gattinnen gestattet werden ...

Auf diesem Niveau bewegte sich ungefähr alles, was in den ersten Monaten in Deutschland offiziell geschah, nur dass nicht alles so rührend menschlich war. Deutschland sollte unter militärischer Besatzung bleiben, bis es Beweise seiner demokratischen Wandlung gegeben hätte – das war der einzige Punkt der «Umerziehung Deutschlands», über den sich die Alliierten hatten einigen können, denn alles übrige von der Kinderfibel bis zur Betriebsorganisation oder -desorganisation würden die Russen anders anpacken als die Angelsachsen und auch diese mit merklichen Unterschieden, das war zum vornherein klar. Verwaltung durch fremde Besatzungsbehörden als Schule der Demokratie: diese Formel vermochte eine «demokratische Welt» zu schlucken, die selbst keine Ahnung mehr hatte, was Demokratie und was ein freies Volk ist. Eine fremde Besatzungsarmee, bestenfalls nach ihrer körperlichen Robustheit, schlimmstenfalls nach ihrer Entbehrlichkeit in der Heimat, keinesfalls aber nach moralischen oder gar pädagogischen Qualitäten ausgesucht, ist auch für eine weniger demoralisierte Bevölkerung als die deutsche eine Schule der Verwahrlosung, der Prostitution, der Denunziation, der Kriecherei und der Charakterlosigkeit, im besten Fall der im Sack geballten Faust und des heimlich gärenden Hasses. Sie wird als eingeborene Handlanger ihrer demokratischen Erziehung wenig anderes suchen und finden als gefügige Opportunisten, die sich jeder Gewalt zur Verfügung stellen, und bereits haben sich in allen Zonen die einstigen Nazifunktionäre als «unentbehrlich» herausgestellt. Ein freies Volk ist, nach der tiefen Definition von Bernanos[371], die jenseits aller staatsrechtlichen Formeln die Kernfrage in ihrer ganzen Einfachheit stellt, ein Volk, in dem eine genügende Proportion stolzer Menschen vorhanden ist: Menschen, die sich nicht «zur Verfügung stellen», die nicht als Funktionäre verwendbar sind, die keinen Kompromiss mit ihrem Gewissen eingehen und nicht des Lied singen, des Brot sie essen. Das deutsche Volk weist ein fürchterliches Defizit an stolzen Menschen auf, sonst hätte es den Ersatzstolz für Minderwertige, der Nationalstolz heisst, nicht zu solchen Exzessen getrieben. Nicht der Geist des Verbrechens, sondern der Geist des Gehorsams, der Geist jener, die «an sich» brave Menschen waren, aber um Weibes und Kindes willen mitmachten, hat Deutschland in den Abgrund geführt. Es ändert wenig, wenn an Stelle der Gauleiter und Blockwarte Besatzungsbehörden treten. Zu gehorchen und zu kuschen haben die Deutschen ausreichend gelernt, das werden die Besatzungsbehörden bis zum Ekel erfahren. Und wenn man ihnen demokratisch aufgemachte Institutionen vor die Nase setzt, so werden sie eben demokratischen Institutionen gehorchen, wie sie den Institutionen des Dritten Reiches gehorchten.

Aber gibt es denn ein anderes Deutschland, auf dem sich aufbauen liesse? Haben die Deutschen durch ihre Untaten nicht alles verdient, was ihnen angetan wird, und mehr, als ihnen angetan werden kann? Das sind die stereotypen Fragen, über welche sich die Tagesphilosophen den Kopf zerbrechen. Und die Massvollsten unter ihnen erwägen milde die Möglichkeit, dass es doch auch gute Deutsche gäbe – so wie die massvolleren Nazis konzedierten, dass es vielleicht auch gute Juden gäbe, und es Ausnahmen für jüdische Frontkämpfer und «Ehrenarier» gab, wie es jetzt Ausnahmen für patentiert antifaschistische Deutsche gibt. Es ändert nichts an der Sache. Die Ausnahme bestätigt die Regel. Denn die Fragestellung selbst ist falsch und perfid, und die «Deutschenfrage» kann kaum anderswohin führen als die «Judenfrage», in der die Nazis in dem Augenblick gewonnenes Spiel hatten, in dem es ihnen gelungen war, sie aufzuzwingen, weil in die Fragestellung bereits die Antwort hineingeschmuggelt ist: die Kollektivschuld und die radikale Verschiedenheit der Menschen, beides Grundpfeiler der Rechtsperversion und der «Philosophie» des Faschismus. Es gibt kein anderes Deutschland als Deutschland, sehr vielgestaltig, sehr formlos, ohne natürliches Zentrum und fest angewiesenen Platz, erschreckend formbar und wandelbar, beladen mit unausgetragenen historischen Konflikten und Flüchen und im Zentrum aller Spannungen des europäischen Chaos. Man schlage die erstbeste völkerpsychologische Studie vom Anfang des letzten Jahrhunderts auf, und man wird die Deutschen als friedliebend, gutmütig und ehrlich beschrieben finden, und auf der Seite gegenüber die Franzosen als kriegerisch, aufbrausend und unzuverlässig. Das entsprach der damaligen «Evidenz» und war um kein Haar unrichtiger als der Unsinn, der heute produziert wird. «Die» Deutschen: wer es hinnimmt, über diesen Gegenstand zu diskutieren, hat schon eingewilligt, siebzig Millionen Menschen die Einheitsmaske eines Nationalcharakters aufzulegen, der vielleicht dem Durchschnitt einiger sehr oberflächlicher Beobachtungen, aber keiner lebendigen sozialen und psychologischen Wirklichkeit entspricht, und dabei gerade von dem zu abstrahieren, was ihre Einheit ausmacht: von der Situation, in die sie gestellt sind. Es ist eine Fragestellung, die jedes Hinausschreiten über den toten Punkt systematisch verbaut und nichts als einen Zirkelschluss auslösen kann, gemäss der tiefsinnigen Formel von Jalta über die «Bedingungen, die wir gemeinsam *Hitlerdeutschland* auferlegen werden, *nachdem* der deutsche bewaffnete Widerstand endgültig ausgelöscht sein wird ...» Und welche Bedingungen wird man in zehn Jahren Hitlerdeutschland auferlegen? Denn es wird auf diese Weise immer noch oder erst recht Hitlerdeutschland sein.

Das ist kein verantwortungslos hingeworfener Aphorismus; das ist eine Perspektive, die sehr ernsthaft in Betracht gezogen werden muss. Die ganze Deutschlandpolitik der Sieger scheint auf kein anderes Resultat zu zielen als dieses: jeden Differenzierungsprozess in Deutschland zu verhindern, der nach einer solchen Katastrophe naturgemäss einsetzt und der nach einem derartigen Zusammenbruch jedes staatlichen, sozialen und geistigen Gefüges revolutionäre Ausmasse annehmen müsste. Nur in der schonungslosen Auseinandersetzung zwischen den Nutzniessern, den betrogenen Mitläufern und den Opfern, zwischen den Henkern und den Verfolgten des Regimes könnte Deutschland das Bewusstsein seiner selbst wiederfinden; vielleicht nur in Mordwochen, wie sie sich an den Faschisten Norditaliens bei der Befreiung austobten, vermöchte es das Gift zu erbrechen, von dem es nach zwölf Jahren der Lüge und Perversion verseucht ist. Man kann sich fragen, ob in Deutschland überhaupt noch die Kräfte zu einer solchen Auseinandersetzung vorhanden sind. Zwölf Jahre eines hochorganisierten Terrors, der jedes Privatgespräch belauschte und die Kinder zu Denunzianten der Eltern, den Freund zum Verräter des Freundes machte, der sich am Ende zu einer Ausrottungsorgie gegen alle noch nicht hoffnungslos Kompromittierten steigerte, zwölf Jahre einer Erziehung und Rassenviehzucht, die ganze Generationen pervertierte, und zwölf Jahre einer diabolisch raffinierten Korruption, die durchaus nicht nur plumpe Methoden der Lüge, Bestechung, moralischen und physischen Erpressung anwandte, haben wenig Menschen übriggelassen, die noch ihre Stimme erheben könnten. Zwölf Jahre, während deren die vereinigten Polizeikräfte der «demokratischen Welt» die der Hölle entkommenen deutschen Hitlergegner systematisch rund um den Erdball zu Tode hetzten und ihnen Asyl bestenfalls unter Bedingungen gewährten, in denen gerade nur die miserabelsten Elemente obenaufschwammen, haben auch im Ausland wenig Substantielles von einer Emigration übriggelassen, in der es ursprünglich an tauglichen Kräften nicht fehlte. Fast zehn Jahre einer ausgeklügelten, wissenschaftlich dosierten Unterernährung und Überanstrengung haben die biologische Reaktionsfähigkeit der Menschen geschwächt, und diese geregelte, umfassend organisierte, langsam wirkende Unterernährung, die in Deutschland 1936 einsetzte, ist etwas grundsätzlich anderes als der Hunger, der in der Geschichte oft als revolutionäre Aufpeitschung wirkte; sie ist eine Errungenschaft der allerneuesten Zeit, und in der berühmten Parole «Kanonen statt Butter»[372] war der dauernde Fettentzug, der die Gehirnsubstanz auszehrt, für das Regime ebenso positiv wichtig wie die Kanonenproduktion. Vier Jahre eines unablässig sich steigernden Trommelfeuers aus der Luft, das im letzten Kriegsjahr zum Inferno des Irrsinns über Deutschland anschwoll, in dem es für die meisten Städtebewohner keine Ruhe, keine Stille, kein Nachdenken, kein richtiges Wohnen, Alleinsein, Schlafen und Arbeiten mehr gab, hat die Nervenkraft vollends zerrüttet. Über kein anderes Volk Europas ist diese mit allen Methoden zugleich arbeitende Auszehrung aller Kräfte so lange, so intensiv und unter so völliger Ausschaltung jeder Gegenwirkung, jeder auch nur moralischen Ermutigung, hinweggegangen, und doch ist bei ihnen allen eine unheimliche Schwächung der Reaktionskraft festzustellen. Deutschland war zwölf Jahre vom Feind besetzt! Und nach dem Terror, dem Veitstanz der Lüge, den Blitzsiegen, den Bomben, dem Phosphor, der Promiskuität der Bombenkeller, Barackenlager und Behelfswohnungen einer atomisierten und durcheinandergerührten Bevölkerung, der Panik, der wilden Flucht und dem totalen Zusammenbruch schlägt nun über Deutschland der Fluch und der Hass einer ganzen Welt zusammen, vor dem es keine Antwort mehr gibt, vor dem kein Deutscher mehr den Mund auftun kann, weil es Heuchelei ist, wenn er sich entschuldigt, Heuchelei, wenn er bekennt, Arroganz, wenn er redet, Verstocktheit, wenn er schweigt, Schamlosigkeit, wenn er gesund ist, und Nazipropaganda, wenn er krepiert. Was Wunder, wenn die flinken Erforscher der «deutschen Mentalität» jetzt nichts anderes finden als Betäubung, Apathie und selbst ein stumpfes, fassungsloses Nachkäuen der letzten Propagandaparolen des Doktor Goebbels, die nicht mehr den Sieg prophezeiten, sondern das unsägliche Entsetzen der Niederlage? Kann Deutschland überhaupt noch die Kraft zur entscheidenden Auseinandersetzung mit sich selbst, seiner Krankheit und seiner Schuld aufbringen?

Die Frage stellt sich nur akademisch. Jener unschätzbare Augenblick zwischen dem Zusammenbruch der Diktatur und der Diktatur der Siegermächte, der sich Italien zweimal bot, beim Sturz Mussolinis und bei der Befreiung Norditaliens, blieb Deutschland versagt. Ohne die kleinste Lücke fügten sich SS-Herrschaft und Besatzungsregime aneinander. Nur im Augenblick des Todeskrampfes selbst, im Inferno Berlins und Wiens, in den letzten Stunden vor der Besetzung Münchens, wurde ein roher, formloser Ansatz einer «Abrechnung» möglich, um sogleich in der «Ruhe und Ordnung» der Militärregierung oder, in Berlin und Wien, im nackten Entsetzen der «Befreiung» abzubrechen. Bleiern legte sich über einen Rest von Zivilbevölkerung, in dem die Auskämmungen praktisch nur die «Untauglichen» zurückliessen, die Zwangsjacke der Okkupationsbehörden, die in allen Zonen – und am gründlichsten da, wo zwar Parteien und Gewerkschaften aufgezogen, aber keine Meinungsbildung und keine Selbsthilfe geduldet wurden, sondern nur die einstimmige Annahme von Dankadressen für Plünderung und Misshandlung – alles taten, um jede Klärung, jede Gruppierung, jede Scheidung der Geister im Keim zu ersticken und die für ihre Verwaltungsaufgaben vorzugsweise nicht deutsche Demokraten und Sozialisten aus den Katakomben des Dritten Reiches heranziehen, begreiflicherweise, denn als blosse Exekutionsagenten wären sie schwer zu gebrauchen, sondern hier fossile Würdenträger der Weimarer Republik, die für die Zeit der Sintflut in Pension gegangen waren, dort einsatzbereite Funktionäre jener Bewegung, die sich mit prächtiger Ironie, lucus a non lucendo, «Freies Deutschland» nennt, weil sie alle Rekorde zerknirschter Servilität schlägt, als Grundstock aber hier wie dort von Gesinnung unbelastete, getreue Diener jegliches Herrn. Und es gehört viel guter Wille dazu, dieses System für eine Folge von Unkenntnis oder Dilettantismus zu halten, denn es ist die konsequente Fortsetzung einer Behandlung des «deutschen Problems», die seit 1933 systematisch jede deutsche Opposition gegen Hitler entmutigte und die erst recht während des Krieges keine andere Botschaft an die Deutschen hatte als diese: dass dies kein Krieg gegen den Faschismus war, sondern ein Krieg gegen Deutschland und die Deutschen ohne Unterschied, dessen «ideologischer Charakter» wirklich nur ein Notbehelf für die schlimmste Zeit gewesen war, und dass deshalb Deutsche, die an der Niederlage Hitlers mitarbeiteten, nicht Kämpfer für eine deutsche Zukunft jenseits des Nationalsozialismus, sondern wirklich nur Agenten des Landesfeindes wären. Wenn trotzdem die Gestapo Monat für Monat Tausende wegen Widersetzlichkeit, Sabotage, Streik, «Untergrabung des Wehrwillens» oder illegaler

Tätigkeit verhaftete, so zählt jeder dieser unsäglich einsamen, von der ganzen Welt moralisch wie materiell isolierten Defaitisten hundertfach, denn seinem Tun fehlten all jene Antriebe der Opportunität, der mächtigen Rückhalte, der Siegesgewissheit, der Übereinstimmung mit dem nationalen Instinkt und der daraus resultierenden tausendfachen Komplizitäten, die den Widerstandsbewegungen in allen andern europäischen Ländern immer grösseren Zustrom verschafften. Es waren viel zu wenige, ihre Aktionen und sogar ihre Absichten vermochten viel zu selten über das hoffnungslos Unzulängliche hinauszuwachsen, als dass sich auf ihnen die Legende von einer deutschen Widerstandsbewegung aufbauen könnte. Aber sie waren da, und es ist ein seltsames Unterfangen, der Welt und Deutschland selbst die grauenhaften Terrormittel der nationalsozialistischen Gewaltherrschaft als Evidenz dafür vorzuführen, dass das ganze deutsche Volk einmütig, freiwillig und begeistert hinter seinen Herren stand. Zwischen diesen erdrückenden Terrormitteln und der kalten Abweisung einer «demokratischen Welt», die um der Einfachheit ihres Weltbildes willen weder den Terror noch seine Opfer zur Kenntnis nahm und aus der keine Stimme – auch nicht etwa aus der einst internationalen Arbeiterbewegung – nach Deutschland drang, die den Deutschen einen Ausweg aus der Sackgasse des Dritten Reiches, eine Zukunft jenseits der Niederlage zu zeigen versucht hätte, vermochte keine deutsche Widerstandsbewegung zu wachsen.

Es gibt jetzt alliierte und neutrale Journalisten, die in Deutschland herumreisen und «den» Deutschen, die ihnen in den Weg laufen, mit dem Hinweis auf die plakatierten Schauerbilder aus den Konzentrationslagern die Frage stellen, ob sie sich schuldig fühlen. Und sie kommen zurück mit dem bekümmerten Befund, dass das deutsche Volk keine Spur von Reue zeige, sondern nur Verstocktheit und Charakterlosigkeit; keiner ist dabei gewesen, keiner hat davon gewusst, jeder war ein Opfer, jeder beklagt sich bloss über das Unglück, das die Niederlage über ihn gebracht habe, und über die Härte der Besetzung. Es gibt leider einen überzeugenden Beweis dafür, dass an diesen Berichten viel Wahres ist: dass nämlich noch keiner dieser Reporter, die Deutschland wie einen Zoo bereisen und die ihnen vorgeführten Tiere über ihre Vertiertheit befragen, eine schallende Ohrfeige erhalten hat. Denn es wäre bitter nötig, in Deutschland die Schuldfrage zu stellen. Aber es ist nicht möglich, sie in der Lüge und Heuchelei zu stellen. Die erstaunten, unschuldigen Kinderaugen aber, mit denen die Weltöffentlichkeit im Frühjahr 1945 die Konzentrationslager entdeckte, die ungläubige Fassungslosigkeit vor dem Bösen, mit der Kommissionen desselben Parlaments, das München zugejubelt hatte, diese Stätten des Grauens in Augenschein nahmen, das 1945 plötzlich erwachende Entsetzen über die 1933 unüberhörbar laut und offiziell begonnenen Judenverfolgungen, nachdem die dem deutschen Pogrom entkommenen Juden zwölf Jahre lang zwischen den erbarmungslos geschlossenen Grenzen der «zivilisierten Welt» verkommen und zu Tausenden untergegangen waren, die sensationellen Schauerfilme aus den Konzentrations- und Vernichtungslagern für die schaulustigen Spiesser aller Welt, das war Lüge, und Göring – es ist wahrlich nicht Sympathie für diesen bluttriefenden Wanst, der es uns sagen lässt – hatte recht, als er nach der Zwangsvorführung dieser Filme kaltschnäuzig feststellte: «Solche Filme haben wir über die Greueltaten der Russen auch hergestellt.» Wer glaubt, in diesem von Propaganda bis zum Erbrechen übersättigten Land mit geschickten Propagandafilmen moralische Wirkungen erzielen zu können, wer glaubt, der erste beste Hans Habe[373] – dieser Auswurf der niederträchtigsten und käuflichsten Wiener Journaille, den die Amerikaner zum obersten Chef der deutschen Presse und damit der demokratischen Umerziehung Deutschlands bestellt haben, weil ein gefügigeres Subjekt anscheinend nicht zu finden war – sei imstande, den Deutschen mit journalistischer Gerissenheit Schuldgefühle beizubringen, der hat überhaupt keine Ahnung davon, was in diesem Lande vorging. Ein Volk geht nicht durch die Apokalypse, um vor schmissigen Reportern Reuebekenntnisse abzulegen.

Es wäre sehr nötig, die Schuldfrage zu stellen, aber sie kann nur der historischen Wahrheit gemäss gestellt werden. Das deutsche Volk, insofern ein Volk mit dem Anspruch auf nationales Eigenleben auch die Verantwortung für das auf sich nimmt, was in seinem Namen geschieht, ist schuldig, dem Imperialismus verfallen zu sein. Es war nicht fähig, sich von der Herrschaft seiner Feudalherren und Monopolisten zu befreien und eine Staats- und Wirtschaftsstruktur umzuwälzen, die ohne Eroberung und Krieg nicht leben konnte – deshalb nicht leben konnte, weil Deutschland nicht wie England oder Frankreich bereits ein «wohlerworbenes» Weltreich oder wie Amerika riesige Märkte besass, und weil der Erste Weltkrieg dem deutschen Kapitalismus zwar seinen schon ungenügenden «Lebensraum» noch mehr geschmälert, ihm aber nichts von seiner Expansionskraft genommen hatte. Das deutsche Volk ist schuldig, aus dieser Situation nicht die Konsequenz gezogen zu haben, seine Wirtschaft und seinen Staat zu revolutionieren, sondern die andere, billigere und einleuchtendere, dass die Güter der Welt ungerecht verteilt seien und der Diktatfriede von Versailles Deutschland das Leben verunmögliche. Es war ein in seiner Masse unpolitisches, untertäniges, dumpfes Volk, das aus der harten Wirklichkeit in die Romantik flüchtete und den Argumenten seiner Imperialisten Gehör gab, die ihm sagten: Was «den andern» erlaubt ist, das ist auch uns erlaubt, und wenn die andern Grossmächte die Welt unter sich geteilt haben, wieso soll ausgerechnet dem technisch und organisatorisch so leistungsfähigen Deutschland kein Stück davon zukommen? Hier begann, aus einem sozialen Gefüge heraus, das zur Explosion reif war, der Weg ins Abenteuer, auf dem es kein Zurück und kein Seitab mehr gab. Das deutsche Volk ist schuldig, keine Revolution gemacht zu haben, als es noch Zeit war, und deshalb an Händen und Füssen gebunden in den Abgrund getrieben worden zu sein. Da ist die Anklage – und wo ist der Ankläger, der sie erheben könnte, ohne dass sie zur schamlosen Groteske würde vor einem Tribunal der Sieger, die von neuem die Welt aufteilen, die Besiegten kolonisieren, deutsche Provinzen annektieren und deren Bevölkerung austreiben, die deutsche Industrie als unbequeme Konkurrenz zertrümmern oder abschleppen, kurzum als Konkurrenten gesiegt haben und nicht als Vertreter einer höheren Konzeption? Die «Grossen Drei», die in Potsdam den deutschen Imperialismus posthum verfluchten, haben den Genius loci hervorragend getroffen: auch Friedrich «der Grosse» hat einmal einen Antimacchiavell geschrieben.

Alliierte Korrespondenten haben aus ganz verschiedenen Orten des Reiches berichtet, dass sie aus Gesprächen zwischen Deutschen den Satz erlauschten oder ihn an Ruinen gekritzelt fanden: «Es ist eine Schande, ein Deutscher zu sein.» In diesem Satz liegt das ganze Problem der heutigen Stellung Deutschlands in der Welt. Von einem Deutschen ausgesprochen, ist er ein verheissungsvolles Zeichen der inneren Erschütterung, der Besinnung und des Willens, die Schande auszulöschen. Von einem Nichtdeutschen ausgesprochen, der sich daraus die Ehre münzt, *seiner* Nation anzugehören, offenbart er nichts als trostlos inferiores Pharisäertum. So ist es mit der deutschen Schuld. Das deutsche Volk kann sie *vor sich selbst* nicht abwälzen, es muss mit dieser Schuld fertig werden, und um seiner Zukunft und der Zukunft der Welt willen ist es bitter nötig, dass es ohne Ausflüchte und Kniffe mit ihr fertig wird. Für die übrige Welt aber, die heute von der deutschen Schuld spricht, als gäbe es nur diese, als hätte sich Deutschland inmitten einer kerngesunden Welt von strahlender Gerechtigkeit ganz unmotiviert in einen Amoklauf verbrecherischer Instinkte gestürzt, ist das deutsche Volk einfach der Sündenbock geworden, auf den sie ihr eigenes Versagen abreagiert, ein Anlass der Selbstgerechtigkeit, in dem all die Ansätze der Selbstbesinnung ersäuft werden, die während dieses Krieges auch durch die heute siegreichen Länder ging; und ihre «Schuldkampagne» kann nichts hervorrufen als eine Wiederholung jener verderblichen deutschen «Unschuldskampagne», die es mit der Gegenfrage «Und ihr?» so einfach hatte. Das Zeichen Kains ist kein Rassenmerkmal der Deutschen. Die deutsche Schuld ist eine deutsche Schuld, nicht eine Ausrede für alle andern und erst recht nicht ein Tauschwert, der Anrecht auf deutsche Aktien, Patente, Fabriken und Getreidefelder gibt. Wenn Mister Bernard Baruch unter Anrufung der deutschen Schuld die Aushändigung der deutschen Industrien an die amerikanischen Trusts fordert, so haben ihm gegenüber sogar die Nazis recht. Vermögen wir denn wirklich Schuld nur noch im Sinne des Obligationenrechts zu verstehen?

Aber wenn jetzt so viel und undifferenziert von Schuld die Rede ist, einem im modernen Rechtsdenken ohnehin recht fragwürdig gewordenen Begriff, und gar von Kollektivschuld, diesem Rückfall in barbarische Rechtssysteme, so vielleicht vor allem, um desto weniger von der feststellbaren, sehr differenzierten und abgestuften Verantwortung zu reden. In dem moralischen Brei, der da angerichtet wird, geht die spezifische Verantwortung derer, die Hitler die Macht zuspielten, in glücklicher Vergessenheit unter; da werden bestenfalls die vorgeschobenen Akteure des Dritten Reiches, die «Führer», Redner, Henker, Kerkermeister und

Folterknechte, die sich persönlich die Hände schmutzig machten, zur Verantwortung gezogen, seine Nutzniesser und Auftraggeber aber, die Bankiers und Junker, die Kohlen- und Stahlherren, die Chemie- und Elektrizitätsmagnaten, bleiben diskret im Schatten des Strafgerichts gegen die hereingefallenen Mitläufer. Es wäre kindlich, zu glauben, dass die Akten über diese Herren geöffnet werden: denn das wäre nicht mehr der Prozess von Personen, sondern der Prozess einer Gesellschaftsordnung, und hier spielt unvermindert eine internationale Solidarität, die gute Gründe hat. Es ist besser, nicht daran zu erinnern, dass Schneider-Creusot und Skoda, Royal Dutch und amerikanische Magnaten mit ihren reichlichen Geldern die Hitlerbewegung über Wasser hielten, als sie in der Zeit vor der «Machtergreifung» fast zusammenbrach, und dass für sie Hitler ein Agent gegen das deutsche Volk war. Es waren die vereinten Kräfte der «goldenen Internationale», die im geschlagenen Deutschland nach dem letzten Krieg die alten Herren am Ruder erhielten und erst Hindenburg, dann Hugenberg, dann Hitler jener sozialen Revolution vorzogen, die allein Deutschland den Weg in den Zweiten Weltkrieg hätte ersparen können; es war eine internationale Solidarität der Regierungen, die Hitler in der Saar, im Rheinland, in Spanien, in Österreich, in der Tschechoslowakei goldene Brücken in die Welteroberung baute, wohl wissend, dass damals noch ein Ultimatum genügt hätte, um das Verhängnis aufzuhalten, das später nur noch mit Strömen von Blut aufzuhalten war – denn selbst gewöhnliche Leute, die über kein Secret Service verfügten, wussten es, was heute Hitlers Rüstungsminister Speer bestätigt: dass die deutsche Kriegsmacht noch 1938 ein Bluff war und eine ernste Kraftprobe gar nicht wagen konnte. Ohne all diese Komplicenschaften wären Hitler und sein Klan eine gewöhnliche Gangsterbande geblieben. Gangsterbande? Es klingt so seltsam, wenn man das heute sagt. Wäre es eine Gangsterbande nach irgendeinem positiven, gültigen Recht, wie stünden dann all die geistlichen und weltlichen Mächte da, vom Vatikan bis zum Kreml, die alle ausnahmslos ihren Pakt mit der Bande schlossen? Aber die Kriegsverbrechertribunale werden vergeblich nach dem Paragraphen suchen, der es verbot, Faschist oder Nazi zu sein, ja sogar Länder zu erobern und Völker zu unterjochen, und ihre Verfahren werden, sobald sie über die Verurteilung individueller Verbrechen subalterner Täter hinausgehen wollen, nur eines offenbaren: dass es eben keine internationale Rechtsordnung gab, die auch nur auf dem Papier dieser Bande den Weg verlegt hätte, und nicht einmal stellvertretend eine internationale Moral, die sie in Bann getan hätte. Der einzige saubere Akt der heute schon versandeten und entwürdigten «Säuberung» wird die Exekution Mussolinis und seiner Spiessgesellen durch die italienischen Partisanen gewesen sein: die einfache, klare, revolutionäre Justiz der Verführten und Missbrauchten gegen ihren gestürzten Tyrannen.

Die Deutschen aber haben die totale Niederlage und nichts darüber hinaus. Da ist ein Land, das mit allen Mitteln des totalen Krieges, von innen und aussen, geistig und materiell, verwüstet wurde. Darüber wird eine Militärverwaltung gesetzt, deren Aufgabe fast definitionsgemäss die ist, darüber zu wachen, dass nichts geschieht, geistig nicht und auch materiell nur das Unumgängliche; vielmehr vier Militärverwaltungen, deren jede besorgt darauf sieht, dass auch in den Zonen der drei andern keine Initiative ergriffen oder geduldet wird. Was vom Produktionsapparat dieses hochindustrialisierten Landes übrigbleibt, wird in den Dienst der Sieger gestellt, weggeschleppt oder geschleift, in den östlichen Teilen des Landes bis zur letzten Drehbank und bis zur letzten Kuh, Ziege und Henne, so dass nicht einmal das Minimum bleibt, um vorn anzufangen. Es soll ein Land friedlicher, lethargischer Bauern werden, die nie mehr den Weltfrieden stören können. Deshalb wird von diesem Land auch ein Viertel des bebaubaren Bodens weggerissen, die einzigen Gebiete, die wenigstens einen Teil des Bevölkerungsüberschusses aufnehmen könnten, der durch die Entindustrialisierung seine Lebensgrundlage verliert, und in das verbliebene Rumpfreich werden ein Dutzend Millionen jeder Habe beraubte Bewohner der «entdeutschten» Randgebiete hineingetrieben. Soll, wenn alle Lügen, Versprechungen und Tagträume des Dritten Reiches unter den Trümmern begraben und vergessen sind, nur noch *diese* Wirklichkeit als redendes Zeugnis dafür bestehen, dass die Hitler und Goebbels über das Schicksal Deutschlands nach *ihrer* Niederlage die Wahrheit vorhersagten? Es ist schwer, zu erraten, welch andere Konzeption einer solchen Politik zugrunde liegen könnte als diese: dass es zwanzig oder dreissig Millionen Deutsche zuviel gibt. Es mag ein sehr realistisches Kalkül sein, und die Welt ist in solchen Dingen längst grosszügig geworden: wenn noch ein Drittel dieses verfluchten Volkes krepiert und der Rest auf ein Helotendasein reduziert ist, wird die Welt Ruhe haben ...

Nun gut, Mitleid ist nicht am Platz. Man mag sagen: Es geschieht ihnen recht. Aber man kann nie und nimmer sagen: Hier geschieht Recht. Schlimmer noch: hier geschieht auch nicht Vernunft. Und die Welt wird keine Ruhe haben.

Natürlich ist es ungerecht, eine lange und schwere Aufgabe an den Massnahmen und Proklamationen eines Vierteljahrs zu beurteilen. Natürlich ist es ungerecht, die vier Besatzungsregimes über den gleichen Leist zu schlagen – eine Ungerechtigkeit, die freilich schwer zu umgehen ist, wenn jeder Versuch, zwischen ihnen zu unterscheiden, bereits als Attentat auf den Weltfrieden gilt. Aber drei Monate sind eine lange Zeit, wenn es sich darum handelt, den Weg in die Zukunft zu wählen, nachdem einen ganzen Weltkrieg lang Kommissionen darüber beraten hatten, und wenn eine Konzeption da wäre, müsste sie sichtbar geworden sein. Denn es ist meist nur ein kurzer historischer Augenblick, in dem die Menschen und ihre Institutionen, die Ideen und die Strukturen gleichsam plastisch sind, bereit zu jeder Formung wie zu jeder Verkrüppelung. Die Worte und Entscheidungen, die in solchen Augenblicken fallen, wiegen schwerer als alle späteren Einsichten. Die Vernunft wird sich schliesslich durchsetzen, sagt man tröstlich. Aber es ist meist nicht die Vernunft, die sich «schliesslich» durchsetzt, sondern jene sterile und perspektivenlose Kümmerform der Vernunft, die Trägheit heisst und die es schon einmal für klug hielt, den begonnenen Totschlag «schliesslich» halbvollendet zu lassen.

San Francisco

«Auf dem europäischen Kontinent müssen wir dafür sorgen, dass die einfachen und ehrenhaften Ziele, für die wir in den Krieg eintraten, in den Monaten nach dem Sieg nicht beiseitegeschoben oder missachtet werden und dass die Worte Freiheit, Demokratie und Befreiung nicht in ihrer Bedeutung, wie wir sie verstanden, verdreht werden. Es hätte wenig Sinn, die Nazis für ihre Verbrechen zu bestrafen, wenn nicht Gesetz und Gerechtigkeit herrschen sollen und wenn totalitäre und Polizeiregierungen an die Stelle der deutschen Eindringlinge treten würden ... Wir müssen dafür sorgen, dass die Sache, für die wir kämpften, in der Friedensordnung Anerkennung in Taten sowohl wie in Worten findet, und vor allem müssen wir dafür arbeiten, dass die Weltorganisation, welche die Vereinigten Nationen in San Francisco schaffen, nicht ein leeres Wort wird, nicht ein Schild für die Starken wird und ein Hohn für die Schwachen.» (Winston Churchill, Rede nach der Kapitulation Deutschlands, 13. Mai 1945.)

Die bunte Versammlung der in extremis um allerlei Scheichs, Emire und südamerikanische Generäle erweiterten Versammlung der friedliebenden Nationen, die vor den Mikrophonen und Blitzlichtern der Reporter in San Francisco das Statut der neuen Weltfriedensorganisation ausarbeitete, hat vor allem der Popularisierung dieses Weltstatuts gedient. Es fehlte den geladenen Journalisten keineswegs an Stoff für farbige und sogar sensationelle Berichte. Es fehlte nicht an erregenden Zwischenfällen – die «Bombe» der von den Russen verhafteten polnischen Unterhändler, die britische Intervention in Syrien, die nur das Traurige hatten, lauter Präzedenzfälle für Konflikte zu sein, denen gegenüber sich die neue Weltfriedensorganisation zum vornherein für unzuständig erklärte, während nicht recht sichtbar wurde, für was für Konflikte sie eigentlich zuständig wäre –, und es fehlte auch nicht an pittoresken Details. «Ich weiss, ich sollte über die Konferenz schreiben. Vor fünf Minuten sah ich Mr. Molotow. Er ging gerade an mir vorbei in die Halle des Palace Hotels; gleichzeitig ging ein Haufen anderer Leute gerade an mir vorbei; sie alle gingen sehr schnell; sie wussten genau, wohin sie gingen; Mr. Molotow ging genau in der Mitte dieser Art Phalanx, und er hatte ganz jene wundervolle Würde, die eine Eskorte jedem verleiht, der eskortiert wird ... Jedermann in der Halle des Palace Hotels sah Mr. Molotow an; Mr. Molotow sah niemanden an; er ging geradeaus weiter, bis er in den Durchgang abschwenkte, der zu den Aufzügen führt (gerade gegenüber der ‹Happy Valley› genannten Bar), und das war das letzte, was ich von ihm sah, und vielleicht das letzte, was ich je von ihm sehen werde. Aber es sollte genug sein, damit ich über die Konferenz schreiben kann, und ich weiss, dass ich über die Konferenz schreiben sollte. Es ist nicht sehr viel, aber es sollte genug sein ...» So begann der Berichterstatter der vortrefflichen amerikanischen Wochenschrift «Commonweal», C. G. Paulding, seine Schilderung der Konferenz von San Francisco, und er versuchte, es genau so zu machen wie all die Berichterstatter, die so interessant über die Trachten der arabischen Delegationen, über Molotows Leibgarde, über die «inoffiziellen Delegationen» der spanischen Republikaner und serbischen Monarchisten in den Bars und Hotelhallen und vielerlei anderes zu berichten wussten. Und dann ... «Schliesslich ist dies eine sehr wichtige Konferenz, und ich weiss, dass ich über sie schreiben sollte. Aber ich kann nicht. Ich hoffe, dass die Delegierten an die Konferenz zu denken imstande sind. Ich kann nur an die anderen Konferenzen denken, die einander folgten, eine nach der andern, bis der Krieg da war. Ich kann nicht über die Konferenz von San Francisco schreiben, weil sie so sehr all den andern Konferenzen gleichsieht, die geradewegs in den Krieg führten. Die Gebäude, welche San Francisco der Konferenz zur Verfügung stellte, sind ganz in Ordnung, aber Genf war auch ganz in Ordnung. Genf war weitaus eindrücklicher. Mr. Eden scheint in San Francisco bei sehr guter Gesundheit zu sein, aber wir pflegten einen jüngeren Mr. Eden in Genf Tennis spielen zu sehen. Mr. Eden ist ein Staatsmann, Mr. Molotow hat beträchtliche Erfahrung, Mr. Bidault hat wenig Erfahrung, ausser jener des Leidens und des Mutes für die Befreiung seines Landes, Mr. Stettinius ... Aber wo sind die Männer, auf denen bei jenen anderen Konferenzen, die in den Krieg führten, die Hoffnung der Welt lag? Wir setzten unsere Hoffnung in sie, und sie versagten. Sie waren grosse Männer, und sie versagten. Da war immer noch ein Europa zu retten, und nun ist nichts mehr da. Ich kann nicht über diese Konferenz schreiben, weil sie so sehr jenen andern Konferenzen gleichsieht, und wenn ich an sie denke, ist es unmöglich, nicht an den Krieg zu denken. Ich sehe diese Delegierten an, und ich sehe die Prozession all jener andern Delegierten in Hotelhallen marschieren, ins Crillon in Paris, ins Beau Rivage in Genf; Diplomatenmappen unterm Arm, von Sekretären begleitet, und die Emsigkeit der technischen Stäbe in den Hotelzimmern; ich sehe Präsident Wilson, Clemenceau, Lloyd George, Orlando, und dann Stresemann und Briand[374]. Und dann Daladier und Chamberlain. Versailles, und dann die lange Reihe der Konferenzen, München. Da waren jene vier Jahre unerträglichen und ertragenen Krieges gewesen, die ungeheuren Verluste an Menschenleben, aber da war immer noch etwas zu retten. Dafür waren die Konferenzen da, und sie versagten ...»

Versuchen wir trotzdem, nicht über die Konferenz, aber über ihr Ergebnis etwas zu sagen. Die beiden Dinge lassen sich durchaus trennen. Denn die Konferenz selbst war nur ein grosses «Als ob». Die dramatischen Wechselfälle der Verhandlungen, die nach den aufregenden Berichten der Gazetten alle paar Tage «vor dem Scheitern» standen, erweckten wirklich den Eindruck einer souveränen Versammlung höchst gleichberechtigter Nationen, in der mühsam und mit einem immensen Aufwand guten Willens alle möglichen Einwände, Ansprüche und Wünsche abgewogen und vereinbart werden mussten, bis schliesslich ein gemeinsamer Wille aller zustande kam. Aber was so nach Geburtswehen einer neuen Welt aussah, waren viel eher Verdauungsbeschwerden. Das Werk war praktisch vollendet, als die Konferenz zusammentrat: das Projekt der damals noch «Grossen Vier» von Dumbarton Oaks, definitiv bereinigt von den «Grossen Drei» in Jalta. Es ging nur noch darum, es zu schlucken. Das hat neun Wochen gedauert, in denen der Entwurf der «Grossen» erheblich verlängert, mit Euphemismen überstickt, um eine prächtige Präambel bereichert, aber mit Ausnahme zweier Kapitel über den Sozial- und Wirtschaftsrat und den «Treuhänderrat», von denen noch die Rede sein wird, weder wesentlich ergänzt noch verändert wurde. Das war auch gar nicht die Aufgabe der Konferenz. Ihre Aufgabe war es, die Übernahme der Verantwortung für den Weltfrieden durch die grossen Siegermächte zu ratifizieren. «Die Charta selbst ist nichts, wenn sie nicht die Loyalität der Hauptmächte auf sich vereinigt, die allein ihr Gestalt und Leben geben können», bemerkte die «Times» zum Abschluss der Konferenz. «Es ist wichtig, sich in diesem Augenblick der Glückwünsche und Feierlichkeiten zu erinnern, dass die Hoffnungen der Menschheit nicht im Text der Charta von San Francisco begründet sind, sondern in der festen Allianz, für welche diese Charta ein, doch nur *ein* Ausdruck ist.»

Die Schöpfung der «Vereinigten Nationen» ist im Prinzip wie in der Namengebung die Verlängerung einer im Kriege gebildeten Allianz. Da die in diesem Kriege verbündeten Grossmächte vereint fähig waren, alle ihre Gegner auf die Knie zu zwingen, werden sie vereint auch fähig sein, den Frieden, den sie diktieren, aufrechtzuerhalten. Wie dieser Friede aussehen wird, steht noch keineswegs fest, aber er soll erhalten bleiben. Nach diesem Kriege bleibt keine Macht mehr übrig, die imstande wäre, sich gegen die vereinten Siegermächte aufzulehnen und damit einen neuen Krieg zu entfesseln. Das ist die sehr nüchterne, realistische Rechnung, die der Organisation von San Francisco zugrunde liegt. Und die Rechnung ist selbstverständlich richtig. Denn sie reduziert sich auf eine Tautologie: wenn die Mächte, die allein noch imstande sind, den Frieden zu brechen, einig den Frieden halten, so bleibt der Friede erhalten.

Die Charta von San Francisco enthält keine Garantie dieser Einigkeit. Sie setzt sie vielmehr voraus. Sie proklamiert sie überdies. Aber es ist etwas zuviel gesagt, dass sie bereits ein Beweis dieser Einigkeit sei. Denn der ganze komplizierte Mechanismus des Sicherheitsrates, der durch den Einspruch einer einzigen der fünf «anerkannten» Grossmächte ausser Kraft gesetzt wird, ist ein Dokument des Misstrauens, das zwischen ihnen herrscht. Der Versuch, eine internationale Rechtsordnung und eine übernationale Instanz zu schaffen, die diese Rechtsordnung gegen jeden Rechtsbrecher durchsetzen könnte, wurde gar nicht unternommen. Er scheiterte zum vornherein am Misstrauen der Siegermächte, vor allem der Sowjetunion, dass eine solche Instanz zum Werkzeug einer Grossmacht oder Mächtegruppe gegen die andere werden oder aus andern Gründen – zum Beispiel, um diesen hypothetischen Fall immerhin zu erwähnen, aus Gründen des klaren Rechts – gegen sie spielen könnte. Es ist keine Rede von einem mit Polizeigewalt ausgerüsteten internationalen Gerichtshof, keine Rede von Überantwortung der militärischen Machtmittel an eine Weltorganisation oder auch nur von deren Ausrüstung mit irgendwelcher Exekutivgewalt. Es bleibt weiterhin jedem Staat überlassen, «den Frieden zu wollen, indem er zum Kriege rüstet», und der neue Wettlauf der Rüstungen und Allianzen hat schon begonnen, bevor die Völker auch nur vom Vernichtungstaumel dieses Krieges Atem schöpfen konnten; mit geradezu panischer Besessenheit bauen die Siegermächte ihre Schutzwälle, Stützpunktsysteme und Auxiliarstaatengürtel gegen eine neue Aggression aus, die sie im heutigen Zustand der Welt – keiner sagt es, und jeder weiss es – nur von ihren jetzigen Verbündeten befürchten können. Es ist ein Wettlauf, an dem teilzunehmen für Klein- und Mittelstaaten längst illusorisch geworden ist; und auch dieser faktische Zustand wird in der Charta von San Francisco realistisch zum Gesetz erhoben. Die Kriegsmittel und Territorien der kleineren Staaten stehen in weitem Ausmass der Weltorganisation zur Verfügung; diejenigen der Grossmächte, die allein ins Gewicht fallen, auch – aber nur, wenn sie wollen. In bezug auf die kleineren Mächte ist jenes Ziel erreicht, das der alte Völkerbund nicht zu erreichen vermochte: die übernationale Organisation, an die ein Teil ihrer Souveränitätsrechte übergeht; und der revolutionäre Fortschritt, dass auf einer Diplomatenkonferenz Entscheidungen mit Stimmenmehr getroffen werden können, denen sich die Minderheit zu unterziehen hat, wurde ohne nennenswerte Opposition vollbracht. In bezug auf die Grossmächte aber wurde der Rückschritt zur Einstimmigkeit noch um ein entscheidendes Stück hinter die Satzung des alten Völkerbundes zurück getan: das Erfordernis ihrer Einstimmigkeit gilt, im Gegensatz zur Genfer Liga, auch dann, wenn eine der Grossmächte in einem Streitfall zugleich Partei ist; sie bleibt auch als Angeklagte zugleich Richter, und ohne ihre Zustimmung ist kein Urteil und keine Massnahme möglich. Die fünf anerkannten Grossmächte stehen ausserhalb des Gesetzes, das sie selber geben. Sie sind die Wächter des Friedens. Sed quis custodiet custores?

Zwischen Grossmächten gibt es keinen Richter. Zwischen einer Grossmacht und einem Kleinstaat kann die Weltorganisation, ganz gleich, auf welcher Seite das klare Recht ist, nur zugunsten der Grossmacht entscheiden – oder ihre Existenz aufgeben.

Das ist eine klare Lage. Es ist nicht einzusehen, welchen Sinn es hätte, sie zu vertuschen: wieso der vielgerühmte Realismus der «neuen Ordnung» die Verpflichtung einschlösse, die Realität nicht zu sehen. Noch nie wurde die Gleichsetzung von Macht und Recht so unverhüllt ausgesprochen. Und es wurde nicht etwa das Recht mit Macht ausgestattet, sondern die rohe Tatsache der Macht mit allen Attributen des Rechts.

Es ist unnütz, zu fragen, wie lange durch diesen Mechanismus der Friede aufrechterhalten werden kann. Die Einigkeit der gegenwärtig alliierten Grossmächte ist ein Umstand, dem man ebensogut die Dauer eines Tages wie die eines Jahrhunderts zuschreiben kann. Es genügt, zu sagen, dass der Friede provisorisch bleibt und dass an dem Tag, an dem ein Gegensatz zwischen den Grossmächten stärker ist als ihr Wille, den Frieden um jeden Preis zu wahren, die neue Weltorganisation nicht das geringste zu seiner Aufrechterhaltung beitragen kann. Der Friede wird, grob gesagt, durch diesen Mechanismus genau so lange bestehen wie ohne ihn.

Aber wir reden vom Frieden wie von einer Zwangsanstalt. Es ist eine geistige Deformation, begreiflich nach dem jahrelangen Absinken der Weltpolitik in die Kriminalrubrik, die neue Weltfriedensorganisation nach den Gesichtspunkten einer Polizeidirektion zu beurteilen. Der Friede ist nicht eine Angelegenheit der Repression, sondern der Ordnung, nicht der Verhinderung, sondern des Aufbaus. Er muss die Bedingungen seiner Dauer in sich selber tragen, sonst schützt ihn kein Zwangsapparat. Gewiss, es lässt sich ein Friede denken, der nur durch die Angst aufrechterhalten werden könnte: ein Friede, so lebensfeindlich, so wertezerstörend, so unmenschlich wie der Krieg, ein «bewaffneter Friede» unter dem Druck grauenhafter Rüstungen, in ständiger, bebender Angst, dass sie losgehen könnten, ein krampfhaftes Stillsitzen auf dem Pulverfass, ein Friede um jeden Preis, unter der Drohung vollkommener Vernichtung. Der «Friede» der Zwischenkriegszeit, in dem jedes noch schwerere Schlachtschiff unter der Parole «Hüter des Friedens» vom Stapel lief, hatte für manche Länder solche Aspekte; wir kennen den «chantage à la paix» und ahnen, wie hoch der Preis eines Friedens, einer Befriedung um jeden Preis werden kann. «Bewaffneter Friede» – das ist eines der übelsten Wortspiele, mit denen wir uns zu narren belieben; denn es ist ja nicht der Friede, der bewaffnet ist, sondern die Armeen, die zu Krieg oder Erpressung rüsten. Die ganze Trostlosigkeit des «Realismus», in den das politische Denken abgesackt ist, zeigt sich darin, dass so viele Menschen sich den Frieden nur noch als ängstliches Ducken vorstellen können. Präsident Truman hat die Atombombe, deren erste Anwendung eine Stadt mit dreihunderttausend Einwohnern wie eine Bazillenkultur vom Erdboden vertilgte und die diesen Krieg mit einem Akt wahrhaft satanischen Zynismus abschloss, als «bedeutsames Element für die Wahrung des Weltfriedens» angekündigt. Weltfriede oder Weltfriedhof – ist nun, da die Menschheit endlich das Mittel besitzt, sich selbst endgültig in die Luft zu sprengen, die Wahl eindeutig genug und die Last der Verantwortung erdrückend genug geworden, um das Spiel mit dem Feuer zu verbieten? Dieser Krieg hat etwas viel Entsetzlicheres gezeigt als die unbegrenzten Möglichkeiten der Vernichtung: die Entwertung des Lebens. Wir dürfen den Lebenswillen der Menschen nicht überschätzen. Es ist gar nicht wahr, dass die Menschen um jeden Preis leben oder wenigstens vegetieren wollen. Man kann sie so weit bringen, dass sie «genug haben», genug davon, blosse Einheiten der Beschäftigungsstatistik und der Absterbeordnung zu sein, ewig übertölpelte Objekte der Geschäftemacher und Ideologiefabrikanten. Nach zwanzig Jahren des Friedens von Versailles, der ein fauler Kompromiss zwischen Geschäftsleuten und politischen Schiebern war und ein zynischer Hohn auf zehn Millionen Tote und Krüppel eines «heiligen Kampfes für die Freiheit», waren einige Völker Europas tollwütig geworden und andere apathisch und niedergeschlagen, aber über alle war die gleiche grosse Wurstigkeit gekommen. Nein, es genügt nicht, um den Frieden zu sichern, wenn sich die Gosplandirektoren[375] und die Wallstreetmagnaten auf ein Überversailles einigen können, auch wenn sie über alle Mittel verfügen, ihren Kompromiss durchzusetzen und die armen Teufel, die für eine «neue Welt» zu kämpfen glaubten, mit ein paar abgestandenen Phrasen wieder heimzuschicken. Es ist nicht wahr, dass die Völker so genügsam sind und nur ans Fressen denken; sie sind leicht zu verwirren und zu betrügen, ja, aber es ist ein übles und verhängnisvolles Geschäft, ihren Glauben zu missbrauchen und ihre Träume zu verhöhnen. Sie sind auch gar nicht so naiv, die Welt der Freiheit und Gerechtigkeit auf dem Präsentierteller zu erwarten, aber sie wollen sich unterwegs wissen, sie wollen wenigstens glauben können, unterwegs zu sein. Der Friede ist eine ungeheure Aufgabe, der gegenüber der Krieg ein Kinderspiel war; denn es gilt, dem Frieden einen Inhalt, einen Sinn, ein Ziel zu geben. Ein Friede, der ein Effekt der Einschüchterung ist, eine Angstlähmung und nicht eine Entfaltung des Lebens, ist ein verlorener Friede.

Nun, die Konferenz von San Francisco war keine Friedenskonferenz; wird es überhaupt eine geben? Sie war eine Weltsicherheitskonferenz, die sich redlich bemühte, einen Weltfrieden zu stabilisieren, der erst geschaffen werden muss, und dessen Züge, ausser einigen sehr hässlichen, noch nicht feststehen. Der Friede ist kein fertiger, ein für allemal geschaffener Zustand, sondern eine ständige Schöpfung, eine tägliche Zusammenarbeit. Nicht auf dem Gebiet der negativen Kriegsverhinderung, wohl aber auf dem Gebiet der positiven Zusammenarbeit hat die Konferenz von San Francisco die Projekte der «Grossen Drei» wesentlich ausgebaut. Sie hat den sehr summarisch vorgesehenen Sozial- und Wirtschaftsrat zu einem möglichen Instrument umfassender internationaler Kooperation in wirtschaftlichen, sozialen und kulturellen Fragen ausgestaltet, dessen Kompetenz sich freilich auf Empfehlungen beschränkt, und einen «Treuhänderrat» für politisch unselbständige Gebiete geschaffen, von dem allerdings noch nicht feststeht, auf welche Kolonial- und Mandatsländer sich sein Einfluss erstrecken soll – zwei Organe, aus denen sehr viel oder gar nichts werden kann und deren Entwicklung ein Gradmesser der wirklichen Bereitschaft zum Frieden sein wird. Denn alles hängt in der Tat davon ab, ob sich eine Praxis lebendiger Zusammenarbeit zwischen den Grossmächten entwickelt, und zwar an der entscheidenden Bruchstelle, zwischen der Sowjetunion und den angelsächsischen Mächten.

Diese Zusammenarbeit hat sich bisher nirgends ergeben. Russland und die Westmächte haben vier Jahre lang denselben Krieg geführt, ohne dass es ein gemeinsamer Krieg wurde, nebeneinander, nicht miteinander. Während sich zwischen Grossbritannien, den Vereinigten Staaten und ihren kleineren Alliierten eine förmliche Verschmelzung der Kriegführung vollzog, mit gemeinsamer Kriegswirtschaft, gemeinsamer Strategie und gemeinsamem Oberkommando, blieb zwischen ihnen und der Sowjetunion eine starre, fast hermetische territoriale und organisatorische Scheidung auf allen Gebieten der Produktion, der Planung, der Strategie, der Diplomatie und der Propaganda bestehen. Es gab einige technische Verbindungsstäbe, und es gab die Lieferungen von Kriegsmaterial an Russland, aber der gegenseitige Kontakt blieb auf das absolute Mindestmass beschränkt, und es wirkte wie eine Sensation, als Russland in der letzten Phase des Krieges seinen Alliierten einige Flugplätze auf seinem Gebiet zur Bombardierung Deutschlands zur Verfügung stellte. In dem Masse, in dem die Alliierten von Osten und Westen vorrückten, zerfiel Europa in zwei getrennte Zonen, zwischen denen jeder Zusammenhang abgerissen war, oder vielmehr der Osten Europas verschwand Stück um Stück hinter einem «eisernen Vorhang», hinter dem man nach Belieben das Paradies oder die Hölle vermuten durfte. Wohl trafen die verbündeten Armeen schliesslich in Deutschland zusammen, und das war der Sieg, aber sie vermischten sich nicht, sie traten kaum in Berührung; die Sieger vermochten keine gemeinsame oder auch nur koordinierte Verwaltung des zerfallenen Reiches zu errichten, sondern nur, es unter sich aufzuteilen. Es dauerte zwei Monate, bis die in Jalta vereinbarte gemeinsame Besetzung Berlins, und noch länger, bis diejenige Wiens zustande kam, und diese Breschen in die russische Zone hatten den Charakter eines Zugeständnisses, fast einer Niederlage, sie bedeuteten den Zusammenbruch der Potemkinschen Dörfer Berlin und Wien, aus denen zwei Sendestationen das Bild einer konstruktiven, humanen und fast liberalen, väterliche Strenge mit Gerechtigkeit und neuer Zielgebung paarenden Idylle in die Welt gestrahlt hatten und in denen der Augenschein dann nichts als das nackte Elend einer geängstigten, stumpfen, nicht nur der letzten Habe, sondern aller Mittel des Wiederaufbaus oder auch nur der Existenzfristung beraubten Bevölkerung entdeckte, mit Gewerkschaften, ja, aber ohne Arbeitsstätten, mit Parteien, aber ohne Diskussion. Und es war wieder ein fast sensationeller Erfolg, als die Konferenz von Potsdam beschloss, einige Zentralinstanzen für die Koordination der Verwaltung Deutschlands und einen gewissen Austausch zwischen den Zonen zuzulassen, um den lähmenden Effekt der Zerreissung Deutschlands etwas zu lindern und eine völlige Katastrophe zu verhindern. Es gab keine gemeinsame Regelung der Reparationenfrage, selbst nicht im Prinzip, sondern wiederum nur eine Aufteilung der Beutesphären, die jeder Partei in ihrem Einflussbereich freie Hand gewährte. Die lange Reihe der in den Kriegsjahren gehaltenen Konferenzen für die wirtschaftliche, sozialpolitische oder auch nur verkehrstechnische Zusammenarbeit in der Nachkriegszeit, Generalproben für die Tätigkeit des künftigen «Sozial- und Wirtschaftsrats der Vereinigten Nationen», hatten fast ausnahmslos ohne jedes Ergebnis geendet; die grosse Ausnahme, die Währungskonferenz von Bretton Woods, ist nur eine fiktive Ausnahme, weil die Sowjetunion gar keine Aussenwährung hat. Es hatte sich nicht nur die in der ersten Blütezeit der Allianz vielbesprochene Synthese zwischen «kapitalistischen Demokratien» und «autoritärem Sozialismus» nicht angebahnt, sondern es war nicht einmal ein echter Kontakt zustande gekommen. Am Ende einer vierjährigen Bundesgenossenschaft standen sich die beiden Systeme und Gesellschaftsformen in unverminderter Verständnislosigkeit gegenüber – und die lärmendste Begeisterung ist oft nur der Ausdruck der hilflosesten Verständnislosigkeit –, in gegenseitiger Unkenntnis, die in San Francisco in der kompagniestarken Leibgarde Molotows ebenso wie in den eifrigen Versuchen des amerikanischen Publikums, durch häufiges Abspielen der Wolgaschlepper und der Otschitschornaja der russischen Mentalität näherzukommen, grotesk oder rührend in Erscheinung traten. Sieht man genauer hin, so ist auch gar nirgends mehr von Zusammenarbeit die Rede, sondern nur von friedlicher Koexistenz als dem überhaupt erreichbaren Optimum, nicht von organischem Zusammenwirken, sondern von stets nur mechanischer Vereinbarung des grundsätzlich Unvereinbaren.[376]

Es liegt gar nicht so sehr an der technischen Unvereinbarkeit. Es gibt objektive Hindernisse des Kontakts zwischen den Geschäftsleuten der westlichen Welt und einer Staatswirtschaft, die nur über die Spitzen ihrer Aussenhandelskommissariate mit der Weltwirtschaft in Berührung tritt; aber es ist erst das radikale Misstrauen, das diese Hindernisse zu einer unüberschreitbaren Schranke zwischen den Völkern auftürmt, deren Beziehungen ja durchaus nicht nur auf Geschäftsreisende und Verwaltungsräte angewiesen sind. Es ist auf sowjetrussischer Seite ein fundamentales Misstrauen gegen die Imperialismen, theoretisch begründet in der Analyse des immanenten Expansionsdrangs der hochkapitalistischen Wirtschaft, und um dieses fundamentale Misstrauen hat sich die ganze Summe der Erfahrungen von den Interventionskriegen bis München angesammelt, der Erfahrung einer latent stets vorhandenen Verschwörung der kapitalistischen Welt gegen diesen ihrem «freien Kräftespiel» entzogenen Fremdkörper in ihrer Mitte. Das Kriegsbündnis mit den «angelsächsischen Imperialismen», ein unfreiwilliges, durch den deutschen Angriff erzwungenes Bündnis, hat dieses Misstrauen keineswegs beseitigt; es wurde laut in den leidenschaftlichen, verzweifelten Rufen nach der «zweiten Front», es wird sichtbar in der rastlosen Aufhäufung territorialer und vertraglicher «Sicherungen gegen einen neuen Angriff», es exasperiert sich in dem erbitterten Gefühl, auch noch in diesem Krieg trotz aller grobschlächtig macchiavellistischen Schachzüge der Sowjetdiplomatie und trotz aller Prestigeerfolge überspielt und überlistet worden zu sein, wirtschaftlich zerrüttet, ideologisch entwaffnet und in die furchtbaren, eben erst überstandenen Probleme des industriellen Aufbaus zurückgeworfen zu sein, während die Vereinigten Staaten, die «einzuholen und zu überholen» gestern das grosse Schlagwort war, auf allen Gebieten des wirtschaftlichen Potentials, der strategischen Sicherheit und des technischen Fortschritts die grossen Gewinner sind. Sowjetrussland proklamierte einst den «Frieden ohne Annexionen und Kontributionen» und nahm den Verzicht auf «jeden Fussbreit fremden Bodens» sogar in den Fahneneid der Roten Armee auf, und es annektiert und übt unbeschränktes Beuterecht; es hatte der Geheimdiplomatie den Kampf angesagt und vertritt eine Politik, der gegenüber die berüchtigte Geheimdiplomatie von einst wie eine öffentliche Debatte erscheint; es verteidigte das Selbstbestimmungsrecht der Völker und praktiziert die Eingliederung kleiner Länder mit jener Art von Plebisziten, die unwandelbar 99 Prozent Stimmenmehr für den Anschluss ergeben; es verkündete die Unteilbarkeit des Friedens und behielt damit sogar auf eigene Kosten recht, und es vertritt die Aufteilung der Welt in Einflusszonen, eine Aufteilung, bei der *nicht ihm* der Löwenanteil zufällt; es ist nach seiner ganzen wirtschaftlichen und sozialen Struktur kein imperialistisches Land, es braucht keine Absatzmärkte, keine Investitionsgebiete, keine Rohstoffquellen und keine Siedlungsräume, und es lädt um kärglicher, nie recht anerkannter und im Zeitalter des Maschinenkriegs für die Sicherheit illusorischer Grenzpfahlverschiebungen willen das Odium eines Imperialismus auf sich, über dem ganz der amerikanische Imperialismus vergessen geht, der inzwischen gewaltig und geschmeidig zugleich seine Stützpunkte, Märkte und Monopole über alle Kontinente ausbreitet, mit all den vielfältigen, ungreifbaren und hochdemokratischen Methoden «wirtschaftlicher Durchdringung», denen Sowjetrussland nur die Durchdringung mit Partei- und Polizeiapparaten gegenüberzustellen hat. Es ist das Misstrauen des Schwächeren, der seine moralische Stärke vertan hat und nur noch mit seiner materiellen Macht rechnet. Sowjetrussland ist keine revolutionäre Macht mehr, es ist von allen Grossstaaten derjenige geworden, der jede spontane Bewegung von unten, jede der polizeilichen Kontrolle entzogene «direkte Aktion» am meisten fürchtet, dem als Ideal der Friedensordnung eine Heilige Allianz der «Grossen Drei» im Metternichschen Sinn am genehmsten wäre; aber dieser «konterrevolutionäre» Staat par excellence vermag seine revolutionäre Vergangenheit nicht abzuschütteln. Keine Orden und Smokings der Moskauer Bankette, keine Restauration des Patriarchats und der Hierarchie, kein Ideologieverzicht und keine Auflösung der Dritten Internationale vermögen das Misstrauen der führenden Männer und Mächte der kapitalistischen Welt gegen den Staat der Oktoberrevolution ganz zu beschwichtigen, deren Marschall für sie trotz allem der einstige Bankräuber und revolutionäre Agitator bleibt, wie Napoleon trotz seinem apokryphen Kaiserhof, seiner dynastischen Ehe und seiner Restauration von Adel, Kirche und Autorität der jakobinische Usurpator blieb. Die Dritte Internationale hat im Zweiten Weltkrieg vollständiger bankrott gemacht als die Zweite im Ersten Weltkrieg, und die kommunistischen Parteien haben dadurch, dass sie sich nationalisierten, dass sie ihre ganze Ideologie und gleich auch ihr ganzes Vokabular über Bord warfen, dass sie im Namen des Patriotismus, der Demokratie, der Legalität und oft sogar des Privateigentums auftreten und von all ihren Traditionen nur eine beibehielten, die bedingungslose Gleichschaltung mit jedem Winkelzug der russischen Politik, zwar ihre ideologische Durchschlagskraft verloren; die virtuos ausgeschlachtete Begeisterung für die Gewaltmärsche der Roten Armee täuscht nur momentan darüber hinweg, und die grössten Werbeerfolge sind illusorisch, wenn es sich um Erfolge einer Werbung mit falschen Firmenschildern handelt. Aber patriotisch getarnte Fünfte Kolonnen sind keineswegs weniger irritierend als revolutionäre Bewegungen; diese Parteien, die in aller Welt parasitär von den russischen Leistungen zehren und mit oder ohne Legitimation als Vertreter der «russischen Sache» auftreten, sind aus einem Aktivum zu einer Belastung der russischen Aussenpolitik geworden, einer Aussenpolitik, die sich vollkommener «Normalität» befleissigt und alle Schlacken des Internationalismus abgestreift hat, die nur noch im Namen des rücksichtslos vertretenen nationalen Interesses aufzutreten wünscht und der jene bestellten oder ungerufenen Agenten in aller Welt einen Bärendienst leisten, die jede russische Annexion oder Prärogativforderung als revolutionäre Tat im Dienste der Menschheit, der Arbeiterklasse oder des Sozialismus preisen. Aber ob die inneren Spannungen und ungelösten sozialen Probleme der kapitalistischen Länder eine Karte im Spiel der Sowjetpolitik sind – eine Karte, die freilich noch nie stach und die sie in diesem Krieg auch im Augenblick der grössten Gefahr gar nicht auszuspielen versuchte –, oder ob die Sowjetunion nur eine Karte im innenpolitischen Spiel einiger Agitatoren in den bürgerlichen Ländern ist, ändert wenig an der Belastung, welche diese mechanische Übereinstimmung zwischen dem Verhalten aller kommunistischen Parteien und dem jeweiligen Stand der Beziehungen ihrer Länder zur Sowjetunion bedeutet.

So steht Misstrauen gegen Misstrauen. Und dieses Misstrauen korrumpiert die ganze Stellung Sowjetrusslands in der Welt, wie das Bewusstsein der äusseren Gefährdung, die Militarisierung, die unter nur mit diktatorischen Massnahmen möglicher Vernachlässigung des zivilen Bedarfs durchgepeitschte Aufrüstung, die Spionagefurcht, die jeden nichtoffiziellen Kontakt eines Sowjetbürgers mit dem Ausland zum Hochverrat stempelte, bereits den inneren Aufbau korrumpierte. Corruptio optimi pessimum: die totalitäre Wucherung des Sowjetregimes zieht ihre gewaltige Kraft aus starken Wurzeln, aus dem ungeheuren Elan der russischen Revolution und des russischen Aufbaus, aus dem Erwachen all der früher geknechteten Völker Russlands, für die mit dem Sowjetstaat die Geschichte, das Leben, die geistige, wirtschaftliche und soziale Entwicklung überhaupt erst begann, aus jener grossen Befreiung und Gläubigkeit, auf die es aufgepfropft ist. Es wäre eine verhängnisvolle Täuschung, diese urwüchsigen Kraftreserven und ihre keineswegs erloschene Strahlungskraft zu unterschätzen; ein Kreuzzug gegen die Sowjetunion würde eine unvorstellbare Katastrophe über die Welt heraufbeschwören. Es wäre ebenso tragisch, hinter der martialischen Fassade die grossartigen Aufbaukräfte nicht zu sehen, die für den Frieden frei würden, wenn es gelänge, die Wände des Misstrauens und der Bedrohung zu überwinden: die Friedenskräfte eines weltoffenen, weitherzigen, starken Volkes, dessen Sprache das gleiche Wort «Mir» für die Dorfgemeinde, die Welt und den Frieden hat, für das der Krieg in *keiner* Beziehung eine Konjunktur ist, sondern *nur* eine Katastrophe, ein sinnwidriger und tollwütiger Einbruch in ein grossartiges, gläubiges Epos des Aufbaus. Russland braucht und ersehnt den Frieden und die Sicherheit, es braucht sie so sehr, dass seine Politiker fürchten, es zu zeigen, weil jedes Zeichen der Schwäche die überall vermuteten Feinde ermutigen könnte. Die russische Politik ist keine Politik der überschüssigen Kraft, sondern eine Politik der aggressiven Angst, geboren aus einem verhängnisvollen Auseinanderklaffen von wirklicher Stärke und Machtanspruch. Da ist die unverkennbare Überspannung der militärischen Macht und des militärischen Prestiges, dem die furchtbar mitgenommenen realen Machtmittel nicht entsprechen und das daher gegenüber jeder Kritik und jedem Widerstand überempfindlich geworden ist; da ist die ideologisch falsche Situation eines Staates, der offiziell sogar jene Grundlagen seines Aufbaus verleugnet, um deretwillen die Verteidigung der Sowjetunion zur undiskutierten Parole aller sozialistischen Parteien geworden war, der dafür im Namen der Demokratie in der bürgerlichen Terminologie der Menschenrechte auftritt, die er selbst nicht besitzt, und für den deshalb schon der Versuch, kritisch hinter diese Fassade zu blicken, als Aggression erscheint; da ist die eingeborene Angst eines Polizeiregimes vor jedem freien Wort und jeder unabhängigen Regung, die terroristische und mechanische Art, offizielle Wahrheiten ohne weitere Erläuterung einfach zu dekretieren und nötigenfalls einen ganzen geschichtlichen Sachverhalt von einem Tag auf den andern rückwirkend und für den Historiker verbindlich zu revidieren, wobei jede Überprüfung Ketzerei oder, modern ausgedrückt, «Trotzkismus» sive «Faschismus» ist; die peinliche Verhüllung jeder Schwäche, jeder Unvollkommenheit und jedes Versagens, die nur unter Ausschluss jeglicher Kontrolle möglich ist und die damit gerade jene Situation gespannten Schweigens schafft, in der jeder objektive Bericht den Charakter einer sensationellen Enthüllung und jede kritische Äusserung die Lautstärke einer böswilligen Hetze annimmt. Die Furcht provoziert durch ihre Abwehrreflexe gerade das, was sie fürchtet.

«Der Kardinalpunkt der russischen Aussenpolitik liegt in der Anerkennung des Nebeneinanderbestehens zweier Systeme, des kommunistischen und des kapitalistischen Systems», erklärte im November 1944 das sowjetrussische Informationsamt in Washington in einer offiziellen Verlautbarung; und die Erklärung fügte hinzu, Sowjetrussland betreibe «eine Art geschäftsmässige Politik». Auf solch geschäftsmässiger Grundlage ist dieser Modus vivendi der Gosplan- und der Wallstreetdirektoren durchaus möglich. Die praktische Vernichtung der europäischen (nicht nur der deutschen) und der ostasiatischen Konkurrenz – das war, vergessen wir es nicht, *der* «technische» Sinn dieses Krieges, die Erzeugung künstlicher Armut und die Vernichtung «überschüssiger» Produktionsmittel – hat für die verbliebenen Wirtschaftsgrossmächte, die Vereinigten Staaten vor allem, gewaltige Expansionsräume freigemacht und vielleicht eine Spätblüte wirtschaftlicher Kolonisation eröffnet, jedenfalls aber für absehbare Zeit wieder den so dringend benötigten «Lebensraum» geschaffen. Sowjetrussland selbst ist für die Zeit seines Wiederaufbaus ein grosser Absatzmarkt geworden, der des Imports von Kapitalgütern aus den intakten Industriestaaten dringend bedarf, und wenn die Partner das «Russengeschäft» nicht zu wirtschaftlicher Durchdringung im Kolonialstil zu missbrauchen versuchen oder die gegenseitigen Spannungen es im letzten Augenblick zum Scheitern bringen, kündigt sich hier sogar eine Möglichkeit echter Kooperation an. Es besteht gerade vom «geschäftsmässigen» Standpunkt aus auf beiden Seiten kein aktueller Konfliktsgrund, der neue Zerstörungen wert wäre, sondern Grund, Frieden zu halten; und es besteht geradezu eine psychologische und selbst physische Unmöglichkeit, die Völker, die eben aus dem Inferno dieses Krieges auftauchen, in naher Zukunft in einen neuen, viel unabsehbareren, grauenhafteren und wahrhaft apokalyptischen Krieg gegen den bisherigen Bundesgenossen zu hetzen. Der Modus vivendi steht auf festen Grundlagen.

Gewiss ist es ein Modus vivendi und kein endgültiger Zustand, ist dieses Nebeneinanderbestehen nicht auf ewige Zeiten, nicht ohne gegenseitige Beunruhigung und nicht in jenem Vertrauen möglich, das allein dem Wort Frieden seinen vollen Sinn gäbe – aber doch für so lange, bis die Geschichte über diesen Konflikt hinweggeschritten ist. Denn die Frage «Kapitalismus oder Kommunismus» ist keine Streitfrage zwischen zwei Grossmächten wie etwa die Dardanellenfrage oder der Vorsitz bei den Friedensverhandlungen, sie kann nicht durch Krieg und nicht durch eine Konferenz einiger Staatsoberhäupter gelöst werden, sondern es ist eine Frage, die allen Völkern, mit sehr verschiedener Dringlichkeit und in sehr differenzierten Formen, gestellt ist und die jedes in der Auseinandersetzung mit seinen eigenen sozialen Problemen zu beantworten hat. Es ist offensichtlich, dass die Entwicklung vom ökonomischen Liberalismus, der die unter seinem Impuls vervielfachten Produktionskräfte nicht mehr zu meistern vermag, weg und auf eine kollektive Ordnung der Wirtschaft hin tendiert. Sie geht in der Richtung des Massenhaften: die Einheiten der Wirtschaft, der Politik, des Krieges und des Friedens sind über alle kleinen Rahmen und Kreise hinausgewachsen, und es sind nicht mehr Gruppen von Tausenden, auch nicht mehr von Millionen, sondern von Dutzenden von Millionen, die «Geschichte machen». Es hilft nichts, dawider zu klagen, aber es hilft auch nichts, sich fatalistisch darein zu ergeben. Wir leben im «Jahrhundert des gemeinen Mannes»: möge es nicht zu gemein, möge der «kleine Mann» nicht zu klein sein. Aber es geht nicht darum, eine «westliche Kultur» zu retten, die keine Kultur der Gesellschaft, sondern die einer Crème war, die sich «die Gesellschaft» nannte; es geht nicht darum, einen Typus «westlichen Menschen» zu retten, der eine Treibhauspflanze exklusiver Zirkel, Salons und Kasten war. Die Schicksalsfrage dieser «westlichen Kultur» ist eine andere: ob es gelingt, diese Kultur so tragfähig, so «massiv» zu machen, dass sie ohne Privilegien bestehen kann; ob es gelingt, die Massen selbst zu individualisieren, zu gliedern, aus ihnen selbst neue Eliten und Strukturen zu bilden. Wer darin eine Utopie sieht und nicht einen Prüfstein, der hat zum vornherein abgedankt. Denn diese neuen Strukturen stehen bereit: die Belegschaft eines Betriebes ist ein viel differenzierteres, viel höher organisiertes Gebilde als eine Aktionärsversammlung, ein Dorf ist ein unendlich beziehungsreicherer, sinnvoller gegliederter Organismus als ein

Villenviertel, und die «Massen» sind nur Massen, wenn die Gesellschaft sie nicht zu integrieren vermag; es bedurfte jenes totalen gesellschaftlichen Bankrotts, in dem die Arbeit zur Gnade geworden war, um die man auf dem «Arbeitsmarkt» betteln gehen musste, statt die Erfüllung einer sinnvollen Aufgabe, um die nun wirklich anorganisch gewordenen Massen jenen Totalitarismen zuzuhetzen, die «Arbeit um jeden Preis» versprachen, wäre es auch nur Schippen, Löcher ausheben und wieder zufüllen oder – Bomben drehen. Hinter all jenen blitzblanken Alternativen, mit denen die gängige politische Diskussion bestritten wird, steht eine viel schwierigere, komplexere Frage, über die sich nicht abstimmen lässt und an der sich doch jedes Verhalten und jede Stellungnahme messen lassen: ob die Gesellschaft in der Masse aufgehen oder die Masse sich zur Gesellschaft formen soll. «Die Geschichte geht in der Richtung des Kommunismus» – aber es ist trotz allem Anschein durchaus nicht sicher, dass in den westlichen Ländern, die nicht wie Russland das ganze bürgerliche Zeitalter des Liberalismus und Individualismus übersprungen haben, am Ende dieser Entwicklung die totale Überantwortung des Menschen in seinem ganzen sozialen Sein an eine allregelnde Staatszentrale stehen wird, und es ist auch nicht sicher, ob dies das Ende der Entwicklung in Russland ist. Es gibt die Krise des Kapitalismus, aber es gibt auch die Krise des Sozialismus vor der Frage der Freiheit, über die keine historische Dialektik mehr weghilft. Es liegt eine furchtbare Simplistik in dieser Gegenüberstellung. Sowjetrussland ist nicht «der Kommunismus», es ist in vielen Dingen das genaue Gegenteil, eine hybride Kombination moderner Industrie, moderner und archaischer Genossenschaftselemente von echt demokratischer Struktur mit einer an den alten Orient erinnernden Staatswirtschaft und Staatsfron; aber hinter dem Stahlpanzer, der die Kombination zusammenhält, ist vielleicht schmerzvoll ein Organismus im Wachsen, der die «Massenhaftigkeit» überwinden wird. Und die «kapitalistische Welt» ist nicht «der Kapitalismus», denn es gibt den Kapitalismus nie, ohne dass zugleich seine Gegenkräfte vorhanden sind; sie ist der weite, mannigfaltige Raum des Kampfes um eine künftige Gesellschaftsordnung. Die Komintern war ein phantastischer Versuch, alle revolutionären Kräfte der Welt von einer Zentrale aus zu leiten und zu kontrollieren; sie ist gescheitert. «Die Geschichte geht in der Richtung des Kommunismus» – aber sie geht vielleicht nicht in der Richtung der kommunistischen Parteien, die gegenüber der historischen Entwicklung seit dem Ableben ihrer Klassiker eine vollkommene geistige und theoretische Impotenz bewiesen haben und die heute auf das kasuistische Rotwelsch der Kominternsprache und das Wiederkäuen fertiger dialektischer Formeln nur verzichtet haben, um die historische Analyse überhaupt mit der blossen Kunst des Stimmenfanges unter den Fahnen aller möglichen «Anti»-irgendwas zu vertauschen, erfüllt von einer unsäglichen Verachtung der «Massen», mit denen sie manövrieren. Und nun ist an Stelle des selbstsicheren Versuchs, den ganzen Gang der Weltgeschichte selbst in eine aussenpolitische Planung einzuspannen, ein seltsames Misstrauen einer Diktatur gegen Bewegungen, die ihr verdächtig werden, sobald sie nicht willkürlich inszenierbar und beherrschbar sind, gegen jede Entwicklung überhaupt getreten, und dieses Misstrauen traf sich einen Augenblick lang mit dem Misstrauen der Partner im «Rat der Grossen Drei» gegen die soziale Unruhe der Nachkriegszeit. Auch das ist ein Aspekt, vielleicht der untergründigste, dieses Weltdirektoriums, das sich da abzeichnete, wenn es auch wie Surrealismus klingen mag, in konkrete Worte zu fassen, was nur eine Tendenz, vielleicht nur eine Atmosphäre war: die Idee einer gegenseitigen Existenzgarantie, der konsakrierten und kodifizierten Doppelherrschaft der «beiden Systeme».

In dieser Weltfriedensorganisation steckt – nicht im Text, aber im Geist, und der «Geist von Jalta» hat nur zu sehr auf den Text von San Francisco abgefärbt – ein Versuch, die Welt im augenblicklich erreichten, sehr ungefähren und labilen Gleichgewicht festzuschrauben, auf dass keine Bewegung mehr möglich sei, alle Spannungen und Explosivkräfte dieser Doppelherrschaft gewaltsam niederzuhalten, alle Ventile zu versiegeln und an dieser gebändigten Höllenmaschine dann die Warnungstafel anzubringen: «Explosionsgefahr! Berühren verboten!» Die Charta von San Francisco hat zwar sehr demokratisch ein Weltparlament und eine Weltexekutive, die Vollversammlung und den Sicherheitsrat, geschaffen. Aber die Befugnisse des «Weltparlaments» beschränken sich in der Hauptsache darauf, die Entscheide des Sicherheitsrats zu registrieren und eventuell zu «remonstrieren», entsprechend etwa dem Pariser Parlament zur Zeit des Absolutismus, nicht aber zu ändern oder gar zurückzuweisen. Und der Sicherheitsrat seinerseits ist keine oberste Instanz; sein Kern ist das Kollegium der mit dem Vetorecht ausgestatteten fünf «Ständigen», und deren Kern wiederum ist das höchste Gremium der «Grossen Drei»: die Konferenz von Jalta hat die Dreierkonferenzen zur bleibenden Institution erhoben und die Konferenz von Potsdam einen «ständigen Rat der Aussenminister der fünf Hauptmächte» errichtet, Institutionen ausserhalb der «Weltorganisation», neben denen der Weltsicherheitsrat zur blossen Attrappe herabsinkt. Die eigentliche Weltregierung bliebe also ausserhalb der Organisation von San Francisco: jede irgendwie erhebliche Streitfrage an irgendeinem Punkt der Welt, sofern sie nicht in die ausschliessliche Zone einer Grossmacht fällt, wird zuerst im Geheimrat der «Grossen Drei» entschieden, unter eventueller Zuziehung oder wenigstens Information der beiden Sekundär-«Grossen», Frankreich und China; und erst, wenn diese Einigung hinter geschlossenen Türen erreicht ist, kann der Apparat von San Francisco in Funktion treten. Jedes andere Vorgehen wäre verantwortungslos, da eine Streitfrage, über die sich die Grossmächte nicht im voraus geeinigt hätten, infolge des Vetorechts den ganzen Apparat in die Luft sprengen könnte – ein Risiko, das gar nicht eingegangen werden darf. Und diese einmal erreichte Einigung darf dann auch unter keinen Umständen nachträglich gefährdet werden, weder durch den Widerstand derer, auf deren Kosten sie erzielt wurde, noch durch die Einmischung Dritter, die durch Ausspielen der latenten Gegensätze innerhalb des Weltdirektoriums Geschäfte machen oder auch nur sich Bewegungsfreiheit verschaffen möchten. «Explosionsgefahr! Berühren verboten!»

Und dieses Verbot, «daran zu rühren», liess sich auch gleich auf jede Kritik ausdehnen. Denn die Einigkeit der «Grossen» bietet, abgesehen von allen realen Schwierigkeiten, auch einige Schwierigkeiten der Terminologie. Seit die «Chefs der drei grossen Demokratien» die Demokratie auf der ganzen Welt zum Sieg geführt haben, weiss eigentlich niemand mehr recht, was Demokratie bedeutet; seit sie gemeinsam beschlossen haben, «die Wurzeln des Faschismus auszurotten», scheint es fast, als wäre der Faschismus ein wurzelloses Asphaltgewächs gewesen; und seit sie gemeinsam den «Imperialismus» und «Militarismus» aus der Welt geschafft haben, ist die Beschreibung gar mancher Vorgänge und Institutionen dieser Welt mangels adäquater Bezeichnungen unmöglich geworden. Man darf die Bedeutung dieser terminologischen Schwierigkeiten in den internen Beratungen der «Grossen Drei» nicht überschätzen; da geht es um andere und konkretere Dinge. Aber nach gepflogener Beratung müssen die gefundenen Kompromisse in die Form hoher Prinzipien gekleidet werden, und diese Prinzipien haben die Eigenart, dass sie keinen Inhalt haben oder vielmehr einen von Fall zu Fall und je nach Einflusszone neu festzulegenden Inhalt, weil in jeder von ihnen der grosse Dualismus steckt und beim Versuch der Definition explodiert. Klärung der Begriffe wurde damit ein Attentat auf den Weltfrieden: die Pflicht, den Idealen der Sieger zuzustimmen, war unlösbar verbunden mit dem Verbot, irgendeine bestimmte Vorstellung damit zu verbinden. Wer die Frage zu stellen wagte, ob Massendeportationen, Verbote politischer Tätigkeit oder Wahlen, bei denen den Wählern nur *eine* Parteiliste vorgelegt wird, wirklich unter den Begriff «Demokratie» fallen oder ob die Rückeroberung des asiatischen Kolonialbesitzes als «Befreiung» zu gelten habe, wer nicht auf den ersten Blick einsah, dass die Kategorie der «friedliebenden Völker» zwar alle kriegführenden – ausser den besiegten –, aber unter keinen Umständen neutrale Nationen erfasst, wer an irgendeinem Punkt die mit Spannungen und Widersprüchen geladene Wirklichkeit entdeckte, statt nur die alliierten Communiqués wiederzukauen, der war ein Kriegshetzer und Faschist. Gerade hier im Spannungszentrum der neuen Weltkonstellation, in der Schweiz, war dieser Alpdruck einer Weltsituation, in der jeder Zweifel an der Schönheit und Harmonie der dreieinigen «Heiligen Allianz» schrill wie Kriegshetze klang, sehr deutlich zu spüren. Ausgerechnet die auf ihr schonungsloses «Aussprechen, was ist» einst so stolze Allerlinkstpresse erhob diese Pflicht zur geistigen Selbstkastration im Dienste des Friedens zum kategorischen Imperativ, und ihre Verwendung des zum blossen Schimpfwort entwerteten Begriffs «Faschismus» mit all seinen mildernde Umstände ausdrückenden Varianten des Philo-, Krypto-, Pro- und Parafaschismus bezeichnete schlechthin nur noch jede Art des Nichtkonformismus in dieser besten aller Welten. Es lag darin eine gerechtfertigte Zurückweisung der zynischen Spekulation auf den dritten Weltkrieg, die sich breitmachen wollte, mehr noch ein Vergnügen über ein so prächtiges Instrument des Gesinnungsterrors, aber es offenbarte sich darin auch die fürchterliche Entdeckung, dass der aus dem Bewusstsein verdrängte Dualismus plötzlich an allen

Ecken und Enden grinste, dass hinter der Fassade der absoluten Einigkeit plötzlich überall der absolute Gegensatz gähnte und dass die proklamierte «friedliche Koexistenz» in dem Augenblick, in dem sie zur Doppelherrschaft werden wollte, die ganze Welt entzweiriss. Es ist die ewig genährte und ewig enttäuschte Illusion, dass Sicherheit in der Erstarrung zu finden sei, in der Ausschaltung alles Spontanen, Unberechenbaren, aller Risiken und aller Bewegungsfreiheit, im Zuschrauben aller Ventile, im Vermauern aller Luftlöcher, der tödliche Traum der vollkommenen Stabilisierung. Aber die Welt «bewegt sich doch», und wenn erst jeder Kirchturmkonflikt, jede soziale Spannung und jede innenpolitische Kräfteverschiebung an irgendeinem Punkt der Welt das ganze künstliche Gleichgewicht zwischen der Russland zugesprochenen «sozialistischen» und der dem angelsächsischen Block zugesprochenen «kapitalistischen Zone» in Frage stellt und schwierige Kompensationsprobleme anderer Enden aufwirft, bis sich alle Konfliktstoffe dieser «unteilbaren Welt» zu einem einzigen Knäuel ballen und im Kleinen Rat der «Grossen Drei» aufeinanderplatzen, dann freilich kann ein versehentlicher Flintenschuss die Welt in die Luft sprengen.

Die Verfemung der Neutralität in San Francisco war aus diesem Geiste geboren. Neutralität in einer einigen, solidarischen «unteilbaren Welt» wäre absurd und gegenstandslos, und es wäre gar nicht nötig, sich damit zu beschäftigen. Neutralität in einer fiktiv geeinigten Welt aber ist ein störendes Symptom der untergründigen Gegensätze, und sie muss um der Vollkommenheit der Fiktion willen beseitigt werden. Die Charta von San Francisco schliesst die Neutralität im Fall einer Rechtsexekution gegen einen vom höchsten Tribunal zum Weltfeind erklärten Friedensbrecher aus, und das ist durchaus gerechtfertigt, weil eine solche Neutralität Beihilfe zum Friedensbruch wäre, weil Neutralität in einer umfassenden Rechtsordnung keinen Platz hat. Der Fall ist sehr hypothetisch, da in San Francisco eben keine für *alle*, auch die «Grossen» gültige Rechtsordnung geschaffen wurde; aber da die «Weltcharta» natürlich unter der Voraussetzung gilt, dass sie auch wirksam sei, ist daran nichts auszusetzen. Besser eine unzulängliche Rechtsordnung als gar keine; funktioniert dieser Bund aller Starken, so wird der «Ernstfall» überhaupt nie oder nur als Polizeiaktion eintreten, versagt er, so werden seine Klauseln auch für die «Kleinen» hinfällig. Mögen sich die Staatsrechtler mit dieser Frage und ihren Vereinbarkeitsmodalitäten auseinandersetzen. Aber das Problem liegt gar nicht hier, in der Neutralität zwischen sämtlichen überlebenden Mächten der Welt einerseits und einem schwer vorstellbaren anderweitigen «Weltfeind», den die Weltmächte einstimmig für vogelfrei erklären, anderseits, sondern in der Neutralität zwischen diesen Grossmächten selbst. Die Charta von San Francisco verdammt sie nicht formell, da sie die dauernde Einigkeit der Grossmächte ja stillschweigend als gegeben voraussetzt, aber ihr ganzer Mechanismus setzt sich ihr entgegen: eine Jurisdiktion, die zwischen einer Grossmacht und einem «gewöhnlichen Staat» nur zugunsten der Grossmacht spielen kann und zwischen einem von einer Grossmacht protegierten und einem neutralen «gewöhnlichen Staat» nur zugunsten des Satelliten, ganz gleich, auf welcher Seite das Recht liegt, übt einen förmlichen Zwang auf alle kleineren Länder aus, sich in die Klientelschaft einer der konsakrierten Grossmächte zu begeben, und fördert damit gerade jene Spaltung der Welt in Staatenblöcke, die den Krieg vorbereitet. Es ist immer derselbe Zirkelschluss: die Ordnung der Welt kann nicht auf einer Fiktion aufgebaut werden, und die neue «Weltcharta» hat das Grundproblem des Weltfriedens dadurch, dass sie es eskamotierte, nur unlösbarer gemacht. Denn nie war wirkliche Neutralität zwischen den Grossmächten ein positiverer Beitrag zum Weltfrieden als heute, und es ist ein Symptom der Verplumpung allen politischen Denkens, wenn Neutralität nur noch als furchtsames oder profitables Beiseitestehen im Krieg, als blosse Drückebergerei verstanden wird: jene Neutralität eines Staates ohne Machtansprüche zwischen den im Frieden wie im Krieg rivalisierenden Grossmächten, die allein eine von allen unabhängige, von allen befruchtete Entwicklung ermöglicht und die dem Bürger erlaubt, zu fremden Staatssystemen ja oder nein zu sagen oder sogar ohne doktrinäre Vorentscheidung je nach der konkreten Frage bald ja, bald nein, ohne damit den eigenen Staat «pro» oder «anti» jenen Grossstaat zu belasten; jene aussenpolitische Neutralität, in der etwa die Frage, ob die Banken privat oder staatlich gelenkt werden sollen, nicht eine Frage des Anschlusses an einen Ost- oder Westblock ist und daher auch die Mächte in Ost und West kühl lassen kann. Nicht im strukturellen Gegensatz der beiden führenden Weltmächte liegt die entscheidende Gefahr für den Weltfrieden, sondern in der Ausrichtung der ganzen Welt auf diesen einen Gegensatz, im Niederreissen aller autonomen Zwischengebiete, in denen allein sich die Synthese als beidseitig beeinflusste, aber selbständige Entwicklung vollziehen und den starren Gegensatz überwinden könnte. Das Erschreckende am gegenwärtigen verworrenen Zustand der Welt ist ja nicht, dass es Unruhe gibt – es wäre vielmehr erschreckend, wenn es keine Unruhen gäbe, wenn die Völker nach diesem Einsturz aller Fundamente stumpf, ergeben und hoffnungslos in die Trümmer der alten Hürden zurückkehren würden –, sondern dass es keine autochthonen Unruhen sind, keine Auseinandersetzungen zwischen Bürgern, Klassen und Ideen, sondern zwischen supponierten oder wirklichen Agenten der Grossmächte.

Aber ist denn ein anderer Weg überhaupt noch möglich? Sind in den zertretenen und desorganisierten «Zwischenzonen», den Schauplätzen dieses Krieges, überhaupt noch eigenständige, zu eigenen Lösungen fähige Kräfte vorhanden? Ostasien hat sein Reich der Mitte, und nachdem der hybride Herrschaftsversuch des europäisierten Randstaates Japan – des «Affen Europas», wie wir es so leichthin nannten, ohne in diesem Spiegel die eigene Fratze zu erkennen – gescheitert ist, kann die Führung in seiner Entwicklung wieder zum grossen Mutterland seiner Kultur zurückkehren, obwohl auch es bereits von der Zerreissung in eine russische und eine amerikanische Zone, von einem «Bürgerkrieg» in fremdem Interesse bedroht ist. Aber Europa ist im vollsten Sinn des Wortes «désaxé», es hat keine Mitte mehr. Die Mitte Europas, das ist das gähnende Vakuum Deutschland, innerlich zerrissen zwischen vier Besatzungsexperimenten und zugleich zusammengepresst zwischen den Isolierwänden des Hasses, das den Kontinent in zwei zusammenhanglose, ohnmächtige Randzonen der grossen Siegermächte zerreisst. Dieser Herd des Hungers, der physischen und psychischen Epidemien und der Hysterie da, wo einst ein Zentrum war, macht jede politische, wirtschaftliche oder geistige Ordnung, ja jede Besinnung Europas unmöglich. Aber wie kann dieser politische Leichnam bestattet werden, wie kann «Deutschland als Staat verschwinden», wie das am Siegestag so problemlos proklamiert wurde, wenn nicht in einer europäischen Ordnung, in der es aufgehen könnte? Deutschland kann ohne Europa nicht mehr leben noch sterben, aber es kann gerade in diesem pathologischen Zustand ein virulenter Spaltpilz in der gefährlichsten Fuge zwischen den Mächteblöcken des neuen Weltgebäudes werden; das deutsche Interregnum kann eine Weltgefahr werden, nicht geringer, als sie das Dritte Reich war. Und Europa kann ohne Deutschland nicht leben: diese «deutsche Frage», die mit dem Zusammenbruch des Dritten Reiches nicht gelöst, sondern erst aufgeworfen war, ist nur die akuteste Form, in der sich die «Frage Europa» stellt, und jene im Augenblick das Feld beherrschenden Psychopathen, die Sperrfeuer gegen jedes vernünftige Wort aus oder über Deutschland schiessen, sind in Wahrheit die Nazis von heute. Aber es scheint in diesem Erdteil kaum noch Kräfte zu geben, die sich der Zerreissung Europas entgegenzustellen und den einzigen Ausweg zu suchen vermöchten, der noch möglich ist: den föderativen Zusammenschluss. Und wenn es sie gäbe – kann von den Siegern überhaupt erwartet werden, dass sie diesem Kontinent, dem Brandherd zweier Weltkriege und dem Tummelplatz gichtbrüchigen und anmassenden Irrsinns, noch einmal eine Chance geben? Sie kamen ja nicht von selbst hierher, sondern weil die Europäer nicht imstande waren, sich selbst zu beherrschen. Europa ist der Blinddarm der Welt, und wenn es möglich wäre, ihn wegzuoperieren, sie täte es gern und verzeihlicherweise; Europa ist für die Welt genau das, was Deutschland für Europa, und nur die Europäer selbst hegen hartnäckig die Illusion, es bestehe zwischen ihnen im Urteil des «gemeinen Mannes» aus Oklahoma oder Tobolsk irgendein erheblicher Unterschied. Aber Europa lässt sich leider nicht wegoperieren, wie sich Deutschland nicht wegoperieren lässt. Und dieser Kontinent ist zum Weltbalkan geworden, dermassen anfällig und haltlos, dass er für die Grossmächte geradezu einen Zwang zur Intervention und Zonenpolitik bedeutet, weil alles, was sich die eine nicht sichert, fast automatisch und jedenfalls widerstandslos der andern zufällt. Sie sind gezwungen, zu handeln, als gäbe es kein Europa, sondern nur einen gefährlichen Hohlraum, und siehe, es gibt kein Europa.

Es ist vielleicht zu früh, nach Kräften der Erneuerung in Europa zu forschen. Es ist hier noch nichts an seinem Platz, der Menschenschutt hat sich noch nicht wieder gegliedert; niemand kann sagen, welche Auswirkungen die gewaltige Wanderung und Vermischung der Völker in diesen Jahren haben wird, ob die bisher nur negative «europäische Schicksalsgemeinschaft» sich nicht schliesslich doch ins Positive wenden kann und ob die Realität Europas, die als Realität des Todes mit Blut und Asche in das Antlitz des verwüsteten Kontinents geschrieben ist, die nackt und hoffnungslos dasteht wie eine Ruine oder ein verkohlter Baum, nicht doch endlich eine Realität des Bewusstseins und damit des Lebens werden wird. Die «europäische Politik» befindet sich in einem Zustand roher, ungeformter Tatsächlichkeit, die noch nicht einmal statistisch, geschweige denn soziologisch oder gar in ihrem geistigen Gehalt fassbar ist, in einer «nackten Faktizität», über die es unmöglich ist, etwas Gültiges auszusagen. Der aufgewühlte Kot hat sich noch nicht gesetzt, was Wunder, wenn nur ein Sumpf zu sehen ist?

Aber am Rande dieses Kontinents, da, wo der Amoklauf des Dritten Reiches zerbrach, ist inzwischen ein geformtes und fassbares Ereignis eingetreten, ein Ereignis jener bescheidenen und demokratischen Art zwar, über die jene Real- und Geopolitiker zu lächeln pflegen, denen nur Atombomben und hunderttausend Tote imponieren: die englischen Wahlen[377]. Das ist gewiss kein revolutionärer Vorgang, und es ist lächerlich, davon Umwälzungen zu erwarten. Die britische Labour Party ist keine revolutionäre, sondern eine sehr konservative und bedächtige Partei. Aber England wählte nicht zwischen einer konservativen und einer revolutionären, sondern zwischen einer reaktionären und einer konservativen Partei. Und gerade dies ist tröstlich zu wissen, dass nun an einer Schlüsselstellung der Welt Konservative am Werk sind, die diesen Namen nicht tragen, aber verdienen; Konservative, die wissen, dass Erhalten nicht Stillstand, sondern Weiterentwickeln und Erneuern bedeutet, dass der Sieg über den Faschismus nicht das Festhalten an bestehenden Institutionen bedeutet, sondern die Möglichkeit, diese Institutionen auf demokratischem Wege weiterzubauen und zu verändern, und dass die Demokratie nicht auf die Dauer die Masse ihrer Bürger vor den Wahlurnen zum Souverän erheben und gleichzeitig in ihrer ganzen sozialen Existenz der unkontrollierbaren Macht einer Oligarchie ausliefern kann. Es sind in diesem seltsamen Land, in dem es leichter zu sein scheint, die Grundlagen der Gesellschaft umzuwälzen, als ihre Fassade zu ändern, nicht Erschütterungen an der Oberfläche, die zählen; die Widerstände sind ungeheuer, die innern wie die äussern, die sich aus der weltwirtschaftlichen Abhängigkeit des verarmten England von seinem mächtigen amerikanischen Partner ergeben, und es entspräche nicht der Tradition der Labour Party, sie zu überrennen. Es ist unnütz, heute schon über die wahrscheinliche Tragweite dieser «stillen Revolution» Vermutungen anzustellen. Was als Resultat dieser Wahlen feststeht, das ist vor allem die unerhörte Gesundheit, das unerschütterte innere Gleichgewicht des englischen Volkes, das sich in ihnen offenbarte. Die Konservative Partei offerierte den Wählern die Rückkehr zum goldenen Frieden, den Abbau der Kontrollen, Steuern und Staatslasten, das Abschütteln der im Kriege auferlegten Disziplin und vor allem einen grossen Mann: Churchill. Die Labour Party forderte zu einer grossen Anstrengung auf, zu einem Experiment, dessen Schwierigkeiten und Risiken sie nicht verschwieg. Das englische Volk wählte das Schwierigere und Kühnere, und was noch erstaunlicher ist, was alle Welt und nicht zuletzt es selbst überraschte: es wählte zwischen dem grossen Mann, der im unbestrittenen Glanz historischen Ruhms vor es trat, und einem nüchternen, sachlichen Programm – das Programm. Während in den meisten europäischen Ländern der letzte Befreiergeneral oder Partisanenmarschall der Mittelpunkt eines byzantinischen Kultus ist, der alle sachlichen Fragen übertönt und jede politische Differenzierung lähmt, sprachen die englischen Wähler dem Sieger dieses Krieges, der lebenden Inkarnation ihres Widerstandes auf der «letzten Schanze der Freiheit», dessen Worte in der dunkelsten Zeit des Krieges ein Licht für alle freien Menschen gewesen waren, schlicht ihren Dank für die getane Pflicht aus und beriefen neue Männer für die neuen Aufgaben des Friedens. Und Churchill trat in den Rang zurück, stellte sich nicht schmollend mit dem Hosenbandorden bekleidet auf den Sockel der Weltgeschichte, sondern übernahm ohne Ressentiment die Führung der Opposition zu loyaler Zusammenarbeit oder loyaler Auseinandersetzung mit seinen Nachfolgern. Es ist ein atemraubend vollkommenes und reibungsloses Funktionieren demokratischer Institutionen und Spielregeln, die zum Instinkt und zur Selbstverständlichkeit geworden sind.

Aber die Wirkung dieser Wahlen geht weit über England hinaus. Sie versprechen eine Auflockerung der starren Fronten. England ist eine Schlüsselstellung der Welt, aber kein «Koloss» und im Kollegium der «Grossen Drei» bereits eines jener autonomen Zwischengebiete, die vermitteln können. Es bewahrt seine Stellung in der Welt nicht dank seiner materiellen Kraft, sondern dank jener Biegsamkeit, welche die Stärke differenzierter Organismen ist. Man erinnere sich der noch nicht verklungenen Empörung, die durch das unterirdische wie durch das damals herrschende Europa ging, als Marschall Smuts nüchtern das Verschwinden der kontinentaleuropäischen Grossmächte feststellte. In jener gleichen Rede nannte er England ein armes und kleines Land, das sich ausgegeben habe, «dessen Schubladen leer seien»; die Engländer nahmen es zur Kenntnis, wie man eine Tatsache zur Kenntnis nimmt, und machten daraus den selbstverständlichen Ausgangspunkt ihres politischen Denkens. Sie haben nicht versagt, sie haben keine Minderwertigkeitskomplexe zu kompensieren – das ist wohl das Geheimnis ihrer Gesundheit. Die Kontinuität der englischen Aussenpolitik und ihre enge Verbindung mit der amerikanischen wird schwerlich abbrechen. Aber es ist schon ungemein viel, wenn sich ihre Atmosphäre ändert, denn die Aussenpolitik eines Landes besteht nicht nur aus diplomatischen Demarchen und militärischen Interventionen, sondern in dem stillschweigenden Einfluss, den es ausübt; nicht nur aus dem, was seine Diplomaten tun, sondern noch viel mehr aus dem, was man von ihm erwartet. Es ist schon viel, wenn nicht mehr überall nur die Badoglios, Vulgaris und abgetakelten Monarchen als die Vertrauensmänner Grossbritanniens auftreten können. Und es ist bei allem britisch-amerikanischen Zusammenspiel eine entscheidende Differenzierung der Weltkonstellation, wenn der «anglo-amerikanische Block» nun eben kein Block ist und der «angelsächsisch-russische Gegensatz» nun nicht mehr als Schlüsselwort für alle «Links-Rechts-Probleme» der Welt verwendet werden kann. Es ist vielleicht überspitzt, zu sagen, dass einer der «Grossen Drei» in die Opposition gegangen ist. Aber es ist schon ein trefflicher Streich, den die Demokratie dem Weltdirektorium der neuen «Heiligen Allianz» spielte, dass einer der drei Staatsmänner, die bisher die «Grossen Drei» inkarnierten, leiblich in die Opposition gegangen ist. Truman-Stalin-Attlee, das ist schon ein ziemlich verblasster Abklatsch des einstigen Dreigestirns Roosevelt-Stalin-Churchill. Churchill ist auf die Oppositionsbank übergesiedelt, er hat als Redner der getreuen Opposition Seiner Majestät mit der ganzen Autorität des Ex-Partners, der eben noch am grünen Tisch von Potsdam gesessen hatte, den Geist von Potsdam angegriffen, und es war wie ein frischer Luftzug, der die drückende «Verschwörung des Schweigens» wegfegte. Die englische Demokratie hat Churchill nicht «gestürzt», nicht eliminiert, sie hat im Gegenteil diesen grossen Neinsager an den rechten Platz gestellt: die Welt braucht Neinsager, deren Stimme weit klingt, heute nicht weniger als 1938 und 1940, und es tut nichts, wenn sie Aristokraten sind und die Dinge einseitig sehen: die Gegenrede steht frei. Das elastische Spiel der Demokratie hat die Starre der autoritären Weltstabilisierung zuschanden gemacht.

Und nun steht alles wieder offen. Der Alpdruck einer grotesken Fiktion, dass nicht die Gegensätze, Rivalitäten und Übergriffe, sondern deren Publikation die Weltgefahr sei und die offizielle Fälschung der Wirklichkeit die Voraussetzung der Harmonie, hat sich gelockert; der schizophrene Zustand, in dem jeder wusste, was keiner sagen durfte, ist vorüber. Das ist gut so, denn Geheimdiplomatie ist ein schlechter Garant des Friedens; er ist in der Öffentlichkeit doch noch besser aufgehoben als hinter geschlossenen Türen der Kabinette. Blindheit *und* Unkenntnis der Gefahr ist manchmal ein Schutz davor, in den Abgrund zu stürzen, weil dem Nichtsahnenden wenigstens nicht schwindelt; aber vor Angst taumelnd die Augen schliessen ist der sichere Weg in den Sturz. Doch nur beruhigend ist es nicht, wenn nun wieder «offen geredet wird». Zusammenarbeit und Verständigung kann nicht in gegenseitigem Einstecken und Vertuschen der Faits accomplis bestehen, in offiziellen Glückwunschbotschaften und heimlichem Anhäufen der Anklagedossiers; aber ist es der Wille zu offener Auseinandersetzung, Verständigung und Zusammenarbeit, der sich durchsetzt, oder ist es nur eine «Gegenoffensive der Westmächte», nun der gemeinsame Krieg gewonnen und Verständigung «nicht mehr nötig» ist? Zerbricht die «Verschwörung des Schweigens» nur, um der Hetze freien Lauf zu lassen? Die Verkrampfung löst sich; beginnt nun wieder das «Schliddernlassen»? Tritt an Stelle der hermetisch geschlossenen Zonen nur das verhängnisvolle Spiel der widersprechenden Interventionen, bei denen es offiziell um Demokratie und real um strategische Positionen, Rohstoffe und Märkte geht? Auch offene Rivalität böte den «Zwischengebieten» eine grössere Chance der Selbständigkeit und freien Entwicklung, als Zonenabgrenzung der Weltmächte, aber werden sie die Chance zu nützen wissen oder der Versuchung verfallen, «Gleichgewicht zu spielen», durch halsbrecherische Equilibristik mit überlegenen Mächten sich Vorteile zu ergattern und im Schatten der Grossmächte ihren Zwergimperialismen zu frönen? Wo die Interessen der Mächte sich neutralisieren, entsteht ja nicht automatisch Neutralität, die ein positiver Entschluss und nicht eine Lähmung ist, sondern es entsteht ebensooft ein Balkan; und die Rivalität der Grossmächte war stets nur die eine Hälfte der Balkanisierung, die andere Hälfte war das verbrecherische Spiel der Balkanpotentaten, Konflikte zwischen den Grossmächten zu provozieren, um darin ihre kleinen Profite einzuheimsen. Es steht alles wieder offen. Aber es ist jedem wieder seine Verantwortung gegeben. Der Friede thront nicht, den Menschen entzogen, in einem Geheimrat einiger Staatschefs, er ist keine Angelegenheit der Geheimdiplomatie und Kabinettspolitik, und er ist nicht mit einem militärischen Knalleffekt fertig zur Welt gekommen; er ist ein langes und mühsames Werk aller Völker. Es hängt nicht alles von den Grossmächten ab, und erst recht nicht von deren augenblicklichen Oberhäuptern und deren Unterschrift und Siegel, soviel auch davon abhängt; er ist eine Ordnung der Freiheit und des Rechts, oder er ist nicht. Und der Friede ist keine Scheuklappe und keine Angst, sondern eine Entfaltung des Lebens. Ihn haltbar zu machen, ist keine Aufgabe der Biertischdiskussion über die hohe Weltpolitik, sondern des eigenen Beitrags im eigenen Bereich zu jener konstruktiven Ordnung, die keine Kriegskonjunktur und keine Friedenskrise mehr kennt. Und gewiss ist es wichtig, die Gegensätze und Gefahren der Weltpolitik zu sehen, aber nicht, um sie kurzsichtig «auszunützen», sondern um sie zu überwinden, denn sie sind überall, zuunterst im kleinsten Land wie zuoberst im höchsten Rat der Mächte.

«Und wo bleibt das Positive?»[378]
Am Ende des ersten Bandes dieser Zeitglossen stand eine kleine Auseinandersetzung mit dieser Frage, die vielleicht noch vorwurfsvoller am Ende des zweiten auftauchen wird. Ist denn nun nicht Friede? Hat nicht die gute Sache gesiegt? Können wir nicht aufatmend wieder an unsere kleinen Geschäfte gehen und vertrauensvoll in die Zukunft blicken? Es ist nicht alles schön, gewiss, aber es könnte doch noch viel, viel schlimmer sein!

O gewiss, es gibt zweifellos viel Positives in der Welt, und es wurde hier sogar bewusst vernachlässigt. Es ist hier alles aus der Froschperspektive Europas gesehen; dies ist kein Handbuch für Auswanderer. Wir leben in Europa. Wann merken wir endlich, wieviel Lüge und Faulheit darin liegt, in den Trümmern Europas beharrlich das Positive zu suchen – ein Haus oder ein kleines Land, das stehenblieb, ein Feld, das neu bebaut wird, das ganze, übrigens noch gar nicht so rege Wimmeln der Ameisen, die den zerstörten Haufen wieder zusammenschleppen, und den Rest von Leben, das weitergeht? Es könnte alles noch viel schlimmer sein – haben wir wirklich so viel Phantasie im Ausmalen von Katastrophen? Es ist schön und schätzenswert, wenn ein Stadtbrand schliesslich gelöscht, eine Pest eingedämmt, eine Erdbebenkatastrophe überstanden ist. Aber das Resultat des Brandes, der Pest, des Erdbebens ist damit noch nicht positiv. Es kann, «du point de vue du Sirius», positiv sein, wenn daraus neue Erkenntnisse gewonnen, falsche Vorstellungen erschüttert, bessere Wege beschritten werden, wenn der Wiederaufbau mehr ist als die mühsame Rekonstruktion dessen, was vorher war, oder gar bloss eines schlechten Ersatzes. Dass etwas stehenblieb, ist ein kläglicher Trost, und Flicken und Schuttwegräumen ist noch kein Wiederaufbau. Das blosse Aufhören des Krieges ist erst die Negation einer Negation; das Positive wäre der Friede, aber wer wagt es, das, was vor uns liegt, Frieden zu nennen? Unsäglich Wertvolles ist vernichtet worden – aber stehengeblieben oder gleich Stehaufmännchen wieder aufgestanden sind alle die Krusten und Verkalkungen, in denen Europa verkrüppelt, und als erstes Zeichen der Neuordnung werden alle Grenzpfähle, Zollbarrieren und Passkontrollen quer durch Hunger und Chaos repariert und wiederaufgerichtet. Die europäischen Nationalstaaten sind bankrott, nicht nur im Sinn eines aktuellen Zusammenbruchs, sondern im welthistorischen Sinn, dass sich in diese Rahmen keine moderne Wirtschaft und kein moderner Verkehr mehr hineinzwängen lassen – keine liberale Wirtschaft, denn sie haben ihre Expansionsmöglichkeiten verspielt, und schon ihre Vorkriegswirtschaft war nur noch eine verkalkte Rückbildung aus der einstigen europäischen Weltwirtschaft; aber auch keine Planwirtschaft, denn in diesen Kerkerzellen des europäischen Labyrinths droht jedes isolierte Experiment nur noch die Desorganisation Europas zu übersteigern und in der unheilvollen Verkettung von Unrationalität, weltwirtschaftlicher Minderwertigkeit, Selbstblockade und Autarkie zu enden –, dass auf diesen Prokrustesbetten schlechthin alles verkrüppelt, der Geist, die Institutionen und die Technik, dass ihre Souveränität zum Gelächter geworden und ihr Bemühen, aus diesen Parzellen eines Europa, das vereint nur noch ein Federgewicht in der Weltpolitik wäre, den heutigen Weltmächten auch nur von fern adäquate Machtmittel zu stampfen, ein romantischer Anachronismus ist, in dem sie nur ihre verbliebenen Kräfte noch verzehren. Aber aus dem allgemeinen Chaos, in dem noch über ganz Europa hin die «displaced persons» unterwegs sind und ein organisiertes wirtschaftliches und soziales Leben noch kaum in Ansätzen besteht, wo der Arbeitslohn eines Monats kaum die Existenzfristung einer Woche, der Erlös eines ergatterten und «schwarz» verkauften Stücks Leder oder Kupferdraht aber ein Vermögen bedeutet, aus diesem Brei von deklassiertem Nomadentum und Polizeistaat sind blitzblank und unversehrt alle vorsintflutlichen Notabeln, alle Finanz- und Industrieklüngel, alle national privilegierten Interessengruppen und all die bürokratischen, militärischen und wirtschaftlichen Apparate, parasitäre Wucherungen eines Organismus in Auflösung, als erste Ordnungsfaktoren wieder auferstanden, und wo es nicht gerade Waffenstillstandsklauseln verbieten, sind Militärparaden und nationale Hassgesänge die ersten Kundgebungen des wiedererwachenden Lebens. Nein, nicht dass manches stehenblieb, ist so positiv; es ist gerade das Negative, was sich als am standfestesten erwies. Das Kapital ist verschleudert, aber die Holdinggesellschaften sind nicht umzubringen, sie schreiben unbeirrt ihr fiktives «Haben» und ihre wohlerworbenen und wohlvertanen

Rechtsansprüche fort und prozessieren gegeneinander auf Schadenersatz, als könnte der eine Bankrott aus dem andern gedeckt werden. Die Europäer lassen sich mit Kirchturmkonflikten unterhalten, mit «strategischen» Grenzpfahlverschiebungen und entsprechend «Bevölkerungsbereinigungen», und sie scheinen gar nicht zu ahnen, dass dies alles, Entindustrialisierung Deutschlands, Deportationen und Ausplünderungen, Entvölkerung ganzer Agrargebiete, die nun inmitten des hungernden Erdteils brachliegen, weil die neuen Siedler erst mühsam gesucht werden müssen, und all die kleineren Dinge, Blockaden und Sperren, wirtschaftliche «Durchdringung» und Kolonisierung Italiens und anderer Befreiter, Fortführung des Wirtschaftskrieges gegen renitente Kleinstaaten – dass all dies nur zusammenhängende Akte einer und derselben Zerstörung Europas sind. Nationalismus ist beinahe zum Synonym von Landesverrat geworden, und es ist kein Wunder, dass er allen Fünften Kolonnen als Falschmünze dient, gestern den Doriot, Maurras und Szalassy, heute den nationalisierten Sektionen der Dritten Internationale, die ihn morgen verbraucht wegwerfen werden, ohne ihn einen Augenblick ernst gemeint zu haben. Wird ihn dann wieder eine Agentur in Pacht nehmen, oder ist der Chauvinismus dieser Zeit ein letztes Aufflackern einer Demagogie, die sich selbst ad absurdum führt, ehe sie erlischt? O gewiss, es gibt fortschrittliche Kräfte in Europa, aber was ist ihre Parole? «Nationalisierung!» In diesem Schlagwort offenbart sich die ganze Sackgasse, in der das europäische Bewusstsein sich verrennt, in der alle Begriffe zu Brei werden und aller Sinn in Widersinn umschlägt, und in der sogar die das Falsche sagen, die das Richtige meinen. Nicht dass die Souveränitäten, die Grenzpfähle, die Apparate und Sperren noch quer durch eine Wirklichkeit stehen, in der sie jeden Sinn verloren haben, ist das Gespenstische – Institutionen haben ein zähes Leben –, sondern dass sie in den Köpfen fester stehen als je und dass das politische Denken nach dieser Sintflut immer noch wie eine verrostete Spieldose krächzend, aber unentwegt die patriotischen Schlager jener Zeit abspielt, in der Europa der Nabel der Welt war, die europäischen Staaten Grossmächte waren und die Weltpolitik um die Rheingrenze kreiste.[379]

Es ist diese Diskrepanz zwischen Wirklichkeit und Bewusstsein, diese Romantik im Sumpf, diese pathologische Kompensation einer niederdrückenden Realität mit hybriden Tagträumen, in der aller Wiederaufbau zu verkümmern droht. Es gilt nicht mehr, unter Ruinen und geistigen Epidemien immer wieder nach dem Positiven zu wühlen, sondern das Negative auszusprechen, so laut wie nur möglich. Europa ist am Verenden. Wenn seine Einwohner, seine Politiker, Rhetoren, Professoren und Tintenkleckser es begriffen, so wäre vielleicht das Entscheidende gewonnen; es wäre das erste positive Ergebnis dieses Krieges. Europa ist ein Ganzes, und es ist am Verenden. Es geht nicht um Optimismus oder Pessimismus, das sind Gemütsstimmungen und völlig irrelevant. Es gilt, die Wirklichkeit zu sehen, nicht als Entmutigung, nicht um sie zu beklagen, sondern um sie als Ausgangspunkt alles weiteren Denkens und Handelns anzunehmen. Jede Lage ist immer noch gut genug, um geändert zu werden. Das einzige wirklich Negative ist die Flucht in die Fiktion, weil sie handlungsunfähig macht. Es wird jetzt in Europa viel Raub, Diebstahl, Totschlag und Schändung verübt, und das kann gar nicht anders sein im Chaos der Millionen von «displaced persons», seien es Besatzungstruppen, Flüchtlinge, Rückwanderer, Deportierte oder Gefangene, dieser in Uniformen oder in Lumpen durch Ruinen gehetzten Menschenmassen, denen das Leben gestohlen wird; mag die Polizei zum «Rechten» sehen, und mögen die Moralisten schweigen. Nicht diese armen Teufel von Missetätern sind die Feinde, sondern die Lügner, die offiziellen und die kleinen, die bezahlten und die begeisterten, die Illusionisten aller Parteien und aller Nationalitäten, die Geschäftemacher des Hasses, die Verdreher der Worte, die Terroristen der falschen Alternativen, die «Anti» und die Agenten. Die Mythen des zwanzigsten Jahrhunderts haben ihr Werk getan, und es sieht danach aus. Reden wir nicht immer vom Abendland, das Abendland ist nicht mehr in Europa. Reden wir nicht immer von Zivilisation, die Welt hat von dieser Zivilisation übernommen, was sie brauchen konnte, und braucht keine Lehrmeister mehr. Reden wir nicht immer von Kultur, sie ist nicht unser Besitz; Europa ist nicht mehr die Wiege, sondern ein Grab der Kultur, und wenn wir jenen Soldaten aus der Steppe und aus Übersee, die kommen mussten, um Europa vor seinen eigenen Ausgeburten zu retten, unsere Kultur preisen, so gleichen wir jenen Graeculi, die auch Griechenland vertan oder vielmehr gar nie gestaltet hatten und sich immer noch für die Hellenen in einer barbarischen Welt hielten, als sie gerade noch zu Haussklaven und Histrionen der vornehmen Römer gut genug waren. Reden wir von diesem Europa, das es nicht gibt, das alle Welt in einem Atemzug nennt und das die Geschichte in einem Atemzug nennen wird, ob es sich nun findet oder zerfällt, weil es eine objektive Einheit ist, eine lebende Wirklichkeit oder eben eine tote, die sich nicht zu fassen vermag. Die Einheit Europas in der Hegemonie einer Tyrannis musste scheitern, aber noch dies Scheitern ist nur negativ, wenn es nicht den Weg zur Einheit in der Föderation freilegte. Sie ist längst keine revolutionäre Idee mehr, sondern eine überreife Notwendigkeit, und ihre Verwirklichung wäre keine Umwälzung mehr, sondern das endliche, nach grauenhaften Umwegen mit letzter Kraft vollbrachte Nachholen einer schon fast hoffnungslosen weltgeschichtlichen Verspätung, die Zurkenntnisnahme einer Tatsache.

Aber es ist gar nicht wahr, dass die Mächte des Gestern so mächtig sind. Sie können gar nichts mehr tun, sie können nur noch verhindern. Dieses Spiel kann nicht lange dauern. Die Schlagworte des Hasses haben sich längst überschrien, die Völker lassen sie nur noch aus Müdigkeit über sich ergehen, ohne sie noch aufzunehmen, und morgen werden sie sie ausspeien. Denn sie sind nicht nur müde. Sie sind auch der Niedertracht müde, die sie ausgetrunken haben bis zur Neige.

Anhang

Anmerkungen

Vorbemerkung

Herbert Lüthy schreibt in seinem hier zu Beginn mit abgedruckten Vorwort zu dem 1944 erschienenen ersten Band der «Kleinen Wochenschauen», dass er über keine «geheimen Informationsquellen» verfügte und «über die wirklichen Ereignisse und Entwicklungen genau so gut und schlecht informiert [war] wie jeder aufmerksame Zeitungsleser – das heisst sehr schlecht». Und er bemerkt etwas weiter hinten, dass seine «Chronik der Eindrücke» jede Authentizität verlöre, wollte man aus ihr im nachhinein mit Hilfe einer «aktentreuen Darstellung» eine «Chronik der Tatsachen» machen. Da nun aber dem Leser von heute viele Einzelheiten des Tagesgeschehens und auch manche Namen nicht mehr gegenwärtig sein dürften, soll er die notwendigen Erläuterungen in knapper Form in unseren Anmerkungen finden; dabei versteht sich von selbst, dass unsere Angaben auf den seit dem Zweiten Weltkrieg erforschten Tatsachen gründen – woraus sich da und dort Widersprüche zu den vom Autor genannten Zahlen oder Daten ergeben mögen. Dem authentischen Charakter seiner «Chronik der Eindrücke» tut dies keinen Abbruch, bleibt sie doch als originale Darstellung erhalten und hinterlässt, so denken wir, einen um so stärkeren Eindruck.

Bei dem ebenfalls im Vorwort von 1944 erwähnten «Tagebuch eines Bürgers von Paris» handelt es sich um das *Journal* (1405–1449) eines als «Bourgeois de Paris» zeichnenden anonymen Chronisten, der das öffentliche und private Leben in Paris zu Beginn des 15. Jahrhunderts aufzeigt.

Um den Lesefluss möglichst nicht zu beeinträchtigen, verwenden wir, wo dies sinnvoll ist, *Sammelanmerkungen*, in denen sich Erläuterungen zum ganzen Abschnitt finden; Namen von Personen, zu denen sich keine näheren Angaben beschaffen liessen, bleiben ohne Kommentar (beispielsweise solche von Journalisten oder Korrespondenten der Tages- und Wochenpresse). Bei den Lebensdaten konnte in vereinzelten Fällen nur das Geburtsdatum eruiert werden. Personen, Orte oder Ereignisse werden in der Regel bei der ersten Erwähnung im Text ausführlicher angemerkt; diese lässt sich mit Hilfe des Personenregisters oder mit dem Verzeichnis wichtiger Begriffe wieder finden. Lüthys Schreibweise der Personen- und Ortsnamen bleibt im Text selbstverständlich unverändert, in den Anmerkungen folgen wir jener der *Brockhaus Enzyklopädie*, woraus sich manchmal kleine Abweichungen ergeben; ebenfalls beibehalten wurden die in der Originalausgabe kursiv gedruckten Passagen und Namen. Im übrigen erschien es uns als wenig sinnvoll, die zahlreichen, zu einem grossen Teil aus Wehrmachtsberichten und aus der Tagespresse stammenden Zitate nachweisen zu wollen. Die «Wochenschau» Überschriften stammen von den Herausgebern.

Irene Riesen

1 Nach den Feldzügen in Polen (1939), in Norwegen (1940), im Westen (1940) und auf dem Balkan (1940/41), nach den Kämpfen im Mittelmeer und in Afrika (1940/41) und nach dem See- und Luftkrieg gegen Grossbritannien (1939–1941) begann *Hitler* (1889–1945) am 22. Juni 1941 den Ostfeldzug gegen die Rote Armee. Ende Nov. kam die Offensive des dt. Ostheeres vorerst zum Stehen. Nach deren Wiederaufnahme im Südteil der Front stiess die 6. dt. Armee im Aug. des Jahres 1942 bis an die Wolga nördlich von Stalingrad (seit 1961 Wolgograd, bis 1925 Zarizyn) vor, während die 4. Panzerarmee südlich der Stadt in Stellung ging. Es entbrannten erbitterte Kämpfe um die Stadt. Den sowjet. Streitkräften gelang es in der Folge über 250 000 Mann der dt. Truppen und der sie unterstützenden rumän. Verbände einzukesseln. Nach der Kapitulation am 31. Jan. und am 2. Febr. 1943 gingen die verbliebenen 90 000 Mann in sowjet. Kriegsgefangenschaft. Die Schlacht um Stalingrad markierte die Wende des Krieges an der russ. Front.
Rschew: Stadt an der oberen Wolga, im Gebiet Kalinin, ebenfalls heftig umkämpft.

2 Es handelt sich hier um die Konfrontation zwischen der dt.-ital. Panzerarmee unter Generalfeldmarschall *Erwin Rommel* (1891–1944; Selbstmord) und der brit. 8. Armee unter General *Bernard Law Montgomery* (1887–1976) bei El-Alamein (100 km westlich von Alexandria): *Rommel* versuchte anfangs Sept. 1942 aus der Stellung bei El-Alamein in die Offensive zu gehen, scheiterte aber. Anfangs Nov. musste er dann der brit. Übermacht weichen und den Rückzug einleiten, der schliesslich zum Untergang des dt. Afrikakorps führte.
Achse Berlin-Rom: dt.-ital. Übereinkunft vom 25. Okt. 1936, die eine enge politische Zusammenarbeit bezweckte. Deutschland und Italien, später auch Japan (s. Anm. 16) wurden als Achsenmächte bezeichnet.
3 *Joseph Goebbels* (1897–1945; Selbstmord): ab März 1933 Reichsminister für Volksaufklärung und Propaganda.
4 Blitzkrieg: während des Zweiten Weltkriegs aufgekommene Bezeichnung für die Feldzüge gegen Polen, Frankreich, Jugoslawien, Griechenland, die in wenigen Wochen abgeschlossen wurden.
Drôle de guerre: in Frankreich Bezeichnung für die erste Phase des Zweiten Weltkriegs, während der auf der ganzen frz. Ostfront Ruhe herrschte: Es war nicht mehr Frieden, aber auch kein richtiger Krieg, und man verhielt sich, im Vertrauen auf die Maginotlinie, abwartend.
Maginotlinie: nach dem frz. Politiker und Kriegsminister (1922–1924, 1929–1932) *André Maginot* (1877–1932) benannte Befestigungszone entlang der frz. Ostgrenze; galt als unüberwindlich.
5 Die «zweite Front»: angels. Überlegungen, in Frankreich und Nordwestafrika eine zweite Front zu errichten, um der Achse in den Rücken fallen zu können.
Die «Vereinten Nationen» (auch Vereinigte Nationen): bezieht sich auf den Pakt der Vereinten Nationen; von 26 Nationen, darunter auch der Sowjetunion, am 1. Jan. 1942 in Washington unterzeichnet. Die Unterzeichner bekannten sich zu den Prinzipien der Atlantik-Charta (s. Anm. 14) und verpflichteten sich, keinen Separatfrieden mit Deutschland oder Japan abzuschliessen.
6 Rschew: s. Anm. 1. Woronesch: an der dt.-russ. Front am Don. Noworossijsk (Hafen am Schwarzen Meer), Terek-Übergänge (über den Fluss Terek, der ins Kaspische Meer mündet), Grosnyj: Richtungen des dt. Vormarschs in den Kaukasus.
7 *Winston Leonard Churchill* (1874–1965): von Mai 1940 bis Juli 1945 brit. Premierminister.
Maksim Litwinow, eigentl. *Meir Wallach* (1876–1951): 1941–1943 russ. Botschafter in Washington.
8 *Im Westen nichts Neues*: Kriegsroman (1929) von *Erich Maria Remarque* (1898–1970).
Stafford Cripps (1889–1952): 1940–1942 brit. Sonderbotschafter in Moskau, ab Frühjahr 1942 Mitglied der Regierung, Lordsiegelbewahrer.
Reuter-Agentur: Reuters Telegraphenbüro, Weltnachrichtenbüro mit Sitz in London (ab 1851), 1849 in Aachen gegründet.
Jossif Wissarionowitsch Stalin, eigentl. *Dschugaschwili* (1879–1953): vereinigte ab 1941 u. a. die Ämter des Vorsitzenden des Rates der Volkskommissare (später Ministerpräsident) und des Oberbefehlshabers der Streitkräfte der UdSSR in seiner Person.
9 Die «Erhebung der französischen Kirche gegen die Judentreibjagd» fand im Aug. 1942 statt: Mehrere Bischöfe protestierten öffentlich gegen die Judenverfolgung.
Vichy: 1940–1944 Sitz der «provisorischen» frz. Regierung des État français unter Marschall *Henri Philippe Pétain* (1856–1951), die sich die Umstrukturierung des Landes in einer Révolution nationale vornahm.
Édouard Herriot (1872–1957): 1936–1940 Präsident der Abgeordnetenkammer. Gegner *Pétains* und des Nationalsozialismus; als solcher 1942 verhaftet und bis 1945 in Deutschland interniert.
Jules Jeanneney (1864–1957): 1909–1940 Senator; präsidierte 1940 die Nationalversammlung in Vichy, welche die Errichtung des État français unter Marschall *Pétain* beschloss; ging in der Folge aber zu *Charles de Gaulle* (1890–1970) über und gehörte dessen 1944 geschaffenen Provisorischen Regierung an (Gouvernement provisoire de la République française).
10 PK-Berichterstatter: von der Wehrmacht ausgebildete Kriegsberichterstatter der 1938/39 aufgestellten Propaganda-Kompanien; diese waren ausser mit der eigentlichen Berichterstattung auch

mit der psychologischen Kriegführung und mit der propagandistischen Betreuung der eigenen und der verbündeten Truppen beauftragt.

Havas-OFI: Agence Havas (gegr. 1832 als Bureau Havas; 1944 neu gegr. als Agence France-Presse), frz. Nachrichtenagentur. OFI: Office français d'information, offizielles frz. Nachrichtenbüro. DNB: Dt. Nachrichtenbüro GmbH (gegr. am 5. Dez. 1933), wurde bald das offiziöse Nachrichtenbüro des nat.soz. Reichs.

11 *Pierre Laval* (1883–1945; hingerichtet): von Juli bis Dez. 1940 stellvertr. Ministerpräsident unter *Pétain*. Wurde aus dieser Funktion entlassen und unter Hausarrest gestellt, weil er einen engen Anschluss an Deutschland wünschte; im Apr. 1942 auf Druck Deutschlands als Regierungschef eingesetzt.

Fritz Sauckel (1894–1946; hingerichtet): organisierte von März 1942 bis Kriegsende den zwangsweisen Einsatz ausländischer Arbeitskräfte (Fremdarbeiter) in wichtigen Bereichen der Kriegswirtschaft.

André Philip (1902–1970): arbeitete 1942–1944 als Kommissar für Inneres unter General *de Gaulle* (s. auch Anm. 38, 115).

12 *Völkischer Beobachter*: das Zentralorgan der NSDAP, der Nationalsozialistischen Deutschen Arbeiterpartei (erschien 1920–1945).

13 *Wjatscheslaw Molotow*, eigentl. *Skrjabin* (1890–1986): 1939–1949 (und 1953–1956) Aussenminister der Sowjetunion.

14 *Samuel Hoare* (1880–1959): war mehrmals Minister und von 1940–1944 Botschafter in Spanien. *Hoare-Laval*-Plan: nachgiebige brit.-frz. Lösungsvorschläge vom Dez. 1935 für den Abessinienkrieg (1935–1936); Frankreich und Grossbritannien verurteilten den Eroberungskrieg Italiens in Ost-Afrika, bemühten sich aber gleichzeitig, Italien als Gegengewicht zum Dt. Reich in ihrem Lager zu halten.

Francisco Franco y Bahamonde (1892–1975): erhob sich im Juli 1936 gegen die Regierung der Span. Republik; der Span. Bürgerkrieg dauerte bis zum 2. Apr. 1939. *Franco* errichtete ab 1937 an der Spitze der Falange (von *José Antonio Primo de Rivera* am 29. Okt. 1933 als antikommunistische, faschistische Bewegung gegründet) ein autoritäres Regierungssystem.

Atlantik-Charta: am 14. Aug. 1941 veröffentlichte gemeinsame Grundsatzerklärung des brit. Premierministers *Churchill* und des amerikan. Präsidenten (1933–1945) *Franklin D. Roosevelt* (1882–1945) zu Fragen der Kriegs- und Nachkriegspolitik; die Charta enthält eindeutige Absagen an politischen und wirtschaftlichen Imperialismus jeder Art. Wichtige Prinzipien der Charta gingen in jene der UNO ein.

15 *Joachim von Ribbentrop* (1893–1946; hingerichtet): 1938–1945 Reichsaussenminister; Anlass der Rede *Ribbentrops* war der Jahrestag des Dreimächtepakts (s. Anm. 16).

Hitler hielt (nach seinem Vorredner *Goebbels*) die hier erwähnte Rede am 30. Sept. 1942 im Berliner Sportpalast.

Kampfzeit: nat.soz. Propagandabegriff, der die Zeit von der Parteigründung (1919/20) bis zur Machtergreifung (1933/34) verklärte und dem Kult der Alten Kämpfer diente (Bezeichnung für Parteimitglieder, die eine Mitgliedsnummer unter 100 000 besassen und zum Tragen des Goldenen Parteiabzeichens berechtigt waren; die Vergabe der Nummer 100 000 fiel in das Jahr 1928). Zentrales Ereignis der Kampfzeit war der gescheiterte *Hitler*-Putsch vom Nov. 1923 (s. auch Anm. 174).

16 Dreimächtepakt: abgeschlossen am 27. Sept. 1940 zwischen dem Dt. Reich, Italien und Japan; er hatte zum Ziel, die USA von einem Kriegseintritt auf Seiten Englands und von der Teilnahme am chin.-jap. Konflikt abzuhalten.

L'Œuvre: Presseorgan, das in Paris erschien und sich offen für die Kollaboration einsetzte; Herausgeber war *Marcel Déat* (1894–1955), der 1933 aus der Sozialistischen Partei ausgeschlossen worden war.

Ablösung: *Laval* handelte am 16. Juni 1942 mit den Deutschen die sogenannte Ablösung (relève) aus: für drei Franzosen, die sich freiwillig für den Arbeitseinsatz in Deutschland meldeten, sollten die Deutschen einen Kriegsgefangenen freilassen.

17 *Heinrich Himmler* (1900–1945; Selbstmord): ab 1929 Reichsführer SS (Schutzstaffeln der NSDAP), die er in der Folge zusammen mit der GESTAPO (Geheime Staatspolizei) zur Terrororganisation des nat.soz. Regimes ausbaute.
18 Sempacher Brief vom 10. Juli 1393: gemeinsame Kriegsordnung, die von Zürich, Luzern, Bern, Solothurn, Uri, Schwyz, Unterwalden und Glarus verabschiedet wurde und in der auf die in der Schlacht bei Sempach (1386) gemachten Erfahrungen verwiesen wird; enthält neben allg. Landfriedensbestimmungen und einem Fehdeverbot detaillierte Anweisungen über das Verhalten in Kriegszügen.
Dieppe: Die sowjet. Forderung nach Errichtung einer zweiten Front veranlasste die Briten am 19. Aug. 1942, bei Dieppe einen Landungsversuch zu unternehmen; dieser wurde problemlos abgewehrt.
19 *Vidkun Quisling* (1887–1945; hingerichtet): gründete 1933 die norw. faschistische Partei der Nationalen Sammlung und half 1940 die Besetzung Norwegens durch dt. Truppen vorzubereiten; bekleidete unter der dt. Besetzung kurze Zeit das Amt eines Ministerpräsidenten. Sein Name wurde zum Synonym für Kollaborateur.
Milan Neditsch (1882–1946): serb. General, stand der am 30. Aug. 1941 unter dt. Militärverwaltung gebildeten serb. Regierung vor.
Slawko Kwaternik (1878–1947; hingerichtet): kroat. Ustascha-Führer, rief am 10. Apr. 1941 unter *Pawelitsch* den Unabhängigen Staat Kroatien aus (s. Anm. 100).
20 *Hermann Göring* (1893–1946; Selbstmord): ab 1935 Oberbefehlshaber der Luftwaffe, ab 1940 Reichsmarschall des Grossdt. Reichs; die Rede über die Versorgungslage und über Ernährungsprobleme in den besetzten Gebieten hielt *Göring* am 3. Okt. 1942.
21 Blockade: die mit Kriegsbeginn einsetzende brit. Blockade beantwortete Deutschland mit dem Handelskrieg gegen die feindliche und gegen die im Dienst der Alliierten fahrende neutrale Schiffahrt.
Wendell Lewis Willkie (1892–1944): amerikan. Politiker; unterlag 1940 als republikanischer Präsidentschaftskandidat gegen *Roosevelt*, trat für eine Unterstützung der Alliierten ein.
«Die dauernde Gärung in Indien»: Das brit. Kabinett versuchte im März 1942 vergeblich (Gesandtschaft unter Sir *Stafford Cripps*), die um ihre Unabhängigkeit kämpfenden Inder durch das Versprechen eines Dominion-Status nach dem Krieg für vermehrte Kriegsanstrengungen zu gewinnen; im Aug. kam es im Gefolge der Verhaftung *Mahatma Gandhis* (1869–1948; ermordet) sowie führender Persönlichkeiten des Nationalkongresses (vgl. Anm. 81) zu grossen Unruhen.
22 Wilhelmstrasse: Strasse in Berlin, in der früher neben anderen Ministerien auch das Auswärtige Amt lag.
23 Amerikan. Truppen und Flugzeuge der Royal Air Force landeten Mitte Okt. 1942 in Liberia. Das Land trat 1944 auf Seiten der USA in den Krieg ein; es war von strategischer Bedeutung für den Nachschub zwischen den USA, Europa und dem Mittleren Osten.
Jan Christian Smuts (1870–1950): 1939–1948 Ministerpräsident Südafrikas, von den burischen Nationalisten heftig bekämpft.
24 «Tadel gegen die neutrale Presse»: Vom Leiter der Presseabteilung des Auswärtigen Amtes waren schwere Vorwürfe und Drohungen an die schwed. und an die schweiz. Presse gerichtet worden. In der schweiz. *Libera Stampa* war das «neue Europa» (vgl. Anm. 78) mit einem kinderfressenden Moloch verglichen worden. Für die Redaktoren, die gegen das neue Europa schrieben, werde darin kein Platz sein, meinte der Leiter der Presseabteilung. Man werde kurzen Prozess mit ihnen machen; sie würden vielleicht ihre neue Heimat in den Steppen Asiens finden oder aber am besten ins Jenseits befördert (nachzulesen in der Morgenausgabe der *Neuen Zürcher Zeitung* vom 15. Okt. 1942).
25 *Laval* hielt seine Ansprache am 20. Okt. 1942.
Jacques Doriot (1898–1945; ermordet): 1934 aus der frz. kommunistischen Partei ausgeschlossen; gründete 1936 den Parti populaire français und kollaborierte unter der Besetzung mit Deutschland. War an der Gründung (1941) der Légion des volontaires français contre le bolchévisme (LVF) beteiligt.

26 *Karl Hermann Frank* (1898–1946; hingerichtet): sudetendt. Nationalsozialist, 1939–1943 Staatssekretär beim Reichtsprotektor für Böhmen und Mähren; gab den Befehl für die Vernichtung von Lidice (9./10. Juni 1942) als Vergeltung für das Attentat auf
Reinhard Heydrich (1904–1942; ermordet): als Chef (ab 1939) des Reichssicherheitshauptamtes benutzte er GESTAPO, Kriminalpolizei und Sicherheitsdienst zur Etablierung des Polizeistaats; das Attentat wurde am 27. Mai 1942 verübt, *Heydrich* starb am 4. Juni an dessen Folgen.

27 Marsch auf Rom: am 28. Okt. 1922 marschierten faschistische Kampfbünde auf Rom und erzwangen durch Androhung von Gewalt den Rücktritt der Regierung und die Machtübernahme durch *Benito Mussolini* (1883–1945; erschossen).

28 *Archibald Henry Macdonald Sinclair* (1890–1970): 1940–1945 brit. Luftfahrtminister, Planer der Invasion in der Normandie.
Anthony Joseph Drexel, Jr., Biddle (1896–1961): amerikan. Diplomat, 1937 zum Botschafter der USA in Polen ernannt; begleitete nach Ausbruch des Krieges die poln. Regierung nach London, wirkte dort bis 1944 für sieben Exilregierungen als Botschafter.
Finnland: Nach dem Überfall der Sowjetunion auf das neutrale Land («Winterkrieg» von 1939/40, Friedensschluss im März 1940) nahmen die Finnen ab 1941 auf dt. Seite am Krieg gegen die Sowjetunion teil.

29 *Balfour, Harold Harington* (1897–1988): Geschäftsmann, Politiker, 1938–1944 Unterstaatssekretär; führte 1940 das Empire Air Training Scheme ein, in dessen Rahmen bis zum Kriegsende über 130 000 Mann ausgebildet wurden.
Herbert Morrisson (1888–1965): brit. Politiker, war mehrmals Minister.

30 Liberia: s. Anm. 23.
James Monroe (1758–1831): 5. Präsident der USA (1817–1825).
Monroe-Doktrin: Erklärung des Präsidenten *Monroe* vom 2. Dez. 1823, gegen den europ. Kolonialismus in Amerika gerichtet: untersagte die Einmischung europ. Staaten in Amerika und beinhaltete umgekehrt die Nichteinmischung der USA in europ. Angelegenheiten. 1904 Erweiterung der *Monroe*-Doktrin durch einen Zusatz, wonach sich die USA als «internat. Polizeimacht» jederzeit in die inneren Angelegenheiten der lat.amerikan. Staaten einmischen dürfen, falls eine Aggression zum Schaden der amerikan. Nationen dazu Anlass gibt.

31 *Rudolf Hess* (1894–1987; Selbstmord): 1933–1941 Reichsminister ohne Geschäftsbereich und (nach *Göring*) zweiter designierter Nachfolger *Hitlers*; flog am 10. Mai 1941 nach Glasgow, um, wie er selbst aussagte, ein Friedensabkommen mit der brit. Regierung herbeizuführen. Bis 1945 in England inhaftiert, in Nürnberg zu lebenslänglicher Haft verurteilt.

32 Die «staatswirtschaftlichen und sozialpolitischen Tendenzen der Roosevelt-Administration»: gemeint ist das von *Roosevelt* 1933 gemäss seinem Wahlversprechen eingeleitete intensive wirtschaftlich-soziale Reformprogramm – «a *new deal* for the American people».

33 *Myron Charles Taylor* (1874–1959): amerikan. Industrieller und Diplomat, 1939 zum persönlichen Vertreter des Präsidenten *Roosevelt* im Vatikan ernannt.
Intelligence Service: (geheimer) Nachrichtendienst der Amerikaner.
Komintern: Kurzwort für Kommunistische Internationale: der 1919 (nach dem Zerfall der sozialistischen Zweiten Internationale) in Moskau erfolgte Zusammenschluss der kommunistischen Parteien (Dritte Internationale); später völlig der sowjet. Politik untergeordnet, 1943 aufgelöst.

34 Die Landung amerikan.-brit. Invasionsstreitkräfte in Marokko und Algerien erfolgte am 7./8. Nov. 1942.
Herbert George Wells (1866–1946): brit. Autor phantastischer Erzählungen.

35 Fünfte Kolonne: Untergrundorganisation, die mit Kräften ausserhalb ihres Landes zusammenwirkt. Ausdruck aus dem Span. Bürgerkrieg: Als *Franco* mit vier Kolonnen auf Madrid anrückte, wurden seine Anhänger in der Stadt Fünfte Kolonne genannt.
Cordell Hull (1871–1955): amerikan. Politiker, 1933–1944 Aussenminister, enger Berater *Roosevelts*; erhielt 1945 den Friedensnobelpreis.

Dwight D. Eisenhower (1890–1969): ab Juni 1942 Oberbefehlshaber der amerikan. Truppen in Europa, ab Dez. 1943 Oberbefehlshaber der alliierten Expeditionstruppen. 34. Präsident der USA (1953–1961).

Henri-Honoré Giraud (1879–1949): entfloh im Apr. 1942 aus dt. Kriegsgefangenschaft; war nach *Darlans* Ermordung (s. u.) Hochkommissar für Frz.-Afrika (Frz.-Westafrika schloss sich am 24. Nov. 1942 Frz.-Nordafrika an).

Yves *Chatel* war von Sept. 1941 bis Jan. 1943 Generalgouverneur in Algerien.

François Darlan (1881–1942; ermordet): schloss in seiner Eigenschaft als Oberbefehlshaber der frz. Streitkräfte am 9. und 11. Nov. 1942 mit den Alliierten in Algier einen Waffenstillstand, proklamierte sich dann mit Billigung *Eisenhowers* («*Darlan* deal») zum Hochkommissar eines von Vichy unabhängigen frz. Staates in Nordafrika und bildete einen Reichsrat (Conséil impérial). Wurde am 24. Dez. 1942 ermordet (s. auch Anm. 51).

Mark Wayne Clark (1896–1984): amerikan. General, als Stabschef massgeblich an der Landungsplanung in Nordafrika beteiligt; führte 1943/44 militärische Operationen in Südeuropa durch.

36 Der dt. Einmarsch ins unbesetzte Frankreich erfolgte am 11. Nov. 1942, Italien besetzte Korsika und die Provence bis zur Rhone, mit Ausnahme des Kriegshafens von Toulon. Das dt.-frz. Waffenstillstandsabkommen datierte vom 22. Juni 1940, der frz.-ital. Waffenstillstandsvertrag vom 24. Juni 1940.

Maxime Weygand (1867–1965): wurde im Juni 1940 Verteidigungsminister der Vichy-Regierung; 1942–1945 in Deutschland interniert, danach wegen Zusammenarbeit mit den Deutschen verhaftet, 1948 rehabilitiert.

Quattara-Senke/Kattarasenke: eine der tiefsten Depressionen der Erde, in der Libyschen Wüste in NW-Ägypten, bis 137 m.u.M.

«Französische Flotte»: 1940 hatte die Vichy-Regierung das Verfügungsrecht über die frz. Flotte behalten, um das Kolonialreich gegen mögliche brit. Angriffe verteidigen zu können.

37 «Proklamation Marschall Pétains»: am 16. Nov. 1942; schon am 14. Nov. hatte *Pétain* Admiral *Darlan* aller seiner Funktionen enthoben.

Pierre-Étienne Flandin (1889–1958): Pazifist, Befürworter des Münchener Abkommens (s. Anm. 108). Nach dem Abgang *Lavals* am 13. Dez. 1940 zu dessen Nachfolger bestimmt; die Deutschen weigerten sich, mit ihm in Kontakt zu treten, demissionierte am 9. Febr. 1941 wieder.

Pierre Pucheu (1899–1944; hingerichtet): Innenminister unter *Pétain* von Aug. 1941 bis Apr. 1942; war für eine Integration Frankreichs in das Europa *Hitlers*.

38 Kämpfendes Frankreich (la France combattante), französisches Nationalkomitee (Comité national français): la France libre, *de Gaulles* Widerstandsbewegung in London, wurde im Aug. 1940 von den Briten anerkannt und organisierte sich in der Folge militärisch und politisch im Rahmen der mit den Briten kämpfenden Forces françaises libres (FFL) und des Regierungsstrukturen annehmenden Comité national français (CNF) in London.

39 Cagoulard (abgel. von cagoule, Kapuzenmantel der Mönche): von seinen Gegnern so bezeichneter faschistischer Aktivist des Comité secret d'action révolutionnaire (CSAR, gegr. 1936); 1936/37 gingen versch. polit. Morde und Attentate zu dessen Lasten.

Eugène Deloncle (1890–1944; ermordet): gründete im Herbst 1941 eine Nachfolgeorganisation des CSAR: den Mouvement social révolutionnaire (MSR).

Michelin: frz. Industriellenfamilie; das Unternehmen Michelin stellte 1895 den ersten Luftreifen für Automobile her.

«Männer von Bordeaux»: Mitglieder der am 14. Juni 1940 nach Bordeaux geflüchteten frz. Regierung.

Comité des forges: frz. Arbeitgeberorganisation, in der die Unternehmer der Eisen- und Stahlindustrie zusammengeschlossen waren, gegr. 1864. Dem Comité des forges wurde eine wichtige geheime Einflussnahme zugeschrieben. 1940 aufgelöst und durch ein Comité d'organisation de la sidérurgie ersetzt.

40 *Thomas Woodrow Wilson* (1865–1924): 28. Präsident der Vereinigten Staaten (1913–1921). *Wilson* hatte in seine «Vierzehn Punkte» (Jan. 1918) die Idee eines Völkerbundes zur Wahrung des Welt-

friedens aufgenommen; als der Völkerbund Wirklichkeit wurde, lehnte der Senat der Vereinigten Staaten einen Beitritt ab.

41 «Russische Nationalitätenpolitik»: Die Bolschewisten erkannten das Recht der Völker auf Selbstbestimmung an (Nov. 1917), doch sollte es in Konflikt kommen mit den Klasseninteressen des Proletariats, wollte die Sowjetmacht auf der Seite des Proletariats stehen. Unter *Stalin* rückte dann das einheitliche sowjet. Vaterland in den Vordergrund, eine Zentralisierung und politische Straffung waren die Folge. Im Zweiten Weltkrieg griff die Zentrale immer stärker in die Autonomierechte einzelner Territorien ein: «Unzuverlässige» Nationalitäten wie die Wolgadeutschen wurden ausgesiedelt. Nach *Stalins* Tod Liberalisierung der Nationalitätenpolitik.

42 *Semjon Konstantinowitsch Timoschenko* (1895–1970): sowjet. Marschall, hatte massgeblichen Anteil am Aufbau der Roten Armee; befehligte von Juli 1941 bis Dez. 1942 zunächst die Westfront, dann die Südfront.

43 *Pierre Boisson* (1894–1948): Generalgouverneur von Frz.-Westafrika, stellte die Kolonie unter den Befehl Admiral *Darlans*. *Boisson* hatte im Sept. 1940 Dakar gegen einen Landungsversuch der Truppen *de Gaulles* verteidigt.
Die Kriegsflotte Frankreichs versenkte sich am 27. Nov. 1942 selbst, nachdem *Hitler* Toulon in einer Überraschungsaktion besetzt hatte, um einen befürchteten Übergang der frz. Flotte zu den Alliierten zu verhindern (vgl. Anm. 36).
Scapa Flow: Bucht in der Insel Mainland der Orkney-Inseln; 1918/19 Internierungsplatz der dt. Hochseeflotte, die sich dort im Juni 1919 selbst versenkte.
Compiègne (frz. Dep. Oise): Ort, an dem am 11. Nov. 1918 der Waffenstillstand zwischen dem Dt. Reich und der Entente und am 22. Juni 1940 jener zwischen dem Dt. Reich und Frankreich unterzeichnet wurde.

44 «D'Astré de la Vigerie»: gemeint ist *François d'Astier de la Vigerie* (1886–1956): frz. Fliegergeneral, befehligte 1939–1940 die Luftoperationen an der nördlichen Front; schloss sich 1942 *de Gaulle* an.
Robert Anthony Eden (1897–1977): Dez. 1940 bis Juli 1945 Aussenminister, ab 1942 zugleich Führer des Unterhauses.
Henry Lewis Stimson (1867–1950): war als Kriegsminister der Vereinigten Staaten 1940–1945 im Amt.
Otto von Habsburg-Lothringen (*1912): Sohn des letzten Kaisers von Österreich (*Karls I.*), verzichtete 1961 auf seine Thronansprüche; entschiedener Gegner des Nationalsozialismus, emigrierte im Juni 1940 aus Frankreich in die USA. Im Herbst 1942 Vorsitzender des Military Committee for the Liberation of Austria zur Rekrutierung eines österr. Bataillons in der US-Armee (im Mai 1943 aufgelöst, da andere Emigrantenorganisationen heftig gegen das Komitee opponierten).

45 *John Amery* (1912–1945; hingerichtet): nahm auf der Seite *Francos* als Waffenschieber am Span. Bürgerkrieg teil, überzeugter Antikommunist; schloss sich dem frz. Kollaborateur *Jacques Doriot* (s. Anm. 25) an und versuchte, engl. Kriegsgefangene in Frankreich für den Kampf gegen Russland zu gewinnen. In England als Verräter hingerichtet. Der Vater, *Leopold Stenett Amery* (1873–1955), war von 1940–1945 Staatssekretär für Indien und Burma.

46 *Churchill* hielt seine Radiorede am 29. Nov. 1942 (nachzulesen in der Mittagsausg. der *Neuen Zürcher Zeitung* vom 30. Nov. 1942). *Mussolini* reagierte am 2. Dez. 1942 in einer Rede, die auch über die ital. Radiosender verbreitet wurde (Zusammenfassung in der Abendausgabe der *Neuen Zürcher Zeitung* vom 2. Dez. 1942).

47 *Papst Pius XII.* (1939–1958), vorher *Eugenio Pacelli* (1876–1958); seine politische Haltung während des Zweiten Weltkriegs ist umstritten.

48 Tunesien wurde vorübergehend (Nov. 1942 bis Mai 1943) von den Achsenmächten besetzt.

49 *Georges Catroux* (1877–1969): 1939/40 Generalgouverneur von Indochina, schloss sich dann *de Gaulle* an. 1941 Oberkommissar in Syrien (Mandat Frankreichs seit 1920) und 1942 Oberbefehlshaber in Nordafrika, 1944 Generalgouverneur von Algerien.

50 «‹Fall› *Darlan-Flandin-Pucheu*»: vgl. Anm. 35, 37 sowie die Wochenschau vom 21. Nov. 1942.
Finn. Unabhängigkeitstag: 6. Dez. (Unabhängigkeitserklärung von 1917).

Risto Heikki Ryti (1889–1956): im Dez. 1940 zum Präsidenten der finn. Republik gewählt; musste am 1. Aug. 1944 abdanken, weil er sich *Ribbentrop* gegenüber verpflichtet hatte, keinen Separatfrieden mit der Sowjetunion abzuschliessen.
Miklós von Kállay (1887–1967): 1942–1944 Ministerpräsident und Aussenminister; versuchte vergeblich, Ungarn aus dem dt. Bündnis herauszulösen.

51 *Darlan* wurde von dem zwanzigjährigen *Fernand Bonnier de La Chapelle* ermordet, dessen Hintermänner nie genau eruiert werden konnten; der Attentäter wurde hinter verschlossenen Türen verurteilt und am 26. Dez. 1942 hingerichtet.

52 Das Zitat stammt aus der Einleitung von *Georg Wilhelm Friedrich Hegels* (1770–1831) *Vorlesungen über die Philosophie der Geschichte* (1932 ff.); der genaue Wortlaut ist folgender: «Die Weltgeschichte ist nicht der Boden des Glücks. Die Perioden des Glücks sind leere Blätter in ihr.»

53 *Pierre Bourdan* (1909–1948): Journalist, einer der ersten, die zu *de Gaulle* in London stiessen, von wo aus er über Radio zu den Franzosen sprach. Nahm an der alliierten Landung in Nordfrankreich als Kriegskorrespondent teil.
Robert Daniel Murphy (1894–1978): Diplomat, ab Dez. 1940 persönlicher Gesandter *Roosevelts* in Frz.-Nordafrika; führend an der diplomatischen Vorbereitung der alliierten Landung und am Clark-Darlan-Agreement (s. Anm. 35, 253) beteiligt. Im Herbst 1944 politischer Berater *Eisenhowers*.
Charles Noguès (1876–1971): widersetzte sich der alliierten Landung in Nordafrika, schloss sich dann *Darlan* und *Giraud* an und demissionierte 1943.

54 *Henry Agard Wallace* (1888–1965): 1941–1945 Vizepräsident der Vereinigten Staaten, leitete 1942–1945 das Board of Economic Warfare.

55 *Erich Raeder* (1876–1960): ab 1935 Oberbefehlshaber der dt. Kriegsmarine; befürwortete eine Strategie, die in England den Hauptgegner sah, und war gegen den Angriff auf die Sowjetunion. Schied 1943 aus dem Amt.

56 *Wilhelm Ritter von Schramm* (Pseudonym *Friedrich Colleoni*) (1898–1983): Schriftsteller, Journalist; 1939–1946 Kriegsberichterstatter.
Welikije Luki: Stadt im Gebiet Pleskau, am Lowat; ab Ende Aug. 1941 in dt. Hand, am 1. Jan. 1943 von den Russen zurückerobert. Die Stadt wurde im Krieg fast gänzlich zerstört

57 Gemeint ist Oberst *Gustav Däniker* (1896–1947), der in der Zwischenkriegszeit als einer der fähigsten Instruktionsoffiziere galt und ein anerkannter Ballistiker war. Seine Bewunderung für die dt. Wehrmacht und das dt. Soldatentum brachten ihn zunehmend in Schwierigkeiten und hatten u. a. seine Entlassung aus dem Bundesdienst zur Folge (1942). Durch seine militärschriftstellerische Tätigkeit erlangte er im In- und Ausland grosses Ansehen.

58 OKW: Oberkommando der Wehrmacht, bis Kriegsende von Generalfeldmarschall *Wilhelm Keitel* (1882–1946; hingerichtet) geleitet.
Waffen-SS: die bewaffneten Teile der SS (s. Anm. 17), die innerhalb des Heeres eingesetzt wurden.

59 Rumänien trat im Nov. 1940 zusammen mit Ungarn und der Slowakei dem Dreimächtepakt bei und beteiligte sich am dt. Ostfeldzug (s. Anm. 1).
Horia Sima (1906–1993): Führer der faschistischen «Eisernen Garde» in Rumänien. In der Folge eines gescheiterten Putschversuchs gegen *Antonescu* (s.u.) im Jan. 1941 im KZ Buchenwald interniert; nach dem Sturz *Antonescus* 1944 von *Hitler* als Chef einer rumän. Exilregierung eingesetzt. Nach dem Krieg im Exil in Spanien.
Ion Antonescu (1882–1946; hingerichtet): im Sept. 1940 zum Staatsführer Rumäniens ernannt; erzwang die Abdankung König *Carols II.* (1893–1953), wurde 1944 von dessen Sohn, König *Michael* (*1921) verhaftet und als Kriegsverbrecher verurteilt.

60 *Rolf Johan Witting* (1879–1944): 1940–1943 Aussenminister Finnlands.
Carl Gustav Emil, Freiherr von Mannerheim (1867–1951): leitete im Frühjahr 1918 den finn. Freiheitskampf gegen die roten Truppen der Bolschewisten. 1939/40 und 1941–1944 Oberbefehlshaber im Krieg gegen die Sowjetunion (s. Anm. 28); schloss als Staatspräsident im Sept. 1944 den Waffenstillstand mit Moskau ab.

Paul von Beneckendorff und von Hindenburg (1847–1934): Generalfeldmarschall (1914) und Reichspräsident (1925), war zum Inbegriff des nationalen Mythos geworden; *Hitler* erwies am «Tag von Potsdam» (21. März 1933) in einem feierlichen Staatsakt *Hindenburg* die Reverenz und benutzte ihn so dazu, das konservative und bürgerliche Lager mit dem Nationalsozialismus zu versöhnen.

61 Der Parti communiste français (PCF) schloss sich am 12. Jan. 1943 der France combattante *de Gaulles* an.

Bernard-Marcel *Peyrouton* (*1887): Kolonialverwalter, Generalresident Frankreichs in Tunesien (1933 und 1940) und in Marokko (1936). 1940/41 Innenminister der Vichy-Regierung, an der Absetzung *Lavals* im Dez. 1940 beteiligt (s. Anm. 11); bis zur Rückkehr *Lavals* Botschafter in Argentinien, Jan. bis Juni 1943 Generalgouverneur in Algerien.

Destur (arab. Verfassung): tunes. Nationalbewegung, forderte seit 1919 das Selbstbestimmungsrecht und eine Verfassung. 1934 spaltete sich die Neo-Destur-Partei ab und verlangte die volle Unabhängigkeit von Frankreich; repressive Massnahmen Frankreichs und Verbot der Partei.

Grossmufti von Jerusalem: *Mohammed Emin el-Huseini* (*1895): Führer im Kampf gegen die brit. Mandatsherrschaft und die jüdische Einwanderung. 1937 seiner Ämter enthoben; flüchtete über den Libanon nach Irak, Iran und Europa. Versuchte im Zweiten Weltkrieg zu einer Zusammenarbeit mit den Achsenmächten zu gelangen.

Raschid Ali al-Gailani (um 1893–1965): nationalistisch, antibrit. eingestellter irak. Politiker. 1933 und 1940/41 Ministerpräsident, bildete 1941 eine dt.freundliche Regierung, führte den Aufstand gegen Grossbritannien an. Floh nach der Besetzung Bagdads durch die Briten über den Iran nach Deutschland, später nach Ägypten.

Mohammed Abd el-Krim (um 1880–1963): marokkan. Emir, leitete 1920–1926 die Freiheitskämpfe der Rifkabylen gegen die Spanier; bedrohte die frz. Interessen, wurde überwältigt und auf die Insel Réunion verbannt; später im ägypt. Exil.

62 Misurata, Homs: Städte an der Küste Tripolitaniens, Lybien, die von der brit. 8. Armee auf ihrem Vormarsch nach Tunesien erreicht wurden.

Ernest Bevin (1881–1951): Gewerkschafter, Arbeitsminister in *Churchills* Kriegskabinett.

63 *Fedor von Bock* (1880–1945): Generalfeldmarschall, führte von Jan. bis Juli 1942 die Heeresgruppe Süd an der Ostfront; wurde verabschiedet, als er gegen den gleichzeitigen Vorstoss auf Stalingrad und den Kaukasus opponierte.

Generaloberst *Hermann Hoth* (1885–1971) hatte mit der 4. Panzer-Armee südlich von Stalingrad in Stellung gelegen.

Friedrich Paulus (1890–1957): Generalfeldmarschall, war mit der 6. Armee in Stalingrad eingeschlossen; 1943–1954 in sowjet. Kriegsgefangenschaft, schloss sich dem Nationalkomitee «Freies Deutschland» an (s. Anm. 137).

64 30. Jan. 1933: Tag der Machtergreifung durch die Nationalsozialisten: Reichspräsident *Hindenburg* ernannte *Adolf Hitler* zum neuen Reichskanzler; neben acht konservativen Mitgliedern gehörten seinem Kabinett nur noch zwei Mitglieder der NSDAP an, *Wilhelm Frick* (1877–1946; hingerichtet) und *Hermann Göring*; die Eindämmung von *Hitlers* Machtansprüchen war damit scheinbar erreicht.

Ilmensee: See von schwankender Grösse im Gebiet von Petersburg; gehörte zum nördlichsten Abschnitt der Ostfront.

Sebastopol/Sewastopol: der Kriegs- und Handelshafen auf der Krim war heftig umkämpft.

65 Lippe: Land in Nordwestdeutschland, westl. der Weser, ab 1918 Freistaat; 1946 dem Land Nordrhein-Westfalen angeschlossen.

Franz von Papen (1879–1969): von Anfang Juni bis Anfang Dez. 1932 Reichskanzler; trug massgebend zur Vorbereitung des Kabinetts *Hitler* bei, in das er Ende Jan. 1933 als Vizekanzler eintrat. Diente dem nat.soz. Regime 1939–1944 als Botschafter in Ankara.

Walther Funk (1890–1960): Wirtschaftsberater Hitlers; wurde 1938 Reichswirtschaftsminister, ab 1939 auch Reichsbankpräsident. Trug als Generalbevollmächtigter für die Kriegswirtschaft erheblich zur finanz. und wirtsch. Durchführung des Zweiten Weltkriegs bei.

66 Konferenz von Casablanca: vom 14. bis zum 26. Jan. 1943 tagten US-Präsident *Roosevelt* und der brit. Premierminister *Churchill* gemeinsam mit den alliierten Stabschefs in der marokkanischen Hafenstadt Casablanca. In einer Pressekonferenz erklärte *Roosevelt* am 24. Jan. die bedingungslose Kapitulation («unconditional surrender») der Achsenmächte zum Kriegsziel; gefordert wurde mit dieser Formel nicht nur eine militärische, sondern auch eine staatlich-politische Kapitulation, die einer Nachkriegsordnung den Weg ebnen sollte.
«Die beiden ‹Kämpfenden Frankreich›»: vgl. Anm. 35, 38; hier ist die Rede von der Rivalität zwischen den Generälen *de Gaulle* und *Giraud*.
Dorothy Thompson (1894–1961): amerikan. Journalistin, Auslandskorrespondentin, Radiokommentatorin; war mit dem amerikan. Schriftsteller *Sinclair Lewis* (1885–1951) verheiratet.

67 Konferenz von Adana: *Churchill* traf sich am 30./31. Jan. 1943 mit dem türk. Staatspräsidenten *Ismet Inönü* (1884–1973) in Adana; vergeblicher Versuch *Churchills*, die Türkei zu einem Bruch mit Deutschland zu bewegen.

68 «Britisch-französisches-türkisches Bündnis vom 19. Okt. 1939»: ein Beistands- und Wirtschaftsabkommen mit den Westmächten, für welche die Türkei im nahen Osten einen bedeutenden Stellenwert hatte. Deutschland wiederum wollte die Achse Berlin-Rom in ein Dreieck Berlin-Rom-Ankara verwandeln.
René Massigli (1888–1988): war 1939–1940 Botschafter Frankreichs in der Türkei; schloss sich im Jan. 1943 *de Gaulle* an (s. auch Anm. 115), von Febr. bis Sept. 1944 Aussenminister unter *de Gaulle*.

69 «Russisch-deutscher Freundschaftspakt»: Dt.-sowjet. Nichtangriffspakt vom 23. Aug. 1939 (*Hitler-Stalin*-Pakt, vgl. Anm. 98).
John Greer Dill (1881–1944): brit. Feldmarschall, 1941–1944 militärischer Gesandter in Washington.
Dt.-türk. Nichtangriffspakt: 16. Juni 1941.

70 Pervitin: Handelsname eines zu den Weckaminen gehörenden Anregungsmittels.

71 *Das Reich*: von Mai 1940 bis Apr. 1945 im Deutschen Verlag erschienene erfolgreiche politisch-kulturelle Wochenzeitung von gehobenem journalistischem Niveau mit nat.soz. Inhalten; wandte sich an eine intellektuelle Leserschaft in Deutschland und im Ausland.
Walter Lippmann (1889–1974): amerikan. Journalist und Politiker; führender internat. bekannter republikanischer Kolumnist (Kolumne Today and Tomorrow in der *New York Herald Tribune*).
Beaverbrook, Baron: *Aitken, William Maxwell* (1879–1964): brit. konservativer Politiker und Zeitungsbesitzer; Minister für Flugzeugproduktion (1940–1941), für Versorgung (1941–1942), Lordsiegelbewahrer (1943–1945).

72 *Galeazzo Graf Ciano di Cortellazzo* (1903–1944; erschossen): ital. Politiker und Diplomat, mit *Mussolinis* Tochter *Edda* verheiratet; 1936–1943 Aussenminister, im Febr. 1943 abgelöst und als Botschafter zum Hl. Stuhl. Beteiligte sich am Sturz *Mussolinis* (s. Anm. 138), wurde 1944 von einem faschistischen Sondergericht zum Tod verurteilt.
Mannerheim, «weisser General»: im Gegensatz zu den Generälen der roten Truppen der Bolschewisten (vgl. Anm. 60).

73 «Vansittartismus»: *Robert Gilbert Vansittart* (1881–1957): brit. Diplomat, ab 1929 ständiger Unterstaatssekretär im Foreign Office; Ende 1937 wegen kritischer Einstellung zur Deutschlandpolitik der Regierung *Neville Chamberlain* (1869–1940) abgelöst. 1937–1941 Erster diplomatischer Berater des Foreign Office. *Vansittart* gehörte zu den Verfechtern einer vollständigen Entwaffnung und industriellen Niederwerfung Deutschlands nach dessen Niederlage.

74 Die Koalitionsregierung war am 10. Mai 1940 unter Einschluss der Labour Party mit dem Konservativen *Winston S. Churchill* als Premierminister und dem Labour-Politiker *Clement Richard Attlee* (1883–1967) als Stellvertreter in der Regierung gebildet und mit ausserordentlichen Vollmachten versehen worden.

75 *Moyne*, Baron: *Guiness, Walter Edward* (1880–1944; ermordet): Staatsmann und Reisender, 1941 Kolonialminister, Führer des House of Lords; 1942 stellvertr. Minister in Kairo, 1944 ständiger Minister im Mittleren Osten.

76 Der *Beveridge*-Plan, ein umfassendes Programm zur Durchsetzung des Wohlfahrtsstaats durch Reformen und staatliche Lenkungsmassnahmen, wurde am 1. Dez. 1942 im engl. Unterhaus eingebracht. Sein Schöpfer war *William Beveridge* (1879–1963), brit. Sozial- und Wirtschaftspolitiker.
Fabian Society: 1883 gegr. Gesellschaft engl. Sozialisten, benannt nach dem röm. Feldherrn *Fabius Cunctator* (um 280–203 v. Chr.); setzte sich zum Ziel, den Sozialismus mit einer Taktik des Abwartens und der Geduld in verfassungsmässiger und allmählicher Entwicklung zu verwirklichen. Zeitschrift: *New Statesman*.
77 Singapur: 1819 als brit. Handelsniederlassung gegründet, später brit. Flottenstützpunkt; am 15. Febr. 1942 von den Japanern erobert, 1945 an Grossbritannien zurückgegeben.
78 «Neue Ordnung Europas»: die «Neuordnung Europas» war eine dt. Kriegszielforderung seit dem Sieg über Frankreich; auf dem Gebiet der politischen Neuordnung herrschten unsichere Vorstellungen, während das dt. Grosskapital genaue Pläne für die wirtschaftliche Neuordnung ausarbeitete und vorlegte.
Grossraum Ostasien: am 22. Dez. 1938 proklamierte Japan die «Neue Ordnung Ostasiens», welche die jap. Vorherrschaft im «Grossraum Südostasien» sichern sollte; Ausgangspunkt war die Idee einer von Japan im Rahmen der «Grossostasiatischen Wohlstandssphäre» geführten Staatengruppe.
79 Gründungstag der NSDAP: der 24. Febr. 1920, an dem *Hitler* im Münchner Hofbräuhaus die 25 Punkte des Parteiprogramms verkündete.
80 Vgl. Anm. 36.
81 *Victor Alexander John Hope, 2. Marquess of Linlithgow* (1887–1952): Vizekönig von Indien (1936–1943); trennte Burma von Indien, führte die Selbstverwaltung der ind. Provinzen ein (1937) und gab den Indern die Mehrheit im vizeköniglichen Rat.
Kongresspartei: hervorgegangen aus einer am 28. Dez. 1885 mit dem Ziel der politischen Erneuerung gegründeten Vereinigung von westlich gebildeten Indern (dem Indian National Congress).
Subhas Tschandra Bose (1897–1945; Flugzeugabsturz): ind. Politiker, 1938/39 Vorsitzender der Kongresspartei; floh 1941 nach Deutschland und versuchte aus ind. Kriegsgefangenen eine «Nationalarmee» zu bilden, um gegen die brit. Herrschaft zu kämpfen. Mission *Cripps*: s. Anm. 8, 21.
Rajapalachari: *Tschakravarti Radschagopalatschari* (1878–1972): ind. Politiker, enger Mitarbeiter *Gandhis*, Führer des Ind. Nationalkongresses in Madras; 1937–1939 Ministerpräsident von Madras.
Mohammed Ali Dschinnah (1876–1948): ab 1934 Präsident der Moslem-Liga, 1906 als Gegengewicht gegen den vornehmlich von Hindus geführten Nationalkongress gegründet; erster Generalgouverneur des 1947 entstandenen Staates Pakistan.
82 *Jawaharlal Nehru* (1889–1964): ab 1930 wiederholt Präsident des Indischen Nationalkongresses; mehrere Gefängnisstrafen wegen Widerstands gegen die brit. Herrschaft, zuletzt 1942–1945. Nach der Unabhängigkeit (1947) Ministerpräsident und Aussenminister.
83 Lend and Lease: Mit dem Lend-Lease Act vom 11. März 1941 (Leih-Pacht-Gesetz) trafen die USA Massnahmen zur Versorgung der Alliierten mit Kriegs- und Hilfsmaterial ohne Bezahlung auf Gegenseitigkeit. Bis 1945 belief sich die aufgewendete Summe auf rund 47 Mrd. $; davon erhielt England rund 31 Mrd., Russland rund 11 Mrd., die Gegenlieferungen machten etwa 17 % aus.
George Washington (1732–1799): erster Präsident USA (1789–1797).
William Harrison Standley (1872–1963): Admiral, ab Apr. 1942 bis Mai 1943 amerikan. Botschafter in Moskau.
84 *Anton Adriaan Mussert* (1894–1946; hingerichtet): niederl. Politiker, Gründer der niederl. faschistischen Bewegung (1931).
Arthur Seyss-Inquart (1892–1946; hingerichtet): österr. Politiker, nach dem Ultimatum *Hitlers* am 11. März 1938 österr. Bundeskanzler; führte den Anschluss Österreichs an das Dt. Reich durch. Danach Reichsstatthalter der Ostmark, von 1940–1945 Reichskommissar für die besetzten Niederlande.

Légion tricolore: von *Laval* im Juli 1942 lancierte Organisation, in der Franzosen unter dem Befehl von Vichy in frz. Uniform mit der Wehrmacht gegen den Bolschewismus und seine Verbündeten kämpfen sollten; im Sept. von der Wehrmacht abgelehnt, im Jan. 1943 aufgelöst. *Laval* wollte damit die 1941 von Kollaborateuren gegr. und der Waffen-SS angegliederte Légion des volontaires français contre le bolchevisme, LVF, unter die Kontrolle von Vichy bringen. Ende Januar 1943 mit dem Einverständnis *Lavals* und *Pétains* und unter Mithilfe *Déats* Gründung der Milice française, zuständig für die Aufrechterhaltung der Ordnung im Innern und für den Kampf gegen den Kommunismus, geführt von *Joseph Darnand* (1897–1945; hingerichtet), dem Gründer der Vorläuferorganisation Service d'ordre légionnaire, SOL.

Déat, ursprünglich Sozialist und Pazifist (vgl. Anm. 16, 97), stellte sich ab 1940 *Pétain* zur Verfügung und trat in der Folge für eine enge Zusammenarbeit mit *Hitler* ein; Gründer des mit den Deutschen kollaborierenden Rassemblement national populaire, RNP (1941).

85 Span. Bürgerkrieg: Beginn am 18. Juli 1936 mit Offiziersputschen in Span.-Marokko und an mehreren Stellen Spaniens gegen die Volksfront-Regierung; am 28. März 1939 Madrid durch *Francos* Truppen kampflos besetzt, Kapitulation der Republikaner.

Tanger: Durch den Protektoratsvertrag von Fes (30. März 1912) verlor Marokko seine Souveränität an Frankreich und (durch ein frz.-span. Abkommen) an Spanien; Tanger erhielt 1923 internationalen Status; 1940–1945 von Spanien besetzt, 1956 (Jahr der Unabhängigkeit) an Marokko zurück.

Juan Negrín (1887–1956): span. Politiker, Sozialist; im Mai 1937 Chef der republikanischen Regierung in (seit Nov. 1936) Valencia.

86 *Louis Eugène Cavaignac* (1802–1857): 1848 Kriegsminister; unterlag im Dez. desselben Jahres *Charles Louis Napoléon* (1808–1873) in der Wahl zum Präsidenten der 2. Republik.

Gaston de Galliffet (1830–1909): beteiligte sich an der brutalen Unterdrückung der aufständischen, von der Arbeiterschaft getragenen Pariser Kommune, die vom 18. März bis zum 29. Mai 1871 bestand.

«Rede General *Girauds*»: am 14. März 1943 erklärte *Giraud* den Waffenstillstandsvertrag mit Deutschland vom Sommer 1940 für null und nichtig (wie vom Comité national français in London gefordert) und versicherte, man strebe die Wiederherstellung der Republik an.

87 Poln. Exilregierung: General *Wladyslaw Sikorski* (1881–1943) wurde im Sept. 1939 Chef der poln. Exilregierung in London und Oberbefehlshaber der poln. Truppen. Im Dez. 1941 unterzeichneten *Sikorski* und *Stalin* einen poln.-russ. Freundschafts- und Beistandspakt. Zu Beginn des Jahres 1943 entbrannte ein poln.-russ. Konflikt um die künftige Grenzziehung in Polen, der Ende Apr. zum Abbruch der diplomatischen Beziehungen zwischen Moskau und der poln. Exilregierung führte; unmittelbarer Anlass dazu war die Entdeckung der Massengräber ermordeter poln. Offiziere bei Katyn im Febr. 1943 und das Ersuchen der poln. Exilregierung um Nachforschungen durch das Internat. Komitee vom Roten Kreuz. Erst 1990 erklärte die sowjet. Nachrichtenagentur TASS offiziell, die Massenerschiessungen seien im Frühjahr 1940 auf Befehl höchster sowjet. Stellen erfolgt.

Der brit. Aussenminister *Anthony Eden* war am 13. März 1943 nach Washington gereist.

88 *Otto Dietrich* (1897–1952): 1931 Pressechef der NSDAP, 1933 Reichspressechef, 1937 Staatssekretär im Propagandaministerium.

Paul Creyssel (*1895): Advokat, ursprünglich Abgeordneter der Radikalen, dann Mitglied des Parti social français (s. Anm. 253), 1943 im Dienst der Regierung von Vichy (Propaganda).

89 Radiorede *Churchills* über die Nachkriegsorganisation der Welt am 21. März 1943.

90 *Edward Hallett Carr* (1892–1982): engl. Historiker, Diplomat, Journalist und Essayist. Diente 1916–1936 im Foreign Office und war in den zwanziger Jahren in Riga, wo er sich für die russ. Kultur zu interessieren begann. *Carr* schrieb zahlreiche Bücher über Russland und die Sowjetunion und setzte sich für eine kontinuierliche Zusammenarbeit mit diesem Land ein; war ferner für die Errichtung einer neuen Gesellschafts- und Wirtschaftsordnung in Grossbritannien und Westeuropa.

Wiener Kongress: 18. Sept. 1814 bis 9. Juni 1815. Die Neuordnung nach dem Sturz *Napoleons I.* geschah vorwiegend im Sinne einer Wiederherstellung der vorrevolutionären Verhältnisse. Unter dem Vorsitz *Metternichs* (s. u.) gaben die Anhänger des alten monarchischen Legitimitätsprinzips den Ton an.

Heilige Allianz: Bündnis, das am 26. Sept. 1815 in Paris von dem Zaren von Russland, dem Kaiser von Österreich und dem König von Preussen abgeschlossen wurde und dem sich fast alle europ. Herrscher anschlossen; die ursprünglich religiös-moralische Ausrichtung des Manifests wurde von *Fürst Clemens von Metternich* (1773–1859) in seiner Funktion als österr. Minister des Auswärtigen durch restaurativ-konservative Ziele ersetzt. «Heilige Allianz» wurde bald zum Schlagwort für die konservativ-reaktionäre Politik des «Systems Metternich», das im Gegensatz zu den liberalen und revolutionären Bewegungen der Zeit stand. Wichtiger wurde das Bündnis der Siegermächte Russland, England, Österreich und Preussen vom 20. Nov. 1815 zur Sicherung der nachnapoleonischen Ordnung.

91 *Hubert Lagardelle* (1874–1958): sozialist. Politiker, schloss sich 1940 Vichy an; 1942–1944 zunächst Unterstaatssekretär, dann Arbeitsminister Vichys.

92 Das «berühmte Wort» stammt vom Schriftsteller *Hanns Johst* (1890–1978), der den Nat.soz. und dessen Ideologie feierte; 1935–1945 Präs. der Akademie für Dt. Dichtung und der Reichsschrifttumskammer. Das Zitat aus dem *Hitler* gewidmeten Drama *Schlageter* (1933) lautet genau: «Hier wird scharf geschossen! Wenn ich Kultur höre, entsichere ich meinen Browning!»

93 *John Maynard Keynes* (1883–1946): Nationalökonom, Prof. in Cambridge und Wirtschaftsberater beim brit. Finanzministerium; trat 1919 als Sachverständiger bei der Pariser Friedenskonferenz zurück, da er die Reparationsforderungen wirtschaftlich nicht für vertretbar hielt.
Henry Morgenthau (1891–1967): 1934–1945 amerikan. Finanzminister; Autor des destruktiven «Morgenthau-Plans» («Agrarisierung» Deutschlands) von 1944.

94 «Zusammenkunft Hitlers und Mussolinis»: vom 7. bis 10. Apr. 1943 im dt. Führerhauptquartier. *Alessandro Pavolini* (1903–1945; hingerichtet): war bei den Squadre d'azione fasciste (s. Anm. 198) in Florenz mit dabei; 1939–1943 Minister für Volkskultur, dann Leiter des *Messagero* und Sekretär der Republikanisch-faschistischen Partei. Zusammen mit *Mussolini* füsiliert.
Dünkirchen: frz. Hafenstadt; hier schnitten die Deutschen im Mai 1940 die brit.-frz. Nordarmee ab, der es aber unter Verlust des gesamten Materials gelang, fast alle Truppen (ca. 220 000 brit. und 120 000 frz. Soldaten) nach England einzuschiffen.
Karl Dönitz (1891–1980): ab Sept. 1939 Befehlshaber der U-Boote, ab Ende Jan. 1943 Oberbefehlshaber der Kriegsmarine als Nachfolger *Raeders*. Bildete als von *Hitler* bestimmter Nachfolger am 2. Mai 1945 eine «Geschäftsführende Reichsregierung»; am 23. Mai von den Engländern verhaftet. *Hitler* hatte am 30. Apr. Selbstmord begangen.
Massimo Girosi (*1899): ital. Konteradmiral.
Stahlpakt: dt.-ital. Freundschafts- und Bündnispakt von 1939; der Name geht auf die *Mussolini* zugeschriebene Bezeichnung des Abkommens als «potto d'acciaio» zurück.
Entente cordiale: «herzliches Einvernehmen» zwischen England und Frankreich unter dem «Bürgerkönig» (1830–1848) *Louis-Philippe* (1773–1850) und ab 1904, seit der Verständigung über die nordafrikan. Kolonialfragen.

95 *Virginio Gayda* (1885–1944): Journalist, war ab 1921 zwanzig Jahre lang das Sprachrohr *Mussolinis*; 1921–1926 bei *Il Messagero*, danach übernahm er *Il Giornale d'Italia*, das zu einem halboffiziellen Organ wurde und die gut informierte Mittelschicht ansprach. Nach dem Fall *Mussolinis* Flucht in die jap. Botschaft, wo er im März 1944 in einem US Bombardement umkam.

96 *Gómez Jordana y Susa* (1876–1944): prowestlicher span. General, übernahm anfangs Sept. 1942 das Aussenministerium.
Sikorski, Katyn: s. Anm. 87.

97 *Déat* (vgl. Anm. 16, 84) wandte sich als Pazifist am 4. Mai 1939 mit einem Artikel unter dem Titel «Mourir pour Dantzig?» (in *L'Œuvre*) gegen den Krieg. 1920 wurde Danzig aus dem Dt. Reich herausgelöst und als Freie Stadt einem Völkerbundskommissar unterstellt; letzter Völkerbundskommissar (1937–1939) war der Schweizer *Carl Jacob Burckhardt* (1891–1974). Am 1. Sept. 1939 wurde die Stadt dem Dt. Reich wieder eingegliedert und zur Hauptstadt des Reichsgaues Danzig-Westpreussen bestimmt.

Polnischer Korridor: 1919 durch den Vertrag von Versailles errichtet: Zugang Polens zur Ostsee. Grosspolen: das geteilte Polen wurde am 11. Nov. 1918 als unabhängiger Staat wiederhergestellt, doch die Rückgabe der von Polen beanspruchten Territorien verlief schleppend. Führende Persönlichkeit war *Josef Pilsudski* (1867–1935). In der Zwischenkriegszeit vergrösserte Polen sein Territorium beträchtlich über die ethnographischen Grenzen hinaus: ein Dauerkonflikt mit Litauen und der Tschechoslowakei sowie Spannungen im Verhältnis zum Dt. Reich und zum Sowjetstaat waren die Folge.

98 August 1939/Juli 1941: Die Sowjetunion besetzte am 17. Sept. 1939 die ostpolnischen Gebiete – in Übereinstimmung mit einem Geheimen Zusatzprotokoll zum Dt.-sowjet. Nichtangriffspakt (*Hitler-Stalin*-Pakt) vom 23. Aug. 1939, den Deutschland mit dem Überfall auf die Sowjetunion vom 22. Juni 1941 brach. Die poln. Exilregierung in London schloss am 30. Juli 1941 mit den Sowjets ein Abkommen zur Unterstützung des Kampfs gegen Deutschland mit einer poln. Exilarmee in der Sowjetunion, aber ohne Gewähr für eine Wiederherstellung der poln. Ostgrenzen.

99 *Hans Frank* (1900–1946; hingerichtet): Jurist und Politiker; 1939 Generalgouverneur im besetzten Polen, einer der Hauptverantwortlichen für die Gewalttaten der SS und Polizei im Generalgouvernement.

100 *Boris III.* (1894–1943): seit 1918 König von Bulgarien, Tod unter ungeklärten Umständen. 1941 Beitritt Bulgariens zum Dreimächtepakt (ohne Teilnahme am Krieg gegen die Sowjetunion) und zum Antikominternpakt (Anm. 110).
Nikolaus Horthy von Nagybánya (1868–1957): ungar. Politiker, 1920–1944 Reichsverweser; leitete im Okt. 1944 die Waffenstillstandsverhandlungen mit den Alliierten ein, wurde deshalb von *Hitler* in Deutschland interniert.
Josef Tiso (1887–1947; hingerichtet): slowak. Politiker und katholischer Theologe, 1939–1945 Staatspräsident der Slowakei; unterstützte *Hitler* auch bei der «Endlösung der Judenfrage».
Ante Pawelitsch (1889–1959): kroat. Politiker, Jurist, gründete 1929 die kroat. Unabhängigkeitsbewegung Ustascha (»Aufstand«); 1941 Staatschef des von den Achsenmächten gestützten Unabhängigen Staates Kroatien.

101 *Carlo Scorza* (*1897): Journalist, Abgeordneter; wurde im April 1943 letzter Sekretär der faschistischen Partei. Nach dem Sturz *Mussolinis* Flucht ins Ausland, 1945 nach Argentinien.
Robert Ley (1890–1945; Selbstmord): ab 1933, nach der Zerschlagung der Gewerkschaften, Leiter der Deutschen Arbeitsfront, DAF; setzte eine kollektive und normierte Freizeitgestaltung durch.

102 *Eduard Benesch* (1884–1948): 1935–1938 Staatspräsident der Tschechoslowakei, im Okt. 1938 Rücktritt und Exil. Ab 1940 Präsident der Exilregierung in London.

103 Bizerta (frz. Bizerte): Hafenstadt an der Nordküste Tunesiens, am 7. Mai 1943 zusammen mit Tunis von den Alliierten besetzt; Mateur: südlich von Biserta, am 3. Mai von den Alliierten besetzt. Am 13. Mai kapitulierten die Achsentruppen.

104 Cap Bon: die Halbinsel von Kelibia im Norden Tunesiens endet im Cap Bon; dort wurden etwa 70 000 Mann der Achsentruppen von den Alliierten eingeschlossen.

105 Dt. Einmarsch in Belgien und Holland: am 10. und 15. Mai 1940. Kabinett *Churchill*: ab 10. Mai 1940. Gedenktag der Jeanne d'Arc: 30. Mai (Tag der Heiligsprechung 1920). Tag des Impero: der 9. Mai; Italien erklärte am 9. Mai 1936 die Annexion Abessiniens, König (1900–1946) *Viktor Emanuel III.* (1869–1947) nahm daraufhin den Titel «Kaiser von Äthiopien» an.
Attilio Teruzzi (1882–1950): schloss sich in der Krise der Nachkriegszeit den Faschisten an; leitete sieben Jahre lang (bis 1935) die Milizia volontaria sicurezza nazionale (MVSN). 1939–1943 Minister für Ital.-Afrika.

106 Bei von Tunis: *Mohammed VII. el-Moncef*, 1942–1943 im Amt, vertrat den Standpunkt der Nationalisten und wurde nach Einmarsch der Alliierten unter dem Vorwurf der Kollaboration mit den Deutschen abgesetzt; dies machte ihn zum Märtyrer (s. auch unter dem Datum vom 22. Mai).

107 «Christentum und Kattun»: Anspielung auf die enge Verflechtung zwischen Missionierung und Kolonialhandel in Indien.

108 Münchener Abkommen: am 29.Sept. 1938 unter Ausschluss der Tschechoslowakei abgeschlossener Vertrag zwischen dem Dt. Reich, Grossbritannien, Frankreich und Italien, wonach die sude-

tendeutschen Gebiete vom 1. bis 10. Okt. 1938 von den Tschechen geräumt und von den Deutschen besetzt werden sollten; in einer Zusatzerklärung kamen noch Gebietsabtretungen an Polen und Ungarn hinzu: Polen besetzte anfangs Okt. 1938 das Teschener Gebiet, Ungarn erhielt anfangs Nov. 1938 die Südslowakei. Höhepunkt der brit.-frz. Appeasement-Politik.
Draža Mihajlović (1893–1946; hingerichtet): jugoslaw. General, begann im Mai 1941 mit seinen serb.-nationalistischen königstreuen Tschetniks den Aufstand gegen die dt. Besatzungsmacht; geriet in Gegensatz zu den kommunistischen Partisanen *Josip Titos*, eigentl. *Josip Broz* (1892–1980).

109 «Talsperren des Ruhrgebietes»: Sprengung des Möhnetal- und des Edertal-Stauwerks am 16./17. Mai 1943, was zu riesigen Überschwemmungen führte.
Louis Barthou (1862–1934; ermordet, zus. mit König *Alexander I.* von Jugoslawien): frz. Politiker, vertrat vor und nach dem Ersten Weltkrieg eine deutschfeindliche Politik; war Ministerpräsident (1913) und Vorsitzender der Reparationskommission.

110 Dritte Internationale/Komintern: s. Anm. 33.
Antikominternpakt: dt.-jap. Abkommen von 1936 zur Bekämpfung der Komintern; im geheimen Zusatzprotokoll Bestimmungen über gegenseitige Neutralität im Falle eines Angriffs von Seiten der Sowjetunion. Das eigentl. Ziel des Abkommens, die aussenpolitische Isolierung der UdSSR, wurde geopfert durch den dt.-sowjet. Nichtangriffspakt von 1939 und durch das russ.-jap. Neutralitätsabkommen von 1941. Weitere Staaten schlossen sich dem Pakt an.

111 *Otto Wilhelm Kuusinen* (1881–1964): sowjet. Politiker finn. Herkunft; 1918 Mitgründer der finn. KP, 1921–1939 Mitglied des ständigen Sekretariats der Komintern. Im finn.-sowjet. Winterkrieg Chef der sowjet.-finn. Gegenregierung; 1940–1956 Staatspräsident der Karelo-Finn. Sowjetrepublik.

112 *Wladimir Iljitsch Lenin*, eigentl. *Uljanow* (1870–1924): entwickelte die theoretischen Grundlagen eines revolutionären Programms nach den Lehren von *Marx* und *Engels* während seiner Verbannung nach Sibirien (1896–1899). Organisierte die Oktoberrevolution von 1917 und die Ergreifung der Staatsmacht durch die Bolschewiki u. a. unterstützt von *Leo Dawidowitsch Trotzki* (1879–1940; ermordet) und *Grigorij Jewsejewitsch Sinowjew* (1883–1936; hingerichtet).
Maurice Thorez (1900–1964): frz. Politiker, ab 1930 Generalsekretär der frz. KP; 1928–1939 als Abgeordneter Exponent der Volksfrontpolitik, 1939–1944 in der Sowjetunion.
Robert Wagner (1895–1945; standrechtlich erschossen): Gauleiter in Baden, ab 1933 Reichsstatthalter; Aug. 1940: Leitung der dt. Zivilverwaltung im Elsass, verantwortlich für die Deportation der Juden im unbesetzten Frankreich und aus seinem eigenen Gau.

113 *Henry Ford* (1863–1947): amerikan. Unternehmer, gründete 1903 die Ford Motor Company.
Die Konferenz in Hot Springs (Virginia, USA) fand vom 8. Mai bis zum 3. Juni 1943 statt; beraten wurde über die Organisation der Ernährung nach dem Krieg.

114 Am 30. Mai 1943.

115 Am 3. Juni 1943 wurde das Comité français de libération nationale (CFLN) aus sieben Kommissaren gebildet: *de Gaulle* und *Giraud* teilten sich in das Amt des Präsidenten; jeder von ihnen bestimmte zwei weitere Kommissare – *René Massigli* und *André Philip* auf der Seite *de Gaulles, Jean Monnet* (1888–1979; frz. Wirtschaftspolitiker) und General *Alphonse-Joseph Georges* (1875–1951; bei Kriegsausbruch Oberbefehlshaber im nordöstlichen Frontabschnitt) auf der Seite *Girauds*; *Catroux* wurde von beiden Präsidenten zusammen gewählt.
«Anschluss der in Alexandria liegenden frz. Flottenstreitkräfte»: am 30. Mai 1943; es handelte sich um ein altes Schlachtschiff, vier Kreuzer und ein U-Boot.

116 *René Benjamin* (1885–1948): erhielt für seinen Kriegsroman *Gaspard* 1915 den Prix Goncourt und wurde 1938 Mitglied der Académie Goncourt (Ausschluss 1947). Anhänger *Pétains*.

117 «‹Revolution› in Argentinien»: unter der Führung von General *Arturo Rawson* (1885–1952) Militärputsch gegen den Staatspräsidenten *Ramón S. Castillo* (1873–1944) am 4. Juni 1943; anschliessend Machtübernahme durch *Pedro Pablo Ramírez* (1884–1962), der dann mit den Achsenmächten brach.
Émile Muselier (1882–1965): gehörte dem Comité national français in London an, war aber *de Gaulle* feindlich gesinnt; schloss sich schliesslich *Giraud* an.

118 *Prinz Eugen* (1663–1736): österr. Feldmarschall und Staatsmann, grösster Feldherr seiner Zeit (grosser Türkenkrieg, Span. Erbfolgekrieg), hervorragender Staatsmann; liess das Schloss Belvedere in Wien erbauen.
Der Alte Fritz: *Friedrich II., der Grosse* (1712–1786): Der zwischen humanitärem Idealismus und Staatsräson stehende «grosse Friedrich» hatte auch seine volkstümlichen Züge und wurde zur fast legendären Gestalt; machte Preussen zur europ. Grossmacht.
Kaiser Rotbart: *Friedrich I., Barbarossa* (um 1125–1190), aus dem Hause der Staufer, deren Besitz er ausbaute; nahm am dritten Kreuzzug teil, ertrank dabei im südanatol. Fluss Saleph.
Alexander der Grosse (356–323 v. Chr.): König von Makedonien, trug durch seinen grossen Feldzug bis nach Indien die griech. Kultur weit nach dem Osten.
Albert Speer (1905–1981): Architekt und nat.soz. Politiker; 1937 Generalbauinspektor für Berlin, 1942–1945 Reichsminister für Bewaffnung und Munition. Widersetzte sich ab Ende 1944 den Zerstörungsbefehlen *Hitlers*.

119 «1918!»: Anspielung auf das Waffenstillstandsabkommen, das am 11. Nov. 1918 in Compiègne bei Paris zwischen dem Dt. Reich und den Alliierten mit harten Bedingungen für Deutschland abgeschlossen wurde.
Pantelleria: vom 9. Mai 1943 an wurde die stark befestigte Insel immer wieder aus der Luft und von der See her bombardiert; Einnahme nachdem die Besatzung der Insel am 11. Juni kapituliert hatte. Die Pelagischen Inseln Lampedusa, Lampione und Linosa wurden gleich nach dem Fall von Pantelleria von den Alliierten besetzt (s. unter dem 19. Juni 1943).

120 *Vittorio Mussolini* (1919–1999): Sohn *Benito Mussolinis*, Offizier der ital. Luftwaffe.

121 Home Guards: Bürgerwehr (in Grossbritannien ab 1940).

122 Vested interests: rechtmässige Interessen.
Amerikan. Kohlenarbeiterstreik: 21./22. Juni 1943, 500 000 Arbeiter im Ausstand.

123 *Charles Maurras* (1868–1952): Politiker und Schriftsteller; 1898 Mitbegründer der nationalistischen, antisemitischen und royalistischen Bewegung Action française, die 1936 aufgelöst wurde. Die Zeitung *Action française* unterstützte seit 1940 die Regierung *Pétain*.

124 *John Llewellyn Lewis* (1880–1969): 1920–1960 Vorsitzender der grössten Bergarbeitergewerkschaft (United Mine Workers); unterstützte anfänglich die Politik *Roosevelts*, wandte sich dann dem Republikaner *Willkie* zu.

125 «1919!»: Anspielung auf den Friedensvertrag von Versailles vom 28. Juni 1919. Die Reparationsforderungen an Deutschland warfen die Frage der Kriegsschuld auf und gaben der Revisionspropaganda der Weimarer Republik (Reichsverfassung vom 11. Aug. 1919) Nahrung. *Hitler* benutzte dann das Vertragswerk, um unter der Parole «Selbstbestimmungsrecht» die Deutschen auf den Krieg vorzubereiten.

126 *Dino Grandi* (1895–1988): 1939–1943 Justizminister, am Sturz *Mussolinis* beteiligt.

127 *Das Schwarze Korps*: 1935–1945 Organ der Schutzstaffel (SS) der NSDAP.

128 Die «neue deutsche Offensive an der Ostfront» (Unternehmen Zitadelle) begann am 5. Juli 1943 von Orel und Bjelgorod aus und richtete sich gegen den in die dt. Front vorgetriebenen sowjet. Frontbogen um Kursk; sie endete in der Schlacht bei Kursk mit den grössten Panzerkämpfen des Zweiten Weltkriegs; diese letzte grosse Offensive dt. Streitkräfte musste am 13. Juli abgebrochen werden.

129 Winniza (Winnyzia): Gebietshauptstadt in der Ukraine, beidseits des Bug. Während der stalinistischen Säuberungen von 1937/38 wurden in Winniza mehr als 9000 ukrainische Bürger exekutiert; deren Leichen wurden 1943 von den Nationalsozialisten in Massengräbern entdeckt, was daraufhin propagandistisch ausgenutzt wurde.
GPU: politische Polizei der Sowjetunion; 1922 aus der Tscheka (der Ausserordentlichen Kommission zum Kampf gegen Konterrevolution und Sabotage) hervorgegangen, später KGB.
Sikorski kam am 5. Juli 1943 bei einem Flugzeugabsturz bei Gibraltar ums Leben.

130 *Alfred de Musset* (1810–1857): frz. Dichter der Romantik.

131 Invasion Siziliens: nach heftigen Luftangriffen landeten am 10. Juli 1943 unter dem Oberbefehl General *Eisenhowers* brit. und amerikan. Streitkräfte im Südosten Siziliens, das sie bis zum 17. Aug. in ihren Besitz brachten.

Mario Appelius (1892–1946): ital. Schriftsteller, Journalist, passte sich im Zweiten Weltkrieg als Kriegsberichterstatter völlig den propagandistischen Zielen des Faschismus an.

132 *Roosevelt* und *Churchill* richteten ihre Botschaft am 16. Juli 1943 an das ital. Volk; sie wurde von alliierten Fliegern über allen ital. Städten abgeworfen und über die Rundfunksender verbreitet.
Giovanni Gentile (1875–1944; ermordet): Philosoph, 1922–1924 Unterrichtsminister in der Regierung *Mussolinis*; führte 1923 eine grundlegende Schulreform durch.

133 Das Comité français de libération nationale (s. Anm. 115) wurde durch die Alliierten erst nach dessen Umstrukturierung de facto anerkannt. Die Amerikaner stützten sich auf *Giraud*; im Lauf des Sommers 1943 erwirkte *de Gaulle* eine Trennung der politischen und militärischen Funktionen des Komitees, ein Dekret schloss *Giraud* am 2. Okt. endgültig von der Präsidentschaft und von der politischen Einflussnahme aus.

134 Pak: Panzerabwehrkanone.

135 «Hauptstadt des ‹gefährlichen Lebens›»: Rom. In *Die fröhliche Wissenschaft* (1882) von *Friedrich Wilhelm Nietzsche* (1844–1900) gibt es folgende Stelle (*283*): «Glaubt es mir! – das Geheimnis, um die grösste Fruchtbarkeit und den grössten Genuss vom Dasein einzuernten heisst: gefährlich leben!» *Benito Mussolini* hat daraus den Schlachtruf für seine Schwarzhemden bezogen: «vivere pericolosamente». Wir verdanken diesen Hinweis Herrn Robert Nef, St. Gallen.

136 Am 19. Juli 1943 in Feltre, Prov. Belluno.

137 Nationalkomitee «Freies Deutschland» (NKFD): am 13. Juli 1943 auf Initiative der sowjet. Führung in Krasnogorsk bei Moskau gegr. Organisation; im Gründungsmanifest Verurteilung der NS-Verbrechen, Aufruf zum Sturz des *Hitler*-Regimes und zur Rettung Deutschlands. Wöchentliche Zeitung *Freies Deutschland*, Rundfunkstation unter gleichem Namen.
Erich Weinert (1890–1953): Schriftsteller, ab 1933 im Exil; Teilnahme am Span. Bürgerkrieg.
Graf Heinrich von Einsiedel (*1921): Leutnant, ab Aug. 1942 in sowjet. Kriegsgefangenschaft.
Wilhelm Pieck (1876–1960): 1933 Emigration nach Paris, ab 1938 in Moskau.
Peter Florin (*1921): 1933 in Frankreich, danach in der Sowjetunion.
«‹Polnisches Komitee› in Moskau»: am 1. März 1943 in Moskau Bildung des Verbandes polnischer Patrioten als Kern einer künftigen kommunist. Regierung Polens (bekanntgegeben am 8. Mai 1943).

138 *Mussolini* wurde am 25. Juli 1943 von König *Viktor Emanuel III.* zum Rücktritt gezwungen und dann verhaftet (s. auch Anm. 198); *Pietro Badoglio* (1871–1956) übernahm die Regierung.

139 «Alliierte Militärverwaltung»: ab 18. Juli 1943 nahm auf Sizilien die Allied Military Government for Occupied Territory (AMGOT) ihre Tätigkeit auf.

140 Sonnwend und Julfest: Feiern im nat.soz. Festtagszyklus, der ein zentrales Element der nat.soz. Propaganda war. Sonnwendfeier: wurde jeweils am 23. Juni und am 21. Dez. gefeiert; Jul-Fest (Jul: altgerman. Feier der Wintersonnenwende): Sonnwendfeier vom 21. Dez., wurde von der SS anstelle des christl. Weihnachtsfestes propagiert.
«Totale Mobilmachung»: Als sich der Zusammenbruch der 6. Armee bei Stalingrad abzeichnete, forderte *Hitler* am 13. Jan. 1943 die «totale Mobilisierung» sämtlicher materieller und personeller Ressourcen zur Sicherung des «Endsieges»; schliesslich rief *Goebbels* am 18. Febr. 1943 in einer Rede im Berliner Sportpalast offiziell den «totalen Krieg» aus, was sich auch in einer zunehmenden Radikalisierung der das Alltagsleben betreffenden Massnahmen ausdrückte.

141 Charkow: Gebietshauptstadt in der Ukraine; am 5. Aug. 1943 begannen die Sowjets eine Offensive gegen die Heeresgruppe Süd, Charkow musste von den Deutschen am 23. Aug. geräumt werden. Brjansk: Gebietshauptstadt der UdSSR, von der Heeresgruppe Mitte am 20. Sept. aufgegeben.

142 Quebec: 14.–24. Aug. 1943 Konferenz *Churchills* und *Roosevelts*; man beschloss, den Krieg im Mittelmeerraum nicht weiter zu intensivieren und im Mai 1944 von der brit. Insel aus zur Invasion Frankreichs zu starten. *Stalin* wurde darüber am 26. Aug. informiert.
Karl Liebknecht (1871–1919): sozialist. Politiker auf der äussersten Linken der SPD, Kriegsgegner. Übernahm 1918 zusammen mit *Rosa Luxemburg* (1870–1919) die Leitung des linksradikalen Spartakusbundes, der die bolschew. Richtung vertrat. Beide waren Mitbegründer der Kommun.

Partei Deutschlands (KPD). Nach dem Spartakusaufstand (Generalstreik, Unruhen, Strassenkämpfe) vom 6. bis zum 15. Jan. 1919 in Berlin wurden *Liebknecht* und *Luxemburg* nach ihrer Verhaftung am 15. Jan. von regierungstreuen Truppen ermordet.

Richard Scheringer (1904–1986): Soldat der Reichswehr (Streitkräfte der Weimarer Republik); wegen «des Versuchs einer nat.-soz. Zellenbildung innerhalb der Reichswehr» im Ulmer Reichswehrprozess 1930 zu Festungshaft (nicht entehrende Freiheitsstrafe) verurteilt. 1931 Wechsel zur KPD.

Thomas Mann (1875–1955): 1929 Nobelpreis für Literatur; emigrierte 1934 zunächst in die Schweiz, dann in die USA, im Dritten Reich 1936 ausgebürgert. Lebte nach dem Krieg wieder in der Schweiz.

Lion Feuchtwanger (1884–1958): Schriftsteller aus jüdischer Familie, lebte seit 1933 in der Emigration, ab 1941 in Kalifornien; im Dritten Reich ausgebürgert.

143 *Brendan Bracken* (1904–1958): 1940/41 Privatsekretär *Churchills*, 1941–1945 Minister für Information.

Alexander Jefremowitsch Bogomolow (*1900): sowjet. Diplomat, Botschafter; 1940–1941 Botschaftsrat, dann Botschafter in Frankreich; 1941–1943 Botschafter bei den alliierten Regierungen in London; Ende 1943 bevollmächtigter Vertreter der Sowjetunion beim frz. Befreiungskomitee, 1944 Botschafter in Frankreich.

Iwan Michailowitsch Maiskij (1884–1975): 1932–1943 sowjet. Botschafter in London. Nahm als stellvertr. Aussenminister (1943–1946) an den Konferenzen von Jalta und Potsdam teil (1945).

Herbert Clark Hoover (1874–1964): 31. Präsident der Vereinigten Staaten (1929–1933). Kritisierte die Aussenpolitik *Roosevelts* und setzte sich für eine Politik der Nichtintervention ein.

William Christian Bullitt (1891–1967): Politiker und Schriftsteller, 1919 Mitglied der Friedenskommission in Paris; 1933 erster amerikan. Botschafter in Moskau, 1936–1941 Botschafter in Paris, 1941 Sonderbeauftragter im Nahen Osten.

144 «Umbildung der deutschen Regierung»: *Hitler* ernannte *Himmler* am 24. Aug. 1943 zum Reichsinnenminister.

145 3. Sept. 1943: Landung zweier brit. Divisionen in Kalabrien.

146 «Schweizerischer Kommentar zum Kriegsausbruch»: nachzulesen in der Morgenausgabe der *Neuen Zürcher Zeitung* vom 4. Sept. 1939 auf der ersten Seite unter dem Titel «Grossbritannien und Frankreich im Kriegszustand mit Deutschland».

147 Der Waffenstillstand zwischen den Alliierten und Italien wurde am 3. Sept. 1943 abgeschlossen (am Tag der alliierten Landung in Kalabrien) und zunächst, bis am 8. Sept., geheimgehalten; am 9. Sept. frühmorgens landeten US-Truppen bei Salerno. Damit bestand zwischen dem königlichen Italien und Deutschland de facto der Kriegszustand.

148 Nach der Unterzeichnung des Waffenstillstandes durch die Regierung *Badoglio* ergriffen die Deutschen Gegenmassnahmen: Entwaffnung und Gefangennahme oder Entlassung der Soldaten der ital. Armeen im Mutterland, in Südostfrankreich, in Jugoslawien, Albanien und Griechenland. Besetzung Roms am 10. Sept. 1943. Der König und *Badoglio* wichen nach dem von den Alliierten besetzten Bari aus, die ital. Flotte ging zu den Alliierten über. *Rommel* hatte am 18. Aug. den Oberbefehl über die Heeresgruppe B zur Verteidigung Italiens und zur Abwehr der Invasion übernommen. In Deutschland wurde am 9. Sept. für Italien eine faschistische Gegenregierung gegründet.

149 Dreibund: am 20. Mai 1882 auf fünf Jahre abgeschlossenes geheimes Verteidigungsbündnis zwischen dem Dt. Reich, Österreich-Ungarn und Italien, das immer wieder verlängert (und ergänzt) wurde; im Ersten Weltkrieg (1915/16) durch die ital. Kriegserklärung an die bisherigen Verbündeten gesprengt.

Poglawnik: Staatschef, gemeint ist *Ante Pawelitsch*.

150 *Mussolini* wurde am 12. Sept. 1943 durch dt. Truppen auf dem Gran Sasso in den Abruzzen befreit und nach Deutschland geflogen; trat daraufhin an die Spitze der am 9. Sept. gebildeten Gegenregierung; seine Partei hiess nun Republikanisch-faschistische Partei.

Benedetto Croce (1866–1952): Philosoph, Historiker, Politiker; 1920/21 und 1944 Unterrichtsminister, 1943–1947 Führer der Liberalen Partei. 1925 dokumentierte er seine Gegnerschaft zum Faschismus in einem Manifest.

151 *Albert Kesselring* (1885–1960): 1941–1945 Oberbefehlshaber Süd im Raum Italien und Nordafrika; den dt. Kräften gelang es, nördlich von Neapel eine Verteidigungsstellung aufzubauen und damit die Entfaltung der alliierten Invasionsarmeen zu verzögern.
152 Pearl Harbor (auf der hawaiischen Insel Oahu): am 7./8. Dez. 1941 jap. Angriff auf den dortigen US-Flottenstützpunkt.
Frederick Joseph Horne (1880–1959): 1942 im Marineministerium im Rang eines Vizeadmirals stellvertr. Leiter für Flottenoperationen, 1944 Admiral.
Louis Mountbatten (1900–1979; ermordet): brit. Admiral, eroberte 1944/45 das von den Japanern besetzte Burma zurück; 1947 letzter Vizekönig von Indien.
153 Mandschukuo: die von Japan besetzte Mandschurei wurde im Febr. 1932 zum selbständigen, aber unter jap. Protektorat stehenden Staat Mandschukuo erklärt; damit begann eine Periode der jap. Expansion auf dem chin. Festland.
154 *Hideki Tojo* (1884–1948; hingerichtet): jap. General und Politiker, 1941–1944 Ministerpräsident, bis 1945 Generalstabschef; Befürworter einer expansionistischen Aussenpolitik.
«C'est le point de vue de Sirius»: Anspielung auf *Voltaires* (1694–1778) kleinen philosophischen Roman *Micromégas* (1752); Micromégas, ein Bewohner des Sirius, reist durch das Weltall und betrachtet dabei die Erde aus seiner Sicht.
155 Kuban-Brückenkopf: Kuban: Fluss in Nordkaukasien, mündet ins Asowsche Meer. Der Kuban-Brückenkopf mit zunächst ca. 400 000 Mann sollte Teile der sowjet. Südarmeen binden; durch die sowjet. Offensiven bedrängt, mussten die Deutschen den Brückenkopf räumen und den erfolglosen Kaukasus-Feldzug im Okt. 1943 beenden. Ein Grossteil der dt. 17. Armee wurde Mitte Sept. 1943 in Noworossijsk und im Kuban-Brückenkopf aufgerieben.
156 Volksgerichtshof: durch Gesetz vom 24. Apr. 1934 zunächst als Sondergericht zur Aburteilung von Hoch- und Landesverrat geschaffen, ab 1936 als ordentliches Gericht etabliert; urteilte in erster und letzter Instanz, Rechtsmittel waren nicht zulässig; dokumentiert sind ca. 5200 Todesurteile. Das Gericht ahndete auch die Wehrkraftzersetzung in Form der Wehrdienstentziehung, Selbstverstümmelung, Anstiftung zur Fahnenflucht und sogar nichtöffentliche kritische Äusserungen (als Defätismus).
157 Räumung von Smolensk (am Dnjepr): am 25. Sept. 1943.
«Deutsches Komitee»: Nationalkomitee «Freies Deutschland», NKFD (s. Anm. 137).
«Deutscher Offiziersverband»: Bund Deutscher Offiziere, BDO, ein Zusammenschluss dt. Offiziere in sowjet. Kriegsgefangenschaft; entstanden am 12. Sept. 1943 in Lunjonow bei Moskau. BDO und NKFD schlossen sich zur Bewegung «Freies Deutschland» zusammen.
158 *Peter II.* (1923–1970): König von Jugoslawien (1934–1941), lebte seit Apr. 1941 in der Emigration.
Georg II. (1890–1947): König von Griechenland (1922–1924 und 1935–1947), musste nach der Ausrufung der Republik 1924 das Land verlassen; wurde 1935 wieder zurückgerufen.
Georgi Dimitrow (1882–1949): bulgar. Politiker, 1933–1942 Generalsekretär der Komintern, danach Führer der bulgar. KP.
Andrej Januarjewitsch Wyschinskij (1883–1954): Jurist, Politiker, ab 1920 Mitglied der sowjet. KP; 1935–1939 Generalstaatsanwalt, Hauptankläger der Moskauer Schauprozesse, russ. Vertreter im Mittelmeerkomitee (s. Anm. 229).
Moskauer Schauprozesse: 1936–1938, Säuberungen *Stalins* unter den höchsten Offizieren und den Parteiführern im Rahmen der Auseinandersetzung um seine diktatorische Regierungsform.
159 *William Averell Harriman* (1891–1986): 1941–1943 mit der Koordination des Lend-Lease-Systems (s. Anm. 83) betraut, 1943–1946 Botschafter in Moskau, Berater *Roosevelts* auf den Konferenzen von Casablanca (1943), Teheran (1943) und Potsdam (1945).
Edward Reilly Stettinius (1900–1949): 1944–1945 Aussenminister.
Sumner Welles (1892–1961): Diplomat und Schriftsteller, 1937–1943 Unterstaatssekretär im Aussenministerium, Ratgeber *Roosevelts*.
160 *(Isaac) Leslie Hore Belisha* (1893–1957): 1937–1940 Kriegsminister; warnte frühzeitig vor einem Durchbruch der Deutschen an der *Maginot*-Linie. Trat wegen persönlicher Differenzen mit seiner Umgebung zurück.

161 Nach Sabotageakten und Streiks verhängten die Deutschen am 29. Aug. 1943 das Kriegsrecht über Dänemark, worauf sechs dän. Kriegsschiffe nach Schweden flüchteten und weitere Teile der Flotte sich selbst versenkten; die bis dahin im Amt belassene dän. Regierung verweigerte nun die Zusammenarbeit mit den dt. Besatzern. Am 6. Okt. wurde der militär. Ausnahmezustand wieder aufgehoben. Der Versuch der Deportation der dän. Juden wurde durch eine Solidaritätsaktion der dän. Bevölkerung (vorwiegend in den ersten Oktoberwochen 1943) weitgehend vereitelt.

162 *George C. Marshall* (1880–1959): 1939–1945 Generalstabschef und militär. Berater *Roosevelts*; Urheber des *Marshall*-Plans (der 1947 eingeleiteten amerikan. Wirtschaftshilfe für die westeurop. Staaten).

163 *Alexej Nikolajewitsch Tolstoj* (1883–1945): russ. Erzähler, lebte nach 1917 bis 1923 in der Emigration; schloss sich nach der Rückkehr in die Sowjetunion der kommunistischen Bewegung an.
Jewgeni Varga (1879–1964): Berater *Stalins*, fiel wegen seiner positiven Beurteilung der kapital. Wirtschaft in Ungnade.
Harry Lloyd Hopkins (1890–1946): 1938–1940 Handelsminister, danach als Vertrauter *Roosevelts* auf Sondermissionen in Grossbritannien und der Sowjetunion.

164 «Alliierte Einheitsfront in der Italienpolitik»: am 13. Okt. 1943 erklärte das königliche Italien unter der Regierung *Badoglio* Deutschland den Krieg und wurde von den Alliierten als «mitkriegführende Macht» anerkannt.
Badoglio erhielt am 11. Mai 1936 den Titel eines Herzogs von Addis Abeba.
Richard Kidston Law (1901–1980): war gegen die Appeasement-Politik; ab 1940 in *Churchills* Kriegskabinett, 1941–1943 als Unterstaatssekretär und 1943–1945 als Minister des Äusseren.
Kaiser von Äthiopien: s. Anm. 105; König von Albanien: Italien besetzte Albanien im Apr. 1939 und vereinigte sich mit ihm in Personalunion, König (1928–1939) *Zogu I.* (1895–1961) floh ins Ausland.
König/Königreich von Jerusalem: Betitelung verschiedener europ. Herrschaftshäuser. Jerusalem war 1099 von fränkischen Rittern unter *Gottfried von Bouillon* (um 1060–1100) erobert worden und hatte unter dessen Bruder und Nachfolger *Balduin I.* (1058–1118) eine kurze Blütezeit als Königreich von Jerusalem erlebt. Ab 1244 stand Jerusalem unter der Herrschaft des Islam.
Haile Selassie I. (1892–1975): Kaiser (1930–1974; gestürzt) von Äthiopien (früher Abessinien); während der ital. Besetzung 1936–1941 in Grossbritannien im Exil.

165 Portugal überliess den Engländern und Amerikanern die Luft- und Flottenstützpunkte auf den Azoren am 12. Okt. 1943.
Antonio Oliveira Salazar (1889–1970): 1932–1968 Ministerpräsident, Staatsaufbau im autoritären und katholisch-ständischen Geist; verband die portugies. Überseegebiete enger mit dem Mutterland.

166 *Alfred Rosenberg* (1893–1946; hingerichtet): nat.soz. Politiker, 1921 Hauptschriftleiter des *Völkischen Beobachters*; versuchte sich als NS-Chefideologe zu profilieren, ab 1934 «Beauftragter des Führers für die Überwachung der gesamten geistigen und weltanschaulichen Schulung und Erziehung der NSDAP». 1941–1945 Reichsminister für die besetzten Ostgebiete.

167 *Romain Rolland* (1866–1944): frz. Dichter, Nobelpreis 1915; warnte vor Nationalismus und Chauvinismus, bekannte sich ab 1927 zum Kommunismus.
Rudolf G. Binding (1867–1938): rechtskonservativer Schriftsteller.
Erwin Guido Kolbenheyer (1878–1962): Schriftsteller, Vertreter völkischer, antikirchlicher Ideen.
Heinz Guderian (1888–1954): Generaloberst, Organisator der dt. Panzerwaffe, 1938 General der Panzertruppen. 1941 nach einer Kontroverse mit *Hitler* seiner Stellung enthoben; ab März 1943 Generalinspekteur der Panzertruppen, im März 1945 wieder entlassen.
Knut Hamsun, eigentl. *Pedersen* (1859–1952): norweg. Erzähler, Nobelpreis 1920; liess sich im späteren Leben vom nat.soz. Blut- und Bodenmythos beeindrucken und schloss sich der Partei *Quislings* an. Erliess 1940 bei der Besetzung Norwegens einen Aufruf zugunsten *Hitler*-Deutschlands, 1948 wegen Landesverrats verurteilt.
Paul Reynaud (1878–1966): wiederholt Minister und März bis Juni 1940 Ministerpräsident.

168 Moskauer Konferenz: vom 19.–30. Okt. 1943 tagten die Aussenminister Grossbritanniens, der USA und der Sowjetunion in Moskau.
169 *Hitler* hielt die hier erwähnte «berühmte Rede nach dem ersten Sommerfeldzug in Russland» am 3. Oktober 1941 anlässlich der Eröffnung des Winterhilfswerks (seit 1933, Sammlungen für Nothilfeaktionen).
Walther von Seydlitz-Kurzbach (1888–1976): setzte sich im Gegensatz zu *Paulus* und *Hitler* für eine Beendigung der Kämpfe im Kessel von Stalingrad ein, Jan. 1943 sowjet. Kriegsgefangenschaft; Vorsitzender des Bundes Dt. Offiziere und Vizepräsident des Nationalkomitees «Freies Deutschland».
170 «Exilregierung Jugoslawiens in Kairo»: nach der Kapitulation Jugoslawiens im Apr. 1940 wurde in London eine jugoslaw. Exilregierung gebildet; diese residierte von Aug. 1943 bis März 1944 in Kairo.
Konsultative Versammlung: Assemblée consultative provisoire (des Comité français de libération nationale, des Befreiungskomitees), gebildet anfangs Oktober 1943.
Widerstandsrat: Conseil national de la résistance, CNR, ein Zusammenschluss aller Widerstandsbewegungen Frankreichs im Frühjahr 1943; Begründer und erster Präsident war *Jean Moulin* (1899–1943; ermordet).
Henri Adrien Calloc'h de Kérillis (1889–1958): Journalist, Politiker, sprach sich als einziger rechter Abgeordneter gegen das Münchener Abkommen aus; emigrierte im Juni 1940 in die USA.
171 Das Treffen zwischen *Eden* und dem türk. Aussenminister fand am 6. Nov. 1943 statt.
172 Mecklenburg: im Jan. 1934 aus den Herzogtümern Mecklenburg-Schwerin und Mecklenburg-Strelitz zum Land Mecklenburg vereinigt.
Thüringen: nach der Abdankung der thüringischen Dynastien (1918) im Mai 1920 Einigung als Land Thüringen; im Jan. 1934 als Reichsgau Gauleiter *Sauckel* unterstellt.
Württemberg: das ehemalige Königreich Württemberg wurde 1918 Freistaat, 1919 erhielt es eine neue Verfassung; ab 1933 einem Reichsstatthalter unterstellt.
Memelgebiet: als Teil Ostpreussens überwiegend von Deutschen bewohnt; 1923 von lit. Freischärlern besetzt, 1924 Litauen zugesprochen, 1939 an Deutschland zurückgegeben.
«Wiener Februarkämpfer von 1934»: blutige Strassenkämpfe zwischen der 1923 gegründeten sozialistischen Heimwehr «Republikanischer Schutzbund» und den Kräften der austrofaschistischen Regierung von *Engelbert Dollfuss* (1892–1934; ermordet).
173 Es geht um eine von dem Demokraten *Thomas Terry Connally* (1877–1963) im Senat eingebrachte Resolution über die Teilnahme der Vereinigten Staaten an einer internat. Organisation zur Aufrechterhaltung des Friedens (der späteren UNO); sie wurde am 5. Nov. 1943 angenommen.
174 «Deutsche ‹Revolution›»: Novemberrevolution, der politische Umsturz in Deutschland im Nov. 1918, der das Ende der Monarchie und den Übergang zur parlamentarisch-demokratischen Republik einleitete.
«Thüringer Landtagswahlen von 1933»: die starke Zunahme der NSDAP brachte dieser ab 1930 die Regierungsbeteiligung (s. auch Anm. 172).
Hitler machte den misslungenen Putsch im Bürgerbräukeller in München nach der Machtergreifung zu einer propagandistischen Legende und zu einem Triumph, der alljährlich mit einem «Marsch zur Feldherrenhalle» gefeiert wurde; die Rede zu diesem Jahrestag hielt er am 8. Nov. 1943 in München.
175 *Alexander Wassiljewitsch Suworow* (1730–1800): erfolgreicher russ. Feldherr unter *Katharina II., der Grossen* (1729–1796; Kaiserin 1762–1796).
Eroberung von Kiew: am 5. Nov. 1943.
176 Jakobinischer Wohlfahrtsausschuss: frz. Comité de Salut public, die revolutionäre Regierungsbehörde des frz. Nationalkonvents 1793–1795.
André Le Troquer (1884–1963): von der sozialistischen Partei zunächst nach London, dann (Okt. 1943) nach Algier entsandt; Einsitz in der Assemblée consultative provisoire des Befreiungskomitees (s. Anm. 170); Kriegskommissar (Nov. 1943), Kommissar für die Luftstreitkräfte (April 1944), Kommissar für die Verwaltung der befreiten Territorien (bis Aug. 1944).

Henri Queuille (1884–1970): war verschiedentlich Minister, nahm nach 1940 Kontakt mit der Résistance auf und gelangte 1943 nach London, wo er sich *de Gaulle* anschloss; koordinierte die Aktivitäten der verschiedenen Kommissariate, war bei *de Gaulles* Abwesenheit dessen Stellvertreter im frz. Nationalkomitee.

Pierre Mendès-France (1907–1982): floh 1940 nach Nordafrika, von dort 1942 nach London zu *de Gaulle*; 1943–1944 Finanzkommissar im Befreiungskomitee, 1944–1945 Wirtschaftsminister.

Louis Marin (1871–1960): wurde 1925 Präsident der nationalistisch orientierten Fédération républicaine, Inhaber vieler politischer und administrativer Ämter; war gegen einen Ausgleich mit Deutschland und, als stellvertr. Ministerpräsident im Kabinett *Reynaud*, gegen den Waffenstillstand von 1940. Mitglied der Assemblée consultative provisoire.

Louis Jacquinot (*1898): 1940 (ebenfalls im Kabinett *Reynaud*) Unterstaatssekretär im Innenministerium, dann Rückkehr an die Front und schwere Verwundung; als Gegner von Vichy in die Résistance, Flucht über Spanien nach London zu *de Gaulle*, der ihn als Kommissar des Befreiungskomitees mit der Reorganisation der Kriegsmarine beauftragte; 1944 Kriegsminister.

René Mayer: (1895–1972): arbeitete 1940–1943 in der Widerstandsbewegung im nicht besetzten Frankreich, dann Flucht über Spanien und Portugal nach Nordafrika; bis 1944 zunächst Mitarbeiter *Girauds*, dann *de Gaulles* im Befreiungskomitee und nach der Befreiung in der Provisorischen Regierung *de Gaulles*.

177 *Félix Éboué* (1884–1944): erster schwarzer Gouverneur der frz. Kolonie Guadeloupe und 1938 des Tschad, 1940 Gouverneur von Frz.-Äquatorialafrika.

«Krise im Libanon»: am 11. Nov. 1943 Ausnahmezustand wegen schwerer Unruhen, Präsident und Ministerpräsident von den frz. Behörden verhaftet. General *Catroux* hatte am 27. Nov. 1941 die Unabhängigkeit der frz. Mandatsgebiete Libanon und Syrien (beide seit 1920) proklamiert, doch blieben beide de facto frz., was zu heftigen Auseinandersetzungen führte.

178 *Thomas Edward Lawrence* (1888–1935): Archäologe und Sprachforscher. Wurde als politischer Agent Englands zum Organisator des Araberaufstandes (1916–1918) gegen die Türken und zum Vorkämpfer arab. Unabhängigkeit; geriet in immer grösseren Gegensatz zur brit. Orientpolitik, schied 1922 aus dem brit. Kolonialamt aus.

Abdallah ibn Hussein (1882–1951; ermordet): Emir des selbständigen Emirats Transjordanien (unter brit. Mandatsverwaltung ab März 1923), nahm 1946 den Königstitel an.

«Das ‹Problem Palästina›»: Transjordanien, das Gebiet westlich des Jordans, wurde 1921 von Palästina abgetrennt und als Geltungsbereich der *Balfour*-Deklaration definiert; mit dieser Deklaration vom 2. Nov. 1917 unterstützte die brit. Regierung «die Schaffung einer nationalen Heimstätte in Palästina für das jüdische Volk», wobei die Rechte bestehender nichtjüdischer Gemeinschaften nicht beeinträchtigt werden sollten. Grossbritannien übernahm 1923 das Palästina-Mandat vom Völkerbund. *Arthur James Balfour* (1848–1930) war 1916–1919 Aussenminister.

179 *William Daniel Leahy* (1875–1959): Stabschef *Roosevelts* während des Kriegs, von Dez. 1940 bis Juli 1942 Botschafter Washingtons in Vichy.

180 Sangro: Fluss in Mittelitalien, entspringt in den Abruzzen und mündet in das Adriat. Meer; Garigliano: Fluss in Unteritalien, entspringt in den Abruzzen und mündet in den Golf von Gaeta im Tyrrhenischen Meer.

181 «Reichsmarschall Meier»: Im Laufe des Luftkrieges gegen England kam es im Sommer/Herbst 1940 zu brit. Luftangriffen auf Berlin, die *Göring* «als persönliche Beleidigung» empfand, hatte er doch «früher nicht nur lautstark versprochen, man könne ihn Meier nennen, er würde auch einen Besen fressen, sollte jemals ein feindlicher Bomber Berlin erreichen» (wie *David Irving* in seinem Buch *Göring*, München und Hamburg 1987, S. 445 schreibt). Wir danken Dr. Jürg Stüssi-Lauterburg für diesen Hinweis. Die Deutschen nannten den Reichsmarschall daraufhin auch «Besenmeier».

182 Die Konferenz von Kairo zwischen *Roosevelt*, *Churchill* und Marschall *Tschiang Kai-schek* (1887–1975) fand vom 22. bis zum 26. Nov. 1943 statt.

183 Die Konferenz der «Grossen Drei» (*Roosevelt*, *Stalin*, *Churchill*) in Teheran dauerte vom 28. Nov. bis zum 1. Dez. 1943. Es wurde u. a. festgelegt, dass die westalliierte Invasion in Frankreich im Mai 1944 stattfinden solle.

184 Reichstagsbrand: am 27. Febr. 1933; *von Hindenburg* erliess am 28. Febr. die Reichstagsbrandverordnung «zum Schutz von Volk und Staat»; sie setzte die politischen Grundrechte der Weimarer Republik ausser Kraft und stellte einen Schritt auf dem Weg zur nat.soz. Diktatur dar.
Kraft durch Freude (KdF): nat.soz. Gemeinschaft, Unterorganisation der Dt. Arbeitsfront; massenwirksamste und populärste Organisation des nat.soz. Regimes, bot ein grosses touristisches und kulturelles Freizeitprogramm an.
Hitler-Jugend (HJ): Jugendorganisation der NSDAP; unter dem Prinzip «Jugend wird durch Jugend geführt» widmete sich die Organisation der politischen Schulung und körperlichen Ertüchtigung der dt. Jugend. Ab 1940 Beizug der Jugendlichen zu soz. und landwirtschaftl. Arbeiten und schliesslich auch zum Kampfeinsatz (v.a. in der Normandie im Sommer 1944).

185 Die zweite Konferenz von Kairo, diesmal zwischen *Roosevelt*, *Churchill* und dem türk. Staatspräsidentene *Inönü*, fand vom 2. bis zum 6. Dez. 1943 statt. Die Türkei lehnte einen Kriegseintritt gegen militärische Unterstützung ab.
Numan (Rifat) Menemencioglu (1892–1958) war 1942/43 türk. Aussenminister.
Bolivien hatte bereits am 7. Apr. 1943 den Kriegszustand mit Deutschland, Italien und Japan erklärt.

186 «Vergeltung», «neue Waffe»: mit sogenannten Vergeltungs- oder V-Waffen wollte man die technische Überlegenheit der westlichen Alliierten im Luftkrieg vergelten; ab Mitte 1943 wurde der Wunderwaffenmythos propagandistisch eingesetzt. Die V-Waffen bestanden aus versch. Fernkampfmitteln, welche die Erwartungen aber nicht ganz erfüllten oder unbrauchbar waren.
«*eine* Waffe»: gemeint ist Giftgas.

187 Der Dreimächtepakt vom 27. Sept. 1940 wurde nach Ausbruch des Krieges mit der Sowjetunion am 11. Dez. 1941 durch ein Abkommen ergänzt, wonach kein Staat ohne Einverständnis mit den übrigen Vertragspartnern einen Waffenstillstand oder Frieden abschliessen dürfe. Vertiefung des Paktes durch das am 18. Jan. 1942 zwischen den drei Hauptmächten abgeschlossene Militärbündnis.

188 «Jenes ‹Das habe ich nicht gewollt› Wilhelms II.»: Sinngemäss findet sich das Gesagte in: Kaiser Wilhelm II., *Ereignisse und Gestalten aus den Jahren 1878–1918*, Leipzig und Berlin 1922, S. 290: «Ich glaube an das deutsche Volk und an die Fortsetzung seiner friedlichen Mission auf der Welt, die durch einen furchtbaren Krieg unterbrochen wurde, den Deutschland nicht gewollt, also auch nicht verschuldet hat.» Wir danken Dr. Jürg Stüssi-Lauterburg für diesen Hinweis. *Wilhelm II.* (1859–1941), war von 1888–1918 dt. Kaiser und König von Preussen.
30. Nov. 1943: Verhaftung von Professoren und Studenten der Universität Oslo durch die Gestapo.
Die Massenverhaftung von Studenten der Universität Strassburg in Clermont fand am 25. Nov. 1943 statt.

189 «Regierung der ‹dritten Front› in Jugoslawien»: *Tito* berief im Nov. 1943 einen Antifaschistischen Rat für die nationale Befreiung ein, bildete ein regierungsähnliches Volksbefreiungskomitee, dessen Vorsitzender er wurde, und übernahm die Funktion des Marschalls der Nationalen Befreiungsarmee.

190 «Kriegsverbrecherprozess von Charkow»: am 16. Dez. 1943. Im Verlauf des Russlandfeldzuges wurden am 29./30. Sept. 1941 in der nördlich von Kiew gelegenen Schlucht Babi Jar 33771 ukrain. Juden einschliesslich Frauen und Kinder durch eine Einsatzgruppe der Sicherheitspolizei und des Sicherheitsdienstes ermordet. Im Aug. 1943 mussten jüdische KZ-Arbeitskommandos im Rahmen der in ganz Osteuropa durchgeführten sog. Enterdungsaktion die Leichen exhumieren und verbrennen, um die Spuren zu verwischen, was nicht vollständig gelang. Die Mitglieder der Arbeitskommandos wurden nach getaner Arbeit ermordet; es gab einige erfolgreiche Massenfluchten.

191 *Mirko Jelusich* (1886–1969): österr. Schriftsteller, 1938 zeitweilig Leiter des Burgtheaters.
Ortona: ital. Badeort an der Adria, 1943 zu 90 % zerstört; wieder aufgebaut.
24. Dez. 1943: Ernennung General *Eisenhowers* zum Oberkommandierenden der alliierten Streitkräfte an der angekündigten «zweiten Front».

Arthur William Tedder (1890–1967): 1940 Befehlshaber der Royal Air Force im Mittleren Osten, dann unter *Eisenhower* Kommando der alliierten Luftstreitkräfte im Mittelmeerraum. Begleitete Eisenhower nach Grossbritannien, um die Invasion Europas zu planen.

192 In der Sowjetunion wurde im Dez. 1943 an Stelle der Internationale eine Nationalhymne eingeführt.

193 Wolhynien: geschichtliche Landschaft in der nordwestl. Ukraine; 1386 mit Litauen an Polen, 1795 an Russland, 1921–1939 wieder poln.
vierte Teilung Polens: s. Anm.98; die ersten drei Teilungen Polens (zwischen Russland, Österreich und Preussen) hatten 1772, 1793 und 1795 stattgefunden.

194 Die alte poln.-russ. Grenze am Slutsch: jene zwischen der Zweiten Poln. Republik (1918–1939) und Russland.

195 *Aleksandr Jewdokimowitsch Kornejtschuk* (1905–1972): Schriftsteller, führender Dramatiker der Stalinzeit; Parteifunktionär.

196 *Josef Beck* (1894–1944): enger Mitarbeiter *Pilsudskis*, 1932–1939 Aussenminister; nach dem Polenfeldzug in Rumänien interniert.

197 «Russenpakt»: gemeint ist der am 12. Dez. 1943 zwischen *Benesch* und der UdSSR abgeschlossene Freundschafts- und Beistandspakt, der am 8. Mai 1944 durch ein Abkommen über die Besetzung der Tschechoslowakei durch die Rote Armee ergänzt wurde; das Land forderte dann im Sept. 1944 mit amerikan. und sowjet. Zustimmung bei der brit. Regierung die Retablierung der Westgrenze, wie sie vor dem Münchener Abkommen bestanden hatte, und die Vertreibung der Sudetendeutschen.

198 «Prozess von Verona»: 8.–10. Jan. 1944 gegen die neunzehn ehemaligen Faschistenführer, die im faschistischen Grossen Rat (Gran Cosiglio) am 24. Juli 1943 für die gegen *Mussolini* gerichtete Resolution gestimmt und damit seine Absetzung am 25. herbeigeführt hatten. Dreizehn der Angeklagten waren nicht anwesend; fünf der sechs Personen, die auf der Anklagebank sassen, wurden am 11. Jan. 1944 hingerichtet, darunter Graf *Ciano*, der Schwiegersohn *Mussolinis*, und Marschall *de Bono* (s. Anm. 200).
Squadrismo: Die um 1920 entstandenen halb militärischen Squadre d'azione (Sturmabteilungen) bekämpften ihre Gegner mit Strafexpeditionen; vor allem in den ländlichen Gebieten ein Instrument der Landbesitzer in der Abwehr der sozialistisch organisierten Landarbeiter.
«15. November [1943] von Ferrara»: blutige Vergeltungsaktion der Faschisten für die Ermordung des Provinzparteisekretärs.

199 *La Critica*: von *Benedetto Croce* ab 1903 herausgegebene (und zum grössten Teil von ihm selbst geschriebene) Zeitschrift.

200 «Der älteste Quadrumvier des Marsches auf Rom»: Marschall *Emilio de Bono* (1886–1944), 1935 Oberbefehlshaber im Krieg gegen Abessinien, bald durch *Badoglio* ersetzt. Quadrumvirn: die vier Faschisten, die 1922 den Marsch auf Rom leiteten.

201 Curzon-Linie: die 1919 von dem brit. Staatsmann und damaligen Aussenminister *George Curzon* (1859–1925) als Ostgrenze Polens vorgeschlagene Linie Grodno-Brest; diese wurde der dt.-sowjet. Demarkationslinie von 1939 und der poln.-sowjet. Grenze von 1945 zugrundegelegt.

202 *Erich Koch* (1896–1986): 1928 Gauleiter, 1933 Oberpräsident Ostpreussens; 1942 Reichskommissar für die Ukraine, Errichtung einer Schreckensherrschaft; 1943 zurück nach Königsberg. In Polen 1950 zum Tode verurteilt, wegen Unzurechnungsfähigkeit nicht hingerichtet.
Pg.: Parteigenosse, Bezeichnung der NSDAP für ihre Mitglieder.

203 Sarny: Bahnknotenpunkt am Fluss Slutsch (vgl. Anm. 194), an der wichtigen Bahnlinie Wilna–Rowno–Lemberg.

204 Kriegserklärung Liberias: am 27. Jan. 1944 (vgl. Anm. 23).
Neutralitätsbruch Argentiniens: Abbruch der diplomatischen Beziehungen zu Deutschland und Japan am 26. Jan. 1944 (nach Androhung eines totalen Wirtschaftsembargos und möglicher militärischer Intervention durch die USA; vgl. auch Anm. 117). Argentinien erklärte Ende März 1945 als letztes Land den Deutschen den Krieg.

205 *William McKinley* (1843–1901; ermordet): 25. Präsident der USA (1897–1901), Vertreter des amerikan. Imperialismus.

206 Peru erklärte Deutschland erst im Febr. 1945 den Krieg.
207 *Getulio Dorneles Vargas* (1883–1954; Selbstmord): wurde im Okt. 1930 durch Staatsstreich provisorischer Präsident Brasiliens mit diktatorischen Vollmachten, 1934 durch Wahl bestätigt; 1945 zum Rücktritt gezwungen. Brasilien erklärte Deutschland im Aug. 1942 den Krieg.
208 Chile: 1938 kam in Chile die Volksfront der Linksparteien und der Kommunisten an die Macht; am 20. Jan. 1943 brach das Land die Beziehungen zu Deutschland ab.
In Paraguay lösten diktatorische Regierungen einander ab, das Land trat im Febr. 1945 in den Krieg gegen Deutschland ein.
Bolivien: erklärte Deutschland und Italien im Apr. 1943 den Krieg, der Militärputsch erfolgte im Dez. 1943.
209 «Wiederholung des Prozesses gegen die Partei im Jahre 1924»: *Hitler* musste sich zusammen mit weiteren Angeklagten zwischen Ende Febr. und Anfang Apr. 1924 vor dem Volksgericht München wegen der Vorgänge beim *Hitler*-Putsch vom Nov. 1923 in einem Hochverratsprozess verantworten. Es wurden skandalös milde Urteile gefällt; *Hitler* sass nur acht Monate seiner fünf Jahre Festungshaft ab und verfasste in dieser Zeit sein Buch *Mein Kampf*.
Die «Vision des halbblinden Soldaten vom Jahre 1918»: *Hitler* nahm als Gefreiter mit seiner Einheit im Okt. 1918 an der Abwehrschlacht in Flandern teil; bei einem Gasangriff der Engländer erblindete er vorübergehend und wurde in ein Lazarett in Pommern transportiert.
210 *Alfred Hugenberg* (1865–1951): 1909–1918 Direktor in der Firma Krupp, baute in den 20er Jahren einen riesigen Medienkonzern auf (Zeitungen, Ufa, Nachrichtenagenturen); 1933 (bis Ende Juni) Minister für Wirtschaft und Ernährung.
Werner von Blomberg (1878–1946): 1933 Reichswehrminister, 1935 Reichskriegsminister und Oberbefehlshaber der Wehrmacht, 1938 wegen «unstandesgemässer Heirat» entlassen; weitgehend veranwortlich für die Eingliederung der Wehrmacht in den nat.soz. Staat.
Johann Ludwig Graf Schwerin von Krosigk (1887–1977): 1932–1945 parteiloser Reichsfinanzminister, Mitglied der Akademie für Dt. Recht.
Franz Seldte (1882–1947): Gründer (1918) und Führer des «Stahlhelm» (bis zu dessen Auflösung 1935), des Bundes der Frontsoldaten; ursprünglich ein reiner Interessenverband für Veteranen, entwickelte sich der «Stahlhelm» zum politischen Gegner der Republik und näherte sich den Nat.soz. schon vor 1933 an. *Seldte* war 1933–1945 Reichsarbeitsminister.
Paul Freiherr von Eltz-Rübenach (1875–1943): 1932–1937 Reichsverkehrs- und Postminister; musste zurücktreten, weil er die Annahme des ihm verliehenen Goldenen Parteiabzeichens (vgl. Anm. 15) der NSDAP wegen der antichristlichen Politik des Nat.soz. verweigert hatte.
Ferdinand Lassalle (1825–1864; im Duell getötet): Gründer der sozialdemokratischen Bewegung in Deutschland, Verfasser philosophischer Schriften.
211 Spanien erklärte zu Beginn des Zweiten Weltkrieges seine Neutralität; später (Juni 1940) bezeichnete *Franco* Spanien als «nichtkriegführende Nation» und lehnte im Okt. desselben Jahres den von *Hitler* gewünschten Kriegseintritt ab.
212 Kuban: s. Anm. 155.
Die Halbinsel Krim war von den Deutschen zu einer grossen Igelstellung ausgebaut worden und hatte im Febr. 1944 keine Bedeutung mehr für die Gesamtlage der dt. Ostfront, ausser dass sie starke russ. Kräfte band.
Kanew und Nikopol: Städte am Dnjepr. Im Febr. 1944 gelang es den Russen, den dt. Frontkeil bei Kanew abzutrennen und einzukreisen; die Deutschen (unter General *Otto Wöhler*) ergaben sich trotz wiederholter Aufforderung zur Kapitulation (durch die Russen und auch durch General *von Seydlitz*) nicht und erlitten riesige Verluste. Im selben Zeitraum wurde der starke Brückenkopf der Deutschen am Dnjepr bei Nikopol eingekreist, und auch hier wurden die eingeschlossenen dt. Divisionen vernichtet.
213 *Erich von Manstein* (1887–1973): Generalfeldmarschal, führte seit Sept. 1941 die 11. Armee (Krim, Sewastopol), von Nov. 1942 bis März 1944 die Heeresgruppe im Osten, die in die Kämpfe um Kanew verwickelt war. Am 30. März 1944 wegen Meinungsverschiedenheiten über die Kriegführung an der Ostfront von *Hitler* entlassen.

Wöhler, von Seydlitz: s. Anm. 212.
Franz Halder (1884–1972): ab Sept. 1938 Generalstabschef des Heeres; zunehmende Opposition gegen *Hitler* in militärstrategischen Fragen, im Sept. 1942 entlassen.
Kurt Zeitzler (1895–1963): in der Stalingradkrise Konflikte mit *Hitler* über die Kriegführung, Abschied im Juli 1944.

214 «Ukrainische Rada»: ukrain. Parlament; nach der Februarrevolution von 1917 wurde in der Ukraine die Zentral-Rada als ukrainisches Parlament gebildet, das im Jan. 1918 die Unabhängigkeit ausrief; nach dem Einmarsch der Roten Armee gründeten die Bolschewiki im Jan. 1919 die Ukrainische Sozialistische Sowjetrepublik.
«Restauration der baltischen Staaten»: Die drei balt. Nationalstaaten verdanken ihre Existenz den Bestimmungen des Friedens von Brest-Litowsk (März 1918) zwischen dem Dt. Reich und Sowjetrussland sowie dem dt.-sowjet. Ergänzungsvertrag vom Aug. 1918; sie wurden im Juli/Aug. 1940 als Sozialistische Sowjetrepubliken an die UdSSR angeschlossen.

215 Patriarch von Moskau: *Stalin* empfing im Sept. 1943 Vertreter der russ.-orthodoxen Kirche und erklärte sich mit der Wahl eines Patriarchen von Moskau einverstanden.
«Souveränitätserklärung der Sowjetrepubliken»: Revision der sowjet. Verfassung von Anfang Febr. 1944.

216 Transnistrien: das zwischen Dnjestr und südl. Bug gelegene Gebiet der Ukraine, das 1941–1944 unter rumän. Verwaltung stand; in den Ghettos und Lagern Transnistriens wurden Zehntausende von deportierten Juden und Roma ermordet oder starben durch Hunger und Epidemien.
Honvéd: ungar. «Vaterlandsverteidiger»; 1848 Freiwilligentruppen, seit 1867 die ungar. Landwehr, 1919–1945 die ungar. Wehrmacht.

217 Lappo-Bewegung/Lapua-Bewegung: antikommunistische Bauernbewegung, unter deren Druck (Marsch der 12 000 auf Helsinki) die Regierung 1930 antikommunistische Notverordnungen erliess; nach einem Putsch wurde die Bewegung 1932 erstmals aufgelöst und 1934 endgültig verboten.
Westkarelien musste von Finnland im Frieden von Moskau (12. März 1940) an die Sowjetunion abgetreten werden; Finnland siedelte in der Folge 160 000 karelische Flüchtlinge an. Während des Ostfeldzugs der Finnen an der Seite Deutschlands Rückeroberung der abgetretenen Gebiete, im Sept. 1944 (Waffenstillstand von Moskau) endgültiger Verlust Westkareliens (mit Viborg).

218 Nettuno: am 22 Jan. 1944 erfolgte eine grosse alliierte Landung hinter den dt. Fronten bei Anzio und Nettuno an der Westküste Italiens, südl. von Rom.

219 Cassino: Die alliierten Angriffe auf Cassino und auf den Monte Cassino begannen Anfang Jan. 1944 und dauerten bis in den Mai; erst dann gelang es, die dt. Verteidigungslinie zu durchbrechen und Rom einzunehmen (am 4. Juni); das Gründungskloster des Benediktinerordens, Monte Cassino, wurde am 15. Febr. 1944 durch alliierte Bombenangriffe vollständig zerstört; ein grosser Teil des Archivs und die Bibliothek konnten gerettet werden.

220 *Eduard Dietl* (1890–1944): kämpfte seit Jan. 1942 in Nordfinnland und in Richtung auf Murmansk gegen die UdSSR; führte seit Juni 1942 als Generaloberst die dt. Lapplandarmee in Finnland.

221 Russ. Waffenstillstandsbedingungen, Frieden von 1940: vgl. Anm. 28, 217.

222 *Alexandra Michailowna Kollontaj* (1872–1952): russ. Diplomatin (seit 1923) und Schriftstellerin; 1930–1945 Gesandte und (ab 1943) Botschafterin in Stockholm.
Per Evind Svinhufvud (1861–1944): finn. Staatsmann, ab 1907 Abgeordneter, 1914–1917 nach Sibirien verbannt; 1931–37 Staatspräsident.
Lappo-Bewegung: s. Anm. 217.
Finn. Unabhängigkeitserklärung: am 6. Dez. 1917; am 7. März 1918 Sonderfrieden mit dem Dt. Reich, von Jan. bis Apr. 1918 mit dt. Unterstützung Niederschlagung eines bolschewistischen Aufstandes. Frieden mit Russland: am 14. Okt. 1920.

223 «Caucus»: in den USA Vorversammlung von Wählern zur Vorbereitung einer Wahl und zur Ernennung von Kandidaten.

224 *Alben William Barkley* (1877–1956): 1927–1949 Senator, 1937 Führer der amerikan. Senatsmehrheit; 1949–1953 Vizepräsident der USA (unter *Truman*).

Bernard Mannes Baruch (1870–1965): amerikan. Bankier, Finanzberater versch. Regierungen. Legte 1946 einen Plan zur internat. Kontrolle der Atomenergie und zur Atomabrüstung vor, der scheiterte.

225 *Theodore Roosevelt* (1858–1919): 26. Präsident der USA (1901–1909).
Harold Le Claire Ickes (1874–1952): Journalist und Rechtsanwalt, ursprünglich Republikaner, dann Demokrat; 1933–1946 Innenminister, während des Zweiten Weltkriegs zuständig für die Verwaltung der Brennstoffe.

226 *Warren Gamaliel Harding* (1865–1923): 29. Präsident der USA (1921–1923), wie *McKinley* Vertreter isolationistischer Strömungen.

227 *Ellen Cicely Wilkinson* (1891–1947): Gewerkschaftlerin, Abgeordnete.
Ilja Ehrenburg (1891–1967): russ.Schriftsteller, schrieb propagandistische Romane, Schauspiele und Novellen; übte nach dem Tod *Stalins* in seinen Erzählungen *Tauwetter* Kritik, hing aber bald wieder der kommun. Parteilinie an.
Bug-Stellung: Die Russen leiteten den Angriff gegen die Buglinie der Deutschen am 6. März 1944 ein und erreichten schon Mitte März den Bug auf einer 65 km breiten Front; am 17. März brach der dt. Widerstand zusammen.

228 «Belästigung Irlands»: In einer Note, die Washington am 21. Febr. 1944 in Dublin überreicht hatte, verlangte die Regierung der USA, dass die dt. Gesandtschaft und das jap. Konsulat in Irland geschlossen würden; die Neutralität Irlands biete den Achsenmächten Vorteile (wie den Einblick in die angelsächs. Kriegs- und Invasionsvorbereitungen). Am 7. März lehnte Irland das Verlangen der USA ab.
Stirbey/Stirbei: Grossbojarenfamilie, die im 19. Jh. den letzten einheimischen Fürsten der Walachei stellte; hier ist die Rede von Fürst *Barbu Stirbei*, der am 17. März 1944 in Kairo mit Vertretern der Alliierten (im Namen bürgerlicher politischer Gruppen in Rumänien) über die Bedingungen eines Waffenstillstandes verhandelte.
«Russisch-italienische Beziehungen»: Die Sowjetunion nahm am 13. März 1944 diplomatische Beziehungen zur Regierung *Badoglio* auf.

229 *Eugenio Reale* (*1905): Arzt, vor dem Krieg Mitglied der kommunist. Partei Italiens (PCI); betrieb 1943 in Neapel den Wiederaufbau des PCI. Im zweiten Kabinett *Bonomi* (s. Anm. 261) Unterstaatssekretär im Aussenministerium.
«Italienisches Befreiungskomitee»: am 28./29. Jan. 1944 tagten in Bari versch. Widerstandsgruppen, die sich zu einem Komitee der nationalen Befreiung (Comitato di Liberazione Nazionale, CLN) zusammengeschlossen hatten; sie wandten sich gegen den König und den von den Alliierten unterstützten *Badoglio*.
Carlo Graf Sforza (1872–1952): emigrierte 1926 als Liberaler ins Ausland, kehrte 1943 zurück und wurde Präsident der Beratenden Versammlung.
Italienrat: An der Konferenz von Moskau vom Okt. 1943 (s. Anm. 168) wurde ein «konsultativer Rat» über die Italien betreffenden Fragen eingesetzt; ihm gehörten die drei in Moskau vertretenen Regierungen sowie ein Vertreter des frz. Befreiungskomitees in Algier an. Dieser Rat wuchs mit der Zeit zu einem Mittelmeerkomitee heran (mit Beteiligung Griechenlands und Jugoslawiens), das sich mit dem Fragenkomplex des Mittelmeerbeckens befasste.
Ausserdem wurde in London eine «konsultative Europakommission» eingesetzt, die sich mit europ. Problemen zu befassen hatte.

230 «Anerkennung der Regierung Tito»: An der Konferenz in Teheran im Nov. 1943 wurde beschlossen, *Tito* als selbständigen alliierten Befehlshaber in Jugoslawien anzuerkennen; die Westalliierten liessen damit *Mihajlović* (s. Anm. 108) fallen.

231 «deutscher Einmarsch in Ungarn»: 18.–22. März 1944; danach begannen SS-Einheiten, Gestapo und ungar. Faschisten mit der Deportation der ungar. Juden nach Auschwitz; ihr fielen ca. 440 000 Juden zum Opfer.
«Durchbruchsschlacht von Uman»: Die entscheidende Schlacht fand nördlich von Uman statt, dauerte nur einige Stunden und öffnete den Weg zum Bug (s. auch Anm. 227).

232 *Julius Streicher* (1885–1946); hingerichtet): nat.soz. Politiker und Verleger; 1923–1945 Herausgeber des antisemitischen Hetzblattes *Der Stürmer*, 1933 Leiter des «Zentralkomitees zur Abwehr

der jüdischen Greuel- und Boykotthetze». Einer der Urheber der Nürnberger Gesetze von 1935 (Rassengesetze, welche die Juden zu Bürgern zweiter Klasse machte). Im Febr. 1940 wegen Korruption aller Parteiämter enthoben. Zu *Andreas Jaross* liessen sich keine Angaben finden.

233 *Graf Pál Teleki* (1879–1941; Selbstmord): ungar. Ministerpräsident (ab 1939), verübte im Apr. 1941 Selbstmord aus Protest gegen den dt. Druck, mit dem Ungarn zum Krieg gegen Jugoslawien veranlasst werden sollte.
General *Lajos Csatay* (1886–1944; Selbstmord) war von Juni bis Okt. 1944 ungar. Kriegsminister; er nahm sich in einem dt. Gefängnis das Leben.

234 *Ludwig von Kossuth* (1802–1894):;. Führer der ungar. Unabhängigkeitsbewegung von 1848/49; 1848 Organisator der Honvéd. Lebte ab 1849 im Ausland; Todestag: 20. März.

235 *Philippe Henriot* (1889–1944; ermordet): für Vichy als offizieller Propagandist der Révolution nationale (s. Anm. 9) tätig; ab 1942 regelmässige Auftritte bei Radio-Vichy, ab Jan. 1944 zwei Kommentare täglich zum aktuellen Geschehen. Mitglied der Milice française (s. Anm. 84), Antikommunist, Kollaborateur.

236 Hinrichtung von *Pierre Pucheu*: am 20. März 1944 auf der Grundlage eines Dekrets vom 3. Sept. 1943, in dem das frz. Befreiungskomitee in Algier alle Minister der Vichy-Regierung des Verrats bezichtigte und ihnen ankündigte, sie würden nach der Befreiung vor Gericht gestellt; s. auch Anm. 37.

237 Projekt Viollette: eigentl. «projet Blum-Viollette»; *Léon Blum* (1872–1950): 1936/37 und 1938 Ministerpräsident der Volksfront; *Maurice Viollette* (1870–1960): Abgeordneter, Staatsminister; der entsprechende Erlass trat am 7. März 1944 in Kraft.
Vincent Auriol (1884–1966): ab 1936 wiederholt Minister; 1946–1954 erster Staatspräsident der Vierten Republik.

238 Lord Halifax: Edward Wood (1881–1959): 1926–1931 Vizekönig von Indien, 1935–1938 und 1940 Lordsiegelbewahrer und Führer des Oberhauses; 1938–1940 Aussenminister, 1941–1946 Botschafter in Washington.
Mittelmeerkommission, Europakommission: s. Anm.229.

239 Bassermannsche Gestalten: geflügeltes Wort nach der Schilderung der revolutionären Verhältnisse in Berlin 1848 durch den dt. Politiker *Friedrich Daniel Bassermann* (1811–1855; Selbstmord).

240 *François Billoux* (1903–1978): ab 1926 Mitglied des Zentralkomitees (ZK) des Parti communiste français (PCF) und des Politbüros (1936–1972). 1943 Mitglied der Assemblée consultative.
Fernand Grenier (1901–1992): 1943 Repräsentant des ZK des PCF bei der France combattante in London, dann Mitglied der Assemblée consultative in Algier; Apr.-Sept. 1944 Luftfahrtkommissar.

241 «Churchill-Stalin-Konferenz»: *Churchill* stattete *Stalin* vom 12. bis zum 16. Aug. 1942 in Moskau einen Besuch ab.

242 *Giselher Wirsing* (1907–1975): Publizist; 1933 Mitglied der SS, als SS-Sturmbannführer zeitweise im Institut zur Erforschung der Judenfrage (1941 in Frankfurt a. M. offiziell eröffnet). 1943–1945 Schriftleiter der Auslandsillustrierten *Signal*, 1954–1970 Chefredakteur der konservativen Wochenzeitung *Christ und Welt*.
Hans Schwarz van Berk war 1934–1937 Hauptschriftleiter des nat.soz., einen wüsten Antisemitismus propagierenden *Angriff*, seit 1933 Tageszeitung der Dt. Arbeitsfront.

243 Haager Landkriegsordnung (HLKO): eine Anlage der Haager Friedenskonferenzen von 1899 und 1907 über die Regeln des Landkriegs; sie bindet jene Staaten, die sie ratifiziert haben, aber auch alle Kriegführenden, insoweit sie allg. Regeln des Völkerrechts kodifiziert. Die HLKO ist durch neuere Abkommen ergänzt worden.
Mitte April 1944 unterband die brit. Regierung den diplomatischen Verkehr für ausländische Vertretungen «im Hinblick auf die bevorstehenden grossen militärischen Operationen».

244 Marienburg: ehemaliges Schloss der Hochmeister des Dt. Ordens im Regierungsbezirk Westpreussen, während des Kriegs schwer zerstört.
Arthur Axmann (1913–1996): kam 1932 in die Reichsleitung der *Hitler*-Jugend; ab Aug. 1940 Reichsjugendführer. Vgl. auch Anm. 184.

245 Schaffhausen wurde am 1. Apr. 1944 in drei Wellen von amerikanischen Flugzeugen bombardiert.
246 Europarat: Europakommission, s. Anm. 229.
George Patton (1885–1945): führte 1942 das amerikan. II. Korps in Nordafrika, dann die 7. Armee bei der Landung auf Sizilien; mit der 3. Armee bildete er bei der Invasion der Bretagne und beim Rheinübergang die Spitze der amerikan. Verbände.
247 «Das jugoslawische und das griechische Befreiungskomitee»:
jugoslaw. Volkbefreiungskomitee: s. Anm. 189. Nach der Besetzung Griechenlands durch die Deutschen (1941) entstanden monarchist. und kommunist. Widerstandsbewegungen, die sich heftig bekämpften; nach dem Krieg verkörperten diese Widerstandsbewegungen die eigentl. politische Autorität, u. a. die kommunist. Griechische Befreiungsfront (EAM, Ethnikon Apeleftherikon Metopon) und die republikan. Griechisch-Demokratische Nationalarmee (EDES, Ellenikos Demokratikos Ethnikos Syndesmos).
248 Mitte Apr. 1944 verhandelten die Alliierten mit Portugal, Spanien, der Türkei und Schweden über Exporte nach Deutschland. Die Türkei stellte die Chrom-Erzlieferungen nach Deutschland ab 21. Apr. ein. Am 5. Mai schloss Spanien das dt. Generalkonsulat in Tanger und schränkte die Wolfram-Lieferungen nach Deutschland ein.
Duque de Alba: *Jacobo Stuart Fitzjames y Falcó* (1878–1953): im Span. Bürgerkrieg nationalistischer Agent in London, sicherte die Kontakte zwischen *Franco* und der brit. Regierung. Im Zweiten Weltkrieg span. Botschafter in London.
249 «Dominionkonferenz»: Konferenz der Premiers der brit. Dominions am 1. Mai 1944.
William Lyon Mackenzie King (1874–1950): kanad. Politiker, ab 1919 Führer der liberalen Partei. 1921–1930 und 1935–1948 Ministerpräsident; erreichte die volle nationale Unabhängigkeit Kanadas.
250 Internationale Arbeitskonferenz: Organ der Internationalen Arbeitsorganisation (IAO), 1919 im Rahmen des Völkerbundes mit Sitz in Genf gegründet. Die Annahme der Charta von Philadelphia erfolgte am 10. Mai 1944.
Walter Nash (1882–1968): neuseeländ. Labour-Politiker.
251 «Rat für ein demokratisches Deutschland»: am 3. Mai 1944 gebildet.
Elisabeth Bergner, eigentl. *Elisabeth Ettel* (1897–1986): gefeierte Bühnen- und Filmschauspielerin, emigrierte 1933 nach London, dann nach New York.
Albert Grzesinski (1879–1947): Metallarbeiter, ab 1906 Geschäftsführer des Dt. Metallarbeiterverbandes, 1919 sozialdemokrat. Mitglied des preuss. Landtags. 1921–1924 und 1930–1932 Polizeipräsident von Berlin, bemühte sich um eine Demokratisierung der preuss. Verwaltung und Schutzpolizei und war heftigen Angriffen der Rechten ausgesetzt. Ab 1933 einer der Führer der sozialdemokrat. Emigration.
252 Gustavlinie/Gustav-Stellung: die zusammenhängende dt. Front, die von der Mündung des Garigliano am Tyrrhenischen Meer bis zur Sangro-Mündung an der Adria reichte und an der Monte Cassino lag.
253 *Alphonse Juin* (1888–1967): geriet 1940 als Divisionskommandeur in dt. Kriegsgefangenschaft; nach seiner Entlassung 1941 Oberbefehlshaber in Nordafrika, widersetzte sich zunächst der alliierten Landung (1942). Befehligte 1943 die frz. Truppen in Italien, wurde 1944 Generalstabschef; 1947–1951 Generalresident in Marokko.
Liri: Quellfluss des Garigliano; im Liri-Tal leisteten die Deutschen besonders hartnäckigen Widerstand.
«Abkommen Clark-Darlan»: Der «Darlan deal» (s. Anm. 35) wurde als «accords Darlan-Clark» offiziell anerkannt.
Esperia: an der Gustav-Stellung gelegenes Dorf.
Feuerkreuzler: frz. Croix de feu, nationalistischer Frontkämpferverband in Frankreich; 1928 von *Casimir de La Rocque* (1886–1946) gegründet, 1936 verboten. Danach gründete *La Rocque* den Parti social français (PSF, später umbenannt in Progrès social français) und unterstützte die äusserste Rechte; lehnte aber ein Zusammengehen mit *Doriot* und später mit der Kollaboration ab. Entschloss sich 1941, *Pétain* zu unterstützen

Charles Vallin (1903–1948) war Vizepräsident des PSF, flüchtete im Sommer 1942 nach London und wurde von *de Gaulle* als Offizier in die Forces françaises libres (FFL) aufgenommen. Der PSF verschwand von der Bildfläche.

254 Mers-el-Kebir: Flottenbasis von Oran; am 3. Juli 1940 liess *Churchill* das vor Oran liegende frz. Flottengeschwader in einem Überfall durch das brit. Gibraltar-Geschwader vernichten (über 1100 Tote), um den Zugriff Deutschlands auf die frz. Flotte zu verhindern.

255 *Wilhelmine* (1880–1962): Königin (1890–1948) der Niederlande; wich im Mai 1940 mit ihrer Regierung nach England aus und bildete dort einen Mittelpunkt der niederl. Widerstandsbewegung.
Haakon VII. (1882–1957): König (1905–1957) von Norwegen; lebte 1940–1945 im Exil in England.

256 UNRRA: United Nations Relief and Rehabilitation Administration, 1943 in Atlantic City gegründete Hilfsorganisation zur Unterstützung der Flüchtlinge und der Verschleppten in den von den Alliierten besetzten Gebieten; 1945 von den Vereinigten Nationen übernommen.
Old School Ties: von ehemaligen Angehörigen einer Schule getragene Krawatten, fig. Leute mit übertriebener Traditionsgebundenheit.

257 Rede *Churchills* zur Aussenpolitik: am 24. Mai 1944.
Johan Nygaardsvold (1879–1952): norweg. Politiker, 1935 Ministerpräsident, 1940–1945 Chef der norweg. Exilregierung.
Manuel Ávila Camacho (1897–1955): mexikan. General und Staatsmann, Präsident Mexikos von 1940–1946.
Arthur Greenwood (1880–1954): 1940–1942 Mitglied des Kriegskabinetts ohne Geschäftsbereich; wurde 1935 Stellvertreter des Labour-Parteiführers *Attlee*.

258 *Emmanuil Tsuderos* (1882–1956): 1941–1944 Ministerpräsident unter *Georg II.*, ging mit der Regierung und dem König 1941 ins Exil.
Venizelisten: Anhänger des vielfachen, in späteren Jahren republikanisch ausgerichteten griech. Ministerpräsidenten *Eleutherios Venizelos* (1864–1936); bei dem im Text genannten Politiker handelt es sich um dessen Sohn, *Sophokles Venizelos* (1894–1964), zwischen 1944 und 1951 sechsmal Ministerpräsident.
Georgios (Andreas) Papandreou (1888–1968): 1923–1933 mehrfach Minister, begründete 1935 die Demokrat.-Sozialist. Partei Griechenlands. Entkam nach Deportation und Haft 1944 nach Ägypten, wo er im Mai das dritte griech. Exilkabinett bildete und im Okt. nach Griechenland zurückkehrte; Rücktritt Ende Dez. 1944.
«Libanon-Konferenz»: am 17. Mai 1944 trafen sich griech. Parteiführer in Beirut und verkündeten eine Nationalcharta, um die Gegensätze zu überbrücken.
Haus Glücksburg: *Georg II.* von Griechenland war über seinen Grossvater *Georg I.*, einen Sohn König *Christians IX.* von Dänemark, mit der Linie Schleswig-Holstein-Sonderburg-Glücksburg verwandt.

259 Am 28. März 1933 ordnete die Parteileitung der NSDAP den Boykott jüdischer Geschäfte, Ärzte und Anwälte ab dem 1. Apr. an. Startsignal für die organisierte Verfolgung der Juden.

260 Boulogne: Am 3. Juni 1942 erfolgte eine brit.-amerikan. Erkundungshandstreich zwischen Boulogne und Le Touquet.
D-Tag, D-Day: im militärischen Kontext der Tag, für den ein militärisches Unternehmen festgesetzt wird.

261 «Russischer Angriff auf Finnland»: Am 10. Juni 1944 begann eine russ. Offensive auf der karelischen Landenge (vgl. Anm. 217).
Ivanoe Bonomi (1873–1951): Advokat, Staatsmann; koordinierte in Rom ab 1942 die politische Widerstandsbewegung und bildete im Juni 1944 mit den Widerstandsgruppen und den neu entstehenden Parteien ein Kabinett (bis Dez. 1944). König *Viktor Emanuel III.* ernannte seinen Sohn *Umberto* (1904–1983; König 9.5.–12.6.1946) nach der Einnahme Roms durch die Alliierten (4. Juni 1944) zum Generalstatthalter des Königreichs, *Badoglio* trat zugunsten *Bonomis* zurück.

262 *Umberto Tupini* (1889–1973): Justizminister in den beiden Kabinetten *Bonomi* (1944–1945).

«Statthalter des Königreichs»: s. Anm. 261.

François Piétri (1882–1966): 1940 Verkehrsminister unter *Pétain*; wurde dann als Botschafter nach Madrid entsandt.

Georges Étienne Bonnet (1889–1973): Militärrichter, radikalsozialist. Abgeordneter; 1933–1940 wiederholt Minister, vorübergehend Botschafter in Washington. 1938 unterzeichnete er als Aussenminister das Münchener Abkommen.

263 Langemarck: In der Schlacht bei Langemarck (nahe Ypern in Belgien) fanden am 22./23. Okt. 1914 viele junge dt. Kriegsfreiwillige, die nicht voll ausgebildet waren, den Tod.

264 Dicke Berta (nach Frau *Berta Krupp von Bohlen und Halbach*, 1886–1957): scherzhafte Bezeichnung für die von der Kruppschen Fabrik gebauten schweren 42-cm-Haubitzen im Ersten Weltkrieg.

265 United Press Association (UP): 1907 gegr. amerikan. Nachrichtenagentur; heute United Press International (UPI), 1958 entstanden durch Vereinigung mit dem zum *Hearst*-Konzern gehörenden internat. Nachrichtenbüro International News Service (INS).

266 *Fritz Thyssen* (1873–1951): Industrieller, übernahm 1926 die Leitung des *Thyssen*-Konzerns, der im gleichen Jahr in den Vereinigten Stahlwerken aufging. Wichtiger Financier und Förderer der NSDAP. Nach Kritik an Aufrüstung und nat.soz. Judenpolitik Bruch mit dem *Hitler*-Regime. Im Sept. 1939 Flucht in die Schweiz; 1940 Verhaftung in Frankreich und bis 1945 KZ-Haft in Deutschland.

Hjalmar Schacht (1877–1970): Finanzpolitiker, 1933–1939 Reichsbankpräsident, 1935–1937 Reichswirtschaftsminister und Generalbevollmächtigter für die Kriegswirtschaft; zentrale Figur der nat.soz. Aufrüstung. Bis 1943 Reichsminister ohne Geschäftsbereich, Kontakte zum Widerstand, im Juli 1944 Inhaftierung.

267 «Jahrestag von Sarajewo»: am 28. Juni 1914 wurde in Sarajewo der österr.-ungar. Thronfolger *Franz Ferdinand* (*1863) ermordet; dieses Attentat führte in den Ersten Weltkrieg.

Pimpfe: Jungen von 10–14 Jahren, die als Dt. Jungvolk Teil der *Hitler*-Jugend waren (vgl. Anm. 184).

268 *Maurice Kuès* (1890–1959): Genfer Schriftsteller und Journalist.

«Rückzug der Zehntausend»: die aus Mesopotamien nach Griechenland zurückziehenden griech. Söldner des pers. Thronprätendenten *Kyros d. J.* (423–401 v. Chr.), der sich als Statthalter von Kleinasien gegen seinen älteren Bruder erhob und ein Heer sammelte, dem auch 13 000 Mann griech. Hilfsvölker angehörten; wurde geschlagen und getötet.

«Die Perser»: frühestes erhaltenes Beispiel der griech. Tragödie (von *Äschylus*, 525–456 v. Chr.); es handelt vom Untergang der pers. Flotte des Königs *Xerxes I.* (um 519–465 v. Chr.) in der Schlacht von Salamis (480 v. Chr.) und ist eine Demonstration der göttlichen Strafe für menschlichen Übermut.

269 Die «Grossen Drei» (Teheran 1943): USA, Sowjetunion, Grossbritannien (*Roosevelt, Stalin, Churchill*); die «Grossen Vier» (Versailles 1919): USA, Grossbritannien, Frankreich, Italien (*Wilson, Lloyd George, Clemenceau, Orlando*); vgl. Anm. 276, 306 und zu *Orlando* Anm. 374.

«Eine Fortsetzung der Unordnung mit anderen Mitteln»: Anspielung auf den preuss. General und Militärschriftsteller *Karl von Clausewitz* (1780–1831), der in seinem Werk *Vom Kriege* schreibt: «Der Krieg ist nichts als eine Fortsetzung des politischen Verkehrs mit Einmischung anderer Mittel.»

270 Unterhausrede *Churchills* vom 6. Juli 1944.

271 Minsk (Hauptstadt Weissrusslands), Polozk (weissruss. Gebietshauptstadt und Flusshafen an der Düna), Kowel (Stadt im Nordwesten der Ukraine), Wilna (Hauptstadt Litauens): Richtungen der russ. Sommeroffensive im Mittelsektor der Gesamtfront; Minsk fiel am 3. Juli 1944 in russ. Hand, Wilna folgte am 13. Juli.

Gerd von Rundstedt (1875–1953): 1942–1945 Oberbefehlshaber West mit Unterbrechung nach alliierter Invasion; lehnte den Nationalsozialismus ab, erachtete sich jedoch auf Grund seines Eides *Hitler* gegenüber gebunden. Leitete den «Ehrenhof» der Wehrmacht, der Offiziere ausstiess, die verdächtigt wurden, Verbindungen zu den Verschwörern des 20. Juli zu haben (s. Anm. 277).

Erich Ludendorff (1865–1937): Generalstabschef unter *Hindenburg*, durch Siege bei Tannenberg und an den Masurischen Seen zum Mythos verklärt; gründete 1925 den Tannenbergbund als Dachverband völkischer Gruppen und Jugendbünde mit dem Ziel, die «überstaatlichen Mächte» (katholische Kirche, Jesuiten, Freimaurer, Juden) zu bekämpfen, 1933 als Konkurrenz zur NSDAP verboten.

272 Sardanapalisch: *Sardanapals* würdig; *Sardanapal* ist der griech. Name des assyrischen Königs *Assurbanipal* (669–626 v. Chr), der wegen seiner Lasterhaftigkeit berüchtigt war.
Louis Nathaniel de Rothschild (1882–1955) wurde im März 1938 von den Nat.soz. in Wien verhaftet und 14 Monate lang festgehalten; während dieser Zeit Verhandlungen mit *Göring* und *Himmler* über seine Entlassung, die er schliesslich gegen Preisgabe seiner österr. Besitzungen erreichte. Im Mai 1939 Emigration in die Schweiz, dann in die USA.

273 «Seit Koblenz»: Österreich und Preussen schlossen im März 1792 ein Defensivbündnis ab, in dem beide Mächte ihren Besitzstand gegenüber dem revolutionären Frankreich garantierten; im April 1792 wurde *Ludwig XVI.* gezwungen, Österreich und Preussen den Krieg zu erklären. Am 25. Juli 1792 publizierte der Führer des österr.-preuss. Heeres in Koblenz (wo sich viele frz. Emigranten aufhielten) das Koblenzer Manifest; es wandte sich an die königstreue frz. Bevölkerung und verkündete als Ziel des österr.-preuss. Einmarsches in Frankreich die Beseitigung der Anarchie und die Befreiung des Königs. Der Versuch, vor allem die Pariser Bevölkerung einzuschüchtern, misslang und führte schliesslich zur Absetzung und Hinrichtung der königlichen Familie. Der an *Pétain* gerichtete Satz «Vous avez rétabli les lettres de cachet» meint, dass mit *Pétain* wieder ein «legitimer Herrscher» die Macht übernommen habe.
Herriot war in Wirklichkeit in Deutschland interniert (s. Anm. 9).

274 *Édouard Daladier* (1884–1970): war als Radikalsozialist ab 1924 wiederholt Minister und Ministerpräsident, am Münchener Abkommen beteiligt, 1943–1945 in Deutschland interniert.
Émile Buré (*1876): demokratisch gesinnter Journalist, der 1940 in die USA emigrierte; nach der Befreiung Rückkehr nach Frankreich.

275 Oradour-sur-Glane (Dépt. Haute-Vienne): am 10. Juni 1944 von SS-Truppen als Repressalie gegen angebliche Partisanentätigkeit eingeäscherter Ort; die Ruinen wurden als Mahnmal stehengelassen, das Dorf errichtete man an anderer Stelle neu. Insgesamt 642 Menschen wurden umgebracht, nur 36 konnten entkommen. 1953 fand in Bordeaux ein Prozess gegen 21 ehemalige Angehörige der SS-Einheit statt.

276 «Reise *de Gaulles* nach Washington»: *de Gaulle* weilte vom 6. bis zum 10. Juli 1944 in den USA und in Kanada.
Georges Clemenceau (1841–1929): der frz. Staatsmann war für seine rücksichtslose Härte bekannt (Übername «le tigre»); dt.-feindlich eingestellt, setzte er bei den Verhandlungen über den Versailler Vertrag von 1919 seine Gewaltpolitik gegen *Wilson* und *David Lloyd George* (1863–1945) im wesentlichen durch. Unterlag 1920 bei der Wahl des Staatspräsidenten und zog sich aus der Politik zurück.
Adolphe Menjou (1890–1963): amerikan. Filmschauspieler, Liebhaber- und Charakterdarsteller.

277 «Attentat im Führerhauptquartier»: Am 20. Juli 1944 explodierte um 12.42 Uhr während einer Lagebesprechung im Führerhauptquartier «Wolfsschanze» bei Rastenburg in Ostpreussen (s. hierzu auch Anm. 280) eine von Oberst i. G. *Claus Graf Schenk von Stauffenberg* (1907–1944) deponierte Bombe. *Stauffenberg* ging irrtümlich vom Tod *Hitlers* aus und versuchte von Berlin aus den geplanten Staatsstreich auszulösen. Er wurde noch in derselben Nacht erschossen. In der Folge wurden mindestens 180 Personen im Rahmen der Sippenhaft hingerichtet.

278 «Katastrophe von Jena»: Schlacht von Jena (und Auerstedt) vom 14. Okt. 1806, in der die preuss. Armee unter schweren Verlusten von den napoleonischen Truppen geschlagen wurde.

279 Saipan: Nach der amerikan. Landung auf der Inselgruppe der Marianen (jap. Mandatsgebiet seit 1920) und dem Zusammenbruch des jap. Gegenstosses in der Flugzeugträgerschlacht bei Saipan Mitte Juni 1944 musste die Regierung *Tojo* am 22. Juli zurücktreten.

280 Obersalzberg: im Berchtesgadener Land; das «Berghof» genannte Anwesen *Hitlers* auf dem Obersalzberg wurde nach der Reichskanzlei in Berlin seine zweite Residenz. Einige Tage vor dem

20. Juli war das Führerhauptquartier nach Rastenburg, dem Ort des Attentats, verlegt worden (vgl. Anm. 277) – was der Autor offensichtlich nicht wusste; dort fand die Lagebesprechung unvorhergesehenerweise in einer Baracke statt, was dazu beitrug, dass von den 24 Anwesenden nur 4 schwer verletzt wurden. *Hitler* selbst sagte in seiner darauffolgenden nächtlichen Radioansprache, einer seiner Mitarbeiter sei gestorben.

Ludwig Beck (1880–1944): ab 1935 Chef des Generalstabs des Heeres, wegen Kritik an *Hitlers* Kriegsvorbereitung 1938 Abschied aus der Wehrmacht als Generaloberst. Einer der Köpfe des dt. Widerstands, von den Verschwörern des 20. Juli als Staatsoberhaupt vorgesehen. Nach gescheitertem Selbstmordversuch erschossen.

Erich Hoeppner (1886–1944): Generaloberst, Ende 1941 gegen *Hitlers* Willen Befehl zum Rückzug vor Moskau als Oberbefehlshaber der 4. Panzerarmee; im Jan. 1942 seines Postens enthoben. Teilnahme am Staatsstreichversuch vom 20. Juli, im Aug. 1944 Todesurteil durch den Volksgerichtshof.

Friedrich Olbricht (1888–1944): General der Infanterie, ab 1940 Chef des Allgemeinen Heeresamtes im OKW; Kontakte zum militärischen Widerstand seit 1938. Entwicklung des Staatsstreichsplans vom 20. Juli, noch in derselben Nacht erschossen.

281 «Nationales polnisches Befreiungskomitee»: Am 1. Jan. 1944 erfolgte in Warschau die Gründung des kommunistischen Landesnationalrats, im Juli 1944 kündigte die Sowjetunion an, sie anerkenne das vom Landesnationalrat eingesetzte Polnische Komitee für die Nationale Befreiung, das sog. Lubliner Komitee unter *Eduard Osobka-Morawski* (1909–1997), als alleinige Vertretung Polens. Lublin war 1944/45 der Sitz dieses Komitees.
Cholm: russ. Name für die poln. Stadt Chelm (südöstl. von Lublin).

282 *Stanislaw Mikolajczyk* (1901–1966): 1926–1939 Leiter der poln. Bauernpartei, 1940 Innenminister, 1943 Ministerpräsident in der Londoner Exilregierung.

283 «Rommels Gehirnerschütterung»: *Rommel* (ab Dez. 1943 Befehlshaber der Heeresgruppe B in Nordfrankreich) wurde am 17. Juli 1944 bei einem Fliegerangriff in Frankreich schwer verwundet; am 15. Juli hatte er *Hitler* nach der gelungenen Invasion zur Beendigung des Krieges aufgefordert. Dieser stellte *Rommel* nach Kenntnis von seinen Kontakten zu den Verschwörern des 20. Juli vor die Wahl zwischen einem Verfahren vor dem Volksgerichtshof oder dem Selbstmord, um einen natürlichen Tod vorzutäuschen. *Rommel* nahm am 14. Okt. 1944 Gift und wurde von *Hitler* mit einem Staatsbegräbnis geehrt.

284 Zu diesem Abschnitt s. Anm. 50 und 60.
Edwin Linkomies (1894–1963): Ministerpräsident von März 1943–Aug. 1944
Matti Paasivuori (1866–1937) war sozialdemokratisches Parlamentsmitglied.
«Kombination Hindenburg-Ebert»: *Hindenburg* als Repräsentant der konservativen Kräfte, der alten Ordnung und *Friedrich Ebert* (1871–1925) als jener der sozialistischen Kräfte, der neuen Ordnung; *Ebert* war als Reichspräsident der erste Repräsentant der Weimarer Republik.

285 Abbruch der diplomatischen Beziehungen zu Deutschland durch die Türkei am 2. Aug. 1944.
«Britisch-türkisches Bündnis von 1939»: brit.-frz.-türk. Bündnis, s. Anm. 68.
«Deutsch-türkischer Freundschaftspakt von 1941»: dt.-türk. Nichtangriffspakt, s. Anm. 69.
«Abbruch der britisch-türkischen Generalstabsbesprechungen»: Mitte Febr. 1944 reiste eine brit. Militärmission aus der Türkei ab, nachdem Gespräche über einen Kriegseintritt der Türkei auf Seiten der Alliierten gescheitert waren.
Die USA und England stellten die Kriegsmateriallieferungen an die Türkei anfangs Febr. 1944 ein.
«Bulgariens Neutralität»: Mitte Aug. 1944 sagte der bulgar. Ministerpräsident in einer Rede, Bulgarien hätte sich nicht in den Konflikt der Grossmächte einmischen sollen (vgl. Anm. 100).

286 Ehrenhof: s. Anm. 271.
Arthur Nebe (1894–1945; hingerichtet): Polizeioffizier, seit 1931 Mitglied der NSDAP, später der SA (Sturmabteilungen, parteieigener Ordnerdienst seit 1920); 1937 Reichskriminaldirektor, 1941 Kommandeur der Einsatzgruppe B im Ostfeldzug (vgl. Anm. 190), deren Morde an Juden er verwarf und deren Leitung er abgab. Ab 1935 in Kontakt mit der Widerstandsbewegung, anfangs 1945 vom Volkgerichtshof zum Tod verurteilt.

Carl Friedrich Goerdeler ((1884–1945; hingerichtet): Politiker, Verwaltungsfachmann; 1930–1937 Oberbürgermeister von Leipzig, 1931, 1934 Reichskommissar für die Preisüberwachung. Politischer Kopf des bürgerlichen Widerstandes, nach dem gescheiterten Attentat vom 20. Juli 1944 verhaftet und vom Volksgerichtshof zum Tod verurteilt.

287 *Kurt von Schleicher* (1882–1934): General (1929) und Reichskanzler (1932); lehnte eine enge Kooperation mit *Hitler* ab. Im Zuge des «Röhm-Putsches» zusammen mit seiner Frau ermordet. «Röhm-Putsch»: zwischen dem 30. Juni und dem 2. Juli 1934 von *Hitler* ausgelöste Mordwelle, welcher sein letzter innerparteilicher Widersacher, der Stabschef der SA, *Ernst Röhm* (1887–1934), sowie zahlreiche SA-Führer und Regimegegner zum Opfer fielen.
Helmuth Stieff (1901–1944; hingerichtet): Leiter der Organisationsabteilung im Generalstab des Heeres (seit 1943); massgeblich an den Vorbereitungen des Attentats vom 20. Juli beteiligt, war mit *Stauffenberg* im Führerhauptquartier.
Roland Freisler (1893–1945): Jurist, seit 1942 Präsident des Volksgerichtshofes (»Blutrichter»); Tod bei Luftangriff im Keller des Volksgerichtshofes.
«Mörder von Potempa»: In der Nacht zum 10. Aug. 1932 traten fünf SA-Männer in Potempa (heute Potepa, Ort in Oberschlesien) einen kommunistischen Bergmann zu Tode; die Täter wurden zum Tod verurteilt, doch wandelte Reichskanzler *von Papen* unter dem Druck der Nationalsozialisten die Todesstrafen in lebenslängliche Haft um. Nach der Machtergreifung *Hitlers* wurden die Verurteilten auf freien Fuss gesetzt.

288 *Erwin von Witzleben* (1881–1944; hingerichtet): seit 1938 für den Sturz *Hitlers*, von den Verschwörern des 20. Juli 1944 als Oberbefehlshaber der Wehrmacht vorgesehen.
Peter Graf Yorck von Wartenburg (1904–1944; hingerichtet): Jurist, lehnte den Nat.soz. aus christlicher Grundhaltung heraus ab; bereitete mit seinem Vetter *von Stauffenberg* den Staatsstreich vom 20. Juli vor.

289 Dolchstosslegende: nach dem Ersten Weltkrieg entstandene und verbreitete These über die Ursache des militär. Zusammenbruchs des Dt. Reichs im Herbst 1918; sie besagte, das «im Felde unbesiegte Heer» sei wegen des von der sozialist. Agitation geschürten Defätismus in der Heimat geschwächt und schliesslich durch die Novemberrevolution (s. Anm. 174) «von hinten erdolcht» worden.

290 *Goebbels'* Ernennung zum «Generalbevollmächtigten für den Totalen Kriegseinsatz» datierte vom Juli 1944.

291 Am 15. Aug. 1944 fand an der Südküste Frankreichs, zwischen Cannes und Toulon, eine amerikan.-brit.-frz. Landung statt; die alliierten Truppen stiessen rasch in Richtung Lyon-Dijon und zur frz.-ital. Alpengrenze vor.

292 Saint-Gingolph: der Ort an der frz.-schweiz. Grenze am Südufer des Genfersees wurde am 23. Juli 1944 als Vergeltung für einen «Maquis»-Überfall von den Deutschen angezündet.

293 Marschall *Pétain* und *Pierre Laval* wurden Mitte Aug. 1944 von *Hitler* gezwungen, von Vichy zunächst nach Belfort und später nach Sigmaringen überzusiedeln; damit sollte die «legale» frz. Regierung im dt. Machtbereich gehalten werden.
Das Gedicht stammt vom Schriftsteller *Louis Aragon* (1897–1982), der am frz. Widerstand beteiligt war; es erschien 1943 in der Sammlung *Le Musée Grévin* (das Musée Grévin ist eigentl. das 1882 in Paris gegründete Wachsfigurenkabinett) unter dem Pseudonym *François la Colère*. Die während des Kriegs unter Pseudonym oder ohne Namen auf Flugblättern oder in geheimen Zeitschriften verbreiteten Gedichte *Aragons* fanden in Frankreich grossen Widerhall. Frei übersetzt lautet sein Porträt von *Laval*:
  Kennst du sie, diese zwielichtige Figur?
  Dieses alte Schreckgespenst mit dem Makronengesicht,
  mit der ewigen Kippe im schiefen Mundwinkel,
  diesen Bordellbesitzer oder Maronibrater?
«Abkommen über die Zivilverwaltung Frankreichs»: Das frz. Nationalkomitee wurde von den USA am 11. Juli 1944 als Verwaltungsautorität in den befreiten Gebieten de facto anerkannt.

294 Ghetto von Warschau: Am 15. Nov. 1940 riegelten die Nat.soz. in Warschau die jüdischen Wohnbezirke ab und sorgten für eine systematische Unterversorgung der auf kleinem Raum zusammengepferchten etwa 500 000 Bewohner; die Todesrate stieg dramatisch an. Ende Juli 1942 begann der systematische Mord an den Warschauer Juden; als am 19. Apr. 1943 die Deportation der verbliebenen knapp 60 000 Juden begann, kam es zum Warschauer Ghettoaufstand; Mitte Mai 1943 berichtete der zuständige dt. Kommandant, der «jüdische Wohnbezirk» sei liquidiert.

Warthegau: Reichsgau Wartheland; im Okt. 1939 zunächst als Reichsgau Posen gebildet, die Bezeichnung Wartheland galt erst ab Jan. 1940. Im sozusagen gaueigenen Vernichtungslager Chelmno/Kulmhof, dem allerersten «Judenvernichtungszentrum», wurden fast alle Juden des «Warthegaus» ermordet.

Warschauer Aufstand: Am 1. Aug. 1944 ordnete General *Tadeusz Bór-Komorowski* (1895–1966), Organisator der im Untergrund kämpfenden «Heimatarmee», in Absprache mit der Londoner Exilregierung eine Operation mit dem Ziel an, die poln. Hauptstadt noch vor Einmarsch der Roten Armee von der dt. Besatzung zu befreien; die unzureichend bewaffneten Aufständischen hofften vergeblich auf ein Eingreifen der Roten Armee und waren nach grossen zivilen und militär. Verlusten gezwungen, am 2. Okt. 1944 zu kapitulieren.

Kazimierz Sosnkowski (1885–1969): General und Politiker, 1927–1939 Armee-Inspekteur; war im Exil von 1939–1941 stellvertr. poln. Staatspräsident, 1943–1944 wirkte er als Oberbefehlshaber der poln. Truppen im Exil.

Tadeusz Kosciuszko (1746–1817): poln. Genral und Nationalheld; trat 1794 an die Spitze des letzten Aufstandes gegen die Teilungen Polens, unterlag aber der russ. Übermacht. 1778–1783 im nordamerikan. Unabhängigkeitskrieg Adjutant *Washingtons*.

Konstantin Rokossowski (1896–1968): leitete 1942 die Operationen an der Don-Front (Stalingrad), dann u. a. den Endkampf gegen Deutschland an der Oder und um Berlin.

295 «Freudentaumel der befreiten Hauptstadt»: Am 25. Aug. 1944 rückten die Amerikaner und die Truppen *de Gaulles* in Paris ein.

Das Gedicht von *Arthur Rimbaud* (1854–1891) «Paris se repeuple» entstand im Mai 1871, nachdem der Dt.-Frz. Krieg zwar mit dem den Franzosen aufgezwungenen Frankfurter Frieden (10. Mai) geendet hatte, der blutige Aufstand der Kommune in Paris (s. Anm. 86) aber noch fortdauerte; dieser wurde erst Ende Mai niedergeworfen.

Mit «Napoleon dem Kleinen» ist *Napoleon III.* gemeint; *Victor Hugo* (1802–1885) schrieb 1852 ein Pamphlet mit dem Titel «Napoléon-le-Petit».

Pierre Koenig (1898–1970): wurde 1944 als Anhänger *de Gaulles* Oberbefehlshaber der frz. Truppen in Grossbritannien und der Résistance-Verbände.

296 *La Nouvelle Revue française* (NRF): führende literarische Zeitschrift, gegründet 1908/09 in Paris von einer Gruppe von Schriftstellern, darunter *André Gide* (1869–1951); aus diesem Unternehmen ging im Juli 1919 auch der Verlag Librairie Gallimard hervor. Von Ende 1940–Juni 1943 lag die Leitung der NRF beim Schriftsteller *Pierre Drieu La Rochelle* (1893–1945; Selbstmord), der unter den Einfluss des Nationalsozialismus geriet und zur Kollaboration bereit war; der Verleger *Gaston Gallimard* (1881–1975) machte den Besetzern dieses Zugeständnis, um sein Haus zu retten. Von 1943 bis 1953 stellte die NRF ihr Erscheinen ein.

«blubomüd»: für «der Blut- und Boden-Ideologie müde».

297 «Vel' d'Hiv'»: umgangsspr. für die Pariser Radrennbahn Vélodrome d'hiver. Zu trauriger Berühmtheit gelangte das Vel d'hiv' im Sommer 1942: Am 16. und 17. Juli halfen rund 900 Polizeiequipen des État français den dt. Besatzern in Paris im Rahmen der Operation «Vent printanier» 12884 jüdische Männer, Frauen und Kinder zu verhaften; die Opfer wurden zum Teil ins Durchgangslager von Drancy (nordöstlich von Paris) verbracht und zum Teil im Vel' d'hiv' eingepfercht, bevor sie deportiert wurden.

Die Verse stammen aus dem Gedicht «Le Crépuscule du matin» (1851/52) von *Charles Baudelaire* (1821–1867).

298 Vgl. Anm. 269, 306; hier sind die «Grossen Vier» von Dumbarton Oaks gemeint.

299 Dumbarton Oaks: Landsitz bei Washington, USA; die Konferenz von Vertretern der USA, Grossbritanniens, der Sowjetunion und Chinas in Dumbarton Oaks vom 21. Aug. bis zum 7. Okt. 1944 empfahl, den Völkerbund durch eine neue internat. Organisation, die «Vereinten Nationen», zu ersetzen, und arbeitete Vorschläge für deren Organisation aus.

300 Montluc: Auf ihrem Rückzug aus Frankreich begingen die dt. Truppen viele Grausamkeiten, und die frz. Widerstandskämpfer übten da und dort Vergeltung: Nachdem die Deutschen am 20. Aug. 1944 in Saint-Genis-Laval (Dép. du Rhône) 120 Häftlinge massakriert hatten und nachdem die Résistance vergeblich einen Austausch mit den im Fort Montluc festgehaltenen Widerstandskämpfern vorgeschlagen hatte, wurden in Annecy 84 dt. Gefangene erschossen.

301 Hermann der Cherusker: im 17. Jh. aufgekommene (fälschl.) Bezeichnung für *Arminius* (18 oder 16 v. Chr. bis 19 oder 21 n. Chr.): Cheruskerfürst, Befreier Germaniens; stand zunächst in röm. Kriegsdiensten, erhob sich aber nach seiner Rückkehr mit den Cheruskern und benachbarten Stämmen gegen die Römerherrschaft; siegte 9 n. Chr. im Teutoburger Walde über drei röm. Legionen (etwa 20 000 Mann). Erlag einem Mordanschlag seiner Verwandten, die seine Machtstellung bekämpften. Der Stoff wurde in der dt. Literatur seit der Renaissance oft behandelt.

«Sieg an der Marne»: Im Ersten Weltkrieg wurde in der Schlacht an der Marne (5.–12. Sept. 1914) der dt. Vormarsch zum Stehen gebracht, der Krieg auf frz. Boden wurde zum Stellungskrieg.

«auf diesem deutschen Kolonialgebiet»: Der 1190 gegründete Deutsche Orden eignete sich im 13./14. Jh. im Kampf gegen die heidnischen Preussen das ganze Preussenland an, das daraufhin völlig eingedeutscht wurde.

Ostelbien: Ostelbier: früher die als reaktionär geltenden konservativen Grossgrundbesitzer rechts der Elbe.

302 Siegfriedlinie: Die Engländer gaben dem Westwall (ca. 630 km lange Befestigungslinie an der dt. Westgrenze von der Schweiz bis in den Aachener Raum) den Namen Siegfried line, dies in Analogie zur Siegfriedstellung des Ersten Weltkriegs, gegen die sich im Herbst 1918 der Hauptstoss der alliierten Offensive richtete.

303 Finnland brach am 2. Sept. 1944 die diplomatischen Beziehungen zu Deutschland ab und ersuchte die Sowjetunion um Waffenstillstandsbedingungen (vgl. Anm. 28, 217).

Rumänien: Die Russen leiteten am 20. Aug. 1944 eine Offensive gegen Rumänien ein; am 24. Aug. nahm das Land die russ. Waffenstillstandsbedingungen an, und König *Michael* proklamierte den Anschluss an die Alliierten. Am 25. Aug. erklärte Rumänien Deutschland den Krieg (vgl. Anm. 59).

Bulgarien kündigte am 4. Sept. 1944 den Antikominternpakt, am 5. Sept. erklärte die Sowjetunion Bulgarien den Krieg; am 8. Sept. erklärt Bulgarien Deutschland den Krieg, doch wurde das Land in der Folge von sowjet. Truppen besetzt und verzichtete auf seine Erwerbungen in Griechenland und Mazedonien (vgl. Anm. 100).

Ungarn: s. Anm. 59, 231.

Türkei: s. Anm. 68, 69, 285.

304 «Tragödie Warschaus»: s. Anm. 294.

305 *Le Canard enchaîné*: frz. politisch-satirische Wochenzeitschrift, gegr. 1915 in Paris; erschien bis 1940, 1944 neu gegründet.

Am 12. Sept. 1944 wurde die Verdunkelung in der Schweiz aufgehoben.

306 Quebec: Konferenz zwischen *Roosevelt* und *Churchill* vom 11. bis zum 16. Sept. 1944; der revidierte *Morgenthau*-Plan wurde angenommen, doch *Roosevelt* zog seine Unterschrift nach Protesten in der amerikan. Öffentlichkeit sowie des Aussen- und des Kriegsministers (*Hull* und *Stimson*) am 22. Sept. wieder zurück.

Die «Grossen Vier»: Frankreich, Grossbritannien, die Vereinigten Staaten, die Sowjetunion; vgl. Anm. 269.

Prinz *Bernhard* der Niederlande (*1911), seit 1937 Gemahl *Julianas* (*1909), der späteren (1948) Königin der Niederlande.

Treffen auf dem Atlantik: nämlich an Bord des engl. Schlachtschiffes «Prince of Wales» zur Vereinbarung der Atlantik-Charta.

307 *Ivone Augustine Kirkpatrick* (1897–1967): brit. Diplomat, 1941–1945 Leiter des Europadienstes des Brit. Rundfunks.
Heinrich Brüning (1885–1970): dt. Politiker, seit 1919 in der christl. katholischen Gewerkschaftsbewegung, 1924–1933 Mitglied des Reichstags für das Zentrum. Ende März 1930 Reichskanzler, drastisches Sanierungsprogramm des Haushalts, Regierung als Präsidialkabinett mittels Notverordnungen ohne parlamentarische Mehrheit. Ende Mai 1932 von *Hindenburg* entlassen.

308 *Marcello Soleri* (1882–1945): antifaschist. Abgeordneter vor der Machtergreifung der Faschisten; ab 1942 Kontakte zu Gegnern *Mussolinis*, nach der Befreiung Roms Finanzminister unter *Bonomi*.
Fiorello Henry La Guardia (1882–1947): amerikan. Politiker, 1933–1945 Bürgermeister von New York.
Churchills Besuch in Rom: am 21. Aug. 1944.

309 *Antti Verner Hackzell* (1881–1946): wurde im Aug. 1944 Ministerpräsident und leitete im Sept. die Waffenstillstandsverhandlungen mit der Sowjetunion ein; der Waffenstillstand von Moskau wurde am 19. Sept. 1944 unterzeichnet (vgl. Anm. 217).
Am 15. Sept. 1944 erfolgte ein dt. Flottenangriff auf die finn. Insel Hogland.
General *Lothar Rendulić* (1887–1971) hatte den verunglückten (Flugzeugabsturz) Generaloberst *Eduard Dietl* ersetzt.

310 Das Zitat von *Bertolt Brecht* (1898–1956) stammt aus der Schluss-Strophe des Films *Die Dreigroschenoper* und lautet vollständig: «Denn die einen sind im Dunkeln / Und die andern sind im Licht. / Und man siehet die im Lichte / Die im Dunkeln sieht man nicht.»
Sacha *Guitry* (1885–1957): frz. Schriftsteller, Schauspieler, Regisseur. 1944 der Kollaboration beschuldigt und für zwei Monate verhaftet; *Guitry* konnte seine Arbeit erst 1947 wieder aufnehmen.
CGPF: Confédération générale de la production française, ab Aug. 1936 Confédération générale du patronat français.
Aimé Lepercq (1889?–1944): Sept.–Nov. 1944 Finanzminister.

311 *Lord Rothermere*: Harold Sidney Harmsworth (1868–1940): Besitzer eines grossen Zeitungskonzerns; im *Daily Mail* schrieb er Artikel, in denen er *Hitler* und *Mussolini* pries.
Gaetano Salvemini (1873–1957): Historiker, Antifaschist; 1925 nach Frankreich ins Exil, ab 1933 in den USA (Harvard). 1950 zurück nach Italien.

312 Guernica: Im Span. Bürgerkrieg zerstörten dt. Flieger am 26. Apr. 1937 Guernica y Luno (nordöstlich von Bilbao), die «hl. Stadt» der Basken.
Majdanek: Lublin-Majdanek: Konzentrations- und Vernichtungslager im Lubliner Stadtteil Majdan Tatarski; die Opferzahlen liegen bei mind. 200 000, davon 60 000– 80 000 Juden.

313 *Marcel Cachin* (1869–1958): frz. Kommunistenführer, spielte eine entscheidende Rolle bei der Spaltung der sozialist. (1920) und der Gründung der kommunist. Partei.

314 *André Marty* (1886–1956): frz. Politiker, trat 1923 der kommunist. Partei bei; 1935–1943 Sekretär der Komintern. Teilnahme am Span. Bürgerkrieg. 1943 zu *de Gaulle* nach Algier, Mitglied der Assemblée consultative provisoire.
NKWP: richtig NKWD: Volkskommissariat für Inneres; die GPU (s. Anm. 129) wurde 1934 dem NKWD unterstellt.
Dean Acheson (1893–1971): Rechtsanwalt, Politiker, ab 1941 Sonderbeauftragter *Roosevelts*.

315 *Churchill* und *Eden* trafen am 8. Okt. 1944 zu Besprechungen in Moskau ein; am 11. folgte auch *Mikolajczyk*.
Georg VI. (1895–1952): 1936–1952 König von England.
Michail Kalinin (1875–1946): naher Mitarbeiter *Lenins* und *Stalins*, war seit 1919 nominelles Staatsoberhaupt (Vors. des Zentralkomitees, ab 1938 des Präsidiums des Obersten Sowjets).

316 *Thomas Edmund Dewey* (1902–1971): Anwalt, Politiker; 1942–1954 Gouv. des Staates New York. 1944 verlor er gegen *Roosevelt* und 1948 gegen *Harry S. Truman* (1884–1972; 33. Präsident der USA, 1945–1953) die Präsidentschaftswahl.

317 *Horthy* wurde von den Deutschen zur Abdankung gezwungen. Am 16. Okt. 1944 setzten sie *Ferenc Szálasi* (1897–1946; hingerichtet), den Führer der nat.soz. Pfeilkreuzler, als Regierungschef ein; er proklamierte die Fortführung des Krieges.
318 Szalasy: s. Anm. 317.
Béla von Imrédy (1891–1946; hingerichtet) war 1938/39 Ministerpräsident, stützte sich auf die Achse Berlin-Rom. 1944–1945 Wirtschaftsminister im Kabinett *Szálasi*.
1919 wurden in Ungarn (und in Bayern) vorübergehend revolutionäre Räterepubliken errichtet.
Döme Sztójay (1883–1946; hingerichtet) wurde nach dem dt. Einmarsch in Ungarn 1944 Ministerpräsident; er war vorher Gesandter in Berlin.
319 *Walter McLennan Citrine* (1887–1983): brit. Gewerkschaftsführer.
320 Die Prov. Regierung Frankreichs (Gouvernement provisoire de la République française) wurde am 23. Okt. 1944 von den Vereinigten Staaten, von Russland und England anerkannt.
Pierre Emmanuel (eigentl. *Noël Matthieu Emmanuel*) (1916–1984): Schriftsteller; von ihm stammen einige der besten Gedichtsammlungen aus der Zeit der Résistance.
321 *Georges Bidault* (1899–1983): ab 1941 führend in der Widerstandsbewegung, nach *Jean Moulins* Ermordung Präsident des Conseil national de résistance (CNR). 1944 zusammen mit anderen Gründer des Mouvement Républicain Populaire (MRP), von Sept. 1944 bis Juni 1946 Aussenminister.
322 *Jean Giraudoux* (1882–1944): Schriftsteller und Diplomat; *Daladier* ernannte ihn 1939 zum Informationsminister, im Jan. 1941 wurde er vom Vichy-Regime entlassen.
FFI: Forces Françaises de l'Interieur, im Febr. 1944 zusammengefasste paramilitärische Verbände Frankreichs.
José María Gil Robles Quiñones (1898–1980): Rechtsanwalt und Journalist, lebte von 1936 an in Lissabon als Führer einer katholischen Emigranten-Opposition gegen *Franco*; kehrte 1950 nach Spanien zurück.
323 *Paul-Henri Spaak* (1899–1972): 1938/39 Ministerpräsident, versuchte Belgien aus dem Krieg herauszuhalten; war bis 1945 Aussenminister der Exilregierung in London.
324 Am 1. Nov. 1944 wurde in Chicago die Internat. Luftfahrtkonferenz eröffnet; die Sowjetunion lehnte im letzten Moment ihre Teilnahme wegen der Beteiligung «profaschistischer und sowjetfeindlicher Staaten» – Spaniens, Portugals und der Schweiz – ab.
325 *Lord Swinton: Philip Cunliffe-Lister* (1884–1972): zwischen den beiden Weltkriegen Kolonialminister, 1935–1938 Luftwaffenminister, ab Okt. 1944 Minister für Zivilluftfahrt.
326 «Firman»: Ferman: Erlass eines islamischen Herrschers.
Iran blieb im Zweiten Weltkrieg neutral; nach dem dt. Überfall auf die Sowjetunion besetzten jedoch brit. und russ. Truppen das Land (Aug. 1941). Ab Jan. 1942 nahmen amerikan. Berater vor allem in Armee und Polizei wachsenden Einfluss.
«Freiheitskampf Panamas»: Panama erklärte sich am 4. Nov. 1903 als unabhängig von Kolumbien, amerikan. Kriegsschiffe deckten die separatistische Bewegung, und Panama trat den USA die Kanalzone ab.
Petsamo: Gebiet am Nordpolarmeer, wurde 1920 finn. und musste im Frieden von Paris (1947) an die Sowjetunion abgetreten werden.
327 *Alfons XIII.* (1886–1941): König von Spanien (1886–1931), ging nach Ausrufung der Republik (1931) ins Ausland.
328 Am 1. Nov. 1944 lehnte Russland die Wiederaufnahme diplomatischer Beziehungen mit der Schweiz ab.
329 *Marcel Pilet-Golaz* (1889–1958): 1928–1944 Bundesrat, übernahm 1940 das aussenpolitische Departement und hatte in dem Jahr gleichzeitig das Bundespräsidium inne; demissionierte im Nov. 1944 nach der russ. Absage an die Schweiz (s. Anm. 328).
Mohammed el Saed (*1881) war 1944 zweimal pers. Ministerpräsident.
330 Belgien war im Sept. 1944 von den Alliierten befreit worden, wurde jedoch durch die Ardennenoffensive (s. Anm. 343) nochmals zum Kampfgebiet.
Fernand Demany (1904–1977): Pseudonym *Jean de la Chasse*, Dichter und Journalist; Mitglied des belg. Widerstands, nach der Befreiung 1944 kommunist. Minister ohne Portefeuille.

535

Hubert Pierlot (1883–1963): Rechtsanwalt, Politiker; wurde im Febr. 1939 Ministerpräsident und war von Apr.–Sept. 1939 zugleich Aussenminister. Geriet im Mai 1940 in scharfen Gegensatz zu König (1934–1944 und 1950–1951) *Leopold III.* (1901–1983), der am 25. Mai kapitulierte; ging daraufhin nach Paris und London, wo er von Okt. 1940–Sept. 1944 die belg. Exilregierung führte; von Sept. 1944–Febr. 1945 Leiter eines Allparteien-Kabinetts.

331 *Émile Verhaeren* (1855–1916): frz.-belg. Dichter, Mitbegründer der lit. Bewegung «La jeune Belgique», erliess Aufrufe zur Völkerversöhnung.

332 *Camille Gutt* (1884–1971): liberaler Politiker, Financier, Jurist; Finanzminister der belg. Exilregierung.

333 Volkssturm: durch Führererlass vom 25. Sept. 1944 gegründete örtliche oder regional gebundene Truppe aus den bisher nicht eingezogenen Männern zwischen 16 und 60 Jahren; der Volkssturm kam auch zum Kampfeinsatz und erlitt hohe Verluste.

334 *Nikolaus Becker* (1809–1845): Jurist, Schriftsteller; sein Rheinlied schrieb er 1840.
Karl von Gerok (1815–1890): evang. Theologe und Schriftsteller; schrieb religiöse und vaterländische Gedichte.
Emanuel Geibel (1815–1884): Dichter, gefeierter Lyriker der dt. Einigung unter Preussen.

335 *Harold Rupert Alexander* (1891–1969): brit. Feldmarschall (seit 1944), leitete den Feldzug von El-Alamein bis Tunis, war Befehlshaber in Italien und schliesslich Oberbefehlshaber im Mittelmeerraum.

336 *Emanuel Shinwell* (1884–1986): 1922–1924, 1928–1931, 1935–1970 Labour-Abgeordneter, 1929–1931 Staatssekretär; führte als Minister für Brenn- und Krafstoffversorgung 1945–1947 die Verstaatlichung der brit. Bergwerke durch.

337 *Wincenty Witos* (1874–1945): schloss sich als Politiker der poln. Bauernbewegung an. 1920–1921, 1923 und Mai 1926 Ministerpräsident; am 12. Mai 1926 durch den Staatsstreich *Pilsudskis* gestürzt. Emigrierte 1933 in die Tschechoslowakei, 1939–1940 von der dt. Bessatzungsmacht inhaftiert.

338 *Joseph Clark Grew* (1880–1965): 1932–1941 Botschafter der USA in Japan.
Nelson Aldrich Rockefeller (1908–1979): Enkel des Unternehmers *John Davison Rockefeller* (1839–1937), des Begründers der Rockefeller-Stiftungen.
William Lockhart Clayton (1880–1966): Baumwollproduzent und –händler, Politiker; 1942–1944 stellvertr. Handelsminister, ab Dez. 1944 stellvertr. Staatssekretär für Wirtschaftsangelegenheiten.

339 «Griechischer Bürgerkrieg»: Nach dem Abzug der Deutschen aus Griechenland (Aug./Okt. 1944) brach der offene Bürgerkrieg aus, der nur mit engl. und amerikan. Hilfe erfolgreich bekämpft werden konnte (vgl. Anm. 247).
«Bewaffnete Intervention in Russland»: brit. und frz. Truppen landeten in Murmansk und Archangelsk, um im Russ. Bürgerkrieg den Entscheidungskampf gegen die Bolschewisten herbeizuführen; diese Aliierte Intervention (Juni 1918–Okt. 1919) scheiterte.

340 Lemberg war bis 1918 Hauptstadt des österr. Kronlandes Galizien, 1919–1939 war es poln. 1944 wurde die Stadt von der Roten Armee erobert, die poln. Mehrheit wurde zum grössten Teil ausgesiedelt; seither war Lemberg eine ukrainische Stadt.
ELAS: Ethnikos Laïkos Apeleftherotikos Stratos, Nationale Volksbefreiungsarmee; 1942 gegründet, im Zweiten Weltkrieg und danach die Kampfverbände der EAM (s. Anm. 247).

341 *Ronald MacKenzie Scobie*, brit. Generalmajor.

342 *Joannis Metaxas* (1871–1941): royalist. General und Politiker, wurde 1936 Ministerpräsident und konsolidierte seine Regierung vor drohenden sozialen Unruhen durch einen Staatsstreich (4. Aug. 1936).

343 «Offensive zur sechsten Kriegsweihnacht»: die Ardennenoffensive, die letzte grosse dt. Angriffsoperation mit dem Ziel, den Alliierten den Nachschubhafen Antwerpen zu entreissen und die brit. von den amerikan. Truppen zu trennen. Nach anfänglichen Erfolgen gingen alle Geländegewinne bis Mitte Jan. 1945 wieder verloren.
Rexisten: Angehörige der wallonischen antidemokratischen «Christ-Königsbewegung» in Belgien, gegr. 1930 von *Léon Degrelle*, benannt nach dem Verlagshaus Christus Rex. Die Rexisten waren Anhänger der militanten katholischen Aktion, wandten sich jedoch immer mehr dem

Nationalismus und schliesslich dem Faschismus zu. Nach dem Krieg wurden in Belgien viele Rexisten als Kollaborateure zum Tod verurteilt.

Léon Degrelle (1906–1994): führender Kollaborateur unter dt. Besatzung. Gründer und Oberbefehlshaber der Wallonischen Legion im Rahmen der Waffen-SS; im Dez. 1945 in Abwesenheit zum Tod verurteilt, Exil in Spanien.

344 Feldmarschall *Montgomery* wollte nach Möglichkeit noch 1944 die Entscheidung herbeiführen und liess deshalb am 17. Sept. starke Luftlandetruppen im Raum von Arnheim und Nimwegen hinter der dt. Front absetzen mit dem Ziel, die Rheinbrücken in Besitz zu nehmen; das Unternehmen schlug bei Arnheim fehl. *Churchill* hatte immer vor übertriebenem Optimismus gewarnt und stand auf der Seite derer, die vor einer Unterschätzung des Gegners warnten.

345 Anspielung auf *Voltaires* satirischen Roman *Candide, ou l'optimisme* (1759); darin verspottet *Voltaire* einen von *Gottfried Wilhelm Leibniz* (1646–1716) in seinet *Theodizee* (1710) ausgesprochenen Gedanken, nämlich: «Gott hätte die Welt nicht geschaffen, wenn sie nicht unter allen möglichen die beste wäre.»

346 *Churchill* und *Eden* weilten vom 26.–28. Dez. 1944 in Athen zu einer Konferenz mit den griech. Parteien.

«Der Bürgerkrieg blieb aus»: vgl. Anm. 339 und die Bemerkungen des Autors im nachfolgenden Textabschnitt.

347 «Unser scheidender Aussenminister»: *Pilet-Golaz*; vgl. Anm. 329.

«Der wohl meistgelesene Schweizer Journalist … in seinem ‹blauen Blatt›»: *Karl von Schumacher* (1894–1957) in der *Weltwoche*; er hatte diese Wochenzeitung 1933 zusammen mit *Manuel Gasser* (1909–1979), dem nachmaligen (1958–1974) Chefredaktor der kulturellen Monatszeitschrift *du*, gegründet. Die *Weltwoche* verteidigte kurz nach ihrer Gründung die demokratischen Grundrechte und verurteilte den Nationalsozialismus; ab 1938 zunehmend Sprachrohr emigrierter dt. Publizisten.

Jalta

348 *Ivan Šubašić* (1892–1955): von Mai 1944–Jan. 1945 Ministerpräsident der jugoslaw. Exilregierung in London; vereinbarte 1944 mit *Tito* die Zusammenarbeit der von ihnen geführten Regierungen mit dem Ziel einer Verschmelzung beider. Von März bis Okt. 1945 Aussenminister der Regierung *Tito*, dann Rücktritt unter Protest gegen dessen Politik.

349 San Francisco: Hier wurde die Charta der Vereinten Nationen am 26. Juni 1945 einstimmig beschlossen; sie trat am 24. Okt. 1945 in Kraft, die erste Sitzung der Generalversammlung der Vereinten Nationen wurde in London am 10. Jan. 1946 eröffnet. S. auch S. 472 ff.

«panarabische Union»: gemeint ist die Arabische Liga, die am 22. März 1945 als Organisation unabhängiger arabischer Staaten von Ägypten, Irak, Jemen, Libanon, Saudi-Arabien, Syrien und Transjordanien in Kairo gegründet wurde.

Kleiner Rat: der Sicherheitsrat der Vereinten Nationen.

350 «Geiselproblem»: Die ELAS (s. Anm. 340) nahm in Griech. Bürgerkrieg auch zum Mittel der Geiselnahme Zuflucht.

351 Am 12. Jan. 1945 wurde zwischen Vertretern der ELAS und der EAM (s. Anm. 247) anderseits und General *Scobie* anderseits ein Waffenstillstand abgeschlossen, der u. a. Verhandlungen mit der griech. Regierung und die Freilassung der Geiseln ermöglichen sollte. Ministerpräsident der griech. Regierung wurde Ende 1944

Nikolaos Plastiras (1884–1953): seit 1922 einer der republikanischen Führer, putschte 1922 (sowie ohne Erfolg 1933 und 1935) gegen die Regierung; lebte 1933–1944 im Exil.

Stylianos Gonatas (1876–1967): wurde 1922 nach dem Putsch General *Plastiras'* Ministerpräsident und Kriegsminister, Rücktritt Jan. 1924; 1929–1932 Generalgouverneur von Makedonien, dann mehrfach Minister. Lebte 1938–1941 im Exil.

Theodoros Pangalos (1878–1952): war 1924 Kriegsminister, rief sich im Jan. 1926 zum Diktator aus, wurde im Aug. 1926 durch einen Putsch gestürzt.

352 «Churchills Moskauer Besprechungen»: s. Anm. 315.
353 *Tomasz Arciszewski* (1877–1955): leitete in Polen 1939–1943 die Sozialist. Partei im Untergrund; 1944 Nachfolger *Mikolajczyks* als Ministerpräsident in der Londoner Exilregierung (bis 1947).
Warschauer Regierungskollegium: Das Lubliner Komitee erklärte sich am 1. Jan. 1945 zur Provisorischen Regierung Polens und übersiedelte am 18. Jan. in die befreite Hauptstadt Warschau, wogegen die Exilregierung vergeblich protestierte.
354 «Gemeinsame Erklärung Molotows und Ribbentrops»: im Gefolge des am 23. Aug. 1939 von *Ribbentrop* und *Molotow* in Moskau unterzeichneten Dt.-sowjet. Nichtangriffspakts mit seinem Geheimen Zusatzprotokoll über die Aufteilung Polens (s. auch Anm. 98).
Leopold Okulicki (1898–1946; ermordet): General, nach dem Fall von Warschau letzter Befehlshaber der «Armee im Lande» (Armia Krajowa) als Nachfolger von *Bór-Komorowski*. Am 27. März 1945 von den Sowjets zusammen mit 15 anderen Führern des poln. Untergrundstaates verhaftet und in Moskau zu 10 Jahren Gefängnis verurteilt; wurde gefoltert und starb im Lubianka-Gefängnis.
355 «Raub Wilnas»: im Okt. 1920 Besetzung des Wilnagebiets durch poln. Truppen; der Friedensvertrag von Riga mit Russland (18. März 1921) setzte die poln. Ostgrenze etwa 250 km östlich der Curzon-Linie fest, so dass dem poln. Staat rund 6 Millionen Ukrainer und 2 Millionen Weissruthenen einverleibt wurden; Aasgeierpolitik von München: s. Anm. 108. Vgl. auch Anm. 97.

Der Zusammenbruch

356 *Martin Bormann* (1900–1945): 1927 Eintritt in NSDAP und SA, fanatischer Vollstrecker des nat.soz. Rassenprogramms; 1941 Leiter der Parteikanzlei, 1943 «Sekretär des Führers».
357 *Leonid Alexandrowitsch Goworow* (1897–1955): 1920 Eintritt in die Rote Armee, 1944 Marschall, 1945 Held der Sowjetunion.
N. N. Woronow begann 1941/42 mit dem Aufbau der «Artilleriereserve des Oberkommandos», deren erster Einsatz in der Schlacht um Stalingrad erfolgte. Die sowjet. Artillerie spielte im Verlauf des Krieges eine immer entscheidendere Rolle, so auch in der Schlacht um Berlin.
358 Werwolf: Seit Mitte Sept. 1944 beschäftigte sich *Himmler* mit dem «Aufbau der Widerstandsbewegung in den dt. Grenzgebieten»; mit der Taktik des Untergrundkampfes auf dt. Boden und durch Sabotageakte hinter den gegnerischen Linien sollten die eigenen Kampfverbände entlastet werden. Entlehnung der Bezeichnung aus dem Roman *Der Wehrwolf* (1910) von *Hermann Löns* (1866–1914) mit seiner Schilderung des Partisanenkampfs niedersächs. Bauern gegen die Soldateska des Dreissigjährigen Krieges.
Kyffhäuser: waldbestandener Bergrücken in Thüringen; in der Kaisersage Aufenthaltsort eines im Berg schlafenden Kaisers der aufwachen und die alte entschwundene Kaiserherrlichkeit erneuen würde.
359 Reichstagsbrand: Dessen Urheberschaft ist bis heute umstritten.
Theodor Lessing (1872–1933; ermordet): dt. Philosoph, 1908–1926 Dozent an der TH Hannover; Sozialkritiker und Kulturpessimist. Scharfer Antisemit, obschon selbst jüdischer Abstammung. Stark angefeindet wegen seiner aggressiven Pamphlete (auch gegen *Hindenburg*).
Engelbert Dollfuss (1892–1934; ermordet): österr. Politiker; 1931 Landwirtschaftsminister, ab Mai 1932 Bundeskanzler und Aussenminister. Bekämpfte energisch den Anschluss Österreichs an Deutschland, regierte unter Ausschaltung des Parlaments und gestaltete die Verfassung auf autoritärer und auf christlich-ständischer Grundlage neu.
360 *Gustav Krupp von Bohlen und Halbach* (1870–1950): Industrieller, 1906 Heirat mit der Alleinerbin der Fried. Krupp AG, Berta, und Berechtigung den Namen «Krupp» zu führen. Seit 1931 Vorsitzender des Reichsverbands der Dt. Industrie, 1937 Wehrwirtschaftsführer, 1940 Goldenes Parteiabzeichen (s. Anm. 15).
361 Ostelbien: s. Anm. 301.

Die Verheerungen des Krieges

362 Trobar clus: Ausdruck, der die hermetische, esoterische Lyrik der Troubadours bezeichnet (im Gegensatz zum trobar plan, der einfachen oder leichten Lyrik).

363 *Francisco de Goya y Lucientes* (1746–1828): war ab 1799 span. Hofmaler und schuf als solcher ebenso realistische Werke wie in der Zeit davor.

364 Vercors: Pseudonym von *Jean Bruller* (1902–1991), dessen Name mit der hier erwähnten, 1943 im besetzten Frankreich heimlich publizierten Novelle verbunden bleibt; das Werk hatte grossen Erfolg und wurde nach der Befreiung Frankreichs 72mal neu aufgelegt und in 40 Sprachen übersetzt.

365 «Bombardierung von Damaskus»: Nach dem Ende des Krieges kam es zu einer Auseinandersetzung zwischen England und Frankreich wegen der Aufstände in Syrien und im Libanon (vgl. Anm. 177). In Damaskus wurden am 28. Mai 1945 frz. Posten von syrischen Aufständischen angegriffen, die Franzosen zerstörten daraufhin deren Stellungen aus der Luft und mit Artillerie; am 30. Mai herrschte wieder Ruhe. *Churchill* forderte Frankreich am 31. Mai öffentlich auf, seine Truppen in die Kasernen zurückzuschicken, um eine Konfrontation mit brit. Truppen zu vermeiden, am 1. Juni folgte ein detailliertes Ultimatum an Frankreich. Die Briten übten seit 1944 vermehrt Druck auf Frankreich aus, Syrien und den Libanon in die Unabhängigkeit zu entlassen. Ascq: bei Lille, heute Villeneuve-d'Ascq; im April 1944 brachten die Deutschen dort 86 Einwohner um.

366 Vittorio Veneto: Gemeinde in Venetien, Oberitalien; hier fand im Ersten Weltkrieg die letzte Schlacht an der österr.-ital- Front statt (24. Okt.–3. Nov. 1918), die für die Italiener und ihre Alliierten (die Gegner der Dreibundgenossen Italiens, vgl. Anm. 149) mit dem Sieg über das österr.-ungar. Heer endete.

367 Die Oder-Neisse-Grenze wurde von der Bundesrepublik Deutschland und von Polen am 14. Nov. 1990 in einem Vertrag als völkerrechtlich verbindlich festgeschrieben.

368 *Edward Ochab* (*1906): kommun. Politiker, mehrfach verhaftet, ab 1939 in der Sowjetunion im Exil. Beteiligte sich am Aufbau des Verbandes poln. Patrioten (vgl. Anm. 137) und der auf sowjet. Seite kämpfenden poln. Exilarmee. Seit 1944 in höheren Partei- und Staatsämtern tätig.
Potsdamer Konferenz der «Grossen Drei» (*Truman, Churchill/Attlee, Stalin*): 17. Juli–2. Aug. 1945; debattiert wurde über die politischen und wirtschaftlichen Grundsätze der alliierten Kontrolle Deutschlands und über die Ausübung der obersten Regierungsgewalt in Deutschland im Rahmen des Alliierten Kontrollrats, beherrschende Probleme waren indes die Reparationen und die poln. Westgrenze. Einer der folgenreichen Beschlüsse war die «ordnungsgemässe Überführung» der dt. Bevölkerung aus Polen, der Tschechoslowakei und Ungarn in das verkleinerte Deutschland.

369 *Wenzel Jaksch* (1896–1966): war als sudetendt. Sozialdemokrat 1929–1938 Mitglied des tschechoslowak. Parlaments, emigrierte 1939 nach England und opponierte dort gegen die Austreibungspläne *Beneschs*.
Konrad Henlein (1898–1945; Selbstmord): gründete 1933 die Sudetendt. Heimatfront (ab 1935 Sudetendt. Partei); 1938 Reichskommisar für die sudetendt. Gebiete, ab Mai 1939 Reichsstatthalter und Gauleiter des Sudetenlandes. Von den Tschechen zum Tod verurteilt.

370 *Thomas Garrigue Masaryk* (1850–1937): tschechoslowak. Soziologe, Philosoph und Politiker; 1918, 1920, 1927 und 1934 zum Staatspräsidenten gewählt, 1935 Rücktritt aus Altersgründen. War massgeblich an der Errichtung eines selbständigen tschechoslowak. Staates beteiligt.
Lord *W. Runciman* (1870–1949) arbeitete für *Chamberlain* 1938 einen Bericht über die Lage der Sudetendeutschen aus, der das Münchener Abkommen vorbereitete.

371 *Georges Bernanos* (1888–1948): frz. Schriftsteller, schrieb religiöse Gewissensromane, kam von der Action française (s. Anm. 123) her und griff wiederholt in politische Auseinandersetzungen ein. Angewidert von der Haltung der europ. Staaten gegenüber *Hitler*, verliess er Europa und lebte von 1938 bis 1945 in Brasilien; auf Einladung *de Gaulles* kehrte er im Juli 1945 nach Frankreich zurück.

372 «Kanonen statt Butter»: Schlagwort in den Zeitungen nach einer Radioansprache *Görings* im Juli 1936, in der er sagte: «Kanonen machen uns mächtig, Butter macht uns nur fett.»

373 *Hans Habe*, eigentl. *Hans Békessy* (1911–1977): Publizist und Schriftsteller; 1929–1935 Redakteur in Wien, 1935–1938 als Zeitungskorrespondent in Genf. Ging 1940 in die Vereinigten Staaten und kehrte als Presseoffizier nach Deutschland zurück.

San Franciso

374 *Vittorio Emanuele Orlando* (1860–1952): ital. Jurist und Staatsmann; von Okt. 1917 bis Juni 1919 Ministerpräsident, als solcher an den Friedensverhandlungen in Versailles beteiligt.
Gustav Stresemann (1878–1929): bedeutender Politiker der Weimarer Republik, von 1923 bis zu seinem Tode Aussenminister, vertrat gegenüber Frankreich eine Verständigungspolitik. Erhielt 1926 zusammen mit dem frz. Aussenminister *Aristide Briand* (1862–1932) den Friedensnobelpreis.
375 Gosplan: seit 1921 staatl. Plankommission für die Wirtschaft der Sowjetunion sowie für die Planzahlen der Schlüsselindustrie und des Aussenhandels der Ostblockstaaten.
376 «Eiserner Vorhang»: nach *Churchill* (1945: Iron Curtain): Schlagwort für die Abschliessung des sowjet. Machtbereichs von der übrigen Welt.
Währungs- und Finanzkonferenz von Bretton Woods (New Hampshire, USA): 1.–22. Juli 1944; Gründung des Internat. Währungsfonds und der Weltbank.
«Otschitschornaja»: von «Otschi tschornye», was in einer poetisch-veralteten Wendung soviel wie «schwarze Augen» heisst; Name eines der bekanntesten russ. Volkslieder, das auch im Westen gerne gehört wird. Wir verdanken diesen Hinweis Herrn lic. phil. Felix Münger, Frauenfeld.
377 Die Wahlen in England fanden im Juli 1945 statt.
378 S. unter dem Datum vom 31. Dez. 1943.
379 «Du point de vue du Sirius»: s. Anm. 154.
«Displaced persons»: während des Zweiten Weltkriegs nach Deutschland verschleppte oder geflüchtete Ausländer, die sich bei Kriegsende im dt. Reichsgebiet aufhielten.

Verzeichnis wichtiger Begriffe

Die Ziffern verweisen auf jene Anmerkungen, in denen sich Erläuterungen zu den aufgelisteten Begriffen finden.

Ablösung 16
Achse (Berlin-Rom), Achsenmächte 2
Action française 123
Adana, Konferenz von 67
Alte Kämpfer 15
AMGOT 139
Antikominternpakt 110
Appeasement 108
Arabische Liga 349
Ardennenoffensive 343
Assemblée consultative provisoire 170
Atlantik-Charta 14
Babi Jar 190
Balfour-Deklaration 178
Befreiungsfront, griech. 247, 351
Befreiungskomitee, frz., s. Comité français de libération nationale
Befreiungskomitee, ital. 229
Beveridge-Plan 76
Blitzkrieg 4
Blockade 21
Brest-Litowsk, Frieden von 214
Bretton Woods, Währungs- und Finanzkonferenz von 376
Bund deutscher Offiziere, BDO 157
Bündnis, brit.-frz.-türk. 68
Bürgerkrieg, Spanischer 14, 85
Casablanca, Konferenz von 66
Cassino 219
Charkow 190
Churchill-Stalin-Konferenz 241
Clark-Darlan-Abkommen 35, 253
Comité des forges 39
Comité français de libération nationale, CFLN 115, 293
Comité national français, CNF 38
Compiègne 43
Conseil national de la résistance, CNR 170
Curzon-Linie 201

Danzig 97
Das Reich 71
Das Schwarze Korps 127
Demarkationslinie, dt.-sowjet. 201
Der Stürmer 232
Der Völkische Beobachter 12
Deutsche Arbeitsfront, DAF 101, 242
Deutsche Revolution 174
Deutsches Nachrichtenbüro, DNB 10
Dolchstosslegende 289
Dreibund 149
Dreimächtepakt/Dreierpakt 16, 187
Drôle de guerre 4
Dumbarton Oaks, Konferenz von 299
EAM, s. Befreiungsfront, griech.
Eiserner Vorhang 376
ELAS, s. Volksbefreiungsarmee Griechenlands, Nationale
Entente cordiale 94
État français 9
Europakommission 229
Exilregierung, jugoslaw. 170
Exilregierung, polnische 87, 98
Fabian Society 76
Falange 14
Ferrara, Massaker von 198
Feuerkreuzler 253
Forces Françaises de l'Intérieur, FFI 322
Forces Françaises Libres, FFL 38
France combattante, La 38
Freies Deutschland, s. Nationalkomitee «Freies Deutschland»
Fremdarbeiter 11
Freundschafts- und Beistandspakt, poln.-russ. 87
Freundschaftspakt, russ.-dt., s. Nichtangriffspakt, dt.-sowjet.
Freundschafts- und Beistandspakt, tschech.-sowjet. 197
Frieden von Moskau, finn.-sowjet. 217
Friedensvertrag von Riga, poln.-russ. 355
Fünfte Kolonne 35
GESTAPO 17, 26

Gosplan 375
Gouvernement provisoire de la République
    française 9
GPU 129
Grosse Drei 183
Grosse Vier 269, 306
Grosser Rat, faschist. 198
Grosspolen 97
Grossraum Südostasien 78
Guernica 312
Haager Landkriegsordnung, HLKO 243
Havas 10
Heilige Allianz 90
Hitler-Jugend 184
Hitler-Prozess 209
Hitler-Putsch 15, 174, 209
Hitler-Stalin-Pakt, s. Nichtangriffspakt, dt.-
    sowjet.
Honvéd 216, 234
Hot Springs, Konferenz von 113
Intelligence Service 33
Internationale Arbeitskonferenz 250
Internationale Luftfahrtkonferenz 324
Internationale, Zweite und Dritte 33
Italienrat/Italienkommission 229
Kairo, 1. Konferenz von 182
Kairo, 2. Konferenz von 185
Kämpfendes Frankreichs, s. France cobattante
Kampfzeit 15
Katyn 87
KdF, s. Kraft durch Freude
KGB 129
Komintern 33
Komitee für die Nationale Befreiung, Poln.
    281, 353
Komitee, dt., s. Nationalkomitee «Freies
    Deutschland»
Komitee, poln. 137
Konsultativversamlung, frz., s. Assemblée con-
    sultative provisoire
Kraft durch Freude 184
Lappo-/Lapua-Bewegung 217
Laval-Hoare-Plan/Hoare-Laval-Plan 14
Légion des volontaires français contre le bolché-
    visme, LVF 25
Légion tricolore 84
Leih- und Pacht/Lend and Lease 83
Lidice 26
Lubliner Komitee, s. Komitee für die Nationale
    Befreiung, Poln.
Machtergreifung, nat.soz. 64
Maginotlinie 4

Marsch auf Rom 27
Marshall-Plan 162
Milice française 84
Mittelmeerkomitee/Mittelmeerkommission, s.
    Italienrat
Monroe-Doktrin 30
Morgenthau-Plan 93
Moskau, Konferenz von 168
Münchener Abkommen 108
nationale Revolution, s. Révolution nationale
Nationalitätenpolitik, russ. 41
Nationalkomitee «Freies Deutschland», NKFD
    137
Nationalkomitee, frz., s. Comité national
    français
Neuordnung Europas 24, 78
Neutralitätsabkommen, russ.-jap. 110
New Deal 32
Nichtangriffspakt, dt.-sowjet. 69, 98, 110
Nichtangriffspakt, dt.-türk. 69
NSDAP 12, 79
Nürnberger Gesetze 232
Oder-Neisse-Grenze 367
Offiziersverband, dt., s. Bund deutscher Offi-
    ziere
OFI 10
OKW 58
Oradour-sur-Glane 275
Pearl Harbor 152
Pfeilkreuzler 317
PK-Berichterstatter 10
Polen, vierte Teilung 98, 193
Polnischer Korridor 97
Potsdamer Konferenz 368
Provisorische Regierung der Frz. Republik, s.
    Gouvernement provisoire de la République
    française
Quebec (1943), Konferenz von 142
Quebec (1944), Konferenz von 306
Rat für ein demokratisches Deutschland 251
Reichstagsbrand 184
Reuter 8
Révolution nationale 9
Rexisten 343
Röhm-Putsch 287
SA, s. Sturmabteilungen
San Francisco, Konferenz von 349
Sarajewo 267
Schauprozesse, Moskauer 158
Schutzstaffel 17
Sempacher Brief 18
Spartakusbund 142

Squadrismo *198*
SS, s. Schutzstaffel
Stahlpakt *94*
Stalingrad, Schlacht um *1*
Sturmabteilungen *286*
Tanger *85*
Teheran, Konferenz von *183*
United Press Association, UP *265*
UNRRA *256*
Ustascha *100*
Vereinte Nationen (UNO), 1. Generalversammlung *349*
Vereinte Nationen (UNO), Charta *349*
Vereinte/Vereinigte Nationen *5*
Vergeltungswaffen *186*
Verona, Prozess von *198*
Versailles, Friedensvertrag von *125*
Vichy *9*
Völkerbund *40*
Volksbefreiungsarmee Griechenlands, Nat. *340, 351*
Volksbefreiungskomitee, jugoslaw. *188*

Volksgerichtshof *156*
Volkssturm *333*
V-Waffen, s. Vergeltungswaffen
Waffenstillstand Alliierte-Italien *147*
Waffenstillstand von Moskau, finn.-sowjet. *60, 217*
Waffenstillstandsabkommen, dt.-frz. *36*
Waffenstillstandsabkommen, frz.-ital. *36*
Warschauer Aufstand *294*
Warschauer Ghetto *294*
Wehrkraftzersetzung *156*
Weimarer Republik *125*
Werwolf *358*
Widerstandsrat, frz., s. Conseil national de la résistance
Wiener Kongress *90*
Wilhelmstrasse *22*
Winterkrieg *28*
Zarizyn *1*
Zwanzigster Juli 1944 *277, 280, 288*
zweite Front *5*

Personenregister

Nähere Angaben zu der gesuchten Person finden sich jeweils in der Anmerkung zur ersten Erwähnung im Text. Die kursiv gesetzten Ziffern beziehen sich auf Personen, die – ausschliesslich oder zusätzlich – in einer Anmerkung genannt werden.

Abd el-Krim, Mohammed 58
Abdallah ibn Hussein 200
Acheson, Dean 374
Alba, Duque de 288
Alexander der Grosse 122
Alexander I., König von Jugoslawien *109*
Alexander, Harold Rupert 404
Alfons XIII., König von Spanien 392
Amery, John 37
Amery, Leopold Stenett *45*, 78 f., 172
Antonescu, Ion 56, 104, 246, 354
Appelius, Mario 138
Aragon, Louis *293*, 450 ff.
Arciszewski, Tomasz 435
Äschylus *268*
Astier de la Vigerie, François d' 36
Attlee, Clement Richard 74, 103, 202, 273, 289, *257*, *368*, 492
Auriol, Vincent 270
Ávila Camacho, Manuel 298
Axmann, Arthur 283
Badoglio, Pietro 146 f., 149 f., 156, 158, *148*, 169, 183 f., *164*, 193, 228 f., *200*, 262 ff., *228*, *229*, 271, 297 f., 309, *261*, 360, 371, 408 f., 411, 491
Balduin I., König von Jerusalem *164*
Balfour, Arthur James *178*
Balfour, Harold Harington 26
Barklay, Alben W. 259
Barthou, Louis 113
Baruch, Bernard Mannes 259, 469
Bassermann, Friedrich Daniel *239*
Baudelaire, Charles 297
Beaverbrook, William 69, 391
Beck, Joseph 226
Beck, Ludwig 330

Becker, Nikolaus 403
Benesch, Eduard 107, 112, 156, 160, 227, *197*, 245, 458 f., 369
Benjamin, René 120, 344
Bergner, Elisabeth 292
Bernanos, Georges 463
Bernhard, Prinz der Niederlande 358
Beveridge, William 72, 421
Bevin, Ernest 59, 273, 287, 407
Bidault, Georges 387, 454, 473
Biddle, Anthony Joseph Drexel, Jr. 25
Billoux, François 275
Binding, Rudolf G. 186
Blomberg, Werner von 240
Blum, Léon *237*, 274, 323 f., 453
Bock, Fedor von 60
Bogomolow, Alexander Jefremowitsch 159
Boisson, Pierre 36, 54
Bonnet, Georges Étienne 310
Bonnier de la Chapelle, Fernand *51*
Bono, Emilio de *200*
Bonomi, Ivanoe 261, 262, 309 f., 361, *308*, 399, 411
Boris III., König von Bulgarien 104
Bór-Komorowski, Tadeusz 345, 355, 377, 354
Borman, Martin 440
Bose, Subhas Tschandra 78
Bourdan, Pierre 50, 365
Bracken, Brendan 159
Brecht, Bertolt *310*
Briand, Aristide 473
Brüning, Heinrich 360
Bullitt, William Christian 160, 379
Burckhardt, Carl Jacob 97
Buré, Emile 323
Cachin, Marcel 373
Camacho, Manuel Ávila 298
Carol II., König von Rumänien *59*
Carr, Edward Hallett 86, 274, 409
Castillo, Ramón S. 121
Catroux, Georges 41 f., 118 f., *177*
Cavaignac, Louis Eugène 83

Chamberlain, Neville 73, 114, 130, 286, 370, 370, 473
Chatel, Yves 30
Christian IX., König von Dänemark 258
Churchill, Winston Leonard 9 f., *14*, 20 f., 27, 29 ff., 33, 37 f., *46*, 41, *66*, *67*, 65 ff., 69, *74*, 73, 85, *89*, 86 ff., 92, 100, 108, *105*, 110 ff., 121, 123, 125, 133 f., 139 f., *132*, 143, 146 f., 153 f., 156, *142*, 159 f., *143*, 162, 171, 177, 183 f., *164*, 191 f., 194, 196, 202, 204 f., *182*, *183*, *185*, 219, 234, 249 ff., 256, 261 f., 270 ff., 276, *241*, 288 f., *254*, *257*, 298 ff., 304 f., *269*, 319, *270*, 323, 337, 351, 355, 357 f., *306*, 361, *308*, 369 ff., 376 ff., *315*, 385, 388, 391 ff., 402, 406 f., 412 ff., 419 f., *344*, 423 ff., *346*, 431 ff., 438, *365*, *368*, 472, *376*, 490 ff.
Ciano, Galleazo 70, 134, 228
Citrine, Walter 384
Clark, Mark Wayne 30, *53*, 294 f.
Clausewitz, Karl von *269*, 333
Clayton, William 410
Clemenceau, Georges *269*, 326, 473
Connally, Thomas Terry 194
Creyssel, Paul 85
Cripps, Stafford 10, *21*, 27, 37, 71, 78, 189
Croce, Benedetto 169, 228, *199*, 263, 372, 405, 442
Csatay, Lajos 265
Curzon, Georg *201*
Daladier, Édouard 323 f., *322*, 473
Däniker, Gustav 57
Darlan, François 30, 32 f., *37*, 34, 36, *43*, 39, 41 f., 44, *50*, 45 f., *51*, 47, 50 f., *53*, 58, 129, 131, 200, 269, 294 f., 309, 414
Darnand, Joseph *84*, 268 f., 309, 324
Déat, Marcel *16*, 82, *84*, 101, *97*, 268, 290, 309, 324
Degrelle, Léon 418
Deloncle, Eugène 34
Demany, Fernand 396
Dewey, Thomas Edmund 379, 384
Dietl, Eduard 254, *309*
Dietrich, Otto 84, 306
Dill, John Greer 66
Dimitrow, Georgi 177
Dollfuss, Engelbert *172*, 445
Dönitz, Karl 96, 327, 329, 441 f.
Doriot, Jacques 23, *45*, *253*, 400, 495
Drieu La Rochelle, Pierre *296*
Dschinnah, Mohammed Ali 78
Ebert, Friedrich 337

Éboué, Felix 198
Eden, Robert Anthony 37, 64, 66, 84, *87*, 88, 92 ff., 121, 148, 150, 181, 184, 192, *171*, 195, 202, 253, 256, 268, 270 f., *273*, 298, 300, 326, 334, *315*, 411, 415, 424, *346*, 473
Ehrenburg, Ilja 261, 375
Einsiedel, Heinrich Graf von 144
Eisenhower, Dwight D. 29, 33 f., 41, 44, *53*, 54, 61, 83, 94 f., 118, 127, 132, *131*, 150, 157, 171, 193, 201, 219, *191*, 269, 271, 275, 281, 296, 308, 355, 360, 370, 384, 405, 407
Eltz-Rübenach, Paul von 240
Emmanuel, Pierre 385
Engels, Friedrich *112*
Eugen, Prinz 122
Fabius Cunctator 76
Feuchtwanger, Lion 158, 292
Flandin, Pierre Étienne 33, 44, *50*, 366
Florin, Peter 144
Ford, Henry 117
Franco y Bahamonde, Francisco 14, *35*, *45*, 82, *85*, 83, 110, 180, 240 ff., *211*, *248*, 288, 298, 310, 374, 386, 388, *322*, 446
Frank, Hans 103, 107, 244
Frank, Karl Hermann 23, 459
Franz Ferdinand, Erzherzog 267
Freisler, Roland 339
Frick, Wilhelm 64
Fritz, der Alte: Friedrich II., der Grosse 122, 469
Funk, Walther 63
Gailani, Raschid Ali al- 58
Gallifet, Gaston de 83
Gallimard, Gaston *296*
Gandhi (Mahatma), Mohandas Karamtschand *21*, 77 f., *81*, 79
Gasser, Manuel 347
Gaulle, Charles de 9, 30, 33, *38*, 34, 36, *43*, 44, 39, *49*, 42, 50, *53*, 54, 58, *61*, 66, 65, *68*, 83 f., 94, 109 f., 118 ff., 121, 127 ff., 131 f., *133*, 140, 159, 177, 180, 191, 197 ff., *176*, 221, 263, 269 f., 274, 281, 294 ff., *253*, 299, 308 f., 325 f., 276, 295, 365 f., 372 ff., *314*, 385 ff., 400, 412, 419, 439, 454 ff., *371*
Gayda, Virginio 97
Geibel, Emanuel 403
Gentile, Giovanni 140
Georg I., König von Griechenland 258
Georg II., König von Griechenland 177, 299, 258
Georg VI., König von England 377
Georges, Alphonse-Joseph 119, 128

Gerok, Karl von 403
Gide, André *296*
Gil Robles Quiñones, José María 388
Giraud, Henri-Honoré 30, 34, 47, 50 f., *53*, 54, *66*, 83 f., *86*, 94, 109 ff., 118 f., 121, 128 f., 131 f., 139, *133*, 159, 177, 191, 198, *176*, 281
Giraudoux, Jean 387
Girosi, Massimo 96
Goebbels, Joseph 8, *15*, 16 f., 22, 29, 38, 40, 52, 54, 68 ff., 74, 85, 98, 103, 114, 116, 122 f., 130, 135 f., 141, 143, 151, 153, *140*, 163, 167, 169, 172, 175 f., 180 f., 187, 196, 203, 205 ff., 214, 218, 234, 246, 251, 261 f., 266 f., 277, 279, 302 f., 305, 308, 312, 314, 317, 319 f., 326, 329 f., 332, 336, 338, 340 ff., 348, 351, 369, 376, 388, 400, 402, 406, 411, 422, 440 ff., *372*, 466, 471
Goerdeler, Carl Friedrich 338, 341
Gonatas, Stylianos 432
Göring, Hermann 19, *31*, 52, *64*, 68 f., 136, *181*, 220, 243, 272, 328 f., 339, 380, 446, 468
Goworow, Leonid Alexandrowitsch 440
Goya y Lucientes, Francisco de 452
Grandi, Dino 134
Greenwood, Arthur 298
Grenier, Fernand 275, 356, 373
Grew, Joseph Clark 410
Grzesinski, Albert 292
Guderian, Heinz 186
Guitry, Sacha 366
Gutt, Camille 398, 407
Haakon VII., König von Norwegen 296
Habe, Hans 468
Hackzell, Antti Verner 362
Haile Selassie I., Kaiser von Äthiopien 183
Halder, Franz 243
Halifax, Lord 271
Hamsun, Knut 187, 348
Harding, Warren, Gamaliel 261
Harriman, William Averell 178, 380
Hearst, William Randolph *265*
Hegel, Georg Wilhelm Friedrich *52*
Henlein, Konrad 459 f.
Henriot, Philippe 268, 290, 324
Hermann der Cherusker 352
Herriot, Édouard 10, 323, *273*, 372
Hess, Rudolf 27
Heydrich, Reinhard 23, 459
Himmler, Heinrich 17, 161, 164, *144*, 218, 243, 262, 265, 272, 324, 329, 331 f., 337 f., 341, 364, 370, 376, 396, 405, 414, 418, 440 f., *358*, 444

Hindenburg, Paul von Beneckendorff und von 57, 63, *64*, *184*, 239, *271*, 337, *284*, *307*, *359*, 470
Hitler, Adolf *1*, *15*, 15 ff., 24, *31*, 29, 31, *37*, 35, *43*, 40, 52, 56, *59*, *60*, *62*, *64*, 63, *65*, *69*, 68, *79*, 75 f., *84*, *92*, 96, *94*, 98, 100, 104, *100*, 111, 120, 130, *125*, 138, 140, 142 f., *137*, *140*, 153, 157, 161 f., *144*, 167 f., 170, 179, 181, 185, *167*, *169*, 192 f., *174*, 196 f., 207, 224, 229 f., 232, 238 ff., *209*, *213*, 244, 250, 252, 277, 282, *244*, 294, 313, 315 ff., *266*, *267*, *271*, 277, 328 f., *280*, 331 ff., *283*, 336, 339, *287*, *288*, 343, *293*, 356, 364, 370 f., *311*, 386, 388, 393, 399 f., 403, 422, 428, 434 f., 437, 440 ff., 444, 446 ff., 453, 458 ff., 460 f., *371*, 464 ff., 469 ff.
Hoare, Samuel 14 f., 24, 82, 179 f., 241, 288, 360
Hoepner, Erich 330, 339
Hoover, Herbert Clark 160, 258
Hopkins, Harry Lloyd 182
Hore Belisha, Leslie 179
Horne, Frederick Joseph 172
Horthy von Nagybánya, Nikolaus 104, 184, 265 f., 381 ff.
Hoth, Hermann 60
Hugenberg, Alfred 240, 470
Hugo, Victor *295*
Hull, Cordell 29, 88, 92, 94, 178, 181, 194, 268, 281, 291, *306*
Huseini, Mohammed Emin el- 61
Ickes, Harold Le Claire 260
Imrédy, Béla von 383
Inönü, Ismet 65 f., *185*
Irving, David *181*
Jacksch, Wenzel 459 ff.
Jacquinot, Louis 198
Jeanneney, Jules 10, 372
Jelusich, Mirko 318
Jinnah, s. Dschinnah
Jobst, Hanns 92
Jordana y Susa, Gómez 99
Juin, Alphonse 294
Juliana, Königin der Niederlande *306*
Kalinin, Michail 377
Kállay, Miklós von 45, 265, 383
Karl I., Kaiser von Österreich *44*
Katharina II., die Grosse, Kaiserin von Russland *175*
Keitel, Wilhelm *58*, 440
Kérillis, Henri Adrien Calloc'h de 190
Kesselring, Albert 170

Keynes, John Maynard 93, 94
King, William Lyon Mackenzie 288
Kirkpatrick, Ivone Augustine 360
Koch, Erich 233
Koenig, Pierre 347
Kolbenheyer, Erwin Guido 186
Kollontaj, Aleksandra Michailowna 254
Kornejtschuk, Aleksandr Jewdokimowitsch 225
Kosciusko, Tadeusz 345
Kossuth, Ludwig von 267
Krupp von Bohlen und Halbach, Berta *264*
Krupp von Bohlen und Halbach, Gustav 446
Kuès, Maurice 317
Kuusinen, Otto Wilhelm 115, 249, 363
Kwaternik, Slawko 19
Kyros d. J. von Persien *268*
La Guardia, Fiorello Henry 361
La Rocque, Casimir de *253*
Lagardelle, Hubert 90
Lassalle, Ferdinand 240
Laval, Pierre 12, *14*, *16*, 19, 22 f., *25*, 30, 32 f., 37, 42, *61*, 76, *84*, 85, 90, 104, 187, 268 f., 344, *293*
Law, Richard Kidston 183
Lawrence, Thomas Edward 199
Le Trocquer, André 198
Leahy, William Daniel 200
Leibniz, Gotfried Wilhelm *345*
Lemaigre-Dubreuil, Jacques 310
Lenin, Wladimir Iljitsch 116, *315*
Leopold III., König von Belgien *330*
Lepercq, Aimé 367, 398
Lessing, Theodor 445
Lewis, John Llewellyn 132
Lewis, Sinclair *66*
Ley, Robert 106, 116, 331 f.
Liebknecht, Karl 157
Linkomies, Edwin 336
Linlithgow Victor Alexander John Hope, 2. Marquess of 77
Lippmann, Walter 69
Litwinow, Maksim 10, 158, 160, 177, 232
Lloyd George, David *269*, *276*, 473
Löns, Hermann *358*
Louis-Philippe, König der Franzosen *94*
Ludendorff, Erich 321
Ludwig XVI., König von Frankreich *273*, 324
Luxemburg, Rosa *142*
Maginot, André *4*
Maiskij, Iwan Michailowitsch 160, 177
Mann, Thomas 158
Mannerheim, Carl Gustav Emil 57, 70, 336 f.

Manstein, Erich von 243
Marin, Louis 198, 324
Marshall, George C. 181, 202, 260
Marty, André 374
Marx, Karl *112*, 154, 230
Masaryk, Thomas Garrigue 459
Massigli, René 65, 119
Maurras, Charles 131 f., 495
Mayer, René 198, 367
McKinley, William 235, 261, *226*
Mendès-France, Pierre 198
Menemencioglu, Numan (Rifat) 185, 337
Menjou, Adolphe 326
Metaxas, Joannis 416, 433
Metternich, Clemens *91*, 165, 423
Michael, König von Rumänien *59*, 303
Michelin 34
Mihajlović, Draža 112, 177, 189, *230*
Mikolajczyk, Stanislaw 334, 345, 357, 377, *315*, 379, 409, *353*, 438
Mohammed el Saed 395
Mohammed VII. el-Moncef *106*
Molotow, Wjatscheslaw 14, 178, 189, 224 f., 249, 305, 333, 356, 393, 437, *354*, 472 f., 479
Monnet, Jean *115*
Monroe, James 27, 235
Montgomery, Bernard Law 2, 26, 165, 252, 261, 290, 306 f., 419, *344*
Morawski, s. Osobka
Morgenthau, Henry 93, 94, 179, *306*, 369 f., 374 f.
Morrisson, Herbert 26
Moulin, Jean *170*, *321*
Mountbatten, Louis 172
Moyne, Baron 72
Murphy, Robert Daniel 50
Muselier, Émile 121
Mussert, Anton Adriaan 81, 397
Musset, Alfred de 137
Mussolini, Benito 27, 24 f., 38, *46*, 39 ff., 72, 89, 96, *94*, *95*, 104 f., *101*, 108, 122, 134, *126*, 138, 140, *132*, *135*, 143, 145 ff., *138*, 149 f., 162 f., 165, 169 f., *150*, 183 ff., *198*, 228 f., *308*, 364, 370 f., *311*, 381, 386, 404, 408, 423, 446, 466, 470
Mussolini, Edda 72
Mussolini, Vittorio 115
Napoleon I., Kaiser von Frankreich *90*, 165, 170, 356, 423, 452, 480
Napoléon III., Kaiser von Frankreich *86*, 347
Nash, Walter 291
Nebe, Arthur 338

Neditsch, Milan 18
Negrin, Juan 83
Nehru, Jawaharlal 79
Nietzsche, Friedrich Wilhelm *135*, 185
Noguès, Charles 51, 83
Nygaardsvold, Johan 298
Ochab, Edward 457 f.
Oculicki, Leopold 437
Olbricht, Friedrich 330
Orlando, Vittorio Emanuele *269*, *374*, 473
Osobka-Morawski, Eduard *281*, 357, 379
Otto von Habsburg 37, 392
Paasivuori, Matti 337
Pangalos, Theodoros 432 f.
Papandreou, Georgios (Andreas) 299, 433
Papen, Franz von 63, 65, 240, 292, 338, *287*
Patton, George Smith, Jr. 285
Paulus, Friedrich 60, *169*
Pavolini, Alessandro 96, 122
Pawelitsch, Ante *19*, 104, *149*, 187
Pétain, Henri Philippe 10, *11*, 30, 32 f., *37*, 36, 84, 120, *116*, *123*, 200 f., 266, 268, *253*, 310, *262*, 323 f., *273*, *293*
Peter II., König von Jugoslawien 177, 274, 299, 326
Peyrouton, Bernard-Marcel 58, 61, 83, 109, 118 f., 129, 269, 366
Philip, André 12, *38*, *115*, 119, 190, 198
Pieck, Wilhelm 144
Pierlot, Hubert 397 f., 400
Piétri, François 310
Pilet-Golaz, Marcel 395, *347*
Pilsudski, Josef *97*, 226, *196*, 334, *337*, 435
Pius XII. 41
Plastiras, Nikolaos 432 f.
Primo de Rivera, José Antonio *14*
Pucheu, Pierre 33, 44, *50*, 269, 310
Queuille, Henri 198
Quisling, Vidkun 18, *25*, 33, 39, 76, 81, 104, 185, 187, *167*, 266
Radschagopalatschari, Tschakravarti 78
Raeder, Erich 52, *94*, 184
Rajapalachari, s. Radschagopalatschari
Ramírez, Pedro Pablo 121 f., 236, 238
Rawson, Arturo 121
Reale, Eugenio 263
Remarque, Erich Maria *8*
Rendulić, Lothar 363
Reynaud, Paul 187, *176*, 346
Ribbentrop, Joachim von 15 f., 40, *50*, 69, 97, 211, 224 f., 235, 249, 333, 336, 437, *354*
Rimbaud, Arthur 346

Rockefeller, John Davison *338*
Rockefeller, Nelson Aldrich 410
Röhm, Ernst *287*
Rokossowski, Konstantin 345
Rolland, Romain 186
Rommel, Erwin 2, 21, 26, 43, 88 f., 96, 166, *148*, 186, 218, 307, 329, 335
Roosevelt, Franklin D. *14*, *21*, 28, *33*, *35*, 33, 50, *53*, 51, 54, 63 f., *66*, 67, 69, 74, 93 f., 110, 117, 121, 130, 132 f., *124*, 139 f., *132*, 143, 148, 154, 156, *142*, 159, 161, *143*, 179, 182 f., *159*, *162*, *163*, 194, 196, *179*, 201, 204, *182*, *183*, *185*, 234, 258 ff., 264, 281, 298, 306, 309, *269*, 358, *306*, *314*, 377 ff., *316*, 384 f., 387 ff., 392 f., 402, 412, 415, 431, 438, 492
Roosevelt, Theodore 260
Rosenberg, Alfred 185
Rotbart, Kaiser: Friedrich I., Barbarossa 122
Rothermere, Lord 370, 404
Rothschild, Louis Nathaniel de 322
Runciman, Lord W. 460
Rundstedt, Gerd von 321, 337
Ryti, Risto Heikki 45, 336
Salazar, Antonio Oliveira 184
Salvemini, Gaetano 371
Sardanapal, König von Assyrien 272
Sauckel, Fritz 12, 62, 116, 155, *172*, 268 f., 416
Schacht, Hjalmar 316, 338
Scheringer, Richard 157
Schleicher, Kurt von 338 f.
Schramm, Wilhelm Ritter von 52, 188, 313, 333
Schumacher, Karl von *347*
Schwarz van Berk, Hans 278 f., 340 f.
Schwerin von Krosigk, Johann Ludwig Graf 240, 442
Scobie, Ronald MacKenzie 415, 423 f., 432, *351*
Scorza, Carlo 105, 139
Seldte, Franz 240
Seydlitz-Kurzbach, Walther von 188, *212*, *213*, 243, 328
Seyss-Inquart Arthur 81, 123 f.
Sforza, Carlo Graf 263, 310, 408, 411
Shinwell, Emanuel 408, 419
Sikorski, Wladyslaw *87*, 99, *96*, 136, *129*, 225
Sima, Horia 56
Sinclair, Alexander *25* f., 81
Sinowjew, Grigorij Jewsejewitsch 116
Smuts, Jan Christian 21, 24 f., 52, 205 f., 211, 217, 220, 349, 431, 454, 491
Soleri, Marcello 361

Sosnkowski, Kazimierz 345, 355, 377
Spaak, Paul-Henri 388, 397
Speer, Albert 122, 332, 416, 470
Stalin, Josiff Wissarionowitsch 10, 19, *41*, *69*, 69, 87, 116 f., 123, 154, 156 f., *142*, 159, 167, 179, *163*, 183, 189, 191, 195 ff., 204 f., *183*, 211, *215*, 252, 256, 260, 262, 264, *227*, 276, *241*, 287, 293 f., 298, 306, *269*, 328, 350, 356, 363 f., *315*, 377 f., 393, 399, 402, 412 ff., 436, 438, *368*, 492
Standley, William Harrison 80, 81
Stauffenberg, Claus Graf Schenk von 277, 330, *287*, *288*
Stettinius, Edward Reilly 178, 259, 285, 299, 380, 391, 409, 411 f., 414, 473
Stieff, Helmuth 339 f.
Stimson, Henry Lewis 37, *306*, 405
Stirbei, Barbu 262
Streicher, Julius 265, 375, 445
Stresemann, Gustav 473
Šubašić, Ivan 430
Suworow, Aleksandr Wassiljewitsch 195
Svinhufvud, Per Evind 255
Swinton, Lord 390
Szálasi, Ferenc 317, *318*, 383, 495
Sztójay, Döme 383
Taylor, Myron Charles 28
Tedder, Arthur William 219
Teleki, Pál Graf 265
Teruzzi, Attilio 109
Thompson, Dorothy 64
Thorez, Maurice 116, 323 f., 373 f.
Thyssen, Fritz 316, 446
Timoschenko, Semjon Konstantinowitsch 36
Tiso, Josef 104
Tito, Josip 108, 189, 221, *189*, 241, 264, 296, 298 f., 378, 399, 413, 430, *348*, 434
Tojo, Hideki 173, 330, *279*
Tolstoj, Alexej Nikolajewitsch 182
Trotzki, Leo Dawidowitsch 116
Truman, Harry S. *316*, 380, *368*, 476, 492
Tschiang Kai-schek 204
Tsuderos, Emmanuil 299

Tupini, Umberto 310
Umberto II., König von Italien *261*, 392
Vallin, Charles 296
Vansittart, Robert Gilbert 70, 106, 114, 129 f., 193, 288, 318 f., 404
Varga, Jewgeni 182
Vargas, Getulio Dorneles 236, 298
Venizelos, Eleutherios *258*
Venizelos, Sophokles 299
Vercors 453
Verhaeren, Émile 398
Viktor Emanuel III., König von Italien *105*, *138*, 183, 262 f., 290, 298, 309, *261*, 408 f.
Viollette, Maurice 237
Voltaire *154*, *345*
Wagner, Robert 116
Wallace, Henry Agard 51, 80, 84, 259, 380, 389 f.
Washington, George 80, *294*, 370
Weinert, Erich 144, 157
Welles, Sumner 178, 409
Wells, Herbert George 29
Weygand, Maxime 30
Wilhelm II., Kaiser von Deutschland 212, 316
Wilhelmine, Königin der Niederlande 296
Wilkinson, Ellen Cicely 261
Willkie, Wendell Lewis 19, 21, 26, 31, 34, 80, *124*, 200
Wilson, Thomas Woodrow 34, 93, 132, 253, 260 f., *269*, 276, 362, 411, 473
Wirsing, Giselher 277
Witos, Wincenty 409
Witting, Rolf Johan 57
Witzleben, Erwin von 340
Wöhler, Otto 243, *212*
Woronow, N.N. 440
Wyschinskijy, Andrej Januarjewitsch 177, 180, 262 f., 337
Xerxes I., König von Persien 268
York von Wartenburg, Peter Graf 340
Zeitzler, Kurt 243
Zogu I., König von Albanien *164*